Entscheidungen des Reichsgerichts in Zivilsachen

Entscheidungen

des

Reichsgerichts

Herausgegeben

von

den Mitgliedern des Gerichtshofes
und der Reichsanwaltschaft.

Fortgeführt für die Zeit von Januar 1944 bis März 1945
von Werner Schubert

Entscheidungen in Zivilsachen.

173. Band

WDEG RECHT

De Gruyter Recht · Berlin

Entscheidungen

des

Reichsgerichts

in

Zivilsachen.

---

173. Band

WDEG RECHT

De Gruyter Recht · Berlin

ISBN 978-3-89949-493-8

Bibliografische Information der Deutschen Nationalbibliothek

Die Deutsche Nationalbibliothek verzeichnet diese Publikation
in der Deutschen Nationalbibliografie; detaillierte bibliografische Daten sind im
Internet über http://dnb.d-nb.de abrufbar.

Datenkonvertierung/Satz: Werksatz Schmidt & Schulz, 06773 Gräfenhainichen
Druck und Bindung: Hubert & Co., Göttingen
Printed in Germany

Inhalt

Einleitung

1944/45 sind die „Entscheidungen des Reichsgerichts in Zivilsachen" (RGZ) kriegsbedingt unvollendet geblieben[1]. Mit dem Band RGZ 173 wird die von den Mitgliedern des Reichsgerichts und der Reichsanwaltschaft bis zum Band 172 betreute Urteilssammlung zu Ende geführt mit den Urteilen und Beschlüssen, welche die einzelnen Senate mit dem Vermerk: „Wird abgedruckt!" versehen haben.

Die Mehrzahl der Urteile stammt aus der nach Senaten geordneten „Sammlung sämtlicher Erkenntnisse des Reichsgerichts"[2] in der Bibliothek des Bundesgerichtshofs. Weitere Urteile mit dem genannten Vermerk konnten aufgefunden werden in der losen, sehr unvollständigen Urteilssammlung im Bundesarchiv Berlin (Abt. Hoppegarten)[3] und in den überlieferten Prozeßakten (ebenfalls im Bundesarchiv Berlin)[4]. Die unter den Nummern 37 und 38 wiedergegebenen Urteile tragen den Vermerk: „Von der Veröffentlichung vorerst ausgeschlossen"; die Freigabe der Urteile erfolgte durch Erlaß des Reichsjustizministers vom 8.9.1944, wonach gegen die Veröffentlichung der Urteile keine Bedenken bestünden[5]. Es ist wahrscheinlich, daß diese Urteile gegebenenfalls in die amtliche Sammlung aufgenommen werden sollten, da sie wichtige Fragen des Abstammungsrechts betreffen.

1 Die letzte Teillieferung zu RGZ 173 geht bis S. 224. Es dürfte noch eine weitere Teillieferung gedruckt, aber wohl nicht mehr ausgeliefert worden sein (vgl. den Hinweis auf RGZ 172, S. 244 in Staudinger/*Karl Schäfer*, 10./11. Aufl. 1975, Rdn. 60 zu § 847 BGB; die Entscheidung ist im vorliegenden Band unter Nr. 4 wiedergegeben. – Nr. 6 (RGZ 172, 223) ist wegen der Vollständigkeit in der Datenfolge erneut wiedergegeben.

2 Die Entscheidungssammlung reicht für den 1. Senat bis zum 23. 2. 1945, den 2. Senat bis zum 14. 2. 1945, für den 3. Senat bis zum 26. 2. 1945, den 4. Senat bis zum 31. 3. 1945, den 5. Senat bis zum 26. 2. 1945, den 6. Senat bis zum 9. 3. 1945 und für den 7. Senat bis zum 12. 3. 1945. – Die meisten Senate tagten noch bis Ende März/April 1945 (hierzu die Urteilslisten der einzelnen Senate im Bundesarchiv Berlin, R 3002, mit Nachweis der erhalten gebliebenen Prozeßakten).

3 Bestand R 3002 im Bundesarchiv Berlin.

4 Bestand R 3002 im Bundesarchiv Berlin; jede Sache trägt eine einzelne Ziffer. Ein Gesamtverzeichnis steht noch aus.

5 Handschriftlicher Vermerk auf der Urteilsabschrift in der Bibliothek des Bundesgerichtshofs.

Ein Teil der hier abgedruckten Urteile ist entweder vollständig oder gekürzt oder nur im Leitsatz bereits im „Deutschen Recht" 1944 und 1945 wiedergegeben worden. Die dort abgedruckten, auch hier unter den Nrn. 34 und 44 wiedergegebenen Entscheidungen bzw. Leitsätze konnten im Original nicht aufgefunden werden. Die Entscheidungen werden vollständig wiedergegeben, auch soweit sie den Vermerk tragen: „Wird nur teilweise abgedruckt!", da über die beabsichtigten Kürzungen keine Unterlagen bestehen. Eine Anonymisierung der Urteile und Beschlüsse erfolgte bei den meisten familien- und erbrechtlichen Entscheidungen. Die Entscheidungssammlung hat bis zum Schluß an der leitsatzartigen Frageform festgehalten. Der vorliegende Band stellt demgegenüber an die Spitze der jeweiligen Entscheidung positiv gefaßte Leitsätze (wie schon im Urteilsabdruck im „Deutschen Recht"). Sofern ein Abdruck dort nicht erfolgte, hat der Herausgeber die jeweiligen Leitsätze formuliert. Hingewiesen sei darauf, daß ein Großteil der im „Deutschen Recht" wiedergegebenen Leitsätze auf den Formulierungen des Nachschlagewerks des Reichsgerichts[6] beruht, für die ausweislich der überlieferten Revisionsakten die Senate bis zuletzt die Eintragung vorbereitet haben. Auch der Herausgeber hat in einigen Fällen diese Leitsätze für den Urteilsabdruck herangezogen (etwa bei Nr. 106).

Das Inhaltsverzeichnis von RGZ ist nach den einzelnen Rechtsmaterien (bürgerliches Recht, unterteilt nach den Materien der einzelnen Bücher usw.) eingerichtet. Hiervon hat der Herausgeber abgesehen und im Inhaltsverzeichnis die Entscheidungen in ihrer chronologischen Reihenfolge unter kurzer Kennzeichnung ihres Inhalts aufgeführt. Die in RGZ am Ende der jeweiligen Bände erfolgte „Zusammenstellung der Entscheidungen nach der Zeitfolge" konnte deshalb entfallen. Dagegen wurde die „Zusammenstellung der mitgeteilten Entscheidungen nach Oberlandesgerichtsbezirken" beibehalten. Beibehalten wurde auch das Sachregister und ein – allerdings verkürztes – Gesetzesregister. Auch wenn ein Teil der hier wiedergegebenen Entscheidungen nur noch von historischem Interesse ist (etwa diejenigen zur Abstammungsklage [§§ 37, 38], zur Erbregelungsverordnung, zur VertragshilfeVO, zum Ehegesetz und zu § 48 TestG), so enthält der Band gleichwohl auch nicht wenige Entscheidungen, die auch heute noch Interesse beanspruchen können (etwa die Entscheidungen zu § 556 Abs. 2 BGB a.F. [§ 570 n.F.; Nr. 22], zu § 644 BGB [Nr. 80], zu § 847 BGB [Nr. 4], zum Erbrecht, Aktienrecht, gewerblichen Rechtsschutz und zum Binnenschiffahrtsrecht).

[6] Zum Nachschlagewerk allgemein *W. Schubert/Hans Peter Glöckner,* Nachschlagewerk des Reichsgerichts. Bürgerliches Gesetzbuch, Bd. 1, Goldbach 1994, S. VII, IV ff. Die für 1944/45 vorgesehenen Eintragungen in das Nachschlagewerk sind nicht mehr erfolgt.

Abschließend sei noch auf die Biographie der meist bis Kriegsende amtierenden Senatspräsidenten hingewiesen.

I. Zivilsenat

Dessen Vorsitzender war *Fritz Lindenmaier* (geb. 2. 10. 1891 in Hamburg als Sohn eines Schlossermeisters und Geldschrankfabrikanten; gest. 7. 10. 1960). Studium in Tübingen, Berlin und Kiel; Promotion in Rostock. 1903 Referendar-, 1908 Assessorprüfung. 1909 Gerichtsassessor in Hamburg, 1911 Landrichter, 1924 Direktor am LG Hamburg, 1926–1936 RG-Rat; 1937 Senatspräsident. 1944 Ernennung zum Honorarprofessor der Universität Leipzig. Mitglied der DVP, des Stahlhelms (1933–34) und der NSDAP ab 1. 5. 1937. Mitglied der Ausschüsse der Akademie für Deutsches Recht für Patentrecht, für das Recht des geistigen Schaffens, für Seeversicherungsrecht und für Seehandelsrecht (hier Vorsitzender). Nach Kriegsende Rückkehr nach Hamburg, hier als OLG-Rat und als Honorar-Prof. tätig, 1951 Senatspräsident des I. Zivilsenats am Bundesgerichtshof (Honorar-Prof. a. d. Universität Heidelberg, Lehrbeauftragter a. d. TH Karlsruhe). Mitbegründer des Nachschlagewerks des BGH (Lindenmaier/Möhring). – *Quellen: Möhring,* NJW 1960, S. 1991; *U. Weiss,* Ufita, Bd. 32, S. 257 f.; DRiZ 1960, S. 403. – Personalakte im BA Berlin, R 3002, Nr. 533.

II. Zivilsenat

Eugen Kolb (geb. 22. 10. 1879 in Besigheim/Württemberg; gest. 10. 4. 1954 in Stuttgart). 1. Staatsprüfung 1904 in Tübingen, 2. Staatsprüfung 1909 in Stuttgart. 1907 Gerichtsassessor, 1911 Amtsrichter in Heilbronn, 1913/14 in Stuttgart, 1914 Landrichter in Ulm, 1918 LG-Rat in Heilbronn, 1920 zugleich dienstaufsichtsführender Richter des Amtsgerichts Heilbronn; 1921 Amtsgerichtsdirektor ebd., 1926 RG-Rat, 1. 1. 1937 Senatspräsident, 1. 4. 1942 Vizepräsident des RG, Mitglied des Großen Senats für Zivilsachen. Mitglied der NSDAP ab 1. 5. 1937. Mitglied der Ausschüsse der Akademie für Deutsches Recht für Aktienrecht und GmbH-Recht. *Quellen:* Personalakte im BA Koblenz, R 3002, Nr. 467.

III. Zivilsenat

Paul Maria Cornelius Blumenberger (geb. 24. 6. 1879 in Düsseldorf als Sohn eines Stadtschulrats, später Direktor der Kgl. Luise-Schule in Köln; Todesdatum nicht bekannt). Staatsexamina 1900 und 1905 mit „gut". 1905 Gerichtsassessor, 1908 Landrichter am LG Köln, 1920 OLG-Rat in Köln, 1930 RG-Rat, 1.4.1942 Senatspräsident. Mitglied der NSDAP seit 1. 5. 1937. – *Quellen:* Personalakte im BA Berlin, R 3002, Nr. 467.

IV. Zivilsenat

Martin Jonas (geb. 8.11.1884 in Stettin als Sohn eines Gymnasiallehrers; gest. 14.4.1945 in Leipzig, Selbstmord). 1. Staatsprüfung 1906 mit „Auszeichnung“, 2. Staatsprüfung 1912 mit „gut“. 1912 Assessor am Amtsgericht Ueckermünde, 1.7.1912 Hilfsarbeiter im Justizministerium, Sept. 1914 Amtsrichter in Halle, 1919 Rat am LG III in Berlin, 31.5.1920 Hilfsarbeiter im Reichsjustizministerium, 2.2.1923 KG-Rat, 1.4.1923 Oberregierungsrat im Reichsjustizministerium, 1.12.1924 Ministerialrat, 1.5.1938 (Dienstantritt 1.7.1938) Senatspräsident beim Reichsgericht. Mitglied der NSDAP seit 1.1.1940. Enger Mitarbeiter von *Ernst Volkmar* (Leiter der Abteilung des RJM für bürgerliches Recht und Zivilprozeßrecht). Mitglied des Ausschusses der Akademie für Deutsches Recht für bürgerliche Rechtspflege und Teilnahme an Sitzungen des Familienrechtsausschusses. Bearbeiter der 15. und 16. Auflage des von *F. Stein* begründeten ZPO-Kommentars. *Jonas* prägte die Rechtsprechung des Reichsgerichts zum Ehegesetz, mit dessen Vorarbeiten er vertraut war, maßgeblich (hierzu *Kathrin Nahmmacher,* Die Rechtsprechung des Reichsgerichts und der Hamburger Gerichte zum Scheidungsgrund des § 55 EheG in den Jahren 1938–1945, Frankfurt a.M. 1999; *Vesta Hoffmann-Steudner,* Die Rechtsprechung des Reichsgerichts zu dem Scheidungsgrund des § 49 EheG in den Jahren 1938 bis 1945, Frankfurt a.M. 1999). – *Werke:* Nachweis bei *W. Schubert* (Hrsg.), Zivilprozeß und Gerichtsverfassung. Ausschüsse der Akademie für Deutsches Recht und „Ämter“ des Reichsjustizministeriums von 1934–1944 (Akademiereihe, Bd. VI), Frankfurt a.M. 1997, S. 98f. – *Quellen:* BA Berlin, R 3002, Nr. 421.

V. Zivilsenat

Ernst Brandis (geb. 20.4.1880 in Magdeburg als Sohn eines Oberlehrers; gest. Sommer 1946). Studium in Jena und Halle. Promotion 1905 a.d. Universität Leipzig. 1908 Assessorexamen. Kurze Tätigkeit am Amtsgericht Salzwedel. August 1908 bis Ende April 1911 Hilfsarbeiter im preuß. Justizministerium. 1.5.1911–Dez. 1917 Richter am Amtsgericht Berlin-Schöneberg (1914 Landrichter am LG Berlin und Hilfsrichter am Kammergericht). Dez. 1917 bis Ende 1919 Hilfsreferent in der Rechtsabteilung des Kriegsamts im Kriegsministerium, anschließend erneut Hilfsrichter am KG. 15.12.1919 Einberufung in das RJM als Hilfsreferent. 1.4.1920 Ministerialrat. Als Mitglied der bürgerlichrechtlichen Abteilung des RJM war *Brandis* außer mit dem Nichtehelichenrecht auch mit zahlreichen Projekten befaßt, u. a. mit dem Miet- und Wohnungsrecht. 1937 wurde *Brandis* zum Senatspräsidenten beim RG (1941 auch zum Mitglied des Großen Senats dieses Gerichts) ernannt. Keine Mitgliedschaft in der NSDAP; 1943 aus dem Großen Senat entfernt, da er nicht Parteimitglied war. Mitglied des Familienrechtsausschusses der Akademie für Deutsches Recht (hier zahlreiche Redebeiträge). Nach Kriegsende Vorsitzender der von der Besatzungsmacht zur Verwaltung des RG eingesetzten Kommission und stellvertretender Behördenleiter des RG. – *Quellen:* Personalakte im BA Berlin, R 3002, Nr. 88.

VI. Zivilsenat

Dr. Hermann Gottlieb Eduard Günther (geb. 23. 5. 1882 in Breslau als Sohn eines Fabrikanten, gest. 1945 im Internierungslager Mühlberg). Staatsexamina 1905 und 1910 jeweils mit „gut". Promotion 1908 in Erlangen über: „Die Verpfändung des Nießbrauchs nach römischem und nach Bürgerlichem Gesetzbuche." 1912 Amtsrichter am AG Berlin-Mitte, 1913 Landrichter am LG I Berlin (zeitweilig auch im preuß. Justizministerium in Verwaltungssachen tätig), 1921 KG-Rat; 1933 RG-Rat; 1. 4. 1942 Senatspräsident und Mitglied des Großen Senats. Mitglied der NSDAP ab 1. 5. 1933. Fortführung der von *Hermann Jastrow* begründeten kommentierten Gesetzessammlung: „Die Gesetze des Reiches und Preußens über die freiwillige Gerichtsbarkeit", 6. Aufl. 1921, 7. Aufl. 1928, 8. Aufl. 1939. – *Quellen:* Personalakte im BA Berlin, R 3002.

VII. Zivilsenat

Dr. August Zellner (geb. 6. 6. 1879 in Gloggnitz/Niederösterreich; Todesdatum nicht bekannt). 1906 Richteramtsprüfung mit „sehr gutem Erfolge". 1913 Bezirksrichter in Wien; 1919 LG-Rat ebd.; 1921 Titel als OLG-Rat; 1924 Rat am LG für Zivilsachen in Wien; 1928 Senatsvorsitzender am LG; 1930 Rat am OLG Wien; 1936 Rat am Obersten Gerichtshof Wien; Mai 1938 Kammerpräsident dieses Gerichts. 1. 4. 1939 Senatspräsident am RG. Seit 1. 4. 1940 Mitglied der NSDAP. – Quellen: Personalakte im BA Berlin, R 3002, Nr. 1094.

1. 1. Der Firmenzusatz „deutsch" ist bei einem in Deutschland ansässigen Unternehmen, obwohl es unter ausländischem Einfluß steht, unter Umständen dann nicht als irreführend anzusehen, wenn der Zusatz in Verbindung mit einem erkennbar ausländischen Namen steht und dieser Name den beteiligten Verkehrskreisen als der eines ausländischen Unternehmens bekannt ist.

2. Abgesehen hiervon kann der Firmenzusatz „deutsch" einem in der Form einer GmbH geführten Unternehmen, obwohl an ihm zur Hälfte ausländisches Kapital beteiligt ist, unter besonderen Umständen dann nicht verwehrt werden, wenn durch die Kriegsmaßnahmen jeder ausländische Einfluß zuverlässig ausgeschaltet ist und der Zusatz aus einem als berechtigt anzuerkennenden sachlichen Grunde, nämlich zur Unterscheidung von gleichartigen Unternehmungen, die die gleiche international gebrauchte Markenbezeichnung als Firmenkern verwenden, beigefügt ist.

UnlWG § 3; HGB §§ 18 Abs. 2, 37 Abs. 2.

II. Zivilsenat. Urt. v. 17. Januar 1944 (II 117/1943).

I. Landgericht Berlin.
II. Kammergericht Berlin.

In Sachen der *Deutschen Tecalemit-Gesellschaft* mit beschränkter Haftung, Windelsbleiche bei Bielefeld, vertreten durch den Verwalter Dr. Domeier in Bielefeld, Beklage und Revisionsklägerin, Prozeßbevollmächtiger: Rechtsanwalt Dr. Petersen in Leipzig,

gegen

die Firma R. u. G. *Schmöle*, Metallwerk in Menden, Kreis Iserlohn, Klägerin und Revisionsbeklagte, Prozeßbevollmächtigter: Rechtsanwalt Dr. Fuchslocher in Leipzig,

hat das Reichsgericht, II. Zivilsenat, auf die mündliche Verhandlung vom 17. Januar 1944 unter Mitwirkung des Vizepräsidenten beim Reichsgericht Kolb und der Reichsgerichtsräte Frings, Dr. Schulze, Schuster, Dr. Köllensperger für Recht erkannt:

Auf die Revision der Beklagten wird das Urteil des 31. Zivilsenats des Kammergerichts zu Berlin vom 8. Juli 1943 aufgehoben und in der Sache selbst anderweit dahin erkannt:

Die Berufung der Klägerin gegen das Urteil des Landgerichts Berlin vom 17. Juni 1942 wird zurückgewiesen.

Die Kosten beider Rechtsmittelinstanzen werden der Klägerin auferlegt. – Von Rechts wegen

Tatbestand

Die Parteien vertreiben Abschmiergeräte, Abschmiernippel u. s. w., insbesondere für Kraftfahrzeuge und Motorräder. Sie stehen hierbei miteinander in Wettbewerb. Ihr Kundenkreis erstreckt sich – ausweislich des Tatbestandes des Berufungsurteils – außer auf Automobilfabriken und Ersatzteilgroßhändler auch auf Einzelhändler, die Ersatzteile für Auto- und Motorradfahrer vertreiben.

Die Klägerin stellt die von ihr vertriebenen Abschmiergeräte selbst her. Die Beklagte vertreibt die von den Metallwerken Windelsbleiche GmbH hergestellten Abschmiervorrichtungen.

Die Metallwerke Windelsbleiche GmbH ist im Jahre 1910 von Karl Oldewurtel und Konrad Bartels mit dem Sitz in Windelsbleiche bei Bielefeld gegründet. Gegenstand des Unternehmens war die Herstellung und der Vertrieb von Zubehörteilen für die Fahrrad- und Autoindustrie. Bei der Umstellung auf die Friedensproduktion nach dem Weltkrieg befaßte sie sich mit der Autoschmierung. Die von ihr hergestellten Abschmiervorrichtungen wurden teils von ihr selbst, teils von einer besonderen Vertriebsgesellschaft in den Verkehr gebracht. Etwa im Jahre 1930 ergab sich, daß im Ausland während des Krieges die Hochdruckschmierung in derselben Richtung entwickelt worden war. Nach Friedensschluß waren die entsprechenden Patente in Deutschland angemeldet worden; sie wurden aber erst 1927 veröffentlicht. Durch diese Patente wurden die Metallwerke Windelsbleiche in ihrem Fabrikationsprogramm sehr eingeengt. Der größte Teil der Patente befand sich im Eigentum der Técalémit S. A. in Paris, einer in Fachkreisen internationalen Ruf genießenden Firma, deren Name sich aus dem einer Pariser Firma „Les Usines Tecla“ und dem einer amerikanischen Firma „Alemite Corporation“, der ursprünglichen Inhaberin der Patente, zusammensetzt. Die Metallwerke Windelsbleiche nahmen deshalb mit der Técalémit S. A. Fühlung auf.

So kam es am 23. Dezember 1931 zur Gründung der Beklagten, der „Deutschen Tecalemit Gesellschaft mit beschränkter Haftung“ in Windelsbleiche. Gründer waren die Técalémit S. A. und die Metallwerke Windelsbleiche GmbH mit je einer Stammeinlage von 125.000 RM. Beide Gesellschafter stellten dem neuen Unternehmen für dessen Geschäftsbetrieb ihre Patente, Gebrauchsmuster, Modelle und Warenzeichen ohne Anrechnung auf die Stammeinlage zur freien Verfügung und verpflichteten sich, die zur Umschreibung der gewerblichen Rechte notwendigen Erklärungen den Behörden gegenüber abzugeben. Entsprechend der gleichen Beteiligung wurden alle Rechte und Pflichten unter den Gesellschaftern gleichmäßig verteilt; jedem von ihnen wurde das Recht eingeräumt, je einen Geschäftsführer und einen Prokuristen zu ernennen, mit der Maßgabe, daß der Prokurist der einen Gruppe nur zusammen mit dem Geschäftsführer der anderen Gruppe vertretungsberechtigt sein sollte; auch die Gewinne sollten gleichmäßig zwischen beiden Gesellschaftern aufgeteilt werden. Die Abtretung von Gesellschaftsanteilen wurde von der Genehmigung der Gesellschaft abhängig gemacht, die aber nur aus wichtigem Grund verweigert werden darf. Bei Streitigkeiten zwischen den Gesellschaftern sollte nach § 19 des Gesellschaftsvertrages unter Ausschluß des Rechtsweges ein Schiedsgericht entscheiden, dessen Obmann bei Nichteinigung der von den Gesellschaftern zu wählenden beiden Schiedsrichter durch die Handelskammer in Bern (Schweiz) ernannt werden sollte. Dieses Schiedsgericht sollte auch im Falle wiederholter Stimmengleichheit bei Beschlußfassung der Gesellschafterversammlung oder des zu bestellenden Verwaltungsrates sowie im Falle des Streits darüber, ob ein wichtiger Grund zur Verweigerung der Abtretungsgenehmigung vorliegt, einberufen werden.

Von der Gründung bis Juni 1932 waren Geschäftsführer der Beklagten der Schweizer W. M. aus Paris (ein früherer Angestellter der Técalémit S. A.) und der Deutsche F. B. aus Bielefeld. M. wurde im Juni 1932 abberufen und durch den Schweizer Dr. K. Sch. ersetzt. Dieser kehrte mit Kriegsausbruch zur Schweiz zurück. Nach seinem Ausscheiden wurde K. O., der Mitbegründer der Metallwerke Windelsbleiche GmbH, der inzwischen deren Geschäftsanteil an der Beklagten übernommen hatte, alleiniger Geschäftsführer. An dem 337.400 RM betragenden Stammkapital der Metallwerke Windelsbleiche GmbH ist jetzt die Beklagte mit 333.400 RM beteiligt; weitere 2.000 RM Geschäftsanteile gehören K. O. und je 1.000 RM zwei Vertretern der Técalémit S. A. Gemäß § 12 der Verordnung über die Behandlung feindlichen Vermögens vom 15. Januar 1940 (RGBl. I S. 191) wurde im Juni 1940 für das Unternehmen der Beklagten Dr. Domeier in Bielefeld zum Verwalter bestellt. Der § 19 des Gesellschaftsvertrages wurde durch Beschluß vom 13. November 1941 aufgehoben. Außerdem wurde – nach der Behauptung der Beklagten – der Gesellschaftsvertrag am 1. Juli 1943 (also während des vorliegenden Rechtsstreits) dahin ergänzt, daß die zu bestellenden Geschäftsführer und Prokuristen die deutsche Staatsangehörigkeit besitzen müssen.

Die Klägerin hält das Wort „Deutsche“ im Firmennamen der Beklagten für irreführend, weil diese weitgehend unter ausländischem Einfluß stehe. Sie hat deshalb Klage auf Löschung dieses Wortes in der Firmenbezeichnung erhoben.

Die Beklagte hat demgegenüber vorgetragen, daß sie nicht nur ihren Sitz in Deutschland habe, sondern auch ausschließlich deutsche Werkmannsarbeit vertreibe und unter deutscher Leitung stehe; die Beteiligung ausländischen Kapitals sei nicht ausschlaggebend; besonders sei in der jetzigen Kriegszeit der ausländische Einfluß völlig ausgeschaltet. Im übrigen läßt nach Ansicht der Beklagten die in den beteiligten Fachkreisen als international bekannte Markenbezeichnung Tecalemit deutlich erkennen, daß der Firmenzusatz „deutsch“ nur auf den Sitz in Deutschland (zum Unterschied von der französischen, schwedischen und englischen Tecalemit-Gesellschaft) hinweise. Schließlich hat die Beklagte noch geltend gemacht, daß sie sich durch mehr als zehnjährige Arbeit in ihrem Namen einen wertvollen Besitzstand geschaffen habe.

Während das Landgericht die Klage abgewiesen hat, hat das Berufungsgericht ihr stattgegeben. Mit der Revision begehrt die Beklagte die Wiederherstellung des landgerichtlichen Urteils. Die Klägerin hat um Zurückweisung der Revision gebeten.

In der mündlichen Verhandlung vor dem Senat wurde der Verwalter der Beklagten, Dr. Domeier, als deren Vertreter uneidlich vernommen über die Behauptung der Klägerin (vergl. Protokollanlage vom 3. Juni 1943, Bl. 99), daß der angebliche Erwerb von 250.000 RM Geschäftsanteilen der Beklagten durch K. O. nur fingiert, insbesondere ein entsprechendes Entgelt nicht gezahlt worden sei und daß den bisherigen Inhabern bezüglich Rückübertragung und Stimmrechtsausübung Ansprüche bezw. Anweisungsbefugnisse verblieben seien. Er hat hierzu folgendes ausgesagt: er habe die betreffenden Unterlagen eingesehen und könne danach positiv sagen, daß die erwähnten Behauptungen der Klägerin nicht richtig seien, daß die Geschäftsanteile vielmehr O. seit Dezember 1933 ohne persönliche Bindungen irgendwelcher Art gehören.

Entscheidungsgründe

Der Klageanspruch läßt sich, außer auf den § 3 UnlWG, den das Berufungsgericht anführt, auch auf die §§ 18 Abs. 2, 37 Abs. 2 HGB stützen. Er setzt jedenfalls voraus, daß der Zusatz „Deutsche“ in der Firma der Beklagten irreführend ist.

I. Das Berufungsgericht geht davon aus, daß das Wort „deutsch“ im Firmennamen der Beklagten dann nicht zu beanstanden wäre, wenn es in Verbindung mit einem erkennbar ausländischen Namen stünde und dieser Name den beteiligten Verkehrskreisen als der eines ausländischen Unternehmens bekannt wäre. Ob dies uneingeschränkt zutrifft, kann hier dahingestellt bleiben. Es mag sein, daß in einem solchen Falle der Zusatz „deutsch“ in der Regel dahin verstanden wird, daß es sich bei der so bezeichneten Firma um eine in Deutschland ansässige Zweigniederlassung der bekannten ausländischen Firma oder doch um ein der ausländischen Wirtschaftsgruppe angehöriges Unternehmen mit dem Sitz in Deutschland handelt.

Im vorliegenden Falle nimmt das Berufungsgericht jedoch an, daß der Name Tecalemit zwar den Automobil- und Motorradfabriken sowie den Großhändlern als der einer französischen Gesellschaft bekannt sein möge, daß aber nicht das gleiche auch von den sonstigen für den Absatz der Beklagten in Betracht kommenden Verkehrskreisen, nämlich den Einzel- und Ersatzteilhändlern sowie den Kraftfahrzeugbesitzern gesagt werden könne; von diesen würden erhebliche Teile die französische Tecalemit-Gesellschaft nicht kennen und auch nicht notwendigerweise auf den Gedanken kommen, daß das Wort Tecalemit einer ausländischen Sprache entstamme; sie würden dieses Wort vielfach als eine reine Phantasiebezeichnung ansehen und dann nicht auf den Gedanken kommen können, daß das Wort „deutsch“ in der Firmenbezeichnung der Beklagten auf deren Zugehörigkeit zu den ausländischen Tecalemitunternehmen hinweisen solle; vielmehr würden sie in dem Wort deutsch einen Hinweis auf einen spezifisch deutschen Charakter der Beklagten sehen.

1. Die Revision rügt demgegenüber zunächst, das Berufungsgericht gehe ohne ausreichende Unterlagen davon aus, daß der maßgebende Verkehrskreis auch aus Einzel- und Ersatzteilhändlern, ja sogar auch aus Kraftfahrzeugbesitzern bestehe; sie macht geltend, daß Kraftfahrzeugbesitzer die in Frage kommenden Schmierpressen von der Beklagten überhaupt nicht kauften und Einzel- und Kleinersatzteilhändler höchstens zu einem ganz geringen, unwesentlichen Prozentsatz; damit will sie offenbar zum Ausdruck bringen, daß die Beklagte dies bei Ausübung der Fragepflicht (§ 139 ZPO) vorgetragen haben würde.

Dieser Revisionsangriff kann jedoch keinen Erfolg haben. Das Berufungsgericht hat im Tatbestand (Abs. 1 Satz 2) als unstreitig festgestellt, daß der Kundenkreis beider Parteien sich außer auf Automobilfabriken und Ersatzteilgroßhändler auch auf Einzelhändler, die Ersatzteile für Auto- und Motorradfahrer vertreiben, erstrecke. Diesen Satz hat die Beklagte, obwohl sie in mehrfacher Hinsicht eine Tatbestandsberichtigung beantragt hatte, unbeanstandet gelassen; sie kann daher nicht nachträglich mit der Revision geltend machen, daß er unrichtig sei oder ausreichender Unterlagen entbehre. Im übrigen kommt es nicht etwa darauf an, ob die Beklagte ihre Ware unmittelbar auch an Einzel- und Kleinersatzteilhändler oder sogar an Kraftfahrzeugbesitzer verkauft, sondern allein darauf, ob diese mit den von der Beklagten vertriebenen Waren als von ihr stammend in geschäftliche Berührung kommen; denn nach ständiger Rechtsprechung reicht der in dieser Beziehung maßgebende Verkehrskreis bis zum letzten Verbraucher. Davon, daß der danach maßgebliche Verkehrskreis sich auch auf diese Personen erstreckt, konnte das Berufungsgericht ohne weiteres ausgehen, nachdem die Beklagte selbst vorgetragen hatte, daß Gegenstand ihres Geschäftsbetriebes insbesondere Zubehörteile seien, die nicht nur im Kraftfahrwesen in erheblichem Umfange Verwendung finden, sondern im Maschinenbau allgemein (vergl. Schriftsatz vom 20. Februar 1943); es handelt sich also nicht nur um „Schmierpressen“, wie die Revision jetzt behauptet.

2. Sodann rügt die Revision aber auch, das Berufungsgericht nehme ebenfalls ohne ausreichende Unterlage an, daß die genannten weiteren Verkehrskreise

das Wort Tecalemit als eine reine Phantasiebezeichnung ansähen und deshalb nicht auf den Gedanken kämen, das Wort „deutsch“ in der Firmenbezeichnung der Beklagten solle lediglich auf deren Zugehörigkeit zu den ausländischen Tecalemit-Unternehmen hinweisen; es habe hierbei die unter Sachverständigenbeweis gestellte Behauptung der Beklagten übergangen, daß die Marke „Tecalemit“ allgemein bekannt sei und daß es sich bei der Firmenbezeichnung der Beklagten, wie die beteiligten Verkehrskreise wüßten, um einen erkennbar ausländischen Namen mit einem auf den Sitz in Deutschland hinweisenden Zusatz handele (vergl. Schriftsatz vom 20. Februar 1943).

Auch dieser Revisionsangriff ist unbegründet. Daß das Wort „Tecalemit“, für sich betrachtet, nicht ohne weiteres auf ausländische Herkunft deutet, sondern eher als reines Phantasiewort aufgefaßt wird, konnte das Berufungsgericht aus eigener Erfahrung von sich aus feststellen. Mag ferner auch die Marke „Tecalemit“, wie die Beklagte behauptet hatte, einen internationalen Ruf genießen, so folgt daraus doch nicht, daß auch die Verkehrskreise, die nur den nationalen Markt zu kennen pflegen, wie Einzel- und Ersatzteilhändler und ein großer Teil der Kraftfahrzeugbesitzer, von diesem internationalen Ruf als solchem und weiter auch von der ausländischen Herkunft der Marke Kenntnis haben; es ist nicht ersichtlich, wodurch diese Kenntnis eine allgemeine geworden sein sollte, wenn das Wort Tecalemit in keiner Weise auf solche ausländische Herkunft hindeutet. Unter diesen Umständen ist es rechtlich auch nicht zu beanstanden, wenn das Berufungsgericht ohne Einholung eines Sachverständigengutachtens annimmt, daß die ausländische Herkunft der Marke in den weiteren Verkehrskreisen nicht allgemein oder auch nur weit überwiegend bekannt sei.

II. Die Frage, welche sachliche Bedeutung dem Firmenzusatz „deutsch“ nach der Verkehrsanschauung zukommt, ist bisher in der Rechtsprechung und auch im Schrifttum nur unvollkommen geklärt. Während man früher darin im allgemeinen ein sachlich bedeutungsloses, lediglich schmückendes Beiwort sah, gehen seit dem Wandel der Anschauungen über die Bedeutung Staat und Volk die Bestrebungen mit Recht dahin, strenge Anforderungen an die Wahrheit der Firma zu stellen und demgemäß die früher vielfach geradezu mißbräuchliche Verwendung des Firmenzusatzes „deutsch“ wesentlich einzuschränken. Bei der Verschiedenheit der einzelnen Fälle hat es sich jedoch als schwierig herausgestellt, allgemeine Grundsätze über die Zulässigkeit des Zusatzes herauszubilden (vergl. hierzu KG in JW 1935 S. 301 Nr. 1, S. 302 Nr. 2, S. 436 Nr. 2; vergl. auch Gadow in RGRKomm. zu HGB § 18 Anm. 24, Schlegelberger HGB § 18 Anm. 13, Baumbach HGB § 18 Anm. 3 F). Auf die Frage braucht jedoch hier nicht in allen Einzelheiten eingegangen zu werden, weil sie unter den heutigen Kriegsverhältnissen, jedenfalls für den gegenwärtigen Fall, von geringer allgemeiner Bedeutung ist.

Das Berufungsgericht vertritt die Auffassung, daß der Firmenzusatz „deutsch“, wenn er nicht im Zusammenhang mit einem erkennbar ausländischen Namen steht, vom Verkehr als ein Hinweis auf den „spezifisch deutschen Charakter“ des so bezeichneten Unternehmens aufgefaßt wird; nach seiner Meinung muß „das Gesamtbild“, das sich aus dem Zusammenwirken aller Betriebselemente ergibt, deutsch sein, muß das Unternehmen deutschen Belangen dienen und die Wahrung dieser Belange durch die Art der Geschäftsführung in jeder Weise gesichert sein.

Dies mag im allgemeinen zutreffen (vergl. auch RG in MuW 1937 S. 250 = GRUR 1937 S. 1037 – JW 1937 S. 1876 Nr. 2). Danach würde die Zulässigkeit des Firmenzusatzes in normalen Zeiten und nach der ursprünglichen satzungsmäßigen Organisation der Firma in der Tat Bedenken unterliegen. Daß die Firma ihren Sitz in Deutschland hat und ausschließlich deutsche Werkmannsarbeit vertreibt, genügt jedenfalls nicht, um den Firmenzusatz „deutsch“ zu rechtfertigen. Andererseits ist dieser, wenigstens bei einer Kapitalgesellschaft, nicht schon deshalb unter allen Umständen irreführend, weil sich ein erheblicher Teil, sogar die Hälfte des Geschäftskapitals in ausländischen Händen befindet (vergl. RG a. a. O.). Vielmehr ist dies grundsätzlich nur dann der Fall, wenn nach der Organisation des Unternehmens oder aus sonstigen Gründen der Einfluß des ausländischen Kapitals in erheblichem Maße wirksam werden kann. Dies traf bei der Beklagten ursprünglich insofern zu, als weder bei der Geschäftsleitung noch bei Abstimmung der Gesellschafter der deutsche Einfluß ausschlaggebend war und außerdem infolge des § 19 der Satzung bei Streitigkeiten und Meinungsverschiedenheiten ein unter ausländischem Einfluß stehendes Schiedsgericht zu entscheiden hatte. In dieser Beziehung haben sich aber die Verhältnisse seit dem Kriegsausbruch wesentlich geändert. Seitdem ist durch die getroffene Kriegsmaßnahme die unbedingte Gewähr dafür gegeben, daß die Beklagte ausschließlich unter deutschem Einfluß steht und im Interesse der deutschen Volkswirtschaft arbeitet. Dadurch, daß K. O. zum alleinigen Geschäftsführer bestellt ist, liegt die Geschäftsführung ausschließlich in deutschen Händen. Die völlige Ausschaltung des Einflusses des ausländischen Kapitals ist im vorliegenden Falle dadurch noch besonders sichergestellt, daß gemäß § 12 der Verordnung über die Behandlung feindlichen Vermögens vom 15. Januar 1940 (RGBl. I S. 191) vorsichtshalber noch ein besonderer deutscher Verwalter bestellt ist. Gewisse Bedenken gegen die völlige Ausschaltung des ausländischen Einflusses könnten sich höchstens dann ergeben, wenn etwa K. O., wie die Klägerin im letzten Verhandlungstermin vor dem Berufungsgericht (laut Protokollanlage vom 3. Juni 1943) behauptet hatte, die Hälfte der Geschäftsanteile der Beklagten nur zum Schein erworben hätte und gewisse Bindungen zur Wahrung der ausländischen Interessen unterworfen wäre; um in dieser Beziehung sicher zu gehen, hat der Senat, da er gemäß § 4 Abs. 12 der 4. VereinfVO vom 12. Januar

1943 (RGBl. I S. 7) in der Sache selbst zu verhandeln und entscheiden befugt ist, entsprechend dem früheren Beweisantrage der Klägerin den Verwalter der Beklagten, Dr. Domeier, als deren Vertreter (§ 445 ZPO) hierzu gehört; diese Vernehmung hat jedoch einwandfrei die Unrichtigkeit der Behauptung der Klägerin ergeben. Eine weitere Gewähr für die ausschließliche Wahrung der deutschen Belange ist noch dadurch gegeben, daß der erwähnte § 19 der Satzung aufgehoben ist. Verfehlt ist es ferner, wenn das Berufungsgericht zu Lasten der Beklagten anführt, sie verwerte vorwiegend ausländische Patente und vertrete damit die Belange der ausländischen Patentinhaber; denn die Patente sind, wie die Revision demgegenüber zutreffend geltend macht, ausweislich des Gesellschaftsvertrages uneingeschränkt in das Unternehmen der Beklagten eingebracht und dadurch dem ausländischen Einfluß entzogen. Unter den dargelegten Umständen ist die Tatsache, daß die Hälfte der Geschäftsanteile sich in ausländischem Besitz befindet, zumal da auch gegen den Abfluß von Kapitalbeträgen, insbesondere Gewinnen, an das Ausland durch die Devisenbestimmungen in zuverlässiger Weise Vorsorge getroffen ist, so weit zurückgedrängt, daß das Unternehmen der Beklagten *zur Zeit* unbedenklich als deutsch angesprochen werden kann. In welcher Weise sich nach dem Kriege die Verhältnisse entwickeln werden und ob sich dann die ausländische Kapitalbeteiligung irgendwie auswirken kann, läßt sich jetzt noch in keiner Weise voraussehen, so daß sich für die Gegenwart keine Schlüsse daraus ziehen lassen. Auch der Verkehr mißt den entfernten Zukunftsmöglichkeiten in der Gegenwart keine Bedeutung bei und wird demzufolge durch den Firmenzusatz „deutsch“ auch insofern nicht irregeführt. Mit Rücksicht hierauf besteht zur Zeit kein Anlaß, der Beklagten diesen Firmenzusatz zu verwehren. Dies gilt um so mehr, als die Beklagte ihn seit etwa zehn Jahren völlig unangefochten geführt und er für sie schon dadurch allein einen gewissen Wert erlangt hat; die Klägerin selbst hat ihn erst im Jahre 1942 beanstandet, nachdem sich zwischen den Parteien ein Wettbewerbskampf entsponnen hatte. Bei der Beurteilung des Falles fällt endlich auch noch ins Gewicht, daß der Beklagten nicht etwa der Vorwurf gemacht werden kann, sie bediene sich des ihren deutschen Charakter hervorhebenden Zusatzes ohne jeden sachlichen Grund; denn ihr Hinweis darauf, daß sie durch ihn nur anstrebe, sich von ausländischen Tecalemit-Unternehmungen deutlich zu unterscheiden, hat zweifellos eine gewisse Berechtigung.

Aus den angeführten Gründen erweist sich die Klage, ohne daß es auf das ankommt, was die Revision im einzelnen gegen die Ausführungen des Berufungsgerichts sonst noch vorbringt, als mindestens zur Zeit ungerechtfertigt. Deshalb war das Berufungsurteil aufzuheben und in der Sache selbst anderweit dahin zu erkennen, daß die Berufung der Klägerin gegen das landgerichtliche Urteil zurückgewiesen wird.

2. 1. In sinngemäßer Anwendung des § 1709 Abs. 2 BGB geht der Unterhaltungsanspruch des unehelichen Kindes auf den Ehemann der Kindsmutter über, der bis zur Anfechtung der Ehelichkeit des Kindes diesem als ehelicher Vater Unterhalt gewährt hatte.

2. Der Anspruch auf Nachzahlung des Unterhalts für die Vergangenheit unterliegt in diesem Falle der richterlichen Schätzung unter Würdigung aller Umstände nach den gleichen Rechtsgrundsätzen, wie sie der Große Senat für Zivilsachen RGZ 169, 129 (132) für den Fall der Feststellung der blutmäßigen Abstammung nach früherer Abweisung der Unterhaltsklage entwickelt hat.

BGB §§ 1709 Abs. 2, 1711.

IV. Zivilsenat. Urt. v. 19. Januar 1944 (IV 160/1943).

II. Oberlandesgericht Köln.

In Sachen des Kaufmanns E. P. in Bad Godesberg, B.str., Klägers und Revisionsklägers, Prozeßbevollmächtigter: Rechtsanwalt Dr. Petersen in Leipzig,

gegen

M. H. in Solingen, B.str., Beklagten und Revisionsbeklagten, Prozeßbevollmächtigter: Rechtsanwalt Dr. Drost in Leipzig, hat das Reichsgericht, IV. Zivilsenat, auf die mündliche Verhandlung vom 19. Januar 1944 unter Mitwirkung des Senatspräsidenten Dr. Jonas und der Reichsgerichtsräte Dr. Hofmann, Dr. Lippert, Schwegmann und Dr. Schrutka für Recht erkannt:

Auf die Revision des Klägers wird das Urteil des 7. Zivilsenats des Oberlandesgerichts in Köln vom 11. Mai 1943 aufgehoben. Die Sache wird zu erneuter Verhandlung und Entscheidung – auch über die Kosten des Revisionsverfahrens – an das Berufungsgericht zurückverwiesen. – Von Rechts wegen

Tatbestand

Die am 26. Juli 1919 geschlossene Ehe des Klägers mit A. P. geb. D. ist durch rechtskräftiges Urteil des Landgerichts in Köln vom 20. August 1941 auf Klage des Klägers aufgehoben worden. Durch ebenfalls rechtskräftiges Urteil desselben Gerichts vom gleichen Tage ist auf die Anfechtungsklage des Klägers festgestellt worden, daß der von der A. P. während der Ehe – am 5. Januar 1920 – geborene O. E. P. nicht vom Kläger erzeugt und infolgedessen auch nicht sein ehelicher Sohn ist. Im vorliegenden Rechtsstreit macht nun der Kläger geltend, daß der Beklagte der uneheliche Vater des O. E. P. sei, und verlangt von ihm Erstattung der ihm durch den Unterhalt des O. E. P. und die beiden Vorprozesse erwachsenden Aufwendungen, die er in seinem Anschlußberufungsantrag auf insgesamt 17.620,44 RM nebst Zinsen beziffert. Nachdem das Landgericht der Klage in Höhe von 7.680,– RM stattgegeben hatte, hat das Berufungsgericht die Klage abgewiesen. Mit der Revision verfolgt der Kläger sein Klagebegehren weiter, während der Beklagte Zurückweisung der Revision beantragt.

Entscheidungsgründe

Das Berufungsgericht erachtet die blutmäßige Abstammung des O. E. P. vom Beklagten auf Grund des erstatteten erbbiologischen Gutachtens für sehr wahrscheinlich und unterstellt sie zugunsten des Klägers. Es verneint jedoch den Erstattungsanspruch unter dem Gesichtspunkt der unerlaubten Handlung mangels der erforderlichen tatsächlichen Voraussetzungen. Auf auftragslose Geschäftsführung könne sich der Kläger nicht berufen, da er bei den Unterhaltsleistungen an O. E. P. davon ausgegangen sei, nicht ein fremdes, sondern sein eigenes Geschäft als ehelicher Vater zu besorgen; zudem greife, da die letzte Unterhaltszahlung 1936 fällig geworden sei, die Verjährung nach § 197 BGB durch. Ebenso scheiterte ein etwaiger Bereicherungsanspruch an der Verjährung, da auch der auf Bereicherung beruhende Unterhaltsersatzanspruch der vierjährigen – nicht der dreißigjährigen – Verjährung unterliege.

Rechtlich einwandfrei ist die Verneinung des Anspruchs aus dem Gesichtspunkt der unerlaubten Handlung. Insoweit bringt auch die Revision nichts Beachtliches vor. Damit entfällt der Anspruch des Klägers, soweit er die Kosten der beiden Vorprozesse betrifft, da insoweit nur der Klagegrund der unerlaubten Handlung in Betracht kommt.

Soweit die Aufwendungen für den Unterhalt des O. E. P. in Frage stehen, ist dagegen die Revision begründet. Dabei ist für die Revision – entsprechend der Unterstellung des Berufungsgerichts – davon auszugehen, daß der Beklagte der Erzeuger des O. E. P. ist. Rechtlich ist also letzterer nach erfolgter Anfechtung seiner Ehelichkeit als der uneheliche Sohn des Beklagten anzusehen und ihm gegenüber nach Maßgabe des § 1708 BGB unterhaltsberechtigt, und zwar nach § 1711 BGB auch für die Vergangenheit. Nach § 1709 Abs. 2 BGB geht, wenn (die Mutter oder) ein unterhaltspflichtiger mütterlicher Verwandter des Kindes diesen Unterhalt gewährt, der Unterhaltsanspruch des Kindes auf (die Mutter oder) den Verwandten über. Diese Vorschrift greift hier zugunsten des Klägers jedenfalls sinngemäß Platz. Der Übergang des Anspruchs kraft Gesetzes soll nach dem klaren Sinn der Vorschrift dann stattfinden, wenn ein kraft Gesetzes – nicht auf Grund Vertrages oder dergl. – Unterhaltspflichtiger den Unterhalt geleistet hat. Wenn § 1709 Abs. 2 den Kreis der hiernach in Betracht kommenden Personen als die mütterlichen Verwandten umschreibt, so beruht das ersichtlich darauf, daß in aller Regel als gesetzlich Unterhaltspflichtige eben nur mütterliche Verwandte – die Eltern oder Großeltern der Kindsmutter – in Frage kommen. Der für den Gesetzgeber außerordentlich fernliegende Sonderfall, daß es sich um ein nach Eingehung einer Ehe geborenes und daher bis zur erfolgreichen Anfechtung seiner Ehelichkeit als ehelich geltendes Kind handelt, und demgemäß die gesetzliche Unterhaltspflicht auf Grund dieser bis zur Ehelichkeitsanfechtung für jedermann geltenden Scheinrechtslage den Ehemann der Kindsmutter trifft, muß nach Sinn und Zweck der Regelung entsprechend behandelt werden, denn nicht das Verhältnis als mütterliche Verwandte sondern die Leistung kraft gesetzlicher Unterhaltspflicht ist das Wesentliche. Es wäre in der Tat kein gesetzgeberischer Grund erfindlich, der es rechtfertigen könnte, den Anspruch zwar auf die Eltern und Großeltern der Kindsmutter, nicht aber auf ihren – nach dem Sprachgebrauch des Gesetzes allerdings nicht zu den mütterlichen Verwandten gehörenden – als ehelicher Vater des Kindes geltenden Ehemann kraft Gesetzes übergehen zu lassen. Ist sonach der Anspruch des Kindes nach § 1709 Abs. 2 BGB auf den Kläger übergegangen, so erledigt sich damit die Frage, ob letzterem etwa ein Erstattungsanspruch aus eigenem Rechte auf Grund auftragloser Geschäftsführung oder rechtloser Bereicherung gegen den Beklagten erwachsen ist.

Die Einrede der Verjährung greift vorliegend nicht durch. Nach § 202 BGB ist die Verjährung gehemmt, solange (die Leistung gestundet oder) der Verpflichtete aus einem anderen Grunde vorübergehend zur Verweigerung der Leistung berechtigt ist. Diese Vorschrift ist hier zum Mindesten in sinngemäß erweiterter Auslegung anzuwenden. Ihr Sinn ist der, daß die Verjährung so lange nicht laufen soll, als der Durchführung des an sich bestehenden Anspruchs ein Hindernis entgegensteht, das ein gerichtliches Verfahren zwecks Unterbrechung der Verjährung ausschließt (vergl. RGZ Bd. 94, S. 178). Das ist hier der Fall, denn bis zur erfolgreichen Anfechtung der Ehelichkeit des Kindes stand der Geltendmachung des Anspruchs der Umstand entgegen, daß das Kind rechtlich als eheliches Kind des Klägers galt und demnach der – erst durch die erfolgreiche Ehelichkeitsanfechtung als vorhanden in die Erscheinung getretene – Anspruch dem Rechtsscheine nach gar nicht bestand. Auf Verjährung kann sich somit der Beklagte nicht berufen.

Danach würde der Kläger an sich berechtigt sein, den Unterhalt, den das Kind nach § 1708 BGB von seiner Geburt bis zur Vollendung des 16. Lebensjahres zu fordern hat, vom Beklagten erstattet zu verlangen. Dieser Satz unterliegt aber – wie der Große Senat für Zivilsachen beim Reichsgericht in der Entscheidung RGZ Bd. 169 S. 129 (132) für den insoweit sachlich ähnlich liegenden Fall der nachträglichen Feststellung der blutmäßigen Abstammung nach vorausgegangener rechtskräftiger Abweisung einer auf § 1708 BGB gestützten Unterhaltsklage ausgesprochen hat – nach allgemeinen schuldrechtlichen Grundsätzen insofern der Einschränkung, als seine Durchführung nicht zu Ergebnissen führen darf, die Treu und Glauben und dem Gebot der Billigkeit widersprechen würden. Zu beachten ist dabei, daß durch den Zeitablauf aus dem Rentenanspruch wirtschaftlich ein Kapitalanspruch geworden ist. Bei der Abwägung des für den Schuldner Tragbaren ist danach außer seinen Vermögens- und Einkommensverhältnissen im allgemeinen besonders der Umstand in Betracht zu ziehen, daß er seinerzeit seine Lebensführung ohne Rücksicht auf fragliche Unterhaltspflicht entsprechend gestaltet hatte, so daß die früheren Ersparnisse keinen annähernd gleichwertigen Ausgleich für die jetzige erhebliche Nachforderung böten. Letztlich kommt es somit, wie in der erwähnten Entscheidung hervorgehoben, darauf an, inwieweit dem Schuldner unter Berücksichtigung aller in Betracht kommenden Umstände eine Nachzahlung zugemutet werden kann.

Nach alledem war das angefochtene Urteil aufzuheben. Das Berufungsgericht wird nunmehr zunächst eine tatrichterliche Feststellung darüber zu treffen haben, ob der Beklagte als der Erzeuger des O. E. P. anzusehen ist, und bejahendenfalls sodann die Höhe des zu erstattenden Betrages nach den vorstehend dargelegten Gesichtspunkten frei schätzen müssen.

---

3. Hat der beklagte Ehegatte seinen gegenwärtigen Zustand der Unverantwortlichkeit selbst schuldhaft durch ein Verhalten herbeigeführt, das eine schwere Eheverfehlung darstellt, so kann, auch wenn der andere Ehegatte sein Recht auf Scheidung wegen Verschuldens inzwischen verloren hat, ein Verschulden des beklagten Teiles festgestellt werden, wenn dies der Billigkeit entspricht.

EheG § 50.

IV. Zivilsenat. Urt. v. 19. Januar 1944 (IV 276/43).

I. Landgericht Berlin.
II. Kammergericht Berlin.

In der Rechtssache der klagenden Partei St. H. geborene U. Hoteliersgattin in Sp., Prozeßbevollmächtigte: Rechtsanwälte Dr. Drost in Leipzig und Dr. Adolf Kellner in Trautenau,

gegen

die beklagte Partei E. H., Hotelier in Sp., Prozeßbevollmächtigte: Rechtsanwälte Dr. Greuner in Leipzig und Dr. Roland Plech in Hohenelbe,

wegen Scheidung der Ehe

hat das Reichsgericht, IV. Zivilsenat, als Revisionsgericht auf die mündliche Verhandlung vom 19. Januar 1944 unter Mitwirkung des Senatspräsidenten Dr. Jonas und der Reichsgerichtsräte Dr. Hofmann, Dr. Lippert, Schwegmann und Schrutka infolge Revision der klagenden Partei gegen das Urteil des Oberlandesgerichtes *Leitmeritz* als Berufungsgerichtes vom 29. Mai 1943, AZ. 2 U 92/43, womit infolge Berufung der beklagten Partei das Urteil des Landgerichtes Trautenau vom 31. März 1943, AZ 3 R 8/43, abgeändert wurde, zu Recht erkannt.

Der Revision wird Folge gegeben, das angefochtene Urteil wird abgeändert. Die zwischen den Parteien am 8. Mai 1934 vor dem röm. kath. Erzdekanalamt Trautenau geschlossene und unter IX/221 beurkundete Ehe wird geschieden. Den Ehemann trifft ein Verschulden.

Der Beklagte ist schuldig, binnen 14 Tagen bei Zwangsfolge der Klägerin die mit 535,73 RM bestimmten Kosten des Rechtsstreites zu ersetzen, und hat die Gerichtskosten zu tragen.

Entscheidungsgründe

Die Klägerin hatte mit ihrer Klage auf Scheidung wegen Verschuldens des Mannes im ersten Rechtsgang Erfolg. Das Berufungsgericht hat jedoch das Begehren abgewiesen. Dagegen richtet sich die Revision wegen unrichtiger rechtlicher Beurteilung der Rechtssache mit dem Antrag, das erste Urteil wiederherzustellen.

Das Berufungsgericht führt aus: Der schon mehrere Jahre dem Trunk ergebene Mann habe früher, als er für sein Verhalten noch verantwortlich gewesen sei, die Frau gekränkt und bedroht. Der der Frau daraus erwachsene Scheidungsgrund nach § 49 EheG sei durch Verzeihung und Fristablauf erloschen. Für sein gegenwärtiges Verhalten sei aber der Mann infolge des durch die Trunksucht herbeigeführten Zustandes einer geistigen Störung nicht verantwortlich. Die Klägerin habe somit nur einen Anspruch auf Scheidung ohne Schuldausspruch nach § 50 EheG; zu einer solchen fehle es aber an einem entsprechenden Sachantrag.

Die vom Oberreichsanwalt unterstützte Revision der Klägerin ist begründet.

Ob und unter welchen näheren Voraussetzungen im Zustande einer früher selbst verschuldeten Unverantwortlichkeit begangene Handlungen in entsprechender Anwendung strafrechtlicher Grundsätze in dem Sinne dem § 49 EheG zu unterstellen sind, daß sie als eine gegenwärtig verübte schuldhafte Eheverfehlung anzusehen sind, kann offen bleiben, da im vorliegenden Falle jedenfalls die Scheidung aus § 50 EheG unter gleichzeitigem Billigkeitsschuldausspruch in sinngemäßer Anwendung des dem § 61 Abs. 2 Satz 2 zugrunde liegenden Rechtsgedankens gerechtfertigt erscheint. Außer Zweifel steht, daß das gegenwärtige Verhalten des Beklagten objektiv als schwere Eheverfehlung anzusehen und somit der Tatbestand des § 50 EheG erfüllt ist. Ebenso steht fest, daß der Mann seinen gegenwärtigen Zustand der Unverantwortlichkeit durch seine fortgesetzte Trunksucht selbst schuldhaft herbeigeführt und sich durch dieses Verhalten seinerzeit einer schweren Eheverfehlung schuldig gemacht habe. Den

Billigkeitsgrundsatz des § 61 EheG hat die Rechtsprechung bereits dahin erweitert, daß im Falle der Scheidung aus § 55 gegenüber dem Schuldausspruch aus § 61 ein Gegenschuldantrag gegen den Kläger zugelassen wird (vergl. RGZ Bd. 160 Nr. 71, 163 Nr. 38, 164 Nr. 15, WarnRspr 1941 Nr. 19 u. a.). Sachlich gleiche Erwägung mit dem Ziele einer alle Billigkeitsbedürfnisse befriedigenden Lösung der Schuldfrage müssen dazu führen, dem klagenden Ehegatten hier zu gestatten, auf Umstände zurückzugreifen, die mit dem bestehenden Zustande der Verantwortungslosigkeit in ursächlichem Zusammenhange stehen und als schwere Eheverfehlung dem klagenden Teile ein inzwischen verlorenes Recht auf Scheidung wegen Verschuldens gegeben hatten. Zur Unterstützung dieses Gedankens mag auch auf die Vorschriften des § 59 Abs. 2 EheG hingewiesen werden, der es dem Kläger, wenn der gegenwärtige Sachverhalt nicht ausreicht, den von ihm begehrten Ausspruch zu tragen, gestattet, auf frühere durch Verzeihung oder Fristablauf verfallene Scheidungsgründe zurückzugreifen. Daß hier der Schuldausspruch gegen den Beklagten der Billigkeit entspricht, kann nach Lage der Verhältnisse keinen Bedenken unterliegen. Demnach war, wie geschehen, zu erkennen.

Die Kostenentscheidung beruht auf §§ 41 und 50 der sd.ZPO. Von den Kosten entfallen auf die drei Rechtsgänge die Beträge von 241,90, 115,00 und 178,83 RM, wovon wieder auf die Revisionsverhandlung 101,00 RM entfallen.

---

4. 1. Bei der Bemessung der billigen Entschädigung i. S. des § 847 BGB kann die Erwägung, daß dem wirtschaftlich schwachen Schädiger die Zahlung eines angemessenen Schmerzensgeldes nicht zuzumuten sei, dann nicht Platz greifen, wenn der Schädiger gegen Haftpflicht versichert ist.

2. Der Klageantrag auf Zahlung einer Rente „bis zur Wiedererlangung der vollen Arbeitskraft" ermangelt der erforderlichen Bestimmtheit und ist daher unzulässig.

BGB § 847; ZPO § 253.

V. Zivilsenat. Urt. v. 19. Januar 1944 (V 51/1943).

I. Landgericht Nürnberg-Fürth.
II. Oberlandesgericht Nürnberg.

In Sachen des Zigarrenhändlers Peter *Leiers* in Nürnberg, Zedernstraße 87, Klägers, Revisionsklägers und Revisionsbeklagten, Prozeßbevollmächtigter: Rechtsanwalt Dr. Benkard in Leipzig,

gegen

den Bauer Michael *Winkler* in Nürnberg, Krottenbacher Straße 79, Beklagten, Revisionsbeklagten und Revisionskläger, Prozeßbevollmächtigter: Rechtsanwalt Reinberger in Leipzig, hat das Reichsgericht, V. Zivilsenat, auf die mündliche Verhandlung vom 28. September 1943 unter Mitwirkung des Senatspräsidenten Dr. Brandis und der Reichsgerichtsräte Witthöfft, Dr. Musold, Böhmer-Denecke für Recht erkannt:

Auf die Revision beider Parteien wird unter ihrer Zurückweisung im übrigen das Urteil des 2. Zivilsenats des Oberlandesgerichts in Nürnberg vom 20. Januar 1943 aufgehoben und in Abänderung der Entscheidung des Landgerichts in Nürnberg-Fürth vom 19. Januar 1942 dahin erkannt:

1. Der Beklagte hat dem Kläger 11.484,34 RM nebst 4 % Zinsen von 9.331,59 RM seit dem 3. September 1940 und 4 % Zinsen von den an jedem Monatsersten der Monate Oktober 1940 bis November 1941 fällig gewordenen je 150 RM seit diesen Fälligkeitstagen sowie für die Monate Dezember 1941 und Januar 1942 je 150 RM zu zahlen.

2. Es wird festgestellt, daß der Beklagte verpflichtet ist, dem Kläger den weiteren ihm aus dem Unfall vom 6. November 1939 noch entstandenen und künftig weiter entstehenden Schaden zu ersetzen.

3. Mit dem Anspruch auf Rente für die Zeit nach Januar 1942 wird der Kläger angebrachtermaßen abgewiesen.

4. Von den Kosten des Rechtsstreits hat der Kläger 1/3, der Beklagte 2/3 zu tragen. – Von Rechts wegen

Tatbestand

Der Kläger ist am 6. November 1939 gegen 19 3/4 Uhr in Nürnberg, als er bei sehr großer Dunkelheit mit seinem Kleinkraftrad die Reichelsdorfer Hauptstraße befuhr, mit dem Pferdewagen des Beklagten, der aus der – in spitzem Winkel von rechts einmündenden – Waldstromerstraße in die Reichelsdorfer Hauptstraße einbog, zusammengestoßen und schwer verletzt worden. Er verlangt von dem Beklagten auf Grund der §§ 823 ff. BGB Ersatz des ihm entstandenen Schadens, und zwar Zahlung von 3.669,44 RM, ein der Höhe nach in richterliches Ermessen gestelltes Schmerzensgeld, eine monatliche Rente von 150 RM vom 1. Dezember 1941 bis zur Wiedererlangung seiner vollen Arbeitskraft und die Feststellung der Ersatzpflicht des Beklagten für jeden ihm etwa künftig noch erwachsenden Unfallschaden.

Das Landgericht hat durch Urteil vom 19. Januar 1942 den Beklagten verurteilt, an den Kläger 6.859,31 RM und eine monatliche Rente von 112,50 RM vom 1. Dezember 1941 bis zur Wiedererlangung seiner vollen Arbeitskraft zu bezahlen; ferner hat es die verlangte Feststellung in Höhe von 3/4 des künftigen Schadens getroffen.

Auf die Berufungen beider Parteien hat das Oberlandesgericht durch Urteil vom 20. Januar 1943 das landgerichtliche Urteil aufgehoben und den Beklagten verurteilt, an den Kläger 8.363,25 RM und eine monatliche Rente von 112,50 RM vom 1. Dezember 1941 an „auf so lange zu bezahlen, als der Kläger in dem Maße wie zur Zeit erwerbsunfähig sein werde", ferner festgestellt, daß der Beklagte dem Kläger 3/4 jedes weiteren etwa künftig noch entstehenden Unfallschadens zu ersetzen habe; im übrigen hat es die Berufung zurückgewiesen.

Der Kläger verfolgt mit seiner Revision seine Ansprüche weiter, soweit sie ihm aberkannt sind. Der Beklagte will mit seiner Revision die völlige Abweisung der Klage erreichen. Jede Partei bittet um Zurückweisung der Revision des Gegners.

Entscheidungsgründe

Das Berufungsgericht hat angenommen, daß der Unfall durch fahrlässiges Verhalten beider Teile verursacht worden sei, und es hat demgemäß nach § 254 BGB abgewogen und den Schaden so verteilt, daß der Kläger von dem Beklagten 3/4 seines Schadens ersetzt erhält und 1/4 selbst zu tragen hat. Hiergegen wenden sich beide Parteien; jede beanstandet, daß ihr ein Verschulden an dem Unfall zur Last gelegt, jedenfalls aber, daß es zu hoch und daß das Verschulden der Gegenseite zu gering veranschlagt worden sei.

Was zunächst das Verschulden des Beklagten betrifft, so hat das Berufungsgericht festgestellt, daß er in vierfacher Hinsicht gegen die Verkehrsvorschriften verstoßen und dadurch den Unfall verursacht habe. Er habe das dem Kläger zustehende Vorfahrtrecht nicht beachtet, sein Augenmerk nicht genügend der Fahrbahn zugewandt, entgegen § 8 Abs. 3 StVO beim Linkseinbiegen keinen weiten Bogen ausgeführt und unter Verstoß gegen § 24 StVO sein Fuhrwerk unvorschriftsmäßig, nämlich nur mit einer Lampe unter dem Fahrzeug, beleuchtet. Insoweit bestehen keine rechtlichen Bedenken.

Ein für den Unfall mitursächliches fahrlässiges Verhalten des Klägers hat das Berufungsgericht darin erblickt, daß er mit einer Geschwindigkeit von mindestens 20 km/st gefahren sei; diese sei bei der herrschenden starken Dunkelheit zu hoch gewesen, da er bei auftauchenden Hindernissen nicht rechtzeitig habe anhalten können. Demgegenüber macht die Revision des Klägers mit Recht geltend, daß dem Kläger der Vorwurf, er sei übermäßig schnell gefahren, nach Lage der Sache nicht gemacht werden könne. Eine Geschwindigkeit von 20 km/st ist auf einer mit dem Vorfahrtrecht ausgestatteten Reichsstraße auch bei starker Dunkelheit nicht zu beanstanden. Der Kläger konnte sich als Vorfahrtberechtigter darauf verlassen, daß etwaige aus Nebenstraßen einbiegende wartepflichtige Verkehrsteilnehmer sich der Hauptstraße mit der gebotenen Vorsicht nähern und ihm die Vorfahrt lassen würden. Er brauchte nicht damit zu rechnen, daß sie sich so verhalten würden, wie es der Beklagte getan hat, daß nämlich ein schlecht beleuchtetes Pferdefuhrwerk unter Mißachtung der Vorfahrt in unaufmerksamer Weise in die Hauptstraße einbiegen und dabei auch noch, statt den vorgeschriebenen weiten Linksbogen auszuführen, dem Kläger die Fahrbahn auf längere Zeit sperren werde. Ob der Kläger, wie der Beklagte geltend macht, die Fahrt „ohne Dringlichkeit" unternommen hat, ist ohne Belang; ein Verschulden könnte in seiner Fahrweise keinesfalls erblickt werden.

Hiernach hat das Berufungsgericht zu Unrecht ein fahrlässiges Verhalten des Klägers angenommen. Eine Abwägung gemäß § 254 BGB kommt deshalb nicht in Frage, vielmehr hat der Beklagte dem Kläger den diesem erwachsenen Schaden in vollem Umfange zu ersetzen.

Was die Höhe des Schadens betrifft, so hat das Berufungsgericht festgestellt, der Kläger könne infolge des Unfalls sein Tabakwarengeschäft nicht mehr allein betreiben und bedürfe daher einer Hilfskraft. Die Ehefrau des Klägers helfe ihm seit dem Unfall im Geschäft und erhalte dafür von ihm eine monatliche Entschädigung von 150 RM. Dieser Betrag werde auch versteuert. Die Ehefrau habe vor dem Unfall im Geschäft ihres Ehemannes nicht mitgearbeitet, sondern sei nur als Hausfrau tätig gewesen. Eine Mitarbeit in dem Geschäft sei nicht notwendig gewesen. Die Revision des Beklagten macht demgegenüber geltend: Die Entschädigung sei der Ehefrau des Klägers offenbar nur im Hinblick auf geltend zu machende Ersatzansprüche gewährt worden. Bezeichnend sei, daß das Arbeitsbuch ihr erst im Monat der Klageerhebung ausgestellt worden sei. Das Berufungsgericht lege den § 1356 Abs. 2 BGB zu eng aus. Bei Beantwortung der Frage, ob die Mithilfe der Ehefrau im Geschäft des Mannes innerhalb ihres familienrechtlichen Pflichtenkreises liege, dürften die Anschauungen des Berufsstandes des Mannes berücksichtigt werden. Der Pflichtenkreis der Frau bestimme sich auf Grund der objektiven Lebensverhältnisse der Familie und sei mit dem vom Willen der Beteiligten unabhängigen Maßstab des Üblichen zu messen. Mindestens unter den heutigen Verhältnissen müsse die Ehefrau bei Behinderung ihres Mannes einspringen, dies sei nicht nur üblich, sondern eine der Volksgemeinschaft gegenüber bestehende Pflicht. Diese Ausführungen der Revision des Beklagten können keinen Erfolg haben. Daß der Ehefrau des Klägers die Entschädigung „offenbar" nur im Hinblick auf geltend zu machende Ersatzansprüche gewährt worden wäre, ist weder festgestellt noch sonstwie ersichtlich, folgt insbesondere auch nicht daraus, daß ihr das Arbeitsbuch erst im Monat der Klageerhebung ausgestellt worden ist. Die vom Berufungsgericht getroffenen tatsächlichen Feststellungen, daß nämlich die Ehefrau, weil der Kläger infolge des Unfalls sein Geschäft nicht mehr allein betreiben könne, als Hilfskraft gegen eine monatliche Vergütung von 150 RM angestellt worden sei, und daß sie vor dem Unfall in dem Geschäft nicht mitgearbeitet habe, sondern nur als Hausfrau tätig gewesen sei, reichen zur Begründung des

Anspruchs des Klägers auf Ersatz dieser Aufwendungen aus. Denn da die Ehefrau vor dem Unfall in dem Geschäft des Klägers nicht tätig gewesen ist, kann der Beklagte als Schädiger nicht verlangen, daß sie dies nunmehr unentgeltlich tue; dabei kommt es nicht darauf an, ob eine Tätigkeit im Geschäft des Mannes an sich nach den Lebensverhältnissen der Eheleute üblich und die Frau daher nach § 1356 Abs. 2 BGB hierzu verpflichtet sein würde. Selbst wenn letzteres der Fall sein sollte – was im Tabakwarengroßhandel nicht gerade wahrscheinlich ist –, so würde es doch immer darauf ankommen, wie es bei den Eheleuten vor dem Unfall tatsächlich gehandhabt worden ist. Hat, wie im vorliegenden Falle, die Ehefrau vor dem Unfall sich nur als Hausfrau, nicht aber im Geschäft des Klägers betätigt, so darf sie durch den Unfall nicht schlechter gestellt werden als vorher, der Schädiger hat kein Recht darauf, daß der Umfang seiner Schadensersatzpflicht durch einen Dritten gemindert wird, insbesondere daß die Ehefrau des Geschädigten nunmehr *unentgeltlich* in dessen Geschäft mitarbeitet. Darauf, ob der Ehemann verlangen könnte, daß seine Ehefrau diese Arbeiten ohne Vergütung verrichte, kommt es nicht an; die Eheleute sind berechtigt, eine Vergütung zu vereinbaren, und wenn dies, wie hier festgestellt, geschehen ist, hat der Schädiger auch insoweit Schadensersatz zu leisten.

Beide Revisionen wenden sich sodann noch gegen die Bemessung der Höhe des Schmerzensgeldes. Das Berufungsgericht ist hier von dem Betrag von 8.000 RM ausgegangen und hat dem Kläger hiervon 3/4, mithin 6.000 RM zugesprochen. Die Revision des Klägers macht geltend, daß ein Schmerzensgeld von 12.000 RM angemessen sei, weil der Kläger unerträgliche Schmerzen habe erleiden müssen und dadurch dauernd seelisch belastet sei, daß er während seines ganzen Lebens eine Verstümmelung des Armes, den Verlust des Geschmackssinnes, eine Behinderung der Beweglichkeit des Kopfes und eine Beeinträchtigung seines Gedächtnisses zu ertragen habe. Die Revision des Beklagten rügt, daß das Berufungsgericht bei der Festsetzung des Schmerzensgeldes das Bestehen einer Haftpflichtversicherung des Beklagten berücksichtigt habe. Sie führt hierzu aus: Das Berufungsgericht erkläre zwar, daß es sich der Anschauung des Reichsgerichts anschließe, wonach das Bestehen einer Haftpflichtversicherung nicht zu berücksichtigen sei. Wenn es dann aber fortfahre, es trage keine Bedenken, die Ansprüche des Schädigers aus der Haftpflichtversicherung im Rahmen des § 847 BGB als Vermögenslage zu werten, so werde damit der Standpunkt des Reichsgerichts praktisch offenbar wieder verlassen und in Wahrheit entgegen der herrschenden Ansicht das Bestehen einer Haftpflichtversicherung dennoch berücksichtigt. Zunächst müsse dasjenige, wofür die Haftpflichtversicherung den Haftpflichtigen schadlos zu halten habe, feststehen; bei der Bemessung der Schadensersatzpflicht des Haftpflichtigen könne daher nicht umgekehrt die sich erst hiernach richtende Schadloshaltungspflicht der Haftpflichtversicherung eine Rolle spielen. Das Recht aus der Haftpflichtversicherung sei für die Sicherheit, aber nicht für die Höhe der Schadensersatzforderung von Bedeutung. Die Versicherungssumme bilde keinen Bestandteil des dem Schädiger gehörenden Vermögens, dessen Umfang bei der Bemessung der Höhe des Schmerzensgeldes in Betracht gezogen werden könne. Das Berufungsurteil verletzte insoweit den in § 847 BGB durch das Wort „billig" angedeuteten Bemessungsgrundsatz.

Hierzu ist folgendes zu sagen: Das Reichsgericht hat zwar bisher in ständiger Rechtsprechung den Umstand, daß der Schädiger das dem Verletzten zu gewährende Schmerzensgeld nicht selbst zu tragen hatte, sondern daß eine Haftpflichtversicherungsgesellschaft ihm diese Last abnahm, bei der Festsetzung der Höhe des Schmerzensgeldes für unbeachtlich erklärt, vgl. insbesondere RGZ Bd. 63 S. 104; Bd. 136 S. 60; Bd. 157 S. 350; RGUrt. vom 28. Mai 1925 in JW 1925 S. 2599; RGUrt. vom 27. Oktober 1932 in JW 1933 S. 779; RGUrt. vom 11. Juli 1935 in JW 1935 S. 2950; RGUrt. vom 26. August 1937 in JW 1937 S. 3172; RGUrt. vom 4. Februar 1941 in DR 1941 S. 1298. In diesen Entscheidungen wird die Auffassung vertreten, daß eine Berücksichtigung der Haftpflichtversicherung des Schädigers bei der Bemessung der Höhe des Schmerzensgeldes das Wesen der Haftpflichtversicherung verkennen würde; die Versicherung solle den Haftpflichtigen für dasjenige schadlos halten, was er auf Grund seiner Verantwortlichkeit zu leisten habe und was daher zunächst feststehen müsse (§ 149 VVG), die Ansprüche aus dem Versicherungsvertrage seien nicht Bestandteil des Vermögens des Schädigers und daher nicht zu berücksichtigen.

An dieser Rechtsprechung kann jedoch nach erneuter Prüfung nicht festgehalten werden. Nach § 847 BGB ist dem Verletzten wegen des Nichtvermögensschadens eine billige Entschädigung in Geld zu gewähren. Welche Entschädigung im einzelnen Fall als billig angesehen werden kann, ist unter Würdigung aller in diesem Falle vorliegenden Umstände zu ermitteln. Insbesondere muß die Bestimmung der Höhe der Entschädigung, wenn sie eine billige sein soll, auf die Verhältnisse *beider* Teile Rücksicht nehmen. Die dem Verletzten zu gewährende Entschädigung in Geld richtet sich daher nicht nur nach der Art und Dauer der Schmerzen, die der Verletzte infolge des Unfalls zu erleiden hat, und danach, was erforderlich ist, um ihm, soweit das überhaupt möglich ist, für die körperlichen und seelischen Leiden einen Ausgleich zu gewähren, sondern es ist auch zu prüfen, was der Schädiger tatsächlich an Entschädigung leisten kann, d. h. welche Leistung ihm nach seiner wirtschaftlichen Lage zugemutet werden kann und muß. Es ist deshalb daran festzuhalten, daß bei Bemessung des Schmerzensgeldes auch die Vermögens- und Einkommensverhältnisse des Schädigers zu berücksichtigen sind, weil sie bei der Prüfung der Frage, welche Leistung ihm zugemutet werden kann und zuzumuten ist, ins Gewicht fallen müssen. Geht man hiervon aus, dann kann die Tatsache, daß der Schädiger gegen Haftpflicht versichert ist, nicht, wie es in der bisherigen Rechtsprechung geschehen ist, ganz unberücksichtigt gelassen werden. Die wirtschaftliche Lage eines Schädigers, der sich durch Versicherung gegen Haftpflicht davor geschützt hat, in den unter den Versicherungsvertrag fallenden Haftungsfällen mit dem eigenen Einkommen und Vermögen haften zu müssen, ist günstiger als diejenige eines Schädigers, dessen Einkommen und Vermögen in Haftungsfällen voll in Anspruch genommen werden kann. Ist ein Schädiger nicht gegen Haftpflicht versichert und sind seine Einkommens- und Vermögensverhältnisse so bescheiden, daß er ein Schmerzensgeld in der Höhe, wie es zum Ausgleich für die Schmerzen des Verletzten angemessen sein würde, nicht zu leisten vermag, ohne selber in ernste wirtschaftliche Schwierigkeiten zu geraten, so würde es in aller Regel nicht der Billigkeit entsprechen, wenn ihm die Leistung eines Schmerzensgeldes in dieser Höhe zugemutet würde. Diese Billigkeitserwägung, daß ihm das an sich Angemessene nicht zuzumuten sei, kann jedoch – und insoweit kann die bisherige Rechtsprechung nicht aufrechterhalten werden – dann nicht Platz greifen, wenn der Schädiger gegen Haftpflicht versichert ist und die Zahlung der Entschädigung ihn daher nicht selbst belastet, sondern ihm von seiner Versicherungsgesellschaft abgenommen wird. In dieser Beziehung ist vor allem von Bedeutung, daß durch Gesetz vom 7. November 1939 (RGBl. I S. 2223) das Reichsgesetz über den Versicherungsvertrag weitgehend zugunsten des Geschädigten geändert worden ist. In der Amtlichen Begründung zu dem neuen Gesetz (DJ 1939 S. 1771) heißt es: „Die fortschreitende Motorisierung erfordert nach dem Willen des Führers einen erweiterten Schutz der Verkehrsopfer. Diesem Ziele dient das vorliegende Gesetz. Es sieht zunächst einen Zwang zum Abschluß einer Kraftfahrzeughaftpflichtversicherung vor. Im Anschluß daran wird im Interesse der Schaffung eines einheitlichen Rechts im Großdeutschen Reich das materielle Haftungsrecht des Kraftfahrzeughalters geändert. Außerdem erfährt das Recht der Haftpflichtversicherung zum Schutze des Geschädigten eine durchgreifende Änderung und Ergänzung.“ Zu dem neuen § 158 c VVG wird in der genannten Begründung gesagt, daß ein möglichst lückenloser Schutz des geschädigten Dritten gewährleistet werden solle. Das Gesetz hat bei der neuen Pflichtversicherung in § 158 c bewußt den Standpunkt verlassen, der Versicherer habe nur dafür einzustehen, daß der Haftpflichtanspruch des Dritten nicht das Vermögen des Versicherungsnehmers belaste. Denn diese Vorschrift bestimmt in ihrem ersten Absatz, daß, wenn der Versicherer von der Verpflichtung zur Leistung dem Versicherungsnehmer gegenüber – infolge Obliegenheitsverletzung, Nichtzahlung der Prämie oder nichtrechtzeitiger Klageerhebung – ganz oder teilweise frei sei, gleichwohl seine Verpflichtung in Ansehung des Dritten bestehen bleibe. Weiter wirkt nach Abs. 2 der genannten Vorschrift ein Umstand, der das Nichtbestehen oder die Beendigung des Versicherungsverhältnisses zur Folge hat, in Ansehung des Dritten erst mit dem Ablauf eines Monats, nachdem der Versicherer diesen Umstand der hierfür zuständigen Stelle angezeigt hat. Die Gesetzesänderung gewährleistet also bei der Pflichtversicherung dem Dritten den Versicherungsschutz sogar in Fällen, in denen der Versicherungsnehmer gegen den Versicherer keinen Anspruch mehr hat. Danach ist aus den neuen Vorschriften als Wille des Gesetzgebers zu entnehmen, daß dem Geschädigten – entsprechend dem Zweck des Gesetzes, ihm einen möglichst lückenlosen Schutz zu gewährleisten – auch in Fällen, in denen der Schädiger nicht leistungsfähig ist, mit Hilfe der Versicherung nicht nur der volle Ersatz des Vermögensschadens, sondern auch ein angemessenes Schmerzensgeld gesichert werden soll.

Bei Anwendung dieser Grundsätze auf den vorliegenden Fall ist der Senat zu dem Ergebnis gelangt, daß nach den hier gegebenen Umständen ein Schmerzensgeld von 8.000 RM angemessen ist, um dem Kläger einen Ausgleich für die infolge des Unfalls erlittenen Schmerzen und Entbehrungen zu gewähren, soweit dies überhaupt möglich ist. Dieser Betrag kann dem Kläger nicht deshalb versagt werden, weil seine Zahlung dem Beklagten nach dessen Verhältnissen nicht zugemutet werden könnte; die Billigkeitserwägung, daß ihm mit Rücksicht auf seine bescheidene Wirtschaftslage die Zahlung eines Schmerzensgeldes von 8.000 RM nicht zuzumuten sei, kann nicht zur Anwendung kommen, da er durch den Abschluß einer Versicherung gegen Haftpflicht dafür gesorgt hat, daß er mit Hilfe seines Versicherers in der Lage ist, das angemessene Schmerzensgeld zu zahlen, ohne durch eine solche Zahlung selbst in wirtschaftliche Schwierigkeiten zu geraten.

Dem Kläger waren daher als Schmerzensgeld 8.000 RM – und zwar nach dem oben Ausgeführten in voller Höhe – zuzusprechen.

Was die Dauer der Verpflichtung des Klägers zur Zahlung der Monatsrente von 150 RM betrifft, so hat der Kläger selbst – zuerst mit Schriftsatz vom 1. Dezember 1941 – den Antrag gestellt, den Beklagten zu verurteilen, ihm vom 1. Dezember 1941 ab „bis zur Wiedererlangung der vollen Arbeitskraft des Klägers monatlich je 150 RM zu entrichten". Das Landgericht hat dem Kläger die Rente – in Höhe von monatlich 112,50 RM – bis zu dem genannten Zeitpunkt, das Berufungsgericht hat sie ihm „auf so lange zugesprochen, als er in dem Maße wie zur Zeit erwerbsunfähig sein werde". Dieser Urteilsausspruch unterliegt rechtlichen Bedenken. Denn das Verlangen des Klägers verstößt gegen § 253 Abs. 2 Nr. 2 ZPO, wonach ein *bestimmter* Antrag erforderlich ist. Der Klageantrag hätte daher die begehrte Leistung nach Art und Umfang so genau bezeichnen müssen, daß jede Ungewißheit, insbesondere auch mit Rücksicht auf die Möglichkeit der Vollstreckung, ausgeschlossen war. Dieses Erfordernis ist nicht erfüllt. Aus dem Antrag ist nicht mit ausreichender Bestimmtheit zu ersehen, bis wann die Rente gewährt werden soll. Wie lange der Kläger in dem Maße wie zur Zeit der letzten mündlichen Verhandlung vor dem Berufungsgericht – 6. Januar 1942 – erwerbsunfähig sein wird, ist nicht festgestellt, auch fehlen Behauptungen der Parteien hierüber. Es wäre Sache des Klägers gewesen, anzugeben, bis zu welchem bestimmten Endtermin er die Rente verlange. Gegebenenfalls hätte dann auch geprüft werden müssen, ob der Kläger, wenn er den Unfall nicht erlitten hätte, nach seinen sonstigen Verhältnissen in der Lage gewesen sein würde, sein Geschäft bis zu diesem Zeitpunkt weiterzuführen. Da hiernach der Klageantrag insoweit der erforderlichen Bestimmtheit ermangelt, ist er unzulässig; die Klage war daher insoweit, als die Rente für die Zeit nach Januar 1942 verlangt wird, angebrachtermaßen abzuweisen.

Hiernach war wie geschehen zu erkennen.

---

5. Der Wartepflichtige darf die Straßenkreuzung vor dem Vorfahrtberechtigten nur dann überqueren, wenn jede Möglichkeit eines Zusammenstoßes ausgeschlossen erscheint. Versucht er noch vor dem Vorfahrtberechtigten die Straßenkreuzung zu überqueren, so trifft ihn wegen des Verstoßes gegen diese Grundregel des Verkehrs in aller Regel an dem Zusammenstoß das überwiegende Verschulden und bildet sein Verhalten die entscheidende Ursache für den Zusammenstoß.

StVO § 13.

V. Zivilsenat. Urt. v. 19. Januar 1944 (V 105/1943).

I. Landgericht Stuttgart.
II. Oberlandesgericht Stuttgart.

In Sachen

1.) der Firma *Langbeck & Co.* in Esslingen,

2.) des Kraftfahrers Richard *Schmid* in Esslingen-Sulzgries, Beklagten und Revisionskläger, Prozeßbevollmächtigter: Rechtsanwalt Dr. Drost in Leipzig

gegen

den Architekten Hans Anton *Geiger* in Stuttgart, Kläger und Revisionsbeklagten, Prozeßbevollmächtigter: Rechtsanwalt Dr. Schoffer in Leipzig, hat das Reichsgericht, V. Zivilsenat, auf die mündliche Verhandlung vom 19. Januar 1944 unter Mitwirkung des Reichsgerichtsrats Witthöfft als Vorsitzenden und der Reichsgerichtsräte Dr. Musold, Böhmer, Dr. Hackl, Denecke für Recht erkannt:

Das Urteil des 4. Zivilsenats des Oberlandesgerichts in Stuttgart vom 31. Mai 1943 wird unter Zurückweisung der weitergehenden Revision insoweit aufgehoben, daß das Urteil des Landgerichts in Stuttgart vom 9. Dezember 1942 dahin geändert wird:

1. Die Zahlungsansprüche des Klägers sind dem Grunde nach zu einem Drittel berechtigt, der Beklagten zu 1) gegenüber aber nur im Rahmen des Kraftfahrzeuggesetzes.

2. Es wird festgestellt, daß die Beklagten als Gesamtschuldner dem Kläger ein Drittel der weiteren ihm aus den Unfall vom 31. August 1940 entstehenden Schadens zu ersetzen haben. Die Beklagte zu 1) jedoch nur im Rahmen des Kraftfahrzeuggesetzes.

Die Entscheidung über die Kosten des Revisionsverfahrens bleibt dem Schlußurteil vorbehalten. – Von Rechts wegen

Tatbestand

Am 31. August 1940 um die Mittagszeit wurde der Kläger mit seinem Kraftrad in Esslingen auf der Kreuzung der in den Roßmarkt sich fortsetzenden Schelztorstraße mit der Bahnhofstraße von dem dem Beklagten zu 1) gehörigen, durch den Beklagten zu 2) gesteuerten, von rechts kommenden Lastkraftwagen erfaßt und in weitem Bogen weggeschleudert, so daß er schwere Verletzungen, insbesondere einen Schädelbasisbruch und einen Beinbruch erlitt und sein Kraftrad erheblich beschädigt wurde.

Für den entstandenen Schaden nimmt er beide Beklagte auf Grund der §§ 7, 18 KFG und den Beklagten zu 2) auch aus § 823 BGB in Anspruch mit der Begründung, daß der Unfall zum mindesten überwiegend auf das Verhalten des Beklagten zu 2) zurückzuführen sei, da er viel zu schnell gefahren sei, nicht genügend aufgepaßt und sein Vorfahrtrecht mißbraucht habe. Er sei nämlich mit einer Geschwindigkeit von mindestens 60 km/st gefahren und habe ihn, obwohl er ihn schon auf 50 m hätte sehen können, nach seiner eigenen Angabe erst auf 20 m erblickt. Auch hätte er ihn, der schon viel näher an der Kreuzung gewesen sei, vorbeifahren lassen müssen. Der Kläger habe nur eine Geschwindigkeit von 20 km/st gehabt und habe annehmen dürfen, daß der Beklagte mit der zulässigen Geschwindigkeit fahren werde und daß er deshalb längst vor dem Lastkraftwagen die Kreuzung überquert haben würde. Die Beklagten machen dagegen geltend, daß der Unfall allein auf das verkehrswidrige Verhalten des Klägers zurückzuführen sei. Der Kläger habe vor allem sich nicht über das dem Lastkraftwagen zweifelsfrei zustehende Vorfahrtrecht hinwegsetzen dürfen. Auch habe er eine Geschwindigkeit von 40 bis 50 km/st gehabt, da er sonst nicht so weit hätte fortgeschleudert werden können. Dagegen habe der Lastkraftwagen nur eine Geschwindigkeit von 20 bis 25 km/st gehabt und diese vor der Kreuzung noch vermindert. Auch habe der Beklagte zu 2) daraus, daß der Kläger vor der Kreuzung nach links gesehen habe, annehmen müssen, er wolle dahin einbiegen.

Landgericht und Oberlandesgericht haben den als 2/3 Teilforderung erhobenen Anspruch des Klägers auf Zahlung von 3.279,38 RM gegen die Beklagten und von weiteren 8.000 RM gegen den Beklagten zu 2) dem Grunde nach zur Hälfte des vollen Schadens für gerechtfertigt erklärt und weiter festgestellt, daß die Beklagten als Gesamtschuldner, der Beklagte zu 1) nur im Rahmen des Kraftfahrzeuggesetzes, dem Kläger die Hälfte alles weiteren Schadens zu ersetzen haben. Mit der Revision erstreben die Beklagten wiederum gänzliche Abweisung der Klage während der Kläger Zurückweisung der Revision beantragt.

Entscheidungsgründe

Das Berufungsgericht erblickt ein Verschulden des Beklagten zu 2) darin, daß er mit einer für die Orts- und Verkehrslage zu hohen Geschwindigkeit von 40 km/st anstatt von höchstens 30 bis 32 km/st an die Kreuzung herangefahren sei und nach Erblicken des Klägers nicht alles Erforderliche zur Vermeidung des Unfalls getan habe, da er zum mindesten Zweifel hätte haben müssen, ob der Kläger sein Vorfahrtrecht achten werde. Ein Verschulden des Klägers sieht es darin, daß er das Vorfahrtrecht des Lastkraftwagens nicht geachtet habe. Es hält eine Verteilung des Schadens je zur Hälfte um deswillen für angemessen, weil das Kraftrad zwar in die Fahrbahn des vorfahrtberechtigten Lastkraftwagens hineingefahren sei, bei diesem aber die erhöhte Betriebsgefahr zu berücksichtigen sei und das in der Nichtbeachtung des Vorfahrtrechts liegende Verschulden des Klägers durch das doppelte Verschulden des Beklagten zu 2), nämlich die von vornherein zu hohe Geschwindigkeit und ihre mangelnde Herabsetzung nach dem Erkennen der Gefahr ausgeglichen werde.

Die Revision wendet sich vor allem gegen die Annahme, der Beklagte habe damit rechnen müssen, daß von rechts aus dem Roßmarkt heraus ein vorfahrtberechtigter Wagen kommen könnte, und er hätte deshalb nur mit einer Geschwindigkeit von höchstens 30 bis 32 km/st an die Straßenkreuzung heranfahren dürfen. Sie meint, daß der Wartepflichtige, der gegen das Vorfahrtrecht verstoßen habe, zu seiner Entlastung sich nicht darauf berufen könne, daß der Vorfahrtberechtigte sich seinerseits anderen Verkehrsteilnehmern gegenüber verkehrswidrig verhalten habe. Zudem lasse sich nicht einmal feststellen, daß von rechts ein Wagen gekommen sei, dessentwegen der Beklagte zu 2) seine Geschwindigkeit hätte ermäßigen müssen. Auch hätte er nach dem Gutachten einen herankommenden Wagen so rechtzeitig erblicken können, daß er noch vor Erreichung der Kreuzung beider Fahrbahnen seinen Wagen hätte zum Stehen bringen können. Damit entfalle jede Möglichkeit, dem Beklagten im Verhältnis zum Kläger zum Vorwurf zu machen, daß er zu schnell an die Straßenkreuzung herangefahren sei.

Diese Ausführungen verkennen jedoch die Rechtslage. Die Geschwindigkeit, mit welcher der Vorfahrtberechtigte an die Kreuzung heranfährt, ist zwar für die Frage, ob ihm das Vorfahrtrecht zusteht, bedeutungslos, da nach ständiger Rechtsprechung das Vorfahrtrecht nicht deshalb entfällt, weil der Vorfahrtberechtigte sich selbst verkehrswidrig verhält. Für die Frage, welche Umstände für den Zusammenstoß ursächlich gewesen sind, ist aber auch das Verhalten des

Vorfahrtberechtigten bedeutsam, insbesondere ob er die nach den Verkehrsvorschriften geltenden Pflichten erfüllt hat. Hierbei kann es entgegen der Meinung der Revision nicht darauf ankommen, ob eine Verkehrspflicht gerade einem bestimmten Verkehrsteilnehmer gegenüber besteht, da durch die Nichtbeachtung dieser Verkehrspflicht auch ein anderer gefährdet werden kann, und die Verkehrsvorschriften, die nach dem Vorspruch zur Straßenverkehrsordnung eine echte Gemeinschaft aller Verkehrsteilnehmer begründen sollen, eine Gefährdung des Verkehrs überhaupt verhindern sollen, die Verkehrspflichten also allen und nicht nur einzelnen Verkehrsteilnehmern gegenüber bestehen. Im übrigen dient die Bestimmung des § 9 Abs. 2 StVO, daß die Fahrgeschwindigkeit besonders an unübersichtlichen Stellen so einzurichten ist, daß das Fahrzeug rechtzeitig angehalten werden kann, nicht nur der Erfüllung der Wartepflicht, sondern soll Zusammenstöße an solchen unübersichtlichen Stellen überhaupt verhindern, also auch dem Vorfahrtberechtigten ermöglichen, einen Zusammenstoß mit einem Wartepflichtigen, der aus irgendeinem Grunde seine Vorfahrt nicht achtet, zu vermeiden. Die Pflicht, in geschlossenen Ortschaften, an unübersichtlichen Straßenkreuzungen die Fahrgeschwindigkeit unterhalb der festgesetzten Höchstgeschwindigkeit von 40 km/st zu halten, ist somit unabhängig davon, ob tatsächlich von der einen oder anderen Seite ein Fahrzeug kommt, insbesondere davon, ob der Fahrer des Wagens das Vorfahrtrecht eines dritten Fahrzeuges verletzt. Entscheidend ist vielmehr, ob der Fahrer nicht trotz seines Vorfahrtrechtes wegen der Unübersichtlichkeit der Straßenkreuzung seine Geschwindigkeit vorher ermäßigen mußte.

Das stellt aber das Berufungsgericht in Übereinstimmung mit den Gutachtern bedenkenfrei fest. Daraus, daß der Beklagte zu 2) nach den Berechnungen des Gutachters Kluge an sich nach Erblicken eines aus dem Roßmarkt kommenden Kraftfahrzeuges seinen Wagen noch vor dem Kreuzungspunkt beider Fahrbahnen hätte zum Stehen bringen können, kann entgegen der Meinung der Revision nicht gefolgert werden, daß die Fahrgeschwindigkeit von 40 km/st zulässig gewesen sei. Denn mit Recht weist der Sachverständige darauf hin, daß zur sicheren Vermeidung eines Zusammenstoßes die Fahrzeuge schon einige Meter vor dem Kreuzungspunkt zum Stillstand gebracht werden müssen, da eine Vollbremsung immer gewisse Gefahren mit sich bringt. Außerdem kann sich ein Kraftwagen nicht immer scharf an der rechten Seite der Fahrbahn halten, wovon der Gutachter bei seinen Berechnungen ausgeht, sondern kann auch zum Fahren weiter links berechtigt und sogar gezwungen sein, z. B. durch die Vorschrift des § 8 Abs. 3 Satz 2 StVO, nach der man sich vor einem Einbiegen nach links möglichst weit links, d. i. an der Mittellinie der Straße einzuordnen hat. Da also der Kreuzungspunkt beider Fahrbahnen für keinen der Fahrer von vornherein feststeht, erfordert es die gebotene Sorgfalt, an einer unübersichtlichen Kreuzung die eigene Geschwindigkeit so einzurichten, daß man sein

Fahrzeug nötigenfalls vor der Mitte der von rechts kommenden Straße zum Halten bringen kann.

Mit Recht haben deshalb der Sachverständige und das Berufungsgericht eine Verringerung der Geschwindigkeit für notwendig gehalten, da die Straßenkreuzung, wie die Lichtbilder ergeben, auch für einen mit der Örtlichkeit nicht bekannten Fahrer ohne weiteres als unübersichtlich zu erkennen war. Demnach ist es rechtlich nicht zu beanstanden, daß das Berufungsgericht in der Nichtbeachtung der Pflichten aus § 9 Abs. 2 und § 1 StVO ein dem Beklagten zu 2) auch im Verhältnis zum Kläger zuzurechnendes Verschulden im Sinne des § 823 BGB gesehen hat.

Nicht frei von Rechtsirrtum sind dagegen die Erwägungen zur Frage des mitwirkenden Verschuldens. Das Berufungsgericht hat dem Verstoß des Klägers gegen das Vorfahrtrecht des Beklagten zu 2) zu geringe Bedeutung beigemessen. Die Vorschriften des § 13 StVO sind besonders wichtige Grundregeln des Verkehrs. Sie sollen die Gefahren von Straßenkreuzungen und Straßeneinmündungen, an denen sich Zusammenstöße besonders häufig ereignen, nach Möglichkeit verringern. Der Wartepflichtige darf deshalb, wie der Senat bereits wiederholt ausgesprochen hat, die Straßenkreuzung vor dem Vorfahrtberechtigten nur dann überqueren, wenn jede Möglichkeit eines Zusammenstoßes ausgeschlossen erscheint, d. h. wenn das vorfahrtberechtigte Fahrzeug von der Straßenkreuzung noch so weit entfernt ist, daß seine glatte Durchfahrt nicht beeinträchtigt, sein Führer auch nicht etwa wegen der drohenden Möglichkeit eines Zusammenstoßes zu irgendwelchen plötzlichen Maßnahmen genötigt wird. Der Wartepflichtige hat so zu fahren, daß der Berechtigte die Kreuzung ohne Besorgnis eines Zusammenstoßes mit unveränderter Geschwindigkeit überfahren kann. Selbst wenn der Wartepflichtige an die Straßenkreuzung schon näher als der Vorfahrtberechtigte heran ist, hat er diesem doch die Vorfahrt zu lassen. Versucht er noch vor ihm die Straßenkreuzung zu überqueren, so trifft ihn wegen des Verstoßes gegen diese Grundregel des Verkehrs in aller Regel an dem Zusammenstoß das überwiegende Verschulden und bildet sein Verhalten die entscheidende Ursache für den Zusammenstoß, auch wenn der Vorfahrtberechtigte von vornherein die im gegebenen Falle zulässige Geschwindigkeit überschritten oder sie nach Erkennbarkeit der Verletzung seiner Vorfahrt nicht sofort herabgesetzt hat.

Überdies ist auch die Annahme des Berufungsgerichts bedenklich, daß der Beklagte zu 2) Zweifel haben mußte, ob der Kläger ihm die Vorfahrt lassen werde. Das Berufungsgericht will dies daraus folgern, daß er beobachtet habe, wie der Kläger noch etwa 20 m vorher nach links geschaut habe. Dabei verkennt das Berufungsgericht, daß der Fahrzeugführer vor dem Durchfahren einer Kreuzung nach rechts *und nach links* Ausschau halten muß und daß deshalb sein Sehen nach links von anderen Verkehrsteilnehmern nicht als Anzeichen für eine beabsichtigte Verletzung der Vorfahrt angesehen zu werden braucht, zumal dann nicht, wenn der Fahrer, wie im vorliegenden Fall der Kläger, noch 20 m von der Kreuzungsstelle entfernt und deshalb bei der vom Berufungsgericht angenommenen eigenen Geschwindigkeit von 30 bis 32 km/st immer noch imstande ist, vor der Kreuzung sein Fahrzeug zum Stehen zu bringen oder doch die Geschwindigkeit so stark zu ermäßigen, daß der Vorfahrtberechtigte ungehindert vorbeifahren kann. Andererseits durfte der Beklagte zu 2) sich darauf verlassen, daß der Kläger sein zweifelsfrei bestehendes Vorfahrtrecht achten werde, und mußte seinerseits seine Aufmerksamkeit darauf richten, ob nicht aus dem Roßmarkt ein Fahrzeug kommen werde, dem er die Vorfahrt zu gewähren habe. Der Beklagte konnte also seine Aufmerksamkeit nicht nur dem Verhalten des Klägers widmen. Das Berufungsgericht hat also die Anforderungen überspannt, die an die Rücksichtnahme des Vorfahrtberechtigten auf den Wartepflichtigen gestellt werden können.

Danach bedurfte es einer erneuten Abwägung nach § 254 BGB. Da der Sachverhalt vollständig geklärt ist, erschien es gerechtfertigt, von der Befugnis des § 4 Abs. 12 der 4. VereinfVO vom 12. Januar 1943 Gebrauch zu machen und unter Abstandnahme von einer Zurückverweisung an das Berufungsgericht selbst über die Abwägung zu entscheiden.

Als für den Zusammenstoß ursächliches Verschulden kommt nach den obigen Ausführungen auf Seiten des Beklagten zu 2) nur die etwas zu hohe Geschwindigkeit in Betracht, mit der er an die unübersichtliche Straßenkreuzung herangefahren ist. Wenn auch mit dem Berufungsgericht die Betriebsgefahr des Lastwagens höher zu bewerten ist als die des Kraftrades, erscheint doch die Teilung des Schadens je zur Hälfte nicht als angemessen, der größere Teil des Schadens muß vielmehr dem Kläger wegen seiner für den Unfall überwiegend ursächlichen Nichtbeachtung des Vorfahrtrechts zur Last fallen. Demnach konnte ihm nur ein Anspruch auf Ersatz von einem Drittel des entstandenen Schadens zugebilligt werden.

---

6. § 4 Abs. 3 und § 9 der VO zur weiteren Überleitung der Rechtspflege im Lande Österreich und in den sudetendeutschen Gebieten vom 28. Februar 1939 (RGBl. I S. 358) und §§ 519 Z. 1 und 471 Z. 2 ö.ZPO (siehe auch § 519 b RZPO). Zur Zulässigkeit und Begründetheit des Rekurses (§§ 464, 125 ö.ZPO, § 89 GOG).

VII. Zivilsenat. Beschl. v. 19. Januar 1944 (VII 168/1943).

I. Landgericht Wien.
II. Oberlandesgericht Wien.

In der Rechtssache des Klägers Johann *Matauschek*, Kaufmannes in Wien, I., Kleeblattgasse 11/1, dem das Armenrecht bewilligt wird, vertreten durch den Rechtsanwalt Dr. Emil Faulhaber in Wien,

gegen

die Beklagte: *Die Gemeindeverwaltung des Reichsgaues Wien* in Wien, I., Bartensteingasse 9, vertreten durch den Rechtsanwalt Dr. Rüdiger Morawetz in Wien, wegen Schadensersatz samt Anhang (Streitwert und Wert des Beschwerdegegenstandes 25.000 RM), hat das Reichsgericht, VII. Zivilsenat, in der nichtöffentlichen Sitzung am 19. Januar 1944 unter Mitwirkung des Senatspräsidenten Dr. Zellner und der Reichsgerichtsräte Burmeister, Dr. Tenschert, Dr. Kirchengast und Dr. Roppert,

1. auf den Rekurs des Klägers gegen den Beschluß des Oberlandesgerichts als Berufungsgericht in Wien vom 21. August 1943, 4 R 282/43-22, womit die Berufung des Klägers gegen das Zwischenurteil des Landgerichts in Wien vom 18. Juni 1943, 22 Cg 78/42-18, als verspätet zurückgewiesen wurde, und

2. auf den Rekurs beider Streitteile gegen den Beschluß des Oberlandesgerichts als Berufungsgericht in Wien vom 12. November 1943, 4 R 282/43-28, womit aus Anlaß der Berufung des Klägers gegen dieses Zwischenurteil und des Landgerichts in Wien dieses Zwischenurteil und das vorangegangene Verfahren als nichtig aufgehoben wurde, *beschlossen:*

1. Dem Rekurs des Klägers gegen den Beschluß des Oberlandesgerichts als Berufungsgerichts in Wien vom 21. August 1943, 4 R 282/43-22, und gleichzeitig auch

2. den beiden Rekursen des Klägers und der Beklagten gegen den Beschluß des Oberlandesgerichts als Berufungsgerichts in Wien vom 12. November 1943, 4 R 282/43-28, wird Folge gegeben.

Die angefochtenen Beschlüsse werden aufgehoben und dem Berufungsgericht wird Sachentscheidung über die Berufung des Klägers aufgetragen.

Die Kosten des Rekurses zu 1. sind als Verfahrenskosten zu behandeln.

Kosten für die Rekurse zu 2. werden nicht zuerkannt.

Gründe

Das Berufungsgericht wies mit Beschluß vom 21. August 1943 die Berufung des Klägers als verspätet zurück. Der Kläger beantragte dagegen Wiedereinsetzung in den vorigen Stand und legte gleichzeitig Rekurs gegen diesen Beschluß ein. Das Berufungsgericht ließ den Wiedereinsetzungsantrag unerledigt und hob das Urteil des Landgerichts und das vorangegangene Verfahren mit Beschluß vom 12. November 1943 als nichtig auf, weil es sich nach Ansicht des Berufungsgerichts um eine Bestandssache im Sinne des § 49 Z. 5 JN handle und deshalb das Amtsgericht ausschließlich zuständig sei und weil mangels einer ausdrücklichen Entscheidung des Landgerichts über seine Zuständigkeit auch die Bestimmung des § 45 Abs. 1 JN (trotz gegenteiliger Entscheidung des Obersten Gerichtshofs in Wien vom 30. Oktober 1929, 3 Ob 904/29 – SZ XI 221) nicht anwendbar sei.

1. Zum Rekurs des Klägers gegen den Beschluß vom 21. August 1943:

Das Berufungsgericht sah die Berufung des Beklagten als verspätet an, weil das angefochtene Urteil schon am 28. Juni 1943 zur Post gegeben und deshalb als am 30. Juni 1943 als zugestellt anzusehen sei [§ 5 der KriegsmaßnahmenVO vom 12. Mai 1943 (RGBl. I S. 210)], die Berufung aber erst am 15. Juli eingebracht worden sei. Der Kläger erhob dagegen den Rekurs, weil laut Poststempels auf dem Briefumschlag das Urteil erst am 1. Juli 1943 aufgegeben und die Berufung deshalb rechtzeitig eingebracht sei.

Dieser Rekurs des Klägers ist nach § 4 Abs. 3 und § 9 der VO zur weiteren Überleitung der Rechtspflege im Lande Österreich und in den sudetendeutschen Gebieten vom 28. Februar 1939 (RGBl. I S. 358) und §§ 519 Z. 1 und 471 Z. 2 ö. ZPO (siehe auch § 519 b RZPO) zulässig (s. Beschluß des Reichsgerichts vom 12. Januar 1944, VII B 26/43). Er ist auch begründet, denn der Kläger hat nachgewiesen, daß das Urteil erst am 1. Juli 1943 zur Post gegeben wurde, so daß die am 15. Juli 1943 zur Post gegebene Berufung des Klägers nach §§ 464 und 125 ö. ZPO und § 89 GOG [Gerichtsorganisationsgesetz] rechtzeitig ist. Diesem Rekurse des Klägers ist somit Folge zu geben. Die Kosten dieses Rekurses sind nach § 52 Abs. 1 ö. ZPO als Verfahrenskosten zu erklären.

2. Zu den Rekursen gegen den Beschluß vom 18. November 1943:

Auf diese Rekurse kann erst nach Stattgebung des Rekurses zu 1. eingegangen werden, weil zur Zeit der Beschlußfassung infolge der vorausgegangenen Zurückweisung der Berufung ein Berufungsverfahren gar nicht anhängig war und erst wieder durch Aufhebung des Zurückweisungsbeschlusses als anhängig zu gelten hat. Auch diese Rekurse sind begründet. Der Oberste Gerichtshof hielt an seiner in der vorgenannten Entscheidung ausgesprochenen Ansicht, daß es zur Anwendung des § 45 Abs. 1 ö. JN einer ausdrücklichen Entscheidung des Landgerichtes über seine Zuständigkeit nicht bedürfe, trotz vom Schrifttum erhobener Einwendungen in späteren Entscheidungen fest (3 Ob 164/34 – ZBL 224/34 und 3 Ob 1044/36 – SZ XVIII 231). Mögen vielleicht die gegen diese Ansicht erhobenen Einwendungen seinerzeit nicht ganz unbeachtet gewesen sein, nunmehr aber, nachdem der Rechtszug ganz gleich geregelt ist, ob ein Urteil in dieser Sache von einem Land- oder einem Amtsgericht gefällt ist, wäre es nicht tragbar, ein vor dem Landgericht schon völlig abgeschlossenes Verfahren aufzuheben und das ganz gleiche Verfahren vor einem Amtsgericht zu veranlassen. Es muß deshalb der Bestimmung des § 45 Abs. 1 JN gefolgt und infolgedessen der Beschluß des Berufungsgerichts aufgehoben und Sachentscheidung aufgetragen werden. Auf die Frage, ob es sich wirklich um eine Bestandssache im Sinne des § 49 Z.5 JN handelt, braucht nicht eingegangen zu werden.

Kosten dieses Rekurses werden nicht zuerkannt, weil kein Streitteil den angefochtenen Beschluß veranlaßt, sondern beide vielmehr gerade das Gegenteil angestrebt haben.

---

7. Die Vorschrift des § 1632 BGB, die einen im Wege der Klage vor den ordentlichen Gerichten zu verfolgenden Anspruch auf Herausgabe des Kindes vorsieht, muß im Verhältnis geschiedener Ehegatten zueinander durch die vom EheG herbeigeführte Rechtsentwicklung als überholt angesehen werden. Für eine solche Klage ist seit dem Inkrafttreten des EheG der Rechtsweg ausgeschlossen.

BGB § 1632.

IV. Zivilsenat. Urt. v. 26. Januar 1944 (IV 209/1943).

I. Landgericht Dresden.
II. Oberlandesgericht Dresden.

In Sachen des Kaufmanns A. K. in L., Beklagten, Revisionsklägers, Prozeßbevollmächtigter: Rechtsanwalt Justizrat Geutebrück in Leipzig.

gegen

Frau H. vhl. R. gesch. gew. K. geb. D. in F., Klägerin, Revisionsbeklagte, Prozeßbevollmächtigter: Rechtsanwalt Dr. Conrad in Leipzig, hat das Reichsgericht, IV. Zivilsenat,

auf die mündliche Verhandlung vom 26. Januar 1944 unter Mitwirkung des Senatspräsidenten Dr. Jonas

und der Reichsgerichtsräte Dr. Hofmann, Dr. Lippert, Schwegmann und Dr. Schrutka

für Recht erkannt:

Die Urteile des 13. Zivilsenats des Oberlandesgerichts in Dresden vom 14. Juli 1943 und der 3. Zivilkammer des Landgerichts in Dresden vom 1. April 1943 werden aufgehoben.

Die Klage wird wegen Unzulässigkeit des Rechtswegs abgewiesen.

Die Klägerin hat die Kosten des Rechtsstreits zu tragen. Von Rechts wegen

Tatbestand

Die im Jahre 1927 geschlossene Ehe der Parteien wurde durch Urteil des Landgerichts in Dresden vom 3. März 1931 aus alleinigem Verschulden des Beklagten geschieden. Die vom Beklagten dagegen eingelegte Berufung wurde vom Oberlandesgericht in Dresden durch Urteil vom 30. September 1931 zurückgewiesen. Der Beklagte legte Revision ein. Am 8. Januar 1932 schlossen die Parteien einen notariellen Vertrag, in welchem die Unterhaltsansprüche der Klägerin und die sonstigen gegenseitigen vermögensrechtlichen Ansprüche der Parteien geregelt werden. Im § 4 des Vertrags heißt es dann, die Klägerin erkenne an, daß ihr durch die jahrelange Trennung vom Beklagten und von dem Kinde J. dieses Kind entfremdet sei, und daß sie es im Interesse des Wohles des Kindes für erforderlich halte, daß es im Hause des Beklagten bleibe; daher überlasse sie dem Beklagten ganz unabhängig von der gesetzlichen Regelung die Sorge für die Person dieses Kindes; sie behalte sich aber das Recht vor, die Sorge für die Person des Kindes wieder auszuüben, falls das Kind nicht mehr im Hause des Beklagten lebe. In § 7 des Vertrages verpflichtete sich der Beklagte sodann, die von ihm eingelegte Revision zurückzunehmen. Der hier übernommenen Verpflichtung gemäß nahm der Beklagte demnächst die von ihm eingelegte Revision zurück, womit das Urteil des Oberlandesgerichts am 16. Januar 1932 Rechtskraft erlangte.

Das Kind J. K. lebte seitdem beim Beklagten.

Im Oktober 1942 erhob die Klägerin Klage mit dem Antrag, den Beklagten zur Herausgabe des Kindes J. zu verurteilen. Zur Begründung machte sie geltend, sie sei an den Vertrag vom 8. Januar 1932 nicht mehr gebunden, weil J. jetzt nicht mehr im Hause des Beklagten lebe und weil sein leibliches und seelisches Wohl gefährdet sei.

Das Landgericht hat die Klage abgewiesen. Das Berufungsgericht hat den Beklagten zur Herausgabe des J. K. verurteilt. Mit der Revision verfolgt der Beklagte seinen Antrag auf Klagabweisung weiter, während die Klägerin um Zurückweisung des Rechtsmittels bittet.

Entscheidungsgründe

Das Berufungsgericht führt aus, die Ehe der Parteien sei vor dem Inkrafttreten des Ehegesetzes geschieden worden; die Sorge für die Person des Kindes bestimme sich also gemäß § 97 EheG nach dem bisherigen Recht, nämlich nach § 1635 BGB. Da im Scheidungsprozeß der Beklagte für alleinschuldig erklärt sei, stehe daher die Sorge für die Person des Kindes der Klägerin zu. Die Parteien hätten jedoch vertragsmäßig eine abweichende Regelung getroffen; die Klägerin habe dem Beklagten die Sorge für die Person des Kindes J. überlassen, habe sich aber das Recht vorbehalten, die Sorge für die Person dieses Kindes selbst wieder auszuüben, „falls das Kind nicht mehr im Hause des Beklagten lebt“. Darüber, ob dieser Fall – daß das Kind J. nicht mehr im Hause des Beklagten lebt – eingetreten sei, gehe der Streit zwischen den Parteien. Das Berufungsgericht ist der Ansicht, daß es nicht darauf ankomme, denn das Recht der Klägerin auf die Personensorge sei unabdingbar und unverzichtbar; aus dem Recht der Personensorge folge das Recht, den Aufenthalt des Kindes zu bestimmen und die Herausgabe des Kindes zu fordern (§§ 1631 Abs. 1, 1632 BGB). Das

Berufungsgericht erklärt, es sei lediglich zu prüfen, ob die Geltendmachung des Herausgabeanspruchs von Seiten der Klägerin sich etwa offensichtlich als eine unzulässige Rechtsausübung darstelle. Das wird vom Berufungsgericht verneint; denn der Beklagte sei in mißliche Verhältnisse gekommen, er habe seine frühere gut bezahlte Stellung und seinen eigenen Hausstand verloren und sei gezwungen, mit dem Kind in vielfach wechselnden Untermietwohnungen zu wohnen, was der seelischen Entwicklung des Kindes nicht dienlich sei; außerdem habe der Beklagte sich aus hinsichtlich der Erfüllung seiner eigenen Verpflichtungen als unzuverlässig erwiesen, indem er auch während der Schulferien das Kind J. der Klägerin aus nichtigen Vorwänden vorenthalten habe. Im übrigen ist das Berufungsgericht aber der Auffassung, die Entscheidung der Frage, ob es mit dem Wohl des Sohnes J. vereinbar sei, ihn bei seinem Alter von 16 Jahren, bei seinem jetzigen Entwicklungszustand und bei seiner jetzigen Einstellung zur Mutter gegen seinen Willen zur Klägerin zu verbringen, stehe nicht dem Berufungsgericht zu, diese Frage könne vielmehr lediglich vom Vormundschaftsgericht entschieden werden.

Die Revision wendet sich gegen die Ausführungen des Berufungsgerichts, daß das Kind J. beim Beklagten körperlich und geistig nicht gut untergebracht sei; die Revision macht geltend, der Beklagte befinde sich jetzt in auskömmlicher Stellung in L., wo auch für die Unterbringung, die Verpflegung und die Erziehung des J. gut gesorgt sei; die Revision bestreitet, daß der Beklagte seine Verpflichtung, der Klägerin den Verkehr mit J. zu gestatten, schuldhaft verletzt habe.

Bei den Ausführungen des Berufungsgerichts über die häuslichen und finanziellen Verhältnisse des Beklagten und über die Unterkunftsbedingungen, die er dem Kind J. zur Zeit zu bieten vermag, und bei den Ausführungen des Berufungsgerichts über die persönliche Unzuverlässigkeit des Beklagten, ebenso wie bei den von der Revision dagegen erhobenen Einwendungen handelt es sich überall um Erwägungen darüber, ob das Kind seinen Aufenthalt beim Beklagten behalten oder ob es sich künftig bei der Klägerin aufhalten soll. Die Bestimmung des Aufenthalts des Kindes ist ein Bestandteil der Sorge für die Person des Kindes. Für die Entscheidung darüber, wem die Sorge für die Person des Kindes zukommt, ist seit dem Inkrafttreten des Ehegesetzes lediglich der Gesichtspunkt des Wohles des Kindes maßgebend. Die bisherige gesetzliche Regelung, wonach sich die Sorge für die Person nach dem Schuldausspruch im Scheidungsurteil und nach dem Geschlecht des Kindes bestimmte, ist vom Ehegesetz aufgegeben; die Sorge für das gemeinschaftliche Kind wird demjenigen der geschiedenen Ehegatten anvertraut, der nach pflichtmäßigem richterlichen Ermessen die bessere Eignung zu einer dem Wohle des Kindes förderlichen Erziehung besitzt. Die Entscheidung darüber liegt nach dem Ehegesetz ausschließlich in den Händen des Vormundschaftsgerichts. Dem Vormundschaftsgericht obliegt es daher auch, zu entscheiden, bei welchem der Ehegatten das

Kind seinen Aufenthalt zu nehmen hat. Dem Vormundschaftsgericht stehen nach § 33 FGG (in der Fassung der VO vom 5. August 1935) die nötigen Zwangsmittel zur Vollziehung seiner Anordnung zur Verfügung. Insbesondere kann das Vormundschaftsgericht die Herausgabe des Kindes an denjenigen geschiedenen Ehegatten, den es für würdig und geeignet erachtet, das Sorgeamt auszuüben, durch Ordnungsstrafen oder durch Anordnung unmittelbarer Gewaltanwendung erzwingen. Die Bestimmung des Aufenthalts des Kindes ist also kein subjektives Recht des einen oder des anderen Ehegatten mehr. Daher muß die Vorschrift des § 1632 BGB, die einen im Wege der Klage vor den ordentlichen Gerichten zu verfolgenden Anspruch auf Herausgabe des Kindes vorsieht, im Verhältnis geschiedener Ehegatten zueinander durch die vom Ehegesetz herbeigeführte Rechtsentwicklung als überholt angesehen werden. Für eine solche Klage ist seit dem Inkrafttreten des Ehegesetzes der Rechtsweg ausgeschlossen. Da das Vormundschaftsgericht allein dazu berufen und in der Lage ist, alle diejenigen Umstände, die für die Eignung des einen oder des anderen Elternteils sprechen – wozu in dem zur Entscheidung stehenden Fall auch die Erwägungen über die häuslichen und finanziellen Verhältnisse des Beklagten und über seine Zuverlässigkeit gehören – richtig und erschöpfend zu würdigen und dementsprechend den Aufenthalt des Kindes zu bestimmen, wäre es ein überflüssiger und unzeitgemäßer Formalismus, zur Herbeiführung und Erzwingung der Herausgabe des Kindes noch ein Prozeßverfahren vor den ordentlichen Gerichten einzuschalten. Aus diesen Gründen erachtet der erkennende Senat den Rechtsweg für unzulässig, und zwar ohne Unterschied, ob die Scheidung der Ehe erst nach dem Inkrafttreten des Ehegesetzes oder, wie im vorliegenden Fall, schon vor dem Inkrafttreten dieses Gesetzes erfolgt ist; denn auch im letzteren Fall ist nach der Übergangsvorschrift des § 97 EheG der maßgebende Gesichtspunkt für die Personensorge und die Aufenthaltsbestimmung nicht mehr das Interesse des einen oder des anderen Elternteils, sondern allein das Wohl des Kindes, und die Entscheidung darüber liegt daher auch bei den schon vor dem Inkrafttreten des Ehegesetzes geschiedenen Ehen letzten Endes ausschließlich in den Händen des Vormundschaftsgerichts.

Es waren daher die Entscheidungen der beiden Vorinstanzen aufzuheben und die Klage wegen Unzulässigkeit des Rechtswegs abzuweisen. Die Kostenentscheidung beruht auf § 91 ZPO.

---

8. Verwaltungsmaßnahmen i. S. vorstehender Vorschriften können auch Verfügungen über den gemeinschaftlichen Gegenstand vorsehen. Ist dies der Fall, so bedarf es zur Wirksamkeit gegenüber außenstehenden Dritten der Mitwirkung sämtlicher Gemeinschaftsteilhaber, die aber

im Innenverhältnis durch Mehrheitsbeschluß dazu verpflichtet werden können.

BGB §§ 745 Abs. 1 und 2, 747 Satz 2, 2038 Abs. 2 Satz 1, Abs. 1 Satz 2, Halbs. 2

VI. Zivilsenat. Urt. v. 28. Januar 1944 (VI 119/1943).

II. Oberlandesgericht Breslau.

In Sachen

1. der verwitweten Frau Paula *Freifrau von Richthofen*, geb. Freiin von Pfeuffer, in Garmisch-Partenkirchen, von Richthofen Straße,

2. der Frau Gabriele *Gräfin von der Schulenburg*, geb. Freiin von Richthofen, in Bodendorf, Kreis Haldensleben,

3. der Frau Erika *Gräfin von der Schulenburg*, geb. Freiin von Richthofen, in Altenhausen, Kreis Haldensleben,

4. der minderjährigen Beate Prinzessin zu Schönaich-Carolath und des minderjährigen Sieghard Prinzen zu Schönaich-Carolath,

Klägerinnen und zu 1 bis 3 Revisionsklägerinnen, Prozeßbevollmächtigter für die letzteren: Rechtsanwalt Dr. Drost in Leipzig

gegen

die verw. Steinbruchspächterin Ida *Lochter*, geb. Thasler in Jauer, Beklagte und Revisionsbeklagte, Prozeßbevollmächtigter: Rechtsanwalt Justizrat Dr. Schrömbgens in Leipzig, hat das Reichsgericht, VI. Zivilsenat, auf die mündliche Verhandlung vom 28. Januar 1944 unter Mitwirkung des Senatspräsidenten Dr. Günther und der Reichsgerichtsräte Dr. Schack, Eilles, Oesterheld, Dr. Balve für Recht erkannt:

Die Revision gegen das Urteil des 1. Zivilsenats des Oberlandesgerichts in Breslau vom 9. September 1943 wird zurückgewiesen. Die Kosten des Revisionsverfahrens werden den Revisionsklägerinnen auferlegt. – Von Rechts wegen

Tatbestand

Im Jahre 1928 ist der Landwirt U. F. v. R. auf Gutschdorf, Kreis Schweidnitz, gestorben und je zu 1/4 von seiner Witwe, der Klägerin zu 1 und seinen drei Töchtern, den Klägerinnen zu 2 und 3 und H., P. Sch.-C., beerbt worden. Die Tochter H. starb im Jahre 1933 und wurde von ihren beiden minderjährigen Kindern, die von ihrem Vater gesetzlich vertreten sind, in noch ungeteilter Erbengemeinschaft beerbt.

Auf dem zum Gute Nieder-Gutschdorf gehörenden Gansberge befindet sich ein Granitvorkommen. Zu seiner Ausbeutung haben die Eigentümer durch schriftlichen Vertrag vom 18. Dezember 1937 eine Fläche von 7 ha an den Ehemann der Beklagten verpachtet. Auch er ist im Jahre 1940 gestorben, und die Beklagte ist als seine alleinige Erbin in den Vertrag eingetreten. Mit Schreiben vom 27. Oktober 1941 ist ihr auf Grund eines angeblichen „Beschlusses der v. R'schen Erbengemeinschaft" vom selben Tage das Pachtverhältnis vorzeitig zum 31. Dezember 1941 gekündigt worden, weil sie mit mehr als drei vollen Monatsraten des Pachtzinses im Rückstande sei. Das Schreiben ist von den Klägerinnen zu 2 und 3 unterzeichnet und zwar von der Klägerin zu 2 zugleich in Vollmacht der Klägerin zu 1. Eine Unterschrift für die Kinder und Erben der ursprünglichen Miterbin H. fehlt.

Mit der Klage ist, da die Beklagte die Wirkung der Kündigung bestreitet, die Feststellung begehrt worden, daß der Pachtvertrag über den Steinbruch am 31. Dezember 1941, spätestens 31. März 1942 sein Ende erreicht habe.

Nachdem festgestellt worden war, daß die Klägerinnen zu 4 der Klageerhebung nicht zugestimmt haben, haben die anderen Klägerinnen das Verfahren allein fortgeführt. Die Beklagte hat Abweisung der Klage beantragt. Sie hat die Berechtigung der Verpächter zu einer vorzeitigen Aufhebung des Pachtvertrages bestritten, vor allem aber geltend gemacht, die ausgesprochene Kündigung sei deshalb unwirksam, weil sie von einer Erbengemeinschaft ausgegangen sei, deren sämtliche Mitglieder dabei hätten mitwirken müssen, während tatsächlich mindestens der gesetzliche Vertreter der beiden Minderjährigen weder der Kündigung noch der jetzigen Klageerhebung zugestimmt habe, vielmehr beide mißbillige und auch einen nachträglichen Beitritt ablehne.

Beide Vordergerichte haben die Klage abgewiesen. Mit der Revision verfolgen die Klägerinnen zu 1–3 ihre Anträge weiter, die Beklagte bittet um Zurückweisung der Revision.

Entscheidungsgründe

1. Das Berufungsgericht stellt im Tatbestande des angefochtenen Urteils als unstreitig fest, daß die Auseinandersetzung unter den Erbinnen der Güter Nieder- und Mittelgutschdorf stattgefunden hat und durch Auflassung und Eintragungen in den Grundbüchern durchgeführt worden ist, so daß jede der Erbinnen Miteigentümerin zu einem ideellen Viertel geworden ist. Das Berufungsgericht bezieht sich hierfür überdies auf die von ihm „zu seiner Unterrichtung" herangezogenen Grundakten. Wenn es gleichwohl das mit dieser Feststellung sich deckende Vorbringen der Klägerinnen „nach den Grundsätzen des § 529 ZPO in seiner neuen Fassung" ausschließt, weil sie im ersten Rechtszuge die Erbauseinandersetzung nicht vorgetragen hätten, und entgegen seiner eigenen Feststellungen von dem Fortbestande der Erbengemeinschaft ausgeht, so verkennt es diese Grundsätze. Es kann sich bei einem unstreitigen, zu allem Überfluß noch vom Berufungsgericht geprüften und auf Grund solcher Prüfung als richtig festgestellten Sachverhalt niemals um „neue Angriffs- und Verteidigungsmittel, Beweismittel und Beweiseinreden" handeln, auch nicht um „ein an sich zulässiges neues Vorbringen, das der Berufungskläger entgegen der Vorschrift des

§ 519 (nun nach der 4. VereinfVO [§ 4 Nr. 5] § 518) ZPO nicht in der Berufungsbegründung mitgeteilt hat" (§ 529 Abs. 1 in der Fassung der 3. [bzw. 4.] VereinfVO), abgesehen davon, daß dieses Vorbringen in der Berufungsbegründung vom 10. Mai 1943 enthalten gewesen ist. Der Vorderrichter hätte also den von ihm festgestellten Sachverhalt zugrundelegen müssen. Die Vorschriften der §§ 2038, 2040 BGB wären nicht anzuwenden gewesen. Doch kommt im Ergebnis nichts darauf an, weil jedenfalls hinsichtlich des Pachtverhältnisses eine Gemeinschaft (nach Bruchteilen) im Sinne der §§ 741 bis 758 BGB bestand (darüber siehe zu 2). Die Anwendung der hiernach einschlägigen Vorschriften der §§ 744, 745, 747 S. 2 BGB richtet sich mindestens im vorliegenden Falle nach denselben Gesichtspunkten wie die der §§ 2038, 2040 BGB. Die Revision hat denn auch keine Rüge wegen Verletzung der Vorschriften des § 529 ZPO erhoben.

2. Das Berufungsgericht will Mehrheitsbeschlüsse, die eine der Beschaffenheit des gemeinschaftlichen Gegenstandes entsprechende ordnungsmäßige Verwaltung und Benutzung zum Gegenstande haben (§ 745 Abs. 1 BGB), die aber gleichzeitig eine Verfügung über diesen Gegenstand (§ 747 Satz 2) enthalten, nur dann zulassen, wenn es sich bei der beschlossenen Verwaltungsmaßnahme um eine solche der „laufenden Verwaltung" handle, die keine größere wirtschaftliche Bedeutung besitze. Dabei erblickt es den gemeinschaftlichen Gegenstand im Sinne der genannten Vorschrift nicht in dem verpachteten Grundstück selbst (über dieses würde ja durch die Kündigung keinesfalls „verfügt"), sondern in dem „Pachtvertrag". Die Revision beanstandet dies; sie meint unter Hinweis auf eine Anmerkung des RGRKomm zum BGB zu § 2038, da der Bestand des Nachlasses von der Kündigung nicht berührt, sondern nur ein vordem in ordnungsmäßiger Verwaltung und Benutzung beschlossener und eingegangener Pachtvertrag durch eine ebensolche Maßnahme wieder beseitigt werden solle, könne nicht von einer Verfügung über einen gemeinschaftlichen Gegenstand gesprochen werden, am wenigsten von einer solchen über dessen Substanz, wie doch erforderlich sei, weil nur die allein als gemeinschaftlicher (Aktiv-) Gegenstand anzusehende Pachtzinsforderung von der Verwaltungsmaßnahme der Kündigung betroffen werde, die ihrerseits nicht Substanz, sondern gemäß § 99 Abs. 3 BGB nur Frucht des gemeinschaftlichen Gegenstandes sei.

Dem kann nicht beigetreten werden. Vielmehr ist dem Berufungsgericht darin beizustimmen, daß als gemeinschaftlicher „Gegenstand" das Rechtsverhältnis, wie es durch den Pachtvertrag entstanden war, als ganzes anzusehen ist, wie denn der Begriff des „Gegenstandes" im Sinne des BGB nicht bloß Sachen und Rechte im einzelnen, sondern auch tatsächliche oder rechtliche Verhältnisse umfaßt, die einen Vermögenswert darstellen können. Dieses tatsächliche Rechtsverhältnis aber soll durch die Kündigung beendet, zum Erlöschen gebracht, also in seinem Bestande berührt werden. Dabei ist es im Gegensatz zu der Auffassung der Revision gleichgültig, ob die Begründung des Pachtverhältnisses eine Maßnahme der ordnungsmäßigen Verwaltung des gemeinschaftlichen Gegenstandes (der damals in den Grundstücken mit Granitvorkommen zu sehen war) dargestellt hat, so daß sie durch Mehrheitsbeschluß hätte Herbeigeführt werden können. Auch dann stellte die Auflösung eben dieses Verhältnisses durch Kündigung, mag auch sie wiederum als eine im Rahmen der Erfordernisse einer ordnungsmäßigen Verwaltung getroffene Maßnahme anzusehen sein, gleichzeitig eine Verfügung dar, was seine Begründung nicht sein konnte. Ähnlich könnte ja auch z. B. die Annahme einer Schenkung oder die Aufnahme eines Darlehns eine bloße Verwaltungsmaßnahme darstellen, während die Verfügung über den geschenkten Gegenstand oder über die Darlehnssumme selbst, auch wenn sie ihrerseits wiederum als Verwaltungsmaßnahme im Sinne des § 745 Abs. 1 BGB anzusehen wäre, eben doch auch eine „Verfügung" über einen gemeinschaftlichen Nachlaßgegenstand darstellen würde.

Andererseits kann aber dem Berufungsrichter nicht gefolgt werden, wenn er meint, die Wirksamkeit von Mehrheitsbeschlüssen über Verwaltungsmaßnahmen des oben bezeichneten Inhalts, wenn sie gleichzeitig Verfügungen über den gemeinschaftlichen Gegenstand darstellen, davon abhängig machen zu sollen, daß es sich um Angelegenheiten der „laufenden Verwaltung" ohne größere wirtschaftliche Bedeutung handle. Eine solche Unterscheidung, die auf anderen Rechtsgebieten, wie etwa dem der Formbedürftigkeit von Gemeindeverwaltungsbeschlüssen, berechtigt ist, findet für das hier einschlägige Gebiet des bürgerlichen Rechts keinerlei rechtliche Grundlage. Vielmehr ist davon auszugehen, daß die Begriffe von Verwaltungsmaßnahmen, wie sie nach § 745 Abs. 1 BGB durch Mehrheit beschlossen werden können, und von „Verfügungen über den gemeinschaftlichen Gegenstand im Ganzen" (§ 747 S. 2) nicht im Gegensatz zueinander stehen und einander nicht etwa ausschließen, daß vielmehr eine Maßnahme, die zur ordnungsmäßigen Verwaltung des gemeinschaftlichen Gegenstandes durch Mehrheit beschlossen werden kann, auch eine Verfügung über eben diesen Gegenstand betreffen kann. Die gegenteilige Auffassung würde verkennen, daß es sich hier zunächst überhaupt nur um das innere Verhältnis der Gemeinschaftsteilhaber zueinander, also darum handelt, daß der abweichende Wille der Minderheit dem der beschließenden Mehrheit weichen muß und insoweit – im Innenverhältnis – durch ihn ersetzt wird, während das Verhältnis nach außen hin hier noch nicht zur Erörterung steht. Man könnte hier treffend die bekannte Unterscheidung zwischen „Legitimität" (der durch Mehrheit beschlossenen Maßnahme, auch Verfügung) und „Legitimation", d. h. deren Wirkungsmöglichkeit auf außenstehende Dritte verwerten. Andererseits würde der Kreis von Maßnahmen, die im Rahmen des § 745 BGB durch Mehrheit beschlossen werden können, weil sie durch die Erfordernisse einer ordnungsmäßigen Verwaltung bedingt sind, durch eine Auffassung, welche „Verfügungen" von diesem Kreise schlechthin ausschließen oder doch nur in dem –

wie gesagt, willkürlich angenommenen – Rahmen der Anforderungen der „laufenden" Verwaltung zulassen wollte, über Gebühr eingeengt. Vielmehr kann jede Maßnahme, die durch die Erfordernisse einer ordnungsmäßigen Verwaltung des gemeinschaftlichen Gegenstandes nötig wird, von der Mehrheit (§ 745 Abs. 1 Satz 2) beschlossen werden, auch dann, wenn diese Maßnahme auf die Substanz des gemeinschaftlichen Gegenstandes einwirkt.

Damit ist, wie oben bereits erwähnt ist und wie auch der Berufungsrichter nicht verkennt, noch nichts gesagt über die Frage, wie Mehrheitsbeschlüsse der erwähnten Art nach außen hin wirken. Es braucht im vorliegenden Fall nicht entschieden zu werden, ob für Fälle, in denen der Mehrheitsbeschluß reine Verwaltungsmaßnahmen ohne Verfügung über einen gemeinschaftlichen Gegenstand betrifft, der Rechtsauffassung beizutreten ist, die der RGRKomm. z. BGB (Bem. 1 zu § 745) dahin zusammenfaßt: Es könne im einzelnen Falle auch die Ausübung der Vertretungsmacht aller Teilhaber durch die Mehrheit oder durch einzelne der Teilhaber von den Erfordernissen einer ordnungsmäßigen Verwaltung geboten sein und dementsprechend beschlossen werden; dann sei auch bei der Ausführung der beschlossenen Verwaltungsmaßnahmen davon auszugehen, daß die Minderheit durch die Mehrheit vertreten werde, so daß eine weitere Mitwirkung der Minderheit nicht erforderlich sei. Denn jedenfalls müßte dieser Grundsatz eine Einschränkung erfahren, wenn der Mehrheitsbeschluß gleichzeitig eine „Verfügung über einen gemeinschaftlichen Gegenstand" vorsieht. Der Berufungsrichter hält die Auffassung, wonach die Ausführung so beschlossener Verfügungen nach außen hin stets der Mitwirkung sämtlicher Gemeinschaftsteilhaber bedürfe, für die herrschende und schließt sich ihr an. Die von der Revision für die gegenteilige Auffassung herangezogenen Ausführungen des RGRKomm. z. BGB (Bem. 1 zu § 745) haben nicht die sich aus § 747 S. 2 (und entsprechend aus § 2040 Abs. 1 BGB) ergebende besondere Rechtslage im Auge; sie sprechen schlechthin von der Außenwirkung von Verwaltungsbeschlüssen. Gerade der Begriff der „Verfügung" aber, der Rechtsgeschäfte von unmittelbarer Einwirkung auf bestehende Rechte bezeichnet, erfordert schon wegen der dinglichen Auswirkung für und gegen jedermann und mit Rücksicht auf die Belange Dritter, die die Voraussetzungen der Zulässigkeit von Mehrheitsbeschlüssen ebensowenig überschauen und prüfen können wie die Mehrheitsverhältnisse (§ 745 Abs. 1 Satz 2 BGB), die Einschränkung der Außenwirkung von Mehrheitsverwaltungsbeschlüssen in dem Sinne, daß eine Vertretung der nicht zustimmenden Teilhaber durch die zustimmenden hier nicht zugelassen werden kann. Für die entgegenstehende, hier abgelehnte Ansicht kann auch die von der Revision und mehrfach auch im Schrifttum hierfür angeführte Stelle bei *Planck* BGB (Bem. 1 zu § 2038) nicht verwertet werden, weil auch sie sich nicht mit der hier allein erheblichen Frage befaßt, ob die dort angenommene Außenwirkung von Mehrheitsbeschlüssen unter Vertretung der Minderheit durch die

Mehrheit auch dann gelten solle, wenn der Mehrheitsbeschluß eine Verfügung betrifft. Es muß also bei den Vorschriften des § 747 Satz 2 (§ 2040 Abs. 1) BGB bleiben, die als Sonderbestimmungen eigener Kraft von der Regelung des § 745 Abs. 1 (§ 2038 Abs. 2 Satz 1) BGB nicht betroffen werden.

Die Revision glaubt, sich auch auf § 2038 Abs. 1, letzter Halbsatz (bzw. § 744 Abs. 2) BGB berufen zu können. Die Befugnis eines einzelnen Gemeinschaftsteilhabers, die notwendigen Maßnahmen ohne Zustimmung der anderen Teilhaber zu treffen, findet jedoch, sofern die zu treffende Maßnahme eine „Verfügung" über einen gemeinschaftlichen Nachlaßgegenstand enthalten soll, für ihre Außenwirkung dieselben Grenzen, wie sie eben dargelegt worden sind; die Befugnis des einzelnen ist insoweit nicht anders zu beurteilen wie die der Mehrheit nach § 745 Abs. 1 (§ 2038 Abs. 1 Satz 2) BGB. Es kommt deshalb nicht mehr darauf an, ob die Voraussetzungen des § 2038 Abs. 1 letzter Halbsatz (§ 744 Abs. 2) BGB als gegeben zu unterstellen wären, was zum mindesten zweifelhaft ist.

Nach alledem kann die Revision keinen Erfolg haben.

---

9. 1. Neben einem Personennamen als Firmenkern läßt ein Firmenzusatz in Form eines Eigenschaftsworts, der sich auf den Sitz des Unternehmens bezieht („Werdohler" Pumpenfabrik) nach der Verkehrsauffassung noch nicht ohne weiteres den Schluß zu, daß es sich um das einzige oder doch wenigstens um das älteste oder bedeutendste Unternehmen am Ort handelt.

2. Zu den Voraussetzungen der Verwirkung.

HGB §§ 18, 37; UnlWG §§ 1, 3.

II. Zivilsenat. Urt. v. 1. Februar 1944 (II 119/1943).

II. Kammergericht Berlin.

In Sachen der Firma *Kracht Pumpen- und Motorenfabrik* in Werdohl i. Westf., Inhaber Kaufmann Emil Kracht, ebende, Klägerin, Revisionsklägerin und Revisionsbeklagten, Prozeßbevollmächtigter: Rechtsanwalt Dr. Benkard in Leipzig

gegen

die Firma *Werdohler Pumpenfabrik Rudolf Rickmeier GmbH* in Werdohl t. Westf., vertreten durch ihren Geschäftsführer Rudolf Rickmeier, ebende, Beklagte, Revisionsbeklagte, Revisionsklägerin, Prozeßbevollmächtigter: Rechtsanwalt Justizrat Axhausen in Leipzig, hat das Reichsgericht, II. Zivilsenat, auf die mündliche Verhandlung vom 31. Januar 1944 unter Mitwirkung des Vizepräsidenten beim Reichsgericht Kolb und der Reichsgerichtsräte Frings, Dr. Neumerkel, Schuster und Dr. Köllensperger für Recht erkannt:

Die Revisionen der Parteien gegen das Urteil des 31. Zivilsenats des Kammergericht zu Berlin vom 29. Juli 1943 werden zurückgewiesen. Von den Kosten des Revisionsverfahrens tragen die Klägerin 3/5 und die Beklagte 2/5. – Von Rechts wegen

Tatbestand

Die Parteien erzeugen und vertreiben Pumpen und stehen miteinander in Wettbewerb. Die Klägerin bestand im Jahre 1911 unter der Rechtsform einer offenen Handelsgesellschaft mit der Firma „Hillebrand & Kracht". Im Jahre 1913 schied der Gesellschafter Paul Hillebrand aus der offenen Handelsgesellschaft aus und K. führte das Unternehmen unter der bisherigen Firma weiter. Im Jahre 1935 änderte er seine Firma in „Hillebrand & Kracht, Werdohler Präzisionspumpenfabrik". Im Jahre 1937 nahm er seinen Sohn als Teilhaber in das Unternehmen auf und nahm die Firma „Kracht Pumpen- und Motorenfabrik" an.

Der im Jahre 1913 ausgeschiedene Teilhaber Paul Hillebrand gründete im Jahre 1914 ebenfalls in Werdohl eine Pumpenfabrik unter der Firma „Werdohler Pumpenfabrik Paul Hillebrand". Um die Jahreswende 1928/29 gründete er mit Rickmeier und Olsen eine GmbH unter der Firma „Werdohler Pumpenfabrik Paul Hillebrand GmbH". Im Jahre 1940 wurde die Firma dieser Gesellschaft der Beklagten, in „Werdohler Pumpenfabrik Rudolf Rickmeier GmbH" geändert.

Die Klägerin hat geltend gemacht, die Parteien würden im geschäftlichen Verkehr ständig miteinander verwechselt. Die Beklagte haben den Bestandteil ihrer Firma „Werdohler Pumpenfabrik" im geschäftlichen Verkehr gegenüber dem Personennamen ständig besonders hervorgehoben und dadurch gegen die Regeln des lauteren Wettbewerbs verstoßen. Da sie, die Klägerin, das älteste und bekannteste Unternehmen auf dem Gebiete der Pumpenfabrikation in Werdohl sei, sehe die Kundschaft sie als die Werdohler Pumpenfabrik an.

Die Klägerin hat beantragt, die Beklagte zu verurteilen

1) es zu unterlassen, im geschäftlichen Verkehr zu Zwecken des Wettbewerbes ihre Firma als „Werdohler" Pumpenfabrik Rudolf Rickmeier GmbH zu bezeichnen, hilfsweise im geschäftlichen Verkehr zu Zwecken des Wettbewerbes den Namen „Rudolf Rickmeier" in kleineren, anders gearteter oder auch gleichgroßer Schrift gegenüber der Sachfirma zu benutzen;

2 a) in die Löschung des Firmenbestandteils „Werdohler" in ihrer Firma „Werdohler Pumpenfabrik Rudolf Rickmeier GmbH" zu willigen;

b) ihr, der Klägerin, unter Vorlegung eines geordneten Verzeichnisses Auskunft zu erteilen über den Umfang der Benutzung ihrer Firma mit dem Zusatze „Werdohler".

3. hat die Klägerin weiter beantragt, festzustellen, daß die Beklagte verpflichtet sei, ihr allen Schaden zu ersetzen, der ihr durch die Zuwiderhandlungen gegen die Verpflichtungen zu 1 entstanden sei und noch entstehen werde.

Die Beklagte hat beantragt, die Klage abzuweisen. Sie hat bestritten, daß in nennenswertem Umfange Verwechselungen vorgekommen seien, und in Abrede gestellt, daß sie sich wettbewerbsfremd verhalten habe. Weiter hat sie geltend gemacht, daß sie die Worte „Werdohler Pumpenfabrik" schon seit langen Jahren in ihrer Firma führe, und daß die Klägerin etwaige Ansprüche gegen sie verwirkt habe.

Das Landgericht hat, unter Abweisung der Klage im übrigen, der Beklagten verboten, im geschäftlichen Verkehr zu Zwecken des Wettbewerbes in ihrer Firma den Namen „Rudolf Rickmeier" in kleinerer oder gleichgroßer Schrift gegenüber der Sachfirma zu benutzen.

Gegen dieses Urteil haben die Klägerin Berufung und die Beklagte Anschlußberufung eingelegt.

Die Klägerin hat im zweiten Rechtszuge beantragt, das Urteil des Landgerichts, soweit die Klage abgewiesen ist, zu ändern und die Beklagte weiter zu verurteilen,

I. es zu unterlassen, im geschäftlichen Verkehr mündlich oder schriftlich ihre Firma als Werdohler Pumpenfabrik ausdrücklich oder sinngemäß zu bezeichnen, insbesondere es zu unterlassen, sich am Fernsprecher als Werdohler Pumpenfabrik zu bezeichnen oder in Verbindung mit ihrer Firma die Bezeichnung „Werdohler Pumpenfabrik" zu führen;

II. es zu unterlassen, im geschäftlichen Verkehr zu Zwecken des Wettbewerbes ihre Firma als „Werdohler" Pumpenfabrik Rudolf Rickmeier GmbH zu bezeichnen;

III. es zu unterlassen, den Namen Rudolf Rickmeier in unauffälligerer Schrift gegenüber der Sachfirma zu benutzen;

IV. in die Löschung des Firmenbestandteils „Werdohler" in der Firma der Beklagten zu willigen;

V. ihr, der Klägerin, unter Vorlegung eines geordneten Verzeichnisses der Benutzungsfälle nach Art und Auflage der jeweiligen Werbemaßnahmen oder den Umfang der Benutzung ihrer Firma unter Verstoß gegen die Verpflichtungen zu I. – III. Auskunft zu erteilen;

VI. hat die Klägerin weiter beantragt, festzustellen, daß die Beklagte verpflichtet sei, ihr allen Schaden zu ersetzen, der ihr durch die Zuwiderhandlung zu I. – III. entstanden sei.

Die Beklagte hat im zweiten Rechtszuge beantragt, unter Änderung des Urteils des Landgerichts die Klage ganz abzuweisen.

Das Berufungsgericht hat die Anschlußberufung der Beklagten zurückgewiesen und auf die Berufung der Klägerin das Urteil des Landgerichts geändert und die Beklagte verurteilt, es zu unterlassen, sich im geschäftlichen Verkehr mündlich oder schriftlich unter Fortlassung der übrigen Firmenbestandteile lediglich als „Werdohler Pumpenfabrik" zu bezeichnen, sich ferner als Firmenbezeichnung der Abkürzung „W. P." zu bedienen und den Firmenbestandteil „Werdohler Pumpenfabrik" gegenüber dem Eigennamen Rudolf Rickmeier durch größere und auffälligere Schrift hervortreten zu lassen, weiter, der Klägerin über den Umfang der einzelnen, ihr vorstehend verbotenen Handlungen Auskunft zu erteilen. Ferner hat das Berufungsgericht festgestellt, daß die Beklagte verpflichtet ist, der Klägerin allen Schaden zu ersetzen, der ihr durch die vorstehend untersagten Handlungen entstanden ist. Im übrigen hat das Berufungsgericht die Klage abgewiesen. Von den Kosten des Rechtsstreits hat es der Klägerin 3/5 und der Beklagten 2/5 auferlegt.

Gegen dieses Urteil haben beide Parteien Revision eingelegt. Sie beantragen, das angefochtene Urteil, soweit darin zu ihrem Nachteil erkannt ist, aufzuheben und im vollen Umfange nach ihren Anträgen im zweiten Rechtszuge zu erkennen, die Revision des Gegners aber zurückzuweisen.

Entscheidungsgründe

I. Das Berufungsgericht hat den Klageanträgen, die Beklagte zu verurteilen, es zu unterlassen, ihre Firma im geschäftlichen Verkehr als „Werdohler" Pumpenfabrik Rudolf Rickmeier GmbH zu bezeichnen und in die Löschung des Firmenbestandteils „Werdohler" in der Firma der Beklagten zu willigen, mit der Begründung nicht stattgegeben, daß die Firmen der Parteien sich hinreichend voneinander unterschieden, und daß die Beklagte sich nicht etwa der Firma der Klägerin unbefugt bediene. Das Berufungsurteil führt aus, beide Firmen stimmten nur in dem Worte „Pumpenfabrik" und darin miteinander überein, daß als Sitz der Unternehmen der Ort Werdohl angegeben sei, während sie im übrigen nichts miteinander gemein hätten. Das Wort „Werdohler" in der Firma der Beklagten besage nur, daß sie ihren Sitz in Werdohl habe, und das entspreche den Tatsachen. Der Zusatz sei nicht inhaltlich unwahr und nicht geeignet, eine Täuschung des Publikums herbeizuführen. Seine Verwendung durch die Beklagte könne nicht als schlechthin unlauter angesprochen werden, so daß auch ein Unterlassungsanspruch aus § 1 UnlWG nicht gegeben sei. Wenn die Worte „Werdohler Pumpenfabrik" in Verbindung mit dem Vor- und Familiennamen Rudolf Rickmeier gebraucht würden, so würden sie als Hinweis auf den Sitz und die Art des Unternehmens aufgefaßt. Nur wenn sie allein gebraucht würden, so entstehe der Eindruck, daß es sich bei ihnen um die eigentliche Firmenbezeichnung, mithin um den Firmenkern, handele.

Die Revision tritt dem entgegen. Sie macht geltend, die Firma „Werdohler" Pumpenfabrik Rudolf Rickmeier GmbH könne verschieden aufgefaßt werden.

Man könne in dem Firmenbestandteil „Werdohler" lediglich einen Hinweis auf den Sitz der Gesellschaft in Werdohl erblicken und aus der Firma entnehmen, daß es sich um *eine* Pumpenfabrik in Werdohl handele. Man könne die Firma aber auch dahin verstehen, daß es sich um *die* Werdohler Pumpenfabrik handele, d. h. um die einzige in Werdohl bestehende oder doch zum wenigsten um die älteste und bedeutendste Pumpenfabrik in Werdohl. Da Werdohl nur eine kleinere Stadt sei, liege die letzte Auslegung besonders nahe.

Dieser Angriff der Revision ist nicht begründet. Die Gemeinde Werdohl hat allerdings im Jahre 1933 nur rund 12 000 Einwohner gehabt, sie ist aber durch ihre Eisen- und Stahlindustrie bekannt. Die Worte „Werdohler Pumpenfabrik" bedeuten gegenüber dem Firmenkern „Rudolf Rickmeier" nur einen Zusatz, der sich auf Sitz und Gegenstand des Unternehmens der Beklagten bezieht. Der Zusatz, der den Ort des Unternehmens angibt, kann als Hauptwort (in Werdohl) oder als Eigenschaftswort (Werdohler) beigefügt werden, und die Beifügung in der Form eines Eigenschaftswortes ist durchaus häufig. Auch in der Eigenschaftswortsform besagt der Zusatz „Werdohler" Pumpenfabrik nach der Verkehrsauffassung nicht mehr, als es der Ortszusatz in der Hauptwortform tun würde, nämlich, daß der Sitz der Firma in dem bezeichneten Ort, d. h. in Werdohl, ist. Dann besteht aber weder eine Verwechslungsgefahr zwischen den Firmen der Parteien, noch ist die Firma der Beklagten irreführend und täuschend in dem Sinne, daß darunter die einzige oder doch wenigstens die älteste und bedeutendste Pumpenfabrik in Werdohl zu verstehen ist. Dem Berufungsgericht ist deshalb darin beizutreten, daß die volle Firma der Beklagten in der Form, in der sie in das Handelsregister eingetragen ist, weder vom Standpunkt des Firmenrechts noch vom Standpunkt des Wettbewerbsrechts aus beanstandet werden kann. Das Klagebegehren ist demnach unbegründet, soweit es sich gegen den Gebrauch der vollen eingetragenen Firma der Beklagten oder auf Einwilligung in die Löschung des Firmenbestandteils „Werdohler" durch die Beklagte richtet, ganz abgesehen davon, daß auch sonst gegen eine Verurteilung der Beklagten, allein in die Löschung des Wortes „Werdohler" in ihrer Firma zu willigen rechtliche Bedenken bestehen. Das Berufungsgericht hat die Anträge der Klägerin im zweiten Rechtszuge zu II und IV deshalb zu Recht abgewiesen. Soweit die Revision der Klägerin sich gegen diese Abweisung mit ihren weiteren Auswirkungen auf die Anträge auf Auskunftserteilung und Feststellung der Schadensersatzpflicht richtet, ist sie mithin unbegründet.

II. Das Berufungsurteil beanstandet es, daß die Beklagte sich im geschäftlichen Verkehr nicht stets ihrer vollen Firma bedient hat. Es stellt fest, die Beklagte habe sich am Fernsprecher in der Regel nur als „Werdohler Pumpenfabrik" gemeldet und sich vielfach auch sonst nur dieser Abkürzung bedient, sie habe wiederholt sogar nur die Anfangsbuchstaben dieser Abkürzung „W. P." verwendet. Weiter habe die Beklagte weitgehend zwar ihre volle Firma angegeben, dabei aber den Firmenbestandteil „Werdohler Pumpenfabrik" gegenüber dem Namensbestandteil stark herausgestellt und diesen dahinter zurücktreten lassen. Die Beklagte habe dadurch den Eindruck erweckt, daß sie die einzige Pumpenfabrik in Werdohl sei. Sie habe damit eine unrichtige Angabe über geschäftliche Verhältnisse gemacht und der Unterlassungsanspruch der Klägerin sei insoweit nach § 3 UnlWG begründet. Danach dürfe die Beklagte sich weder allein „Werdohler Pumpenfabrik" nennen noch nur die Buchstaben „W. P." als Firmenangabe benutzen. Weiter dürfe sie nicht den Firmenbestandteil „Werdohler Pumpenfabrik" gegenüber dem Namensbestandteil „Rudolf Rickmeier" besonders hervortreten lassen; sie dürfe diesen Firmenbestandteil nicht in größerer und auch nicht in auffälligerer Schrift bringen als den Namen „Rudolf Rickmeier". Dagegen sei die Beklagte nicht genötigt, diesen Namen durch eine größere Schrift gegenüber dem Bestandteil „Werdohler Pumpenfabrik" hervortreten zu lassen. Sie könne vielmehr für alle Firmenbestandteile eine gleichgroße Schrift verwenden. Die Anschlußberufung der Beklagten sei daher insoweit begründet, als das Landgericht ihr bei der schriftlichen Verwendung der Firma zu Unrecht die Herausstellung des Firmenbestandteils „Rudolf Rickmeier" vorgeschrieben habe.

Die Revision der Klägerin wendet sich gegen diese Einschränkung der Verurteilung im ersten Rechtszuge durch das Berufungsgericht. Sie ist aber auch insoweit nicht begründet. Der Beklagten steht die Firma „Werdohler Pumpenfabrik Rudolf Rickmeier GmbH" zu, ohne daß die Klägerin gegen ihren Gebrauch Einwendungen erheben kann. Sie kann die Firma deshalb so verwenden, wie sie lautet und wie sich ihr Schriftbild bei ordnungsmäßiger Schreibweise darstellt, ohne den einen Firmenbestandteil gegenüber den anderen besonders hervorzuheben. Die Revision der Klägerin ist danach im ganzen Umfange unbegründet.

Die Revision der Beklagten macht geltend, daß diese durch den alleinigen Gebrauch des Firmenbestandteils „Werdohler Pumpenfabrik" oder durch den Gebrauch der Abkürzung „W. P." sich nicht wettbewerbsfremd verhalten, insbesondere auch nicht gegen den § 3 UnlWG verstoßen habe. Die Sach- und Ortsbezeichnung „Werdohler Pumpenfabrik" sei im Jahre 1914 bei der Errichtung des Unternehmens des Hillebrand gerade deshalb in die Firma aufgenommen worden, um diese von der am Orte bestehenden Wettbewerbsfirma des Kracht zu unterscheiden. Der Firmenbestandteil „Werdohler Pumpenfabrik" stelle somit das wesentliche Unterscheidungsmerkmal dar, und als solches habe ihn die Beklagte ebenso wie ihre wirtschaftliche Vorgängerin, mit Recht und bis 1940 auch ohne den Widerspruch der Klägerin besonders hervorgehoben. Daran, daß Verwechselungen der Firmen der Parteien vorgekommen seien, trage vor allem die Klägerin selbst die Schuld, die diese Verwechselungen durch ihren wiederholten Firmenwechsel ermöglicht und erleichtert habe.

Die Revision der Beklagten ist insoweit nicht begründet. Wie unter I dargelegt, läßt die volle Firma „Werdohler Pumpenfabrik Rudolf Rickmeier GmbH" nicht die Auslegung zu, daß es sich dabei um *die* Werdohler Pumpenfabrik, d. h. nur die einzige oder die bedeutendste Pumpenfabrik in Werdohl handelt. Ein solcher Eindruck wird aber jedenfalls dann hervorgerufen, wenn der unterscheidende Personenname „Rudolf Rickmeier" in der vollen Firma fortgelassen und allein die Bezeichnung „Werdohler Pumpenfabrik" oder die Abkürzung dafür „W. P." gebraucht und damit zum Firmenschlagwort gemacht wird. Der alleinige Gebrauch oder die überwiegende Herausstellung des Firmenbestandteils „Werdohler Pumpenfabrik" ist somit irreführend und geeignet, im Verkehr über die Art und die Bedeutung des Unternehmens der Beklagten zu täuschen. Ein solches Verhalten der Beklagten ist wettbewerbsfremd, es verstößt gegen § 1 UnlWG. Es verstößt aber auch gegen § 3 UnlWG, denn es ist geeignet, über die Art des Unternehmens der Beklagten, mithin über geschäftliche Verhältnisse, irrezuführen und insofern den Anschein eines besonders günstigen Angebots hervorzurufen, als es von einem in Werdohl konkurrenzlos dastehenden Unternehmen herrührt. Die Beklagte macht sich somit durch den Gebrauch des irreführenden Firmenschlagworts den geschäftlichen Ruf der Klägerin zunutze. Da die Beklagte die Bezeichnung „Werdohler Pumpenfabrik" und die Abkürzung dafür „W. P." unstreitig in ihrer Werbung, mithin in Mitteilungen benutzt hat, die für einen größeren Kreis von Personen bestimmt sind, so kann die Klägerin sie auch nach § 3 UnlWG auf Unterlassung in Anspruch nehmen. Dafür ist es ohne Bedeutung, ob die Beklagte oder vor ihr Hillebrand in dem Firmenbestandteil „Werdohler Pumpenfabrik" irrigerweise gerade das wesentliche Unterscheidungsmerkmal gegenüber der Firma der Klägerin gesehen haben. Es kommt nicht darauf an, wie die Beklagte die Bezeichnungen „Werdohler Pumpenfabrik" und „W. P." aufgefaßt hat, sondern darauf, wie die in Frage kommenden Verkehrskreise sie auffassen konnten und mußten. Es ist deshalb auch unerheblich, ob die Klägerin selbst durch ihre wiederholten Firmenänderungen die Verwechselungsmöglichkeit vergrößert hat oder nicht. Maßgebend ist, daß die von der Beklagten gebrauchte abgekürzte Firmenbezeichnung geeignet ist, im Verkehr irrezuführen, und daß sie wie die zahlreichen von der Klägerin urkundlich belegten Verwechselungsfälle zeigen, auch tatsächlich im Verkehr irregeführt hat.

Gegen die Schlüssigkeit der Klage ist danach nichts zu erinnern, und es fragt sich deshalb nur, ob die Beklagte den Ansprüchen der Klägerin etwa den Einwand der Verwirkung wirksam entgegensetzen kann. Das ist abgesehen davon, daß für diesen Einwand, soweit der Unterlassungsanspruch auf § 3 UnlWG gestützt wird, ohnehin kein Raum ist, auch aus allgemeinen Gründen zu verneinen. Um die Stellungnahme der Klägerin bei ihren wettbewerblichen Auseinandersetzungen mit der Beklagten richtig zu beurteilen, muß berücksichtigt werden, daß gerade die Klägerin bestrebt gewesen ist, Streit zu vermeiden und mit der Beklagten im Guten auszukommen. Dafür spricht nicht nur die Einleitung des gerichtlichen Vergleiches vom 3. Juli 1935, wonach die Parteien von dem Wunsche beseelt sind, künftig in Frieden miteinander zu verkehren und ihr früheres freundschaftliches Verhältnis fortzusetzen, sondern vor allem auch das Entgegenkommen, das die Klägerin der Beklagten im Jahre 1937 dadurch gezeigt hat, daß sie freiwillig ihre Firma änderte, um eine bessere Unterscheidung zu ermöglichen, die eingetragene Firma der Beklagten aber unverändert duldete. Die Parteien stehen seit 1935 auf dem Gebiet der Herstellung und des Vertriebes von Zahnrad- und Kühlwasserpumpen miteinander in Wettbewerb. Seit dieser Zeit ist die Klägerin, wenn auch mit Unterbrechungen, bemüht gewesen, ein reibungsloses Nebeneinanderarbeiten der Parteien zu ermöglichen. Sie hat das zunächst durch eine gegenseitige Abgrenzung der Arbeitsgebiete zu erreichen gesucht (Schriftwechsel Anl. Bd. 1 zum Schriftsatz vom 11. November 1942 Bd. 1 und Rechtsstreit HO 51/35 des Landgerichts Hagen/Westf.). Später hat sie (Schriftwechsel aus dem Jahre 1937 Anl. Bd. 2 zum Schriftsatz vom 11. November 1942 Bd. 1) darauf hingewiesen, daß eine Formel gesucht werden müsse, durch die die Verwechselungsmöglichkeit der beiden Firmen ausgeschlossen werde (Schreiben vom 18. Februar 1937), sie hat den Firmenbestandteil der Beklagten „Werdohler Pumpenfabrik" beanstandet (Schreiben vom 1. April 1937) und hat schließlich ihre eigene Firma geändert, um die Verwechselungsgefahr zu verringern. Aus diesem Verhalten der Klägerin konnte und mußte die Beklagte entnehmen, daß jene keineswegs bereit war, die bestehenden Verwechselungsmöglichkeiten ohne weiteres hinzunehmen, sondern ihnen entgegenarbeiten wollte, daß sie zwar, um des lieben Friedens willen, nicht auf eine Änderung der in das Handelsregister eingetragenen Firma der Beklagten bestand, auf die sie nach den Darlegungen unter I auch kein Recht hatte, aber keineswegs gewillt war, darüber hinaus die Schaffung einer Verwechselungsgefahr in den Kauf zu nehmen. Die Beklagte hat die Verwechselungsgefahr dennoch geschaffen und ständig vergrößert, indem sie fortfuhr, die abgekürzte Firmenbezeichnung an Stelle der unterscheidungskräftigen vollen eingetragenen Firma zu gebrauchen, und dadurch schließlich einen infolge des Anwachsens der Verwechselungsfälle für die Klägerin unhaltbaren Zustand schuf. Sie hat so den Wettbewerbskampf zwischen den Parteien in unerlaubter Weise verschärft, anstatt von dem Unternehmen der Klägerin den gebotenen Abstand zu halten und die zwischen den eingetragenen Firmen bestehenden Unterschiede nicht zu verwischen. Wie dargelegt, beruht der Gedanke der Verwirkung darauf, daß der Anspruchsgegner nach Treu und Glauben sein Verhalten als vom Kläger geduldet und erlaubt ansehen durfte, so daß unter diesen Umständen die Klage eine unzulässige Rechtsausübung bedeutet. Nach den ganzen Verhandlungen und Auseinandersetzungen zwischen den Parteien durfte die Beklagte, trotz des vielfachen Entgegenkommens der Klägerin nicht annehmen, daß diese bereit sei, die Schaffung einer Verwechselungsmöglichkeit durch ständige Fortlassung des unterscheidungskräftigen Personennamens aus der Firma „Werdohler Pumpenfabrik Rudolf Rickmeier GmbH“ zu dulden und zu erlauben. Die Klägerin hat hinreichend deutlich zu erkennen gegeben, daß ihr an einer klaren Unterscheidung der beiden Firmen alles gelegen war, und es ist gerade mit dem das Rechtsgebiet der Verwirkung beherrschenden Rechtsgrundsatz von Treu und Glauben nicht vereinbar, daß die Beklagte für sie daraus Rechtsnachteile herzuleiten versucht, daß sie eine gütliche Regelung angestrebt, ihrerseits Entgegenkommen gezeigt und mit der Klageerhebung gewartet hat, bis die Verwechselungen auf ein untragbares Maß angewachsen waren.

Die Revisionsangriffe beider Parteien sind danach unbegründet. Da das Berufungsurteil auch sonst nichts erkennen läßt, daß es auf einem sachlichrechtlichen Irrtum beruht, sind beide Revisionen mit der Kostenfolge aus §§ 92, 97 Abs. 1 ZPO zurückzuweisen.

---

10. Ein Unfall gemäß Vertragsbedingungen i. S. eines plötzlich von außen auf den Körper wirkenden Ereignisses braucht nicht ein jählings auf den Betroffenen einwirkender Umstand zu sein, sondern kann auch ein innerhalb einer kurzen Zeitspanne sich bildender Umstand sein.

VI. Zivilsenat. Urt. v. 4. Februar 1944 (VI 114/1943).

I. Landgericht Stuttgart.

In Sachen der *Hamburg-Mannheimer Versicherungs-Aktiengesellschaft* in Hamburg, vertreten durch den Vorstand, Beklagten und Revisionsklägerin, Prozeßbevollmächtigter: Rechtsanwalt Dr. Petersen in Leipzig,

gegen

die verwitwete Frau Frida *Conzelmann* in Onstmettingen, Klägerin und Revisionsbeklagte, Prozeßbevollmächtigter: Rechtsanwalt Dr. Benkard in Leipzig, hat das Reichsgericht, VI. Zivilsenat, auf die mündliche Verhandlung vom 4. Februar 1944 unter Mitwirkung des Senatspräsidenten Dr. Günther und der Reichsgerichtsräte Dr. Schack, Eilles, Oesterheld, Dr. Balve für Recht erkannt:

Die Revision gegen das Urteil der 4. Zivilkammer des Landgerichts in Stuttgart vom 24. September 1943 wird zurückgewiesen. Die Beklagte trägt die Kosten des Rechtsmittels. – Von Rechts wegen

Tatbestand

Gegenstand des Rechtsstreits ist ein Unfallzusatzversicherungsbetrag von 20.000 RM, den die Klägerin als Bezugsberechtigte auf Grund des Lebensversicherungsvertrags vom 2. Januar 1941 von der verklagten Versicherungsgesellschaft fordert. Das Landgericht hat die Gesellschaft antragsgemäß verurteilt. Diese hat zulässig Sprungrevision eingelegt mit dem Antrag, das Urteil aufzuheben und die Klage abzuweisen. Die Klägerin beantragt, das erste Urteil zu bestätigen.

Entscheidungsgründe

Der Versicherungsnehmer W. C., der Ehemann der Klägerin, zog sich am 11. April 1942, wie das Landgericht festgestellt hat, bei der Gartenarbeit eine Blase an der Innenseite der linken Hand zu, die während der Arbeit aufplatzte. Am 21. April 1942 ging er zum Arzt Dr. G. Dieser stellte an der Innenseite der linken Hand in der Gegend des Ringfingers eine leichte druckempfindliche Hautverdickung fest, die von der aufgesprungenen Blase zurückgeblieben war. Dort zeigte sich in der Folge eine Entzündung mit Eiterbildung. Am 27. April 1942 überwies Dr. G. den Versicherungsnehmer an den Facharzt Dr. B. Es zeigte sich eine tiefere Zellgewebsentzündung, die Dr. B. unter Betäubung öffnete. Die Entzündung ging zurück und C.'s Befinden wurde besser, verschlechterte sich jedoch nachher wieder. Am 9. Mai 1942 war er wieder bei Dr. B.; eine Blutvergiftung war eingetreten. Am 17. Mai 1942 starb C. im Krankenhaus. Ansteckungskeime waren durch die aufgeplatzte Blase in die Blutbahn eingedrungen und hatten dort eine Vergiftung hervorgerufen, die den Tod des Versicherungsnehmers herbeiführte.

Die besonderen Bedingungen für die Unfall-Zusatzversicherung des vorliegenden Versicherungsvertrags vom 13. Februar 1941 legen in § 1 I den Unfallbegriff dahin fest, daß der Versicherte durch ein plötzlich von außen auf seinen Körper wirkendes Ereignis unfreiwillig eine Gesundheitsschädigung erleidet, erweitern aber zugunsten des Versicherten in § 1 II 1 b den Unfallbegriff dahin, daß *auch* als Unfälle gelten „Wundinfektionen, bei denen der Ansteckungsstoff durch eine Unfallverletzung in den Körper gelangt ist". Daneben enthalten die bezeichneten Bedingungen auch noch andere Ausnahmen sowohl zugunsten der Versicherten wie – in Gestalt der „Ausschlüsse" in § 1 II 2 und in § 2 – zugunsten des Versicherers. Der Vorderrichter hält den Versicherungsanspruch der Klägerin sowohl nach § 1 I wie nach § 1 II 1 b der besonderen Bedingungen für begründet. Möchte auch das allmähliche Entstehen der Blase an der Hand des Versicherten kein plötzlich auf seinen Körper wirkendes Ereignis gewesen sein, so seien doch solche Ereignisse in dem Aufplatzen der Blase und in dem Eindringen der Ansteckungskeime in die Wunde zu finden; alles dies stehe in ursächlichem Zusammenhang zueinander und habe die Blutvergiftung und damit die zum Tode des Versicherten führende Gesundheitsbeschädigung ursächlich herbeigeführt. Diese Begründung des Vorderrichters ist rechtlich einwandfrei und rechtfertigt sein Erkenntnis. Es kommt auch nicht auf seinen Zweifel darüber an, ob der Begriff der Unfallverletzung in § 1 II 1 b gleichbedeutend ist mit dem des Unfalls in § 1 I oder nicht vielmehr ein anderer und weiterer. Denn jedenfalls muß es für die Annahme einer Unfallverletzung im Sinne des § 1 II 1 b genügen, wenn beim Vorliegen einer miteinander zusammenhängenden Kette (Ursachenreihe) von Ereignissen oder Einwirkungen der vorliegenden Art, welche insgesamt durch ihr ursächliches Wirken die Gesundheitsbeschädigung des Versicherten herbeigeführt haben, mehrere der ursächlichen Glieder die Eigenschaft von plötzlichen Ereignissen gehabt haben, wie dies der Vorderrichter rechtlich einwandfrei feststellt. Dies braucht nicht gerade bei der ersten Ursache, hier der Blasenbildung selbst, der Fall gewesen zu sein. Nach Treu und Glauben darf die zugunsten des Versicherten getroffene Bestimmung nicht zu seinem Nachteil ausgelegt und angewandt werden, selbst wenn bei der Abfassung und bei der Vereinbarung der besonderen Bedingungen nicht absichtlich eine von dem in § 1 I festgelegten Unfallbegriff abweichende Ausdrucksweise („Unfallverletzung" in § 1 II 1 b) gewählt worden sein sollte. Abgesehen davon unterliegt es aber, abweichend von dem vom Vorderrichter geäußerten Zweifel, nach dem festgestellten Sachverhalt auch keinen Rechtsbedenken, schon in dem Entstehen der Blase an der Hand des Versicherten ein plötzliches Ereignis im Sinne des § 1 I zu erblicken. Denn der Versicherte hatte, wie der Vorderrichter tatsächlich und rechtlich unbedenklich annimmt, die allmählich entstandene Blase nicht beachtet und somit keinen Grund, die Arbeit vorzeitig zu beenden. Dies steht auch durchaus im Einklang mit der allgemeinen Lebenserfahrung. Andernfalls würde man dem Versicherten eine mit der gesunden Volksmeinung und mit Treu und Glauben unvereinbare und kaum tragbare Beweislast aufbürden. Nach der bisherigen höchstrichterlichen Rechtsprechung muß das Ereignis unvorhergesehen, unerwartet und unentrinnbar auf den Körper des Verunfallten eingewirkt haben. Dies liegt in dem sachlichen Begriff des Plötzlichen begründet, hat aber mit einem Verschulden des Versicherten nichts zu tun. Auf die Unfallversicherung als eine Personenversicherung sind die Vorschriften der die Sachversicherung betreffenden §§ 49 flg. VVG grundsätzlich nicht anwendbar, insbesondere nicht die die schuldhafte Herbeiführung des Versicherungsfalls behandelnde Bestimmung des § 61 VVG. In dieser Beziehung gilt für die Unfallversicherung die Sondervorschrift des § 181 VVG, von deren Anwendung nach dem feststehenden Sachverhalt hier keine Rede sein kann. Trotzdem spielen, wie *Prölß* VVG 3. Aufl. (1941) zu § 182 Bem. 3 zutreffend hervorhebt, auch bei der Voraussetzung des Plötzlichen im Begriffe des Unfalls gewisse „subjektiv gefärbte" Erfordernisse eine Rolle, die aber nicht auf dem Gebiete des Verschuldens liegen. Ein auf den Körper des Versicherten einwirkendes Ereignis verliert nicht dadurch die Eigenschaft des Unerwarteten, nicht Voraussehbaren und, wenn man sagen will, des Unentrinnbaren, daß es nicht schnell, jählings oder gar blitzartig auf den Betroffenen einwirke, sondern allmählich, mit einer gewissen Langsamkeit, wie hier beim Entstehen einer Hautblase bei der Ausführung einer dem Versicherten ungewohnten körperlichen Arbeit, zumal wenn es, wie es nach der Lebenserfahrung vielfach der Fall ist und hier auch offenbar der Fall war, dem Verletzten nicht sogleich zum Bewußtsein kommt. Unter solcher Voraussetzung muß zur Annahme der Plötzlichkeit vollkommen genügen, daß sich das Ereignis, wie hier, innerhalb eines kurz bemessenen Zeitraums abspielt (*Prölß* a.a.O.). Nach der Verkehrsauffassung ist in einem derartigen Fall die Voraussetzung des Plötzlichen nicht zu bezweifeln. Auf die Erheblichkeit der körperlichen Beschädigung durch die erste Ursache kann es aber nicht ankommen (vgl. RGUrteil vom 23. März 1934 VII 342/33, abgedruckt in VAPV 1934 Nr. 2677), wenn im weiteren Verlaufe eine Blutvergiftung hinzutritt, die schließlich den Tod des Versicherten herbeiführt; ebensowenig darauf, daß das Unfallereignis nicht mit einer gewissen Gewalt über den Betroffenen hereingebrochen ist.

Da somit nach den beiden vom Vorderrichter angezogenen Bestimmungen der besonderen Bedingungen in § 1 unter I und unter II 1 a b der Klageanspruch begründet ist, bedarf es keines Eingehens auf den Angriff der Revision, daß das Vorliegen eines Unfalls durch Wundinfektion im Sinne des § 1 II 1 a b die Anwendung des § 1 I überhaupt ausschließe. Die Revision ist vielmehr, da das angefochtene Urteil auf keinem Rechtsirrtum beruht, zurückzuweisen.

---

11. Zur Unterscheidung von Betriebsunfall und Berufskrankheit. Eine Berufskrankheit ist eine Gesundheitsschädigung, die sich allmählich unter dem dauernden Einfluß ungesunder Begleitumstände einer beruflichen Arbeit entwickelt. Betriebsunfall ist ein zeitlich begrenztes körperlich schädigendes Ereignis, das zwar aus dem normalen Gang des Betriebes herausfällt, mit ihm aber doch in einem innerlichen Zusammenhang steht. Der Unfallcharakter geht nicht verloren, wenn sich zwischen den die Hauptursache eines Leidens bildenden einzelnen Unfällen ähnliche Umstände leichterer Art ereignen, die das Leiden mit beeinflussen.

BeamtUnfFürsG § 1.

III. Zivilsenat. Urt. vom 7. Februar 1944 (III 132/1943).

I. Landgericht Hamburg.
II. Oberlandesgericht Hamburg.

In Sachen der *Deutschen Reichsbahn*, vertreten durch den Präsidenten der Reichsbahndirektion Altona in Hamburg-Altona, Beklagten und Revisionsklägerin, Prozeßbevollmächtigter: Rechtsanwalt Justizrat Huber in Leipzig,

gegen

den Lokomotivführer i. R. Eduard *Robbin* in Hamburg-Altona, Kläger und Revisionsbeklagter, Prozeßbevollmächtigter: Rechtsanwalt Dr. Greuner in Leipzig, hat das Reichsgericht, III. Zivilsenat, auf die mündliche Verhandlung vom 7. Februar 1944 unter Mitwirkung des Senatspräsidenten Blumberger und der Reichsgerichtsräte Dr. Epping, Besta, Stange, Dr. Leopold für Recht erkannt:

Das Urteil des 5. Zivilsenats des Oberlandesgerichts in Hamburg vom 15. August 1943 wird aufgehoben. Auf die Berufung der Beklagten wird das Teilurteil des Landgerichts in Hamburg, Zivilkammer 15a, vom 18. März 1943 dahin abgeändert, daß die Klage, soweit darüber in dem Teilurteil entschieden ist, abgewiesen wird.

Die Kosten der Berufungs- und der Revisionsinstanz werden dem Kläger auferlegt. – Von Rechts wegen

Tatbestand

Der (jetzt über 65 Jahr alte) Kläger trat 1906 als Kesselschmied in den Bahndienst. Im Jahre 1911 wurde er unter Berufung in das Beamtenverhältnis zum Lokomotivheizer ernannt. Später zum Lokomotivführer befördert, ist er mit dem 1. März 1933 vorzeitig wegen dauernder Dienstunfähigkeit infolge eines Herzleidens (angina pectoris) in den Ruhestand versetzt worden. In der Zurruhesetzungsverfügung, die ihm am 8. September 1932 zugestellt worden ist, wurde das Ruhegehalt auf 67 v. H. seines ruhegeldfähigen Diensteinkommens festgesetzt.

Die Zurruhesetzung als solche hat der Kläger nicht beanstandet, er hat aber zunächst, schon am 9. Februar 1933, eine anderweite Festsetzung seines Ruhegehalts nach Maßgabe des Unfallfürsorgegesetzes beantragt, die er damit begründete, daß seine Dienstunfähigkeit infolge mehrerer, in den Jahren 1915, 1922 und 1928 bei seinem Lokomotivdienst auf der Tunnelstrecke zwischen dem Altonaer Hauptbahnhof und dem Altonaer Hafen erlittener Rauchgasvergiftungen entstanden sei. Nachdem in einem Gutachten des Leiters des Allgemeinen Krankenhauses in Eppendorf, Prof. Dr. B., vom 28. März 1933 ein Zusammenhang zwischen den angegebenen Betriebsunfällen und der vorzeitigen Dienstunfähigkeit verneint worden war, ist der Kläger von der Reichsbahndirektion Altona am 13. April 1933 auf seinen Antrag abschlägig beschieden worden. Er hat dann aber mit einer weiteren Eingabe vom 19. Dezember 1933 ein Gutachten des Vertrauensarztes des Vereins Deutscher Lokomotivführer, Medizinalrats Dr. Frhrn. v. M. in Berlin, vom 16. Dezember 1933 vorgelegt, in dem dieser Gutachter zu dem Ergebnis kam, daß der erwähnte Zusammenhang doch nicht von der Hand zu weisen sei. Als auch diese Eingabe ohne Erfolg blieb, wandte sich der Kläger im Herbst 1934 unter Wiederholung seines Antrages an den stellvertretenden Generaldirektor der Deutschen Reichsbahn-

Gesellschaft, ohne damit jedoch eine Änderung seines Ruhegehalts zu erzielen. Über einen damals erteilten Bescheid ist nichts bekannt.

Nach weiteren vergeblichen Versuchen, eine Anerkennung seiner Dienstunfähigkeit als Unfallfolge zu erreichen, hat der Kläger am 23. April 1936 für eine dahin gehende Feststellungsklage das Armenrecht beantragt. Sein Ziel war dabei eine Erhöhung des Ruhegehalts auf 80 v. H. des früheren Diensteinkommens. Die Beklagte veranlaßte daraufhin eine nochmalige Begutachtung des Klägers durch den Direktor des Städtischen Krankenhauses in Altona, Prof. Dr. K. Dieser bejahte in seinem Gutachten vom 10. August 1936 den fraglichen Ursachenzusammenhang, indem er darauf hinwies, daß der Kläger bei seinem jahrelangen Dienst auf der Tunnelstrecke außer den erwähnten drei schwereren wahrscheinlich oder sicher noch zahlreiche leichtere Rauchgasvergiftungen durchgemacht habe. Die Beklagte hat daraufhin die Anwendung des Unfallfürsorgegesetzes als begründet anerkannt und ihm nach § 1 Abs. 6 des Gesetzes Heilfürsorge zugesagt. Den Anspruch auf Erhöhung des Ruhegehalts lehnte sie ab, da das gewährte Ruhegehalt bereits höher sei als die Unfallpension. Das Armenrecht wurde dann dem Kläger versagt.

Im Jahre 1938 hat der Kläger die vorliegende Klage erhoben, mit der er nunmehr Schadensersatzansprüche, gegründet auf Fürsorge- und Amtspflichtverletzung, geltend macht. Wegen der Ansprüche aus dem ersten Klagegrunde hat er sich im Laufe des Rechtsstreits noch an den Reichsverkehrsminister gewandt, der die Ansprüche jedoch durch Bescheid vom 5. Mai 1939 als unbegründet abgelehnt hat. Im wesentlichen hat der Kläger seine Ansprüche folgendermaßen begründet:

Während des größten Teils seiner Dienstzeit habe er Lokomotivdienst auf der genannten Tunnelstrecke getan. Für den dortigen Streckendienst seien in der Regel Lokomotiven mit elektrischem Antrieb verwendet worden; diese seien aber häufig reparaturbedürftig gewesen, und es seien dann, oft monatelang, Dampflokomotiven mit Kohlenheizung eingesetzt worden. An einzelnen Tagen hätten bis zu 48 Fahrten durch den Tunnel gemacht werden müssen. Da der Tunnel keine ausreichenden Entlüftungsanlagen habe, sei er während der Benutzung der Dampflokomotiven immer mehr oder weniger mit Rauchgasen angefüllt gewesen, was für das Zugpersonal eine dauernde Schädigung ihrer Gesundheit bedeutet habe, die sich besonders gezeigt habe, wenn sich der Zug, was oft vorgekommen sei, infolge Überbelastung im Tunnel bei der dort vorhandenen Steigung festgefahren habe. Bei ihm hätten gerade diese dauernden Rauchgaseinwirkungen, also nicht etwa nur die in den Jahren 1915, 1922 und 1928 eingetretenen und als Unfälle gewerteten schweren Rauchgasvergiftungen, die frühzeitige Zurruhesetzung zur Folge gehabt. Dafür sei die Beklagte verantwortlich zu machen, weil sie unter Verletzung ihrer ihren Gefolgsleuten gegenüber bestehenden Fürsorge- und Amtspflichten schuldhaft verabsäumt habe, die nötigen Vorkehrungen zur Vermeidung der Vergiftungsgefahr zu treffen, was auf verschiedene Weise möglich gewesen sei. Später, für ihn zu spät, habe sie zum Schutz für das Zugpersonal Gasmasken angeschafft und nachher die Verwendung von Dampflokomotiven auf der Tunnelstrecke ganz untersagt.

Als Schaden macht der Kläger die durch die vorzeitige Zurruhesetzung eingetretene Minderung seines Einkommens geltend mit der Behauptung, zunächst hätte er bis zur Erreichung der Altersgrenze Dienst tun können, wodurch er für die Zeit bis dahin gegenüber seinem Ruhegehalt Mehreinnahmen von 12.672,18 RM an Gehalt und 2.397,60 RM aus der Lokomotivführer-Entschädigung gehabt hätte, ferner hätte er bei einem Verbleib im Dienst bis zur Altersgrenze vom 1. Oktober 1942 ab Anspruch auf ein höheres Ruhegehalt erworben und schließlich hätte für ihn ohne die verschuldete Schädigung seiner Gesundheit unter den gegenwärtigen Kriegsverhältnissen die Möglichkeit bestanden, auch über die Altersgrenze hinaus unter Zubilligung der höheren Aktivbezüge weiter Dienst zu tun, wovon er sicher Gebrauch gemacht haben würde. Die Klage ist auf Leistung der genannten Beträge sowie auf Feststellung des höheren Ruhegehaltsanspruchs ab 1. Oktober 1942 und der Verpflichtung zum Ersatz sämtlicher weiterer aus der Dienstbeschädigung entstandener Schäden gerichtet.

Die Beklagte hat um Abweisung der Klage gebeten. Sie hat in erster Linie den Standpunkt vertreten, der Kläger habe für alle vermögensrechtlichen Ansprüche aus seinem früheren Dienstverhältnis gemäß § 150 Abs. 2 RBG dadurch sein Klagerecht verloren, daß er nach Ablehnung seines Antrages vom 9. Februar 1933 keine Entscheidung des Generaldirektors der Deutschen Reichsbahn-Gesellschaft herbeigeführt habe. Sie hat weiter geltend gemacht, der Kläger könne, nachdem er früher selbst für seine Zurruhesetzung das Unfallfürsorgegesetz habe angewendet wissen wollen, nun nicht wieder seine Gesundheitsbeschädigung auf dauernde Raucheinwirkungen statt auf einzelne Betriebsunfälle dieser Art zurückzuführen. Dann aber sei er mit seinen Schadensersatzansprüchen auch gemäß § 10 des Unfallfürsorgegesetzes ausgeschlossen, da von der Feststellung einer vorsätzlichen Herbeiführung der Betriebsunfälle keine Rede sein könne. Die behaupteten Dauereinwirkungen lägen auch gar nicht vor, keinesfalls seien sie ursächlich für die vorzeitige Zurruhesetzung gewesen, wie das in Wirklichkeit auch hinsichtlich der früher geltend gemachten einzelnen Betriebsunfälle nicht der Fall sei. Das Anerkenntnis in dem früheren Armenrechtsverfahren habe sie nur aus reinem Entgegenkommen abgegeben. Ein Obergutachten des Universitätsinstituts für Berufskrankheiten in Berlin werde darüber Aufklärung bringen können. Im übrigen hat die Beklagte jedes Verschulden ihrerseits bestritten und sich für alle Fälle auf überwiegendes eigenes Verschulden des Klägers berufen, da er nicht mit überlasteten Zügen und nur mit gut durchgebranntem Feuer in seiner Maschine hätte fahren dürfen, wodurch jede gefährliche Rauchentwicklung hätte vermieden werden können. Ein früheres Angebot, ihn im Rangierbetrieb auf anderen Strecken in freier Luft zu beschäftigen, hätte der Kläger abgelehnt. Schließlich ist die Beklagte den Amtshaftungsansprüchen des Klägers auch noch mit der Verjährungseinrede entgegengetreten.

Das Landgericht hat der Klage, abgesehen von dem mit 2.397,60 RM bezifferten Zahlungsanspruch, den es noch nicht für spruchreif angesehen hat, durch Teilurteil stattgegeben. Das Berufungsgericht hat die Berufung der Beklagten zurückgewiesen.

Mit der Revision verfolgt die Beklagte ihren Antrag auf Abweisung der Klage weiter. Der Kläger hat beantragt, die Revision zurückzuweisen.

Entscheidungsgründe

Die streitigen Schadensersatzansprüche sind auf zwei Klagegründe gestützt, einmal auf Verletzung der beamtenrechtlichen Fürsorgepflicht, wie sie heute in § 36 DBG ihren Niederschlag gefunden hat und früher aus allgemeinen Rechtsgedanken (§ 618 BGB) hergeleitet wurde, zum anderen auf Amtspflichtverletzung (§ 839 BGB, Art. 131 WeimVerf). Für die Frage der Zulässigkeit solcher Klage ist das Berufungsgericht mit Recht davon ausgegangen, daß, obwohl der Kläger schon seit 1933 Ruhestandsbeamter ist, gemäß § 184 Abs. 1 Satz 3 DBG für die Geltendmachung von Ansprüchen aus dem früheren Beamtenverhältnis die §§ 142 bis 147 DBG maßgebend sind und daß dafür zur Zeit noch die Zuständigkeit der ordentlichen Gerichte gegeben ist (§ 13 Abs. 2 der Ersten Verordnung zur Durchführung und Ergänzung des Führererlasses über die Errichtung des Reichsverwaltungsgerichts vom 29. April 1941 – RGBl. I S. 224 –). Das Berufungsgericht hat zunächst die Frage der Notwendigkeit eines behördlichen Vorbescheides für die Eröffnung des Klageweges gemäß § 143 Abs. 1 DGB und des etwaigen Verlustes des Klagerechts durch Versäumung einer gesetzlichen Klagefrist geprüft. Zutreffend hat es dabei angenommen, daß derartige Beschränkungen für auf Amtspflichtverletzung gestützte Ansprüche nicht, wohl aber für solche in Betracht kommen, die auf Verletzung einer Fürsorgepflicht gegründet sind. Das ist in ständiger Rechtsprechung anerkannt und gilt auch unverändert seit dem Inkrafttreten des Deutschen Beamtengesetzes (vgl. RGZ Bd. 146 S. 373 und RGUrteil vom 11. Februar 1938 III 74/37, abgedr. JW 1938 S. 1528 Nr. 18).

Soweit Fürsorgepflichtverletzung geltend gemacht ist, liegt eine Vorentscheidung der obersten Dienstbehörde im Sinne des § 143 DBG in dem Bescheid des Reichsverkehrsministers vom 5. Mai 1939 vor. Daß der Bescheid erst im Laufe des Rechtsstreits erwirkt wurde, beeinträchtigt seine Wirksamkeit als Klagevoraussetzung nicht (RGZ Bd. 161 S. 165, Bd. 164 S. 78). Es fragt sich nur, ob der Kläger ein Klagerecht wegen solcher Ansprüche bereits vor dem Inkrafttreten des Deutschen Beamtengesetzes nach früherem Recht verloren hatte; denn nach der zur Durchführung dieses Gesetzes erlassenen Verordnung vom 29. Juni 1937 (RGBl. I S. 669) „zu § 143“ hätte es dann dabei sein Bewenden behalten und der Rechtsweg hätte durch einen neuen Bescheid nicht wieder geöffnet werden können. Die Beklagte hat im Rechtsstreit den Standpunkt vertreten, der Kläger habe früher schon gemäß § 150 Abs. 2 RBG dadurch sein Klagerecht aus einer Fürsorgepflichtverletzung eingebüßt, daß er weder gegen den Zurruhesetzungsbescheid vom 8. September 1932 noch gegen den Bescheid vom 13. April 1933, die sich beide auf vermögensrechtliche Ansprüche aus seinem Dienstverhältnis (im Sinne des § 149 RBG) bezogen hätten, innerhalb der vorgesehenen Sechsmonatsfrist eine Entscheidung des für ihn gemäß § 8 des Reichsbahn-Personalgesetzes vom 30. August 1924 (RGBl. II S. 287) als „oberste Reichsbehörde“ maßgebenden Generaldirektors der Deutschen Reichsbahn-Gesellschaft herbeigeführt habe. Die Revision ist darauf zurückgekommen. Das Berufungsgericht hat diesen Einwand jedoch mit Recht abgelehnt. Der erstere Bescheid verfügte nur die Zurruhesetzung und setzte das dem Kläger danach zukommende Ruhegehalt fest, der spätere lehnte die beantragte Anwendung des Unfallfürsorgegesetzes ab. Keiner der beiden Bescheide aber befaßte sich mit irgendwelchen Ansprüchen aus einer Fürsorgepflichtverletzung, wie sie Gegenstand der jetzigen Klage sind. Den jetzigen Ansprüchen ist ein neuer, anderer Tatbestand zu Grunde gelegt. Bei der Prüfung der Tragweite eines Vorbescheides der Verwaltungsbehörde kommt es aber nach der Rechtsprechung des Senats darauf an, über welchen Anspruch eine Bescheidung erfolgt ist. Ein Vorbescheid kommt für den Verlust des Klagerechts nicht in Betracht, wenn die von dem Bescheid getroffenen Ansprüche von dem einzuklagenden Anspruch ihrem Inhalt und ihren Entstehungsbedingungen nach wesentlich verschieden sind (so RG-Urteile vom 5. März 1926 III 150/25 und vom 8. November 1938 III 35/38). Daß letzteres hier der Fall ist, hat das Berufungsgericht zutreffend dargelegt. Das Recht des Klägers zur Verfolgung seiner Ansprüche aus beiden Klagegründen ist deshalb uneingeschränkt gegeben.

Die Beklagte hat sich weiter auf § 10 Abs. 1 des Unfallfürsorgegesetzes berufen, dessen Anwendbarkeit auf Reichsbahnbeamte (bis zum Inkrafttreten des Deutschen Beamtengesetzes: vgl. § 184 Abs. 2 Nr. 3 DBG) sich aus § 9 des Reichsbahn-Personalgesetzes ergibt. Nach der genannten Gesetzesvorschrift (§ 10 Abs. 1) können die in den §§ 1, 2 des Gesetzes bezeichneten Personen, auch wenn sie keinen Anspruch auf Pension oder Rente haben, einen Anspruch auf Ersatz des durch Unfall erlittenen Schadens gegen die Betriebsverwaltung, in deren Dienste der Unfall sich ereignet hat, überhaupt nicht und gegen deren Betriebsleiter, Bevollmächtigte oder Repräsentanten, Betriebs- oder Arbeitsaufseher nur dann geltend machen, wenn durch strafgerichtliches Urteil festgestellt worden ist, daß der in Anspruch Genommene den Unfall vorsätzlich herbeigeführt hat. Die Revision hat den Einwand wiederholt und dazu zunächst gerügt, das Berufungsgericht habe das bezügliche Vorbringen der Beklagten nicht beschieden (§ 551 Nr. 7 ZPO). Diese Verfahrensrüge ist jedoch unbegründet, denn die Bescheidung des Vorbringens ergibt sich einwandfrei aus den Urteilsgründen (Urteilsausfertigung S. 24). Das Berufungsgericht hat dort den § 10 UnfFürsG deshalb nicht für anwendbar erklärt, weil die Dienstunfähigkeit des Klägers, d. h. das seine vorzeitige Dienstunfähigkeit bedingende Leiden, nicht auf einzelne Unfälle zurückzuführen sei, vielmehr „im Hinblick auf die dauernden Rauchgaseinwirkungen, unter denen der Kläger gestanden hat, alle Vergiftungen insgesamt als einheitliche Schadensursache, und zwar als Berufskrankheit anzusehen" seien.

Die so begründete Ausschaltung des § 10 UnfFürsG ist jedoch nicht frei von Rechtsirrtum. Der Kläger selbst hat seinerzeit seine vorzeitige Dienstunfähigkeit auf bestimmte einzelne Rauchgasvergiftungen im Tunneldienst als Betriebsunfälle im Sinne des Unfallfürsorgegesetzes zurückgeführt. Nachdem der Sachverständige Prof. Dr. K. in seinem Gutachten vom 10. August 1936 zu dem Ergebnis gekommen war, die dauernde Dienstunfähigkeit des Klägers sei „auf die von ihm erlittenen Betriebsunfälle (Rauchvergiftungen)" zurückzuführen, hat auch die Beklagte die Rauchgasvergiftungen als Betriebsunfälle hingenommen und der Anwendung des Gesetzes zugestimmt. Wenn das Berufungsgericht nunmehr die als Betriebsunfälle gewerteten Vergiftungen als solche ausschalten und nur eine auf dauernde Rauchgaseinwirkungen zurückzuführenden „Berufskrankheit" als Schädigung annehmen will, so ist das rechtlich nicht haltbar.

Unter einem Betriebsunfall ist ein zeitlich begrenztes körperlich schädigendes Ereignis zu verstehen, das mit dem Betrieb in einem inneren ursächlichen Zusammenhang steht, wennschon es aus dessen normalen Gang herausfällt (RGZ Bd. 93 S. 34). Unter einer Berufskrankheit dagegen wird eine Gesundheitsschädigung verstanden, die sich allmählich unter dem dauernden Einfluß ungesunder Begleitumstände einer beruflichen Arbeit entwickelt. Die Abgrenzung zwischen Unfall und Erkrankung kann, wie der vorliegende Fall zeigt, dann schwierig sein, wenn wiederholte schädigende Einwirkungen zu der Gesundheitsschädigung beigetragen haben (vgl. hierzu Schulte-Holthausen: Unfallversicherung, 4. Aufl. Anm. 3 und 4 zu § 544, insbes. S. 50). In dem Gutachten des Sachverständigen Prof. Dr. K., dem die Vorinstanzen ausschlaggebende Bedeutung beigemessen haben, ist die Frage solcher Abgrenzung nicht behandelt. Darauf kam es bei der Erstattung des Gutachtens auch nicht an. Aufgabe des Gutachters war es nur, die Frage des ursächlichen Zusammenhangs zwischen den vorgekommenen Rauchgasvergiftungen und der bestehenden angina pectoris des Klägers zu klären. In dem Gutachten sind freilich die Rauchgasvergiftungen ausdrücklich als Betriebsunfälle bezeichnet. Der Gutachter hat jedenfalls zunächst die vom Kläger im Jahre 1915 erlittene einmalige schwere Rauchgasvergiftung als die grundlegende Ursache des Leidens angesehen. Als weitere, das Leiden verschlimmernde Ursachen hat er dann die später in den Jahren 1922 und 1928 vorgekommenen schwereren Vergiftungen angeführt und dazu schließlich noch darauf hingewiesen, daß das Leiden auch noch von häufigen leichteren Vergiftungen beeinflußt worden sei, die der Kläger bei den Fahrten durch den Tunnel „sicher jahrelang erlitten" habe. Das Berufungsgericht stellt dagegen „dauernde" Raucheinwirkungen fest, indem es namentlich auf die Bekundungen der in erster Instanz als Zeugen vernommenen Lokomotivführer hinweist, daß sie „wiederholt erhebliche Beschädigungen durch Raucheinwirkungen erfahren" hätten, und nimmt danach unter Ablehnung einzelner Dienstunfälle eine Berufskrankheit als Ursache der Gesundheitsschädigung und der vorzeitigen Dienstunfähigkeit des Klägers an. Dem kann jedoch nicht gefolgt werden.

Unstreitig wurden in der fraglichen Zeit zu den Tunnelfahrten in der Regel Maschinen mit elektrischem Antrieb benutzt, wobei Rauchgasvergiftungen nicht in Frage kamen. Nur ersatzweise, wenn die elektrischen Maschinen reparaturbedürftig waren, dann freilich wiederholt monatelang, wurden Dampflokomotiven verwendet. Wenn die Zahl der Fahrten durch den Tunnel in jeder Arbeitsschicht nach Behauptung des Klägers zeitweilig auch recht beträchtlich war, so spielte sich zeitlich der größte Teil des Dienstes doch zweifellos außerhalb des Tunnels ab. Daß der Tunnel bei Benutzung von Dampflokomotiven ständig in erheblichem Maße mit giftigen Rauchgasen angefüllt gewesen wäre, steht nicht fest. Ein Tunnel, der mit Dampfmaschinen befahren wird, wird natürlicherweise niemals völlig einwandfreie Luft enthalten. Nach dem eigenen Vorbringen des Klägers sind *erheblichere* Belästigungen des Zugpersonals oder gar Vergiftungserscheinungen in der Regel auch nur dann aufgetreten, wenn der Zug infolge Überbelastung oder besonderer Schlüpfrigkeit der Schienen (so wenn im Herbst feuchtes Laub in den Tunnel hineingeweht war) nur schwer vorwärts kam oder, was oft vorgekommen sein soll, im Tunnel an der Steigung stecken blieb. Die Vergiftungsgefahr war dabei besonders groß, wenn die Maschine den Tunnel mit nicht durchgebranntem Feuer durchfuhr, was zwar vorschriftswidrig war, sich aber nach Behauptung des Klägers nicht immer hat vermeiden lassen. In dem früheren Armenrechtsverfahren hat sich der Kläger unstreitig gerade auf die einzelnen schweren Vergiftungen berufen, die seiner damaligen Ansicht nach als „Betriebsunfälle" die Anwendung des Unfallfürsorgegesetzes notwendig machten. Bei diesen schweren Vergiftungen handelte es sich aber in der Tat um zeitlich begrenzte, für sich erfaßbare schädigende Einwirkungen, die durch besondere betriebswidrige Umstände bedingt waren. Sie sind auch in dem Gutachten des Prof. Dr. K. eine jede für sich besonders erörtert und in ihren schädlichen Wirkungen behandelt worden. Der Kläger hat deshalb jene akuten Vergiftungen als für sich erfaßbare, jeweils auf einen verhältnismäßig kurzen Zeitraum beschränkte schädliche Einwirkungen seinerzeit durchaus mit Recht als Betriebsunfälle gewertet wissen wollen. Der Unfallcharakter ging dann aber auch dadurch nicht wieder verloren, daß sich zwischendurch bei Eintritt ähnlicher Umstände, insbesondere dem angeblich öfter vorgekommenen Steckenbleiben des Zuges im Tunnel, Vergiftungsfälle leichterer Art mehr oder weniger oft wiederholten, die dann nach dem ärztlichen Gutachten das Leiden noch mit beeinflußten. Die Hauptursache des Leidens bilden auch nach dem Gutachten jene schweren Vergiftungen.

Ist danach dem Kläger seinerzeit von der Beklagten mit Recht die von ihm erstrebte grundsätzliche Anwendung des Unfallfürsorgegesetzes zugestanden worden, so muß er nun auch den ihm lästigen § 10 des Gesetzes gegen sich gelten lassen, durch den seinen Ansprüchen die Grundlage entzogen ist, und zwar auch, soweit sie auf Amtshaftung gestützt sind (vgl. Brandt: „Die Reichsbeamtengesetze" 3. Aufl. S. 537 Anm. 3 zu §§ 10 bis 12 UnfFürsG). Eines weiteren Eingehens auf die Klagegründe bedarf es hiernach nicht mehr.

Die Kosten der Berufungs- und Revisionsinstanz waren dem Kläger schon jetzt als unterlegenen Partei aufzuerlegen. Über die erstinstanzlichen Kosten ist in dem Schlußurteil des Landgerichts zu entscheiden.

---

12. Nach der SchutzVO kann auch gegen die Versäumung der Frist des § 234 ZPO die Wiedereinsetzung in den vorigen Stand gewährt werden.

Auch Verzögerungen im Postverkehr in den luftgefährdeten Gebieten fallen unter den Begriff des Kriegsgeschehens i. S. des Art. 3 Ziff. 2.

ZPO § 234, SchutzVO v. 4. Dez. 1943 (RGBl. I, S. 666), Art. 3 Ziff. 2.

IV. Zivilsenat. Beschl. v. 10. Februar 1944 (IV B 21/1944).

II. Oberlandesgericht Hamm.

In Sachen der Ehefrau W.S. P. geb. C. in Dortmund-Hörde, Beklagten und Beschwerdeführerin, Prozeßbevollmächtigter: Rechtsanwalt Justizrat Dr. Papentin in Hamm/W.,

gegen

ihren Ehemann, den Rangierer, jetzt Soldaten E. F. H. P., zur Zeit Feldpostnummer, Kläger und Beschwerdegegner, Prozeßbevollmächtigter: Rechtsanwalt Wilhelm Höhne in Dortmund, Kaiserstr. 6, hat das Reichsgericht, IV. Zivilsenat, auf die sofortige Beschwerde der Beklagten vom 2. Februar 1944 gegen den Beschluß des 3. Zivilsenats des Oberlandesgerichts in Hamm/Westf. vom 15. Januar 1944 beschlossen:

Der angefochtene Beschluß wird aufgehoben. Der Beklagten wird die Wiedereinsetzung in den vorigen Stand gegen die Versäumung der Berufungsfrist und der Frist des § 234 ZPO bewilligt.

Gründe

Die Beklagte hat gegen das ihrem Prozeßbevollmächtigten am 18. November 1943 zugestellte Scheidungsurteil am 6. Januar 1944 unter Erbittung der Wiedereinsetzung Berufung eingelegt. Das Berufungsgericht hat die Wiedereinsetzung wegen Versäumung der Zweiwochenfrist des § 234 ZPO versagt und die Berufung als unzulässig verworfen.

Die in dem Beschluß zugelassene Beschwerde ist begründet.

Das Berufungsgericht unterstellt, daß die Beklagte infolge voraufgegangener Krankheit erst am 22. Dezember 1943 in der Lage gewesen sei, ihren Prozeßbevollmächtigten wegen Einlegung der Berufung aufzusuchen. Der erkennende Senat trägt auf Grund der beigebrachten eidestattlichen Versicherung keine Bedenken, die Voraussetzungen der Wiedereinsetzung tatsächlich als gegeben anzunehmen.

Die Versäumung der bis zum 5. Januar 1944 laufenden Zweiwochenfrist des § 234 ZPO ist wesentlich darauf zurückzuführen, daß der am 28. Dezember abgesandte Brief, mit dem der inzwischen beauftragte, zweitinstanzliche Prozeßbevollmächtigte die Beklagte von Dortmund nach Hamm zu einer mündlichen Besprechung auf den 30. Dezember bestellt hatte, der Beklagten erst am 4. Januar zugestellt wurde, so daß die Besprechung erst am 6. Januar stattgefunden hat. Es liegt auf der Hand, daß, wenn der Brief ihr auch nur zwei Tage eher zugegangen wäre, die Frist noch unschwer hätte gewahrt werden können.

Das Berufungsgericht sieht die Möglichkeit einer Abhilfe als nicht gegeben, da die Frist des § 234 ZPO keine Notfrist sei und der Fall der Wiedereinsetzung nach Art. 3 Ziff. 2 der SchutzVO vom 4. Dezember 1943 (RGBl. I S. 666) nicht vorliege.

In letzterer Hinsicht kann dem Oberlandesgericht nicht beigetreten werden.

Sinn und Zweck der letztgenannten Vorschrift erfordern es, den Begriff des Kriegsgeschehens weit zu fassen. Es sind darunter nicht nur unmittelbare Feindeinwirkungen, sondern auch solche Hindernisse und Hemmnisse zu verstehen, die mittelbar auf solche oder auf die durch sie herbeigeführte Gesamtlage zurückzuführen sind. Dazu gehören insbesondere auch die Stockungen und Verzögerungen im Postverkehr, gleichviel ob es sich um unmittelbar durch Angriffe heimgesuchte oder andere Orte der luftgefährdeten Gebiete handelt. Es wäre willkürlich und läge sicherlich nicht im Sinne der aus dringenden praktischen Bedürfnissen erwachsenen Regelung, wollte man unter Kriegsgeschehen nur die Betriebsstörungen durch unmittelbare Zerstörungen von Postämtern und dgl., nicht aber auch die ständigen Hemmungen und Störungen des Dienstbetriebes durch Luftalarme, durch organisatorische Notmaßnahmen und dgl. verstehen. Ebensowenig ginge es an, im einzelnen Falle praktisch gar nicht mit Erfolg durchführbare Untersuchungen darüber anzustellen, worauf die konkrete Verzögerung im Postbetriebe zurückzuführen ist. Der erkennende Senat trägt daher keine Bedenken, die starken Verzögerungen im Postverkehr, wie sie in den letzten Monaten allgemein beobachtet worden sind, in ihrer Gesamtheit als Kriegsgeschehen i. S. der genannten Vorschrift anzusehen.

Danach war der Beklagten die erbetene Wiedereinsetzung unter Aufhebung des angefochtenen Beschlusses zu gewähren.

Dr. Jonas. Dr. Hofmann

---

13. Wird ein definitiv angestellter Gemeindebediensteter im Protektorat Böhmen und Mähren durch Disziplinarerkenntnis aus dem Dienste der Gemeinde entlassen, so haben die Gerichte im Falle eines Rechtsstreites nicht nur das formal einwandfreie Zustandekommen, sondern auch die materielle Richtigkeit des Disziplinarerkenntnisses im Rahmen der Einwendungen nachzuprüfen.

Tschechoslow. Ges. v. 17. Dez. 1919 (SdGuV 16/1920), womit die Dienstverhältnisse der bei den Gemeinden in Böhmen, Mähren und Schlesien definitiv angestellten Bediensteten geregelt werden, §§ 10, 24.
RegierungsVO v. 14. Aug. 1920 (SdGuV Nr. 48) zur Durchführung des § 10 des Ges. v. 17. Dez. 1919 (SdGuV 16/20), § 8 ABGB; § 1162 ABGB.

VII. Zivilsenat. Beschl. vom 16. Februar 1944 (VII 124/1943).

I. Amtsgericht Olmütz.
II. Deutsches Oberlandesgericht Prag.

In Sachen des Viktor *Čoček*, ehemaligen Polizeiwachmanns in Olmütz, Klägers, Prozeßbevollmächtigter: Rechtsanwalt Dr. Josef Spurny in Olmütz,

gegen

die *Hauptstadt Olmütz*, vertreten durch den Oberbürgermeister der Hauptstadt Olmütz, Beklagte, Prozeßbevollmächtigter: Rechtsanwalt Dr. Karl Neudörfl in Olmütz, wegen Ungültigkeit der Aufhebung des Dienstverhältnisses und Bezahlung von 2.880 RM hat das Reichsgericht, VII. Zivilsenat, in nichtöffentlicher Sitzung vom 16. Februar 1944 unter Mitwirkung des Senatspräsidenten Dr. Zellner und der Reichsgerichtsräte Seibertz, Dr. Tenschert, Dr. Kirchengast und Dr. Roppert auf den Revisionskurs, richtig Rekurs, des Beklagten gegen den Beschluß des Deutschen Oberlandesgerichts in *Prag* als Berufungsgerichtes vom 8. Juli 1943, GZ. 1 U 54/43, womit auf Berufung des Klägers das Urteil des Deutschen Amtsgerichtes in Olmütz vom 19. Mai 1943, GZ. 2 Ca 39/43, aufgehoben und die Sache unter Vorbehalt der Rechtskraft an das Erstgericht zurückverwiesen wurde, beschlossen:

Es wird dem Rekurs keine Folge gegeben.
Die Beklagte hat die Rekurskosten selbst zu tragen.

Gründe

Der Kläger war Angestellter der beklagten Gemeinde, beschäftigt beim Städtischen Wirtschaftsamt und wurde durch die Entscheidung des Oberbürgermeisters vom 12. September 1942 nach durchgeführtem Disziplinarverfahren zur Strafe der Entlassung aus dem Dienste verurteilt. Er begehrt mit der vorliegenden Klage die Aufhebung dieser Entscheidung und die Verurteilung der Beklagten, ihn wieder in ihrem Dienste als Oberwachmann gegen die Bezüge nach der Dienstpragmatik zu beschäftigen und ihm an zurückbehaltenen Bezügen für die Zeit vom 1. Dezember 1940 bis 30. September 1942 einen Betrag von 19.800 K, sowie für die Zeit vom 1. Oktober 1942 bis 28. Februar 1943 an vollen Bezügen 9.000 K zu ersetzen, weil seine Entlassung nicht begründet gewesen sei. Die Beklagte hat dagegen eingewandt, daß das Disziplinarverfahren gesetzmäßig durchgeführt, die Entlassung des Klägers mit Recht ausgesprochen worden sei, den Gerichten aber eine Überprüfung der Schuld des Klägers nicht zustehe und daß sich aus der Rechtskraft des Disziplinarerkenntnisses die Grundlosigkeit der Ansprüche des Klägers ergebe.

Das Landgericht hat das Klagebegehren abgewiesen, weil es sich der Rechtsansicht anschloß, daß Disziplinarerkenntnisse gegen Gemeindeangestellte im Rechtswege nur in der Richtung nachgeprüft werden können, ob sie formgerecht zustande gekommen seien, nicht aber, ob sie auch materiell richtig seien. Formelle Einwendungen seien jedoch vom Kläger nicht geltend gemacht. Das Berufungsgericht hat dieses Urteil unter Vorbehalt der Rechtskraft aufgehoben und die Sache an das Erstgericht zurückverwiesen. Dabei vertrat es die Rechtsansicht, daß durch § 24 des Gesetzes vom 17. Dezember 1919 (SdGuV Nr. 16/20) *alle* aus dem Dienstverhältnis zwischen einer Gemeinde und ihren Bediensteten sich ergebenden Streitigkeiten auf den Rechtsweg verwiesen seien, daß infolgedessen die Gerichte das Ganze gegen den Gemeindebediensteten durchgeführte Disziplinarverfahren überprüfen können und der Kläger im Wege der Zivilklage nachweisen könne, daß der Entlassungsbeschluß der Disziplinarbehörde nicht nur formal, sondern auch materiell mangelhaft und unbegründet gewesen sei. Das Erstgericht habe sich daher mit den entsprechenden Behauptungen des Klägers zu befassen.

Dagegen richtet sich der Rekurs der Beklagten, welche in Anlehnung an den Plenissimarbeschluß des Obersten Gerichtshofes in Wien vom 22. November 1910, Judikatenbuch Nr. 191, dafür hält, daß sich der Angestellte durch den Antritt eines Dienstpostens bei einer öffentlich-rechtlichen Körperschaft den öffentlich-rechtlich eingesetzten Organen in Disziplinarangelegenheiten unterwerfe und daß sich daraus die Schlußfolgerung ergebe, daß bei Klagen auf Unwirksamkeitserklärung von Disziplinarerkenntnissen und in Streitigkeiten wegen Zahlung von Gehalt dann, wenn die Disziplinarerkenntnisse dem Anspruch entgegenstehen, die Gerichte nicht befugt seien, in eine materielle Überprüfung dieser Erkenntnisse einzutreten. Tatsächlich hat der Oberste Gerichtshof in Wien in dem erwähnten Judikat den Rechtssatz aufgestellt, daß Disziplinarerkenntnisse, welche gegen sogenannte Vertragsbeamte des Staates oder sonstige in einem öffentlichen Dienste Angestellte im Grunde vertragsmäßiger Unterwerfung unter die Dienstgewalt des Dienstgebers ergangen sind, im Rechtswege materiell nicht überprüft werden können und zwar auch nicht im Wege der Lösung der Vorfrage. Dagegen hat er ausgesprochen, daß solche Erkenntnisse in der Richtung, ob sie nach den maßgebenden Bestimmungen formgerecht zustande gekommen seien, einer richterlichen Nachprüfung unterliegen. In der gegenwärtigen Rechtssache handelt es sich aber nicht darum, ob die Gründe jenes Judikats auch heute noch stichhaltig sind, sondern vielmehr um die Prüfung der Frage, ob jenes Judikat auch in jenen Rechtsgebieten, wo das tschecho-slowakische Gesetz vom 17. Dezember 1919 (SdGuV Nr. 16/1920), womit die Dienstverhältnisse der bei den Gemeinden in Böhmen, Mähren und Schlesien definitiv angestellten Bediensteten geregelt wurden, in Geltung steht, uneingeschränkt angewendet werden kann. Dabei ist von den Bestimmungen der §§ 10 und 24 dieses Gesetzes auszugehen. § 24 schreibt vor, daß Streitigkeiten über die Dienstbezüge und das Ruhegehalt eines Bediensteten, über die Versorgungsgenüsse der Witwen und Waisen, sowie die sonstigen aus dem Dienstverhältnisse herrührenden Streitigkeiten im Rechtswege zu entscheiden sind. § 10 dagegen bestimmt, daß ein definitiv angestellter Bediensteter durch Beschluß der Gemeindevertretung lediglich auf Grund eines durchgeführten Disziplinarverfahrens nach Analogie der Dienstpragmatik für die Staatsbediensteten entlassen werden kann, worüber die näheren Bestimmungen einer besonderen Regierungsverordnung vorbehalten wurden. Diese Regierungsverordnung zur Durchführung des § 10 ist tatsächlich am 14. August 1920 (SdGuV Nr. 483) ergangen, und hat im § 8 die Regelung getroffen, daß bei Disziplinarvergehen, welche die Ausschließung des Bediensteten von der Vorrückung in höhere Bezüge, die Hinderung des Gehaltes, die Versetzung in den Ruhestand mit gemindertem Ruhegenuß oder die Entlassung aus den Diensten zur Folge haben, die Disziplinarkommission erster Instanz nicht selbst die Strafe verhängen darf, sondern nur den entsprechenden Antrag zu stellen hat, über den die Körperschaft (hier also die Gemeindevertretung) zu entscheiden hat. Ferner bestimmte sie, daß bei Beschwerden gegen Disziplinarerkennttnisse dieser Art die Disziplinaroberkommission ihren Antrag an die autonome Landesbehörde stelle, welche über die Beschwerde endgültig entscheide. Die Regierungsverordnung Nr. 483/20 hat also gegen die von der Gemeindevertretung ausgesprochenen Disziplinarstrafen den Beschwerdeweg an die autonome Landesbehörde vorgesehen. Nun hat aber das Oberste Verwaltungsgericht in Prag solche Beschwerden gegen die Disziplinarbeschlüsse der Gemeindevertretung für unzulässig erachtet, weil durch § 24 des Gesetzes Nr. 16/20 Rechtsstreitigkeiten über den weiteren rechtlichen Bestand des Dienstverhältnisses der Gemeindebediensteten auf den Rechtsweg gehören (Beschluß des Fachplenums des Obersten Verwaltungsgerichts vom 14. Januar 1929 Boh A Nr. 7803/29), während die Rechtsprechung des Obersten Gerichts in Brünn zur Rechtskraft eines Disziplinarerkenntnisses der Gemeindevertretung die Erschöpfung des in § 8 der Regierungsverordnung Nr. 483/20 vorgesehenen Beschwerdeweges an die autonome Landesbehörde verlangte und daher die materielle Überprüfung der Disziplinarerkenntnisse der Gemeindevertretungen ablehnte (Entscheidungen des Obersten Gerichts in Brünn Nr. 12873 und 15774 amtl. Slg.). Dieser gegensätzliche Standpunkt des Obersten Gerichtes und des Obersten Verwaltungsgerichtes führte zu der Entscheidung des Senates zur Lösung von Kompetenzkonflikten vom 14. Mai 1937 Nr. 871/36 (Entscheidungen des Obersten Gerichtes in Brünn Bd. XIX b, S. 1749), welcher aussprach, daß die Regierung nicht ermächtigt war, im Hinblick auf die Vorschrift des § 24 des Gesetzes Nr. 16/20 den Entlassungsbeschluß der Gemeindevertretung im Verordnungswege der Überprüfung durch die höhere Verwaltungsbehörde zu unterwerfen. Im Sinne dieser Entscheidung des Senates zur Lösung von Kompetenzkonflikten hat in der Folgezeit auch das Oberste Gericht in Brünn sich diesem Standpunkt angeschlossen und ausgesprochen, daß die Gerichte das Ganze gegen einen Gemeindebediensteten gemäß § 10 des Gesetzes Nr. 16/20 durchgeführte und mit seiner Entlassung beendete Disziplinarverfahren als Bestandteil des Entlassungsbeschlusses der Gemeindevertretung überprüfen und daß der entlassene Gemeindebedienstete berechtigt sei, das Gehalt für die ganze Zeit nach seiner Entlassung nur dann zu fordern, wenn er beweise, daß der Entlassungsbeschluß der Gemeindevertretung entweder nach der formalen Seite oder in der Frage seiner Schuld mangelhaft war (Entscheidung des Obersten Gerichtes in Brünn Nr. 17114 amtl. Slg.). Vergleicht man diese Rechtslage im Geltungsgebiet des Gesetzes vom 17. September 1919 Nr. 16/20, ihre Entwicklung und die Rechtsprechung dazu mit den dem Judikat Nr. 191 zugrunde liegenden rechtlichen Bedingungen und Voraussetzungen, so ergibt sich, daß der Kernpunkt für die verschiedene Beurteilung in der ausdrücklichen Vorschrift des § 24 jenes Gesetzes liegt, welcher eindeutig *alle* aus den Dienstverhältnissen der definitiv angestellten Gemeindebediensteten herrührenden Streitigkeiten an die ordentlichen Gerichte verwiesen hat und sohin eine umfassende und erschöpfende Regelung getroffen hat, welche den positiven Willen des Gesetzgebers in einer bestimmten Richtung zum Ausdruck gebracht hat. Es kann daher für den Geltungsbereich dieses Gesetzes nicht gesagt werden, daß der Dienstnehmer der Entscheidung des Disziplinarorganes endgültig unterworfen wäre, wenn alle Streitigkeiten aus dem Dienstverhältnis, also auch die über den Fortbestand desselben, und die Richtigkeit der Disziplinarentscheidung der Überprüfung durch die ordentlichen Gerichte vorbehalten sind. Die Tragweite der Disziplinarstrafe der Entlassung und ihre weitreichenden Folgen für den Gemeindebediensteten erschienen dem Gesetzgeber offenbar so wichtig, daß die diesbezügliche Entscheidung nicht ohne Nachprüfung im Falle einer Beschwerde bleiben sollte und da die Überprüfung durch die höhere Verwaltungsbehörde im Gesetz keine Grundlage hat, vielmehr alle aus den Dienstverhältnissen herrührenden Streitigkeiten und daher auch der damit zusammenhängende Streit über die Wirksamkeit des Disziplinarerkenntnisses den ordentlichen Gerichten zugewiesen wurde, so ist dem Berufungsgericht darin beizustimmen, daß im Geltungsgebiet des Gesetzes vom 17. Dezember 1919 (SdGuV Nr. 16/20) die Gerichte auch durch die Einwände des Gemeindebediensteten nicht nur hinsichtlich der formalen Seite, sondern auch hinsichtlich der *materiellen* Richtigkeit des Disziplinarerkenntnisses zu prüfen haben. Da dies im vorliegenden Falle nicht geschehen ist, wurde das Urteil des Erstgerichtes mit Recht aufgehoben. Das dem Entlassungsbeschluß vorangehende Disziplinarverfahren ist also nur ein internes Verfahren der Gemeinde, das der Vorbereitung und Klärung der Grundlagen für die Willensbildung, die Verhängung der Disziplinarstrafe dient. In dem Rechtsstreit des Gemeindebediensteten mit der Gemeinde, in welchem die materielle Richtigkeit des Disziplinarerkenntnisses streitig ist, ist der Nachweis zu erbringen, daß der Gemeindebedienstete mit Recht aus einem durch Gesetz oder Vertrag als wichtig anerkannten Grunde entlassen wurde. Dabei ist zu beachten, daß die Verneinung eines Entlassungsgrundes durch das Gericht nicht dazu führen kann, daß der Entlassungsbeschluß auch formal aufgehoben würde, noch weniger kann der Gemeinde die Fällung eines neuen Disziplinarerkenntnisses aufgetragen werden. Bei Verneinung eines Entlassungsgrundes hat vielmehr das Gericht die weiteren Ansprüche des Gemeindebediensteten selbst zu prüfen, ebenso wie es bei Bejahung des Entlassungsgrundes die Folgerungen, die sich daraus für den Anspruch des Klägers ergeben, selbst zu ziehen hat. Bei dieser Sachlage kann dem unbegründeten Rekurs keine Folge gegeben werden.

Die Kostenentscheidung beruht auf §§ 40 und 50 ZPO.

14. Zum Begriff der Einrichtung i.S. des § 547 Abs. 2 BGB a.F. (§ 539 BGB n.F.) ist erforderlich, daß die Einrichtung dazu bestimmt ist, dem wirtschaftlichen Zweck der Mietsache zu dienen.

BGB §§ 547, 558.

IV. Zivilsenat. Urteil vom 16. Februar 1944 (IV 177/1943).

I. Landgericht Stettin.
II. Oberlandesgericht Stettin.

In Sachen des Bauunternehmers Franz *Kuball* in Stolp, Beklagten, Revisionsklägers, Prozeßbevollmächtigter: Rechtsanwalt Dr. Conrad in Leipzig

gegen

den Landwirt Fritz *Heyer* in Baldenburg, Walkmühle, Kläger, Revisionsbeklagten, Prozeßbevollmächtigter: Rechtsanwalt Justizrat Axhausen in Leipzig, hat das Reichsgericht, IV. Zivilsenat, auf die mündliche Verhandlung vom 16. Februar 1944 unter Mitwirkung des Senatspräsidenten Dr. Jonas und der Reichsgerichtsräte Dr. Hofmann, Dr. Lippert, Schwegmann und Dr. Schrutka für Recht erkannt:

Die Revision gegen den Ausspruch unter Ziffer 1 des Urteils des 4. Zivilsenats des Oberlandesgerichts in Stettin vom 18. Mai 1943 wird zurückgewiesen. Der Ausspruch unter Ziffer 2 des genannten Urteils wird aufgehoben und die Feststellungsklage insoweit abgewiesen. Von den Kosten des Rechtsstreits hat der Kläger 5/6, der Beklagte 1/6 zu tragen. – Von Rechts wegen

Tatbestand

Der Beklagte, der im Auftrage der Bauleitung der Reichsautobahnen Bauarbeiten auszuführen hatte, mietete vom Vater des Klägers durch Vertrag vom 24. Mai 1941 zwei Räume für Bürozwecke sowie einen in der Nähe gelegenen Platz, auf dem er eine Büro-, Wohn- und Wirtschaftsbaracke errichten wollte und demnächst auch errichtet hat. Nachdem der Kläger von seinem Vater das Grundstück erworben hatte, trat Kläger am 30. März 1942 als Vermieter in den Mietvertrag ein. Mit Schreiben vom 24. April 1942 teilte der Beklagte dem Kläger mit, daß die Bauleitung der Reichsautobahnen ihm den Bauvertrag gekündigt habe und das er deshalb die beiden Büroräume nicht mehr benötige; er sei deshalb leider gezwungen, den Mietvertrag vom 24. Mai 1941 zum 31. Mai 1942 zu kündigen; da er jedoch seine Baracke sowie einen Teil der Geräte vorläufig dort zu lassen beabsichtige, wäre er dem Kläger sehr dankbar, wenn dieser ihm den in dem Mietvertrag näher bezeichneten Platz weiterhin gegen Festsetzung einer neuen Miete belassen würde; der Vertreter des Beklagten werde sich erlauben, beim Kläger vorzusprechen und einen neuen Mietvertrag für den Platz mit dem Kläger abzuschließen. Die Verhandlungen hierüber zogen sich einige Monate hin, ohne daß es zum Abschluß eines neuen Mietvertrags gekommen wäre.

Im Dezember 1942 hat der Kläger Klage erhoben mit dem Antrag, erstens festzustellen, daß das zwischen den Parteien begründete Mietverhältnis am 31. Mai 1942 beendet worden sei, und zweitens festzustellen, daß der Anspruch des Beklagten auf Wegnahme der von ihm auf dem gemieteten Platz errichteten Baracke verjährt sei.

Das Landgericht hat die Klage abgewiesen. Das Berufungsgericht hat den Feststellungsanträgen des Klägers stattgegeben. Mit der Revision verfolgt der Beklagte seinen Klagabweisungsantrag weiter, während der Kläger um Zurückweisung des Rechtsmittels bittet.

Entscheidungsgründe

1. Die Feststellung des Berufungsurteils, daß das Mietverhältnis am 31. Mai 1942 beendet worden ist, gibt zu rechtlichen Bedenken keinen Anlaß. Der Brief des Beklagten vom 24. April 1942 kann gar nicht anders verstanden werden, als daß der Beklagte damit den *ganzen* Mietvertrag – also sowohl die Miete der beiden Büroräume als die Miete des in der Nähe gelegenen Platzes, auf dem er die Baracke errichtet hatte – gekündigt hat, sich aber bereit erklärt hat, über den genannten *Platz* einen neuen Mietvertrag mit dem Kläger abzuschließen. Zum Abschluß des neuen Mietvertrags über den Platz ist es dann, wie der Schriftwechsel ergibt, nicht gekommen, weil man sich nicht über den Mietpreis einigen konnte. Es war keineswegs – wie die Revision meint – so, daß die Parteien sich auf den Abschluß eines Mietvertrags „zu angemessenem Mietpreis" geeinigt hätten; auch der Beklagte hat das niemals behauptet; die Verfahrensrüge der Revision, das Vorbringen des Beklagten im Schriftsatz vom 14. Mai 1943 sei übergangen worden, ist also unberechtigt.

Die Revision, soweit sie gegen den Urteilsausspruch unter Ziffer 1 gerichtet ist, ist daher zurückzuweisen.

2. Der Ausspruch unter Ziffer 2 des Berufungsurteils stellt fest, daß der Anspruch des Beklagten gegen den Kläger auf Gestattung der Wegnahme der vom Beklagten auf dem Grundstück errichteten Büro-, Wohn- und Wirtschaftsbaracke verjährt sei. Der Wegnahmeanspruch unterliege gemäß § 558 Abs. 1 BGB der kurzen, sechsmonatigen Verjährung; die Verjährung habe gemäß § 558 Abs. 2 zu laufen begonnen mit der Beendigung des Mietverhältnisses am 31. Mai 1942; eine Hemmung der Verjährung sei nicht eingetreten; auch verstoße die Geltendmachung des Verjährungseinwands keineswegs gegen Treu und Glauben.

Die Revision bekämpft die Ansicht des Berufungsgerichts, daß der Anspruch des Beklagten auf Wegnahme der Baracke verjährt sei, und macht geltend, die Verjährung sei dadurch gehemmt gewesen, daß der Kläger ein Vermieterpfandrecht geltend gemacht habe. Ferner meint die Revision, eine Hemmung der Verjährung sei auch dadurch eingetreten, daß die Fortschaffung der Baracke dem Beklagten durch behördliche Maßnahmen unmöglich gemacht worden sei.

Ob diese Angriffe der Revision stichhaltig sind, kann ungeprüft gelassen werden. Im Ergebnis jedenfalls muß der Revision stattgegeben werden, und zwar aus folgenden Gründen:

Der kurzen sechsmonatigen Verjährung unterliegt der Anspruch des Mieters auf Gestattung der Wegnahme einer „Einrichtung", mit der er die Mietsache versehen hat (§§ 547 Abs. 2, 558 Abs. 1 BGB). Von der Befugnis, eine „Einrichtung" wegzunehmen, ist im Bürgerlichen Gesetzbuch noch an mehreren anderen Stellen die Rede. In § 258 (im allgemeinen Teil der Schuldverhältnisse), in § 500 (beim Wiederkauf), in §§ 601, 606 (bei der Leihe), in § 951 (bei Verbindung oder Vermischung), in §§ 1049, 1057 (beim Nießbrauch), in §§ 1216, 1226 (beim Pfandrecht) und in § 2125 (beim Vorerben). Bei allen diesen Vorschriften handelt es sich um Rechtsverhältnisse, bei denen eine Partei vorübergehend über eine ihr nicht gehörige Sache die tatsächliche Herrschaft ausübt, vermöge deren sie in der Lage ist, eigene Gegenstände mit der Sache zu verbinden. Die Aufhebung dieser Verbindung nach Beendigung des Rechtsverhältnisses, die „Wegnahme der Einrichtung" ist in den genannten Vorschriften überall an die kurze sechsmonatige Verjährungsfrist gebunden. Zum Begriff der Einrichtung im Sinn der genannten Vorschriften ist also stets erforderlich eine körperliche Verbindung der „Einrichtung" mit der anderen Sache (der Mietsache, dem Leihgegenstand, dem Pfandgegenstand u.s.w.); hierüber herrscht Einhelligkeit in der Rechtsprechung und im Schrifttum. Daß die Einrichtung ein wesentlicher Bestandteil der anderen Sache im Sinne der §§ 93, 94 BGB geworden ist, ist nach der herrschenden Ansicht zum Begriff der Einrichtung nicht erforderlich; die Einrichtung kann wesentlicher Bestandteil der Mietsache u. s. w. sein, braucht es aber nicht zu sein. Ein anderes Tatbestandsmerkmal aber ist zum Begriff der Einrichtung weiter noch unerläßlich; erforderlich ist nämlich, daß die Einrichtung dazu bestimmt ist, dem wirtschaftlichen Zweck der anderen Sache – der Mietsache, dem Leihgegenstand u.s.w. – zu dienen; oder, anders ausgedrückt, die Einrichtung muß ihrer wirtschaftlichen Bestimmung nach der Sache, mit der sie verbunden ist, untergeordnet sein. Dieses Erfordernis, daß die „Einrichtung" dazu bestimmt sein muß, den wirtschaftlichen Zwecken der anderen Sache zu dienen, entspricht dem Sprachgebrauch; es ergibt sich dieses Erfordernis aber auch daraus, daß die „Wegnahme der Einrichtung" an allen oben angegebenen Stellen des Bürgerlichen Gesetzbuchs zusammen behandelt wird mit dem Ersatz von „Verwendungen"; zutreffend kann (mit Staudinger zu § 258 Anm. 2) die „Einrichtung" im Sinne des Bürgerlichen Gesetzbuchs geradezu als ein Sonderfall der Verwendung auf eine Sache bezeichnet werden; das Merkmal der „Verwendung" ist aber ja ebenfalls, daß sie der (Miet-, Leih-, Pfand-) Sache wirtschaftlich zugute kommt.

Wird von dieser Begriffsbestimmung der Einrichtung ausgegangen, so ergibt sich, daß die vom Beklagten auf dem Grundstück des Klägers errichtete Büro-, Wohn- und Wirtschaftsbaracke keine Einrichtung des klägerischen Grundstücks ist. Bei dem klägerischen Grundstück handelt es sich um rein landwirtschaftlichen Grundbesitz. Den wirtschaftlichen Zwecken dieses klägerischen Grundbesitzes würde die Errichtung einer Feldscheune, eines Schuppens für landwirtschaftliche Geräte und dergleichen entsprochen haben, nicht aber die Errichtung einer Büro-, Wohn- und Wirtschaftsbaracke, die lediglich den Bedürfnissen des industriellen Tiefbauunternehmens des Beklagten während der Bauzeit der Reichsautobahnen dienen sollte. Daher findet auf diese Baracke die Bestimmung des § 547 Abs. 2 BGB betreffend das Recht des Mieters, eine Einrichtung wegzunehmen und die Bestimmung des § 558 Abs. 1 BGB über die kurze Verjährung dieses Wegnahmeanspruchs keine Anwendung. Der Beklagte hat nach § 3 Abs. 2 des Mietvertrags die vertragsmäßige Befugnis nach Ablauf des Mietverhältnisses die Baracke zu „entfernen"; diese ihm vertraglich zugesicherte Befugnis ist inhaltlich nichts anderes als der gesetzliche Herausgabeanspruch des Eigentümers nach § 985 BGB, mit der Maßgabe allerdings, daß der Anspruch nicht auf ein positives Tun des Klägers gerichtet ist, sondern sich darauf beschränkt, daß der Kläger nach § 3 Abs. 2 des Mietvertrags dem Beklagten gestatten muß, nach Ablauf des Mietverhältnisses selbst die Baracke zu entfernen. Dieser Anspruch unterliegt, mangels abweichender gesetzlicher Bestimmung, der normalen gesetzlichen Verjährung von 30 Jahren.

Der Ausspruch unter Ziffer 2 des Berufungsurteils war daher aufzuheben und die Feststellungsklage insoweit abzuweisen.

Die Kostenentscheidung beruht auf § 92 ZPO.

---

15. Aufhebung einer Ehe wegen angeborenem Schwachsinns der Ehefrau. – Der Wehrmachtsangehörige ist allgemein der Gefahr des Rechtsverlustes enthoben, und zwar auch dann, wenn er im konkreten Falle in der Lage ist, die fristgebundene Handlung rechtzeitig vorzunehmen oder sich dazu eines Prozeßbevollmächtigten zu bedienen.

ZPO § 616, EheG § 37, VertrHVO § 31.

IV. Zivilsenat. Urt. v. 16. Februar 1944 (IV 272/1943).

I. Landgericht Stettin.
I. Oberlandesgericht Stettin.

In Sachen des Bauarbeiters F. W. O. V. aus W., zur Zeit Soldat, Feldpostnummer, Klägers und Revisionsklägers, Prozeßbevollmächtigter: Rechtsanwalt Justizrat Huber in Leipzig,

gegen

seine Ehefrau B. E. V. geb. M. in W., Beklagte und Revisionsbeklagte, Prozeßbevollmächtigter: Rechtsanwalt Dr. Kraemer in Leipzig, hat das Reichsgericht, IV. Zivilsenat, auf die mündliche Verhandlung vom 16. Februar 1944 unter Mitwirkung des Senatspräsidenten Dr. Jonas und der Reichsgerichtsräte Dr. Hofmann, Dr. Lippert, Schwegmann und Dr. Schrutka für Recht erkannt:

Das Urteil des Oberlandesgerichts in Stettin vom 17. April 1943 wird aufgehoben. Die Berufung der Beklagten gegen das Urteil der 4. Zivilkammer des Landgerichts in Stettin wird zurückgewiesen. Auch die Kosten des zweiten und dritten Rechtsganges fallen der Beklagten zur Last. – Von Rechts wegen

Tatbestand

Die Parteien haben im Jahre 1939 geheiratet, aus der Ehe sind zwei Kinder entsprossen. Die Ehegatten leben seit längerer Zeit getrennt. Der Kläger ist zur Wehrmacht eingezogen. Nachdem er durch Urteil des Landgerichts Stettin vom 24. Juli 1942 mit einer auf § 49 und hilfsweise auf § 50 EheG gestützten Scheidungsklage rechtskräftig abgewiesen worden war, hat er nunmehr wegen Irrtums – Unkenntnis von einem angeborenen Schwachsinn der Ehefrau – auf Aufhebung der Ehe geklagt. Das Landgericht hat der Klage stattgegeben. Das Berufungsgericht hat sie dagegen mit der Begründung abgewiesen, daß der Kläger bereits aus dem im Vorprozeß erstatteten Gutachten genaue Kenntnis von dem Zustand seiner Frau und aller für die Geltendmachung des Aufhebungsantrags wesentlichen Umstände erlangt, in jenem Rechtsstreit aber den Übergang zur Aufhebungsklage unterlassen habe und somit jetzt nach § 616 ZPO mit einer neuen selbständigen Aufhebungsklage ausgeschlossen sei. Mit der Revision verfolgt der Kläger seine Klage weiter, während die Beklagte Zurückweisung der Revision beantragt.

Entscheidungsgründe

Die Revision ist begründet. Der Auffassung des Berufsgerichts, daß im vorliegenden Falle der § 616 ZPO der Klage entgegenstehe, kann nicht beigetreten werden. Allerdings wäre der Anwalt des Klägers im Vorprozeß auf Grund der ihm damals bekannten Unterlagen, insbesondere des Gutachtens des Dr. Franckenberg und der auch schon damals zur Sprache gebrachten Tatsache der Unfruchtbarmachung eines Bruders der Beklagten in der Lage gewesen, zur Aufhebungsklage überzugehen und hätte erforderlichenfalls dieserhalb gegen das die Scheidungsklage abweisende erstinstanzliche Urteil Berufung einlegen müssen. Es braucht hier jedoch zu der allgemeinen grundsätzlichen Frage, inwieweit ein derartiges Versehen eines Anwalts zu Lasten der Parteien geht, d. h. auf unbewußte Unterlassung des Prozeßbevollmächtigten der Grundsatz des § 85 ZPO Anwendung zu finden hat, nicht Stellung genommen zu werden, da vorliegend jedenfalls zugunsten des Klägers, der bereits zur Zeit des Vorprozesses Wehrmachtsangehöriger war, der § 31 der VertrHVO vom 30. November 1939 (RGBl. I S. 2329) zum mindesten sinngemäß Platz greift. Nach dieser Vorschrift sind zugunsten von Wehrmachtsangehörigen die Fristen gehemmt, die für die Beschreitung des Rechtswegs oder die sonstige Geltendmachung von Rechten im gerichtlichen Verfahren vorgeschrieben sind. Es ist damit der Wehrmachtsangehörige allgemein der Gefahr des Rechtsverlustes enthoben, und zwar auch dann, wenn er im konkreten Falle in der Lage ist, die fristgebundene Handlung rechtzeitig vorzunehmen oder sich dazu eines Prozeßbevollmächtigten zu bedienen. Nach Sinn und Zweck dieser allgemeinen, von der individuellen Schutzbedürftigkeit absehenden Regelung kann es nun keinen Unterschied ausmachen, ob das Gesetz den – hier von § 31 VertrHVO ausgeschalteten – Rechtsverlust in der Form einer terminsmäßig bestimmten Zeitspanne, einer echten Ausschlußfrist oder in der Weise angeordnet hat, daß der Partei zur Pflicht gemacht wird, ihr Begehren bis zu einem anderweit bestimmten Zeitpunkt – im Falle des § 616 ZPO dem Schluß der Tatsachenverhandlung eines bereits anderweit schwebenden Eheprozesses – geltend zu machen. Mag auch die Wortfassung des genannten § 31 dies nicht unmittelbar decken, so zwingt doch jedenfalls die sachlich genaue gleiche Rechts- und Bedürfnislage zu einer erweiterten sinngemäßen Auslegung der Vorschrift

Danach steht der vorliegenden Eheaufhebungsklage der § 616 ZPO nicht entgegen. Das Berufungsurteil kann daher nicht bei Bestand bleiben. Einer Zurückverweisung der Sache bedarf es nicht, da das Revisionsgericht nach § 4 Abs. 12 der 4. VereinfVO in der Lage ist, selbst die abschließende Entscheidung zu treffen. Daß die Beklagte an ererbtem Schwachsinn leidet, steht nach dem Gutachten des Dr. Franckenberg außer Zweifel. Ebenso kann es keinen Bedenken unterliegen, daß der Kläger bei Kenntnis dieses Umstandes von der Eingehung der Ehe mit der Beklagten abgesehen hätte. Irgendwelche Billigkeitserwägungen i. S. des § 37 Abs. 2 EheG kommen hier zugunsten der Beklagten nicht in Frage, irgend Beachtliches ist in dieser Hinsicht auch nicht vorgebracht. Dies war auch die Auffassung der Vorinstanzen, auch des Berufungsgerichts, das sich nur – rechtsirrigerweise – an der Aufhebung der Ehe durch § 616 ZPO gehindert glaubte.

16. Wenn der Schuldner und seine demnächstigen Erben – praktisch kommen in dieser Hinsicht wohl nur die Frau und die Kinder in Frage – eine wirtschaftliche Einheit derart gebildet hatten, daß der Zusammenbruch des Schuldners auch der seiner Angehörigen war und es sich nun darum handelt, den aus dem Zusammenbruch hinübergeretteten Besitz nicht nur für den Schuldner, sondern gerade auch für die Angehörigen als Lebensmittelpunkt und Grundlage für einen künftigen wirtschaftlichen Wiederaufstieg nach Möglichkeit zu erhalten, kann ein Schuldenbereinigungsverfahren auch für den Erben in Betracht kommen.

Schuldenbereinigungsgesetz (RGBl. I 1938, S. 1033; 1940, S. 1209), § 1 Abs. 1 Nr. 1.

IV. Zivilsenat. Beschl. v. 18. Februar 1944 (IV B 65/1943).

I. Amtsgericht Castrop-Rauxel.
II. Oberlandesgericht Hamm.

In der Schuldenbereinigungssache der Witwe Berta *Kleinhans* und Kinder in Castrop-Rauxel – 2 II 6/43 des Amtsgerichts daselbst wird auf die sofortige Beschwerde der Schuldner der Beschluß des Amtsgerichts vom 19. August 1943 aufgehoben und das Amtsgericht angewiesen, über den Antrag anderweit zu entscheiden.

Gründe

Die Schuldner sind Erben des Schlossermeisters A. K., der in Castrop-Rauxel selbständig eine Schlosserwerkstatt betrieben hatte. Er verkaufte diese im Jahre 1927, nachdem er sein Vermögen im wesentlichen in der Inflation verloren hatte. 1929 erwarb er mit dem Rest seines Vermögens ein Siedlungshaus zum Preise von 9.170 RM, den er durch Barzahlung von 4.000 RM, im übrigen durch Übernahme von Hypotheken belegte. Später wurde das Grundstück noch mit zwei Sicherungshypotheken für Prozeßkosten aus mehreren gegen den Verkäufer erfolglos geführten Prozessen in Höhe von 970,91 RM belastet. K., der zuletzt in einem Fabrikbetriebe tätig war, starb 1941. Nachdem er sich selbst noch um die Bereinigung seiner Schulden bei Parteistellen bemüht hatte, die ihn an das Amtsgericht verwiesen, haben nunmehr seine Erben im Juni 1943 beim Amtsgericht den Antrag auf Schuldenbereinigung gestellt.

Das Amtsgericht hat den Antrag abgewiesen, weil den Erben ein Antragsrecht nicht zustehe.

Das Oberlandesgericht in Hamm ist geneigt, der Beschwerde stattzugeben, sieht sich aber durch einen Beschluß des Kammergerichts vom 17. November 1938 (DJ 1939 S. 355) daran gehindert. Während das Kammergericht den Erben des Schuldners den Antrag auf Schuldenbereinigung allgemein versagt, will das Oberlandesgericht in Hamm von dem an sich auch von ihm anerkannten Grundsatz Ausnahmen zulassen, so wenn das ererbte Vermögen nur aus einem Hausgrundstück besteht und dieses schon bei Lebzeiten des Erblassers auch für die Erben ihren wirtschaftlichen Lebensmittelpunkt gebildet hatte.

Der Auffassung des Oberlandesgerichts ist zuzustimmen.

Die Schuldenbereinigung ist an sich nach ihrem Wesen und Zweck ein eng an die Person des Schuldners geknüpfter Rechtsbehelf. Sie will dem unter mißlichen Zeitverhältnissen wirtschaftlich zusammengebrochenen Volksgenossen den Weg zu erneutem Aufstieg dadurch tunlichst ebnen, daß er von einer untragbaren Schuldenlast befreit und nach Möglichkeit im Besitz seiner ihm verbliebenen, seine gegenwärtige und künftige Lebensgrundlage bildenden Güter belassen wird, ohne der Gefahr von Vollstreckungen wegen alter Forderungen ausgesetzt zu sein. Es handelt sich also bei der Schuldenbereinigung nicht um die Liquidation eines überschuldeten Vermögens, sondern um eine nach Voraussetzungen, Schutzbedürfnis, Ziel und näherer Gestaltung auf die Person eines bestimmten Schuldners zugeschnittene wirtschaftliche Hilfsmaßnahme. Es liegt auf der Hand, daß eine solche grundsätzlich auf die Person des betroffenen Schuldners selbst beschränkt sein muß. Das Gesetz hat daher aus guten Gründen davon abgesehen, die Bereinigung von Nachlaßschulden in die gesetzliche Regelung einzubeziehen und demgemäß den Erben des Schuldners das Recht, die Schuldenbereinigung zu betreiben grundsätzlich versagt. Für die Erben besteht auch in dieser Hinsicht in aller Regel kein sachliches Bedürfnis, da die ihnen vom BGB zur Verfügung gestellten Behelfe ausreichen, um sich von der persönlichen Haftung für die Nachlaßverbindlichkeiten zu befreien. Anders liegen aber die Verhältnisse, wenn der Schuldner und seine demnächstigen Erben – praktisch kommen in dieser Hinsicht wohl nur die Frau und die Kinder in Frage – eine wirtschaftliche Einheit derart gebildet hatten, daß der Zusammenbruch des Schuldners auch der seiner Angehörigen war und es sich nun darum handelt, den aus dem Zusammenbruch hinübergeretteten Besitz nicht nur für den Schuldner, sondern gerade auch für die Angehörigen als Lebensmittelpunkt und Grundlage für einen künftigen wirtschaftlichen Wiederaufstieg nach Möglichkeit zu erhalten. In einem solchen Falle besteht ein unmittelbares Schutzbedürfnis für alle dieser Gemeinschaft angehörenden Personen. Es wäre daher in einem solchen Falle unbillig und würde sicherlich nicht dem Sinn und Zweck der auf einen Billigkeitsausgleich abzielenden gesetzlichen Regelung entsprechen, wenn durch den Tod des Schuldners seinen Angehörigen und nunmehrigen Erben die Möglichkeit verschlossen würde, die Rechtswohltat der Schuldenbereinigung, die sachlich auch ihnen zugute kommen soll, selbst für sich in Anspruch zu nehmen. Bedenken unter dem Gesichtspunkt der Gläubigerinteressen können nicht durchschlagen, denn ein schutzwürdiges Anrecht darauf, im Falle des für den Gläubiger rein zufälligen Ereignisses des Todes des Schuldners der mit der Schuldenbereinigung verbundenen Einbußen überhoben zu sein, kann nicht anerkannt werden.

Zu denken ist in erster Linie etwa an den Fall, daß der Schuldner seinen Betrieb rechtlich allein, tatsächlich aber mit seiner Frau oder seinem Sohn zusammen geführt hatte und es nun gilt, letzteren den Rest des Besitzes als Grundlage für die Zukunft zu erhalten. Ein weiterer typischer Fall, in dem unter dem dargelegten Gesichtspunkt den Erben des Schuldners der Weg der Schuldenbereinigung zuzubilligen ist, ist der, daß das Familienoberhaupt für sich und seine Angehörigen eine Wohnstätte erworben hatte und diese den Seinigen nun als einziges Vermögensstück von Wert und als Lebensmittelpunkt hinterlassen hat. In Fällen dieser Art muß den in die Rechtsstellung des Schuldners als Erben eingetretenen Angehörigen das Antragsrecht zuerkannt werden.

Der angefochtene Beschluß ist danach aufzuheben. Das Amtsgericht muß nunmehr in eine Prüfung eintreten, ob in der Person des Erblassers die sachlichen Voraussetzungen für eine Schuldenbereinigung vorliegen, insbesondere ob sich die seinerzeitige Aufgabe des selbständigen Schlossereibetriebes als ein wirtschaftlicher Zusammenbruch im Sinne des § 1 Abs. 1 Nr. 1 SchuldenbereinigungsG darstellt. Sollten nur die Voraussetzungen des § 3 das. gegeben sein, so würde das Verfahren, soweit ersichtlich, allerdings wohl daran scheitern, daß in diesem Falle eine Bereinigung der hypothekarischen Schulden, um die es den Antragstellern anscheinend allein zu tun ist, nach § 9 Abs. 6 des Gesetzes ausgeschlossen ist.

Leipzig, den 18. Februar 1944. gez. Dr. Jonas. Dr. Hofmann. Lippert. Schwegmann. Dr. Schrutka

---

17. 1. Unter „Verfügung von Todes wegen“ sind, auch i. S. des § 48 TestG, auch Erbverträge zu verstehen.

2. Für die Frage, ob die Voraussetzungen des § 48 Abs. 2 vorliegen, kommt es nicht auf den Zeitpunkt der Errichtung der Verfügung von Todes wegen an, sondern auf den des Erbfalls.

3. Die „Rücksicht auf die Volksgemeinschaft“ (§ 48 Abs. 2) kann in der Kriegszeit dazu führen, daß vor der Erhaltung der vollen Arbeitsfähigkeit eines vorwiegend auf Wehrmachtszwecke eingestellten Fabrikunternehmens sonst schutzwürdige Belange von Blutsverwandten zurücktreten müssen.

TestG v. 31. Juli 1938 (RGBl. 1, 973) § 48 Abs. 2.

VI. Zivilsenat. Urt. vom 25. Februar 1944 (VI 115/1943).

I. Landgericht Darmstadt.
II. Oberlandesgericht Darmstadt.

In Sachen der Witwe J. M. L. B. K. geb. Sch. in Offenbach a.M., Klägerin, Widerbeklagten, Revisionsklägerin, Prozeßbevollmächtigter: Rechtsanwalt Dr. Petersen in Leipzig,

gegen

1. Frau P. A. E. gen. G. Sch. geb. K.,

2. H. c. H. K., beide in Neu-Isenburg, Beklagte, Widerkläger, Revisionsbeklagte, Prozeßbevollmächtigter: Rechtsanwalt Dr. Benkard in Leipzig, hat das Reichsgericht, VI. Zivilsenat, auf die mündliche Verhandlung vom 25. Februar 1944 unter Mitwirkung des Senatspräsidenten Dr. Günther und der Reichsgerichtsräte Dr. Schack, Dr. Unger, Eilles, Dr. Balve für Recht erkannt:

Das Urteil des 2. Zivilsenats des Oberlandesgerichts in Darmstadt vom 21. September 1943 wird aufgehoben.

Die Sache wird zur Verhandlung und Entscheidung auch über die Kosten des Revisionsverfahrens an das Berufungsgericht zurückverwiesen. – Von Rechts wegen

Tatbestand

Am 19. März 1942 starb in Offenbach a. M. der Kaufmann und Chemiker K. K., alleiniger persönlich haftender Gesellschafter der Kommanditgesellschaft in Firma Geka-Werke Offenbach Dr. G. K. in Offenbach a.M., einer Fabrik zur Herstellung photochemischer Gegenstände. Er war zweimal verheiratet gewesen. Seine erste, am 12. Oktober 1910 geschlossene Ehe ist durch Urteil vom 3. November 1927 auf Klage der Frau hin wegen Ehebruchs des Beklagten mit der jetzigen Klägerin geschieden worden. Der Klageerhebung war eine Vereinbarung vorausgegangen, in der der Ehemann seiner Frau die Übertragung seines Vermögens mit Ausnahme der Fabrik versprochen hatte. Dementsprechend übereignete K. durch notarischen Vergleich vom 27. April 1925 seiner ersten Ehefrau die Hofreite in Neu-Isenburg mit den darin vorhandenen Möbeln, Porzellan, Weißzeug und Silber; außerdem verpflichtete er sich zu einer Zahlung von 10.750 RM an sie. Dieser Ehe entstammten zwei Töchter, die beiden Beklagten. Auch ihnen hatte sich K. in dem Vergleiche verpflichtet, und zwar der Zweitbeklagten zur Gewährung von Wäsche und beiden gegenüber zur Zahlung von 120 RM monatlichen Unterhalts. Diesen Betrag hat er später für die zweite Tochter auf 30 RM wöchentlich erhöht. Am 26. Mai 1928 heiratete er die Klägerin, deren erste Ehe im Jahre 1918 wegen ehebrecherischen Umgangs mit ihm geschieden worden war. Die zweite Ehe blieb kinderlos. Am Tage vor der Eheschließung hatte K. mit der Klägerin einen Ehe- und Erbvertrag geschlossen, in dem beide sich gegenseitig zu freien und unbeschränkten Erben ihres Nachlasses einsetzten und ihre etwaigen gemeinschaftlichen Kinder zu Erben des Längstlebenden beriefen. Eine weitere Verfügung von Todes wegen hat der Erblasser nicht hinterlassen.

Die Geka-Werke hatten lange Zeit mit großen geschäftlichen Schwierigkeiten zu kämpfen. Zeitweise bestand die Belegschaft nur aus 5 bis 6 Köpfen. Gegenwärtig beschäftigt das Werk etwa 300 Arbeiter und Angestellte und arbeitet vorwiegend für die Wehrmacht. Die Klägerin, die im Jahre 1909 als kaufmännische Angestellte in die Geka-Werke eintrat, hat seitdem ununterbrochen dort gearbeitet. Seit November 1939 ist sie mit einer Einlage von 30.000 RM, die aus dem Vermögen des Erblassers stammt, als Kommanditistin an der Firma beteiligt.

Die ältere Tochter des Erblassers, die Erstbeklagte, ist mit einem Fabrikanten verheiratet und hat zwei Kinder. Die Zweitbeklagte ist infolge eines Geburtsfehlers, nämlich einer gespaltenen Blase, erwerbsunfähig.

Das Nachlaßgericht hat den Antrag der Klägerin auf Erteilung eines sie als Alleinerbin ausweisenden Erbscheins zurückgewiesen und auf Antrag der Beklagten den Erbschein dahin erteilt, daß gesetzliche Erbfolge eingetreten sei. Die Klägerin hat Beschwerden gegen diese Entscheidung eingelegt. Die Beschwerdeverfahren sind bis zur Entscheidung der vorliegenden Sache ausgesetzt, in der die Klägerin unter Berufung auf den Erbvertrag die Feststellung verlangt,

daß der am 19. März 1942 in Offenbach a.M. verstorbene Fabrikant K. K. von ihr als seiner alleinigen Erbin beerbt worden sei.

Die Beklagten haben Klageabweisung beantragt und Widerklage erhoben, mit der sie

1. in erster Linie die Feststellung begehren, daß der Erbvertrag vom 25. Mai 1928 ungültig sei und

2. hilfsweise die Feststellung beantragt, daß der Erblasser in gesetzlicher Erbfolge zu 1/4 von der Klägerin und zu je 3/8 von den beiden Beklagten beerbt worden sei.

Sie sind der Meinung, der Erbvertrag verstoße gegen § 48 Abs. 2 TestG. Die Klägerin habe mit dem Erblasser vor der Verheiratung in einem ehebrecherischen Liebesverhältnis gestanden, das zur Zerstörung der ersten Ehe des Erblassers mit der Mutter der Beklagten geführt habe. Die Klägerin habe den ihr hörigen Erblasser zu dem Erbvertrag und damit zur Ausschließung der Erbfolge der Kinder und weiterhin zu reichen Zuwendungen während der Ehe an sie veranlaßt. Auch seinen Unterhaltspflichten gegen die Beklagten sei der Erblasser unter ihrem Einfluß nur mangelhaft nachgekommen.

Die Klägerin hat vorgetragen: die Ehe des Erblassers sei schon vorher und unabhängig von dessen Beziehungen zu ihr zerrüttet gewesen. Sie habe vor und während der Ehe mit dem Erblasser ihre ganze Kraft in den Dienst des Fabrikunternehmens gestellt, in welchem auch ihr Lebenswerk stecke. Sie bestreitet, an der mangelhaften Erfüllung der Unterhaltspflichten durch den Erblasser irgendwie mitschuldig zu sein; sie habe im Gegenteil immer auf deren Erfüllung gedrängt und selbst dafür gesorgt, wie sie auch im Jahre 1927 die selbstschuldnerische Bürgschaft für die Erfüllung der Verpflichtungen des Erblassers aus dem Vergleiche vom 27. April 1925 übernommen habe. Die Firma habe im Jahre 1935 vor dem Zusammenbruch gestanden. Erst etwa seit 1938 sei eine Besserung eingetreten und erst 1941 Gewinne erzielt worden; es handele sich um eine kriegsbedingte Konjunktur, Eigenkapital müsse erst gebildet werden, das Unternehmen weise trotz der Gewinne infolge der steuerlichen Belastungen eine Unterbilanz auf. Die beiden Töchter an dem Unternehmen zu beteiligen, widerspreche den Belangen des Unternehmens.

Das Landgericht hat der Klage stattgegeben und die Widerklage abgewiesen. Das Oberlandesgericht hat entgegengesetzt entschieden, und zwar auf die Widerklage nach dem Hilfsantrag. Gegen dieses Urteil richtet sich die Revision der Klägerin, mit der sie begehrt, das landgerichtliche Urteil wiederherzustellen. Die Beklagten bitten um Zurückweisung der Revision.

Entscheidungsgründe

I. Daß § 48 Abs. 2 TestG nicht bloß Testamente, sondern auch Erbverträge betrifft, kann nicht zweifelhaft sein, wird auch, soweit ersichtlich, allgemein angenommen. Der Ausdruck „eine Verfügung von Todes wegen“ läßt nach dem Sprachgebrauch des BGB auch keine andere Auffassung zu. Der erkennende Senat hat sich schon in seinem Urteil vom 22. Dezember 1941 (teilweise abgedruckt in RGZ Bd. 168 S. 177) in diesem Sinn ausgesprochen. Daraus ergibt sich, daß die Bindung, die ein Erblasser durch den Vertragsabschluß eingegangen ist, für die Anwendung von § 48 Abs. 2 TestG ohne Belang sein muß, denn sie gehört zum Wesen dies Erbvertrags.

Die gesetzlichen Voraussetzungen der Nichtigkeit nach § 48 Abs. 2 TestG sind rein sachlich nach der Gesamtheit der festgestellten Umstände zu beurteilen (RGZ Bd. 166 S. 397). Daraus ergibt sich aber, daß nicht der Zeitpunkt der Errichtung der Verfügung von Todes wegen maßgebend sein kann, sondern nur der des Erbfalls, in welchem sie sich auswirkt. Denn nur auf die tatsächliche Auswirkung der Verfügung von Todes wegen beim Erbgange kann es ankommen für die Frage, ob auch ein verantwortungsbewußter Erblasser in der gebotenen Rücksicht gegen die Familie oder (so ist das Wort „und“ nach allgemeiner Auslegung in Schrifttum und Rechtsprechung zu verstehen) die Volksgemeinschaft ebenso verfügt haben würde. Widersinnig wäre die Annahme, daß eine Verfügung von Todes wegen nichtig sein sollte, weil sie etwa vor langen Jahren von einem verantwortungsbewußten, jene Rücksichten beachtenden Erblasser nicht so hätte getroffen werden dürfen, wenn ein ebensolcher Erblasser, veränderter Umstände wegen, zur Zeit des Erbfalls sie sehr wohl hätte treffen dürfen. Ebenso widersinnig wäre es, anzunehmen, daß eine Verfügung Bestand haben sollte, die zur Zeit des Erbfalls von einem verantwortungsbewußten Erblasser nicht hätte getroffen werden dürfen, bloß deshalb, weil sie etwa vor langen Jahren auch von einem solchen unbedenklich hätte getroffen werden dürfen. Es bliebe noch die Möglichkeit, zu fordern, daß die Voraussetzungen des § 48 Abs. 2 in beiden Zeitpunkten gegeben seien. Eine solche Forderung wäre abwegig, wird auch im Schrifttum und in der Rechtsprechung nirgends aufgestellt. Die auch vom Berufungsgericht vertretene einhellige Meinung, wonach die Anwendung des § 48 Abs. 2 TestG nicht um deswillen entfällt, weil die Verfügung vor dem Inkrafttreten des Testamentsgesetzes errichtet worden ist, wenn nur der Erbfall nach dessen Inkrafttreten liegt, setzt voraus, daß es nur auf die tatsächlichen Auswirkungen ankommen kann, die eine Verfügung von Todes wegen zur Zeit des Erbfalls äußern würde, nicht auf eine vielleicht seinerzeit bei der Errichtung vom Erblasser erwartete Wirkung. Die Loslösung der Beurteilung der gesamten Voraussetzungen des § 48 Abs. 2 TestG von Absichten und Meinungen, die der Erblasser bei der Errichtung gehegt hat (RGZ Bd. 166 S. 397), muß folgerichtig zu diesem Ergebnis führen. Wenn der RGRKomm. z. BGB (zu § 48 TestG S. 392) ohne Begründung die Auffassung vertritt, es sei der Zeitpunkt der Errichtung der Verfügung von Todes wegen maßgebend, so kann dem nicht gefolgt werden. Vielmehr ist der dort (und sonst mehrfach) angeführten, mit der hier vertretenen Auffassung übereinstimmenden von *Greiser* (DFG 1939 S. 53) beizutreten.

Zwar hat der erkennende Senat in dem Urteil vom 9. Oktober 1942 (DR 1943 S. 91 Nr. 33 [S. 92]) und in einem weiteren Urteil VII 113/42 vom 4. Juli 1943 die Berücksichtigung der Veränderung der Verhältnisse in der Zeit zwischen der Errichtung eines Testaments und dem Erbfall damit begründet, eine letztwillige Verfügung werde dadurch, daß sie der Erblasser fortlaufend aufrechterhalte, gewissermaßen innerlich stets neu errichtet und bestätigt. Der Senat hat also damit den Zeitpunkt der „Errichtung" gewissermaßen hinausgeschoben, gleichzeitig wohl auch mit auf die Gesinnung des Erblassers abgestellt. Damit ist er allerdings, wie schon in dem Urteil VII 92/42 vom 12. März 1943 (SeuffA Bd. 97 S. 89) von der in RGZ Bd. 166, S. 397 vertretenen Ansicht, daß auf „persönliche Absichten, Meinungen und Beweggründe" des Erblassers überhaupt nichts ankomme, insoweit abgerückt, als die Berücksichtigung der Gesamtheit der festgestellten Umstände, wie sie jenes Urteil fordert, nicht erlaubt, von der Gesinnung, den Beweggründen und Absichten eines Erblassers völlig abzusehen. Im übrigen ist aber mit jenem Urteil daran festzuhalten, daß es rein sachlich auf die Merkmale ankommt, welche den Tatbestand des § 48 Abs. 2 TestG dahin verwirklichen, daß ein verantwortungsbewußter, jene Rücksichten beachtender Erblasser eine Verfügung solchen Inhalts nicht getroffen haben würde. Da es sich bei jenen Urteilen um Testamente gehandelt hatte, genügte es in diesem Zusammenhang, darauf abzustellen, daß solche gewissermaßen stets neu errichtet werden, indem der Erblasser sie bewußt aufrechterhält. Aber allgemein kann es darauf nicht ankommen. Entscheidend muß vielmehr der Inhalt der Verfügung sein, wie er sich beim Erbfall tatsächlich auswirkt. Jede andere Auffassung müßte, wie gezeigt, zu Ergebnissen führen, die dem Zweck des Gesetzes nicht entsprechen würden. Daher kann es keinen Unterschied machen, ob der Erblasser noch in der Lage gewesen ist, die Verfügung in der Zeit zwischen ihrer Errichtung und dem Erbfall durch Änderung inhaltlich jenen Rücksichten anzupassen (was z.B. auch durch seine inzwischen eingetretene Geschäftsunfähigkeit unmöglich geworden sein könnte).

Dazu kommt bei Erbverträgen noch die Erwägung, daß es untragbar wäre, die Anwendbarkeit des § 48 Abs. 2 TestG gerade deshalb auszuschließen, weil derjenige zu einer Anpassung an die im Gesetz erwähnten Pflichten und Rücksichten in der Zeit zwischen der Errichtung des Erbvertrags und dem Erbfalle nicht gezwungen werden kann, zu dessen Gunsten und um dessenwillen der Verstoß gegen jene Pflichten begangen wird. Die Rücksicht auf ihn und auf die von ihm erworbenen Vertragsrechte kann schon aus diesem Grunde keinesfalls verhindern, daß die Rücksichten geschützt werden, die seinetwegen außer acht gelassen worden sind.

Grundsätzlich kann § 48 Abs. 2 TestG nur den Zweck haben, den Übergang des Erbguts auf Lebende insoweit zu beeinflussen, als verhindert werden soll, daß die dort erwähnten Rücksichten gröblich verletzt werden. Dieser Zweck kann aber nur erreicht werden, wenn darauf abgestellt wird, wie sich denn nunmehr der Übergang des Erbguts ohne Eingreifen des Gesetzes in Wirklichkeit gestalten würde, nicht darauf, wie sich zu einem früheren Zeitpunkt dieser Übergang nach der Vorstellung des Erblassers oder (damals) auch in Wirklichkeit gestaltet haben würde. Mit tatsächlich ausgebliebenen Ereignissen sich zu befassen, hat das Gesetz in diesem Zusammenhang keinen Anlaß, es will den wirklichen Erbgang beeinflussen, nicht einen früher möglich gewesenen.

Nach alledem war der Erbvertrag vom 25. Mai 1928 daraufhin zu prüfen, ob er nach der Auswirkung seines Inhalts zur Zeit des Erbfalls gegen die Vorschriften des § 48 Abs. 2 TestG verstoßen hat, d.h. ob ein verantwortungsbewußter Erblasser zur Zeit des Erbfalls alle darin vom Erblasser K. getroffenen Verfügungen auch dann getroffen hätte, wenn er vermeiden wollte, in einer das gesunde Volksempfinden gröblich verletzenden Weise gegen die Rücksichten zu verstoßen, die er auf die Familie oder die Volksgemeinschaft zu nehmen hatte.

II. Bei dieser Prüfung konnte der Vorderrichter zunächst mit Recht davon ausgehen, daß die frühere Eigenschaft der Klägerin als der in beiderseitigem Ehebruch Geliebten des Erblassers völlig auszuscheiden hatte, daß die Stellung der Klägerin vielmehr nur noch als die der Ehefrau zu bewerten war. Er mußte aber auch beachten, daß diese Stellung gegenüber derjenigen der Beklagten keineswegs minderwertig ist; die Klägerin gehört ebenso gut zur „Familie" (§ 48 Abs. 2 TestG) wie die Beklagten. Ihre von den beiden Vordergerichten hervorgehobenen Verdienste um das Fabrikunternehmen waren besonders zu berücksichtigen. Daß zur Zeit der Errichtung des Erbvertrags die vom Erblasser getroffene Verfügung von Todes wegen nicht zu beanstanden war, wie der Vorderrichter annimmt, ist rechtlich einwandfrei begründet.

Das habe sich aber, so meint der Vorderrichter, seither geändert; dafür führt er insbesondere die Zuwendungen an, die der Erblasser zu Lebzeiten an die Klägerin in Höhe von (44.500 – 35.000 =) 9.500 + 107.000 RM gemacht habe, wovon aber doch wohl die selbstschuldnerische Bürgschaft der Klägerin vom 3. Dezember 1927 für die Unterhaltsleistungen des Erblassers an seine erste Frau und die Beklagten, also wohl für die Abfindung an die Frau (10.750 RM) und die Renten an die Töchter (120 RM monatlich, später erhöht), abzurechnen wäre. Der Wert dieser Bürgschaft kann nach den Feststellungen des Vorderrichters nicht genau berechnet werden. Ob die Unterhaltsrenten gemäß § 1615 BGB mit dem Tode des Erblassers entfielen oder ob anderes vereinbart war, ist nicht ersichtlich. Ebensowenig wird klar, worin die vom Vorderrichter erwähnte mangelhafte Unterhaltserfüllung durch den Erblasser, die zu Rechtsstreitigkeiten führte, sich zeigte und wie es insoweit mit der Bürgschaft der Klägerin stand.

Weiter erwähnt der Vorderrichter in diesem Zusammenhang als ein Tatbestandsmerkmal im Sinne des § 48 Abs. 2 TestG die Unterlassung erhöhter Zuwendungen des Erblassers an die Kinder nach ganz erheblicher Besserung seiner Vermögensverhältnisse. Über diese Besserung wird aber nichts festgestellt. Die Annahme einer „ganz erheblichen Besserung der Verhältnisse" hätte jedoch bestimmte Feststellungen erfordert. Die Klägerin hatte behauptet, die Geka habe am Todestage des Erblassers (19. März 1942) eine Unterbilanz von 64.000 RM aufgewiesen, die Bilanz für 1941 sei mit rund 140.000 RM passiv, die Bilanz für 1942 sei noch ungünstiger; für 1943 wird nichts gesagt. Eine „Beteiligung" der Beklagten, wie sie dem Vorderrichter vorschwebt, könnte sich demnach unter Umständen für die Beklagten auch ungünstig auswirken.

Ferner erwähnt der Berufungsrichter als Tatbestandsmerkmale im Sinne von § 48 Abs. 2 TestG das Unterbleiben einer Aussteuer an die Erstbeklagte bei ihrer Verheiratung und die Nichteinhaltung eines Versprechens, ihr nach der Verheiratung einen jährlichen Unterhalt zu zahlen. Die Unterlassung jeder Bemühung, den Erbvertrag zu ändern, im Gegenteil, die Beharrung dabei trotz geänderter Verhältnisse unter dem Einfluß der Klägerin kann nur im Rahmen dessen, was oben über den für die Anwendung des § 48 Abs. 2 TestG maßgebenden Zeitpunkt und über die Erheblichkeit von Gesinnung, Beweggründen und Absichten des Erblassers gesagt worden ist, von Bedeutung sein.

Zugunsten der Zweitbeklagten führt er weiter an, diese habe einen Anspruch darauf gehabt, daß ihre Zukunft vom Erblasser entsprechend seinen günstiger gewordenen Verhältnissen durch Beteiligung an dem Familiengut geldlich sichergestellt werde; aber auch gegenüber der Erstbeklagten sei durch Besserung der Verhältnisse seine Pflicht entstanden, insbesondere auch mit Rücksicht auf den einschlägigen Beruf ihres Mannes, ihre Verbindung zum Familiengut herzustellen und sie nicht weiterhin davon auszuschließen. Zweckmäßigkeitsgründe dürften dabei keine Rolle spielen.

Hierzu ist weiter zu bemerken: Nicht unberücksichtigt darf bleiben, daß sich der Erblasser bei der Auseinandersetzung mit seiner ersten Frau zu deren Gunsten seines ganzen damaligen Vermögens mit Ausnahme des Fabrikunternehmens entäußert hatte, so daß die Beklagten an diesem Teile des Vermögens als Erben ihrer Mutter unter Ausschluß der Klägerin teilnehmen werden.

Ob und inwieweit die Erhaltung und günstige Fortentwicklung eines Fabrikunternehmens etwa der Gesunderhaltung eines bäuerlichen Erbhofs gleichgestellt werden kann, braucht hier nicht grundsätzlich beantwortet zu werden. Nicht jedes einzelwirtschaftliche Fabrikunternehmen wird etwa in Friedenszeiten gleich einem Erbhof so erhaltungs- und schutzwürdig sein, daß um dieses Zieles wegen sonst schutzwürdige Belange von Blutsverwandten zurücktreten müßten. Jetzt, in der Kriegszeit, deren besondere Verhältnisse ja den behaupteten Aufschwung (vgl. aber die Unterbilanz) des Unternehmens herbeigeführt haben sollen, und wo das Unternehmen vorwiegend für die Wehrmacht arbeitet, ist aber jedenfalls die Erhaltung der vollen Leistungsfähigkeit des Unternehmens als ein der Berücksichtigung bedürftiger Gesichtspunkt anzuerkennen, so daß alles, was sie beeinträchtigen könnte, abzulehnen ist. Die Auffassung des Berufungsrichters, daß „Zweckmäßigkeitserwägungen" auszuscheiden hätten, kann insoweit nicht gebilligt werden, denn hier kann es sich um Rücksichten auf die Volksgemeinschaft handeln.

Strafgesichtspunkte, wie sie dem Berufungsrichter offenbar wegen des Verhaltens des Erblassers vorschweben, haben grundsätzlich auszuscheiden.

Ohne Feststellung darüber, wieviel die Beklagten als Pflichtteil erhalten, läßt sich, darin ist der Revision rechtzugeben, überhaupt nicht beurteilen, ob ein „gröblicher" Verstoß vorliegt; denn die gesamten Auswirkungen des Erbvertrags nach dem Stande des Erbfalls sind zu berücksichtigen. Der Ausschluß der Beklagten gerade in ihrer Eigenschaft als Erben, also ihr Ausschluß von der Mitbeteiligung an dem Unternehmen und an dessen Leitung, rechtfertigt noch nicht die Annahme eines gröblichen Verstoßes, jedenfalls nicht unter dem oben hervorgehobenen Gesichtspunkt der Kriegsanforderungen, ebenso wenig wie umgekehrt der Bestand des Pflichtteilsanspruchs solchen Verstoß ausschließt.

Wegen der Zweitbeklagten ist noch zu bemerken:

Wenn es richtig ist, daß sie nicht bloß erwerbsunfähig, sondern auch besonders schwach und pflegebedürftig ist, dann wäre vom Berufungsrichter vor allem zu prüfen gewesen, wie es mit ihrem Unterhalt steht, von wem, in welcher

Höhe und Form er geleistet wird, wie sich ihre gesamte Lebenshaltung und Versorgung ohne ihre Beteiligung an dem Fabrikunternehmen bei Durchführung des Erbvertrags gestaltet und was sich daran für sie bessern würde, wenn sie als gesetzliche Erbin zu 3/8 an dem Unternehmen beteiligt werden würde. Sollte sich ergeben, daß der ihr zustehende Unterhalt ohne Erbbeteiligung nicht gewährleistet ist (was u. a. voraussetzt, daß das Unternehmen trotz seiner angeblichen Unterbilanz ausreichende Gewinne abwirft), dann wäre es sehr wohl denkbar, daß § 48 Abs. 2 TestG angewendet wird, soweit bei Fortbestand des Erbvertrags dieser Unterhalt gefährdet ist. Denn § 48 Abs. 2 TestG berechtigt den Richter unmittelbar zu teilweisen Aufrechterhaltung einer Verfügung von Todes wegen, sofern deren Gegenstand teilbar ist (RGZ Bd. 168 S. 177). Teilbar wäre er insofern, als gegebenenfalls mangels einer befriedigenden freiwilligen Lösung der vorerwähnten Frage die Erbfolge der Zweitbeklagten ausgesprochen werden könnte. Dabei müßte aber sorgfältig erwogen werden, wie sich ein etwaiger Wegfall der Kriegskonjunktur, ja angesichts der angeblichen Unterbilanz ihre Beteiligung auch ohne deren Wegfall für die Zukunft auswirken würde.

Ohne genauere Feststellung über die Lage, in der sich die beiden Beklagten bei voller Aufrechterhaltung der Bestimmungen des Erbvertrags befinden und ohne Vergleich dieser Lage mit derjenigen, die sie nachhaltig durch Zubilligung ihrer gesetzlichen Erbfolge erreichen würden, läßt sich die Frage, ob die Bestimmungen des Erbvertrags in ihrer Auswirkung zur Zeit des Erbfalls den Anforderungen des § 48 Abs. 2 TestG entsprechen, nicht abschließend beantworten. Ob etwa daran zu denken wäre, für die Anwendung des § 48 Abs. 2 TestG bei der Berechnung des Pflichtteils nach Billigkeitserwägungen (entsprechend etwa dem Grundgedanken von § 3 Abs. 1 Nr. 2, Nr. 3 AnfG oder demjenigen der Ausgleichungspflicht unter Abkömmlingen nach §§ 2050 flg. BGB) den Reinbetrag der Zuwendungen des Erblassers an die Klägerin aus dem Jahre 1941 der Erbmasse zuzurechnen, mag erwogen werden.

Aus diesen Gründen muß das angefochtene Urteil aufgehoben und die Sache zur erneuten Verhandlung und Entscheidung an das Berufungsgericht zurückverwiesen werden.

---

18. 1. Eine genehmigungspflichtige Grundstücksveräußerung, der bereits vor dem Inkrafttreten der VO vom 7. Juli 1942 die Genehmigung versagt worden ist, wenn auch nur wegen der Höhe des vereinbarten Entgelts, kann nicht gemäß §§ 2, 3 VO aufrechterhalten werden.

2. Wenn der Kaufvertrag über ein Grundstück unter der aufschiebenden Bedingung geschlossen worden ist, daß die Unbedenklichkeits-

bescheinigung der Preisbehörde erteilt wird, so finden §§ 2 Abs. 3 und 3 VO an sich keine Anwendung. Die Berufung auf die Bedingung kann aber gegen Treu und Glauben verstoßen, wenn die Abänderung des Vertrages durch die Preisbehörde von geringer Bedeutung ist.

GrundstVerkVO v. 7. Juli 1942 (RGBl. I, 451) §§ 2, 3.

VII. Zivilsenat. Urt. v. 8. März 1944 (VII 7/1944).

I. Landgericht Wels.
II. Oberlandesgericht Linz.

In Sachen der Landarbeiterin Karoline *Mayr* in Dirisam Nr. 9, Gemeinde Weibern, Klägerin, Prozeßbevollmächtigter: Rechtsanwalt Dr. Franz Breitwieser in Wels, vor dem Reichsgericht: Rechtsanwalt Dr. Greuner in Leipzig,

gegen

1. den Bauern August *Mayr*, 2. dessen Gattin Stefanie *Mayr* beide in Dirisam. Nr. 19, Gemeinde Weibern, Beklagte, Prozeßbevollmächtigter: Rechtsanwalt Dr. August Gottwald in Haag A. H., wegen Erteilung des Einverständnisses in die Herabsetzung eines Kaufpreises (Streitwert 8.800 RM), hat das Reichsgericht, VII. Zivilsenat, nach mündlicher Verhandlung vom 8. März 1944 unter Mitwirkung des Senatspräsidenten Dr. Zellner und der Reichsgerichtsräte Burmeister, Seibertz, Dr. Balve und Dr. Roppert auf die Revision der Beklagten gegen das Urteil des Oberlandesgerichts *Linz* vom 15. November 1943 – 3 R 91/43-40, welches das Urteil des Landgerichts Wels vom 11. September 1943 – 2 Cg 102/43-36 – abänderte, für Recht erkannt:

Der Revision wird Folge gegeben und das angefochtene Urteil dahin abgeändert, daß das Urteil des Landgerichts wiederhergestellt wird. Die Klägerin hat die Gerichtskosten zu tragen und ist weiter schuldig, den Beklagten binnen 14 Tagen bei Zwangsfolge 157,59 RM an Kosten der Berufungsinstanz, 267,34 RM an Kosten der Revisionsschrift zu ersetzen.

Gründe

Die Klägerin und der Erstbeklagte sind vollbürtige Geschwister. Die Klägerin war Eigentümerin eines Häuschens mit 3/4 Joch Grund in Schwarzgrub Nr. 5, Gemeinde Weibern, der Erstbeklagte gemeinsam mit seiner Gattin, der Zweitbeklagten, Eigentümerin des elterlichen Schneiderwolfengütls, Dirisam Nr. 9, Gemeinde Weibern. Die Zweitbeklagte übernahm am 10. Dezember 1940 den Erbhof Dirisam Nr. 13 und 19, das sogenannte Schauergut, das verpachtet war, dessen Pachtung aber am 31. Dezember 1940 ablief. Am 17. Januar 1941 hat der Pächter Weinberger sich verpflichtet, die Pachtung zum 1. März 1941 zurückzugeben, sich aber das Recht vorbehalten, bis zum 1. März 1942 in dem

Hause zu wohnen. Die Beklagten beabsichtigten zunächst, dem Pächter das Schneiderwolfengütl zu verkaufen. Da aber die Klägerin Gewicht darauf legte, das väterliche Gut selbst zu erwerben, wurde vereinbart, daß sie dieses übernehmen und dem Pächter Weinberger ihr Häuschen verkaufen solle. Am 3. Februar und 17. März 1941 wurden vor dem Notar Dr. Lechner die Kaufverträge verlautbart, die Beklagten verkauften an die Klägerin das Schneiderwolfengütl zum Preise von 10.800 RM und die Klägerin verkaufte ihre Liegenschaft in Schwarzgrub an die Ehegatten Weinberger zum Preise von 7.700 RM. Jeder dieser Kaufverträge wurde davon abhängig gemacht, daß der andere verbücherungsfähig werde. Unter XI des Vertrages über das Schneiderwolfengütl heißt es:

„Die Parteien nehmen zur Kenntnis, daß dieser Vertrag zu seiner Rechtskraft der Genehmigung seitens des Landrates in Grieskirchen nach der Grundstückverkehrsbekanntmachungsverordnung unterliegt, und machen daher die Rechtskraft dieses Vertrages ausdrücklich von dieser Genehmigung aufschiebend bedingt abhängig ... – Endlich vereinbaren die Parteien noch als aufschiebende Bedingung dieses Kaufvertrages die Erteilung der Genehmigung der Preisbildungsstelle beim Landrat in Grieskirchen zu den vereinbarten Bedingungen dieses Kaufvertrages.“

Die Klägerin übernahm das Schneiderwolfengütl am 1. März 1941. Der Kaufvertrag über die Liegenschaft der Klägerin in Schwarzgrub wurde anstandslos genehmigt. Die Klägerin erklärte sich darauf – nach ihrer Behauptung auf Drängen der Beklagten – damit einverstanden, daß der Eigentumswechsel ohne Rücksicht darauf, daß der Vertrag über das Schneiderwolfengütl noch nicht genehmigt sei und mit der Möglichkeit der Nichtgenehmigung gerechnet werden müsse, im Grundbuch einverleibt werde, erhielt den Kaufpreis ausbezahlt und zahlte davon 3.000 RM an die Beklagten.

Der Landrat in Grieskirchen setzte dann mit Bescheid vom 17. Juli 1941 den Kaufpreis für das Schneiderwolfengütl auf 8.800 RM herab, hob aber diesen Bescheid nach Beschwerde der Beklagten auf Anweisung des Reichsstatthalters in Oberdonau durch Bescheid vom 16. Februar 1942 wieder auf und teilte den Parteien mit, daß er dem Kaufvertrage nach der Grundstücksverkehrsbekanntmachung die Genehmigung versagen müsse, aber den Kaufvertrag genehmigen könne, wenn die Parteien einen Kaufpreis von 8.800 RM vereinbaren würden. Nachdem die Beklagten einen Verkauf zu diesem Preise abgelehnt hatten, versagte der Landrat am 8. April 1942 dem Vertrage die Genehmigung nach § 5 Abs. 1 Nr. 5 der Grundstücksverkehrsbekanntmachung. Eine Beschwerde der Klägerin blieb ohne Erfolg. Darauf erklärte sie am 14. Juli 1942 – noch in Unkenntnis der Verordnung über die Preisüberwachung vom 7. Juli 1942 (RGBl. I S. 451), sie erkenne an, daß der Kaufvertrag nach Versagung der Genehmigung nicht rechtsgültig zustande gekommen sei; sie nehme zur Kenntnis, daß die für das Jahr 1942 noch die Fechsung vom Besitze Dirisam Nr. 9 für sich beziehen und dort wohnen könne, jedoch dafür die Auszugsleistungen und 500 RM zu entrichten habe. Nachdem ihr dann die Verordnung vom 7. Juli 1942 mitgeteilt worden war, hat sie Klage auf Einwilligung der Beklagten in die Herabsetzung des Kaufpreises für das Haus Nr. 9 in Dirisam auf 8.800 RM erhoben.

Das Landgericht hat die Klage abgewiesen, das Oberlandesgericht hat ihr stattgegeben. Die auf § 503 Nr. 2 und 4 ZPO gestützte Revision der Beklagten ist begründet.

Das Oberlandesgericht meint, die Vereinbarung der Parteien in Punkt XI des Vertrages, wonach sie die Genehmigung des Landrates nach der Grundstücksverkehrsbekanntmachung und die Genehmigung (richtig: die Unbedenklichkeitsbescheinigung) der Preisbildungsstelle zur aufschiebenden Bedingung für die Gültigkeit des Kaufvertrages gemacht haben, enthalte keine eigentliche Bedingung, weil sie nur wiederhole, was schon durch das Gesetz vorgeschrieben sei, daß nämlich der Vertrag der Genehmigung durch den Landrat bedürfe und bei Versagung dieser Genehmigung nichtig sei; die Vereinbarung könne eine Anwendung der Verordnung vom 7. Juli 1942 nicht hindern, weil sie mit der zwingenden Anordnung des Gesetzes, daß im Falle des freiwillig erklärten oder durch Urteilsspruch ersetzten Einverständnisses des Veräußerers mit dem zugelassenen Entgelt der Kaufvertrag mit entsprechend verändertem Inhalt bestehenbleiben solle, in Widerspruch stehe. Die Verordnung vom 7. Juli 1942 ist jedoch nach dem feststehenden Sachverhalt auf den zwischen den Parteien über die Liegenschaft D. Nr. 9 abgeschlossenen Kaufvertrag gar nicht anwendbar. Diese Grundstücksveräußerung bedurfte nach der Grundstücksverkehrsbekanntmachung vom 26. Januar 1937 (RGBl. I S. 35) – eingeführt in den Alpen- und Donaugauen durch die Verordnung vom 20. Juli 1938 (RGBl. I. S. 906) – zu ihrer Rechtswirksamkeit der Genehmigung nach § 2 dieser Bekanntmachung in Verbindung mit Art. 2 Nr. 1 EinfVO, für deren Erteilung der Landrat in Grieskirchen zuständig war. Dieser hat die bei ihm nachgesuchte Genehmigung durch Bescheid vom 8. April 1942 versagt; die im Gesetz vorgesehene befristete Beschwerde hiergegen wurde vom Reichsstatthalter am 24. Juni 1942 zurückgewiesen. Damit war die Versagung der Genehmigung zur Veräußerung rechtskräftig und unabänderlich geworden. Dies hatte nach der Rechtsprechung zur Grundstückverkehrsbekanntmachung (vgl. RGZ Bd. 168 S. 351 mit Nachweisungen) zur Folge, daß der bis dahin schwebend unwirksame Kaufvertrag und jede Bindung der Parteien durch ihn endgültig vernichtet wurde. Der Bescheid des Landrates vom 17. Juli 1941, durch den er den Kaufpreis von 10.800 auf 8.800 RM herabgesetzt hatte, war von ihm bereits durch Bescheid vom 16. Februar 1942 aufgehoben worden. Der Versuch, die Parteien zum Abschluß eines Kaufvertrages zum Preise von 8.800 RM zu veranlassen, war an der ablehnenden Haltung der Beklagten gescheitert. Der Kaufvertrag zwischen den Parteien war also bereits am 24. Juni 1942 endgültig erledigt. Die Klägerin hat seine Nichtigkeit auch durch ihre Erklärung vom 14. Juli 1942 ausdrücklich anerkannt.

An diesem Rechtszustande hat auch die Verordnung vom 7. Juli 1942 bei ihrem Inkrafttreten am 20. Juli 1942 nichts geändert. Die in ihrem § 3 angeordnete Rückwirkung setzt voraus, daß der Kaufvertrag beim Inkrafttreten der Verordnung noch zu Recht bestand oder nur infolge Beanstandung des vereinbarten Entgelts durch die Preisbehörde nichtig war (§ 2 Abs. 1). Die auf dieser Grundlage eingetretene Nichtigkeit des Kaufvertrages steht der Anwendung der neuen Vorschriften über das ausnahmsweise Weiterbestehen der vertraglichen Bindung mit dem herabgesetzten Entgelt nicht entgegen. Ist aber eine nach den in § 1 Abs. 2 Satz 2 angeführten Vorschriften genehmigungspflichtige Grundstücksveräußerung durch endgültige Versagung der erforderlichen Genehmigung hinfällig geworden, so kommt ihre Aufrechterhaltung gemäß § 2 Abs. 2, § 3, deren Geltung sich auf das preisrechtliche Gebiet beschränkt, nicht in Frage, insbesondere ist dann für einen Anspruch des Erwerbers auf Erteilung des Einverständnisses mit dem als zulässig bezeichneten Entgelt kein Raum (Pritsch-Friemann bei Pfundtner-Neubert, Das neue deutsche Reichsrecht Ausgabe Österreich III e 5 S. 174 a (10) Anm. 3 Abs. 1 letzter Satz zu § 3). Anders würde es nur liegen, wenn die Genehmigungsbehörde in einem Falle, in dem – wie hier – Bedenken nur mit Rücksicht auf das überhöhte Entgelt bestehen, die Genehmigung nicht endgültig versagt, sondern die Veräußerung unter der Bedingung genehmigt hätte, daß das Entgelt auf eine bestimmte Höhe ermäßigt werde. Ein solcher Sachverhalt ist jedoch hier nicht gegeben. Der Umstand allein, daß die Genehmigung zur Veräußerung eines landwirtschaftlichen Grundstückes nach der gegebenen Begründung nur wegen der Höhe des vereinbarten Entgeltes versagt wurde, vermag die Anwendung der Verordnung vom 7. Juli 1942 nicht zu rechtfertigen. Dies hat das Reichsgericht bereits in seiner zum Abdruck bestimmten Entscheidung III 85/43 vom 4. Oktober 1943 ausgesprochen.

Aber auch wenn man die Verordnung vom 7. Juli 1942 in solchen Fällen trotzdem für anwendbar halten wollte, muß ihre Anwendbarkeit im vorliegenden Falle doch daran scheitern, daß die Parteien in Punkt XI des Vertrages seine Gültigkeit von der Genehmigung des Landrates abhängig gemacht haben. Zwar wird eine solche Vereinbarung im Schrifttum zu der Verordnung meist als Vorausverzicht des Erwerbers auf die Rechte aus § 2 Abs. 3, 4, § 3 Abs. 1 Nr. 1 VO behandelt und insoweit – im Gegensatz zu einem erst nach Feststellung des zulässigen Entgeltes erklärten Verzicht – als unzulässig und unwirksam angesehen. Der Ansicht, daß eine solche Abrede gegen die guten Sitten verstoßen würde, kann aber nicht einmal für den Fall beigetreten werden, daß die Vereinbarung in die Zeit nach dem Inkrafttreten der Verordnung fällt. Richtig ist allerdings, daß die Berufung auf die Abrede gegen Treu und Glauben verstoßen kann, wenn die Abweichung des als zulässig bezeichneten Entgeltes von dem vereinbarten – anders wie in dem hier zu entscheidenden Falle – nur geringfügig ist, so daß dann im Ergebnis § 2 Abs. 3 VO doch zur Anwendung kommt. Dagegen ist die Aufrechterhaltung eines Kaufvertrages, der vor dem Inkrafttreten der Verordnung geschlossen ist, nach § 3 Abs. 1 Nr. 1 VO ausgeschlossen, wenn die Parteien ausdrücklich die Unbedenklichkeitserklärung der Preisbehörde zur Bedingung des Vertrages gemacht haben. Nach dieser Bestimmung soll bei vorher geschlossenen Verträgen der Veräußerer zur Erteilung des Einverständnisses auch dann verpflichtet sein, wenn die Veräußerung, auch unter Berücksichtigung der Verhältnisse des Veräußerers, für den Erwerber eine grob unbillige Härte bedeuten würde. Diese Bestimmung ist deshalb getroffen worden, weil viele Preisbehörden vor dem Ergehen der Entscheidungen des Reichsgerichts RGZ Bd. 166 S. 89 und Bd. 168 S. 91, zum Teil auch noch nachher den Standpunkt vertreten, daß die Parteien an den von den Preisbehörden festgesetzten Veräußerungspreis gebunden seien und der Kaufvertrag unter den abgeänderten Bedingungen abzuwickeln sei. Infolgedessen wurden durch die Erklärungen in § 2 Abs. 1 der Verordnung, daß bei Beanstandung des vereinbarten Entgelts durch die Preisbehörde der Vertrag nichtig sei, alle diejenigen, welche im Vertrauen auf die entgegengesetzte Stellung der Preisbehörden den Kaufvertrag trotz Herabsetzung des Entgelts durchgeführt hatten, schwer getroffen. Um die auf diese Weise entstandenen schwierigen Verhältnisse zu beseitigen, wurde die Übergangsbestimmung des § 3 geschaffen. Dagegen bestand für sie kein Bedürfnis, wenn die Parteien bereits bei Vertragsabschluß klargestellt hatten, daß der Vertrag bei anderweitiger Festsetzung des Preises durch die Preisbehörde nicht gelten sollte. In solchen Fällen findet daher die Bestimmung des § 3 keine Anwendung. So aber liegt es hier.

Die Klägerin hatte den Verkauf ihres Hauses in Schwarzgrub und den Kauf des Schneiderwolfengütls derart miteinander in Verbindung gebracht, daß die Gültigkeit beider Verträge voneinander abhängig war. Diesen Zusammenhang hat sie später dadurch gelöst, daß sie sich mit der Durchführung des Kaufvertrages über ihr Haus in Schwarzgrub einverstanden erklärte, obwohl der andere Vertrag noch nicht genehmigt war und mit der Möglichkeit seiner Nichtgenehmigung gerechnet werden mußte. Sie behauptet, hierzu durch die Beklagten veranlaßt zu sein. Wenn dies zuträfe, würde es vielleicht gegen Treu und Glauben verstoßen, wenn die Beklagten sich jetzt darauf beriefen, daß der Kauf des Schneiderwolfengütls von der Genehmigung des Landrats abhängig gemacht und dadurch die Anwendung des § 3 Abs. 1 Nr. 1 der Verordnung vom 7. Juli 1942 ausgeschlossen wäre. Aber nach den Feststellungen des Berufungsgerichts ist nicht bewiesen, daß die Beklagten die Klägerin dazu veranlaßt haben, ihre Zustimmung zur Durchführung des Verkaufes ihres Hauses in Schwarzgrub zu geben. Die Klägerin kann deshalb auch mit dieser Begründung aus der Bestimmung des § 3 Abs. 1 Nr. 1 keine Rechte herleiten. Die Klage ist daher abzuweisen und demnach das Urteil des Landgerichtes wiederherzustellen.

Die Kostenentscheidung folgt aus §§ 41 und 50 ZPO.

---

19. 1. Der § 92 BinnSchG und die §§ 734–739 HGB sind nicht anwendbar, wenn ein Schlepper und das von ihm geschleppte Schiff zusammengestoßen sind oder der Schlepper durch die Ausführung oder Unterlassung eines Manövers einen Schaden des geschleppten Schiffes verursacht hat. Vielmehr ist hier nur die Haftung aus dem Schleppvertrage und aus §§ 823 flg. BGB gegeben. Das gilt auch dann, wenn die schädigende Maßnahme des Schleppers darin bestand, daß er zur Unzeit den Schleppstrang abgeworfen und sich entfernt hat.

2. In diesem Falle haften daher mehrere, die denselben Schaden schuldhaft verursacht haben, dem Eigner des geschädigten Schiffes als Gesamtschuldner und nicht nach Kopfteilen.

3. Unentschieden bleibt, ob und gegebenenfalls unter welchen Voraussetzungen im Falle des § 92 BinnSchG und der §§ 734–739 HGB eine Haftung der mehreren Schädiger nach Kopfteilen oder ob ebenfalls eine gesamtschuldnerische Haftung besteht.

BinnSchG § 92; HGB §§ 734–739; BGB § 840.

I. Zivilsenat. Urt. vom 9. März 1944 (I 61/1943).

I. Oberlandesgericht Köln.

In Sachen der Firma *Schulte & Bruns* in Papenburg (Ems), Klägerin, Revisionsklägerin, Revisionsbeklagten, Prozeßbevollmächtigter: Rechtsanwalt Dr. Petersen in Leipzig,

gegen

1. die Firma *Meyerhoff Stromeyer Lagerhausgesellschaft* in Mannheim, Zweigniederlassung in Duisburg,

2. den Kapitän Heinrich *Noll* vom Boot „Stromeyer 3" in Duisburg,

3. die *August-Thyssen-Hütte Aktiengesellschaft Werk Phönix* in Duisburg-Ruhrort, Beklagte, Revisionsbeklagte, zu 1 und 2 auch Revisionskläger, Prozeßbevollmächtigter der Beklagten zu 1 und 2: Rechtsanwalt Justizrat Dr. Sehrömbgens in Leipzig, der Beklagten zu 3: Rechtsanwalt Dr. Fuchslocher in Leipzig, hat das Reichsgericht, I. Zivilsenat, auf die mündliche Verhandlung vom 9. März 1944 unter Mitwirkung des Senatspräsidenten Dr. Lindenmaier und der Reichsgerichtsräte Dr. Tölke, Dr. Dinter, Hornung, Dr. Elten für Recht erkannt:

Die Revision der Beklagten zu 1 und 2 gegen das Urteil des 3. Zivilsenats des Oberlandesgerichts in Köln als Schiffahrtsobergericht vom 9. April 1943 wird zurückgewiesen.

Auf die Revision der Klägerin wird das Urteil vom 9. April 1943 aufgehoben, soweit darin zum Nachteile der Klägerin erkannt worden ist. In diesem Umfange wird der Rechtsstreit zur neuen Verhandlung und Entscheidung an das Berufungsgericht zurückverwiesen.

Dem Berufungsgericht wird auch die Entscheidung über die Kosten des Revisionsverfahrens übertragen. – Von Rechts wegen

Tatbestand

Am 22. Juni 1940 wurde in Duisburg der der Klägerin gehörende Kahn „Liselotte" durch das Schleppboot „Stromeyer 3" aus dem Hafenkanal rheinabwärts zu der unterhalb der Hochheimer Brücke liegenden Löschstelle der Beklagten zu 3 verbracht. Eignerin des Schleppbootes war die Beklagte zu 1, Führer der Beklagte zu 2. Das Boot ließ den Kahn zunächst sacken und zog ihn dann wieder stromauf. Nachdem der Strang losgeworfen worden war, geriet der Kahn auf eine oberhalb der Löschstelle befindliche, zum Löschplatz der Beklagten zu 3 gehörige Betonbuhne, die damals vom Wasser überspült war. Dadurch erlitt der Kahn Beschädigungen, die zu seinem Sinken führten.

Die Klägerin macht die drei Beklagten für den ihr entstandenen Schaden verantwortlich, und zwar die Beklagten zu 1 und 2 deswegen, weil das Boot „Stromeyer 3" den Kahn „Liselotte" fehlerhaft abgelegt habe, und die Beklagte zu 3 deshalb, weil sie die Buhne nicht gekennzeichnet habe.

Sie hat beantragt, die drei Beklagten als Gesamtschuldner zur Zahlung von 38.730,49 RM nebst 4 v. H. Zinsen seit dem 22. Juli 1940 zu verurteilen.

Das Schiffahrtsgericht hat den Anspruch gegen die Beklagten zu 1 und 2 als Gesamtschuldner dem Grunde nach für gerechtfertigt erklärt, die Klage gegen die Beklagte zu 3 dagegen abgewiesen.

Auf die Berufungen der Klägerin und der Beklagten zu 1 und 2 hat das Schiffahrtsobergericht dahin erkannt, daß der Anspruch dem Grunde nach gegen die Beklagten zu 1 und 2 als Gesamtschuldner zu 2/3 und gegen die Beklagte zu 3 zu 1/6 gerechtfertigt sei und daß die Klage gegenüber den Beklagten zu 1 und 2 in Höhe von 1/3 = 12.910,15 RM und gegenüber der Beklagten zu 3 in Höhe von 5/6 = 32.275 RM, je nebst Zinsen, abgewiesen werde.

Sowohl die Klägerin als auch die Beklagten zu 1 und 2 haben Revision eingelegt, und zwar die Klägerin mit dem Ziele, daß der Anspruch sämtlichen Beklagten gegenüber dem Grunde nach in voller Höhe festgestellt werde, die Beklagten zu 1 und 2 mit dem Begehren, die gegen sie gerichtete Klage gänzlich abzuweisen.

Alle Beteiligten bitten um die Zurückweisung des Rechtsmittels der Gegenseite.

Entscheidungsgründe

1. Der Berufungsrichter würdigt den Sachverhalt dahin, daß der Unfall sowohl auf das Verschulden des Beklagten zu 2 als auch auf das Verschulden des Beklagten zu 3 als auch auf ein Verschulden des Schiffers des Kahnes „Liselotte“ zurückzuführen sei. Sodann führt er aus: „Nach § 92 BinnSchG und in entsprechender, im Interesse der Prozeßökonomie auch zweckmäßiger Anwendung des § 735 Abs. 2 HGB richte sich der Umfang des zu leistenden Ersatzes nach dem Grade der Verursachung. Die Schuld des Beklagten zu 2 sei die weitaus größere, er habe auch die vornehmste Ursache zu dem Unfall gesetzt. Demgegenüber wiege das Verschulden der Beklagten zu 3 und die mitwirkende Schuld der Klägerin nur gering. Es erscheine angemessen, den Beklagten zu 1 und 2 als Gesamtschuldnern 2/3 und der Beklagten zu 3 und der Klägerin je 1/6 der Verantwortung aufzuerlegen.“

Diese Darlegungen sind nicht frei von Rechtsirrtum.

a.) Die §§ 734–739 des Handelsgesetzbuchs, auf die der § 92 BinnSchG Bezug nimmt, sind durch Art. 1 I des Gesetzes vom 7. Januar 1913 (RGBl. S. 90) geändert, und in Art. 4 dieses Gesetzes ist ausdrücklich bestimmt worden, daß die neuen Vorschriften auch in den Reichs- und den Landesgesetzen, in denen auf die §§ 734–739 HGB verwiesen werde, an die Stelle der bisherigen Vorschriften zu treten hätten. Der frühere § 735 Abs. 2 HGB ist dabei durch den jetzigen § 736 Abs. 1 HGB ersetzt worden. Danach sind für die Verteilung des Schadens nicht mehr allgemein die Umstände und nicht mehr der Grad der Verursachung maßgebend, sondern – und zwar auch abweichend von § 254 BGB – ausschließlich „das Verhältnis der Schwere des auf jeder Seite obwaltenden Verschuldens“. Der Berufungsrichter hätte mithin von seinem Standpunkt aus, daß § 92 BinnSchG in Verbindung mit den dort angezogenen Bestimmungen des Handelsgesetzbuches unmittelbar oder entsprechend anzuwenden sei, nur das Maß des Verschuldens der Beteiligten gegeneinander abwägen dürfen.

b.) Wie das Schiffahrtsobergericht offensichtlich selbst nicht verkennt, gilt § 92 BinnSchG nur beim Zusammenstoß von Schiffen sowie gemäß der Verweisung auf § 738 HGB dann, wenn ein Schiff durch die Ausführung oder die Unterlassung eines Manövers oder dadurch, daß eine Verordnung nicht beachtet worden ist, einem anderen Schiff oder den an Bord der Schiffe befindlichen Personen oder Sachen einen Schaden zugefügt hat.

§ 92 BinnSchG und damit auch § 736 HGB ist also nicht anwendbar auf den Schadenersatzanspruch, den die Klägerin gegen die Beklagte zu 3 geltend macht, da dieser Anspruch nur darauf gestützt ist und nur darauf gestützt werden kann, daß ein Schiff, nämlich der Kahn „Liselotte“, auf eine Buhne gelaufen ist, die die Beklagte zu 3 nicht gekennzeichnet hatte, obwohl sie das nach der Auffassung der Klägerin hätte tun müssen, der Fall mithin, daß zwei Schiffe zusammengestoßen wären oder daß ein Schiff durch die Ausführung oder die

Unterlassung eines Manövers u.s.w. einem anderen Schiffe einen Schaden zugefügt hätte, im Verhältnis zwischen der Klägerin und der Beklagten zu 3 nicht gegeben ist. Insoweit kommt daher nur § 823 BGB in Betracht, und das etwa mitwirkende Verschulden des Schiffers der „Liselotte" wäre gemäß § 254 BGB zu berücksichtigen.

Der § 92 BinnSchG und die §§ 734–739 HGB sind aber auch nicht anwendbar bei einem Zusammenstoß zwischen einem Schlepper und dem von ihm geschleppten Schiff oder dann, wenn der Schlepper durch die Ausführung oder die Unterlassung eines Manövers u.s.w. dem geschleppten Schiff einen Schaden zugefügt hat (Mittelstein im Handbuch des Handelsrechts VII 1 § 81 Ziff. 3 Abs. 4 S. 369, Vortisch-Zschucke, Binnenschiffahrtsrecht, § 92 Anm. 5 b letzter Satz). Das gilt auch insoweit, als das schadenstiftende „Manöver" darin bestanden hat, daß der Schlepper den Strang abwarf und so die Verbindung mit dem anderen Schiffe löste und danach wegfuhr; denn diese Maßnahmen können in aller Regel nur mit der Begründung beanstandet werden, daß der Führer des Schleppers sie mit Rücksicht auf den Schleppvertrag nicht hätte ergreifen dürfen. Mithin gelten für den von der Klägerin gegen die Beklagten zu 1 und 2 erhobenen Anspruch, der in erster Linie auf die Verletzung des Schleppvertrages gestützt ist und daneben auch aus § 823 BGB hergeleitet wird, ebenfalls die allgemeinen Vorschriften des bürgerlichen Rechts, so daß auch hier das etwa mitwirkende Verschulden des Schiffers des Kahnes „Liselotte" nicht nach § 736 HGB, sondern nach § 254 BGB zu berücksichtigen ist.

c.) Das Schiffahrtsobergericht hätte den Schaden nicht in der Weise verteilen dürfen, daß es der Klägerin einen bestimmten Bruchteil, den Beklagten zu 1 und 2 als Gesamtschuldnern einen weiteren Bruchteil und der Beklagten zu 3 den Rest auferlegte. Denn wenn für den aus unerlaubten Handlungen entstandenen Schaden mehrere verantwortlich sind, so haften sie nach § 840 Abs. 1 BGB dem Geschädigten als Gesamtschuldner, und in dem Rechtsstreite, den der Geschädigte gegen die Schadenstifter führt, ist nicht darüber zu entscheiden, welcher Teil auf jeden der Schadenstifter entfällt. Dasselbe gilt, wenn dem einen der Schadenstifter nicht nur eine unerlaubte Handlung im Sinne der §§ 823 flg. BGB zur Last fällt, sondern wenn er zugleich auch eine ihm vertraglich obliegende Pflicht verletzt hat (vgl. RGRKomm. 9. Aufl. § 421 Anm. 1 b). Da die §§ 734–739 HGB überhaupt nicht anwendbar sind, braucht nicht erörtert zu werden, ob § 735 Abs. 2 in Verb. mit § 739 HGB in ihrer früheren Fassung oder ob § 736 Abs. 1 HGB in seiner jetzigen Fassung dahin zu verstehen seien; in dem – hier nicht vorliegenden – Falle, daß an einem Schiffszusammenstoß oder bei einer sogenannten Fernschädigung (§ 738 HGB) mehr als zwei Schiffe beteiligt sind, müsse in dem Rechtsstreite, den der Eigner eines dabei beschädigten Schiffes gegen den Eigner oder den Führer oder die Besatzung eines der anderen Schiffe angestrengt hat, der Schaden auf die Eigner aller Schiffe, deren

Führer oder Besatzung den Unfall verschuldet haben, in der Weise umgelegt werden, daß jeder Schiffseigner für einen bestimmten Bruchteil allein einzustehen habe. Jedenfalls ist es nicht angängig, bei Unfällen, bei denen mehrere gemäß §§ 823 flg. BGB oder wegen Vertragsverletzung für einen Schaden einzustehen haben, „im Interesse der Prozeßökonomie" abweichend von § 840 Abs. 1 BGB das Bestehen eines Gesamtschuldverhältnisses wenigstens dann zu verneinen, wenn sich unter den Beteiligten Reeder von Seeschiffen oder Eigner von Binnenschiffen befinden, und in diesem Falle nur eine Haftung nach Bruchteilen anzunehmen. Denn dieses „Interesse der Prozeßökonomie" würde bei Unfällen jeder Art immer gegeben sein, wenn mehrere, sei es aus unerlaubter Handlung, sei es aus einem anderen Grunde, für den Schaden verantwortlich sind; gleichwohl aber bestimmt das Gesetz ausdrücklich, daß sie dem Geschädigten als Gesamtschuldner und nicht jeder für sich nur zu einem Bruchteile haften, und überläßt den Ausgleich unter ihnen bewußt einem neuen, zwischen ihnen zu führenden Rechtsstreite.

Demgemäß hätte das Berufungsgericht, wenn es beispielsweise die Verursachung durch die Beklagte zu 3 und das Verschulden ihrer Vertreter einerseits und die Verursachung durch den Schiffer der „Liselotte" und dessen Verschulden andererseits gleichhoch und wenn es ferner das Verschulden des Beklagten zu 2 doppelt so hoch wie das Verschulden des Schiffers der „Liselotte" bewertete, dahin erkennen müssen, daß der Anspruch dem Grunde nach gegen alle drei Beklagten als Gesamtschuldner wegen der Hälfte des Schadens und gegen die Beklagten zu 1 und 2 als Gesamtschuldner wegen eines weiteren Sechstels gerechtfertigt sei und daß die Klage gegenüber den Beklagten zu 1 und 2 in Höhe von 1/3 (= 12.910,16 RM) und gegenüber der Beklagten zu 3 in Höhe von 1/2 (= 19.365,25 RM), je nebst Zinsen, abgewiesen werde.

2. Die Klägerin wendet sich mit ihrer Revision dagegen, daß das Schifffahrtsobergericht angenommen hat, der Schiffer Meyerhoff des Kahnes „Liselotte" habe den Unfall ebenfalls schuldhaft mitverursacht.

Die Schuld des Schiffers erblickt der Berufungsrichter – wie entgegen der Revisionsbegründung festzustellen ist – zwar nicht darin, daß sich der Schiffer nicht von vornherein über die besonderen Verhältnisse auf der Duisburger Reede und insbesondere darüber unterrichtet habe, ob irgendwo eine nicht ohne weiteres auffallende Buhne vorhanden sei, sondern nur darin, daß er die Buhne und die durch sie verursachte Nehrung nicht erkannt und seine Fahrt nicht entsprechend eingerichtet habe. Diese Auffassung begründet das Berufungsgericht damit: „Zwar möge dem Schiffer zugute gehalten werden, daß die Buhne nicht gekennzeichnet und wegen ihrer teilweisen Überspülung durch das hohe Wasser nicht in ihrer vollen Länge sichtbar gewesen sei. Trotzdem hätten dem Schiffer, wenn er die Löschstelle und den rechtsseitigen Strom mit der erforderlichen Aufmerksamkeit im Auge gehalten hätte, das über die Buhne abfallende Wasser und das verhältnismäßig ruhige Wasser in der Nehrung nicht entgehen dürfen. Das sei um so auffallender, als sein Kahn außer ihm noch mit einem Schiffer und mit zwei Matrosen mehr als ausreichend besetzt gewesen sei. Auch als Emsfahrer, dem die Fahrt auf dem Rheinstrom nicht so geläufig gewesen sei wie einem anderen Schiffer, hätte er ein Auge für das Vorhandensein der Buhne und des gefährlichen Nehrwassers, wozu er schon bei dem Abwärtstreiben aus dem Kanal Gelegenheit gehabt habe, haben müssen."

Die Revision rügt, daß § 286 ZPO verletzt worden sei. Diese Rüge ist begründet.

Die Klägerin hatte vorgetragen, zur Zeit des Unfalls sei an den Bewegungen des Wassers überhaupt nicht zu erkennen gewesen, daß sich in einer geringen Entfernung oberhalb der Löschstelle eine Buhne befand; und sie hatte sich dafür u. a. auf die Aussagen der Zeugen Albert Hiemstra und Hohl bezogen. Sie hatte auch geltend gemacht, der Schiffer Meyerhoff sei nicht vorn auf seinem Kahn, sondern hinten am Ruder gewesen und außerdem hätten noch die am Löschplatz liegenden Kähne die Sicht versperrt, und hatte ferner darauf hingewiesen, daß das Wasser etwa 2 Meter über der Buhne gestanden habe. Gegenüber diesem Vorbringen hätten sowohl die Annahme, das Wasser sei „über die Buhne abgefallen" und dahinter – d. h. stromabwärts davon – sei „das Wasser in der Nehrung verhältnismäßig ruhig" gewesen, als auch die Feststellung, daß der Schiffer Meyerhoff dies von seinem Standort am Ruder aus und trotz der an der Löschstelle am Ufer liegenden Kähne hätte sehen können, einer näheren Begründung bedurft, da das keineswegs ohne weiteres auf der Hand liegt. Die Wasserbewegungen an Buhnen können nämlich durchaus verschieden sein; sie hängen z. B. von der Länge und der Breite der Buhne ab sowie von dem Winkel, in dem sie nach den Seiten und nach dem Strome zu abfällt, und schließlich auch davon, ob sich die Wasseroberfläche nur wenige Zentimeter oder ob sie sich mehrere Meter über der Buhne befindet. Hier kommt noch hinzu: Die Beklagten zu 1 und 2 hatten anfangs selbst nicht eingewendet, daß der Schiffer bei genügender Aufmerksamkeit die Buhne hätte erkennen müssen, und hatten noch in ihrem Schriftsatz vom 23. April 1942 wohl davon gesprochen, daß hinter der Buhne stilles Wasser gewesen sei, aber auch hier nur gesagt, die Verhältnisse an der Unfallstelle seien dem Schiffer Meyerhoff nicht bekannt gewesen. Den Einwand, die Überflutung und damit das Vorhandensein der Buhne habe sich an den Wasserbewegungen ohne weiteres gezeigt und hätte daher von Meyerhoff erkannt werden müssen, haben die Beklagten zu 1 und 2, soweit ersichtlich, vielmehr erstmals im Berufungsverfahren vorgebracht. Auch das mit den örtlichen Verhältnissen vertraute Schiffahrtsgericht hat es für möglich gehalten, daß für Meyerhoff die Buhne „nicht bemerkbar war"; und von dieser Möglichkeit würde es kaum gesprochen haben, wenn es der Meinung gewesen wäre, der Schiffer hätte bei gehöriger Aufmerksamkeit das Vorhandensein der Buhne an den Bewegungen des Wassers erkennen müssen. Lediglich die Beklagte zu 3 hatte von Anfang an vorgetragen, die Buhne sei auch bei hohem Wasserstand an den Strudeln erkennbar, die sich über ihr bildeten, während sie freilich ebenfalls nichts davon erwähnt hatte, daß sich unterhalb stilles Wasser befunden habe.

Nicht ohne weiteres verständlich ist auch, inwiefern es dafür, ob der Schiffer Meyerhoff das Vorhandensein der Buhne hätte erkennen müssen, von Bedeutung war, daß sich auf dem Kahn „Liselotte" noch ein weiterer Schiffer und zwei Matrosen befanden. Denn darauf, daß die Aufmerksamkeit Meyerhoffs durch die anderen Aufgaben, die er zu erfüllen gehabt habe, in Anspruch genommen worden sei und er infolgedessen das Fahrwasser nicht ausreichend habe beobachten können, – was vielleicht mit der Erwägung hätte zurückgewiesen werden können, es seien ja genügend Leute auf dem Kahn gewesen, die den Schiffer unterstützt hätten, – hatte sich die Klägerin selbst nicht berufen. Die Stärke der Besatzung des Kahnes könnte allenfalls dann erheblich sein, wenn die Mithaftung der Klägerin aus dem Verschulden eines, unbestimmt welchen, Mitgliedes der Besatzung hergeleitet worden wäre, etwa mit der Begründung, eines der Mitglieder der Besatzung hätte das Vorhandensein der Buhne erkennen und den Schiffer darauf aufmerksam machen müssen; so aber haben weder die Beklagten noch das Schiffahrtsobergericht die Ansicht, daß die Klägerin einen Teil des Schadens selbst tragen müsse, gerechtfertigt.

Soweit endlich das Berufungsgericht annimmt, der Schiffer Meyerhoff hätte nicht erst, als er stromauf zu den unterhalb der Buhne liegenden Kähnen geschleppt wurde, sondern schon früher, nämlich während sein Kahn auf dem Strome abwärts trieb, die Wasserbewegungen beobachten müssen und schon damals erkennen können, daß sich oberhalb der Löschstelle eine Buhne befand, ist zunächst darauf hinzuweisen, daß die Beklagten, die doch mit den Verhältnissen vertraut sind, diesen Gedanken selbst nicht geäußert haben. Es hätte dazu auch der genauen Feststellung bedurft, in welcher Entfernung vom Ufer der Kahn stromab geschwommen ist, sowie der Darlegung, welcher Umstand den Schiffer, der doch damals die Absicht hatte, an den Kähnen zweiter Länge festzumachen, dazu hätte veranlassen müssen, die Bewegungen des Wassers vor den Kähnen erster Länge eingehend zu beobachten.

Aus diesen Gründen kann das angefochtene Urteil, soweit darin zum Nachteile der Klägerin erkannt worden ist, nicht bei Bestand bleiben. Es ist daher aufzuheben und der Rechtsstreit, weil insoweit noch tatsächliche Feststellungen erforderlich sind, in diesem Umfange an das Schiffahrtsobergericht zurückzuverweisen. Bei seiner neuen Entscheidung wird der Berufungsrichter zu erwägen haben, ob es vielleicht angebracht ist, bei etwa demselben Wasserstand und etwa denselben Windverhältnissen, wie sie am Unfalltage waren, die Örtlichkeiten zu besichtigen – gegebenenfalls unter Zuziehung eines Sachverständigen – und auf Grund des Augenscheins die nötigen Feststellungen zu treffen, was auch von Amts wegen angeordnet werden könnte (§ 144 ZPO, vgl. auch § 272 b Ziff. 5 ZPO).

3. Mit ihren sonstigen Angriffen gegen das Berufungsurteil kann die Klägerin dagegen keinen Erfolg haben.

a.) Das Schiffahrtsobergericht geht davon aus, daß der Schiffer Meyerhoff des Kahnes „Liselotte", wenn er die Buhne rechtzeitig erkannt hätte, seine Fahrweise anders eingerichtet und so den Unfall vermieden haben würde. Dafür, wie das hätte geschehen können, führt das Berufungsgericht mehrere Möglichkeiten an. Diese Beispiele beanstandet die Revision, indem sie ausführt, gewisse vom Schiffahrtsobergericht erwähnte Maßnahmen würde Meyerhoff nicht getroffen haben, weil er dazu keine Veranlassung gehabt hätte, und die anderen Maßnahmen würden wahrscheinlich nicht den gewünschten Erfolg gehabt haben. Damit kann die Revision nicht durchdringen. Es mag freilich sein, daß die eine oder die andere der vom Berufungsrichter beispielsweise angeführten Möglichkeiten ausscheiden muß. Die Auffassung des Schiffahrtsobergerichts entspricht jedoch im Ergebnis durchaus dem eigenen Vortrage der Klägerin. Denn die Klage gegen die Beklagte zu 3 ist darauf gestützt, daß der Unfall vermieden worden wäre, wenn die Buhne gekennzeichnet und damit auch bei dem damals herrschenden hohen Wasserstand erkennbar gewesen wäre. Als Personen, für die die Buhne hätte erkennbar sein müssen, kamen dabei nur der Beklagte zu 2 als der Führer des Schleppbootes „Stromeyer 3" und Meyerhoff als der Schiffer des Kahnes „Liselotte" in Betracht. Nun hat die Klägerin weiterhin vorgetragen, der Beklagte zu 2 habe von dem Vorhandensein der Buhne gewußt, und hat ferner ausdrücklich vorgebracht, der Schiffer Meyerhoff hätte trotz der verfehlten Manöver des Beklagten zu 2 „einem rechtzeitig erkennbaren Hindernis irgendwie Rechnung tragen" können, oder mit anderen Worten, Meyerhoff hätte dann das Auflaufen des Kahnes auf die Buhne vermieden. Dann aber ist die Auffassung des Schiffahrtsobergerichts, es wäre nicht zu dem Unfall gekommen, wenn Meyerhoff das Vorhandensein der Buhne an den Bewegungen des Wassers erkannt hätte, und daher sei die in der ungenügenden Beobachtung des Wassers liegende Fahrlässigkeit Meyerhoffs für die Entstehung des Schadens mitursächlich gewesen, nicht zu beanstanden.

b.) Die Klägerin hatte u. a. auch geltend gemacht, der Beklagte zu 2 habe den Unfall auch dadurch schuldhaft verursacht, daß er es unterlassen habe, den Schiffer Meyerhoff des Kahnes „Liselotte" auf das Vorhandensein der Buhne und auf die Gefahren der Nehrströme unterhalb von ihr aufmerksam zu machen. Das hat das Schiffahrtsobergericht abgelehnt, indem es ausgeführt hat, der Beklagte zu 2 habe dazu nur dann Anlaß gehabt, wenn er gewußt hätte, daß Meyerhoff von der Buhne und der Nehrung keine Kenntnis hatte, und es sei nicht feststellbar, daß er dies gewußt habe. Die Revision vertritt die Meinung, es komme nicht darauf an, ob der Beklagte zu 2 das wirklich gewußt habe, sondern es genüge, daß er mit der Möglichkeit hätte rechnen müssen, Meyerhoff werde über das Vorhandensein der Buhne nicht unterrichtet sein und werde sie wegen des Fehlens der Kennzeichnung auch nicht bemerken. Mit dieser Möglichkeit hätte der Beklagte zu 2, so führt die Revision weiter aus, um so mehr rechnen müssen, als er nicht habe voraussetzen können, daß der im Emsland beheimatete Schiffer mit den örtlichen Verhältnissen in den Häfen und auf den Reeden des Rheines genau vertraut sei. Dem kann nicht zugestimmt werden. Unerörtert kann dabei bleiben, ob der Führer eines Schleppbootes, der einen aus einem anderen Stromgebiet stammenden Kahn in einem Hafen oder auf einer Reede an einen anderen Platz zu bringen hat, im allgemeinen verpflichtet ist, den Schiffer des Kahnes auf nicht oder schwer erkennbare Schiffahrtshindernisse aufmerksam zu machen. Hier lag es nämlich so, daß das Hindernis zunächst für den Kahn gar keine Bedeutung hatte, da dieser ja nicht neben den Kähnen der ersten Reihe und damit in gefährlicher Nähe der Nehrströme festmachen sollte, sondern an den weiter stromab liegenden Kähnen der zweiten Reihe, also in einer Entfernung von der Buhne, in der die Nehrströme keine Wirkung auf ihn ausüben konnten. Der Beklagte zu 2 hatte mithin anfangs keine Veranlassung, den Schiffer des Kahnes auf die Buhne und auf die Nehrströme hinzuweisen. Vielmehr wurde das Vorhandensein der Buhne für den Kahn „Liselotte" erst dann von Bedeutung, als der Kahn stromauf zu den Kähnen der ersten Reihe geschleppt worden war und zu einer Zeit sich selbst überlassen wurde, wo er so starke Fahrt stromauf hatte, daß er in den Bereich der Nehrströme geraten konnte. Gerade darin aber, daß der Beklagte zu 2 den Kahn in diese Lage gebracht hatte und ihn in dieser Lage sich selbst überließ, ohne sich klar zu machen, daß der Kahn in Gefahr kommen konnte, erblickt das Schiffahrtsobergericht das Verschulden des Beklagten zu 2; und dann ist es nicht möglich, ein weiteres Verschulden des Beklagten zu 2, das den von den Beklagten zu tragenden Anteil des Schadens erhöhen müßte, darin zu sehen, daß er es unterlassen habe, den Schiffer des Kahnes „Liselotte" nicht auf diese – von ihm gar nicht erkannte – Gefahr aufmerksam zu machen.

4. Die Revision der Beklagten zu 1 und 2 ist unbegründet.

a.) Der Berufungsrichter führt aus: Das Schiffahrtsgericht habe mit Recht ein Verschulden des Beklagten zu 2 darin erblickt, daß er zu scharf angezogen habe. Der Beklagte hätte wegen der ihm bekannten Buhne, die sich etwa 20 bis 30 m oberhalb der ersten Reihe der an der Löschstelle liegenden Kähne befunden habe, und wegen der ihm ebenfalls bekannten Nehrströme, die das Wasser unterhalb der Buhne aufwärts gelenkt hätten, besondere Vorsicht üben und sich bemühen müssen, zu verhindern, daß „Liselotte" Gefahr laufe, in das Nehrwasser zu geraten und dabei gegen die Buhne zu laufen. An dieser Vorsicht habe er es fehlen lassen und durch das zu starke Anziehen verschuldet, daß „Liselotte" eine zu starken Vorausgang bekommen habe. Das Schiffahrtsgericht, auf dessen

Entscheidung der Berufungsrichter Bezug nimmt, hatte sich hierzu noch dahin geäußert: Der Beklagte zu 2 hätte damit rechnen müssen, daß der Schiffer von „Liselotte“ seinen Kahn zunächst stromauf über den Kahn „Gerardus Majella“ hinaus fahren lassen und ihn dann wieder bis zu diesem Kahne zurücksacken lassen wolle, da ein solches Manöver im allgemeinen üblich sei, wie die Beklagten selbst ausgeführt hätten. Er hätte so ziehen müssen, daß „Liselotte“ möglichst in die Nähe des Kahnes „Gerardus Majella“ komme, und hätte die Fahrt so verringern müssen, daß „Liselotte“ schnellstens durch Ankersetzen oder Festmachen eines Drahtes neben „Gerardus Majella“ ständig werden könne. Aus den Zeugenaussagen sei festzustellen, daß das Schleppboot „Stromeyer 3“ dem Kahn „Liselotte“ zu viel Gang gegeben habe, der den Kahn zu stark vorausgebracht habe, während bei geringerem Ziehen „Liselotte“ nicht bis zur Buhne durchgelaufen bzw. nicht in die Nehrströmung gekommen wäre.

Danach ist die Meinung des Berufungsgerichts: Wenn der Beklagte zu 2 die erforderliche und ihm zuzumutende Sorgfalt beobachtet hätte, so hätte das Schleppboot „Stromeyer 3“ den Kahn „Liselotte“ nur mit einer solchen Kraft stromauf ziehen dürfen, daß die Bewegung des Kahnes nach dem Abwerfen des Stranges, womit der Zug aufgehört habe, durch den natürlichen Widerstand der dort noch flußabwärts gerichteten Strömung bereits an einer Stelle abgebremst gewesen wäre, die noch nicht im Bereiche der – den Kahn stromauf an die Buhne heranziehenden – Nehrströme gelegen habe. Statt dessen habe „Stromeyer 3“ der „Liselotte“ eine so starke Bewegung stromauf erteilt, daß der natürliche Wasserwiderstand nicht ausgereicht habe, den Kahn schon vor der Nehrung zum Stillstand zu bringen, und infolgedessen sei der Kahn von den Nehrströmen erfaßt und nunmehr weiter stromaufwärts auf die Buhne gezogen worden.

Ungerechtfertigt ist daher der Angriff der Revision, die Ursächlichkeit des zu starken Ziehens des Bootes für den Unfall hätte deshalb verneint werden müssen, weil der Schiffer der „Liselotte“ von vornherein am Kahn „Gerardus Majella“ nicht bereits habe festmachen wollen, während „Liselotte“ noch in der Bewegung stromauf begriffen gewesen sei, sondern der Schiffer seinen Kahn erst habe auslaufen und dann nach Setzen des Bugankers wieder stromab treiben lassen wollen, um sich erst dann neben „Gerardus Majella“ zu legen. Wäre nämlich „Liselotte“ nur mit einer solchen Kraft gefahren, daß der Kahn durch den Widerstand des Wassers zum Stillstand gekommen wäre, bevor er in den Bereich der Nehrströme geriet, so hätte es eben nicht zu dem Unfall kommen können, gleichviel, ob der Schiffer noch während der Fahrt des Kahnes stromauf einen Draht zum Kahn „Gerardus Majella“ hinübergab und seinen Kahn auf diese Weise abbremste oder ob er das unterließ, weil er rückwärts sackend neben „Gerardus Majella“ kommen wollte.

Der Revision kann auch nicht zugestimmt werden, wenn sie geltend macht, der Berufungsrichter habe nicht beachtet, daß „Stromeyer 3“ mit einer geringeren Kraft, als es geschehen sei, nicht habe anziehen können, da „Liselotte“, als der Kahn neben den Kähnen der zweiten Reihe gewesen sei, aus der dort vorhandenen starken Strömung habe herausgezogen werden müssen, so daß halbe Kraft habe angewendet werden müssen. Es mag sein, daß der Beklagte zu 2, um „Liselotte“ von den Kähnen der zweiten Reihe weiter stromauf zu bringen, die Maschine des Bootes „Stromeyer 3“ mit halber Kraft gehen lassen mußte, weil der Widerstand, den die Strömung entgegensetzte, bei der nächstmöglichen geringeren Drehzahl der Welle seiner Maschine nicht hätte überwunden werden können; und es mag auch sein, daß der von „Stromeyer 3“ gezogene Kahn „Liselotte“ hierdurch eine Eigengeschwindigkeit bekommen mußte, durch die der Kahn auch dann noch ein Stück weiter stromauf fuhr, wenn der Schlepper den Kahn nicht mehr zog. Welche Strecke aber der Kahn nach dem Aufhören des vom Schleppboot ausgeübten Zuges entgegen der flußabwärts gerichteten Strömung stromauf noch zurücklegte, hing auch davon ab, an welcher Stelle er sich befand, als der Zug aufhörte. Wenn also der Beklagte zu 2, um überhaupt die Strömung zu überwinden, die Maschine seines Bootes „Stromeyer 3“ nicht langsamer laufen lassen konnte als mit halber Kraft, und wenn dadurch der Kahn „Liselotte“ eine Eigengeschwindigkeit bekam, die ihn auch nach dem Aufhören des Zuges durch das Schleppboot noch eine gewisse Strecke stromauf fahren ließ, so hätte der Beklagte zu 2 eben so zeitig mit dem Ziehen aufhören müssen – nämlich durch Stoppen seiner Maschine, was dieselbe Wirkung gehabt haben würde, wie sie das Abwerfen des Stranges hatte –, daß jene Strecke nicht bis in die Nehrströmungen unterhalb der Buhne reichte. Das ist ersichtlich auch die Auffassung des Berufungsrichters, wenn dieser auch nur davon spricht, „Stromeyer 3“ habe dem Kahn „Lieselotte“ durch zu starkes Anziehen einen zu starken Antrieb und Vorausgang gegeben. Daß aber die Maschine des Schleppbootes „Stromeyer 3“ nicht schon in einem Augenblick hätte gestoppt werden können, wo der Bug des Kahnes „Liselotte“ noch nicht das Heck der Kähne der ersten Reihe an der Löschstelle erreicht hatte, haben die Beklagten zu 1 und 2 selbst weder vor den Instanzgerichten noch im Rechtsrügeverfahren geltend gemacht; es ist auch kein Grund dafür erkennbar. Ebensowenig ist erkennbar, inwiefern aus den „Berechnungen der Berufungsbegründung“, deren Übergehung die Revision gleichfalls rügt, irgendetwas in dieser Beziehung gefolgert werden könnte.

b.) Das Schiffahrtsobergericht hat ferner ein für den Unfall ursächliches Verschulden des Beklagten zu 2 darin gesehen, daß er es unterlassen habe, den Kahn „Liselotte“ so lange am Strang seines Schleppbootes zu halten oder zum mindesten so lange seitlich neben dem Kahn zu bleiben, bis er die Gewißheit gehabt habe, daß „Liselotte“ den vorgesehenen Platz neben dem Kahn „Gerardus Majella“ wirklich erreichte und sich dort festmachen konnte. Dazu legt der Berufungsrichter dar: Der Beklagte zu 2 habe mit seinem Schleppboot den Kahn „Liselotte“ in einem Augenblick und in einer Lage verlassen, als für „Liselotte“ noch keine Sicherheit gegeben gewesen sei, sich ungefährdet neben „Gerardus Majella“ festzumachen. Denn einmal habe „Liselotte“ einen zu starken Vorausgang gehabt und zum andern habe der große Zwischenraum zum Kahn „Gerardus Majella“ ein rechtzeitiges Festmachen an diesem in Frage gestellt. Allenfalls hätte „Stromeyer 3“, nachdem der Strang losgeworfen worden war, seitlich neben „Liselotte“ bleiben müssen, um den Kahn, wenn ihm das Festmachen an „Gerardus Majella“ nicht gelingen sollte, am Vorderschiff festhalten zu können. Hätte das Schleppboot „Stromeyer 3“ den Strang nicht sofort nach dem scharfen Anziehen abgeworfen, so hätte es das Schleppboot aller Voraussicht nach fertiggebracht, den Kahn aus dem gefährlichen Nehrwasser heraus auf den Strom zu ziehen und vor dem Festfahren zu behüten.

Die Revision wendet ein: Die Sicherheit, daß „Liselotte“ am Kahn „Gerardus Majella“ festmachen „könne“, sei für den Beklagten zu 2 vorhanden gewesen, da diese Sicherheit selbst dann bestanden habe, wenn „Liselotte“ etwa 10 m seitlich von „Gerardus Majella“ stromauf geschwommen wäre, weil diese Entfernung für das Hinüberwerfen eines Stranges gar nichts bedeute. Tatsächlich habe sich der Schiffer von „Liselotte“ in dem gebotenen Augenblick noch nicht festmachen wollen, und darin allein sei die Ursache des Unfalls zu erblicken. Wenn das Schiffahrtsobergericht fordere, „Stromeyer 3“ hätte neben „Liselotte“ bleiben sollen, so sei nicht einzusehen, was damit hätte erreicht werden sollen. Denn da nach dem Abwerfen des Stranges keine Verbindung mehr zwischen dem Schleppboot und dem Kahn bestanden habe, hätte das Boot den Kahn gar nicht festhalten können. Überdies sei ein solches Manöver auf dem Rhein auch nicht üblich.

Den Beklagten ist zuzugeben, daß der am Anfange des vorvorigen Absatzes wiedergegebene, von der Revision angezogene Satz aus der Begründung des Berufungsurteils die Entscheidung nicht rechtfertigen würde. Denn daß der Schiffer des Kahns „Liselotte“ diesen nicht an „Gerardus Majella“ hätte festmachen können, oder mit anderen Worten, daß das Festmachen unmöglich gewesen wäre, hat der Berufungsrichter nicht festgestellt. Allein jener Satz darf nicht für sich allein gelesen, sondern die Ausführungen des Schiffahrtsobergerichts müssen im Zusammenhang gewürdigt werden. Dann ergibt sich als die Auffassung des Berufungsgerichts, daß der Beklagte zu 2 den Strang erst hätte abwerfen dürfen, nachdem er sich überzeugt gehabt habe, daß die zum Festmachen der „Liselotte“ an „Gerardus Majella“ erforderlichen Maßnahmen bereits eingeleitet und so weit durchgeführt waren, daß nach der nautischen Erfahrung mit einer an Sicherheit grenzenden hohen Wahrscheinlichkeit zu erwarten war, sie würden auch zu Ende geführt und „Liselotte“ werde an „Gerardus Majella“ auch tatsächlich festgemacht werden; und diese hohe Wahrscheinlichkeit bestand noch nicht, als „Liselotte“ in einer seitlichen Entfernung von 5 bis

10 m an „Gerardus Majella“ vorbeischwamm und noch kein Strang hinübergegeben worden war. Daß der Berufungsrichter hier zu große Anforderungen an die Sorgfalt eines ordentlichen Schiffers gestellt habe, kann nicht anerkannt werden, und auch die Darlegung, daß der Unfall verhindert worden wäre, wenn „Stromeyer 3“ den Kahn „Liselotte“ am Strange gehalten hätte, ist rechtlich einwandfrei.

Auch insoweit sind die Ausführungen des Schiffahrtsobergerichts nicht zu beanstanden, als es angenommen hat, das Schleppboot hätte, wenn der Strang schon abgeworfen worden war, als „Liselotte“ noch mit einer nicht unerheblichen Geschwindigkeit stromauf fuhr, wenigstens neben „Liselotte“ bleiben müssen, um notfalls in der Lage zu sein, den Kahn festzuhalten. Allerdings war zunächst keine Verbindung mehr zwischen dem Schleppboot und dem Kahn vorhanden. Eine solche hätte sich aber ohne Schwierigkeit wieder herstellen lassen, da nur wieder ein Strang zu „Liselotte“ hinübergegeben zu werden brauchte; und der Beklagte zu 2 konnte auch damit rechnen, daß die Besatzung des Kahnes „Liselotte“, wenn sie merkte, daß die Geschwindigkeit, mit der ihr Kahn stromauf fuhr, nicht abnahm, sondern sich steigerte, einen ihr von „Stromeyer 3“ zugeworfenen Strang sofort aufnehmen werde. Das hat auch das Berufungsgericht ersichtlich angenommen, und es konnte dann ohne Rechtsirrtum davon ausgehen, daß auf diese Weise der Unfall ebenfalls verhindert worden wäre. Belanglos ist dabei, ob es auf dem Rhein und insbesondere auf der Duisburger Reede im allgemeinen üblich ist, daß ein Schleppboot nach dem Abwerfen des Stranges noch neben dem Kahne bleibt; denn die Sorgfaltspflicht kann im Einzelfalle auch eine Maßnahme fordern, die in der Regel nicht getroffen wird und auch nicht getroffen zu werden braucht.

c.) Schließlich rügt die Revision, der Berufungsrichter habe bei seinen Ausführungen über das Verschulden des Schiffers des Kahnes „Liselotte“ nicht berücksichtigt, daß der Schiffer bei den örtlichen Verhältnissen am Löschplatz überhaupt nicht den Versuch hätte machen dürfen, den Kahn auslaufen zu lassen, da das einmal wegen der Buhne nicht möglich gewesen sei und zum andern auch deshalb nicht, weil jedes Schiff bei dem flach ablaufenden Ufer oberhalb der ersten Kahnreihe unweigerlich hätte auf Grund laufen müssen. Davon, daß das von „Liselotte“ beabsichtigte Manöver bei den örtlichen Verhältnissen fehlerhaft gewesen sei, ist aber auch das Schiffahrtsobergericht ausgegangen. Es kommt daher lediglich darauf an, ob der Schiffer die örtlichen Verhältnisse kannte oder, wenn er sie nicht kannte, ob seine Unkenntnis auf Fahrlässigkeit beruhte. Dabei kann man jedoch nicht, wie das die Beklagten anscheinend tun wollen, die Buhne einfach wegdenken und sagen, auch wenn die Buhne nicht da gewesen wäre, hätte die Tatsache, daß das Ufer oberhalb der Buhne flach abfiel, den Schiffer veranlassen müssen, bereits beim Fahren stromaufwärts einen Draht an dem Kahn „Gerardus Majella“ festzumachen. Vielmehr muß man die örtlichen Verhältnisse so nehmen, wie sie wirklich waren. Es fehlt aber auch in jedem Anhalt dafür, daß der Kahn „Liselotte" bei der ihm von „Stromeyer 3" erteilten Eigengeschwindigkeit auch dann, wenn die Buhne und damit die Nehrströmung nicht vorhanden gewesen wären und er daher nicht durch die Nehrströme stromauf gezogen worden wäre, bis in den Bereich des flachen Ufers gelangt wäre; und ebensowenig ist eine genügende Grundlage für die Annahme gegeben, daß der Kahn dann so nahe an das Ufer herangekommen wäre, daß er bei dem damals herrschenden Hochwasser dort auf Grund geraten wäre.

Die Revision führt in diesem Zusammenhange noch aus, „bei dem Längsseitegehen auf erste Länge sei es allgemein üblich", noch während der Fahrt stromauf einen Draht an dem Kahn der ersten Reihe festzumachen und mittels dieses Drahtes den aufwärts schwimmenden Kahn abzustoppen, „das könne auch gar nicht anders gehandhabt werden". Falls dieser Satz nicht nur dahin zu verstehen sein sollte, daß dies eben an der Löschstelle der Beklagten zu 3 auf der Duisburger Reede unterhalb der Hochheimer Brücke allgemein üblich sei, sondern dahin, es sei überhaupt auf dem Rheine so üblich, genügt es, darauf hinzuweisen, daß die Beklagten zu 1 und 2 im ersten Rechtszuge gerade das Gegenteil vorgetragen haben, nämlich, daß das Manöver des Schiffers von „Liselotte", den Kahn zunächst stromauf auslaufen und dann wieder zurücksacken zu lassen, „im allgemeinen üblich" sei.

d.) Dem Schiffahrtsobergericht ist auch kein Rechtsfehler zum Nachteile der Beklagten zu 1 und 2 insoweit unterlaufen, als es ausgesprochen hat, die Beklagten zu 1 und 2 müßten von dem durch den Unfall entstandenen Schaden mindestens doppelt so viel tragen wie die Klägerin. Der Berufungsrichter hat zwar irrtümlich den § 92 BinnSchG und den § 735 Abs. 2 HGB angezogen und hat daher die in dem früheren § 735 Abs. 2 HGB enthaltenen Grundsätze angewendet. Das ist jedoch ohne Einfluß auf das Ergebnis, da diese Vorschrift mit dem § 254 BGB, der bei richtiger rechtlicher Beurteilung angewendet werden muß, übereinstimmte. Das Verschulden des Schiffers der „Liselotte", wenn diesen überhaupt ein Verschulden trifft, und die Verursachung des Unfalls durch ihn liegen nun allenfalls darin, daß er sich nicht um die Eigenart der Örtlichkeit gekümmert und die örtlichen Verhältnisse nicht mit der gehörigen Aufmerksamkeit beobachtet und daß er aus diesem Grunde nicht diejenigen Maßnahmen getroffen hat, die unter den besonderen Umständen, nachdem dem Kahn vom Schlepper „Stromeyer 3" eine gewisse Geschwindigkeit erteilt worden war, geboten gewesen wären. Die Annahme des Berufungsrichters, demgegenüber habe das, was der Beklagte zu 2 getan und unterlassen habe, in weit höherem Maße zu dem Unfall beigetragen, und das Verschulden des Beklagten zu 2 sei weit größer, läßt sich rechtlich nicht beanstanden (vgl. RGZ Bd. 165 S. 155 [160]).

5. In der von ihm zu treffenden neuen Entscheidung wird der Berufungsrichter zweckmäßig die Formel völlig neu fassen. Dabei wird er beachten müssen, daß die Beklagten nicht günstiger gestellt werden dürfen, als sie durch das Urteil vom 9. April 1943 gestellt worden waren, da die Revision der Beklagten zu 1 und 2 zurückgewiesen worden ist und die Beklagte zu 3 kein Rechtsmittel eingelegt hat. An seine in der früheren Entscheidung enthaltenen Feststellungen und Ausführungen ist das Schiffahrtsobergericht dagegen in keiner Weise gebunden; und es wird daher bei seiner erneuten Prüfung, ob und zu welchem Anteile die Klägerin den ihr entstandenen Schaden selbst tragen müsse, alle von den Beklagten gegen die Klägerin selbst und gegen ihren Schiffer Meyerhoff erhobenen Vorwürfe abermals zu würdigen haben einschließlich derjenigen Vorwürfe, auf die die Beklagten in ihrer Revisionsbegründung nicht zurückgekommen und die deshalb in Ziffer 4 des gegenwärtigen Urteils nicht behandelt worden sind. Dazu gehört insbesondere das Vorbringen, auf das die Beklagten zu 1 und 2 in ihrer Erwiderung auf die Revision der Klägerin besonderen Wert gelegt haben, daß sich der Unfall nicht ereignet haben würde, wenn der verantwortliche Schiffer des Kahnes „Liselotte" das sog. Rheinschifferpatent besessen hätte, und daß die Klägerin insofern schuldhaft gehandelt und den Schaden selbst verursacht habe, als sie einen Schiffer nach dem Rheine entsandt habe, der jenes Patent nicht gehabt habe (vgl. auch HansGer.Ztg. Hptbl. 1910 Nr. 92). Bei der Beurteilung dieses Vorbringens wird von Bedeutung sein, daß sich ja auf dem Kahne tatsächlich ein Schiffer befand, der das Rheinschifferpatent hatte (nämlich der Schiffer Christoph Duis), wenn dieser auch für die Führung nicht verantwortlich war, und daß, soweit ersichtlich, der Kahn „Liselotte" den Rhein nur insoweit zu befahren hatte, als das nötig war, um aus dem Hafenkanal in Duisburg an die Löschstelle der Beklagten zu 3 zu gelangen.

---

20. 1. Das Vorstandsmitglied, das für sich einen neuen Anstellungsvertrag mit der durch den Aufsichtsrat vertretenen Aktiengesellschaft abschließt, haftet für eine hierbei etwa vorkommende Verletzung seiner Treupflicht (§ 70 Abs. 1 AktG) in gleicher Weise wie für Handlungen eigener Geschäftsführung nach § 84 AktG. Auch die Bestimmungen des § 122 AktG über die Geltendmachung von Ersatzansprüchen gegen den Vorstand aus dessen Geschäftsführung finden insoweit entsprechende Anwendung.

2. Eine Bestimmung des Anstellungsvertrages, durch die dem Vorstande versprochen wird, daß Gewinnbeträge, die zur Bildung freier Rücklagen verwandt werden, bei der Berechnung seiner nach dem Jahresgewinn bemessenen Gewinnbeteiligung nicht abgesetzt werden sollen und

daß der Aufsichtsrat bei Bildung freier Rücklagen entsprechend beschließen werde, ist mit § 77 Abs. 2 AktG unvereinbar und deshalb nichtig.

Gleichfalls nichtig ist eine Vertragsbestimmung, wonach bei Ungesetzlichkeit oder Satzungswidrigkeit einzelner Bestandteile der vereinbarten Bezüge des Vorstandes dieser gleichwohl Bezüge in der vorgesehenen Gesamthöhe erhalten soll.

An die Stelle solcher nichtigen Vereinbarungen tritt die dem Gesetz entsprechende Berechnungsweise.

3. Die Zusage einer Gewinnbeteiligung an den Vorstand in der Form eines „veränderlichen Teils des festen Gehalts" ist nichts anderes als die Zusage einer gewöhnlichen Tantieme und unterliegt deshalb den Beschränkungen des § 77 AktG ebenso wie etwaige Satzungsbestimmungen über die Beteiligung des Vorstandes am Reingewinn. Grundsätzlich zulässig und von den Beschränkungen des § 77 AktG unabhängig ist jedoch die Vereinbarung einer *garantierten* Tantieme, d. h. einer zusätzlichen festen Mindestvergütung.

AktG §§ 70, 77, 84.

II. Zivilsenat. Urt. vom 10. März 1944 (II 147/1943).

I. Landgericht Dresden.
II. Oberlandesgericht Dresden.

In Sachen der *Aktiengesellschaft für Bauten* in Dresden, vertreten durch Rechtsanwalt Dr. Riedel in Dresden A, Seestraße 4, II als vom Registergericht Dresden nach § 122 Abs. 2 des Aktiengesetzes bestellten besonderen Vertreter, Klägerin und Revisionsklägerin, Prozeßbevollmächtigter: Rechtsanwalt Dr. Drost in Leipzig

gegen

1. den Diplom-Kaufmann Franz *Schneider* in Dresden A, Waisenhausstraße 4,

2. Frau Johanna verw. *Weber* in Halberstadt, Breiter Weg Nr. 65/67, Beklagte und Revisionsbeklagte, Prozeßbevollmächtigter: Rechtsanwalt Dr. Fuchslocher in Leipzig, hat das Reichsgericht, II. Zivilsenat, auf die mündliche Verhandlung vom 10. März 1944 unter Mitwirkung des Vizepräsidenten beim Reichsgericht Kolb und der Reichsgerichtsräte Frings, Dr. Schulze, Schuster, Dr. Köllensperger für Recht erkannt:

Die Revision der Klägerin gegen das Urteil des 2. Zivilsenats des Oberlandesgerichts zu Dresden vom 30. September 1943 wird zurückgewiesen. Die Kosten des Revisionsverfahrens werden der Klägerin auferlegt. – Von Rechts wegen

Tatbestand

Der Beklagte zu 1. ist seit dem 1. Oktober 1931 der alleinige Vorstand der klagenden Aktiengesellschaft; die Beklagte zu 2. ist die Witwe und Erbin des im Jahre 1939 verstorbenen Fabrikdirektors Gustav Weber in Halberstadt, der in den letzten Jahren vor seinem Tode Vorsitzender des Aufsichtsrats der Klägerin war. Die Klägerin ist Eigentümerin eines Häuserblocks im Stadtinneren von Dresden, in dem sich Mietwohnungen und Geschäftsräume befinden sowie eine Anzahl verpachteter großer Gast- und Vergnügungsstätten, Theater und Lichtspieltheater betrieben werden; der Geschäftsbetrieb der Klägerin ist im wesentlichen auf die Verwaltung dieses Grundbesitzes gerichtet. Ihr Grundkapital beträgt 3.000.000 RM. Ihr Geschäftsjahr beginnt am 1. September. Der § 10 ihrer Satzung bestimmt über die Verteilung des Reingewinns folgendes:

„Von dem Reingewinn, der sich nach der durch die Hauptversammlung genehmigten Bilanz ergibt, erhalten

a) 5 Prozent die gesetzliche Rücklage, so lange bis dieselbe den zehnten Teil des Grundkapitals nicht überschreitet,

b) die Aktionäre bis zu 4 Prozent des Nennwertes ihrer Aktien.

Vom Reste erhalten:

c) die Direktoren und die Beamten den ihnen nach den Anstellungsverträgen gewährten Anteil am Reingewinn,

d) der Aufsichtsrat 10 Prozent.

Vom Reste erhalten:

e) die Aktionäre bis zu 1 Prozent des Nennwertes ihrer Aktien,

f) der alsdann verbleibende Rest wird zu zwei Dritteln an die Aktionäre und zu einem Drittel an die Inhaber der Genußscheine verteilt, soweit nicht die Hauptversammlung beschließt, denselben auf neue Rechnung vorzutragen."

Nach dem ursprünglichen Anstellungsvertrag vom 1. Oktober 1931 stand dem Beklagten zu 1. ein festes Gehalt von monatlich 1.100 RM sowie eine Gewinnbeteiligung in Höhe von 10 % der in einem Geschäftsjahr über 5 % des Grundkapitals hinaus gezahlten Dividende zu. Nach Vorverhandlungen, die bereits im September 1936 begonnen hatten, hat der Aufsichtsrat der Klägerin u. a. also auch der verstorbenen Ehemann der Beklagten zu 2. am 16. August 1938 mit dem Beklagten zu 1. einen neuen Anstellungsvertrag geschlossen, in dessen § 5 über seine Bezüge folgendes bestimmt war:

„Für seine gesamte Tätigkeit, die Herr Sch. für die Aktiengesellschaft für Bauten oder die Unternehmungen, die dieser wirtschaftlich gehören, ausübt, erhält er folgende Bezüge:

I. Fester Teil des festen Gehalts pro Monat 1.250 RM,

II. variabler Teil des festen Gehalts 10% von dem Reingewinn über 60.000 RM ohne Rücksicht auf den an die Aktionäre zur Auszahlung gelangenden Reingewinn;

III. Tantieme

1. Nach § 10 Abs. c der Satzungen von dem Reingewinn über 120.000 RM 5 % ebenfalls ohne Rücksicht auf den an die Aktionäre zur Auszahlung gelangenden Reingewinn;

2. außer den vorgenannten 5 % 15 % von dem Betrage, der über 150.000 RM an die Aktionäre bzw. Genußscheininhaber zur Auszahlung gelangt.

Für die Errechnung der variablen Bezüge und der Tantieme wird vereinbart, daß sich der Gewinnanteil des Vorstandes nach dem Reingewinn errechnet unter Abzug des Gewinnbetrages, der durch Auflösung von Rücklagen entstanden ist. Demgegenüber wird weiter vereinbart, daß Gewinnbeträge, die zur Bildung freier Rücklagen verwandt werden, bei der Berechnung des Gewinnanteiles des Vorstandes berücksichtigt werden. Der Aufsichtsrat wird entsprechend beschließen, sobald freie Rücklagen gebildet werden. – … Sollten einzelne Bestandteile der Bezüge des Vorstandes mit den jetzt bestehenden gesetzlichen Vorschriften oder mit den jetzigen Satzungen in Widerspruch stehen, so müssen Herrn Sch. trotzdem Bezüge in der Gesamthöhe gewährt werden, die sich nach obiger Gliederung ergeben."

Gleichzeitig mit dem Abschluß des neuen Anstellungsvertrages hat der Aufsichtsrat beschlossen, dem Vorstande mit Wirkung vom 1. September 1936 ab die Bezüge nach diesem Anstellungsvertrage zu zahlen. Auf Grund eines Aufsichtsratsbeschlusses vom 17. Juli 1937 hatte der Aufsichtsrat dem Vorstande bereits eine Sondervergütung von 5.000 RM für besondere Mühewaltung gewährt.

Justizrat Dr. E. hat als Inhaber von Aktien, die 10 % des Grundkapitals erreichen, auf Grund des § 122 AktG die gerichtliche Bestellung eines besonderen Vertreters der Klägerin zwecks Geltendmachung eines Schadensersatzanspruchs aus § 84 AktG gegen den Vorstand Sch. (Beklagten zu 1) und aus § 99 AktG gegen die Erbin des früheren Aufsichtsratsvorsitzenden W. (Beklagte zu 2) erwirkt, weil er die Gewährung von Bezügen an den Beklagten zu 1. insoweit beanstandete, als sie über die ihm nach dem ursprünglichen Anstellungsvertrage zustehenden Bezüge hinausgehen. Daraufhin hat die durch den bestellten besonderen Vertreter vertretene Klägerin die vorliegende Klage erhoben, mit der sie in erster Instanz von den Beklagten als Gesamtschuldnern die Zahlung von 56.845,15 RM nebst Zinsen sowie die Feststellung begehrt hat, daß die Beklagten als Gesamtschuldner verpflichtet sind, ihr jeden weiteren Schaden zu ersetzen, der ihr aus dem Abschlusse des Anstellungsvertrages vom 16. August 1938 mit dem Beklagten zu 1. noch erwachsen werde.

Die Klägerin hat, indem sie die Höhe der Bezüge des Beklagten zu 1. im übrigen schließlich nicht mehr beanstandet hat, gegen diese nur noch insoweit Einwendungen erhoben, als sie folgendes geltend gemacht hat.

1. Die Zusage eines „variablen Teils des festen Gehalts" in Höhe von 10 % des 60.000 RM übersteigenden Reingewinns (§ 5 zu II des Anstellungsvertrages) verstoße gegen § 10 der Satzung; denn hiernach dürfe dem Vorstand nur ein Anteil von dem Reingewinn bezahlt werden, der nach Zuführung von 5 % an die gesetzliche Rücklage (§ 130 Abs. 1 und 2 Nr. 1 AktG) und von 4 % des Nennwerts der Aktien (also von 120.000 RM) an die Aktionäre verbleibe; soweit der Reingewinn mehr als 60.000 RM betrage und 120.000 RM erreiche, wie in den Geschäftsjahren seit 1936/37, habe der Beklagte zu 1. danach für den Unterschiedsbetrag je 6.000 RM (10 % von 60.000 RM) zu Unrecht als Gewinnanteil (Tantieme) erhalten, wenn auch unter irreführender Bezeichnung.

2. Die Nachzahlung der durch den neuen Anstellungsvertrag vom 16. August 1938 erhöhten Bezüge für die Geschäftsjahre 1936/37 und 1937/38 sei eine in keiner Weise gerechtfertigte Schenkung.

3. Ebensowenig sei die am 17. Juli 1937 bewilligte Sondervergütung von 5.000 RM berechtigt gewesen; sie hätte zum mindesten bei der Nachzahlung der erhöhten Bezüge in Anrechnung gebracht werden müssen.

Der oben erwähnte bezifferte Leistungsanspruch ist von der Klägerin in folgender Weise errechnet worden: Die Bezüge des Vorstandes hätten ausweislich der Geschäftsberichte für 1936/37 20.006,15 RM, für 1937/38 51.739,30 RM (einschließlich 10.830,30 RM Nachzahlung für 1936/37), zusammen für diese beiden Geschäftsjahre also 71.745,45 RM betragen; zugestanden habe ihm aber nach dem ursprünglichen Anstellungsvertrage nur sein Gehalt mit je 13.200 RM, zusammen 26.400 RM, und eine Gewinnbeteiligung von 1.500 RM für das Geschäftsjahr 1937/38, da nur in diesem Jahre eine Dividende von über 5 %, nämlich 5 1/2 %, ausgeschüttet worden sei; da er hiernach für die beiden Geschäftsjahre 71.745,45 RM statt 27.900 RM erhalten habe, sei der Unterschiedsbetrag mit 43.845,45 RM zu erstatten; hierzu komme dann noch der für die Geschäftsjahre 1938/39 und 1939/40 zu Unrecht als „variabler Teil des festen Gehalts" gezahlte Gewinnanteil mit je 6.000 RM = 12.000 RM. Dies würde einen Anspruch von 43.845,45 RM + 12.000 RM = 55.845,45 RM ergeben, der von der Klägerin aber versehentlich auf 56.845,45 RM beziffert worden ist.

Das Landgericht hat der Klägerin den Betrag von 53.645,45 RM nebst Zinsen – unter Absetzung nur der versehentlichen Zuvielforderung von 1.000 RM und der Weihnachtsgratifikation von 2 × 1.100 RM = 2.200 RM, die in der

Nachzahlung enthalten ist – zugesprochen und auch nach dem Feststellungsantrage erkannt.

In der Berufungsinstanz hat die Klägerin ihren Leistungsanspruch um 4.691 RM nebst Zinsen – nämlich um die bereits vom Landgericht abgesetzten Beträge und um zwei weitere in der Nachzahlung enthaltene Posten von 1.203 RM und 288 RM – ermäßigt. Während des Berufungsverfahrens hat der Aufsichtsrat am 20. Juni 1942 mit dem Beklagten zu 1. für die Zeit vom 1. September 1942 bis 31. August 1947 einen neuen Anstellungsvertrag (Festgehalt von monatlich 1.750 RM und als Gewinnanteil 15% vom Reingewinn über 120.000 RM, weitere 15% vom Reingewinn über 150.000 RM) abgeschlossen, der von der Klägerin nicht mehr beanstandet wird.

Das Berufungsgericht hat die Klage in vollem Umfange abgewiesen. Mit der Revision hält die Klägerin ihren Berufungsantrag aufrecht. Die Beklagten haben um Zurückweisung der Revision gebeten.

Entscheidungsgründe

I. Das Berufungsgericht verkennt nicht, daß der Beklagte zu 1. bei Abschluß des Anstellungsvertrages vom 16. August 1938 und bei Annahme der ihm zugebilligten erhöhten Bezüge (Sondervergütung von 5.000 RM und Nachzahlung für 1936/37 und 1937/38) nicht für die Gesellschaft gehandelt, sondern eine persönliche Angelegenheit besorgt hat und daß deshalb die Vorschrift des § 84 AktG nicht unmittelbar Anwendung finden kann. Ihm ist aber darin beizustimmen, daß der Beklagte zu 1. sich einer Verletzung der ihm nach § 70 Abs. 1 AktG obliegenden Treupflicht schuldig gemacht haben würde, wenn er sich unter vorsätzlicher oder fahrlässiger Nichtachtung des Wohles des Betriebes der Gesellschaft und des gemeinen Nutzens vom Aufsichtsrat übermäßige Bezüge hätte zubilligen lassen, und daß er auch hierfür in entsprechender Anwendung der Vorschrift des § 84 Abs. 2 AktG zur Verantwortung gezogen werden kann (vgl. für den Fall des Stimmrechtsverbotes auch schon für das frühere Recht RGZ Bd. 146 S. 71 [76]). Es bestehen ferner keine Bedenken gegen die Annahme des Berufungsgerichts, daß der auf Grund des § 122 AktG bestellte besondere Vertreter zur Geltendmachung auch eines hierauf gestützten Schadensersatzanspruchs namens der Aktiengesellschaft befugt ist. Die Verantwortlichkeit der Beklagten zu 2. als der Rechtsnachfolgerin des früheren Aufsichtsratsvorsitzenden für etwaige Zubilligung unangemessener Bezüge an den Vorstand ergibt sich ohne weiteres aus dem § 99 AktG in Verbindung mit § 84 AktG.

II. Das Berufungsgericht hält die Beklagten in vollem Umfange, d. h. auch hinsichtlich der Angemessenheit der bewilligten Bezüge, für beweispflichtig. Ob dem beizutreten ist, kann dahingestellt bleiben, weil das Berufungsgericht den Beweis der Angemessenheit der dem Beklagten zu 1. gewährten Bezüge als in vollem Umfange erbracht ansieht, ohne daß, wie die weiteren Ausführungen ergeben, diese Annahme rechtlich zu beanstanden ist.

III. Der Streit der Parteien dreht sich zunächst um eine satzungsmäßige Zulässigkeit der dem Beklagten zu 1. im Anstellungsvertrage vom 16. August 1938 zugebilligten Gewinnbeteiligung. Vorweg ist jedoch die Gesetzmäßigkeit dieser nach Maßgabe des § 77 AktG zu prüfen. Danach kann den Vorstandsmitgliedern für ihre Tätigkeit eine Beteiligung am Gewinn gewährt werden, die in der Regel in einem Anteil am Jahresgewinn bestehen soll (Abs. 1). Wird ihnen ein Anteil am Jahresgewinn gewährt, so berechnet sich der Anteil nach dem Reingewinn, der sich nach Vornahme von Abschreibungen und Wertberichtigungen sowie nach Bildung von Rücklagen und Rückstellungen ergibt; abzusetzen ist ferner der Teil des Gewinns, der durch die Auflösung von Rücklagen entstanden ist (Abs. 2 Satz 1). Entgegenstehende Festsetzungen sind nichtig (Abs. 2 Satz 2). Der Aufsichtsrat kann jedoch, wenn es die Billigkeit verlangt, für das einzelne Geschäftsjahr zulassen, daß der Teil des Gewinns, der zur Bildung freier Rücklagen verwandt werden soll, nicht abgesetzt wird (Abs. 2 Satz 3). Daß es sich hier auch bei dem sogenannten „variablen" Teil des festen Gehalts um die Gewährung eines Anteils am *Jahresgewinn* im Sinne des § 77 AktG handelt und nicht etwa um eine – an sich uneingeschränkt zulässige – *garantierte* Tantieme, d. h. eine weitere feste Vergütung, kann keinem Zweifel unterliegen. Der § 5 des Anstellungsvertrages bemißt die Gewinnbeteiligung des Erstbeklagten nach dem „Reingewinn", ohne diesen näher zu bezeichnen; es kann damit also nur der durch eine ordnungsmäßige Bilanz ausgewiesene Reingewinn im Sinne des § 131 Abs. 3 AktG gemeint sein, dessen Berechnung gemäß § 131 Abs. 2 AktG den Anforderungen des § 77 Abs. 2 Satz 1 Halbs. 1 AktG entspricht. Auch der Vorschrift des zweiten Halbsatzes von Satz 1 ist im Abs. 2 des § 5 des Anstellungsvertrages insofern genügt, als dort der Abzug des Gewinnbetrages, der durch Auflösung von Rücklagen entstanden ist, sogar ausdrücklich vorgesehen ist. Zu rechtlichen Bedenken gibt jedoch die weitere Bestimmung in Abs. 2 des § 5 Anlaß, durch die dem Vorstande versprochen wird, daß Gewinnbeträge, die zur Bildung freier Rücklagen verwandt werden, bei der Berechnung des Gewinnanteils des Vorstandes berücksichtigt, d. h. nicht abgesetzt werden sollen und daß der Aufsichtsrat bei Bildung freier Rücklagen entsprechend beschließen werde. Eine derartige vorherige Zusage ist unzulässig, weil der Aufsichtsrat nach § 77 Abs. 2 Satz 3 AktG gerade freie Hand behalten soll, eine Billigkeitsentscheidung für das *einzelne* Geschäftsjahr je nach Lage des Falles zu treffen. Ebenso ist es eine unzulässige Umgehung der etwa den zugesagten Vorstandsbezügen entgegenstehenden gesetzlichen Vorschriften und Satzungsbestimmungen, wenn im letzten Satze des § 5 gesagt wird, daß bei Ungesetzlichkeit oder Satzungswidrigkeit einzelner Bestandteile der Bezüge des Vorstandes der

Beklagte zu 1. gleichwohl Bezüge in der Gesamthöhe erhalten solle, die sich nach der im § 5 vorgesehenen Gliederung ergeben. Diese dem § 77 Abs. 2 AktG entgegenstehenden Abreden sind daher so, wie sie lauten, nichtig. Jedoch sind sie insofern nicht bedeutungslos, als sie erkennen lassen, daß dem Erstbeklagten eine möglichst weitgehende Gewinnbeteiligung eingeräumt werden sollte, soweit eine solche nach Gesetz und Satzung zulässig ist, und daß jedenfalls an die Stelle der nichtigen Bestimmungen die dem Gesetz entsprechende Berechnungsweise zu treten hat. Im übrigen ist nicht ersichtlich und auch von der Klägerin selbst nicht behauptet, daß dem Beklagten zu 1. auf Grund dieser Bestimmungen mit der Vorschrift des § 77 AktG nicht im Einklang stehende Bezüge tatsächlich gewährt worden seien.

Das Berufungsgericht geht, ebenso wie die Klägerin, offensichtlich davon aus, daß der nach § 10 zu c) der Satzung an den Vorstand („die Direktion“) laut Anstellungsvertrag auszuzahlende Anteil am Reingewinn nur bemessen werden dürfe als Anteil (Hundertsatz) von dem Reingewinn, der nach Abzug der zu a) und b) genannten Beträge übrig bleibt. Es hält aber die Zubilligung eines von diesen Abzügen unabhängigen Anteils am Reingewinn für vereinbar mit dieser Satzungsbestimmung, weil sie nicht als „Gewinnanteil“ (Tantieme), sondern als „variabler Teil des festen Gehalts“ erfolgt sei. Zur Erläuterung dieser Auffassung fügt es hinzu: es handele sich insoweit nicht um eine wirkliche Beteiligung am Reingewinn, sondern der Reingewinn werde hier nur zum Maßstab des Gehalts gemacht, er sei also nur eine Rechnungsgröße, die zum Zwecke der Gehaltsermittlung festgestellt werden müsse.

Diese Begründung der Entscheidung des Berufungsgerichts wird von der Revision mit Recht angegriffen. Wenn es wirklich der Sinn des § 10 der Satzung wäre, daß dem Vorstand als Gewinnanteil (Tantieme) nur ein Anteil (Hundertsatz) von dem Reingewinn ausgezahlt werden dürfe, der *bemessen* wird nach dem, was nach Abzug der zu a) und b) aufgeführten Beträge vom bilanzmäßig ausgewiesenen Jahresgewinn übrigbleibt, dann könnte diese Bestimmung nicht einfach dadurch umgangen werden, daß dem Vorstand der Gewinnanteil als solcher, sondern als „variabler Teil des festen Gehalts“ zugesagt wird. Zutreffend bezeichnet die Revision die in dem Anstellungsvertrag versuchte und vom Berufungsurteil gebilligte Unterscheidung zwischen Tantieme einerseits und nach dem Reingewinn bemessenem Teil des Gehalts andererseits als eine unhaltbare Konstruktion. Aber dies kann der Revision nicht zum Erfolge verhelfen, weil schon der oben erwähnte, vom Berufungsgericht nicht näher erläuterte und von der Revision ohne weiteres hingenommene Ausgangspunkt der Entscheidung verfehlt ist. Der § 10 der Satzung – deren Auslegung das Reichsgericht nach ständiger Rechtsprechung frei nachzuprüfen befugt ist – besagt nichts weiter, als daß „die Direktion und die Beamten“ einen Anteil am Reingewinn nur erhalten dürfen „von dem Reste“, der übrigbleibt, nachdem zuvor die gesetzlich vorgeschriebene Rücklage gebildet und den Aktionären (bis zu) 4 % Dividende ausgeschüttet worden ist; die Höhe des Gewinnanteils bemißt sich also nicht nach dem so verbleibenden Rest als ein (prozentualer) Anteil von diesem, sondern nach dem der Direktion und den Beamten „nach den Anstellungsverträgen gewährten Anteil am Reingewinn"; nach welchem Reingewinn die Gewinnbeteiligung der Vorstandsmitglieder zu berechnen ist, ergibt sich hinsichtlich der Begrenzung nach oben zwingend und hinsichtlich der Begrenzung nach unten mangels einschränkender Bestimmung, aus § 77 Abs. 2 AktG; aus der Satzung ist aber in dieser Beziehung eine einschränkende Bestimmung nicht zu entnehmen. Danach ist es mit der Satzung durchaus vereinbar, daß dem Erstbeklagten als Gewinnanteil (zu II des § 5 des Anstellungsvertrages) 10 % von dem Reingewinn (im Sinne des § 77 Abs. 2 in Verbindung mit § 131 Abs. 3 AktG) zugesagt worden ist, soweit dieser 60.000 RM übersteigt. Voraussetzung ist nur, daß zuvor dem Erfordernis der gesetzlichen Rücklage genügt ist und daß an die Aktionäre eine Dividende von mindestens 4 % zur Ausschüttung gelangt. Die gesetzliche Rücklage bedurfte aber im Anstellungsvertrage schon deshalb keiner besonderen Berücksichtigung, weil sie gemäß § 131 Abs. 2 AktG bereits in der Jahresbilanz vorzunehmen ist, also den Reingewinn im Sinne sowohl des § 131 Abs. 3 als auch des § 77 Abs. 2 AktG schon kraft Gesetzes herabmindert. Zu gewissen Bedenken könnte höchstens der Zusatz: „ohne Rücksicht auf den an die Aktionäre zur Auszahlung gelangten Reingewinn" in § 5 zu II des Anstellungsvertrages Anlaß geben, falls damit gemeint wäre, daß „der variable Teil des festen Gehalts" ohne Rücksicht auf den an die Aktionäre zur Auszahlung gelangenden Reingewinn, d. h. ohne Rücksicht auf die Höhe der Dividende, gewährt werden solle. Dies ist jedoch nicht der Sinn dieser Vertragsbestimmung, die das Revisionsgericht auf Grund des § 4 Abs. 12 der 4. VereinfVO vom 12. Januar 1943 (RGBl. I S. 7) mangels Stellungnahme des Berufungsgerichts hierzu nach Erörterung der Frage in der mündlichen Verhandlung von sich aus auszulegen befugt ist. Vielmehr ist anzunehmen, daß damit nur gemeint ist, der *Berechnung* des als „variabler Teil des festen Gehalts" auszuzahlenden Anteils am Reingewinn solle der in der Jahresbilanz ausgewiesene Reingewinn, nicht – wie nach § 5 zu III Nr. 2 – der an die Aktionäre bezw. Genußscheininhaber zur Auszahlung gelangende Betrag zu Grunde gelegt werden. Demzufolge steht der Anstellungsvertrag seinem wahren Sinne nach der Berücksichtigung des § 10 der Satzung hinsichtlich des Vorranges der zu a) und b) genannten Posten nicht entgegen. Tatsächlich sind dem Beklagten zu 1. auch keine mit diesen Satzungsbestimmungen in Widerspruch stehende Bezüge ausbezahlt worden. Denn eine gesetzliche Rücklage war nach der Feststellung des Berufungsgerichts (BU. S. 5 unten, wo allerdings, mit Rücksicht auf § 131 Abs. 2 AktG ungenau, von einer „Zuweisung von Reingewinn an den Reservefonds" die Rede ist) schon längst nicht mehr erforderlich, so daß schon deshalb die Zugrundelegung eines diese

Rücklage nicht berücksichtigenden und danach gemäß § 131 Abs. 3 und § 77 Abs. 2 AktG ungesetzlichen Reingewinns ebenso wie die Auszahlung eines mit dem § 10 zu a) der Satzung nicht im Einklang stehenden Gewinnanteils nicht in Betracht kam. Ferner haben auch die Aktionäre in allen den Geschäftsjahren von 1936/37 bis zum Inkrafttreten des neuen Anstellungsvertrages vom 20. Juni 1942, also bis 1941/42, unstreitig eine Dividende von mindestens 4 % ausbezahlt erhalten, so daß auch § 10 zu b) der Satzung nicht verletzt ist.

IV. Hinsichtlich der Nachbewilligung der Bezüge des Anstellungsvertrages vom 16. August 1938 für die Geschäftsjahre 1936/37 und 1937/38 stellt das Berufungsgericht (BU. S. 7–9) unter eingehender Darlegung des Sachverhalts folgendes fest: Der Beklagte zu 1. habe den Aufsichtsrat bereits im August oder September 1936 um den Abschluß eines neuen Anstellungsvertrages unter wesentlicher Erhöhung seiner Bezüge angegangen. Tatsächlich sei der alte Anstellungsvertrag für den Beklagten zu 1. nach dessen Stellung sowie nach dem Vermögen und den Umsätzen der Gesellschaft nicht mehr zumutbar gewesen, wie auch die Aufsichtsratsmitglieder in einer daraufhin erfolgten Besprechung anerkannt hätten; über die künftige Gestaltung des Dienstvertrages im Sinne des späteren Abschlusses seien sich alle Beteiligten damals bereits einig geworden. An einer sofortigen Neuregelung der Bezüge sei der Aufsichtsrat damals jedoch gehindert gewesen, weil zwei von Justizrat E. anhängig gemachte Anfechtungsprozesse wegen der Zuwahl von zwei Aufsichtsratsmitgliedern und wegen eines Streits über die Höhe der Abschreibungen geschwebt hätten. Die eine dieser Streitfragen sei erst durch Urteil des Oberlandesgerichts Dresden vom Februar 1938, die andere durch Urteil des Reichsgerichts vom 4. Juni 1937 endgültig zu Ungunsten des Anfechtungsklägers entschieden worden. Nach Überwindung dieser Schwierigkeiten sei dann am 16. August 1938 der schon vor zwei Jahren in seinen Grundzügen festgelegte neue Anstellungsvertrag mit dem Beklagten zu 1. abgeschlossen und gleichzeitig beschlossen worden, ihm die erhöhten Bezüge mit Wirkung vom 1. September 1936 zu gewähren. Dieser Beschluß über die Nachbewilligung ist nach Ansicht des Berufungsgerichts ohne weiteres durch die dargelegte Entwicklung aus Billigkeitsgründen gerechtfertigt, auch wenn eine „tragbare“ (soll offenbar heißen: klagbare) Zusicherung in dieser Hinsicht dem Beklagten zu 1. nicht gegeben worden war; es sieht deshalb die Nachbewilligung nicht als eine Sondervergütung, sondern als eine Entschädigung dafür an, daß sich der Abschluß des neuen Anstellungsvertrages unbillig lange verzögert hatte.

Diese Erwägungen des Berufungsgerichts, die im wesentlichen auf tatsächlichem Gebiet liegen, greift die Revision zu Unrecht an. Wenn auch der Beklagte zu 1. keinen rechtlichen Anspruch auf die Nachbewilligung hatte, so handelt es sich bei dieser doch nicht um eine Schenkung, sondern um eine Vergütung für bereits geleistete Dienste, wie dies ähnlich in ständiger Rechtsprechung auch von der nachträglich getroffenen Ruhegehaltsvereinbarung angenommen wird. Die Gewährung einer den Umständen nach angemessenen Vergütung an den Vorstand steht auch, selbst wenn sie erst nachträglich und ohne vorherige rechtliche Bindung erfolgt, durchaus im Einklang mit den Aufgaben des Aufsichtsrats gemäß den §§ 75, 97 Abs. 1 AktG, der in dieser Beziehung die Aktiengesellschaft leitet und deshalb insoweit an die allgemeine Vorschrift des § 70 AktG gebunden ist. Soweit sich die gewährte Vergütung im Rahmen des Angemessenen hält, kann der Aufsichtsrat für sein Verhalten hierbei nicht zur Verantwortung gezogen werden und fällt auch dem Vorstande, der sich die Vergütung gewähren läßt, keine Verletzung seiner Treupflicht gegenüber der Gesellschaft zur Last. Ob diese Voraussetzung gegeben ist, ist im wesentlichen Tatfrage. Jedenfalls sind die Gründe, die das Berufungsgericht für die Bejahung der Angemessenheit anführt, rechtlich nicht zu beanstanden. Es handelt sich hierbei auch nicht, wie die Revision meint, um rein subjektive Erwägungen, von denen sich Vorstand und Aufsichtsrat haben leiten lassen, sondern um objektive Billigkeitsgründe. Hierbei ist es ferner ohne Bedeutung, ob der Beklagte zu 1. im Herbst 1936 unter Drohung mit dem Ausscheiden aus der Gesellschaft die bindende Zusage einer sofort wirksamen Gehaltserhöhung verlangt oder sogar auch erhalten hat, ebenso, ob er auch ohne die von ihm verlangte Nachzahlung bei der Gesellschaft verblieben wäre. Schließlich ist auch dagegen rechtlich nichts einzuwenden, daß das Berufungsgericht der sachlichen Schilderung der Gründe für die Nachbewilligung der Vergütung durch den Zeugen Dr. Sch. vollen Glauben schenkt, obwohl dieser als Aufsichtsratsmitglied für die Gewährung einer unangemessenen Vergütung mitverantwortlich wäre.

V. Die gleichen Grundsätze sind auch maßgebend für die Beurteilung der Frage, ob die dem Beklagten zu 1. im Jahre 1937 gewährte Sondervergütung und deren Nichtanrechnung bei der Nachbewilligung der höheren Bezüge für die Jahre 1936/37 und 1937/38 den Umständen nach sich im Rahmen des Angemessenen hält. Daß das Berufungsgericht rechtlich geirrt habe, indem es auch diese Frage bejaht hat, oder daß es für deren Beurteilung wesentliches Parteivorbringen übersehen habe, ist nicht ersichtlich. Insbesondere brauchte es in diesem Zusammenhange nicht auf die Streitigkeiten der Aktionärgruppen untereinander und auf die vom Justizrat E. angestrengten Anfechtungsprozesse einzugehen, da das Vorbringen der Klägerin und der insoweit im wesentlichen bekannte Sachverhalt keinen Anhalt für die Annahme bot, daß der Beklagte zu 1. hierbei pflicht- oder treuwidrig gehandelt habe.

Hiernach war die Revision der Klägerin gegen das Berufungsurteil als unbegründet zurückzuweisen.

21. Wenn vor dem Inkrafttreten der GrundstVerkVO der Kaufpreis für ein Grundstück von der Preisbehörde beanstandet worden ist und der Verkäufer ein ihm für diesen Fall eingeräumtes Rücktrittsrecht ausgeübt hat, sind die §§ 2, 3 VO in der Regel nicht anwendbar.

GrundstVerkVO v. 7. Juli 1942 (RGBl. I, 451) §§ 2, 3.

III. Zivilsenat. Urt. vom 13. März 1944 (III 144/1943).

I. LG Koblenz.
II. OLG Köln.

In Sachen der Witwe Anna *Herlach* geb. Rösgen in Riesweiler bei Simmern (Hunsrück), Beklagten und Revisionsklägerin, Prozeßbevollmächtigter: Rechtsanwalt Dr. Schoffer in Leipzig,

gegen

den Oberingenieur Franz *Helmert* in Stettin, Elsässer Str. 10, Kläger und Revisionsbeklagten, Prozeßbevollmächtigter: Rechtsanwalt Dr. Drost in Leipzig, hat das Reichsgericht, III. Zivilsenat, auf die mündliche Verhandlung vom 13. März 1944 unter Mitwirkung des Senatspräsidenten Blumberger und der Reichsgerichtsräte Dr. Epping, Dr. Lersch, Besta, Dr. Leopold für Recht erkannt:

Das Urteil des 1. Zivilsenats des Oberlandesgerichts in Köln vom 20. Oktober 1943 wird aufgehoben. Die Berufung des Klägers gegen das Urteil der 1. Zivilkammer des Landgerichts in Koblenz vom 8. März 1943 wird zurückgewiesen. Die Kosten des Berufungs- und des Revisionsverfahrens werden dem Kläger auferlegt. – Von Rechts wegen

Tatbestand

Durch notarischen Vertrag vom 25. Juni 1941 verkaufte die Beklagte ein ihr gehöriges Hausgrundstück in Bensberg zum Preise von 23.500 RM an den Kläger und ließ es ihm gleichzeitig auf. Sie behielt sich darin ein Rücktrittsrecht von dem Verkaufe vor für den Fall, daß die Preisbehörde den vereinbarten Kaufpreis nicht genehmigen sollte. Der Rücktritt sollte binnen 4 Wochen seit Kenntnis der rechtskräftigen Entscheidung dem anderen Vertragsteile gegenüber schriftlich erklärt und in diesem Falle die entstandenen Kosten – die sonst zu Lasten des Käufers gingen – von den Vertragsparteien je zur Hälfte getragen werden. Die von dem Urkundsnotar im Auftrage der Parteien nachgesuchte Genehmigung zur Veräußerung des in einem Wohnsiedlungsgebiete liegenden Grundstücks gemäß § 4 WohnsiedlungsG wurde von dem zuständigen Landrat versagt, weil der Kaufpreis übersetzt sei, und gleichzeitig ein Preis von 22.000 RM für angemessen erklärt. Durch Bescheid vom 9. März 1942 erteilte der Regierungspräsident – Preisüberwachungsstelle – als Beschwerdebehörde die Genehmigung mit der Auflage, daß ein Preis von 23.000 RM nicht überschritten werde, und wies mit dieser Maßgabe die Beschwerden der Parteien gegen den Bescheid des Landrats zurück. Nunmehr erklärte die Beklagte mit Schreiben vom 31. März 1942 ihren Rücktritt vom Kaufvertrage und blieb auch in dem anschließenden Schriftwechsel zwischen den Parteien trotz des Widerspruchs des Klägers dabei. Durch notarischen Vertrag vom 25. April 1942 verkaufte sie das Grundstück zum Preise von 22.000 RM unter Vorbehalt eines lebenslänglichen Wohnrechts für sich an die ihr verwandten Eheleute H. und ließ es ihnen auf. Die neue Veräußerung wurde im März 1943 von dem Landrat gemäß § 4 WohnsiedlungsG und auf Grund der Preisvorschriften genehmigt und die Erwerber daraufhin am 17. April 1943 als Eigentümer im Grundbuch eingetragen. Mit Schreiben vom 16. Oktober 1942 ersuchte der Kläger die Beklagte unter Hinweis auf die neue GrundstücksverkehrsVO vom 7. Juli 1942 um Anerkennung des zwischen den Parteien getätigten Kaufvertrages. Die Beklagte lehnte durch Schreiben vom 24. Oktober, das beim Kläger am 30. Oktober einging, jede weitere Erörterung wegen des Grundstücks ab.

Mit der am 25. November 1942 zugestellten Klage hat der Kläger die Verurteilung der Beklagten begehrt, sich mit dem festgesetzten Kaufpreise von 23.000 RM einverstanden zu erklären, und zur Begründung vorgetragen, die Beklagte sei nach den §§ 2, 3 GrundstVerkVO, deren Anwendung auch die Ausübung des in dem Kaufvertrage vereinbarten Rücktrittsrechts nicht entgegenstehe, zur Erteilung des Einverständnisses verpflichtet, weil sie den geringeren Unterschied zwischen dem vereinbarten und dem herabgesetzten Preise nur zum Vorwand genommen habe, um von dem Verkaufe loszukommen und das Grundstück ihrem Neffen zuzuschanzen, und weil er selbst das Grundstück benötige, um sich im Rheinland, seiner Heimat, wieder anzusiedeln, durch den Kauf Unkosten von mehr als 2.000 RM gehabt und sich überdies bereit erklärt habe, die Maklergebühren von 700 RM für die Beklagte zu bezahlen. Die Beklagte hat um Klageabweisung gebeten; sie hat das Klagevorbringen bestritten und geltend gemacht, ihr Rücktrittsrecht gehe der GrundstücksverkehrsVO vor; die Klage sei nach deren Vorschriften verspätet erhoben und ermangele eines Rechtsschutzinteresses, nachdem das Grundstückseigentum auf die Eheleute H. übergegangen sei; der Kaufvertrag sei im übrigen nichtig, weil entgegen seinem Inhalt ein Kaufpreis von 30.000 RM vereinbart worden sei; der Kläger habe durch das Schreiben vom 12. August 1942 auf seine Durchführung verzichtet. Das Landgericht hat die Klage wegen verspäteter Erhebung abgewiesen. Auf die Berufung des Klägers, in der dieser noch hilfsweise beantragt hat, die Verurteilung der Beklagten Zug um Zug gegen Zahlung von 700 RM Maklergebühren auszusprechen, notfalls festzustellen, daß die Beklagte ihm aus der Weiterveräußerung des Grundstücks schadensersatzpflichtig sei, hat das Oberlandesgericht die Beklagte gemäß dem Hauptantrage des Klägers verurteilt. Mit ihrer Revision erstrebt die Beklagte die Wiederherstellung des landgerichtlichen Urteils. Der Kläger bittet um Zurückweisung des Rechtsmittels.

Entscheidungsgründe

Das Berufungsgericht hält die §§ 2, 3 GrundstVerkVO auf den Kaufvertrag der Parteien vom 25. Juni 1941 für anwendbar. Es meint, die darin getroffene Regelung, die ausschließlichen Charakter habe, greife rückwirkend in die Vertragsbeziehungen der Beteiligten ein und stelle sie auf eine neue Grundlage. Sie könne auch nicht durch das im Vertrage vereinbarte Rücktrittsrecht der Beklagten ausgeschaltet werden; dessen Ausübung sei nicht einmal als Verweigerung des Einverständnisses mit dem geringeren Kaufpreise i. S. des § 2 Abs. 4 VO zu werten. Die von der Beklagten behauptete Vereinbarung eines höheren Kaufpreises als des beurkundeten sei nicht erwiesen. Entgegen der Ansicht des Landgerichts sei die Klage nach § 2 Abs. 4 VO rechtzeitig erhoben; für den Klageanspruch bestehe auch nach dem Übergang des Grundstückseigentums auf die Eheleute H. insofern ein Rechtsschutzinteresse, als dieser rückgängig gemacht werden könne und gegebenenfalls die begehrte Verurteilung der Beklagten die Grundlage für einen späteren Schadensersatzanspruch gegen sie bilden würde. In dem Schreiben vom 12. August 1942 sei kein Verzicht des Klägers auf die Durchführung des Kaufvertrages nach der GrundstücksverkehrsVO zu erblicken, weil er von deren Erlaß und Inhalt erst im Oktober 1942 erfahren habe. Daß die Beklagte ihr Einverständnis mit dem für zulässig erklärten Preise verweigere, verstoße nach den vorliegenden besonderen Umständen trotz der Vereinbarung des Rücktrittsrechtes im Kaufvertrage gegen Treu und Glauben, weil der Unterschied zwischen dem vereinbarten und dem zulässigen Preise gering und die Beklagte entschlossen gewesen sei, das Grundstück auf jeden Fall zu veräußern, weil der Kaufvertrag vom 25. April 1942 keineswegs für sie günstigere Bedingungen enthalten habe als der mit dem Kläger geschlossene, der Kläger auch sonst Entgegenkommen gezeigt habe und nach seiner Persönlichkeit Gewähr für die ordnungsmäßige Betreuung des Grundstücks biete. Im Hinblick hierauf und die erheblichen Auslagen des Klägers bedeute die Weigerung der Beklagten für ihn zugleich eine grob unbillige Härte. Die Veräußerung des Grundstücks an die Eheleute H. könne daran nichts ändern. Die Beklagte sei somit zur Erteilung des Einverständnisses gemäß §§ 2, 3 VO verpflichtet.

Diese Beurteilung ist nicht frei von rechtlichen Bedenken. Wie der Senat schon mehrfach ausgesprochen hat (vergl. die zum Abdruck bestimmten Urteile III 85/43 vom 4. Oktober 1943 [RGZ 172, 43] und III 83/43 vom 4. November 1943 [RGZ 172, 135]), setzt die in § 3 GrundstVerkVO angeordnete Rückwirkung der Vorschriften des § 2 auf einen vor dem Inkrafttreten der Verordnung geschlossenen Vertrag voraus, daß der Vertrag in diesem Zeitpunkte noch zu Recht bestand oder seine Rechtswirksamkeit doch nur dadurch in Frage gestellt war, daß die Preisbehörde das vereinbarte Entgelt beanstandet hatte. War er dagegen schon vorher aus anderen Gründen hinfällig geworden, so sind die §§ 2, 3

GrundstVerkVO nicht anwendbar; insbesondere ist dann für einen auf diese Vorschriften gegründeten Anspruch des Erwerbers gegen den Veräußerer auf Erteilung des Einverständnisses zu dem herabgesetzten Entgelt kein Raum. Die früher eingetretene Hinfälligkeit des Vertrages kann darauf beruhen, daß die erforderliche behördliche Genehmigung – z. B. nach der Grundstücksverkehrsbekanntmachung vom 26. Januar 1937 oder nach dem Wohnsiedlungsgesetze – bereits vor dem Inkrafttreten der Grundstücksverkehrsverordnung endgültig versagt war (vergl. das erwähnte Urteil vom 4. Oktober 1943). Sie kann aber auch dadurch herbeigeführt worden sein, daß einer der Vertragschließenden von dem Vertrage rechtswirksam zurückgetreten war, daß insbesondere der Verkäufer des Grundstücks von einem ihm vertraglich eingeräumten Rücktrittsrecht Gebrauch gemacht und dadurch den Vertrag zum Erlöschen gebracht hatte (vergl. das Urteil vom 4. November 1943). Denn durch den wirksamen Rücktritt wird das ursprüngliche auf Übereignung des Grundstücks gegen Entgelt gerichtete Vertragsverhältnis beseitigt, und an seine Stelle tritt ein neues Schuldverhältnis mit der gegenseitigen Verpflichtung zur Rückgewähr der empfangenen Leistungen gemäß § 346 BGB.

Daß hier die im Vertrage vom 25. Juni 1941 für den Fall einer Beanstandung des Kaufpreises durch die Preisbehörde zugunsten der Beklagten getroffenen Vereinbarung eines Rücktrittsrechts rechtswirksam war, kann nicht zweifelhaft sein. Nach der damaligen Gesetzeslage besteht kein Anlaß, sie als gesetzwidrig oder unsittlich (§§ 134, 138 BGB) anzusehen; insbesondere verstieß ihr Inhalt nicht gegen irgendwelche gesetzlichen Vorschriften. Die Voraussetzungen für die Ausübung des Rücktrittsrechts waren mit dem Bescheide des Regierungspräsidenten, der dabei als Genehmigungsbehörde nach dem Wohnsiedlungsgesetz und zugleich als Preisüberwachungsbehörde tätig wurde, insofern gegeben, als darin nicht der vereinbarte, sondern nur ein geringerer Preis für zulässig erachtet und die Genehmigung mit einer dahin gehenden Auflage erteilt wurde. Auch die Rücktrittserklärung der Beklagten vom 31. März 1942, die keiner Zustimmung des Klägers bedurfte (§ 349 BGB), war frist- und formgerecht abgegeben.

Hinsichtlich der Wirksamkeit und Rechtsfolgen des Rücktritts könnten allerdings insofern Bedenken auftauchen, als bereits der nicht mehr anwendbare Bescheid des Regierungspräsidenten vom 9. März 1942, wenn er auch nicht als eine endgültige Versagung der Wohnsiedlungsgenehmigung aufzufassen sein mag, wegen der darin enthaltenen preisrechtlichen Beanstandung des vereinbarten und der gleichzeitigen Festsetzung eines geringeren Preises nach der reichsgerichtlichen Rechtsprechung (RGZ Bd. 166 S. 89, Bd. 168 S. 91) die Nichtigkeit des Kaufvertrages wegen Verstoßes gegen die Preisvorschriften (§ 134 BGB) herbeigeführt hatte und es deshalb nicht mehr des Rücktritts bedurfte, um die Veräußerung des Grundstücks hinfällig zu machen. Dadurch wird aber der gleichwohl vollzogene Rücktritt der Beklagten nicht jeder Bedeutung beraubt. Zunächst hat der Verstoß der Kaufpreisabrede gegen die Preisvorschriften nicht ohne weiteres zur Folge, daß auch die Vereinbarung eines Rücktrittsrechts für den Fall der Preisbeanstandung nichtig und damit dem späteren Rücktritt die Grundlage entzogen ist. Mit der Einräumung des Rücktrittsrechts für die Beklagte wollten die Parteien ersichtlich der Unsicherheit begegnen, die im Grundstücksverkehr über die Wirkungen einer Beanstandung des Kaufentgelts und besonders über die rechtliche Befugnis der Preisbehörde, mit bindender Kraft die Durchführung des Verkaufs zu einem geringeren Preise anzuordnen, zur Zeit des Kaufabschlusses herrschte (vergl. noch RdErl. d. RfPr vom 17. März 1941, abgedr. DR 1941 S. 1144). Der Beklagten sollte demnach das Recht zustehen, sich bei einer preisrechtlichen Beanstandung des Kaufentgelts durch den ihr vorbehaltenen Rücktritt ohne Rücksicht auf die sonstige Rechtslage von jeder etwa bestehenden oder eintretenden Verpflichtung zur Durchführung des Verkaufs zu lösen. Diese Vereinbarung sollte ebenso wie die damit verbundene Abrede wegen der Teilung der entstandenen Vertragskosten auch für den Fall gelten, daß der Kaufvertrag im übrigen zunächst als Folge der Preisbeanstandung nichtig wurde (§ 139 BGB). Sie erlangte dann ihre eigentliche Bedeutung erst, wenn durch behördliche Anordnungen oder gesetzliche Vorschriften an Stelle der ursprünglichen Abmachung andere Bindungen der Beklagten in bezug auf die Grundstücksveräußerung festgesetzt wurden. Ein solcher Fall ist nun mit der durch die GrundstücksverkehrsVO vom 7. Juli 1942 unter gewissen Voraussetzungen eingeführten Verpflichtungen des Veräußerers eingetreten, sich mit dem preisrechtlich zulässigen Entgelt einverstanden zu erklären und den Verkauf des Grundstücks zu diesem Preise durchzuführen.

Wenn hiernach der Rücktritt der Beklagten auch anfänglich im Hinblick auf die Nichtigkeit des Verkaufs infolge der Preisbeanstandung rechtlicher Wirkungen entbehrt haben mag, so darf er doch bei der Frage der rückwirkenden Anwendbarkeit der §§ 2, 3 GrundstVerkVO auf den Kaufvertrag vom 25. Juni 1941 nicht außer Betracht bleiben. Er ist in diesem Zusammenhange vielmehr als zusätzlicher Grund für das Hinfälligwerden der damaligen Grundstücksveräußerung – neben der Nichtigkeit auf Grund preisrechtlicher Beanstandung des Entgelts, die allerdings der Anwendung der §§ 2, 3 VO nicht im Wege stehen würde – vor dem Inkrafttreten der GrundstücksverkehrsVO zu werten und hat deshalb deren Unanwendbarkeit zur Folge. Wenn in dem zum Abdruck bestimmten Urteil des Senats vom 20. September 1943 (III 75/43) abweichend hiervon schlechthin ausgesprochen ist, das im Kaufvertrag vereinbarte Rücktrittsrecht und dessen Ausübung ständen der Anwendung der neuen Vorschriften schon deswegen nicht entgegen, weil der Vertrag im ganzen nichtig, das Recht zum Rücktritt als solches also gar nicht zum Zuge gekommen sei, so kann an diesem Satze, der übrigens für die damalige Beurteilung nicht von entscheidender Bedeutung war, als allgemein gültiger Rechtsregel nicht festgehalten werden.

Für die Frage der rückwirkenden Anwendbarkeit der GrundstücksverkehrsVO ist hiernach davon auszugehen, daß der Kaufvertrag der Parteien auch durch die rechtmäßige Ausübung des Rücktrittsrechts der Beklagten hinfällig geworden ist. Dann sind die §§ 2, 3 GrundstVerkVO entgegen der Auffassung des Berufungsgerichts auf den gegebenen Sachverhalt nicht anwendbar. Schon aus diesem Grunde ist das Berufungsurteil aufzuheben, ohne daß auf die sonstigen Darlegungen des Berufungsgerichts und die dagegen gerichteten Revisionsangriffe eingegangen zu werden braucht. Zugleich ist, da die Klage auch mit ihren Hilfsanträgen keine Erfolg haben kann, die Berufung des Klägers gegen das klageabweisende Urteil des Landgerichts zurückzuweisen.

---

22. Zur Frage, welche Art Verträge durch den Verstoß gegen die Preisbildungsvorschriften nichtig ist.

Die Vorschrift des § 581 Abs. 2 i. Verb. m. § 556 Abs. 2 BGB [§ 570 BGB n. F.], daß dem Pächter eines Grundstücks nach der Beendigung des Pachtverhältnisses wegen seiner Forderungen an den Verpächter ein Zurückbehaltungsrecht nicht zusteht, findet entsprechende Anwendung auf den Fall, daß ein Pachtvertrag von den Parteien in der Meinung, er sei rechtsgültig, in Vollzug gesetzt und das Grundstück dem Pächter zur Nutzung überlassen worden ist, und dann der Eigentümer Räumung des Grundstücks verlangt, weil sich nachträglich – etwa wegen Verstoßes gegen die Preisbildungsvorschriften – die Nichtigkeit des Pachtvertrags ergibt.

PreisbildungsG v. 29. Okt. 1936 (RGBl. I, 927); PreisstoppVO v. 26. Nov. 1936 (RGBl. I 955); Anordnung des Reichskommissars für die Preisbildung v. 6. Okt. 1937 (RAnz. Nr. 238) und Runderlaß Nr. 155/37 des Reichskommissars v. 6. Okt. 1937; BGB §§ 134, 273, 556 Abs. 2, 581 Abs. 2, 1000.

IV. Zivilsenat. Urt. vom 22. März 1944 (IV 273/1943).

I. Landgericht München.
II. Oberlandgericht München.

In Sachen der Eheleute Georg und Gertrud *Gentsch*, Geflügelzüchter in Tünzhausen, Beklagten, Frau Gentsch Widerklägerin, beide Revisionskläger, Prozeßbevollmächtigter: Rechtsanwalt Dr. Drost in Leipzig,

gegen

die Diplomlandwirtsehefrau Maria *Manz*, in München, Klägerin, Widerbeklagte und Revisionsbeklagte, Prozeßbevollmächtigter: Rechtsanwalt Dr. Kraemer in Leipzig, hat das Reichsgericht, IV. Zivilsenat, auf die mündliche Verhandlung vom 22. März 1944 unter Mitwirkung des Senatspräsidenten Dr. Jonas und der Reichsgerichtsräte Dr. Hoffmann, Dr. Lippert, Schwegmann, Dr. Schrutka für Recht erkannt:

Die Revision gegen das Urteil des 3. Zivilsenats des Oberlandesgerichts in München vom 1. September 1939 wird zurückgewiesen. Die Kosten der Revisionsinstanz werden dem Beklagten auferlegt. – Von Rechts wegen

Tatbestand

Durch schriftlichen Vertrag vom 23. September 1941 verpachtete die Klägerin an die beklagte Frau G. ihr Grundstück genannt „Geflügelhof Tünzhausen" mit Wohnung auf die Dauer von drei Jahren, vom 15. Oktober 1941 bis 15. Oktober 1944, zu dem Pachtzins von 6.000 RM jährlich; das vorhandene Geflügel, ferner die Vorräte an Kartoffeln und Heizmaterial kaufte die Pächterin zum Preise von insgesamt 2.767,90 RM, das übrige tote Inventar war mitgepachtet. Der Geflügelhof wurde den Beklagten übergeben. Der Pachtzins für das erste Halbjahr mit 3.000 RM sowie die bezeichnete Kaufsumme wurde an die Klägerin gezahlt. – Der Landrat in Freising als Preisprüfungsstelle beanstandete durch Beschluß vom 20. Mai 1942 die Höhe des Pachtzinses, bezeichnete einen Pachtzins von 2.200 RM als angemessen und untersagte die Durchführung des Vertrags zu dem vereinbarten Pachtzins.

Die Klägerin hält den Pachtvertrag infolge der Beanstandung des Pachtzinses für nichtig und hat mit Berufung hierauf und auch wegen arglistiger Täuschung durch die Beklagten über ihre persönlichen und wirtschaftlichen Verhältnisse sowie über ihre Eignung für den Betrieb des Geflügelhofs, die den Erwerb der Eigenschaft als anerkannte Geflügelzüchter durch den Reichsnährstand hindere, von den Beklagten die Räumung des Geflügelhofs gegen Zahlung von 3.081 RM und Herausgabe einer Anzahl von Geflügel nebst Vorräten an Heiz- und Baumaterial u.s.w. verlangt.

Die Beklagten, von denen der Ehemann G. auch seine Sachverpflichtung in Abrede gestellt hat, haben die Berechtigung des Klageanspruchs bestritten. Sie vertreten den Standpunkt, daß den Pachtvertrag mit dem auf 2.200 RM jährlich geminderten Pachtzins fortbestehe. Sie haben ihrerseits geltend gemacht, die Klägerin habe die beklagte Frau G. durch unwahre Angaben über den Geflügelhof zur Bewilligung des übermäßig hohen Pachtzinses bestimmt. Die Klägerin habe auch zugesicherte Einrichtungen des Geflügelhofs nicht getroffen. Die beklagte Frau G. hat Widerklage zunächst auf Ermächtigung zur Instandsetzung der Wasservorsorgungsanlage des Geflügelhofs auf Kosten der Klägerin und deren Verurteilung zur Vorauszahlung des dazu benötigten Betrages von 1.500 RM und weiter zur Zahlung von 3.628 RM Schadensersatz erhoben. Den Anspruch auf Schadensersatz leitet sie aus einer Verletzung des Pacht- und Kaufvertrags in verschiedener Richtung und aus Verschulden beim Vertragsschluß her. Ferner hat sie mit der Widerklage für den Fall der Verurteilung zur Räumung des Geflügelhofs besonders Ersatz verschiedener Aufwendungen, die sie für den Betrieb des Geflügelhofs gemacht habe, verlangt und beantragt, ihre Verurteilung zur Räumung nur Zug um Zug gegen Zahlung von 12.028 RM durch die Klägerin auszusprechen.

Das Landgericht hat die Beklagten zur Räumung des Geflügelhofs einschließlich der Wohnung verurteilt, im übrigen die Klage sowie auch die Widerklage abgewiesen. Die Berufung der Beklagten gegen das Urteil hatte keinen Erfolg. Vor dem Berufungsgericht hatten die Beklagten in die Widerklage auf ihre Verurteilung zur Räumung nur Zug um Zug gegen Befriedigung der Widerklageansprüche noch einen Schadensbetrag in Höhe von 8.376 RM einbezogen.

Mit der Revision erstrebten die Beklagten Abweisung der Klage, soweit sie auf Räumung des Geflügelhofs durch sie abzielt, und Verurteilung der Klägerin gemäß den im Berufungsrechtszuge gestellten Widerklageanträgen. Sie beantragten außerdem, ihnen zur Räumung des Pachtgrundstücks eine Frist bis zum 1. Juli 1944 zu gewähren. Die Klägerin hat um Zurückweisung der Revision gebeten und beantragt, den Antrag auf Gewährung einer Räumungsfrist zurückzuweisen.

Entscheidungsgründe

Die Sachverpflichtung beider Beklagten hinsichtlich des allein noch strittigen Anspruchs der Klägerin auf Räumung des Geflügelhofs unterliegt keinem Rechtsbedenken.

Zu Recht hat das Berufungsgericht auch den Vertrag vom 23. September 1941 einschließlich der zur Benutzung überlassenen Wohnräume seinem Rechtscharakter nach als einen Pachtvertrag angesehen (§§ 581 ff. BGB).

Den Vertrag hat es weiter zutreffend für nicht genehmigungsbedürftig gemäß der Grundstücksverkehrsbekanntmachung vom 26. Januar 1937 (RGBl. I S. 35) erklärt, weil es sich um kein landwirtschaftlich genutztes Grundstück handelt und das Grundstück nur eine Größe von 78,90 ar hat.

Zur Beurteilung steht die Frage, ob der Vertrag in Verfolg der Beanstandung der Höhe des Pachtzinses von 6.000 RM durch den Landrat in Freising als Preisüberwachungsstelle (Beschluß vom 20. Mai 1942) nichtig ist.

Für Grundstückskaufverträge hat die Rechtsprechung des Reichsgerichts (RGZ Bd. 166 S. 89, Bd. 168 S. 91, das zum Abdruck bestimmte Urteil vom 20. September 1943 III 75/43, in DR 1944 S. 26 Nr. 7 [RGZ 172, 1]) Nichtigkeit des Vertrags gemäß der gesetzlichen Regel des § 134 BGB angenommen, wenn die Preisbehörde den vereinbarten Preis nach den Preisbildungsvorschriften (Preisbildungsgesetz vom 29. Oktober 1936, RGBl. I S. 927, PreisstoppVO vom 26. November 1936, RGBl. I S. 955, Anordnung des Reichskommissars für die Preisbildung vom 6. Oktober 1937, RAnz. Nr. 238 und Runderlaß Nr. 155/37 des Reichskommissars vom 6. Oktober 1937) als volkswirtschaftlich nicht gerechtfertigt beanstandet. Diese Rechtsauffassung hat der Gesetzgeber sich in der Verordnung über die Preisüberwachung und die Rechtsfolgen von Preisverstößen im Grundstücksverkehr vom 7. Juli 1942 (RGBl. I S. 451) grundsätzlich zu eigen gemacht. In dem Urteil vom 3. Februar 1942 (RGZ Bd. 168 S. 307) hat das Reichsgericht aus einem Verstoße gegen die Preisvorschriften dieselbe Rechtsfolge für den Bestand des die Verpachtung eines Eigenjagdbezirks betreffenden Vertrags gezogen. Diese Entscheidung hat das Berufungsgericht auf den vorliegenden Fall der Verpachtung eines Geflügelhofs für anwendbar erachtet und demgemäß den Vertrag nach der Beanstandung der Höhe des Pachtzinses durch den Landrat für nichtig erklärt.

Die Revision bekämpft diese Rechtsauffassung, jedoch zu Unrecht. Ihr Hinweis auf § 49 a des Mieterschutzgesetzes – MSchG – in der Fassung der Bekanntmachung vom 17. Februar 1928 (RGBl. I S. 25) und auf die Rechtsprechung des Reichsgerichts hierzu, wonach für Pachtverträge, und zwar auch solche, die außer Räumen ein gewerbliches Unternehmen zum Gegenstande haben, bei einem Verstoß gegen die Preisvorschriften nicht nichtig seien, sondern mit dem von der Preisbehörde für angemessen erklärten Pachtzins in Geltung blieben (RGZ Bd. 122 S. 183 [187/188], Bd. 136 S. 165 ff., Bd. 138 S. 24 [26 ff. mit Nachweisungen]), geht fehl. Die Anwendung des § 49a MSchG setzt eine Raumpacht voraus, d. h. die Überlassung von Räumen zur wirtschaftlichen Ausnutzung oder doch jedenfalls das Bestehen eines Zusammenhangs zwischen dem gepachteten wirtschaftlichen Unternehmungen und den Räumen, in denen es betrieben wird, dergestalt, daß die gleichzeitige Überlassung der Räume Vorbedingung für die Durchführung des Unternehmens ist. So bei dem Betriebe eines Hotels oder einer Gastwirtschaft, um welchen es sich in den angeführten Urteilen handelte. Erscheint es in solchem Falle, bei der Mietpachtung der Gebäude und der Notwendigkeit derselben für die Ausübung des Gewerbes, gerechtfertigt, sie dem § 49 a MSchG zu unterstellen und danach ihren rechtlichen Bestand zu beurteilen, so kann daßelbe doch nicht für den gegenwärtig zu beurteilenden Vertrag gelten. Hier handelt es sich um die Verpachtung eines als Geflügelhof eingerichteten gewerblichen Unternehmens auf einem Landgrundstück, bei dem hinsichtlich der Überlassung der in Betracht kommenden baulichen Einrichtungen von einer Raumüberlassung begrifflich nicht gesprochen werden kann und bei dem die Mitüberlassung der Wohnräume auf dem Pachtgrundstück mit dem Unternehmen selbst in keiner unmittelbaren Beziehung steht. Es kommt daher eine Raumpacht in dem oben bezeichneten Sinne nicht in Frage und § 49 a MSchG daher auf den Vertrag nicht zur Anwendung.

Zu den Rechtsgeschäften des täglichen Handelsverkehrs über Sachen, die ihrer Natur nach zum Umsatz oder Verbrauche bestimmt sind, und bezüglich deren, weil die Sachen ihrer Bestimmung entsprechend im Verkehre bleiben müssen, bei Beanstandung des vereinbarten Preises das Fortbestehen mit dem für angemessen erklärten Preise – in Abweichung von der Grundregel der Nichtigkeit nach § 134 BGB – allgemein anerkannt ist, ist ein Vertrag der vorliegenden Art, wie noch zu bemerken ist, nicht zu rechnen. Ebensowenig gehört er in den Kreis der Verträge über Sachen, einschließlich Grundstücke (Gebäude), die vom Eigentümer allgemein zur Benutzung durch andere bestimmt und so dem Verkehre gewidmet sind, wie Mietsachen, auch Mietwohnungen, hinsichtlich deren das Fortbestehen mit dem von der Preisüberwachungsstelle für angemessen erklärten Preise ebenfalls ohne weiteres anzuerkennen ist. Den gegenwärtigen, außerhalb des Rahmens dieser Rechtsgeschäfte liegenden, für die Klägerin wirtschaftswichtigen Vertrag hinsichtlich des Fortbestandes nach der Beanstandung der Pachtzinshöhe grundsätzlich ebenso zu beurteilen und so die Eigentümerin zu zwingen, den Pachtgegenstand zu dem herabgesetzten, ihren Belangen nach ihrer Meinung nicht genügenden Pachtzins der Pächterin weiter zu belassen, kann nicht im Sinne der Preisbildungsvorschriften liegen, deren Ziel nur die Stetigkeit der Preisbildung im Wirtschaftsleben ist. Auch diese Erwägung läßt es vielmehr als gerechtfertigt erscheinen, auf ihn den in der Rechtsprechung des Reichsgerichts für Grundstückskaufverträge zuerst aufgestellten Grundsatz der Nichtigkeit des Vertrags bei Preisbeanstandungen zur Anwendung zu bringen.

Die Revision verweist noch auf das Urteil des Reichsgerichts, VII. Zivilsenat, vom 4. Juni 1940 VII 204/39 (abgedr. DR S. 1528 Nr. 26), das einen Pachtvertrag über Baulichkeiten mit den darin befindlichen maschinellen und sonstigen zum Betriebe erforderlichen Einrichtungen nebst Bimsvorkommen behandelt und in dem angenommen worden ist, daß ein Verstoß gegen die PreisstoppVO (§ 3) bei der Bemessung des Entgelts nicht die Nichtigkeit des ganzen Vertrags zur Folge gehabt habe, sondern, daß er mit den für zulässig erachteten Bedingungen weiter bestehen geblieben sei. Ob dieses Urteil, das vor den eingangs erwähnten Entscheidungen des Reichsgerichts ergangen ist, im Hinblick auf den in diesen Entscheidungen zur Frage des Fortbestandes der Verträge bei Preisverstößen eingenommenen Rechtsstandpunkt noch zu billigen sei, kann dahingestellt bleiben. Der gegenwärtige Fall unterscheidet sich, wenn es sich auch hier um die Verpachtung eines gewerblichen Unternehmens handelt, von dem dort behandelten rechtlich insofern, als hier nicht die Pachtung von Gebäuden mit Einrichtungen in Frage kommt und man nicht wie dort von einer Raumpacht sprechen kann. Diese Entscheidung berührt also die Beurteilung des Bestandes des gegenwärtigen Pachtvertrags in Rücksicht auf die Preisbildungsvorschriften nicht.

Der Landrat hat denn auch selbst den Pachtvertrag in Verfolg der Beanstandung der Höhe des Pachtzinses nach Inhalt seines Beschlusses vom 20. Mai 1940 als nichtig angesehen; er hat nur weiter den Fall ins Auge gefaßt, daß die Vertragsparteien sich auf den für angemessen erklärten Pachtzins von 2200 RM jährlich einigten, und er hat, bei Erstreckung der Pachtzeit auf 9 Jahre, seine Zustimmung dazu in Aussicht gestellt. Den Vertrag mit dem ermäßigten Pachtzins als gültig zu erklären, wäre er auch nicht befugt gewesen (RGZ Bd. 168 S. 91 [104 ff.], das vorangeführte RG Urteil vom 20. September 1943).

Beurteilt man den gegenwärtigen Pachtvertrag im Hinblick auf die Preisbildungsvorschriften nach den für einen Grundstückskaufvertrag geltenden Grundsätzen, so bleibt noch die in der Verordnung über die Preisüberwachung und die Rechtsfolgen von Preisverstößen im Grundstücksverkehr vom 7. Juli 1940 getroffene Regelung zu beachten. Diese Verordnung findet auch auf die vor ihrem Inkrafttreten seit der PreisstoppVO geschlossenen Verträge mit der im § 3 vorgesehene Maßgabe Anwendung und trifft in sinngemäßer Anwendung auch den gegenwärtigen Pachtvertrag. Die Verordnung geht, wie bemerkt, von der grundsätzlichen Nichtigkeit des Vertrags bei einem Verstoße gegen die Preisvorschriften aus (§ 2 Abs. 1); sie bestimmt aber, daß der Veräußerer zur Erteilung des Einverständnisses mit dem von der Preisbehörde für angemessen erachteten Preise verpflichtet ist, wenn die Verweigerung nach den besonderen Umständen des Falles gegen Treu und Glauben verstoßen, und für frühere Verträge weiter, wenn sie auch unter Berücksichtigung der Verhältnisse des Veräußerers für den Erwerber eine grob unbillige Härte bedeuten würde (§ 2 Abs. 3, § 3 Abs. 1 Nr. 1). Das Berufungsgericht hat den Bestand des Pachtvertrages unter Beachtung dieser Gesetzesbestimmungen nicht besonders geprüft; es hat jedoch im Urteil Feststellungen getroffen, die die Beantwortung der Frage, ob die Klägerin den Vertrag nach der Beanstandung der Höhe des Pachtzinses zu dem für angemessen erklärten Pachtzins als weiterbestehend behandeln muß, im Blick auf die genannten Bestimmungen gestattet. Nach der bereits erwähnten Betonung, daß die Art der Verwertung ihres Grundstücks für die Klägerin von einer erheblichen wirtschaftlichen Bedeutung sei und daß sie bei der Hergabe dieses Grundstücks auf Jahre hinaus ein Interesse daran habe, für das Grundstück ein nach ihrer Auffassung gerechtfertigtes Entgelt zu erhalten, ist in dem Berufungsurteil noch gesagt, daß die Klägerin mit dem vereinbarten Entgelt von 6.000 RM jährlich bei ihren Vermögensverfügungen gerechnet habe und daß sie zur Verwertung ihres Grundstücks die Verpachtung nicht gewählt haben würde, wenn sie damit hätte rechnen müssen, sich mit einem unvorhergesehen erheblich niedrigeren Pachtzins zu begnügen, der nach ihrer Auffassung in keiner Weise ihren Belangen gerecht werde. Weiter stellt das Urteil fest, daß die Klägerin entgegen der Behauptung der Beklagten nicht durch unwahre Angaben über die für die Entschließung der Beklagten zur Pachtung wesentlichen Umstände, besonders den Umsatz und den Reingewinn getäuscht oder auch nur fahrlässigerweise einen übermäßigen Pachtzins gefordert habe, der zur Nichtigkeit des Vertrags habe führen können. Die Beklagten hätten vor dem Vertragsschluß den Geflügelhof besichtigt und hätten so Gelegenheit gehabt, sich von dem Zustande des Hofes und den ihm anhaftenden Mängeln (wie Mangel der Futtergrundlage) zu überzeugen und sich die ihnen notwendig erscheinenden Aufschlüsse geben zu lassen. Daß die Klägerin einen Pachtzins von 6.000 RM jährlich nicht für angemessen gehalten und daß sie gegebenenfalls mit einer Herabsetzung desselben durch die Preisüberwachungsstelle und der sich daraus ergebenden Rechtsfolge der Nichtigkeit gerechnet habe oder bei Anwendung gehöriger Sorgfalt hätte rechnen können und müssen, dafür fehle es an einem Anhalt. Dagegen liege die Annahme nahe, daß die Beklagte in der Erkenntnis, daß der Pachtzins von 6.000 RM zu hoch sei oder zu hoch sein könne, von Anfang an im geheimen den Gedanken gehabt hätten, die Preisüberwachungsstelle anzurufen, um eine Ermäßigung des Pachtzinses für den ihnen höchstwillkommenen Geflügelhof zu erzielen und dann mit Hilfe des Pachteinigungsamtes eine Verlängerung der Pachtzeit gegen den Willen der Klägerin zu erreichen.

Nach diesem Sachverhalt kann in der Weigerung der Klägerin, auf den herabgesetzten Pachtzins von 2.200 RM einzugehen und den Vertrag mit diesem Pachtzins, womöglich auf eine Pachtzeit von 9 Jahren, bestehen zu lassen, weder ein Verstoß gegen Treu und Glauben gefunden werden, noch bedeutet sie für die Beklagten eine grob unbillige Härte, mögen sie auch auf dem Geflügelhof in der Zeit des Betriebes durch sie gewisse Aufwendungen gemacht haben.

Infolge der Beanstandung der Höhe des Pachtzinses durch den Landrat ist also der Vertrag nach § 134 BGB als nichtig, und zwar von Anfang an nichtig, anzusehen. Die Beanstandung bedeutet die bindende (§ 6 PreisprüfungsG) Feststellung, daß der Pachtzins mit den gesetzlichen Vorschriften über die Preisbildung nicht vereinbar war (§ 1 PreisstoppVO). Daraus ergibt sich die unmittelbare Folge, daß die Vereinbarung hierüber und mit ihr, wie dargelegt, der Vertrag selbst, wegen Verstoßes gegen ein gesetzliches Verbot von vornherein der Gültigkeit entbehrte (vgl. auch das mehrfach erwähnte RG-Urteil vom 20. September 1943).

Hiernach ist der Anspruch der Klägerin auf Räumung des Geflügelhofs an sich gegeben (§ 985 BGB). Ein Kündigungsschutz, wie er etwa bei einem gültigen Pachtvertrag in Frage käme und worauf die Revision sich beruft, scheidet gegenüber dem Anspruch aus.

Die beklagte Ehefrau hat gegenüber diesem Anspruch vor allem wegen der auf dem Geflügelhof gemachten Aufwendungen ein Zurückbehaltungsrecht geltend gemacht und hat auf Grund dessen mit der Widerklage auch um ihre Verurteilung nur Zug um Zug gegen Zahlung des von ihr ersetzt verlangten Betrags gebeten. Das Berufungsgericht, das die Auseinandersetzung zwischen den Parteien insoweit nach den in §§ 994 ff. BGB für das Verhältnis zwischen Eigentümer und Besitzer bestimmten Regeln vorgenommen hat, hat der beklagten Ehefrau wegen der Geringfügigkeit der ihr noch zustehenden Forderung an die Klägerin das Zurückbehaltungsrecht aus § 1000 Satz 2 auch § 273 Abs. 2 BGB abgesprochen.

Es kann dahingestellt bleiben, unter welchem rechtlichen Gesichtspunkt in einem Falle der vorliegenden Art bei dem Verlangen auf Räumung eines Grundstücks wegen Nichtigkeit des Pachtvertrags die Auseinandersetzung zwischen den Parteien zu erfolgen hat, ob nach den Bestimmungen über die Auseinandersetzung zwischen Eigentümer und Besitzer nach §§ 994 ff. BGB oder nach den Vorschriften über die ungerechtfertigte Bereicherung (§§ 812 ff. BGB, vgl. auch § 5 der VO vom 7. Juli 1942 und ferner RGZ Bd. 165 S. 348 ff.) oder nach welchen Rechtsgrundsätzen sonst. Denn ein Zurückhaltungsrecht der beklagten Ehefrau an dem Grundstück ist überhaupt zu verneinen. Das Gesetz, das dem Pächter eines Grundstücks gegenüber dem Verlangen auf Räumung nach Beendigung des Pachtverhältnisses ein Zurückbehaltungsrecht an dem Grundstück versagt hat (§ 581 Abs. 2 in Verb. mit § 556 Abs. 2 BGB), hat zwar nur den Fall der Beendigung eines Pachtverhältnisses im Auge, das rechtlich bestanden hat. Aber der Rechtsgedanke, der für die Verneinung des Zurückbehaltungsrechts in diesem Falle leitend gewesen ist – nämlich die Rückgabe des Grundstücks nicht durch unter Umständen langwierige Auseinandersetzungen zwischen den Parteien über bestehende oder vermeintliche Gegenforderungen des Pächters verzögert zu sehen, sondern hinsichtlich des Besitzes des Grundstücks und der Verfügung über dasselbe baldmöglichst auch im Interesse der Allgemeinheit klare Verhältnisse zu schaffen –, muß dazu führen, dem Pächter gegenüber dem Verlangen des Eigentümers auf Räumung eines Grundstücks, das ihm, wie im gegenwärtigen Falle, auf Grund eines zunächst für gültig gehaltenen, dann aber als nichtig festgestellten Pachtvertrags zur Nutzung übergehen und von diesem genutzt worden ist, ein Zurückbehaltungsrecht wegen seiner Forderungen an den Verpächter abzusprechen. Hier wie dort besteht dasselbe Interesse an der bald möglichen Schaffung klarer Verhältnisse und an der Beseitigung von Unsicherheiten über die Verfügungsgewalt über das Grundstück. Gerade in der gegenwärtigen Zeit erlaubt es besonders das Allgemeininteresse nicht, durch eine geldliche Auseinandersetzung zwischen den Parteien eine sachgemäße Verfügung über ein Grundstück zu erschweren und womöglich die ordnungsmäßige Bewirtschaftung desselben zu gefährden. Das Interesse des zur Räumung verpflichteten Pächters an der Befriedigung seiner Forderungen gegen den Verpächter muß demgegenüber zurücktreten, und es ist ihm nach Treu und Glauben, unter welchem Gedanken das Zurückbehaltungsrecht besonders steht, auch zuzumuten, seine Forderungen gegebenenfalls in einem eigenen Rechtsstreit geltend zu machen. Das Grundstück als solches wird ihm in der Regel genügende Sicherheit bieten, die er notfalls durch grundbuchliche Sicherung zu verstärken in der Lage sein wird. Die einschränkende Auslegung, die die Bestimmung des § 556 Abs. 2 BGB in dem Urteil des Reichsgerichts RGZ Bd. 85 S. 153 erfahren hat, wird jedenfalls für das Pachtrecht betreffs der Bestimmung des § 581 Abs. 2 BGB nicht aufrechterhalten.

Damit ergibt sich einmal die Begründetheit des Klageanspruchs auf Räumung des Geflügelhofs durch die Beklagten und zugleich die Unbegründetheit der Widerklage, soweit sie, auf das Zurückbehaltungsrecht an dem Grundstück gestützt, auf Verurteilung zu dessen Räumung nur Zug um Zug gegen Befriedigung der fraglichen Forderungen der beklagten Ehefrau abzielt.

Dem Beklagten zur Räumung des Pachtgrundstücks noch eine Frist zu gewähren, bestand nach den gegebenen Umständen, besonders auch mit Rücksicht darauf, daß der Streit um die Räumung schon etwa 2 Jahre währt, kein Anlaß.

Den auf Verurteilung der Klägerin zur Zahlung gerichteten Teil der Widerklage hat das Berufungsgericht ohne Rechtsirrtum ebenfalls für unbegründet erachtet.

Wegen des Fehlens einer vertraglichen Bindung der Parteien von Anfang an hat es mit Recht das Bestehen eines auf den Vertrag gestützten Anspruchs der Parteien verneint, und daher insbesondere einen Anspruch der beklagten Ehefrau gegen die Klägerin auf Erfüllung von Vertragspflichten oder auf Schadensersatz wegen Nichterfüllung, wie er mit der Widerklage geltend gemacht worden ist (Anspruch auf vorschußweise Zahlung der Kosten für die Herstellung einer Wasserversorgungsanlage, Schaden infolge des Ausfalls von etwa 5500 Bruteiern wegen Nichtlieferung von 100 Zuchtenten, Schaden wegen der mangelhaften Entwicklung und wegen des Abgangs von Tieren infolge Wassermangels, wegen Zurückhaltung der für die Durchführung der Brüterei erforderlichen Kennkarten) ausgeschlossen.

Den Anspruch der Beklagten aus dem Kaufvertrag über das Geflügel und Inventar, wenn man diesen mit dem Berufungsgericht im besondern wegen Bestätigung durch die Vertragsparteien (§ 141 BGB) als bestehend ansehen will, auf Gewährleistung für Mängel der verkauften Sachen (§§ 459 ff. BGB) hat das Berufungsgericht wegen fehlenden Nachweises des Vorhandenseins eines Mangels oder Fehlers von verkauften Tieren zur Zeit des Vertragsschlusses, aber auch wegen Verjährung (§ 477 BGB) verneint; es hat dabei ein arglistiges Verhalten der Klägerin für nicht bewiesen erachtet. – Was die Revision in letzter Richtung gegen das Urteil vorbringt, bewegt sich im wesentlichen auf dem der Nachprüfung in der Revisionsinstanz nicht zugänglichen tatsächlichen Gebiete, berührt überdies nicht die Feststellung des Berufungsgerichts, daß die behaupteten Mängel der verkauften Tiere nicht nachgewiesen sind.

Der Angriff der Revision auf die Verneinung eines Verschuldens der Klägerin beim Vertragsschluß enthält im Grunde nur eine Kritik an der tatrichterlichen Würdigung des in Betracht kommenden Sachverhalts, die in dieser Instanz nicht beachtlich ist. Eine beachtliche Verfahrensrüge ist nicht vorgebracht worden. Die Rüge der Nichtbeachtung des Vorbringens der Beklagten in den Schriftsätzen vom 28. Oktober 1942, vom 17. und 30. Juli 1943 entbehrt der zu erfordernden Bestimmtheit. Im übrigen ist auch nicht anzunehmen, daß das Berufungsgericht dieses Vorbringen bei seiner Gesamtwürdigung nicht berücksichtigt hätte.

Die in der Widerklage insoweit zusammengefaßten Forderungen der beklagten Ehefrau sind hiernach ohne Rechtsirrtum für nicht bestehend erklärt worden, woraus sich die Unbegründetheit dieses Teils der Widerklage ergibt.

Die Revision ist nach alledem unbegründet.

---

23. Das Vorbringen eines die Restitutionsklage nach § 580 ZPO begründenden Umstandes, so insbesondere das Auffinden einer Privaturkunde nach Schluß der mündlichen Verhandlung vor dem BG (§ 580 Nr. 7 b), ist auch noch in der Revisionsinstanz zulässig und beachtlich. Die in dem Urteil RGZ 11, 365 vertretene abweichende Ansicht wird nicht aufrechterhalten.

ZPO §§ 561, 580 Nr. 7 b, 582.

IV. Zivilsenat. Urt. vom 29. März 1944 (IV 314/1943).

I. Landgericht Ravensburg.
II. Oberlandesgericht Stuttgart.

In Sachen der Ehefrau A. I. M. S. geb. B. in Ravensburg, Beklagten, Widerklägerin und Revisionsklägerin, Prozeßbevollmächtigter: Rechtsanwalt Dr. Schoffer in Leipzig,

gegen

den Kaufmann A. S. in Ravensburg, z. Zt. Obergefreiter bei der Schiffsstammabteilung in Sennheim (Elsaß), Kläger, Widerbeklagten und Revisionsbeklagten, Prozeßbevollmächtigter: Rechtsanwalt Justizrat Huber in Leipzig, hat das Reichsgericht, IV. Zivilsenat auf die mündliche Verhandlung vom 29. März 1944 unter Mitwirkung des Senatspräsidenten Dr. Jonas und der Reichsgerichtsräte Dr. Hofmann, Dr. Lippert, Schwegmann und Dr. Schrutka für Recht erkannt:

Das Urteil des 2. Zivilsenats des Oberlandesgerichts in Stuttgart vom 25. November 1943 wird aufgehoben.

Die Sache wird zur Verhandlung und Entscheidung, auch über die Kosten der Revisionsinstanz, an das Berufungsgericht zurückverwiesen. – Von Rechts wegen

Tatbestand

Die Parteien haben am 8. Juli 1940 die Ehe miteinander geschlossen, aus der ein Sohn hervorgegangen ist. Der Kläger, der am 31. August 1940 zur Kriegsmarine eingezogen wurde, bisher aber nur zu Lande, zunächst in Wilhelmshaven, dann in Lindau und später wieder in Norddeutschland Verwendung fand, hat die Scheidung der Ehe beantragt wegen grundloser Verweigerung des ehelichen Verkehrs durch die Beklagte, wegen ihres lieblosen Verhaltens ihm gegenüber allgemein in der Zeit nach seiner Einberufung zum Wehrdienst und besonders während seines Aufenthalts in Lindau und seiner Erkrankung dort, ferner wegen ihm gegenüber zum Ausdruck gebrachter Mißachtung und Beleidigung sowie wegen Veranlassung der Beobachtung seiner Person durch eine Auskunftei.

Die Beklagte hat Abweisung der Klage beantragt und Widerklage auf Scheidung der Ehe aus Verschulden des Klägers erhoben. Sie hat ein ehewidriges Verhalten gegenüber dem Kläger bestritten und ihrerseits geltend gemacht, der Kläger habe, wie er ihr selbst erklärt habe, durch unlautere Mittel seine Befreiung vom Frontdienst erreicht; dadurch habe sie die Achtung vor ihm verloren. Er habe in der Nacht des 31. Januar 1943, als er trotz eines vorausgegangenen Streites von ihr ehelichen Verkehr verlangt habe, den sie ihm versagt habe, sie aus dem Bett geworfen, die Nachttischlampe zerschlagen und die gotteslästerliche Äußerung getan: „wenn es einen Herrgott gäbe, so solle ihn der am Arsch lecken". In der Neujahrsnacht 1941/1942 habe er sie durch eine Ohrfeige mißhandelt, was sie ihm allerdings verziehen habe. Im Laufe des Rechtsstreits habe er ihr zu Unrecht Abtreibung vorgeworfen.

Das Landgericht hat auf die Klage und die Widerklage die Ehe geschieden und beide Ehegatten für schuldig an der Scheidung erklärt. Das Berufungsgericht hat die Berufung der Beklagten, die sich nur gegen den Schuldausspruch wendete und darauf abzielte, den Kläger für überwiegend schuldig an der Scheidung zu erklären, zurückgewiesen, das Urteil auf die Berufung des Klägers aber dahin abgeändert, daß die Ehe auf die Klage geschieden, die Beklagte für schuldig an der Scheidung erklärt und die Widerklage abgewiesen.

Die Revision der Beklagten wendet sich gegen die Abweisung der Widerklage und des Antrags, den Kläger für überwiegend schuldig an der Scheidung zu erklären. Der Kläger hat um Zurückweisung der Revision gebeten.

Entscheidungsgründe

Zur Beurteilung steht nur noch die Widerklage auf Scheidung und der Antrag, den Kläger für überwiegend schuldig an der Scheidung zu erklären.

Keinem Rechtsbedenken begegnet die Auffassung des Berufungsgerichts, daß das Verhalten des Klägers in der Nacht vom 31. Januar 1943, insbesondere die ihm vorgeworfene, im Tatbestand näher wiedergegebene Äußerung, in der es nur einen im Zorn ausgestoßenen Fluch über die Weigerung des ehelichen Verkehrs durch die Beklagte erblickt hat, keine schwere Eheverfehlung im Sinne des § 49 Satz 2 EheG darstelle, daß die Beklagte aber jedenfalls daraus kein Recht auf Scheidung der Ehe herleiten könne, weil das Verhalten des Klägers im unmittelbaren Zusammenhang mit der, eine erhebliche Eheverfehlung darstellende, Verweigerung des ehelichen Verkehrs gestanden habe und aus diesem Grunde das Scheidungsbegehren der Beklagten bei richtiger Würdigung des Wesens der Ehe sittlich nicht gerechtfertigt wäre (§ 49 Satz 2 EheG, vgl. auch RGZ Bd. 167 S. 265). Die Beurteilung jener Äußerung durch das Berufungsgericht, die die Revision bemängelt, ist nach den gegebenen Umständen rechtsbedenkenfrei. Ebenso ist rechtlich die Annahme nicht zu beanstanden, daß es letztlich wegen der Verweigerung des ehelichen Verkehrs durch die Beklagte zum Streit gekommen ist. Das hat das Berufungsgericht der eigenen Darstellung der Beklagten von dem Vorfall entnehmen können.

Frei von Rechtsirrtum ist auch die Ansicht, daß die vom Kläger gegen die Beklagte am 18. März 1943 in Lindau ausgesprochene Verwünschung: „Fluch soll über dich kommen, es soll dir so schlecht gehen, wie du es mir gemacht hast", nach dem überaus kränkenden Verhalten der Beklagten ihm gegenüber bei jenem Besuche nach § 49 Satz 2 EheG keinen Grund zur Scheidung abgeben könne. Auch diese Äußerung stand also im unmittelbaren Zusammenhang mit einer erheblichen Ehewidrigkeit der Beklagten.

Das Berufungsgericht hat dann noch selbst geprüft, ob weitere Eheverfehlungen des Klägers gegeben seien, auf die in Rücksicht auf die im § 57 Abs. 1 EheG bestimmte Frist von 6 Monaten die Widerklage nicht mehr unmittelbar gestützt werden könne, die aber etwa zu den Eheverfehlungen des Klägers in der Nacht des 31. Januar und am 18. März 1943 zur Unterstützung herangezogen werden könnten und geeignet wären, zusammen mit diesen das Verlangen auf Scheidung zu rechtfertigen (§ 59 Abs. 2 EheG). Es hat diese Frage ohne Rechtsirrtum verneint. Den wesentlichen Vorwurf, den die Beklagte dem Kläger gemacht habe und der an sich einen Grund mit zur Scheidung der Ehe hätte abgeben können, nämlich den der Drückebergerei vor der Front, hat es nach den Erklärungen der Militärdienststellen des Klägers als nicht gerechtfertigt angesehen.

Die Revision rügt demgegenüber, daß das Berufungsgericht nicht zu einer eidlichen Vernehmung der Beklagten gelangt sei. Es hätte erwägen müssen, daß die Vernehmung des Klägers zu der Frage seiner Drückebergerei vor der Front aus naheliegenden Gründen eine wahrheitsgemäße Aussage weniger habe erwarten lassen als diejenige der Beklagten. Die Rüge ist nicht begründet. Das Berufungsgericht hatte, wie bemerkt, schon aus den vom Kläger vorgelegten Erklärungen seiner Militärdienststellen die Überzeugung geschöpft, daß jener Vorwurf nicht gerechtfertigt sei. Bei der persönlichen Vernehmung der Parteien hat es weiter den Eindruck gewonnen, daß die Beklagte in ihren Angaben nicht glaubwürdiger sei als der Kläger. Es war dann Sache tatrichterlicher Beurteilung und Entscheidung, ob eine der Parteien auf ihre Aussage gemäß § 452 in Verbindung mit § 448 ZPO zu beeidigen sei oder nicht und es ist insbesondere rechtlich nicht zu beanstanden, daß es von der Beeidigung der beweispflichtigen Beklagten abgesehen hat. Daß es dabei die im ersten Rechtszuge näher erörterte und zum Gegenstande der Beweiserhebung gemachte unrichtige Angabe des Klägers vor der Eheschließung über die Zahl seiner Geschwister und seine Angabe über sein politisches Märtyrertum (Beweisprotokoll vom 30. August 1943, Schriftsatz des Klägers vom gleichen Tage) nicht besonders beachtet habe, wie die Revision geltend macht, ist nicht anzunehmen.

Weiter hat das Berufungsgericht festgestellt, daß die Beklagte die – als richtig unterstellte – Äußerung des Klägers zu ihr alsbald nach seiner Einberufung zur Kriegsmarine, er habe, um nicht auf ein Kriegsschiff zu kommen, Farbenblindheit und Schwerhörigkeit vorgetäuscht, nicht als eine Eheverfehlung empfunden hat; denn sie hätte sie nach ihrer eigenen Darstellung nicht zurückgewiesen und ihm deswegen keinen Vorwurf gemacht. Sie hätte sich, so ist weiter festgestellt, aus jener Äußerung nichts gemacht, wenn der Kläger nur einen höheren militärischen Rang erreicht hätte, insbesondere Offizier geworden wäre, wie der Verlobte ihrer Freundin. Die Beibringung eines unrichtigen ärztlichen Zeugnisses für seine Versetzung nach Lindau, in größere Nähe seiner Frau, hat der Kläger nach der im Urteil getroffenen Feststellung von der Beklagten nicht verlangt.

Es handelt sich um tatrichterliche Würdigung, die zu Unrecht von der Revision mit dem Hinweis darauf angegriffen werden, daß sonst, auch nach der Auffassung des Berufungsgerichts, gemäß allgemeiner Lebenserfahrung eine gesund empfindende Frau durch das Bewußtsein, mit einem Drückeberger verheiratet zu sein, nicht nur in ihrer ihrem Ehemann schuldigen Achtung beeinträchtigt werde, sondern auch selbst in der Achtung anderer Volksgenossen, die von der Drückebergerei Kenntnis erlangten, zu sinken befürchten müsse. Hier greift der vom Berufungsgericht angeführte Grund für seine Ansicht über die Einstellung der Beklagten ebenfalls durch.

Die Revision hat noch vorgebracht, die Beklagte habe nach Schluß der mündlichen Verhandlung vor dem Berufungsgericht, dem 11. November 1943, ein von dem Kläger herrührendes, für Frau G.B. in Ravensburg bestimmtes Schriftstück folgenden Inhalts aufgefunden.

„Für mein Gretchen!

Weiteres folgt später.

Bitte verschließe die Gastzimmertür sehr gut und vergiß die Sicherung nicht, nimm am besten immer einen Zeugen mit, wo bestätigt wird, daß dieselbe gut verschlossen war und gebe die Schlüssel Schneidermeister M. zurück. Toni"

Sie hat danach die Widerklage auf Scheidung auch auf ehewidrige Beziehungen des Klägers zu Frau B. gestützt und sich zum Beweise für diese Beziehungen auf Frau B. als Zeugin berufen.

Dieses Vorbringen über das Auffinden des Schriftstücks, das nur zur weiteren Stützung der auf ehewidriges Verhalten des Klägers gegründeten Widerklage dienen soll, würde, wenn die Behauptung über den Zeitpunkt der Auffindung der Privaturkunde richtig ist, und wenn dieses Schreiben aus der Zeit vor der letzten mündlichen Verhandlung vor dem Berufungsgericht stammt, geeignet sein, gegen das die Widerklage rechtskräftig abweisende Urteil in diesem Rechtsstreit die Restitutionsklage nach § 580 Nr. 7 b, § 582 ZPO zu begründen. Es ist noch in der Revisionsinstanz zu berücksichtigen. Das Gesetz (§ 582 ZPO) verlangt von der Partei, daß sie den Restitutionsgrund, soweit sie dazu imstande ist, in dem ersten Rechtsstreit geltend macht, und es entzieht ihr die Möglichkeit, die Restitutionsklage zu erheben, wenn sie das schuldhaft unterläßt. In Auslegung dieser Bestimmung hat die Rechtsprechung des Reichsgerichts (RGZ Bd. 150 S. 392 [395/396], Bd. 153 S. 65 [69/70], Bd. 156 S. 70 [78 ff.]) die Partei für berechtigt erklärt, beim Vorliegen der Voraussetzungen für die Restitutionsklage sonst bindende Prozeßhandlungen, wie ein Anerkenntnis (§ 507 ZPO) oder die Zurücknahme eines Rechtsmittels (§ 515 ZPO), zu widerrufen. In Weiterverfolgung dieses Rechtsgedankens muß, zur Verhütung des rechtskräftigen Abschlusses des ersten Rechtsstreits und zur Vermeidung eines neuen Rechtsstreits wie dort, das Vorbringen eines Restitutionsgrundes noch in der Revisionsinstanz für zulässig erachtet werden. § 561 ZPO steht dem neuen tatsächlichen Vorbringen in diesem besonderen Falle nicht entgegen. Die in dem früheren Urteil RGZ Bd. 11 S. 365 vertretene abweichende Auffassung, die aus der im § 561 ZPO festgelegten Natur der Revision und aus der Nichterwähnung der Revision neben dem Einspruch und der Berufung im § 582 ZPO (früher § 545 ZPO) die Unbeachtlichkeit eines Restitutionsgrundes in der Revisionsinstanz gefolgert hat, kann nicht aufrechterhalten werden. Es liegt, was übrigens in jener Entscheidung auch nicht verkannt ist, im Sinne einer vernünftigen Prozeßökonomie, Wiederaufnahmegründe nach Möglichkeit noch in einem anhängigen Rechtsstreit zu erledigen. Die Beurteilung der Begründetheit des Restitutionsgrundes ist freilich Sache des Berufungsgerichts als der Tatsacheninstanz, an das die Sache zu diesem Zwecke zurückzuverweisen ist.

Während somit vorliegendenfalls die Rechtsrügen der Revision unbegründet sind, mußte das Vorbringen über die Auffindung der Privaturkunde zur Aufhebung des Urteils, soweit darin über die Widerklage erkannt und die Beklagte für allein schuldig an der Scheidung erklärt worden ist und zur Zurückweisung der Sache insoweit zur weiteren Prüfung führen, ob nach dem Inhalt jenes Schriftstücks die Widerklage wegen ehewidriger Beziehungen des Klägers zu Frau B., gegebenenfalls zusammen mit den besprochenen, die Widerklage für sich allein nicht stützenden Eheverfehlungen des Klägers, begründet ist. Neben der Berücksichtigung jenes Schriftstücks ist aber, wie zu bemerken ist, eine Beweiserhebung etwa durch Vernehmung der Frau B. als Zeugin über die ehewidrigen Beziehungen des Klägers zu ihr nicht zulässig. Die Beurteilung hat vielmehr allein an Hand der neu aufgefundenen Urkunde zu erfolgen.

---

24. Keine Anrechnung (Vorteilsausgleichung) der durch den Tod der Frau ersparten Aufwendungen auf den Anspruch aus § 845 BGB.

BGB § 845.

V. Zivilsenat. Urt. vom 4. April 1944 (V 90/1943).

I. Landgericht Saarbrücken.
II. Oberlandesgericht Köln.

In Sachen des Maurers Quirin *Schmitt* in Wolsfeld, Kreis Bittburg, Klägers und Revisionsklägers, Prozeßbevollmächtigter: Rechtsanwalt Dr. Petersen in Leipzig,

gegen

die *Deutsche Reichsbahn*, vertreten durch die Reichsbahndirektion in Saarbrücken, Beklagte und Revisionsbeklagte, Prozeßbevollmächtigter: Rechtsanwalt Justizrat Huber in Leipzig, hat das Reichsgericht, V. Zivilsenat, auf die mündliche Verhandlung vom 4. April 1944 durch den Senatspräsidenten Dr. Brandis und die Reichsgerichtsräte Witthöft, Böhmer, Neuß und Dr. Hackl für Recht erkannt:

Unter Zurückweisung der weitergehenden Revision wird das Urteil des 6. Zivilsenats des Oberlandesgerichts in Köln vom 27. März 1943 insoweit aufgehoben, als es die vom Kläger geforderte Rente in Höhe von monatlich 35 RM abgewiesen und über die Kosten entschieden hat, und es wird demgemäß die angefochtene Entscheidung dahin abgeändert, daß die von dem Berufungsgericht dem Kläger zuerkannte Rente

zu 1) von 85 RM auf 120 RM,
zu 2) von 70 RM auf 105 RM,
zu 3) von 55 RM auf 90 RM,
zu 4) von 45 RM auf 80 RM
monatlich erhöht wird.

Die Kosten des Rechtsstreits werden zu einem Viertel dem Kläger, zu drei Vierteln der Beklagten auferlegt. – Von Rechts wegen

Tatbestand

Der Kläger nimmt die Beklagte auf Zahlung einer Rente in Anspruch, weil seine Ehefrau am 14. Dezember 1939 auf dem Bahnhof in Wolsfeld tödlich verunglückt ist. Sein auf Organverschulden der Beklagten gestützter Anspruch auf Ersatz der ihm entgehenden Dienste der Frau ist rechtskräftig dem Grunde nach für gerechtfertigt erklärt worden. Im Betragsverfahren hat das Landgericht zunächst durch Anerkenntnisurteil die Beklagte zur Zahlung von 270,– RM nebst Zinsen und zur Zahlung einer Rente von monatlich 45 RM vom 14. Juni 1940 bis zum 9. März 1958 verurteilt. Durch Urteil vom 27. Oktober 1942 hat es die Verurteilung zur Zahlung von 270,– RM nebst Zinsen wiederholt und die Dauer der Rente bis zum 31. März 1961, spätestens bis zur Wiederverheiratung des Klägers ausgedehnt, den Kläger aber mit seiner weitergehenden Klage abgewiesen.

Das Oberlandesgericht hat auf die Berufung des Klägers unter Zurückweisung seines weitergehenden Begehrens unter Einbeziehung der im Anerkenntnisurteil ausgesprochenen Verurteilung die Beklagte verurteilt, dem Kläger folgende Beträge monatlich im voraus, längstens bis zu seiner Wiederverheiratung zu zahlen: 1. vom 14. Dezember 1939 bis zum 31. Dezember 1942: 85,– RM sowie einmalig 4 v. H. Zinsen von 510,– RM für die Zeit vom 1. November 1940 bis zur Zahlung, 2. vom 1. Januar 1943 bis zum 31. Dezember 1945: 70,– RM, 3. vom 1. Januar 1946 bis zum 31. Dezember 1947: 55,– RM, 4. vom 1. Januar 1948 bis zum 31. März 1961: 45,– RM. Auf diese Beträge sollen die von der Beklagten bereits geleisteten Zahlungen angerechnet werden.

Das Oberlandesgericht nimmt zugunsten des Klägers an, daß der Wert der Dienste, die ihm entgangen seien, für die erste Zeit auf monatlich 120 RM zu schätzen sei, daß aber die Arbeitskraft der sehr fettleibigen und mit einem Herzfehler behafteten Frau sich von der Erreichung des 50. Lebensjahres an ständig vermindert haben würde, daß auch der Haushalt des Klägers schon kurz nach dem Tode der Frau infolge Ausscheidens der herangewachsenen Kinder begonnen habe, sich zu verkleinern, und daß sich dadurch die Arbeit ständig vermindert habe. So gelangt es zu der Schätzung, daß der monatliche Wert der Dienste sich von Anfang 1943 an um 15,– RM, von Anfang 1946 an um weitere 15,– RM und von Anfang 1948 an um weitere 10,– RM vermindert haben würde. Ferner nimmt es an, daß der Kläger die Aufwendungen, die er für den Unterhalt seiner Frau zu machen gehabt hätte und deren Höhe es auf 35,– RM monatlich schätzt, sich auf die beanspruchte Rente anrechnen lassen müsse.

Gegen dieses Urteil, das am 9. April 1943 zugestellt ist, hat der Kläger erst am 8. Juni 1943 Revision eingelegt. Er hat aber schon mit einem am 24. April 1943 eingegangenen Schriftsatz das Armenrecht für das Revisionsverfahren nachgesucht. Nachdem ihm durch den am 3. Juni 1943 zugestellten Beschluß vom 29. Mai 1943 das Armenrecht versagt worden war, hat er auf eigene Kosten 5 Tage nach der Zustellung des Beschlusses Revision eingelegt mit dem Antrage auf Gewährung der Wiedereinsetzung in den vorigen Stand. Zur Sache verfolgt er mit der Revision seinen Anspruch auf eine Rente von 120,– RM monatlich für die ganze Zeit bis zum 31. März 1961 weiter. Die Beklagte bittet um Zurückweisung der Revision.

Entscheidungsgründe

I. Da das Gesuch des Klägers um Bewilligung des Armenrechts mehr als zwei Wochen vor Ablauf der Revisionsfrist eingegangen ist, hat er das Gesuch rechtzeitig gestellt. Da gegen sein Unvermögen kein Bedenken besteht, muß ihm zugegeben werden, daß ihm nicht zuzumuten war, vor der Entscheidung über sein Gesuch auf eigene Kosten Revision einzulegen. Er durfte vielmehr die Entscheidung über sein Gesuch abwarten. Daß diese Entscheidung ihm erst am 3. Juni 1943 zugestellt worden ist, war ein für ihn unabwendbarer Zufall. Nach der Zustellung des Beschlusses ist die Revision mit aller gebotenen Beschleunigung eingelegt worden. Dem Kläger war daher die rechtzeitig beantragte Wiedereinsetzung nach §§ 233 ff. ZPO zu erteilen.

II. Die Revision rügt als rechtsirrig die Annahme des Berufungsgerichts, daß sich der Wert der Dienste der Ehefrau nach und nach um 35,– RM vermindert haben würde. Die Rüge ist nicht begründet. Das Berufungsgericht geht davon aus, daß die Ehefrau am Tage des Unfalls 46 3/4 Jahre alt gewesen sei, und daß sie nach der von dem Kläger bei seiner Parteivernehmung gemachten Angabe etwa 2 Ztr. gewogen und an einem Herzfehler gelitten habe. Wenn das Berufungsgericht den Kläger an dieser seiner Angabe festhält, so ist das rechtlich nicht zu beanstanden. Das Berufungsgericht vermißt mit Recht eine Begründung für seine spätere Behauptung, daß er bei seiner Vernehmung mißverstanden worden sei. Das Berufungsgericht hat nicht übersehen, daß die Frau nach der unter das Zeugnis des Amtsbürgermeisters, des Ortsbürgermeisters, des Ortsbauernführers und des Kreiszuchtinspektors gestellten Behauptung von diesen Zeugen für eine gesunde Frau gehalten worden ist, ihren sechsköpfigen Haushalt ohne fremde Hilfe besorgt, bis zum Jahre 1934 zehn Jahre lang noch dazu einen Kostgänger verpflegt und fünfzehn Jahre lang eine Kreisziegenbockstation unterhalten hat, und daß es ferner ihrer Tüchtigkeit zu verdanken gewesen ist, daß der Kläger in der Ehe sein Haus und 3 Parzellen Land erworben hat. Das Berufungsgericht sagt vielmehr ausdrücklich, die Angaben des Klägers über die Arbeits- und Schaffensfreudigkeit der Frau seien nicht bestritten, jedenfalls nicht widerlegt und könnten deshalb auch zur Bemessung des Wertes der von ihr geleisteten Dienste herangezogen werden. Das schließt aber nicht aus, daß, wie das Berufungsgericht annimmt, die Arbeitskraft der Frau bei ihrem hohen Körpergewicht und ihrem Herzfehler sich von der Erreichung des 50. Lebensjahres an nach und nach vermindert haben würde.

Es besteht auch kein Bedenken gegen die Berücksichtigung der rein tatsächlichen Annahme des Berufungsgerichts, daß der Umfang der Tätigkeit der Frau sich durch das Ausscheiden heranwachsender Kinder aus dem Haushalt allmählich vermindert haben würde, und es kann nicht die Rede davon sein, daß der Umfang der Dienste, die die Frau dem Manne zu leisten verpflichtet gewesen sein würde, sich durch das Ausscheiden der Kinder nicht vermindert hätte, sondern daß sie verpflichtet gewesen sein würde, dann dem Kläger um so mehr Dienste bei der Bearbeitung von Land und Garten zu leisten. Gerade nach einem so arbeitsreichen Leben, wie es die Frau nach der Darstellung des Klägers geführt hat, hätte sie vom 50. Lebensjahre ab einen Anspruch auf ein etwas geruhsameres Leben gehabt.

Mit seiner tatsächlichen Würdigung der Angaben des Klägers und der sich darauf stützenden Schätzung des vermutlichen Rückgangs der Arbeitsleistung der Frau hält sich das Berufungsgericht ganz im Rahmen des § 287 ZPO.

III. Begründet ist dagegen die Rüge der Revision, daß das Berufungsgericht entgegen der Rechtsprechung des Reichsgerichts, insbesondere seiner Entscheidung in RGZ Bd. 152 S. 208 angenommen hat, der Kläger müsse sich auf den Anspruch aus § 845 BGB anrechnen lassen, was er durch den Tod der Frau an Aufwendungen für ihren Lebensunterhalt erspare. Das Berufungsgericht weicht in dieser Rechtsfrage ausdrücklich von der erwähnten Entscheidung des Reichsgerichts ab; es folgt den Ausführungen von Carl (JW 1939 S. 1696) und Wussow (DR 1939 S. 979) und dem Urteil des Oberlandesgerichts Hamm vom 8. Januar 1940 (DR 1940 S. 1192 Nr. 8) und führt aus, der Anspruch des Mannes auf Ersatz des Wertes der ihm entgehenden Dienste der Frau sei ein reiner *Schadens*ersatzanspruch und dürfe nur nach vermögensrechtlichen Grundsätzen beurteilt werden; er bestehe auch dann, wenn die Ehe getrübt sei, ja sogar wenn die Frau sich von dem Manne getrennt habe. Im übrigen verweist das Berufungsgericht auf die Darlegungen in dem genannten Urteil des Oberlandesgerichts Hamm und bei Wussow, Unfallrecht, 2. Aufl. Seite 144 ff., denen es „in allen Punkten beitritt". Diese Darlegungen können jedoch nicht als stichhaltig anerkannt werden. Da das angefochtene Urteil ebenso wie das Urteil des

Oberlandesgerichts Hamm sich im wesentlichen auf die Ausführungen von Wussow und Carl stützt, erscheint es geboten, sich zunächst mit diesen Ausführungen zu befassen, und zwar eingehender, als es die Oberlandesgerichte getan haben.

Die Entscheidung der Frage hängt davon ab, ob man sich an den nach der Auffassung des Reichsgerichts mit voller Absicht gewählten Wortlaut des § 845 BGB hält, oder ob man mit der Gegenmeinung annimmt, daß das Gesetz – entgegen seinem Wortlaut – dem Dritten einen Anspruch habe geben wollen, der sich nach den allgemeinen Regeln des Schadensersatzes (§§ 249 ff. BGB) zu richten hätte und auf den dann natürlich auch die Grundsätze über Vorteilsausgleichung anzuwenden wären. Keiner der Vertreter dieser Gegenmeinung hat einen einleuchtenden Grund dafür angeben können, weshalb das Wort „Schadensersatz" in dem sog. revidierten Entwurf des BGB vom Bundesrat in „Ersatz" geändert worden ist. Um eine bloße Ungenauigkeit im Ausdruck kann es sich bei Verwendung des Wortes „Ersatz" nicht handeln, eben weil dieser Ausdruck erst durch Änderung der früheren Fassung ins Gesetz gekommen ist. Die Änderung muß einen bestimmten Zweck verfolgt haben; es kann nicht angenommen werden, daß der Bundesrat an der aus wiederholten Beratungen der Gesetzgebungskommissionen hervorgegangenen Fassung grundlos und ohne eine bestimmte gesetzgeberische Absicht Änderungen vorgenommen haben sollte. Wenn Carl (JW 1938 S. 1698 Sp. 1) demgegenüber geltend macht, die Bestimmung des § 845 BGB stehe unter dem Titel „Schadensersatz wegen unerlaubter Handlungen" und meint (Sp. 2), der Hinweis auf die Fassungsänderung ermögliche nicht den Schluß, daß damit für den Anspruch aus dieser unter dem Titel „Schadensersatz" stehenden Bestimmung die Anwendung allgemeiner Grundsätze des Schadensersatzrechtes entfalle, so genügt es darauf hinzuweisen, daß in der Überschrift des 25. Titels des BGB, unter dem der § 845 steht, das Wort Schadensersatz überhaupt nicht enthalten ist, sondern daß diese Überschrift nur lautet: „Unerlaubte Handlungen". Ähnliches gilt von der Bemerkung Wussows a.a.O. S. 148, die Grundtendenz des BGB sei es, die Schadensersatzverpflichtung des Schädigers so niedrig zu halten, wie es unter Berücksichtigung der Belange des Geschädigten irgend möglich sei; diese Tendenz ergebe sich deutlich aus § 254 Abs. 2 BGB. Das ist eine durch nichts begründete Annahme; Abs. 2 des § 254 bestimmt nur, daß die im Abs. 1 bestimmte Abwägung bei mitwirkendem Verschulden des Beschädigten auch dann stattfinden soll, wenn dessen Verschulden darin besteht, daß er es unterlassen hat, den Schädiger auf die Gefahr eines ungewöhnlich hohen Schadens aufmerksam zu machen, die der Schuldner weder kannte noch kennen mußte, oder daß er unterlassen hat, den Schaden abzuwenden oder zu mindern. Wie daraus die behauptete Tendenz hervorgehen soll, die Verpflichtung des Schädigers so niedrig wie „irgend möglich" zu halten, ist unerfindlich.

Anstatt die von Wussow für erforderlich erklärte „genauere Prüfung" der Entstehungsgeschichte des Gesetzes selbst vorzunehmen, haben nun die genannten beiden Oberlandesgerichte das, was Wussow als Ergebnis seiner Untersuchungen anführt, ohne eigene Nachprüfung als richtig hingenommen. So das Oberlandesgericht Hamm (DR 1940 S. 1193 Sp. 1 letzter Absatz) mit den Worten: „Wie schon Wussow bemerkt, ist im Entwurf nicht etwa statt des Wortes Schadensersatz nur das Wort Ersatz gesetzt. Wenn dies der Fall wäre, so könnte man der Auslegung des Reichsgerichts vielleicht folgen. Tatsächlich ist statt eines allgemeinen Schadensersatzanspruchs der Umfang des Ersatzanspruchs beschränkt worden." Aber das, was Wussow (S. 147) als Ergebnis seiner Prüfung hinstellt – daß nämlich der Bundesrat nicht einfach an die Stelle des Wortes „Schadensersatz" den Ausdruck „Ersatz", sondern daß er „an die Stelle eines allgemeinen Schadensanspruches" eine „genaue Umgrenzung dieses Anspruchs im Sinne eines Ersatzes durch Entrichtung einer Geldrente für die entgehenden Dienste" gesetzt habe –, entspricht nicht den Tatsachen. Die in dem Urteil RGZ Bd. 152 S. 208 wiedergegebenen Fassungen des sog. revidierten Entwurfs und der Reichstagsvorlage ergeben klar, daß schon der revidierte Entwurf keinen allgemeinen Schadensersatzanspruch, sondern daß er „Schadensersatz für die entgangenen Dienste durch Entrichtung einer Geldrente" geben wollte. Was also vom Bundesrat geändert worden ist, ist lediglich, daß an Stelle der Worte „für die entgangenen Dienste ... *Schadensersatz* zu leisten" die Worte getreten sind: „für die entgehenden Dienste ... *Ersatz* zu leisten".

Das Oberlandesgericht Hamm meint in seiner erwähnten Entscheidung, der Grund, weshalb statt „Schadensersatz" „Ersatz" gesagt sei, sei wahrscheinlich, daß das Wort „Ersatz" im Zusammenhang des Wortlautes mehr dem Sprachgebrauch entspreche. Auch diese Erwägung ist verfehlt. Bei ihr ist offenbar übersehen worden, daß der unmittelbar vorhergehende § 844 BGB den Wortlaut beibehalten hat, der vermeintlich aus Gründen der Anpassung an den Sprachgebrauch aus dem § 845 BGB entfernt worden sein soll. Im § 844 heißt es im zweiten Absatz: „...so hat der Ersatzpflichtige dem Dritten *durch Entrichtung einer Geldrente* insoweit *Schadensersatz zu leisten*, als ...". Es fehlt jeder Grund, anzunehmen, daß die Justizkommission des Bundesrats die Worte „durch Entrichtung einer Geldrente Schadensersatz zu leisten" in dem § 844 hätte stehen lassen, wenn sie dieselben Worte in dem § 845 zu dem Zwecke abgeändert hätte, sie dem angeblichen Sprachgebrauch anzupassen. Vielmehr verstärkt die Tatsache, daß der Bundesrat jene Fassung in dem § 844 hat stehen lassen, die Gründe für die Annahme, daß er mit der Änderung der Fassung des § 845 eine sachliche Änderung hat herbeiführen wollen.

Unbegründet ist auch die Ansicht Wussows, daß das Reichsgericht das, was es aus der Entstehungsgeschichte beweisen wolle, „von vornherein unbewiesen unterstelle" mit den Worten, es dürfe angenommen werden, daß die Abänderung des Wortlauts auf die vom Reichsgericht angestellten Erwägungen zurückgeführt werden müsse. Das Reichsgericht stellt vielmehr in seiner erwähnten Entscheidung ausdrücklich fest, daß in der Denkschrift zu dem Bundesratsentwurf sich nichts darüber finde, welche Gründe für die Abänderung der Fassung bestimmend gewesen seien. Es erwägt dann, welche Gründe dafür hätten sprechen können, im Falle des § 845 anstatt eines den allgemeinen Vorschriften der §§ 249 ff. unterliegenden Schadensersatzanspruchs einen Anspruch auf einen Wertersatz für die entgehenden Dienste zu gewähren. Dabei weist es die damals von der Revision vertretene Ansicht zurück, daß im Falle der Tötung einer Ehefrau die Beendigung der Ehe deshalb als Vorteil für den Ehemann anzusehen sei, weil mit der Ehe Aufwendungen für den Unterhalt der Frau verbunden gewesen seien und weist auf die besondere Natur der Ehe hin, bei der das, was jeder Teil von dem andern gebe und empfange, nicht in ein Verhältnis von Leistung und Gegenleistung gebracht werden könne. Es verweist darauf, daß der Unterhalt nicht Entgelt für die geleisteten oder zu leistenden Dienste sei, sondern, wie schon in der Entscheidung vom 18. Oktober 1934 (JW 1935 S. 117 Nr. 7) gesagt sei, die Unterhaltspflicht selbständig und unabhängig von der Verpflichtung zur Leistung von Diensten bestehe. Aus diesen nahe liegenden Erwägungen entnimmt das Reichsgericht die Vermutung, daß für die vom Bundesrat beschlossene Abänderung *ähnliche* Erwägungen bestimmend gewesen seien; weitere Gründe des Reichsgerichts für diese Annahme folgen unmittelbar danach in den nächsten Sätzen jener Entscheidung (RGZ Bd. 152 auf S. 212).

Wussow (a. a. O. S. 146) ist geneigt, die die Auffassung des Reichsgerichts tragende Tatsache, daß der Bundesrat die Fassung abgeändert hat, überhaupt beiseite zu schieben. Damit kann er jedoch die Richtigkeit seiner Ausführungen nicht dartun. Eine Erklärung dafür, was der Bundesrat mit der Änderung bezweckt haben könnte, versucht er nicht. Richtig sagt er zwar, daß BGB spreche von bloßem Ersatz da, wo nicht ein Schaden durch eine Leistung ersetzt, sondern wo bestimmte Geldwerte erstattet werden sollen, so z. B. bei Ersatz von Aufwendungen in den §§ 256, 670 u. a. Weshalb dann trotzdem im § 845 unter dem Ersatz für die entgehenden Dienste etwas anderes zu verstehen sein soll, als die Erstattung des Wertes der Dienste, ist nicht einzusehen. Wussow (a. a. O. S. 147 f.) versucht dieser Frage durch die Behauptung auszuweichen, daß die Terminologie des BGB nicht einheitlich sei, und daß deshalb die Verwendung des Wortes „Ersatz" im § 845 keine Schlüsse auf Art und Umfang der Erstattungspflicht zulasse. Aber auch das, was er hierfür als Beweis vorbringt, erweist sich bei der gebotenen Überprüfung als nicht stichhaltig.

Er sagt, interessant sei die Feststellung, daß das BGB im § 250, d. h. unmittelbar bei der Definition des Schadensbegriffs, von „Ersatz in Geld" spreche, obwohl an dieser Stelle am ersten von „Schadensersatz" hätte gesprochen werden müssen. Dazu ist zu bemerken: Der § 250 steht in engstem Zusammenhang mit dem unmittelbar vorhergehenden § 249 Satz 1, der dem zum Schadensersatz Verpflichteten grundsätzlich Wiederherstellung in Natur auferlegt. Er bietet dem Gläubiger für die Schadensfälle des § 249 Satz 1 das Mittel, durch Fristsetzung die Ungewißheit darüber, ob der Schadensersatzpflichtige den früheren Zustand wiederherstellen werde, zu beendigen und nach fruchtlosem Fristablauf anstatt der Wiederherstellung „den Ersatz in Geld" zu verlangen. Weshalb da von *Schadens*ersatz in Geld hätte gesprochen werden müssen, ist unerfindlich. Was gemeint ist, kann nicht zweifelhaft sein: anstatt des Schadensersatzes in Natur der Ersatz des Schadens in Geld.

Wussow sagt: „Selbst in § 249, der den Begriff des Schadenersatzes definiert, ist in Satz 1 im letzten Satzteil von Ersatz, nicht von Schadensersatz die Rede." Daß hier das Wort „Ersatz" im letzten Satzteil die nicht mißzuverstehende kürzere Wiederholung des im ersten Satzteil gebrauchten Wortes Schadensersatz ist, liegt auf der Hand und kann nicht ernstlich in Zweifel gezogen werden. Wenn Wussow ferner betont, es heiße in § 251 BGB „der Ersatzpflichtige" nicht der „Schadensersatzpflichtige", so berücksichtigt er nicht, daß in demselben § 251 im ersten Absatz von „Entschädigung" und „Entschädigen" und im zweiten Absatz noch einmal von „Entschädigen" gesprochen wird. Und wenn er sagt, in § 253 sei statt von Schadensersatz oder Ersatz von „Entschädigen" die Rede, so verkennt er, daß Entschädigen nichts anderes bedeuten kann, als Ersetzen eines entstandenen Schadens.

Wenn er weiter sagt, auch § 254 spreche von Ersatz, nicht von Schadensersatz, so beachtet er nicht, daß diese Vorschrift mit den Worten beginnt: „Hat bei der Entstehung des *Schadens* ein Verschulden des Geschädigten mitgewirkt". Daß hier das Wort Ersatz den Ersatz des Schadens bedeutet, bedarf keiner näheren Ausführung; die Fassung „zum Ersatz des Schadens" wäre als schwerfällig empfunden worden.

Endlich meint Wussow, § 281 spreche von Ersatz und Ersatzanspruch, obwohl auch damit Schadensersatz und Schadensersatzansprüche gemeint seien. Letzteres ist nicht richtig. Im § 281 ist nämlich unter dem Ersatz, den der Schuldner für den geschuldeten Gegenstand erlangt hat oder auf den er einen Anspruch erlangt hat, jede Art von Ersatz zu verstehen, den der Schuldner im Falle einer Unmöglichkeit der Leistung erlangt oder zu beanspruchen hat, also z. B. auch ein für den geschuldeten Gegenstand erlangter Kaufpreis.

Entgegen der Meinung von Wussow (a. a. O. S. 148) und des Berufungsgerichts ist also keine der angezogenen Bestimmungen des BGB geeignet, zu beweisen, daß die Terminologie des Gesetzes nicht einheitlich sei und deshalb die Verwendung des Wortes Ersatz in § 845 keine Schlüsse auf Art und Umfang der Erstattungspflicht zulasse.

Ob, wie Wussow meint, sämtliche anderen Bestimmungen des 25. Titels des BGB von echten Schadensersatzansprüchen handeln oder nicht, kann unerörtert bleiben. Jedenfalls steht auch das der Annahme nicht entgegen, daß durch die Änderung, die der Bundesrat in den jetzigen § 845 gebracht und die in die endgültige Gesetzesfassung übergegangen ist, dem Dritten eine Geldrente gewährt werden sollte, die ihm für die entgehenden Dienste vollen Wertersatz bietet, die aber nicht nach den allgemeinen Grundsätzen des Schadensersatzes (§§ 249 ff.) bemessen werden sollte und sich deshalb gegebenenfalls auch nicht im Wege der Vorteilsausgleichung vermindert.

Schließlich meint Wussow (a. a. O. S. 148) – und mit ihm das Berufungsgericht –, das Reichsgericht übersehe die Bestimmung des § 846 BGB: „Hat in den Fällen der §§ 844, 845 bei der Entstehung des Schadens, den der Dritte erleidet, ein Verschulden des Verletzten mitgewirkt, so finden auf den Anspruch des Dritten die Vorschriften des § 254 Anwendung"; aus diesem Wortlaut ergebe sich der zwingende Schluß, daß § 845 einen echten Schadensersatzanspruch betreffe. Auch das ist nicht richtig. Der gesetzgeberische Grund für die Vorschrift des § 846 ist der, daß von dem Grundsatz des § 823 BGB, wonach nur der durch die unerlaubte Handlung Verletzte selbst einen Anspruch auf Schadensersatz gegen den Schädiger hat, zugunsten der in den §§ 844 und 845 bezeichneten Person eine Ausnahme gemacht werden sollte. Da in beiden Fällen der Anspruch gegen den Schädiger unmittelbar in der Person des Dritten entsteht und nicht etwa von dem Verletzten oder Getöteten auf ihn übergeht, bei diesem Anspruch also der durch die unerlaubte Handlung Verletzte oder Getötete nicht der Beschädigte im Sinne des § 254 BGB ist, andererseits der Gesetzgeber den Dritten nicht günstiger stellen wollte als den Verletzten selbst, war es erforderlich, für die beiden durch die §§ 844 und 845 geschaffenen Ausnahmefälle einer Haftung gegenüber dem geschädigten Dritten die Vorschriften des § 254 für anwendbar zu erklären. Sinn und Zweck des § 846 ist also nur, für diese Fälle zu bestimmen, daß der geschädigte Dritte sich das mitwirkende Verschulden des Verletzten oder Getöteten anrechnen lassen muß. Aber damit sagt § 846 nichts darüber, welcher Art der Anspruch sein soll, der dem Dritten in den Fällen der §§ 844 und 845 zusteht. Dies bestimmen allein die genannten beiden Paragraphen selbst, und nach dem einen (§ 844) hat der Ersatzpflichtige dem Dritten durch Entrichtung einer Geldrente insoweit *Schadensersatz* zu leisten, als der Getötete während der mutmaßlichen Dauer seines Lebens zur Gewährung des Unterhalts verpflichtet gewesen sein würde, nach dem anderen aber (§ 845) der Ersatzpflichtige dem Dritten *für die entgehenden Dienste* durch Entrichtung einer Geldrente *Ersatz* zu leisten.

Ist hiernach daran festzuhalten, daß das BGB im Falle des § 845 dem Dritten einen Anspruch auf Ersatz des Wertes der ihm entgehenden Dienste gewährt und damit die Erstattung des Geldwertes der Dienste meint, dann können auf diesen reinen Wertersatzanspruch auch nicht die Grundsätze der Vorteilsausgleichung Anwendung finden, da diese nach feststehender Rechtsprechung und Rechtslehre nur bei Schadensersatzansprüchen anwendbar sind. Dies erkennt auch das Oberlandesgericht Hamm in seiner erwähnten Entscheidung vom 8. Januar 1940 an, wo es sagt, daß, wenn dem Ersatzanspruch der Charakter eines Schadensersatzanspruchs aberkannt werde, der Grundsatz der Vorteilsausgleichung überhaupt nicht zur Anwendung kommen könne. Wenn das Oberlandesgericht Hamm dort allerdings meint, nach dem Zusammenhang der Gründe des Urteils RGZ Bd. 152 S. 208 sei nicht anzunehmen, daß das Reichsgericht dem Anspruch aus § 845 den Charakter eines Schadensersatzanspruchs habe absprechen wollen, so verkennt es aus den angeführten Gründen den Inhalt der Entscheidung. Daß hier kein Raum für die Anwendung der sogenannten Vorteilsausgleichung ist, ergibt sich auch aus Folgendem: Die Vorteilsausgleichung kann nur darin bestehen, daß alle aus derselben Wurzel entsprungenen Vermögens-Ab- und Zugänge gegeneinander ausgeglichen werden. Sie kann aber da nicht Platz greifen, wo das Gesetz – wie es im Falle des § 845 geschehen ist – nur einen Anspruch auf Ersatz für einen fest umrissenen Teil der Vermögenseinbuße gewährt. Hätte der Gesetzgeber gleichwohl gewollt, daß der Dritte im Falle des § 845 sich auf den Ersatz für die entgehenden Dienste das anrechnen lassen solle, was er im Falle des Todes des ihm kraft Gesetzes zur Leistung von Diensten Verpflichteten an Aufwendungen für dessen Unterhalt erspart, dann wäre es erforderlich gewesen oder hätte mindestens nahe gelegen, eine solche Anrechnung im Gesetz ausdrücklich vorzuschreiben.

Unzutreffend ist auch die Auffassung Wussows (a. a. O. S. 154), daß es sich überhaupt nicht um Vorteilsausgleichung handle, wenn man im Falle des § 845 die ersparten Aufwendungen für den Unterhalt der Getöteten auf den Wert der entgehenden Dienste anrechne; die ersparten Aufwendungen für den Unterhalt seien nur ein Berechnungsfaktor für die Geldrente nach § 845. Davon kann jedoch nicht die Rede sein. Bei der Berechnung der Rente, deren Höhe gleich dem Wert der entgehenden Dienste sein soll, ist nur festzustellen, welche Dienste dem Berechtigten entgehen und welchen Wert solche Dienste haben, d. h. welche geldwerten Leistungen man in der Regel aufwenden muß, um sich gleiche Dienste anderweitig zu verschaffen. Von dem Wert des ersparten Unterhalts der Getöteten ist dieser so errechnete Wert nicht abhängig. Daß dies richtig ist, leuchtet ohne weiteres ein, wenn man bei gleichen Diensten, die zwei Ehefrauen ihren Männern geleistet haben und weiter zu leisten verpflichtet gewesen sein würden, den Fall annimmt, daß die eine der beiden Frauen getötet worden, die andere durch schwere Verletzungen dauernd völlig arbeitsunfähig geworden ist. Der Wert der Dienste, der den beiden Ehemännern entgeht, ist in beiden Fällen der gleiche. Der Ehemann, dessen Frau getötet worden ist, erspart die Aufwendungen, die er ohne ihre Tötung für ihren Unterhalt aufgewendet haben würde. Diese Ersparung ist ein Vermögensvorteil, der ebenso wie der Verlust der Dienste eine unmittelbare natürliche Folge der Tötung ist. Es mag sein, daß er im Wege der sogenannten Vorteilsausgleichung anzurechnen gewesen wäre, wenn der § 845 die Fassung des revidierten Entwurfs behalten hätte; keinesfalls kann er aber den *Wert* der entgehenden Dienste vermindern und er muß deshalb unberücksichtigt bleiben, weil die Gesetz gewordene Fassung eben nicht einen Anspruch auf Ersatz des Schadens, sondern einen solchen auf Ersatz des Wertes der weggefallenen Dienste gewährt.

Hinzu kommt noch folgendes:

Wie schon in der Entscheidung RGZ Bd. 152 S. 208 ausgeführt ist, beruht § 845 BGB auf der Erwägung, daß durch die Entziehung der Dienste in die Familie eine ähnliche Lücke gerissen werde wie durch die Entziehung der Tätigkeit des zur Unterhaltsleistung verpflichteten Familienmitgliedes, und daß die Billigkeit die Ausgleichung auch dieses Schadens verlange. Müßten nun die ersparten Unterhaltsbezüge auf den Ersatzanspruch des Dritten angerechnet werden, dann würde für einen großen Teil dieser Fälle dem Dritten jeder Anspruch wieder entzogen; denn in sehr vielen Fällen übersteigt der Wert der ihm entgehenden, kraft Gesetzes geschuldeten Dienste nicht den Wert dessen, was er für den Unterhalt der Getöteten aufgewendet haben würde, insbesondere dann nicht, wenn der tatsächlich vorher gewährte und deshalb auch für die Zukunft als erspart anzunehmende Unterhalt über das Maß des gesetzlich geschuldeten Unterhalts hinausgeht. Eine solche Beschränkung des Anwendungsgebiets des § 845 würde dem gesetzgeberischen Grund der Vorschrift widersprechen. Die Anrechnung würde zudem nur im Falle der Tötung, nicht auch in dem der Körperverletzung des Dienstverpflichteten in Frage kommen, da nur im ersteren Falle Unterhaltsleistungen erspart werden; die Folge wäre, daß, wer einen Dienstverpflichteten getötet hat, grundsätzlich zu geringeren Leistungen verpflichtet wäre, als wenn er ihm nur einen Körperschaden zugefügt hätte. Auch dieses Ergebnis zeigt, daß die Anrechnung nicht gewollt sein kann. Wie bereits oben mit Bezug auf RGZ Bd. 152 S. 208 hervorgehoben, geht der Wille des Gesetzes ersichtlich dahin, daß Ersatz für die entgehenden Dienste unabhängig davon gewährt werden soll, ob im einzelnen Fall mit dem Verlust der Dienste auch Aufwendungen für den Unterhalt der Getöteten wegfallen und wie hoch der Wert des wegfallenden Unterhalts gewesen ist, ob der Ehemann die Arbeiten der verletzten oder getöteten Frau nun durch eine bezahlte Ersatzkraft ausführt oder ob er sie ohne Aufwendung von Geld selbst verrichtet oder etwa durch ein anderes, ihm gesetzlich zu Diensten verpflichtetes Familienmitglied ausführen läßt. Der Grund liegt in der besonderen Art der familienrechtlichen Unterhalts- und Dienstleistungspflichten, die sich einer Vergleichung grundsätzlich entziehen. Der Hinweis auf Fälle, in denen die Familienverhältnisse zerrüttet sind, vermag an der grundsätzlichen Richtigkeit dieser Ausführungen nichts zu ändern. Im übrigen werden in Fällen solcher Art dem Dritten regelmäßig Dienste des Getöteten überhaupt nicht entgehen.

Nach alledem war das angefochtene Urteil auf die Revision des Klägers dahin abzuändern, daß der vom Berufungsgericht für ersparten Unterhalt der Frau dem Kläger gemachte Abzug von monatlich 35 RM wegfällt.

---

25. 1. Über einen auf § 254 BGB gegründeten Einwand ist nicht einheitlich in Bezug auf die Amtshaftung und in Bezug auf die Gefährdungshaftung zu entscheiden.

2. Nach § 839 Abs. 1 Satz 2 BGB tritt solchenfalls die Amtshaftung nur dann ein, wenn der Verletzte „nicht auf andere Weise Ersatz zu erlangen vermag". Als eine solche andere Ersatzmöglichkeit ist in der Rechtsprechung des Reichsgerichts auch ein Anspruch gegen den Dienstherrn des Beamten selbst anerkannt worden, mag dieser auch auf einem Einstehenmüssen für das Verhalten seines Beamten beruhen.

3. Zu den Pflichten eines Fußgängers im Straßenverkehr.

KFG §§ 7, 9, 12, BGB § 839, WeimRV Art. 131, BGB § 254, StVO §§ 1, 37.

III. Zivilsenat. Urt. vom 17. April 1944 (III 68/1943).

I. Landgericht Hannover.
II. Oberlandesgericht Celle.

In Sachen des *Großdeutschen Reiches* (Reichsfiskus Heer), vertreten durch die Wehrkreisverwaltung XI in Hannover, Beklagten und Revisionsklägers, Prozeßbevollmächtigter: Rechtsanwalt Dr. Petersen in Leipzig

gegen

1. die Witwe Sofie *Engelmann* in Kobbensen,
2. die minderjährige Irmgard *Engelmann* daselbst,
3. den minderjährigen Willi *Engelmann* daselbst,

zu 2 und 3 gesetzlich vertreten durch ihre Mutter, die Klägerin zu 1 –, Kläger und Revisionsbeklagte, Prozeßbevollmächtigter: Rechtsanwalt Dr. Kramer in Leipzig,

hat das Reichsgericht, III. Zivilsenat, auf die mündliche Verhandlung vom 10. Januar 1944 unter Mitwirkung des Senatspräsidenten Blumberger und der Reichsgerichtsräte Dr. Epping, Stange, Bechmann, Dr. Leopold für Recht erkannt:

Die Revision gegen das Urteil des 6. Zivilsenats des Oberlandesgerichts in Celle vom 13. April 1943 wird zurückgewiesen mit der Maßgabe, daß es zu II des Urteils heißen muß:

Es wird festgestellt, daß der Beklagte verpflichtet ist, den Klägern allen aus dem Unfall ihres Ernährers, des Arbeiters K. E., weiterhin noch entstehenden Schaden bis zu den Grenzen des § 12 KFG zu 1/3, darüber hinaus zu 1/2, insgesamt jedoch zu nicht mehr als zu 3/5 zu ersetzen, soweit nicht ein Übergang der Ansprüche der Kläger auf öffentlichrechtliche Versicherungsträger erfolgt ist.

Die Kosten der Revisionsinstanz werden dem Beklagten auferlegt. – Von Rechts wegen

Tatbestand

Die Kläger machen gegen den Beklagten wegen Verlustes ihres Ernährers Schadensersatzansprüche aus einem Verkehrsunfall geltend, den der Ehemann der Klägerin zu 1 und Vater der Kläger zu 2 und 3 am 5. März 1941 auf der Reichsstraße Hannover-Minden im Gemeindebezirk Kobbensen durch ein auf einer Dienstfahrt befindliches Kraftrad der Wehrmacht erlitten hat und an dessen Folgen der Verunglückte am 7. März 1941 verstorben ist. Der Hergang des Unfalls war folgender: Am Abend des Unfalltages war der Verunglückte in der in Kobbensen an der Reichsstraße gelegenen Gastwirtschaft R., um dort seine Lebensmittelkarten abzuholen. Er verließ die Wirtschaft kurz nach 20 Uhr zusammen mit den Bergleuten M. und H. sowie dem Maurer H., die aus demselben Anlaß in der Wirtschaft gewesen waren. Um zu ihren Wohnungen zu gelangen, hätten die Genannten die alte Dorfstraße benutzen können, durch die früher der Reichsstraßenverkehr ging. Sie benutzten zu ihrem Heimweg aber einen zur Umgehung des Dorfes neu gebauten Teil der Reichsstraße, der insofern noch unfertig war, als die seitlichen Fuß- und Radfahrwege noch nicht ausgebaut waren. Die neue 6,50 m breite Reichsstraße verläuft an der Unfallstelle in beiden Richtungen in gerader Linie. Die Genannten gingen auf der rechten Straßenseite und mußten, von der Wirtschaft aus gerechnet, nach etwa 500 Metern nach rechts in einen die Reichsstraße kreuzenden Gemeindeweg einbiegen, der zu ihren Wohnungen führt. Kurz vorher wurden sie von dem Wehrmachtskraftrad angefahren und sämtlich mehr oder weniger schwer verletzt. Das Kraftrad wurde gesteuert von dem Schützen L., in dem Beiwagen saß der Obergefreite Vogt. L., der selbst auch Verletzungen davontrug, ist wegen fahrlässiger Tötung in Tateinheit mit fahrlässiger Körperverletzung und Verkehrsübertretung kriegsgerichtlich zu sechs Wochen geschärftem Arrest verurteilt worden.

Die Kläger machen geltend, der Fahrer des Kraftrades, L., sei – mit abgeblendeter Lampe – übermäßig schnell gefahren und hätte es an der erforderlichen Aufmerksamkeit fehlen lassen; bei der zur Zeit des Unfalls herrschenden geringen Dämmerung hätte er sonst die vor ihm auf der Straße gehenden Fußgänger wahrnehmen und rechtzeitig bremsen oder ausweichen müssen. Sie stützen ihre Klage auf das Kraftfahrzeuggesetz und die Vorschrift über Amtshaftung.

Der Beklagte ist dem entgegengetreten. Er hat geltend gemacht, dem Kraftfahrer könne, wenn überhaupt, so nur ein geringes Verschulden zur Last gelegt werden. Jedenfalls überwiege das Verschulden der Verunglückten bei weitem. An sich hätten diese den neuen Teil der Reichsstraße überhaupt nicht benutzen dürfen, sondern für ihren Heimweg die alte Dorfstraße wählen müssen. Wenn sie gleichwohl die neue Reichsstraße wählten, so hätten sie bei der nach seiner Behauptung schon herrschenden starken Dunkelheit nicht, wie geschehen, nebeneinander auf der Straße gehen dürfen, sondern sie hätten sich hintereinander ganz links oder ganz rechts am Straßenrand halten müssen, sich auch, wenn sie rechts gingen, durch eine Laterne oder Taschenlampe oder durch fortgesetztes Umblicken sichern müssen. Der Fahrer habe mit derart verkehrswidrigem Verhalten der Fußgänger auf einer dem Fernverkehr dienenden Straße nicht rechnen können. Eine Haftung komme danach höchstens zu 1/4 in Frage.

Auf Grund einstweiliger Verfügung vom 13. Dezember 1941 hat der Beklagte seit dem 5. November 1941 an die Klägerin zu 1 eine monatliche Unterhaltsrente von 39 RM, an die Kläger zu 2 und 3 monatliche Unterhaltsrenten von je 18 RM gezahlt. Nachdem festgestellt worden war, daß den Klägern zu 2 und 3 bis zu ihrem 18. Lebensjahr von der Landesversicherungsanstalt in Hannover Waisenrenten gezahlt werden, die vom 1. April 1941 bis zum 31. Mai 1941 je 13,50 RM ausmachten und seitdem je 17,30 RM betragen, ist die einstweilige Verfügung durch Urteil vom 8. Oktober 1942 dahin abgeändert worden, das die einstweiligen Zahlungen des Beklagten an die Kläger zu 2 und 3 in Fortfall kamen.

Mit der vorliegenden Klage forderten im ersten Rechtszuge: a) die Klägerin zu 1 die Zahlung einer nach richterlichem Ermessen festzusetzenden monatlichen Unterhaltsrente vom 5. März 1941 ab bis zur Vollendung ihres 65. Lebensjahres (28. November 1974) abzüglich im Juli 1941 gezahlter 100 RM sowie die Feststellung, daß der Beklagte ihr auch nach dem 3. November 1950, wenn beide Kinder 16 Jahre alt sind, allen Schaden aus dem Unfall zu ersetzen habe, b) die Kläger zu 2 und 3 die Zahlung einer nach richterlichem Ermessen festzusetzenden monatlichen Unterhaltsrente vom 5. März 1941 ab bis zur Vollendung ihres 16. Lebensjahres, sowie die Feststellung, daß der Beklagte ihnen auch den etwa noch nach Vollendung ihres 16. Lebensjahres entstehenden Schaden aus dem Unfall zu ersetzen habe, alles abzüglich der Beträge, die auf den öffentlichen Versicherungsträger übergehen.

Der Beklagte hat Abweisung der Klage beantragt und dazu noch folgendes geltend gemacht: der getötete Ehemann und Vater der Kläger sei ihm, weil er am weitesten nach der Straßenmitte zu gegangen sei und dadurch die Verletzung der übrigen Verunglückten mitverschuldet habe, ausgleichspflichtig geworden, soweit er (Beklagter) von den drei Mitverunglückten in Anspruch genommen werde, was bereits geschehen sei. Mit diesem Ausgleichsanspruch rechne er auf.

Im übrigen sei die Klägerin zu 1 arbeitsfähig und verpflichtet, den Schaden durch Ausnutzung ihrer Arbeitskraft zu mindern. Die Ansprüche der Kläger zu 2 und 3 seien in vollem Umfange auf die Landesversicherungsanstalt übergegangen.

Das Landgericht hat den Beklagten verurteilt, an die Klägerin zu 1 für die Zeit vom 5. März 1941 bis zum 2. November 1948 (– an diesem Tage wird das jüngste Kind 14 Jahre alt –) eine monatliche Rente von 46 RM, ferner an die Kläger zu 2 und 3 vom 5. März 1941 bis zur Vollendung ihres 16. Lebensjahres (6. Oktober 1945 bezw. 2. November 1950) monatliche Geldrenten von je 2,70 RM zu zahlen, und zwar die rückständigen Beträge sofort, die künftig fällig werdenden jeweils am 5. eines jeden Kalendermonats, wobei die freiwillige oder auf Grund der einstweiligen Verfügung geleisteten Zahlungen in Abzug zu bringen sind. Das Landgericht hat ferner festgestellt, daß der Beklagte den Klägern allen weiteren Schaden aus dem Unfall zu 4/5 zu ersetzen habe. Im übrigen hat es die Klage abgewiesen.

Gegen dieses Urteil haben beide Parteien Berufung eingelegt. Die Kläger haben für die im erstinstanzlichen Urteil angegebenen Zeiten höhere Renten begehrt, nämlich die Klägerin zu 1 eine Monatsrente von 60 RM, die Kläger zu 2 und 3 je von 12,70 RM. Dazu haben sie ihr Feststellungsbegehren in vollem Umfange aufrechterhalten. Der Beklagte hat eine Abänderung des erstinstanzlichen Urteils hinsichtlich der Renten insofern begehrt, als er verurteilt ist, an die Klägerin zu 1 an monatlicher Rente mehr als 14,38 RM und an die Kläger zu 2 und 3 überhaupt noch Rentenbeträge zu zahlen, hinsichtlich der Feststellung insofern, als seine Schadensersatzpflicht mit mehr als 1/4 angenommen ist. Er hat um Abweisung der weitergehenden Ansprüche gebeten.

Das Berufungsgericht hat auf die beiderseitigen Berufungen das erstinstanzliche Urteil abgeändert. Die an die Klägerin zu 1 bis zum 2. November 1948 zu zahlende Rente hat es auf 37,50 RM monatlich festgesetzt, soweit nicht in Zukunft ein Übergang auf öffentliche Versicherungsträger erfolgt, die an die Klägerin zu 2 noch zu zahlende Rente hat es für den Monat März 1941 (vom 5. ab) auf 12,50 RM festgesetzt, für die Folgezeit bis zum 31. Mai 1941 auf noch 1,70 RM monatlich, die an den Kläger zu 3 noch zu zahlende Rente für den Monat März 1941 auf noch 1,70 RM monatlich und für die weitere Zeit bis zum 2. November 1950 auf noch 0,70 RM monatlich. Dazu hat es die Beträge festgesetzt, die als bereits bezahlt auf die Renten in Anrechnung zu bringen sind. Die von den Klägern begehrte Feststellung hat es dahin eingeschränkt, daß der Beklagte nur 3/5 des weiteren Schadens zu ersetzen habe. Mit den weitergehenden Ansprüchen hat es die Kläger abgewiesen und die weitergehenden beiderseitigen Berufungen zurückgewiesen. Die Kosten des Rechtsstreits hat es für den ersten Rechtszug im Verhältnis 2/5 zu 3/5, für den zweiten Rechtszug im Verhältnis 2/3 zu 1/3 geteilt.

Gegen dieses Urteil hat nur der Beklagte Revision eingelegt. Sein Antrag geht dahin, das angefochtene Urteil aufzuheben, soweit zu seinem Nachteil bekannt ist, und nach seinen Berufungsanträgen mit der Maßgabe zu erkennen, daß ihm die im Tenor des Berufungsurteils erwähnten Zahlungen anzurechnen sind. Die Kläger haben beantragt, die Revision zurückzuweisen.

Entscheidungsgründe

Die Revision erstrebt die Abänderung des angefochtenen Urteils und die Abweisung der Klage insoweit, als der Beklagte an die Klägerin zu 1 an Rente mehr als monatlich 14,38 RM und an die Kläger zu 2 und 3 überhaupt noch Rentenbeträge zahlen soll und als die Feststellung weiterer Schadensersatzpflicht sich auf mehr als 1/4 des künftigen Schadens bezieht. Das Berufungsgericht hat die Verurteilung des Beklagten sowohl auf die Bestimmungen des Kraftfahrzeuggesetzes (Gefährdungshaftung) als auch auf die Vorschriften über Amtshaftung (§ 839 BGB, Art. 131 WeimVerf) gestützt und den Schadensausgleich nach § 254 BGB einheitlich dahin geregelt, daß der Beklagte 3/5 des Schadens zu ersetzen habe, während die Kläger 2/5 ihres Schadens selbst tragen sollen. Da der Wert des Beschwerdegegenstandes die Revisionssumme nicht erreicht, fragt sich zunächst, ob und inwieweit die Revision zulässig ist. Das in § 547 ZPO gegebene Revisionsvorrecht erstreckt sich nur auf die Amtshaftung, nicht dagegen auf die Gefährdungshaftung.

Der erkennende Senat hat bisher in Fällen der vorliegenden Art den Standpunkt vertreten, daß über einen auf § 254 BGB gegründeten Einwand nur einheitlich sowohl in Bezug auf die Amtshaftung als auch in Bezug auf die Gefährdungshaftung entschieden werden könne, und daß deshalb die Tragweite des Revisionsurteils insoweit nicht vor der Gefährdungshaftung haltmachen könne, auch wenn diese an sich der Nachprüfung entzogen sei (so RGZ Bd. 156 S. 303, ebenso noch Urteil vom 12. April 1938 III 121/37, abgedr. JW 1938 S. 2154 Nr. 32 und Urteil vom 6. Januar 1939 III 122/38, abgedr. DR 1939 S. 784 Nr. 19). Dabei ist der Senat davon ausgegangen, daß beide Haftungsarten auch bei nur fahrlässiger Amtspflichtverletzung nebeneinander gegeben sein könnten.

Die vorangeführte Rechtsauffassung über die Notwendigkeit einheitlichen Schadensausgleichs hat der VI. Zivilsenat in seiner Entscheidung vom 24. Juli 1940 VI 198/39 (RGZ Bd. 164 S. 341 ff.) mit ausführlicher Begründung, auf die hier verwiesen wird, abgelehnt. Überzeugend ist dort dargelegt, daß für die verschiedenen Haftungsgründe ein unterschiedlicher Schadensausgleich nicht nur zulässig, sondern sogar geboten sein könne. Der erkennende Senat hat die Frage erneut geprüft und ist dabei zu dem Ergebnis gekommen, daß an der angeführten früheren Rechtsprechung nicht festgehalten werden kann; er hat sich der Auffassung des VI. Senats angeschlossen.

Der Senat hat weiter auch die Frage der Möglichkeit eines Nebeneinanderbestehens der beiden genannten Haftungsarten bei nur fahrlässiger Amtspflichtverletzung, wie sie hier nur in Betracht kommt, nachgeprüft. Nach § 839 Abs. 1 Satz 2 BGB tritt solchenfalls die Amtshaftung nur dann ein, wenn der Verletzte „nicht auf andere Weise Ersatz zu erlangen vermag". Als eine solche andere Ersatzmöglichkeit ist in der Rechtsprechung des Reichsgerichts auch ein Anspruch gegen den Dienstherrn des Beamten selbst anerkannt worden, mag dieser auch auf einem Einstehenmüssen für das Verhalten seines Beamten beruhen (vgl. u. a. RGZ Bd. 74 S. 253, Bd. 86 S. 286, Bd. 91 S. 344, desgl. JW 1911 S. 366 Nr. 19, WarnRspr 1911 Nr. 329). Das muß erst recht gelten, wenn ein solcher Anspruch gegen den Dienstherrn des Beamten daraus erwachsen ist, daß dieser eine andere Schadensursache zu vertreten hat wie hier der Beklagte als Halter des Kraftrades die damit verbundene Betriebsgefahr. Wenn nun nach den Reichs- und Staatshaftungsgesetzen, insbesondere nach Art. 131 WeimVerf in den Fällen, in denen ein Beamter in Ausübung ihm anvertrauter öffentlicher Gewalt schuldhaft seine Amtspflicht verletzt hat, dem geschädigten Dritten gegenüber an Stelle des Beamten der öffentliche Dienstherr zu haften hat, so hat sich damit nur die Person des dem Geschädigten Ersatzpflichtigen geändert, dagegen sind die Voraussetzungen der Ersatzpflicht dabei unberührt geblieben (vgl. Planck: BGB, 4. Aufl. Anm. 1 c Abs. 2 zu § 839). Zu diesen Voraussetzungen gehört aber bei nur fahrlässiger Amtspflichtverletzung das Fehlen einer anderen Ersatzmöglichkeit, und als solche kommt nach dem oben Gesagten auch ein Anspruch gegen den Dienstherrn des Beamten selbst aus einem anderen Rechtsgrunde in Betracht. Das muß um so mehr gelten, als die Übertragung der Amtshaftung auf den Dienstherrn des Beamten keineswegs dessen Freistellung von jeder Verantwortlichkeit für den durch sein pflichtwidriges Verhalten angerichteten Schaden bedeutet, sondern lediglich ein Einschieben des Dienstherrn zwischen den Beamten und den Geschädigten, da dem Dienstherrn der Rückgriff auf den schuldigen Beamten in den einschlägigen Gesetzen vorbehalten geblieben ist. Daß das Rückgriffsrecht später im Deutschen Beamtengesetz (§ 23 Abs. 2) auf die Fälle von Vorsatz und grober Fahrlässigkeit beschränkt worden ist, ändert daran nichts. Ein Grund, die Frage der anderen Ersatzmöglichkeit in Fällen der Ausübung öffentlicher Gewalt anders als sonst zu beurteilen, besteht nicht, ein solcher kann insbesondere nicht darin gefunden werden, daß dann, wenn der Rechtsgrund für eine andere Ersatzmöglichkeit – wie hier – in den Vorschriften des Kraftfahrzeuggesetzes liegt, die Ersatzansprüche gemäß § 14 KFG einer kürzeren Verjährung unterliegen als die nach den Vorschriften über Amtshaftung begründeten Ersatzansprüche gemäß § 852 BGB. Darauf, ob der Beamte bei Benutzung der anderen Ersatzmöglichkeit seinerseits dem öffentlichen Dienstherrn gegenüber ersatzpflichtig wird, kommt es nicht an (RGZ Bd. 91 S. 96 ff.).

Eine Schadensersatzpflicht des Beklagten aus dem Gesichtspunkt der Amtshaftung kann hiernach nur insoweit in Betracht kommen, als die Kläger den Ersatz ihres Schadens von ihm nicht schon auf Grund des Kraftfahrzeuggesetzes erreichen können. Ein Nebeneinanderbestehen beider Haftungsarten ist hier rechtlich nicht möglich. Der VI. (jetzt V.) Zivilsenat, der in der angeführten Entscheidung RGZ Bd. 164 S. 341 ff. ersichtlich auch noch ein Nebeneinanderstehen der beiden Haftungsarten bei nur fahrlässiger Amtspflichtverletzung als möglich angenommen hat, ist der jetzigen Auffassung des erkennenden Senats beigetreten.

Da das angefochtene Urteil nicht erkennen läßt, ob sich das Berufungsgericht dieser Rechtslage bewußt gewesen ist, ob es insbesondere auch bei dem Schadensausgleich vom richtigen Rechtsstandpunkt ausgegangen ist, und nicht ersichtlich ist inwieweit das Urteil auf der einen oder der anderen Rechtsgrundlage beruht, so mußte die Revision trotz Fehlens der Revisionssumme in vollem Umfang für zulässig erachtet werden.

Es ergibt sich damit zugleich, daß das angefochtene Urteil mit der ihm gegebenen Begründung nicht aufrechterhalten werden kann. Gemäß § 4 Abs. 12 der 4. VereinfVO vom 12. Januar 1943 (RGBl. I S. 7) war das Revisionsgericht aber in der Lage, statt die Sache zu neuer Verhandlung und Entscheidung an das Berufungsgericht zurückzuverweisen, auf Grund der von diesem rechtlich einwandfrei getroffenen tatsächlichen Feststellungen die gesonderte Prüfung der Klageansprüche einerseits nach dem Kraftfahrzeuggesetz, andererseits nach den Amtshaftungsvorschriften und weiter auch dem für jede Haftungsart getrennt zu beurteilenden Schadensausgleich selbst vorzunehmen. Wenn sich die Ansprüche der Kläger auch im allgemeinen im Rahmen des § 12 KFG halten, so scheidet die Amtshaftung damit doch nicht aus. Einmal muß hinsichtlich des Feststellungsbegehrens mit der Möglichkeit gerechnet werden, daß künftig noch Schäden entstehen, die in dem Kraftfahrzeuggesetz keine Stütze mehr finden und infolgedessen nur auf Grund der Amtshaftung ersetzt verlangt werden können. Sodann kann die letztere Klagegrundlage auch insofern in Betracht kommen, als die Kläger mit ihren bezifferten Ansprüchen wegen des Schadensausgleichs bei der Gefährdungshaftung teilweise ausfallen.

Darüber, daß die allgemeinen Haftungsvoraussetzungen für beide Haftungsarten gegeben sind, insbesondere, daß der Beklagte Halter des benutzten Kraftrades im Sinne des § 7 Abs. 1 KFG war, andererseits, daß der Lenker des Kraftrades bei dem Unfall als „Beamter" im Sinne der Amtshaftungsvorschriften zu gelten hat, indem er in Ausübung ihm anvertrauter öffentlicher Gewalt handelte, sowie daß er bei Außerachtlassung der im Straßenverkehr erforderlichen Sorgfalt gegen eine ihm den übrigen Verkehrsteilnehmern gegenüber obliegende Amtspflicht verstoßen hat, herrscht kein Streit. Dieser beschränkt sich vielmehr im wesentlichen auf die Frage des für die Unfallfolgen ursächlichen beiderseitigen Verschuldens, nämlich einmal des Lenkers des Kraftrades und zum anderen des zu Tode gekommenen Ehemannes oder Vaters der Kläger. Hierzu hat das Berufungsgericht folgende Feststellung getroffen:

Der genaue Zeitpunkt des Unfalls hat sich nicht mehr ermitteln lassen, jedenfalls ereignete sich der Unfall nicht vor 20.15 Uhr. Es herrschte um die Zeit bereits tiefe Dämmerung, die es unmöglich machte, Menschen auf der Straße auf weitere Entfernung als höchstens 20 bis 30 m mit einiger Sicherheit zu sehen. Weiter konnte auch der Kraftradfahrer L., dessen abgeblendetes Lampenlicht nur etwa 8 m weit auf die Straße fiel, nicht sehen. L. fuhr vor dem Unfall mit einer Stundengeschwindigkeit von etwa 50 km. Bei solcher Geschwindigkeit war sein Bremsweg erheblich höher als 20 bis 30 m. Die vier verunglückten Fußgänger gingen, als sie angefahren wurden, zu zwei und zwei hintereinander auf der rechten Fahrbahn der Straße, und zwar der tödlich Verunglückte links von seinem Begleiter M. Wie weit sie sich dabei von dem Straßenrand entfernt und der Straßenmitte genähert hatten, ließ sich nicht feststellen, ebensowenig, wie weit sich der Kraftradfahrer L. von der Straßenmitte entfernt und dem Straßenrand genähert hatte.

Das Verschulden des Kraftradfahrers hat das Berufungsgericht darin erblickt, daß er, obschon er gerade in der Nähe der ihm von seinen täglichen Fahrten auf der Straßenstrecke her bekannten Ortschaft K. mit dem Vorhandensein von Menschen oder sonstigen unbeleuchteten Hindernissen auf der Fahrbahn rechnen mußte, mit einer Geschwindigkeit gefahren ist, die ihm ein rechtzeitiges Bremsen bei dem Insichtkommen eines Hindernisses nicht mehr gestattete. Hinsichtlich des Mitverschuldens des bei dem Unfall tödlich Verletzten hat das Berufungsgericht folgendes ausgeführt: Er sei – ebenso wie die anderen Verunglückten – berechtigt gewesen, die Fahrbahn der Reichsstraße zu begehen, daß der seitliche Fußweg noch nicht ausgebaut gewesen sei. Daß er auch die Möglichkeit gehabt habe, die alte Dorfstraße zu benutzen, ändere daran nichts. Er sei ferner nicht verpflichtet gewesen, sich als Fußgänger auf der linken Straßenseite zu halten, um so den von hinten kommenden Fahrzeugen nicht im Wege zu sein, und habe auch keine Laterne oder ähnliche Sicherung bei sich zu führen brauchen. Ein „Fehler" sei es aber gewesen, daß er nicht am äußersten rechten Rande der Fahrbahn, sondern noch links von dem mitverunglückten Bergmann M. gegangen sei. Als Fußgänger auf der Fahrbahn sei er bei den schlechten Sichtverhältnissen auch zu ganz besonderer Aufmerksamkeit verpflichtet gewesen. Die Verunglückten hätten, so führt das Berufungsgericht weiter aus, einzeln hintereinander ganz rechts am Straßenrande gehen müssen, der nachher tödlich Verunglückte hätte, weil am weitesten links gehend, mit sehr schnell von hinten herankommenden Fahrzeugen rechnen und sorgfältig auf den Lichtschein und das Geräusch nahender Fahrzeuge achten und sich dazu mindestens alle 30 bis 40 m umsehen müssen. Mit solchen Vorsichtsmaßnahmen hätte der Getötete den Unfall mit Leichtigkeit vermeiden können; stattdessen habe er insoweit „gar nicht aufgepaßt", vermutlich, weil er sich mit seinen Begleitern unterhalten habe. In seinem Verhalten hat das Berufungsgericht deshalb eine „grobe" Fahrlässigkeit erblickt und alsdann in Abwägung der durch das beiderseitige Verschulden für den Unfall gesetzten Ursachen unter Mitberücksichtigung der „großen" Betriebsgefahr des Kraftrades die Schadensteilung im Verhältnis 2/5 zu 3/5 vorgenommen.

Die Revision wirft dem Berufungsgericht zunächst insoweit einen Rechtsirrtum vor, als es nicht schon darin ein Verschulden des tödlich Verunglückten erblickt hat, daß dieser trotz Kenntnis von der Unfertigkeit des Gehwegs längs des neuen Reichsstraßenteils und trotz der ihm bekannten Möglichkeit, für seinen Heimweg von der Wirtschaft R. aus die alte Dorfstraße zu benutzen, überhaupt die für den Fernverkehr gebaute und viel befahrene Umgehungsstraße benutzte. Dieser Vorwurf kann jedoch als begründet nicht anerkannt werden. Reichsstraßen, die dem öffentlichen Verkehr freigegeben sind, stehen grundsätzlich auch Fußgängern zur Benutzung offen. Freilich müssen diese, wenn besondere Gehwege an der Straße vorhanden sind, diese benutzen (§ 37 Abs. 1 StVO). Solche Verpflichtung besteht nicht, wenn Gehwege, wie hier, erst im Bau begriffen, aber noch nicht fertig gestellt sind. Die Ansicht des Beklagten, daß Fußgänger, solange die geplanten Gehwege noch nicht fertig gestellt sind, zur Vermeidung des Vorwurfs mangelhafter Sorgfalt im Verkehr grundsätzlich die Reichsstraße ganz zu meiden hätten, jedenfalls dann, wenn die Möglichkeit gegeben ist, auch ohne Benutzung der Reichsstraße auf anderem Wege, hier der alten Dorfstraße, ihr Ziel zu erreichen, hat das Berufungsgericht rechtsirrtumsfrei abgelehnt. Der Vorwurf mangelnder Sorgfalt im Verkehr ist auch nicht ohne weiteres damit zu begründen, daß der Fußgänger nicht, um ein Anfahren von rückwärts zu vermeiden, links gegangen, sondern sich auf der rechten Straßenseite gehalten hat. Eine gesetzliche Vorschrift, wo Fußgänger auf Straßen ohne Gehweg zu gehen haben, besteht nicht; es steht ihnen deshalb grundsätzlich frei, ob sie die rechte oder linke Fahrbahnseite benutzen wollen (vgl. die bei Müller „Straßenverkehrsrecht" 15. Aufl. S. 1218 Anm. 2 zu § 37 StVO angegebenen Urteile des Reichsgerichts vom 22. Februar 1939 und vom 28. März 1941, abgedr. in „Verkehrsrechtliche Abhandlungen und Entscheidungen" Jahrgang 1939 S. 219 und 1941 S. 99). Freilich gilt auch für Fußgänger im Straßenverkehr die Grundregel des § 1 StVO, wonach sich jeder Teilnehmer an solchem Verkehr so zu verhalten hat, daß der Verkehr nicht gefährdet werden kann, und wonach er ferner sein Verhalten so einzurichten hat, daß kein anderer geschädigt oder mehr, als nach den Umständen unvermeidbar, behindert oder belästigt wird. Gegen diese Grundregel hat der Getötete allerdings bei der ihm an sich freistehenden Benutzung der rechten Fahrbahn der Reichsstraße verstoßen, wenn er bei den zur Zeit des Unfalls herrschenden schlechten Sichtverhältnissen und angesichts der ihm als Ortsansässigen gewiß nicht unbekannten Tatsache, daß es sich um eine viel befahrene Umgehungsstraße handelte, nicht scharf am rechten Straßenrande ging und es gegenüber von hinten her nahenden Fahrzeugen derart an Aufmerksamkeit fehlen ließ, wie es das Berufungsgericht festgestellt hat. Bei dem Begehen der Fahrbahn einer Reichsstraße muß der Fußgänger nach allgemein menschlicher Erfahrung jederzeit mit plötzlichem, schnellem Herankommen von Krafträdern rechnen (so Urteil des Reichsgerichts vom 23. November 1940, abgedr. in „Verkehrsrechtliche Abhandlungen und Entscheidungen" 1941 S. 31). Ob bei der Benutzung der Fahrbahn links von dem Mitverunglückten M. ein noch häufigeres Zurückblicken erforderlich gewesen wäre, kann dahinstehen. Jedenfalls ist dem Berufungsgericht beizupflichten, wenn es in dem Verhalten des Getöteten eine *grobe* Fahrlässigkeit erblickt hat. Andererseits ist die Annahme des Berufungsgerichts, auch der Kraftfahrer L. habe es an der im Verkehr erforderlichen Sorgfalt in schwerer Weise fehlen lassen, wenn er bei der schlechten Sicht mit der festgestellten Geschwindigkeit fuhr, nicht zu beanstanden. Selbst wenn er sich bei seiner Fahrt, wie ihm nicht widerlegt ist, mehr nach der Straßenmitte zu gehalten haben sollte, mußte er mit vorschriftswidrig auf der Straße sich bewegenden Fußgängern rechnen.

Nach alledem war zunächst die Haftung des Beklagten aus dem Kraftfahrzeuggesetz, darüber hinaus aber auch die nach den Amtshaftungsvorschriften dem Grunde nach unbedenklich zu bejahen, und es kann sich nur noch fragen, wie sich der Schadensausgleich nach § 9 KFG und § 254 BGB auswirkt.

Bei der Haftung aus dem Kraftfahrzeuggesetz steht dem festgestellten groben Verschulden des tödlich Verunglückten als mitursächlich nur die von dem Beklagten zu vertretende nicht besonders große Betriebsgefahr des Kraftrades gegenüber, bei der Amtshaftung aus § 839 BGB das von ihm zu verantwortende keineswegs unerhebliche Verschulden des Kraftradlenkers. Hiernach ist es gerechtfertigt, für die erstere Haftung den Schadensausgleich dahin vorzunehmen, daß der Beklagte für den Schaden nur zu 1/3 verantwortlich ist, während die Kläger 2/3 des Schadens selbst zu tragen haben. Für die Amtshaftung allein dagegen läßt die Abwägung des beiderseitigen Verschuldens als Schadensursache eine Teilung je zur Hälfte angebracht erscheinen. Auf Grund des Kraftfahrzeuggesetzes können die Kläger somit von dem Beklagten nur ein Drittel des ihnen erwachsenen Schadens bis zu den in § 12 des Gesetzes angegebenen Höchstgrenzen erstattet verlangen. Was ihnen in dem angefochtenen Urteil mehr zuerkannt ist, darf bei der Verteilung des für die Haftung des Beklagten aus § 839 BGB, Art. 131 WeimVerf in Betracht kommenden *restlichen* Schadens keinesfalls zu Lasten des Beklagten überschritten werden, weil nur dieser Revision eingelegt hat. Soviel, d.h. bis insgesamt 3/5 des ganzen Schadens muß ihnen aber aus der Amtshaftung des Beklagten selbst dann noch zugesprochen werden, wenn berücksichtigt wird, daß sie ein Drittel des von ihrem zu Tode gekommenen Ernährer mitverschuldeten Gesamtschadens bereits aus der Kraftfahrzeughaftung ersetzt bekommen, und daß die Subsidiarität der Haftung nach § 839 Abs. 1 Satz 2 BGB, mit der der Gesetzgeber lediglich eine Entlastung des nur fahrlässigen Beamten bezweckt hat, keinesfalls dazu führen darf, einem Geschädigten mehr zuzuerkennen, als ihm bei einem Nebeneinanderstehen der beiden Haftungen zukommen würde; in diesem Falle nämlich wäre zur Eingrenzung der aus den beiden Rechtsgründen *zusammen* den Klägern zuzusprechenden Schadensteile die Betriebsgefahr samt dem Fahrerverschulden als Schadensursachen zu Lasten des Beklagten gegen das Eigenverschulden des Getöteten als solchen zu Lasten der Kläger abzuwägen.

Da die Revision das Rechenwerk des Berufungsurteils im einzelnen nicht angegriffen hat, so war dem Urteil nach alledem im Ergebnis beizupflichten und die Revision im Ganzen zurückzuweisen. Nur für den Fall, daß später noch Schäden entstehen sollten, die über die Haftungsgrenzen des § 12 KFG hinausgehen würden, bedurfte es noch einer Klarstellung, wie sich dann der für die beiden Haftungsarten vorgenommene Schadensausgleich unter Berücksichtigung der Tatsache, daß nur der Beklagte Revision eingelegt hat, auswirken muß. Diese Klarstellung ist in der Urteilsfassung entsprechend den obigen Darlegungen erfolgt.

---

26. Die Wirkungen einer vorläufigen Einbehaltung im Dienststrafverfahren oder einer dienststrafweisen Gehaltskürzung erstrecken sich nicht auf die „Dienstaufwandsentschädigung" eines hauptamtlich angestellten Kommunalbeamten. Ebensowenig wird der Anspruch auf solche durch ein Verbot der Amtsausübung beeinträchtigt.

RDStO §§ 7, 79; DurchfVO dazu v. 29. Juni 1937 (RGBl. I, 690) Nr. 1 zu § 7, Nr. 1 zu § 79, Nr. 1 zu DBG § 6; DBG § 6.

III. Zivilsenat. Urt. vom 17. April 1944 (III 130/1943).

I. Landgericht Münster.
II. Oberlandesgericht Hamm.

In Sachen des Amtsbürgermeisters H. W. in Münster/Westf., Klägers und Revisionsklägers, Prozeßbevollmächtigter: Rechtsanwalt Justizrat Axhausen in Leipzig

gegen

das Amt St. Mauritz, vertreten durch den Amtsbürgermeister V. in Münster/Westf., Beklagten und Revisionsbeklagten, Prozeßbevollmächtigter: Rechtsanwalt Dr. Drost in Leipzig, hat das Reichsgericht, III. Zivilsenat, auf die mündliche Verhandlung vom *31. Januar 1944* durch den Senatspräsidenten

Blumberger und die Reichsgerichtsräte Dr. Epping, Dr. Lersch, Bechmann, Dr. Leopold für Recht erkannt:

Das Urteil des VII. Zivilsenats des Oberlandesgerichts in Hamm vom 1. September 1943 wird, soweit darin zum Nachteil des Klägers erkannt ist, sowie im Kostenpunkte aufgehoben. Unter Zurückweisung der Berufung des Beklagten wird auf die Berufung des Klägers das Urteil der 2. Zivilkammer des Landgerichts in Münster vom 2. Juli 1943 dahin geändert: Der Beklagte wird verurteilt, an den Kläger 864,– RM zu zahlen. Die Kosten des Rechtsstreits werden dem Beklagten auferlegt. – Von Rechts wegen

Tatbestand

Durch Verfügung des Regierungspräsidenten in Münster vom 21. September 1937 wurde der Kläger zum Amtsbürgermeister des beklagten Amts bestellt. Er erhielt neben seiner Besoldung eine Dienstaufwandsentschädigung. Infolge der Einleitung eines Dienststrafverfahrens wurden mit Wirkung vom 1. Dezember 1940 seine vorläufige Dienstenthebung und die Einbehaltung von 30 % seiner Dienstbezüge angeordnet. Das Dienststrafverfahren endete mit einem Urteil des Reichsverwaltungsgerichts vom 1. Juli 1942, durch das der Kläger mit einer Kürzung seines Gehalts um 20 % auf die Dauer von drei Jahren bestraft wurde. Anschließend wurde gegen ihn auf Grund des § 6 des Deutschen Beamtengesetzes vom 26. Januar 1937 (RGBl. I S. 39) – DBG – das Verbot der Amtsausübung ausgesprochen. Durch Verfügung des Regierungspräsidenten in Münster vom 25. Mai 1943 wurde er unter Aufhebung des Verbots mit sofortiger Wirkung zur Stadtverwaltung Bottrop abgeordnet.

Unter dem 25. April 1941 teilte der Beklagte dem Kläger mit, die 30 % seien unrichtigerweise bisher nur von dem Grundgehalt und dem Wohnungsgeld, nicht dagegen von der Dienstaufwandsentschädigung einbehalten worden. In der Folgezeit behielt der Beklagte daher auch 30 % der Dienstaufwandsentschädigung ein und zog dem Kläger die seit dem 1. Dezember 1940 vermeintlich zuviel entrichteten Beträge von den Gehaltszahlungen für Mai und Juni 1941 ab. Vom 1. August 1942 ab behielt der Beklagte nur noch 20 % der Dienstaufwandsentschädigung ein; er ging dabei von der Annahme aus, daß die Kürzung des Gehalts durch das Urteil vom 1. Juli 1942 sich auf die Dienstaufwandsentschädigung erstrecke. Mit dem 1. Dezember 1942 stellte der Beklagte die Zahlung der Dienstaufwandsentschädigung überhaupt ein.

Nach vergeblicher Anrufung der obersten Dienstbehörde erstrebt der Kläger mit der rechtzeitig erhobenen Klage die Verurteilung des Beklagten zur Zahlung 1. der vom 1. Dezember 1940 bis zum 31. Juli 1942 gekürzten 30 % für zwanzig Monate zu je 20,25 RM mit 405,– RM, 2. der vom 1. August 1942 bis zum 30. November 1942 gekürzten 20 % zu je 13,50 RM mit 54,– RM, 3. der seit dem 1. Dezember 1942 in ganzer Höhe vorenthaltenen Aufwandsentschädigung von monatlich 67,50 RM, ferner die Feststellung der Verpflichtung des

Beklagten zur Zahlung der Aufwandsentschädigung, wie sie mit der Dienststelle des Klägers verbunden sei.

Der Beklagte beruft sich auf den von ihm jeweils eingenommenen Rechtsstandpunkt und macht darüber hinaus geltend, daß Dienstaufwandsentschädigungen ihrer Natur nach für Zeiträume, in denen der Beamte zur Ausübung seines Dienstes nicht in der Lage sei, nicht verlangt werden könnten.

Durch das Urteil des Landgerichts sind dem Kläger unter Abweisung seiner Mehrforderung die für die Zeit vom 1. Dezember 1940 bis 30 November 1942 einbehaltenen Beträge in Höhe von 459,– RM zuerkannt worden. Beide Teile legten Berufung ein. Der Kläger zielte mit der seinigen auch auf die für die Zeit vom 1. Dezember 1942 bis 31. Mai 1943 einbehaltenen Beträge mit insgesamt 405,– RM ab. Der Beklagte erstrebte die völlige Abweisung der Klage. Das Berufungsgericht hat die Berufung des Klägers zurückgewiesen, derjenigen des Beklagten dagegen in der Weise stattgegeben, daß seine Verurteilung nur in Höhe von 155,25 RM aufrechterhalten worden ist. Dieser Betrag setzt sich aus 101,25 RM für die Zeit vom 1. Dezember 1940 bis 30 April 1941 und 54,– RM für die Zeit vom 1. August bis 30. November 1942 zusammen.

Mit der Revision zielt der Kläger auf die Verurteilung des Beklagten zur Zahlung von noch 303,75 RM für die Zeit bis zum 31. Juli 1942 und von noch 405,– RM für die Zeit bis zum 31. Mai 1942 ab. Der Beklagte trägt auf Zurückweisung der Revision an.

Entscheidungsgründe

Es darf nach dem Streitstande, über den der Eingang des landgerichtlichen Tatbestandes Auskunft gibt, davon ausgegangen werden, daß es sich bei der Dienstaufwandsentschädigung des Klägers um eine solche handelt, die auf Grund gültiger Satzung mit der dem Kläger übertragenen Stelle des Amtsbürgermeisters verbunden ist. Daß unter dieser Voraussetzung ein vor den ordentlichen Gerichten verfolgbarer Rechtsanspruch des Klägers auf diese Bezüge durch seine Anstellung begründet worden ist, kann keinem Zweifel unterliegen. Es handelt sich also darum, ob dieser Anspruch infolge der seither eingetretenen Ereignisse, nämlich der vorläufigen Dienstenthebung des Klägers, der dienststrafweisen Kürzung seines Gehalts und des Verbots der Amtsausübung, für die Zeit, auf die sich diese erstreckten, entweder von selbst in Wegfall gekommen ist oder jedenfalls, wie das Berufungsgericht angenommen hat, von dem Dienstherrn beseitigt werden konnte.

Für die sachliche Prüfung ist von vornherein der Gedanke des Berufungsgerichts auszuschalten, daß der Anspruch des Klägers auf die Dienstaufwandsentschädigung irgendwie durch Erklärungen des Dienstherrn hätte beeinflußt werden können, nach denen die Dienstaufwandsentschädigung von einem gewissen Zeitpunkt ab überhaupt nicht oder jedenfalls nur zu einem bestimmten

Bruchteile gezahlt werden sollte. Wenn, wie hier vorausgesetzt wird, ein Rechtsanspruch des Klägers auf die Dienstaufwandsentschädigung begründet worden war, so entbehrt die von dem Berufungsgericht angenommene rechtsgestaltende Bedeutung derartiger Erklärungen jeglicher Grundlage. Vielmehr kann der Rechtszustand allein auf Grund der bestehenden gesetzlichen Vorschriften ermittelt werden.

Zutreffend haben die Untergerichte aber dargelegt, daß den gesetzlichen Vorschriften, soweit sie sich über die in Rede stehenden Maßnahmen selbst verhalten, nichts über eine derartige Wirkung entnommen werden kann. Nach § 79 der Reichsdienststrafordnung vom 26. Januar 1937 (RGBl. I S. 71) – RDStrO – und Nr. 1 der Durchführungsverordnung vom 29. Juni 1937 (RGBl. I S. 690) dazu erstreckt sich die Anordnung der vorläufigen Einbehaltung, wenn sie getroffen wird, auf die zu § 6 unter Nr. 1 in der Durchführungsverordnung genannten Dienstbezüge. Weder sind aber in dieser Bestimmung Dienstaufwandsentschädigungen ausdrücklich genannt, noch ist es von Belang, daß sie etwa unter den dort verwendeten allgemeinen Begriff der Zulagen fallen, da für solche weiter Ruhegehaltsfähigkeit erfordert wird, was für Dienstaufwandsentschädigungen in aller Regel nicht zutrifft und somit auch für den gegebenen Fall nicht vorausgesetzt werden kann. Dasselbe gilt nach § 7 RDStrO und Nr. 1 der Durchführungsverordnung dazu für die Wirkung der Gehaltskürzung. Dem Verbote der Amtsausübung aber (§ 6 DBG) legt das Gesetz, wie übrigens die amtliche Begründung (Deutscher Reichsanzeiger und Preußischer Staatsanzeiger vom 28. Januar 1937 Nr. 22) ausdrücklich hervorhebt, überhaupt keine vermögensrechtlichen Folgen bei.

Es ist die Frage, wie diese Gesetzeslage zu verstehen ist, ob sie dem Willen des Gesetzgebers Ausdruck gibt, den Anspruch des Beamten auf Zahlung einer Dienstaufwandsentschädigung durch die in Rede stehenden Maßnahmen des Dienststrafverfahrens sowie durch das Verbot der Amtsausübung nicht beeinträchtigen zu lassen, oder ob sie der Möglichkeit Raum läßt, aus dem Wesen dieser Bezüge auch ohne besondere gesetzliche Anordnung ihre grundsätzliche Beschränkung auf die Zeit der tatsächlichen Amtsausübung und demgemäß ihren ohne weites eintretenden Wegfall bei einer vorläufigen Dienstenthebung sowie bei einem Verbote der Amtsausübung zu folgern. Diese Fragestellung nötigt, zu beachten, daß mit dem Ausdruck „Dienstaufwandsentschädigung" Bezüge verschiedener Art bezeichnet zu werden pflegen, einerseits solche zur Bestreitung persönlichen Aufwandes (Aufwandsentschädigungen im eigentlichen Sinne, gleichbedeutend mit „Repräsentationsgeldern"), anderseits solche zur Beschaffung von Sachbedürfnissen (Unkostenentschädigungen). Für den gegebenen Fall darf ohne weitere Feststellung davon ausgegangen werden, daß es sich um Bezüge der zuerst genannten Art handelt. Der Kläger war nicht ein ehrenamtlicher, sondern ein auf Besoldung angestellter Kommunalbeamter.

Die Zahlung von Dienstaufwandsentschädigungen an solche ist nicht ungewöhnlich; die Gewährung der Bezüge verfolgt in diesen Fällen nicht den Zweck, die Beschaffung irgendwelcher Sachmittel zu ermöglichen, sondern sie soll den persönlichen Bedürfnissen des Beamten dienen und ähnelt in dieser Eigenart einem nicht ruhegehaltsfähigen Zuschlag zum Gehalt. Angesichts dessen kann es zwar für die Entscheidung des Falles dahinstehen, wie die Rechtslage zu beurteilen wäre, wenn es sich bei den Bezügen des Klägers um Unkostenentschädigungen handelte. Jedoch ist die Unterscheidung selbst wegen ihrer Verwertung in den Vorschriften des neuen Beamtenrechts für die Ermittelung des Willens des Gesetzgebers aufschlußreich.

Die Unterscheidung ist bereits 1933 von Lemke in dem Aufsatz Aufwand- und Dienstunkostenentschädigung nach preußischem Recht (Zeitschrift für Beamtenrecht Band 5 S. 103) für das preußische Beamtenrecht entwickelt und von dessen Erläuterer Brand (Preußische Dienststrafordnung 3. Auflage S. 350) übernommen worden. Sie ist aber auch in die neue, mit dem Deutschen Beamtengesetz vom 26. Januar 1937 eröffnete Beamtengesetzgebung eingegangen. Das geht aus Nr. 3 der Bestimmungen zu § 46 DBG der (ersten) Verordnung zur Durchführung des Deutschen Beamtengesetzes vom 26. Juni 1937 (RGBl. I S. 669) hervor. *Zur Erläuterung der Vorschrift im § 46 Abs. 3 Satz 1 DBG, lautend:*

„Der Beamte erhält für den Monat, in dem ihm die Versetzung in den Wartestand eröffnet worden ist, und für die folgenden drei Monate noch die Dienstbezüge der von ihm wahrgenommenenen Amtsstelle, die zur Bestreitung von Dienstaufwandskosten bestimmten Einkünfte jedoch nur bis zum Beginn des Wartestandes", heißt es hier: „Zur Bestreitung von Dienstaufwandskosten bestimmte Einkünfte sind Geldbezüge, die den Inhabern bestimmter Ämter zur pauschalen Abgeltung des mit dem Amt verbundenen persönlichen Aufwands (Repräsentation) gewährt werden. Auslagen für die mit dem Amt verbundenen sächlichen Bedürfnisse sind keine Dienstaufwandskosten." Diese Begriffsbestimmung der zur Bestreitung von Dienstaufwandskosten bestimmten Einkünfte entspricht dem von Lemke klargestellten Begriff der Aufwandsentschädigung, und die Dienstaufwandskosten sind weiter ausdrücklich in Gegensatz gestellt zu den Auslagen für die mit dem Amte verbundenen sächlichen Bedürfnisse, die ersichtlich der Dienstaufwandsentschädigung Lemkes gleichgesetzt werden. Es handelt sich dabei nach der Fassung der Nr. 3 um eine Vorschrift, deren Geltung nicht auf den Fall des § 46 DBG beschränkt ist, vielmehr allgemeine Bedeutung hat.

Geht man hiervon aus, so läßt die Regelung in § 46 Abs. 3 Satz 1 DBG einen hinreichenden Schluß auf die Behandlung zu, die der Gesetzgeber den Dienstaufwandskosten in Fällen außerhalb der Versetzung in den Wartestand angedeihen lassen will. Der in § 46 Abs. 3 DBG angeordnete Wegfall der Dienstaufwandskosten vom Beginn des Wartestandes an, und zwar im Gegensatz zu den sonstigen Dienstbezügen, erklärt sich nämlich daraus, daß der Beamte mit diesem Zeitpunkt sein bisheriges Amt verliert. Er bleibt zwar weiter Beamter, ist aber nicht mehr Inhaber der Amtsstellung, mit der die Aufwandsentschädigung verbunden war. Darin liegt jedoch ein grundlegender Unterschied von den Fällen der vorläufigen Dienstenthebung sowohl wie des Verbots der Amtsausübung, in denen der Beamte sein bisheriges Amt behält und es nur nicht mehr ausüben darf. Es ist deshalb folgerichtig, daß er in diesen Fällen mit dem Amt auch die Dienstaufwandsentschädigung behält, es sei denn, daß sie ihm besonders aberkannt würde. Das müßte aber in den Vorschriften selbst zum Ausdruck gelangen. Diese lassen indessen, wie vorher dargelegt, jeden Anhalt für einen derartigen Willen des Gesetzgebers vermissen. Hiernach erscheint weder die Erstreckung der Einbehaltung oder der Gehaltskürzung im Dienststrafverfahren auf Dienstaufwandsentschädigungen, die zur Bestreitung persönlichen Aufwandes gewährt werden, noch deren Vorenthaltung im Falle des Verbots der Amtsausübung als zulässig.

Damit ergibt sich der Anspruch des Klägers in vollem Umfange als begründet. Seine Berufung hätte demnach vollen Erfolg haben müssen, während die des Beklagten zurückzuweisen gewesen wäre, wobei zu bemerken ist, daß über die zahlenmäßige Höhe des Anspruchs kein Streit ist. Das angefochtene Urteil ist daher aufzuheben und die Entscheidung des Landgerichts in dem dargelegten Sinne zu ändern.

---

27. Eine Mutter kann den Kindern „Betreuung" nur zuteil werden lassen, wenn sie ihren eigenen Lebensunterhalt aus ihren Mitteln bestreiten kann oder dieser durch Zuwendung von dritter Seite (etwa von Verwandten) gesichert ist. Ist das nicht der Fall, so können die Kinder von dem unterhaltspflichtigen Vater – unbeschadet der hier nicht in Frage stehenden Beschränkung durch § 1603 Abs. 2 BGB – eine solche Bemessung der Unterhaltsrente verlangen, daß sie daraus die Mutter in den Stand setzen können, sie so zu betreuen, wie sie es beanspruchen können.

BGB § 1610.

IV. Zivilsenat. Urt. vom 19. April 1944 (IV 15/1944).

I. Landgericht Berlin.
II. Kammergericht Berlin.

In Sachen der minderjährigen Kinder

1. H. K., geboren am 7. April 1929,
2. H. E. K., geboren am 28. März 1933,

vertreten durch ihre Pflegerin, Frau J. K., sämtlich in Köslin, D. Str. 43, Klägerin, Revisionsklägerin, Prozeßbevollmächtigter: Rechtsanwalt Justizrat Axhausen in Leipzig

gegen

den Facharzt Dr. E. K. in Senftenberg N. L., A.str., Beklagten, Revisionsbeklagten, Prozeßbevollmächtigter: Rechtsanwalt Reinberger in Leipzig, hat das Reichsgericht, IV. Zivilsenat auf die mündliche Verhandlung vom 19. April 1944 unter Mitwirkung des Senatspräsidenten Dr. Jonas und der Reichsgerichtsräte Dr. Hofmann, Dr. Lippert, Schwegmann und Dr. Schrutka für Recht erkannt:

Auf die Revision der Kläger wird das Urteil des 20. Zivilsenats des Kammergerichts in Berlin vom 27. Oktober 1943 aufgehoben. Die Sache wird zur anderweiten Verhandlung und Entscheidung an das Berufungsgericht, und zwar an dessen 13. Zivilsenat, zurückverwiesen.

Das Berufungsgericht hat auch über die Kosten des Revisionsverfahrens zu entscheiden. – Von Rechts wegen

Tatbestand

Die Kläger, geboren 7. April 1929 und 28. März 1933, sind die ehelichen Kinder des Beklagten. Die Ehe des Beklagten mit der Mutter der Kläger, J. K. geb. K. ist aus Verschulden beider Ehegatten geschieden worden. Das Vormundschaftsgericht hat die Sorge für die Person der Kinder im Einverständnis mit dem Vater der Mutter übertragen (Beschluß des Amtsgerichts in Senftenberg vom 22. Januar 1943, 4 X 274/42). Ein später vom Vater nach dessen anderweitiger Verheiratung gestellter Antrag, nunmehr ihm das Sorgerecht zu übertragen, ist abgelehnt worden. Die Mutter lebt mit den Kindern zusammen. Der Beklagte, der in guten wirtschaftlichen Verhältnissen lebt und 1941 ein Einkommen von 52.000 RM versteuert hat, zahlt als Unterhalt für jedes Kind 175 RM monatlich, zusammen 350 RM. Die Kläger haben mit der vorliegenden Klage eine Erhöhung des Unterhalts um 150 RM – je 75 RM – begehrt. Die Klage ist im wesentlichen mit der Ausführung begründet, die Mutter der Kläger müssen in den Stand gesetzt werden, die Kinder in geeigneter Weise zu betreuen, was nur bei Erhöhung des vom Beklagten für die Kinder gezahlten Unterhalts möglich sei. Der Beklagte dagegen erblickt in der Klage den Versuch seiner mitschuldig geschiedenen Frau, sich eine ihr nicht zustehende Unterhaltsrente auf einem Umweg zu verschaffen. Beide Vorinstanzen haben die Klage abgewiesen. Mit der Revision verfolgen die Kinder ihre Klagansprüche weiter. Der Beklagte bittet um Zurückweisung dieses Rechtsmittels.

Entscheidungsgründe

Die Revision führt zur Aufhebung des angefochtenen Urteils. Die Kläger können als Kinder des Beklagten Gewährung des sich nach ihrer „Lebensstellung" bestimmenden Unterhalts verlangen. Er umfaßt den gesamten Lebensbedarf, zu dem hier auch die Kosten der Erziehung der Kinder gehören (§ 1610 BGB). Die Sorge für die Person der Kläger ist der Mutter übertragen worden. Ihr obliegt daher die Betreuung, welche die Kinder brauchen und auf die sie Anspruch haben. Über die Art und Weise, wie die Kinder zu betreuen sind, hat die sorgeberechtigte Mutter nach pflichtmäßigem Ermessen zu entscheiden. Ohne Zweifel handelt sie pflichtgemäß, wenn sie die Kinder in einem von ihr geführten gemeinsamen Haushalt betreut. Etwas anderes hat das Vormundschaftsgericht sicherlich auch nicht erwartet, als es ihr die Sorge für die Person der Kläger übertrug. Zur Betreuung der Kinder gehört auch die Beaufsichtigung durch den zur Personensorge berechtigten und verpflichteten Elternteil. Hier also die Mutter. Die Betreuung der Kinder durch Schule und HJ (BU S. 3) macht diese Beaufsichtigung nicht entbehrlich. Wenn das Berufungsgericht hier auf das Alter der Kinder hinweist, so denkt es wohl bei Beaufsichtigung an die Behütung vor körperlichen Unfällen. Darin erschöpft sich aber keineswegs die elterliche Beaufsichtigung und Erziehung, die ein 15jähriges Mädchen und ein 11jähriger Junge brauchen. Die Betreuung der Kinder in der hier in Frage stehenden Art und Weise (Gestaltung eines angemessenen gemeinsamen Heims, Sorge für Beköstigung, Kleidung u. s. w., Erziehung einschließlich Beaufsichtigung) erfordert im wesentlichen die ganze Kraft der 50 Jahre alten Mutter. Es ist daher ohne Belang, ob sie herzleidend ist und einem Beruf nicht nachgehen kann. Würde sie einem Beruf nachgehen, dann könnte sie persönlich den Kindern nicht die nötige Betreuung angedeihen lassen, welche die Kinder nach ihrer Lebensstellung mit Recht erwarten dürfen. Die Meinung des Berufungsgerichts, durch die Beaufsichtigung der Kinder werde die Mutter nicht gehindert, für ihren Unterhalt zu sorgen – was hier heißen soll, ihren Unterhalt durch berufliche Tätigkeit zu verdienen –, verkennt – von anderem abgesehen –, daß die gesamte Betreuung der Kinder durch die Mutter sich ja nicht in deren Beaufsichtigung erschöpft. Die Mutter kann also den Kindern die „Betreuung" nur zuteil werden lassen, wenn sie ihren eigenen Lebensunterhalt aus ihren Mitteln bestreiten kann oder dieser durch Zuwendungen von dritter Seite (etwa von Verwandten) gesichert ist. Ist das nicht der Fall, so können die Kinder von dem unterhaltspflichtigen Vater – unbeschadet der hier nicht in Frage stehenden Beschränkung durch § 1603 Abs. 2 BGB – eine solche Bemessung der Unterhaltsrenten verlangen, daß sie daraus die Mutter in den Stand setzten können, sie so zu betreuen, wie sie es beanspruchen können. Wollte man das nicht gelten lassen, dann würde die Betreuung durch die Mutter in unerwünschter Weise zum Schaden der Kinder beeinträchtigt. Die Kinder müßten entweder das, was sie selbst brauchen, mit der Mutter teilen oder sie würden von der Mutter vernachlässigt, weil diese – ihre Fähigkeit dazu vorausgesetzt – sich zur Aufnahme einer Erwerbstätigkeit außer dem Hause gezwungen sähe. Der Umstand, daß eine mitschuldig geschiedene Frau auf diese Weise gewissermaßen auf einem Umwege aus Mitteln ihres geschiedenen Ehemannes ihren Unterhalt bestreiten kann und vielleicht sogar mehr erhält, als ihr nach § 68 EheG zugesprochen werden könnte, ist rechtlich hier ohne Belang. Diese Folge rechtfertigt es nicht, die Belange der Kinder zu benachteiligen und ihnen teilweise das vorzuenthalten, was sie auf Grund des § 1610 BGB verlangen können.

Zur abschließenden Entscheidung ist die Sache noch nicht reif. Feststellung darüber, was der Mutter der Kläger zur Bestreitung ihres Unterhalts zur Verfügung steht, sind nicht getroffen. Mit Recht machen die Kläger geltend, daß sie bei Führung eines standesmäßigen gemeinsamen Haushalts zu dritt eine Wohnung von vier Zimmern benötigten. Das wäre aber bei der Bemessung der Unterhaltsrenten nicht zu berücksichtigen, wenn feststünde, daß sie wegen der Wohnungsnot auf längere Zeit keine Aussicht auf Erlangung einer solchen Wohnung haben. Dieser Punkt kann für die Frage, ob die Klagforderungen *in vollem Umfang* begründet sind, deshalb eine Rolle spielen. Es war daher die Zurückverweisung der Sache zu neuer Verhandlung und Entscheidung erforderlich.

---

28. Die Bestimmung des § 81 Abs. 4 EheG, wonach das Vormundschaftsgericht die Sorge für die Person eines Kindes einem Pfleger übertragen kann, wenn dies aus besonderen Gründen zum Wohle des Kindes erforderlich ist, ist nicht anwendbar auf den Fall, daß ein Elternteil nach der Scheidung der Ehe gestorben ist.

EheG § 81; BGB §§ 1666, 1684 Nr. 1, 1686 ff.

IV. Zivilsenat. Beschl. vom 19. April 1944 (IV B 33/1944).

I. Landgericht Breslau.
II. Oberlandesgericht Breslau.

In der Familienrechtssache betreffend die am 20. April 1935 geborene R. E., eheliches Kind des inzwischen vor dem Feind gefallenen Kaufmanns K. E. in Breslau aus seiner rechtskräftig geschiedenen Ehe mit H. E. geb. Sch. in Breslau, K. Str. 23,

hat das Reichsgericht, IV. Zivilsenat, in Leipzig in der Sitzung vom 19. April 1944 in Gemäßheit des § 2 Abs. 3 der Kriegs-Beschwerdeverordnung vom 12. Mai 1943 (RGBl. I S. 290) auf die Beschwerde des Straßenbahnoberfahrers J. E. in Breslau, K. Str. 21, gegen den Beschluß des Amtsgerichts in Breslau vom 20. Dezember 1943 beschlossen:

Der angefochtene Beschluß wird aufgehoben. Der Antrag des Beschwerdeführers, ihm das Personensorgerecht über die R. E. zu übertragen, wird als unzulässig abgelehnt. Die Übertragung des Sorgerechts auf die Mutter erübrigt sich.

Die Kosten des Verfahrens bleiben außer Ansatz.

Gründe

Die Ehe der Kindeseltern ist durch Urteil des Landgerichts in Breslau vom 2. August 1940 und des Oberlandesgerichts daselbst vom 10. August 1942 aus alleiniger Schuld des Mannes geschieden worden. Der Kindesvater ist am 6. Juni 1943 vor dem Feind gefallen. Das Kind ist seit der 8. Lebenswoche bei den Eltern des Vaters, den Eheleuten J. E. in Breslau untergebracht. Diese wollen es weiter behalten. J. E. hat beantragt, ihm das Personensorgerecht über das Kind zu übertragen, mit der Begründung, daß die Kindesmutter zur Erziehung des Kindes nicht geeignet sei und sich auch nie um das Kind gekümmert habe. Die Kindesmutter hat dem widersprochen. –

Das Amtsgericht hat durch den angefochtenen Beschluß nach näherer Prüfung der Geeignetheit der Mutter zur Sorge für das Kind das Sorgerecht gemäß § 81 Abs. 4 EheG der Mutter übertragen, damit also gleichzeitig den Antrag des Beschwerdeführers sachlich abgelehnt. Gegen den Beschluß hat der Antragsteller Beschwerde eingelegt. Das Oberlandesgericht in Breslau als Beschwerdegericht, das eine Maßnahme des Vormundschaftsgerichts aus § 81 Abs. 4 EheG nach dem Tode des Kindesvaters nicht für zulässig erachtet, sieht sich nach § 2 Abs. 3 der Kriegs-Beschwerdeverordnung vom 12. Mai 1943 durch die Stellungnahme des Oberlandesgerichts in München in dem Beschlusse vom 26. Januar 1940 (Jahrb. für Entsch. in Angel. der freiwilligen Gerichtsbarkeit und des Grundbuchrechts Bd. 21 S. 129), in dem § 81 Abs. 4 EheG auch nach dem Tode eines Elternteils für anwendbar erachtet ist, an einer Entscheidung in der Sache gehindert und hat die Beschwerde gemäß jener Bestimmung dem Reichsgericht zur Entscheidung vorgelegt.

Die nach § 57 Abs. 1 Nr. 3 und 9, § 20 FGG zulässige Beschwerde ist sachlich nicht begründet.

Die Rechtsauffassung des Oberlandesgerichts in Breslau ist, entgegen derjenigen des Oberlandesgerichts in München, zu billigen. Nach § 81 EheG hat, abweichend von der früheren Bestimmung des § 1635 BGB, im Falle der Scheidung einer Ehe das Vormundschaftsgericht zu bestimmen, welchem Ehegatten die Sorge für die Person eines gemeinschaftlichen Kindes zustehen soll. Maßgebend für die Entscheidung ist allein das Wohl des Kindes. Wenn dieses aus besonderen Gründen es erfordert, kann das Sorgerecht statt einem der Elternteile einem Pfleger übertragen werden, ohne daß die Voraussetzungen des § 1666 BGB bei den Eltern vorzuliegen braucht (§ 81 Abs. 4 EheG). Diese gesetzliche Bestimmung hat ersichtlich nur den Fall im Auge, daß beide Eltern noch leben, und sie eröffnet die Möglichkeit, wenn bei dem Spannungsverhältnis zwischen den Eltern nach Scheidung der Ehe das Wohl des Kindes im Falle der Unterbringung bei einem Elternteil nicht genügend gesichert erscheint, die Sorge für dessen Wohl einem Unbeteiligten – einem Pfleger – anzuvertrauen. Die vom Gesetz gedachte Lage für diese besondere Maßnahme des Vormundschaftsgerichts besteht von dem Augenblick des Todes eines Elternteils nicht mehr. Der Fall wird also von der Bestimmung unmittelbar jedenfalls nicht getroffen.

Im Schrifttum (Massfeller, Das großdeutsche Ehegesetz, Anm. II 3 Abs. 6, 3 a γ zu § 81, Volkmar-Ficker, Anm. 6 und 11 zu § 81, Palandt, BGB, Anm. 3 zu § 81 EheG, a. M. Erl. Buch der RGR Anm. 6 a zu § 81, Achilles-Strecker, Anm. 9 zu § 81 EheG) wird nun mehrfach die Meinung vertreten, daß die Bestimmung in ausdehnender Auslegung auch nach dem Tode eines Elternteils anzuwenden sei, und das Oberlandesgericht in München hat sich diese Auffassung in seinem eingangs erwähnten Beschlusse zu eigen gemacht. Diese Ansicht verdient indes keine Billigung. Bei der Überlegung, wenn die Übertragung der Sorge für die Person des Kindes auf einen Pfleger zu Lebzeiten beider Eltern nach § 81 Abs. 4 EheG – ohne das Vorliegen der Voraussetzungen des § 1666 BGB – zulässig sei und beide Eltern so von dem Sorgerecht ausgeschlossen werden könnten, müsse das auch nach dem Tode eines Elternteils möglich sein, wird nicht beachtet, daß für das Eingreifen des Vormundschaftsgerichts zur Sorge für die Person des Kindes nach § 81 EheG Voraussetzung ist, daß beide Eltern noch leben und daß durch die in § 81 Abs. 4 dem Vormundschaftsgericht gegebene Befugnis zur Bestellung eines Pflegers das Kind ersichtlich vor einer Gefährdung in dem Widerstreit zwischen den Eltern hinsichtlich der Sorge für seine Person bewahrt werden soll. Diese Voraussetzungen sind aber mit dem Tode eines Elternteils nicht mehr gegeben. Der weiteren Erwägung, die Ermächtigung des Vormundschaftsgerichts, nach Scheidung oder Aufhebung der Ehe gemäß § 81 Abs. 4 EheG – ohne die Voraussetzung des § 1666 BGB – in dem dort vorgesehenen Falle die Sorge für die Person des Kindes einem Pfleger zu übertragen, liege in der Entwicklungslinie des Kindschaftsrechts, ist der vom Nationalsozialismus besonders betonte Gedanke der Aufrechterhaltung und Pflege des Blutsbandes zwischen Eltern und Kindern entgegenzuhalten. Er läßt es zum mindesten als zweifelhaft erscheinen, ob es gerechtfertigt ist und dem Grundgedanken jener Bestimmung entspricht, nach Lösung der Ehe, wenn das Spannungsverhältnis zwischen den Eltern infolge des Todes eines Elternteils erloschen ist, das Sorgerecht des überlebenden Elternteils durch die im § 81 Abs. 4 vorgesehene Maßnahme einzuschränken und ihm das Kind – ohne Vorliegen eines schuldhaften Verhaltens hinsichtlich der Sorge für dieses – vorzuenthalten und damit ohne Not weiter zu entfremden. Der Gesichtspunkt, den das Oberlandesgericht in München in seinem Beschluß hervorhebt, es könne geraten erscheinen, das anderweitig untergebrachte Kind im Falle des Todes eines Elternteiles aus gesicherten und seiner Entwicklung förderlichen Verhältnissen, in die es inzwischen hineingewachsen sei, nicht herauszunehmen, kann gegenüber dem dargelegten Recht des überlebenden Elternteils auf Sorge für die Person des Kindes um so weniger durchgreifen, als diesem Gesichtspunkte in jedem Falle nur eine zeitlich begrenzte Bedeutung zukommt, während auf der anderen Seite Belange auf dem Spiele stehen, die das erziehungsbedürftige Alter des Kindes weit überdauern. Hier muß das Recht des Elternteils den Vorrang beanspruchen. Sofern aber etwa das Wohl des Kindes durch schuldhaftes Verhalten des Elternteils gefährdet ist, kann nach § 1666 BGB Abhilfe geschaffen werden.

Übrigens würde die Auffassung, daß § 81 Abs. 4 EheG auch nach dem Tode eines Elternteils anwendbar sei, zu dem kaum vertretbaren Ergebnis führen, daß der überlebende Ehegatte in der Frage der Personensorgebefugnis im Falle vorausgegangener Scheidung – und zwar auch der nichtschuldige Teil – schlechter gestellt wäre, als es der Fall sein würde, wenn die Ehegatten bei dem Tode eines von ihnen zwar noch rechtlich als Eheleute, aber tatsächlich, vielleicht schon viele Jahre, voneinander getrennt gelebt hätten. Auch diese unerwünschte Folge spricht gegen eine erweiternde Auslegung der genannten Bestimmung. Sie vorzunehmen, kann nicht Aufgabe der Rechtsprechung sein; es muß vielmehr dem Gesetzgeber vorbehalten bleiben, gegebenenfalls die ihm geeignet erscheinende Regelung zu treffen.

Es muß sonach bei der allgemeinen Regelung des bürgerlichen Rechts verbleiben, wonach, wenn ein Elternteil nach Scheidung der Ehe stirbt, das Personensorgerecht des überlebenden Elternteils eintritt, wie wenn die Ehe zur Zeit des Todes des anderen Elternteils noch bestanden hätte. Stirbt danach der Vater, so steht nach § 1684 Nr. 1 BGB der Mutter die elterliche Gewalt nach Maßgabe der §§ 1686 ff. BGB und damit auch das Sorgerecht für das Kind zu, das ihr nur unter der Voraussetzung des § 1666 BGB genommen werden kann.

Daraus folgt für den gegenwärtigen Fall, daß der Mutter im Augenblick des Todes des Ehemannes das Sorgerecht für das Kind zugefallen ist. Eine Maßnahme des Vormundschaftsgerichts auf Grund des § 81 Abs. 4 EheG ist nicht zulässig. Sie ist vom Vormundschaftsgericht auch nicht getroffen worden. Die von ihm vorgenommene Übertragung der Sorge für das Kind auf die Mutter erübrigt sich aber, weil dieses Recht der Mutter schon kraft Gesetzes bestand. Die Voraussetzung, für eine Maßnahme aus § 1666 BGB ist, wie noch zu bemerken ist, nicht gegeben.

---

29. 1. Versagung des rechtlichen Gehörs liegt vor, wenn der Schiedsrichter zu einem bestimmten Punkt durch Erklärungen oder sonstiges eindeutiges Verhalten bei einer Partei die Auffassung erweckt oder be-

stätigt, daß dieser Punkt zu ihren Gunsten erledigt sei, und er sich hernach, ohne der Partei vorher erneut Gelegenheit zur Stellungnahme zu geben, im Schiedsspruch auf den gegenteiligen Standpunkt stellt.

2. Der Schiedsspruch beruht auf einem unzulässigen Verfahren, wenn der Schiedsrichter statt eigener Feststellung das Schlußergebnis fremder Feststellungen übernimmt.

ZPO § 1041 Abs. 1 Nr. 1 u. 4.

IV. Zivilsenat. Urt. vom 26. April 1944 (IV 28/1944).

I. Landgericht Berlin.
II. Kammergericht Berlin.

In Sachen des Ingenieurs Julius *Hecht* in Wien III, Weyrgasse 9, Klägers und Revisionsklägers, Prozeßbevollmächtigter: Rechtsanwalt Justizrat Geutebrück in Leipzig,

gegen

den Ingenieur Adolf *Kämpfer* in Berlin-Charlottenburg, Kaiserdamm 44, Beklagten und Revisionsbeklagten, Prozeßbevollmächtigter: Rechtsanwalt Dr. Benkard in Leipzig, hat das Reichsgericht, IV. Zivilsenat, auf die mündliche Verhandlung vom 26. April 1944 durch den Senatspräsidenten Dr. Jonas und die Reichsgerichtsräte Dr. Hofmann, Dr. Lippert, Sehwegmann und Dr. Schrutka für Recht erkannt:

Die Urteile des 22. Zivilsenats des Kammergerichts in Berlin vom 17. November 1943 und der 4. Zivilkammer des Landgerichts in Berlin vom 14. April 1943 werden aufgehoben. Der in der Schiedssache der Parteien ergangene Schiedsspruch des Baurats Ing. Richard Herrmann in Wien vom 2. Dezember 1941 wird aufgehoben. Die Kosten des Rechtsstreits hat der Beklagte zu tragen. – Von Rechts wegen

Tatbestand

Der in Wien ansässige Kläger hatte für den in Berlin wohnhaften Beklagten in Wien Bauarbeiten ausgeführt. Über die bei der Abrechnung entstandenen Streitigkeiten wurde auf Grund eines zwischen den Parteien geschlossenen Schiedsvertrags von dem inzwischen verstorbenen Baurat Herrmann in Wien unter dem 2. Dezember 1941 ein Schiedsspruch gefällt, durch den der Kläger unter Abweisung seiner Widerklage zur Zahlung von 14.112,75 RM verurteilt wurde. Der Streit betraf einerseits die vom Kläger in Rechnung gestellten Ausgabenposten, andererseits die – vom Schiedsrichter zu Ungunsten des Klägers entschiedene – Frage, ob ihm insgesamt 41.000,– RM oder nur 31.000,– RM als Anzahlungen überwiesen worden waren. Der Kläger begehrt die Aufhebung des Schiedsspruchs, hilfsweise die Feststellung, daß der Schiedsspruch im Geltungsbereich der RZPO nicht anzuerkennen sei. Die Gerichte des ersten und zweiten Rechtszuges haben die Klage abgewiesen. Mit der Revision verfolgt der Kläger sein Begehren weiter, während der Beklagte um Zurückweisung der Revision bittet.

Entscheidungsgründe

I. Wenn auch das gerichtliche Verfahren und die in den Prozeßgesetzen behandelte Frage der staatlichen Anerkennung von Schiedssprüchen für das Gesamtgebiet des Reiches noch nicht einheitlich geregelt sind, so bildet doch das Reichsgebiet auch für den Bereich der Rechtspflege eine Einheit, mit deren Wesen es schlechterdings unvereinbar wäre, eine auf den Geltungsbereich der einen oder anderen Prozeßordnung beschränkte Entscheidung über die Rechtswirksamkeit eines Schiedsspruches mit der Folge zuzulassen, daß der Spruch zwar in dem einen, nicht aber auch in dem anderen Gebiet vollstreckt werden könnte. Fehlsam ist es daher, wenn das Berufungsgericht vorliegend die Vorschriften des § 1044 RZPO über ausländische Schiedssprüche anwenden will und nur den Hilfsantrag für zulässig erachtet. In Frage steht nicht die begrifflich auf den Machtbereich der inländischen Staatsgewalt begrenzte Feststellung der Nichtanerkennung eines außerhalb dieses Bereichs ergangenen Schiedsspruchs, sondern die der Rechtsgültigkeit eines deutschen Schiedsspruchs. Ob bei der Beurteilung dieser für das gesamte Reichsgebiet einheitlich zu entscheidenden Frage im vorliegenden Falle von den Vorschriften der RZPO oder der ö. ZPO auszugehen ist, kann offen bleiben, da die hier in erster Linie geltend gemachten Nichtigkeitsgründe nach beiden Prozeßgesetzen der gleichen Beurteilung unterliegen.

II. Der Kläger rügt in erster Linie die Versagung des rechtlichen Gehörs, RZPO § 1041 Nr. 4, ö. ZPO § 595 Nr. 2. Er erblickt sie in Folgendem: Er habe von vornherein geltend gemacht, daß die Differenz bezüglich der Anzahlungen darauf zurückzuführen sei, daß er versehentlich bei einer Abrechnung dem Beklagten einen Betrag von 41.000,– RM statt 31.000,– RM gutgebracht habe. In der schiedsgerichtlichen Verhandlung vom 23. Juni 1941 habe der Buchhalter B. als Zeuge seine Angaben, daß ihm nur insgesamt 31.000,– RM als Anzahlung überwiesen worden seien, bestätigt. Er (Kläger), der infolge anderweitiger Inanspruchnahme durch kriegswichtige Geschäfte an der persönlichen Wahrnehmung des Termins verhindert gewesen sei, habe den Schiedsrichter am 30. ds. Mon. in Begleitung seines Anwaltes aufgesucht und sich ihm für weitere Aufklärungen zur Verfügung gestellt. Bei der Aussprache habe der Schiedsrichter in Gegenwart des Anwalts zum Ausdruck gebracht, daß er sich hinsichtlich der Höhe der Zahlungen der Ansicht des Klägers anschließe und lediglich die Zahlung eines Betrages von 31.000,– RM als erwiesen ansehe. Er (Kläger) habe damit diesen Streitpunkt als erledigt angesehen und sei auf ihn, obwohl er sich übrigens schon vorher vorsorglich zu diesem Punkte u. a. auch auf die Bücher des Beklagten berufen habe, nicht mehr zurückgekommen. Die weiteren Erörterungen und die Auflagen des Schiedsrichters hätten sich lediglich auf die Gegenposten bezogen. Gleichwohl habe dann der Schiedsrichter in dem Schiedsspruch ausgesprochen, daß der Kläger seinerzeit den Empfang von 41.000,– RM bestätigt und den Gegenbeweis nicht erbracht habe. Das Berufungsgericht meint, der Kläger habe, da sich das Verfahren nach der fraglichen Verhandlung noch fast 1/2 Jahr hingezogen habe und er durch den unter einer Ausschlußfrist erlassenen Auflagebeschluß vom 15. November 1941 auf den demnächstigen Erlaß des Schiedsspruchs noch besonders hingewiesen worden sei, hinreichend Gelegenheit gehabt, auf diesen Punkt zurückzukommen. Unter diesen Umständen könne von einer Versagung des rechtlichen Gehörs keine Rede sein, zumal es sich bei der Besprechung am 30. Juni 1941 um eine außerhalb der schiedsgerichtlichen Verhandlung erfolgte persönliche Äußerung gehandelt habe.

Die Revision ist begründet.

Eine Versagung des rechtlichen Gehörs liegt nicht nur dann vor, wenn der Schiedsrichter einer Partei durch unzulässige Präklusion, durch Nichtbekanntgabe von gegnerischen Erklärungen oder dgl. die Gelegenheit zu weiteren tatsächlichen oder rechtlichen Ausführungen allgemein abschneidet, sondern auch dann, wenn er zu einem bestimmten Punkte durch Erklärungen oder sonstiges eindeutiges Verhalten bei einer Partei die Auffassung erweckt oder bestätigt, daß dieser Punkt zu ihren Gunsten erledigt sei, und er sich hernach, ohne der Partei vorher erneut Gelegenheit zur Stellungnahme zu geben, im Schiedsspruch auf den gegenteiligen Standpunkt stellt.

Dabei kommt es nicht darauf an, ob und inwieweit sich der Schiedsrichter bei seiner Äußerung selbst hat binden wollen, sondern lediglich darauf, wie seine Erklärung von der Partei verstanden ist und vernünftigerweise verstanden werden mußte. In dieser Hinsicht kann es auch keinen Unterschied ausmachen, ob die fragliche Äußerung in einer eigentlichen schiedsgerichtlichen Verhandlung oder in einer das schiedsrichterliche Verfahren betreffenden Aussprache in Abwesenheit der Gegenpartei gefallen ist. Wenn das Berufungsgericht meint, es sei gegebenenfalls Sache des Klägers gewesen, in der Folgezeit, zumal nach dem Auflagebeschluß vom 15. November 1941, weitere Beweise zu diesem Punkte von sich aus vorzubringen, so übersieht es, daß ausweislich der Schiedsgerichtsakten die damaligen weiteren Erörterungen ausschließlich die Posten der Gegenrechnung betrafen.

In diesem Punkte kann daher das angefochtene Urteil nicht bei Bestand bleiben. Einer Zurückverweisung der Sache bedarf es insoweit aber nicht, da das Revisionsgericht zur abschließenden Entscheidung in der Lage ist (§ 4 Abs. 12 der 4. VereinfVO). Die Darstellung des Klägers wird durch ein bei den schiedsgerichtlichen Akten befindliches Schreiben, das der Schiedsrichter nach Erlaß des Schiedsspruchs an den gegnerischen Anwalt am 16. Dezember 1941 gerichtet hat, in ihrem Kernpunkt bestätigt. Darin sagt der Schiedsrichter u. a.: „Er habe sich dem Baumeister H. gegenüber dahin geäußert, daß er die Entscheidung über die streitigen 10.000,– RM auszuschalten gedenke; durch diese Äußerung beeindruckt, habe H. geglaubt, mit der Zahlung der 10.000,– RM nicht rechnen zu müssen." Wenn sich auch diese Darstellung mit derjenigen des Klägers nicht völlig deckt, so besagt sie doch klar, daß auch nach Auffassung des Schiedsrichters der Kläger aus der Besprechung entnommen hatte, daß er bezüglich der fraglichen Zahlung jedenfalls nicht mit einer ihm ungünstigen Entscheidung zu rechnen brauche. War dem aber so, so hätte der Schiedsrichter den Kläger keinesfalls mit einer Entscheidung in diesem Sinne überraschen dürfen, und zwar umso weniger, als es sich um einen Streitpunkt handelte, der sich durch weitere Beweise, insbesondere durch Vergleichung der beiderseitigen Bücher- und Bankauszüge, unschwer hätte einwandfrei aufklären lassen.

Die Rüge der Versagung des rechtlichen Gehörs erweist sich demnach als begründet. Ob dieser Mangel des Schiedsspruchs zu seiner Aufhebung im Ganzen oder nur bezüglich des dadurch betroffenen Betrages von 10.000,– RM führen muß, kann offen bleiben, da auch dem im folgenden behandelten weiteren Angriff des Klägers gegen den Schiedsspruch die Berechtigung nicht abgesprochen werden kann.

III. Der Kläger rügt, daß der Schiedsrichter die Ausführung eines wesentlichen Teiles seiner schiedsrichterlichen Aufgabe in unzulässiger Weise auf den Ingenieur H. übertragen habe. Das sei um so mehr zu beanstanden, als H. entgegen den unrichtigen Angaben in dem Schiedsspruch nicht der Vertrauensmann beider Parteien, sondern der mit der Beaufsichtigung der Bauarbeiten beauftragte Angestellte des Beklagten und lediglich dessen Vertrauensmann gewesen sei. In dem Schiedsspruch heißt es zu dem Punkte „Bauausführungen": „Nachdem das Beweisverfahren ergeben hatte, daß die fraglichen Sätze für alle im Vertrage angeführten Arbeiten zu gelten haben, und nur besondere Arbeiten, die im Kostenvoranschlag nicht enthalten sind, als Regiearbeiten nach den tarifmäßigen Sätzen der Wiener Bauzunft minus 8 % Nachlaß zu verrechnen sind, wurde Architekt Hilscher vom Schiedsrichter beauftragt, unter Berücksichtigung der von Ing. K. mündlich gemachten Konzessionen die Berechnung auf Grund dieser Richtlinien durchzuführen. Das Ergebnis dieser Berechnung ist, daß dem Beklagten ein Betrag von 21.172,35 RM zusteht."

Das Berufungsgericht meint, es handele sich hier sachlich lediglich um die Einholung eines Sachverständigengutachtens, zu der der Schiedsrichter ohne weiteres berechtigt gewesen sei. Dem kann nicht beigetreten werden. Die Sache liegt hier vielmehr ersichtlich so, daß der Schiedsrichter sich bei der von ihm übernommenen Aufgabe der Ausmittelung der angemessenen Vergütungsbeträge u. s. w. auf die Angabe gewisser Richtlinien beschränkt und die Arbeit im einzelnen dem Architekten H. übertragen hat. Die Fassung des Schiedsspruchs besagt eindeutig, daß H. hier nicht bloß als sachverständige Hilfsperson für den Schiedsrichter berechnende Vorarbeiten geleistet hat, sondern daß es sich um eine – wenn auch nach Richtlinien durchgeführte – selbständige und als solche in den Schiedsspruch übernommene Arbeit H. handelt. Der Schiedsrichter hat hier ersichtlich nicht für *seine* Feststellungen und Schätzungen Vorarbeiten eines anderen benutzt, sondern unzulässigerweise statt eigener Feststellungen das Schlußergebnis fremder Feststellungen übernommen, d. h. der Sache nach einen Teil seiner schiedsrichterlichen Funktionen an einen Dritten übertragen. Dazu war er bei dem höchstpersönlichen Charakter der schiedsrichterlichen Funktion – mangels einer etwaigen gegenteiligen Abrede im Schiedsvertrag – nicht befugt. Es war dies ein unzulässiges Verfahren i. S. des § 1041 Nr. 1 RZPO und ebenso ein Verstoß gegen § 595 Nr. 3 ö. ZPO, ohne daß es dabei auf die Stellung des Architekten H. zu den Parteien, insbesondere zum Schiedskläger, und auf die sich daraus ergebende Frage seiner etwaigen Befangenheit ankäme.

Nach alledem erweist sich – ohne daß es noch eines Eingehens auf die weiteren Rügen des Klägers bedürfte – das Klagebegehren im Gegensatz zur Auffassung der Vorinstanzen in vollem Umfange als begründet. Der Schiedsspruch war daher aufzuheben.

Die Kostenentscheidung folgt aus § 91 ZPO.

---

30. 1. Die Vermutung für eine Schenkung an die Frau gilt auch dann, wenn der Mann ihr den Schmuck vor der Ehe gegeben und während der Ehe belassen hat.

2. § 368 Exekutionsordnung (EO). Auch wenn der Bekl. die Unmöglichkeit der verlangten Leistung behauptet, kann er zur Herausgabe verurteilt werden, ohne daß über die behauptete Unmöglichkeit Beweis erhoben zu werden braucht, wenn sich aus seiner Behauptung ergibt, daß die etwaige Unmöglichkeit der Herausgabe auf Umständen beruhen würde, die er selbst zu vertreten hat.

3. §§ 55, 419 ÖstZPO. Die Kostenbemessung des Erstrichters kann vom BerR nicht abgeändert werden, wenn die Berufung in der Hauptsache keinen Erfolg hat. Ist der Streitwert nachträglich abgeändert worden, muß die Kostenbemessung vom Erstrichter nach § 419 berichtigt werden.

ABGB § 1247.

VII. Zivilsenat. Beschl. vom 26. April 1944 (VII 29/1944)

I. Landgericht Wien.
II. Oberlandesgericht Wien.

In Sachen des Kaufmanns H. T. in Wien, Klägers, Prozeßbevollmächtigter: Rechtsanwalt Dr. Hans Karger in Wien, vor dem Reichsgericht: Rechtsanwalt Justizrat Axhausen in Leipzig

gegen

die private M. H. T. in Berlin-Grunewald, Beklagte, Prozeßbevollmächtigter: Rechtsanwalt Dr. Emerich Bunna in Wien, vor dem Reichsgericht: Rechtsanwalt Dr. Benkard in Leipzig, wegen Herausgabe von Schmuckstücken (Streitwert: 22.500 RM) hat das Reichsgericht, VII. Zivilsenat, nach der mündlichen Verhandlung vom 26. April 1944 unter Mitwirkung des Senatspräsidenten Dr. Zellner und der Reichsgerichtsräte Burmeister, Seibertz, Dr. Balve, Dr. Roppert auf die Revision der Beklagten gegen das Urteil des Oberlandesgerichts Wien vom 10. Januar 1944 – 4 R 366/43-47 –, welches das Urteil des Landgerichts Wien vom 23. September 1943 – 2 Cg 34/43-33 – bestätigte, beschlossen:

Der Revision wird Folge gegeben. Das angefochtene Urteil wird aufgehoben und die Sache zur weiteren Verhandlung und Entscheidung an das Berufungsgericht zurückverwiesen, das auch über die Kosten der Revisionsinstanz zu entscheiden haben wird.

Gründe

Die Parteien haben jahrelang zusammengelebt, bevor sie im Jahre 1940 die Ehe eingegangen sind. Die Ehe ist am 15. September 1943 rechtskräftig geschieden worden. Im Jahre 1938 hat der Kläger zwei Platinringe mit Brillanten und eine Platin-Armbanduhr mit Brillanten erworben und sie seiner Behauptung nach der Beklagten nur zum Tragen gegeben, nicht etwa geschenkt. Am 10. Oktober 1942 hat die Beklagte den Kläger verlassen und die beiden Ringe, die sich in ihrem Besitz befanden, mitgenommen, die Armbanduhr aus dem Schreibtisch des Klägers genommen und ebenfalls mitgenommen, da der Kläger ihr die Ringe und die Armbanduhr geschenkt habe. Der Kläger verlangt mit der Klage die Herausgabe auf Grund seines Eigentums und beruft sich auch darauf, daß die Beklagte am 24. Mai 1941 schriftlich anerkannt habe, daß er ihr die Ringe weder vor noch in der Ehe geschenkt habe. Beide Vorinstanzen haben die Beklagte zur Herausgabe verurteilt.

Die auf § 503 Nr. 2 bis 4 ZPO gestützte Revision der Beklagten ist begründet.

Die vernommenen Zeugen haben teils zugunsten des Klägers, teils zugunsten der Beklagten ausgesagt. Landgericht und Oberlandesgericht legen der Beklagten die Beweislast für die behauptete Schenkung auf, weil § 1247 ABGB eine Vermutung für das Vorliegen einer Schenkung nur für Schmuck, Edelsteine und andere Kostbarkeiten aufstelle, die der Mann seiner Frau *während* der Ehe gegeben habe, und halten den Beweis durch sie nicht für geführt. Mit Recht wendet sich die Revision gegen diese Rechtsauffassung. § 1247 Satz 1 spricht ganz allgemein von Schmuck u. s. w., den der Mann seiner Ehegattin zum Putze gegeben hat, ohne hervorzuheben, daß die Übergabe während der Ehe geschehen sein müsse. Satz 2 spricht von Geschenken unter Verlobten und bestimmt, daß die Schenkung widerrufen werden könne, wenn die Ehe ohne Verschulden des Schenkenden nicht zustande kommt, sagt also nichts darüber, was zu geschehen hat, wenn die Ehe zwar geschlossen, dann aber wieder geschieden wird. Das läßt darauf schließen, daß Satz 1 auch den Fall umfaßt, wenn der Mann seiner späteren Ehefrau vor Eingehung der Ehe Schmuck und dergleichen gegeben und ihn ihr nach Eingehung der Ehe belassen hat. Das ist um so mehr anzunehmen, als nicht einzusehen ist, warum ein Unterschied zwischen dem Falle gemacht werden soll, wenn der Mann seiner Frau während der Ehe Schmuckgegenstände hingibt, und dem Falle, wenn er ihr vorher gegebene Schmuckgegenstände während der Ehe beläßt. Die angefochtenen Urteile haben also die Beweislast unrichtig verteilt. Dies muß zur Aufhebung des Urteils des Berufungsgerichts führen, da auch die Beweiswürdigung hierdurch beeinflußt sein kann. Eines Eingehens auf die behaupteten Prozeßverstöße und Aktenwidrigkeiten bedarf es unter diesen Umständen nicht; es bleibt der Beklagten unbenommen, darauf bei der erneuten Verhandlung in der Berufungsinstanz zurückzukommen, wenn sie sich davon Erfolg verspricht.

Unrichtig ist die Ausführung der Revision, die Klage hätte schon deshalb abgewiesen werden müssen, weil feststehe, daß die Beklagte sich nicht im Besitz der herausverlangten Schmuckstücke befinde, die Eigentumsklage aber nur gegen den Besitzer der Sachen durchgeführt werden könne. Die Beklagte hat zunächst zugegeben, im Besitze der herausverlangten Sachen zu sein, später allerdings behauptet, die Schmuckstücke schon einige Monate vor der Klageerhebung verkauft zu haben. Daß dies zutrifft, ist bisher nicht festgestellt. Die erhobene Klage ist aber nach den vorgetragenen Tatsachen nicht nur auf das behauptete Eigentum des Klägers gestützt, sondern auch darauf, daß er die Ringe der Beklagten zum Gebrauch überlassen, also geliehen habe, und daß die Beklagte sich rechtswidrig in den Besitz des Uhrarmbandes gesetzt habe. Für diese Klagegründe ist der Besitz der Beklagten an den herausverlangten Sachen nicht ausschlaggebend; sie kann auch dann zur Herausgabe der Sachen verurteilt werden, wenn sich aus ihren Behauptungen ergibt, daß die etwaige Unmöglichkeit, die Sachen herauszugeben, auf Umständen beruhen würde, die sie selbst zu vertreten hat. Einer Beweisaufnahme darüber, ob sie wirklich zur Herausgabe nicht in der Lage ist, bedarf es unter diesen Umständen nicht. Es kann also unentschieden bleiben, welche Wirkung dem Widerruf des Geständnisses der Beklagten, im Besitze der Sachen zu sein, beizumessen ist.

Mit Unrecht beschwert sich die Beklagte auch darüber, daß das Berufungsgericht die Kostenbemessung des Erstrichters nicht abgeändert hat, obwohl der Streitwert nach Fällung des Ersturteils von 300.000 RM auf 22.500 RM herabgesetzt worden war. § 11 Abs. 1 Nr. 2 der 3. VereinfVO erklärt allerdings nur den Rekurs gegen Entscheidungen über die Kosten für unzulässig, die in bürgerlichen Rechtsstreitigkeiten ein Verfahrensbeteiligter einem anderen Beteiligten zu erstatten hat, hindert aber nicht die Abänderung, wenn in der Hauptsache Berufung eingelegt worden ist. Dagegen steht nach der herrschenden Lehre § 55 ZPO einer Abänderung in solchen Fällen entgegen, wenn die Berufung in der Hauptsache keinen Erfolg hat. Das Berufungsgericht würde deshalb, wenn es wieder zur Verurteilung der Beklagten kommen sollte, die Kostenbemessung des Ersturteils nicht nach dem neuen Streitwerte richtigstellen können. Eine solche Richtigstellung ist vielmehr Sache des Erstgerichts, das nach der Herabsetzung des Streitwertes die Kostenbemessung, die dadurch offenbar unrichtig geworden war, in Anwendung des § 419 ZPO hätte berichtigen sollen. Diese Berichtigung wird das Erstgericht auch jetzt noch von Amts wegen vorzunehmen haben.

Die Entscheidung wegen der Kosten der Revisionsinstanz folgt aus § 52 ZPO.

---

31. 1. Ist die erforderliche Wohnsiedlungsgenehmigung zu einem Grundstücksverkauf von der Genehmigungsbehörde, die zugleich Preisüberwachungsbehörde war, vor Inkrafttreten der GrVerkVO mit der „Auflage" erteilt worden, daß an Stelle des vereinbarten ein geringerer Kaufpreis festgesetzt wurde, so liegt darin die Versagung der Genehmigung zu dem bisherigen Verkauf und zugleich eine bedingte Genehmigung zur Veräußerung für den Fall, daß die Parteien einen neuen Verkauf zu dem ermäßigten Preise abschließen. Ein solcher Sachverhalt steht der Anwendung der §§ 2, 3 GrVerkVO, insbesondere einer Klage des Käufers gegen den Verkäufer auf Erteilung des Einverständnisses mit dem ermäßigten Kaufpreise nicht entgegen.

2. Zur Frage, unter welchen Voraussetzungen der Verkäufer eines Grundstücks nach Beanstandung des vereinbarten Preises durch die Preisbehörde verpflichtet ist, sich mit dem für zulässig erklärten geringeren Preise einverstanden zu erklären.

WohnsiedlG v. 22. Sept. 1933 (RGBl. I, 659) i. d. Fass. v. 27. Sept. 1938 (RGBl. I, 1246) § 7; GrVerkVO v. 7. Juli 1942 (RGBl. I 459) §§ 2, 3; Gemeinsch. Erlaß des RfPr. und des RJM z. Ausf. der GrVerkVO v. 8. Juli 1942 (DJ S. 471) Ziff. 3 Abs. 2

III. Zivilsenat. Urt. v. 27. April 1944 (III 127/1943).

I. Landgericht Berlin.
II. Kammergericht Berlin.

In Sachen
1. des Diplomingenieurs Werner *Landgrebe*,
2. dessen Ehefrau Liesel *Landgrebe* geb. *Hoese*,
beide wohnhaft in Berlin-Frohnau, Hambacher Weg 7, Beklagte, Widerkläger und Revisionskläger, Prozeßbevollmächtigter: Rechtsanwalt Dr. Fuchslocher in Leipzig,

gegen

Frau Margarete *Krause*, geb. *Eigenbrodt* in Prag XII, Grodschiner Straße 31, Klägerin, Widerbeklagte und Revisionsbeklagte, Prozeßbevollmächtigter: Rechtsanwalt Dr. Drost in Leipzig, hat das Reichsgericht, III. Zivilsenat, auf die mündliche Verhandlung vom 27. April 1944 unter Mitwirkung des Senatspräsidenten Blumberger und der Reichsgerichtsräte Dr. Lersch, Besta, Stange, Dr. Leopold für Recht erkannt:

Das Urteil des 30. Zivilsenats des Kammergerichts in Berlin vom 11. August 1943 wird aufgehoben.

Die Sache wird zu neuer Verhandlung und Entscheidung, auch über die Kosten des Revisionsverfahrens, an das Berufungsgericht zurückverwiesen. – Von Rechts wegen

Tatbestand

Durch notarischen Vertrag vom 27. Juli 1939 verkaufte die Klägerin ein in Berlin-Frohnau, Hambacher Weg 7, gelegenes Hausgrundstück an die Beklagten zum Preise von 34.500 RM und ließ es ihnen gleichzeitig auf. Sie selbst hatte es im Jahre 1938 von dem Bauunternehmer Zech zum Preise von insgesamt 29.500 RM erworben und war als Eigentümerin im Grundbuch eingetragen worden. Nachträglich waren wegen der damaligen Preisvereinbarung Bedenken aufgetaucht, die den Bezirksbürgermeister von Berlin-Reinickendorf als zuständige Behörde für die Erteilung der Wohnsiedlungsgenehmigung veranlaßt hatten, das Genehmigungsverfahren wieder aufzurollen. Mit Rücksicht hierauf enthielt der Kaufvertrag zwischen den Parteien die Bestimmung, der Kaufpreis von 34.500 RM solle sich um den Betrag ermäßigen, um den die Preisprüfstelle den Preis für den Kauf von Zech herabsetzen würde. Die Übergabe des Grundstücks, auf das die Beklagten vereinbarungsgemäß eine Anzahlung von 8.000 RM leisteten, sollte am 1. November 1939 stattfinden.

Auf eine Anfrage erhielt der beklagte Ehemann am 30. Oktober 1939 von dem Bezirksbürgermeister – Preisstelle für Grundstücke – den schriftlichen Bescheid, daß für den Verkauf von Zech an die Klägerin der Betrag von 27.200 RM, für die Weiterveräußerung zwischen den Parteien ein solcher von 29.700 RM als volkswirtschaftlich gerechtfertigter Preis angesehen werde. Daraufhin übersandte der Rechtsanwalt Dr. Heyl im Auftrage der Beklagten an die Klägerin ein Schreiben von demselben Tage, in dem unter abschriftlicher Mitteilung des Bescheids des Bezirksbürgermeisters ausgeführt war, der Kaufpreis von 34.500 RM werde von der Preisstelle nicht genehmigt, sondern nur ein solcher von 29.700 RM; die Beklagten seien indessen bereit, neben dem ermäßigten Preise die Forderung der Klägerin an Zech für 2.300 RM käuflich zu erwerben und demgemäß am 1. November zu der Anzahlung von 8.000 RM und der Hypothekenübernahme von 17.000 RM einen Betrag von 7.000 RM zu zahlen; die Klägerin mögen dem beklagten Ehemann umgehend telefonisch mitteilen, ob sie zur Abänderung des Kaufvertrages in diesem Sinne bereit sei. Anschließend hieß es darin: „Sollten Sie nicht bereit sein, auf dem hier angegebenen Wege die Angelegenheit zum Abschluß zu bringen, so fordere ich Sie namens meiner Mandantin … auf, binnen 24 Stunden die geleistete Anzahlung von RM 8.000,– an diese in bar zurückzuzahlen. Die Voraussetzung für den Rückzahlungsanspruch ist dann einmal gegeben durch den Bescheid der Preisbildungsstelle und Ihre Ablehnung des oben angebotenen Vorschlages.“

Am 31. Oktober richtete Dr. Heyl an den Generalbevollmächtigten der Klägerin Dr. Becker folgendes Telegramm: „Preisbildungsstelle mitteilt soeben mir, daß über Vertrag Landgrebe endgültige Entscheidung noch nicht gefallen stop Vertrag daher noch schwebend stop Sie gebunden stop Widerspreche vollmachts allen anderen Verkaufsplänen.“

An die Klägerin sandte er an demselben Tage ein Schreiben ab, in dem er sich dagegen verwahrte, daß der beklagte Ehemann sich mit einer Aufhebung des Kaufvertrages einverstanden erklärt habe, den Inhalt des Briefes vom 30. Oktober, soweit er sich auf eine Versagung der Genehmigung durch die Preisstelle beziehe, fürsorglich wegen Irrtums anfocht, weil sich inzwischen herausgestellt habe, daß die Preisstelle noch keine endgültige Entscheidung getroffen habe, so daß der Vertrag in der Schwebe bleibe und schließlich die Ansicht vertrat, da die Preisstelle auch bei einem anderen Verkauf keine höheren Preis als 29.700 RM genehmigen werde, sei die Klägerin nach den Grundsätzen der Vertragstreue und dem Vertragsinhalt verpflichtet, den Vertrag mit den Beklagten zu dem geringeren Preise zu erfüllen. Die Klägerin ihrerseits verkaufte das Grundstück durch Vertrag vom 31. Oktober 1939 an die Eheleute Prof.

Schweizer für 29.700 RM. Das Angebot der Beklagten lehnte sie ab, erklärte sich zur sofortigen Rückgabe der 8.000 RM bereit und hinterlegte diesen Betrag, da die Beklagten die Annahme verweigerten, bei einem Notar. Am 1. November 1939 erteilte der Bezirksbürgermeister von Berlin-Reinickendorf – Planungsamt – die von dem Urkundsnotar nachgesuchte Genehmigung zur Auflassung des Grundstücks an die Beklagten gem. der Verhandlung vom 27. Juli 1939 auf Grund des Wohnsiedlungsgesetzes in Verb. mit der pr. VO über Wohnsiedlungsgebiete vom 4. November 1933 – neben anderen hier nicht interessierenden Einschränkungen – unter folgender Auflage, deren Erfüllung ihm auf Verlangen nachzuweisen sei: „An Stelle des vertraglichen Kaufpreises wird der Kaufpreis auf 29.700 RM festgesetzt. – Die Festsetzung des Kaufpreises anstatt der Versagung der beantragten Genehmigung ist der Veräußerin zumutbar, denn sie hat während des Schwebens dieses Vertrages durch notariell beurkundeten Kaufvertrag vom 31. Oktober 1939 das Grundstück anderweitig zum Preis von 29.700 RM verkauft. Gleichzeitig wird durch die Festsetzung des Kaufpreises das berechtigte Interesse des Erwerbers an der Aufrechterhaltung des Kaufvertrags gewahrt."

Die Beschwerde der Klägerin hiergegen wurde durch Bescheid des Stadtpräsidenten der Reichshauptstadt vom 27. Januar 1940 zurückgewiesen.

Da die Klägerin sich weigerte, den Kaufvertrag zu erfüllen, erwirkten die Beklagten – neben einer einstweiligen Verfügung auf Eintragung einer Auflassungsvormerkung zu ihren Gunsten im Grundbuch – am 2. November 1939 in den Beiakten 4 G 58/39 des Amtsgerichts Berlin-Wedding eine einstweilige Verfügung, in der der Klägerin aufgegeben wurde, den Beklagten das Grundstück zu übergeben, und diese anderenfalls ermächtigt wurden, sich in dessen Besitz einweisen zu lassen. Auf den Widerspruch der Klägerin wurde die einstweilige Verfügung durch Urteil vom 3. November 1939 mit ausführlicher Begründung bestätigt und demnächst vollzogen. Anschließend klagten die Beklagten gegen die Klägerin in den Beiakten 234 O 270/39 des Landgerichts Berlin auf Feststellung, daß der Kaufvertrag vom 27. Juli 1939 noch rechtswirksam sei. Die Klage hatte im ersten Rechtsgange Erfolg, wurde aber auf Berufung der Klägerin durch Urteil des Kammergerichts vom 7. Juni 1941 abgewiesen. In dem Urteil ist ausgeführt, daß der Kaufvertrag wegen Verstoßes gegen die PreisstopVO trotz des Genehmigungsbescheides vom 1. November 1939 nichtig sei. Auf Antrag der Klägerin hob das Kammergericht ferner durch Urteil vom 26. Juli 1941 die einstweilige Verfügung gem. §§ 927, 936 ZPO auf. Auf eine nunmehr von der Klägerin erhobenen Klage wurden die Beklagten in den Beiakten 233 O 113/41 vom Landgericht Berlin am 20. November 1941 vom Landgericht Berlin am 20. November 1941 zur Herausgabe des Grundstücks verurteilt; über die Berufung der Beklagten gegen dieses Urteil, das bisher nicht vollstreckt wurde, ist noch nicht entschieden.

Im vorliegenden Rechtsstreit verlangt die Klägerin mit der Klage einmal Schadenersatz aus der Vollziehung der aufgehobenen einstweiligen Verfügung in Höhe von 14.760,35 RM abzüglich der Anzahlung von 8.000 RM, ferner Herausgabe einer Anzahl auf dem Grundstück zurückgebliebener Sachen, schließlich die Löschung der im Grundbuche zugunsten der Beklagten eingetragenen Auflassungsvormerkung. Die Beklagten haben den Klageanspruch bestritten und Widerklage erhoben mit dem Antrage auf Verurteilung der Klägerin, sich gem. §§ 2, 3 der GrundstücksverkehrsVO vom 7. Juli 1942 mit einem Verkaufe des Grundstücks an sie zum Preise von 29.700 RM entsprechend dem Genehmigungsbescheid vom 1. November 1939 einverstanden zu erklären. Zur Begründung haben sie geltend gemacht, die Verweigerung des Einverständnisses der Klägerin würde gegen Treu und Glauben verstoßen und zugleich für sie eine grob unbillige Härte bedeuten, weil die Klägerin in das Grundstück zu dem herabgesetzten Preise an die Eheleute Schweizer weiterverkauft habe und die Beklagten sich im Vertrauen auf die Wirksamkeit des Bescheides des Bezirksbürgermeisters den Besitz des Grundstücks verschafft und erhebliche Aufwendungen dafür gemacht hätten, so für den Anschluß an die Kanalisation in Höhe von 800 RM, für die Anlegung des Gartens einschließlich der Vermauerung der Terrasse in Höhe von 1.441,51 RM, ferner für ihren Umzug, Anschaffung von Gardinen u. s. w., als Leiter der Konstruktionsabteilung bei dem Werk Oranienburg der Auer-Gesellschaft benötige der beklagte Ehemann die Wohnung auf dem verkauften Grundstücke. Die Klägerin hat die Zulässigkeit der Widerklage bemängelt; sie hat weiter bestritten, zum Einverständnis mit dem Weiterbestehen des Kaufvertrages zu dem geringeren Preise verpflichtet zu sein, und vorgetragen, dieser Vertrag sei von den Parteien Ende Oktober 1939 im gegenseitigen Einvernehmen aufgehoben worden; der Verkauf an die Eheleute Schweizer, der für sie günstigere Bedingungen enthalten habe als der an die Beklagten, sei nur auf das Verlangen der Beklagten nach sofortiger Rückgabe der Anzahlung zurückzuführen, im übrigen auch infolge Rücktritts der Käufer gar nicht zur Ausführung gelangt; die Herabsetzung des Kaufpreises durch die Preisstelle und den Bescheid vom 1. November 1939 hätten die Beklagten arglistig durch Verdächtigungen der Klägerin herbeigeführt, die einstweilige Verfügung vom 2./3. November 1939 durch die unrichtige Angabe, daß ihr Kind schwer lungenkrank sei, und durch eine ehrenwörtliche Versicherung des beklagten Ehemannes, das Grundstück alsbald nach einer ihm ungünstigen Entscheidung räumen zu wollen, die er später nicht eingehalten habe. Die Beklagten sind diesem Vorbringen entgegengetreten. Das Landgericht hat durch Teilurteil die Widerklage abgewiesen, das Kammergericht die Berufung der Beklagten hiergegen zurückgewiesen. Mit ihrer Revision verfolgen die Beklagten ihren Widerklageanspruch weiter. Die Klägerin bittet um Zurückweisung des Rechtsmittels.

Entscheidungsgründe

Die Zulässigkeit der Widerklage hat das Berufungsgericht mit bedenkenfreier Begründung bejaht. Es geht im übrigen ohne weitere Erörterung davon aus, daß die VO über die Preisüberwachung und die Rechtsfolgen von Preisverstößen im Grundstücksverkehr vom 7. Juli 1942 (RGBl. I S. 451) – GrVerkVO – auf den Kaufvertrag vom 27. Juli 1939 anwendbar sei, gelangt aber zu dem Ergebnis, daß die Voraussetzungen für die behauptete Verpflichtung der Klägerin, sich mit dem herabgesetzten Kaufpreise einverstanden zu erklären, nach der Sachlage weder aus § 2 Abs. 3 noch aus § 3 Abs. 1 Nr. 1 VO gegeben seien. Diese Beurteilung hält der rechtlichen Nachprüfung nicht stand.

Zu beanstanden ist zunächst, daß der Berufungsrichter die Anwendbarkeit der GrVerkVO auf den von den Parteien im Jahre 1939 geschlossenen Kaufvertrag bejaht hat, ohne auf die in dieser Hinsicht sich darbietenden Zweifel einzugehen. Wie der Senat schon mehrfach ausgesprochen hat (vgl. die zum Abdruck bestimmten Urteile III 85/43 vom 4. Oktober 1943 – DR 1944 S. 252/29 – und III 83/43 vom 4. November 1943), setzt die in § 3 GrVerkVO angeordnete Rückwirkung der Vorschriften des § 2 auf einen vor dem Inkrafttreten der VO geschlossenen Vertrag voraus, daß der Vertrag in diesem Zeitpunkte noch zu Recht bestand oder seine Rechtswirksamkeit doch nur dadurch in Frage gestellt war, daß die Preisbehörde das vereinbarte Entgelt beanstandet hatte. War er dagegen schon vorher hinfällig geworden – sei es durch endgültige Versagung einer etwa erforderlichen behördlichen Genehmigung, sei es durch Ausübung eines vertraglich eingeräumten Rücktrittsrechts oder sonst auf Grund einer dahin gehenden Vereinbarung der Beteiligten –, so entfällt die Anwendbarkeit der §§ 2, 3 GrVerkVO, insbesondere ist dann für einen auf diese Vorschriften gegründeten Anspruch des Erwerbers gegen den Veräußerer auf Erteilung des Einverständnisses mit dem herabgesetzten Entgelt kein Raum.

Nun hatte hier die Klägerin in erster Linie geltend gemacht, der Kaufvertrag vom 27. Juli 1939 sei Ende Oktober 1939 durch Vereinbarung der Parteien aufgehoben worden, und zwar dadurch, daß sie selbst der im Schreiben des Rechtsanwalts Dr. Heyl für den Fall ihres Nichteingehens auf die Preisherabsetzung ausgesprochenen Aufforderung zur Rückgabe der Anzahlung von 8.000 RM sofort nachgekommen sei. Das Landgericht hatte, ihr folgend, den Sachverhalt dahin gewürdigt, die Parteien seien sich am 30. Oktober 1939 darüber einig gewesen, daß der Kaufvertrag mangels Genehmigung der Preisbehörde unwirksam sei, die Beklagten aus ihm keine Ansprüche mehr herleiten könnten und die Klägerin anderweit über das Grundstück verfügen dürfe; dadurch sei der Kaufvertrag ohne Rücksicht auf die spätere Sinnesänderung der Beklagten endgültig hinfällig geworden. Träfe das zu, so wären die §§ 2, 3 GrVerkVO unanwendbar und die Widerklage aus diesem Grunde abzuweisen gewesen, ohne daß es noch einer Prüfung bedurft hätte, ob die Voraussetzungen für eine Verpflichtung der Klägerin zum Einverständnis mit dem herabgesetzten Preise gegeben waren. Obwohl sich die Hauptangriffe der Berufung gegen diese Beurteilung richteten, geht der Berufungsrichter darüber ohne ersichtlichen Grund mit Stillschweigen hinweg. Die kurze Bemerkung auf der letzten Seite des Berufungsurteils, der Senat pflichtete der angefochtenen Entscheidung auch im übrigen bei, kann nach dem Zusammenhange, in dem sie gemacht ist, auf die angeblich vereinbarte Aufhebung des Kaufvertrages nicht bezogen werden.

Unerörtert gelassen sind in dem Berufungsurteil ferner die Zweifel, die sich an den Bescheid des Bezirksbürgermeisters vom 1. November 1939 in bezug auf seine Zulässigkeit und seine Rechtswirkungen knüpfen. Das Berufungsgericht würdigt ihn lediglich als Beanstandung des in dem Vertrage vom 27. Juli 1939 vereinbarten Kaufpreises durch die Preisbehörde i. S. des § 2 Abs. 1 GrVerkVO. Nach seinem klaren Wortlaut handelt es sich dabei in erster Linie um die nach § 4 des Gesetzes über die Aufschließung von Wohnsiedlungsgebieten vom 22. September 1933 (RGBl. I S. 659) in der Fassung vom 27. September 1938 (RGBl. I S. 1246) – WSG – erforderliche Genehmigung der zuständigen Verwaltungsbehörde zur Veräußerung des in einem Wohnsiedlungsgebiete gelegenen Grundstücks. Über diese Genehmigung hatten freilich dieselben Behörden zu entscheiden, denen seit der 5. Anordnung des Preiskommissars über die Wahrnehmung der Aufgaben und Befugnisse des RfPr vom 6. Oktober 1937 (RAnz. Nr. 138) auch die Preisüberwachung bei Grundstücken übertragen war, und da seitdem eine auf Grund des WSG erteilte Genehmigung gleichzeitig als Ausnahmebewilligung nach § 3 der PreisstopVO vom 26. November 1936 (RGBl. I S. 955) gelten sollte (RdErl des RfPr Nr. 155/37 vom 6. Oktober 1937 – RAnz Nr. 239 – Ziff. I 2), umfaßte das Genehmigungsverfahren nunmehr auch die preisrechtliche Prüfung des bei der Grundstücksveräußerung vereinbarten Entgelts (vgl. Erl. D. RfPr vom 16. März 1938, abgedr. JW 1938 S. 1084). Insofern enthielt der Bescheid des Bezirksbürgermeisters allerdings gleichzeitig eine Stellungnahme der Preisbehörde dahin, daß der vertragliche Kaufpreis von 34.500 RM volkswirtschaftlich nicht gerechtfertigt sei, vielmehr nur ein solcher von 29.700 RM.

Darin erschöpft sich indessen die Bedeutung des Bescheides für die Frage, ob hier die §§ 2, 3 GrVerkVO anwendbar sind, nicht. In ihm ist die Wohnsiedlungsgenehmigung zur Auflassung des Grundstücks nach Maßgabe des Vertrags vom 27. Juli 1939 erteilt worden, jedoch – neben anderen Einschränkungen – mit der „Auflage", daß der Kaufpreis an Stelle des vertraglichen auf 29.700 RM „festgesetzt" werde. Würde hierin eine unbedingte, sofort wirksame Genehmigung zu erblicken sein, so wäre damit die Veräußerung des Grundstücks voll wirksam gewesen ohne Rücksicht auf die preisrechtlichen Bedenken gegen den Kaufpreis, da ja die Genehmigung als Ausnahmebewilligung nach

§ 3 PreisstopVO galt. Für eine Anwendung der GrundstücksverkehrsVO wäre dann kein Raum. Wenn umgekehrt in der Auflagegenehmigung mit „Festsetzung“ eines geringeren Preises etwa in Wirklichkeit eine Versagung der Genehmigung zu der Veräußerung vom 27. Juli 1939 läge, hätte das möglicherweise die Hinfälligkeit des Kaufvertrages vor dem Inkrafttreten jener Verordnung und damit ebenfalls deren Unanwendbarkeit zur Folge. Der Bescheid ist deshalb auf seinen Inhalt und seine rechtliche Tragweite zu prüfen.

Die Erteilung der Genehmigung unter Auflagen ist im § 7 WSG – ebenso wie in zahlreichen anderen Gesetzen; vgl. z. B. § 37 Abs. 2 Satz 2 REG, § 2 Abs. 4 GrVerkBekanntmachung vom 26. Januar 1937 (RGBl. I S. 35), § 2 Abs. 6 Erste DurchfVO zum Gesetz über die Sicherung der Reichsgrenze und über Vergeltungsmaßnahmen vom 17. August 1937 (RGBl. I S. 905) – ausdrücklich zugelassen. Es handelt sich dabei um echte Auflagen, worin den Vertragschließenden eine – gem. § 10 WSG im Verwaltungswege erzwingbare – Verpflichtung auferlegt wird, deren Erfüllung jedoch auf die Wirksamkeit der Genehmigung ohne Einfluß ist (vgl. § 9 Abs. 1 AusfVO zum WSG vom 25. Februar 1935 – RGBl. I. S. 292 und RdErl des RarbMin vom 26. Februar 1935 – RarbBl. S. I 99 – zu § 9 AusfVO ferner KG in HRR 1937 Nr. 515). Als Inhalt einer solchen Auflage ist aber die Festsetzung eines von dem vertraglichen abweichenden Kaufpreises nicht möglich. Die genehmigende Behörde ist grundsätzlich nicht befugt, in den von den Beteiligten geschlossenen Vertrag selbst einzugreifen und seine Bestimmungen zu ändern. Sie darf insbesondere nicht einen maßgebenden Teil des Vertrags wie die Höhe des Kaufpreises von der im übrigen erklärten Genehmigung ausschließen. Sie kann nur die Veräußerung mit dem ihr von den Parteien gegebenen Inhalt genehmigen derart, daß die etwa hinzugefügten Auflagen den wesentlichen Vertragsinhalt unberührt lassen, oder sie muß, wenn sie Bedenken gegen diesen Inhalt hat, die Genehmigung versagen. Diese Grundsätze gelten in gleicher Weise für die Genehmigung nach § 37 Abs. 2 REG (RG V 289/35 vom 24. Juni 1936 in HRR 1936 Nr. 1314 = JW 1936 S. 3229), wie für die Genehmigungen nach den Bekanntmachungen über den Grundstücksverkehr von 1918 und 1937 (RGZ Bd. 126 S. 132/134 f., Kiefersauer, Grundstücksverkehrsrecht 1938 S. 79, 94, derselbe Preisbildung und Preisüberwachung bei Grundstücken S. 14, 66; Hopp Grundstücksverkehr 3 S. 44 f.; vgl. ferner RdErl des RuPrMfEuL vom 7. Februar 1938, abgedr. bei Hopp a. a. O. S. 166). Sie müssen auch für die Genehmigung nach dem WSG maßgebend sein. Nach dessen § 7 Abs. 2 kann zwar die Genehmigung auch unter der Auflage erteilt werden, daß bei der Veräußerung des Grundstücks ein bestimmter Preis nicht überschritten werden darf. Der Anwendungsbereich dieser Vorschrift, die dem Schutze der Siedler dienen und in der Regel nur bei der Aufschließung von Baugelände für die minderbemittelten Volksschichten anzuwenden sein soll (vgl. RdErl. des RWiM vom 27. Juni 1934 – RarbBl. S. I

161), ist aber in der Hauptsache auf die – hier nicht in Frage stehende Grundstückserteilung und auf diejenigen Fälle der Grundstücksveräußerung zu beschränken, in denen ein formgültiger Vertragsschluß zwischen den Beteiligten noch nicht stattgefunden hat, sondern erst geplant ist.

Bei der Festsetzung eines Kaufpreises von 29.700 RM in dem Bescheide des Bezirksbürgermeisters handelt es sich hiernach entgegen seinem Wortlaut gar nicht um eine Auflage zu einer gem. § 4 WSG erteilten Genehmigung, vielmehr bedeutete dieser Bescheid, dessen Sinn durch Auslegung zu ermitteln ist, in Wahrheit, daß die Genehmigung zu der von den Parteien nach Maßgabe des Vertrags vom 27. Juli 1939 vereinbarten Grundstücksveräußerung versagt, gleichzeitig aber im voraus die Genehmigung zu einer der „Auflage" entsprechenden Veräußerung des Grundstücks zu dem geringeren Kaufpreise erteilt wurde für den Fall, daß die Parteien sich hierauf in der vorgeschriebenen Form einigten. (RG vom 24. Juli 1936 a. a. O.; KG in DJ 1941 S. 778 mit zustimm. Bem. von Pritsch, a. a. O. S. 780; Hopp a. a. O. S. 43.).

Zu einem anderen Ergebnis führt auch nicht die Erwägung, daß der Bezirksbürgermeister bei Erlaß des Bescheides vom 1. November 1939 gleichzeitig als Preisüberwachungsbehörde tätig geworden war und als solche die preisrechtlichen Belange wahrgenommen hatte. Auch in dieser Eigenschaft war er nicht befugt, den zwischen den Parteien abgeschlossenen Veräußerungsvertrag mit bindender Kraft für sie zu ändern und seine Durchführung mit dem geänderten Inhalt abzuordnen. Das war früher allerdings in Rechtsprechung und Schrifttum bestritten; der Preiskommissar vertrat mit Entschiedenheit den Standpunkt (vgl. die Erlasse vom 16. März 1938 und 17. März 1941, abgedr. JW 1938 S. 1084, DR 1941 S. 1144), daß die Preisbehörden – auch in dem Genehmigungsverfahren nach dem WSG – im öffentlichen Interesse die Aufrechterhaltung eines Grundstücksvertrages mit einem den Preisvorschriften entsprechenden geringeren Preise anzuordnen berechtigt seien. Dieser Standpunkt ist jedoch unrichtig. Wie inzwischen das Reichsgericht entschieden hat (RGZ Bd. 168 S. 91), besteht eine solche Befugnis der Preisbehörde nicht, sie ist weder aus § 2 des PreisbildungsG vom 29. Oktober 1936 (RGBl. I S. 927) noch aus den erwähnten Erlassen des Preiskommissars herzuleiten, die nur innerdienstliche Anweisungen darstellen.

Die in dem Bescheide vom 1. November 1939 hiernach enthaltene Versagung der Wohnsiedlungsgenehmigung würde die bis dahin schwebend wirksame Veräußerung des Grundstücks gemäß dem Vertrage vom 27. Juli 1939 an sich nichtig machen. Wenn der Bescheid sich darauf beschränkt hätte, die Versagung auszusprechen, würde kein Zweifel bestehen, daß eine Anwendung der §§ 2, 3 GrVerkVO auf den endgültig hinfällig gewordenen Vertrag nach dem früher Gesagten nicht in Frage kommt. So liegt hier der Fall jedoch nicht; vielmehr hat die Genehmigungsbehörde nach der äußeren Form ihres Bescheides die Genehmigung nicht versagen, sondern erteilen wollen, wenn auch mit einer den Vertragsinhalt ändernden und deshalb unzulässigen „Auflage". Wenn einem solchen Bescheide gleichwohl die Versagung der Genehmigung zu der von den Parteien vereinbarten Grundstücksveräußerung, aber zugleich die im voraus erteilte – bedingte – Genehmigung einer von ihnen neu abzuschließenden Veräußerung zu dem herabgesetzten Kaufpreise zu entnehmen ist, so entspricht er inhaltlich demjenigen, der jetzt der Genehmigungsbehörde in Ziffer 3 Abs. 2 des Gemeinschaftl. Erl. des RfPr und des RJM zur Ausführung der GrVerkVO vom 8. Juli 1942 (DJ 1942 S. 471) für den Fall vorgeschrieben ist, daß das Entgelt überhöht ist, im übrigen aber keine Bedenken gegen die Veräußerung bestehen. Dann soll nämlich die Genehmigung zu dem vorgelegten Vertrage versagt, aber gleichzeitig die Veräußerung für den Fall genehmigt werden, daß der Kaufpreis ermäßigt wird. In diesem Falle wird die Genehmigung mit der Einverständniserklärung des Veräußerers gemäß § 2 Abs. 2 GrVerkVO oder mit der Rechtskraft eines dahin gehenden Urteils wirksam. Mit der Versagung der Genehmigung ist zwar der alte Veräußerungsvertrag hinfällig geworden; zwischen den Parteien bleibt jedoch insofern ein Schwebezustand bestehen, als jener Vertrag – bis auf den überhöhten Preis, an dessen Stelle der zulässige tritt – wieder auflebt, wenn die bedingt erteilte Genehmigung durch die Einverständniserklärung des Veräußerers oder seine dahin gehende Verurteilung wirksam wird. Trotz Versagung der Genehmigung kann hier also, wenn der Verkäufer den geringeren Kaufpreis ablehnt, seine Verpflichtung gemäß § 2 Abs. 3 VO, sich damit einverstanden zu erklären, von dem Erwerber im Klagewege verfolgt und so die Geltung des Verkaufs zu dem zulässigen Preise durchgesetzt werden. Es fragt sich, ob entsprechende Folgerungen auch für den gleich gearteten Sachverhalt im vorliegenden Falle gezogen werden dürfen. Das ist zu bejahen (ebenso anscheinend Pritsch, DJ 1944 S. 32).

Die inhaltliche Übereinstimmung beider Tatbestände rechtfertigt den Schluß, daß der Gesetzgeber den hier vorliegenden Fall bedingter Vorausgenehmigung einer hinsichtlich des Kaufpreises nach den preisrechtlichen Erfordernissen geänderten Veräußerung, auch wenn er zeitlich vor dem Inkrafttreten der GrundstücksverkehrsVO liegt, nicht von den durch diese gebotenen rechtlichen Möglichkeiten ausschließen wollte. Es handelte sich dabei eben nicht um eine endgültige Versagung der Genehmigung, die hinsichtlich der vereinbarten Grundstücksveräußerung klare Verhältnisse zwischen den Parteien geschaffen hatte. Vielmehr führte der Bescheid der Behörde, so wie er hier erteilt war, in Verbindung mit der damaligen unsicheren Rechtslage, die letzten Endes der Anlaß für die Schaffung der neuen Vorschriften gewesen ist, nur zu Meinungsverschiedenheiten und Streitigkeiten zwischen den Parteien. Sinn und Zweck der GrundstücksverkehrsVO war es aber, nicht nur den wissenschaftlichen Meinungsstreit zu beenden und die durch ihn eingetretene Beunruhigung im

Grundstücksverkehr zu beseitigen, sondern auch gerade eine billige Regelung der Unzuträglichkeiten herbeizuführen, die vor der Klärung der Streitfrage durch das Reichsgericht dadurch entstanden waren, daß die Preisbehörden das Recht zum Eingriff in den Vertragsinhalt für sich in Anspruch genommen und auf dieser Grundlage einen Erfüllungszwang ausgeübt hatten (Pritsch-Friemann, Einführung zur GrVerkVO bei Pfundtner-Neubert, Das neue deutsche Reichsrecht, Band III e Nr. 13 S. 323). Ein solcher Fall ist hier gegeben. Ohne Bedeutung ist dabei, daß der Streit zwischen den Parteien über die Wirksamkeit der Grundstücksveräußerung noch vor dem Inkrafttreten der GrundstücksverkehrsVO in dem Vorprozeß 234 O 270/39 durch das Urteil vom 7. Juli 1941 rechtskräftig zum Nachteil der Beklagten entschieden und anschließend die sie in das Grundstück einweisende einstweilige Verfügung aufgehoben worden war; denn gemäß § 3 Abs. 2 GrVerkVO steht die Rechtskraft gerichtlicher Urteile der Anwendung der neuen Vorschriften nicht entgegen.

Eine Verpflichtung der Klägerin gemäß §§ 2 Abs. 3, 3 Nr. 1 GrVerkVO verneint das Berufungsgericht mit der Begründung, die Beklagten hätte nicht darzulegen vermocht, daß die Verweigerung des Einverständnisses seitens der Klägerin gegen Treu und Glauben verstoße. Dies könne nicht aus dem Verkaufe des Grundstücks an die Eheleute Schweizer entnommen werden, weil die Klägerin nach dem Schreiben des Rechtsanwalts Dr. Heyl vom 30. Oktober 1939 habe annehmen können, daß die Beklagten aus dem Vertrage vom 27. Juli 1939 keine Rechte mehr herleiten wollten, und weil nach Behauptung der Klägerin der Vertrag mit Schweizer für sie günstiger gewesen sei als der mit den Beklagten. Der spätere Rücktritt der Eheleute Schweizer sei belanglos, im übrigen aber darauf zurückzuführen, daß die Beklagten der Klägerin durch ihr Verhalten die Erfüllung des Vertrages unmöglich gemacht hätten. Bei der einstweiligen Verfügung, auf Grund deren die Beklagten den Besitz des Grundstücks erlangt hätten, handele es sich um eine vorläufige Regelung mit deren Änderung die Beklagten hätten rechnen müssen. Es sei deshalb von ihnen unvorsichtig und gefährlich gewesen, wenn sie gleichwohl das Grundstück behalten und nach ihrer Behauptung nicht unerhebliche Aufwendungen dafür gemacht hätten. Der Nichterwerb des Grundstücks bedeute hiernach für sie auch keine grob unbillige Härte.

Diese Beurteilung wird von der Revision mit Recht beanstandet. Nach § 2 Abs. 3 GrVerkVO besteht allerdings eine Verpflichtung des Veräußerers, sich mit dem geringeren Entgelt einverstanden zu erklären, nur ausnahmsweise beim Vorliegen besonderer Umstände, welche die Verweigerung als einen Verstoß gegen Treu und Glauben erscheinen lassen (Pritsch-Friemann, a. a. O. Anm. 8, 9 zu § 2; Urteil des Senats vom 6. September 1943 III 74/43). Ein solcher Fall kann jedoch gegeben sein, wenn der Veräußerer das Grundstück zu dem herabgesetzten Preise an einen Dritten verkaufen will, ohne für das Übergehen des ursprünglichen Käufers einen triftigen Grund zu haben (Pritsch, DJ 1942 S. 464 r. Sp.; Friemann, DR 1942 S. 1078). Hier ließ der Abschluß des Kaufvertrages vom 31. Oktober 1939 mit den Eheleuten Schweizer den weiterbestehenden Willen der Klägerin erkennen, das Grundstück zu dem herabgesetzten Preise zu veräußern. Dann erforderten aber Treu und Glauben, daß sie das Grundstück zu diesem Preise den Beklagten überließ, mit denen sie bereits den Kaufvertrag vom 27. Juli 1939 abgeschlossen hatte, wenn nicht beachtliche Gründe für ihren Entschluß zum Verkauf an Dritte gegeben waren. Aus dem Schreiben des Rechtsanwalts Dr. Heyl vom 30. Oktober ist ein solcher Grund nicht herzuleiten. Wenn auch die Annahme des Berufungsgerichts nicht zu beanstanden ist, daß dieses Schreiben bereits vor Abschluß des Kaufvertrages mit Schweizer im Besitze der Klägerin war, so trifft es doch nach seinem Inhalt nicht zu, daß die Klägerin nunmehr davon ausgehen konnte, die Beklagten wollten aus dem Vertrage vom 27. Juli 1939 keine Rechte mehr herleiten. Vielmehr ist daraus deren klarer Wille ersichtlich, das Grundstück nicht aufzugeben, sondern unter Berücksichtigung des Standpunktes der Preisbehörde nach Möglichkeit an dem Vertrage festzuhalten. Noch klarer trat diese Einstellung in dem Telegramm des Dr. Heyl vom 31. Oktober zutage, daß die Klägerin nach ihrer eigenen eidesstattlichen Versicherung vom 2. November 1939 in den Beiakten 4 G 58/39 (Bl. 9) ebenfalls noch vor dem Abschluß mit Schweizer erhalten hat. Wenn das Berufungsgericht sich ferner darauf stützt, daß der Vertrag mit Schweizer für die Klägerin *nach ihrer Behauptung* günstiger gewesen sei als der mit den Beklagten, so rügt die Revision mit Recht, dies sei keine prozeßgerechte Unterlage für die Entscheidung, weil die bloße Behauptung der Klägerin in dieser Hinsicht nicht ausreichen könne. Es wäre vielmehr Aufgabe des Berufungsrichters gewesen, die beiden Verträge daraufhin nachzuprüfen, ob der Abschluß mit Schweizer die Klägerin wirklich wesentlich günstiger stellte. Ferner ist der spätere Rücktritt der Eheleute Schweizer von dem Kaufvertrage entgegen der Auffassung des Berufungsgerichts insofern für die Beurteilung von Belang, als die Klägerin dadurch von der neu eingegangenen Verpflichtung zur Überlassung des Grundstücks an andere frei geworden war und nunmehr seiner Überlassung an die Beklagten keine rechtliche Bindung mehr im Wege stand. Der Grund für den Rücktritt spielt dabei keine wesentliche Rolle, daß die Beklagten ihn etwa durch unlautere Mittel herbeigeführt hätten, hat der Berufungsrichter nicht festgestellt. Er ist andererseits auch nicht auf die Behauptung der Klägerin eingegangen, die Beklagten hätten die Stellungsnahme der Preisbehörde und den Bescheid vom 1. November arglistig durch Verdächtigungen der Klägerin herbeigeführt und auch die einstweilige Verfügung vom 2./3. November 1939 durch unwahre Angaben erschlichen, ein Verhalten, das allerdings – ebenso wie ein etwa nachträglich auftretendes dringendes Interesse der Klägerin an dem Behalten des Grundstücks – möglicherweise geeignet sein würde, ihre Weigerung zu rechtfertigen und einen Verstoß gegen Treu und Glauben auszuschließen.

Bieten hiernach die Feststellung des Berufungsgerichts für eine Verneinung der Voraussetzungen des § 2 Abs. 3 GrVerkVO keine ausreichende Grundlage, so bestehen auch rechtliche Bedenken gegen seine weitere Annahme, daß die Verweigerung des Einverständnisses für die Beklagten keine grob unbillige Härte i. S. des § 3 Abs. 1 Nr. 1 bedeute. Der erweiterte Umfang der Verpflichtung des Veräußerers zur Einverständniserklärung gemäß dieser Vorschrift ist eingeführt worden mit Rücksicht auf die schwierigen Verhältnisse, die für den Käufer eines Grundstücks dadurch entstehen konnten, daß die Preisbehörde vor Inkrafttreten der neuen VO entsprechend den damals ergangenen Erlassen des Preiskommissars die Durchführung des Vertrages zu dem von ihr herabgesetzten Preise angeordnet und der Käufer im Vertrauen auf die Wirksamkeit dieser Entscheidung bereits endgültige Maßnahmen getroffen und Aufwendungen geleistet hatte, die ihn nunmehr benachteiligten (Pritsch-Friemann, a. a. O. Anm. 3 zu § 3; Urt. des Senats vom 6. September 1943 III 74/43; vgl. auch Roth, DR 1942 S. 1486 f. Sp. 2, 4). Ein solcher Fall ist hier gegeben. Im Vertrauen auf die Zulässigkeit und Wirksamkeit des Bescheides vom 1. November 1939 und die darin verfügte „Festsetzung" eines Entgelts von 29.700 RM für den von den Parteien abgeschlossenen Grundstücksverkauf hatten die Beklagten des verkaufte Grundstück in Besitz genommen. Daß dies gegen den Willen der Klägerin auf Grund einer von ihnen erwirkten einstweiligen Verfügung geschah, ist von keiner entscheidenden Bedeutung, zumal der Standpunkt der Beklagten zunächst auch von den Gerichten als richtig anerkannt wurde. Erst das Urteil des Kammergerichts vom 7. Juli 1941 stellte die Unwirksamkeit des Kaufvertrags vom 27. Juli 1939 unter den Parteien fest. Zu dieser Zeit befanden sich die Beklagten aber schon länger als 1 1/2 Jahre im Besitze des Grundstücks, und die Aufwendungen, auf die sie sich berufen, waren damals ersichtlich bereits gemacht. Die Erwägung des Berufungsgerichts, daß die Beklagten das volle Risiko auf sich genommen hatten, wenn sie vor endgültiger Klärung der Rechtslage das Grundstück bezogen und Aufwendungen machten, trifft in einem solchen Falle nicht ohne weiteres zu, vermag jedenfalls die Anwendung des § 3 Abs. 1 Nr. 1 GrVerkVO nicht auszuschließen. Anderseits sind bei der Prüfung, ob der Veräußerer gemäß § 3 Abs. 1 Nr. 1 GrVerkVO zur Einverständniserklärung verpflichtet ist, auch dessen Verhältnisse zu berücksichtigen, was in dem weiteren Verfahren zu beachten sein wird.

Nach alledem beruht das angefochtene Urteil auf Rechtsirrtum. Es ist deshalb aufzuheben und die Sache zugleich an das Berufungsgericht zur weiteren Erörterung nach den angegebenen Richtungen zurückzuverweisen.

32. Nach physikalischen Gesetzen wirkt sich die größere Geschwindigkeit eines Kraftfahrzeugs in höherem Maße aus, als ein größeres Gewicht des Fahrzeugs.

KFG §§ 7, 17.

V. Zivilsenat. Urt. v. 2. Mai 1944 (V 137/1943).

I. Landgericht Köln.
II. Oberlandesgericht Köln.

In Sachen des Kraftfahrers Heinrich *Wiest* in Köln, Klägers und Revisionsklägers, Prozeßbevollmächtigter: Rechtsanwalt Ruland in Leipzig,

gegen

1. den Kaufmann Hans *Helge* in Düren,

2. den Kraftfahrer Helmuth *Jacobs* in Düren, Beklagte und Revisionsbeklagte, Prozeßbevollmächtigter: Rechtsanwalt Dr. Petersen in Leipzig, hat das Reichsgericht, V. Zivilsenat, auf die mündliche Verhandlung vom 2. Mai 1944 durch den Senatspräsidenten Dr. Brandis und die Reichsgerichtsräte Witthöfft, Böhmer, Neuß, Denecke für Recht erkannt:

Die Revision gegen das Urteil des 1. Zivilsenats des Oberlandesgerichts in Köln vom 8. September 1943 wird auf Kosten des Klägers zurückgewiesen. – Von Rechts wegen

Tatbestand

Am 20. Oktober 1943 gegen 20 Uhr ist der Kraftwagen des Klägers außerhalb von Köln auf der Dürener Straße mit einem aus der entgegengesetzten Richtung kommenden, dem Beklagten zu 1) gehörigen und von dem Beklagten zu 2) gesteuerten Personenkraftwagen zusammengestoßen. Beide Wagen wurden erheblich beschädigt, auch wurden beide Fahrer und die Insassen des klägerischen Wagens verletzt. Für den ihm entstandenen Sach- und Körperschaden nimmt der Kläger beide Beklagten auf Ersatz in Anspruch mit der Begründung, daß der Zusammenstoß auf alleiniges Verschulden des Beklagten zu 2) zurückzuführen sei, weil der von ihm gesteuerte Wagen auf der Mitte der Straße gefahren und beim Schneiden der Kurve auf die linke Straßenseite gekommen sei. Die Beklagten machen dagegen geltend, daß der Zusammenstoß allein auf das zu schnelle und unvorsichtige Fahren des Klägers zurückzuführen sei.

Während das Landgericht die Klage mit der Begründung abgewiesen hat, daß sich der Hergang nicht mehr hinreichend aufklären lasse, hat das Oberlandesgericht dem Kläger sowohl auf Grund des Kraftfahrzeuggesetzes wie des § 823 BGB ein Drittel des entstandenen Schadens zugebilligt; demgemäß hat es die Zahlungsansprüche des Klägers, soweit sie nicht auf die öffentlichen Versicherungsträger übergegangen sind, zu einem Drittel dem Grunde nach für gerechtfertigt erklärt und die Verpflichtung des Beklagten zum Ersatz jedes zukünftigen Schadens zu einem Drittel festgestellt. Mit der Revision erstrebt der Kläger die Verurteilung der Beklagten zum Ersatz des vollen Schadens, während diese die Zurückweisung der Revision beantragen.

Entscheidungsgründe

Das Berufungsgericht geht bei seiner Entscheidung davon aus, daß beide Kraftwagen zur Zeit des Unfalls wegen Fliegeralarms ohne Licht gefahren seien, daß beide Fahrer sich nach ihrer unwiderlegten Behauptung rechts gehalten hätten, daß die Betriebsgefahr beider Wagen gleich hoch gewesen sei und daß die Geschwindigkeit des Klägers 30 bis 35 km, diejenige des Beklagten zu 2) dagegen nur 25 km betragen habe. Es erblickt also ersichtlich in der größeren Geschwindigkeit des klägerischen Wagens die vorwiegende Ursache für den Umfang des entstandenen Schadens und legt dem Kläger deshalb den größeren Teil, nämlich 2/3 des Schadens auf. Seine für die Entscheidung maßgebende Feststellung gründet es allein auf die bei der polizeilichen Vernehmung gemachten Angaben der beiden Fahrer, die nach seiner Ansicht gleichen Glauben verdienen, mißt dagegen den gerichtlichen Bekundungen der Insassinnen des klägerischen Wagens im Hinblick auf deren frühere polizeiliche Aussagen und die gesamten Umstände keine Beweiskraft zu, ebensowenig den an der Unfallstelle gefundenen Spuren, da diese erst vierzehn Stunden nach dem Unfall durch die Polizei festgestellt worden seien.

Die Entscheidung des Berufungsgerichts liegt im wesentlichen auf tatsächlichem, dem Revisionsverfahren verschlossenen Gebiet und ist auch sonst frei von Rechtsirrtum. Denn es liegt nur im Rahmen der dem Tatrichter obliegenden Beweiswürdigung, ob und aus welchen Gründen er den Bekundungen von Zeugen oder den nach dem Unfall vorgefundenen Spuren Beweis beimessen will. Rechtlich ist es daher nicht zu beanstanden, daß das Berufungsgericht sowohl den Bekundungen der im zweiten Rechtszuge vernommenen Zeugen wie den erst vierzehn Stunden nach dem Unfall amtlich festgestellten Spuren keine Bedeutung beilegt und es aus den angeführten Gründen ablehnt, Folgerungen für die Fahrweise der beiden Fahrer daraus zu ziehen, insbesondere dafür, ob der Kläger sich vor dem Zusammenstoß genügend rechts gehalten hat und ob der Beklagte zu 2 auf seine Fahrbahn gekommen ist. Es bedarf deshalb auch keines Eingehens darauf, ob die Schlüsse, die von der Revision aus den Bekundungen der Zeuginnen und aus der auf den Lichtbildern erkennbaren Kratzspur gezogen werden, zutreffend sind.

Daraus, daß das Berufungsgericht die Angaben der beiden Fahrer über ihr Rechtsfahren nicht für widerlegbar hält, folgt keineswegs, daß der Kläger alle gebotene Sorgfalt angewendet haben müßte. Das würde nach der Sachlage nur dann der Fall sein, wenn er sich scharf rechts gehalten hätte. Letzteres hat das Berufungsgericht aber nicht festgestellt; es ist vielmehr ersichtlich davon ausgegangen, daß beide Fahrer sich mit ihren Wagen zwar auf der rechten Fahrbahn, aber doch nahe an der Mitte gehalten haben und daß es dann infolge Dunkelheit und mangels jeder Beleuchtung der Wagen zu deren seitlichem Zusammenstoß gekommen ist.

Ohne Bedeutung ist das Vorbringen der Revision, daß das Berufungsgericht die Grundsätze der Rechtsprechung über die Beweisführung bei Ausgleich des Schadens gemäß § 17 KFG verkannt habe. Denn das Berufungsgericht hat seine Entscheidung nicht von solcher Beweislast abhängig gemacht, sondern sie auf Grund der von ihm festgestellten, für die Abwägung in Frage kommenden Umstände – fehlende Beleuchtung, Fahrtrichtung, Betriebsgefahr und Geschwindigkeit – getroffen, auch nicht etwa die Unaufklärbarkeit einzelner Umstände dem Kläger zugerechnet.

Unbegründet sind schließlich die Angriffe der Revision gegen die Schlußfolgerung, die das Berufungsgericht aus der Lage der beiden Wagen nach dem Zusammenstoß für die Frage ihrer Geschwindigkeit gezogen hat. Es gründet seine Feststellung, daß der Kläger eine Geschwindigkeit von 30–35 km/st, der Beklagte zu 2 dagegen eine solche von nur 25 km/st gehabt habe, in erster Line auf die Angaben der beiden Fahrer bei ihrer polizeilichen Vernehmung und mißt ihnen ersichtlich deshalb volle Beweiskraft zu, weil sie durch den Umstand bestätigt würden, daß der Wagen des Klägers beim Zusammenstoß bis zum linken Straßenrand herumgerissen, der Wagen des Beklagten dagegen nur bis zur Straßenmitte gelangt sei. Die Revision hält diese Annahme für rechtlich bedenklich, weil der Schluß aus der Lage der beiden Wagen den allgemeinen Erfahrungssätzen des täglichen Lebens und insbesondere der Mechanik widerspreche. Für den Standort des Wagens sei nicht so sehr die Geschwindigkeit, als vor allem die bewegte Masse von Bedeutung; der Wagen des Klägers sei aber mit vier erwachsenen Personen besetzt gewesen, während der Beklagte zu 2 allein in seinem Wagen gesessen habe; deswegen habe der klägerische Wagen die größere Wucht gehabt. Diese Ausführungen können indessen nicht als zutreffend anerkannt werden. Denn für die Frage, welcher Kraftwagen bei einem Zusammenstoß die größere Stoßkraft hat, ist, worauf auch der Sachverständige im Strafverfahren hingewiesen hat, nicht so sehr das Gewicht des Wagens, wie dessen Geschwindigkeit entscheidend, weil nach dem physikalischen Grundgesetz $m \cdot v^2 \div 2$ die Energie eines bewegten Körpers sich aus der Wirkung der Masse (des Gewichts) und dem Quadrat der Geschwindigkeit ergibt. Da somit bei der Bewegung eines Körpers dessen Gewicht mit dem Einfachen, seine Geschwindigkeit aber mit dem Mehrfachen in Erscheinung tritt, muß eine größere Geschwindigkeit sich in einem höheren Maße als ein größeres Gewicht auswirken. Daraus folgt, daß die dem Kraftwagen beim Zusammenstoß innewohnende lebendige Kraft mehr auf der Geschwindigkeit als auf dem Gewicht beruht und daß die Gewichtsunterschiede schon sehr groß sein müssen, wie etwa bei einem kleinen Personenwagen und einem schweren Lastzug, um die größere Wirkung einer höheren Geschwindigkeit auszugleichen. In allen anderen Fällen wird nicht, wie die Revision meint, der schwerere, sondern der schnellere Wagen infolge seines Beharrungsvermögens beim Zusammenstoß weiter fortgerissen, und nicht so sehr der leichtere, sondern der langsamere Wagen abgestoppt werden. Es ist deshalb möglich und zulässig, aus der Lage zweier Kraftwagen nach einem Zusammenstoß Rückschlüsse auf die vorher von ihnen eingehaltene Geschwindigkeit zu ziehen. Auch im vorliegenden Fall kann ein solcher Schluß nicht beanstandet werden. Denn da die Betriebsgefahr der beiden Wagen vom Berufungsgericht gleich hoch bewertet worden ist – was auch die Revision an sich nicht beanstandet –, so ist davon auszugehen, daß das Gewicht beider Kraftwagen ungefähr gleich hoch angenommen werden sollte. Das Gewicht des klägerischen Wagens, das nach den polizeilichen Feststellungen 965 kg betragen hat, ist dabei durch die Besetzung mit drei jüngeren weiblichen Personen allenfalls um etwa 1/4 erhöht worden, während sich die um 10 km/st größere Geschwindigkeit des Klägers nach dem Gesagten mit einem Vielfachen ausgewirkt hat. Das größere Beharrungsvermögen des klägerischen Wagens beruhte somit entgegen der Meinung der Revision ersichtlich auf seiner größeren Geschwindigkeit und nicht auf dem größeren Gewicht des Wagens.

Gerade im Hinblick auf diese erhöhte Wirkung der größeren Geschwindigkeit des Klägers war es auch gerechtfertigt, ihm den größeren Teil des entstandenen Schadens aufzuerlegen, da die herauf beruhende größere Wucht seines Wagens für den Umfang des Schadens von wesentlicher Bedeutung gewesen ist, während das Berufungsgericht ohne Rechtsverstoß auf Grund seiner unanfechtbaren Feststellungen die sonstigen, oben bereits erwähnten, bei beiden Wagen vorhandenen Umstände – fehlende Beleuchtung u. s. w. – gleich bewerten konnte.

Die Schadensverteilung war somit rechtlich nicht zu beanstanden und deshalb die Revision zurückzuweisen.

---

33. Der Ehemann ist durch Übernahme einer Verpflichtung gegenüber seiner Ehefrau, ein von ihr vor der Ehe geborenes Kind als von ihm erzeugt anzuerkennen, nicht daran gehindert, die Legitimation des Kindes durch ihn anzufechten, wenn er nicht der Erzeuger des Kindes ist.

ABGB § 161.

VII. Zivilsenat. Urt. v. 10. Mai 1944 (VII 24/1944).

I. Landgericht Wien.
II. Oberlandesgericht Wien.

In Sachen des Gefreiten J. V., FPN L 18367, LGPA Wien, Klägers, Prozeßbevollmächtigter: Rechtsanwalt Dr. Hugo Martinowitz in Graz, vor dem Reichsgericht: Rechtsanwalt Reinberger in Leipzig,

gegen

die minderjährige A. M. V. in Wien, gesetzlich vertreten durch ihren Kurator Rechtsanwalt Dr. Alfons Schöler in Wien, Beklagte, Prozeßbevollmächtigter vor dem Reichsgericht: Rechtsanwalt Justizrat Axhausen in Leipzig, wegen Aberkennung der ehelichen Geburt (Streitwert: 2.000 RM) hat das Reichsgericht, VII. Zivilsenat, nach der mündlichen Verhandlung vom 10. Mai 1944 durch den Senatspräsidenten Dr. Zellner und die Reichsgerichtsräte Burmeister, Seibertz, Dr. Tenschert und Dr. Roppert auf die Revision der Beklagten gegen das Urteil des Oberlandesgerichts Wien vom 22. Dezember 1943 1 R 425/43-23, welches das Urteil des Landgerichts Wien vom 29. Oktober 1943 19 Cg 62/43-17 bestätigte, für Recht erkannt:

Der Revision wird keine Folge gegeben.

Die Beklagte hat die Gerichtskosten zu tragen und ist schuldig, dem Kläger die mit 73,32 RM bestimmten Kosten der Revisionsbeantwortung und die mit 100,45 RM bestimmten Kosten der Revisionsverhandlung binnen 14 Tagen bei Zwangsfolge zu zahlen.

Gründe

Der Kläger hat am 3. Februar 1941 mit der Mutter der Beklagten die Ehe geschlossen und die von ihr vorher am 27. Januar 1941 geborene Beklagte als von ihm erzeugt anerkannt, obwohl er seine Ehefrau erst am 1. September 1940 kennen gelernt hatte, als sie schon im vierten Monat schwanger war. Mit der Klage ficht er die Legitimation der Beklagten nach Scheidung seiner Ehe an. Beide Vorinstanzen haben seinem Antrage entsprechend festgestellt, daß die Beklagte nicht als sein eheliches Kind gelte.

Die auf § 503 Nr. 2 und 4 ZPO gestützte Revision der Beklagten ist zulässig, da es sich um einen nicht vermögensrechtlichen Anspruch handelt, sie ist aber nicht begründet.

Die Legitimation durch nachfolgende Ehe wird zwar unmittelbar durch die Eheschließung bewirkt, setzt aber voraus, daß das außerhalb der Ehe geborene Kind tatsächlich von dem Ehemann der Mutter erzeugt worden ist. Nach Eintragung in das Geburtenbuch gilt der Eingetragene bis zum Beweise des Gegenteils als der Vater. Daß die Legitimation und die Richtigkeit der Eintragung ohne Zeitbeschränkung angefochten werden kann, ist unbestritten. Wie der erkennende Senat bereits in der zum Abdruck in der amtlichen Sammlung bestimmten Entscheidung vom 24. November 1943 – VII 111/43 – ausgesprochen hat, kann die Anfechtung nicht nur durch den Ehemann der Mutter, sondern auch durch das Kind und – allerdings mit Beschränkung der Wirkung auf die Prozeßbeteiligten – durch dritte Personen erfolgen, die an der Feststellung der wahren Sachlage interessiert sind. Auch der Staatsanwalt ist nach § 6 der VO über die Angleichung familienrechtlicher Vorschriften vom 6. Februar 1943 (RGBl. I S. 80) im öffentlichen Interesse zur Erhebung der Anfechtungsklage befugt. Bei dem Gewicht, das hiernach auf die Richtigkeit der Eintragung zu legen ist, kann es dem Ehemann der Mutter nicht verwehrt sein, die Richtigkeit einer Erklärung anzufechten, durch die er den Personenstand des Kindes verfälscht hat, und dadurch den richtigen Personenstand des Kindes wiederherzustellen. Auch bei einem *in der Ehe* geborenen Kinde steht die Anerkennung durch den Vater, wenn sie unrichtig ist, der Anfechtung der Ehelichkeit durch ihn nicht entgegen; § 1598 BGB, der das Gegenteil bestimmte, ist durch § 6 des Gesetzes über die Änderung und Ergänzung familienrechtlicher Vorschriften u.s.w. vom 12. April 1938 (RGBl. I S. 380) aufgehoben worden, ebenso § 159 a ABGB durch § 5 der Verordnung über die Angleichung familienrechtlicher Vorschriften vom 6. Februar 1943 (RGBl. I S. 80).

Ob die von dem Kläger der Mutter der Beklagten gegenüber übernommene Verpflichtung, das Kind der Wahrheit zuwider als von ihm erzeugt anzuerkennen, ihn dazu verpflichtet, auch nach Feststellung der Unrichtigkeit der Legitimation für den Unterhalt des Kindes zu sorgen, braucht hier nicht entschieden zu werden, jedenfalls hindert ihn die übernommene Verpflichtung nicht daran, die Anfechtungsklage zu erheben. Die Vorinstanzen haben daher auf Grund der getroffenen Feststellungen mit Recht ausgesprochen, daß die Beklagte nicht als eheliches Kind des Klägers gilt.

Die Kostenentscheidung folgt aus §§ 41 und 50 ZPO.

---

34. Der Ersatzanspruch entfällt, wenn seine Geltendmachung mit Rücksicht auf den Grund der Lösung des Verlöbnisses dem gesunden Volksempfinden widersprechen würde.

BGB § 1298 Abs. 3.

Gemeinsamer Zivilsenat. Beschl. v. 13. Mai 1944 (GSE 12/1944).

Die Beklagte war mit dem Kläger zu 2 verlobt. Dieser wurde bei den Kämpfen an der Ostfront schwer verwundet; er verlor ein Auge, ein Bein und einen Arm. Die Beklagte löste darauf das Verlöbnis. Die Kläger, der Vater des Verlobten und er selbst, verlangen von der Beklagten die Erstattung von Geschenken, die anläßlich der Verlobung gemacht worden waren, sowie Ersatz von geldlichen Aufwendungen für Reisen der Beklagten zu Besuchen des Sohnes während seines Lazarettaufenthalts. Durch das angefochtene Teilurteil hat das AG die Ansprüche des Vaters in vollem Umfange und die des Sohnes insoweit abgewiesen, als es sich um die der Beklagten zugewendeten Geldaufwendungen handelt. Das AG hat angenommen, die Beklagte habe infolge der schweren Verwundung ihres Verlobten einen wichtigen Grund zum Rücktritt vom Verlöbnis i. S. des § 1298 Abs. 3 BGB gehabt.

Der rechtzeitig gestellte Wiederaufnahmeantrag des OberreichsA ist begründet. Das AG ist an die Entscheidung des Falles unter dem Gesichtspunkt herangetreten, ob unter den gegebenen Verhältnissen der Rücktritt vom Verlöbnis sittlich zu beanstanden ist. Das ist verfehlt. Das Verlöbnis ist vom Standpunkte der jetzigen Rechtsauffassung nicht – wie es den Schöpfern des BGB aus dem Rechtsdenken der damaligen Zeit vorgeschwebt haben mag – ein gewisse rechtliche Verpflichtungen begründender Vorvertrag, sondern eine in erster Linie der beiderseitigen Selbstprüfung dienende Zusage ohne rechtliche Bindung, von der sich jeder Teil – ohne daß darin ein Vertragsbruch läge – lösen kann, wenn er glaubt, den letzten endgültigen Entschluß zur Eingehung der für das ganze Leben bestimmten, die gesamte Persönlichkeit erfassenden Gemeinschaft nicht aufbringen zu können. Das, was in den §§ 1298 ff. BGB positivrechtlich geregelt ist, betrifft nicht das Wesen des Verlöbnisses, sondern dient lediglich der Klarstellung gewisser sich aus der Lösung des Verlöbnisses in vermögensrechtlicher Hinsicht ergebenden Nebenfragen. Es kann aber keinem Zweifel unterliegen, daß auch bei Auslegung dieser Vorschriften jetzt von der gegenwärtigen Grundauffassung vom Wesen des Verlöbnisses auszugehen ist, ohne Rücksicht darauf, ob die Auslegung vom Standpunkte der bei Schaffung der Vorschriften herrschenden, jetzt der Vergangenheit angehörenden Auffassung vordem zu anderen Ergebnissen gelangt war.

Der § 1298 BGB gewährt dem Gegner des Zurücktretenden und in beschränktem Umfange auch dessen Eltern und den an ihrer Stelle handelnden Dritten grundsätzlich einen Anspruch auf Ersatz gewisser Vermögensaufwendungen. Daß demjenigen, der die Lösung des Verlöbnisses seitens des anderen Teiles hinnehmen muß, grundsätzlich ein derartiger Ausgleich zu gewähren ist, entspricht auch jetzt offensichtlich der allgemeinen Rechtsauffassung; es würde als unbillig empfunden werden, wenn der vom Rücktritt Betroffene obendrein noch Vermögensschäden in Kauf nehmen müßte. Andererseits gibt es aber Ausnahmefälle, in denen nach Lage der Verhältnisse, insbesondere mit Rücksicht auf die Umstände, die zu dem Zusammenbruch des Verlöbnisses geführt haben, die Geltendmachung eines derartigen Anspruchs dem gesunden Volksempfinden widersprechen und sich demgemäß als eine unzulässige Rechtsausübung darstellen würde. Bei der Vorschrift des § 1298 Abs. 3 BGB handelt es sich also vom Standpunkte dieser Betrachtung lediglich um einen Sonderfall eines im Schuldrecht anerkannten allgemeinen Grundsatzes. Daraus ergibt sich einmal, daß die Beurteilung, ob ein Umstand als wichtiger Grund für die Versagung des Anspruchs anzusehen ist, der Anspruch also wegen unzulässiger Rechtsausübung zu entfallen hat, nicht auf die Person des vom Verlöbnis zurückgetretenen, sondern des anderen – den Anspruch geltend machenden – Teiles abzustellen ist und weiter, daß sich diese Würdigung eben auf das Bestehen oder Nichtbestehen dieses vermögensrechtlichen Anspruches zu beschränken hat, die Frage der allgemeinen sittlichen Bewertung des Rücktritts vom Verlöbnis somit völlig ausscheidet. Die Regelung im § 1298 Abs. 3 BGB geht also – aus der gegenwärtigen Rechtsauffassung richtig verstanden – dahin, daß der Ersatzanspruch insbesondere dann entfällt, wenn seine Geltendmachung mit Rücksicht auf den Grund der Lösung des Verlöbnisses dem gesunden Volksempfinden widersprechen würde. Ergänzend ist hierzu noch zu bemerken, daß sich auch vom Standpunkte dieser Auslegung die Bestimmung des § 1299 BGB zwanglos in die Gesamtregelung der Ersatzansprüche einfügt. Die Vorschrift trägt dem Rechnung, daß die Verhältnisse u. U. auch so liegen können, daß es gerechtfertigt erscheint, dem Gegner des Zurücktretenden nicht nur Ersatzansprüche seinerseits zu versagen, sondern darüber hinaus eine Ersatzpflicht hinsichtlich entsprechender Aufwendungen des anderen Teiles aufzuerlegen. Das ist dann der Fall, wenn er durch ein einen wichtigen Grund für den Rücktritt bildendes Verschulden diesen veranlaßt hat, d. h. wenn er durch ein Verhalten, für das er persönlich verantwortlich zu machen ist, das Verlöbnis so belastet hat, daß dem anderen Teile das Festhalten an der Bindung billigerweise nicht zugemutet werden kann. Daß vom Standpunkte der dargelegten Auslegung des § 1298 Abs. 3 BGB die Geltendmachung von Ersatzansprüchen seitens des kriegsversehrten Verlobten und seines Vaters im Grundsatz nicht zu beanstanden ist, bedarf keiner näheren Darlegung. Es würde mit gesunder Volksanschauung unvereinbar sein, wenn man einem Mann oder einer Frau, die im Kampfe für ihr Vaterland Schaden an ihrer Gesundheit erlitten haben und infolgedessen ihre auf ein Verlöbnis gegründete Lebenshoffnungen zusammenbrechen sehen, zumuten wollte, auch noch die Aufwendungen zu tragen, die sie im Hinblick auf die erwartete Eheschließung gemacht haben.

Nur in ganz besonders gelagerten Ausnahmefällen kann eine Abweichung von diesem Grundsatz gerechtfertigt sein. Einer besonderen Würdigung bedürfen in dieser Hinsicht die Ansprüche auf Ersatz der Aufwendungen für die Reisen der Beklagten zum Besuch ihres damaligen Verlobten im Lazarett. Diese Reisen hat die Beklagte anscheinend auf Wunsch ihres damaligen Verlobten und ausschließlich in dessen Interesse unternommen. Wenn es überdies noch zutreffen sollte, daß sie ihm – wie sie behauptet – bei diesen Besuchen den geschlechtlichen Verkehr gestattet hat, so können die Verhältnisse allerdings sehr wohl so liegen, daß die Geltendmachung von Ersatzansprüchen dem gesunden Volksempfinden widersprechen würde. Ob sie etwa unter diesem Gesichtspunkt wegen unzulässiger Rechtsausübung entfallen, ist unter Würdigung aller Umstände zu prüfen.

---

35. 1. Nichtigkeit des Auftrags seitens des O. („Mischling ersten Grades"), weil er darauf gerichtet gewesen sei, jegliche Beziehungen nichtarischer Mitglieder der Familie O. zu dem neuen Unternehmen zu verbergen und der Beklagte deshalb als Beauftragter und mittelbarer Stellvertreter zu Tarnungszwecken dazwischengeschaltet worden sei.

2. Wirksamkeit des gesellschaftsrechtlichen Erwerbs der GmbH-Anteile, da die gesellschaftsrechtlichen Rechtsgeschäfte von dem Auftragsverhältnis grundsätzlich unabhängig sind. Ausführungen zu den §§ 812 Abs. 1 S. 1 und 817 S. 2 BGB.

3. §§ 19, 56 GmbHG. Wenn die Beteiligten bestimmt beabsichtigen, daß bei einer Kapitalerhöhung einer GmbH der Übernehmer des neuen Stammanteils gegen seine Einlageschuld eine gegen die Gesellschaft bestehende Forderung (Provisions- und Darlehnsforderung) verrechnet oder aufrechnet, muß dies gemäß § 56 GmbHG im Beschluß über die Erhöhung des Stammkapitals und in der Übernahmeerklärung angegeben werden.

BGB § 138 Abs. 1.

II. Zivilsenat. Urt. v. 19. Mai 1944 (II 146/1943).

I. Landgericht Frankfurt.
II. Oberlandesgericht Frankfurt.

In Sachen des Direktors Otto *Zier* in Frankfurt/Main, Beklagten und Revisionsklägers, Prozeßbevollmächtigter: Rechtsanwalt Dr. Kraemer in Leipzig,

gegen

Frau Emma *Neuhoff* geb. Neuhoff in Frankfurt/Main, Klägerin und Revisionsbeklagte, Prozeßbevollmächtigter: Rechtsanwalt Dr. Benkard in Leipzig, hat das Reichsgericht, II. Zivilsenat, auf die mündliche Verhandlung vom 15. Mai 1944 durch den Vizepräsidenten beim Reichsgericht Kolb und die Reichsgerichtsräte Frings, Dr. Neumerkel, Dr. Schulze, Dr. Köllensperger für Recht erkannt:

Auf die Revision des Beklagten gegen das Urteil des 1. Zivilsenats des Oberlandesgerichts zu Frankfurt/Main vom 20. Oktober 1943 wird dieses Urteil im Kostenpunkt und insoweit aufgehoben, als es sich auf den Geschäftsanteil von 20.000 RM bezieht, der auf der am 6. April 1937 beschlossenen Kapitalerhöhung beruht. Insoweit wird unter teilweiser Abänderung des Urteils der 5. Zivilkammer des Landgerichts zu Frankfurt/Main die Klage zur Hauptsache abgewiesen. Im übrigen wird die Revision zurückgewiesen. Von den Kosten des Rechtsstreits hat die Klägerin 2/3, der Beklagte 1/3 zu tragen. – Von Rechts wegen

Tatbestand

Durch Vertrag vom 5. Dezember 1933 ist in Berlin die Paverk-Gesellschaft für Papierverarbeitung m. b. H. mit einem Stammkapital von 20.000 RM gegründet worden. Als Gründer traten der Kaufmann Schlereth und der Kaufmann Schmidt-Predari mit einer Einlage von je 10.000 RM auf. Die Mittel hierzu sind von der Klägerin zur Verfügung gestellt worden. Sie hat zu diesem Zweck ihrem Sohn Dr. Walter Oppenheimer und dem Gesellschafter Schmidt-Predari je 10.000 RM gegeben. Dr. Oppenheimer hat die erhaltenen 10.000 RM an Schmidt-Predari weitergegeben; dieser überließ sie dem Schlereth. Beide Gesellschaftsanteile gingen in der Folgezeit in andere Hände über.

Der Anteil Schlereth.

Durch notarielle Verhandlung vom 5. Dezember 1933 wurde zwischen Schlereth und der Bevollmächtigten des Schmidt-Predari, Frau Weber, die übereinstimmende Erklärung abgegeben, daß Schlereth den Betrag von 10.000 RM darlehnsweise von Schmidt-Predari zur Verfügung bekommen habe. Schlereth machte dem letzteren ein unwiderrufliches Angebot auf Abtretung dieses Geschäftsanteils. Außerdem trat Schlereth an Stelle einer Darlehnsverzinsung dem Schmidt-Predari sämtliche Ansprüche auf Gewinnausschüttung und etwaigen Liquidationserlös ab. Schließlich verpfändete Schlereth dem Schmidt-Predari den Geschäftsanteil und übertrug ihm gleichzeitig mit der Verpfändung die Ausübung aller aus dem gepfändeten Geschäftsanteil entspringenden gesellschaftlichen Rechte. Schmidt-Predari übertrug durch Verhandlung vom 18. Dezember 1933 seine Rechte aus der Urkunde vom 5. Dezember 1933 im Einverständnis der Klägerin weiter an deren Sohn Dr. Oppenheimer. Ferner nahm Schmidt-Predari in einer Verhandlung vom 6. April 1937 durch seine Bevollmächtigte, Frau Weber, das Angebot des Schlereth auf Abtretung seines Stammanteils an und übertrug diesen Stammanteil in einer weiteren Verhandlung vom gleichen Tage auf den Beklagten.

Anteil Schmidt-Predari.

Durch Verhandlung vom 18. Dezember 1933 machte Schmidt-Predari bezüglich seines Anteils in gleicher Weise wie Schlereth der Klägerin gegenüber ein unwiderrufliches Angebot auf Abtretung seines Stammanteils unter gleichzeitiger Abtretung seiner Ansprüche auf Gewinnausschüttung und Liquidationserlös und unter Verpfändung seines Anteils. Die Klägerin nahm durch Verhandlung vom 6. April 1937 dieses Angebot an. Am 6. April 1937 traten die Klägerin und der Beklagte als die alleinigen Gesellschafter zu einer Gesellschafterversammlung zusammen und beschlossen unter anderem, das Stammkapital von 20.000 RM auf 40.000 RM zu erhöhen; die auf das erhöhte Stammkapital zu leistende Stammeinlage von 20.000 RM übernahm der Beklagte.

Die Klägerin, die arischer Abstammung ist, war zur Zeit der Gründung der Gesellschaft die Ehefrau des jüdischen Fabrikanten und Rennstallbesitzers M. J. Oppenheimer. Ihre Ehe ist 1936 geschieden worden. Gegen Oppenheimer ist im Jahre 1933 das Konkursverfahren eröffnet und gleichzeitig ein Strafverfahren anhängig gemacht worden. Er ist am 4. Mai 1941 verstorben. Sein und der Klägerin Sohn Dr. Walter Oppenheimer war für die Gesellschaft als Reisender tätig.

Die Klägerin begehrt mit der Klage die Übertragung des auf den Namen des Beklagten lautenden Geschäftsanteils des Schlereth von 10.000 RM und des bei der Kapitalserhöhung übernommenen Anteils von 20.000 RM. Sie macht geltend, der Beklagte sei nur Treuhänder dieser Anteile für ihren Sohn, der der Schwiegersohn des Beklagten ist, gewesen. Dr. Oppenheimer habe seine Treugeberrechte an sie, die Klägerin, durch die Verhandlung vom 3. und 11. Juli 1943 abgetreten. Mit Schreiben vom 23. Mai und 11. Juni 1941 sei das Treuverhältnis mit sofortiger Wirkung gegenüber dem Beklagten gekündigt worden. Dr. Oppenheimer sei wirtschaftlich Eigentümer der Anteile gewesen, für die der Beklagte niemals einen Gegenwert geleistet habe. Auch die Erhöhung des Stammkapitals von 20.000 RM sei mit Mitteln des Dr. Oppenheimer aufgebracht worden, welcher zu diesem Zweck seine Provisionsforderung an die Gesellschaft im Betrage von 21.780,83 RM zur Verfügung gestellt habe.

Der Beklagte bestreitet, Treuhänder oder Beauftragter des Dr. Oppenheimer bezüglich der beiden Geschäftsanteile gewesen zu sein, und behauptet, er habe diese Anteile zu vollem Eigentum mit eigenen Mitteln erworben. Als er den alten Geschäftsanteil übernommen habe, habe dieser keinen erheblichen Wert gehabt, weil die Gesellschaft in schwerer finanzieller Notlage gewesen sei. Die Abtretung der Provisionsforderung an ihn sei von Dr. Oppenheimer zum Ausgleich der jahrelangen Gewährung von Unterhalt durch ihn an Dr. Oppenheimer und dessen Ehefrau erfolgt; diese Leistungen seien auf wenigstens 30.000 RM zu errechnen. Der Abtretung der angeblichen Treugeberrechte des Dr. Oppenheimer an die Klägerin stehe auch § 6 des Gesellschaftsvertrages entgegen, wonach es zur Abtretung von Geschäftsanteilen der Zustimmung aller Gesellschafter bedürfe; diese habe er niemals erteilt. Auch wenn man das Bestehen eines Treuhandverhältnisses unterstelle, sei der Klageanspruch unbegründet; denn dann sei der Vertrag wegen sittenwidriger Tarnung einer nicht arischen Gesellschaft nichtig und dem Herausgabeverlangen stehe § 817 Abs. 2 BGB entgegen.

Die Klägerin ist diesen Ausführungen entgegengetreten. Das Landgericht hat den Beklagten zur Abtretung der Geschäftsanteile zum Nennbetrag von 10.000 RM und 20.000 RM an die Klägerin verurteilt. Das Berufungsgericht hat die Berufung des Beklagten zurückgewiesen. Mit der Revision beantragt der Beklagte, das angefochtene Urteil aufzuheben und im vollen Umfange nach dem in der Berufungsinstanz gestellten Antrag auf Klageabweisung zu erkennen. Die Klägerin beantragt, die Revision zurückzuweisen.

Entscheidungsgründe

Der Berufungsrichter hält für erwiesen, daß der Beklagte die Geschäftsanteile nicht mit eigenen Mitteln, sondern im Auftrag des Dr. Oppenheimer als dessen mittelbarer Stellvertreter erworben habe. In dieser Hinsicht legt er dem Umstand besondere Bedeutung bei, daß Dr. Oppenheimer zum Erwerb des Anteils Schlereths von seiner Mutter 10.000 RM zur Verfügung gestellt bekommen und zum Erwerb der neuen Stammeinlage seinerseits aus seiner Provisionsforderung 20.000 RM verwendet habe; daß dagegen der Beklagte selbst kein bestimmt vereinbartes Entgelt für die Überlassung des alten Geschäftsanteils Schlereths und den Erwerb der neuen Stammeinlage nachweisen könne. Die Behauptung des Beklagten, sein Entgelt für den Erwerb der Geschäftsanteile bestehe darin, daß er während 4 Jahre dem Dr. Oppenheimer und zeitweise auch dessen Ehefrau im wesentlichen Unterhalt im Werte von 30.000 RM gewährt und außerdem noch 12.000 RM an Krankenkosten für die verstorbene Ehefrau Dr. Oppenheimer aufgewendet habe, hält er nicht für bewiesen.

Die Revision rügt zu Unrecht, der Berufungsrichter habe in diesem Punkte die Beweislast verkannt. Allerdings ist die Klägerin dafür beweispflichtig, daß der Beklagte Treuhänder oder Beauftragter ihres Sohnes Dr. Oppenheimer ist. Damit ist aber nicht gesagt, daß sie auch für jeden einzelnen Sachverhalt, der im Rahmen dieser Streitfrage von Bedeutung ist, die Beweislast in dem Sinne trifft, daß sie die Unrichtigkeit jeder vom Beklagten zu seiner Verteidigung aufgestellten Behauptung beweisen mußte. Deshalb sagt der Berufungsrichter mit Recht, wenn der Beklagte die genannten Leistungen zunächst ohne die Absicht einer Ersatzforderung bewirkt habe, so sei er rechtlich nicht in der Lage, hinterher einseitig diese Leistungen auf den übernommenen Geschäftsanteil zu verrechnen, dazu bedürfe es eines Vertrages mit Dr. Oppenheimer, der nicht nachgewiesen sei. Der Berufungsrichter konnte deshalb ohne Rechtsverstoß annehmen, daß der Beklagte den Nachweis, er habe einen Gegenwert für den Anteil geleistet, nicht erbracht habe und diesen Umstand bei Beurteilung der Frage, ob er vollberechtigter oder nur treuhänderischer Inhaber der Geschäftsanteile sei, zu Ungunsten des Beklagten verwerten. Im übrigen hält der Berufungsrichter – unabhängig von der Beweislastfrage – für tatsächlich festgestellt, daß eine Verrechnung der Aufwendungen des Beklagten für Dr. Oppenheimer und dessen

Ehefrau mit den Leistungen des Dr. Oppenheimer von 10.000 und 20.000 RM nicht stattgefunden hat, und daß der Beklagte bei dem Erwerb beider Geschäftsanteile als stiller Stellvertreter für Dr. Oppenheimer gehandelt habe.

Die Revision wendet sich in diesem Punkte auch dagegen, daß der Berufungsrichter die vom Beklagten in den Schriftsätzen der Berufungsinstanz erneut erhobenen Bedenken nicht beschieden habe, und meint, diese habe der Berufungsrichter durch Gegenüberstellung des Zeugen Dr. Oppenheimer mit dem Beklagten aufklären müssen. Diese Rüge entbehrt der nach § 554 Abs. 2 Ziff. 3 ZPO erforderlichen genauen Bezeichnung der Tatsachen, die den Mangel ergeben sollen. Dies ist nur geschehen durch Bezugnahme auf den Beweisantrag im Schriftsatz vom 8. September 1943 S. 6 – Bl. 382 d.A. –. Der Berufungsrichter hätte diesen Beweisantrag, soweit ersichtlich, schon nach § 529 ZPO nicht berücksichtigen können, weil er schon im ersten Rechtszuge hätte geltend gemacht werden müssen. Aber auch davon abgesehen ist die Rüge unbegründet. Denn selbst wenn die Bürgschaft seitens der Bank Friedrich Hengst & Co. erst im Laufe der Besprechungen zwischen dem Inhaber Hengst und dem Beklagten verlangt worden sein sollte – was durch Zeugnis des Friedrich Hengst unter Beweis gestellt wird –, so würde das nicht geeignet sein, die Ansicht des Berufungsrichters über die Glaubwürdigkeit des Zeugen Oppenheimer, der nichts Gegenteiliges bekundet hat, zu ändern. Beide Vorinstanzen bezeichnen dessen Darstellung als glaubhaft und stützen sich hierfür unter anderem auf die innere Wahrscheinlichkeit der von der Klägerin gegebenen Darstellung und auf die Aussage des Zeugen Sippel. Der Berufungsrichter hat im übrigen berücksichtigt, daß der Beklagte im Jahre 1937 der Gesellschaft durch Gewährung von Darlehen, seine Mitarbeit und seinen Rat Hilfe geleistet hat, dies aber damit erklärt, daß es das Unternehmen seines Schwiegersohnes gewesen sei, für das der Beklagte sich einsetzte. Für die neben der Darlehnsgewährung noch übernommene Bürgschaft muß dieselbe Erklärung gelten, wenn der Berufungsrichter dies auch nicht ausdrücklich sagt. Im übrigen handelt es sich in den Schriftsätzen der Berufungsinstanz im wesentlichen um Hinweise auf früheres Vorbringen der Beklagten und um Ausführungen zur Beweiswürdigung; auf diese brauchte der Berufungsrichter in den Entscheidungsgründen nicht einzugehen; insbesondere auch nicht auf die Frage, welchen Wert die Geschäftsanteile zur Zeit der Aufrechnung mit der Provisionsforderung hatten; denn der Berufungsrichter hat nicht etwa gesagt, diese seien mit 188 % des Nennwertes zu bewerten. Der Berufungsrichter hat sich im übrigen auf S. 16 und 17 des Urteils auch ausdrücklich mit manchem Vorbringen des Beklagten aus der Berufungsinstanz auseinandergesetzt. Auf eine nochmalige Gegenüberstellung mit dem Zeugen Dr. Oppenheimer, die schon im ersten Rechtszuge erfolgt war und die die Revision für die Berufungsinstanz vermißt, hatte der Beklagte keinen Anspruch; sie lag im Ermessen des Berufungsgerichts (§ 398 Abs. 1 ZPO).

Hiernach ist die Feststellung des Berufungsrichters, der Beklagte habe als Beauftragter des Dr. Oppenheimer und als dessen mittelbarer Stellvertreter den alten Geschäftsanteil erworben und den neuen gezeichnet, ohne Rechtsverstoß getroffen worden.

Der Berufungsrichter würdigt das Rechtsverhältnis zwischen Dr. Oppenheimer und dem Beklagten zutreffend nicht als ein Treuhandverhältnis im engeren Sinne, weil die Geschäftsanteile nicht rechtliches Eigentum des Dr. Oppenheimer waren und deshalb auch nicht rechtlich aus dessen Vermögen ausscheiden konnten; er nimmt vielmehr im Innenverhältnis ein zwischen beiden bestehendes Auftragsverhältnis an, kraft dessen der Beklagte verpflichtet war, dem Dr. Oppenheimer nach Erledigung des Auftrags auf Verlangen die erlangten Geschäftsanteile herauszugeben. Diesen Anspruch auf Herausgabe kann die Klägerin geltend machen, da Dr. Oppenheimer ihn ihr abgetreten hat.

Auch kann der Auslegung des Berufungsrichters nicht entgegengetreten werden, daß die nach § 6 des Gesellschaftsvertrages für die Abtretung von Geschäftsanteilen notwendige Zustimmung der übrigen Gesellschafter sich nicht auf den Fall bezieht, daß der Auftraggeber seinen obligatorischen Anspruch gegen den Beauftragten auf Herausgabe des Geschäftsanteils an einen Dritten abtritt. Die Revision bezieht sich für ihre abweichende Auffassung zu Unrecht auf die Urkunde vom 5. Dezember 1933 – Notariatsregister 1932/1933 –. Wenn in dieser auch gesagt ist, die Genehmigung der Gesellschafter zur Verpfändung des Geschäftsanteils Schlereths an Schmidt-Predari sei erteilt, so folgt daraus nicht, daß § 6 des Gesellschaftsvertrags auf den Fall Anwendung findet, daß der Beauftragte die aus dem Auftragsverhältnis sich ergebende Herausgabe eines Geschäftsanteils an den Auftraggeber vornimmt. Der Berufungsrichter sagt ohne Rechtsirrtum, die Bestimmung würde niemals den Sinn haben, die Übertragung der Anteile an die wirklichen Gesellschafter von der Zustimmung ihrer Beauftragten abhängig zu machen. Weiterhin ist dem Berufungsrichter auch darin beizutreten, daß der Beklagte durch die Abtretung des Geschäftsanteils seitens Schmidt-Predari, vertreten durch Frau Weber, an ihn vom 6. April 1937 Inhaber des Geschäftsanteils geworden ist, weil die nach § 185 BGB erforderliche Zustimmung des Dr. Oppenheimer als vorhanden angenommen werden müsse.

Der Berufungsrichter hat weiter mit zutreffender Begründung verneint, daß das festgestellte Auftragsverhältnis etwa gegen gesetzliche Bestimmungen verstoße, die auf die Ausschließung der Juden aus dem deutschen Wirtschaftsleben abzielen, weil alle diese Bestimmungen auf Mischlinge ersten Grades keine Anwendung finden. Der Berufungsrichter hat aber andererseits angenommen, daß das Auftragsverhältnis zwischen Dr. Oppenheimer und dem Beklagten sowohl beim Erwerb des Geschäftsanteils von 10.000 RM wie bei der Kapitalerhöhung um 20.000 RM gegen die guten Sitten verstößt und daher nichtig ist, weil es darauf gerichtet gewesen sei, jegliche Beziehungen nichtarischer Mitglieder der Familie Oppenheimer zu dem neuen Unternehmen zu verbergen und der Beklagte deshalb als Beauftragter und mittelbarer Stellvertreter zu Tarnungszwecken dazwischengeschaltet worden sei. Gegen diese zugunsten des Revisionsklägers getroffene Rechtsauffassung ergeben sich keine rechtlichen Bedenken.

Bei dieser Einstellung des Berufungsrichters ist die Rüge der Revision, der Berufungsrichter habe die Frage der Nichtigkeit der zur Begründung der Klage herangezogenen Rechtsgeschäfte aus der Person des Rechtsvorgängers der Klägerin, nämlich des Dr. Oppenheimer, entscheiden müssen, unbegründet. Denn der Berufungsrichter hat ja die Nichtigkeit des Auftragsverhältnisses deshalb angenommen, weil es in der Absicht eingegangen worden sei, über die Eigenschaft des Dr. Oppenheimer als Mischling ersten Grades weite Kreise zu täuschen. Deshalb ist auch die Rüge unbegründet, der Berufungsrichter habe den Erlaß einer Dienststelle vom 25. Juli 1942 – Bl. 242 der Akten – nicht verwerten dürfen. Dieser Erlaß ist dem Landgericht „zur vertraulichen Unterrichtung des Gerichts" von der Industrie- und Handelskammer mitgeteilt, den Parteien anscheinend auch nicht zur Kenntnis gebracht worden. Denn, wie die Revision selbst nicht verkennt, hat der Berufungsrichter aus diesem Schreiben keinen dem Beklagten ungünstigen, sondern im Gegenteil einen günstigen Schluß gezogen. Selbst wenn sich aus dieser Urkunde, was die Revision als möglich bezeichnet, weitere dem Beklagten günstige Schlüsse ziehen ließen – was übrigens nicht der Fall ist –, so würde sich daraus nicht ergeben, daß das Urteil auf einem Mangel beruhte, der zur Aufhebung des Urteils führen könnte, weil der Beklagte auf die Verwertung dieser Urkunde in einem über den von der Industrie- und Handelskammer bestimmten Rahmen hinaus – vertrauliche Unterrichtung des Gerichts – keinen sachlich-rechtlichen oder verfahrensrechtlichen Anspruch hat.

Gerade weil der Berufungsrichter die Nichtigkeit des Auftragsverhältnisses angenommen hat, hat er den Klageanspruch nicht aus diesem für begründet erachtet, sondern angenommen, der Beklagte sei aus ungerechtfertigter Bereicherung zur Herausgabe beider Geschäftsanteile verpflichtet.

Sowohl die Übernahme des Geschäftsanteils von 10.000 RM wie die des neuen Geschäftsanteils von 20.000 RM durch den Beklagten sind rechtswirksam. Daß der Beklagte überhaupt auf Grund eines Auftrages des Dr. Oppenheimer handelte, ist für die Gültigkeit der Übernahme ohne Bedeutung. Der Beklagte ist der Gesellschaft gegenüber voll berechtigt und voll verpflichtet; er ist rechtlich Inhaber beider Geschäftsanteile geworden. Auch der Umstand, daß das der Übernahme zugrunde liegende Auftragsverhältnis wegen Verstoßes gegen die guten Sitten nichtig ist, beeinträchtigt die Rechtswirksamkeit des gesellschaftsrechtlichen Erwerbs der Anteile durch den Beklagten grundsätzlich nicht, da die gesellschaftsrechtlichen Rechtsgeschäfte von dem Auftragsverhältnis grundsätzlich unabhängig sind. Der Beklagte ist also rechtswirksamer Inhaber der Anteile geworden.

Der Berufungsrichter hält den Klaganspruch für beide Anteile aus dem Gesichtspunkt der ungerechtfertigten Bereicherung für begründet, indem er annimmt, der Beklagte sei um diese auf Kosten des Dr. Oppenheimer ohne rechtlichen Grund bereichert.

Den Geschäftsanteil von 10.000 RM hat der Beklagte dadurch erworben, daß Schmidt-Predari, vertreten durch die Bevollmächtigte Frau Weber, mit Zustimmung des wirtschaftlich berechtigten Dr. Oppenheimer das Angebot des Schlereth annahm und dann den Anteil auf den Beklagten übertrug. Hiernach ist das von der Rechtsprechung des Reichsgerichts verlangte Erfordernis einer unmittelbaren Vermögensverschiebung zwischen Dr. Oppenheimer und dem Beklagten vorhanden; denn ein einheitlicher Vorgang hat auf der einen Seite den Gewinn (das formale Recht des Beklagten), auf der anderen Seite den Verlust (das Fehlen des formalen Rechts des Dr. Oppenheimer) bewirkt. Der Beklagte hat die Bereicherung auch auf Kosten des Dr. Oppenheimer erlangt, da nicht der Beklagte, sondern Dr. Oppenheimer die Einlage von 10.000 RM geleistet hatte.

Letzterer ist durch den Fortfall des Auftragsverhältnisses unmittelbar geschädigt. Der Beklagte ist demnach nach § 812 BGB zur Herausgabe des Anteils an Dr. Oppenheimer verpflichtet. Dem steht auch nicht etwa § 817 Satz 2 BGB entgegen. Denn wie der Berufungsrichter ohne Rechtsverstoß ausführt, sollte dieser Geschäftsanteil dem Beklagten nicht dauernd übertragen werden, sondern Dr. Oppenheimer sollte materieller Eigentümer des Anteils bleiben. Ähnlich wie in RGZ Bd. 161 S. 52 [56] für das wucherische Darlehen ausgeführt ist, ist auch hier der Geschäftsanteil dem Beklagten nur zur zeitlich begrenzten Verwaltung, und zwar für Rechnung des Dr. Oppenheimer überlassen. Auf einen solchen Fall aber findet die Bestimmung des § 817 Satz 2 keine Anwendung. Anders könnte die Sache liegen, wenn dem Beklagten von Dr. Oppenheimer für diese seine Tätigkeit eine Leistung gewährt worden wäre und es sich um die Rückforderung dieser Leistung handeln würde. Der Ausschluß der Rückforderung des Gegenstandes des Auftragsverhältnisses selbst würde auch dem gesunden Volksempfinden widersprechen (vergl. RGRKomm Anm. 2 und 3 zu § 817 Satz 2 BGB). Demnach hat der Berufungsrichter den Beklagten ohne Rechtsirrtum zur Herausgabe des Anteils von 10.000 RM verurteilt. Insoweit ist die Revision daher unbegründet.

Anders verhält es sich mit dem Geschäftsanteil von 20.000 RM. Hierzu hat der Berufungsrichter festgestellt, alle Beteiligten seien mit der Verrechnung der Provisionsforderung des Dr. Oppenheimer in Höhe von 20.000 RM gegen die Einlageschuld des Beklagten auf den von ihm übernommenen Stammanteil von 20.000 RM einverstanden gewesen. Der Betrag sei vom Konto des Dr. Oppenheimer auf das Konto Gesellschaftskapital umgebucht worden; die Forderung des Dr. Oppenheimer sei auch fällig und am Vermögensstand der Gesellschaft gemessen vollwertig gewesen.

Die Revision rügt mit Recht, hierdurch sei den gesetzlichen Bestimmungen über eine Kapitalerhöhung nicht genügt.

Wie das Reichsgericht schon in RGZ Bd. 62 S. 425 ausgesprochen hat, finden die Bestimmungen, die in den §§ 5, 19 flg. des GmbH-Gesetzes für die ursprüngliche Stammeinlage getroffen sind, auch auf die erhöhte Stammeinlage Anwendung, es kommt nicht nur, wie in § 56 Abs. 2 GmbHG ausdrücklich bestimmt ist, Absatz 3 des § 19 entsprechend zur Anwendung, sondern es gelten auch die Bestimmungen des § 19 Abs. 1 und 2. Deshalb gilt für die Zulässigkeit der Aufrechnung gegenüber Einlageforderungen der Gesellschaft bei der Gründung der Gesellschaft und bei der Erhöhung des Stammkapitals dasselbe. Danach ist nach § 19 Abs. 2 S. 2 auch bei einer Kapitalerhöhung eine *einseitige* Aufrechnung durch den Übernehmer der neuen Stammeinlage unzulässig. Zur Frage, unter welchen Umständen eine *vereinbarte* Aufrechnung zulässig ist, hat der Senat in RGZ Bd. 141 S. 204 [209] Stellung genommen. Dort ist ausgeführt, die Aufrechnung werde über die einseitige Erklärung des Gesellschafters hinaus weiter eingeschränkt; denn hiernach sei auch eine vertragliche Aufrechnung nicht zulässig, wenn die Schuld mit der aufgerechnet werden soll, Vergütung für die Überlassung von Vermögensgegenständen sei, es sei denn, daß dies in Ausführung einer nach § 5 Abs. 4 GmbHG getroffenen Bestimmung geschehe. Bei der Kapitalerhöhung folgt aus der in § 56 Abs. 2 vorgeschriebenen entsprechenden Anwendung des § 19 Abs. 3, daß eine Leistung auf die Stammeinlage, welche nicht in Geld besteht oder welche durch Aufrechnung einer für die Überlassung von Vermögensgegenständen zu gewährenden Vergütung bewirkt wird, den Gesellschafter von seiner Einlageverpflichtung nur befreit, soweit die Festsetzungen über Sacheinlagen und Übernahmen dem § 56 Abs. 1 entsprechend erfolgt sind. Hieraus ergibt sich, wie der Senat in der genannten Entscheidung ausgeführt hat, daß eine außerhalb des Gesellschaftsvertrages bezw. des Kapitalerhöhungsbeschlusses *vereinbarte* Aufrechnung nur dann in Frage kommt, wenn die Gegenforderung des Gesellschafters nicht für die Überlassung von Vermögensgegenständen, d. h. von Gegenständen, auf die sich ihrer Natur nach eine Sacheinlage oder ein Übernahmeabkommen beziehen kann, erwachsen ist. Ist sie für eine solche Überlassung entstanden, so kann die Verwertung dieser Forderung nur dann als Einlage auf das erhöhte Stammkapital verwertet werden, wenn nach § 56 Abs. 1 die Person desjenigen, der die Einlage zu leisten oder die Vermögensgegenstände zu überlassen hat, sowie der Gegenstand der Einlage oder Überlassung und der Geldwert, für welchen die Einlage angenommen wird oder die für den überlassenen Gegenstand zu gewährende Vergütung in dem Beschluß auf Erhöhung des Stammkapitals festgesetzt und in der im § 56 Abs. 1 bezeichneten Übernahmeerklärung angegeben wird. Diese Bestimmungen bezwecken, das Stammkapital so sicherzustellen, wie es im Gesellschaftsvertrag und der Allgemeinheit gegenüber durch die Eintragung im Handelsregister verlautbart ist. Dieser Zweck kann nur erreicht werden, wenn auf eine klare und eindeutige Einhaltung derselben gehalten wird. Es ist auch kein triftiger Grund ersichtlich, weshalb die Beteiligten, wenn es sich um wirtschaftlich berechtigte und in Ordnung gehende Geschäfte handelt, dies in den Beschlüssen und Erklärungen nicht offen erklären sollen. Ein Gegenstand, auf den sich ihrer Natur nach eine Sacheinlage oder ein Übernahmeabkommen beziehen kann, ist aber auch eine Forderung gegen die Gesellschaft, mag diese auf gesellschaftsrechtlicher oder einzelrechtlicher Grundlage beruhen.

Im vorliegenden Falle ist im Kapitalerhöhungsbeschluß vom 6. April 1937 gesagt, das Stammkapital werde um 20.000 RM auf 40.000 RM erhöht, die in der notariell beglaubigten Urkunde vom 6. April 1937 durch den Direktor Otto Zier – den Beklagten – erklärte Übernahme einer auf das erhöhte Stammkapital zu leistende Stammeinlage von 20.000 RM werde zugelassen. In der Übernahmeerklärung des Beklagten heißt es, die Gesellschafterversammlung habe beschlossen, das Stammkapital um einen Betrag von 20.000 RM zu erhöhen, er übernehme den Betrag, um den das Stammkapital erhöht sei, also eine Stammeinlage von 20.000 RM. Sowohl in dem Erhöhungsbeschluß wie in der Übernahmeerklärung ist also eindeutig von einer Bareinlage von 20.000 RM die Rede. Andererseits ergibt sich aus der Feststellung des Berufungsrichters, alle Beteiligten seien mit der Verrechnung einverstanden gewesen, daß die Beteiligten die Kapitalerhöhung gerade auf der Grundlage, dazu die Forderung des Dr. Oppenheimer gegen die Gesellschaft zu verwenden, beschlossen haben. Das ergibt sich auch aus der Aussage des Zeugen Dr. Oppenheimer; danach sind er und der Beklagte, als sie überlegten, wie das Geld aufzubringen sei, darauf gekommen, daß seine Provisions- und Darlehnsforderung gegen die Gesellschaft zur Erhöhung des Kapitals verwendet werden solle. Der Berufungsrichter hat zwar nicht näher festgestellt, wie die Verwendung der Forderung erfolgen sollte. Das konnte dadurch geschehen, daß Dr. Oppenheimer seine Forderung an den Beklagten abtrat und die Gesellschaft sie an Erfüllungs Statt annahm oder mit dem Beklagten die Aufrechnung vereinbarte. Es kann auch sein, daß Dr. Oppenheimer seine Forderung nicht erst an den Beklagten abgetreten hat, sondern daß er zur Tilgung der Einlageschuld des Beklagten unmittelbar mit der Gesellschaft entweder die Annahme der Forderung an Erfüllungs Statt oder die Aufrechnung vereinbart hat. Das ist jedoch für die Frage der Anwendbarkeit des § 56 ohne Bedeutung, da er auf alle genannten Möglichkeiten Anwendung findet. Im übrigen hat auch bei der Gesellschaft mit beschränkter Haftung, wie der Senat in RGZ Bd. 167 S. 99 [108] für die Aktiengesellschaft ausgesprochen hat, eine Sacheinlage oder Sachübernahme im Sinne der in Frage kommenden Vorschriften nicht zur Voraussetzung, daß bereits formgerechte und rechtsverbindliche Vereinbarungen getroffen worden sind; sondern es genügt, daß eine von den Beteiligten beabsichtigte Einbringung oder Übernahme von nicht in Geld bestehenden Vermögenswerten bereits dermaßen feste Gestalt angenommen hat, daß mit ihrer Verwirklichung bestimmt gerechnet werden kann. Das ist im vorliegenden Falle schon vor der Beschlußfassung über die Kapitalerhöhung geschehen. Es bedarf deshalb hier keiner Entscheidung, ob die Rechtslage eine andere wäre, wenn die Verrechnung oder Aufrechnung erst nach der Eintragung des Kapitalerhöhungsbeschlusses vereinbart und vorgenommen worden wäre. Soweit es sich um die Aufrechnung der Stammeinlageforderung der Gesellschaft mit der von ihr aus späteren *Erwerbs*geschäften dem Gesellschafter geschuldeten Vergütung handelt, hat der Senat in der genannten Entscheidung auch dies schon für unzulässig erklärt, weil dadurch eine Umgehung der Vorschrift des § 5 Abs. 4 GmbHG Vorschub geleistet würde. Es liegt nahe, die Bestimmung des § 56 GmbHG auch dann für anwendbar zu erklären, wenn die Verrechnung oder Aufrechnung einer aus *anderen Gründen* entstandenen Forderung gegen die Gesellschaft zur Tilgung der Einlageschuld nachträglich vereinbart wird; denn auch in diesem Fall wird der Öffentlichkeit gegenüber der falsche Anschein erweckt, der Gesellschaft sei neues Barkapital zugeführt worden.

Hiernach hat der Beklagte seine Einlageschuld von 20.000 RM aus der Übernahme des neuen Stammanteils noch nicht getilgt, so daß der Anspruch der Gesellschaft gegen ihn auf Barzahlung von 20.000 RM noch besteht. Zwar würden Dr. Oppenheimer und die Klägerin daraus selbst keine Ansprüche herleiten können, da sie mit dieser Regelung einverstanden waren. Aber auch im Verhältnis zwischen diesen und dem Beklagten ist diese Rechtslage insofern von Bedeutung, als danach eine ungerechtfertigte Bereicherung des Beklagten um den neuen Stammanteil auf Kosten des Dr. Oppenheimer nicht besteht. Denn dieser Stammanteil ist niemals rechtliches Eigentum des Dr. Oppenheimer gewesen, so daß eine unmittelbare Vermögensverschiebung zwischen den Beteiligten nicht vorliegt. Allerdings würde es unter Umständen genügen, wenn der Beklagte wenigstens wirtschaftlich den Anteil aus Mitteln des Dr. Oppenheimer erhalten hätte. Aber auch das ist nicht der Fall, da er der Gesellschaft gegenüber noch heute Schuldner der Bareinlage von 20.000 RM ist. Die Vermögensverschiebung zum Nachteil des Dr. Oppenheimer könnte nur in seiner Provisions- und Darlehnsforderung von 20.000 RM gegen die Gesellschaft wurzeln. Zu einer Tilgung der Stammeinlageschuld des Beklagten auf den neuen Kapitalabschnitt mit Hilfe der Oppenheimer'schen Provisionsforderung ist es aber gerade nicht gekommen. Deshalb ist diese letztere Forderung auch nicht untergegangen. Auch sie besteht noch und sie und nur sie ist es, die Gegenstand eines Bereicherungsanspruchs sein könnte. Ob sich ein solcher gegen den Beklagten oder die Gesellschaft richtet, ist aus dem bisher festgestellten Sachverhalt nicht sicher zu ersehen, da nicht feststeht, ob er diese Forderung an den Beklagten oder an die Gesellschaft abgetreten bezw. wem gegenüber er sie „verrechnet“ hat. In diesem Rechtsstreit kommt es aber auch nicht darauf an.

Hiernach erweist sich der Klageanspruch auf Abtretung des Geschäftsanteils von 20.000 RM als unbegründet. Da die Sache insoweit zur Endentscheidung reif ist, ist die Klage unter teilweiser Aufhebung des Berufungsurteils und Abänderung des landgerichtlichen Urteils insoweit abzuweisen. Die Kostenentscheidung ergibt sich aus den §§ 92, 97 ZPO.

---

36. 1. Hat der Versicherungsträger der Gewerbeunfallversicherung entschieden, daß ein entschädigungspflichtiger Unfall vorliegt, so ist damit für das Gericht verbindlich festgestellt, daß derjenige, auf dessen Rechnung der Betrieb geht, in dem sich der Unfall ereignet hat, als Unternehmer anzusehen ist, und das Gericht kann nicht nachprüfen, ob ihm wegen mangelnder Gewerbebefugnis diese Unternehmerstellung nicht gebühre. Die Bestimmung des § 898 RVO ist auch ohne Einwendung vom Gericht zu beachten.

2. Die Befreiung des Unternehmers von der Haftung gegenüber dem Versicherten und dessen Hinterbliebenen nach § 898 RVO, wenn strafgerichtlich *nicht* festgestellt ist, daß der Unternehmer den Unfall persönlich herbeigeführt hat, schließt auch die Befreiung von der Zahlung eines Schmerzensgeldes in sich.

RVO §§ 558, 623, 633, 898, 901; ABGB § 1325.

VII. Zivilsenat. Urt. v. 7. Juni 1944 (VII 40/1944).

I. Landgericht Leoben.
II. Oberlandesgericht Graz.

In Sachen des Josef *Maurer*, Hilfsarbeiters in Niklasdorfgraben Nr. 1, Klägers, Prozeßbevollmächtigter: Rechtsanwalt Dr. August Bichler in Leoben, Kärntner Str. 31, vor dem Reichsgericht: Rechtsanwalt Dr. Kraemer in Leipzig als Armenvertreter,

gegen

Johann *Gritsch*, Dachdecker in Leoben-Göss, Beklagten, Prozeßbevollmächtigter: Rechtsanwalt Dr. Armin Kless in Leoben, wegen 6.996 RM hat das Reichsgericht, VII. Zivilsenat, auf die mündliche Verhandlung vom 7. Juni 1944 durch den Senatspräsidenten Dr. Zellner und die Reichsgerichtsräte Burmeister, Seibertz, Dr. Tenschert und Dr. Roppert auf die Revision des Klägers gegen das Urteil des Oberlandesgerichts *Graz* als Berufungsgerichtes vom 29. Januar 1944,

GZ 2 R 4/44-29, womit auf die Berufung des Klägers das Urteil des Landgerichtes Leoben vom 12. November 1943, GZ 4 Cg 205/42-25 bestätigt wurde, für Recht erkannt:

Es wird der Revision keine Folge gegeben.

Der Kläger hat die Gerichtskosten des Revisionsverfahrens zu tragen und ist schuldig, dem Beklagten die mit 175,02 RM bestimmten Kosten der Revisionsbeantwortung binnen 14 Tagen bei Zwangsvollstreckung zu bezahlen.

Entscheidungsgründe

Der Kläger hat am 16. Oktober 1940 im Dienste des Beklagten bei Ausführung einer Dachdeckerarbeit in Göss einen Unfall erlitten, indem er bei Dachabtragungsarbeiten vom Dach abstürzte und sich Verletzungen am linken Unterarm zuzog. Mit dem Urteil des Amtsgerichtes Leoben vom 27. Mai 1942 wurde der Beklagte deshalb wegen Übertretung gegen die Sicherheit des Lebens nach § 335 StG und zugleich wegen unbefugter Ausübung des Dachdeckergewerbes zu einer Geldstrafe von 100 RM, im Uneinbringlichkeitsfalle zu 4 Tagen Arrest verurteilt. Die Berufung des Beklagten gegen dieses Strafurteil wurde als unbegründet zurückgewiesen.

Der Kläger begehrt mit der vorliegenden Klage vom Beklagten Schadenersatz, nämlich Schmerzensgeld und Ersatz des Verdienstentganges, da sein Unfall durch Verschulden des Beklagten entstanden sei, der die Dachabtragungsarbeiten habe durchführen lassen, ohne die notwendigen Sicherungsvorkehrungen zu treffen. Die Ersatzpflicht des Beklagten sei durch das Strafurteil rechtskräftig festgestellt. Der Beklagte ist dem entgegengetreten und hat um Klageabweisung gebeten, da ein gewichtiges Maß der Mitschuld den Kläger treffe, der es trotz der Aufforderung und Warnung des Beklagten aus Bequemlichkeit unterlassen habe, sich mit Seilen anzubinden. Auch sei der Klageanspruch der Höhe nach übertrieben.

Das Landgericht hat das Klagebegehren abgewiesen, weil der Kläger kraft Gesetzes versichert war, diese Versicherung sich auch auf Betriebsunfälle erstreckte und aus der Mitteilung der Bezirksverwaltung der Bauberufsgenossenschaft (Reichsunfallversicherung) in Wien sich ergebe, daß die Versicherungspflicht der Beschäftigung des Klägers von der Reichsunfallversicherung anerkannt wurde und der Kläger tatsächlich die ihm zustehenden Rentenbezüge erhalte. Da aber durch das Strafurteil nicht festgestellt sei, daß der Beklagte den Unfall vorsätzlich herbeigeführt habe, so sei gemäß § 898 RVO eine Schadenersatzpflicht des Beklagten nicht gegeben. Das Berufungsgericht hat dieses Urteil bestätigt, es lehnte den Einwand des Klägers ab, daß die Anwendbarkeit des § 898 RVO von der Gewerbeberechtigung des Unternehmers abhänge, und pflichtete dem Erstgericht darin bei, daß eine Verurteilung wegen der Übertretung des § 335 StG nicht die Feststellung der vorsätzlichen Herbeiführung des Unfalles bedeute.

Dagegen richtet sich die Revision des Klägers, welche sich auf die Revisionsgründe nach § 503 Zahl 2, 3 und 4 ZPO stützt.

Der Revision kann jedoch keine Berechtigung zuerkannt werden. Sie wendet sich vor allem dagegen, daß die Untergerichte zur Entscheidung des Rechtsstreites die Bestimmung des § 898 RVO herangezogen und den Beklagten als Unternehmer im Sinne dieser Vorschrift anerkannt haben, obwohl er das Dachdeckergewerbe unberechtigt ausübte und wegen unbefugter Gewerbeausübung sogar strafrechtlich verurteilt wurde. Nach Ansicht der Revision kann die in § 898 RVO festgelegte Befreiung von der Haftung für Betriebsunfälle gegenüber den Versicherten und deren Hinterbliebenen nur jenen Unternehmern zugute kommen, die auch gewerberechtlich befugt sind, das Unternehmen, in dem sich der Betriebsunfall ereignet hat, zu betreiben. Im vorliegenden Falle sei die Anwendung dieser Gesetzesvorschrift um so weniger zulässig gewesen, als sich der Beklagte selbst im ganzen Rechtsstreit niemals auf diese Bestimmung über den Ausschluß seiner Haftung berufen habe. Diese Ausführungen haben jedoch im Gesetz keine Stütze. Von den Ersatzansprüchen der Versicherten und ihrer Hinterbliebenen aus Betriebsunfällen gegen den Unternehmer, gegen Bevollmächtigte oder Repräsentanten des Unternehmers und gegen Betriebs- und Arbeiteraufseher handeln die §§ 898 ff. RVO. Nun ist durch § 901 RVO ausdrücklich bestimmt, daß das ordentliche Gericht, wenn es über solche Ansprüche zu erkennen hat, an die Entscheidung gebunden ist, die in einem Verfahren nach der Reichsversicherungsordnung darüber ergeht, ob ein entschädigungspflichtiger Unfall vorliegt und in welchem Umfang und von welchem Versicherungsträger die Entschädigung zu gewähren ist. Im gegebenen Falle hat nun die Bauberufsgenossenschaft als Träger der Reichsunfallversicherung (§ 623 RVO) dem Kläger die Entschädigung aus diesem Unfall zuerkannt und hat damit ausgesprochen, daß ein entschädigungspflichtiger Unfall vorliegt. Diese Entscheidung schließt die Feststellung in sich, daß der Betrieb, in welchem der Kläger den Unfall erlitten hat, der Gewerbeunfallversicherung unterliegt, daß der Kläger gegen Unfall in diesem Betriebe versichert ist und daß ein Ereignis eingetreten ist, welches als Unfall im Sinne der Reichsversicherungsordnung anerkannt wird. Aus dieser Entscheidung und den darin enthaltenen Feststellungen ergibt sich aber auch weiter, daß derjenige, auf dessen Rechnung der Betrieb geht (§ 633 RVO), als Unternehmer im Sinne des § 901 RVO anzusehen ist. Das ordentliche Gericht hat daher überhaupt keine Möglichkeit, wenn der Versicherungsträger entschieden hat, daß ein entschädigungspflichtiger Unfall vorliegt, nachzuprüfen, ob die mangelnde Gewerbeberechtigung des Beklagten eine andere Entscheidung des Versicherungsträgers hätte herbeiführen sollen oder können. Der Kläger kann sich aber auch nicht beschweren, daß er dadurch benachteiligt wäre, denn wenn er die Dachabtragungsarbeiten im Dienste eines befugten Dachdeckers verrichtet hätte, wäre seine Rechtslage auch nicht anders und es käme auch dann für ihn die Bestimmung des § 898 RVO in Betracht. Ob diese Gesetzesvorschrift anzuwenden und zu beachten ist, ist eine Frage der rechtlichen Beurteilung der Sache, welche das Gericht auch ohne dahin gehenden Antrag oder Einwand einer Partei vorzunehmen hatte. Dies ergibt sich übrigens auch aus der Vorschrift des § 901 Abs. 2 RVO, welcher anordnet, daß das ordentliche Gericht (welches über Ansprüche von Versicherten und deren Hinterbliebenen aus Betriebsunfällen zu erkennen hat) sein Verfahren so lange auszusetzen hat, bis die Entscheidung in dem Verfahren nach der Reichsversicherungsordnung ergangen ist, weil eben die für das Gericht verbindliche Entscheidung, ob ein entschädigungspflichtiger Unfall vorliegt, nicht dem Gericht, sondern dem zuständigen Organ der Reichsversicherung vorbehalten ist. Ist also das Gericht verpflichtet, sein Verfahren bis zu dieser Entscheidung auszusetzen, so ist es belanglos, ob der Beklagte einen ausdrücklichen Einwand in dieser Richtung erhoben hat oder nicht.

Das Berufungsgericht hat daher mit Recht die Anwendung des § 898 RVO auf den vorliegenden Rechtsstreit gebilligt. Es steht nun weiter fest, daß der Beklagte zwar wegen der Übertretung nach § 335 StG verurteilt wurde, welche er unter anderem dadurch begangen hat, daß er durch den Kläger Dachabtragungsarbeiten durchführen ließ, ohne die notwendigen Sicherungsvorkehrungen zu treffen, wodurch er eine Handlung unternahm, von der er schon nach ihren natürlichen, für jedermann leicht erkennbaren Folgen, vermöge besonders bekannt gemachter Vorschriften und nach seinem Gewerbe einzusehen vermochte, daß sie eine Gefahr für das Leben, die Gesundheit und körperliche Sicherheit von Menschen herbeizuführen geeignet war. Dieses Strafurteil stellt aber nicht eine vorsätzliche, sondern nur eine fahrlässige Herbeiführung des Unfalls durch den Beklagten fest, so daß die Voraussetzung für eine Haftung des Unternehmers gegenüber dem Versicherten nach § 898 RVO fehlt.

Nun meint der Kläger allerdings, das sich die Haftung des Beklagten wenigstens auf das Schmerzensgeld erstrecken müßte, da dies ein Anspruch sei, der ihm nach § 1325 ABGB zustehe, der jedoch nicht unter den Ersatz falle, der nach §§ 555, 558 RVO gewährt werde. Es ist nun richtig, daß die Reichsversicherungsordnung bei Verletzung durch Betriebsunfälle ein Schmerzensgeld nicht gewährt, wie aus § 558 RVO klar hervorgeht, während der Schadenersatzanspruch nach bürgerlichem Recht bei Verletzungen an dem Körper auch den Anspruch auf das angemessene Schmerzensgeld in sich schließt (§ 1325 ABGB). Allein die Vorschrift des § 898 RVO ist eine lex specialis gegenüber der allgemeinen Regel des § 1325 ABGB. Wenn daher die Reichsversicherungsordnung festsetzt, daß der Unternehmer dem Versicherten und dessen Hinterbliebenen nach anderen gesetzlichen Vorschriften (wozu auch § 1325 ABGB gehört) zum Ersatz des Schadens aus einem Betriebsunfall nur dann verpflichtet ist, wenn strafgerichtlich festgestellt ist, daß der Unternehmer den Unfall *vor-*

sätzlich herbeigeführt hat, so sind dadurch die anderen gesetzlichen Vorschriften und infolgedessen auch die Bestimmungen des § 1325 AGBG über das Schmerzensgeld für unanwendbar erklärt, wenn die geforderte strafgerichtliche Feststellung fehlt. Es ist daher auch der Anspruch des Klägers auf Schmerzensgeld nicht gerechtfertigt.

Bei dieser Sachlage liegt keiner der geltend gemachten Revisionsgründe vor, weshalb der unbegründeten Revision keine Folge zu geben ist.

Die Entscheidung über die Kosten des Revisionsverfahrens gründet sich auf §§ 41 und 50 ZPO.

---

37. Klage der Staatsanwaltschaft zur Feststellung, daß der Beklagte nicht „Volljude“, sondern „Mischling“ sei. Danach allein, ob das Urteil diese Frage geklärt und richtig beantwortet hat, nicht danach, ob es der Klage stattgegeben hat oder nicht, ist die Beschwer des Klägers als Voraussetzung der Zulässigkeit des Rechtsmittels zu beurteilen. Hat das Gericht die Frage der blutmäßigen Abstammung des Kindes nach der Überzeugung des Staatsanwalts falsch beantwortet oder nicht hinreichend geklärt, so muß er nach dem Wesen seiner Aufgabe ohne weiteres für befugt erachtet werden, eine Fortführung des Verfahrens in seinem Sinne zu erwirken, d. h. er ist im verfahrensrechtlichen Sinne als durch das von ihm sachlich beanstandete Urteil beschwert zu erachten und somit zur Einlegung des Rechtsmittels berechtigt.

BGB § 1595 a.

IV. Zivilsenat. Urt. vom 14. Juni 1944 (IV 22/1944).

I. Landgericht Stuttgart.
II. Oberlandesgericht Stuttgart.

In Sachen des Oberingenieurs J. R. B. in Stuttgart, Beklagten und Revisionsklägers, Prozeßbevollmächtigter: Rechtsanwalt Justizrat Dr. Schrömbgens in Leipzig,

gegen

den *Staatsanwalt* (Oberstaatsanwalt beim Landgericht in Stuttgart, jetzt Oberreichsanwalt beim Reichsgericht), Kläger und Revisionsbeklagten, hat das Reichsgericht, IV. Zivilsenat, durch den Senatspräsidenten Dr. Jonas und die Reichsgerichtsräte Dr. Hofmann, Dr. Lippert, Schwegmann und Dr. Schrutka auf die mündliche Verhandlung vom 14. Juni 1944, an der als Vertreter des Oberreichsanwalts beim Reichsgericht der Reichsanwalt Dr. Schneidewin teilgenommen hat, für Recht erkannt:

Das Urteil des 3. Zivilsenats des Oberlandesgerichts in Stuttgart vom 23. November 1943 wird aufgehoben und die Sache zur weiteren Verhandlung und Entscheidung, auch über die Kosten der Revisionsinstanz, an das Berufungsgericht zurückverwiesen. – Von Rechts wegen

Tatbestand

Der Beklagte ist am 24. Januar 1875 als Sohn der Volljüdin Z. B. geb. F. während ihrer seit dem 2. Oktober 1873 bestehenden Ehe mit dem Volljuden J. E. B. geboren. Aus der Ehe ist noch ein am 23. August 1876 geborener Sohn O. E. hervorgegangen. Die Eheleute B. und der Sohn O. E. sind inzwischen verstorben.

Der Beklagte behauptet, er sei nicht von dem Volljuden J. E. B., sondern von dem arischen Apotheker K. A. F. Sch. erzeugt worden, mit dem seine Mutter in der gesetzlichen Empfängniszeit Geschlechtsverkehr gepflogen habe. Auf Anregung des Beklagten und nach der notwendigen Vorprüfung hat der Kläger auf Grund des § 1595 a BGB Klage erhoben und beantragt, festzustellen, daß der Beklagte nicht das eheliche Kind des J. E. B. sei. Er hat zur Begründung der Klage vorgetragen, die Mutter des Beklagten habe mit dem Apotheker Sch. als ihrem Jugendfreund geschlechtliche Beziehungen unterhalten. Diese habe sie auch während der am 2. Oktober 1873 geschlossenen Ehe mit J. E. B. bis in die Empfängniszeit für den Beklagten fortgesetzt. Mit ihrem Ehemanne, mit dem sie zunächst nur ein Freundschaftsverhältnis verbunden habe, habe sie zu jener Zeit keinen Geschlechtsverkehr gehabt. In diesem Sinne habe sie sich auch verschiedentlich gegenüber anderen Personen geäußert. Der Beklagte sei mit einer arischen Frau verheiratet und habe lange Zeit eine Tätigkeit als amtlicher Sachverständiger im Kraftfahrwesen entfaltet. Es bestehe ein öffentliches Interesse an der verlangten Feststellung.

Der Beklagte ist dem Verlangen des Klägers nicht entgegengetreten.

Das Landgericht hat dem Klagebegehren entsprochen. Gegen das Urteil hat der Kläger Berufung eingelegt und beantragt, das Urteil abzuändern und die Klage abzuweisen. Er hat geltend gemacht, das Ergebnis der Beweisaufnahme trage nicht die Entscheidung. Die Angaben der Mutter des Beklagten wie des Beklagten selbst gäben zu Bedenken an ihrer Richtigkeit Anlaß, und die Aussagen der vernommenen Zeugen seien nicht als glaubwürdig anzusehen.

Der Beklagte hält die Berufung mangels Beschwer des Klägers durch das angefochtene Urteil für unzulässig und hat aus diesem Grunde um Verwerfung der Berufung gebeten; gegebenenfalls hat er Zurückverweisung der Berufung beantragt.

Das Berufungsgericht hat das Urteil des Landgerichts abgeändert und die Klage abgewiesen.

Gegen dieses Urteil richtet sich die Revision des Beklagten, mit der er die Wiederherstellung des Urteils des Landgerichts erstrebt. Der Kläger hat beantragt, die Revision als unzulässig zu verwerfen.

Entscheidungsgründe

Dem Beklagten war die Wiedereinsetzung in den vorigen Stand gegen die Versäumung der Revisionsfrist zu gewähren, weil er durch einen unabwendbaren Zufall an der rechtzeitigen Einlegung der Revision gehindert war (§ 233 ZPO). Das von seinem Prozeßbevollmächtigten der Vorinstanz rechtzeitig abgesandte Schreiben vom 30. November 1943 mit dem Auftrag zur Einlegung der Revision erreichte den für die Revisionsinstanz ausgewählten Prozeßbevollmächtigten infolge Feindeinwirkung nicht. Ein weiteres Schreiben des Prozeßbevollmächtigten vom 18. Dezember mit dem Hinweis auf das Schreiben ging bei dem Prozeßbevollmächtigten der Revisionsinstanz erst in einem Zeitpunkt ein, als es diesem nicht mehr möglich war, noch vor Ablauf der Revisionsfrist die zur Vertretung des Beklagten als Juden erforderliche Genehmigung der Parteikanzlei in München einzuholen und sodann Revision einzulegen.

Der Beklagte, dem an der Feststellung seiner Nichtehelichkeit und der Vaterschaft des arischen Apothekers Sch., damit seiner Mischlingseigenschaft, besonders liegt, ist durch das angefochtene Urteil, das die Klage des Staatsanwalts aus § 1595 a BGB auf Feststellung seiner Nichtehelichkeit abgewiesen hat, als beschwert anzusehen. Es wird hierzu auf das an demselben Tage ergangene, zum Abdruck bestimmte Urteil des Senats IV 24/44 verwiesen, das das beklagte Kind im gleichen Falle durch ein die Klage des Staatsanwalts aus § 1595 a BGB abweisendes Urteil für die Einlegung der Berufung als beschwert erachtet hat. Was für die Berufung gilt, muß selbstverständlich auch für die Revision gegen das klageabweisende Berufungsurteil gelten.

Das Berufungsgericht hat die Frage, ob der Staatsanwalt befugt ist, gegen das entsprechend seinem Klageantrag ergangene Urteil ein Rechtsmittel mit dem Ziel der Klageabweisung einzulegen, bejaht. Dem ist beizutreten.

Die vom Staatsanwalt auf Grund des § 1595 a BGB erhobene Ehelichkeitsanfechtungsklage bezweckt die Klärung der blutmäßigen Abstammung des Kindes – allerdings zunächst nur in der verneinenden Form, daß das Kind kein eheliches Kind der in Betracht kommenden Eheleute ist (§ 1591 BGB) –, wodurch gegebenenfalls der Weg für eine weitere Klage zur bejahenden Feststellung der blutmäßigen Abstammung frei wird. In dem Rechtsstreit über die Nichtehelichkeit eines Kindes, der sich äußerlich vorerst noch in der Form des bürgerlichen Zweiparteienprozesses bewegt (amtliche Begründung zum Familienrechtsänderungsgesetz vom 12. April 1938, RGBl. I S. 380, zu Art. 2 § 7, abgedr. DJ 1938 S. 1619/21), geht es der Sache nach nicht um das Siegen oder Unterliegen der einen oder anderen Partei wie in dem gewöhnlichen bürgerlichen

Rechtsstreit, sondern um die Klärung einer Frage, die nach jetziger Anschauung nicht nur für den einzelnen Betroffenen, sondern besonders auch für die Volksgemeinschaft von großer Bedeutung ist. Danach allein, ob das Urteil diese Frage geklärt und richtig beantwortet hat, nicht danach, ob es der Klage stattgegeben hat oder nicht, ist die Beschwer des Klägers als Voraussetzung der Zulässigkeit des Rechtsmittels zu beurteilen. Hat das Gericht die Frage der blutmäßigen Abstammung des Kindes nach der Überzeugung des Staatsanwalts falsch beantwortet oder nicht hinreichend geklärt, so muß er nach dem Wesen seiner Aufgabe ohne weiteres für befugt erachtet werden, eine Fortführung des Verfahrens in seinem Sinne zu erwirken, d. h. er ist im verfahrensrechtlichen Sinne als durch das von ihm sachlich beanstandete Urteil beschwert zu erachten und somit zur Einlegung des Rechtsmittels berechtigt. Der Standesprozeß über die Nichtehelichkeit eines Kindes widerstreitet wegen des mit ihm verfolgten Zieles insoweit der Unterstellung unter den für den gewöhnlichen bürgerlichen Rechtsstreit geltenden Grundsatz über die Beschwer der Prozeßpartei.

Die Frage der blutmäßigen Abstammung hat besondere Bedeutung, wenn es darum geht, ob das Kind von einem erbkranken Vater abstammt oder nicht, oder wenn es sich um die rassische Einordnung des Kindes handelt, und zwar darum ob das Kind arisch oder ob es Volljude oder ob es etwa Mischling ist. Um die letztere Frage handelt es sich im gegenwärtigen Rechtsstreit. Die persönlichen Belange des Kindes, dem an der Feststellung seiner Mischlingseigenschaft liegt, wie die öffentlichen Belange erfordern es, alle Beweismittel auszuschöpfen, die geeignet sind, die blutmäßige Abstammung des Kindes – in dem durch diesen Rechtsstreit gegebenen Rahmen – zu klären. Dazu kann, wie in der Rechtsprechung anerkannt ist, auch die Einholung eines erbbiologischen Gutachtens dienen (RGZ Bde. 163 S. 321/323, Bd. 167 S. 269, ferner Bd. 169 S. 219/220, das entsprechende österreichische Recht betreffend).

Das Berufungsgericht hat nun zwar nach dem früheren Verhalten des Beklagten in der Frage seiner blutmäßigen Abstammung und den Äußerungen seiner inzwischen verstorbenen Mutter hierzu in Verbindung mit den – von ihm nicht als glaubhaft erklärten – Aussagen der Zeuginnen W., B. und Hahn-Lutz nicht für dargetan angesehen, daß der Beklagte aus einem Verkehr seiner Mutter mit dem Apotheker Sch. stamme, und die im § 1591 Abs. 2 Satz 1 BGB ausgesprochene Vermutung für die Ehelichkeit nicht für widerlegt erachtet. Indessen nimmt es als möglich an, daß die Mutter des Beklagten in der gesetzlichen Empfängniszeit (§ 1592 BGB) mit Sch. Geschlechtsverkehr gehabt hat. Das ist für die Revisionsinstanz zu unterstellen. Dann aber bleibt, vom rassischen Standpunkt aus gesehen, der Zweifel bestehen, ob der Beklagte als Sohn der Eheleute B. Volljude oder als Sohn des Sch. und der Frau B. Mischling ist. Das eigentliche Ziel der Klage, die Klärung der blutmäßigen Abstammung und rassischen Zugehörigkeit des Beklagten, ist nicht erreicht. Dazu, ob zur Klärung dieser

Frage die Einholung eines erbbiologisch-rassekundlichen Gutachtens hätte dienen können, hat das Urteil keine Stellung genommen, obwohl der Kläger schon in erster Instanz und erneut in der Berufungsinstanz – hier allerdings zur Widerlegung der Annahme der Nichtehelichkeit des Beklagten durch das Landgericht – eine Beweiserhebung in dieser Richtung angeregt hatte. Daß diese Beweiserhebung kein positives Ergebnis haben konnte, kann nach den gegebenen Umständen nicht ohne weiteres gesagt werden. In ihrer Unterlassung ist daher ein Mangel des Urteils um so mehr zu sehen, als das Gericht in der Standesstreitigkeit die notwendigen Beweiserhebungen zur Klärung der Ehelichkeit oder Nichtehelichkeit und damit der rassischen Zugehörigkeit des Beklagten insoweit von Amts wegen vorzunehmen hatte. Diesen Fehler des Urteils rügt auch die Revision, und sie ist dazu berechtigt, weil der Beklagte, dem an der Feststellung seiner Nichtehelichkeit und damit seiner Mischlingseigenschaft besonders liegt, durch die Unterlassung dieser Beweiserhebung beschwert ist (vergl. dazu das eingangs erwähnte Urteil des Senats IV 24/44).

Der bezeichnete Mangel des Urteils mußte zu seiner Aufhebung und zur Zurückverweisung der Sache an das Berufungsgericht führen.

---

38. Klage der Staatsanwaltschaft zur Feststellung, daß der Beklagte nicht „Volljude“, sondern „Mischling“ ist.

1. Dem Kinde, dem ebenfalls daran gelegen ist, seine Nichtehelichkeit festgestellt zu sehen, ist das Recht zuzuerkennen, trotz seiner formalen Stellung als beklagter Partei seine Belange dem Ziele der Klage gemäß wahrzunehemen.

2. Die Beschwer der einen oder anderen Partei ist danach zu beurteilen, ob die Entscheidung seinem Interesse am Ausgang des Rechtsstreits und seinem in dem Antrag zum Ausdruck gekommenen Begehren gerecht geworden ist oder nicht. Verneinendenfalls ist die Beschwer des Kindes für das Rechtsmittel auch dann als gegeben anzusehen, wenn die Klage abgewiesen ist und, äußerlich gesehen, das Kind als beklagte Partei obgesiegt hat.

3. Der Staatsanwaltschaft verbleibt als Hüter der öffentlichen Ordnung das Recht, die Klage zurückzunehmen. § 271 Abs. 1 ZPO gilt nicht.

BGB § 1595 a.

IV. Zivilsenat. Urt. vom 14. Juni 1944 (IV 24/1944).

I. Landgericht München I.
II. Oberlandesgericht München.

In Sachen

1. des *Staatsanwalts (Oberstaatsanwalts)* beim Landgericht München I, jetzt Oberreichsanwalts beim Reichsgericht, Klägers und Revisionsbeklagten,

2. des Kaufmanns H. F. in Hamburg, Streitgehilfen des Klägers, Revisionsklägers und Revisionsbeklagten, Prozeßbevollmächtigter des Streitgehilfen zu 2.): Rechtsanwalt Dr. Greuner in Leipzig,

gegen

die Witwe M. S. R. D. geb. F. in München, Beklagte, Revisionsbeklagte und Revisionsklägerin, Prozeßbevollmächtigter: Rechtsanwalt Dr. Schoffer in Leipzig, hat das Reichsgericht, IV. Zivilsenat, durch den Senatspräsidenten Dr. Jonas und die Reichsgerichtsräte Dr. Hofmann, Dr. Lippert, Schwegmann und Dr. Schrutka auf die mündliche Verhandlung vom 14. Juni 1944, an der als Vertreter des Oberreichsanwalts beim Reichsgericht der Reichsanwalt Dr. Schneidewin teilgenommen hat, für Recht erkannt:

Das Urteil des 4. Zivilsenats des Oberlandesgerichts in München vom 3. Dezember 1943 wird aufgehoben und die Sache zur weiteren Verhandlung und Entscheidung, auch über die Kosten der Revisionsinstanz, an das Berufungsgericht zurückverwiesen. – Von Rechts wegen

Tatbestand

Die Beklagte ist am 18. September 1884 von der Ehefrau R. F. geb. H. geboren worden. Die Mutter der Beklagten war seit dem Jahre 1870 mit dem Uhrmacher S. F. verheiratet. Dieser starb im Jahre 1887. Die Eheleute F. waren beide Juden.

Der Kläger hat mit der Behauptung, daß die Beklagte nicht von dem Ehemanne ihrer Mutter, sondern von dem deutschstämmigen Arzt Dr. H. erzeugt worden sei, Klage erhoben und beantragt, festzustellen, daß die Beklagte nicht eheliches Kind des S. F. sei.

Die Beklagte, die dieselbe Abstammung behauptet hat, hat im ersten Rechtszug beantragt, nach der Sachlage zu erkennen.

Das Landgericht hat die Klage abgewiesen, weil die gesetzliche Vermutung des § 1591 Abs. 2 Satz 1 BGB, wonach S. F. der Mutter der Beklagten innerhalb der Empfängniszeit beigewohnt habe, nicht widerlegt sei und eine Feststellung gemäß § 1591 Abs. 1 Satz 2 BGB, daß es den Umständen nach offenbar unmöglich sei, daß die Mutter die Beklagte von ihrem Ehemann empfangen habe, nicht getroffen werden könne.

Gegen dieses Urteil hat der Kläger keine Berufung eingelegt. Dagegen hat die Beklagte Berufung eingelegt und beantragt, das Urteil aufzuheben und nach dem Klageantrag zu erkennen.

Der Kläger hält die Berufung für unzulässig, weil die Beklagte durch das Urteil nicht beschwert sei; im übrigen erklärt er die Berufung auch für sachlich unbegründet. Im zweiten Rechtszuge ist zunächst der Ehemann der Beklagten, der Ingenieur O. D., als Streitgehilfe dem Kläger beigetreten. Nach dessen Tode ist der Kaufmann H. F., der Erbe des Ehemannes der Beklagten, dem Kläger als Streitgehilfe beigetreten und hat beantragt, unter Aufhebung des Urteils nach dem Klageantrage zu erkennen.

Das Berufungsgericht hat die Berufung als unzulässig verworfen.

Hiergegen richtet sich die Revision des Streitgehilfen und die der Beklagten. Der Streitgehilfe hat beantragt, unter Aufhebung des Berufungsurteils und des Urteils des Landgerichts nach dem Klageantrag zu erkennen, hilfsweise die Sache an das Berufungsgericht zurückzuverweisen. Die Beklagte hat beantragt, das Berufungsurteil aufzuheben und die Sache an das Berufungsgericht zurückzuverweisen. Gegenüber dem Antrag des Streitgehilfen hat sie keinen Antrag gestellt. Der Kläger hat beantragt, die Revisionen als unzulässig zu verwerfen.

Entscheidungsgründe

Der Beklagten war auf ihren Antrag die Wiedereinsetzung in den vorigen Stand gegen die Versäumung der Revisionsfrist zu gewähren, weil auf ihren rechtzeitig gestellten Antrag auf Beiordnung eines Rechtsanwalts für die Revisionsinstanz nach § 38 RAO erst am Tage des Ablaufs der Revisionsfrist entschieden worden ist und der bestellte Anwalt, der zuvor die Genehmigung der Parteikanzlei in München zur Vertretung der Beklagten als Jüdin einholen mußte, nicht mehr rechtzeitig die Revision einlegen konnte (§ 233 ZPO).

Die Revision des Streitgehilfen des Klägers wie diejenige der Beklagten richtet sich gegen die Verwerfung der Berufung der Beklagten als unzulässig. Der Streitgehilfe des Klägers und die Beklagte sind durch das angefochtene Urteil beschwert, weil es ihrem übereinstimmend gestellten Antrag, das die Klage abweisende Urteil des Landgerichts aufzuheben und festzustellen, daß die Beklagte nicht ein eheliches Kind des S. F. ist, nicht entsprochen, vielmehr die Berufung der Beklagten gegen dieses Urteil als unzulässig verworfen hat. Es wird hierzu auf die nachfolgenden, für die Revision entsprechend geltenden Ausführungen verwiesen. Beide Revisionen sind danach zulässig.

Für die sachliche Begründetheit der Revision des Streitgehilfen des Klägers wie für die der Beklagten kommt es darauf an, ob die Beklagte durch das die Klage abweisende Urteil des Landgerichts beschwert ist. Davon hängt die Zulässigkeit der Berufung der Beklagten ab. Dazu ist ergänzend zu bemerken, daß dem Antrag des Streitgehilfen des Klägers nicht etwa der Umstand entgegenstand, daß der Kläger selbst in der Berufungsinstanz beantragt hatte, die Berufung der Beklagten als unzulässig zu verwerfen. Da das in diesem Rechtsstreit zu erlassende Urteil über die Frage der Nichtehelichkeit der Beklagten für und gegen alle wirkt, ist die Stellung des Streitgehilfen diejenige eines streitgenössischen Streitgehilfen im Sinne des § 69 ZPO. Als solcher war er berechtigt, auch dem Kläger widersprechende Prozeßbehandlungen vorzunehmen und einen dem Antrag des Klägers entgegengesetzten Antrag zu stellen (u. a. RGZ Bd. 90 S. 43/44, Bd. 108 S. 132 [134]). Ihm stand daher auch das Recht zu, entgegen dem Antrag des Klägers, auf den Klageantrag zurückgreifend, Aufhebung des Urteils des Landgerichts und Feststellung der Nichtehelichkeit der Beklagten zu beantragen. Das war in der Berufungsinstanz auch nach § 532 ZPO in der Fassung der Vierten VereinfVO vom 12. Januar 1943 (RGBl. I S. 7) zulässig.

Das Berufungsgericht hat nun jene Beschwer der Beklagten verneint. Darin ist ihm jedoch nicht zu folgen. Für die nach § 1595 a BGB vom Staatsanwalt zu erhebende Anfechtungsklage hat der Gesetzgeber zwar, worauf das Berufungsgericht hinweist, – vorerst noch – den formellen Weg des Zweiparteienprozesses vorgesehen (amtliche Begründung zum Familienrechtsänderungsgesetz vom 12. April 1938, RGBl. I S. 380, zu Art. 2 § 7 in DJ 1938 S. 619/621). Aber auf diesen Rechtsstreit als Familienstandsprozeß können die Regeln, die für den allgemeinen bürgerlichen Rechtsstreit gelten, wegen seiner Eigenart nicht uneingeschränkt zur Anwendung kommen, welchem Umstand schon in Art. 2 § 7 Abs. 1 und 2 des Familienrechtsänderungsgesetzes durch Erweiterung des Amtsbetriebes und Ausschluß der Wirksamkeit von gewissen Prozeßhandlungen und materiell-rechtlichen Erklärungen der Partei Rechnung getragen ist. Bei der gegen das Kind gerichteten, auf Feststellung dessen Nichtehelichkeit gerichteten Klage geht es nicht um das Obsiegen oder Unterliegen der einen oder anderen Partei wie in sonstigen Prozessen, sondern um die Ermittlung des Familienstandes des Kindes. Das Interesse an dieser Feststellung kann bei dem die Klage erhebenden Staatsanwalt und dem beklagten Kind in derselben Richtung liegen, wie es in dem gegenwärtigen Rechtsstreit der Fall ist und bei Klagen der vorliegenden Art regelmäßig sein wird. Solchenfalls ist hinsichtlich der Beschwer des klagenden Staatsanwalts und des beklagten Kindes durch ein Urteil nicht in äußerlicher Betrachtungsweise zu fragen, ob die Klage durchgedrungen ist oder nicht; vielmehr ist die Beschwer der einen oder der anderen Partei, so auch des beklagten Kindes, danach zu beurteilen, ob die Entscheidung seinem Interesse am Ausgang des Rechtsstreits und seinem in dem Antrag zum Ausdruck gekommenen Begehren gerecht geworden ist oder nicht. Verneinendenfalls ist die Beschwer des Kindes für das Rechtsmittel auch dann als gegeben anzusehen, wenn die Klage abgewiesen ist und, äußerlich gesehen, das Kind als beklagte Partei obgesiegt hat.

Dieser Rechtsauffassung kann nicht das – im angefochtenen Urteil hervorgehobene – Bedenken entgegengehalten werden, dem Staatsanwalt allein sei – nach dem Ausfall des Ehemannes – das Recht gegeben, die Klage auf Feststellung der Nichtehelichkeit eines Kindes zu erheben; das Kind sei in der Parteirolle des Beklagten verblieben und müsse sich im Rechtsstreit mit dieser Stellung abfinden. Es gehe nicht an, dem beklagten Kinde im Falle der Abweisung der Klage durch Zuerkennung des Rechts zur Einlegung des Rechtsmittels mit dem Ziel einer Entscheidung nach dem Klageantrage auf Feststellung seiner Nichtehelichkeit für die Rechtsmittelinstanz gewissermaßen die Rolle des Klägers zuzubilligen und den Staatsanwalt zu zwingen, sich gegen dieses mit dem Rechtsmittel geltend gemachte Verlangen zu wehren oder sich einer weiteren Stellungnahme in dem Rechtsstreit zu enthalten. Es ist hier, worauf die Revision mit Recht hinweist, die materielle und verfahrensrechtliche Seite der Ehelichkeitsanfechtungsklage auseinander zu halten. Materiell ist der Staatsanwalt, nach dem Erlöschen des Anfechtungsrechts des Ehemannes, allerdings allein befugt, die Anfechtungsklage zu erheben. In seine Hand ist dabei nicht nur die Wahrnehmung der öffentlichen Belange an der Feststellung der Nichtehelichkeit des Kindes, sondern auch die der Belange des Kindes selbst und etwaiger Verwandter gelegt. Hat er aber die Klage erhoben, dann erwachsen dem Kinde als Prozeßpartei alle prozessualen Rechte in der Besonderheit, die dem Familienstandsverfahren der hier in Betracht kommenden Art eigen ist. Dem Kinde, dem ebenfalls daran gelegen ist, seine Nichtehelichkeit festgestellt zu sehen, ist das Recht zuzuerkennen, trotz seiner formalen Stellung als beklagter Partei seine Belange dem Ziele der Klage gemäß wahrzunehemen. Das entspricht durchaus dem Zweck der Anfechtungsklage, der Klärung der Abstammung des Kindes, während andererseits Prozeßhandlungen wie materiell-rechtliche Erklärungen, die mit diesem Ziele nicht vereinbar sind, abweichend von der allgemeinen für den Zivilprozeß geltenden Regel der Wirksamkeit entbehren (vergl. die amtliche Begründung zu Art. 2 § 7 Abs. 2 des Familienrechtsänderungsgesetzes). Entspricht das Urteil nicht dem erkennbaren Verlangen des Kindes, gelangt es nicht zu der von ihm erstrebten Feststellung seiner Nichtehelichkeit und weist es die Klage ab, so ist somit auch das Kind als durch das Urteil beschwert und zur Einlegung des Rechtsmittels mit dem Ziel der Entscheidung nach dem Klageantrag als befugt anzusehen. Die gegenteilige Auffassung würde äußerlich an dem Bilde des formalen Zweiparteienprozesses haften bleiben und dem Sinn und Zweck des Familienstandsverfahrens nicht gerecht werden. Übrigens ist das Kind durch das die Klage abweisende Urteil auch sachlich beschwert. Denn, während vorher nur die Vermutung seiner Ehelichkeit bestand, und die Möglichkeit der Feststellung seiner Nichtehelichkeit gegeben war, steht, wenn das Urteil bestehen bleibt, fest, daß es ein eheliches Kind ist und von einem Manne abstammt, von dem nicht abzustammen es aus den bezeichneten Gründen ein besonderes Interesse hat.

Wenn nun im Falle der Einlegung eines Rechtsmittels durch das Kind der Staatsanwalt als Berufungsbeklagter gewissermaßen von der Rolle des Klägers in die des Beklagten übertritt und sich jetzt in der Lage sieht, sich gegen die von dem Kinde begehrte Feststellung seiner Nichtehelichkeit zu wenden, so handelt es sich dabei um eine verfahrensrechtliche Besonderheit, die sich eben aus der Eigenart dieses Rechtsstreits als Familienstandsverfahrens ergibt. Dem Staatsanwalt als Hüter der öffentlichen Belange verbleibt dabei aber das Recht, die Klage zurückzunehmen, wenn er etwa mit Rücksicht auf diese Belange, bei Mitbeachtung der von ihm zugleich wahrzunehmenden Belange des Kindes, eine Fortsetzung des Rechtsstreits nicht für erwünscht erachtet. Diese Klagezurücknahme ist in ihrer Wirksamkeit auch nach stattgehabter mündlicher Verhandlung nicht von der Zustimmung des Beklagten Kindes abhängig. Die Vorschrift des § 271 Abs. 1 ZPO kann insoweit wegen der Besonderheit des Rechtsstreits und der bestimmenden Stellung des Staatsanwalts in ihm keine Anwendung finden.

Steht hiernach dem Kinde in dem gedachten Falle das Recht zu, gegen das die Klage abweisende Urteil ein Rechtsmittel einzulegen, – wie übrigens dem Staatsanwalt gegen das seiner Klage stattgebende Urteil, wenn er die Entscheidung nicht für richtig hält (vergl. das zum Abdruck bestimmte Urteil des Senats IV 22/44 von demselben Tage) –, so hat das angefochtene Urteil die Berufung der Beklagten zu Unrecht wegen Unzulässigkeit verworfen. Das Urteil war daher aufzuheben und die Sache zur weiteren Verhandlung und Entscheidung an das Berufungsgericht zurückzuverweisen, das nunmehr in eine Sachprüfung einzutreten hat.

---

39. Die Beendigung einer OHG ist nicht dem Tode einer natürlichen Person gleichzusetzen. Vielmehr tritt nun klar zutage, daß auch bei einer Klage der offenen Handelsgesellschaft die Gemeinschaft der Gesellschafter die eigentliche Partei ist. Bei Beendigung der offenen Handelsgesellschaft geht also der Rechtsstreit für und gegen die Gesellschafter als notwendige Streitgenossen weiter (RGZ Bd. 124, S. 150).

VII. Zivilsenat. Beschl. v. 14. Juni 1944 (VII 79/1944).

I. Landgericht Wien.
II. Oberlandgericht Wien.

In Sachen der prot. Firma Brüder *Perutz*, Wien I, Vorlaufstraße 4, richtig der Kaufleute Richard, Arthur, Felix und Leo Perutz, Kläger, Prozeßbevollmächtigter: Rechtsanwalt Dr. Viktor Werner in Wien,

gegen

die prot. Firma Friedrich *Graumann & Co.* in Traun bei Linz, Beklagte, Prozeßbevollmächtigter: Rechtsanwalt Dr. Heinricht Foglar-Deinhardstein in Wien, wegen Wiederaufnahme des Verfahrens 62 Cg 29/37 des Landgerichts Wien hat das Reichsgericht, VII. Zivilsenat, in der Sitzung vom 14. Juni 1944 durch den Senatspräsidenten Dr. Zellner und die Reichsgerichtsräte Burmeister, Seibertz, Dr. Tenschert und Dr. Boppert auf den Rekurs der Kläger gegen den Beschluß des Oberlandesgerichts *Wien* vom 22. März 1944 – 1 R 70/44-16 –, durch den aus Anlaß der Berufung der Kläger das Urteil des Landgerichts Wien vom 20. Dezember 1943 – 32 Cg 188/42-10 – und das vorangegangene Verfahren als nichtig aufgehoben und die Klage zurückgewiesen wurde, beschlossen:

Dem Rekurs wird Folge gegeben. Der angefochtene Beschluß wird aufgehoben und die Sache zur Verhandlung und Entscheidung, auch über die Kosten der Revisionsinstanz, an das Berufungsgericht zurückverwiesen.

Gründe

Die prot. Firma Brüder Perutz, eine offene Handelsgesellschaft, hatte zu 62 Cg 29/37 des Landgerichts Wien gegen die Beklagte auf Zahlung von 80.000 RM geklagt und war damit abgewiesen worden. Am 18. Dezember 1942 brachte ihr Prozeßbevollmächtigter für sie eine Wiederaufnahmeklage ein, obwohl die offene Handelsgesellschaft auf Antrag der vier Gesellschafter Richard, Arthur, Felix und Leo Perutz infolge Gewerberücklegung mit Beschluß vom 26. Juli 1939 im Handelsregister gelöscht worden war. Die Klage wurde abgewiesen. Anläßlich der Berufung hob das Oberlandesgericht das erstrichterliche Urteil und das vorangegangene Verfahren als nichtig auf und wies die Klage zurück, weil sie von einem nicht mehr bestehenden Rechtssubjekt erhoben worden sei.

Der hiergegen erhobene Rekurs ist nach § 9 ÜberlVO, § 519 Nr. 2 ZPO zulässig, er ist auch begründet.

Das Oberlandesgericht weist mit Recht darauf hin, daß die Beendigung einer offenen Handelsgesellschaft nicht dem Tode einer natürlichen Person gleichzusetzen ist. Vielmehr tritt nun klar zutage, daß auch bei einer Klage der offenen Handelsgesellschaft die Gemeinschaft der Gesellschafter die eigentliche Partei ist. Bei Beendigung der offenen Handelsgesellschaft geht also der Rechtsstreit für und gegen die Gesellschafter als notwendige Streitgenossen weiter (RGZ Bd. 124 S. 150). Auf die entsprechende Berichtigung der Parteibezeichnung hat das Gericht in jedem Stadium des Verfahrens hinzuwirken, auch die Richtigstellung von sich aus vorzunehmen, wenn die Grundlagen dafür unstreitig sind.

Nun ist allerdings im vorliegenden Falle die Wiederaufnahmeklage erhoben worden, nachdem die Löschung der offenen Handelsgesellschaft im Handelsregister bereits erfolgt war. Sie hätte also richtig im Namen der bei der Auflösung vorhandenen Gesellschafter erhoben werden sollen. Diese falsche Bezeichnung der klagenden Partei konnte und mußte aber richtiggestellt werden. Die Vollmacht des Klageanwalts erstreckt sich nach § 31 Abs. 3 Nr. 1 ZPO auch auf die Wiederaufnahmeklage und ersetzt bei dem engen Zusammenhang, der zwischen dieser und dem vorausgegangenen Rechtsstreit besteht, eine besondere Vollmacht seitens der einzelnen Gesellschafter.

Das Berufungsgericht hätte deshalb die Bezeichnung der klagenden Partei – wie dies jetzt das Reichsgericht getan hat – richtig stellen und dann sachlich über die Berufung entscheiden sollen. Der angefochtene Beschluß ist deshalb aufzuheben und die Sache zur Verhandlung und Entscheidung an das Berufungsgericht zurückzuverweisen.

---

40. Die Folgen des Fehlers, daß der Verkauf eines Grundstücks von einer geschäftsunfähigen Person erklärt wurde, können nicht dadurch ausgeschaltet werden, daß dem Erben der geschäftsunfähigen Person, der die Vorverhandlungen zu dem nichtigen Vertrage geführt gehabt hatte, die Einrede der Arglist oder der unzulässigen Rechtsausübung entgegengehalten wird, weil er sich früher mit dem Vertragsinhalt einverstanden erklärt hatte, ohne selbst zu verkaufen.

In dem Falle kann aber der Erbe, der bei den Vorverhandlungen als Vertreter seines Erblassers, des Verkäufers, aufgetreten war, möglicherweise aus unerlaubter Handlung oder aus Vertretergewähr (§ 179 BGB) auf Vertragserfüllung in Anspruch genommen werden, wenn er die Vorverhandlungen geführt und er sich am Vertragsschluß beteiligt hatte trotz Kenntnis von der Geschäftsunfähigkeit des Verkäufers.

BGB §§ 105, 179, 313, 242, 823 ff.

III. Zivilsenat. Urt. v. 15. Juni 1944 (III 24/1944).

I. Landgericht München.
II. Oberlandgericht München.

In Sachen des Graphikers Albert *Scheuer*, München, Karlstr. 17/IV, Klägers und Revisionsklägers, Prozeßbevollmächtigter: Rechtsanwalt Dr. Drost in Leipzig,

gegen

das *Großdeutsche Reich*, Reichsfinanzverwaltung, gesetzlich vertreten durch den Oberfinanzpräsidenten in München, Beklagten und Revisionsbeklagten, Prozeßbevollmächtigter: Rechtsanwalt Dr. Fuchslocher in Leipzig, hat das Reichsgericht, III. Zivilsenat auf die mündliche Verhandlung vom 15. Juni 1944 durch den Senatspräsidenten Blumberger und die Reichsgerichtsräte Dr. Epping, Dr. Lersch, Besta, Bechmann für Recht erkannt:

Das Urteil des 1. Zivilsenats des Oberlandesgerichts in München vom 8. Februar 1944 wird aufgehoben. Die Sache wird zu anderweiter Verhandlung und Entscheidung, auch über die Kosten der Revisionsinstanz, an das Berufungsgericht zurückverwiesen. – Von Rechts wegen

Tatbestand

Durch notariellen Vertrag vom 24. Oktober 1941 verkaufte der Vater des Klägers, der damals 84jähige Andreas Scheuer, sein in München, Karlstraße 17, gelegenes Hausgrundstück für den Preis von 85.000 RM an den Beklagten. Die Preisprüfstelle erklärte, keine Erinnerung gegen den Kaufpreis erheben zu wollen. Das Grundstück wurde dem Käufer am 1. November 1941 übergeben. Am 29. Dezember 1942 wurde er im Grundbuch als Eigentümer eingetragen. Schon vor Vertragsschluß, am 12. November 1940, hat der Vater des Klägers in notarieller Urkunde erklärt, diesem einen Hälfteanteil des Grundstücks überlassen zu wollen, was jedoch noch nicht im Grundbuch vollzogen worden war. Mit Rücksicht hierauf erklärte der Kläger im Vertrage vom 24. Oktober 1941, daß er mit dem Verkauf an den Beklagten einverstanden sei. Nach dem am 28. Oktober 1942 erfolgten Tode des Verkäufers wurde der Kläger dessen Alleinerbe.

Der Kläger begehrt Rückgabe des Grundstücks, ferner Berichtigung des Grundbuchs dahin, daß er als Eigentümer eingetragen werde, und Rechnungslegung über Einnahmen und Ausgaben aus dem Grundstück seit dem 1. November 1941. Er erbietet sich dagegen zur Rückzahlung von 68.000 RM. Dies Begehren stützt er darauf, daß sein Vater sich bei Vertragsschluß in einem dauernden, die freie Willensbestimmung ausschließenden Zustande krankhafter Störung der Geistestätigkeit befunden habe.

Der Beklagte bestreitet diese Behauptung. Außerdem macht er geltend: Der Kläger selbst habe den Vater zum Abschluß des Vertrags bestimmt und auch dabei mitgewirkt. Da verstoße es gegen Treu und Glauben, wenn er jetzt nicht daran festhalten wolle.

Dieser Meinung tritt der Kläger entgegen.

Nachdem der Kläger in zwei Rechtszügen unterlegen ist, hat er Revision mit dem Ziel seines Klagbegehrens eingelegt. Der Beklagte beantragt Zurückweisung der Revision.

Entscheidungsgründe

Das Berufungsgericht unterstellt zugunsten des Klägers, daß die von seinem Vater im Vertrage vom 24. Oktober 1941 abgegebenen Verkaufs- und Auflassungserklärungen wegen Geschäftsunfähigkeit des Verkäufers nichtig seien. Trotzdem hält es den Kläger an den Verkauf und die Eigentumsübertragung für gebunden, weil er die Vorverhandlungen mit dem Beklagten für seinen erblindeten Vater geführt und er sich im Vertrage selbst ausdrücklich mit dem Verkauf einverstanden erklärt habe. Zwar sei nicht erwiesen, daß der Kläger sich der angeblichen Geisteskrankheit des Vaters bewußt gewesen sei und daß er sie dem Beklagten in der Absicht verschwiegen hätte, daraus später die Nichtigkeit des Verkaufs herzuleiten; aber seine gegenwärtige Lossagung vom Vertrage sei arglistig, nachdem er früher den Abschluß herbeigeführt und durch seine Mitwirkung ermöglicht gehabt habe.

Für die Nachprüfung in der Revisionsinstanz muß gleichfalls unterstellt werden, daß der Vater des Klägers bei Abschluß des Kaufvertrags geschäftsunfähig gewesen, daß daher der Vertrag nichtig sei (§§ 104, 105 BGB). Dann fehlt es an jeglicher Vertragsbindung zum Verkauf. Der Vater war wegen seiner Geschäftsunfähigkeit nicht gebunden. Der Kläger ist auch nicht etwa durch seine im Vertrage abgegebene Erklärung, daß er mit dem Verkauf einverstanden sei, verpflichtet. Denn einmal bezieht sie sich nur auf eine Eigentumshälfte auf deren Übertragung der Kläger damals einen schuldrechtlichen Anspruch hatte. Weiter hat sie Sinn und Bedeutung nur im Zusammenhang mit einem rechtsgültigen Verkauf seitens des Vaters. Und schließlich läßt sich diese Zustimmungserklärung auch nicht etwa im Wege der Konversion (§ 140 BGB) in einen Verkauf seitens des Klägers umdeuten; denn dessen Erfordernisse sind darin nirgends enthalten. Im übrigen steht der Kläger als Erbe des Vaters nicht anders da, als es dieser selbst tun würde, wenn er noch lebte.

Dies Fehlen einer Vertragsbindung kann nun nicht dadurch ersetzt werden, daß der Kläger mit Rücksicht auf sein früheres Verhalten nach den Vorschriften über Treu und Glauben (§ 242 BGB) für verpflichtet erklärt wird, dem Beklagten den Grundbesitz zu belassen; also dadurch, daß seinem an sich begründeten Rückgabeverlangen gegenüber dem Beklagten die sogenannte Einrede der Arglist oder der unzulässigen Rechtsausübung zugebilligt wird. Darin würde eine rechtsirrige Anwendung des § 242 BGB im Widerspruch zu § 313 BGB liegen. Das Gesetz stellt aus wohlerwogenen Gründen das Erfordernis auf, daß zur Kaufbindung bei Grundstücken ein *formgerechter Vertrag* gehört. Zwar hat die Rechtsprechung von dem Erfordernis der Form in ganz besonderen Ausnahmefällen abgesehen (vgl. RGZ Bd. 153 S. 59; Bd. 157 S. 207; Bd. 169 S. 65 [73]; Bd. 170 S. 203); sie hat aber, soweit ersichtlich, noch niemals das Erfordernis einer sonst gültigen, von einer geschäftsfähigen Person abgegebenen Verkaufserklärung fallen lassen. Es würde eine viel zu weite, uferlose Anwendung der Vorschriften über Treu und Glauben bedeuten wenn man derartiges zulassen wollte. Im Einzelfalle kann der Zwang, ein Grundstück zu überlassen, zwar nicht auf einem gültigen Vertrage, aber doch auf unerlaubter Handlung, so insbesondere § 826 BGB beruhen. Dann müssen aber die Begriffsmerkmale einer solchen festgestellt werden.

Allerdings setzt sich der Kläger mit seinem früheren Verhalten, nämlich der Vorbereitung des Vertrags und seiner Zustimmungserklärung in Widerspruch, wenn er jetzt die Rückgabe des Grundstücks begehrt. Aber ihm steht dabei – im Falle der Nichtigkeit des Vertrags aus §§ 104, 105 BGB – das Gesetz zur Seite und die Berufung auf solche gesetzlich begründete Sachlage ist nicht arglistig. Hiernach kann der Beklagte nach dem Sachverhalt wie er bisher zutage getreten ist, das Klagbegehren nicht mit dem Einwand unzulässiger Rechtsausübung ausräumen.

Dann aber kommt es zunächst darauf an, ob der Vater des Klägers zur Zeit des Vertragsschlusses geschäftsunfähig war. Sollte das der Fall gewesen sein, so bleibt zu prüfen, ob etwa dem Kläger die Möglichkeit dieses bewußt gewesen und er das dem Beklagten in der Absicht verschwiegen hat, daraus später nach Belieben die Nichtigkeit des Verkaufs herzuleiten, und ob dieser Tatbestand als unerlaubte Handlung anzusehen ist, auf Grund deren der Kläger dem Beklagten das Grundstück belassen muß.

Im Falle der Vertragsnichtigkeit kann auch der dem § 179 BGB zugrundeliegende Rechtsgedanke beachtlich sein, daß derjenige der im geschäftlichen Leben als Vertreter eines anderen auftritt in seinem Verhandlungsgegner das Vertrauen in das Bestehen einer Vertretungsmacht erweckt (vergl. RGZ Bd. 106 S. 68 [73]) und daß sich daraus eine Haftung des angeblichen Vertreters dem Dritten gegenüber für die diesem ungünstigen Folgen eines Mangels in der Vertretungsbefugnis ergeben kann. Hier ist der Kläger bei den Vorverhandlungen als Vertreter seines Vaters aufgetreten unter dem Versprechen, selbst diesen zu unterrichten und seine Zustimmung einzuholen; er war zugegen, als die Verkaufserklärung des Vaters beurkundet wurde und ließ dabei sein eigenes Einverständnis mit dem Verkauf durch den Vater aufnehmen. Sollte der Vater damals geschäftsunfähig gewesen sein und sollte der Kläger gewußt haben, daß der Vater keine rechtswirksamen Erklärungen abgeben konnte oder zum mindesten mit einem solchen Umstande als möglich gerechnet und ihn für den Fall des Vorhandenseins in seinen Willen aufgenommen haben (dolus eventualis), und hätte der Kläger trotzdem seinen Vater zur Abgabe seiner Erklärung veranlaßt und selbst sich an dieser Verhandlung unter Unterdrückung seiner Bedenken gegenüber dem Beklagten beteiligt, so könnte sich daraus eine Haftung des Klägers auf Vertragserfüllung ergeben als Folge einer Gewährpflicht, die aus seinem Handeln als Vertreter des Vaters bei den Vorverhandlungen und seinem Schweigen bei dem durch ihn herbeigeführten Auftreten des Vaters als Verkäufer zu folgern wäre, dies selbst dann, wenn er damals für die Erfüllung des Vertrags zu sorgen willens gewesen sein und sich zu deren Herbeiführung für imstande gehalten und deshalb insofern nicht an eine Schädigung des Beklagten gedacht haben sollte.

Das Berufungsgericht muß zunächst den wirklichen Sachverhalt klarstellen und ihn dann unter Beachtung der eben entwickelten rechtlichen Gesichtspunkte prüfen.

41. 1. Hat der Prüfer seine Tätigkeit als abgeschlossen bezeichnet, ihr Ergebnis in einem von ihm unterzeichneten, sich auf die Erfordernisse des § 139 Abs. 1 Satz 2 AktG beschränkenden Bericht niedergelegt und Vorstand und Aufsichtsrat ermächtigt, den Jahresabschluß mit einem uneingeschränkten Bestätigungsvermerk nach § 140 AktG zu versehen, so ist ein daraufhin festgestellter Jahresabschluß auch dann gültig, wenn der Prüfer noch die spätere Einreichung eines eingehenden, die Einzelheiten der Prüfung wiedergebenden Berichts in Aussicht gestellt hat und einen solchen weiteren Bericht in der Tat hat folgen lassen.

2. a) § 112 AktG gibt dem Aktionär einen klagbaren Anspruch auf Auskunftserteilung.

b) Über die Voraussetzungen, unter denen der Vorstand die Auskunft nach § 112 Abs. 3 AktG verweigern darf.

AktG §§ 112, 135, 139, 140.

II. Zivilsenat. Urt. v. 16. Juni 1944 (II 142/1943).

I. Landgericht Mannheim.
II. Oberlandesgericht Karlsruhe.

In Sachen
1. des Lorenz *Hahn* in Essen a.d. Ruhr, Brahmsstraße 8,
2. des Karl *Hahn*, ebenda,
3. des Heinrich *Wolf* in Köln-Sülz, Luxemburger Straße 202, Kläger und Revisionskläger, Prozeßbevollmächtigter: Rechtsanwalt Justizrat Geutebrück in Leipzig,

gegen

die Aktiengesellschaft *Deutsche Steinzeugwarenfabrik* für Kanalisation und chemische Industrie in Mannheim-Friedrichsfeld, vertreten durch ihren Vorstand Chlodwig *Kammerscheid* und den Aufsichtsrat, bestehend aus
1. Dr. Gottfried *Cremer* in Frechen bei Köln, Vorsitzender,
2. Dr. Josef *Heimann* in Köln, stellvertr. Vorsitzender,
3. Felix *Bonte* in Darmstadt,
4. Maria *Breuer* in Köln,
5. Dr. Matthias *Cremer* in Heilbronn,
6. Heinrich *Hendrickx* in Frechen bei Köln,
7. Josef *Hendrickx* in Köln,
8. Heinrich *Willach* in Krauschwitz O.-L.

Beklagte und Revisionsbeklagte, Prozeßbevollmächtigter: Rechtsanwalt Dr. Petersen in Leipzig, hat das Reichsgericht, II. Zivilsenat, auf die mündliche

Verhandlung vom 9. Juni 1944 durch den Vizepräsidenten beim Reichsgericht Kolb und die Reichsgerichtsräte Frings, Dr. Neumerkel, Schuster und Dr. Köllensperger für Recht erkannt:

Die Revision der Kläger gegen das Urteil des 3. Zivilsenats des Oberlandesgerichts zu Karlsruhe vom 11. November 1943 wird zurückgewiesen.

Auf die Revision der Beklagten wird das genannte Urteil im Kostenpunkt und insoweit aufgehoben, als es zum Nachteil der Beklagten erkannt hat. Die Berufung der Kläger gegen das Urteil des Landgerichts Mannheim vom 10. Februar 1943 wird in vollem Umfange zurückgewiesen.

Die Kläger haben die Kosten des Rechtsstreits zu tragen. – Von Rechts wegen

Tatbestand

Die Kläger sind Aktionäre der Beklagten und besitzen von deren Grundkapital im Betrage von 8 Mill. RM zusammen rund 18 v. H.; der Erstkläger war viele Jahre lang Mitglied und stellvertretender Vorsitzender des Aufsichtsrats. Die Beklagte ist an der Deutschen Ton- und Steinzeugwerke AG in Krauschwitz (Oberlausitz) – kurz DTS – beteiligt und besitzt von deren Grundkapital 50 v. H., während sich weitere 7 v. H. in den Händen der Kläger befinden. Zwischen der Beklagten und der DTS besteht ein Interessengemeinschaftsvertrag vom 4./7. Juni 1936.

Die Süddeutsche Revisions- und Treuhandgesellschaft in Mannheim, die mit der Prüfung des Jahresabschlusses der Beklagten für das Geschäftsjahr 1941 beauftragt war, erstattete am 12. Juni 1942 einen vorläufigen, zusammenfassenden Bericht über das Prüfungsergebnis. Darin teilte sie mit, daß die Prüfung, die sie gemäß § 135 AktG durchgeführt habe, in ihrem abschließenden Ergebnis zu keinen Beanstandungen im Sinne des § 140 AktG geführt habe; der ihr vorgelegte Jahresabschluß sei ordnungsmäßig und materiell sachgemäß aufgestellt und entspreche in allen Teilen den gesetzlichen Vorschriften; ebenso sei die dem Jahresabschluß zugrunde liegende Buchführung ordnungsgemäß und den gesetzlichen Erfordernissen entsprechend; der Geschäftsbericht enthalte die gesetzlich notwendigen Angaben und gebe auch im übrigen zu Einwendungen keinen Anlaß; alle zur Durchführung der Prüfung erbetenen Auskünfte und Nachweise seien vom Vorstand oder den beauftragten Sachbearbeitern bereitwillig geliefert worden. Auf Grund dieses Gesamtbefunds habe sie, so heißt es in dem Bericht weiter, die Gesellschaft ermächtigt, den Jahresabschluß einschließlich Geschäftsbericht mit einem uneingeschränkten Bestätigungsvermerk gemäß § 140 AktG und § 25 der Ersten Verordnung zur Durchführung der Dividendenabgabeverordnung vom 18. August 1941 (RGBl. I S. 493) zu versehen. Einen eingehenden Bericht, in dem zur Unterrichtung der Verwaltung die Einzelheiten der Prüfung niedergelegt würden, werde sie nach Fertigstellung, die infolge der Kriegsverhältnisse erst später möglich sei, noch folgen lassen. Dieser abschließende Bericht ging bei der Beklagten am 4. September 1942 ein.

Am 16. Juni 1942 fand eine Sitzung des Aufsichtsrats der Beklagten statt, an welcher der Erstkläger teilnahm. In der darüber aufgenommenen Niederschrift ist zu Punkt 2 der Tagesordnung – Vorlage des Jahresabschlusses und des Geschäftsberichts des Vorstands für das Geschäftsjahr 1941 und Billigung und Feststellung durch den Aufsichtsrat – vermerkt: Der Vorsitzer erläuterte die Bilanz und Gewinn- und Verlust-Rechnung Posten für Posten. Der Vorstand ergänzte die Erläuterungen. Der Aufsichtsrat nahm von dem Ergebnis der IG-Abrechnung für das Jahr 1941 Kenntnis … Der Jahresabschluß 1941 wurde dann vom Aufsichtsrat gebilligt und hiermit festgestellt. Es wurde beschlossen, der ordentlichen Hauptversammlung die Ausschüttung einer Dividende von 6 v. H. vorzuschlagen.

In der Hauptversammlung vom 27. Juli 1942, an der auch die Kläger teilnahmen, wurde zu Punkt 2 und 3 der Tagesordnung die Verteilung einer Dividende von 6 v. H. beschlossen und dem Vorstand und dem Aufsichtsrat Entlastung erteilt. Die Kläger hatten gegen diese Beschlüsse gestimmt und erklärten zur notarischen Niederschrift Widerspruch mit der Begründung, der Jahresabschluß sei nichtig und Vorstand und Aufsichtsrat hätten pflichtwidrig gehandelt. Zu Punkt 1 der Tagesordnung – Vorlage des Jahresabschlusses sowie des Geschäftsberichts des Vorstands mit Bericht des Aufsichtsrats für das Geschäftsjahr 1941 – stellte Rechtsanwalt Dr. von Braunbehrens, der nach dem Teilnehmerverzeichnis mit 7.000 RM eigenen Aktien auftrat, drei Fragen des aus den nachfolgenden Klageanträgen 2a–c ersichtlichen Inhalts; ihre Beantwortung wurde vom Vorsitzer der Hauptversammlung und vom Vorstand abgelehnt.

Mit ihrer am 24. August 1942 erhobenen Klage beantragen die Kläger,

1. festzustellen, daß der vom Vorstand mit Billigung des Aufsichtsrats festgestellte Jahresabschluß für das 52. Geschäftsjahr 1941, der in der Hauptversammlung der Beklagten vom 27. Juli 1942 vorgelegt wurde, gemäß § 135 Abs. 1, §§ 139, 201, 202 AktG nichtig ist,

ferner festzustellen, daß die Beschlüsse der gleichen Hauptversammlung über die Gewinnverteilung und über die Entlastung des Vorstands und des Aufsichtsrats nichtig sind, hilfsweise diese letztgenannten Beschlüsse für nichtig zu erklären;

2. die Beklagte zu verurteilen, durch ihren Vorstand in der Hauptversammlung Auskunft zu erteilen,

a) wie hoch das Geschäftsergebnis der Gesellschaft vor Abrechnung in der Interessengemeinschaft zwischen der Beklagten und der DTS war und welche Beträge die Beklagte bei der Abrechnung mit der DTS erhalten oder an sie abgeführt hat;

b) wie sich die Forderungen an ihre Konzern-Unternehmungen gemäß Ziffer II 8 der Aktivseite der Bilanz der Beklagten zum 31. Dezember 1941 zusammensetzen;

c) wieviel von den ausweispflichtigen Steuern nach Ziff. 4 der Aufwendungen in der Gewinn- und Verlustrechnung der Beklagten für das Geschäftsjahr 1941 auf die Körperschaftssteuer trifft.

Zur Begründung haben die Kläger vorgetragen:

Zu 1) Die Feststellung des Jahresbeschlusses durch Vorstand und Aufsichtsrat in der Sitzung vom 16. Juni 1942 sei nach § 135 AktG nichtig, weil kein ordnungsmäßiger Prüfungsbericht vorgelegen habe. Der vorläufige Bericht vom 12. Juni 1942 habe nicht als solcher angesehen werden können. Da der Aufsichtsrat überdies keine Kenntnis von diesem Bericht gehabt habe und ihn nicht habe einsehen können, ergebe sich die Nichtigkeit auch aus §§ 139, 202 AktG. Die Nichtigkeit des Jahresabschlusses habe ohne weiteres auch die Nichtigkeit der von ihm abhängigen Beschlüsse über die Gewinnverteilung und die Entlastung zur Folge. Fürsorglich würden diese Beschlüsse angefochten; die Hauptversammlung wäre möglicherweise zu anderen Entschließungen gelangt, wenn ein ordnungsmäßiger Jahresabschluß vorgelegen hätte und die in der Hauptversammlung gestellten Fragen beantwortet worden wären.

Zu 2) Die mit den beiden ersten Fragen verlangte Auskunft über Punkte, deren Klärung für die Aktionäre besonders wichtig gewesen sei, habe nicht mit dem Hinweis auf § 11 Abs. 6 des Interessengemeinschaftsvertrags mit der DTS verweigert werden können. Für die Nichtbeantwortung der dritten Frage, die für die Aktionäre ebenso bedeutungsvoll gewesen sei, sei überhaupt kein Grund angegeben worden.

Die Beklagte hat um Klageabweisung gebeten und entgegnet:

Zu 1) Der Prüfungsbericht vom 12. Juni 1942 habe den gesetzlichen Erfordernissen entsprochen; er habe dem Aufsichtsrat in der Sitzung vom 16. Juni 1942 vorgelegen. Dieser sei außerdem in der Sitzung durch Vorlagen des Vorstands eingehend über alles Wissenswerte unterrichtet worden. Der abschießende Bericht habe im wesentlichen nur noch den Zweck gehabt, dem Vorstand Richtlinien für die Geschäftsführung des laufenden Jahres an die Hand zu geben.

Zu 2) Die Kläger seien nicht sachbefugt. Die Auskunft auf die Fragen sei gemäß § 112 Abs. 3 AktG nach pflichtmäßigem Ermessen des Vorstands verweigert worden, weil überwiegende Belange der Beklagten und der DTS dies gefordert hätten. Durch eine Beantwortung der beiden ersten Fragen habe sich auch kein richtiges Bild von der Lage der einzelnen Gesellschaft gewinnen lassen, weil beide Unternehmungen durch den Interessengemeinschaftsvertrag aufs engste miteinander verflochten seien. Die Frage nach der Höhe der Körperschaftssteuer habe auf eine Offenbarung der Steuerbilanz abgezielt und damit in das dem Vorstand vorbehaltene Aufgabengebiet eingegriffen.

Das Landgericht hat den Feststellungsansprüchen des Klageantrags 1 stattgegeben, im übrigen die Klage abgewiesen. Hiergegen haben beide Parteien Berufung eingelegt. Im Berufungsverfahren haben die Kläger erklärt, daß sich ihr fürsorglich erhobenes Anfechtungsbegehren zu 1) nur auf die Beschlüsse über die Entlastung des Vorstands und des Aufsichtsrats beziehe. Die Beklagte hat erklärt, daß sie die Sachbefugnis der Kläger für ihr Auskunftsverlangen nicht mehr bestreite. Das Berufungsgericht hat die Nichtigkeits- und Anfechtungsklagen abgewiesen und die Beklagte zu der mit dem Klageantrag 2 begehrten Auskunftserteilung verurteilt.

Gegen das Berufungsurteil wenden sich die Revisionen beider Parteien. Jede beantragt, das angefochtene Urteil aufzuheben, soweit es zu ihrem Nachteil ergangen ist, und vollständig nach ihren Berufungsanträgen zu erkennen. Die Kläger beantragen außerdem zum Klageantrag 2.) hilfsweise, die Beklagte zur Erteilung der verlangten Auskünfte nach Wahl der Beklagten an die Kläger zu Händen des Rechtsanwalts Dr. von Braunbehrens in Berlin oder an jeden der Kläger persönlich zu verurteilen. Jede Partei hat um Zurückweisung des gegnerischen Rechtsmittels gebeten.

Entscheidungsgründe

1. *Zur Revision der Kläger*, soweit sie sich gegen die Abweisung der Klage auf Feststellung der *Nichtigkeit* des Jahresabschlusses für das Geschäftsjahr 1941 sowie der Beschlüsse über die Gewinnverteilung und über die Entlastung des Vorstands und es Aufsichtsrats richtet.

Der Jahresabschluß der Beklagten für das Geschäftsjahr 1941 unterlag, wie das Berufungsgericht zutreffend feststellt, der Pflichtprüfung nach §§ 135 flg. AktG, da die Außerkraftsetzung dieser Vorschriften, die in § 5 der Verordnung über Maßnahmen auf dem Gebiete des Rechts der Handelsgesellschaften u. s. w. vom 4. September 1939 (RGBl. I S. 1694) angeordnet worden war, durch § 1 der Zweiten Verordnung über weitere Maßnahmen auf dem Gebiete des Handelsrechts während des Krieges vom 7. Januar 1941 (RGBl. I S. 23) für Jahresabschlüsse von Geschäftsjahren, die am 31. Dezember 1940 oder später endigen, aufgehoben wurde; auch die Fünfte Verordnung über weitere Maßnahmen auf dem Gebiete des Handelsrechts während des Krieges vom 24. Februar 1943 (RGBl. I S. 117) läßt das Erfordernis einer Pflichtprüfung des Jahresabschlusses für das hier in Betracht kommende Geschäftsjahr 1941 bestehen.

Während die Kläger die von ihnen behauptete Nichtigkeit des Jahresabschlusses unter Berufung auf § 135 Abs. 1 Satz 2, § 202 AktG damit begründen, daß der Abschluß dem Aufsichtsrat vorgelegt und von ihm in der Sitzung vom 16. Juni 1942 gebilligt worden sei, ohne daß zuvor eine ordnungsmäßige Prüfung stattgefunden habe, hält das Berufungsgericht die Voraussetzungen jener Vorschriften nicht für gegeben. Seinen Ausführungen ist, wenigstens im Ergebnis, beizutreten.

Soweit § 135 AktG bestimmt, daß der Jahresabschluß nicht festgestellt werden könne, wenn keine Prüfung stattgefunden habe, und daß ein trotzdem festgestellter Jahresabschluß nichtig sei, enthält sich das Gesetz einer näheren Angabe darüber, was unter einem „Nichtstattfinden" der Prüfung zu verstehen sei. Unterliegt keinem Zweifel, daß hierunter das gänzliche Absehen von einer solchen fällt, so fragt sich, ob auch schon eine Verletzung der in den §§ 135 bis 141 AktG enthaltenen Vorschriften über Art, Inhalt und Durchführung der Prüfung genügt, um die Folge der Nichtigkeit des Jahresabschlusses zu begründen, und ob, wenn dies der Fall wäre, jeder Verstoß gegen jene Bestimmungen hierzu ausreicht. Vom „Stattfinden" einer Prüfung im Sinne des Gesetzes kann nur gesprochen werden, wenn diese unter den Voraussetzungen vor sich geht, in denen das Gesetz die Verwirklichung der von ihm erstrebten Ziele gewährleistet sieht. Während die durch die Aktienrechtsnovelle von 1931 eingeführte Pflichtprüfung in erster Reihe den Belangen der Gesellschaft und der Aktionäre diente, also im wesentlichen nur eine innere Angelegenheit der Gesellschaft darstellte, von deren Durchführung im Einverständnis der Gesellschaftsorgane und der Aktionäre abgesehen werden konnte und deren Verabsäumung gegebenenfalls nur eine Anfechtung des ohne Prüfung festgestellten Jahresabschlusses begründete, hat das Aktiengesetz die Interessen der Gläubiger und der Allgemeinheit in den Vordergrund gerückt und unter dem Gesichtspunkt gebotener Erhaltung wertvollen Volksvermögens und einwandfreier Geschäftsgebarung der Unternehmungen, in denen solches in großem Umfange verkörpert ist, die Pflichtprüfung insofern zu einer zwingenden Einrichtung ausgestaltet, als es einen ohne vorherige Prüfung festgestellten Jahresabschluß schlechthin für nichtig erklärt. Die darin liegende Erweiterung der rechtlichen Bedeutung der Pflichtprüfung rechtfertigt es indessen noch nicht, jeden Verstoß gegen die gesetzlichen Vorschriften über die Prüfung als Nichtigkeitsgrund anzusehen. Es können immer nur Verstöße gegen grundlegende, die zwingende, öffentlich-rechtliche Bedeutung der Pflichtprüfung berührende Bestimmungen sein, welche die schwerwiegende Folge der Nichtigkeit nach sich ziehen. Darunter mag beispielsweise eine Verletzung der Vorschriften fallen, die dafür sorgen wollen, daß die Pflichtprüfung nur von unparteiischen Prüfern vorgenommen wird, welche die dazu erforderliche, öffentlich anerkannte Eignung besitzen. Von einer Prüfung im Sinne des Gesetzes wird ebensowenig gesprochen werden können, wenn eine solche zwar von den Prüfern ausgeführt worden ist, diese es aber unterlassen haben, das Ergebnis ihrer Tätigkeit dem Vorstand und dem Aufsichtsrat überhaupt oder in einer Weise zur Kenntnis zu bringen, daß deren Entschließung noch als unter dem Einfluß der geschehenen Prüfung getroffen angesehen werden können. Wenn das Gesetz in § 139 bestimmt, daß der Abschlußprüfer über das Ergebnis der Prüfung schriftlich zu berichten und den Bericht dem Vorstand und dem Aufsichtsrat vorzulegen habe, so bringt es damit zum Ausdruck, daß nur so dem Zwecke der Prüfung, der gesteigerten Machtbefugnis des Vorstands eine erhöhte, unter öffentlich-rechtliche Gesichtspunkte gestellte Überwachung entgegenzusetzen, Genüge geschehen könne und daß eine Prüfung ohne schriftliche Erfolgsmitteilung dem Gesetze nicht entspreche. Da die Prüfung nach § 135 AktG stattgefunden haben muß, bevor der Jahresabschluß dem Aufsichtsrat vorgelegt wird, ergibt sich hiernach ferner, daß auch der schriftliche Bericht des Prüfers schon zu diesem Zeitpunkt erstattet sein muß. Wie er zu lauten und worauf er sich zu erstrecken hat, überläßt aber das Gesetz weitgehend dem Ermessen des Prüfers. Es beschränkt sich darauf, in § 139 einzelne Punkte hervorzuheben, deren Erörterung es zwingend gebietet. Die danach erforderlichen Feststellungen decken sich inhaltlich mit dem, was der in § 140 vorgesehene Betätigungsvermerk zu enthalten hat. Danach ist, inhaltlich ebenso wie nach § 139 im Prüfungsbericht, zu bestätigen, daß nach pflichtmäßiger Prüfung auf Grund der Bücher und Schriften der Gesellschaft sowie der vom Vorstand erteilten Aufklärungen und Nachweise die Buchführung, der Jahresabschluß und der Geschäftsbericht, soweit er den Jahresabschluß erläutert, den gesetzlichen Vorschriften entsprechen. Das damit bekundete Ergebnis der Prüfung besagt, daß der Jahresabschluß im Einklang mit den gesetzlichen Vorschriften steht und danach die Voraussetzungen erfüllt, deren Einhaltung im öffentlichen Interesse verlangt werden muß. Ein sich hierauf beschränkender Prüfungsbericht mag freilich dem Zwecke der Prüfung insofern nicht gerecht werden, als er dem Aufsichtsrat keine Unterlagen an die Hand gibt, die geeignet sind, diesem die ihm trotz der Pflichtprüfung obliegende eigene Überwachungs- und Prüfungstätigkeit zu erleichtern. Ein hierin liegender Mangel tut aber dem öffentlich-rechtlichen Zwecke der Prüfung keinen Eintrag. Er betrifft nur die inneren Verhältnisse der Gesellschaft und ihrer Organe, insbesondere den Pflichtenkreis des Aufsichtsrats, und berührt deshalb nicht die Prüfungserfordernisse, deren Erfüllung das Gesetz zwingend vorschreibt. Der Aufsichtsrat ist, ohne daß deswegen von einem Unterbleiben der Prüfung gesprochen werden könnte, nicht gehindert, sich mit einem Prüfungsbericht zu begnügen, der sich auf die in § 139 geforderten Angaben beschränkt.

Geht man hiervon aus, so können Zweifel darüber, ob im vorliegenden Falle eine Prüfung „stattgefunden" hat, nicht schon deshalb erhoben werden, weil bei Feststellung des Jahresabschlusses noch kein ausführlicher, über die Mindestanforderungen des § 139 AktG hinausgehender Prüfungsbericht vorlag. Die prüfende Gesellschaft hatte in ihrem Schreiben vom 12. Juni 1942 mitgeteilt, daß sie die Prüfung durchgeführt habe, und in Form eines „zusammenfassenden" Berichts erklärt, daß Beanstandungen im Sinne des § 140 AktG nicht zu erheben seien. Unter Hervorhebung dessen, daß der Jahresabschluß, die Buchführung und der Geschäftsbericht nach Form und Inhalt den gesetzlichen Vorschriften entsprächen und daß ihr alle zur Durchführung der Prüfung erbetenen Auskünfte und Nachweise vom Vorstand bereitwillig geliefert worden seien, hatte sie die Gesellschaft ermächtigt, den Jahresabschluß einschließlich des Geschäftsberichts mit dem sich aus § 140 AktG und § 25 der Ersten Verordnung zur Durchführung der Dividendenabgabeverordnung vom 18. August 1941 ergebenden uneingeschränkten Bestätigungsvermerk zu versehen. Schließlich hatte sie bemerkt, daß sie einen eingehenden Bericht, in dem zur Unterrichtung der Verwaltung die Einzelheiten der Prüfung niedergelegt würden, nach Fertigstellung, die infolge der Kriegsverhältnisse erst später möglich sei, noch folgen lassen werde. Daß dieses an den Vorstand und den Aufsichtsrat der Beklagten gerichtete Schreiben unerachtet seiner knappen Fassung auf jeden Fall insofern als Prüfungsbericht im Sinne des § 139 AktG angesehen werden konnte, als es die vom Gesetz für unerläßlich erachteten Mindestangaben enthielt, ergibt sich aus dem oben Gesagten. Nach dem Inhalte des Schreibens steht außer Zweifel, daß die Prüferin die ihr übertragene Prüfung durchgeführt hatte, sie als *abgeschlossen* betrachtete und nunmehr den gebotenen Bericht erstatten wollte. Hatte sie damit getan, was das Gesetz zwingend vorschreibt, so lag es außerhalb dessen, was das „Stattfinden" der Prüfung in Frage stellen konnte, wenn sie sich vorbehielt, noch einen eingehenden, die Einzelheiten der Prüfung enthaltenden Bericht folgen zu lassen. Sie hob ausdrücklich hervor, daß dieser zur Unterrichtung der Verwaltung dienen, also nur eine innergesellschaftliche Aufgabe erfüllen und der Bedeutung ihrer Erklärung nichts nehmen solle. Auch die Bemerkung, daß der künftige ausführliche Bericht noch der „Fertigstellung" bedürfe, besagte nichts Gegenteiliges; sie sollte, wie die weitere Erwähnung der Kriegsverhältnisse ergibt, nur auf die zeitbedingten technischen Schwierigkeiten hinweisen, denen die Anfertigung eines voraussichtlich umfangreichen Schriftstückes unterlag, nicht aber zum Ausdruck bringen, daß dieses überhaupt erst und allein als der gesetzlich vorgeschriebene Prüfungsbericht zu gelten habe.

Das Schreiben der Prüferin vom 12. Juni 1942 war dem Vorstand und dem Vorsitzer des Aufsichtsrats der Beklagten, Dr. Gottfried Cremer, vor der gemeinsamen Sitzung vom 16. Juni 1942 zugegangen. Nach der Angabe des letzteren bei seiner persönlichen Befragung vor dem Berufungsgericht, gegen deren Richtigkeit keine Bedenken bestehen, die auch vom Vorstande der Beklagten, Kammerscheid, bestätigt worden ist, ist es den Sitzungsteilnehmern zur Kenntnis gebracht worden. Diese wußten also vor ihrer Entschließung, daß eine Prüfung durch den bestellten Prüfer stattgefunden hatte, daß dieser seine Tätigkeit insbesondere auf die vom Gesetz für wesentlich erachteten Punkte gerichtet und ausweislich seiner schriftlichen Erklärung insoweit nichts zu beanstanden gefunden hatte und daß auch der Bestätigungsvermerk ohne jede Einschränkung erteilt worden war. Fand sich der Aufsichtsrat unter diesen Umständen bereit, dem ihm vom Vorstand vorgelegten Jahresabschluß zuzustimmen und diesen damit nach § 125 Abs. 3 AktG festzustellen, so lag dem ein Verstoß gegen gesetzliche Prüfungsvorschriften, der zu einer Nichtigkeit des festgestellten Jahresabschlusses hätte führen können, nicht zu Grunde. Es stand im Ermessen des Aufsichtsrats, ob er sich mit einem Prüfungsergebnis zufrieden geben wollte, das ihm zwar keine oder nur eine vollkommene Hilfe für die von ihm selbst vorzunehmende Nachprüfung der ihm gemachten Vorlagen gewährte, das aber im übrigen erkennen ließ, daß eine Prüfung der vom Gesetz geforderten Art stattgefunden und zu keinen Beanstandungen geführt hatte. Aus dem Fehlen eines ausführlichen Berichts lassen sich Bedenken gegen die Zulässigkeit eines solchen Verfahrens des Aufsichtsrats umso weniger herleiten, als diesem in der Sitzung vom 16. Juni 1942 unstreitig weitgehende Auskunft über alle für den Jahresabschluß wesentlichen Punkte gegeben worden war. Er hatte keinen Anlaß, an deren Richtigkeit zu zweifeln, nachdem auch der Prüfer die Ordnungsmäßigkeit aller von ihm untersuchten Geschäftsvorgänge bestätigt hatte.

Der Revision kann nicht beigetreten werden, wenn sie aus der erhöhten Bedeutung, die das Aktiengesetz aus öffentlich-rechtlichen Gründen der Pflichtprüfung beilegt, folgern will, jeder Verstoß gegen eine der in den §§ 135 bis 141 AktG enthaltenen Vorschriften müssen den Jahresabschluß nichtig machen. Daß insoweit zwischen zwingenden, die öffentlich-rechtliche Natur der Pflichtprüfung berührenden Bestimmungen und solchen zu unterscheiden ist, die nur innerrechtliche Bedeutung für die Gesellschaft und ihre Mitglieder haben, ist schon oben ausgeführt worden. Die Revision vermag auch nicht zu widerlegen, daß die mehr oder minder große Ausführlichkeit des Prüfungsberichts keinen Maßstab dafür bilden kann, ob eine Prüfung im Sinne des Gesetzes vorliegt, sofern der Bericht den gesetzlichen Mindestanforderungen entspricht. Zuzustimmen ist ihr jedoch, wenn sie sich gegen eine Heranziehung persönlicher, sich aus dem Verhalten des Erstklägers ergebender Umstände wendet, die das Berufungsgericht bei seiner Entscheidung berücksichtigt. Ob der Erstkläger gegen die Grundsätze von Treu und Glauben verstößt und seine gesellschaftliche Treupflicht verletzt, wenn er als Aufsichtsratsmitglied in Kenntnis des Fehlens eines ausführlichen Prüfungsberichts zwar dem Jahresabschluß zugestimmt hat, sich aber nunmehr durch seine Nichtwiederwahl in den Aufsichtsrat veranlaßt sieht, zur Begründung seiner Klage einen Sachverhalt heranzuziehen, an dem er selbst früher keinen Anstoß genommen, den er sogar selbst mit herbeigeführt hat, kann für die Zulässigkeit eines Klagebegehrens nicht ins Gewicht fallen, das in seiner rechtlichen Grundlage auf der rein tatsächlichen Frage beruht, ob eine Prüfung stattgefunden hat, und das, wenn es Erfolg hat, den bemängelten Jahresabschluß mit Wirkung für jedermann beseitigt. Die Revision mag auch darin recht haben, daß Mängel des Prüfungsberichts, wie sie die Kläger hier behaupten, nicht mit der Erwägung abgetan werden können, das Gesetz mache die Wählbarkeit und Zugehörigkeit zum Aufsichtsrat nicht vom Vorhandensein einer besonderen Eignung abhängig, rechne also damit, daß ein Aufsichtsratsmitglied nicht fähig, ja vielleicht nicht einmal willens sei, sich den Inhalt eines Prüfungsberichts zu eigen zu machen und zu ihm in eigener selbständiger Beurteilung Stellung zu nehmen. Es hieße die vom Gesetz mit der Pflichtprüfung erstrebten Ziele verkennen, wenn man unterstellten wollte, daß es sich mit einer derartigen Beiseitesetzung und Entwertung des Prüfungsberichts abfinde. Aber auch unter diesem Gesichtspunkt läßt sich nichts dafür gewinnen, daß das Fehlen eines ausführlichen, die Einzelheiten der Prüfung wiedergebenden Berichts zur Nichtigkeit des Jahresabschlusses führen müsse, wenn bei dessen Feststellung ein den gesetzlichen Anforderungen immerhin genügender Bericht vorgelegen hat.

Die Revision hält dem Berufungsgericht weiter entgegen, es verkenne die Bedeutung des Prüfungsberichts, wenn es ihm nur die Aufgabe zuweise, den Aufsichtsrat zu unterrichten, den öffentlich-rechtlichen Zweck der Pflichtprüfung hingegen dadurch gewahrt sehe, daß der Bestätigungsvermerk erteilt werde. Die Revision macht geltend, der Umstand, daß der Prüfungsbericht nicht für die Öffentlichkeit bestimmt sei, habe nichts mit der Frage zu tun, ob seine Vorlegung an den Aufsichtsrat vor der Bilanzfeststellung zu den Vorschriften gehöre, die im öffentlichen Interesse getroffen seien, deren Nichterfüllung also die Nichtigkeit des Jahresabschlusses zur Folge habe. Das letzte sei aber der Fall, wie sich aus § 202 Abs. 1 Nr. 1 AktG ergebe. Wenn dort eine ordnungsmäßige Mitwirkung beider Gesellschaftsorgane bei der Feststellung des Jahresabschlusses vorausgesetzt werde, sei, wie aus den Worten „außer im Falle des § 135 Abs. 1" hervorgehe, an einen anderen Tatbestand gedacht als an den des Fehlens der Prüfung. Der Begriff der „ordnungsmäßigen Mitwirkung" sei dem § 125 Abs. 1 und 2 AktG entnommen. Die in Abs. 2 das für den Aufsichtsrat bestimmte Monatsfrist beginne nicht zu laufen, bevor dieser den *Bericht* über die Prüfung des Jahresabschlusses gemäß § 139 Abs. 2 erhalten habe. Daraus folge die Pflicht beider Organe, zunächst den Eingang des Berichts abzuwarten und dann seinen Inhalt zu verarbeiten. Es sei ihnen nicht erlaubt, sich auf den Bericht unbesehen zu verlassen, und ganz besonders dann nicht, wenn er ganz allgemein gehalten sei. Noch weniger sei dies also statthaft, wenn nur der Bestätigungsvermerk vorliege. Dieser entbinde die Verwaltung, insbesondere den Aufsichtsrat, keineswegs von ihrer Prüfungs- und Überwachungspflicht. Hierzu ist folgendes zu bemerken:

Richtig ist, daß der Bestätigungsvermerk nicht den Prüfungsbericht ersetzt und entbehrlich macht. Er ist aber zu dem vom Vorstand aufgestellten Jahresabschluß zu erteilen und mit diesem dem Aufsichtsrat vorzulegen. Da er das abschließende Ergebnis der Prüfung wiedergibt, macht auch er, soweit er ohne Einschränkung erteilt wird, dem Aufsichtsrat erkennbar, daß der Jahresabschluß den gesetzlichen Vorschriften entspricht. Er beweist nach seinem Wortlaut zugleich, daß eine ordnungsgemäße Prüfung stattgefunden hat. Es ist deshalb rechtlich nicht zu beanstanden, wenn das Berufungsgericht die Erteilung des Bestätigungsvermerks in Verbindung mit dem Schreiben der Prüferin vom 12. Juni 1942 genügen läßt, um die Annahme, es habe keine Prüfung stattgefunden, auszuschließen. Wenn die Revision für unerläßlich erachtet, daß der Prüfungsbericht mehr enthalte als die für den Bestätigungsvermerk erforderlichen Feststellungen, mag dies zutreffen, soweit der Prüfungsbericht dazu bestimmt ist, dem Aufsichtsrat als Hilfsmittel für die eigene Prüfungs- und Überwachungstätigkeit zu dienen. Ein insoweit vorhandener Mangel des Berichts ist aber, wie bereits bemerkt, für die Frage, ob eine Prüfung stattgefunden hat, nicht entscheidend. Der Hinweis der Revision auf § 202 Abs. 1 Nr. 1 und § 125 AktG liegt insofern neben der Sache, als das Schreiben der Prüferin vom 12. Juni 1942 samt dem Bestätigungsvermerk dem Aufsichtsrat noch vor der Sitzung vom 16. Juni 1942 zugegangen ist. Ein Verstoß gegen das Gesetz, der die Ordnungsmäßigkeit der Mitwirkung des Aufsichtsrats in Frage stellen könnte, liegt also insoweit nicht vor. Daß die Beklagte in ihrem Briefe vom 23. Juli 1942 von dem noch ausstehenden „Prüfungsbericht" spricht, steht der Annahme, daß schon das Schreiben der Prüferin vom 12. Juni 1942 einen solchen darstelle, nicht entgegen; die Beklagte hat ersichtlich nur an den von der Prüferin noch in Aussicht gestellten eingehenden Bericht gedacht und diesen der Kürze halber als „Prüfungsbericht" bezeichnet, ohne damit sagen zu wollen, daß das Schreiben vom 12. Juni 1942 bedeutungslos sei und als solcher nicht in Betracht komme.

Wenn die Revision des näheren ausführt, wie eine Prüfung zu verlaufen habe, um dem vom Gesetz erstrebten Ziele zu genügen, daß insbesondere der Prüfungsbericht, auch wenn er die Gesetzmäßigkeit des Jahresabschlusses bestätige, doch dadurch, daß er auf Einzelheiten der Geschäftsführung eingehe und diese zahlenmäßig beleuchte, den Aufsichtsrat zu eigener kritischer Stellungnahme anrege und ihn veranlasse, Folgerungen aus dem ihm Mitgeteilten zu ziehen, so läßt sich hiergegen vom Rechtsstandpunkt aus gewiß nichts einwenden. Auch diese Erwägungen vermögen jedoch nichts daran zu ändern, daß Unvollkommenheiten des Prüfungsberichts, die diesen zur Erfüllung seiner Aufgabe, den Aufsichtsrat über Einzelheiten der Geschäftsführung zu unterrichten, ungeeignet machen, noch nicht dazu führen können, die Prüfung als nicht vorgenommen anzusehen und den Jahresabschluß deshalb als nichtig zu betrachten. Ausschlaggebend ist nach dem oben Dargelegten immer wieder, daß ein dem Gesetz immerhin noch entsprechender Prüfungsbericht in Gestalt des Schreibens vom 12. Juni 1942 rechtzeitig, d. h. vor der Beschlußfassung des

Aufsichtsrats über die Billigung des Jahresabschlusses, erstattet worden ist. Deshalb kommt es entgegen der Ansicht der Revision auch nicht darauf an, weshalb es der Prüferin erst am 4. September 1942 möglich war, den ausführlichen Prüfungsbericht fertigzustellen, und ebensowenig auf die Schlußfolgerungen, welche die Revision an dem Vorgang der Fertigstellung und an die späte Vorlegung des Berichts knüpft. Daß sie die Prüfung durchgeführt habe und als abgeschlossen betrachte, hatte die Prüferin in ihrem Schreiben vom 12. Juni 1942 erklärt. Danach konnte auch kein Zweifel darüber bestehen, daß sie mit dem Inhalt ihres Schreibens das Ergebnis ihrer Tätigkeit wiedergeben, also einen Prüfungsbericht erstatten wolle. Es fehlte insoweit weder an der ordnungsmäßigen Unterzeichnung noch an der Aushändigung. Wenn die Kläger demgegenüber bestreiten, daß die Prüfung am 16. Juni 1942 abgeschlossen gewesen sei, so ist dies mit dem erwiesenen Sachverhalt unvereinbar. Daß die Herstellung der Reinschrift des ausführlichen Berichts noch nahezu drei Monate auf sich warten ließ, erklärt sich aus den von der Prüferin betonten kriegsbedingten Schwierigkeiten und läßt keine Schluß dahin zu, daß die Prüfung am 16. Juni 1942 noch nicht beendet gewesen sei. Ebenso fehlt es an jeder tatsächlichen Unterlage für die von der Revision in Betracht gezogene Möglichkeit, daß die Prüferin erst bei der Fertigstellung der Reinschrift Anlaß und Gelegenheit gehabt habe, den von ihr festgestellten Stoff zu verarbeiten und zu würdigen. Daß dies nicht der Fall war, die Prüferin sich vielmehr schon am 12. Juni 1942 über das Ergebnis ihrer Tätigkeit im klaren war, ergibt ihre Mitteilung vom gleichen Tage. Es ist auch rechtlich nicht zu beanstanden, wenn das Berufungsgericht mangels gegenteiliger Behauptung der Kläger davon ausgeht, der endgültige Bericht vom 4. September 1942 enthalte nichts, womit er sich inhaltlich oder sonst wie zu dem Schreiben vom 12. Juni 1942 in Widerspruch setze. Schon der Umstand, daß der damals erteilte Bestätigungsvermerk in der Folgezeit weder eingeschränkt noch zurückgezogen worden ist, bot hinreichenden Anhalt dafür, daß die Prüferin am Ergebnis ihrer Prüfung nichts zu ändern hatte. Es war demgegenüber Sache der Kläger, des näheren anzuführen, inwiefern dies doch der Fall gewesen sei.

Es bedarf endlich auch keines weiteren Eingehens darauf, ob die Ausführungen des Berufungsgerichts über ein dem Erstkläger zur Last zu legendes rechtsmißbräuchliches Verhalten vertretbar sind. Die Abweisung der Nichtigkeitsklage ist schon aus sachlichen Gründen gerechtfertigt. Nicht einzusehen ist freilich, inwiefern der Vorwurf des Rechtsmißbrauchs entfiele, wenn sich ergäbe, daß der Erstkläger in der Aufsichtsratssitzung vom 16. Juni 1942 das Fehlen eines Prüfungsberichts bemängelt habe. Denn gerade das spräche, ebenso wie der Inhalt seiner von der Revision erwähnten Briefe, dafür, daß er sich des Erfordernisses eines Prüfungsberichts bewußt war, sich also auf Rechtsunkenntnis nicht berufen kann.

Der Revision der Kläger ist nach alledem der Erfolg zu versagen, soweit sie sich gegen die Abweisung der Nichtigkeitsfeststellungsklage richtet.

2. *Zur Revision der Beklagten.*

Die Revision bezweifelt, ob das Verlangen nach Auskunftserteilung gemäß § 112 AktG einen klagbaren Anspruch des Aktionärs begründet. Sie leitet ihre Bedenken hiergegen, abgesehen davon, daß nach den Klageanträgen und dem Berufungsurteil unklar bleibe, ob die Auskunft in der *nächsten* Hauptversammlung zu erteilen sei, daraus her, daß nicht sicher sei, ob er mit seiner Klage erfolgreiche Kläger dann noch Aktionär sei. Außerdem bleibe offen, ob, wenn die zu beantwortende Frage in einer früheren Hauptversammlung mit dem Gegenstande der Verhandlung im Zusammenhang gestanden habe, dies auch noch in einer späteren Hauptversammlung der Fall sei. Endlich lasse sich nicht oder doch nicht immer im voraus beurteilen, ob nicht in der künftigen Hauptversammlung eine der Voraussetzungen des § 112 Abs. 3 AktG gegeben sei, unter denen der Vorstand die Auskunft verweigern dürfe.

Die Bedenken der Revision greifen nicht durch. Das Auskunftsrecht des Aktionärs, das diesem – im Gegensatze zur bisherigen Übung – vom Aktiengesetz als selbständiges, vom Willen der Hauptversammlung unabhängiges Mitgliedsrecht verliehen worden ist, würde seiner Bedeutung wesentlich beraubt werden, wenn es vom Aktionär nicht im Klagewege verfolgt werden könnte. Diesen auf den Weg der Anfechtungsklage zu verweisen, würde schon in den Fällen versagen, in denen es zu keiner Beschlußfassung über den Gegenstand gekommen ist, wegen dessen Auskunft verlangt wird. Es wäre auch eine im Gesetz nicht begründete Einschränkung der Auskunftspflicht, wenn ihre Verletzung nur beim Vorliegen der sonstigen Voraussetzungen geltend gemacht werden könnte, unter denen eine Anfechtungsklage erhoben werden kann. Die Gesichtspunkte, welche die Revision im übrigen für ihren Standpunkt anführt, sind nicht dermaßen zwingend, daß deswegen ein Klagerecht zu verneinen wäre. Ist der Kläger, der mit seiner Klage durchgedrungen ist, bei der späteren Hauptversammlung nicht mehr Aktionär, so wird sich damit zwar die Auskunftserteilung ohne weiteres erledigen. Das bietet aber noch keinen Anlaß, dem Aktionär von vornherein ein Klagerecht zu versagen. Das Fehlen eines Zusammenhanges mit einem Gegenstand der späteren Hauptversammlung bildet keinen Grund, die Auskunft als überflüssig erscheinen zu lassen; das Interesse des Aktionärs an ihrer Erteilung, ohne das er eine Verurteilung nicht erzielt haben würde, wird in der Regel über die frühere Hauptversammlung hinaus fortdauern. Endlich kann auch der Umstand, daß bei der späteren Hauptversammlung möglicherweise ein Sachverhalt vorliegt, der eine Verweigerung der Auskunft nach § 112 Abs. 3 AktG rechtfertigt, einer Klagbarkeit des Auskunftsanspruchs nicht entgegenstehen; der Gesellschaft wäre solchenfalls unbenommen, ihre Rechte durch eine Klage nach § 767 ZPO zur Geltung zu bringen.

Die Ausführungen des Berufungsgerichts, mit denen es die Sachbefugnis der Kläger bejaht und den Einwand der Beklagten, das Vorgehen der Kläger sei rechtsmißbräuchlich, zurückweist, geben zu rechtlichen Bedenken keinen Anlaß; sie werden von der Revision auch nicht bemängelt. Für die Entscheidung kommt es sonach nur noch darauf an, ob die Ansicht des Berufungsgerichts, der Beklagten stehe ein aus § 112 Abs. 3 AktG herzuleitendes Auskunftsverweigerungsrecht, auf das sie sich berufe, nicht zur Seite, einer rechtlichen Nachprüfung standhält. Die Angriffe, welche die Revision hierzu erhebt, sind begründet.

Soweit nach § 112 Abs. 3 Satz 2 AktG der Vorstand nach pflichtmäßigem Ermessen darüber zu entscheiden hat, ob eine der in Satz 1 das. genannten Voraussetzungen vorliegt, unter denen eine in der Hauptversammlung verlangte Auskunft verweigert werden kann, ist eine Nachprüfung solcher Ermessensentscheidung dem Gericht grundsätzlich verschlossen. Der Richter ist nicht befugt, die sachliche Berechtigung der getroffenen Entscheidung nachzuprüfen und so sein eigenes Ermessen an die Stelle desjenigen des Vorstands treten zu lassen. Nur insoweit ist ihm eine Nachprüfung gestattet, als es sich darum handelt, ob dieser bei der Verweigerung der Auskunft sein Ermessen mißbraucht hat. Das wäre der Fall, wenn die Ablehnung einer Beantwortung so offensichtlich unbegründet und willkürlich wäre, daß von einer pflichtmäßigen Entschließung nicht mehr gesprochen werden könnte. Nur eine Abwägung der beiderseitigen Belange und die Feststellung, daß das Interesse des Aktionärs an der Erlangung der Auskunft das Interesse der Gesellschaft an ihrer Verweigerung entscheidend überwiege, könnte die Annahme eines Ermessensmißbrauchs rechtfertigen. Unter diesem Gesichtspunkt ergibt sich für die von den Klägern verlangten Auskünfte folgendes:

Bei der ersten Frage nach der Höhe des Geschäftsergebnisses der Beklagten vor Abrechnung in der Interessengemeinschaft und nach der Höhe des von dieser gezahlten oder an sich abgeführten Ausgleichsbetrags beschränkt sich das Berufungsgericht auf die Feststellung, daß ein berechtigtes Interesse des Aktionärs an der Kenntnis dieser Zahlen nicht zu bezweifeln sei, und fügt nur noch ergänzend hinzu, der Aktionär könne, wenn er die Ausgleichszahlen erfahre, doch bestimmte Schlüsse ziehen, die für seine weitere Beteiligung durch Festhalten seines Aktienbesitzes maßgebend seien. Die Revision weist demgegenüber mit Recht darauf hin, daß die Beklagte schon in der Klagebeantwortung dargelegt habe, es ließen sich aus der Kenntnis der von den Klägern verlangten Zahlen überhaupt keine Schlüsse auf den Gang und die Führung der Geschäfte bei der Beklagten ziehen, weil durch das Bestehen des IG-Vertrages nicht nur das Ergebnis, sondern auch der Lauf der Geschäfte weitgehend beeinflußt werde, so daß sich insbesondere aus der Bekanntgabe der Vorbilanzergebnisse keine Aufklärung ergebe, wie das Geschäftsergebnis gewesen wäre, wenn kein IG-Vertrag bestünde. Das Berufungsgericht hat dieses Vorbringen der Beklagten zwar erwähnt, es aber bei der Prüfung des Interesses der Kläger unberücksichtigt gelassen. Diese hätten gegenüber den Ausführungen der Beklagten, die angesichts der sich aus dem IG-Vertrag ergebenden engen wirtschaftlichen Verknüpfung der beiden Unternehmungen und insbesondere der im § 3 das. vereinbarten, möglichst nutzbringenden Verteilung der Arbeit und Führung der Geschäfte nicht von der Hand zu weisen sind, zum mindesten nähere Angaben darüber machen müssen, inwiefern ihnen gleichwohl an einer Erteilung der begehrten Auskunft liege.

Die Beklagte hat sich andererseits darauf berufen, das ihr durch § 11 Abs. 6 des IG-Vertrags auferlegt sei, die sich aus ihren Vorbilanzen ergebenden Zahlen und sonstigen Verhältnisse streng geheim zu halten. Das Berufungsgericht bezweifelt nicht, daß eine solche vertraglich vereinbarte Schweigepflicht auch im Rahmen des § 112 AktG Beachtung beanspruchen könne. Es ist aber der Meinung, daß sich § 11 Abs. 6 des IG-Vertrags nicht auch auf die von den Klägern verlangten Endsummen beziehe, die der Abschluß der Beklagten nach Ausschaltung des aus der DTS fließenden Gewinn- oder Verlustanteils unter summenmäßiger Angabe des aus der DTS kommenden Postens aufweise. Es sei nicht anzunehmen, daß die Bekanntgabe dieser Endziffern unter das Schweigegebot des § 11 Abs. 6 fallen solle, da diese Endsummen nach § 131 A III Nr. 9 und 16 und B V Nr. 7 und 10 AktG in die Bilanz und nach § 132 II Nr. 2 oder 6 in die Gewinn- und Verlustrechnung der DTS aufgenommen werden und der Hauptversammlung der DTS sowie der Öffentlichkeit doch zugänglich gemacht werden müßten. Sollte der Vorstand der Beklagten seinen Aktionären auch über diese Endsummen keine Auskunft geben dürfen, so habe dies im IG-Vertrag klar erkennbar gemacht werden müssen. Inwieweit diese Erwägungen des Berufungsgerichts zutreffen, kann dahinstehen. Nicht recht verständlich ist seine Annahme, die Endsummen müßten auf jeden Fall bei der DTS bekannt gegeben werden. Die Revision weist mit Recht darauf hin, daß bei dieser die Vorbilanzergebnisse und die Ausgleichssummen ebensowenig in die Erscheinung treten wie bei der Beklagten. Auch die vom Berufungsgericht angeführten Gesetzesvorschriften fordern keinen gesonderten Ausweis der Ausgleichssummen oder der Vorbilanzergebnisse. Die Schlußfolgerung, die Einbeziehung der Endsummen in das Schweigegebot habe im IG-Vertrag besonders ausgesprochen werden müssen, entbehrt deshalb einer ausreichenden Grundlage. Aber selbst wenn die Auslegung des Berufungsgerichts richtig wäre, wäre sie doch jedenfalls nicht dermaßen zwingend, daß eine andere Beurteilung schlechthin unmöglich wäre. Der Vorstand der Beklagten konnte sehr wohl der Meinung sein, daß auch eine Beantwortung der von den Klägern gestellten Frage unter die ihm durch den IG-Vertrag auferlegte Schweigepflicht falle, da der Vertrag insoweit keine Ausnahme mache. Eine dahin gehende Ansicht wäre besonders dann verständlich gewesen, wenn es zuträfe, daß, wie die Beklagte behauptet, die Frage, ob die Ausgleichszahlungen in den Geschäftsbericht aufzunehmen seien, von den Vorständen der beiden Gesellschaften unter Hinzuziehung der beiderseitigen Prüfer ausdrücklich erörtert und übereinstimmend verneint worden sei. Auch ohne daß die Richtigkeit dieses Vorbringens festgestellt wird, spricht weiter zugunsten der Beklagten, daß in der Hauptversammlung vom 27. Juli 1942 vom Vorsitzer unstreitig Auskunft auf eine Reihe von Fragen erteilt worden ist, die den Aktionären weitgehend Einblick in die Geschäftsführung der Beklagten gewährte. Hat der Vorstand die Beantwortung einiger weiterer Fragen verweigert, so ist schon danach anzunehmen, daß er dies nicht willkürlich, sondern im guten Glauben an die sachliche Berechtigung seiner Ablehnung getan hat. Auf die vom Berufungsgericht dahingestellt gelassene Frage, ob die Beklagte und die DTS als Konzernunternehmen anzusehen seien, kommt es nicht an. Auch wenn es der Fall wäre, könnte dies nichts daran ändern, daß schon aus den vorher angeführten Gründen von einem Ermessensmißbrauch des Vorstands nicht gesprochen werden kann, daß dieser vielmehr berechtigt war, die Beantwortung der ersten Frage zu verweigern.

Das gilt auch für die zweite Frage, mit der Auskunft darüber verlangt wurde, wie sich die Forderungen der Beklagten an ihre Konzernunternehmungen gemäß II 8 der Aktivseite der Bilanz zusammensetzen. Auch ihre Beantwortung konnte vom Vorstand mit Rücksicht auf § 11 Nr. 6 des IG-Vertrags abgelehnt werden, ohne daß dem ein Ermessensmißbrauch zugrunde lag.

Die Entscheidung des Berufungsgerichts zur dritten Frage der Kläger nach der Höhe der Körperschaftssteuer ist, wie der Revision zuzugeben ist, schon deshalb nicht haltbar, weil sie auf einer Verkennung des Begriffs des Steuergeheimnisses beruht. Dieses mag zwar in erster Linie in einer der Steuerbehörde obliegenden Geheimhaltungspflicht bestehen, die diese auf sich nimmt, weil sich der Steuerpflichtige zu einer wahrheitsgemäßen Offenbarung seiner wirtschaftlichen Verhältnisse um so eher bereit finden wird, wenn er gewiß sein kann, daß er diese damit nicht der Öffentlichkeit preisgibt. Zugleich soll damit aber auch das allgemeine Interesse des Steuerpflichtigen gewahrt werden, seine wirtschaftliche Lage nicht bekannt werden zu lassen. Schon dies genügt, um seine Weigerung, seine steuerlichen Verhältnisse zu offenbaren, zu rechtfertigen. Es bedarf hierfür auch bei einer Aktiengesellschaft nicht noch besonderer Gründe, aus denen sich ergibt, daß ihre Belange die Geheimhaltung fordern. Das gilt auch ihren Aktionären gegenüber, für deren Beteiligung am Gesellschaftsvermögen und am Gesellschaftsgewinn die Handelsbilanz und nicht die Steuerbilanz maßgebend ist. In letztere Einblick zu erhalten und daraus Schlüsse auf die Höhe und Verwendung des Rohgewinns zu ziehen, kann schon deshalb kein das Geheimhaltungsinteresse der Gesellschaft überwiegendes Interesse der Aktionäre begründen, weil es ausschließlich Sache der Verwaltung ist, den Jahresabschluß und damit den zu verteilenden Reingewinn festzusetzen. Auf jeden Fall kann auch hier nicht schon deshalb von einem Ermessensmißbrauch des Vorstands gesprochen werden, weil er die Bedeutung des Steuergeheimnisses möglicherweise überschätzt hat.

Die Entscheidung des Berufungsgerichts kann hiernach, soweit sie dem Auskunftsverlangen der Kläger stattgegeben hat, nicht bei Bestand bleiben. Da die Sache insoweit keiner weiteren Erörterung bedarf, ist vielmehr die Klage auf die Revision der Beklagten auch in diesem Umfang abzuweisen. Damit erledigt sich zugleich auch der von den Klägern im Revisionsverfahren gestellte Hilfsantrag, und es bedarf keines Eingehens darauf, ob dieser, wie die Revision geltend macht, sachlich geboten ist, weil nach Art. II § 2 der Zweiten Verordnung über die Einschränkung von Mitgliederversammlungen vom 23. Dezember 1943 (RGBl. I S. 686) eine Hauptversammlung, in der die Auskünfte erteilt werden könnten, im Jahre 1944 nicht stattfindet.

3. *Zur Revision der Kläger*, soweit sie sich gegen die Abweisung der *Anfechtungsklage* richtet.

Auch insoweit kann der Revision kein Erfolg zuteil werden. Soweit die Anfechtungsklage auf Verweigerung der Auskunft gestützt wird, fehlt es nach dem zu 2) Ausgeführten an einer Gesetzesverletzung. Die Verweigerung war begründet.

Soweit Mängel des Prüfungsberichts geltend gemacht werden, mag zwar ein Anfechtungsgrund gegeben sein. Denn ein Prüfungsbericht, der sich nur auf eine Wiedergabe der in § 139 AktG geforderten Feststellung beschränkt, aber von einem Eingehen auf Einzelheiten der Prüfung absieht, begründet zwar keine Nichtigkeit des Jahresabschlusses, erfüllt aber nicht seine Aufgabe, dem Aufsichtsrat als Unterlage für seine eigene Prüfungstätigkeit zu dienen, und entspricht deshalb nicht dem Gesetz. Die hierauf gestützte Anfechtungsklage scheitert aber daran, daß der Mangel für das Zustandekommen der angefochtenen Entlastungsbeschlüsse nicht ursächlich gewesen ist. Dem Berufungsgericht ist darin beizutreten, daß das Abstimmungsergebnis in der Hauptversammlung nach den gegebenen Mehrheitsverhältnissen auch dann kein anderes gewesen wäre, wenn die Beteiligten gewußt hätten, daß der Aufsichtsrat den Jahresabschluß auf Grund eines nur unvollständigen Prüfungsberichts gebilligt habe.

Soweit die Revision geltend macht, die Entlastungsbeschlüsse hätten nicht mit den in der Niederschrift angegebenen Mehrheiten gefaßt werden können, weil gegen den Vorstand und den Aufsichtsrat der gleiche Vorwurf pflichtwidrigen Handelns erhoben worden sei und deshalb der Aufsichtsrat nicht für die Entlastung des Vorstands, dieser nicht für die Entlastung des Aufsichtsrats habe stimmen dürfen, kann dahingestellt bleiben, ob diese Annahme zutrifft. Es bedarf ebensowenig eines Eingehens darauf, ob, wie die Revision weiter hervorhebt, der Erstkläger als früheres Aufsichtsratsmitglied bei der Abstimmung über die Entlastung des Aufsichtsrats sich nicht, wie in der Niederschrift angegeben, der Stimmen enthalten, sondern gegen die Entlastung gestimmt hat und ob er hierzu befugt war. Selbst wenn der Revision insoweit beizupflichten wäre, wäre damit für die Anfechtungsklage nichts gewonnen. Denn die damit behauptete Verletzung des § 114 Abs. 5 AktG hätte, um als Anfechtungsgrund herangezogen werden zu können, binnen der Monatsfrist des § 199 Abs. 1 AktG geltend gemacht werden müssen. Das ist aber nicht geschehen. Erst im Revisionsverfahren haben sich die Kläger erstmalig darauf berufen, daß die Entlastungsbeschlüsse unter Mißachtung gesetzlicher Stimmrechtsbeschränkungen zustande gekommen seien.

Die Revision der Kläger ist also auch insoweit unbegründet und zurückzuweisen.

---

42. Dem § 532 ZPO kommt in Ehesachen die Bedeutung zu, daß der Berufungsbeklagte – unbeschadet der Beschränkungen nach Abs. 3 – im Berufungsverfahren auf Grund des Abs. 4 die gleichen Anträge – positive und abwehrende – stellen kann, die er bis zum Inkrafttreten der 4. VereinfVO durch Anschlußberufung geltend machen konnte.

ZPO (Fassung vom 12.1.1943, RGBl. I 1943 S. 7) § 532. § 532 ZPO hatte damals folgende Fassung: „Die Änderung oder Erweiterung des Klageantrags sowie die Erhebung einer Widerklage ist unzulässig. Zulässig ist jedoch eine Änderung des Klageantrags nach Maßgabe des § 268 Nr. 3 sowie der Übergang von der Feststellungs- zur Leistungsklage. Abs. 1 Satz 1 gilt nicht in Ehe- und Kindschaftssachen. § 529 gilt entsprechend. Die nach Abs. 1 bis 3 zulässigen Anträge kann auch der Berufungsbeklagte stellen; sie gelten als nicht gestellt, wenn die Berufung zurückgenommen oder als unzulässig verworfen wird." (außer Kraft gesetzt durch Gesetz v. 12.9.1950 [BGBl. I 1950, S. 50]).

IV. Zivilsenat. Urt. v. 21. Juni 1944 (IV 5/1944).

I. Landgericht Erfurt.
II. Oberlandesgericht Naumburg/Saale.

In Sachen der Ehefrau E. O. G. geb. D. in Erfurt-Hochheim, Beklagten, Widerklägerin und Revisionsklägerin, Prozeßbevollmächtigter: Rechtsanwalt Justizrat Geutebrück in Leipzig,

gegen

den Gärtnereiarbeiter W. K. G. aus Erfurt-Hochheim, zur Zeit bei der Wehrmacht, Feldpostnummer 02672 B, Kläger, Widerbeklagten und Revisionsbeklagten, Prozeßbevollmächtigter: Rechtsanwalt Justizrat Dr. Schrömbgens in Leipzig, hat das Reichsgericht, IV. Zivilsenat, auf die mündliche Verhandlung vom 21. Juni 1944 durch den Senatspräsidenten Dr. Jonas und die Reichsgerichtsräte Dr. Hofmann, Dr. Lippert, Schwegmann und Dr. Schrutka für Recht erkannt:

Auf die Revision der Beklagten wird das Urteil des 1. Zivilsenats des Oberlandesgerichts in Naumburg/Saale vom 16. November 1943 aufgehoben. Die Sache wird zur weiteren Verhandlung und Entscheidung an das Berufungsgericht zurückverwiesen.

Das Berufungsgericht hat auch über die Kosten des Revisionsverfahrens zu entscheiden. – Von Rechts wegen

Tatbestand

Die Parteien haben am 29. Februar 1932 vor dem Standesamt in Erfurt einander geheiratet. Aus der Ehe sind drei Kinder hervorgegangen. Der Kläger hat beim Landgericht Scheidung der Ehe aus alleinigem Verschulden der Beklagten, die Beklagte Scheidung aus alleinigem Verschulden des Klägers beantragt. Klage und Widerklage sind auf die §§ 47, 49, 60 EheG gestützt. Das Landgericht in Erfurt hat die Ehe durch Urteil vom 2. November 1942 auf Klage und Widerklage geschieden, beide Teile für schuldig erklärt und die Kosten des Rechtsstreits gegeneinander aufgehoben. Der Kläger hat Berufung eingelegt mit dem Antrag auf Abweisung der Widerklage. Die Beklagte hat keine Berufung eingelegt. Sie hat zunächst nur Zurückweisung der Berufung des Klägers, später Abweisung der Klage und Scheidung nur auf die Widerklage aus Verschulden des Klägers und weiter hilfsweise beantragt (Antrag des Schriftsatzes vom 15. Juni 1943), den Kläger für überwiegend schuldig zu erklären. Der Kläger hat nach stattgehabten Beweiserhebungen im letzten Verhandlungstermin vom 16. November 1943 die Rücknahme seiner Berufung erklärt, die Beklagte hat ihre Einwilligung versagt. Das Berufungsgericht hat durch Urteil vom 16. November 1943 dahin erkannt: „Der Antrag der Beklagten vom 15. Juni 1943 wird als unzulässig verworfen. Die Revision wird zugelassen." Die Beklagte hat nach Ablauf der Frist das Rechtsmittel der Revision eingelegt, um Wiedereinsetzung in den vorigen Stand gebeten und in der Sache Aufhebung des Berufungsurteils und Zurückverweisung an das Berufungsgericht zur sachlichen Bescheidung ihres Antrags aus der Berufungsinstanz beantragt. Der Kläger bittet um Zurückweisung der Revision.

Entscheidungsgründe

Die Revision ist verspätet eingelegt. Dem Wiedereinsetzungsgesuch der Beklagten war stattzugeben (§§ 233 ff. ZPO).

Das Berufungsgericht hält den Antrag der Beklagten vom 15. Juni 1943 für unzulässig und dem gemäß den Kläger für befugt, seine Berufung auch ohne Einwilligung der Beklagten rechtswirksam zurückzunehmen. Es meint, der gegen die Scheidung auf die Klage gerichtete Antrag der Beklagten werde durch § 532 Abs. 4 ZPO nicht ermöglicht, es handele sich um eine nicht mehr statthafte Anschließung an die Berufung der anderen Partei. Dabei verschließt sich das Berufungsgericht nicht den Bedenken, die sich aus einer Bindung des Berufungsklägers an die zu dessen Ungunsten ergangene erstinstanzliche Entscheidung in einem Fall wie dem vorliegenden ergeben können.

Der Senat hat sich mit der Bedeutung, die dem § 532 ZPO in der Fassung der 4. VereinfVO in Ehesachen zukommt, bereits in der zum Abdruck in der amtlichen Sammlung bestimmten Entscheidung vom 20. Oktober 1943 – IV 195/43 – befaßt. In dieser Entscheidung ist dargelegt, daß in Ehesachen der Berufungsbeklagte in der Anbringung neuer Klage- und Widerklageanträge durch den Fortfall der Anschlußberufung nicht beeinträchtigt wird, sodann aber auch, daß er nicht gehindert ist, seine in der ersten Instanz abgewiesenen Klage- oder Widerklageanträge erneut zu stellen, sei es mit einer abgeänderten oder der bisherigen Begründung. Was den zweiten Teil des vorgenannten Rechtssatzes (Wiederaufnahme der erstinstanzlichen Klage- oder Widerklageanträge) angeht, so ergibt er sich zwar nicht ohne weiteres aus dem Wortlaut des § 532 ZPO. Er liegt aber im Sinne des Abs. 2 a.a.O., der die Ehe- und Kindschaftssachen von den nach Abs. 1 für das sonstige Streitverfahren geltenden Beschränkungen ausnimmt und damit zum Ausdruck bringt, daß die Stellung des Berufungsbeklagten in diesen Sachen eine stärkere und hinsichtlich formaler Bindungen freiere sein muß. Die inneren Gründe, die namentlich in Ehesachen diesen Standpunkt des Gesetzes rechtfertigen, liegen auf der Hand. Danach erscheint es in Rücksicht auf die Abschaffung der Anschlußberufung geboten, dem § 532 ZPO in der Fassung der 4. VereinfVO eine über den bloßen Wortinhalt hinausgehende Bedeutung beizulegen. Sonst würde man unter Umständen zu unbilligen, mit dem Rechtsempfinden nicht vereinbaren Ergebnissen kommen. Es genügt, auf den Fall hinzuweisen, daß Scheidungsklage und Scheidungswiderklage abgewiesen sind und der vom abgewiesenen Scheidungskläger vor den Berufungsrichter gezogene abgewiesene Scheidungswiderkläger im Laufe des zweitinstanzlichen Verfahrens neue Beweismittel erlangt, welche die Begründetheit seiner Widerklage dartun.

Der jetzt zur Entscheidung stehende Fall weist nun allerdings gegenüber dem im Urteil vom 20. Oktober 1943 erörterten einen Unterschied auf. Damals handelte es sich darum, ob der Berufungsbeklagte auf Grund des § 532 ZPO seinen in erster Instanz abgewiesenen Scheidungsantrag erneut stellen konnte. Jetzt ist die Frage, ob der Berufungsbeklagte auch seinen Klagabweisungsantrag, mit dem er in erster Instanz nicht durchgedrungen ist, in zweiter Instanz auf

Grund des § 532 ZPO wieder aufnehmen kann. Der Senat bejaht auch diese Frage. Zwar ist nicht zu verkennen, daß damit eine noch weiter gehende Loslösung vom Wortlaut des § 532 ZPO vollzogen wird. Denn dort ist nur von positiven Klage- und Widerklageanträgen des Berufungsbeklagten die Rede, nicht von Anträgen, die lediglich auf Abweisung der gegnerischen Klage- oder Widerklageanträge gerichtet sind. Aus Gründen der Billigkeit und Zweckmäßigkeit erscheint es jedoch erforderlich, die dem Berufungsbeklagten in Ehesachen eingeräumte Stellung auch nach dieser Richtung weiter auszubauen. Denn auch in Fällen der vorliegenden Art wird sich für den Berufungsbeklagten vielfach erst im Laufe des von der Gegenpartei anhängig gemachten Berufungsverfahrens die Notwendigkeit ergeben, den Scheidungsanspruch des Berufungsklägers, der sich mit einer Scheidung auf Klage und Widerklage nicht abfinden will, zu bekämpfen, wenn er der Gefahr entgehen will, daß unter Abweisung seiner eigenen Scheidungsklage die Ehe lediglich auf die Klage des Gegners statt auf Klage *und* Widerklage geschieden wird. Dem § 532 ZPO muß nach allem in Ehesachen die Bedeutung zukommen, daß der Berufungsbeklagte – unbeschadet der Beschränkungen nach Abs. 3 – im Berufungsverfahren auf Grund des Abs. 4 die gleichen Anträge – positive oder abwehrende – stellen kann, die er bis zum Inkrafttreten der 4. VereinfVO durch Anschlußberufung geltend machen konnte.

War nun aber die Beklagte und Berufungsbeklagte im vorliegenden Fall befugt, gegenüber dem Widerklagabweisungsantrag des Berufungsklägers ihren erstinstanzlichen Antrag auch nach Ablauf der Berufungsfrist wieder aufzunehmen, dann konnte der Kläger am 16. November 1943 seine Berufung nur mit Zustimmung der Beklagten rechtswirksam zurücknehmen (§ 515 ZPO in d. F. der 4. VereinfVO). Da diese Einwilligung versagt ist, wurde das Berufungsverfahren durch die vom Kläger erklärte Zurücknahme seiner Berufung nicht beendet und das Berufungsgericht war gehalten, über den Antrag der Beklagten vom 15. Juni 1943 sachlich zu entscheiden. Danach war zu erkennen wie geschehen.

---

43. Die Übertragung des Personensorgerechts auf die Mutter nach § 81 EheG umfaßt – abweichend von dem früheren § 1635 BGB – auch die gesetzliche Vertretung des Kindes in persönlichen Angelegenheiten.

Verliert die Mutter durch ihre Wiederverheiratung – unter Fortdauer der tatsächlichen Personensorge – das Recht zur gesetzlichen Vertretung, so geht dieses Recht nicht auf den Vater über. Es ist vielmehr für das Kind zur Wahrnehmung dieses Rechts ein Pfleger (oder Vormund), nach dem Tode des Vaters ein Vormund zu bestellen.

EheG § 81; BGB §§ 1696, 1697, 1776, 1777, 1778.

IV. Zivilsenat. Beschl. v. 27. Juni 1944 (GSE IV 14/1944).

I. Amtsgericht Sonderhausen.
II. Oberlandesgericht Naumburg.

In der Vormundschaftssache, betreffend den am 20. März 1935 geborenen K. R. in Bad Frankenhausen, hat der IV. Zivilsenat des Reichsgerichts auf Grund des Gesetzes vom 15. Juli 1941 (RGBl. I S. 383) und des § 4 der KrMVO vom 12. Mai 1943 (RGBl. I S. 290) auf den Wiederaufnahmeantrag des Oberreichsanwalts beim Reichsgericht vom 25. Mai 1944 dahin entschieden:

Der Beschluß des Oberlandesgerichts in Naumburg vom 4. September 1943 wird aufgehoben. Die Beschwerde der Frau M. geb. S. gegen den Beschluß des Amtsgerichts Sondershausen, Zweigstelle Bad Frankenhausen, vom 16. August 1943 wird zurückgewiesen. Das Beschwerdeverfahren ist gebührenfrei.

Gründe

Die Ehe der Eltern des Kindes ist durch Urteil des Landgerichts in Meiningen vom 26. Mai 1942 zur Alleinschuld der Mutter wegen Ehebruchs mit dem Arbeiter M. geschieden worden. Im November 1943 heiratete sie M., nachdem sie im Oktober 1943 ein von ihm erzeugtes Kind geboren hatte. Die Personenfürsorge für K. R. wurde durch Beschluß des Amtsgerichts in Bad Salzungen vom 3. September 1942 nach § 81 EheG für die Dauer der Einberufung des Vaters zur Wehrmacht der Mutter übertragen. Der Vater hatte sich damit einverstanden erklärt, da er sich während seines Wehrdienstes nicht genügend um das Kind kümmern könne, sich dabei aber für die Zeit nach Beendigung des Krieges weitere Schritte vorbehalten. Das Kind verblieb somit bei der Mutter, die mit ihrem zweiten Manne jetzt in Bad Frankenhausen lebt. Im Januar 1943 verstarb der Vater an den Folgen einer Verwundung. Zum Vormund des Kindes wurde im März 1943 von dem Amtsgericht in Bad Frankenhausen der Knopfmacher A. O. bestellt. Nachträglich stellte sich heraus, daß der Verstorbene in einem an das Amtsgericht in Salzungen gerichteten – sich nach Form und Inhalt als eigenhändiges Testament darstellenden – Schreiben vom 26. Juli 1942 für den Fall seines Todes seinen Vater G. R. als Vormund und Erzieher seines Sohnes bestimmt hatte. Daraufhin bestellte das Amtsgericht Sondershausen, Zweigstelle Bad Frankenhausen, am 16. August 1943 an Stelle des bisherigen Vormundes O. den Großvater G. R. zum Vormund des Kindes. Auf die Beschwerde der Mutter hat das Oberlandesgericht in Naumburg durch Beschluß vom 4. September 1943 den amtsgerichtlichen Beschluß aufgehoben.

Der hiergegen gerichtete Wiederaufnahmeantrag des Oberreichsanwalts ist begründet.

1. Das Oberlandesgericht versagt dem Vater das Recht zur Benennung eines Vormundes nach § 1777 Abs. 1 Satz 1 BGB, weil im Zeitpunkte seines

Todes das Personensorgerecht für das Kind der Mutter zugestanden habe. Es hat dabei offenbar den § 1697 BGB übersehen. Gleichwohl ist zu diesem Punkte die Entscheidung im Ergebnis zutreffend.

Die Übertragung des Personensorgerechts auf die Mutter nach § 81 EheG beschränkt sich nicht – wie nach dem früheren § 1635 Abs. 2 BGB – auf die tatsächliche Sorge für das Kind, sondern umfaßt auch die gesetzliche Vertretung in den persönlichen Angelegenheiten. Mit der Anordnung war somit das Recht zur gesetzlichen Vertretung insoweit von dem Tage an auf die Mutter übergegangen. Durch ihre Wiederverheiratung hatte indessen die Mutter dieses Recht – unter Fortbestand der tatsächlichen Personensorge – verloren (§ 1697 in Verbindung mit § 1696 Satz 1 Halbs. 2 BGB). Das Recht war damit aber nicht wieder auf den Vater übergegangen. Der in dem Beschluß des Kammergerichts JFG Bd. 21 S. 236 (239) vertretenen gegenteiligen Ansicht kann nicht zugestimmt werden. Die Wiederverheiratung der Mutter mag gegebenenfalls dem Vormundschaftsgericht zu einer – jederzeit zulässigen – Änderung seiner Anordnung nach § 81 EheG Anlaß geben. Ein Wiederaufleben der gesetzlichen Vertretung des Vaters in den persönlichen Angelegenheiten des Kindes kraft Gesetzes würde aber dem Sinn und Zweck der Regelung des § 81 EheG offensichtlich widersprechen; denn vom Standpunkte der gegenteiligen Auffassung würde in dem Sonderfalle der Wiederverheiratung der Mutter dann gerade die Aufspaltung der Personensorge in Vertretungsbefugnis und tatsächliche Sorge eintreten, die der § 81 EheG als früher besonders mißlich empfunden beseitigt hat. Die Frage, ob im Falle des Todes der Mutter – also nach Fortfall der sich aus dem Nebeneinanderstehen der geschiedenen Elternteile ergebenden Konfliktslage – die der Mutter nach § 81 EheG übertragene Personensorge ohne weiteres wieder dem Vater anfällt oder ob die Anordnung des Vormundschaftsgerichts bis zu einer etwaigen Aufhebung ihre Wirkung behält, liegt grundsätzlich anders; zu ihr braucht hier nicht Stellung genommen zu werden.

Ob im Falle der Wiederverheiratung der Mutter bei Lebzeiten des Vaters zum Träger des der Mutter nach § 1697 BGB verlorengegangenen Vertretungsrechts, wie im Schrifttum zumeist angenommen wird, ein Pfleger – hinsichtlich dessen das Vormundschaftsgericht in der Auswahl frei ist (§ 1916 BGB) – oder ein Vormund zu bestellen ist, kann offen bleiben. Nach dem Tode des Vaters, wie im vorliegenden Falle, – wo es sich um die gesetzliche Vertretung sowohl in den persönlichen wie in den vermögensrechtlichen Angelegenheiten des Kindes handelt, – ist jedenfalls ein Vormund zu bestellen. Die Vorschriften der §§ 1776 f. BGB über die Berufung zur Vormundschaft kommen also im vorliegenden Falle zum Zuge.

Die Begründung, mit der das Oberlandesgericht dem Vater das Benennungsrecht versagt, – weil das Sorgerecht im Zeitpunkte seines Todes der Mutter zugestanden habe, – geht nach dem dargelegten allerdings fehl. Der Grund ist vielmehr der, daß das der Mutter mit der Wiederverheiratung verlorengegangene Vertretungsrecht nicht wieder dem Vater angefallen war, ihm also, was nach § 1777 BGB das allein Entscheidende ist, bei seinem Tode das volle die persönlichen und vermögensrechtlichen Angelegenheiten umfassende Recht zur gesetzlichen Vertretung des Kindes nicht zustand.

2. Weiter stützt das Oberlandesgericht seine Entscheidung auf § 1778 Abs. 1 (letzten Fall) BGB. Es verkennt nicht, daß, – wenn der Vater bei seinem Tode nach § 1777 nicht benennungsberechtigt war und auch die wiederverheiratete Mutter aus demselben Grunde für eine Benennung ausschied –, G. R. nach § 1776 Abs. 1 Nr. 3 BGB auch ohne Benennung als Großvater väterlicherseits in erster Linie als Vormund berufen war. Es glaubt ihn aber übergehen zu sollen, da seine Bestellung die Belange des Mündels insofern gefährde, als eine Überführung des Jungen aus seinem jetzigen ihm vertrauten Familienkreise zu den Großeltern für ihn eine Härte und nicht zu rechtfertigende Belastung bedeuten würde. Dabei wird übersehen, daß es sich in dem vorliegenden Verfahren noch gar nicht darum handelt, den künftigen Aufenthalt des Kindes zu regeln, sondern nur darum, wer sein Vormund sein soll. Die Bestellung des väterlichen Großvaters zum Vormund besagt noch nicht, daß die unmittelbare Betreuung des Kindes nunmehr aus den Händen der Mutter in die des Großvaters überginge. Davon, daß etwa schon die Bestellung des Großvaters zum Vormund die Belange des Kindes gefährden könnte, kann keine Rede sein. Gerade in einem Falle, wie dem vorliegenden, wo der Mann sich mit der Unterbringung des Kindes bei der Mutter nur wegen der Unmöglichkeit, das Kind während seines Wehrdienstes selbst zu betreuen, einverstanden erklärt hatte und das Amtsgericht ersichtlich nur mit Rücksicht auf dieses Einverständnis des Vaters das Kind der Mutter trotz ihrer schweren Eheverfehlung nach § 81 EheG anvertraut hatte, entspricht es nicht nur den berechtigten Wünschen der Großeltern, sondern ebenso den Belangen des Kindes, daß durch die Bestellung des Großvaters zum Vormund der Weg geöffnet wird, die Verbindung des Kindes mit der väterlichen Familie nach Möglichkeit zu erhalten. Allerdings ist damit zu rechnen, daß sich der Großvater als Vormund nachdrücklich darum bemühen wird, dem Wunsche des gefallenen Sohnes zu entsprechen, das Enkelkind zu sich in seinen Haushalt zu nehmen; dann wird es gegebenenfalls Aufgabe des Vormundschaftsgerichts sein, unter Abwägung der widerstreitenden Belange die dem Wohle des Kindes am besten entsprechende Entscheidung zu treffen. Die Aussicht auf einen derartigen Konflikt zwischen dem Großvater als Vormund und der Mutter könnte es aber keineswegs rechtfertigen, etwa schon die Bestellung des Großvaters zum Vormund von vornherein als die Belange des Kindes gefährdend abzulehnen.

Die angefochtene Entscheidung kann danach nicht bei Bestand bleiben. Unter Aufhebung des Beschlusses war daher die Beschwerde der Mutter gegen die Bestellung des Großvaters zum Vormund zurückzuweisen.

Leipzig, den 27. Juni 1944

gez.: Dr. Jonas, Schwegmann, Dr. Hofmann, Dr. Schrutka, Lippert

---

44. §§ 477 Nr. 5, 529 Nr. 2 ÖstZPO; VO zum Schutze der Wehrmachtsangehörigen und anderer von den Kriegsverhältnissen betroffenen Personen in bürgerlichen Rechtsstreitigkeiten v. 13. Okt. 1942 (RGBl. I S. 604). Wird das Verfahren in bürgerlichen Rechtsstreitigkeiten fortgesetzt, obwohl es unterbrochen war, weil eine Partei durch die Kriegsverhältnisse betroffen war, so ist das weitere Verfahren und das darauf ergehende Urteil im Gebiet der ZPO v. 1. Aug. 1895 nach § 577 Ziff. 5 nichtig.

Beschl. vom 28. Juni 1944 (GSE 39/1944).

---

45. Kündigungsschutz (für einen Handelsvertreter) auch für unechte Kündigungen (Verlängerungsklauseln).

VO zur Änderung und Ergänzung der Vorschriften auf dem Gebiet des Handelsrechts vom 24.1.1940 (RGBl. I 1940, S. 225), § 2 Abs. 1.

VI. Zivilsenat. Urt. v. 30. Juni 1944 (VI 112/1943).

I. Landgericht Braunschweig.
II. Oberlandesgericht Braunschweig.

In Sachen des Kaufmanns Alfons Eigbrecht, Berlin, Klägers und Revisionsklägers, Prozeßbevollmächtigter: Rechtsanwalt Dr. Drost in Leipzig,

gegen

die Firma Buchholtz Kommanditgesellschaft, Gummi-Industrie, Braunschweig, Beklagte und Revisionsbeklagte, Prozeßbevollmächtigter: Rechtsanwalt Justizrat Geutebrück in Leipzig, hat das Reichsgericht, VI. Zivilsenat, auf die mündliche Verhandlung vom 30. Juni 1944 durch den Senatspräsidenten

Dr. Günther und die Reichsgerichtsräte Dr. Schack, Eilles, Oesterheld, Dr. Balve für Recht erkannt:

Das Urteil des 1. Zivilsenats des Oberlandesgerichts in Braunschweig vom 16. September 1943 wird aufgehoben.

Auf die Berufung des Klägers wird das Urteil der 1. Zivilkammer des Landgerichts in Braunschweig vom 24. Juli 1943 zu Ziffern 1, 2, 4 und 5 geändert:

1. Es wird festgestellt, daß die von der Beklagten ausgesprochene Kündigung des mit dem Kläger geschlossenen Agenturvertrags unzulässig ist.

2. Die Beklagte wird verurteilt, dem Kläger einen Buchauszug über alle Geschäfte zu erteilen, welche sie mit Kunden aus den Bezirken Groß-Berlin, Brandenburg, Pommern, Mecklenburg, Grenzmark, Ost- und Westpreußen abgeschlossen oder ausgeführt hat, und zwar unter Angabe der von den Kunden darauf geleisteten Zahlungen.

Die Kosten aller drei Rechtszüge werden der Beklagten auferlegt. – Von Rechts wegen.

Tatbestand

Durch Vertrag vom 24. Juli 1935 übertrug die Beklagte dem Kläger die Alleinvertretung für ihre Kraftfahrzeug-Zubehörteile in Groß-Berlin, Brandenburg, Pommern, Mecklenburg, Grenzmark sowie Ost- und Westpreußen für die Zeit vom 1. Juli 1935 bis 30. Juni 1936 mit der weiteren Vereinbarung (§ 8 des Vertrags), daß die Kündigung des Vertrags einen Monat vor dessen Ablauf durch eingeschriebenen Brief erfolgen müsse und daß, wenn dies nicht geschehe, der Vertrag jeweils auf die gleiche Dauer verlängert gelte. Bevor eine derartige Kündigung des Vertrags ausgesprochen war, wurde der Kläger im Dezember 1940 zum Wehrdienst eingezogen. Sein Geschäft führte er mit Hilfe eines Prokuristen und eines Handlungsbevollmächtigten weiter. Aus Anlaß eines brieflich ausgefochtenen Meinungsstreits kündigte die Beklagte den Vertrag fristlos durch Schreiben vom 29. Juli 1942.

Mit der gegenwärtigen Klage hat der Kläger beantragt, die Unzulässigkeit der ausgesprochenen Kündigung festzustellen und die Beklagte zur Erteilung eines Buchauszugs über alle mit den Kunden seines Bezirks in der Zeit seit dem 12. September 1942 ausgeführten und abgeschlossenen Geschäfte unter Angabe der darauf geleisteten Zahlungen sowie zur Zahlung von 100 RM nebst Zinsen (vereinbarte Vergütung für die Unterhaltung eines Kommissionslagers) zu verurteilen. – Der Kläger hat in Abrede gestellt, daß ein wichtiger Grund zur Kündigung vorliege, und sich im übrigen für die Unzulässigkeit einer Kündigung auf § 2 der VO zur Änderung und Ergänzung von Vorschriften auf dem Gebiet des Handelsrechts vom 24. Januar 1940 (RGBl. I S. 225) berufen.

Die Beklagte hat Abweisung der Klage beantragt.

Das Landgericht hat – unter Abweisung der Klage im übrigen – festgestellt, daß die Kündigung mit sofortiger Wirkung unzulässig, dagegen zum

30. Juni 1943 zulässig sei, und die Beklagte zur Erteilung des begehrten Buchauszugs mit Beschränkung auf die Zeit vom 12. September 1942 bis 30. Juli 1943 sowie zur Zahlung von 100 RM nebst Zinsen verurteilt. Das Oberlandesgericht hat die Berufung des Klägers zurückgewiesen.

Mit der Revision verfolgt der Kläger seinen Klagantrag, soweit er abgewiesen ist, weiter. Die Beklagte bittet um Zurückweisung der Revision.

Entscheidungsgründe

Die vom Erstrichter verneinte und damit zugunsten des Klägers entschiedene Frage, ob die Beklagte einen wichtigen Grund zur fristlosen Kündigung des Agenturverhältnisses gehabt hat, ist im zweiten Rechtszuge nicht mehr Gegenstand des Streits gewesen. Die Parteien haben nur noch darüber gestritten, ob der Kündigung vom 29. Juli 1942 unter Berücksichtigung der VO zur Änderung und Ergänzung der Vorschriften auf dem Gebiet des Handelsrechts vom 24. Januar 1940 die Wirkung zukommen kann, daß das Vertragsverhältnis zum Ende des damals laufenden Vertragsjahres (30. Juni 1943) sein Ende erreicht hat. Beide Vorinstanzen bejahen diese Frage, jedoch aus verschiedenen Gründen. Während das Landgericht der Auffassung ist, daß für den Kläger, weil er trotz Einberufung zum Wehrdienst seine Geschäftstätigkeit weiter ausübe und die ihm nach dem Vertrage zustehenden Rechte in Anspruch nehme, der Kündigungsschutz der Verordnung überhaupt nicht in Betracht komme, nimmt das Oberlandesgericht bei Mißbilligung dieser Auffassung an, daß die Beklagte mit der als fristlose Kündigung aus wichtigem Grunde zwar wirkungslosen Erklärung vom 29. Juni 1942 entsprechend der Vereinbarung im § 8 des Vertrags den Willen kundgegeben habe, das mit dem 30. Juni 1943 ablaufende Vertragsverhältnis über diesen Zeitpunkt hinaus nicht zu erneuern, daß diese Erklärung rechtsbegrifflich keine Kündigung sei und daher von dem Kündigungsverbot der Verordnung nicht erfaßt werde.

Den Gründen, mit denen das Berufungsgericht die Auffassung des Landgerichts mißbilligt, ist beizutreten. Es liegt in der Tat kein Anhaltspunkt dafür vor, daß dem Handlungsagenten, der trotz Einberufung zum Wehrdienst seinen Geschäftsbetrieb aus eigener Kraft oder mit fremder Hilfe ganz oder teilweise fortsetzt, der Kündigungsschutz versagt bleiben soll. Das Gegenteil folgert der Berufungsrichter mit Recht aus dem Umstand, daß die Verordnung im § 2 Abs. 1 mit einer Einigung der Parteien über die weitere Fortsetzung der Geschäftstätigkeit des Agenten als Regelfall rechnet, ohne daß für diesen Fall der in § 2 ausgesprochene Kündigungsschutz ausgeschlossen oder eingeschränkt wird. Eine über diesen Rahmen hinausgehende Einigung haben die Parteien entgegen der Meinung der Revisionsbeantwortung nicht getroffen, wenn sie nach der Einberufung des Klägers nach Maßgabe der diesem verbliebenen Betätigungsmöglichkeiten das Vertragsverhältnis fortsetzten.

Die weitere Annahme des Berufungsgerichts, daß Erklärungen der vorliegenden Art von der Verordnung nicht betroffen würden, kann hingegen nicht gebilligt werden. Die Verordnung spricht allerdings nur aus, daß der Geschäftsherr das Vertragsverhältnis – ohne wichtigen Grund – nicht kündigen könne, und es trifft zu, daß streng rechtsbegrifflich die Kündigung diejenige Willenserklärung ist, durch welche ein auf unbestimmte Zeit laufendes Rechtsverhältnis beendet wird, während die in der hier vereinbarten Vertragsklausel vorgesehene Erklärung nicht eigentlich auf dessen Beendigung zielt, sondern in der durch jene Vereinbarung bestimmten Form und Frist die – sonst stillschweigend als vereinbart geltende – Entstehung eines neuen Vertragsverhältnisses im Anschluß an das ablaufende ablehnt (RGZ Bd. 86 S. 62, Bd. 97 S. 81). Erklärungen dieser Art werden indessen im Rechtsleben ebenfalls allgemein als Kündigung in der richtigen Erkenntnis bezeichnet, daß sie sich in ihrer praktischen Bedeutung nicht von der echten Kündigung unterscheiden. Hier wie dort wird im sachlichen Ergebnis die Beendigung des – beim Schweigen der Parteien sich fortsetzenden – Vertragsverhältnisses bewirkt. Dieser Wesensgleichheit ist auch in älteren gesetzlichen Bestimmungen Rechnung getragen, indem bei der Regelung gewisser Dienstverhältnisse die die Vertragsfreiheit einschränkenden Vorschriften über die Kündigungsfristen auch in dem Falle für anwendbar erklärt sind, „wenn das Dienstverhältnis für bestimmte Zeit mit der Vereinbarung eingegangen ist, daß es in Ermangelung einer vor dem Ablauf der Vertragszeit erfolgten Kündigung als verlängert gilt" (§ 67 Abs. 3 HGB, § 133aa Abs. 3 GewO). Bei dieser Sachlage erscheint es keineswegs notwendig, bei der Auslegung der Verordnung davon auszugehen, daß der Gesetzgeber sich auf die eigentliche Kündigung in ihrer rechtsbegrifflichen Bedeutung habe beschränken wollen. Da die kriegswirtschaftliche Anordnung, wie § 2 Abs. 1 Satz 2 zeigt, sich im besonderen Maße unmittelbar an die beteiligten Wirtschaftskreise wendet, kann mit besserem Grund angenommen werden, daß sie in ihrer Fassung dem allgemeinen Sprachgebrauch, der mit sachlicher Berechtigung zwischen der echten und unechten Kündigung nicht unterscheidet, angepaßt werden sollte. Der Zweck der Verordnung, den zum Wehrdienst einberufenen Handelsagenten ihren Arbeitsplatz während der Dauer der Einberufung zu sichern, bestätigt diese Annahme nur. Die Verordnung sieht zwar davon ab, ein Vertragsverhältnis aufrechtzuerhalten, das für bestimmte Zeit geschlossen ist und mit dem Ablauf dieser Zeit – noch während der Einberufung des Agenten – von selbst sein Ende erreicht. Sie würde aber weitgehend auf die Erreichung ihres wirtschaftspolitischen Zieles verzichten, wenn sie darüber hinaus allen Handlungsagenten den Schutz vorenthalten wollte, die in einem mit der Verlängerungsklausel ausgestatteten befristeten Vertragsverhältnis stehen. Da dieses Vertragsverhältnis praktisch einem auf unbestimmte Zeit geschlossenen völlig gleichsteht, ist deshalb anzunehmen, daß auch seine Lösung – abgesehen von dem Fall des wichtigen Grundes – der Entschließung des Geschäftsherrn während der Einberufung des Handelsagenten entzogen sein soll.

Der Berufungsrichter hält es – anknüpfend an die Bemerkung von *Hefermehl* (Pfundtner-Neubert, Das neue Reichsrecht II w 67, Bem. 2 zu § 2 der VO) – für möglich, die Verordnung auf einen befristeten Vertrag anzuwenden, wenn dieser die Verlängerung auf unbestimmte Zeit vorsieht, verneint diese Möglichkeit dagegen, wenn sich die Vertragsdauer beim Schweigen der Parteien jeweils auf bestimmte Zeit verlängern soll. Diese Unterscheidung und ihre Begründung kann jedoch nicht gebilligt werden: Es trifft schon nicht zu, daß es sich im ersten Falle bei der die Verlängerung des Vertrags ablehnenden Parteierklärung um eine echte Kündigung handeln könnte. Diese Auffassung findet auch in der vom Vorderrichter angezogenen Entscheidung des Reichsarbeitsgerichts (RAG Bd. 4 S. 357) keine Stütze. Die Möglichkeit aber, daß im zweiten Fall die Anwendung der Verordnung zu einer Aufrechterhaltung des Vertragsverhältnisses über die Zeit der Einberufung des Handlungsagenten hinaus führen könnte, ist kein dem Zweck des Gesetzgebers widersprechendes Ergebnis. Diese Lage tritt, wie die Revision zutreffend bemerkt, auch bei der echten Kündigung ein, wenn sie nach dem Vertrage nur zu bestimmten Terminen zulässig ist.

Das hiernach auf rechtsirriger Auslegung der Verordnung vom 24. Januar 1940 beruhende Berufungsurteil ist aufzuheben. Aus den Gründen ergibt sich zugleich die Unzulässigkeit der von der Beklagten ausgesprochenen Kündigung und damit die Rechtfertigung der Berufung des Klägers gegen das landgerichtliche Urteil. Soweit dieses Urteil zum Nachteil des Klägers erkennt, ist es daher abzuändern und nach seinen Anträgen zu erkennen.

---

46. Bei der Frage, ob ein die Beweisführung nach dem ersten Anschein ermöglichender typischer Geschehensablauf vorliegt, ist die Gesamtheit aller unstreitigen Tatsachen zugrundezulegen, die durch ihr Zusammenwirken die Eigenart des Unfallhergangs ergeben.

BSchG § 92; HGB § 735.

I. Zivilsenat. Urt. v. 4. Juli 1944 (I 2/1944).

I. Schiffahrtsgericht Dresden.
II. Oberlandesgericht Dresden.

In Sachen der Neuen Norddeutschen und Vereinigten Elbeschiffahrt AG in Hamburg, Klägerin, Revisionsklägerin, und des Deutschen Reichs, Reichswasserstraßenverwaltung, vertreten durch den Sächsischen Minister für Wirtschaft und Arbeit in Dresden, Nebenintervenienten, Prozeßbevollmächtigter: Rechtsanwalt Dr. Petersen in Leipzig,

gegen

1. die offene Handelsgesellschaft Diecke & Busse in Mühlberg a. d. Elbe, 2. deren Inhaber: a) den Schiffseigner August Diecke, b) den Schiffseigner Paul Busse, c) den Kaufmann August Diecke und d) den Kaufmann Walter Busse, sämtlich in Mühlberg a. d. Elbe, Beklagte, Revisionsbeklagte, Prozeßbevollmächtigter: Rechtsanwalt Justizrat Geutebrück in Leipzig, hat das Reichsgericht, I. Zivilsenat, auf die mündliche Verhandlung vom 4. Juli 1944 durch den Senatspräsidenten Dr. Lindenmaier und die Reichsgerichtsräte Dr. Brandenburg, Dr. Löhmann, Dr. Dinter, Dr. Segelken für Recht erkannt:

Die Revision gegen das Urteil des 11. Zivilsenats des Oberlandesgerichts in Dresden vom 23. November 1943 wird zurückgewiesen.

Die Kosten des Revisionsverfahrens werden der Klägerin auferlegt mit Ausnahme der durch die Nebenintervention verursachten Kosten, die dem Nebenintervenienten zur Last fallen. – Von Rechts wegen.

Tatbestand

Am 16. Oktober 1940 geriet der ohne Schlepperhilfe auf der Elbe zu Tal fahrende Kahn „D & B 172“ der Beklagten unterhalb der Riesaer Elbbrücke auf Grund. Das Hinterteil des Schiffes wurde trotz sofortigen Ankerwerfens von der Strömung gegen den vertäut vor dem Kai in Riesa liegenden Kahn NNVE 437 der Klägerin getrieben, der hierdurch erheblich beschädigt wurde.

Die Klägerin ist der Meinung, die Beklagten hätten den Unfall nach den Grundsätzen über den Beweis nach dem ersten Anschein schon deshalb zu vertreten, weil ihr in Bewegung befindlicher Kahn den an erlaubter Stelle liegenden Kahn NNVE 437 angefahren habe. Ein Verschulden der Besatzung an dem Festkommen des Kahn ergebe sich insbesondere daraus, daß sie die Boberlinie überfahren habe und dadurch aus dem Fahrwasser geraten sei.

Die Beklagten haben um Abweisung der auf Zahlung von 11.560 RM nebst 5 v.H. Zinsen seit dem 16. Oktober 1940 und Duldung der Zwangsvollstreckung in den Kahn D & B 172 gerichteten Klage gebeten. Sie haben behauptet, daß ihr Kahn ohne Verschulden der Besatzung sich auf einer Untiefe festgefahren habe, obwohl er sich innerhalb der Fahrrinne etwa 20 bis 30 m von der Mummenboberlinie entfernt gehalten habe.

Das Schiffahrtsgericht hat die Klage nach Beweiserhebung abgewiesen.

Das Oberlandesgericht hat nach Anhörung eines Sachverständigen die Berufung des Streitgehilfen der Klägerin (Deutsches Reich, Reichswasserstraßenverwaltung) zurückgewiesen.

Gegen dieses Urteil hat die Klägerin Revision eingelegt. Sie beantragt, unter Aufhebung des angefochtenen Urteils nach den Klageanträgen zu erkennen. Die Beklagten bitten, die Revision zurückzuweisen.

Entscheidungsgründe

I. Die Rüge der Klägerin, der Berufungsrichter habe die Grundsätze des Beweises vom ersten Anschein unrichtig angewendet, ist im Ergebnis unbegründet, obgleich den angegriffenen Ausführungen nicht in vollem Umfange gefolgt werden kann. Die Frage, ob die Beschädigung des Kahns der Klägerin durch den Kahn der Beklagten sich nach dem tatsächlichen Hergang als ein typischer Geschehensablauf darstellt, der nach allgemeiner Erfahrung auf ein Verschulden der Besatzung des zuletzt genannten Kahns schließen läßt, kann nur aufgrund der Gesamtheit aller feststehenden Tatsachen beantwortet werden. In fehlerhafter Weise benutzen sowohl das angefochtene Urteil als auch die Revisionsbegründung nur einen Teil des unstreitigen Sachverhalts, nämlich die bloße Tatsache, daß der vor dem Kai in Riesa ankernde Kahn der Klägerin von dem Kahn der Beklagten angefahren worden ist, zu der Folgerung, daß dieser Zusammenhang nach dem ersten Anschein auf ein Verschulden der Besatzung des Kahns der Beklagten hinweise. Die ebenfalls unstreitige Tatsache, daß der Kahn der Beklagten vor dem Zusammenstoß mit dem Vordersteven auf Grund geraten ist und von der Strömung trotz sofortigen Ankerwerfens mit dem Hinterteil gegen den Kahn der Klägerin getrieben worden ist, wird sodann im angefochtenen Urteil daraufhin geprüft, ob danach ein anderer Geschehensablauf ernstlich in Frage komme, der im Gegensatz zu jener ersten Schlußfolgerung den Unfall ohne Verschulden der Besatzung zu erklären vermöge. Diese Betrachtungsweise ist rechtsirrig. Unzulässig ist es, unter Aufspaltung des unstreitigen Gesamttatbestandes in verschiedene Teilereignisse jedes für sich einer zergliedernden Beurteilung zu unterwerfen, da sich die Eigenart des Unfallherganges erst aus der Gesamtheit aller ineinandergreifenden und zusammenwirkenden Tatsachen ergibt. In der Schiffahrt hat die Rechtsprechung des Reichsgerichts die Grundsätze des Beweises vom ersten Anschein namentlich in Fällen angewendet, in denen ein in der Steuerfähigkeit nicht beschränktes fahrendes Schiff ein an zulässiger Stelle stilliegendes Schiff oder einen im Wasser verankerten Gegenstand angefahren hatte (RGZ Bd. 120 S. 258 [S. 263]; RG JW 1936 S. 3187 Nr. 11). Die in derartigen Fällen angestellten Erwägungen lassen sich indessen nicht, was die Revisionsbegründung verkennt, in schematischer Weise auf den Streitfall übertragen, in dem das Festgeraten des Kahns der Beklagten, das Abtreiben des hinteren Teils durch die Strömung trotz sofortigen Ankerwerfens und die Beschädigung des Kahns der Klägerin in ihrer ursächlichen Verknüpfung von vornherein festgestanden haben. Insoweit war nichts mehr zu beweisen. Der richterlichen Beurteilung der Schuldfrage waren vielmehr die besonderen Umstände zugrundezulegen, die durch ihr Zusammenwirken dem Tatbestande das Gepräge geben (RGZ Bd. 134 S. 237 [242]). Im Vordergrunde steht somit die Frage, ob das Festgeraten des Kahns am Orte des Unfalls und unter den besonderen Verhältnissen des Unfalltages der Besatzung zum Verschulden gereicht – wofür, wie noch ausgeführt werden wird, die Regeln vom Beweise des ersten Anscheins nicht anwendbar sind, da keine Sachlage gegeben ist, die nach der Lebenserfahrung auf ein Verschulden der Besatzung schließen ließe –. Sofern ein Verschulden zu verneinen ist, können auch die weiteren für den Zusammenstoß ursächlichen Ereignisse den Vorwurf des Verschuldens nicht begründen, da sie nach dem unstreitigen Sachverhalt zwangsläufige Folge des Festkommens waren. Der Kahn der Beklagten hatte bei einer Länge von über 70 m einen Tiefgang von fast 2 m. Er ist, was ebenfalls unstreitig ist, bei Mittelwasser unterhalb der Riesaer Elbbrücke auf der Talfahrt festgekommen, nachdem vorher während längerer Zeit Hochwasser geherrscht hatte. Die Lebenserfahrung gewährt ohne das Hinzutreten weiterer Tatsachen keinen genügenden Anhalt dafür, daß bei solcher Sachlage das Festkommen des Kahns an einer Stelle, die von der Berufungsbegründung zu den schwierigsten gerechnet wird und somit an die nautischen Fähigkeiten des Kahnführers hohe Anforderungen stellte, auf einem Verschulden der Schiffsbesatzung beruht. Der Tiefgang des Kahns war nach der durch das Gutachten des Sachverständigen belegten und von der Revisionsbegründung nicht bemängelten Feststellung des Berufungsrichters für den Wasserstand nicht zu groß. Die Klägerin war daher in vollem Umfange hinsichtlich der Umstände aufklärungs- und beweispflichtig, aus denen das Verschulden der Kahnbesatzung an dem Festkommen hervorgehen soll. Der Berufungsrichter ist trotz seiner mißverständlichen Auffassung über die Beweisführung nach dem ersten Anschein mit Recht zu dem gleichen Ergebnis gelangt. Zutreffend sieht er insbesondere die Klägerin für ihre Behauptung als beweispflichtig an, daß das Festgeraten sich außerhalb der durch Bober bezeichneten Fahrrinne ereignet habe.

II. Der Berufungsrichter hat unter Bezugnahme auf die ausführliche Beweiswürdigung des Schiffahrtsgerichts den Beweis für diese Behauptung als nicht geführt angesehen. Hiergegen sind keine Revisionsangriffe erhoben. Aufgrund der Aussage des Strommeisters Weichhold stellt er fest, daß dieser täglich das ganze Stromknie abgepeilt habe. Er hält es aber im Anschluß an das Gutachten des Sachverständigen, in dessen Gegenwart er sich das Peilverfahren hat vorführen und erläutern lassen, für möglich, daß ihm hierbei eine Sandablagerung geringeren Umfanges entgangen sein könne. Aufgrund des Gutachtens hat er ferner die Überzeugung gewonnen, daß sich durch das Hochwasser innerhalb der Fahrrinne eine für das Festgeraten des Kahns ursächliche Untiefe gebildet haben könne. Zu Unrecht bemängelt die Klägerin mit der Verfahrensrüge aus § 286 ZPO, daß es für diese Feststellungen an einer genügenden Grundlage fehle. Der Berufungsrichter hat den Sachverständigen im Hinblick auf das Vorbringen des Streitgehilfen der Klägerin (Reichswasserstraßenverwaltung) über Ursachen und Umfang der Sandablagerungen im Elbebett zugezogen. Der Sachverständige hat, nachdem er an der letzten Vernehmung des Strommeisters Weichhold teilgenommen hatte, ein schriftliches Gutachten aufgrund des Akteninhalts erstattet und es in Gegenwart der Parteien in der mündlichen Verhandlung vorgetragen. Den Parteien war also hinreichend Gelegenheit geboten, über zweifelhaft gebliebene Punkte Fragen an den Sachverständigen zu richten. Die Revisionsbegründung behauptet nicht, daß die Klägerin von dieser Möglichkeit in den von ihr bezeichneten Fragen Gebrauch gemacht habe. Ebensowenig hat sie die Sachkunde des Sachverständigen angezweifelt. Den Beweisanträgen der Klägerin und des Streitgehilfen, die sich für ihre Auffassung über den naturgesetzlichen Verlauf und die Ausdehnung der Sandablagerungen lediglich auf das Gutachten eines Sachverständigen bezogen hatten, war hiernach entsprochen worden. Die Aussagen des wiederholt vernommenen Strommeisters sind sowohl in dem Gutachten des Sachverständigen als auch in dem angefochtenen Urteil gewürdigt worden. Es kann daher nicht gerügt werden, daß sie unberücksichtigt geblieben seien. Der Sachverständige hat es trotz der von ihm abgelehnten entgegenstehenden Ansicht des Zeugen Weichhold unter Billigung des Berufungsrichters für möglich gehalten, daß unbemerkt durch den Zeugen eine bei einem Wasserstande von plus 2,06 nicht erkennbare leichte Rippe der Versandung habe entstehen können. Zur Erklärung hat er auf die Unebenheit des Elbgrundes, den fallenden Wasserstand und die Anschwemmmöglichkeiten von Sand und Kies hingewiesen. Wenn die Klägerin diese Erklärung, die der Berufungsrichter rechtlich unangreifbar für ausreichend erachtet hat, nicht gelten lassen wollte, so hätte sie hierüber eine ergänzende Äußerung des Sachverständigen in der mündlichen Verhandlung herbeiführen müssen, was indessen nach dem Sitzungsprotokoll und dem Tatbestande des angefochtenen Urteils nicht geschehen ist. Von einem „Sandberg" ist in dem Gutachten des Sachverständigen keine Rede gewesen. Der Berufungsrichter konnte daher den Beweisantrag des Streitgehilfen, der Dampfbaggerbootführer Körnig habe nach dem Unfalltage bei Baggerarbeiten in der Fahrtrinne keinen Sandberg festgestellt, als unerheblich ansehen.

Der Sachverständige hat auch unter Berücksichtigung der Aussagen der Besatzungsmitglieder über ihre Fahrweise das Festkommen des Kahns auf einer Untiefe für möglich gehalten. Der Berufungsrichter sieht die Angaben des Kahnschiffers, daß der Kahn einen Abstand von 20 bis 30 m von den Mummenbobern eingehalten habe, nach dem Beweisergebnis als nicht widerlegt an. Lediglich hilfsweise hat er im Hinblick auf die Ansicht des Streitgehilfen, daß in der Mitte des Flußbettes die Strömung jede Unebenheit sofort beseitige, erwogen, selbst wenn diese Ansicht zutreffend sei, so könne daraus doch nur gefolgert werden, daß der Abstand des Kahns von der Boberlinie geringer gewesen sei. Auch für diesen Fall lehnt er aber ein Verschulden des Kahnführers ab, weil er mit dem Sachverständigen der Auffassung ist, daß der Kahn trotz seines das höchst zulässige Maß erreichenden Tiefganges nicht die Mitte des Strombettes habe benutzen müssen. Auch die gegen diese Erwägungen sich richtenden Revisionsangriffe sind unbegründet. Ersichtlich ist der Berufungsrichter nach dem Zusammenhange seiner Ausführungen der Meinung, daß sich der Abstand des Kahns von der Boberlinie nicht mehr mit Sicherheit feststellen läßt. Nach dem eigenen Vorbringen der Klägerin und des Streitgehilfen war am Unfalltage noch in der Nähe der Boberlinie ein ausreichendes Fahrwasser für den Tiefgang des Kahns vorhanden. Der Sachverständige und ihm folgend der Berufungsrichter halten es indessen für möglich, daß der Kahn sich auf einer bei dem Wasserstande nicht erkennbaren Anschwemmung von geringer Höhe festfahren konnte. Nicht zu beanstanden ist nach den dargelegten Umständen die Folgerung des Berufungsrichters, daß sich daraus kein genügender Anhalt für ein Verschulden der Kahnbesatzung ergebe, daß insbesondere der Kahnführer aufgrund der allgemeinen Sorgfaltspflicht (§ 4 der Binnenschiffahrtspolizeiverordnung vom 12. April 1939 RGBl. II S. 655) es nicht als notwendig habe ansehen müssen, die Mitte des Fahrwassers zu benutzen. Es würde eine Überspannung der Sorgfaltspflicht bedeuten, wenn man eine Verpflichtung des Schiffers annehmen wollte, sich in der Mitte des Fahrwassers zu halten, obwohl er das Fahrwasser in der durch Bober bezeichneten Breite als ausreichend tief ansehen durfte und Untiefen für ihn nicht erkennbar waren. Hiervon abgesehen, hat der Berufungsrichter auch die Angaben des Schiffers über seinen Abstand von der Boberlinie, bei deren Zugrundelegung sich der Kahn zur Zeit des Unfalls nach Meinung des Sachverständigen etwas rechts von der Fahrwassermitte befunden haben würde, für nicht widerlegt erachtet.

Die Revision ist daher als unbegründet zurückzuweisen.

Die Kosten des erfolglos eingelegten Rechtsmittels fallen der Klägerin nach § 97 ZPO zur Last mit Ausnahme der durch die Nebenintervention verursachten Kosten, die dem Nebenintervenienten auferlegt werden, § 101 Abs. 1 ZPO.

---

47. 1. Nach § 92 BSchG in Verbindung mit §§ 736, 738 HGB muß sich der Eigentümer eines bei dem Zusammenstoß mit Schiffen eines anderen Schleppzuges beschädigten Anhangkahns entgegenhalten lassen, daß die Besatzung des ihm ebenfalls gehörenden Schleppers des Anhangkahns ein für den Unfall ursächliches Mitverschulden trifft.

2. Die Frage, ob nach dem Grundsatz des § 47 Abs. 1 RheinSchPolVO das Wenden unzulässig ist, weil dadurch eine Gefahr entstehen kann, ist der pflichtmäßigen Beurteilung des Schiffes im Einzelfall überlassen. Deshalb muß ergänzend zu § 47 stets § 4 RheinSchPolVO herangezogen werden.

BSchG §§ 3, 4, 92; HGB §§ 735, 736, 738; BGB §§ 254, 421, 422, 840; Schifffahrtspolizeiverordnung für das Rheinstromgebiet v. 18. Jan. 1939 (RGBl. II, 41) § 47.

I. Zivilsenat. Urt. v. 4. Juli 1944 (I 109/1943).

I. Schiffahrtsgericht in Duisburg-Ruhrort.
II. Oberlandesgerichts Köln.

In Sachen der Firma Mathias Stinnes GmbH in Duisburg-Ruhrort, Klägerin, Revisionsklägerin und Revisionsbeklagte, Prozeßbevollmächtigter: Rechtsanwalt Dr. Petersen in Leipzig,

gegen

1. das Deutsche Reich, vertreten durch den Reichsschleppbetrieb, Wasserstraßenschleppamt Duisburg-Ruhrdeich, 2. den Kapitän Anton Schäfer vom Boot D 200 in Ruhrort, zu laden beim Straßenwasseramt Duisburg-Rhein, Beklagte, Revisionsbeklagte und Revisionskläger, Prozeßbevollmächtigter: Rechtsanwalt Dr. Drost in Leipzig,

hat das Reichsgericht, I. Zivilsenat, auf die mündliche Verhandlung vom 4. Juli 1944 durch den Senatspräsidenten Dr. Lindenmaier und die Reichsgerichtsräte Dr. Brandenburg, Dr. Löhmann, Dr. Dinter, Dr. Segelken für Recht erkannt:

Die Revision der Klägerin gegen das Urteil des 3. Zivilsenats des Oberlandesgerichts in Köln vom 1. September 1943 wird zurückgewiesen.

Auf die Revision der Beklagten wird das bezeichnete Urteil aufgehoben. Die Berufung der Klägerin gegen das Urteil des Schiffahrtsgerichts in Duisburg-Ruhrort vom 16. April 1943 wird zurückgewiesen.

Die Kosten des Berufungs- und Revisionsverfahrens werden der Klägerin auferlegt. – Von Rechts wegen.

Tatbestand

Am 3. Mai 1941 sollte das Boot Mathias Stinnes 11 der Klägerin den dieser ebenfalls gehörenden, mit 700 t Erz beladenen Kahn „Mathias Stinnes 57" und den leeren Kahn „Jon Millot" von Ruhrort zu Tal nach Schwelgern schleppen. Nachdem es den oberhalb des Drehplatzes am Schreckling liegenden Kahn

„Jon Millot“ auf Seite von dem aus der Ruhr geholten Kahn „Mathias Stinnes 57“ aufgenommen hatte und der Anker von „Jon Millot“ hochgedreht worden war, drehte es mit seinen Kähnen über Steuerbord zu Tal, um mit der Fahrt nach Schwelgern zu beginnen. Inzwischen war das von dem Zweitbeklagten geführte Boot „D 200“ des Erstbeklagten mit dem Kahn „Hoesch 11“ im Anhang aus der Ruhr gekommen und drehte zu Berg. An der Steuerbordseite hatte das Boot „Rhenania 13“ an dem Vorderschiff des Kahns „Hoesch 11“ festgemacht, um bei dem Drehen des Kahns auf Strom zu helfen. Trotz dieser Hilfe lief der Kahn „Hoesch 11“ aus, als er Strom gegen den Kopf bekam, und stieß, schon teilweise zu Berg liegend, mit dem Vorderschiff gegen die Steuerbordseite des Kahns „Mathias Stinnes 57“, der infolge des Zusammenstoßes sank und mit der Ladung verloren ging.

Die Klägerin mißt dem Zweitbeklagten das Verschulden an dem Unfall bei, weil er nicht schon in der Ruhrmündung gedreht und seinen Kahn nicht genügend herumgezogen habe. Der Schleppzug „Mathias Stinnes 11“ habe vor dem Drehen mehrfach Signale gegeben und etwa 80 bis 100 m außerhalb des Ruhrkopfes schon vollständig zu Tal gelegen, als das Boot „D 200“ um den oberen Ruhrkopf zu Berg gehalten habe.

Die Klägerin, die sich die Schadensersatzansprüche der Ladungseigentümer und der Besatzung des Kahns „Mathias Stinnes 57“ hat abtreten lassen, hat mit der Klage von der Beklagten als Gesamtschuldnern in Höhe von insgesamt 68.563,63 RM nebst 4 v. H. Zinsen seit dem 3. Mai 1941 Wertersatz für den gesunkenen Kahn, die Ladung und die Habe der Schiffsbesatzung verlangt. Außerdem hat sie die dingliche Haftung des Erstbeklagten mit dem Boot „D 200“ geltend gemacht.

Die Beklagten haben zu ihrem Antrage auf Abweisung der Klage vorgetragen, schuld an dem Unfall sei der Führer des Bootes „Mathias Stinnes 11“. Auf Boot „D 200“ seien Ausfahrt- und Aufdrehsignale gegeben worden, bevor das Boot „Mathias Stinnes 11“ das Zeichen zum Drehen gegeben habe. Der Führer von „Mathias Stinnes 11“ habe daher auf den aus der Ruhr kommenden Schleppzug Rücksicht nehmen müssen, weil es häufig zu einem Auslaufen der Kähne in der Ruhrmündung komme. Er habe aber den Bogen beim Drehen nicht weit genug genommen, obwohl das Revier frei gewesen sei.

Das Schiffahrtsgericht hat die Klageansprüche zur Hälfte dem Grunde nach für gerechtfertigt erklärt und in Höhe von 34.281,81 RM abgewiesen.

Das Oberlandesgericht hat auf die Berufung der Klägerin die Klageansprüche zu 3/4 dem Grunde nach für gerechtfertigt erklärt und nur in Höhe von 17.140,90 RM abgewiesen.

Gegen dieses Urteil haben beide Parteien Revision eingelegt.

Die Klägerin erstrebt mit dem Rechtsmittel, daß in vollem Umfange nach den Klageanträgen erkannt werde, während die Beklagten bitten, unter Aufhebung des angefochtenen Urteils die Berufung der Klägerin gegen das Urteil des Schiffahrtsgerichts zurückzuweisen. Beide Parteien beantragen außerdem, die Revision des Gegners zurückzuweisen.

Entscheidungsgründe

I. Die Vorinstanzen haben verabsäumt, sich über die Rechtsgrundlage der Klageansprüche zu äußern. Der Streitfall zeigt die Besonderheit, daß die Klägerin zugleich Eigentümerin des in Verlust geratenen Kahns „Mathias Stinnes 57" und des Schleppers „Mathias Stinnes 11" ist, dessen Besatzung nach Ansicht der Vorinstanzen an dem Unfall mitschuldig ist. Daraus ergibt sich die Frage, ob die stillschweigende Annahme der Vorinstanzen richtig ist, daß die Klägerin sich das Verschulden der Schlepperführung entgegenhalten lassen muß, obgleich die Besatzung des gesunkenen Kahns nach den getroffenen Feststellungen schuldlos ist und nach ständiger Rechtsprechung des Reichsgerichts in der Binnenschiffahrt die Glieder eines Schleppzuges in der Haftungsfrage kein unteilbares Ganzes bilden. Nach dem Grundgedanken der §§ 3, 4 BSchG haftet der Eigner lediglich mit dem Schiffsvermögen, wenn die zu dem Schiff gehörende Besatzung einem Dritten durch ihr Verschulden in Ausführung ihrer Dienstverrichtungen Schaden zugefügt hat. In folgerichtiger Durchführung dieses Grundsatzes bestimmt § 4 Abs. 3 BSchG, daß bei einem Schleppverbande sich die Haftung des Eigentümers nur auf das Schiff erstreckt, das den Schaden verursacht hat. Danach werden die zu einem Schleppzug zusammengefaßten Schiffe in der Haftungsfrage grundsätzlich so behandelt wie unverbundene Schiffe. Jedes Schiff eines Schleppzuges haftet nur für seine Besatzung, das geschleppte Schiff also nicht für ein nautisches Verschulden der Besatzung des Schleppers, wie das Reichsgericht seit dem Urteil RGZ Bd. 65 S. 382 in ständiger Rechtsprechung angenommen hat. Die Vorschrift des § 4 Abs. 3 BSchG hat insbesondere auch den Fall im Auge, daß dem Eigentümer des Schleppers eines oder mehrere der geschleppten Schiffe gehören. Nach den in dem angeführten Urteil mitgeteilten Verhandlungen der Reichstagskommission über die Regierungsvorlage zum Binnenschiffahrtsgesetz wollte man durch Einfügung des § 4 Abs. 3 BSchG das als eine Ungerechtigkeit empfundene Ergebnis vermeiden, den Eigentümer des Schleppers auch mit seinen Anhangkähnen für einen Schaden haften zu lassen, den lediglich die Besatzung des Schleppers verursacht hat. Selbst wenn indessen hierin der leitende Gedanke des § 4 Abs. 3 BSchG erkannt wird, so ist mit ihm noch keine Lösung der Frage gegeben, ob die Klägerin sich bei Verfolgung des ihr durch den Verlust des Anhangkahns entstandenen Schadens das Verschulden der Besatzung ihres Schleppers anrechnen lassen muß. Zunächst beziehen sich §§ 3, 4 BSchG unmittelbar nur auf eine Schädigung Dritter, während hier der Klägerin entgegengehalten wird, daß sie als Eigentümerin des mitschuldigen Schleppers den durch das Sinken ihres Anhangkahnes entstandenen Schaden zum Teil selbst zu tragen habe. Auch ist neben diesen Vorschriften die Sonderregelung der Rechtsfolgen aus Schiffszusammenstößen heranzuziehen. Es bedarf der Prüfung, ob sie grundsätzliche Gedanken enthält, die auch für die streitige Frage Geltung beanspruchen. Würde die Klägerin nicht zugleich Eigentümerin des Schleppers „Mathias Stinnes 11“ sein, so würde für den Schaden aus dem Verlust des Anhangkahns der Eigentümer des genannten Schleppers in erster Linie aus dem Schleppvertrage haften. Der Erstbeklagte ist als Eigentümer des Schleppers „D 200“ wegen des gleichen Schadens aus unerlaubter Handlung nach den im § 92 BSchG für entsprechend anwendbar erklärten §§ 735, 738 HGB ersatzpflichtig. Die Vorschrift des § 736 HGB würde dagegen im Verhältnis zu dem Eigentümer des gesunkenen Kahns keine Anwendung finden, weil sie ein gemeinschaftliches Verschulden der Besatzungen aller beteiligten Schiffe, mit Einschluß also auch des beschädigten Schiffes, voraussetzt. Nach §§ 421, 840 BGB würden vielmehr die Eigentümer der schuldigen Schlepper, da die Besatzung des gesunkenen Kahns kein Verschulden trifft, den ganzen Schaden als Gesamtschuldner zu ersetzen haben, und zwar nach § 4 Abs. 1 Ziff. 2 und 3 BSchG in Verbindung mit § 739 Abs. 2 HGB unter Beschränkung der Haftung auf Schiff und Fracht, soweit nicht § 114 BSchG zuträfe. Keiner von beiden würde nach den Grundsätzen der gesamtschuldnerischen Haftung durch Berufung auf die Mitschuld des anderen Schleppers seine Ersatzpflicht gegenüber dem Geschädigten mindern können (RGZ Bd. 122 S. 284 [289]). Im Verhältnis zueinander würde zwischen ihnen jedoch eine Ausgleichspflicht bestehen, für die nicht § 426 Abs. 1 BGB, sondern nach den angezogenen Regeln über den Zusammenstoß von Schiffen § 736 HGB maßgebend wäre. Im endgültigen Ergebnis würde also jeder von ihnen den Schaden im Verhältnis der Schwere des Verschuldens zu tragen haben, das den Besatzungen der beteiligten Schlepper zur Last fällt (vgl. das zum Abdruck in der amtlichen Sammlung bestimmte Urteil des Senats vom 16. Juli 1943 I 32/43, Verkehrsrechtliche RdSchau 1943 [RGZ 171, 242], 2308 und Mittelstein, Handbuch des Binnenschiffahrtsrechts 1918 S. 379 Anm. 67). Im Streitfall scheidet eine persönliche gesamtschuldnerische Mithaft der Klägerin aus dem Unfall dadurch aus, daß sie zugleich Eigentümerin des gesunkenen Kahns ist. Ansprüche aus einem Schleppvertrage kommen gegen die Klägerin nicht in Frage, weil sie nicht mit sich selbst einen solchen Vertrag abgeschlossen haben kann. Ausgleichsansprüche, wie sie aufgrund des Gemeinschaftsverhältnisses unter Gesamtschuldnern bestehen, kann also der Erstbeklagte nicht geltend machen. Daran würde sich nichts ändern, wenn man abweichend von den Urteilen des Reichsgerichts Bd. 45 S. 50; Bd. 47 S. 168 [S. 171] mit der nunmehr herrschenden Meinung in der Rechtslehre den Erwerb eines Schiffsgläubigerrechts am eigenen Schiff in dem Falle für möglich erachtet, daß die Besatzung dieses Schiffes schuldhaft einen Zusammenstoß mit einem anderen Schiff desselben

Eigentümers verursacht (Mittelstein HansGZ 1918, S. 200; Handbuch des Binnenschiffahrtsrechts 1918 S. 318 Anm. 2, S. 402 Ziff. 4; Wassermeyer, Der Kollisionsprozeß in der Binnenschiffahrt 1940, S. 32 f., und für die entsprechende gesetzliche Regelung des Seerechts Wüstendörfer, Das Schiffahrtsrecht in Ehrenbergs Handbuch des gesamten Handelsrechts Bd. VII, 2 1923 S. 430 II; Boyens, Das Deutsche Seerecht, 1897 Bd. I S. 204 f.), denn das bezeichnete Schiffsgläubigerrecht würde sich, solange es in einer Person mit dem Eigentum an dem belasteten Schiff vereinigt ist, in dem gesetzlichen Pfandrecht erschöpfen und im Klagewege nicht geltend gemacht werden können.

Dies führt zu der Frage, ob aus dem Zusammenhang der die Rechtsfolgen aus Schiffszusammenstößen regelnden Vorschriften ein dem Grundgedanken des § 254 BGB entsprechender Rechtssatz entnommen werden kann, auf Grund dessen der Erstbeklagte der Klageforderung auf Wertersatz für den Anhangkahn das Mitverschulden der Besatzung des der Klägerin ebenfalls gehörenden Bootes Mathias Stinnes 11 entgegenhalten kann. Im Ergebnis ist dies zu bejahen. Mit Rücksicht darauf, daß § 3 BSchG eine Haftung für fremdes Verschulden begründet, kann sich der Eigner des schuldigen Schiffes grundsätzlich auf ein Mitverschulden des Geschädigten nach § 254 BGB berufen, soweit dieser Einwand der Besatzung seines Schiffes zusteht, und ebenso muß sich der Geschädigte im Rahmen des § 254 BGB nicht nur eigenes Verschulden, sondern auch entgegenhalten lassen, daß die Besatzung seines Schiffes den Schaden schuldhaft mit verursacht habe. Im Bereich des Binnenschiffahrtsrechts wird also § 254 BGB ergänzt durch die nach § 3 BSchG eintretende Haftung des Schiffseigners für das Verschulden der Schiffsbesatzung. Dieser Grundsatz ist in der Rechtsprechung des Reichsgerichts und auch in der Rechtslehre allgemein anerkannt (RGZ Bd. 85, S. 372 und entsprechend für § 485 HGB RGZ Bd. 55 S. 316 [320]; Bd. 59 S. 306 [311]; RGJW 1914 S. 1082 Nr. 7; Mittelstein aaO. S. 41; Vortisch-Zschucke Binnenschiffahrtsrecht 1938 § 3 Anm. 6 c; Wüstendörfer S. 524 Anm. 20). Abweichend von den angeführten Urteilen, die sich sämtlich auf ein Mitverschulden der Besatzung des beschädigten Schiffs beziehen, wird allerdings im Streitfall ein Mitverschulden der Besatzung eines anderen Schiffes desselben Eigentümers geltend gemacht; auch ist zu beachten, daß die Anwendung des § 254 BGB ausgeschlossen ist, soweit nach den Sondervorschriften über den Zusammenstoß von Schiffen eine abweichende Sonderregelung Platz greift (RGZ Bd. 78 S. 176; Bd. 125 S. 65). Eine solche Sonderregelung ist im § 736 HGB enthalten. Sind die Besatzungen aller beteiligten Schiffe an dem Zusammenstoß schuldig, so sind nach § 736 HGB die Schäden an Schiff und Ladung in der Weise zu verteilen, daß jedes Schiff nur mit einem der Schwere des Verschuldens seiner Besatzung entsprechenden Anteil haftet. Abweichend von § 254 BGB dient also nicht der Grad der Ursächlichkeit, sondern die Schwere des Verschuldens als Verteilungsmaßstab. Auch ein geringfügiges Mitverschulden muß regelmäßig im Rahmen des § 736 HGB berücksichtigt werden (RGZ Bd. 94 S. 93; RG HRR 1930 Nr. 1042). Grundsätzlich haftet nach § 736 HGB jedes Schiff nur für das Verschulden seiner Besatzung. Nur soweit die auf einem anderen Schiff befindlichen Personen nach nautischen Grundsätzen zu der Besatzung des beschädigten Schiffes gehören, haftet dieses für deren Verschulden nach § 3 BSchG. Hier greift indes der Grundsatz des § 4 Abs. 3 BSchG ein, daß im Binnenschiffsverkehr die Schiffe eines Schleppverbandes in nautischer Hinsicht und in der Haftungsfrage so anzusehen sind wie unverbundene Schiffe. Die durch § 736 HGB angeordnete Schadensverteilung nach der Schwere des Verschuldens der Besatzungen findet auch dann statt, wenn dem Eigentümer des mitschuldigen beschädigten Schiffes zugleich eines der anderen mitschuldigen Schiffe gehört und aus diesem Grunde im Verhältnis zu diesem Schiff Schadensersatzansprüche nicht entstehen können. Der dadurch dem Eigentümer des beschädigten Schiffs entstehende Ausfall kann auf die Eigentümer anderer beteiligter Schiffe nicht umgelegt werden. Im Endergebnis trifft also dieser Ausfall das geschädigte Schiffsvermögen. Nach der dargelegten Bedeutung des § 736 HGB ist anzunehmen, daß er einen allgemein gültigen Verteilungsmaßstab enthält, der auch im Verhältnis mehrerer mitschuldiger Schiffe untereinander anzuwenden ist, die ein drittes unschuldiges Schiff beschädigt haben, und zwar auch dann, wenn die Eigentümer dieser Schiffe dem Eigentümer des unschuldigen Schiffes nicht als Gesamtschuldner haften. Zu einem entsprechenden Ergebnis ist die Rechtsprechung des Reichsgerichts schon für den früheren § 735 Abs. 2 HGB in der Fassung vom 10. Mai 1897 gelangt, der nach dem Gesetze vom 7. Januar 1913 (RGBl. I S. 90) durch den jetzigen § 736 HGB ersetzt worden ist. In dem Urteil RGZ Bd. 51 S. 362 handelte es sich um einen Fall, in dem der Eigentümer der Ladung, der zugleich Eigentümer des mitschuldigen beschädigten Schiffes war, von dem Eigentümer eines anderen mitschuldigen Schiffes vollen Ersatz für den Wert der Ladung verlangt hatte. Das Reichsgericht hat ohne Rücksicht darauf, daß wegen der erwähnten Personengleichheit die nach der damaligen Gesetzeslage sonst eintretende gesamtschuldnerische Haftung der Schiffseigentümer nicht entstehen konnte, den Wert der Ladung auf die beiden Schiffseigentümer nach dem Maßstab des § 735 Abs. 2 BGB als von ihnen zu tragenden Schadensanteil verteilt. Entsprechend ist das Reichsgericht im Fall des Urteils RGZ Bd. 61 S. 310 verfahren, in dem eine gesamtschuldnerische Haftung der Schiffseigentümer deshalb nicht entstehen konnte, weil sich der eine Schiffseigentümer gegenüber dem Ladungseigentümer freigezeichnet hatte. In Fortentwicklung dieser Rechtsprechung ist der Ladungseigentümer nach dem neuen § 736 HGB in die Schadensverteilung bei gemeinsamem Verschulden aller beteiligten Schiffe einbezogen worden. Für den Streitfall ist aus der erörterten Tragweite des § 736 HGB die Folgerung zu ziehen, daß im Verhältnis der Klägerin als Eigentümerin des mitschuldigen Schleppers „Mathias Stinnes 11“ zum Erstbeklagten als Eigentümer des mitschuldigen Bootes „D 200“ der Wert des gesunkenen Anhangkahns „Mathias Stinnes 57“ den zwischen ihnen nach der Schwere des Verschuldens der Besatzungen zu verteilenden Schadens darstellt, obwohl eine gesamtschuldnerische Haftung der Parteien gegenüber dem Schiffsvermögen des Kahns durch die Eigentumsverhältnisse ausgeschlossen wird. Der Umstand, daß die Klägerin sowohl Eigentümerin des schuldlosen, gesunkenen Kahns als auch eines der mitschuldigen Schlepper ist, kann danach nicht die Folge haben, daß der Erstbeklagte mit einem Schadensanteil belastet wird, der bei gesamtschuldnerischer Haftung der Schleppereigentümer auf Grund des ebenfalls durch § 736 HGB geordneten Gemeinschaftsverhältnisses der Gesamtschuldner der Klägerin als Eigentümerin ihres Schleppers zur Last fallen würde. Vielmehr muß sich die Klägerin gerade wegen der Eigentumsverhältnisse die nach dem Grundgedanken des § 736 HGB zwischen den Eigentümern der schuldigen Schiffe gewollte Schadensverteilung entgegenhalten lassen. Gegen diese Auffassung wird von Wassermeyer (aaO. S. 33), der ersichtlich von der bei gesamtschuldnerischer Haftung bestehenden Rechtslage ausgeht, zu Unrecht der an sich zutreffende Umstand herangezogen, daß die Schadensersatzforderung zum Vermögen des schuldlosen Schiffes gehört (§ 115 Abs. II BSchG), während bei gesamtschuldnerischer Haftung sich der Ausgleichsanspruch des einen Gesamtschuldners gegen den anderen gegen das Vermögen des mitschuldigen Schiffes richtet, sofern nicht § 114 BSchG eingreift. Hierbei wird verkannt, daß § 736 HGB nach seinem Grundgedanken den Verteilungsmaßstab für den Gesamtschaden zwischen den Eigentümern der schuldigen Schiffe unabhängig von dem Eintritt einer gesamtschuldnerischen Haftung festsetzt, und daß es für die im § 736 HGB geregelte Frage, zu welchem Anteil die Eigentümer der schuldigen Schiffe den Schaden zu tragen haben, ebenfalls unerheblich ist, ob sie nur beschränkt oder auch persönlich haften. Daß im Endergebnis das Vermögen des schuldlosen Schiffes auf Grund der Regelung des § 736 HGB im Streitfall einen Ausfall erleidet, ist lediglich eine Folge des zufälligen Umstandes, daß die Klägerin gegen sich selbst als Eigentümerin des Schleppers keine Ersatzansprüche geltend machen kann. Dies ändert indessen nichts daran, daß die Klägerin als Eigentümerin sowohl des gesunkenen Kahns als auch des einen mitschuldigen Schleppers sich die von § 736 HGB gewollte Schadensverteilung zwischen den schuldigen Schiffen entgegenhalten lassen muß.

Besonders ist die Rechtslage, soweit die Klägerin auf Grund Abtretung die Ansprüche der Eigentümer auf Ersatz des Wertes der Ladung und der Habseligkeiten der Schiffsbesatzung des gesunkenen Kahns von dem Erstbeklagten verlangt. Den genannten Sacheigentümern ist die Klägerin nach §§ 3, 4 Abs. 1 Ziff. 3, 92 BSchG, §§ 735, 738 HGB neben den Beklagten als Gesamtschuldnern aus unerlaubter Handlung schadensersatzpflichtig geworden. Sofern die

Klägerin, wie anzunehmen ist, die Eigentümer befriedigt hat, sind die Schadensersatzansprüche gegen den Erstbeklagten nach §§ 421, 422 Abs. 1 BGB erloschen, soweit im Verhältnis zu ihm nach § 736 HGB der Schaden der Klägerin zur Last fällt. Die Abtretung an die Klägerin ist insoweit gegenstandslos. Dies gilt sowohl dann, wenn die Klägerin den Eigentümern der an Bord befindlichen Sachen nach § 114 BSchG auch beschränkt persönlich gehaftet haben sollte, als auch dann, wenn ihre Haftung auf ihren Schlepper und dessen Fracht beschränkt gewesen sein sollte. Aber auch, wenn die Klägerin die Eigentümer der Sachen noch nicht befriedigt haben sollte, würde sie auf Grund ihrer nach § 426 Abs. 1 BGB in Verbindung mit § 736 HGB dem Erstbeklagten gegenüber bestehenden Ausgleichspflicht die Klageansprüche nur unter Abzug des Betrages geltend machen können, der ihr im Verhältnis zum Beklagten zur Last fällt.

Die Schadensersatzansprüche gegen den Zweitbeklagten beruhen auf § 823 Abs. 1 BGB. Auch gegenüber dem Anspruch auf Wertersatz für den Anhangkahn kann der Zweitbeklagte sich auf § 3 BSchG in Verbindung mit § 254 BGB berufen, obwohl die Besatzung des schuldigen Schleppers in nautischer Hinsicht nicht zur Besatzung des gesunkenen Kahns gehörte. Der Einwand ist deshalb begründet, weil die Klägerin sich das Verschulden der Besatzung des Schleppers in derselben Weise zurechnen lassen muß, wie es ihr zugerechnet werden müßte, wenn die Besatzung einem Dritten denselben Schaden zugefügt haben würde. Dann aber würde nach §§ 421, 422, 840 BGB eine gesamtschuldnerische Haftung der Parteien für den Schaden begründet worden sein, und der Zweitbeklagte hätte mit dem Ausgleichsanspruch des § 426 Abs. 1 BGB in Verbindung mit § 3 BSchG und § 254 BGB Berücksichtigung des Mitverschuldens der Schlepperbesatzung verlangen können. Für die Frage, mit welchem Anteil des Schadens der Zweitbeklagte belastet werden kann, ist es nach § 254 BGB unerheblich, daß der Ausgleichsanspruch des § 426 Abs. 1 BGB sich gegen das Schiffsvermögen des Schleppers gerichtet haben würde (RGZ Bd. 85 S. 372). Auch nach § 831 BGB in Verbindung mit § 254 BGB kann der Zweitbeklagte das Mitverschulden der Besatzung des Schleppers „Mathias Stinnes 11" geltend machen. Die zu billigende Ansicht des Urteils RGZ Bd. 78 S. 176, daß bei Vorliegen eines Schleppvertrages nur der Eigner des Schleppers als selbstständiger Unternehmer die Schlepperbesatzung zur Verrichtung des Schleppens im Sinne des § 831 BGB bestellt, greift hier nicht ein, weil die Klägerin zugleich Eigentümerin des beschädigten Schiffes ist. Sie muß daher auch in dieser Eigenschaft nach § 831 BGB gegen sich gelten lassen, daß sie die Schlepperbesatzung zu Dienstverrichtungen bestellt hat, die dem gesunkenen Kahn zugute kommen sollten. Soweit die Klägerin die angeblich an sie abgetretenen Schadensersatzansprüche wegen der Ladung und von Sachen der Besatzung gegen den Zweitbeklagten richtet, ergibt sich die Anwendbarkeit des § 254 BGB in Verbindung mit § 3 BSchG und § 831 BGB unmittelbar aus dem Ausgleichsanspruch des

§ 426 Abs. 1 BGB. Der Umfang des zu leistenden Ersatzes bestimmt sich nach § 254 BGB nicht nach der Schwere des Verschuldens, sondern nach dem Verhältnis der Verursachung des Schadens.

II. Der Berufungsrichter hat sich im wesentlichen die tatsächlichen Feststellungen des Schiffahrtsgerichts zu eigen gemacht. Sein den Beklagten ungünstigeres Ergebnis in der Schuldfrage beruht auf einer Auslegung des § 47 RheinSchPolVO, die nicht durchweg gebilligt werden kann. Wie bereits das Schiffahrtsgericht erachtet der Berufungsrichter durch die Beweisaufnahme für widerlegt die Behauptung der Beklagten, der Stinnes-Zug habe mit dem Drehen erst begonnen, als das Boot „D 200" an der Ruhrmündung schon zu Berg gelegen und sein Anhangkahn „Hoesch 11" schon Strom gegen den Kopf bekommen habe. Insbesondere folgert er dies daraus, daß das Drehen eine gewisse Zeit erfordere, und daß der Stinnes-Zug im Augenblick des Zusammenstoßes schon fast ganz zu Tal gelegen habe. Auf der anderen Seite ist aber das Schiffahrtsgericht, was für die Lage kennzeichnend ist, davon ausgegangen, daß das Boot „D 200" schon Ausfahrtsignale gegeben und sich mit seinem Anhangkahn „Hoesch 11" und dem an dessen Steuerbord am Vorderschiff drückenden Boot „Rhenania 13" in Richtung auf die Ruhrmündung in Fahrt befunden habe, bevor der auf dem Drehplatz am Schreckling zu Berg liegende Stinnes-Zug mit dem Drehen über Steuerbord begonnen habe. Das Schiffahrtsgericht verweist in diesem Zusammenhang auf die Aussage des unbeteiligten Zeugen Kremp, der auf dem Anhangkahn eines zu Tal fahrenden Schleppzuges die Signale weiter oberhalb auf Strom gehört habe. Im einzelnen hat der Zeuge erklärt, er habe zunächst in Höhe von Küppersmühle ein Signal des Bootes „D 200" gehört, das angekündigt habe, daß es mit seinem Anhangkahn „Hoesch 11" die Hafenausfahrt verlassen und bergwärts fahren wolle. Aus der Aussage des Zeugen ergibt sich ferner, daß der Stinnes-Zug bei Abgabe dieses Signals oberhalb des Ruhrkopfes mit seinen Anhangkähnen gestoppt zu Berg gelegen hat, und daß „D 200" sein Signal in kurzen Abständen zweimal wiederholt hat. Der Berufungsrichter hat ersichtlich den gleichen Sachverhalt zugrunde gelegt, denn auch er macht unter Bezugnahme auf die Beweiswürdigung des Schiffahrtsgerichts dem Führer des Bootes „Mathias Stinnes 11" den Vorwurf, daß er die Ausfahrtsignale bei Ausführung seines Drehmanövers nicht berücksichtigt habe, obwohl er sie hätte hören müssen.

Mit Recht hat ferner das ortskundige Schiffahrtsgericht, dem der Berufungsrichter in tatsächlicher Hinsicht auch in diesem Punkte gefolgt ist, für die Schuldfrage der Erfahrungstatsache wesentliche Bedeutung beigemessen, daß bei der Ausfahrt aus der Ruhr die Anhangkähne öfter zum Strom auslaufen, wenn sie mit dem Kopf in die Strömung kommen und sich mit dem Hinterschiff noch im stillen Wasser hinter dem Ruhrkopf befinden. Das Schiffahrtsgericht hat dies ausdrücklich als eine gerichtsbekannte Erscheinung bezeichnet und hierzu erläuternd bemerkt, um das Auslaufen der Kähne zu vermeiden, sei es notwendig und allgemein üblich, daß der Führer des ausfahrenden Schleppzuges zunächst die Ruhrorter Seite anhalte und den Kopf seines Anhangkahnes schon hinter dem Ruhrkopf in der breiten Ruhrmündung zu Berg richte. Unter Billigung des Berufungsrichters hat das Schiffahrtsgericht nach dem Beweisergebnis festgestellt, daß der Führer von Boot „D 200" sich nicht an diese Übung gehalten habe, und daß, wenn es geschehen wäre, der Anhangkahn „Hoesch 11" namentlich im Hinblick auf die Hilfe des an seinem Vorderschiff drückenden Bootes „Rhenania 13" nicht bis in den Kurs des Kahns „Mathias Stinnes 57" hätte auslaufen können. Mit Recht haben daher die Vorinstanzen in dem Außerachtlassen der durch die allgemeine Sorgfaltspflicht und die berufliche Übung gebotenen Fahrweise ein für den Unfall ursächlich gewordenes Verschulden des Führers von Boot „D 200" gesehen (§ 4 RheinSchPolVO). Als erschwerend sieht dabei das Schiffahrtsgericht an, daß der Führer von Boot „D 200" aus dem Verhalten des Stinnes-Zuges (zunächst Sacken und sodann Voraustun) habe schließen können, daß er zu Tal zu wenden beabsichtige. Insoweit haben die Beklagten das auf diesem Sachverhalt fußende Urteil des Berufungsgerichts nicht angegriffen.

Dem Führer des Bootes „Mathias Stinnes 11" haben die Vorinstanzen übereinstimmend zur Last gelegt, daß er sich mit Rücksicht auf die Ausfahrtsignale von Boot „D 200" beim Drehen nicht weit genug von der Ruhrmündung gehalten habe, obwohl hierzu nach der Verkehrslage genügend Platz gewesen sei. Unter Anführung von Zeugenaussagen stellt der Berufungsrichter fest, daß nur der Schleppzug „Peter Küppers" ganz auf der Homberger Seite im Strom gelegen habe, während im übrigen das Revier frei gewesen sei. Er folgert daraus, daß der Führer des Bootes „Mathias Stinnes 11" ohne Behinderung durch andere Fahrzeuge einen weiten Bogen in Richtung auf die Homburger Seite hätte fahren können und müssen, statt sich über die Mitte des Stromes mehr nach der Ruhrorter Seite zu halten. Diese Feststellungen greift die Klägerin zu Unrecht an. Zunächst kann dem Berufungsrichter nicht vorgeworfen werden, die Beweislast verkannt zu haben, da er den dargelegten Sachverhalt für erwiesen erachtet und es somit auf die Beweislast nicht ankommt. Unbegründet sind auch die Verfahrensrügen der Klägerin, da sie darauf hinauslaufen, daß der Berufungsrichter die Zeugenaussagen anders hätte würdigen, insbesondere den Zeugen von der Heiden als zuverlässiger hätte ansehen müssen als die für seine Ansicht angeführten Zeugen. Damit wendet sich die Klägerin gegen die dem Berufungsrichter vorbehaltene, durch das Reichsgericht nicht nachprüfbare tatsächliche Würdigung des Beweisergebnisses. Nicht anzuerkennen ist, daß die Zeugenaussagen keine ausreichende Grundlage für die Schlußfolgerung der Vorinstanzen böten. Besonders zu begründen brauchte der Berufungsrichter nicht, weshalb er der von ihm in anderem Zusammenhang erwähnten, also nicht übersehenen Aussage des Zeugen von der Heiden in diesem Punkte nicht gefolgt ist. Selbst wenn man aber zugunsten der Klägerin annehmen wollte, daß der Führer von Boot „Mathias Stinnes 11" sich nach der Verkehrslage nicht weiter von der Ruhrmündung hätte halten können, so würde dies aus noch darzulegenden Rechtsgründen nur zu dem Ergebnis führen können, daß unter den oben angegebenen Umständen mit dem Drehmanöver bis nach der Ausfahrt des aus der Ruhr kommenden Schleppzuges hätte gewartet werden müssen. Das Ergebnis würde also in der Schuldfrage für die Klägerin keinesfalls günstiger sein als nach der tatsächlichen Annahme des Berufungsrichters.

Die Rechtsauffassung des Berufungsrichters, die erste und wichtigste Ursache für den Unfall habe der Führer des „D 200" gesetzt, weil er das an sich zulässige Drehmanöver des Stinneszuges gestört und ihm nicht die Vorfahrt gelassen habe, kann nicht gebilligt werden. Der Berufungsrichter führt aus, ein Wendemanöver im Sinne des § 47 RheinSchPolVO habe nur der Stinnes-Zug ausgeführt. Darunter sei nach natürlichem Sprachgebrauch nicht jede Kursänderung, sondern nur der Übergang aus einer Fahrtrichtung in die entgegen gesetzte zu verstehen. Diese Voraussetzungen seien bei dem Boot „D 200" nicht erfüllt gewesen, das aus der Ruhr kommend lediglich zu Berg gedreht habe. Die durch Hinweis auf den Sprachgebrauch unterstützte Auffassung des Berufungsrichters über den Begriff „Wenden" ist nicht zu beanstanden. Nach Dunkelberg (Rheinschiffahrtslexikon 2. Aufl. 1921 S. 10, 116) ist unter dem Wenden eines Schleppzuges das Aufdrehen aus der Talfahrt- in die Bergfahrtrichtung und das Umdrehen aus der Bergfahrt- in die Talfahrtrichtung zu verstehen. Wortlaut und Sinn des Gesetzes decken sich mit diesem Sprachgebrauch, wie § 47 im Zusammenhang mit den Sondervorschriften über Wendeplätze ergibt (§§ 148, 167; vgl. auch Wassermeyer aaO. S. 150). Hierauf kommt es indessen nach dem festgestellten Sachverhalt nicht entscheidend an. Danach muß angenommen werden, daß nach der Verkehrsübung aus der Ruhrmündung ausfahrende Schleppzüge anderen Verkehrsteilnehmern durch ein dem Wendesignal des § 47 Abs. 2 RheinSchPolVO entsprechendes Signal anzuzeigen pflegen, ob sie zu Berg oder zu Tal fahren wollen. Die im Verklarungsverfahren vernommenen Zeugen haben dem Ausfahrtsignal des Bootes „D 200" (ein langer Ton, zwei kurze Töne) soweit sie es gehört haben, übereinstimmend den von dem Zeugen Kremp angegebenen Sinn beigelegt. Auch die Prozeßparteien und das Schiffahrtsgericht haben nicht in Zweifel gezogen, daß das Boot „D 200" das bezeichnete Signal abgeben durfte. Es liegt also hier der Fall vor, daß ein an sich nur für das Wenden vorgeschriebenes Signal in Übereinstimmung mit der Verkehrsübung bei dem Verlassen der Ruhrmündung abgegeben wird, wenn die Umstände es erfordern. Im Zusammenhang hiermit ist für die Beurteilung der Zulässigkeit und der sachgemäßen Ausführung des Wendemanövers von Boot „Mathias Stinnes 11" der Erfahrungstatsache besondere Bedeutung beizumessen, daß Anhangkähne bei der Ausfahrt aus der Ruhrmündung infolge der Strömung häufig auslaufen. Wenn auch der Führer von Boot „D 200" nach den Feststellungen der Vorinstanzen dem Auslaufen durch geeignete Maßnahmen entgegenwirken konnte, so bleibt doch auf jeden Fall die Tatsache bestehen, daß für die Anhangkähne bei der Ausfahrt aus der Ruhrmündung das Nachsteuern mit Schwierigkeiten verbunden ist, und daß das Auslaufen der Anhangkähne eine häufige Erscheinung ist. Hiermit muß die Schiffahrt nach § 4 RheinSchPolVO rechnen. Dies hat nichts damit zu tun, daß unter gewöhnlichen Umständen der Verkehrsteilnehmer auf die Beachtung der allgemeinen Sorgfaltspflicht durch den Gegenfahrer vertrauen kann, da es hier wesentlich auf die im Einzelfall unberechenbare Auswirkung der Strömungsverhältnisse ankommt. Damit erledigt sich der Revisionsangriff der Klägerin, der Führer von Boot „Mathias Stinnes 11" habe mit einem Ausschießen des Anhangs von Boot „D 200" und deshalb auch mit einem Zusammenstoß nicht zu rechnen brauchen.

Über die Bedeutung des § 47 RheinSchPolVO hat sich der Senat schon in seinem zum Abdruck bestimmten Urteil vom 19. Oktober 1943 I 42/43 geäußert. Nach dem Grundsatz des § 47 Abs. 1 ist das Wenden unzulässig, wenn dadurch eine Gefahr entstehen kann. Es genügt hierbei die nicht fernliegende Möglichkeit, daß durch das Wenden andere Fahrzeuge zu Schaden kommen. Wann dies anzunehmen ist, kann nicht allgemein gesagt werden, sondern ist der pflichtmäßigen Beurteilung des Schiffers im Einzelfall überlassen. Deshalb muß ergänzend zu § 47 stets § 4 RheinSchPolVO herangezogen werden, wonach hinsichtlich der Möglichkeit einer Gefährdung anderer Verkehrsteilnehmer die allgemeine Sorgfaltspflicht und die berufliche Übung für die Beurteilung der Sachlage maßgebend sind. Nach § 47 Ziff. 2 und 3 kann der Wendende von anderen Verkehrsteilnehmern eine gewisse Rücksicht verlangen. Kursänderungen oder Verminderung der Geschwindigkeit sind ihnen zuzumuten, um die gefahrlose Ausführung des Wendens zu ermöglichen. Dies ändert indessen nichts daran, daß auch der Wendende die durch die Umstände des Einzelfalles gebotene Sorgfalt zu beachten hat. Kann das Wendemanöver nach der Verkehrslage gefahrlos nur ausgeführt werden, wenn ein weiter Bogen gefahren wird, so muß es entsprechend angelegt werden, wie die Beklagten mit Recht geltend machen. Das mit kurzem Bogen ausgeführte Manöver verstößt alsdann gegen § 47 Abs. 1 und § 4 RheinSchPolVO. Im Streitfall muß davon ausgegangen werden, daß der Schleppzug „D 200" Ausfahrtsignale schon gegeben und sich in Richtung auf die Ruhrmündung in Fahrt gesetzt hatte, bevor das Boot „Mathias Stinnes 11" das Wendezeichen gegeben und mit Drehen begonnen hatte. Hiernach mußte der Führer dieses Bootes nicht nur damit rechnen, daß der Schleppzug „D 200" seine Fahrt in Richtung der Ruhrmündung fortsetzen werde, sondern auch damit, daß der Anhang des Bootes „D 200" infolge der Strömungsverhältnisse bei der Ausfahrt aus der Ruhr in seiner Steuerfähigkeit behindert sein würde. Er durfte also unter diesen Umständen das Drehmanöver nur beginnen, wenn er dabei so weit von der Ruhrmündung abbleiben konnte, daß sein Schleppzug oder andere Schiffe bei dem in Rechnung zu stellenden Auslaufen des Anhangs von Boot „D 200" nicht gefährdet wurden. Nach der Reihenfolge der Ereignisse kann keine Rede davon sein, daß das Boot „D 200" dem Stinnes-Schleppzug die Vorfahrt hätte lassen müssen. Der Feststellung des Berufungsrichters, bei Beginn des Drehmanövers habe „D 200" nicht schon zu Berg gelegen, kommt sowohl für die Frage der Zulässigkeit des Drehmanövers als auch für die Frage, wer die erste Ursache für den Unfall gesetzt hat, keine ausschlaggebende Bedeutung zu, da hierdurch nicht ausgeschlossen wird, daß der Stinnes-Zug mit dem Drehen erst begonnen hat, nachdem „D 200" Ausfahrtsignale gegeben und sich mit seinem Anhang zur Ruhrmündung in Fahrt gesetzt hatte. Letzteres aber muß nach dem durch das Schiffahrtsgericht festgestellten und auch von dem Berufungsrichter zugrundegelegten Sachverhalt zugunsten der Beklagten angenommen werden.

Hiernach ist der Berufungsrichter aus rechtsirrigen Erwägungen zu einer den Beklagten ungünstigeren Beurteilung der Schuldfrage gelangt. Dies nötigt zur Aufhebung des angefochtenen Urteils auf die Revision der Beklagten. Mit dem Schiffahrtsgericht muß auf Grund desselben Sachverhalts das Verschulden auf beiden Seiten als gleich groß angesehen werden. Das Gleiche ist für die Ursächlichkeit des Verschuldens anzunehmen, soweit es darauf im Verhältnis zu dem Zweitbeklagten ankommt. Wenn auch die Abwägung des Verschuldens im wesentlichen auf tatsächlichem Gebiete liegt, so kann doch auch das Revisionsgericht nach § 4 Abs. XII der 4. VereinfVO vom 12. Januar 1943 (RGBl. I S. 7) diese Feststellungen abschließend treffen.

III. Aus den unter II. dargelegten Gründen ist der Schadensverteilung des Schiffahrtsgerichts im Verhältnis zum Erstbeklagten auf Grund des § 736 HGB und im Verhältnis zu dem Zweitbeklagten auf Grund des § 823 Abs. 1 in Verbindung mit § 254 BGB im Gegensatz zu der auf einer irrigen Anwendung des § 47 RheinSchPolVO beruhenden Auffassung des Berufungsrichters beizupflichten. Auf die Revision der Beklagten ist daher unter Aufhebung des angefochtenen Urteils die Berufung der Klägerin gegen das Urteil des Schiffahrtsgerichts zurückzuweisen, während die erfolglos gebliebene Revision der Klägerin zurückzuweisen ist.

Die Kosten des Berufungs- und Revisionsverfahrens sind der Klägerin nach §§ 91, 97 ZPO aufzuerlegen.

48. 1. Kleine Änderungen der Krankheitsbilder oder der Unfallsfolgen, die die Arbeitsfähigkeit nicht wesentlich oder nur vorübergehend beeinträchtigen, berechtigen nach Abschluß des Abfindungsvergleiches nicht zur Geltendmachung neuer Schadensersatzansprüche.

2. Wird die Übergehung im ersten Rechtszuge angetretener Beweise im Berufungsverfahren nicht beanstandet und der Beweisantritt nicht wiederholt, so bedeutet die Übergehung des Beweisantritts im Berufungsurteil keinen Verstoß gegen § 286 ZPO.

BGB § 779; ZPO §§ 286, 518.

V. Zivilsenat. Urt. v. 4. Juli 1944 (V 34/1944).

II. Oberlandesgericht Köln.

In Sachen des Kaufmanns Friedrich Josef Dahm in Zell a. d. Mosel, Klägers und Revisionsklägers, Prozeßbevollmächtigter: Rechtsanwalt Justizrat Geutebrück in Leipzig,

gegen

die Deutsche Reichsbahn, vertreten durch die Reichsbahndirektion Saarbrücken, Beklagte und Revisionsbeklagte, Prozeßbevollmächtigter: Rechtsanwalt Justizrat Huber in Leipzig,

hat das Reichsgericht, V. Zivilsenat, auf die mündliche Verhandlung vom 4. Juli 1944 durch den Reichsgerichtsrat Witthöfft als Vorsitzenden und die Reichsgerichtsräte Böhmer, Neuß, Bechmann, Denecke für Recht erkannt:

Die Revision gegen das Urteil des 6. Zivilsenats des Oberlandesgerichts in Köln vom 17. Februar 1944 wird auf Kosten des Klägers zurückgewiesen. – Von Rechts wegen.

Tatbestand

Bei dem Zusammenstoß eines Personenzuges mit einem Güterzuge am 15. November 1939 auf dem Bahnhof Mayen-Ost wurde der Kläger gegen die Tür seines Abteils geschleudert und zog sich dabei eine Kopfprellung und eine Gehirnerschütterung zu. Er machte bei der Beklagten Schadensersatzansprüche für die infolge des Unfalls aufgetretene Berufsunfähigkeit geltend und gab im Laufe der Verhandlungen als Unfallfolgen hochgradige Höreinbuße, Augenzittern und Sehstörungen und dumpfes Gefühl und Benommenheit im Kopf an. Am 3. Juli 1940 schlossen die Parteien einen Vergleich, nach dem der Kläger für allen Schaden, der ihm durch den Unfall entstanden war und noch entstehen würde, eine Abfindungssumme von 5.000 RM erhielt. Im Sommer 1941 meldete er indessen weitere Schadensersatzansprüche an, weil sich weitere Folgen des Unfalls, nämlich Kopfschmerzen, Schwindelgefühl und Erbrechen, eingestellt hätten, die ihn arbeitsunfähig machten. Da die Beklagte weitere Zahlungen ablehnte, erhob er Klage auf Zahlung einer monatlichen Rente von 150 RM und auf Feststellung der Verpflichtung der Beklagten zum Ersatz jedes weiteren Schadens mit der Begründung, daß nachträgliche Unfallfolgen eingetreten seien, mit denen die Parteien bei Abschluß des Vergleiches nicht gerechnet hätten. Insbesondere hätten sie damals nur eine Erwerbsbeschränkung für begrenzte Zeit angenommen, während sich jetzt eine dauernde Arbeitsunfähigkeit herausgestellt habe. Die Beklagte machte dagegen geltend, daß der Kläger in seinem Briefwechsel vor den Vergleichsverhandlungen nicht nur auf die Gehöreinbuße und Sehstörungen, sondern auch auf seine Bewußtlosigkeit nach dem Unfall und auf das danach aufgetretene dumpfe Gefühl und die Benommenheit hingewiesen habe, die angeblichen Spätfolgen also keineswegs außerhalb des Vorgestellten lägen, und daß sie vor allem nicht so erheblich seien, daß ein Vergleich in der abgeschlossenen Art ausgeschlossen gewesen sei.

Landgericht und Oberlandesgericht haben die Klage abgewiesen. Mit der Revision verfolgt der Kläger seinen Klageantrag weiter, während die Beklagte Zurückweisung der Revision beantragt.

Entscheidungsgründe

Nach ständiger Rechtsprechung des Reichsgerichts (RGZ Bd. 131 S. 278 [282/83] und Bd. 159 S. 266 u. a.) sind nach einem Vergleich, durch den alle bisher entstandenen und künftig entstehenden Schadensersatzansprüche abgegolten sein sollen, weitere Ansprüche nur zulässig, wenn die Parteien beim Vertragsschluß sich übereinstimmend einen beschränkten Schadenskreis vorgestellt haben und der nachträglich eingetretene Schaden gegenständlich völlig außerhalb des Vorgestellten liegt, nach dem damaligen Sachstande unvorhersehbar war, und so erheblich ist, daß bei seiner Kenntnis beide Parteien nach den Grundsätzen des redlichen Verkehrs den Vergleich nicht geschlossen hätten. Muß also der später aufgetretene Schaden objektiv außerhalb der Erkennbarkeit und Berechenbarkeit gelegen haben und auch subjektiv unvorhersehbar gewesen sein, so kann es sowohl bei der Frage, ob die Parteien bei Abschluß des Vergleichs die später aufgetretenen Unfallfolgen in den Bereich ihrer Erwägungen und Berechnungen gezogen haben, wie auch bei der Frage, ob der später aufgetretene Schaden über den damals in Rechnung gestellten erheblich hinausgeht, nicht auf kleine Änderungen des Krankheitsbildes und geringe Abweichungen der Unfallfolgen ankommen. Es kann also nicht genügen, daß neben oder anstatt der damals vorhanden gewesenen Krankheitserscheinungen körperliche Beschwerden auftreten, die zwar vorübergehend das Wohlbefinden beeinträchtigen und lästig sind, aber die körperliche und geistige Leistungsfähigkeit nicht wesentlich oder nur vorübergehend behindern und auf die Erwerbsfähigkeit im ganzen nur von geringem Einfluß sind. Deshalb können später auftretende Kopfschmerzen, Schwindelgefühle und Brechreiz, selbst wenn sie allein auf den früheren Unfall zurückzuführen sind, nur dann die Geltendmachung weiterer Ansprüche insbesondere auf Zahlung einer laufenden Unterhaltsrente rechtfertigen, wenn sie in so starkem Maße auftreten, daß der Geschädigte, wenn er nicht völlig erwerbsunfähig wird, doch seine Berufstätigkeit erheblich einschränken oder ändern muß und deshalb nur erheblich weniger als früher verdienen kann.

Von den in der Klage aufgeführten Spätschäden scheidet nach den auch von der Revision nicht angegriffenen Feststellungen des Berufungsgerichts die Verminderung der Hörfähigkeit aus, da sie in der Körperveranlagung des Klägers begründet und durch den Unfall nur insoweit beeinflußt ist, als sie in diesem Ausmaß frühzeitiger als sonst aufgetreten ist, und da dieser Schaden von beiden Parteien aufgrund des früheren Gutachtens bei Abschluß des Vergleiches in Rechnung gestellt war.

Das Berufungsgericht stellt aufgrund der Beweisaufnahme und der eigenen Angaben des Klägers fest, daß sich bei ihm nach Wiederaufnahme seiner Tätigkeit Kopfschmerzen und Erbrechen nur hin und wieder gelegentlich gezeigt haben, daß er in der Zeit vom 3. Februar 1941 bis 30. März 1942 deswegen wohl mal eine Stunde, einen halben Tag, im Juli 1941 auch mal einige Tage von der Arbeit fortgeblieben ist, daß aber sonst seine Leistungen dadurch nicht beeinträchtigt gewesen sind und ist ihm vor allem nicht deswegen, sondern wegen seines sonstigen Verhaltens gekündigt worden.

Diese Feststellungen sind entgegen der Meinung der Revision verfahrensrechtlich nicht zu beanstanden. Denn es liegt nur im Rahmen der tatrichterlichen Würdigung, wenn das Berufungsgericht die Angaben der Zeuginnen Bremms und Salis, daß der Kläger „immer“ über Kopfschmerzen geklagt habe, nicht wörtlich genommen, sondern als übertrieben und gegenüber anderen Bekundungen nicht als ausschlaggebend angesehen hat. Ebenso ist es nicht zu beanstanden, wenn es den genaueren Bekundungen des Zeugen Korn über den Umfang und die Dauer der Behinderung des Klägers und über die Gründe der Entlassung ohne eingehendere Würdigung des klägerischen Vorbringens Glauben geschenkt hat. Irgendwelche nähere Angaben darüber, wie häufig und wie lange er in seiner Arbeitsfähigkeit behindert war, hat er weder vor noch nach der Vernehmung des Zeugen vorgebracht, vielmehr dessen Glaubwürdigkeit nur im allgemeinen bemängelt, ohne jedoch auch hier – mit einer Ausnahme – Einzelheiten anzugeben. Die Glaubwürdigkeit eines Zeugen wird aber im allgemeinen nicht dadurch erschüttert, daß seine Aussage sich in einem nebensächlichen Punkt nicht als richtig erweist. Es war daher ohne Belang, ob die Äußerung des Klägers, er werde sich krank melden, wenn der Zeuge ihn nicht gehen lasse, tatsächlich so gefallen ist, oder etwas anders gelautet hat. Das Berufungsgericht konnte deshalb ohne Rechtsverstoß von einer Vernehmung des Zeugen Ketterer über diese Frage absehen. Schließlich ist es auch kein Verfahrensverstoß, wenn er weitere, näher bezeichnete Beweisantritte, die in erstinstanzlichen Schriftsätzen vorgebracht, aber nicht erhoben waren, nicht beachtet hat. Denn nach § 7 der 3. VereinfVO vom 16. Mai 1942 (RGBl. I S. 333), die bereits am 1. Juni 1942 in Kraft getreten ist, also zur Zeit der Beweiserhebung im ersten Rechtszuge galt, soll der Sachverhalt bereits im ersten Rechtszuge erschöpfend aufgeklärt werden. Deshalb müssen die Parteien, wenn sie die erhobenen Beweise nicht als erschöpfend ansehen, im Berufungsverfahren die bisherige Beweiserhebung beanstanden und die Beweisantritte wiederholen (§ 518 Abs. 2 Nr. 3 ZPO i. d. F. der 4. VereinfVO vom 12. Januar 1943). Geschieht das wie vorliegend nicht, werden vielmehr nur in anderer Hinsicht neue Beweise angetreten, so kann die unterlassene Nachholung der früher angetretenen Beweise nicht als ein Verstoß gegen § 286 ZPO angesehen werden, der im Revisionsverfahren zur Aufhebung des Urteils und zur Zurückverweisung zwingt.

Steht somit rechtlich bedenkenfrei fest, daß beim Kläger nach Abschluß des Vergleiches und während seiner Tätigkeit bei dem Zeugen Korn nur hin und wieder gelegentlich Kopfschmerzen und Brechanfälle aufgetreten sind, dadurch aber seine Arbeitsfähigkeit nur vorübergehend beeinträchtigt worden ist, und er deswegen nur in größeren Abständen für kürzere Zeit von der Arbeit fortbleiben mußte, so kann ihm, da jeder Anhalt für eine spätere erhebliche Verschlechterung fehlt, aus den Spätfolgen überhaupt kein nennenswerter Schaden entstehen. Wenn der Kläger jetzt in seiner Arbeitsfähigkeit als Handelsvertreter oder Handlungsgehilfe behindert ist, so beruht dies nach den Feststellungen im Versicherungsverfahren auf seiner Schwerhörigkeit und vor allem auf seiner hochgradigen Kurzsichtigkeit, die ihm die Erledigung jeglicher Büroarbeiten verbietet und zu einem Berufswechsel zwingt. Allein deswegen ist ihm auch eine Rente wegen Berufsunfähigkeit durch die Reichsanstalt für Angestelltenversicherung gewährt worden, während die Kopfschmerzen und der Brechreiz nach dem ärztlichen Gutachten (Bl. 20 der Versicherungsakten) keine Rolle gespielt haben. Da aber die hochgradige Kurzsichtigkeit mit dem Unfall überhaupt in keinem ursächlichen Zusammenhang steht und der durch den vorzeitigen Eintritt der Schwerhörigkeit eingetretene Schaden durch den Vergleich abgegolten ist, fehlt es somit für die Geltendmachung weiterer Ersatzansprüche an der wesentlichen Voraussetzung, daß nachträglich sich ein erheblich größerer Schaden herausgestellt hat, der die Parteien abgehalten haben würde, auch diesen Schaden durch die Abfindungssumme von 5.000 RM abzugelten.

Die Klageansprüche sind daher schon aus diesem Grunde mit Recht abgewiesen worden, ohne daß es noch darauf ankommt, ob die Parteien mit einem völligen Abklingen der einen Gehirnerschütterung in der Regel folgenden Beschwerden (Kopfschmerzen und Brechreiz) bei dem Vergleichsabschluß gerechnet haben und rechnen konnten und ob überhaupt diese Folgen einer Gehirnerschütterung von den Parteien berücksichtigt worden waren.

Somit war die Revision zurückzuweisen.

---

49. Für die Klage auf Feststellung der Abstammung bzw. Nichtabstammung einer Person von einer als Mutter geltenden Frau ist wegen ihrer Bedeutung eine Standesklage, die ebenso wie eine Klage wegen Feststellung der blutmäßigen Abstammung der Klage auf Bestreitung der ehelichen Geburt gleichzusetzen ist, weshalb für sie die ausschließliche sachliche Zuständigkeit der Gerichtshöfe (Landgerichte) nach § 50 Abs. 2 Zahl 1 JN anzunehmen ist (vgl. hierzu auch RGZ Bd. 167 S. 319).

ÖstJN §§ 49, 50.

VII. Zivilsenat. Beschl. v. 5. Juli 1944.
(VII 90/1944 – GSE 46/1944).

I. Amtsgericht Brünn.

In Sachen der W. K. geb. D. in Brünn, Klägerin, Prozeßbevollmächtigter: Dr. Franz Nawratil, Rechtsanwalt in Brünn,

gegen

Dr. L. W., Rechtsanwalt in Brünn, als Kurator zur Wahrung der Rechte der ehelichen Geburt der Nachkommen nach C. B., Beklagten, wegen Bestreitung der Mutterschaft hat der gemäß § 4 der KriegsmaßnahmenVO vom 12. Mai 1943 (RGBl. I S. 290) mit der Entscheidung betraute VII. Zivilsenat des Reichsgerichtes in der nichtöffentlichen Sitzung vom 5. Juli 1944 durch den Senatspräsidenten Dr. Zellner und die Reichsgerichtsräte Burmeister, Eilles, Seibertz und Dr. Roppert über den nach der Verordnung vom 27. Januar 1944 (RGBl. I S. 52) von dem Oberreichsanwalt beim Reichsgericht gestellten Antrag auf Wiederaufnahme des Verfahrens vom 9. Juni 1944 in der Sache 2 a C 726/40 des Deutschen Amtsgerichtes Brünn dahin entschieden:

Das Urteil des Deutschen Amtsgerichtes Brünn vom 24. Mai 1940, GZ 2 a C 726/40, und das ihm vorangegangene Verfahren werden als nichtig aufgehoben.

Die Klage mit dem Begehren, zu Recht zu erkennen, es werde festgestellt, daß A. B. verehelichte D. nicht das leibliche Kind der C. B., sondern ein Findelkind ist, wird wegen sachlicher Unzuständigkeit des angerufenen Gerichtes zurückgewiesen.

Gründe

Die Klägerin ist die Tochter der A. D. geb. B., welche bisher als uneheliche Tochter der Jüdin C. B. galt. Dieser „angeblich am 18. August 1867 erfolgte Geburtsakt der A. B." wurde erst auf Grund der Verfügung der Mährischen Statthalterei vom 28. Mai 1890 in die israelitische Geburtsmatrik zu Brünn eingetragen. Die Klägerin begehrt die gerichtliche Feststellung, daß A. B. nicht das leibliche Kind der C. B., sondern ein Findelkind sei, und hat diese Klage beim Deutschen Amtsgericht in Brünn zu GZ 2 a C 726/40 gegen einen Kurator zur Wahrung der Rechte der ehelichen Geburt der Nachkommen nach C. B. überreicht. Das angerufene Gericht bestellte den Rechtsanwalt Dr. L. W. in Brünn antragsgemäß zum Kurator und bezeichnete in seinem Urteil als beklagte Partei die „Erben nach C. B. vertreten durch den Kurator". Mit dem Urteil vom 24. Mai 1940 gab es dem Klagebegehren statt. Dieses Urteil erwuchs sofort in Rechtskraft, da beide Teile auf jedes Rechtsmittel verzichteten. Der Oberreichsanwalt beim Reichsgericht hat gemäß § 2 des Gesetzes über die Mitwirkung des Staatsanwaltes in bürgerlichen Rechtssachen vom 15. Juli 1941 (RGBl. I S. 383) und der Verordnung über die Wiederaufnahme rechtskräftig entschiedener Abstammungsklagen vom 27. Januar 1944 (RGBl. I S. 52) die Wiederaufnahme des Verfahrens beantragt. Der Präsident des Reichsgerichtes hat gemäß § 4 der Verordnung über Kriegsmaßnahmen auf dem Gebiet der bürgerlichen Rechtspflege (Kriegsmaßnahmenverordnung) vom 12. Mai 1943 (RGBl. I S. 290) den VII. Zivilsenat des Reichsgerichtes mit der Entscheidung über diesen Wiederaufnahmeantrag betraut.

Der Wiederaufnahmeantrag ist gerechtfertigt.

Der vorliegende Rechtsstreit betrifft die Abstammung bzw. Nichtabstammung der A. B. von der nach der Geburtsmatrik als ihre uneheliche Mutter geltenden C. B. Es ist also die Mutterschaft bestritten. Dies ist kein Rechtsstreit, welcher gemäß § 49 JN vor das Amtsgericht gehört. Allerdings ist eine derartige Klage auch nicht in § 50 JN ausdrücklich erwähnt. Sie ist jedoch wegen ihrer Bedeutung eine Standesklage, die ebenso wie eine Klage wegen Feststellung der blutmäßigen Abstammung der Klage auf Bestreitung der ehelichen Geburt gleichzusetzen ist, weshalb für sie die ausschließliche sachliche Zuständigkeit der Gerichtshöfe (Landgerichte) nach § 50 Abs. 2 Zahl 1 JN anzunehmen ist (vgl. hierzu auch RGZ Bd. 167 S. 319). Es ist demnach gemäß § 104 Abs. 2 JN auch nicht möglich, die Zuständigkeit des Amtsgerichtes für einen solchen Rechtsstreit zu vereinbaren und es ist ohne Bedeutung, daß der beklagte Kurator in dem Rechtsstreit die Einwendung der Unzuständigkeit nicht erhoben, sondern in der Hauptsache verhandelt hat. Das Prozeßgericht hatte diese durch eine Vereinbarung nicht zu beseitigende Unzuständigkeit auch im weiteren Verfahren gemäß § 240 Abs. 2 ZPO ohne Einwendung zu berücksichtigen, widrigens das Verfahren und das daraufhin ergehende Urteil mit dem Nichtigkeitsgrunde nach § 477 Zahl 3 ö. ZPO behaftet war. Dieses Ergebnis entspricht auch der Rechtslage im Gebiet der RZPO (vgl. Entscheidung des Reichsgerichts vom 14. Oktober 1937, IV 94/37, Zeitschrift der Akademie für Deutsches Recht 1937 S. 724, JW 1937 S. 3041).

Bei dieser Sachlage ist aber das Verfahren und das Urteil des Prozeßgerichtes als nichtig aufzuheben und die Klage wegen unheilbarer sachlicher Unzuständigkeit des angerufenen Gerichtes zurückzuweisen.

---

50. Eine Anwendung der VO v. 1. April 1940, insbesondere des § 2 Abs. 1 Nr. 1 das., ist nicht schon deshalb ausgeschlossen, weil sich die Beteiligten über das zwischen ihnen bestehende Rechtsverhältnis vorübergehend geeinigt hatten; mit dem Wegfall der früheren Vereinbarung oder ihrer tatsächlichen Unausführbarkeit ist das Bedürfnis nach richterlicher Vertragshilfe erneut gegeben.

§ 2 VO über die Vertragshilfe des Richters in Energiewirtschaftssachen v. 1. April 1940 (RGBl. I, 577).

II. Zivilsenat. Beschl. v. 17. Juli 1944 (II B 6/1944).

I. Oberlandesgericht Jena.

In der Vertragshilfesache des Mühlenbesitzers Ernst Köhler in Wilhelmsdorf bei Pößneck (Thür.), Antragstellers und Beschwerdeführers,

gegen

die Firma Saale-Elektrizitätswerk GmbH in Saalfeld (Saale), Antragsgegnerin und Beschwerdegegnerin,

hat das Reichsgericht, II. Zivilsenat, als Vertragshilfegericht durch den Vizepräsidenten beim Reichsgericht Kolb als Vorsitzenden und die Reichsgerichtsräte Dr. Neumerkel und Dr. Schulze in der Sitzung vom 17. Juli 1944 auf die sofortige Beschwerde des Antragstellers vom 20. Mai 1944 gegen den Beschluß des Vertragshilfegerichts in Energiewirtschaftssachen beim Oberlandesgericht Jena vom 8. Mai 1944 beschlossen:

Auf die Beschwerde des Antragstellers wird der Beschluß des Oberlandesgerichts Jena vom 8. Mai 1944 aufgehoben und die Sache zur anderweiten Entscheidung an das Oberlandesgericht Jena zurückverwiesen. Diesem wird auch die Entscheidung über die Kosten des Beschwerdeverfahrens übertragen.

Der Wert des Beschwerdegegenstandes beträgt 1.000 RM.

Gründe

Der Antragsteller, der neben seiner Landwirtschaft eine Mahlmühle, ein Sägewerk und einen Dreschsatz betreibt, benutzte hierfür als Kraftquell einen Dieselmotor. Nachdem ihm durch Anordnung des Thür. Wirtschaftsministers vom 21. Juni 1941 aufgegeben worden war, seinen Betrieb auf eine andere Kraft umzustellen, weil ihm kein Gasöl mehr zugeteilt werden könne, bediente er sich zum Betriebe der Mahlmühle und des Dreschsatzes elektrischen Stroms, den er von der Antragsgegnerin bezog. Mit dieser vereinbarte er durch Abkommen vom 11./14. Februar 1942 Lieferung der für den Kraftbedarf der Mühle erforderlichen elektrischen Energie bei einem Leistungsbedarf bis zu 25 kW und einer jährlichen Mindestabnahme von 18.000 kWh zu einem Grundpreise von 30 RM jährlich und einem Arbeitspreise von 0,08 RM je kWh, während für den Dreschstrom der Kleinstabnehmertarif mit einem Preise von 0,25 RM je kWh gelten sollte. Eine Stromentnahme für den Sägewerksbetrieb, für den dem Antragsteller auch weiterhin Gasöl zur Verfügung gestellt wurde, wurde ausdrücklich ausgeschlossen.

Im August 1942 wurde festgestellt, daß das Sägewerk des Antragstellers vereinzelt doch mit elektrischem Strome betrieben worden war. Der Antragsteller wurde deshalb mit einer – ihm später im Gnadenweg erlassenen – Geldstrafe von 60 RM belegt. Die Antragsgegnerin kündigte darauf im November 1942 das Abkommen vom 11./14. Februar 1942 mit sofortiger Wirkung. Gleichzeitig bot sie dem Antragsteller den Abschluß eines neuen Stromlieferungsvertrages an. Darin erklärte sie sich bereit, den Strom für sämtliche Betriebe des Antragstellers zu einem monatlichen Grundpreis von 2,50 RM und einem Arbeitspreise von 0,10 RM in den Tagesstunden, 0,08 RM in den Nachtstunden je kWh bei 4.000 kWh jährlicher Mindestabnahme zu liefern. Der Antragsteller ging hierauf nicht ein. Die Antragsgegnerin erhob nunmehr Klage gegen ihn auf Zahlung einer Vertragsstrafe von 187 RM und eines Restes der nach den „Allgemeinen Tarifpreisen“ berechneten Stromkosten für Dezember 1942 im Betrage von 42,50 RM. Das Amtsgericht verurteilte den Antragsteller zur Zahlung der Vertragsstrafe und setzte im übrigen das Verfahren aus, weil der Antragsteller inzwischen beim Oberlandesgericht Jena beantragt hatte, ihm beim Abschluß eines neuen Stromlieferungsvertrags richterliche Vertragshilfe zu gewähren.

Im Vertragshilfeverfahren hat der Antragsteller beantragt, den Vertrag vom 11./14. Februar 1942 aufrechtzuerhalten und die beiden Nebenbetriebe (Sägewerk und Dreschsatz) mit einzuschalten. Er bestreitet die Zulässigkeit der Kündigung des alten Vertrags und hält dessen Aufrechterhaltung nach den bei ihm gegebenen Verhältnissen für angemessen, wenn für Säge- und Dreschstrom bei einer jährlichen Mindestabnahme von 400 kWh ein Preis von 0,15 RM je kWh berechnet werde. Der Vorschlag der Antragsgegnerin vom 24. November 1942 sei für ihn untragbar.

Die Antragsgegnerin steht auf dem Standpunkt, daß sie zu einer fristlosen Kündigung des alten Vertrags berechtigt gewesen sei. Eine Erstreckung des Vertrags auf die Säge- und Dreschanlage sei nach den bestehenden Anordnungen zulässig. Ihr neuer Vorschlag sei angemessen und im Ergebnis für den Antragsteller günstiger als dessen Dieselantrieb, als das frühere Abkommen und der vom Reichskommissar für die Preisbildung vorgesehene Mühlen-Sondertarif.

Das Oberlandesgericht hat – ohne Zuziehung sachverständiger Beisitzer – den Antrag auf Vertragshilfe abgelehnt, weil ein Fall, für den die Verordnung vom 1. April 1940 richterliche Vertragshilfe vorsehe, nicht vorliege. Die fristlose Kündigung des Vertrages vom 11./14. Februar 1942 sei, so führt es aus, begründet gewesen. Denn nach Nr. IX der Allgemeinen Stromlieferungsbedingungen, die nach Nr. 10 des Vertrags anzuwenden seien, sei das Lieferwerk bei jeder unbefugten Verwendung elektrischer Arbeit durch den Abnehmer zu solcher Kündigung berechtigt. Der Antragsteller habe sein Sägewerk abredewidrig mit elektrischem Strom betrieben. In welchem Umfange dies geschehen sei, sei angesichts der geltenden Vertragsbestimmungen ohne Belang, ganz abgesehen davon, ob sich die Antragsgegnerin nicht auch schon nach den Grundsätzen über positive Vertragsverletzung vom Vertrage habe lossagen dürfen. Fehle es hiernach zur Zeit an einem Vertragsverhältnis zwischen den Parteien, so sei dies jedoch keine Folge der vom Thür. Wirtschaftsminister angeordneten Betriebsumstellung und der dadurch ausgelösten Verpflichtung der Antragsgegnerin zur Versorgung des Antragstellers mit elektrischer Energie. Der vertraglose Zustand beruhe vielmehr darauf, daß der Antragsteller das bereits zustande gekommene Stromlieferungsabkommen verletzt habe. Auf einen derartigen Fall sei § 2 der VO vom 1. April 1940 nicht anwendbar. Auch auf § 1 das. könne sich der Antragsteller nicht stützen, da die Auswirkungen des Kriegs bereits im Abkommen vom 11./14. Februar 1942 berücksichtigt worden und für den jetzigen Zustand nicht mehr ursächlich seien. Die Umstellungsanordnung des Thür. Wirtschaftsministers vom 21. Juni 1943 habe sich allerdings nur auf die Mahlmühle bezogen und die Frage einer Umstellung des Sägewerks, das der Antragsteller bisher noch mit dem Dieselmotor betrieben habe, nicht berührt. Der Antragsteller wolle auch selbst den Strombezug für das Sägewerk allein, dessen Bedarf er auf nur 300 kWh jährlich schätze, gar nicht geregelt haben, sondern bezeichne dieses ebenso wie die Dreschanlage als Nebenbetrieb, für den eine Verwendung elektrischer Kraft nicht unbedingt erforderlich sei. Die Versorgung dieser Nebenbetriebe könne jedenfalls nach den allgemeinen Bedingungen und Tarifpreisen vorgenommen werden. Für die Versorgung des Sägewerks allein sei aber keine Vertragshilfe beantragt.

Hiergegen hat der Antragsteller rechtswirksam die vom Oberlandesgericht zugelassene sofortige Beschwerde erhoben. Die Antragsgegnerin hat um deren

Zurückweisung gebeten. Dem Reichskommissar für die Preisbildung sind Abschriften der Parteieingaben übersandt worden; er hat sich einer Äußerung im Beschwerdeverfahren enthalten.

Das Rechtsmittel ist begründet.

Ob die Zuwiderhandlung des Antragstellers gegen das Gesetz, betr. die Bestrafung der Entziehung elektrischer Arbeit vom 9. April 1900 (RGBl. S. 228) und seine deswegen eingetretene Bestrafung genügte, um eine fristlose Kündigung des Stromlieferungsvertrags vom 11./14. Februar 1942 zu rechtfertigen, ist fraglich. Wenn auch nach Nr. IX Abs. 5 der Allgemeinen Bedingungen das Lieferwerk bei jeder unbefugten Verwendung elektrischer Arbeit durch den Abnehmer zur fristlosen Kündigung des Vertrags berechtigt ist, so kann diese Bestimmung bei Berücksichtigung der Grundsätze von Treu und Glauben, die das gesamte Schuldrecht beherrschen und auch für die Auslegung des genannten Vertrags gelten, doch nur dahin verstanden werden, daß es sich um eine Verfehlung handeln muß, die nach ihren sachlichen und persönlichen Merkmalen sowie bei Beachtung der sonstigen Umstände des Falles bedeutungsvoll genug ist, um eine Fortsetzung des Vertrags als für das Lieferwerk untragbar erscheinen zu lassen. Es wird wesentlich vom Grade des Verschuldens des Täters und von den Folgen seiner Verfehlung für das betroffene Werk abhängen, ob eine sofortige Beendigung des Vertragsverhältnisses mit ihren regelmäßig schwerwiegenden Wirkungen für den Abnehmer mit den Geboten von Treu und Glauben im Einklang steht. Auch unter dem Gesichtspunkte der positiven Vertragsverletzung kann die Beurteilung keine andere sein; auch insoweit bedarf es einer Abwägung der beiderseitigen Belange unter Berücksichtigung der sachlichen und persönlichen Eigenart des Falles und der daraus herzuleitenden Beantwortung der Frage, ob dem Verletzten ein Festhalten am Vertrage billigerweise zugemutet werden kann. Die Ausführungen des Oberlandesgerichts lassen ein näheres Eingehen hierauf vermissen. Der Antragsteller hatte, wie aus den gegen ihn ergangenen Strafakten hervorgeht, behauptet, es habe sich nur um eine einmalige kurze Stromentnahme für den Sägewerksbetrieb gehandelt; sie sei ohne sein Wissen durch einen seiner Angestellten vorgenommen worden; der dabei verbrauchte Strom sei durch den Zähler gegangen, so daß die Antragsgegnerin keinen Schaden erlitten habe. Er hat an dieser Darstellung auch nach seinem Gnadengesuche festgehalten und seine vorher im Einspruchsverfahren abgegebene Erklärung, daß er die ihm zur Last gelegte strafbare Handlung einräume, damit begründet, er habe sich angesichts des Ergebnisses der polizeilichen Erörterungen von einem sachlichen Bestreiten keinen Erfolg versprochen und sich deshalb auf die Bitte um Herabsetzung der ihm durch Strafbefehl auferlegten Strafe beschränkt. Wie weit das Oberlandesgericht diesem Vorbringen des Antragstellers Glauben schenken will, geht aus dem angefochtenen Beschlusse nicht deutlich hervor. Die Hervorhebung dessen, daß der Antragsteller auch jetzt noch zugebe, sein Sägewerk mit elektrischem Strom betrieben zu haben, läßt immerhin zweifelhaft erscheinen, ob damit ein vorsätzliches eigenes Handeln des Antragstellers festgestellt werden soll, das dieser bestreitet. Jedenfalls unterstellt das Oberlandesgericht zugunsten des Antragstellers, daß die vertragswidrige Stromentnahme nur einmal und lediglich für kurze Zeit stattgefunden habe. Unter diesen Umständen ermangelt die Annahme, die fristlose Kündigung sei berechtigt gewesen, einer ausreichenden Begründung.

Einer abschließenden Stellungnahme hierzu bedarf es indessen nicht. Denn die angefochtene Entscheidung ist auch im übrigen unhaltbar. Dem Oberlandesgericht kann nicht beigetreten werden, wenn es eine Anwendbarkeit der VO über die Vertragshilfe des Richters in Energiewirtschaftssachen vom 1. April 1940 (RGBl. I S. 577) im vorliegenden Falle verneint. Richtig ist zwar, daß ein Fall der in § 1 Abs. 1 das. genannten Art nicht in Frage kommt. Denn es handelt sich nicht um die Anpassung eines bereits bestehenden Energieversorgungsvertrags an die durch die Wirkung des Kriegs hervorgerufene Veränderung der Verhältnisse oder um die Frage einer aus diesem Grunde gebotenen Auflösung des Vertrags. Das Oberlandesgericht wird aber dem Sinn und Zweck der VO nicht gerecht, wenn es im gegebenen Falle eine Anrufung des Vertragshilfegerichts auch aus einem der in § 2 das. genannten Gründe für ausgeschlossen hält. Nach § 2 Abs. 1 Nr. 1 greift die richterliche Vertragshilfe zur Regelung des zwischen den Beteiligten bestehenden Rechtsverhältnisses Platz, wenn die zuständige Behörde einem Energieversorgungsunternehmen die Verpflichtung auferlegt, über die nach § 6 des Energiewirtschaftsgesetzes bestehende Verpflichtung hinaus Energieanschluß und Energieversorgung zu gewähren. Eine solche Anordnung ist ergangen; mit seiner Verfügung vom 21. Juni 1941 hat der Thür. Wirtschaftsminister unter Bezugnahme auf die Bestimmungen der VO zur Sicherstellung der Elektrizitätsversorgung vom 3. September 1939 (RGBl. I S. 1607) den Antragsteller zur Umstellung seiner Energieversorgung auf elektrischen Strom angehalten und darauf hingewiesen, daß die öffentlichen Versorgungsunternehmen zu Vertragsabschlüssen und zur Versorgung verpflichtet seien. Die Antragsgegnerin stellt ihre Verpflichtung auch nicht in Abrede. Dem damit entstandenen Versorgungsbedürfnis war zwar zunächst durch den Vertrag vom 11./14. Februar 1942 abgeholfen. Aber mit der fristlosen Kündigung dieses Vertrags durch die Antragsgegnerin, gleichviel, ob sie berechtigt war oder nicht, wurde die Stromversorgung des Antragstellers erneut in Frage gestellt. Zwischen den Beteiligten herrscht wiederum Ungewißheit darüber, wie das zwischen ihnen bestehende, der Versorgungspflicht der Antragsgegnerin entspringende Rechtsverhältnis zu gestalten sei. Damit sind die Voraussetzungen gegeben, unter denen richterliche Vertragshilfe nach § 2 Abs. 1 Nr. 1 der VO vom 1. April 1940 in Anspruch genommen werden kann. Die VO bringt nicht zum Ausdruck, daß für eine solche kein Raum mehr bleibe, wenn überhaupt jemals eine Einigung der Beteiligten über den Strombezug zustande gekommen sei. Erweist sich eine früher getroffene Einigung aus irgendeinem Grunde nicht als rechtsbeständig oder ihre Durchführung auch nur tatsächlich als unmöglich, so steht nichts entgegen, den Beteiligten den Weg richterlicher Vertragshilfe zu eröffnen. Dem auf eine billige und möglichst reibungslose Behebung bestehender Schwierigkeiten abzielenden Zwecke der VO wäre nicht gedient, wenn man ihre Anwendung schon daran scheitern lassen wollte, daß es den Beteiligten vorübergehend möglich war, jene Schwierigkeiten ohne Anrufung des Vertragshilfegerichts zu überwinden. Auch der Umstand, daß der gegenwärtige Streit der Parteien wesentlich dadurch mit verursacht worden ist, daß der Antragsteller jetzt auch sein Sägewerk in die vertragliche Regelung einbezogen wissen will, vermag die Gewährung richterlicher Vertragshilfe nicht zu hindern. Diese Frage hatte bei den Verhandlungen der Parteien schon von Anfang an eine Rolle gespielt. Daß sie nunmehr infolge der Verfehlung des Antragstellers erneut Bedeutung erlangt, ist für die Zulässigkeit der Vertragshilfe ohne Belang.

Der angefochtene Beschluß kann hiernach nicht aufrechterhalten werden. Er ist aufzuheben und, da sich das Oberlandesgericht eines Eingehens auf den Sachverhalt selbst unter Zuziehung sachverständiger Beisitzer bisher enthalten hat, die Sache an das Oberlandesgericht zur anderweiten Entscheidung zurückzuverweisen. Dabei wird dieses gegebenenfalls auch die Frage, ob der Vertrag vom 11./14. Februar 1942 zu Recht gekündigt worden ist, anhand der oben hervorgehobenen Gesichtspunkte erneut zu prüfen haben.

Das Beschwerdegericht hat, da seine Entscheidung nur eine Frage des Verfahrens betrifft, ohne Zuziehung sachkundiger Beisitzer erkannt.

---

51. Wenn nicht feststeht, ob das verschwundene Testament bei Inkrafttreten des Testamentsgesetzes noch vorhanden war, so richtet sich die Frage seiner Gültigkeit nach altem Recht (z.B. § 722 ABGB), war es aber nach Inkrafttreten des Testamentsgesetzes noch vorhanden, so ist seine Gültigkeit nach § 33 Abs. 2 TestG zu beurteilen.

TestG §§ 33, 51 Abs. 2.

VII. Zivilsenat. Beschl. v. 19. Juli 1944 (VII B 46/1944).

I. Landgericht Wien.
II. Oberlandesgericht Wien.

In Sachen der Angela Zelenka, Privaten in Wien, Klägerin, Prozeßbevollmächtigter: Rechtsanwalt Dr. Albert Schueller in Wien IV, Schwindgasse 3, vor dem Reichsgericht: Rechtsanwalt Justizrat Axhausen in Leipzig,

gegen

Rosa Watzek, Kaufmannsgattin in Wien, Beklagte, Prozeßbevollmächtigter: Rechtsanwalt Dr. Erich Habernal in Wien I, Stubenbastei 2, vor dem Reichsgericht: Rechtsanwalt Dr. Greuner in Leipzig, unter Nebenintervention der Elisabeth Schäfer in Nürnberg, Prozeßbevollmächtigter: Rechtsanwalt Dr. Gustav Mayrgündtner in Wien I, Seilergasse 4, wegen 9.452,78 RM s. Ng.,

hat das Reichsgericht, VII. Zivilsenat, auf die mündliche Verhandlung vom 19. Juli 1944 unter Mitwirkung des Senatspräsidenten Dr. Zellner und der Reichsgerichtsräte Dr. Schack, Burmeister, Seibertz und Dr. Kirchengast

auf die Revision der Klägerin gegen das Urteil des Oberlandesgerichts Wien als Berufungsgerichtes vom 10. Januar 1944, GZ 1 R 382/43-31, womit auf die Berufung der Klägerin das Urteil des Landgerichtes Wien vom 30. September 1943, GZ 11 Cg 117/43-25, bestätigt wurde, beschlossen:

Es wird der Revision Folge gegeben, das angefochtene Urteil aufgehoben und die Rechtssache zur weiteren Verhandlung und neuerlichen Entscheidung an das Berufungsgericht zurückverwiesen. Auf die Kosten des Revisionsverfahrens ist als Kosten des weiteren Verfahrens Bedacht zu nehmen.

Gründe

Der Nachlaß der am 13. April 1942 verstorbenen Marie Grünwald wurde aufgrund der gesetzlichen Erbfolge der Klägerin, der Beklagten und der Nebenintervenientin zu je einem Drittel eingeantwortet. Die Nebenintervenientin hat ihren Anteil der Beklagten entgeltlich überlassen. Die Klägerin begehrt mit dem eingeschränkten Klagebegehren von der Beklagten die Herausgabe der Nachlaßgegenstände, die diese nach der Erbteilung in ihrem Besitz hat (mit Ausnahme des Erlösanteiles für einen bereits verkauften Pelzmantel), und behauptet, daß die Erblasserin ein gültiges eigenhändiges Testament errichtet habe, worin sie die Klägerin zur Alleinerbin eingesetzt habe. Dieses Testament wurde jedoch nach dem Tode der Marie Grünwald nicht vorgefunden. Die Beklagte hat den Bestand eines solchen Testamentes bestritten.

Das Landgericht hat das Klagebegehren abgewiesen und hat festgestellt, daß Marie Grünwald tatsächlich ein schriftliches formgerechtes Testament errichtet hat, worin die Klägerin als Alleinerbin eingesetzt worden war und das in den Jahren 1939 oder 1940 bei Dr. Leischner hinterlegt war, dann aber aus unbekannten Gründen von der Erblasserin wieder behoben worden war. Weiter hat das Landgericht festgestellt, daß die Erblasserin am Tage oder Abend vor ihrem Selbstmord ihrer Wohnungsnachbarin Lindner gesagt hat, im Schreibtisch rechts in der obersten Lade lägen ihre Papiere und das Testament. Trotzdem wurde es aber nicht gefunden. Das Landgericht hat den Standpunkt eingenommen, die Klägerin habe den Nachweis zu erbringen, daß das Testament zur

Zeit des Todes der Erblasserin noch vorhanden war oder daß es nur durch Zufall oder durch fremde Hand vernichtet worden sei; andernfalls sei anzunehmen, daß es von der Erblasserin aus irgendwelchen Gründen absichtlich vernichtet worden sei, wofür auch die Vermutung des § 33 TestG spreche. Dieser Beweis sei aber der Klägerin nicht gelungen. Gegen eine unbeabsichtigte Vernichtung des Testamentes durch die Erblasserin spreche ihr Hinweis im Gespräch mit Leopoldine Lindner. Das Berufungsgericht hat dieses Urteil bestätigt. Die Klägerin habe weder behauptet, daß das Testament im Zeitpunkt des Todes der Marie Gründwald vorhanden gewesen sei, noch daß es durch Zufall oder ohne Zutun der Erblasserin verschwunden oder vernichtet worden sei. Selbst wenn die Erblasserin das Testament noch am Vorabend ihres Todes der Lindner gezeigt haben sollte, seien doch die weiteren Ereignisse in Dunkel gehüllt. Der fehlende Beweis könne nicht durch den Grundsatz der adäquaten Kausalität ersetzt werden, denn dann müßten die Feststellungen mindestens einen Schluß in der Richtung zulassen, daß eine bewußte Vernichtung des Testamentes durch die Erblasserin völlig ausgeschlossen sei. Dieser Schluß sei aber nicht möglich.

Dagegen richtet sich die Revision der Klägerin, die sich auf die Revisionsgründe des § 503 Zahl 2 und 4 ZPO stützt.

Der Revision kann die Berechtigung nicht versagt werden. Die Untergerichte verkennen die Rechtslage, die sich ergibt, wenn ein Testament formgerecht und gültig errichtet ist. Ein formgerechtes gültiges Testament behält seine Wirksamkeit so lange, als es nicht im Sinne des dritten Abschnittes des Testamentsgesetzes wirksam aufgehoben ist. Das Fehlen der Testamentsurkunde berührt die Gültigkeit des Testamentes an sich nicht. Es ist nur eine Frage des Beweises, ob ein solches Testament trotzdem noch als Grundlage des Erbrechtes verwendet werden kann (DRZ 1930 Nr. 176). Das Fehlen der Testamentsurkunde kann seine Ursache darin haben, daß entweder der Erblasser sie selbst vernichtet hat oder durch einen Dritten hat vernichten lassen, oder darin, daß sie ohne Zutun des Erblassers, ohne oder gegen seinen Willen, durch Zufall vernichtet wurde oder verloren gegangen ist. Für das Gebiet des österreichischen Rechtes hatte der nunmehr aufgehobene § 722 ABGB ausdrücklich bestimmt, daß durch den Verlust der Urkunde der letzte Wille seine Wirkung nicht verliert, wenn anders der Zufall und der Inhalt der Urkunde erwiesen wird, so daß die Beweislast für die formgerechte Errichtung und den Inhalt der Urkunde ebenso wie für ihren nur zufälligen Untergang im Geltungsgebiet des ABGB unter der Geltung des § 722 denjenigen traf, der aus dem verlorenen Testament Ansprüche geltend machte (vgl. RGZ Bd. 171 S. 108). Anders die Bestimmung des § 33 Abs. 2 TestG, die wörtlich dem aufgehobenen § 2255 BGB entspricht, so daß es gerechtfertigt ist, bei der Auslegung des § 33 Abs. 2 TestG die Rechtsprechung zu § 2255 BGB heranzuziehen. Beide Gesetzesstellen enthalten keine

Vorschrift über die Beweislast, wenn streitig ist, ob der Verlust der Testamentsurkunde durch Zufall eingetreten ist, wohl aber eine Rechtsvermutung, die dahin geht, daß der Erblasser die Aufhebung des Testamentes beabsichtigt habe, wenn *er* die Testamentsurkunde vernichtet hat. Die Vernichtung der Testamentsurkunde hatte nämlich schon nach § 2255 BGB und hat ebenso nach § 33 Abs. 2 TestG nur dann die Wirkung eines Widerrufs des Testamentes, wenn der Erblasser sie in der Absicht vornahm, das Testament aufzuheben. Ob diese Absicht vorgelegen hat, hängt von den Umständen des einzelnen Falles ab. Die Vermutung des § 33 Abs. 2 TestG dient nur dazu, den Beweis der Widerrufsabsicht zu erleichtern, die Vermutung selbst ist widerlegbar (Vogels, Gesetz über die Errichtung von Testamenten und Erbverträgen, § 33). Hieraus ergeben sich folgende Rechtssätze: Wird die Testamentsurkunde ohne Zutun des Erblassers vernichtet, so berührt dies an sich die Gültigkeit des Testamentes nicht (RGZ Bd. 101 S. 197). Ob sich ein solches Testament noch als Grundlage für das Erbrecht verwenden läßt, ist eine Frage des Beweises. Auch aus einem Testament, das ein anderer unbefugt vernichtet hat, können Rechte hergeleitet werden, wenn der Beweis der formgültigen Errichtung des Testamentes und seines Inhaltes erbracht wird (Vogels, aaO.). Es besteht keine Vermutung dafür, daß die Vernichtung der Testamentsurkunde vom Erblasser vorgenommen worden ist. Daß eine solche Vernichtung von dem *Erblasser* vorgenommen wurde, hat der Testamentsgegner, also derjenige zu beweisen, der aus der Vernichtung Rechte herleitet (JW 1912, S. 798 Nr. 16).

Die Entscheidung spitzt sich demnach auf die Frage zu, ob auf den zu entscheidenden Fall § 722 ABGB oder § 33 Abs. 2 TestG anzuwenden ist. Nach § 51 Abs. 2 TestG wird die *vor* dem Inkrafttreten des Testamentsgesetzes erfolgte Aufhebung eines Testaments nach den bisherigen Gesetzen beurteilt, auch wenn der Erblasser nach dem Inkrafttreten des Gesetzes stirbt. Wenn also nicht feststeht, ob das verschwundene Testament bei Inkrafttreten des Testamentsgesetzes noch vorhanden war (wie in RGZ Bd. 171 S. 108), so richtet sich die Frage seiner Gültigkeit nach § 722 ABGB, derjenige, der aus dem Testament Rechte herleitet, hat zu beweisen, daß es zufällig untergegangen ist. Im jetzt zu entscheidenden Falle war aber das Testament nach den getroffenen Feststellungen noch *nach* dem Inkrafttreten des Testamentsgesetzes (dem 4. November 1938 in den Alpen- und Donaugauen) vorhanden, seine Gültigkeit ist also nach § 33 Abs. 2 TestG zu beurteilen, der Testamentsgegner hat zu beweisen, daß die Vernichtung des Testamentes von dem Erblasser vorgenommen worden ist.

Die Klägerin hat also ihrer Beweispflicht genügt, wenn sie die formgerechte Errichtung des Testamentes der Erblasserin und den Inhalt des Testamentes nachgewiesen hat. Daß die Vernichtung der fehlenden Testamentsurkunde von der Erblasserin vorgenommen worden sei, hatten die Beklagten zu beweisen und, solange nicht festgestellt wird, daß die Erblasserin das Testament selbst vernichtet hat oder vernichten ließ, steht der Klägerin die Rechtsvermutung des § 33 Abs. 2 Satz 2 TestG nicht entgegen. Sie braucht daher keine Behauptungen darüber aufzustellen, auf welche Weise das Testament verloren gegangen sei.

Das Berufungsgericht hat somit die Beweislast verkannt. Dies muß zur Aufhebung des angefochtenen Urteils führen. Das Berufungsgericht wird bei der erneuten Verhandlung sich darüber schlüssig werden müssen, ob nach der ganzen Sachlage der Beweis erbracht ist, daß die Erblasserin das Testament selbst vernichtet hat oder es hat vernichten lassen. Dabei ist darauf hinzuweisen, daß bisher nicht festgestellt worden ist, ob das Testament, welches die Erblasserin am Vorabend ihres Todes gegenüber der Leopoldine Lindner erwähnte und von dem sie sogar sagte, es liege im Schreibtisch rechts in der oberen Lade, jenes Testament war, das sie zugunsten der Klägerin errichtet hatte. Die gegenteiligen Ausführungen der Revision, welche die Identität dieser Testamente voraussetzt, sind aktenwidrig. Daß das Berufungsgericht eine solche Feststellung nicht treffen wollte, ist aus seiner Hilfsbegründung klar ersichtlich, in der gesagt wird „selbst wenn die Erblasserin einige Stunden vor ihrem Selbstmord der Zeugin Lindner ein formell gültiges Testament mit der Erbeinsetzung der Klägerin gezeigt *hätte* ...“. Aber auch wenn der Inhalt des Testaments, das die Erblasserin der Leopoldine Lindner gezeigt haben soll, nicht festgestellt werden könnte, so würde dies nicht gegen die Klägerin verwertet werden können, weil die Beklagten auch zu beweisen haben, daß das zugunsten der Klägerin errichtete Testament durch ein etwaiges späteres Testament aufgehoben worden ist.

Was die Revisionsbeantwortung zur Begründung einer Nichtigkeit des Testaments nach § 48 Abs. 2 TestG vorbringt, ist neu und daher in der Revisionsinstanz nicht zu berücksichtigen.

---

52. 1. Die Fälle des Art. 3 Nr. 3 SchutzVO sind i.S. des § 584 Abs. 1 letzter Halbsatz als solche des § 579 ZPO anzusehen.

2. Anfechtungsgrund i.S. des § 586 Abs. 2 ZPO ist in den Fällen des Art. 3 Nr. 3 SchutzVO nur die Terminsversäumung oder das Ausbleiben rechtlichen Gehörs, nicht auch die Grundlage für die Erwartung einer der Partei günstigeren Entscheidung.

SchutzVO (RGBl. I 1943, S. 666) Art. 3 Nr. 3; ZPO §§ 579, 584 Abs. 1, 586 Abs. 2.

VI. Zivilsenat. Urt. v. 4. August 1944 (VI 51/1944).

I. Reichsgericht Leipzig.

In Sachen des Maklers Hans Bauer in Berlin, Nichtigkeitsklägers, im vorangegangenen Rechtsstreit Kläger und Revisionsbeklagter, Prozeßbevollmächtigter: Rechtsanwalt Dr. Fuchslocher in Leipzig,

gegen

Frau Gerda Stein in Berlin und Stockholm, Nichtigkeitsbeklagte, im vorangegangenen Rechtsstreit Beklagte und Revisionsklägerin, Prozeßbevollmächtigter: Rechtsanwalt Dr. Kraemer in Leipzig,

hat das Reichsgericht, VI. Zivilsenat, auf die mündliche Verhandlung vom 4. August 1944 durch den Senatspräsidenten Dr. Günther und die Reichsgerichtsräte Dr. Schack, Dr. Unger, Killes, Dr. Balve für Recht erkannt:

Die Nichtigkeitsklage gegen das Urteil des VI. Zivilsenats des Reichsgerichts an Leipzig vom 10. Dezember 1943 wird als unzulässig abgewiesen. Die Kosten des Nichtigkeitsverfahrens werden dem Nichtigkeitskläger auferlegt. – Von Rechts wegen.

Für den *Tatbestand*

wird zunächst auf das in dieser Sache ergangene Urteil des erkennenden Senats vom 10. Dezember 1943, VI 99/43, Bezug genommen [im Anhang wiedergegeben].

Der Kläger bringt nunmehr vor, er habe infolge Kriegsgeschehens den Verhandlungstermin vor dem Reichsgericht vom 10. Dezember 1943 versäumt. Durch Einschreibebrief vom 2. Dezember 1943, der laut Posteinlieferungsschein an demselben Tage in Berlin zur Post gegeben worden sei, habe der Vertreter seines Prozeßbevollmächtigten erster Instanz, des Rechtsanwalts Dr. Kottmeier in Berlin, unter Übersendung der Akten erster Instanz und der Urteile beider Vorinstanzen den nunmehrigen Prozeßbevollmächtigten des Klägers vor dem Reichsgericht, Rechtsanwalt Dr. Fuchslocher, gebeten, die Vertretung des Klägers vor dem Reichsgericht zu übernehmen. Diesen Einschreibebrief habe Rechtsanwalt Dr. Fuchslocher nicht erhalten, wie er versichert. Der Brief sei offenbar durch Feindeinwirkung vernichtet worden. Infolgedessen sei der Kläger im Termin vor dem Reichsgericht vom 10. Dezember 1943 nicht vertreten gewesen und deshalb ohne rechtliches Gehör geblieben. Wenn der Kläger vor dem Reichsgericht vertreten gewesen wäre, so hätte – dies führt der Kläger weiter aus – die Möglichkeit bestanden, die Vertagung des Verhandlungstermins zu erwirken und dann die notwendige Verlängerung des Genehmigungsbescheides der Devisenstelle herbeizuführen. Der Kläger legt einen neuen Bescheid des Oberfinanzpräsidenten Berlin als Devisenstelle vom 16. Mai 1944 vor, wonach er seine Genehmigung vom 2. Juni 1943 wieder in Kraft setzt und die Gültigkeitsdauer dieser Genehmigung bis zum 31. Dezember 1944 verlängert. Die Bereitschaft der Devisenstelle hierzu habe der Kläger erst durch einen bei seinem Prozeßbevollmächtigten am 17. Mai 1944 eingegangenen Bescheid der Devisenstelle vom 16. Mai 1944 erfahren. Von diesem Tage an laufe die Notfrist des § 586 ZPO. Zur Glaubhaftmachung dieses Vorbringens legt er sieben Urkunden vor. Mit dem am 20. Mai 1944 beim Reichsgericht eingegangenen Schriftsatz erhebt der Kläger gegen das Urteil des erkennenden Senats vom 10. Dezember 1943 die Nichtigkeitsklage und beantragt, das genannte Urteil aufzuheben und die Revision der Beklagten gegen das Urteil des 24. Zivilsenats des Kammergerichts Berlin vom 11. August 1943 zurückzuweisen.

Die Nichtigkeitsbeklagte beantragt, die Nichtigkeitsklage abzuweisen.

Entscheidungsgründe

Die Zulässigkeit der Nichtigkeitsklage nach Art. 3 Nr. 3 der Schutzverordnung vom 4. Dezember 1943 (RGBl. I S. 666) setzt zunächst voraus, daß das Urteil des Reichsgerichts vom 10. Dezember 1943 auch nicht mit dem Einspruch anfechtbar gewesen ist. Es hätte mit dem Einspruch angefochten werden können, wenn es als Versäumnisurteil gegen den Kläger als Revisionsbeklagten ergangen wäre, was die Revisionsklägerin in zweiter Reihe beantragt hatte. In erster Reihe hatte sie aber beantragt, nach Lage der Akten zu entscheiden, und dem hat das Reichsgericht stattgegeben. Es konnte das durch Urteil im selben Termin tun, obschon noch keine mündliche Verhandlung stattgefunden hatte; denn die Vorschriften des § 251 a Abs. 1 Satz 2 bis 4 ZPO, die in § 331 a für entsprechend anwendbar erklärt waren, sind durch § 7 Abs. 5 der 4. VereinfVO aufgehoben. Daß nach Lage der Akten entschieden worden ist, ist zwar nicht ausdrücklich gesagt worden, ergibt sich aber daraus, daß das Urteil nicht als Versäumnisurteil bezeichnet und daß nichts darüber gesagt worden ist, warum nicht dem von der Revisionsklägerin in erster Reihe gestellten Antrag stattgegeben worden sei. Der Nichtigkeitskläger geht auch zutreffend von dieser Verfahrenslage als selbstverständlich aus.

An der oben bezeichneten Stelle der Schutzverordnung wird auf § 579 ZPO Bezug genommen. Daraus ergibt sich, daß die Vorschriften der Zivil-Prozeßordnung über die Nichtigkeitsklage auf den von der Schutzverordnung neu eingeführten Fall dieser Klage Anwendung finden. Die Zuständigkeit des Reichsgerichts für die hier erhobene Nichtigkeitsklage ergibt sich aus § 584 Abs. 1 ZPO letzter Halbsatz; denn Art. 3 Nr. 3 der SchutzVO ist als ein weiterer Fall des § 579 ZPO zu betrachten, wo es sich um die Zuständigkeit im Sinne der vorerwähnten Gesetzesbestimmung handelt.

Zu den anwendbaren Vorschriften der Zivilprozeßordnung über die Nichtigkeitsklage gehört weiter § 586, wonach diese Klage vor Ablauf der Notfrist eines Monats zu erheben ist und wonach die Frist beginnt mit dem Tage, an dem die Partei von dem Anfechtungsgrunde Kenntnis erhalten hat. Es fragt sich, was als Anfechtungs-, also Nichtigkeitsgrund im Sinne der Bestimmung der Schutzverordnung zu verstehen ist. Der Nichtigkeitskläger faßt sie so auf, daß sich der Nichtigkeitsgrund selbst zusammensetze aus zwei Tatbestandsmerkmalen, einmal der Terminsversäumnis (oder dem Unterbleiben ausreichenden rechtlichen Gehörs) als Folge von Kriegsgeschehen und weiter dem Umstand, daß andernfalls eine der Partei günstigere Entscheidung habe erwartet werden können. Von *beiden* Tatbestandsmerkmalen als „dem Anfechtungsgrunde“ (§ 586 Abs. 2 ZPO), so meint er, müsse die Partei Kenntnis haben, wenn der Lauf der Notfrist beginnen solle. Von dem zweiten Tatbestandsmerkmal habe aber der Nichtigkeitskläger erst am 17. Mai 1944 erfahren (vgl. oben den Tatbestand), so daß die am 20. Mai bei dem Reichsgericht eingereichte, dem Nichtigkeitsbeklagten am 23. Mai 1944 zugestellte Klage rechtzeitig erhoben sei.

Dieser Auffassung kann nicht beigetreten werden. Anfechtungsgrund im Sinne von § 586 Abs. 2 ZPO in Verbindung mit Art. 3 Nr. 3 der SchutzVO ist nur der Umstand, daß die Partei infolge Kriegsgeschehens den Termin zu der Verhandlung, auf welche das Urteil ergangen ist, versäumt hat oder in diesem ohne ausreichendes rechtliches Gehör geblieben ist. Ob andernfalls eine der Partei günstigere Entscheidung erwartet werden konnte, das ist Sache der Prüfung des Gerichts; auf die Auffassung der Partei hierüber kommt es nicht an, wie überhaupt nicht auf die Erlangung der Kenntnis von der rechtlichen Bedeutung des Nichtigkeitsgrundes seitens der Partei (RGZ Bd. 169 S. 104 und öfter).

Der Nichtigkeitskläger hat selbst nicht behauptet, daß er von der Tatsache der Terminsversäumung (und dem Urteil des Reichsgerichts vom 10. Dezember 1943) erst später als 1 Monat vor der Zustellung der Nichtigkeitsklage, auf deren Zeitpunkt es für die Wahrung der Notfrist ankommt (RGUrt. vom 13. Juli 1928 VII 187/27), also nach dem 23. April 1944, Kenntnis erhalten habe. Das ist auch ausgeschlossen. Seinem Prozeßbevollmächtigten zweiter Instanz ist das Urteil am 10. Februar 1944 zugestellt worden. Im Sinne des § 586 Abs. 2 ZPO kommt es allerdings nicht auf die Kenntnis des Prozeßbevollmächtigten von dem Nichtigkeitsgrunde, sondern auf die des Nichtigkeitsklägers selbst an (vgl. RGZ Bd. 37 S. 389); aber – abgesehen von dem Mangel einer entsprechenden Behauptung des Nichtigkeitsklägers und ihrer Glaubhaftmachung (§ 586 Abs. 2 ZPO) – ist der Prozeßbevollmächtigte erster Instanz, Rechtsanwalt Dr. Kottmeier in Berlin, bereits am 3. April 1944 bei der Devisenstelle unter Bezugnahme auf das reichsgerichtliche Urteil wegen Verlängerung der Genehmigungsfrist vorstellig geworden, wie die vom Nichtigkeitskläger dem Revisionsgerichte zur Glaubhaftmachung der Fristeinhaltung (§ 589 Abs. 2 ZPO) vorgelegten Urkunden ergeben. Dieser Vorstellung muß natürlich eine Fühlungnahme des Rechtsanwalts Dr. Kottmeier mit dem Nichtigkeitskläger selbst vorausgegangen sein. Bei ihr muß der Kläger spätestens vom Nichtigkeitsgrunde Kenntnis erlangt haben.

Die Notfrist des § 586 Abs. 1 und 2 ZPO war also abgelaufen, als die Nichtigkeitsklage zugestellt wurde. Dementsprechend mußte diese Klage nach § 589 Abs. 1 ZPO als unzulässig verworfen, das ist abgewiesen worden.

Es kam hiernach nicht darauf an, ob die Frist nicht auch von dem oben dargelegten Standpunkt des Nichtigkeitsklägers aus um deswillen versäumt wäre, weil sich dieser auch ohne Kenntnis der Stellungnahme der Devisenstelle, schon als er von seiner Säumnis und von dem reichsgerichtlichen Urteil erfuhr, hätte sagen müssen, und nach dem oben angeführten Schreiben vom 3. April 1944 dann die Devisenstelle offenbar auch gesagt hat, daß, wenn keine Säumnis vorgelegen hätte, in dem Termin vom 10. Dezember 1943 an Stelle des ihm nachteiligen Urteils eine Vertagung der Verhandlung oder die Aussetzung des Verfahrens nach § 66 DevG beschlossen worden, also eine ihm jedenfalls zunächst günstigere Entscheidung zu erwarten gewesen wäre.

Im übrigen mag bemerkt werden: Das Urteil des Senats vom 10. Dezember 1943 hat ausgesprochen, daß die Rechtslage dieselbe war, wie wenn die Genehmigung der Devisenstelle nicht erteilt worden wäre. Es hat nicht gesagt, wie wenn sie *versagt* worden wäre. Denn der Wegfall der erteilt gewesenen Genehmigung wegen deren auflösender Befristung (§ 163 BGB) konnte nur die Wirkung haben (§ 158 Abs. 2, § 159 BGB), daß der *vor* der Erteilung der Genehmigung vorhanden gewesene Zustand wiederhergestellt wurde, nicht etwa darüber hinaus die Wirkung, daß die Genehmigung als endgültig versagt anzusehen war. Deshalb kamen auch die vom Senat in RGZ Bd. 168 S. 346 aufgestellten Rechtsgrundsätze nicht zur Anwendung, wonach, wenn die Genehmigung versagt ist, der Schwebezustand beseitigt und das Geschäft endgültig nichtig ist, so daß, wenn nachträglich doch noch die Genehmigung erteilt wird, sie nicht zurückwirkt auf den Zeitpunkt des früheren Geschäftsabschlusses. Vielmehr war mit dem Entfallen der erteilten Genehmigung durch Ablauf ihrer auflösenden Befristung der Schwebezustand wiederhergestellt.

Das Urteil des Senats vom 10. Dezember 1943 hat also nicht etwa ausgesprochen, daß der Klageanspruch nicht bestand, sondern nur, daß er damals wegen des Fehlens der devisenrechtlichen Genehmigung nicht geltend gemacht werden konnte. Die Rechtskraft jener Entscheidung steht daher einer erneuten Klage nach Wegfall dieses Hindernisses nicht entgegen. (Vgl. *Hartenstein,* Devisennotrecht, zu § 39 DevG von 1935, Bem. 3 S. 298, unter Bezugnahme auf Hartenstein, JW 1932 S. 319 und RGZ Bd. 143 S. 312 (327/328) und andere Urteile des Reichsgerichts).

Da nunmehr am 16. Mai 1944 die frühere Genehmigung vom 2. Juni 1943, die ihre Wirksamkeit gemäß §§ 163 BGB in Verbindung mit 158, 159 daselbst verloren hatte, „wieder in Kraft gesetzt und ihre Gültigkeitsdauer bis zum 31. Dezember 1944 verlängert" worden ist, steht insoweit einer erneuten Klage nichts im Wege.

Anhang:

Urteil des VI. Zivilsenats vom 10.12.1943 (VI 99/1943)

In Sachen der Frau Gerda *Stein* in Berlin und Stockholm, Beklagten, Revisionsklägerin, Prozeßbevollmächtigter: Rechtsanwalt Dr. Kramer in Leipzig,

gegen

den Makler Hans *Bauer* in Berlin, Kläger, Revisionsbeklagten, in diesem Rechtzug nicht vertreten,

hat das Reichsgericht, VI. Zivilsenat, auf die mündliche Verhandlung vom 10. Dezember 1943 unter Mitwirkung des Senatspräsidenten Dr. Günther und der Reichsgerichtsräte Dr. Schack, Eilles, Oesterheld, Dr. Balve für Recht erkannt:

Die Urteile des 24. Zivilsenats des Kammergerichts in Berlin vom 11. August 1943 und der 51. Zivilkammer des Landgerichts Berlin vom 13. November 1942 werden aufgehoben.

Die Klage wird abgewiesen.

Die Kosten des Rechtsstreits werden dem Kläger auferlegt. – Von Rechts wegen.

Tatbestand

Der Kaufmann Jakob Israel Steinbrecher trat am 5. Juni 1940 die Ansprüche, die ihm nach seiner Behauptung als Provisionsvergütung für die Vermittlung bezw. den Abschluß von Geschäften gegen den im Mai 1940 verstorbenen Kaufmann Wilhelm Stein in Berlin zugestanden hatten und nun gegen dessen Tochter, die Beklagte, die ihren Vater allein beerbt hat, zustanden, an den Kläger ab. Die Beklagte ist als schwedische Staatsangehörige seit dem Jahre 1933 Devisenausländerin. Jakob Israel Steinbrecher ist im Herbst 1940 ins Ausland ausgewandert. Sein Vermögen ist gemäß § 3 der 11. Verordnung zum Reichsbürgergesetz vom 25. November 1941 (RGBl. I S. 722) dem Reiche verfallen. – Die Abtretung der Forderung wurde in Ansehung von 10.900 RM von der Devisenstelle in Berlin am 2. Juni 1943 „nachträglich genehmigt". In dem Genehmigungsbescheid heißt es, daß er „am 30. September 1943 außer Kraft tritt".

Mit der Klage macht der Kläger geltend, die abgetretenen Forderungen hätten sich auf 10.900 RM belaufen. Zahlung dieser Summe nebst 4% Zinsen seit dem Tage der Abtretung verlangt er mit der Klage. Die Beklagte hat die Forderung nach Grund und Höhe bestritten, insbesondere hat sie den Einwand der Befriedigung und des Verzichts seitens des Abtretungsgläubigers erhoben. Beide Vordergerichte haben der Klage stattgegeben; sie sind der Auffassung, daß die Klageforderung in der geltend gemachten Höhe entstanden und daß der

Beweis, sie sei durch Verzicht oder durch Befriedigung erloschen, von der Beklagten nicht erbracht worden ist.

Mit der Revision erstrebt die Beklagte die Aufhebung der Urteile beider Vordergerichte und die Abweisung der Klage.

Der Kläger war im Revisionsrechtszuge nicht vertreten.

Entscheidungsgründe

Der Genehmigungsbescheid der Devisenstelle vom 2. Juni 1943 ist mit dem 30. September d.J. – also nach Verkündung des Berufungsurteils – „außer Kraft getreten". Das bedeutet, daß die Genehmigung auflösend befristet war in dem Sinne, daß, wenn bis zum 30. September 1943 die abgetretene Forderung nicht *eingezogen* war, die Genehmigung als nicht erteilt anzusehen war.

Die erst nach dem Schlusse der letzten mündlichen Verhandlung vor dem Berufungsgericht, ja erst nach der Verkündung des Berufungsurteils eingetretene Tatsache des Fristablaufs ist auch in der Revisionsinstanz zu beachten. Denn das Vorliegen der Genehmigung muß in jeder Lage des Verfahrens, also auch in der Revisionsinstanz, geprüft werden (vgl. RGZ Bd. 150 S. 330, RG JW 1936 S. 1537 Nr. 13); dies gilt auch für den Fall der Befristung ihrer Gültigkeit (Giese-Niemann, DevG, S. 449). Zwar ist für das Vorliegen der Genehmigung stets der Zeitpunkt des Erlasses des Urteils maßgeblich; aber nach dem oben Gesagten kann das nur das Revisionsurteil sein.

Hat die Genehmigung ihre Wirksamkeit verloren, so ist der Rechtszustand derselbe, wie wenn sie nicht erteilt worden wäre. Die Forderung befand sich noch im Vermögen des Kaufmanns Jacob Israel Steinbrecher, als dieser im Herbst 1940 gemäß § 2 a der oben genannten Verordnung die deutsche Staatsangehörigkeit verlor und ist deshalb nach § 3 a.a.O. mit seinem sonstigen Vermögen in jenem Zeitpunkt dem Reiche verfallen.

Eine entsprechende Anwendung des § 184 Abs. 2 BGB scheidet bei dieser Rechtslage aus.

Wegen des Fehlens der Genehmigung ist die Klage unter Aufhebung der Urteile beider Vordergerichte abzuweisen.

---

53. Voraussetzungen der Gültigkeit eines Nottestaments.

§§ 23 f. TestG.

VI. Zivilsenat. Urt. v. 11. August 1944 (VI 106/1943).

I. Landgericht Kassel.

II. Oberlandesgericht Kassel.

In Sachen des Bruno Espenhahn in Kassel-Wilhelmshöhe, Beklagten und Revisionsklägers, Prozeßbevollmächtigter: Rechtsanwalt Justizrat Schulte in Leipzig,

gegen

die verw. Anna Ellenberger geb. Meil in Kassel, Klägerin und Revisionsbeklagte, Prozeßbevollmächtigter: Rechtsanwalt Ruland in Leipzig,

hat das Reichsgericht, VI. Zivilsenat, auf die mündliche Verhandlung vom 11. August 1944 unter Mitwirkung des Senatspräsidenten Dr. Günther und der Reichsgerichtsräte Dr. Schack, Dr. Unger, Eilles, Dr. Balve für Recht erkannt:

Die Revision gegen das Urteil des 2. Zivilsenats des Oberlandesgerichts in Kassel vom 19. August 1943 wird zurückgewiesen.

Die Kosten der Revisionsinstanz werden dem Revisionskläger auferlegt. – Von Rechts wegen.

Tatbestand

Die in der zweiten Morgenstunde des 16. Juni 1942 im Städt. Hilfskrankenhaus I in Kassel verstorbene Schwester der Klägerin und Ehefrau des Beklagten, Frau Charlotte Espenhahn geb. Meil, hinterließ eine letztwillige Verfügung folgenden Wortlauts: „Mein Testament. Mein gesamtes Vermögen, bestehend aus meinem Hausgrundstück, dem gesamten Hausrat und aus meinem Barvermögen, soll meine Schwester Anna Ellenberger und, wenn diese stirbt, mein Neffe Lothar Ellenberger erben. – Kassel, den 15. Juni 1942 im Städt. Hilfskrankenhaus I, Kassel im Druseltal 12, Nachm. 15 Uhr. gez. Lotte Espenhahn geb. Meil."

Die Richtigkeit nebensteh. Unterschrift bescheinigt: Kassel, den 15. Juni 1942 gez. Albrecht, Stadtinsp. – Der behandelnde Arzt, Herr Dr. Hans Thamer, hat sich in Gegenwart von 2 Schwestern und mir davon überzeugt, daß die Erblasserin, Frau Lotte Espenhahn, bei klarem Bewußtsein diesen letzten Willen geäußert hat. Kassel, den 15. Juni 1942. gez.: Dr. Thamer, gez.: Albrecht, Stadtinsp.

Die Klage geht auf Feststellung der Rechtsgültigkeit des Testaments und des Alleinerbrechts der Klägerin. Der Beklagte hat um Klageabweisung gebeten, weil das Testament an Formfehlern leide und gegen § 48 Abs. 2, 3 TestG verstoße.

Das Landgericht hat im Sinne des Beklagten, das Berufungsgericht im Sinne der Klägerin erkannt. Mit der Revision erstrebt der Beklagte die Wiederherstellung des ersten Urteils, die Klägerin bittet um Zurückweisung des Rechtsmittels.

Entscheidungsgründe

Das Berufungsurteil hat die letztwillige Verfügung der Erblasserin als Nottestament im Sinne von § 24 Abs. 2 TestG für gültig erklärt. Nach seinen Feststellungen sind die gesetzlichen Voraussetzungen der in dieser Bestimmung geregelten Testamentsform gegeben gewesen: nahe, objektiv vorhandene, mindestens von den Mitwirkenden ernstlich befürchtete Todesgefahr der Erblasserin, die eine Testamentserrichtung nach § 23 TestG als nicht mehr durchführbar erscheinen ließ, und mündliche Erklärung des Testaments vor drei Zeugen, in Wirklichkeit sogar vor vier, da außer dem Arzt und dem Stadtinspektor noch zwei Krankenschwestern zugegen waren. Die wichtigsten Erfordernisse der in Frage stehenden Testamentsform waren also erfüllt. Aus dem Zusammenhalt der im Tatbestande wiedergegebenen Einzelbestandteile des beurkundeten letzten Willens ergibt sich auch klar, daß an ein privatschriftliches Testament im Sinne von § 21 TestG nicht zu denken ist.

Wesentliches gesetzliches Erfordernis für das Nottestament des § 24 Abs. 2 TestG ist die Aufnahme einer Niederschrift (§ 24 Abs. 3). Mit Recht nimmt das angefochtene Urteil im Gegensatz zum Erstrichter und zur Revision an, daß es an einer solchen im Streitfalle nicht fehle. Zunächst ist die letztwillige Verfügung der Erblasserin selbst urkundlich niedergelegt. Es ist weiter durch den von den Zeugen Dr. Thamer und Albrecht unterschriebenen, wenn auch nachträglichen, Zusatz bekundet, daß die Erblasserin diesen letzten Willen im Beisein der beiden Genannten und zweier Krankenschwestern geäußert hat. Aus der Ortsangabe (Krankenhaus) und der Mitwirkung des Arztes sowie der beiden Krankenschwestern waren die Umstände der Testamentserrichtung zu entnehmen. Die Feststellung der nahen Todesgefahr ist nur Sollvorschrift (§ 24 Abs. 3, § 23 Abs. 2 TestG). Der Errichtungstag (§ 13 Abs. 2 TestG) ist genannt. Von den wesentlichen gesetzlichen Erfordernissen der Niederschrift fehlt nur die Namensangabe mindestens der einen als Zeugin anwesenden Krankenschwester, es fehlt weiter die Verlesung, die Genehmigung und Unterzeichnung der gesamten Niederschrift durch die Erblasserin sowie die Unterschrift *aller* Mitwirkenden, also neben derjenigen des Arztes und des Stadtinspektors auch die einer der Schwestern (§ 16 Abs. 1, 4 TestG). Soweit diese Fehler die Abfassung der Niederschrift über die Testamentserrichtung betreffen, also namentlich die Angabe aller Mitwirkenden und die Unterzeichnung, hat das angefochtene Urteil mit Recht auf Grund von § 23 Abs. 6 TestG diese Mängel nicht als Nichtigkeitsgründe betrachtet, weil mit Sicherheit das Testament die Erklärungen der Erblasserin zuverlässig wiedergibt. Dagegen fällt die nach § 24 Abs. 3, § 16 Abs. 1 TestG unumgängliche Verlesung der Niederschrift und ihre Genehmigung durch die Erblasserin an sich nicht unter die Formerfordernisse der Abfassung der Niederschrift (RGRKomm. z. BGB Bem. 10 zu § 23 TestG). Immerhin steht fest, daß die eigentliche letztwillige Verfügung der Erblasserin vorgelesen und von ihr unterschriftlich genehmigt worden ist. Nur für die erst nachträglich angefertigte, von den Zeugen Dr. Thamer und Albrecht unterzeichnete Erklärung gilt dies nicht. Indessen kann auch dieser Umstand die

Nichtigkeit des Testaments nicht begründen. Auszugehen ist davon, daß die Form des Nottestaments in § 24 Abs. 2 TestG, wie schon das im Gesetz stehende Beispiel des Bergunfalls beweist, ein in die Hände von Laien gelegter Notbehelf ist, dessen Gesetzeszweck nicht erfüllt würde, wenn an seine Form Anforderungen gestellt würden, die über die Gewährleistung des Inhalts und der Ernstlichkeit des letzten Willens des Betroffenen hinausgingen. Wo wie hier dieser Wille und seine Errichtung vor drei Zeugen einwandfrei feststehen, und er urkundlich von der Erblasserin erklärt ist, auch der wesentlichste – in der Testamentsverfügung bestehende – Teil der Niederschrift keinen Mangel aufweist, wäre es eine mit den Absichten des Gesetzgebers unvereinbare Überspannung der Form, wenn der Mangel der Verlesung und Genehmigung der Niederschrift des äußeren Errichtungsherganges die einwandfrei gewollte und zu Papier gebrachte letztwillige Verfügung ihrer Gültigkeit sollten berauben können (vgl. *Vogels,* DR 1940 Ausg. A S. 546). Es ist vielmehr anzunehmen, daß das Gesetz mit der Verweisung auf § 23 Abs. 6 in § 24 Abs. 3 TestG unter der dort bezeichneten Voraussetzung alle Formfehler hat treffen wollen, die – abgesehen von der eigentlichen letztwilligen Verfügung selbst – mit der Beurkundung des Errichtungsaktes zusammenhängen, die im weiteren Sinne entsprechend der Regelung amtlicher Protokollerrichtung auch die Verlesung und Genehmigung der Niederschrift mitumfaßt.

Das Nottestament der Erblasserin ist nach alledem als rechtsgültig anzusehen.

Daß das Testament aufgrund von § 48 Abs. 2, 3 TestG nicht zu beanstanden ist, hat der Vorderrichter bedenkenfrei dargelegt.

Die Revision ist demgemäß zurückzuweisen.

---

54. 1. Ein vor Wirksamkeit des Reichserbhofgesetzes geschlossener Erbvertrag, wodurch dem überlebenden Ehegatten das Aufgriffsrecht (Übernahmerecht) hinsichtlich des Nachlasses eingeräumt wird, ist mangels eines nachgewiesenen anderen Willens der Ehegatten bei Eintritt des Erbfalles unter der Wirksamkeit des RErbhG dahin auszulegen, daß der überlebende Ehegatte zum Anerben des in den Nachlaß gehörigen Erbhofs berufen wurde. Die Umdeutung des Aufgriffsrechtes betrifft aber den frei vererblichen Nachlaß nicht.

2. Zur Entscheidung, ob ein vor Wirksamkeit des RErbhG für den Todesfall vereinbartes Aufgriffsrecht hinsichtlich eines Erbhofes als Anerbenberufung nach Wirksamkeitsbeginn des RErbhG umzudeuten ist, sind die ordentlichen Gerichte zuständig.

3. Die Berufung des anderen Ehegatten als Anerben nach § 20 ErbhRV bedurfte nicht der Zustimmung des Anerbengerichtes.

4. Die Zustimmung des Anerbengerichtes nach § 51 Abs. 1 EHFV betrifft nur Bestimmungen des Anerben, die nach dem 1. Okt. 1943 und vor dem 1. April 1944 getroffen wurden.

REbhG §§ 20, 24, 29, 40; EHRV §§ 13, 20; EHFV §§ 30, 51;
ABGB §§ 602, 1249.

VII. Zivilsenat. Urt. vom 23. August 1944 (VII 85/1944).

I. Landgericht Ried.
II. Oberlandesgericht Linz.

In Sachen 1. des Franz Angleitner, Landwirts in Tumeltsham und 2. des Johann Angleitner, Bauernsohnes in Tumeltstham, Kläger, Prozeßbevollmächtigter: Rechtsanwalt Dr. Fritz Winkler in Ried im Innkreis, vor dem Reichsgericht: Rechtsanwalt Justizrat Geutebrück in Leipzig,

gegen

Franziska Angleitner, Besitzerin in Tumeltsham, Beklagte, Prozeßbevollmächtigter: Rechtsanwalt Dr. Othmar Steinkegler in Ried im Innkreis, vor dem Reichsgericht: Rechtsanwalt Dr. Drost in Leipzig,

wegen Feststellung hat das Reichsgericht, VII. Zivilsenat, auf die mündliche Verhandlung vom 23. August 1944 durch den Reichsgerichtsrat Burmeister als Vorsitzenden und die Reichsgerichtsräte Oesterheld, Dr. Tenschert, Dr. Kirchengast und Dr. Roppert auf die Revision der Kläger gegen das Urteil des Oberlandesgerichtes Linz als Berufungsgerichtes vom 14. April 1944, GZ 3 R 14/44-17, womit auf die Berufung der Kläger das Urteil des Landgerichtes Ried im Innkreis vom 4. August 1943, GZ Cg 138/42-10 bestätigt wurde, für Recht erkannt:

Es wird der Revision keine Folge gegeben. Die Kläger haben die Gerichtskosten zu tragen und sind zur ungeteilten Hand schuldig, der Beklagten die mit 307,24 RM bestimmten Kosten der Revisionsbeantwortung und die mit 339,60 RM bestimmten Kosten der mündlichen Revisionsverhandlung binnen 14 Tagen bei Zwangsvollstreckung zu bezahlen.

Entscheidungsgründe

Am 31. August 1942 ist der Bruder der Kläger und Ehemann der Beklagten, Josef Angleitner, gestorben, welcher mit seiner Gattin je zur Hälfte Eigentümer des Spitzergutes Nr. 11 in Tumeltsham samt den dazugehörigen Bestandteilen war. Dieses Gut ist in die Erbhöferolle eingetragen. Der Erblasser hat mit seiner Gattin den als Ehepakt bezeichneten Notariatsakt vom 18. März 1929 abgeschlossen, worin die damaligen Brautleute im Hinblick auf die beabsichtigte Eheschließung die allgemeine, jede Art von Vermögen und Vermögenserwerb umfassende und schon zu Lebzeiten geltende Gütergemeinschaft vereinbarten. Punkt III dieses Vertrages besagt: „Die genannten Brautleute räumen sich für den Ablebensfall gegenseitig vertragsmäßig das Aufgriffsrecht ein, wonach der überlebende Eheteil berechtigt wird, den ganzen Nachlaß des vorverstorbenen Eheteiles um den gerichtlichen Schätzwert oder sonst wie vereinbarten Wert als sein Alleineigentum an sich zu lösen. Im übrigen behalten sich die Brautleute ihre letztwilligen Anordnungen bevor." Bei dem Ableben des Josef Angleitner war außer diesem Notariatsakt keine letztwillige Verfügung vorhanden. Im Verlassenschaftsverfahren gaben die Kläger die unbedingte Erbeserklärung aufgrund des Gesetzes sowohl als Anerben als auch zum freien Nachlaß ab. Die Beklagte erklärte sich aufgrund des Erbvertrages unbedingt als Anerbin und aufgrund des Gesetzes unbedingt als Erbin zum freien Nachlaß. Das Abhandlungsgericht nahm alle Erbeserklärungen zu Gericht an und verwies die Kläger zur Bestreitung des Anerbenrechtes der Beklagten auf den Rechtsweg (A 378/42 des Amtsgerichtes Ried im Innkreis). Mit der vorliegenden Klage begehren die Kläger die gerichtliche Feststellung, daß der Notariatsakt vom 19. (richtig 18.) März 1929 nicht als Erbvertrag und die Vereinbarung des Aufgriffsrechtes nicht als eine Anerbeneinsetzung in den Besitz des Josef Angleitners anzusehen sei, so daß das Erbrecht zu diesem Nachlaß den Klägern und hinsichtlich des freien Nachlasses den Klägern und der Beklagten aufgrund des Gesetzes zustehe.

Das Landgericht hat das Klagebegehren abgewiesen und sich dabei auf die Erwägung gestützt, daß der vor dem Inkrafttreten des Reichserbhofgesetzes in der Ostmark errichtete Notariatsvertrag nach Möglichkeit mit dem Reichserbhofgesetz in Einklang zu bringen ist. Die Bestimmung in einem Ehevertrag vor der Wirksamkeit des Reichserbhofgesetzes, wonach der überlebende Gatte den Hof bei Auseinandersetzung mit anderen Erben zu einem bestimmten Wert übernehme, sei als Anerbeneinsetzung aufzufassen. Dies ergebe sich aus dem Sinn des Notariatsaktes, aus dem hervorgehe, daß der Erblasser eine bestimmte Person als Nachfolger in sein Vermögen haben wollte und daß diese Person nach dem Gesetz als Anerbe in Betracht kommen könne. Die Bestimmung über die Einlösung des Nachlasses des Mannes hindere die Berufung der Beklagten als Anerbin nicht, diese Bedingung schränke die Erbfolge kraft Anerbenrechtes ein und könne daher nach § 24 Abs. 1 und 3 REG nicht aufrechterhalten werden. Die Berufung der Beklagten als Anerbin verstoße auch nicht gegen das Recht und gegen das Volksempfinden. Insbesondere mache § 20 Abs. 1 EHRV die Berufung der Gattin nicht davon abhängig, daß sie den bedeutenderen Teil des Erbhofes eingebracht habe. Es genüge, daß der Erbhof ein Ehegattenerbhof war, was hier zutreffe. Eine andere Verfügung habe der Erblasser nicht getroffen, doch sei es belanglos, warum er dies unterlassen habe.

Das Berufungsgericht hat zunächst die Berufung der Kläger als offensichtlich unbegründet verworfen und nach der Aufhebung seines Beschlusses durch das Reichsgericht mit dem Urteil vom 14. April 1944 das Urteil des Landgerichtes bestätigt. Der Notariatsakt vom 18. März 1929 sei im Grunde auch ein Erbvertrag nach §§ 602 und 1249 ABGB mit der aus § 1253 ABGB sich ergebenden einschränkenden Wirkung und habe die Abfertigung der etwaigen Erben im Sinne gehabt. Es entspreche den Erfahrungen und dem natürlichen Ablauf des Lebens, daß die Vertragsteile dabei an die eigenen Kinder gedacht haben. Wenn der Erblasser also der Beklagten das Verfügungsrecht im Rahmen des Aufgriffsrechtes verschaffen wollte, so müsse er auch gewillt gewesen sein, ihr das beschränktere Recht als Anerbin einzuräumen. Das sei um so mehr anzunehmen, als er es auch nach dem Inkrafttreten des Reichserbhofgesetzes bei seiner früheren Willensbekundung beließ. Die Kläger hätten auch weder Tatumstände noch Beweise dafür vorgebracht, die einen anderen Willen des Erblassers erschließen ließen, der über die Deutung des reinen Vertragswortlautes hinausginge.

Dagegen richtet sich die Revision der Kläger, welche sich auf den Revisionsgrund nach § 503 Zahl 2 und 4 ZPO stützt.

Der Revision kann jedoch keine Berechtigung zuerkannt werden.

Die Kläger hatten in ihrer Berufung die Ansicht vertreten, es komme nicht dem Prozeßgericht zu, festzustellen, wer zum Anerben berufen sei, da diese Frage ausschließlich in die Zuständigkeit der Anerbengerichte falle. Es ist daher geboten, vor der Entscheidung in der Sache selbst klarzustellen, ob gegen die Zuständigkeit des Prozeßgerichtes ein gerechtfertigter Einwand besteht oder nicht. Dabei ist von der Vorschrift des § 40 REG auszugehen, welcher von den zur Durchführung der besonderen Aufgaben dieses Gesetzes gebildeten Anerbenbehörden handelt und in Abs. 2 bestimmt, daß „in den durch dieses Gesetz den Anerbenbehörden zur Entscheidung überwiesenen Angelegenheiten die ordentlichen Gerichte nicht angerufen werden können“. Schon aus dem Wortlaut dieser Bestimmung geht aber hervor, daß § 40 Abs. 1 REG nicht etwa eine Generalklausel für die Zuständigkeit in allen mit dem Erbhof zusammenhängenden Fragen enthält. Die Anerbenbehörden sind vielmehr als Sonderbehörden der freiwilligen Gerichtsbarkeit nur für diejenigen Aufgaben zuständig, die ihnen ausdrücklich zugewiesen sind. Die Zuständigkeitsabgrenzung beruht eindeutig auf dem Aufzählungsgrundsatz (Baumecker, Handbuch des Großdeutschen Erbhofrechts S. 468, 469). Unter die den Anerbenbehörden zugewiesenen Aufgaben fällt aber nicht die Entscheidung der Frage, wie z. B. eine letzte Willenserklärung auszulegen ist oder wer Anerbe eines Hofes geworden ist (Vogels, REG § 21 Bem. 9, 31 und § 25 Bem. 40). Daran hat sich für den vorliegenden Fall auch nichts durch die Erbhoffortbildungsverordnung vom 30. September 1943 (RGBl. I S. 549) – EHFV – geändert, welche in § 30 vorschreibt, daß für die Entscheidung über alle Anträge und *Streitigkeiten*, die sich bei der Anwendung der Vorschriften des zweiten Abschnittes (über sippengebundene Ehegattenerbhöfe) sowie aus Abmachungen der Beteiligten hierüber ergeben, die Anerbenbehörden ausschließlich zuständig sind, denn nach der Übergangsvorschrift des § 51 Abs. 2 EHFV gilt auch diese Bestimmung nicht für Verfahren, die bei den ordentlichen Gerichten anhängig sind.

In der Sache selbst ist davon auszugehen, daß der Notariatsakt vom 18. März 1929 errichtet wurde, bevor das Reichserbhofgesetz und die Erbhofrechtsverordnung im Lande Österreich in Kraft traten (VO vom 27. Juli 1938, RGBl. I S. 935). Es besteht kein Streit darüber, daß sich der Hof an dem für die Alpen- und Donaureichsgaue maßgebenden Stichtag (1. August 1938) im gemeinschaftlichen Gut von bauernfähigen Ehegatten befunden hat, daß er auch sonst den Voraussetzungen des Reichserbhofgesetzes entsprochen hat und daher als Ehegattenerbhof anzusehen ist. Er ist auch in die Erbhöferolle eingetragen. Die Anerbenordnung des § 20 REG führt die Ehefrau des Bauern nicht unter den Anerben auf. Dagegen läßt § 20 EHRV für Ehegattenerbhöfe zu, daß jeder Ehegatte den anderen Ehegatten zum Anerben bestimme. Hierzu bedurfte es der Zustimmung des Anerbengerichtes nicht (§ 20 Abs. 4 EHRV und ÖEHV). Gemäß § 51 EHFV ist zwar § 20 EHRV mit Ablauf des 31. März 1944 außer Kraft getreten. Dies berührt jedoch die Frage der Auslegung des Notariatsaktes vom 18. März 1929 und seine Bedeutung für einen am 31. August 1942 eingetretenen Erbfall nicht. Die in § 51 Abs. 1 EHFV vorgeschriebene Zustimmung des Anerbengerichtes schließlich betrifft nur Bestimmungen des Anerben, die in der Zeit nach dem Inkrafttreten der EHFV – 1. Oktober 1943 – und vor dem 1. April 1944 getroffen wurden. Dies liegt aber hier nicht vor.

Der Ehevertrag vom 18. März 1929 räumte den vertragschließenden Brautleuten gegenseitig vertragsmäßig das Aufgriffsrecht des überlebenden Ehegatten zum ganzen Nachlaß für den Fall des Ablebens des anderen von ihnen ein und brachte daher ihren übereinstimmenden Willen zum Ausdruck, daß der überlebende Ehegatte berechtigt sein sollte, den ganzen Nachlaß, also die nachgelassenen Vermögensstücke selbst, zum Schätzwert oder zum vereinbarten Preis an sich zu lösen. Der in dem Notariatsakt zum Ausdruck gebrachte Vorbehalt der letztwilligen Verfügungen konnte daher nur für Verfügungen über den an die Stelle des Nachlasses tretenden Geldwert oder für den Fall der Ausschlagung des Aufgriffsrechtes durch den überlebenden Ehegatten gemeint sein. Die Kläger haben keinerlei Tatumstände behauptet, geschweige denn erwiesen, die für die Erklärung des Willens in dem Ehevertrage eine von der sprachlichen und grammatischen Auslegung dieser Bestimmung abweichende Deutung zuließen oder ermöglichten. Es ist daher die Auffassung des Berufungsgerichts zu billigen, daß bei dieser Bestimmung nach den natürlichen

Lebensgesetzen zunächst an die eigenen Kinder gedacht war und die etwaigen Erben von dem Übernehmer des Nachlasses in Geld abgefertigt werden sollten. Da es sich aber nur um eine Berechtigung des Überlebenden handelte, stand es ihm natürlich auch frei, das ihm zugedachte Aufgriffsrecht gegebenenfalls abzulehnen. Dieser Umstand steht jedoch einer Umdeutung des Aufgriffsrechtes in eine Anerbenbestimmung nicht entgegen, da auch ein Anerbe den Anfall eines Erbhofes ausschlagen kann (§ 29 REG).

Die Revision wendet sich nun vor allem gegen die Auffassung des Berufungsgerichtes, daß der Notariatsakt vom 18. März 1929 nicht nur als Ehevertrag, sondern auch als Erbvertrag im Sinne der §§ 602, 1249 ABGB anzusehen sei. Dieser Einwand ist aber nicht berechtigt. Aber selbst wenn hier der Begriff des Erbvertrages nicht erfüllt würde, obgleich der Vertrag selbst eine Willenserklärung für den Ablebensfall enthält, so könnten die Kläger dadurch doch in der Frage des Anerbenrechts nichts für ihren Rechtsstandpunkt gewinnen. Denn nach § 13 EHRV kann die Bestimmung des Anerben außer durch Testament oder Erbvertrag auch mündlich zur Niederschrift vor dem Vorsitzenden des zuständigen Anerbengerichtes oder vor einem Notar erfolgen. Demnach wäre es für die Frage, ob in einem Notariatsakt, also in einer vor einem Notar abgegebenen Willenserklärung eine Anerbenbestimmung zu erblicken ist, an und für sich ohne Bedeutung, wenn dieser Notariatsakt selbst nicht als Erbvertrag anzusehen wäre, da die mündliche Erklärung vor dem Notar zur Niederschrift als genügend zu erachten ist.

Die Kläger legen nun selbst in der Revision dar, daß sich die Errichtung bäuerlicher Verträge seit vielen Jahrzehnten in stets gleich bleibender Art abwickelt, daß in der Regel nicht nur die Gütergemeinschaft vereinbart, sondern auch stets die Kinder als Erben berufen werden und für den Fall des kinderlosen Ablebens meist die gegenseitige Erbeinsetzung der Eheleute erfolgt. Sie glauben, aus dem Vorbehalt einer letztwilligen Verfügung in dem Notariatsakt schließen zu können, daß der Erblasser nicht die Beklagte zur Erbin einsetzen wollte. Allein es wurde bereits oben dargelegt, welchen Sinn dieser Vorbehalt nur gehabt haben kann. Die Zusicherung des Aufgriffsrechtes kann mangels jeden Anhaltspunktes für einen anderen Willen des Erblassers nur dahin verstanden werden, daß der Erblasser die überlebende Gattin als seine Nachfolgerin in sein Vermögen eingesetzt wissen wollte. Durch die Einführung des Reichserbhofgesetzes galt auch für den einen Teil des Nachlasses bildenden Erbhof die Vorschrift des § 19, daß er bei der gesetzlichen Erbfolge und der Erbteilung einen besonderen Teil der Erbschaft zu bilden hat und kraft Gesetzes ungeteilt auf den Anerben übergeht und daß nach § 24 REG die Erbfolge kraft Anerbenrechtes durch eine Verfügung von Todes wegen nicht ausgeschlossen oder beschränkt werden kann. Der deutlich erklärte Wille des Erblassers, daß der überlebende Ehegatte den ganzen Nachlaß an sich zu lösen berechtigt sei und der überlebende Gatte somit auch den Erbhof erhalten solle, ist auch nach der Einführung des Reichserbhofgesetzes nicht widerrufen oder abgeändert worden. Es ist daher der Schluß berechtigt, daß dieser Wille auch unter der Herrschaft des Reichserbhofgesetzes Bestand haben sollte, soweit er mit diesem Gesetz vereinbar war. Das Wesentliche an dem erklärten Willen ist aber die Nachfolge des überlebenden Ehegatten in das zu übernehmende Vermögen, die hinsichtlich eines Erbhofes nur in der Form der Berufung als Anerbe geschehen konnte. Denn nur dann konnte die überlebende Gattin den Brüdern des Erblassers vorangehen. Das Berufungsgericht hat aber rechtsbedenkenfrei erkannt, daß dem Willen des Erblassers die Umdeutung des Aufgriffsrechtes in eine Anerbenberufung zwanglos gerecht wird. Nun war allerdings die Ausübung des Aufgriffsrechtes nach dem Notariatsakt mit der Verpflichtung zur Leistung des Schätzungsgegenwertes verbunden. Insoweit diese Bestimmung eine solche Belastung des Hofes darstellt, daß eine Berichtigung der Nachlaßverbindlichkeiten gemäß § 34 REG nicht mehr möglich wäre, wäre darin eine unzulässige Beschränkung des Anerbenrechtes nach § 24 Abs. 1 und 3 REG zu erblicken. Ob das der Fall ist, wurde bisher nicht erörtert. Dies hindert aber die Entscheidung des Rechtsstreites nicht. Auf keinen Fall steht diese Bestimmung der Umdeutung des Aufgriffsrechtes bezüglich des Erbhofes in die Berufung als Anerbe entgegen. Hinsichtlich des frei vererblichen Nachlasses verbleibt es dagegen bei dem vereinbarten Aufgriffsrecht.

Bei dieser Sachlage ist die Annahme der Kläger, daß sich der Erblasser eine letztwillige Verfügung über den Nachlaß selbst und nicht bloß über den etwaigen Nachlaßwert vorbehalten hat, nicht begründet, und das Verfahren blieb nicht mangelhaft, wenn auch kein Sachverständigenbeweis über den Umfang bäuerlicher Gepflogenheiten durchgeführt wurde, ganz abgesehen davon, daß entscheidende konkrete Behauptungen hierzu gar nicht aufgestellt waren.

Die Sache wurde daher rechtlich richtig beurteilt, wenn das Klagebegehren abgewiesen wurde.

Die Entscheidung über die Kosten des Revisionsverfahrens beruht auf §§ 41, 46 und 50 ZPO.

---

55. Der Schadensersatzanspruch eines im Sinne von § 3 Abs. 2 RHpflG mittelbar Geschädigten geht nach § 7 daselbst nur auf Zahlung einer Geldrente, nicht aber auf Gewährung einzelner zum Unterhalt erforderlicher Lebensgüter, etwa auf Freihaltung von Steuerforderungen des Finanzamts.

RHpflG §§ 3 Abs. 2, 7.

V. Zivilsenat. Urt. v. 29. August 1944 (V 38/1944).

I. Landgericht Kiel.
II. Oberlandesgericht Kiel.

In Sachen der Witwe Frieda Hagemann geb. Fürst in Kiel, Schützenwall 55, Klägerin und Revisionsklägerin, Prozeßbevollmächtigter: Rechtsanwalt Dr. Petersen in Leipzig,

gegen

die Allgemeine Lokalbahn und Kraftwerk Aktiengesellschaft in Kiel, vertreten durch ihren Vorstand, Beklagte und Revisionsbeklagte, Prozeßbevollmächtigter: Rechtsanwalt Justizrat Schulte in Leipzig,

hat das Reichsgericht, V. Zivilsenat, auf die mündliche Verhandlung vom 25. Juli 1944 durch den Senatspräsidenten Dr. Brandis und die Reichsgerichtsräte Böhmer, Neuß, Dr. Hackl, Denecke für Recht erkannt:

Das Urteil des 2. Zivilsenats des Oberlandesgerichts in Kiel vom 22. Februar 1944 wird, soweit es zum Nachteil der Klägerin erkannt hat, aufgehoben. Die Sache wird in diesem Umfange, zugleich zur Entscheidung über die Kosten der Revision, zu neuer Verhandlung und Entscheidung an das Berufungsgericht zurückverwiesen. – Von Rechts wegen.

Tatbestand

Am 1. Oktober 1941 ist der am 26. März 1877 geborene Ehemann der Klägerin, der Bauunternehmer Hagemann, dadurch tödlich verunglückt, daß er unter einen umstürzenden Straßenbahnwagen der Beklagten geriet. In einem Vorprozeß ist die Beklagte zur Zahlung einer Jahresrente von 1.200 RM an die Klägerin vom 1. Oktober 1941 an auf längstens 12 Jahre verurteilt worden, auch ist die Verpflichtung der Beklagten zum Ersatz des weiteren künftigen Unfallschadens festgestellt worden, soweit die Ansprüche nicht auf die Bauberufsgenossenschaft übergegangen sind. Die Klägerin verlangt nunmehr:

1. Erhöhung der Rente um 1.212 RM jährlich,

2. Zahlung von 96 RM und 144,50 RM Verzugszinsen auf nicht rechtzeitig bezahlte Rentenbeträge,

3. Freistellung von den an Einkommensteuer, Kriegszuschlagsteuer und Kirchensteuer wegen der Rentenzahlung mehr zu entrichtenden Beträge, und zwar

a) für die Jahre 1942 und 1943 durch Zahlung von 162 + 135 = 297 RM an sie selbst und von 1.489,90 RM an das Finanzamt in Kiel,

b) Freihaltung von Steueransprüchen bezüglich der unter 2. und 3 a. genannten Beträge von 240,50 RM, 162 RM und 135 RM,

c) durch Entrichtung einer weiteren Jahresrente von 854,50 RM ab 1. Januar 1944 auf längstens 12 Jahre,

d) Freihaltung von sämtlichen weiteren Steueransprüchen der genannten Art.

Das Landgericht Kiel hat durch Urteil vom 5. November 1943 die Beklagte zur Zahlung von 92 RM und einer am 1. Oktober 1941 beginnenden zusätzlichen Rente von 1.200 RM längstens auf die Dauer von 12 Jahren verurteilt und im übrigen die Klage abgewiesen. Das Oberlandesgericht Kiel hat durch das angefochtene Urteil die Berufung der Klägerin zurückgewiesen und auf die Berufung der Beklagten die zusätzliche Rente auf 702 RM herabgesetzt, ferner die Beklagte zur Zahlung gewisser Zinsen verurteilt.

Die Revision ficht dieses Urteil insoweit an, als die Klage bezüglich der Beträge von a) 537,50 RM (96 + 144,50 + 162 + 135), b) 1.489,50 RM, c) der Befreiung von nachzuzahlenden Steuerbeträgen, d) einer weiteren Jahresrente von 854,50 RM, e) etwaiger weiterer Steuerbeträge abgewiesen worden ist.

Die Beklagte bittet um Zurückweisung der Revision.

Entscheidungsgründe

Das Berufungsgericht hat die Klägerin mit den Ansprüchen abgewiesen, die ihre Wurzel darin haben, daß sie den Genuß der ihr gemäß § 3 Abs. 2 RHpflG zugesprochenen Rentenbeträge *unverkürzt durch Steuerzahlungen* haben will. Es hat hierzu ausgeführt: Es möge offen bleiben, ob derartige Ansprüche mit den Grundsätzen des Steuerrechts in Einklang ständen, insbesondere ob sie mit der Steuerpflicht eines jeden Volksgenossen vereinbar seien und sich nicht als eine „Schraube ohne Ende" darstellten. Das Berufungsgericht habe sowohl die im Vorprozeß geforderte Rente von 1.200 RM als auch die jetzt zuerkannte Rente von 702 RM ab 1. Oktober 1941 auf längstens 12 Jahre zugebilligt. Dabei habe es Bedenken, die sich aus dem Lebensalter des am 26. März 1877 geborenen Verunglückten ergäben, zurückgestellt. Unter den besonderen hier vorliegenden Umständen sei für den Zeitraum von 12 Jahren mit einem entsprechenden Einkommen des Verunglückten für den Fall seines Weiterlebens zu rechnen gewesen. Dies könne aber nicht mehr für die Ansprüche gelten, die die Klägerin unter dem Gesichtspunkt der Freistellung von der Steuerpflicht erhebe. In Anbetracht des Lebensalters des Verunglückten müsse insoweit mit einem Zurückgehen seiner Arbeitskraft und Arbeitsfähigkeit gerechnet werden, und hieraus wiederum sei ein Zurückgehen seines Einkommens zu folgern, das eine weitere Erhöhung der Unfallrente der Klägerin ausschließe.

Diese Ausführungen werden von der Revision mit Recht beanstandet. Die Annahme des Berufungsgerichts, daß in Anbetracht des Lebensalters der Verunglückten mit einem Zurückgehen seiner Arbeitsfähigkeit und damit seines Einkommens hätte gerechnet werden müssen, ist nicht ausreichend begründet. Maßgebend für die Entscheidung, bis zu welchem Zeitpunkt der Verunglückte sein früheres Einkommen auch in höherem Alter weiter bezogen haben würde, sind immer die besonderen Umstände des einzelnen Falles (RGUrt. vom 15. März 1934 in WarnRspr. 1934 S. 161). Diese besonderen Umstände hat das Berufungsgericht offensichtlich nicht berücksichtigt. Der Verunglückte hat vor dem Unfall ein Bauunternehmen betrieben, und zwar zusammen mit seinem Sohn. Die Frage, ob sich das Einkommen des Verunglückten mit zunehmendem Alter verringert haben würde, kann nicht ohne ein Eingehen auf den zwischen Vater und Sohn geschlossenen Gesellschaftsvertrag entschieden werden. Die Revision weist darauf hin, daß hiernach der Verunglückte 4 % Kapitalzinsen und die Hälfte des Reingewinns erhalten habe, und daß eine Kündigung des Vertrages durch den Sohn unwahrscheinlich gewesen sei, da nach § 6 Abs. 2 des Vertrages die Kündigung die Wirkung gehabt haben würde, daß der Verunglückte Alleininhaber des Geschäfts geworden wäre; eine Kündigung durch den Verunglückten sei aber ebenso unwahrscheinlich gewesen, da er dazu keinen Grund gehabt hätte. Auch dafür liege nichts vor, daß in höherem Alter die Gewinnquote des Verunglückten im Wege freundschaftlicher Verständigung herabgesetzt worden wäre. Die Revision vermißt ferner eine Feststellung, daß mit zunehmendem Alter des Verunglückten die Einnahmen des Geschäfts durch einen Rückgang seiner Leistungsfähigkeit ungünstig beeinflußt worden wären. Dies brauchte nicht notwendig der Fall zu sein; es kommt auch hier wieder auf die besonderen Umstände dieses Falles an, insbesondere auf den Gesundheitszustand des Verunglückten sowie darauf, welcher Art die von ihm in dem gemeinsamen Geschäft ausgeübte Tätigkeit gewesen ist. Alle diese Umstände hat das Berufungsgericht nicht gewürdigt. Dies wird bei der hiernach gebotenen neuen Verhandlung und Entscheidung nachzuholen sein.

Was die Frage betrifft, ob die Klägerin verlangen kann, so gestellt zu werden, daß ihr der ihr zugesprochene Rentenbetrag unverkürzt durch Steuern erhalten bleibt, so ist hierzu Folgendes zu bemerken: Die Klägerin hat nach § 3 Abs. 2 RHpflG insoweit Anspruch auf Schadensersatz, als der Getötete während der mutmaßlichen Dauer seines Lebens ihr zur Gewährung des Unterhalts verpflichtet gewesen sein würde. Das Berufungsgericht hat ihr in Übereinstimmung mit den Urteilen des erwähnten Vorprozesses eine Quote des Betrages – zwei Fünftel – zugebilligt, den der Verstorbene allmonatlich für seinen privaten Verbrauch, d. h. für den mit der Klägerin gemeinsam geführten Haushalt in Höhe von 880 RM entnommen hat. Trifft nun die Behauptung der Klägerin zu, daß der Verstorbene die von ihm zu entrichtenden Steuern nicht aus diesem Betrage, sondern aus dem ihm sonst zustehenden Teil der Einnahmen getilgt habe, daß also der Betrag von 880 RM für den reinen Unterhalt der Ehegatten verwendet worden sei, so muß folgerichtig bei der Bemessung des der Klägerin zuzubilligenden Rentenbetrages hierauf Rücksicht genommen werden, damit ihr die erwähnte Quote für Zwecke ihres Unterhalts voll zugute kommt. Inwiefern dies mit Grundsätzen des Steuerrechts in Widerspruch stehen soll, ist nicht ersichtlich. Dem Steuerfiskus gegenüber bleibt naturgemäß die Klägerin steuerpflichtig. Es handelt sich lediglich darum, den ihr wegen des Wegfalls der Unterhaltspflicht des Getöteten erwachsenen Schaden zutreffend zu ermitteln und ihren Schadensersatzanspruch danach in zutreffender Höhe festzusetzen.

Nicht gerechtfertigt ist dagegen das Verlangen der Klägerin, die Berücksichtigung der steuerlichen Lasten *gemäß den von ihr gestellten Anträgen* verwirklicht zu sehen. § 3 Abs. 2 RHpflG gewährt ihr den Anspruch auf eine *Geldrente.* Der hier in Frage kommende, auf dem Einkommen der Klägerin aus der Unterhaltsrente lastende Steuerbetrag bildet nur einen Rechnungsposten für die Bemessung ihres Schadensersatzanspruchs, die der Tatrichter insgesamt nach den Grundsätzen des § 287 ZPO vorzunehmen hat. Auf diesen Rechnungsposten gesondert zu erkennen, verbietet sich übrigens auch aus praktischen Gründen, ebenso wie eine Zerlegung der Rente in Teilrenten etwa nach den einzelnen Unterhaltsbedürfnissen. Noch weniger besteht ein Anspruch auf Freistellung von Steuerlasten durch Zahlungen der Beklagten an das Finanzamt. Aus der Notwendigkeit, auf eine Rente in fest bestimmter Höhe zu erkennen, ergibt sich zugleich, daß ein Antrag auf Freistellung von künftigen Steuerbeträgen in noch unbestimmter Höhe ungerechtfertigt ist. Die Rente ist vom Todestage des Ehemanns an unter Zugrundelegung der zur Zeit der letzten mündlichen Verhandlung obwaltenden Verhältnisse und ihrer bereits zu übersehenden, im Rahmen des § 287 ZPO vom Tatrichter schon jetzt feststellbaren künftigen Entwicklung festzusetzen.

Das landgerichtliche Urteil hatte zu II rechtskräftig festgestellt, daß die Beklagte verpflichtet sei, der Klägerin „*allen* weiteren Schaden zu ersetzen“, der ihr aus dem Unfall erwachsen werde. Die Revision unterstellt zur Nachprüfung, ob damit nicht die Verpflichtungen der Beklagten über das Maß des § 3 RHpflG hinaus erweitert worden seien. Das kann jedoch nicht in Frage kommen. Das Landgericht hat offensichtlich der Klägerin nur Ersatz ihres Schadens in den durch § 3 Abs. 2 RHpflG bestimmten Grenzen zusprechen wollen und zugesprochen, also lediglich den Ersatz des Schadens, der ihr durch den Wegfall ihres Unterhaltsanspruchs gegen den verstorbenen Ehemann erwachsen ist. Hiergegen sind Bedenken nicht zu erheben.

Die Revision bittet schließlich um Nachprüfung, ob die 145 RM, welche die Klägerin aufgrund Testaments des Verunglückten von ihrem Stiefsohn erhält, auf ihre Schadensersatzansprüche anzurechnen seien. Die Klägerin hat in ihrer Klageschrift vom 28. September 1943 selbst den Standpunkt vertreten, daß sie sich diese 145 RM anrechnen lassen müsse. Dieser Standpunkt entspricht der Rechtslage. Soweit Hinterbliebene auch nach dem Tode des Unterhaltspflichtigen aus den Einkünften des von ihm ererbten Vermögens ihren Unterhalt weiter beziehen, sind sie nicht geschädigt, sie müssen sich daher diese Bezüge anrechnen lassen, vgl. RGUrt. vom 14. Mai 1936 in JW 1936 S. 2306; RGUrt. vom 11. November 1937 in JW 1938 S. 673; RGUrt. vom 30. Oktober 1940 in DR 1941 S. 275. Ganz ähnlich liege der vorliegende Fall.

Das Urteil des Berufungsgerichts war daher, soweit die Klägerin es angefochten hat, aufzuheben. In diesem Umfange sowie bezüglich der Kosten war die Sache zu neuer Verhandlung und Entscheidung an das Berufungsgericht zurückzuverweisen.

---

56. 1. Der Enkel kann auf Feststellung, daß ein Elternteil nicht von dem Großvater oder den Großeltern abstamme, nur klagen, wenn der betreffende Elternteil nicht mehr lebt und daher die Klage nicht selbst erheben kann.

2. § 159 n. F., § 8 VO über die Angleichung familienrechtlicher Vorschriften v. 6. Febr. 1943 (RGBl. I, 80). Klagen auf Feststellung, daß ein Kind untergeschoben worden sei, sind von dem Kind gegen die Matrikeltern zu richten. Wenn sie nicht mehr leben, kann nur der Staatsanwalt in entsprechender Anwendung des § 159 ABGB n. F. gegen das Kind klagen oder, wenn auch das untergeschobene Kind bereits tot ist, die Abstammung des Kindes durch einen beim Vormundschaftsgericht zu stellenden Antrag bestreiten.

ABGB § 159 a.F. u. n.F.

VII. Zivilsenat. Beschl. v. 30. August 1944.
(VII 109/1944; GSE 56/1944).

I. Landgericht Brünn.

In Sachen der Ehefrau H. Z. geb. J. in Brünn, Klägerin, Prozeßbevollmächtigter: Rechtsanwalt Dr. Franz Navratil in Brünn,

gegen

den Rechtsanwalt Dr. Leo Wachtel in Brünn als Kurator zur Feststellung der blutmäßigen Abstammung, Beklagten, wegen Feststellung der blutmäßigen Abstammung

hat der gemäß § 4 der KriegsmaßnahmenVO vom 12. Mai 1943 (RGBl. I S. 290) mit der Entscheidung betraute VII. Zivilsenat des Reichsgerichts in der nichtöffentlichen Sitzung vom 30. August 1944 durch den Senatspräsidenten Dr. Zellner und die Reichsgerichtsräte Burmeister, Dr. Tenschert, Dr. Kirchengast und Dr. Roppert über den nach der Verordnung vom 27. Januar 1944 (RGBl. I S. 52) von dem Oberreichsanwalt beim Reichsgericht gestellten Antrag auf Wiederaufnahme des Verfahrens vom 3. August 1944 in der Sache 2 R 14/41 des Deutschen Landgerichtes Brünn dahin entschieden:

Das Urteil des Deutschen Landgerichtes Brünn vom 17. Februar 1941 – 2 R 14/41 – wird aufgehoben und die Sache zur erneuten Verhandlung und Entscheidung an das genannte Gericht zurückverwiesen.

Gründe

Die Klägerin ist als eheliche Tochter der Eheleute J. in Brünn geboren. Ihre Mutter R. J. ist in Scheletitz bei den Eheleuten Händler J. M. (Jude) und E. M. geb. Neugebauer aufgewachsen; sie galt allgemein als deren eheliches Kind, nämlich als die gegen Ende 1865 geborene Tochter R. M.

Die Klägerin behauptet nun, ihre Mutter sei gar kein Kind der Eheleute M., sondern sei als solches untergeschoben worden. Während einer Choleraepidemie, die um die Zeit der Geburt der R. M. in Scheletitz gewütet habe, sei das Kind R. M. von ihren Eltern in das Nachbardorf Butschowitz zu einer M. Mr., die ein uneheliches Kind in etwa demselben Alter gehabt habe, in Pflege gegeben worden, sei dort aber alsbald gestorben. Um der Mr. ihre Lage zu erleichtern, hätten dann die Eheleute M. deren Kind F. zu sich genommen und aufgezogen, als ob es ihr eigenes sei, während die verstorbene R. Mr. als das Kind der Mr. ins Kirchenbuch des katholischen Pfarramts in Butschowitz eingetragen und als solches bestattet worden sei. So sei also ihre Mutter nicht R. M., sondern F. M.

Ihre noch lebende Mutter, die jetzt 78 Jahre alte Frau R. J., hat als Zeugin angegeben, die Eheleute M. hätten ihr derartige Mitteilungen über ihre Herkunft gemacht. Außerdem hat die mit der Klägerin befreundete Assistentin F. W. in Brünn bekundet, die Klägerin habe ihr etwa ein halbes Jahr vor Erhebung der Klage den behaupteten Sachverhalt über die Abstammung ihrer Mutter mitgeteilt; sie, die W., habe sich darauf um weitere Aufklärung bemüht und habe dabei auch eine Frau K. in Austerlitz ermittelt, die noch von der vor über 70 Jahren erfolgten Kindervertauschung gewußt und berichtet habe, aber bald darauf gestorben sei. Auch hat die W. einen Geburts- und Taufschein und einen Totenschein beschafft, nach denen eine F. Mr. als Tochter der M. Mr. am 1. September 1865 in der Landesgebäranstalt in Brünn geboren und am 26. Dezember 1865 in Butschowitz gestorben ist.

Dieser Beweisstoff hat dem Landgericht genügt, um die Behauptungen der Klage als erwiesen anzunehmen. Es hat festgestellt, daß die Mutter der Klägerin R. M., verehelichte J., das uneheliche Kind der M. Mr. ist, sohin nicht von ihren Zieheltern, den Eheleuten J. und F. (?) M., blutmäßig abstammt. Dieses Urteil ist rechtskräftig geworden.

Der Oberreichsanwalt beim Reichsgericht hat gemäß § 2 des Gesetzes über die Mitwirkung des Staatsanwaltes in bürgerlichen Rechtssachen vom 15. Juli 1941 (RGBl. I S. 383) und der Verordnung über die Wiederaufnahme rechtskräftig entschiedener Abstammungsklagen vom 27. Januar 1944 (RGBl. I S. 52) die Wiederaufnahme des Verfahrens beantragt. Der Präsident des Reichsgerichts hat gemäß § 4 der Verordnung über Kriegsmaßnahmen auf dem Gebiet der bürgerlichen Rechtspflege (KriegsmaßnahmenVO) vom 12. Mai 1943 (RGBl. I S. 290) den VII. Zivilsenat des Reichsgerichts mit der Entscheidung über diesen Wiederaufnahmeantrag betraut.

Der Wiederaufnahmeantrag ist gerechtfertigt.

Die Ergebnisse des Beweisverfahrens reichen nicht aus, um der Klage stattzugeben. Die uneidliche Aussage der Mutter, der eigentlich Beteiligten an der Sache, ist nur wie eine Parteiaussage zu werten und daher so gut wie ohne jeden Beweiswert. Was die Zeugin W. ermittelt hat, ergibt nur, daß am 26. Dezember 1865 in Butschowitz ein kleines Kind gestorben und als die am 1. September 1865 geborene F. Mr. angesehen worden ist. Dagegen fehlt jeder Beweis dafür, daß dieses Kind nicht wirklich die Tochter der M. Mr. gewesen ist. Was die Frau K. der Zeugin W. gesagt haben soll, ist viel zu allgemein, um daraus Schlüsse auf die Richtigkeit der Behauptungen der Klage ziehen zu können. Hinzu kommt, daß die Aussage der Mutter der Klägerin voller Unwahrscheinlichkeiten ist. Es fehlt jeder vernünftige Beweggrund dafür, daß die Eheleute M., die schon mehrere Kinder hatten, sich bereit gefunden hätten, sich noch mit einem fremden Kind zu belasten und es als ihr eigenes zu behandeln. Auch kann man sich kaum vorstellen, wie eine derartige Vertauschung von Kindern in den engen Verhältnissen, in denen die Beteiligten lebten, hätte bewerkstelligt werden können, ohne alsbald ruchbar zu werden. Das Landgericht hat ferner unterlassen, den genauen Tag der Geburt der R. M. festzustellen, obwohl das genaue Alter für die Frage von erheblicher Bedeutung war, ob eine Auswechselung der beiden Kinder überhaupt möglich war. Auch die Zeit, zu der die Choleraepidemie in Scheletitz herrschte, hätte genauer festgestellt werden müssen, um zu prüfen, ob diese, die wahrscheinlich erst als Folge des preußisch-österreichischen Krieges, also nicht vor dem Sommer 1866, ausgebrochen ist, überhaupt vor dem Tode der angeblichen F. Mr. am 26. Dezember 1865, den Anlaß zur Wegschaffung der R. M. nach Butschowitz hätte geben können.

Das Urteil des Deutschen Landgerichts Brünn gibt demnach in tatsächlicher Hinsicht zu erheblichen Bedenken Anlaß, so daß seine Aufhebung schon aus diesem Grunde geboten ist.

Aber die Klägerin war zur Erhebung der Klage überhaupt nicht befugt. Zu entscheiden war über die blutmäßige Abstammung ihrer Mutter, der Frau R. J. geb. M., die noch am Leben war. Die Klage auf Feststellung der blutmäßigen Abstammung ist eine Standesklage, die diese Abstammung zwischen dem Vater oder, wie hier, beiden Eltern und dem Kinde mit Wirkung für und gegen alle feststellen soll. Sie ist von der Rechtsprechung des Reichsgerichts im Anschluß an die Klage aus §§ 158 ff. ABGB auf Bestreitung der Ehelichkeit entwickelt worden und war deshalb bis zum Inkrafttreten der Verordnung über die Angleichung familienrechtlicher Vorschriften vom 6. Februar 1943 (RGBl. I S. 80) – AnglVO – auch gegen einen Kurator zur Feststellung der blutmäßigen Abstammung zu führen. Zur Klageerhebung war das Kind befugt, um dessen Abstammung es sich handelte. Allerdings waren mit Rücksicht auf den Zweck der Klage unter dem Kinde auch die Abkömmlinge des Kindes (§ 42 ABGB) zu verstehen, doch waren diese nur klageberechtigt, wenn das „Kind", um dessen Abstammung es sich handelte, nicht mehr lebte (RGZ Bd. 163 S. 399 [402]). Diese Einschränkung mußte schon deshalb gemacht werden, weil unmöglich über die Abstammung eines Lebenden mit Wirkung für und gegen alle entschieden werden kann, ohne daß er selbst an dem Rechtsstreit teilnimmt oder als Beklagter durch einen zur Wahrnehmung seiner Rechte bestimmten Kurator vertreten wird.

Die Klage würde demnach schon jetzt zur Abweisung reif sein (vgl. RGZ Bd. 169 S. 345), wenn feststände, daß die Mutter der Klägerin auch jetzt noch am Leben wäre. Da dies ungewiß ist, ist die Sache zur erneuten Verhandlung und Entscheidung an das Deutsche Landgericht in Brünn zurückzuverweisen. Lebt die Mutter der Klägerin noch, so wird die Klage wegen mangelnder Sachbefugnis der Klägerin abzuweisen sein. Die Klägerin wird dann eine Klärung der Abstammung ihrer Mutter nur mit Unterstützung des Staatsanwalts erreichen können. Denn die Angleichungsverordnung vom 6. Februar 1943 hat den Kurator zur Bestreitung der ehelichen Geburt für neu zu erhebende Bestreitungsklagen beseitigt. Damit entfällt auch die Möglichkeit, Klagen, mit denen das Kind geltend macht, nicht in der Ehe seiner Matrikeltern geboren, sondern untergeschoben zu sein, künftig gegen einen Kurator zu erheben. Wenn auch in solchen Fällen – anders als bei den Klagen auf Bestreitung der Ehelichkeit – das Kind die Klage erheben kann, ist sie doch gegen die Matrikeltern zu richten. Wenn diese nicht mehr am Leben sind, wird nur der Staatsanwalt in entsprechender Anwendung des § 159 ABGB in der Fassung des § 5 AnglVO klagen oder, wenn auch das untergeschobene Kind bereits tot ist, die Abstammung des Kindes durch einen beim Vormundschaftsgericht zu stellenden Antrag bestreiten können, da diese Bestimmungen nach § 8 AnglVO auch anzuwenden sind, wenn das Kind, dessen Ehelichkeit (Abstammung) bestritten werden soll, vor Inkrafttreten der Verordnung geboren ist.

Lebt die Mutter der Klägerin nicht mehr, so wird das Landgericht den Bedenken nachzugehen haben, die oben ausgeführt sind. Sollte es dadurch nicht bereits die Überzeugung gewinnen, daß der Beweis für die Klagebehauptungen nicht zu führen ist, wird es versuchen müssen, durch Einholung eines rasse- und erbbiologischen Gutachtens eine festere Grundlage für die Beurteilung des Sachverhalts zu schaffen.

---

57. 1. Zu §§ 459, 463 S. 1 BGB im Kunsthandel.

2. Ein Verstoß gegen die Preisvorschrift in § 22 Kriegswirtschaftsverordnung vernichtet, wenn beide Parteien gutgläubig sind, das Rechtsgeschäft nicht ganz, sondern nur hinsichtlich des überhöhten Entgelts für die Ware.

BGB §§ 459, 463 S. 1; § 22 Kriegswirtschaftsverordnung v. 4. Sept. 1939 (RGBl. I, 2609).

II. Zivilsenat. Urt. v. 4. September 1944 (II 49/1944).

I. Landgericht München.
II. Oberlandesgericht München.

In Sachen des Fabrikanten Wilhelm Thaler in Gauting b. München, Vogelsangstraße 8, Klägers, Revisionsklägers, Prozeßbevollmächtigter: Rechtsanwalt Dr. Greuner in Leipzig,

gegen

den Makler Albert Schoberwalter in München, Wurzerstraße 4/2, Beklagten und Revisionsbeklagten, Prozeßbevollmächtigter: Rechtsanwalt Dr. Schoffer in Leipzig,

hat das Reichsgericht, II. Zivilsenat, auf die mündliche Verhandlung vom 25. August 1944 durch den Vizepräsidenten beim Reichsgericht Kolb und die Reichsgerichtsräte Dr. Neumerkel, Dr. Schulze, Schuster und Dr. Löhmann für Recht erkannt:

Auf die Revision des Klägers wird das Urteil des 2. Zivilsenats des Oberlandesgerichts München vom 22. März 1944 aufgehoben. Die Sache wird zu erneuter Verhandlung und Entscheidung an das Berufungsgericht zurückverwiesen. Die Entscheidung über die Kosten des Revisionsverfahrens wird dem Berufungsgericht übertragen. – Von Rechts wegen.

Tatbestand

Der Kläger hat am 17. August 1942 von dem Beklagten eine Anzahl Silbersachen zum Preis von 18.000 RM gekauft. Er hat behauptet, der Beklagte habe ihm bei dem Verkauf zugesichert, daß die Sachen aus dem 18. Jahrhundert stammten und Geschenke Friedrichs des Großen und eines russischen Zaren an die Tänzerin Barberina seien. Nach der Übergabe der Sachen habe sich herausgestellt, daß die Angaben des Beklagten über ihre Herkunft unrichtig gewesen seien, daß die Sachen aus viel späterer Zeit stammten und nur einen Wert von 7.541 RM hätten. Der Kläger hat beantragt, den Beklagten zu verurteilen, ihm 10.459 RM nebst Zinsen zu zahlen.

Der Beklagte hat beantragt, die Klage abzuweisen. Er hat bestritten, die von dem Kläger behaupteten Zusicherungen gemacht zu haben, auch hält er den von dem Kläger angegebenen Wert der Sachen für viel zu niedrig.

Das Landgericht hat den Beklagten verurteilt, dem Kläger 8.561 RM nebst Zinsen zu zahlen, und die Klage im übrigen abgewiesen.

Das Berufungsgericht hat das Urteil des Landgerichts geändert und die Klage abgewiesen.

Mit der Revision beantragt der Kläger, das angefochtene Urteil aufzuheben und die Berufung des Beklagten zurückzuweisen. Der Beklagte beantragt die Zurückweisung der Revision.

Entscheidungsgründe

I. Die Klage geht auf eine Geldzahlung und ist rechtlich gestützt auf „Schadensersatz wegen zugesicherter Eigenschaften" und vorsorglich auf Minderung. Der Anspruch auf Minderung ist daher nur hilfsweise erhoben. Den Anspruch auf „Schadensersatz wegen zugesicherter Eigenschaften" will der Kläger ersichtlich in erster Linie aus § 463 BGB (Schadensersatz wegen Nichterfüllung) herleiten; ob er daneben noch aus § 826 BGB oder aus den §§ 275 und 276 BGB wegen schuldhafter Verletzung der Vertragspflichten begründet werden soll, ist nach dem Vortrage des Klägers nicht klar. Es kommt aber darauf, wie die folgenden Darlegungen ergeben werden, nicht an, und ebenso nicht darauf, ob aus § 826 BGB ein Anspruch auf Schadensersatz über das angebliche Vertragsinteresse hinaus abgeleitet werden kann, und ob ein Anspruch wegen Verschuldens beim Vertragsschlusse neben den Gewährleistungsansprüchen überhaupt zulässig ist. Der Anspruch auf Schadensersatz wegen Nichterfüllung kann nach § 463 BGB nicht neben, sondern nur statt der Wandelung oder Minderung erhoben werden. Der Kläger muß sich deshalb darüber entscheiden, ob er seinen Geldanspruch im Wege der Minderung oder des Schadensersatzes wegen Nichterfüllung verfolgen will. Er kann die getroffene Wahl wieder ändern, solange die Minderung nicht vollzogen ist (§ 465 BGB) oder endgültig über den gewählten Antrag durch rechtskräftiges Urteil entschieden ist. Deshalb ist es zulässig, die Geldforderung in erster Linie auf Schadensersatz wegen Nichterfüllung und hilfsweise auf Minderung zu stützen, RGZ Bd. 87 S. 237 (239). Das hat der Kläger getan.

II. Das Berufungsurteil führt aus, das Landgericht habe die Herkunft und das Alter der Silbersachen mit Recht als „Eigenschaften" im Sinne von §§ 459 und 463 BGB angesehen. Dem ist beizutreten. Eigenschaften in dem angegebenen Sinne sind nicht nur typische Merkmale einer Sache, sondern darüber hinaus alle Verhältnisse, die zufolge ihrer Art und Dauer nach der Verkehrsanschauung einen Einfluß auf die Brauchbarkeit und Wertschätzung der Sache zu üben pflegen, RGZ Bd. 117 S. 315 (317), kurz die Verhältnisse, die geeignet sind, der Kaufsache einen bestimmten Wert beizulegen, die so genannten wertbildenden Faktoren. Im Kunst- und Altertümerhandel gehören zu diesen wertbildenden Faktoren neben dem Alter der Sache auch etwaige Beziehungen, die geschichtlich bekannte Persönlichkeiten zu ihr gehabt haben. Die Sache wird durch ihr höheres Alter und die mit ihr verbundenen Erinnerungen interessant, ihr Eigentümer empfindet eine besondere Genugtuung darüber, sie besitzen und vorzeigen zu können, er wird deshalb, besonders als Sammler, solche Gegenstände lieber erwerben als neuere Sachen oder solche, an denen keinerlei bemerkenswerte Erinnerungen haften, und so kann sich für derartige Sachen sehr wohl eine beachtliche Steigerung ihres Verkehrswertes ergeben. Werden die Sachen noch dazu, wie hier, als Geschenke von Herrschern, wie Friedrich dem Großen und dem russischen Zaren (Peter III.?) an eine bekannte Tänzerin bezeichnet, so bietet die Stellung der Geber zugleich eine gewisse Gewähr dafür, daß es sich um gute und wertvolle Silberschmiedearbeit handelt, und das bedeutet einen weiteren wertbildenden Faktor.

Das Berufungsurteil sagt weiter, der Beklagte könne sich nicht damit entlasten, daß er bei den Kaufverhandlungen gesagt habe, die Gegenstände *sollten* aus dem 18. Jahrhundert stammen und Geschenke Friedrichs des Großen und eines Zaren an die Barberina sein. Er habe jedenfalls durch sein von den Zeugen Barbara Sprecher und Seewald glaubhaft geschildertes weiteres Verhalten bei den Kaufverhandlungen die von dem Kläger zunächst als wesentlichen Vertragsinhalt gewollten Eigenschaften der Sachen als vorhanden zugesichert. Als nun von dem Kläger gleichwohl noch Bedenken wegen jener Eigenschaften geäußert worden seien, habe der Beklagte versprochen, noch andere Beweismittel als den vorgelegten Lichtabzug eines Zeitungsaufsatzes über die Barberina beizubringen. Der Kläger habe diese weiteren Beweismittel nicht mehr abgewartet, sondern den Kauf sofort abgeschlossen, dadurch habe er zu erkennen gegeben, daß er schließlich beim Erwerb der Sachen auf deren Herkunft und Alter kein entscheidendes Gewicht mehr gelegt habe.

Die Revision macht geltend, das Berufungsurteil lasse nicht eindeutig erkennen, ob Herkunft und Alter der Silbersachen von dem Beklagten bei dem Kaufabschluß zugesichert worden seien oder nicht. Dieses Bedenken ist nicht begründet. Das Berufungsurteil stellt vielmehr ausdrücklich fest, daß der Beklagte „die von dem Kläger *zunächst* als wesentlichen Vertragsinhalt gewollten Eigenschaften der Gegenstände" als vorhanden zugesichert hat. Das Berufungsgericht hat aber angenommen, der Kläger habe dadurch, daß er die von dem Beklagten angebotene Beibringung weiterer Beweismittel nicht abgewartet, sondern den Kauf sofort abgeschlossen habe, seinerseits zu *erkennen* gegeben, daß er *schließlich* beim Erwerb der Sachen auf deren Herkunft und Alter kein entscheidendes Gewicht mehr gelegt habe. Damit will das Berufungsurteil ersichtlich ausdrücken, daß nach dem erkennbar hervorgetretenen Willen des Klägers bei dem Kaufabschluß die Zusicherung des Alters und der Herkunft der Silbersachen keinen wesentlichen Vertragsinhalt mehr bilden sollte.

Die Revision führt dazu aus, ein ursächlicher Zusammenhang zwischen der Zusicherung bestimmter Eigenschaften und dem Entschluß des Käufers sei für die Geltendmachung der dem Käufer beim Fehlen der zugesicherten Eigenschaften zustehenden Rechte nicht erforderlich. Wenn ein Käufer gegen die Zuverlässigkeit der ihm vom Verkäufer vorgelegten Beweisstücke für die Richtigkeit der zugesicherten Eigenschaften der Kaufsache Zweifel äußere, und der Verkäufer daraufhin die Beibringung weiterer Beweise verspreche, so könne der Kaufabschluß vor der Beibringung dieser Beweise nach Treu und Glauben nicht als Verzicht des Käufers auf das Vorhandensein der zugesicherten Eigenschaften angesehen werden.

Die Revision ist insoweit nicht begründet. Es handelt sich hier nicht um den ursächlichen Zusammenhang zwischen der Zusicherung und dem Entschluß des Klägers zum Kauf, sondern darum, ob die Zusicherung überhaupt Vertragsbestandteil geworden, d. h. von beiden Teilen als Recht und Pflicht aus dem Kaufvertrage gewollt ist. Das Berufungsgericht hat diese im wesentlichen auf dem Gebiet des Tatsächlichen liegende Frage mit haltbarer Begründung und ohne erkennbaren Rechtsirrtum verneint. Der Kläger wolle vor allem Geld in Sachwerten anlegen, und es bot sich ihm die in der gegenwärtigen Kriegszeit seltene Gelegenheit zum Erwerb von Sachen aus Edelmetall. Diese Gelegenheit hat er benutzt und die Sachen gekauft, obwohl ihm für deren Alter und Herkunft keine brauchbaren Unterlagen beigebracht waren; er hat schnell zugegriffen, um sich die Sachen zu sichern, ohne die von dem Beklagten in Aussicht gestellten weiteren Beweise abzuwarten. Daraus durfte das Berufungsgericht schließen, daß es ihm nur darauf ankam, sich den seiner Meinung nach in dem vorliegenden Silber verkörperten Sachwert auf alle Fälle zu sichern, und daß er der Zusicherung keine Bedeutung für den Kaufabschluß beilegte und sie nicht zum Vertragsinhalt machen wollte. Dann ist der Kauf aber nicht unter der Zusicherung bestimmter Eigenschaften der Silbersachen abgeschlossen worden, und der Kläger kann wegen des Fehlens dieser Eigenschaften weder Gewährleistungsansprüche erheben noch aus allgemeinen Gesichtspunkten Schadensersatz verlangen. Der Geltendmachung von Schadensersatzansprüchen steht weiter entgegen, daß nicht anzunehmen ist, der Beklagte würde dem Kläger die Sachen zu einem geringeren Preise als 18.000 RM verkauft haben. Auch aus den Vorschriften über die Preisregelung läßt sich nicht schließen, daß der Beklagte das Silber freiwillig zu einem niedrigeren Preise als 18.000 RM abgegeben haben würde. Aber auch ein Minderungsanspruch besteht nach den vorstehenden Darlegungen nicht.

III. Eine ganz andere Frage ist es, ob die Klage auf Vorauszahlung einer Geldsumme etwa, unabhängig von den rechtlichen Gesichtspunkten des Schadensersatzes und der Minderung, auf Grund der gesetzlichen Vorschriften über die Preisregelung in Verbindung mit denen über die ungerechtfertigte Bereicherung begründet ist. Diese Frage ist von dem Berufungsgericht bisher nicht geprüft worden, obwohl der Kläger auf die Preisvorschriften, insbesondere auf § 22 der KriegswirtschaftsVO vom 4. September 1939 besonders hingewiesen hat. Danach müssen Preise und Entgelte für Güter und Leistungen jeder Art nach den Grundsätzen der kriegsverpflichteten Volkswirtschaft gebildet werden. Die Vorschrift bezieht sich auf Güter *jeder* Art, und sie enthält keine Ausnahme für Gegenstände mit Sammler- und Kunstwert; eine solche Ausnahmeregelung hat auch sonst bei dem Kaufabschluß zwischen den Parteien nicht bestanden. Der Beklagte durfte deshalb die Silbersachen, obwohl es sich dabei um Gegenstände mit einem Sammler- oder Kunstwert handelte, nur zu Preisen verkaufen, die nach den Grundsätzen der kriegsverpflichteten Volkswirtschaft gebildet waren, vgl. Urteil des Reichsgerichts vom 17. März 1944 in DR 1944 S. 445 Nr. 18. Für die Revisionsinstanz ist davon auszugehen, daß bei dem Abschluß des Kaufvertrages vom 17. August 1942 beide Parteien hinsichtlich eines etwaigen Verstoßes gegen die Preisvorschriften gutgläubig gehandelt haben. Die Anwendbarkeit des § 22 der KriegswirtschaftsVO auf Gegenstände mit einem Sammler- oder Kunstwert war damals noch nicht geklärt; erst durch die vorstehend angeführte Entscheidung des Reichsgerichts vom 17. März 1944 ist insoweit Klarheit geschaffen worden. Das ändert aber nichts daran, daß sachlich ein Verstoß gegen die Preisvorschriften vorliegt. Nach dem Zwecke der Preisgesetzgebung soll eine Zuwiderhandlung gegen diese Vorschriften das Rechtsgeschäft nicht vernichten, dieses soll vielmehr zu dem zulässigen Preise rechtsgültig abgeschlossen sein und der Rechtsgültigkeit nur bezüglich des darüber hinaus vereinbarten Entgeltes entbehren. Dabei ist es unerheblich, ob die Ware auch zu dem zulässigen niedrigeren Preise angeboten worden und es deshalb unter den Parteien zu einer Einigung über diesen Preis gekommen wäre. Die gesetzliche Regelung will, wenn nicht beide Parteien zur Umgehung der Preisvorschriften zusammengewirkt haben, dem Verkäufer nicht die Freiheit lassen, sich von dem Geschäft loszusagen, wenn ein geringerer als der vereinbarte Preis zulässig war. Der Kläger würde deshalb von dem Beklagten einen etwaigen unzulässigen Überpreis herausverlangen dürfen, Urteil des erkennenden Senats in DR 1939 S. 1633 Nr. 1, und zwar unter dem rechtlichen Gesichtspunkte der ungerechtfertigten Bereicherung. Der Sachverständige Dr. Sauermann hat den Wert der Sachen in seinem Gutachten vom 10. Juni 1943 Bl. 32 auf insgesamt 9.439 RM geschätzt und die nach seiner Ansicht bei einer Versteigerung zu erzielenden höheren Erlöse mit den besonderen Verhältnissen der Kriegszeit und dem durch sie bedingten Mangel an Sammelstücken begründet. Allerdings muß dem Umstande Rechnung getragen werden, daß die Berechnung des angemessenen Preises für einen Gegenstand mit einem Sammler- oder Kunstwert nicht nach denselben Grundsätzen vorgenommen werden kann wie etwa die für einen Gebrauchsgegenstand oder für ein Nahrungsmittel. Insbesondere können in einem Falle, wie dem gegenwärtigen, in dem der Beklagte als Händler tätig gewesen ist, auch die Selbstkosten, soweit sie nicht ihrerseits gegen § 22 der KriegswirtschaftsVO vom 4. September 1939 verstoßen, berücksichtigt werden, die er beim Erwerbe der Silbersachen aufgewendet hat. Nach allen diesen Richtungen ist die Sache bisher völlig ungeklärt.

Das angefochtene Urteil ist deshalb aufzuheben und die Sache zu erneuter Verhandlung und Entscheidung an das Berufungsgericht zurückzuverweisen.

---

58. Ein wegen Irrtums in der Erklärungshandlung angefochtenes und daher nichtiges Vaterschaftsanerkenntnis nach § 1720 Abs. 2 BGB ist durch Beischreibung eines Randvermerks zum Heirats- und zum Geburtsregister zu berichtigen.

PersonenstandsG § 47; BGB § 1720 Abs. 2.

IV. Zivilsenat. Beschl. vom 8. September 1944 (IV B 76/1944).

I. Amtsgericht in Offenburg.

In der Sache betr. Berichtigung des Geburtsregistereintrags Nr. 32/1908 und des Heiratsregistereintrags Nr. 8/1910 des Standesamts in Schiltach hat das Reichsgericht, IV. Zivilsenat, auf die vom Landrat in Wolfach als Aufsichtsbehörde gemäß § 49 Abs. 2 des Personenstandsgesetzes eingelegte Beschwerde vom 27. April 1944 beschlossen:

Der Beschluß des Amtsgerichts in Offenburg vom 18. April 1944 wird aufgehoben.

Im Geburtsregister des Standesamts in Schiltach vom Jahre 1908 ist zu Nr. 32 und im Heiratsregister desselben Standesamts vom Jahre 1910 zu Nr. 8 am Rande berichtigend zu vermerken: „Das Vaterschaftsanerkenntnis des A. F. vom 14. Mai 1910 ist nichtig."

Gründe

Die damals unverehelichte W. W. hat am 16. Juli 1908 in Schiltach einen Sohn J. geboren. Der – hernach im Jahre 1915 gefallene – Fuhrknecht J. H. hat in einem Vergleich vom 23. August 1908 die Vaterschaft anerkannt und sich zur Unterhaltszahlung verpflichtet. Seine Erzeugerschaft ist, soweit ersichtlich, niemals in Zweifel gezogen worden. Seine Mutter hat bei ihrem Tode dem J. Erbe zukommen lassen.

Die Kindsmutter hat am 14. Mai 1910 in Schiltach den Holzhauer A. F. geheiratet. In der Heiratsurkunde ist vermerkt: „Der Holzhauer F. erklärte, daß er das von seiner Ehefrau am 16. Juli 1908 zu Schiltach – Geburtsregister Nr. 32 – geborene Kind J. als das seinige anerkenne." Daraufhin ist unter dem gleichen Tage zu dem Geburtsregistereintrag der Randvermerk eingetragen worden: „Der Holzhauer A. F., wohnhaft in Reichenbächle, Gemeinde Lauterbach, hat bei der im Heiratsregister des Standesamtes in Schiltach von 1910 unter Nr. 8 beurkundeten Eheschließung das nebenbezeichnete Kind als das seinige anerkannt." Anläßlich der Prüfung der Standesregister hat das Amtsgericht in Wolfach im Jahre 1910 den Fall aufgegriffen. Am 3. Oktober 1910 hat A. F. zur Niederschrift des Standesbeamten in Schiltach erklärt, „er sei nicht der Vater des am 16. Juli 1908 geborenen J. W., er habe denselben bei der Eheschließung nur an Kindes Statt angenommen, weil seine Frau diesen Antrag an ihn gestellt habe". Daraufhin hat das Amtsgericht Wolfach dem Standesbeamten in Schiltach eröffnet, daß der fragliche Randvermerk im Geburtsregister unwirksam und die nunmehr für das Kind bestehende Rechtslage unsicher sei, da dessen Ehelichkeit stets bestritten werden könne; A. F. sei darüber zu belehren, daß die Rechtslage des Kindes durch Einbenennung nach § 1706 Abs. 2 BGB und durch Erbeinsetzung gebessert werden könne. Weitere Maßnahmen zur Richtigstellung der Personenstandsverhältnisse des Kindes sind damals nicht erfolgt.

Nunmehr begehrt A. F. unter Bezugnahme auf diese Vorgänge die Berichtigung der Registereinträge dahin, daß die Vermerke über seine Vaterschaftsanerkennung gelöscht werden. Das Amtsgericht in Offenburg hat diesen Antrag durch Beschluß vom 18. April 1944 zurückgewiesen. Unter Berufung auf die Rechtsprechung des Kammergerichts (insbes. Beschluß vom 11. Juni 1943, Zeitschrift für Standesamtswesen 1943 S. 93) hat es sich auf den Standpunkt gestellt, daß es sich vorliegend um eine zutreffend beurkundete Erklärung handele, und die nachträglich zutage getretene inhaltliche Unrichtigkeit der Erklärung eine Beseitigung des Vermerks über das Anerkenntnis im Wege der Berichtigung nicht rechtfertigen könne. Das Oberlandesgericht in Karlsruhe ist geneigt, der gegen diesen Beschluß vom Landrat als Aufsichtsbehörde erhobenen Beschwerde stattzugeben, und hat sie gemäß § 2 Abs. 3 der KriegsbeschwerdeVO vom 12. Mai 1943 (RGBl. I S. 290) dem Reichsgericht vorgelegt.

Die Beschwerde ist begründet.

Wie der vorstehend wiedergegebene Sachverhalt zur Überzeugung des Senats ergibt, ist Erzeuger des J. W. nicht der Ehemann der Mutter, A. F., sondern der 1915 gefallene J. H. A. F. hat mit seiner am 14. Mai 1910 bei der Eheschließung mit der Mutter angegebenen Erklärung, daß er das Kind „als das seinige anerkenne" auch kein Vaterschaftsanerkenntnis im Sinne des § 1720 Abs. 2

BGB abgeben, sondern das Kind, wie er am 3. Oktober 1910 erklärt hat, an Kindes Statt annehmen, also vielleicht eine Namenserteilung nach § 1706 Abs. 2 Satz 2 BGB vornehmen wollen. Es liegt mithin der Fall eines Irrtums in der Erklärungshandlung (§ 119 BGB) vor. F. hat seine Erklärung auch unverzüglich angefochten, nachdem er durch den auf Veranlassung des Amtsgerichts Wolfach erfolgten Hinweis des Standesbeamten zu Schiltach von seinem Irrtum Kenntnis erlangt hatte (§ 121 BGB). Der Gebrauch des Wortes „anfechten" war nicht erforderlich. Es genügte, wenn er zuverlässig zu erkennen gab, daß er die bei der Eheschließung abgegebene Erklärung wegen Irrtums nicht als Vaterschaftsanerkenntnis gelten lassen wolle. Gemäß § 143 Abs. 4 Satz 2 BGB konnte die Anfechtung, wie geschehen, gegenüber dem Standesbeamten erfolgen. Sie hat nach § 142 Abs. 1 BGB zur Folge, daß das von F. bei der Eheschließung am 14. Mai 1910 erklärte Vaterschaftsanerkenntnis als von Anfang an nichtig anzusehen ist.

Daß ein nichtiges Vaterschaftsanerkenntnis durch Beischreibung eines Randvermerks, der die Nichtigkeit klarstellt, berichtigt werden kann, ist schon bisher in der Rechtsprechung angenommen worden (KG in KGJ Bd. 42 S. 81 [84]; OLG München in JFG Bd. 17 S. 1 flg.). Dem schließt sich der Senat an. An der in RGZ Bd. 68 S. 60 flg. abgedruckten Entscheidung wird, falls ihr insoweit eine andere Auffassung zugrunde liegen sollte, nicht festgehalten. Dahingestellt kann es für den vorliegenden Fall bleiben, ob der Vermerk über ein Vaterschaftsanerkenntnis stets dann berichtigt werden kann, wenn sich nachträglich ergibt, daß der Erklärende in Wirklichkeit nicht der Erzeuger des Kindes ist. In jedem Falle muß eine Berichtigung gemäß § 47 PersStG dann stattfinden, wenn das Vaterschaftsanerkenntnis, wie hier, nichtig war und daher von vornherein in den Standesregistern nicht hätte vermerkt werden dürfen. Ohne eine solche Berichtigung müßte der Standesbeamte trotz feststehender Nichtigkeit des Vaterschaftsanerkenntnisses eine Geburtsurkunde ausstellen, die das Kind als ehelich ausweist (§ 101 Abs. 3 der Ersten AusfVO zum PersStG vom 19. Mai 1938, RGBl. I S. 533). Dies würde dazu führen, den wahren Personenstand des Kindes zu unterdrücken.

Da weitere Ermittlungen nicht erforderlich sind, ist unter Aufhebung des angefochtenen Beschlusses die beantragte Berichtigung von hier aus anzuordnen.

Leipzig, den 8. September 1944, gez. Dr. Jonas – Dr. Buchwald

---

59. Hat der Prozeßbevollmächtigte des Wehrmachtangehörigen durch Erklärung gegenüber dem Gericht die Vertretung niedergelegt, so ist das Verfahren trotz § 87 Abs. 2 ZPO unterbrochen.

SchutzVO v. 1. Sept. 1939, ZPO § 1; § 87.

VI. Zivilsenat. Beschl. v. 8. September 1944 (VI B 15/1944).

I. Landgericht Berlin.
II. Kammergericht Berlin.

In Sachen des Ingenieurs Waldemar van Venrooy in Frankfurt am Main, z. Zt. Hauptmann in Kiel, Beklagten und Beschwerdeführers, Prozeßbevollmächtigter: Rechtsanwalt Justizrat Schulte in Leipzig,

gegen

die Firma Danneberg & Quandt oHG in Berlin-Lichtenberg, Klägerin und Beschwerdegegnerin, Prozeßbevollmächtigter II. Instanz: Rechtsanwalt Eugen Huß in Berlin W 35,

hat das Reichsgericht, VI. Zivilsenat, in der Sitzung vom 8. September 1944 auf die sofortige Beschwerde des Beklagten vom 4. August 1944 gegen den Beschluß des 21. Zivilsenats des Kammergerichts in Berlin vom 11. Oktober 1941 beschlossen:

Der angefochtene Beschluß wird aufgehoben.

Gründe

Die sofortige Beschwerde gegen den angefochtenen Beschluß ist gemäß § 519b Abs. 2 ZPO auch nach § 567 Abs. 2 ZPO in der Fassung des § 5 der Vierten VereinfachungsVO vom 12. Januar 1943 (RGBl. I S. 7) zulässig, und zwar auch, soweit der Beschluß die Berufung wegen nicht rechtzeitigen Nachweises der Zahlung der erforderten Prozeßgebühr als unzulässig verwirft, obwohl jetzt nach der erwähnten Verordnung keine Prozeßgebühr mehr im Voraus erfordert wird.

Der Beklagte ist Wehrmachtangehöriger. Er hatte zwar durch den Rechtsanwalt Kubath in Berlin gegen das ihm ungünstige Urteil der 64. Zivilkammer des Landgerichts in Berlin vom 27. März 1940 am 16. Juli 1940 Berufung einlegen lassen, Kubath hat aber am 6. August 1941 beantragt, das Verfahren nach Art. 1 Abs. 3 der Verordnung über Maßnahmen auf dem Gebiete des bürgerlichen Rechtsstreits usw. vom 1. September 1939 (RGBl. I S. 1656) auszusetzen und die Vertretung des Beklagten niedergelegt, da dieser weder Kosten zahlen noch Informationen erteilen könne. Das Kammergericht hat am 19. September 1940 den Aussetzungsantrag zurückgewiesen und durch den angefochtenen Beschluß die Berufung als unzulässig verworfen, da der Beklagte weder rechtzeitig die Zahlung der erforderten Prozeßgebühr nachgewiesen, noch die Berufung rechtzeitig begründet habe.

Nach Art. 1 der erwähnten damals noch nicht geänderten Verordnung des Beklagten war aber das Verfahren mit der Niederlegung der Vertretung des Beklagten durch Rechtsanwalt Kubath, vor Ablauf der Frist aus § 519 Abs. 6 und der Frist zur Begründung der Berufung unterbrochen. Eine solche Unterbrechung tritt zwar nach Abs. 3 aaO. nicht ein, wenn der Betroffene durch einen Prozeßbevollmächtigten vertreten ist oder einen anderen zur Wahrnehmung seiner Rechte berufenen Vertreter hat, aber einer dieser Fälle liegt hier nicht vor. Ein Prozeßbevollmächtigter, der erklärt, er wolle die Vertretung nicht mehr ausüben, kann nicht als Prozeßbevollmächtigter, der die an sich eintretende Unterbrechung des Verfahrens hintanhalten könnte, angesehen werden, wenn er z.B. wie hier, erklärt, er lege die Vertretung nieder (RGZ Bd. 168 S. 396), ebenso wenig wie ein Rechtsanwalt, der seine Tätigkeit für einen Wehrmachtangehörigen einstellt, weil er ohne Verschulden die Nachricht vom Soldatentode seines Auftraggebers für wahr hielt (RGZ Bd. 169 S. 298). Der Wehrmachtangehörige ist nur dann gegen Nachteile geschützt, wenn er einen Prozeßbevollmächtigten hat, der seine Belange tatsächlich auch wahrnehmen will und wahrnimmt. Ist das nicht der Fall, so muß es nach dem Sinne der Verordnung vom 1. September 1939 so angesehen werden, als besitze er keinen Prozeßbevollmächtigten. Wenn ein Rechtsanwalt auch nach der Kündigung des Auftrags nicht gehindert ist, für seinen Vollmachtgeber so lange zu handeln, bis dieser für Wahrnehmung seiner Rechte in anderer Weise gesorgt hat (§ 87 Abs. 2 ZPO), so gibt dies dem Bevollmächtigten nur Rechte, aber legt ihm keine Pflichten auf, und mag auch in Anwaltsprozessen die Kündigung des Vollmachtvertrages erst durch die Anzeige der Bestellung eines anderen Anwalts dem Gegner gegenüber rechtliche Wirksamkeit erlangen (§ 87 Abs. 1 ZPO), mag auch der Anwalt auf Grund seines mit seinem Auftraggeber geschlossenen bürgerlich-rechtlichen Vertrages die Pflicht haben, für seinen Auftraggeber weiter tätig zu sein, als Prozeßbevollmächtigter im Sinne des Art. 1 Abs. 3 der Verordnung vom 1. September 1939 kann er nicht mehr angesehen werden (vgl. ebenso für den Fall des § 232 Abs. 1 ZPO – RGZ Bd. 160 S. 378 [380]). Diese Bestimmung setzt aber einen Prozeßbevollmächtigten des Rechtszuges, in dem der Rechtsstreit schwebt, voraus, es genügt nicht das Vorhandensein eines solchen in früheren Rechtszügen, auch wenn dieser einen Prozeßbevollmächtigten für den höheren Rechtszug ernennen kann (§ 89 ZPO).

Der angefochtene Beschluß hätte also nicht ergehen dürfen, er ist auf die sofortige Beschwerde, die mangels eines Fristablaufs während der Unterbrechung auch jetzt noch zulässig ist, aufzuheben. In dem von Rechtsanwalt Kubath am 4. Oktober 1941 gestellten Antrag auf Einstellung der Zwangsvollstreckung aus dem angefochtenen Urteil liegt weder eine, etwaige Fristen wieder zum Laufen bringende Aufnahme des Rechtsstreits zur Hauptsache noch ein

Umstand, welcher die Annahme einer tatsächlichen Untätigkeit dieses Rechtsanwalts zur Hauptsache ausschlösse.

gez. Dr. Günther. Oesterheld.

---

60. Zur Stellung der kinderreichen Ehegattin gegenüber der Scheidungsklage des Mannes.

EheG § 55.

IV. Zivilsenat. Urt. v. 9. September 1944 (IV 194/1944).

I. Landgericht Neuruppin.
II. Kammergericht Berlin.

In Sachen der Ehefrau A. B. geb. S. in Neuruppin, Beklagten, Revisionsklägerin, Prozeßbevollmächtigter: Rechtsanwalt Justizrat Huber in Leipzig,

gegen

ihren Ehemann, den Kaufmann E.B. in V. i. M., z. Zt. Oberleutnant, Feldpost-Nr. 44020, Kläger, Revisionsbeklagten, Prozeßbevollmächtigter II. Instanz: Rechtsanwalt Dr. Ackermann in Berlin,

hat das Reichsgericht, IV. Zivilsenat, auf die mündliche Verhandlung vom 9. September 1944 durch den Senatspräsidenten Dr. Jonas und die Reichsgerichtsräte Dr. Buchwald, Dr. Lippert, Dr. Schrutka und Dr. Leopold für Recht erkannt:

Das Urteil des 19. Zivilsenats des Kammergerichts in Berlin vom 11. Mai 1944 wird aufgehoben.

Die Berufung des Klägers gegen das Urteil der 3. Zivilkammer des Landgerichts in Neuruppin vom 13. August 1943 wird zurückgewiesen.

Die Kosten der Rechtsmittelzüge fallen dem Kläger zur Last. – Von Rechts wegen.

Tatbestand

Die zur Zeit 42 und 43 Jahre alten Parteien haben im Jahre 1923 geheiratet. Aus der Ehe sind fünf in den Jahren 1925, 1926, 1927, 1929 und 1936 geborene Töchter entsprossen. Die Eheleute leben seit Anfang 1938 getrennt. Seit dem Mai 1939 lebt der Kläger mit einem Fräulein B. zusammen, die ihm drei uneheliche Kinder geboren hat und die er im Falle der Scheidung zu heiraten beabsichtigt. Nach einem in Jahre 1939 unternommenen erfolglosen Versuch, die Scheidung der Ehe aus § 49 EheG zu erreichen, erstrebt der Kläger jetzt die Scheidung aus § 55 EheG. Das Berufungsgericht hat der Klage entgegen dem Landgericht stattgegeben. Die Beklagte begehrt mit der Revision die Wiederherstellung des landgerichtlichen Urteils; der Kläger war im Revisionsverfahren nicht vertreten.

Entscheidungsgründe

Die Voraussetzungen des § 55 Abs. 1 EheG und die Zulässigkeit des Widerspruchs hat das Berufungsgericht bedenkenfrei festgestellt. In Frage steht nur die Beachtlichkeit des Widerspruchs.

Das Berufungsgericht hat dem Widerspruch die Beachtung versagt. Wenn auch das, was die Beklagte mit der Geburt der fünf Kinder und mit der treuen Erfüllung ihrer Frauen- und Mutterpflichten an Leistungen und Opfern in der Ehe erbracht habe, volle Anerkennung verdiene und sie durch die Scheidung – zumal angesichts ihres auf die Geburt des vierten Kindes zurückzuführenden, sie in der Bewegung stark behindernden Nervenleidens – hart betroffen werde, so überwögen hier doch die für die Lösung der Ehe sprechenden Gesichtspunkte. Es habe trotz der Kinderzahl zwischen den Ehegatten in geschlechtlicher Beziehung keine volle Übereinstimmung bestanden. Die Ehe sei nicht deshalb zerbrochen, weil sich der Kläger leichtfertig einer anderen Frau zugewandt habe, sondern schicksalmäßig daran, daß die Ehegatten in ihrer ganzen Veranlagung nicht zueinander gepaßt hätten und der Kläger erst in dem Fräulein B. die „richtige" Frau gefunden habe, mit der er bis zu seiner Einberufung zur Wehrmacht in illegitimer glücklicher Gemeinschaft gelebt habe und die ihm nicht nur drei Kinder geschenkt, sondern ihn auch beim Aufbau seines – inzwischen geschlossenen – Geschäfts tatkräftig unterstützt habe. Diese Verbindung verdiene sowohl im Interesse der vorhandenen und der noch zu erwartenden weiteren Kinder wie im eigenen Interesse des an der Front stehenden, durch den gegenwärtigen Zustand ständig in Unruhe gehaltenen Klägers die Legitimierung. Da sich der Kläger bereit erklärt habe, weiterhin für den Unterhalt der Beklagten nach bestem Vermögen zu sorgen – gegenwärtig zahlt er, soweit ersichtlich, auf Grund eines Unterhaltsurteils für die Beklagte und die Kinder monatlich 80 RM – und die drei ältesten Töchter so weit seien, auf eigenen Füßen zu stehen und der Mutter zu helfen, müsse letztere vor einer wirtschaftlichen Notlage als geschützt angesehen werden.

Die Revision ist begründet.

Wie der erkennende Senat schon wiederholt ausgesprochen hat, ist bei der Frage der Scheidung aus § 55 EheG der kinderreichen Mutter eine besondere Stellung zuzubilligen. Während es an sich den Belangen der Allgemeinheit im allgemeinen widerspricht, eine Ehe der Form nach aufrechtzuerhalten, die infolge hoffnungsloser Zerrüttung ihren Wert für die Allgemeinheit und die Ehegatten verloren hat, liegen die Dinge bei der kinderreichen Mutter grundsätzlich anders. Hier sprechen allgemeine, insbesondere bevölkerungspolitische Gesichtspunkte dafür, die Ehe, die ihren Wert als Kraftquelle für die Volksgemeinschaft bereits erwiesen hat, grundsätzlich zu erhalten und sie nur ausnahmsweise dann zu lösen, wenn ganz besondere, vom Standpunkt der Allgemeinheit noch höher zu bewertende Gegengründe dies rechtfertigen. Von der Frau kann die volle hingebende Bereitschaft, ihre Lebenskraft für die Erhaltung und Mehrung unseres Volkes einzusetzen, nur erwartet werden, wenn sie sich in erhöhtem Maße vor der Gefahr gesichert weiß, daß später in einem Alter, in dem ihre Leistungsfähigkeit und Spannkraft – unter Umständen gerade infolge ihrer Leistungen vorzeitig – nachlassen, ohne Schuld und gegen ihren Willen aus ihrer Stellung verdrängt zu werden. Dieser Gesichtspunkt verdient in der gegenwärtigen Zeit des Schicksalskampfes unseres Volkes erhöhte Beachtung. Es stehen insoweit ernste Belange der Allgemeinheit in Frage. Sie erheischen auch dann Berücksichtigung, wenn im Einzelfalle eigene persönliche – ideelle oder wirtschaftliche – Interessen nicht oder nicht wesentlich mitsprechen. Im allgemeinen wird dieser Gesichtspunkt von einer Kinderzahl an Platz greifen, die der Staat mit der Verleihung des Mutterkreuzes als besondere Leistung anerkennt. Ihm kommt selbstverständlich bei höherer Kinderzahl eine gesteigerte Bedeutung zu. Nach alledem müßten, wenn dem Widerspruch der Beklagten, die fünf Kinder geboren und großgezogen hat, die Beachtung versagt werden soll, ganz besonders gewichtige Gegengründe vorliegen. Davon kann hier keine Rede sein. Dem Gesichtspunkt, daß die Ehegatten ihrer Veranlagung nach nicht zueinander gepaßt hätten und der Kläger erst in seiner jetzigen Gefährtin die richtige Frau gefunden habe, kann unter diesen Umständen eine wesentliche Bedeutung überhaupt nicht beigemessen werden. Auch der Umstand, daß aus dieser Verbindung bereits drei Kinder hervorgegangen sind und es auch vom Standpunkt der Allgemeinheit an sich erwünscht wäre, ihretwegen das Verhältnis der Eltern in das gesetzliche Band der Ehe zu überführen, könnte es nicht rechtfertigen, deswegen die kinderreiche Ehefrau aus ihrer Stellung weichen zu lassen. Unter diesen Umständen kann es auf die Frage, ob die Beklagte im Falle der Scheidung gegen die Gefahr einer wirtschaftlichen Notlage als hinreichend gesichert anzusehen wäre, nicht entscheidend ankommen. Es erübrigt sich daher, auf die nicht unbedenklichen Ausführungen des Berufungsurteils zu diesem Punkte näher einzugehen.

Das die Klage abweisende Urteil des Landgerichts war daher wiederherzustellen. Die Kostenentscheidung folgt aus § 97 ZPO.

---

61. Die den Willen zur Fortsetzung der Ehe erweisenden Äußerungen des die Eheaufhebung begehrenden Ehegatten sind keine rechtsgeschäftlichen Erklärungen. Es kommt darauf an, wie sie bei Berücksichtigung aller Umstände, besonders des Verhaltens des erklärenden Ehe-

gatten, objektiv aufzufassen sind, nicht wie der andere Ehegatte sie verstanden hat und verstehen mußte.

EheG § 37 Abs. 2.

IV. Zivilsenat. Urt. v. 9. September 1944 (IV 199/1944).

I. Landgericht in Saarbrücken.
II. Oberlandesgericht in Zweibrücken.

In Sachen des Kochs W. H., z. Zt. Soldat, Lazarettzug 1137, Berlin SW 11, Klägers und Revisionsklägers, Prozeßbevollmächtigter: Rechtsanwalt Dr. Greuner in Leipzig,

gegen

seine Ehefrau M. H. geb. Z., Saarbrücken, Beklagte und Revisionsbeklagte, Prozeßbevollmächtigter II. Instanz: Rechtsanwalt Dansauer in Saarbrücken,

hat das Reichsgericht, IV. Zivilsenat, auf die mündliche Verhandlung vom 9. September 1944 durch den Senatspräsidenten Dr. Jonas und die Reichsgerichtsräte Dr. Buchwald, Dr. Lippert, Dr. Schrutka und Dr. Leopold für Recht erkannt:

Die Urteile des Zivilsenats A des Oberlandesgerichts in Zweibrücken vom 10. Mai 1944 und der 1. Zivilkammer des Landgerichts in Saarbrücken vom 30. August 1943 werden aufgehoben.

Die am 2. April 1942 vor dem Standesamt in Saarbrücken – Nr. 243 – geschlossene Ehe der Parteien wird aufgehoben. Die Kosten des Rechtsstreits fallen zu 3/5 der Beklagten und zu 2/5 dem Kläger zur Last. – Von Rechts wegen.

Tatbestand

Die gegenwärtig 33 Jahre alten Parteien haben am 2. April 1942 geheiratet. Sie leben seit Anfang Oktober dess. Jahres getrennt. Der Kläger erstrebt in erster Linie die Aufhebung der Ehe gemäß § 37 EheG wegen Unfruchtbarkeit der Beklagten, hilfsweise die Scheidung aus § 49 das. Das Landgericht hat die Klage, ebenso wie die auf § 49 EheG gestützte Widerklage der Frau abgewiesen. Die Berufung des Klägers blieb erfolglos. Mit der Revision verfolgt der Kläger sein Klagebegehren weiter. Die Beklagte war im Revisionsverfahren nicht vertreten.

Entscheidungsgründe

Dem Kläger war die Wiedereinsetzung in den vorigen Stand gegen die Versäumung der Revisionsfrist zu gewähren, da über das rechtzeitig nachgesuchte Armenrecht erst nach Ablauf der Revisionsfrist entschieden wurde.

Zur Aufhebungsklage hat das Berufungsgericht bedenkenfrei festgestellt, daß die Beklagte unheilbar unfruchtbar ist und der Kläger bei Kenntnis hiervon die Ehe nicht eingegangen wäre. In Frage steht nur, ob aus seinem Verhalten nach Entdeckung des Irrtums der Wille, die Ehe fortzusetzen, zu entnehmen ist. Das Berufungsgericht hat dies bejaht.

In tatsächlicher Hinsicht steht fest, daß der Kläger, nachdem er über das ungünstige Ergebnis der fachärztlichen Untersuchung der Beklagten erstmalig durch die Zeugin K. Mitteilung erhielt, dieser gegenüber bemerkt hat, „das sei nicht so schlimm, die Hauptsache wäre, daß sich die Parteien vertrügen, so gerne er auch Kinder hätte, er könne ja ein Kind annehmen," und in der Folgezeit auch Äußerungen gleichen Inhalts der Beklagten gegenüber getan hat, und weiter, daß er eine gewisse Zeit – höchstens 3–4 Monate – den Geschlechtsverkehr mit der Beklagten noch fortgesetzt hat.

Das Berufungsgericht meint, aus der Fortsetzung des Geschlechtsverkehrs könne allein auf einen Bestätigungswillen des Klägers noch nicht geschlossen werden. Auch seine Äußerung gegenüber der Zeugin K. lasse an sich einen Schluß in dieser Richtung nicht zu. Wohl aber hätte die Beklagte die fragliche Bemerkung – gleichviel, aus welchem Grunde der Kläger sie gemacht habe –, zumal nach der Wiederholung ihr gegenüber nicht anders als dahin verstehen können, daß der Kläger es dabei belassen wolle, wie es bisher gewesen sei. Dementsprechend habe sich auch an dem Ablauf der Ehe – in der es schon vorher wiederholt Streitigkeiten und Reibereien gegeben hatte – tatsächlich nichts geändert. Unter diesen Umständen hätte der Kläger, wenn er noch Folgerungen aus seinem Irrtum hätte ziehen wollen, der Beklagten eindeutig erklären müssen, daß er die Fortsetzung er ehelichen Beziehungen vorerst nur als Versuch und Probe auffasse. Derartiges sei nicht geschehen.

Die Revision ist begründet.

Der Wille, die Ehe fortzusetzen (§ 37 Abs. 2 EheG), ist ähnlich wie die Verzeihung (§ 56 das.) ein innerer Vorgang – der Entschluß, über die widerfahrene Unbill trotz Kenntnis ihrer Tragweite für die Ehe unter Verzicht auf die sich daraus ergebenden rechtlichen Folgen hinwegzusehen und an der Ehe festzuhalten. Die äußeren Vorgänge, die Erklärungen des Betroffenen und sein sonstiges Verhalten, sind nur unter dem Gesichtspunkt von Beweisanzeichen für das Vorhandensein eines solchen Entschlusses zu würdigen. Es kommt daher nicht, wie bei rechtsgeschäftlichen Erklärungen darauf an, wie der Gegner gewisse Äußerungen aufgefaßt hat und auffassen konnte, sondern allein darauf, ob sie objektiv einen Schluß in der fraglichen Richtung zulassen. Im vorliegenden Falle lassen nun die in Rede stehenden Äußerungen des Klägers deutlich erkennen, daß er sich über die Unfruchtbarkeit der Beklagten nicht ohne weiteres hat hinwegsetzen wollen. Sie können nur dahin verstanden werden, daß, wenn sich das – bisher schon reichlich gespannte – Verhältnis der Parteien befriedigend gestalte, ihm ein harmonisches Eheleben mit der Beklagten genug bieten werde, um über seine Enttäuschung hinwegzukommen. Mehr kann aus den fraglichen Äußerungen nicht entnommen werden. Dementsprechend hat er auch sein Verhalten weiterhin zunächst abwartend gestaltet. Er hat weder einen sofortigen Bruch vollzogen, bei dem er unter Umständen Gefahr gelaufen wäre, sich selbst ins Unrecht zu setzen, noch andererseits sich irgendwie der sich für ihn aus der Sachlage ergebenden Rechte begeben. Ein Widerspruch zwischen seinem Verhalten und den getanen Äußerungen besteht nicht. Anschließend sei noch bemerkt, daß der vom Berufungsgericht beiläufig herangezogene, dem Gebiet der rechtsgeschäftlichen Willenserklärungen entnommene Gesichtspunkt des inneren Vorbehalts hier überhaupt auszuscheiden hat, da es sich, wie bereits betont, im Falle des § 37 Abs. 2 EheG nicht um eine Willens*erklärung* handelt: in Frage steht allein, ob auf Grund der Gesamtwürdigung aller in Betracht kommender Tatumstände auf das Vorhandensein des fraglichen inneren Willens geschlossen werden kann oder nicht. Setzt der Ehegatte, der sich zunächst nur bedingt, unter Einschränkungen und Vorbehalten, zur Fortsetzung der Ehe entschlossen hatte, sein ehegemäßes Verhalten während einer längeren Zeit fort, so können allerdings die Dinge sehr wohl so liegen, daß daraus auf einen Wandel seiner Einstellung im Sinne einer Aufgabe der ursprünglichen Einschränkungen und Vorbehalte geschlossen werden kann. Davon kann aber im vorliegenden Falle keine Rede sein. Die Spannungen und Reibungen in der Ehe haben in der – übrigens nur wenige Monate umfassenden – Folgezeit fortbestanden, ohne daß es auch nur zu dem Versuch einer wirklichen Aussöhnung gekommen wäre. Nichts spricht unter diesen Umständen dafür, daß sich der Kläger nachträglich vorbehaltlos zu einer Fortsetzung der Ehe entschlossen hätte.

Nach alledem kann der Auffassung des Berufungsgerichts, daß der Kläger seinen Anspruch auf Aufhebung der Ehe nach § 37 Abs. 2 eingebüßt hätte, nicht beigetreten werden. Es war vielmehr die Aufhebung der Ehe auszusprechen. Ein Schuldausspruch gemäß § 42 Abs. 2 EheG kommt nicht in Frage, da die Beklagte trotz vorausgegangener Krankheit von der Unfruchtbarkeit im Zeitpunkte der Eheschließung keine Kenntnis hatte. Das Hilfsbegehren auf Scheidung der Ehe erledigt sich damit.

Die Kostenentscheidung folgt aus §§ 93a, 92 ZPO.

---

62. Der einzelne Unternehmer soll zu den Lasten der Unfallversicherung, die grundsätzlich von der Gemeinschaft der Betriebe zu tragen sind (§ 731 RVO), nur dann herangezogen werden, wenn eine offensichtliche Verletzung der Schutzpflicht vorliegt, die es angezeigt erscheinen läßt, ihn und andere Unternehmer für künftige Fälle an die Einhaltung der erforderlichen Schutzmaßnahmen nachdrücklich zu mahnen.

Zur Verpflichtung eines Unternehmers, aus den §§ 618 BGB, 120 GewO und zur Rückgriffshaftung nach der RVO.

V. Zivilsenat. Urt. v. 12. September 1944 (V 49/1944).

I. Landgericht Berlin.
II. Kammergericht Berlin.

In Sachen des Heinrich Hartstein, Inhaber eines Wagenbaugeschäfts in Berlin-Wilmersdorf, Beklagten und Revisionsklägers, Prozeßbevollmächtigter: Rechtsanwalt Justizrat Schulte in Leipzig,

gegen

die Schmiedeberufsgenossenschaft (Reichsunfallversicherung) in Berlin-Dahlem, Klägerin und Revisionsbeklagte, Prozeßbevollmächtigter: Rechtsanwalt Dr. Petersen in Leipzig,

hat das Reichsgericht, V. Zivilsenat, auf die mündliche Verhandlung vom 12. September 1944 durch den Senatspräsidenten Dr. Brandis und die Reichsgerichtsräte Dr. Musold, Böhmer, Dr. Hackl, Denecke für Recht erkannt:

Das Urteil des 19. Zivilsenats des Kammergerichts in Berlin vom 13. März 1944 wird aufgehoben.

Die Berufung der Klägerin gegen das Urteil des Landgerichts in Berlin vom 27. Juli 1942 wird zurückgewiesen.

Die Kosten der Berufung und der Revision trägt die Klägerin. – Von Rechts wegen.

Tatbestand

Am 30. Januar 1940 zwischen 11 und 12 Uhr ist der Angestellte des Beklagten, Schirrmeister Engelhardt, auf dem Abort des Betriebes verunglückt. Dort hatte kurz vorher der Beklagte, da die Zuflußleitung zum Druckspüler eingefroren war, einen kleinen Ofen mit brennender Holzkohle, den er sich von einem benachbarten Klempnermeister geliehen hatte, zum Auftauen neben dem Sitzbecken aufgestellt und war dann, ohne seinen Angestellten von dieser Maßnahme Kenntnis zu geben, mit einem Gesellen zu seinem wenige Häuser entfernt gelegenen Holzplatz gegangen, um einige Bretter zu holen; das Fenster der Aborttür hatte er vor seinem Weggang geöffnet. Als er nach etwa 10 bis 15 Minuten zurückkam, drang Rauch aus dem Abort. Beim Öffnen der Tür fand man Engelhardt völlig angekleidet besinnungslos mit brennenden Kleidern vor dem Ofen liegen. Er hatte sich schwere Verbrennungen zugezogen, die eine längere Behandlung und Arbeitsunfähigkeit zur Folge hatten.

Für die bisher von der Klägerin gemachten Aufwendungen in Höhe von 4.114,21 RM und die künftig von ihr an den Verunglückten zu machenden Leistungen nimmt sie mit der vorliegenden Klage den Beklagten auf Grund des

§ 903 RVO in Anspruch, weil der Unfall darauf zurückzuführen sei, daß Engelhardt infolge der aus dem Ofen ausgeströmten Gase ohnmächtig geworden und auf den glühenden Ofen gefallen sei, und weil der Beklagte die Benutzung des Abortes während des Auftauens seinen Angestellten mündlich oder schriftlich hätte untersagen müssen, namentlich wenn er eine Zeitlang das Grundstück verlassen habe.

Während das Landgericht die Klage mangels eines Verschuldens des Beklagten abgewiesen hat, hat das Oberlandesgericht den Beklagten zum Ersatz der der Klägerin bisher entstandenen und künftig erwachsenden Aufwendungen verurteilt. Mit der Revision erstrebt der Beklagte wiederum Abweisung der Klage, während die Klägerin Zurückweisung der Revision verlangt.

Entscheidungsgründe

Die von der Revision geäußerten Bedenken, ob nicht infolge der Streichung des Abs. 2 in den §§ 222, 230 StGB durch die Verordnung vom 2. April 1940 (RGBl. I S. 606) die notwendigen Voraussetzungen für eine weitere Anwendung des § 903 RVO weggefallen seien, bestehen nicht. Wieweit eine Haftung aus Abs. 1 des § 903 dadurch berührt wird, daß jetzt im Strafverfahren in der Regel nicht mehr festgestellt wird, daß die fahrlässige Tötung oder Körperverletzung unter Außerachtlassung einer Berufspflicht begangen sei, kann dahingestellt bleiben. Jedenfalls wird der Rückgriffsanspruch der Berufsgenossenschaft durch den Fortfall einer strafrechtlichen Feststellung über die Vernachlässigung der beruflichen Sorgfalt schon um deswillen nicht berührt, weil er nach der ausdrücklichen Vorschrift des Abs. 4 das. von einer strafrechtlichen Feststellung überhaupt unabhängig ist, das Prozeßgericht vielmehr von sich aus die in § 903 vorgesehenen Feststellungen treffen muß. Im übrigen erfordern Sinn und Zweck dieses Abs. 4 ein Weiterbestehen der Haftung des Unternehmers gegenüber der Berufsgenossenschaft. Denn die Vorschrift bezweckt, die Unternehmer durch Androhung der Ersatzpflicht dazu anzuhalten, alles Erforderliche zur Verhütung von Unfällen zu tun, insbesondere den Unfallverhütungsvorschriften nachzukommen. Andererseits muß daraus, daß bei der Neufassung der Bestimmungen über die Unfallversicherung in dem Gesetz vom 9. März 1942 (RGBl. I S. 107) der Wortlaut des § 903 unverändert geblieben ist, entnommen werden, daß der Gesetzgeber den Rückgriffsanspruch jetzt nicht etwa schon bei jeder Fahrlässigkeit eines Unternehmers hat geben wollen, sondern nach wie vor nur bei einem qualifizierten Verschulden, d.h. bei Nichtbeachtung der dem Unternehmer vermöge seines Amtes, Berufes und Gewerbes obliegenden besonderen Pflichten.

Zutreffend ist das Berufungsgericht ferner davon ausgegangen, daß ein Verstoß des Unternehmers gegen die ihm vermöge seines Berufes oder Gewerbes obliegenden besonderen Pflichten schon dann gegeben ist, wenn er die ihm gemäß § 618 BGB, § 120 a GewO obliegende Pflicht verabsäumt hat, die Arbeiter gegen Gefahren für Leib und Leben soweit zu schützen, als es die Natur des Betriebes oder der Dienstleistung gestattet, indem er es unterlassen hat, zu diesem Zweck die Arbeitsräume, Betriebseinrichtungen, Maschinen und Geräte entsprechend einzurichten und zu erhalten. Mit Recht hat das Berufungsgericht angenommen, daß zu den Berufspflichten des Unternehmers nicht nur, wie die Revision meint, die Pflichten gehören, die ihm im Hinblick auf die der betreffenden Berufsart eigentümlichen besonderen Gefahren obliegen. Letztere mögen ihn zu besonders eindringlichen Maßnahmen und zu ganz besonders strenger Beachtung der insoweit erlassenen Unfallverhütungsvorschriften veranlassen. Daneben ist aber dem Unternehmer gerade in seiner Eigenschaft als Führer des Betriebes durch § 2 AOG die besondere Pflicht auferlegt, für das Wohl seiner Gefolgschaft zu sorgen, also insbesondere die in §§ 618 BGB, 120 a GewO genannten Maßnahmen zu treffen. Es handelt sich somit um eine über die allgemeine Verkehrssicherungspflicht hinausgehende Verpflichtung des Unternehmers und damit um eine besondere Pflicht im Sinne des § 903 RVO (vgl. dazu auch RGZ Bd. 128 S. 328 u. a.). Ob diese allgemeine Fürsorgepflicht in den Unfallverhütungsvorschriften nochmals ihren Ausdruck gefunden hat oder Bestimmungen wie § 2 der Unfallverhütungsvorschriften der Beklagten (in Abschrift Bl. 2 d. A.) nur die besonderen, für bestimmte Berufe und Unternehmungsarten notwendigen Einrichtungen haben erfassen wollen, kann dahingestellt bleiben, da jedenfalls die allgemeine Schutzpflicht des Unternehmers auch dann besteht, wenn sie nicht ausdrücklich in die Unfallverhütungsvorschriften aufgenommen ist. Daß diese Schutz- und Fürsorgepflicht sich auch auf die für jeden Betrieb unerläßlichen sanitären Einrichtungen, wie die Abortanlagen, erstreckt, kann nicht zweifelhaft sein. Demnach war der Beklagte als Unternehmer und Betriebsführer an sich verpflichtet, während der Instandsetzung des Aborts dafür zu sorgen, daß seine Gefolgschaftsmitglieder durch die damit in Zusammenhang stehenden Maßnahmen keinen Schaden erlitten.

Indessen sind die Anforderungen, die das Berufungsgericht in dieser Hinsicht hier an den Beklagten gestellt hat, zu weitgehend; seine Annahme, daß den Beklagten an dem Unfall seines Angestellten ein Verschulden treffe, läßt sich nicht rechtfertigen. Der Beklagte konnte erwarten, daß seine wenigen – sieben oder acht – Gefolgschaftsmitglieder, denen entweder das Einfrieren des Aborts bekannt war oder die es aus dem Aufstellen des Ofens sofort erkennen mußten, zumal da nach der Bekundung Engelhardts die Leitung schon früher mehrmals eingefroren und in derselben Weise aufgetaut worden war, den Abort während seiner Abwesenheit nur in den allerdringendsten Fällen benutzt würden. Für solche Fälle konnte er ihnen aber die Benutzung des Abortes nicht untersagen. Ein Verbot wäre somit unter den gegebenen Umständen nicht nur überflüssig, sondern auch wirkungslos gewesen; das Unterlassen eines solchen kann deshalb dem Beklagten nicht zum Vorwurf gemacht werden.

Es kann sich daher nur fragen, ob der Beklagte nicht verpflichtet war, seine Gefolgschaftsmitglieder über die Gefahren des offenen Holzkohlenofens zu belehren und sie mündlich oder schriftlich darauf hinzuweisen, daß während einer notwendig werdenden Benutzung des Abortes der Ofen hinausgesetzt oder die Tür etwas offen gelassen werden müsse, damit etwa sich bildende Gase abziehen könnten. Indessen ist zu berücksichtigen, daß durch die Benutzung eines solchen kleinen offenen Ofens zum Auftauen eingefrorener Abortleitungen zwar gewisse unangenehme Gerüche entstehen, die vielleicht bei längerer Einwirkung Kopfschmerzen oder Übelkeit hervorrufen können, daß aber in aller Regel keine erheblichen Gefahren damit verbunden sind. Im übrigen waren auch die bei dem Beklagten beschäftigten sieben oder acht Personen infolge ihrer beruflichen Tätigkeit, insbesondere an offenen Schmiedefeuern, mit der Möglichkeit der Entstehung von Gasen und Dünsten aus offenem Feuer vertraut, mindestens hatte Engelhardt als alter erfahrener Meister, wie das Landgericht mit Recht angenommen hat, dieselben Erfahrungen und Kenntnisse wie der Beklagte selbst. Unter diesen Umständen würde es eine Überspannung der an einen Unternehmer hinsichtlich seiner Fürsorgepflicht zu stellenden Anforderungen bedeuten, wenn man verlangen wollte, daß der Beklagte seine Gefolgschaftsmitglieder darüber belehrte, welche Gefahren einem Benutzer des Abortes von dem neben dem Sitzbecken aufgestellten offenen Ofen beim Schließen von Tür und Fenster unter Umständen erwachsen könnten und welche Maßnahmen sie zur Vermeidung dieser Gefahren treffen müßten. Zu einer solchen Belehrung hatte er umso weniger Anlaß, als seine Abwesenheit nur vorübergehend war und wirkliche Gefahren durch die Gase des Öfchens während der kurzen Zeit der Benutzung des Abortes doch nur bei Zusammentreffen besonderer Umstände hervorgerufen werden konnten. Jedenfalls kann nicht gesagt werden, daß der Beklagte nach allgemeiner Erfahrung einen Unfall dieser Art als mögliche Folge einer solchen Unterlassung voraussehen konnte, d. h., daß er damit hätte rechnen müssen, ein Gefolgschaftsmitglied werde während seiner kurzen Abwesenheit den Abort benutzen und währenddessen durch die aus dem Ofen ausströmenden Gase betäubt und durch die glühende Kohle des Ofens irgendwie verletzt werden. Dem Beklagten unter diesen Umständen die Haftung für die Folgen eines Unfalls gegenüber der Berufsgenossenschaft aufzuerlegen, würde auch mit dem Sinn und Zweck des § 903 Abs. 4 RVO nicht im Einklang stehen, wonach der einzelne Unternehmer zu den Lasten der Unfallversicherung, die grundsätzlich von der Gemeinschaft der Betriebe zu tragen sind (§ 731 RVO), nur dann herangezogen werden soll, wenn eine offensichtliche Verletzung der Schutzpflicht vorliegt, die es angezeigt erscheinen läßt, ihn und andere Unternehmer für künftige Fälle an die Einhaltung der erforderlichen Schutzmaßnahmen nachdrücklich zu mahnen.

Das angefochtene Urteil ließ sich daher schon mangels Vorhandenseins eines Verschuldens im strafrechtlichen Sinne nicht aufrechterhalten. Die Klage war vielmehr abzuweisen, ohne daß es darauf ankam, ob das Berufungsgericht bei seiner Prüfung des ursächlichen Zusammenhanges noch das Gutachten des Sachverständigen Vogtherr zugrunde legen konnte, das davon ausgeht, daß das Türfenster während der Benutzung des Abortes geschlossen war, während dies nach der Bekundung von Gliniarz, daß der Rauch aus dem offenen Fenster gekommen sei, nicht mehr als feststehend anzusehen ist, wie auch die Tatbestandsberichtigung ergibt. Ebenso bedurfte es keines Eingehens darauf, ob die von der Revision geäußerten Bedenken hinsichtlich der zu einer Betäubung erforderlichen Gasmengen angesichts der Beschaffenheit des Abortes und der kurzen Benutzungszeit – nach der Aussage Engelhardts nur eine Minute – begründet sind. Deshalb war das angefochtene Urteil aufzuheben und die Berufung gegen das Urteil des Landgerichts zurückzuweisen.

---

63. Versicherungsvertragsgesetz. Zum Begriff des „Unfalls durch Kriegsereignisse" im Sinne der Allgemeinen Versicherungsbedingungen für Unfallversicherung auf den Todesfall.

VI. Zivilsenat. Urt. vom 29. September 1944 (VI 69/1944).

I. Landgericht Hannover.
II. Oberlandesgericht Celle.

In Sachen der Vereinigten Haftpflichtversicherung auf Gegenseitigkeit, in Hannover, Beklagten und Revisionsklägerin, Prozeßbevollmächtigter: Rechtsanwalt Dr. Fuchslocher in Leipzig,

gegen

die Witwe Elisabeth Gertrud Reinsch geb. Dube in Dresden-A., Klägerin und Revisionsbeklagte, Prozeßbevollmächtigter: Rechtsanwalt Ruland in Leipzig,

hat das Reichsgericht, VI. Zivilsenat, auf die mündliche Verhandlung vom 29. September 1944 durch den Senatspräsidenten Dr. Günther und die Reichsgerichtsräte Dr. Schack, Eilles, Oesterheld, Dr. Balve für Recht erkannt:

Die Revision gegen das Urteil des 6. Zivilsenats des Oberlandesgerichts in Celle vom 16. Juni 1944 wird zurückgewiesen.

Die Revisionsbeklagte trägt die Kosten des Rechtsmittels. Von Rechts wegen.

Tatbestand

Der Ehemann der Klägerin, Franz Martin Reinsch, Mitinhaber einer Asphalt- und Teerstraßenbaufirma, welche im Jahre 1941 den Auftrag erhielt, im Rahmen des Organisation Todt-Einsatzes in Rußland Straßen zu bauen, wurde von der Firma mit der Aufsicht über den dortigen Straßenbau betraut; er leitete seit Ende 1942 Bauarbeiten in der Gegend von Jarzewo, einem weit hinter der Front liegenden, aber noch unter Militärverwaltung stehendem Gebiet. Dort befand sich neben der Straße ein während des Vormarsches im Jahre 1941 angelegtes Minenfeld, das aus Zeitmangel noch nicht wieder beseitigt worden war. Zur Verhütung von Unfällen war es mit einem Zaun umgeben worden. Als der Ehemann der Klägerin am 15. Mai 1943 nach einer Besprechung über Bauarbeiten auf der für ihn zuständigen Luftwaffenbauabteilung auf der bezeichneten Straße in seine Unterkunft zurück ritt, scheute sein Pferd, sprang über die Einfriedigung des Minenfeldes und brachte dabei eine Mine zum Zerplatzen. Er wurde dabei getötet.

Die Klägerin, die neben ihren Kindern zu 1/4 Erbin ihres Mannes geworden ist, verlangt von der verklagten Versicherungsgesellschaft die Bezahlung der Versicherungssumme, die ihr aus dem von der Gesellschaft mit Franz Martin Reinsch abgeschlossenen Unfallversicherungsvertrag auf den Todesfall von 50.000 RM zustehe, und zwar in Höhe des ihr in der Erbauseinandersetzung zugewiesenen Viertels von 12.500 RM. Die Beklagte beantragt die Klageabweisung unter Berufung auf den in § 3 Nr. 1 der Allgemeinen Versicherungsbedingungen vereinbarten Versicherungsausschluß, wonach „Unfälle durch Kriegsereignisse (vgl. § 24)“ von der Versicherung ausgeschlossen sind.

Die beiden Vordergerichte haben der Klage stattgegeben.

Mit der Revision erstrebt die Beklagte die Abweisung der Klage, während die Klägerin die Zurückweisung der Revision begehrt.

Entscheidungsgründe

Das Oberlandesgericht kommt nicht auf die Meinung des Landgerichts zurück, daß der Kreis der Unfälle durch Kriegsereignisse im § 24 AVB abschließend geregelt, keiner der dort bezeichneten Fälle aber gegeben sei. Es meint, durch den Hinweis auf § 24 AVB solle lediglich darauf aufmerksam gemacht werden, daß dort noch weitere Bestimmungen für den Kriegsfall getroffen seien. Hier habe aber, so führt das Berufungsurteil aus, der Unfall keine unmittelbare Beziehung zu einem Kriegsvorgang im Sinne des § 3 Nr. 1 AVB.

Mit Recht geht der Berufungsrichter von der Annahme aus, beim Fehlen einer genaueren Abgrenzung müsse zum Begriffe des „Unfalls durch Kriegsereignisse“ verlangt werden, daß der Unfall in einem engeren ursächlichen Zusammenhang mit einem Kriegsereignisse stehe und es kann sich hier nur fragen, wie diese Grenze zu ziehen sei. Der Vorderrichter läßt den Ausschlag geben, daß das Minenfeld zwar etwa 1 3/4 Jahre vor dem Unfall, als die Gegend von Jarzewo noch Kriegsgebiet, zur Verteidigung gegen den Feind bestimmt war, angelegt wurde, daß es aber diese Zweckbestimmung schon lange verloren hatte; nur aus Zeitmangel war es noch nicht beseitigt, dafür aber zur Vermeidung von Unfällen eingefriedigt worden. Wenn bei dieser Sachlage trotz der getroffenen Vorsichtsmaßnahme ein Mensch auf eine Mine geraten sei, so könne nicht mehr von einem Unfall durch Kriegsereignis im Sinne der Allgemeinen Versicherungsbedingungen gesprochen werden.

Die Vertragsbestimmung in § 3 Nr. 1 der Allgemeinen Versicherungsbedingungen ist, da die verklagte Versicherungsgesellschaft mit der Berufung auf sie auf den völligen Ausschluß der Versicherungsrechte abzielt, eng auszulegen. Hierbei ist zu berücksichtigen, daß sie selbst, obwohl darüber unterrichtet, daß der Versicherungsnehmer im Rahmen der Organisation Todt mit der Leitung von Straßenbauten in dem ehedem vom Feind besetzten und gegen ihn verteidigten Gebiete Rußlands beschäftigt war, aber bis zum Unfalltag keinen Vorbehalt im Sinne einer etwaigen Einschränkung der Versicherungsrechte des Versicherungsnehmers gemacht, im Gegenteil den Versicherungsvertrag lediglich unter Verweisung auf den bezeichneten Versicherungsausschluß anerkannt und ausdrücklich bestehen gelassen hat. Danach ist es gerechtfertigt, die den Versicherungsausschluß enthaltende Vertragsbestimmung in § 3 Nr. 1 der Allgemeinen Versicherungsbedingungen dahin auszulegen, daß Versicherungsschutz für alle Fälle gewährt werden soll, soweit sie nicht in unmittelbarem Zusammenhang mit den Kampfhandlungen, anders ausgedrückt mit einem gegenwärtigen Kriegsereignisse stehen. Dies unterliegt um so weniger einem Bedenken, als die Wirtschaftsgruppe Unfallversicherung in der Reichsgruppe „Versicherungen" der Gesamtorganisation der gewerblichen Wirtschaft in ihrem von der Revision vorgelegten Schreiben vom 5. Februar 1944, worin sie zur Rechtslage im vorliegenden Streitfall im Sinne des Standpunktes der Beklagten Stellung genommen hat, sich selbst diese Auslegung, die derjenigen der Wirtschaftsgruppe in ihren Rundschreiben überhaupt entspricht, zu eigen gemacht hat, wie in dem Schreiben der Wirtschaftsgruppe vom 5. Februar 1944 hervorgehoben worden ist. Wenn darin die Meinung vertreten wird, die Rundschreiben der Wirtschaftsgruppe stellten lediglich eine über die Bedingungen hinausgehende freiwillige Erweiterung des Versicherungsschutzes dar, welche die rechtliche Natur der Ausschlußbestimmungen des § 3 Nr. 1 der Allgemeinen Versicherungsbedingungen nicht aufhebe, so kann dies um so weniger gebilligt werden, als zu solcher Annahme die Äußerung der Wirtschaftsgruppe keinen Anhalt bietet. Offenbar handelt es sich dabei um amtliche Auslegungsrichtlinien der Wirtschaftsgruppe, auf die sich die Versicherungsnehmer wie die Versicherungsvertreter bei den Abschlußverhandlungen über die Versicherungsverträge verlassen können, sofern nicht die Allgemeinen Versicherungsbedingungen der Versicherungsgesellschaften einen davon abweichenden Vertragswillen deutlich werden lassen. Dies ist bei der hier in Frage stehenden Versicherungsbestimmung nicht der Fall; vielmehr legt ihre Fassung, die gewiß bei den Verhandlungen über die Allgemeinen Versicherungsbedingungen eingehend beraten und hinreichend erwogen worden ist, die Richtigkeit der Auslegung durchaus nahe. Danach ist für den vorliegenden Streitfall entscheidend, daß das Minenfeld, in das der Versicherungsnehmer durch einen unglücklichen Zufall hineingeriet, seit Jahr und Tag seiner ehemaligen Bestimmung entzogen und durch eine Einzäunung gegen das Betreten gesichert gewesen ist, so daß ein Unfall der gegebenen Art nach aller Voraussicht nicht eintreten konnte. Es kann unter diesen Umständen keine Rede davon sein, daß der Unfall in unmittelbarem Zusammenhang mit den Kampfhandlungen gestanden hätte, und es kann demnach auch nicht darauf ankommen, ob jenes Gebiet zur Zeit des Unfalls förmlich noch unter Militärverwaltung gestanden hat und ob dem in Klammer stehenden Hinweis auf § 24 der Allgemeinen Versicherungsbedingungen neben dem § 3 Nr. 1 das. noch eine besondere Bedeutung im Sinn der Ausführung der Klagepartei zukommen kann oder nicht.

Vielmehr ist nach alledem die Revision der Klägerin als unbegründet zurückzuweisen.

---

64. Ein wirksamer Verzicht auf die Bestreitung der Ehelichkeit der Geburt eines Kindes bzw. die tatsächliche Anerkennung der Ehelichkeit eines Kindes ist mit Aufhebung des § 1598 BGB durch das FamRÄndG vom 12. 4. 1938 nicht mehr möglich (vgl. auch den aufgehobenen § 159 a ABGB).

BGB § 1598 (aufgehoben).

VII. Zivilsenat. Urt. v. 4. Oktober 1944 (VII 114/1944).

I. Landgericht Graz.
II. Oberlandesgericht Graz.

In Sachen des Klägers St. St., Handelsangestellten in Klagenfurt, vertreten durch Rechtsanwalt Dr. Paul Jobst in Klagenfurt

wider

die Beklagte minderjährige Gr. St., vertreten durch das Stadtjugendamt Klagenfurt, dieses vertreten durch Rechtsanwalt Dr. Emil Walther in Klagenfurt, wegen Bestreitung der ehelichen Geburt

hat das Reichsgericht, VII. Zivilsenat, durch den Vorsitzenden Dr. Zellner und die Reichsgerichtsräte Burmeister, Seibertz, Dr. Tenschert und Dr. Kirchengast nach der mündlichen Verhandlung vom 4. Oktober 1944 auf die Revision der Beklagten gegen das Urteil des Oberlandesgerichts Graz als Berufungsgerichtes vom 15. Juni 1944 2 R 370/44, womit das Urteil des Landgerichtes Graz vom 14. April 1944 15 Cg 222/43 bestätigt wurde, für Recht erkannt:

Der Revision wird nicht Folge gegeben.
Ein Kostenausspruch entfällt.

Entscheidungsgründe

Der Kläger hat am 13. September 1939 geheiratet. Seine Frau hat am 15. Januar 1943 eine Tochter geboren, die den Namen Gr. erhielt und als eheliches Kind standesamtlich eingetragen wurde.

Der Kläger bestreitet die Ehelichkeit dieser Tochter. Festgestellt ist, daß der Kläger nur während seiner Fronturlaube im Februar und August 1942 mit seiner Frau Geschlechtsverkehr hatte und daß diese im August bereits schwanger gewesen ist.

Da das Kind vor dem 1. März 1943, somit vor Inkrafttreten der Verordnung über die Angleichung familienrechtlicher Vorschriften vom 6. Februar 1943 RGBl. I S. 80 geboren ist, so kommt die Neufassung des § 138 ABGB (Art. 2 § 3 der VO) nicht zur Anwendung (Art. 5 § 11 der VO). Zwischen dem Verkehr im Februar 1942 und der Geburt liegen mehr als 300 und 302 Tage, zwischen dem Verkehr im August 1942 und der Geburt liegen weniger als 180 Tage. Die Vordergerichte haben als erwiesen angenommen, daß das Kind nicht vom Kläger erzeugt worden ist. Dies blieb unbekämpft.

Der Kläger hat nach den Feststellungen der Vorgerichte seiner Frau vor und nach der Geburt erklärt, daß er ihr den Ehebruch verzeihe, daß er das Kind als eigenes ansehe und daß sie die Versorgungsbezüge für das Kind geltend machen könne.

Mit Rücksicht darauf behauptet die beklagte Partei, daß ein Verzicht des Klägers auf sein Klagerecht vorliege.

Die Vordergerichte haben sich dieser Ansicht nicht angeschlossen und der Bestreitungsklage stattgegeben.

Die Revision befaßt sich im Rahmen des Revisionsgrundes der unrichtigen rechtlichen Beurteilung lediglich mit der Frage, ob ein Verzicht auf die Bestreitung der Ehelichkeit der Geburt zulässig und möglich ist, wem gegenüber ein solcher Verzicht erklärt werden müsse und ob für diese Erklärungen eine bestimmte Form nötig sei.

Die Ausführung der Revision, daß auf die Bestreitung der Ehelichkeit durch formlose Erklärung gegenüber der Mutter verzichtet werden könne, läßt erkennen, daß die Revision nicht einen Verzicht der einen Prozeßpartei gegenüber der anderen Prozeßpartei im Sinne der Zivilprozeßordnung, sondern eine Anerkennung der ehelichen Geburt ins Auge faßt, die eine Bestreitungsklage ausschließt. Ein Verzicht im Sinne der §§ 239, 394 ZPO käme für eine Klage der Bestreitung der Ehelichkeit nicht in Frage, da nach Art. 5 der früher genannten Verordnung selbst in dem Falle, daß das Kind vor Inkrafttreten der Verordnung geboren ist, die Vorschriften des § 6 der Verordnung gelten, ein prozessualer Verzicht somit nicht möglich ist.

Es handelt sich daher um die Frage, ob eine dem materiellen Recht angehörende Anerkennung möglich ist und vorliegt.

Eine vertragsmäßige Anerkennung kommt im vorliegenden Falle nicht in Frage, da die Erklärungen des Klägers bloß gegenüber seiner Frau, nicht aber gegenüber dem Kind oder einem für das Kind bestellten Vertreter abgegeben wurde, ein Vertrag zwischen den jetzigen Streitteilen somit nicht vorliegen kann.

Es bleibt daher die Frage, ob auch ohne *vertragsmäßige* Anerkennung durch bloß tatsächliche Umstände der Wille des Ehemannes wirksam ausgedrückt werden kann, daß das Kind ihm gegenüber dauernd die Stellung eines ehelichen Kindes haben solle. Als ein solcher tatsächlicher Umstand kann die Unterlassung der Bestreitungsklage innerhalb der für sie offen stehenden Frist angesehen werden. Ein solcher tatsächlicher Umstand ist auch die der Mutter gegenüber abgegebene Erklärung, die Ehelichkeit nicht anfechten und das Kind als eheliches ansehen zu wollen. Ein solches tatsächliches Verhalten, das kein Vertrag, ja nicht einmal eine empfangsbedürftige Willenserklärung war, schloß nach § 1598 BGB die Anfechtung der Ehelichkeit aus. Ähnlich verhielt es sich mit einem derartigen Verhalten auch nach österreichischem Recht (vgl. Bartsch zu § 159a (alt) ABGB in Band I S. 896 des Kommentars).

Durch das Gesetz vom 12. April 1938 RGBl. I S. 380 über die Änderung und Ergänzung familienrechtlicher Vorschriften ist aber § 1598 BGB aufgehoben und dadurch für das Gebiet des Altreichs eine früher möglich gewesene tatsächliche Anerkennung beseitigt worden. Dieses Gesetz ist zwar für die Donau- und Alpengaue nicht eingeführt worden, eine derartige Aufhebung ist daher hier nicht ausdrücklich eingetreten.

Die Verordnung über die Angleichung familienrechtlicher Vorschriften vom 6. Februar 1943 RGBl. I S. 80 hat § 1598 BGB nicht wiederhergestellt.

Diese Verordnung will die Vorschriften des Bürgerlichen Gesetzbuches und des Allgemeinen Bürgerlichen Gesetzbuches in Bezug auf das Familienrecht angleichen. Sie erwähnt nicht einmal eine die Bestreitungsklage beseitigende Anerkennung der Ehelichkeit, sondern führt ein von einer solchen Anerkennung nicht beschränktes Bestreitungsrecht des Staatsanwaltes ein. Da § 1598 BGB nicht mehr gilt, so ist der Schluß zu ziehen, daß ein diesem aufgehobenen Paragraph entsprechender Rechtsgrundsatz nunmehr auch für das Allgemeine Bürgerliche Gesetzbuch ausgeschlossen ist, da das Bestreitungsrecht in beiden Rechtssystemen das gleiche gewesen sein soll. Es kommt daher für den Verlust der Bestreitungsklage nurmehr die Verstreichung der Frist zur Klage, nicht mehr aber ein sonstiger tatsächlicher Umstand, der den Willen erkennen läßt, daß der Ehemann dem Kinde dauernd die Stellung eines ehelichen geben will, in Betracht.

Die Erklärungen des Klägers gegenüber seiner Frau standen daher der fristgerecht eingebrachten Klage nicht entgegen.

Eine Kostenentscheidung entfällt, da sich der Kläger am Revisionsverfahren nicht beteiligt hat.

---

65. Bei teilweiser unentgeltlicher Grundstücksübertragung durch den Vorerben ist die Verfügung insgesamt unwirksam. Keine analoge Anwendung der §§ 527, 531 BGB.

BGB § 2113 Abs. 2.

VI. Zivilsenat. Urt. v. 6. Oktober 1944 (VI 50/1944).

I. Landgericht Berlin.
II. Kammergericht Berlin.

In Sachen der Witwe Elli Wohllebe geb. Bandemer in Bernau b. Berlin, Beklagten, Revisionsklägerin, Prozeßbevollmächtigter: Rechtsanwalt Ruland in Leipzig,

gegen

die Ehefrau Emil Kohnke, Hilma geb. Wohllebe in Bernau b. Berlin, Klägerin, Revisionsbeklagte, Prozeßbevollmächtigter: Rechtsanwalt Dr. Schoffer in Leipzig,

hat das Reichsgericht, VI. Zivilsenat, auf die mündliche Verhandlung vom 6. Oktober 1944 durch den Senatspräsidenten Dr. Günther und die Reichsgerichtsräte Dr. Schack, Eilles, Oesterheld, Dr. Balve für Recht erkannt:

Die Revision gegen das Urteil des 27. Zivilsenats des Kammergerichts in Berlin vom 25. Februar 1944 wird zurückgewiesen.

Die Kosten des Revisionsverfahrens werden der Revisionsklägerin auferlegt. – Von Rechts wegen.

Tatbestand

Der am 31. Januar 1923 verstorbene Gärtnereibesitzer Rudolf Bandemer in Bernau und seine am 4. November 1941 verstorbene Ehefrau Anna hatten am 28. Februar 1901 ein gemeinschaftliches Testament errichtet, in welchem sie sich gegenseitig und ihre drei Töchter Erna, – die vor der Ehefrau verstorbene Mutter der Klägerin –, Elli – die Beklagte – und Helene, ersatzweise deren Kinder, zu Erben einsetzten und weiter bestimmten, daß der überlebende Ehegatte den Besitz und die uneingeschränkte Disposition über den Nachlaß erhalten, jedoch nur unter Lebenden, nicht von Todes wegen, frei darüber zu verfügen berechtigt sei. Schenkungen unter Lebenden sollten dem Überlebenden wiederum nur zu Gunsten der Kinder und ihrer Nachkommen und auch nur insoweit gestattet sein, als das vorhandene Kapitalvermögen dadurch nicht vermindert werde. Nach dem Tode ihres Ehemannes übertrug die Ehefrau Bandemer das zum Nachlaß gehörige Hausgrundstück Bernau, Weißenseer Straße 8 durch notarischen Überlassungsvertrag vom 15. Juli 1935 der Beklagten, die ihr als Entgelt ein mit 1000 RM jährlich bewertetes, lebenslängliches Wohn- und Unterhaltsrecht gewährte und sämtliche eingetragenen Lasten als Selbstschuldnerin übernahm. Die Vertragschließenden erklärten ferner, darüber einig zu sein, daß die Überlasserin ein Entgelt für die Überlassung dadurch erhalten habe, daß sie seit dem Jahre 1923 von der Übernehmerin unterhalten worden sei. Nach dem Tode der Mutter erwirkte die Beklagte auf Grund der bereits im Vertrag erklärten Auflassung ihre Eintragung als Eigentümerin im Grundbuch.

Die Klägerin, die für ihre verstorbene Mutter Ersatzerbin geworden ist, hält den Überlassungsvertrag für unwirksam, weil die Ehefrau Bandemer zu der in ihm enthaltenen unentgeltlichen Verfügung über das Grundstück nach dem Testament und auch als befreite Vorerbin nicht befugt gewesen sei. Sie klagt auf Einwilligung der Beklagten in die Eintragung der Parteien und der dritten Miterbin Helene Willbrandt geb. Bandemer als Eigentümer des Grundstücks in ungeteilter Erbengemeinschaft im Grundbuch.

Die Beklagte hat, die Unentgeltlichkeit der Grundstücksüberlassung bestreitend, Abweisung der Klage beantragt.

Landgericht und Kammergericht haben der Klage stattgegeben.

Mit ihrer Revision verfolgt die Beklagte den Antrag auf Abweisung der Klage weiter. Die Klägerin bittet um Zurückweisung der Revision.

Entscheidungsgründe

Das Berufungsgericht folgt der von den Parteien übereinstimmend vertretenen Auffassung, daß die Witwe Bandemer nach dem gemeinschaftlichen Testament vom 28. Februar 1911 befreite Vorerbin und die Töchter – an Stelle der vorverstorbenen Erna deren Tochter, die Klägerin, – Nacherben geworden seien. Rechtliche Bedenken ergeben sich insoweit nicht. Die Revision greift diese Stellungnahme auch nicht an.

In seiner weiteren Prüfung, ob und inwieweit der zu Gunsten der Beklagten geschlossene Überlassungsvertrag vom 15. Juli 1935 eine unentgeltliche Verfügung der Vorerbin enthalte, kommt der Berufungsrichter zu dem Ergebnis, daß der Beklagten unter Berücksichtigung der von ihr übernommenen Grundstückslasten ein Reinwert von 18.097,50 RM zugewendet worden sei, daß sie als wirkliche Gegenleistung hierfür nur das mit 5.000 RM zu bewertende Wohn- und Unterhaltsrecht, also ein Entgelt gewährt habe, das um 13.097,50 RM hinter dem ihr übertragenen Werte zurückbleibe. Dieses Mißverhältnis hat nach Meinung des Berufungsrichters die Unwirksamkeit der Grundstücksübertragung gegenüber den Nacherben gemäß § 2113 Abs. 2 BGB zur Folge. Er befolgt hierbei den in der Rechtsprechung ausgebildeten Grundsatz, daß eine unentgeltliche Verfügung im Sinne jener Bestimmung vorliegt, wenn der Vorerbe – objektiv betrachtet – ohne gleichwertige Gegenleistung ein Opfer aus der Erbschaftsmasse bringt und – subjektiv betrachtet – entweder weiß, daß diesem Opfer keine gleichwertige Gegenleistung gegenübersteht oder doch bei ordnungsmäßiger Verwaltung der Masse unter Berücksichtigung der künftigen Pflicht, die Erbschaft an den Nacherben herauszugeben, das Fehlen oder die Unzulänglichkeit der Gegenleistung hätte erkennen müssen (RGZ Bd. 81 S. 304, Bd. 105 S. 248, Bd. 117 S. 97, Bd. 125 S. 245). Der zweite Tatbestand ist nach Auffassung des Berufungsrichters hier gegeben. Die Witwe Bandemer habe, so meint er, den 30.000 RM betragenden Einheitswert des Grundstücks gekannt und deshalb die von der Beklagten übernommene Verpflichtung nicht als angemessenes Entgelt für die Überlassung des Grundstücks ansehen können.

Die Revision rügt zunächst, der Berufungsrichter habe bei der Prüfung der Entgeltlichkeit die auf dem Grundstück lastenden beiden Sicherungshypotheken (zum Höchstbetrage von 2.500 RM zu Gunsten der Oranienburger Bank und von 1.500 RM zu Gunsten der Stadt Bernau) zum Nachteil der Beklagten nicht mit dem vollen Schuldbetrage, sondern in unzureichender Würdigung der tatsächlichen Verhältnisse nur mit 1.250 RM und 652,50 RM in Ansatz gebracht. Es kann dahinstehen, ob insoweit gegen die Erwägungen des Vorderrichters Bedenken bestehen. Auch wenn dies zuzugeben wäre, würde die dann mit insgesamt 19.000 RM – statt mit 16.902,50 RM – zu bewertende Gegenleistung der Beklagten immer noch so erheblich hinter dem unstreitig mindestens 30.000 RM betragenden Werte des übertragenen Grundstücks zurückbleiben, daß der Berufungsrichter auch dann noch im Sinne der von ihm befolgten Rechtsprechung eine nicht entgeltliche Verfügung des Vorerben anzunehmen berechtigt gewesen wäre. Jedenfalls behält die Feststellung, daß die Vorerbin die Unzulänglichkeit der Gegenleistung habe erkennen müssen, ihre volle Berechtigung. Daß dies um deswillen in Frage stehe, weil die Vorerbin das Wohn- und

Unterhaltsrecht sehr wohl wesentlich höher als 5.000 RM habe bewerten können, kann der Revision angesichts des hohen Alters der Vorerbin beim Abschluß des Vertrages (75 Jahre) nicht zugegeben werden. Das angefochtene Urteil beruht also nicht auf dem gerügten Mangel. Dasselbe gilt für die – als dem Überlassungsvertrag widersprechend – gerügte Annahme des Berufungsrichters, die Beklagte habe die der Sicherungshypothek der Stadt Bernau zugrunde liegende Forderung nicht übernommen, sie hafte vielmehr insoweit nur dinglich. Es ist im Ergebnis ohne Belang, ob bei der Annahme nur dinglicher Haftung der Übernehmerin der Schuldbetrag als den Wert des Grundstücks vermindernd behandelt oder ob im Falle der Übernahme der persönlichen Schuld eine entsprechende Gegenleistung angenommen wird.

Die Revision macht weiter geltend, die Folge einer nicht vollen Entgeltlichkeit der Grundstücksübertragung könne nicht die Unwirksamkeit des Vertrages bilden, sondern es könne nur die Ausgleichung zwischen Leistung und Gegenleistung durch eine weitere Zahlung gefordert werden. Die Möglichkeit einer solchen Beurteilung ist allerdings in der Entscheidung des Reichsgerichts IV 193/31 vom 19. November 1931 (LZ 1932 Spalte 94 Nr. 19) unter Hinweis auf die für gemischte Schenkungen zu § 531 Abs. 2 und § 527 BGB ergangene Entscheidung in RGZ Bd. 68 S. 326 ohne nähere Begründung offen gelassen. Sie ist indessen abzulehnen. Die Gleichbehandlung der teilweise entgeltlichen Verfügung des Vorerben und der gemischten Schenkung scheitert an der grundsätzlichen Verschiedenheit der Rechtslage. Bei der widerrufenen Schenkung (§ 531 BGB) und bei der Schenkung unter einer Auflage, deren Vollziehung unterblieben ist (§ 527 BGB), steht, ohne daß die Berechtigung zur Vornahme der Schenkung irgendwelchem Zweifel unterliegt, lediglich zur Erörterung, in welcher Form die Bereicherung zurückzuerstatten ist. Bei der teilweisen Unentgeltlichkeit einer Verfügung des Vorerben handelt es sich dagegen um die Frage seiner Berechtigung zur Vornahme des Geschäfts. Wird die Berechtigung, das Geschäft so, wie es geschehen ist, abzuschließen, verneint, so kann nur die Unwirksamkeit der Verfügung die Folge sein (so auch Urteil des Reichsgerichts IV 118/36 vom 24. September 1936 [HRR 1937 Nr. 11] für den rechtlich insoweit gleich zu beurteilenden Fall der teilweise unentgeltlichen Verfügung des Testamentsvollstreckers und RGRKomm z. BGB 9. Aufl., Bem. 3 zu § 2113).

Wenn die Revision schließlich meint, die Beklagte habe nur gegen Rückerstattung der von ihr erbrachten Leistungen – des Wertes des der Vorerbin gewährten Unterhalts für die Zeit vom 19. Juni 1935 bis zum 4. November 1941 im Gesamtbetrage von 6.300 RM – zur Einwilligung in die Eintragung der Erbengemeinschaft als Eigentümerin des veräußerten Nachlaßgrundstücks verurteilt werden dürfen, so kann sie auch mit diesem Angriff keinen Erfolg haben. Jener Rückerstattungsanspruch ist ein selbständiger Bereicherungsanspruch, der gegenüber dem erhobenen Eigentumsanspruch nur mittels des Zurückbehaltungsrechts geltend gemacht werden kann. Die Geltendmachung des Zurückbehaltungsrechts besteht in der Erhebung der Einrede der Verweigerung der geschuldeten Leistung, die zwar auch durch schlüssige Handlung vorgebracht werden kann. § 273 BGB verlangt aber jedenfalls, daß der Rechtsbehelf dem Gegner gegenüber in irgendwie erkennbarer Weise geltend gemacht wird. Daß dies in den Vorinstanzen geschehen sei, ist nicht ersichtlich. Durch Ausübung des Fragerechts (§ 139 ZPO) auf die Erhebung der Einrede hinzuwirken, bestand, zumal die Beklagte durch Anwälte vertreten war, keine Veranlassung.

Die Revision ist hiernach als unbegründet zurückzuweisen.

---

66. Die Frage des erweiterten Patentschutzes, die nur im Verletzungsstreit auftritt, ist notwendig dem Richter des Verletzungsstreits, also dem ordentlichen Richter vorbehalten. Es besteht kein hinreichender sachlicher Grund, den von der Klage gewünschten Versuch zu machen, die Abgrenzung der Zuständigkeiten, von der das Gesetz ausgeht, im Wege richterlicher Rechtsschöpfung dadurch zu ändern, daß man im Nichtigkeitsverfahren die Teilvernichtung des Patentanspruchs lediglich deswegen zuläßt, um eine im Verletzungsstreit in Anspruch genommene erweiterte Patentauslegung unmöglich zu machen.

PatG § 13.

I. Reichspatentamt.

I. Zivilsenat. Urt. vom 17. Oktober 1944 (I 19/1943).

In der Patentnichtigkeitssache der Firma Allgemeine Elektrizitäts-Gesellschaft in Berlin NW 40, Klägerin und Berufungsklägerin,

gegen

die Firma Siemens-Schuckertwerke AG in Berlin-Siemensstadt, Beklagte und Berufungsbeklagte,

hat das Reichsgericht, I. Zivilsenat, in der Sitzung vom 17. Oktober 1944 durch den Senatspräsidenten Dr. Lindenmaier und die Reichsgerichtsräte Weinkauff und Dr. Brandenburg für Recht erkannt:

Die Entscheidung des Reichspatentamts vom 10. September 1942 wird bestätigt. Die Klägerin trägt die Kosten der Berufung. – Von Rechts wegen.

Tatbestand

Die Beklagte ist Inhaberin des DRP 589 824, das einen Salzbadofen zum Gegenstand hat. Es ist mit Wirkung vom 25. August 1929 an erteilt und am 30. November 1933 bekannt gemacht. Der Patentanspruch lautet:

Zur Wärmebehandlung von Metallen, insbesondere zum Härten, dienender Salzbadofen mit einem Tiegel aus Strom leitendem Werkstoff, der die Elektrode der einen Polarität darstellt, gekennzeichnet durch einen Hohlzylinder, der die Gegenelektrode und den Behandlungsraum für das zu erwärmende Gut bildet.

Mit Klage vom 18. März 1942 beantragte die Klägerin, das Patent dadurch teilweise zu vernichten, daß dem Anspruch folgende Fassung gegeben werde:

Zur Wärmebehandlung von Metallen, insbesondere zum Härten, dienender Salzbadofen mit einem Tiegel aus Strom leitendem Werkstoff, der die Elektrode der einen Polarität darstellt, gekennzeichnet durch einen Hohlzylinder, der die *elektrisch einstückige* Gegenelektrode *bildet* und den Behandlungsraum für das zu erwärmende Gut *allseitig umschließt.*

Gleichzeitig beantragte sie, die Patentbeschreibung zu ändern. In Zeile 80 soll es statt „Drahtgitterwerk, Stabwerk und dergl." heißen „zusammenhängendes Drahtgitterwerk, Stabwerk und dergl." und in Zeile 82 statt „hochheizen" „hochheizen beim Inbetriebsetzen des Salzbades". Außerdem soll ein Satz in die Beschreibung aufgenommen werden, der besagt, durch das Patent sei nicht die Anordnung beliebiger Elektroden, wie Stabelektroden, Plattenelektroden und dergleichen in der Nähe der Wandung eines Metalltiegels schlechthin geschützt, sondern nur die besondere durch den Patentanspruch gekennzeichnete Bauart des Ofens.

Zur Begründung führte die Klägerin aus: Anspruch und Beschreibung des Patentes seien unklar und so gefaßt, daß ein in Wirklichkeit nicht bestehender erweiterter Schutzbereich nicht streng genug ausgeschlossen sei. Das liege zum Teil daran, daß die im Erteilungsverfahren entgegengehaltenen Schutzrechte des DRP 455 696 und das Schweizer Patent 78 396 nicht völlig zutreffend gewürdigt worden seien. In Wirklichkeit offenbare das Patent nur die Lehre, bei Salzbadöfen zur Wärmebehandlung von Metallen, bei denen ein Tiegel aus Strom leitendem Werkstoff die eine Elektrode darstelle, die Gegenelektrode als zylindrischen Hohlkörper auszubilden, der ein einziger zusammenhängender, in sich geschlossener einstückiger elektrisch leitender Körper sein müsse, der den Behandlungsraum von allen Seiten umschließe. Die Beklagte habe jedoch demgegenüber in einem zwischen den Parteien schwebenden Abhängigkeits- und Verletzungsstreit den Standpunkt vertreten, dem Patente sei auch die Lehre geschützt, bei einem Elektrosalzbadofen mit Metalltiegel eine oder mehrere Elektroden in der Nähe der Tiegelwand anzuordnen. Ein solcher Gedanke sei jedoch nicht offenbart und nicht schutzwürdig gegenüber dem Stande der Technik, der dargestellt werde durch die DRP 341 300, 347 978, 347 979, das französische Patent 616 653 und das österreichische Patent 38 215. Um eine solche Auslegung auszuschließen, müsse dem Anspruch und der Beschreibung des Streitpatentes eine engere Fassung gegeben und außerdem in der Beschreibung zum Ausdruck gebracht werden, daß diese erweiterte Auslegung unzulässig sei. Soweit das der bisherigen Rechtsprechung widerspreche, werde in Übereinstimmung mit Äußerungen, die im Schrifttum (GRUR 1942, S. 315; 1943 S. 1; 1944 S. 58) zutage getreten seien, ihre Änderung begehrt; das Gesetz stehe nicht entgegen.

Die Beklagte beantragte Klageabweisung. Sie legte dar: Soweit die Klägerin einen Ausspruch darüber erstrebe, daß ein bestimmter erweiterter Erfindungsgedanke des Streitpatentes nicht schutzwürdig sei, so stehe dem entgegen, daß nach Rechtsprechung *und* Gesetz das Nichtigkeitsverfahren es nur mit dem Gegenstande der Erfindung zu tun habe, während die Feststellung, ob ein über den Gegenstand der Erfindung hinausgehender erweiterter Erfindungsgedanke geschützt sei, ausschließlich den ordentlichen Gerichten im Verletzungsstreit vorbehalten sei. Überdies habe sie im Verletzungsstreit keineswegs denjenigen erweiterten Erfindungsgedanken in Anspruch genommen, den ihr die Klägerin jetzt unterstelle. Was aber den Gegenstand der Erfindung angehe, so sei es keineswegs erforderlich, daß die Gegenelektrode aus *einem* zusammenhängenden einstückigen Körper bestehe. Sie könne auch aus mehreren auf einem gedachten Zylinderumfang angeordneten, voneinander getrennten Teilen bestehen. Das bringe das Patent klar zum Ausdruck und dem stehe der Stand der Technik nicht entgegen; ja die Klägerin habe das Letzte nicht einmal behauptet.

Der Nichtigkeitssenat des Reichspatentamts hat die Klage abgewiesen. Mit der Berufung verfolgt die Klägerin ihren Antrag auf Teilvernichtung usf. weiter, während die Beklagte die Zurückweisung der Berufung beantragt.

Der Senat hat als gerichtlichen Sachverständigen den Professor Dr.-Ing. Paul Riebensahm von der Technischen Hochschule Berlin gehört, der ein schriftliches Gutachten erstattet und es in der mündlichen Verhandlung erläutert und ergänzt hat.

In der mündlichen Verhandlung hat die Klägerin, ohne ihre Anträge zu ändern, den Standpunkt vertreten, das von ihr geforderte Merkmal des allseitigen Umschließens des Behandlungsraums durch die Gegenelektrode besage nicht notwendig, daß die Gegenelektrode aus *einem* in sich mechanisch zusammenhängenden Körper bestehen müsse, es könnten auch mehrere mit den Nachbarelektroden mechanisch nicht verbundene Einzelelektroden auf einem gedachten Zylinderumfang angeordnet sein, doch müßten diese Einzelelektroden dann den Behandlungsraum allseitig dicht umschließen. Die Beklagte hat auch ein mit einer solchen Zielsetzung geführtes Nichtigkeitsverfahren für unzulässig erklärt.

Entscheidungsgründe

Um den rechtlichen Sinn des Klageantrags zu ermitteln, ist zunächst zu prüfen, ob der von der Klägerin geforderte Patentanspruch sachlich enger ist als der gegenwärtige Patentanspruch oder ob er den unveränderten sachlichen Inhalt dieses Anspruchs lediglich anders ausdrücken will. Im ersten Falle handelte es sich um Teilvernichtung, im zweiten um Klarstellung.

Das Streitpatent bezieht sich auf elektrisch beheizte Salzbadöfen, die zur Wärmebehandlung von Metallen, insbesondere zum Härten dienen sollen. Da es die Möglichkeit vorsieht, daß „das Härtegut oder Glühgut in Körben oder anderen Einsatzkästen in das Salzbad eingebracht werde", entnimmt ihm der Fachmann, daß gedacht ist, sowohl an das so genannte Aufkohlen, ein langzeitiges Glühen des Gutes bei hohen Temperaturen in einem Kohlenstoff abgebenden Mittel, wie an das eigentliche Härten, das Erhitzen des Gutes auf hohe Temperatur mit nachfolgendem Abschrecken außerhalb des Ofens. Das dem Aufkohlen dienende Salzbad würde einen Tiegel aus keramischem Werkstoff chemisch angreifen. Das Patent kann daher keinen Tiegel aus keramischem Werkstoff als Elektrode der einen Polarität brauchen, sondern setzt voraus, daß ein Tiegel aus Strom leitendem Werkstoff, gewöhnlich aus Metall, die eine Elektrode bildet. Es stellt sich nun die Aufgabe, die Gegenelektrode so auszubilden und anzuordnen, daß der Behandlungsraum frei bleibt zunächst für das (vorübergehende) Einbringen einer Anheizvorrichtung und sodann für das Einbringen des Glüh- und Härtegutes, insbesondere für sein Einhängen in Körben oder Kästen, und daß das Gut dabei ohne Kurzschlußgefahr eingebracht werden kann, der Strom also im Wesentlichen außerhalb des Behandlungsraums zwischen Elektrode und Gegenelektrode fließt. Zu diesem Zweck soll die Gegenelektrode als in den Tiegel eingehängter Hohlzylinder ausgebildet werden, der zugleich den Behandlungsraum für das zu erwärmende Gut bildet. Damit bleibt der durch das Innere des Hohlzylinders gebildete Behandlungsraum frei und fließt der Strom überwiegend in dem Raum zwischen Hohlzylinder und Metalltiegel, der sich dadurch als vom Behandlungsraum getrennter Heizraum darstellt. Es wird weiter noch die Möglichkeit erwähnt, den Zylinder auf seinem ganzen Umfang mit Bohrungen zu versehen oder als ein Drahtgitterwerk, Stabwerk und dergleichen auszubilden, um auf diese Weise ein schnelleres Hochheizen und eine gleichmäßigere Verflüssigung des Salzbades zu erzielen. Der Fachmann versteht das dahin, auf diese Weise könne beim Hochheizen (und das will sagen: beim Betriebe, nicht etwa beim Anheizen) das Salz durch die Öffnungen aus dem Heizraum in den Behandlungsraum fließen und ermögliche dadurch ein schnelleres und gleichmäßigeres Durchheizen des gesamten Bades von dem eigentlichen Heizraum aus. Wenn angesichts dessen der kennzeichnende Teil des Patentanspruchs von einem Hohlzylinder spricht, der die Gegenelektrode und den Behandlungsraum für das zu erwärmende Gut bilde, so faßt das der Fachmann zwanglos dahin auf, der Hohlzylinder, der die Elektrode der anderen Polarität darstelle, könne aus einem zusammenhängenden Stück bestehen, aber auch, und sogar vorzugsweise, mit Bohrungen versehen oder als Drahtgitterwerk, Stabwerk und dergleichen ausgebildet werden. Es ist auch kein technischer Grund ersichtlich, warum die einzelnen Teile (Stäbe und dergleichen) der den Behandlungsraum umfassenden Hohlelektrode unbedingt mechanisch-stofflich unter sich zusammenhängen müßten; sie erfüllen ihre Aufgabe genau so, wenn sie zu mehreren auf einer gedachten Zylinderform in einer den Behandlungsraum umfassenden Weise angeordnet werden, ohne stofflich unter sich zusammenzuhängen. Auch in einem solchen Falle können sie „elektrisch einstückig" gemacht, d.h. mit Strom derselben Polarität aus der gleichen Stromquelle beschickt werden. Der Fachmann schließt daher in den Gegenstand der Erfindung ohne weiteres auch diese Form ein. Ebenso wird sich ihm von vornherein die Auslegung aufdrängen, die sich infolgedessen noch innerhalb des Gegenstandes der Erfindung hält, daß es auf die strenge Zylinderform der Gegenelektrode nicht ankommen kann, sondern daß auch jede andere den Behandlungsraum entsprechend umfassende Hohlform geeignet ist, den Patentzweck zu erreichen.

Demgegenüber wollte, wie sich unzweideutig aus Bl. 9 der Klageschrift ergibt, die Klägerin mit der von ihr vorgeschlagenen Anspruchsneufassung ursprünglich zum Ausdruck bringen, die Gegenelektrode müsse notwendig ein einziger in sich geschlossener, mechanisch-stofflich in sich zusammenhängender Körper sein, wenn auch offen bleibt, ob die neue Fassung das wirklich klar genug ausdrückt. Ja eine solche Auslegung muß nach wie vor als objektiv möglich bezeichnet werden, wenn man den aufrecht erhaltenen Antrag auf Änderung der Zeile 80 der Beschreibung zur Erläuterung heranzieht. Danach soll das Drahtgitterwerk, Stabwerk und dergleichen, als das die Gegenelektrode ausgebildet sein kann, als „zusammenhängend" bezeichnet werden, was nur als „in sich zusammenhängend" verstanden werden kann. Legt man der Anspruchsänderung diesen Sinn zu Grunde, dann erstrebt die Klägerin mit ihr eine echte Teilvernichtung des Patentes, und zwar seines im Anspruch ausgedrückten Gegenstandes der Erfindung, nicht etwa nur eine Klarstellung des wirklichen Patentinhaltes. Diese Teilvernichtung sollen dann die beiden ersten von der Klägerin beantragten Einfügungen in die Zeilen 80 und 82 der Patentbeschreibung nur verdeutlichen. – Folgt man jedoch der von der Klägerin in der mündlichen Verhandlung gegebenen Auslegung des Merkmals „allseitig umschließend", die bei der Mehrdeutigkeit des Ausdrucks an und für sich ebenfalls möglich wäre, wenn sie auch mit der Neufassung der Zeile 80 der Beschreibung nicht leicht zusammengeht, dann ist zu unterscheiden. Der Fachmann faßt auch den gegenwärtigen Patentanspruch dahin auf, daß, wenn mehrere selbständige, auf einer gedachten Hohlform angeordnete Einzelelektroden die Gegenelektrode bilden, diese den Behandlungsraum umfassen, wobei ein nicht unerheblicher Spielraum in Bezug auf den Abstand der Elektroden voneinander bleiben kann. Sollte das in den Anspruch neu aufzunehmende Merkmal „allseitig umschließend" nur diesen Sachverhalt ausdrücken sollen, so würde keine sachliche Änderung des Anspruchs, also keine Teilvernichtung begehrt, sondern nur eine sogenannte Klarstellung, eine sprachlich andere Fassung des in seinem sachlichen Inhalt unverändert bleibenden Anspruchs, wobei allerdings wiederum durchaus offen bliebe, ob die sprachliche Neufassung diesen Sinn wirklich klar ausdrücken würde. Sollte aber das Merkmal „allseitig umschließend" noch einen anderen Sinn haben – und dies scheint nun in erster Linie die Meinung der Klägerin zu sein –, sollte es sagen sollen, daß zwar eine Mehrzahl selbständiger Einzelelektroden auf der Linie eines gedachten Hohlzylinders vorhanden sein könnte, daß diese aber dann den Behandlungsraum auf allen Seiten möglichst dicht umgeben müssen, so bedeutete das rechtlich wieder eine sachliche Einengung des Anspruchs, d. h. eine Teilvernichtung, allerdings eine solche, die mit einem durchaus unscharfen und ins Unbestimmte verfließenden Merkmal arbeiten würde. Auch bei einer solchen Auslegung der Anspruchsneufassung hätten die beantragten Einfügungen in die Zeilen 80 und 82 rechtlich nur den Sinn, den neuen Anspruch auch in der Beschreibung zu verdeutlichen. – Die weiter beantragte dritte Einfügung in die Patentbeschreibung hat dagegen mit der wie auch immer gearteten Neufassung des Anspruchs unmittelbar nichts zu tun; sie soll vielmehr darüber hinaus zum Ausdruck bringen, daß ein bestimmter, über den oben ermittelten Gegenstand der Erfindung und seinen Schutzumfang noch hinausgehender erweiterter Erfindungsgedanke, nämlich die bloße Anordnung beliebiger Elektroden in der Nähe der Tiegelwandung, nicht schutzfähig sei.

Begründet wird nun die beantragte Teilvernichtung nicht etwa damit, der Stand der Technik erfordere sie. Dieser wird im Gegenteil nur gegen den erweiterten Erfindungsgedanken ins Feld geführt. Es ist auch in keiner Weise ersichtlich, inwiefern der Stand der Technik gerade die geforderte Teilvernichtung nötig machen sollte. Begründet wird der Antrag auch nicht mehr, wenigstens nicht klar, mit der Behauptung, der Fachmann könne dem Patent als Gegenstand der Erfindung nur die von der Klägerin ursprünglich gemeinte engere Lehre (Gegenelektrode *ein* in sich zusammenhängender Körper) und nicht die oben gekennzeichnete weitere Lehre entnehmen. In der Tat entnimmt er ihm, wie dargelegt, als Gegenstand der Erfindung die weitere Lehre. Begründet wird die Teilvernichtung vielmehr im wesentlichen nur damit, sie sei erforderlich, um zu verhindern, daß man dem Patent eine Auslegung gebe, die den von der Beklagten im Verletzungsstreit angeblich in Anspruch genommenen erweiterten Erfindungsgedanken einschlösse. Das soll durch die Neufassung des Anspruchs und die Einschiebungen in Zeilen 80 und 82 der Beschreibung unmittelbar verhindert werden. Auch für den Fall, daß die Änderung des Anspruchs und der Zeilen 80 und 82 der Beschreibung rechtlich nur den Sinn einer Klarstellung und nicht den einer Teilvernichtung hätte, geht die Begründung nur dahin, diese Neufassung sei notwendig, um die von der Beklagten im Verletzungsstreit in

Anspruch genommene erweiterte Patentauslegung unmöglich zu machen. Was endlich die weiter beantragte dritte zusätzliche Einfügung in die Patentbeschreibung angeht, so wird sie damit begründet, es sei auch ohne Rücksicht auf Anspruchsänderungen geboten, im Nichtigkeitsstreit klar festzustellen, daß der im Verletzungsstreit von der Beklagten in Anspruch genommene erweiterte Erfindungsgedanke keinen Patentschutz genieße.

I. Faßt man nun die von der Klage begehrte Änderung des Anspruchs und der Zeilen 80 und 82 der Beschreibung ihrem sachlichen Gehalte nach als echte Teilvernichtung auf, so steht ihr nicht nur, wie die Klägerin will, die einhellige Rechtsprechung des Reichsgerichts und des Reichspatentamtes, sondern das Gesetz selbst unzweideutig entgegen. Nach § 13 des PatG ist ein Patent ganz oder teilweise zu vernichten, wenn sein Gegenstand nach §§ 1 und 2 nicht patentfähig war, wenn die Erfindung nach § 4 Abs. 2 vorpatentiert ist oder wenn der wesentliche Inhalt der Anmeldung nach § 4 Abs. 3 einem anderen widerrechtlich entnommen ist. Das ist nur vollziehbar durch die völlige oder teilweise Vernichtung des oder der Patentansprüche, die nach § 26 des Gesetzes angeben, was als patentfähig unter Schutz gestellt werden soll. Der vom Fachmann auf Grund der Patentbeschreibung und seines Fachwissens sinngemäß verstandene Inhalt des Patentanspruchs, einschließlich der Ergänzungen, die sich auf Grund des Fachwissens unmittelbar darbieten, ist aber das, was die Rechtsprechung den Gegenstand der Erfindung nennt. Daraus folgen unmittelbar die von der Rechtsprechung herausgearbeiteten grundlegenden Rechtssätze: Das Nichtigkeitsverfahren hat es nur mit dem Gegenstande der Erfindung zu tun. Der Patentanspruch kann nur ganz oder teilweise vernichtet, nicht aber mit anderem Inhalt neu geschrieben werden. Die völlige oder teilweise Vernichtung kann nur auf die in § 13 des Gesetzes erschöpfend aufgezählten, nicht aber auf andere Gründe gestützt werden. – Demgegenüber weist das Patentgesetz in §§ 47 flg. und 51 flg. die Entscheidung über Ansprüche aus Patentverletzungen ebenso unzweideutig den ordentlichen Gerichten zu. Im Verletzungsstreit wird häufig Schutz für einen sogenannten erweiterten oder allgemeineren, d. h. über den Gegenstand der Erfindung in dem oben bezeichneten Sinne noch hinausgehenden Erfindungsgedanken begehrt. Ein solcher kennzeichnet sich dem Gegenstande der Erfindung gegenüber dadurch, daß er ohne unmittelbare Bindung an den Patentanspruch (wenn auch im allgemeinen Rahmen seines Grundgedankens) aus dem Gesamtpatent entnommen sein kann und sich nicht unmittelbar, sondern erst auf Grund vermittelnder, wenn auch noch nicht erfinderischer Schlußfolgerungen darzubieten braucht. Ein solcher Gedanke ist nur schutzwürdig, wenn er im Patente offenbart und selbst gegenüber dem Stande der Technik neu, fortschrittlich und erfinderisch ist. Da die Frage des in diesem Sinne erweiterten Patentschutzes nur im Verletzungsstreit auftritt, ist ihre Entscheidung notwendig dem Richter des Verletzungsstreites, also den ordentlichen Gerichten, vorbehalten. Das erkennt das Patentgesetz von 1936 zwar nur mittelbar, aber unverkennbar dadurch an, daß es in § 52 eine bestimmte Mitwirkung des Reichspatentamtes bei den Patentstreitsachen der Gerichte durch Schriftsätze oder durch die Entsendung eines Vertreters ausdrücklich vorsieht. Das Gesetz kann also schwerlich von der Voraussetzung ausgehen, die Erteilungsbehörden könnten schon im Nichtigkeitsverfahren über die Frage des erweiterten Patentschutzes, die praktisch die Grundfrage der meisten Verletzungsstreite ist, entscheiden. – Dem steht nicht entgegen, daß das Reichspatentamt, und zwar mit vollem Recht, im Erteilungsverfahren nicht nur den Gegenstand der Erfindung, sondern nach Möglichkeit auch den Schutzumfang des zu erteilenden Patentes abzugrenzen sucht. Das kann auf mancherlei Weise geschehen: am besten durch eine möglichst klare, die wirkliche Patentlehre und nicht nur ihre zufällige konstruktive Ausprägung ausdrückende Fassung des Patentanspruchs, dann aber auch durch eine möglichst erschöpfende Auseinandersetzung mit dem Stande der Technik in der Patentbeschreibung und endlich durch Maßnahmen, wie sie im gegenwärtigen Rechtsstreit eine Rolle spielen, durch Aussprüche in der Patentbeschreibung, die gewisse Formen oder Gedanken vom Patentschutz ausschließen. Das letzte ist das schwierigste, und eine erschöpfende Abgrenzung des Patentschutzes in diesem Sinne ist in aller Regel unmöglich angesichts der Schwierigkeit, im Augenblick der Patenterteilung die Tragweite der Patentlehre und die technische und rechtliche Bedeutung, die sie jeweils in der sich ständig ändernden technischen Entwicklung erlangen wird, auch nur einigermaßen zu überblicken. Ist das Patent jedoch einmal erteilt und bekannt gemacht und hat es damit einmal bestimmte Rechtswirkungen und Rechtslagen für Inhaber und Mitbewerber erzeugt, dann geht es gerade aus Gründen der Rechtssicherheit keineswegs an, den den Gegenstand der Erfindung verkörpernden Patentanspruch, außer in den im § 13 des Gesetzes bestimmten begrenzten Fällen, dauernden erneuten Änderungen, die jeweils rückwirkend sein würden, zu unterwerfen mit dem Ziele, jeweils die Auslegungsfragen zu beeinflussen, die sich im Verletzungsstreit ergeben und sich vielfach wiederholt und immer wieder anders ergeben werden. Insofern liegen die Verhältnisse beim Nichtigkeitsverfahren grundlegend anders als beim Erteilungsverfahren.

Es besteht deswegen auch kein hinreichender sachlicher Grund, den von der Klage gewünschten Versuch zu machen, die Abgrenzung der Zuständigkeiten, von der das Gesetz ausgeht, im Wege richterlicher Rechtsschöpfung dadurch zu ändern, daß man im Nichtigkeitsverfahren die Teilvernichtung des Patentanspruchs lediglich deswegen zuläßt, um eine im Verletzungsstreit in Anspruch genommene erweiterte Patentauslegung unmöglich zu machen. Es ist richtig, daß die Zulassung eines erweiterten Patentschutzes in dem oben angegebenen Sinne die scharfe und sichere Abgrenzung des Schutzes erschwert.

Ohne diese Zulassung ist aber, wie vielfache Erfahrung gezeigt hat, wenn man die deutsche Anspruchsgestaltung beibehält, ein ausreichender Schutz des Patentes gegen Verletzungen nicht möglich, weil sonst in vielen Fällen kleine sachlich unbedeutende Änderungen hinreichen würden, den Verletzer aus dem Patentschutz herauszubringen. Diese aus der Sache selbst folgende Schwierigkeit ist daher hinzunehmen. Auswüchse können durch die neuere Rechtsprechung des Reichsgerichts, daß auch der erweiterte Erfindungsgedanke offenbart und schutzwürdig sein muß, verhindert werden. Es ist weiter richtig, daß die Abgrenzungen des erweiterten Schutzbereichs eines Patentes, die in einem Verletzungsstreit erarbeitet werden, mögen es nun Zuerkennungen oder Aberkennungen eines solchen Schutzes sein, mangels einer gesetzlichen Vorschrift nicht von Amts wegen veröffentlicht werden und nicht allgemeinverbindlich sind, sondern nur zwischen den Parteien des Verletzungsstreites wirken. Das Aushilfsmittel, das die Klage dagegen vorbringt: Teilvernichtung des Anspruchs zum Zweck der mittelbaren Beeinflussung der Patentauslegung im Verletzungsstreit würde die Schwierigkeiten jedoch nur vermehren, ohne sie zu lösen. Zwar würde auf diesem Wege die Anspruchsänderung veröffentlicht und rückwirkend allgemeinverbindlich werden. Zunächst aber würden in allen Fällen, in denen im Verletzungsstreit ein erweiterter Patentschutz geltend gemacht wird, also in der großen Mehrzahl der Fälle, in der Regel fünf Rechtszüge statt der bis jetzt vorgesehenen drei eröffnet, d.h. neben Landgericht, Oberlandesgericht und Reichsgericht im Verletzungsstreit der Nichtigkeitssenat des Reichspatentamtes und das Reichsgericht im Nichtigkeitsstreit. Die zur Entscheidung im Nichtigkeitsstreit berufenen Stellen sähen sich keiner fest umrissenen Aufgabe gegenüber, sondern müßten zunächst einmal prüfen, welcher erweiterte Erfindungsgedanke denn nun im Verletzungsstreit wirklich in Anspruch genommen sei. Im vorliegenden Fall streiten die Parteien sehr lebhaft über diesen Punkt. Die Beklagte behauptet, einen anderen und engeren Gedanken in Anspruch genommen zu haben, als ihr die Klägerin unterstelle. Sie führt aus, sie nehme nur eine solche Anordnung von Elektroden in der Nähe der Strom leitenden Tiegelwand in Anspruch, bei der sich ein vom Behandlungsraum funktionell getrennter Heizraum ergebe, von dem aus der für das Einbringen des Gutes freigehaltene und stromlos gestellte Behandlungsraum geheizt werde. Die Möglichkeit, daß, nachdem im Nichtigkeitsstreit der Anspruch im Hinblick auf einen bestimmten Erfindungsgedanken des Verletzungsstreites neu gefaßt wurde, der Patentinhaber im weiteren Fortgang des Verletzungsstreites behauptet, er nehme einen ganz anderen Gedanken in Anspruch, worauf die Sache erneut in das Nichtigkeitsverfahren müßte, ließe sich keineswegs ausschließen. Im Nichtigkeitsverfahren könnte weiter die wirklich gestellte Frage, ob ein bestimmter erweiterter Erfindungsgedanke geschützt sei, auf diese Weise nicht klar und unmittelbar, sondern nur mittelbar auf einem Umwege, nämlich durch eine entsprechende Einschränkung des den Gegenstand der Erfindung verkörpernden Anspruchs, und daher behaftet mit zahlreichen Auslegungsschwierigkeiten entschieden werden. So bliebe es, wie oben gezeigt, im gegenwärtigen Rechtsstreit durchaus zweifelhaft, welche Gedanken denn nun wirklich die von der Klägerin vorgeschlagene Neufassung des Anspruchs und ihre Erläuterung in der Beschreibung, ihre Veröffentlichung unterstellt, dem fachmännischen Leser vermitteln würde, und ob diese Fassung den fachmännischen Leser der Patentschrift wirklich verhindern würde, dem Patente einen von der Klägerin nicht gewünschten erweiterten Erfindungsgedanken zu entnehmen. Endlich und vor allem ist es nicht so, daß *der* erweiterte Schutzbereich eines Patentes ein für allemal seinem ganzen Umfange nach abschließend festgestellt werden könnte. Wäre das möglich, dann wäre nicht einzusehen, warum es nicht schon bei der Patenterteilung geschehen sollte. Gerade weil das die Möglichkeit menschlicher Voraussicht übersteigt, erheben sich die sachlichen Schwierigkeiten und Unsicherheiten. Praktisch ist und bleibt es so, daß immer nur beim Auftauchen neuer Verletzungsfälle, und dann immer erneut und immer anders, die Frage auftritt, ob bestimmte, nun praktisch überblickbar werdende, wechselnde Bereiche (Ausschnitte) aus *dem* etwaigen erweiterten Schutzbereich eines Patentes offenbart und geschützt sind. Man sähe sich also bei der von der Klage empfohlenen Praxis vor die Tatsache gestellt, daß schon der Gegenstand der Erfindung, der doch zum mindesten möglichst unverrückt bleiben sollte, bei jedem neu auftauchenden Verletzungsfall immer erneut in Frage gestellt und in die Gefahr gebracht würde, immer erneut und immer wieder anders und jedes Mal mit rückwirkender Kraft neu gefaßt zu werden; ein Ergebnis, das unmöglich angenommen werden kann. Am wenigsten aber bietet der von der Klage beschrittene Weg der Teilvernichtung von Patentansprüchen die Möglichkeit, im Nichtigkeitsstreit den gesamten erweiterten Schutzbereich eines Patentes auf einmal klarzustellen. Wird die Klage abgewiesen, dann bleibt es hinsichtlich des erweiterten Schutzbereichs beim Alten. Wird ihr stattgegeben, dann mag das mittelbar in bestimmter Richtung den erweiterten Schutzbereich einschränken. Wie weit das geht, hängt jedoch jeweils vom Einzelfall ab und die Frage, welcher erweiterte Schutzbereich etwa dem teilweise aufrechterhaltenen Anspruch zukommt, bleibt wiederum offen.

II. Faßt man die von der Klage beanspruchte Änderung des Anspruchs und der Zeilen 80 und 82 der Beschreibung ihrem sachlichen Inhalte nach nicht als Teilvernichtung, sondern als Klarstellung auf, so wird damit im Rechtssinne folgendes begehrt. Es soll ein Nichtigkeitsverfahren lediglich um deswillen eingeleitet und geführt werden, um den Anspruch und gewisse zu seiner Erläuterung dienende Teile der Beschreibung zwar ihrem sachlichen Inhalte nach völlig unverändert zu lassen, sie aber sprachlich mit dem Ziele neu zu fassen, dadurch mittelbar eine im Verletzungsstreit in Anspruch genommene bestimmte erweiternde Patentauslegung zu erschweren. Hier handelt es sich keineswegs um eine solche Klarstellung eines Patentes, wie sie die Rechtsprechung bisher von sich aus und ohne besondere Grundlage im Gesetz allein zugelassen hat. Danach kann in einem mit ordnungsmäßiger Begründung in Gang gebrachten, d. h. auf die Nichtigkeitsgründe des § 13 Patentgesetzes gestützten Nichtigkeitsverfahren ein Anspruch dann klarer gefaßt werden, wenn er den Gegenstand der Erfindung, wie er sich aus Beschreibung und Zeichnung in Wirklichkeit und zwar von vornherein ergibt, nicht scharf und unzweideutig genug ausdrückt. Auf diese Rechtsprechung kann daher der ganz anders geartete Klarstellungsantrag der Klägerin nicht gestützt werden. Ebensowenig läßt er sich auf § 13 PatG stützen, da dieser es nur mit der Vernichtung oder Teilvernichtung von Ansprüchen, d. h. des im Anspruch ausgedrückten Gegenstandes der Erfindung zu tun hat. Ein Klarstellungsverfahren nur zum Zweck der mittelbaren Beeinflussung der Patentauslegung im Verletzungsstreit läßt sich aus ihm unmöglich herleiten. Im übrigen wäre ein solches Verfahren aus den unter Ziffer I angegebenen Gründen auch unzweckmäßig. Das drückt sich u. a. in Folgendem aus: Entweder ist ein bestimmter erweiterter Erfindungsgedanke in einem erteilten Patente offenbart und schutzwürdig. Dann wäre es rechtlich unzulässig und unbillig, die Patentfassung nachträglich so zu ändern, daß ihr der Gedanke nicht mehr oder nur schwerer entnommen werden könnte. Oder der Gedanke ist nicht offenbart und nicht schutzwürdig. Dann muß das in einem dafür bestimmten Verfahren klar festgestellt werden und geht es nicht an, es in einem für andere Zwecke bestimmten Verfahren nur mittelbar anzudeuten.

III. Läßt man den bisher erörterten mittelbaren Weg der *Anspruchs*änderung, sei es der Teilvernichtung, sei es der Klarstellung, auf dem die Klage zum Ziele kommen will, beiseite und wendet man sich zu dem rechtlich anders gearteten Antrage, durch einen besonderen Zusatz in der Patentbeschreibung unmittelbar auszusprechen, daß ein bestimmter erweiterter Erfindungsgedanke nicht geschützt sei, so ist zuzugeben, daß dieser Weg im Vergleich zu der Anspruchsänderung an sich gangbarer wäre. Er hat jedoch im Gesetz keine Stütze. Rechtlich handelt es sich hier überhaupt nicht um die Vernichtung oder Teilvernichtung eines Anspruchs, wie sie in § 13 PatG allein vorgesehen ist. Es handelt sich auch nicht um eine solche Klarstellung des Patentes, wie sie die Rechtsprechung bisher allein zugelassen hat und wie sie unter Ziffer II erörtert ist. Im vorliegenden Falle geht es vielmehr um etwas völlig anderes. Es soll ein Nichtigkeitsverfahren lediglich deswegen in Gang gebracht werden, um in der Patentbeschreibung nachträglich zum Ausdruck zu bringen, daß ein über den Gegenstand der Erfindung hinausgehender bestimmter erweiterter Erfindungsgedanke keinen Patentschutz genieße. Eine solche Möglichkeit sieht das Gesetz nicht vor; sie ist insbesondere in keiner Weise aus seinem § 13 ableitbar, ja sie ist mit ihm schlechterdings unvereinbar und sie würde überdies gegen die vom

Gesetz vorausgesetzte Verteilung der Zuständigkeiten zwischen Nichtigkeitsbehörden und ordentlichen Gerichten verstoßen. Das zeigt sich u.a. daran, daß die günstigen Wirkungen, die die Klägerin mit ihrem Antrage erstrebt, die Veröffentlichung und die Allgemeinverbindlichkeit von Leitsätzen über den erweiterten Schutzumfang eines Patentes, aufgrund der gegenwärtigen Gesetzeslage selbst dann nicht eintreten würden, wenn man dem Antrage der Klägerin stattgäbe. Nachträgliche Änderungen der Patentbeschreibung ohne gleichzeitige Anspruchsänderung werden gegenwärtig nicht veröffentlicht und würden, selbst wenn sie veröffentlicht würden, nicht allgemeinverbindlich sein, da nach § 26 des Gesetzes nur der Patentanspruch angibt, was als patentfähig unter Schutz gestellt werden soll; ja sie würden sogar nach der gegenwärtigen Rechtsprechung (RGZ Bd. 170 S. 346) nicht einmal den Verletzungsrichter binden. Nur der Gesetzgeber, der dabei die Voraussetzungen und das Verfahren, die entscheidende Stelle und die Rechtswirkung ihrer Entscheidungen im Einzelnen regeln müßte, könnte, wenn er es für erforderlich und zweckmäßig hielte, die Möglichkeit schaffen, nachträglich erarbeitete Leitsätze über den erweiterten Schutzbereich eines Patentes mit Allgemeinverbindlichkeit auszustatten.

Daher ist, ohne daß zu prüfen wäre, ob der von der Klägerin bezeichnete erweiterte Erfindungsgedanke in Anspruch genommen, offenbart und schutzwürdig ist, die Klage abweisende Entscheidung des Nichtigkeitssenates zu bestätigen und sind der Klägerin die Kosten der Berufung aufzuerlegen.

---

67. Über das Verhältnis von § 2 Abs. 2 und § 48 Abs. 2 TestG zueinander.

Gesetz über die Errichtung von Testamenten und Erbverträgen v. 31. Juli 1938 (RGBl. I, 973) §§ 2 Abs. 2, 48 Abs. 2.

VI. Zivilsenat. Urt. v. 18. Oktober 1944 (VII 116/1944).

I. Landgericht Graz.
II. Oberlandesgericht Graz.

In Sachen 1. der Handelsangestellten H. T. in Graz, 2. der Schauspielerin W. T. in Wien, Kläger, Prozeßbevollmächtigter: Rechtsanwalt Dr. Alois Schnurer in Graz, vor dem Reichsgericht: Rechtsanwalt Justizrat Geutebrück in Leipzig,

gegen

1. die Handelsangestellte M. S. in Graz, 2. die Handelsangestellte F. R. in Graz, Beklagte, Prozeßbevollmächtigter: Rechtsanwalt Dr. Max Pranghofer in Graz, vor dem Reichsgericht: Rechtsanwalt Justizrat Huber in Leipzig, wegen Nichtigkeit eines Testaments (50.000 RM)

hat das Reichsgericht, VII. Zivilsenat, in der Sitzung vom 18. Oktober 1944 durch den Senatspräsidenten Dr. Zellner und die Reichsgerichtsräte Burmeister und Dr. Roppert auf die Revision der Kläger gegen das Urteil des Oberlandesgerichts in Graz vom 31. Mai 1944 – 1 R 171/43–41 –, welches das Urteil des Landgerichts in Graz vom 15. April 1944 – 12 Cg 179/41–28 – bestätigte, für Recht erkannt:

Der Revision wird teilweise Folge gegeben. Das angefochtene Urteil und das Urteil des Landgerichts werden dahin abgeändert, daß der Spruch lautet:

Das von der am 11. April 1941 gestorbenen W. T. in Graz an demselben Tage errichtete eigenhändige Testament mit der Überschrift „Mein letzter Wille" ist insoweit nichtig, als in ihm die beiden Beklagten zu mehr als je 1/6, zusammen also mehr als 1/3, der Erbschaft zu Erben eingesetzt und die beiden Kläger auf den Pflichtteil beschränkt worden sind. Im übrigen wird die Klage abgewiesen. Die Kosten des Rechtsstreits in allen drei Rechtszügen werden gegeneinander aufgehoben. Die Gerichtskosten werden geteilt.

Entscheidungsgründe

W. T., die Mutter der Klägerinnen, hat sich am 11. April 1941 zwischen 19 und 20 Uhr von der Kalvarienbergbrücke in Graz in die Mur gestürzt und so den Tod gefunden. In ihrem Nachlaß fand sich ein eigenhändiges, am Todestage geschriebenes Testament, in dem es u. a. heißt:

Graz, am 11. April 1941

Mein letzter Wille!

Nachdem an meinem Tode nur meine Kinder H. und W. schuld sind, verfüge ich folgendes:

Ich vermache mein Vermögen als Universalerben Frau M. S. geb. J. und Frau F. R. geb. F. (die beiden Beklagten) und setze meine Kinder H. und W. (die beiden Klägerinnen) nur zu ihrem Pflichtteil ein ... Nachdem die Kinder nicht in der Lage sind, mein Unternehmen weiterzuführen, so muß dasselbe verkauft werden und sind außerdem meine Angestellten zu entlassen und mit allen gesetzlichen Abfertigungen zu befriedigen. Mein Vermögen besteht aus dem Geschäft der Firma T., des gesamten Warenlagers, der gesamten Einrichtung, der Außenstände v. d. Kunden, meiner gesamten Wohnungseinrichtung, meiner Kleider – Wäsche – Schuhe – Schmuck – abzüglich der Bankschuld und Lieferantenschulden der Kosten des Herrn Stöhr für die Bilanz ...

Herr Oberzahlmeister L. Z., verheiratet, Reservelazarett Elisabethinergasse Graz hat bei dieser Durchführung kein Recht irgendwelche Einwendungen, welche Vorteile zu meiner Tochter H. sein sollten, zu machen.

Nachdem meine Tochter W. T. erst am 10. Mai 1941 großjährig ist, erkläre ich sie mit heutigem Tage großjährig ...

Das ist mein Wunsch und mein letzter Wille.

Meine Freude war mein Geschäft, mein Schaffen, aber leider eine große Unzufriedenheit meiner Kinder, die nie zufrieden waren ... Von mir geschrieben am 11. April 1941.

W. (M.) T. geb. Hohsner e. h.

Zum Nachlaß haben sich die Beklagten auf Grund dieses Testamentes, die Klägerinnen aber auf Grund Gesetzes bedingt zu Erben erklärt. Das Nachlaßgericht hat alle Erklärungen angenommen und die Klägerinnen auf den Rechtsweg verwiesen.

Die Klägerinnen fechten das Testament ihrer Mutter nun insoweit an, als sie auf den Pflichtteil gesetzt und die beiden Beklagten zu Universalerbinnen berufen worden sind; sie stützen ihre Anfechtung auf § 2 Abs. 2 und § 48 Abs. 2 TestG. Das Landgericht hat nach umfangreicher Beweisaufnahme, darunter auch Vernehmung des Regierungsmedizinalrats Dr. L. als Sachverständigen die Klage abgewiesen. Das Oberlandesgericht hat den Primararzt Dr. S. als zweiten Sachverständigen gehört und darauf das angefochtene Urteil bestätigt.

Die auf § 503 Nr. 2 bis 4 ZPO gestützte Revision der Klägerinnen ist zum Teil begründet.

Die sehr breit gehaltene Revision enthält vielfach Ausführungen, welche die Beweiswürdigung des Berufungsgerichts angreifen und deshalb in der Revisionsinstanz unzulässig sind. Auch fehlen Angaben darüber, wann und wo die Beweisanträge gestellt worden sind, deren Ablehnung gerügt wird. Aber auf die Verfahrensmängel braucht überhaupt nicht eingegangen zu werden, soweit sich die Revision mit der behaupteten Nichtigkeit des Testaments aus § 2 Abs. 2 TestG befaßt. Denn eine solche ist auch bei Zugrundelegung der Sachverständigengutachten nicht gegeben. Der erkennende Senat hat zu den Bestimmungen der §§ 566, 567 ABGB bereits wiederholt ausgesprochen (EVBl 1941 Nr. 3), daß nicht jede Beeinträchtigung der Willensbildung die Testierfähigkeit ausschließt, sondern nur ein so hoher Grad, daß er den in § 566 genannten Zuständen der Raserei, des Wahnsinns, Blödsinns oder der Trunkenheit gleichsteht. Für die Gültigkeit der letzten Anordnung ist nicht der Vollbesitz der geistigen Kräfte erforderlich, der Erklärende muß nur wissen und wollen, daß er eine letztwillige Anordnung trifft. Für das Gebiet des Altreiches galten bis zum Inkrafttreten des Testamentsgesetzes für die Testamentsfähigkeit die allgemeinen Bestimmungen der §§ 104, 105 BGB; nichtig waren die Testamente, die der Erblasser in einem die freie Willensbildung ausschließenden Zustand krankhafter Störung der Geistestätigkeit, im Zustande der Bewußtlosigkeit oder vorübergehender Störung der Geistestätigkeit errichtet hatte. Das – im Altreich am 4. August 1938, im damaligen Lande Österreich in seinen wesentlichsten Teilen am 4. November 1938 in Kraft getretene – Gesetz über die Errichtung von Testamenten und Erbverträgen (TestG) nähert sich dagegen wieder den Bestimmungen des österreichischen Rechts: Nach § 2 Abs. 2 das. kann ein Testament nicht errichten, wer wegen krankhafter Störung der Geistestätigkeit, wegen Geistesschwäche oder wegen Bewußtseinsstörung (zum Beispiel wegen Trunkenheit) nicht in der Lage ist, die Bedeutung einer von ihm abgegebenen Willenserklärung einzusehen und nach dieser Einsicht zu handeln; das Testamentsgesetz legt also das Hauptgewicht auf die Fähigkeit des Erblassers, die Bedeutung der von ihm abgegebenen Erklärung zu erfassen. Handelt er nach dieser Einsicht, so ist das Testament nach § 2 Abs. 2 TestG nicht ungültig, auch wenn ein verantwortungsbewußter Erblasser andere Bestimmungen getroffen haben würde. Ob dies einen Einfluß auf die Gültigkeit des Testamentes hat, ist nach § 48 Abs. 2 TestG zu beurteilen.

Betrachtet man nach diesen Gesichtspunkten die Sachverständigengutachten, so ergibt sich, daß auch nach ihnen eine Testierunfähigkeit der Erblasserin nicht bestanden hat. Der Sachverständige Dr. L. sagt ausdrücklich: „Ein Verwirrtheitszustand hat sicherlich nicht bestanden. Die Erblasserin hat auch die Bedeutung des Testamentes erfaßt und ihren ‚Willen' klar zum Ausdruck gebracht." Und auch der Sachverständige Dr. S. spricht davon, daß die Erblasserin die Bedeutung des Testamentes erfaßt habe. Daß die Vorderrichter eine Nichtigkeit des Testamentes nach § 2 Abs. 2 TestG nicht angenommen haben, ist daher nicht zu beanstanden.

Anders liegt es mit dem behaupteten Verstoß gegen § 48 Abs. 2 TestG. Zwar liegen die behaupteten Aktenwidrigkeiten und Verfahrensmängel nicht vor. Warum die Ausführungen des Landgerichts, Anfang 1941 habe es zwischen der Mutter und W. ernste Mißstimmungen gegeben, keine Feststellung sein sollen, die das Berufungsgericht übernehmen konnte, ist unerfindlich. In dem Satz des Berufungsurteils: „Wenn die Berufung behauptet, daß der Brief vom 8. April 1941 an W. nicht wahrscheinlich, sondern bestimmt abgesendet wurde ..." ist offensichtlich vor dem Worte „abgesendet" ein „nicht" ausgefallen, so daß keine Aktenwidrigkeit, sondern ein Schreibfehler vorliegt. Mit Recht weist das Berufungsgericht darauf hin, daß es für die Feststellung der Empfindungen der Mutter gegenüber ihrer Tochter nicht darauf ankommt, ob dieses Schreiben abgegangen ist, sondern nur darauf, daß die Mutter es geschrieben hat. – Darin, daß das Berufungsgericht sich nicht mit allen vorgelegten Briefen im einzelnen befaßt hat, liegt kein Verfahrensmangel, es liegt kein Anlaß vor, anzunehmen, daß es die nicht ausdrücklich erwähnten Briefe bei der Beweiswürdigung nicht berücksichtigt hat. Jedenfalls konnte das Berufungsgericht ohne Rechtsirrtum aus den vorgelegten Briefen entnehmen, daß zum mindesten zeitweise zwischen der Mutter und den beiden Töchtern Unstimmigkeiten geherrscht haben, an denen die Töchter nicht ohne Schuld waren. Die Parteienvernehmung über die Beendigung der Beziehungen der Erblasserin zu H. war entbehrlich. Eine andere Frage ist, ob die festgestellten Unstimmigkeiten der Erblasserin genügenden Grund gaben, um die Töchter von der Erbschaft auszuschließen und auf den

Pflichtteil zu setzen. Gewiß hat das Testamentsgesetz die Testierfreiheit nicht beseitigt, aber die Beschränkung pflichtteilsberechtigter Personen auf den Pflichtteil kann dem gesunden Volksempfinden gröblich widersprechen und deshalb nach § 48 Abs. 2 TestG nichtig sein, wenn der Erblasser zu dieser Beschränkung keinen hinreichenden Anlaß hat. Nach den Feststellungen der Tatrichter war die Erblasserin eine besonders tüchtige Geschäftsfrau, die sehr darunter litt, daß ihre Töchter für die Fortführung des Geschäftes nicht in Frage kamen, H., weil sie sich nach Meinung der Mutter nicht hinreichend für das Geschäft interessierte, W., weil sie den Schauspielerberuf ergriffen und ihre zeitweise bestehende Absicht, in das Geschäft einzutreten, wieder aufgegeben hatte. Der Gedanke, daß ihre Töchter ihr Geschäft, an dem ihr Herz hing, nicht fortführen könnten, hat die Erblasserin, wie sich aus dem Testament ergibt, bei ihrer psychopathischen Persönlichkeit zum Selbstmord getrieben und sie dazu veranlaßt, ihre Töchter auf den Pflichtteil zu beschränken, den Verkauf des Geschäftes anzuordnen und ihre langjährigen Angestellten, die Beklagten, zu Universalerben einzusetzen. Zu diesem Entschluß hat aber nach den Sachverständigengutachten ein schwerer nervöser Erschöpfungszustand beigetragen, der zu einer krankhaften Störung der Stimmungslage führte und ihr das Verhältnis zu ihren Kindern als untragbar erscheinen ließ. Allerdings geht aus dem ganzen Briefwechsel hervor, daß die Erblasserin auch sonst zu schnellem Stimmungswechsel, gerade auch im Verhältnis zu ihren Kindern, neigte. Aber mag dieser letzte Stimmungswechsel mehr oder weniger krankhaft gewesen sein, jedenfalls kann dem Berufungsgericht nicht darin beigetreten werden, daß ein verantwortungsbewußter Erblasser dieselben Anordnungen getroffen haben könnte. Die Nichteignung der beiden Klägerinnen für die Fortführung des Geschäftes würden auch einen verantwortungsbewußten Erblasser vielleicht zu einer Einschränkung des gesetzlichen Erbrechts der Töchter geführt haben; daran, sie auf den Pflichtteil zu beschränken, würde ihn aber die Rücksicht gehindert haben, die er auf seine Familie zu nehmen hatte. Die Beschränkung der Klägerinnen auf den Pflichtteil verstößt unter den gegebenen Umständen in einer gesundem Volksempfinden gröblich widersprechenden Weise gegen die Rücksichten, die ein verantwortungsbewußter Erblasser gegen seine Familie zu nehmen hat, und ist deshalb nichtig. *Inwieweit* im Zusammenhang damit die Erbeinsetzung der Beklagten nichtig ist, hängt, wie der Berufungsrichter mit Recht annimmt, auch von den wirtschaftlichen Verhältnissen der Klägerinnen ab. Nach den getroffenen Feststellungen sind sie als Miterben ihres Vaters nicht unbemittelt. Die Rüge der Revision, daß dem Antrag der Klägerinnen, ihre Vermögensverhältnisse durch den Verlaßakt nach ihrem Vater und durch Parteienvernehmung klarzustellen, nicht stattgegeben worden sei, geht fehl, da das Berufungsgericht seine Feststellungen gerade aus dem Verlaßakt getroffen hat, die Parteieinvernehmung der Klägerinnen daneben aber entbehrlich war. Die Beklagten sind in weniger günstiger Vermögenslage. Ernstliche Bedenken gegen die Würdigkeit der Beklagten erhebt auch die Revision nicht. Unter diesen Umständen verstößt eine Erbeinsetzung der Beklagten als der langjährigen Mitarbeiterinnen der Erblasserin auf zusammen 1/3 der Erbschaft nicht gegen die Rücksichten, die ein verantwortungsbewußter Erblasser gegen seine Familie zu nehmen hat. Soweit die Erblasserin die Beklagten zu mehr eingesetzt hat, ist diese Erbeinsetzung nach § 48 Abs. 2 TestG nichtig, die Klägerinnen würden demnach jede zu 1/3, zusammen zu 2/3, gesetzliche Erben ihrer Mutter werden.

Das angefochtene Urteil ist deshalb dahin abzuändern, daß die Nichtigkeit des Testamentes insoweit festgestellt wird, als darin die Klägerinnen auf den Pflichtteil beschränkt und die Beklagten zu mehr als je 1/6, zusammen also 1/3, der Erbschaft zu Erben eingesetzt sind, während die Klage im übrigen abzuweisen ist. Bei diesem Ergebnis sind die Kosten des Rechtsstreits in allen drei Rechtsgängen nach § 43 ZPO gegeneinander aufzuheben.

---

68. Jagdpächter können nur natürliche Personen sein. Die für Jagdgesellschaften, die aus natürlichen Personen bestehen müssen, und Körperschaften des öffentlichen Rechts geltenden Ausnahmen, sind eng auszulegen. Andere juristische Personen kommen als Jagdpächter nicht in Frage.

RJagdG §§ 4, 5 und 12.

VI. Zivilsenat. Urt. v. 20. Oktober 1944 (VI 70/1944).

II. Oberlandesgericht Stettin.

In Sachen der Fea-Werke GmbH in Schneidemühl, vertreten durch ihren Hauptgeschäftsführer Generaldirektor Walter Schwiering in Schneidemühl, Beklagten, Revisionsklägerin, Prozeßbevollmächtigter: Rechtsanwalt Justizrat Axhausen in Leipzig,

gegen

den Landwirt Johann Jakob Haßlacher in Kamnitz, Kreis Rummelsburg, Kläger, Revisionsbeklagten, Prozeßbevollmächtigter: Rechtsanwalt Dr. Petersen in Leipzig,

hat das Reichsgericht, VI. Zivilsenat, auf die mündliche Verhandlung vom 20. Oktober 1944 durch den Senatspräsidenten Dr. Günther und die Reichsgerichtsräte Eilles und Dr. Balve für Recht erkannt:

I. Die Revision gegen das Urteil des 4. Zivilsenats des Oberlandesgerichts in Stettin vom 9. Mai 1944 wird zurückgewiesen.

II. Die Kosten des Revisionsverfahrens werden der Revisionsklägerin auferlegt.

Die von der Revisionsklägerin dem Revisionsbeklagten zu erstattenden außergerichtlichen Kosten des Revisionsverfahrens werden auf 466,38 RM festgesetzt. – Von Rechts wegen.

Tatbestand

Die Haßlacher'sche Erbengemeinschaft, an deren Stelle der Kläger getreten ist, verpachtete durch Vertrag vom 1. Oktober 1940 an die Beklagte die Jagdnutzung auf den zum Eigenjagdbezirk des Gutes Kamnitz gehörenden Grundstücken für jährlich 3 350 RM. Durch Anlage vom 22. Oktober wurde der Pachtvertrag ergänzt; der Kreisjägermeister hat ihn am 24. Oktober 1940 genehmigt. Der Pachtvertrag war aber schon vorher ergänzt worden durch eine weitere Vereinbarung, deren Inhalt in einem Schreiben des Generaldirektors Schwiering vom 17. September 1940 an einen Vertreter der früheren Erbengemeinschaft niedergelegt ist. Dieses Schreiben hat dem Kreisjägermeister zur Genehmigung nicht vorgelegen. Der Kläger begehrt die Feststellung, daß der Jagdpachtvertrag mit seinen Nebenabreden nichtig sei. Zur Begründung hat er insbesondere ausgeführt, die Beklagte könne als juristische Person des bürgerlichen Rechts nicht Jagdpächterin sein, ferner enthielten die im Schreiben vom 17. September niedergelegten Nebenabreden Vereinbarungen, welche für die Jagdpacht erheblich seien und daher zur Vermeidung der Nichtigkeit des Gesamtvertrages hätten genehmigt werden müssen. Die Beklagte begehrt die Abweisung der Klage; sie wendet insbesondere ein, beim Vertragsabschluß seien die Beteiligten darüber einig gewesen, daß grundsätzlich nur der Hauptgeschäftsführer der Beklagten Schwiering die Jagd ausüben werde. Als Pächterin sei in dem Hauptvertrage die Beklagte angegeben worden, weil Schwiering Wert darauf gelegt habe, daß die Beklagte, eine große Holzfirma, eine Jagd innehabe. Die Beklagte habe, wie der Verpächterin bekannt gewesen sei, die Absicht gehabt, dem Schwiering die Möglichkeit zu geben, ihre Kunden als Jagdgäste einzuladen. Es sei auch darüber gesprochen worden, daß Schwiering ohne einen besonderen neuen Vertrag der Jagdpächter sein solle, falls gegen die Verpachtung der Jagd an die Beklagte Bedenken entstehen sollten. Die Pachtung einer Jagd seitens einer GmbH sei überhaupt nicht grundsätzlich ausgeschlossen. Der Kläger handle auch arglistig, wenn er sich auf die etwaige Nichtigkeit des Pachtvertrages berufe; denn die Anregung, daß die Beklagte Pächterin sein solle, sei von der Verpächterin ausgegangen. Diese Behauptung hat die Beklagte erst im Berufungsverfahren aufgestellt.

Beide Vordergerichte haben der Klage stattgegeben.

Mit der Revision begehrt die Beklagte, die Klage abzuweisen. Der Kläger bittet um Zurückweisung der Revision.

Entscheidungsgründe

Den Erwägungen des Berufungsgerichts ist in allem Wesentlichen beizutreten.

Daß grundsätzlich nur natürliche Personen „das Jagdrecht ausüben" (vgl. u. a. § 4 Satz 1, § 5 Abs. 1, § 12 Abs. 1 RJagdG) sollen, ist zwar im Gesetz nicht ausdrücklich gesagt, ergibt sich aber von selbst aus dem Sinn und Zweck des Reichsjagdgesetzes, wie er insbesondere im Vorspruch zu diesem Gesetz Ausdruck gefunden hat und wie ihm mehr oder minder alle Einzelbestimmungen des Gesetzes und der Ausführungsverordnung dienen. Die Ziele, die dort der Ausübung des deutschen Waidwerks gesetzt, die Grenzen, die ihr gezogen sind, die Anordnung, daß „niemand die Büchse zu führen hat, der nicht wert ist, Sachwalter des deutschen Volksguts zu sein", ergeben dies ohne weiteres; sie wenden sich an die persönliche Verantwortlichkeit des „rechten Jägers" als desjenigen, der allein die Jagd ausüben darf. Dies alles setzt natürliche Personen als Ausüber der Jagd voraus, und es bedürfte gar nicht des Hinweises auf die Voraussetzungen, die für die Fähigkeit, Jagdpächter zu sein, in § 12 Abs. 4 des Gesetzes und für die Erteilung des Jagdscheins als Voraussetzung für die Ausübung der Jagd in §§ 22 flg. RJagdG aufgestellt sind und nur bei natürlichen Personen erfüllt werden können.

Da die Jagdpacht in der Verpachtung „der Ausübung des Jagdrechts in seiner Gesamtheit" besteht (§ 12 Abs. 1 Satz 1 des Gesetzes), so erhellt ohne weiteres, daß grundsätzlich nur natürliche Personen Jagdpächter sein können.

Doch ist es nicht schlechthin unmöglich, daß den vorgenannten Aufgaben und Zielen ohne wesentliche Beeinträchtigung der Anforderungen an die persönliche Verantwortlichkeit ausnahmsweise auch genügt werden kann, wenn nicht einzelnen „natürlichen Personen" (AusfVO § 12 Abs. 4 Satz 5), sondern Personengesamtheiten (Gesellschaften, juristischen Personen) das Jagdausübungsrecht zusteht. Dementsprechend ist denn auch der genannte Grundsatz von Ausnahmen durchbrochen, und es kann sich im vorliegenden Falle nur darum handeln, ob eine dieser Ausnahmen Platz greift, sei es, weil grundsätzlich auch eine juristische Person, und zwar auch eine Erwerbsgesellschaft des Handelsrechts wie die Beklagte, Jagdpächterin sein kann, sei es, weil die besonderen Verhältnisse, wie sie bei der Beklagten und ihrem Hauptgeschäftsführer vorgelegen haben sollen, eine solche Ausnahme rechtfertigen.

Das Berufungsgericht führt als Ausnahmen von dem Grundsatz, daß nur natürliche Personen Jagdpächter sein können, zwei Fälle an: Jagdgesellschaften und Körperschaften des öffentlichen Rechts könnten Jagden pachten (AusfVO zu § 12 RJagdG, Abs. 4). Der Vorderrichter erachtet anscheinend Jagdgesellschaften (AusfVO zu § 5 RJagdG Abs. 4, Sätze 2 und 3; zu § 12 Abs. 4, Sätze 4 und 5) für juristische Personen. Das ist mindestens ungenau; eine Jagdgesellschaft kann eine juristische Person bilden, muß es aber nicht. Vielmehr kann eine Jagdgesellschaft, deren Mitglieder natürliche Personen sein müssen (AusfVO zu § 12, Abs. 4 Satz 5), in jeder Rechtsform zusammengesetzt sein, in der sich natürliche Personen vereinigen können, soweit sich dies mit der Grundhaltung des Reichsjagdgesetzes und den Zwecken, die es verfolgt, vereinbaren läßt. Denn das Gesetz sagt nichts darüber, welcher Art „die Gesellschaft" sein muß, die als Pächterin auftreten kann. Wie *Behr-Ott-Nöth* („Die Reichsjagdgesetzgebung", München 1935, Bem. IV zu § 12 S. 138) zutreffend ausführen, ist der Begriff „Gesellschaft" nicht auf den besonderen Inhalt zu beschränken, den er nach dem Bürgerlichen Gesetzbuch hat, die Genannten verweisen u. a. mit Recht auf § 18 Abs. 2 AusfVO, wo die Anführung der §§ 41 bis 43 BGB ergibt, daß auch eingetragene, also rechtsfähige Vereine, mithin juristische Personen, als Jagdgesellschaften in Betracht kommen. Können sonach auch juristische Personen, die nicht öffentlichrechtliche Körperschaften sind (AusfVO § 12 Abs. 4 Satz 6), – für welche letztere die Fähigkeit, Jagdpächter zu sein, ja ausdrücklich anerkannt ist –, als Jagdgesellschaften Jagdpächter sein, so ist zu prüfen, wie weit die Grenzen nach dieser Richtung hin zu ziehen sind, insbesondere ob Erwerbsgesellschaften von der Fähigkeit, Jagdpächter zu sein, grundsätzlich auszunehmen sind.

Die Antwort kann nur dem bereits hervorgehobenen Gesamtsinn und Zweck und der Grundhaltung des Reichsjagdgesetzes entnommen werden. Danach kann sie nur gegen die Beklagte ausfallen.

Die für Jagdgesellschaften und für Körperschaften des öffentlichen Rechts geltenden Ausnahmen von dem Grundsatz, daß nur natürliche Personen Jagdpächter sein können, sind eng auszulegen. Welches die Gründe des Gesetzgebers gewesen sind, öffentlichrechtliche Körperschaften als Jagdpächter ausdrücklich zuzulassen, ist hier ohne Belang; übereinstimmend und sicherlich zutreffend wird im Schrifttum angenommen, daß es geschehen sei, um ihnen die Anpachtung von Schutzjagden zu ermöglichen. Auch waren, das liegt auf der Hand, die Bedenken, die grundsätzlich gegen die Zulassung anderer als natürlicher Personen als Jagdpächter sprechen, am geringsten bei öffentlichrechtlichen Körperschaften, deren Stellung und Verfassung, wenn für sie ein Bedürfnis nach einer Jagdpachtung eintritt, von vornherein eine hohe Gewähr für die Erfüllung der Anforderungen bieten, die an die Jagdausübenden und die Jagdausübung zu stellen sind. Die Gründe, aus denen Jagdgesellschaften sowohl in der Form der losen Personenvereinigungen im Sinn einer bürgerlichrechtlichen Gesellschaft oder eines nicht rechtskräftigen Vereins als auch in der Form von eingetragenen Vereinen, also juristischen Personen als Jagdpächter zugelassen sein sollen, sind bei Behr-Ott-Nöth aaO. zutreffend angeführt und zusammengefaßt. Es hat sich von jeher ein Bedürfnis gezeigt, räumlich ausgedehnte Jagdbezirke, besonders solche mit Niederwild (vgl. § 5 Abs. 4 AusfVO), von Vereinigungen natürlicher Personen, eben Jagdgesellschaften, als Jagdpächtern bejagen zu lassen. Die Zulassung von Jagdgesellschaften entspricht auch einem sozialen Bedürfnis, da erst sie vielen waidgerechten Jägern die regelmäßige, nicht bloß gelegentliche Jagdausübung ermöglicht. Aber der Gesetzgeber steht der Jagdgesellschaft als Pächterin doch vorsichtiger gegenüber als dem einzelnen Jagdpächter oder mehreren Mitpächtern (§ 13); das ergibt sich u. a. aus § 5 Abs. 4 Sätze 2 und 3 AusfVO. Aus alledem erhellt, daß eine Personenvereinigung, die „als Jagdgesellschaft" ein Jagdrecht ausüben und es zu diesem Zweck pachten will (§ 12 Abs. 1 RJagdG), gerade zu diesem Zwecke verbunden sein muß. Ist diese Personenvereinigung eine Gesellschaft des bürgerlichen Rechts, dann muß die waidgerechte Ausübung der Jagd im Wege der Pachtung der gemeinschaftliche Zweck im Sinne des § 705 BGB sein; ist sie ein nichtrechtsfähiger Verein, so gilt (§ 54 BGB) dasselbe; stellt die Jagdgesellschaft einen rechtsfähigen eingetragenen Verein dar (§ 21 BGB), so muß sein satzungsgemäßer Zweck (§ 57 BGB) auf die waidgerechte Ausübung der Jagd im Wege der Pachtung gerichtet sein. Nur eine solche Personenvereinigung verdient im Sinne des Reichsjagdgesetzes die Bezeichnung „Jagdgesellschaft".

Eine auf völlig andere Zwecke gerichtete Erwerbsgesellschaft wie die Beklagte kann diese Voraussetzungen nicht erfüllen. Deshalb kann eine solche Gesellschaft nicht als Jagdgesellschaft Pächterin sein (*Behr-Ott-Nöth* aaO.). – Wenn *Mitzschke-Schäfer* (Reichsjagdgesetz, 3. Aufl., S. 63 oben) mit der Bemerkung „handelsrechtliche Vereinigungen (vgl. auch § 5 Abs. 2 Satz 2 RJagdG) werden praktisch kaum vorkommen", die Jagdpachtung durch Handelsgesellschaften als Jagdgesellschaften für rechtlich möglich halten sollten, so könnte dem nicht beigetreten werden. Die dort angeführte Gesetzesstelle bestimmt, daß eine juristische Person, die Eigentümerin oder Nutzungsberechtigte eines Eigenjagdbezirkes ist und als solche an sich selbst jagdausübungsberechtigt wäre (§ 5 Abs. 2 Satz 1), die Jagd doch nicht anders ausüben kann als durch Verpachtung oder durch angestellte Jäger oder durch Benennung eines Jagdausübungsberechtigten gegenüber dem Kreisjägermeister, insbesondere also nicht etwa durch ihre Organe als solche, auch wenn diese zufällig die Voraussetzungen für Jagdpächter (insbesondere § 12 Abs. 4 des Gesetzes und der AusfVO hierzu) erfüllen sollten. Das der juristischen Person als Eigentümerin oder Nutzungsberechtiger etwa zustehende Jagdausübungsrecht (§ 5 Abs. 2 Satz 1 RJagdG) wird also durch die Bestimmung des Satzes 2 daselbst eingeengt, nicht etwa wird umgekehrt der juristischen Person ein Jagdausübungsrecht zuerkannt. Schon aus diesem Grunde muß die Auffassung abgelehnt werden, als ob jede juristische Person Jagdpächterin werden könnte in der Weise, daß sie die von ihr gepachtete Jagdausübung in den Formen sollte ausüben können, in denen eine juristische Person, die als Eigentümerin oder Nutzungsberechtigte eines Eigenjagdbezirkes Inhaberin des Jagdrechts selbst (§ 3 des Gesetzes) und des Jagdausübungsrechtes (§ 5 Abs. 2 Satz 1 des Gesetzes) ist, die Jagd nach § 5 Abs. 2 Satz 2 Ges. ausüben darf. Der

Schluß von dieser Regelung auf eine vom Gesetz gewollte Zulassung der Jagdpacht jeder Art von juristischen Personen unter der gleichen Regelung ist angesichts der völlig verschiedenen Voraussetzungen dieser beiden Rechtslagen durchaus ungerechtfertigt. Übrigens ist keiner dieser Wege von der Beklagten gemeint; vielmehr will sie die Jagd selbst ausüben, nicht etwa durch Unterverpachtung oder angestellte Jäger, auch nicht durch Benennung einer Person gegenüber dem Kreisjägermeister, sondern eben durch ihre Organe oder auch nur eines davon, ihren Hauptgeschäftsführer, daneben durch Jagdgäste (§ 14 Abs. 5 RJagdG), natürlich nur, soweit alle diese Personen Jagdscheininhaber (§§ 22 flg. RJagdG) sind, aber offenbar, ohne daß etwa bei dem Organ auch noch die besonderen Voraussetzungen der Jagdpachtfähigkeit (§ 12 Abs. 4 RJagdG und AusfVO zu § 12 Abs. 4 bis 7) vorzuliegen brauchten, da ja nicht das Organ, sondern die Erwerbsgesellschaft Jagdpächterin wäre. Nirgends hat die Beklagte früher die Auffassung vertreten, daß sie als Pächterin sich als den Beschränkungen des § 5 Abs. 2 Satz 2 des Gesetzes unterworfen betrachte. Es bestünde also eine von der des § 5 Abs. 2 Satz 2 des Gesetzes völlig verschiedene Lage.

Der Grundsatz, daß nur natürliche Personen Jagdpächter sein können, erleidet, wie bereits ausgeführt, eine Ausnahme nur nach zwei Richtungen, nämlich dahin, daß auch Jagdgesellschaften, die aber aus natürlichen Personen bestehen müssen, und öffentlichrechtliche Körperschaften Jagdpächter sein können. Andere juristische Personen kommen als Jagdpächter nicht in Frage; in welcher Weise sie als Inhaber des Jagdrechts und des Jagdausübungsrechts, nämlich als Eigenjagdberechtigte die Jagd ausüben können, ist, wie gezeigt, eine Sache für sich. Gewiß wäre es denkbar, daß der Gesetzgeber auch die Jagdpacht von juristischen Personen, die nicht Körperschaften des öffentlichen Rechts und auch keine Jagdgesellschaften sind, zugelassen hätte in der Weise, daß er die gepachtete Ausübung des Jagdrechts (§ 12 Abs. 1 Ges.) an eine der Formen des § 5 Abs. 2 Satz 2 des Gesetzes gebunden hätte. Er hat das aber nicht getan, sondern deutlich zum Ausdruck gebracht, daß er als Pächter außer natürlichen Personen und Körperschaften des öffentlichen Rechts nur Jagdgesellschaften zulassen will, und zwar nur solche, die aus natürlichen Personen bestehen. Er hat also von dem das Gesetz beherrschenden Grundsatz, daß für die Jagdausübung, insbesondere für die Jagdpacht, nur natürliche Personen zugelassen sind, die einzige Ausnahme zugunsten von öffentlichrechtlichen Korporationen aus besonderen Gründen gemacht, die auf andere Personenvereinigungen als die Jagdgesellschaften, insbesondere also auf Erwerbsgesellschaften, nicht zutreffen.

Die Rechtsform der „Jagdgesellschaft" allein ermöglicht es demnach, daß eine Vereinigung (nicht eine bloße Mehrheit [§ 13 RJagdG]) von natürlichen Personen (§ 12 Abs. 4 Satz 5 AusfVO) Jagdpächterin werden kann, ohne daß die einzelnen Mitglieder der Vereinigung selbst Pächter (Mitpächter, § 13 RJagdG) werden.

Daß juristische Personen, die Erwerbsgesellschaften und als solche Kaufleute im Sinne des Handelsgesetzbuches sind und nicht die angegebenen Voraussetzungen einer Jagdgesellschaft erfüllen, ein Bedürfnis empfinden können, Jagdpächter zu werden, kann die Antwort auf Grund des Gesetzes jedenfalls nicht beeinflussen. Gewiß wäre es denkbar, daß sich die Mitglieder einer Handelsgesellschaft, soweit sie natürliche Personen sind, in einer Jagdgesellschaft vereinigen und daß diese Jagdgesellschaft dann Pächterin würde, ähnlich, wie sich die Mitglieder eines Offizierkorps zu einer Jagdgesellschaft zusammenschließen können (vgl. den Erlaß des Oberkommandos des Heeres vom 3. Oktober 1938 [HVBl. Nr. 66 S. 119], abgedruckt bei *Mitzschke-Schäfer* aaO., S. 344). Wesentlich wäre aber dabei, daß diese Vereinigung nicht durch den Zweck der Handels-, sondern durch den der Jagdgesellschaft bestimmt und insofern von der Handelsgesellschaft als solcher durchaus verschieden wäre. Diese Jagdgesellschaft wäre dann die Trägerin der Rechte und Pflichten aus dem Pachtvertrag, der waidmännischen Verantwortlichkeit usw., völlig unabhängig von Zweck, Bestand, Dauer und Zusammensetzung der Handelsgesellschaft. Von alledem kann bei der Beklagten als Pächterin keine Rede sein.

Bedarf eine Erwerbsgesellschaft ausnahmsweise der Jagdgelegenheit, so wird es zumeist genügen, daß eine ihrer maßgebenden Persönlichkeiten Jagdpächter wird und im übrigen besondere Abmachungen zwischen dieser Persönlichkeit und der Gesellschaft deren Belange wahren. Wenn dieser Weg die Gesellschaft deshalb nicht völlig befriedigen sollte, weil eine solche Persönlichkeit aus ihr oder doch aus einer führenden Stellung bei ihr ausscheiden oder sonstige innere Veränderungen vor sich gehen könnten, so spräche das gerade gegen die Zulassung von Erwerbsgesellschaften als Jagdpächter überhaupt; denn es zeigt den Unterschied zwischen den Belangen und der Entwicklung einer Erwerbsgesellschaft und den Anforderungen der waidgerechten, auf längere Dauer (§ 12 Abs. 3 Satz 2 RJagdG) berechneten, verantwortlichen Jagdpachtung. Im übrigen spricht Sinn und Geist des Gesetzes entschieden gegen die Annahme eines Bedürfnisses für Handelsgesellschaften, als Jagdgesellschaften aufzutreten.

Somit muß es dabei bleiben, daß Jagdgesellschaften nur solche Vereinigungen natürlicher Personen sein können, deren ideeller Zweck sich auf einen waidgerechten Jagdbetrieb richtet, die sich eben zum Zwecke der Jagd gebildet haben.

Was die Revision über die Absichten der Beklagten bei der Pachtung vorträgt, ist unerheblich. Daß der Vertrag nicht mit dem Hauptgeschäftsführer der Beklagten Schwiering abgeschlossen worden ist, bildet gerade die Grundlage des Rechtsstreits; warum der Vertrag nicht mit ihm abgeschlossen worden ist, ist hierfür belanglos. Welche Stellung Schwiering gegenüber der Beklagten hätte, wenn der Pachtvertrag mit ihm abgeschlossen worden wäre, ist ohne Bedeutung. Von einer leeren Umgehungsförmlichkeit kann im Verhältnis zwischen den Parteien keine Rede sein, mag auch die von Schwiering geführte Beklagte es im Verhältnis zu ihm als unerheblich angesehen haben, wer Pächter wurde, sie oder er.

Die Einrede der unzulässigen Rechtsausübung ist vom Berufungsgericht mit zutreffenden Erwägungen zurückgewiesen worden, die hier nicht wiederholt zu werden brauchen. Die in diesem Zusammenhang von der Revision erhobene Verfahrensrüge aus § 139 ZPO ist unbegründet. Denn die Unterstellung der erst im Berufungsverfahren gegebenen Darstellung der Beklagten darüber, von wem die Anregung zum Auftreten der Beklagten als Pächterin ausgegangen sei, ergab keinerlei Anlaß zu einer Fragestellung an die Beklagte; vielmehr war die Erwägung des Berufungsgerichts, daß die Beklagte nach dem übereinstimmenden Willen beider Parteien Vertragsteil und daß sie aus dem Vertrage berechtigt und verpflichtet habe werden sollen, unabhängig von dem, was nach der Darstellung der Revision die Beklagte auf Fragen ausgeführt haben würde.

Die vom Berufungsgericht aus dem festgestellten Sachverhalte gefolgerte Nichtigkeit des Pachtvertrages ist unabhängig von den besonderen Verhältnissen des hier vorliegenden Falles; denn der Vertrag ist dann nichtig, weil er mit einer Erwerbsgesellschaft abgeschlossen worden ist, die aus sachlichrechtlichen Gründen nicht Pächterin sein kann, weil sie nämlich die nach dem Gesetz zur Sicherstellung waidmännischer persönlicher Verantwortung an den Begriff einer Jagdgesellschaft gestellten Anforderungen nicht erfüllt. Gegenüber der Wahrung dieser öffentlichen Belange läßt das Berufungsgericht den Gedanken der Wahrung von Treu und Glauben in den Beziehungen der Vertragsteilnehmer untereinander zurücktreten. Dem ist durchaus beizupflichten. Die öffentlichen Belange, denen das Reichsjagdgesetz dient, sind grundsätzlich allgemeine. Es kommt demgegenüber auch nicht darauf an, ob im einzelnen Fall irgendwelche Dienststellen meinen, es liege keine Gefährdung der öffentlichen Belange vor. Eine Ausnahmegenehmigung des Kreisjägermeisters im Rahmen von § 12 Abs. 5 AusfVO könnte, selbst wenn sie vorläge, die rechtliche Unmöglichkeit für die Beklagte nicht beseitigen, als Pächterin aufzutreten. Vielmehr ergibt sich aus § 15 RJagdG die Nichtigkeit des Jagdpachtvertrages, und es kommt auf den weiteren Nichtigkeitsgrund, den der Kläger geltend gemacht hat, nicht mehr an.

---

69. Sind mehrere Grundstücke (Grundstücksteile), von denen ein Teil mit einem Nießbrauch belastet ist, derart bebaut, daß eine selbständige Nutzung des auf der nießbrauchbelasteten Fläche stehenden Gebäudeteils nicht möglich ist, so besteht hinsichtlich der Gebäudenutzung eine Gemeinschaft zwischen Eigentümer und Nießbraucher, die den §§ 741 ff. BGB untersteht.

Das Anteilsverhältnis der Teilhaber richtet sich grundsätzlich nach dem Umfange der bebauten Flächen der nießbrauchbelasteten und der unbelasteten Grundstücksteile.

BGB §§ 741 ff., 1030, 1036.

III. Zivilsenat. Urt. v. 30. Oktober 1944 (III 58/1944).

I. Landgericht Berlin.
II. Kammergericht.

In Sachen der verwitweten Frau Elisabeth Stein in Berlin-Grünau, Regattastraße 190, Beklagten und Revisionsklägerin, Prozeßbevollmächtigter: Rechtsanwalt Dr. Petersen in Leipzig,

gegen

das Fräulein Helene Aust in Berlin-Köpenick, Grünauer Str. 116–118 bei Landrock, Klägerin und Revisionsbeklagte, Prozeßbevollmächtigter: Rechtsanwalt Dr. Fuchslocher in Leipzig,

hat das Reichsgericht, III. Zivilsenat, auf die mündliche Verhandlung vom 30. Oktober 1944 durch den Senatspräsidenten Blumberger und die Reichsgerichtsräte Dr. Epping, Dr. Leopold für Recht erkannt:

Unter Zurückweisung der Revision im übrigen werden das Urteil des 22. Zivilsenats des Kammergerichts in Berlin vom 17. Mai 1944 und das Urteil der 25. Zivilkammer des Landgerichts daselbst vom 5. Oktober 1943 zu 1a und b sowie zu 3 der Formel dieses Urteils aufgehoben.

Die Sache wird insoweit zu neuer Verhandlung und Entscheidung, auch über die Kosten des Berufungs- und des Revisionsverfahrens, an das Landgericht Berlin zurückverwiesen. Von Rechts wegen.

Tatbestand

Am 25. November 1930 bestellte der Ehemann der Beklagten, der Stadtrat Ludwig Stein in Köpenick, der seit langen Jahren in seinem Hause lebenden Klägerin ein lebenslängliches Nießbrauchsrecht an seinem in Adlershof, Bismarckstraße Ecke Genossenschaftsstraße gelegenen, damals unbebauten Grundstücke, bestehend aus den Parzellen Nr. 3316/32 von 129 qm und 3315/33 von 101 qm. Das Recht wurde Anfang 1931 im Grundbuch eingetragen. Demnächst wurde das Grundstück, nachdem der Eigentümer noch eine weitere anschließende Parzelle Nr. 3014/31 von 138 qm hinzuerworben hatte, mit einem eingeschossigen Ladengebäude bebaut, das bis auf zwei kleine, in die Parzelle 3315/33 hineinragende Vorbauten auf den Parzellen 3014/31 und 3316/32 steht, während der Hauptteil der Parzelle 3315/33 anfänglich als Vorgarten liegen blieb, später aber gepflastert wurde und nunmehr als Erweiterung des Bürgersteiges erscheint. Nach dem Tode des Eigentümers am 30. Dezember 1940 kam es zwischen seiner Witwe und Alleinerbin, der Beklagten, und der Klägerin, die bis dahin Ansprüche aus dem Nießbrauch nicht erhoben hatte, zu Erörterungen wegen dieses Rechts. Im Anschluß an einen Zusammenstoß mit der Beklagten verließ die Klägerin im November 1942 deren Haus.

Sie hat mit der Klage die Einräumung des Nießbrauchsbesitzes an den Parzellen 3316/32 und 3315/33 sowie den darauf errichteten Gebäuden, Rechnungslegung über Nutzungen und Lasten des Grundstücks für die Zeit vom 1. Januar 1941 bis 31. Dezember 1942 und Auszahlung des sich aus der anteiligen Nießbrauchsbelastung ergebenden Teiles an sie verlangt, ferner die Feststellung, daß sie am Gesamtgrundstück im Verhältnis der Parzellengrößen 230 : 138 anteilig beteiligt sei, und schließlich den Erlaß eines Verbots an die Beklagte, das Grundstück ohne Mitwirkung der Klägerin zu verwalten oder darüber zu verfügen. Die Beklagte ist dem Klagebegehren entgegengetreten. Sie hat insbesondere die schenkweise Nießbrauchsbestellung ihres Ehemannes wegen groben Undanks der Klägerin, von der sie beschimpft und geschlagen worden sei, widerrufen und weiter geltend gemacht, die Klägerin habe sich vergleichsweise verpflichtet, bei Lebzeiten der Beklagten keine Ansprüche aus dem Nießbrauch zu stellen, mindestens habe sie für die Vergangenheit auf solche Ansprüche verzichtet. Das Landgericht hat die Beklagte zur Einräumung des Nießbrauchsbesitzes, zur Rechnungslegung und Auszahlung des anteilsmäßigen Reinertrages nach dem Verhältnis 230 : 138 und zur Beteiligung der Klägerin an der Verwaltung des Grundstücks verurteilt, die Klage im Übrigen abgewiesen und die Kosten des Rechtsstreits ganz der Beklagten auferlegt. Das Kammergericht hat die Berufung der Beklagten zurückgewiesen. Mit ihrer Revision verfolgt diese weiter die völlige Klagabweisung. Die Klägerin bittet um Zurückweisung des Rechtsmittels.

Entscheidungsgründe

Den Widerruf der in der Nießbrauchsbestellung für die Klägerin liegenden Schenkung, den die Beklagte als Erbin des Schenkers wegen groben Undanks der Klägerin ausgesprochen hat, erklärt das Berufungsgericht unter Hinweis auf § 530 Abs. 2 BGB, dessen Voraussetzungen nicht einmal behauptet sind, bedenkenfrei für unzulässig. Insoweit erhebt die Revision keine Einwendungen.

Zu dem angeblichen Verzicht der Klägerin auf die Rechte aus dem Nießbrauch für die Lebensdauer der Beklagten oder auf eine kürzere Zeit würdigt das Berufungsgericht die Beweisaufnahme dahin, daß die Beklagte zwar seit dem Tode ihres Mannes wiederholt erfolglos versucht habe, eine derartige Erklärung der Klägerin zu erlangen, daß aber von einer abschließenden, einen Verzicht der Klägerin auf ihr Nießbrauchsrecht auch nur für eine bestimmte Zeit enthaltenden Regelung keine Rede sein könne.

Der Revision ist zuzugeben, daß diese Beurteilung nicht erschöpfend ist und dem von den Parteien vorgetragenen Sachverhalt nicht voll gerecht wird. Nach ihrer eigenen Darstellung war die Klägerin zu Lebzeiten des Ehemannes Stein bei ihm wie ein Kind im Hause und wurde als solches in allen Lebensbedürfnissen unterhalten. Obwohl der Nießbrauch für sie ohne zeitliche Einschränkung bestellt worden war und das Grundstück nach dem Hinzuerwerb der dritten Parzelle und seiner Bebauung seit Jahren regelmäßige Erträgnisse abwarf, dachte sie doch nicht daran, irgendwelche Ansprüche aus dem Nießbrauch geltend zu machen, solange der Ehemann der Beklagten lebte. Das erklärte sich daraus, daß das ihr eingeräumte Nießbrauchsrecht nach dem Willen des Bestellers ihrer späteren Sicherstellung dienen sollte und diese Aufgabe naturgemäß erst erfüllen konnte, wenn die Klägerin nicht mehr als Kind im Hause von ihren Pflegeeltern den gesamten Unterhalt empfing. Insofern bestand ersichtlich ein stillschweigendes Einverständnis der Beteiligten darüber, daß der Nießbrauch ruhen sollte, solange der Klägerin die Stellung eines Kindes im Hause gewährt wurde. Der Tod des Ehemannes der Beklagten brachte in diesem Verhältnis nicht ohne weiteres eine Änderung. Auch die nun zwischen den Parteien einsetzenden Erörterungen über den Nießbrauch brauchten es nicht. Bei ihnen ging es nach den Parteibehauptungen und den Aussagen der Zeugen in erster Linie darum, daß die Klägerin für die Zukunft, nämlich für die Lebenszeit der Beklagten auf ihre Rechte aus dem Nießbrauch verzichten sollte. Einen solchen Verzicht lehnte die Klägerin aber ab; sie verlangte weiter, daß das Nießbrauchsrecht namentlich in Bezug auf seinen Wert und seine Höhe geregelt werde. Damit war aber noch nicht gesagt, daß das bisherige stillschweigende Einverständnis über das Ruhen des Nießbrauchs, solange die Lebensbedürfnisse der Klägerin im Hause der Beklagten bestritten wurden, nicht mehr gelten sollte. Die Klägerin hat auch nicht behauptet, daß sie selbst die Beseitigung dieses Zustandes verlangt hätte. Dann darf sie aber jetzt nicht die Erträge des Nießbrauchs neben dem vollständigen Unterhalt im Hause der Beklagten beanspruchen, der ihr, wie bisher, in der Erwartung gewährt wurde, sie werde diese Leistungen weiter als Ersatz für jene Erträge gelten lassen. Vielmehr kann sie nach Treu und Glauben Ansprüche aus dem Nießbrauch erst von dem Zeitpunkt an erheben, in dem dieser Zustand sich wesentlich änderte. Es handelt sich hierbei nicht um einen zeitlich beschränkten Verzicht der Klägerin auf die Geltendmachung von Rechten aus dem Nießbrauch, sondern um die durch Treu und Glauben gebotene Fortwirkung des bisherigen stillschweigenden Einverständnisses der Beteiligten. Unstreitig hat die Klägerin erst im November 1942 im Anschluß an einen Zusammenstoß mit der Beklagten deren Haus verlassen. Zur Beendigung jenes Zustandes stillschweigender Übereinkunft könnte es aber auch genügen, wenn nur ein nicht unerheblicher Teil der der Klägerin in dem Hause der Beklagten gewährten Leistungen in Wegfall gekommen sein sollte, wie z. B. das an sie zunächst jedenfalls regelmäßig weiter gezahlte monatliche Taschengeld von 70 RM, oder wenn die Klägerin gemäß ihrer Behauptung im Schriftsatz vom 15. Mai 1944 die durch ihre schwere Erkrankung nach dem Tode des Erblassers entstandenen beträchtlichen Kosten im Gegensatz zu früher selbst hätte tragen müssen. In dieser Hinsicht bedarf der Sachverhalt noch weiterer Klärung. Ist danach die Klägerin berechtigt, die Erträge aus dem Nießbrauch schon vor dem Verlassen des Hauses der Beklagten zu verlangen, so wird weiter zu prüfen sein, ob und inwieweit sie sich die Leistungen der Beklagten für ihren Unterhalt während dieser Zeit etwa anrechnen lassen muß.

Zu den einzelnen Klageansprüchen und dem Beteiligungsverhältnis der Parteien an den Nutzungen des Grundstücks hatte das Landgericht erwogen, das Recht der Klägerin auf Einräumung des Besitzes der mit dem Nießbrauch belasteten Parzellen folge aus § 1036 BGB. Die Beklagte sei zwar durch den Nießbrauch nicht gehindert, über das Grundstück zu verfügen; die Klägerin habe aber als Nießbraucherin das Recht, bei der Verwaltung des Grundstücks mitzuwirken. Die Nutzungen des bebauten Gesamtgrundstücks, die allerdings nur aus dem darauf errichteten Gebäude zu ziehen seien, gebührten der Klägerin im Verhältnis des ganzen mit dem Nießbrauch belasteten Grundstücksteils zu dem unbelasteten Teile, nicht nur der bebauten Flächen davon, weil nach den baupolizeilichen Vorschriften alle drei Parzellen dazu notwendig gewesen seien, daß der Bau so wie geschehen errichtet wurde. Ohne die nicht bebaute Parzelle 3315/33 hätte das Gebäude auf den beiden anderen Parzellen wegen der baupolizeilich vorgeschriebenen Freifläche entsprechend kleiner hergestellt werden müssen und die Erträge wären demgemäß geringer gewesen. Jene Parzelle trage also zu dem Nutzungswert des Gebäudes ebensoviel bei wie die bebaute Fläche. Die Klägerin könne daher von der Beklagten die Beteiligung an dem Reinertrage des Grundstücks nach dem Verhältnis 230:138 verlangen; für die rückliegende Zeit sei die Beklagte zur Rechnungslegung verpflichtet. Dieser Beurteilung ist das Berufungsgericht beigetreten, indem es hinsichtlich des Beteiligungsverhältnisses der Parteien an den Nutzungen des Grundstücks ohne eigene Stellungnahme zu der Begründung des Landgerichts sich auf den Hinweis beschränkt, nach der Rechtsprechung habe das Bestehen eines Nießbrauchs zu einem Bruchteil an einem Grundstücke die Wirkung, daß die Grundstücksnutzungen zwischen dem Eigentümer und dem Nießbrauchsberechtigten nach dem Verhältnis ihrer Berechtigung zu teilen seien.

Dieser Hinweis des Berufungsgerichts ist, wie die Revision mit Recht hervorhebt, schon deswegen verfehlt und nicht geeignet, die Entscheidung zu tragen, weil hier ein Nießbrauch zu einem Bruchteil an einem Grundstück, dessen Bestellung in der vom Berufungsgericht angeführten Entscheidung des Kammergerichts JFG Bd. 13 S. 447 für zulässig erklärt wird, gar nicht besteht. Es handelt sich auch nicht um einen Nießbrauch an einem nur gedachten Grundstücksbruchteil (vgl. § 1066 BGB), sondern höchstens um einen solchen an realen Grundstücksteilen. Der zugunsten der Klägerin auf den Parzellen 3316/32 und 3315/33 bestellte Nießbrauch erstreckt sich auf die nachträglich von dem Grundstückseigentümer hinzu erworbene Parzelle 3014/31 auch dann nicht, wenn diese – was bisher nicht festgestellt ist – im Grundbuche nicht als selbständiges Grundstück eingetragen ist (§ 4 GBO), sondern den anderen Parzellen etwa als Bestandteil zugeschrieben oder sonst mit ihnen zu einem einheitlichen Grundstücke vereinigt worden wäre (§ 890 BGB, §§ 5, 6 GBO). Über einen solchen beschränkten Umfang des Rechts herrscht Einigkeit. In diesem Falle würde also der Nießbrauch an einem realen Grundstücksteile bestehen. Das ist rechtlich möglich, wobei dahingestellt bleiben mag, ob das Recht auch von vornherein so hätte bestellt werden dürfen (vgl. RGZ Bd. 164 S. 200 f.).

Ist hiernach die Begründung des Berufungsgerichts für die der Entscheidung des Landgerichts zugrunde liegende Beteiligung der Parteien an den Grundstücksnutzungen nicht haltbar, so erweist sich dieses Beteiligungsverhältnis auch aus anderen Gründen als unrichtig. Der Nießbrauch gewährt an sich der Klägerin das Recht, die Nutzungen der belasteten Grundstücksteile zu ziehen (§ 1030 BGB). Solche Nutzungen können hier, da die Parzelle 3316/32 fast ganz bebaut, die Parzelle 3315/33 aber, abgesehen von den auf ihr stehenden schmalen Vorbauten, gepflastert ist und keine Nutzung abwirft, praktisch nur aus dem auf dem Grundstück errichteten Ladengebäude gezogen werden, das aber außerdem den größten Teil der Parzelle 3014/31 umfaßt. Es fragt sich, in welchem Umfang und in welcher rechtlichen Begrenzung der Nießbrauch auch das Gebäude und seine Nutzungen ergreift. Er schränkt das Eigentum nur an den damit belasteten Grundstücksteilen ein; die nicht belastete Parzelle wird dadurch nicht berührt. Würde sie einem anderen Eigentümer gehören, so wäre, da für den darauf befindlichen Bau unzweifelhaft weder die Voraussetzungen des § 95 noch die des § 912 BGB vorliegen, auch das Eigentum an dem Gebäude real geteilt, weil nach dem Grundsatze der §§ 94, 946 BGB jeder Gebäudeteil wesentlicher Bestandteil des Grundstücks ist, auf dem er steht, und das Grundstückseigentum sich auch darauf erstreckt (RGZ Bd. 70 S. 201 f., Bd. 130 S. 266; vgl. auch Bd. 169 S. 171). Bei Anwendung entsprechender Grundsätze auf den Nießbrauch der Klägerin würde dieses Recht nur den Teil des Gebäudes umfassen, der auf den Parzellen 3316/32 und 3315/33 steht, nicht dagegen den Teil über der Parzelle 3014/31, dessen Nutzungen deshalb ungeschmälert der Grundstückseigentümerin verbleiben müßten. Eine solche Auffassung würde aber in der praktischen Durchführung zu erheblichen Schwierigkeiten führen, weil die bezeichneten Gebäudeteile nach Lage der Verhältnisse einer selbständigen Nutzung gar nicht zugänglich sind. Es handelt sich um einen einheitlichen Bau, der nur im Ganzen oder höchstens in solchen Teilen, die sich, wie die einzelnen Läden, gleichzeitig auf die belastete und die unbelastete Fläche erstrecken, genutzt werden kann. In derartigen Fällen muß hinsichtlich der Gebäudenutzung in dem Umfang der durch den Nießbrauch gewährten Rechte das Bestehen einer Gemeinschaft zwischen der Eigentümerin und der Nießbraucherin angenommen werden, auf welche die Vorschriften der §§ 741 ff. BGB mindestens sinngemäß anwendbar sind. Das Anteilsverhältnis der Teilhaber an dieser Gemeinschaft richtet sich in erster Linie nach dem Verhältnis der bebauten Flächen des mit dem Nießbrauch belasteten und des unbelasteten Grundstücksteils. Es kann sich jedoch auf Grund besonderer im Einzelfalle vorliegender Umstände verschieben. Weichen insbesondere infolge ungleichmäßiger Bebauung oder aus anderen Gründen die Nutzungswerte der Gebäudeteile auf den belasteten und den unbelasteten Flächen in ihrem Durchschnitt erheblich voneinander ab, so wird das zu einer angemessenen Erhöhung des Anteils desjenigen Teilhabers führen, dem die Nutzungen des Gebäudeteils mit dem höheren Nutzungswerte zustehen. Ferner sind unter Umständen auch nicht bebaute Flächen bei der Bestimmung des Anteilsverhältnisses zu berücksichtigen, wenn nämlich ohne sie eine sachgemäße Nutzung des Gebäudes nicht möglich wäre, wie beispielsweise ein notwendiger Zugang oder ein Hof mit besonderen notwendigen Einrichtungen für die Gebäudenutzung. Hierunter fällt aber der nicht bebaute Teil der Parzelle 3315/33 auch dann nicht, wenn die von der Klägerin bestrittene Annahme des Landgerichts zutrifft, daß nach den baupolizeilichen Vorschriften bei der Errichtung des Gebäudes die Freilassung dieser Fläche notwendig war, um eine Bebauung von dem jetzigen Umfange zu ermöglichen. Mit der Gebäudenutzung vom Jahre 1941 ab, wie sie Gegenstand des Streites ist und zugleich der Gemeinschaft unter den Parteien zugrunde liegt, hat das nichts zu tun. Das vom Landgericht festgestellte und vom Berufungsgericht gebilligte Anteilsverhältnis der Parteien an der Grundstücksnutzung ist hiernach rechtlich nicht haltbar.

Im übrigen ist bei der Beurteilung der einzelnen der Klägerin auf Grund des Nießbrauchs zustehenden Ansprüche gegenüber der Beklagten neben den gesetzlichen Vorschriften über den Nießbrauch auch das Bestehen der Nutzungsgemeinschaft der Parteien hinsichtlich des Gebäudes zu berücksichtigen. Danach ergibt sich Folgendes.

Die Verurteilung der Beklagten zur Einräumung des Nießbrauchsbesitzes der Parzellen 3316/32 und 3315/33 und der darauf errichteten Gebäude an die Klägerin beruht auf § 1036 Abs. 1 BGB, wonach der Nießbraucher zum Besitze der mit dem Nießbrauch belasteten Sache berechtigt ist. Dabei handelt es sich in der Regel um den unmittelbaren Besitz, während der mittelbare Besitz der Sache dem Besteller des Nießbrauchs verbleibt. Die Ansicht der Revision, daß der Klägerin im vorliegenden Falle überhaupt kein Besitz zukomme, weil ihr der

Nießbrauch nach ihrer eigenen Darstellung nur zu ihrer Sicherstellung eingeräumt worden sei, sie also nur einen Anspruch auf die Erträgnisse habe und ihr Besitzrecht durch abweichende Vereinbarung der Beteiligten ausgeschlossen sei, geht fehl. Der Besitz der Sache befähigt den Nießbraucher erst zu deren selbständiger Nutzung, die den wesentlichen Inhalt des Nießbrauchs bildet. Ob deshalb ein vertraglicher Ausschluß des Nießbrauchsbesitzes überhaupt statthaft wäre (vgl. RGRKomm Bem. 1 zu § 1036 BGB), mag dahinstehen. Daraus allein, daß der Nießbrauch der Sicherstellung der Klägerin dienen sollte, kann eine solche Vereinbarung nicht hergeleitet werden. Andererseits bestehen gegen die fragliche Verurteilung der Beklagten Bedenken nach folgender Richtung. Ihre Durchführung würde praktisch bedeuten, daß die Klägerin in den unmittelbaren Besitz des Ladengebäudes eingewiesen werden müßte, soweit es auf den belasteten Parzellen steht. Das ist aber wegen der Einheitlichkeit des Gebäudes unmöglich, ganz abgesehen davon, daß die Läden vermietet sind. Vielmehr kann die Klägerin mit Rücksicht auf die bestehende Nutzungsgemeinschaft mit der Beklagten von dieser nur die Einräumung des Mitbesitzes verlangen, jedoch nicht nur an den mit dem Nießbrauch belasteten Parzellen, sondern an dem ganzen Ladengebäude. Solange die Läden vermietet sind, die Beklagte also selbst nur den mittelbaren Besitz daran hat, kann auch der Mitbesitz der Klägerin nur in einer Beteiligung an diesem mittelbaren Besitze bestehen.

Die weitere Verurteilung der Beklagten, der Klägerin die Mitwirkung an der Verwaltung des Grundstücks zu gestatten, rechtfertigt sich aus § 744 BGB, wonach den Teilhabern einer Gemeinschaft die Verwaltung des gemeinschaftlichen Gegenstandes gemeinschaftlich zusteht. An sich wäre der Nießbraucher zur selbständigen Verwaltung der mit dem Nießbrauch belasteten Sache nach Maßgabe der §§ 1036 ff. BGB berechtigt. Ein Ausschluß oder eine Einschränkung dieses Rechts können auch hier entgegen der Ansicht der Revision nicht aus dem Zwecke der Nießbrauchsbestellung, die Klägerin wirtschaftlich zu sichern, entnommen werden; sie würden diesem Zwecke sogar gerade zuwiderlaufen. Andererseits läßt die bestehende Nutzungsgemeinschaft unter den Parteien nur eine gemeinschaftliche Verwaltung des Gebäudes zu, neben der eine besondere Verwaltung des Grundes und Bodens nicht in Frage kommt. Insoweit ist die Verurteilung der Beklagten also rechtlich nicht zu beanstanden.

Für die Vergangenheit ist die Beklagte von dem Zeitpunkt ab, von dem die Klägerin Ansprüche aus dem Nießbrauch geltend machen darf, verpflichtet, über die Verwaltung des Grundstücks, mit der sie zugleich eine Angelegenheit der Klägerin besorgt hat, im Sinne des § 259 BGB Rechnung zu legen, um die zahlenmäßige Feststellung des der Klägerin zukommenden Anteils an den Nutzungen zu ermöglichen. Der Berechnung dieses Anteils sind im übrigen die Reinerträgnisse des Grundstücks nach Abzug der Ausgaben und Lasten, soweit sie der Nießbraucher zu tragen hat (§§ 1041, 1045 Abs. 2, 1047 BGB), zugrunde zu legen. Die Ansicht der Beklagten, daß dabei entsprechend dem von ihr vorgelegten Gutachten des Baumeisters Tews auch Zinsen des in dem Gebäude steckenden Eigenkapitals abzuziehen seien, entbehrt nach der Sachlage der Begründung. Der Bau ist zwar erst nach der Bestellung des Nießbrauchs errichtet worden; aber es ist anzunehmen, daß der Ehemann der Beklagten der Klägerin den Vorteil daraus ebenso wie vorher die Nutzungen des unbebauten Grundstücks unentgeltlich zukommen lassen wollte. Die Verurteilung der Beklagten zu 1b) des landgerichtlichen Urteils bedarf somit noch weiterer Erörterung hinsichtlich der Zeit, für die Rechnung zu legen ist, und des Beteiligungsverhältnisses am Reinertrage.

Nach alledem ist das Urteil des Berufungsgerichts und, da nach den Vorschriften der Zweiten KriegsmaßnahmenVO vom 27. September 1944 (RGBl. I S. 229) die Oberlandesgerichte als Berufungsgerichte künftig ausscheiden und die Sache deshalb zu der noch notwendigen tatsächlichen Erörterung an das Landgericht zurückverwiesen werden muß, auch dessen Urteil hinsichtlich des Ausspruchs zu 1a) und b) der Urteilsformel und wegen der Kostenentscheidung aufzuheben.

---

70. Der Nottestamentszeuge muß an der Errichtung des Nottestaments mitwirken.

TestG § 24.

VI. Zivilsenat. Urt. v. 3. November 1944 (VI 86/1944).

I. Landgericht Naumburg.
II. Oberlandesgericht Naumburg.

In Sachen des Pförtners Arthur Löbau in Balgstädt, Klägers und Revisionsklägers, Prozeßbevollmächtigter: Rechtsanwalt Dr. Greuner in Leipzig,

gegen

den Elektrotechniker Herbert Jügler in Klein-Jena, zur Zeit im Felde, Beklagten und Revisionsbeklagten, Prozeßbevollmächtigter: Rechtsanwalt Dr. Drost in Leipzig,

hat das Reichsgericht, VI. Zivilsenat, auf die mündliche Verhandlung vom 3. November 1944 durch den Senatspräsidenten Dr. Günther und die Reichsgerichtsräte Oesterheld, Dr. Balve für Recht erkannt:

Die Revision gegen das Urteil des 2. Zivilsenats des Oberlandesgerichts in Naumburg vom 7. Juli 1944 wird zurückgewiesen.

Die Kosten des Revisionsverfahrens trägt der Revisionskläger. Er hat dem Revisionsbeklagten an außergerichtlichen Kosten des Revisionsverfahrens 444 RM zu erstatten. – Von Rechts wegen.

Tatbestand

Der am 15. Januar 1942 in der Medizinischen Universitätsklinik in Halle (Saale) verstorbene Schlosser Ernst Jügler aus Balgstädt erklärte wenige Stunden vor seinem Tode vor den Krankenschwestern Johanna Roggenthien und Erna Schaaf seinen letzten Willen. Die Schwester Roggenthien legte hierüber schriftlich nieder:

Halle (Saale), den 14. Januar 1942, 23.30 Uhr
Letzter Wille des Schlossers Ernst Jügler aus Balgstädt.
Haupterbe: Arthur Löbau, Balgstädt (Kläger),

Sohn Herbert (Beklagter):	500 RM,
Tochter Gertrud Langbein:	500 RM,
Haushälterin Alma Jügler:	500 RM.

Vorgelesen, Unterschrift: gez. Ernst Jügler.

Zeuge des ausgesprochenen Willens und der Unterschrift waren: Schwester Joh. Roggenthien, Med. Univ. Klinik und Schwester Erna Schaaf (von diesen selbst unterzeichnet).

In dem Raum, in welchem das Testament errichtet wurde, befand sich noch ein anderer Kranker, der inzwischen ebenfalls verstorbene Landwirt Adolf Kloß. Er wurde als Zeuge nicht hinzugezogen, weil die Krankenschwestern der Meinung waren, das Nottestament könne rechtsgültig vor zwei Zeugen errichtet werden. Kloß gab später auf Veranlassung des Prozeßbevollmächtigten des Klägers eine schriftliche Erklärung ab, in welcher er den Vorgang als von ihm beobachtet so darstellte, wie er sich tatsächlich zugetragen hat.

Nach Zurückweisung seines Antrags auf Erteilung des Erbscheins wegen Ungültigkeit des Testamentes vom 14. Januar 1942 in drei Rechtszügen verlangt der Kläger, der das Testament für gültig erachtet, mit der Klage die Feststellung, daß Erbe des Ernst Jügler nicht der Beklagte, sondern er – der Kläger – geworden sei.

Der Beklagte hat Abweisung der Klage beantragt.

Das Landgericht und das Oberlandesgericht haben die Klage abgewiesen.

Mit seiner Revision verfolgt der Kläger den Klageantrag weiter. Der Beklagte bittet um Zurückweisung der Revision.

Entscheidungsgründe

Das Berufungsgericht geht mit Recht davon aus, daß die Gültigkeit des streitigen Nottestaments nur davon abhänge, ob der Erblasser seinen Willen im Sinne des Gesetzes (§ 24 Abs. 2 TestG) vor drei Zeugen erklärt habe. Es hält dieses Erfordernis für unerfüllt. Der im Verhandlungszimmer zufällig anwesende Landwirt Kloß könne, so meint es, als Zeuge im Sinne des Gesetzes nicht anerkannt werden. Bei der Errichtung des Testamentes hätten daher nur die beiden Krankenschwestern als Zeugen mitgewirkt. Das Mitwirken einer Person als Zeuge bei der Testamentserrichtung, wie es in den durch § 24 Abs. 3 TestG angezogenen Vorschriften der §§ 7, 8, 10 Nr. 1 bis 5 gefordert werde, setze voraus, daß sie ausdrücklich hinzugezogen und sich der Verantwortung für die richtige Wiedergabe des Erblasserwillens bewußt sei. Für den Landwirt Kloß treffe dies nicht zu. Er habe sich aus völlig anderen Gründen – damit er die Ruhe der anderen Kranken während der Nacht nicht störe – in dem als Verhandlungsraum benutzten Untersuchungszimmer befunden, und durch die Schließung des Vorhangs vor seinem Bett habe die Schwester Roggenthien auch noch sinnfällig und für Kloß unmißverständlich zum Ausdruck gebracht, daß er bei dem beabsichtigten Testamentsakt nicht mitwirken solle.

Dieser rechtlichen Beurteilung ist beizutreten. Das Nottestament des § 24 Abs. 2 TestG ist zwar, wie der erkennende Senat in seiner zum Abdruck bestimmten Entscheidung VI 106/43 vom 11. August 1944 bereits ausgesprochen hat, ein in die Hände von Laien gelegter Notbehelf, dessen Gesetzeszweck nicht erfüllt würde, wenn man an seine Form Anforderungen stellen wollte, die über die Gewährleistung des Inhalts und der Ernstlichkeit des letzten Willens des Erblassers hinausgingen. Diese Gewährleistung aber, auf die nicht verzichtet werden kann, sieht das Gesetz in der Erklärung des letzten Willens *vor drei Zeugen* und in der urkundlichen Niederlegung dieser Erklärung durch diese Zeugen selbst. Es müssen also drei Personen anwesend sein, an die sich die Erklärungen des Erblassers richten und welche die Verpflichtung auf sich nehmen, diesen Erklärungen ihre ungeteilte Aufmerksamkeit zu widmen und für ihre richtige schriftliche Wiedergabe Sorge zu tragen. Für die fehlerfreie Auffassung und Beurkundung des erklärten Willens tragen sie gemeinsam die Verantwortung, wobei es unerheblich ist, wenn – wie es sachdienlich erscheint und meistens der Fall sein wird – einer der Zeugen nach ausdrücklicher oder stillschweigender Übereinkunft die Herstellung der Niederschrift übernimmt und die anderen deren Richtigkeit überwachen. Nur Personen, die im Bewußtsein dieser gemeinschaftlichen Verantwortung an dem Errichtungsakt teilnehmen und dabei mitwirken, können daher als Zeugen im Sinne des Gesetzes in Betracht kommen. Abzulehnen ist deshalb die von der Revision vertretene Auffassung, daß das Gesetz jede Person, welche die Erklärung des Erblassers zufällig anhöre und nicht kraft Gesetzes (§ 24 Abs. 3 in Verb. mit §§ 7, 8, 10 Nr. 1–5 TestG) ausgeschlossen sei, ohne Rücksicht darauf als Zeugen gelten lasse, ob sie zur Mitwirkung bei der Testamentserrichtung herangezogen ist oder von sich aus ihre Bereitwilligkeit zur Mitwirkung unter Übernahme der bezeichneten gemeinschaftlichen Verantwortung zu erkennen gegeben hat.

Das Berufungsgericht hat daher – ebenso wie das Kammergericht in seiner Entscheidung vom 21. April 1942 über die weitere Beschwerde des Klägers in der Erbscheinsangelegenheit – den im Verhandlungszimmer zufällig anwesend gewesenen und von der Mitwirkung bei der Testamentseröffnung ausdrücklich ausgeschlossenen Landwirt Kloß ohne Rechtsirrtum als dritten Zeugen nicht anerkannt und daraus zutreffend die Formungültigkeit des nur vor zwei Zeugen errichteten Nottestamentes gefolgert.

Die Revision ist hiernach als unbegründet zurückzuweisen.

---

71. 1. Zur Abgrenzung der Novation (Neuerung) vom deklarativen Anerkenntnis.

2. § 1483 ABGB (§ 226 BGB) schließt nur die Verjährung des Pfandrechtes aus, solange der Gläubiger das Pfand in Händen hat (Faustpfand). Er sagt aber nichts über die von der Klägerin vermutete Unverjährbarkeit der persönlichen Forderung. Was nicht verjährt, ist das Recht des Gläubigers auf Befriedigung aus dem Faustpfand, das er in den Händen hat. Dies drückt das Gesetz durch die Worte aus „solange der Gläubiger das Pfand in Händen hat, kann ihm die unterlassene Ausübung des Pfandrechtes nicht eingewendet und das Pfandrecht nicht verjährt werden".

ABGB §§ 1376, 1483.

VII. Zivilsenat. Urt. v. 8. November 1944 (VII, 91/1944).

I. Landgericht Znaim.
II. Oberlandesgericht Wien.

In Sachen der Firma Maßindustrie GmbH in Eger, Klägerin, Prozeßbevollmächtigte: Rechtsanwalt Dr. Erich Haase in Znaim, vor dem Prozeßgericht: Rechtsanwalt Justizrat Axhausen in Leipzig,

gegen

Karl Zajiček, Rentmeister in Frischau bei Znaim, Beklagten, Prozeßbevollmächtigter: Rechtsanwalt Dr. Ernst Illsinger in Znaim, wegen restlicher 11.246,21 RM s. Ng.

hat das Reichsgericht, VII. Zivilsenat, auf die mündliche Verhandlung vom 8. November 1944 durch den Senatspräsidenten Dr. Zellner und die Reichsgerichtsräte Burmeister und Dr. Roppert auf die Revision der Klägerin gegen das Urteil des Oberlandesgerichtes Wien als Berufungsgerichts vom 18. Februar

1944, GZ 2 R 43/44-17, insofern damit auf die Berufung der Klägerin das Urteil des Landgerichtes Znaim vom 10. Januar 1944, GZ Cg 226/43–13, hinsichtlich eines Betrages von 11.246,21 RM s. Ng. bestätigt wurde, für Recht erkannt:

Es wird der Revision keine Folge gegeben.
Die Klägerin hat die Gerichtskosten des Revisionsverfahrens zu tragen.

Entscheidungsgründe

Die Klägerin hat dem Beklagten in fortlaufender Geschäftsverbindung Waren auf Kredit verkauft und geliefert und verlangte mit der vorliegenden Klage die Bezahlung des restlichen Kaufpreises von 100.000 K d. i. 12.000 RM, der sich nach ihrer Behauptung zu ihren Gunsten ergab und den der Beklagte anfangs 1933 anerkannt habe. Der Beklagte wendete dagegen ein, daß seine Schuld durch Hingabe einer Lebensversicherungspolice zugunsten der Klägerin abgedeckt worden sei. Im Übrigen sei die Klageforderung auch verjährt. Das Landgericht hat das Klagebegehren abgewiesen und festgestellt, daß die Hingabe der Lebensversicherungspolice nicht zur Tilgung, sondern nur zur Sicherung der Schuld des Beklagten erfolgt sei und daß es sich um Forderungen für Lieferungen von Sachen in einem gewerblichen kaufmännischen Betriebe handelte, die gemäß § 1486 Zahl 1 ABGB in drei Jahren verjähren. Der Beklagte habe die Klageforderung zuletzt 1935 anerkannt, wodurch die Verjährung unterbrochen wurde. Da aber sein Anerkenntnis nicht den Charakter eines Neuerungsvertrages hatte, und insbesondere nicht exekutionsfähig war, habe von da an wieder nur die dreijährige Verjährungszeit zu laufen begonnen, die bei Klageerhebung bereits verstrichen war. Das Berufungsgericht hat der Berufung der Klägerin hinsichtlich eines Betrages von 753,79 RM samt Zinsen stattgegeben, da es feststellte, daß dieser Teilbetrag eine der dreißigjährigen Verjährungszeit unterliegende Forderung betraf, hat aber hinsichtlich des Restes von 11.246,21 RM das Urteil des Landgerichtes bestätigt, da die Dauer der ursprünglichen Verjährungszeit von drei Jahren durch Anerkennung der Schuld nicht geändert werde und ein Neuerungsvertrag nicht vorliege. Auf § 1483 ABGB könne sich aber die Klägerin nicht berufen, denn die Hingabe der Lebensversicherungspolice sei nicht als Pfand erfolgt, sondern durch Übertragung der Rechte aus der Police auf die Klägerin im Wege eines Abtretungsvertrages, für den die erwähnte Bestimmung nicht in Betracht komme.

Gegen den bestätigenden Ausspruch des Berufungsgerichtes richtet sich die Revision der Klägerin, welche sich auf die Revisionsgründe nach § 503 Zahl 2 und 4 ZPO stützt. Die Revision ist jedoch nicht gerechtfertigt.

Das angefochtene Urteil hat festgestellt, daß der noch streitige Betrag sich aus vielen Einzelforderungen zusammensetzt, daß die Klägerin in ihrem Schreiben vom 2. März 1933 dem Beklagten den offenen „Saldo“ zum 31. Dezember 1932 mit 96.260,75 K bekannt gegeben hat, daß die Streitteile bestimmte Vereinbarungen wegen der Abzahlung dieser alten Schuld getroffen haben und daß sie sich schließlich durch Bezahlung einer Lebensversicherungsprämie seitens der Klägerin für den Beklagten auf 104.000 K erhöht und der Beklagte diesen Betrag anerkannt hat. Die Klägerin will dieses Anerkenntnis als Neuerungsvertrag aufgefaßt wissen, während der Beklagte diese Auslegung bekämpft. Es kommt daher auf die Entscheidung der Frage an, ob hier ein rechtsgeschäftliches (rechtsbegründendes) Schuldanerkenntnis erfolgt ist, das den Charakter eines Neuerungsvertrages hat, oder ob nur ein deklaratives Schuldanerkenntnis ohne Schaffung eines neuen Verpflichtungsgrundes vorliegt. Nach § 1376 ABGB ist Neuerung (Novation) die Umänderung von Rechten und Verbindlichkeiten ohne Hinzukunft einer dritten Person, wenn der Rechtsgrund oder der Hauptgegenstand der Forderung verwechselt wird und daher die alte Verbindlichkeit in eine neue übergeht. Bei dem Anerkenntnis einer bereits bestehenden Verbindlichkeit kommt es darauf an, ob durch das Anerkenntnis eine neue selbständige Verbindlichkeit begründet werden soll, oder ob es nur eine Erklärung über das Bestehen einer schon vorhandenen Verpflichtung ohne Schaffung eines neuen Rechtsgrundes sein soll. Nur das Erstere ist Neuerungsvertrag oder rechtsbegründendes Schuldanerkenntnis. Auch zu dem Zustandekommen dieses Vertrages bedarf es der Willenseinigung der Streitteile, die sich auch darauf erstrecken muß, daß eine neue selbständige Verpflichtung begründet werden soll. Dagegen kann ein einseitiges Anerkenntnis zwar als Beweismittel für das Bestehen der anerkannten Verpflichtung dienen und auch die Verjährung unterbrechen, wenn es dem Gläubiger gegenüber abgegeben wird. Ein von dem Gläubiger angenommenes Schuldanerkenntnis endlich, bei welchem die auf Schaffung einer selbständigen Verpflichtung gerichtete Vertragsabsicht fehlt, hat nur die Bedeutung einer Bestätigung der bestehenden Schuld im Rahmen des alten Schuldgrundes (RGRKomm Vorbemerkung 4 vor § 780 BGB). Dieses letztere deklarative Anerkenntnis ist aber keine Novation, es unterbricht zwar die Verjährung nach § 1497 ABGB, aber die Dauer der nach der Unterbrechung neu beginnenden Verjährung richtet sich in einem solchen Falle nach der ursprünglichen Beschaffenheit der Forderung.

Im gegebenen Falle liegt der Wortlaut des mündlich vom Beklagten ausgesprochenen Anerkenntnisses der bis Ende 1932 entstandenen Forderungen der Klägerin nicht vor, die Klägerin hat auch hierüber nichts vorgebracht. Aus der Korrespondenz ist nur ersichtlich, daß der Beklagte in seinen Antwortschreiben auf die Briefe der Klägerin, in denen sie die Höhe ihrer Forderung mitteilte und ihre Regelung verlangte, weder gegen den Grund noch gegen die Höhe der Forderung einen Einwand erhob und zunächst wegen Übergabe einer Lebensversicherungspolice über 100.000 K an die Klägerin verhandelte, welche nach dem Schreiben vom 31. März 1933 bei der Klägerin als Sicherheit für die Bezahlung der alten Schuld verbleiben sollte und deren Rückstellung nach Abdeckung der alten Schuld als selbstverständlich erklärt wurde. Aus der folgenden Korrespondenz geht weiters hervor, daß der Beklagte mit der Klägerin dann die Abdeckung der alten Schuld in der Weise vereinbarte, daß ein Teil seiner Provisionen auf die Rechnungen vom 7. April 1933, der andere Teil aber auf die alte Schuld verrechnet werden sollte (vgl. insbesondere die Briefe vom 19. und 21. Juli 1933). Hieraus ergibt sich aber in keiner Weise, daß die Streitteile zu einer Willenseinigung dahin gekommen wären, die früheren Einzelverbindlichkeiten auf einen neuen Rechtsgrund zu stellen. Es kann daher nichts anderes angenommen werden als ein deklaratives Schuldanerkenntnis, das nach den Feststellungen zuletzt im Jahre 1935 erfolgt ist und den Rechtsgrund der alten Forderungen unberührt gelassen hat. Die tatsächlichen Voraussetzungen sind daher hier anderer Art als in den Entscheidungen des Obersten Gerichtes in Brünn (Nr. 7854 und 11 736 amtl. Slg.), auf die sich die Klägerin beruft. Es ist sohin dem Berufungsgerichte darin beizustimmen, daß nach der im Jahre 1935 erfolgten Unterbrechung zwar eine neue Verjährungsfrist zu laufen begann, die aber nach dem Charakter der ursprünglichen Forderungen wieder nur die dreijährige Verjährungszeit des § 1486 Zahl 1 ABGB sein konnte. Die vorliegende Klage ist dagegen erst nach Ablauf dieser Verjährungszeit am 22. Juni 1943 bei Gericht eingebracht worden.

Die Klägerin meint nun, daß trotzdem eine Verjährung des Klageanspruches nicht eintreten konnte, weil sie in der Lebensversicherungspolice des Beklagten ein Faustpfand in den Händen hatte und dieser Umstand die Vollendung der Verjährung hindere, was sie aus § 1483 ABGB ableitet. Allein die Klägerin verwechselt hier Verjährung der persönlichen Forderung und Verjährung des Pfandrechtes. § 1483 ABGB schließt nur die Verjährung des Pfandrechtes aus, solange der Gläubiger das Pfand in Händen hat (Faustpfand). Er sagt aber nichts über die von der Klägerin vermutete Unverjährbarkeit der persönlichen Forderung. Allerdings scheint der Schlußsatz „insofern die Forderung den Wert des Pfandes übersteigt, kann sie inzwischen durch Verjährung erlöschen“ zunächst dafür zu sprechen, daß die Forderung nur insoweit der Verjährung unterliege, soweit sie den Wert des Pfandes übersteige, daß aber eine Verjährung ausgeschlossen sei, soweit die Forderung durch den Wert des Pfandes gedeckt sei. Allein diese Auslegung wäre irrig. Der Lauf der Verjährung einer persönlichen Forderung wird auch durch die Hingabe eines Faustpfandes nicht aufgehalten, auch nicht, soweit das Faustpfand die Forderung deckt, vielmehr kann die persönliche Forderung zur Gänze verjähren. Was aber nicht verjährt, ist das Recht des Gläubigers auf Befriedigung aus dem Faustpfand, das er in den Händen hat. Dies drückt das Gesetz durch die Worte aus „solange der Gläubiger das Pfand in Händen hat, kann ihm die unterlassene Ausübung des Pfandrechtes nicht eingewendet und das Pfandrecht nicht verjährt werden“. Hieraus ergibt sich, daß der Gläubiger nach Ablauf der Verjährungsfrist keine persönliche Klage gegen den Schuldner mehr erheben kann, und zwar auch nicht hinsichtlich des pfandrechtlich sichergestellten Teilbetrages und daß ihm dann nur die Pfandklage zum Zwecke der Befriedigung aus dem Faustpfand zusteht. Aus § 1483 ABGB ist daher nicht ein Weiterbestehen der persönlichen Haftung des Gegners über das Ende der Verjährungszeit hinaus abzuleiten, sondern nur der Fortbestand der dinglichen Haftung des Faustpfandes, solange es sich in den Händen des Gläubigers befindet. Da die Klägerin aber einen persönlichen Anspruch gegen den Beklagten geltend macht, dieser jedoch – wie dargelegt – bereits verjährt ist, kann sie aus der Bestimmung des § 1483 ABGB nichts für sich gewinnen.

Es ist daher im vorliegenden Falle nicht notwendig, sich hier noch mit der Frage zu befassen, ob die Hingabe der Lebensversicherungspolice an die Klägerin – welche nachträglich am 24. Dezember 1933 in die Form einer Abtretung gekleidet wurde und überdies ab 1. Juli 1937 bezüglich der Versicherungssumme herabgesetzt wurde –, überhaupt noch als ein dem Falle des § 1483 ABGB gleichzustellender Fall einer Pfandbestellung angesehen werden kann.

Bei dieser Sachlage ist die Abweisung des Klagebegehrens hinsichtlich des noch streitigen Betrages rechtsbedenkenfrei, und es liegt keine Mangelhaftigkeit des Verfahrens vor, wenn das Berufungsgericht eine Ergänzung des Beweisverfahrens nicht vorgenommen hat.

Es ist daher wie oben zu erkennen.

---

72. 1. Das Gesetz läßt in § 9 EG z. AktG Mehrstimmrechtsaktien, deren Ausgabe vor dem Inkrafttreten des Aktiengesetzes beschlossen worden ist, ganz allgemein bis zu einem von der Reichsregierung zu bestimmenden Zeitpunkt im Besitze ihres Vorzugs, wobei im Falle einer derartigen, bisher noch nicht ergangenen Anordnung wiederum Ausnahmen nach § 12 AktG möglich sind. Das gilt für Mehrstimmrechte schlechthin und ohne Rücksicht darauf, worauf sie sich beziehen. Auch soweit sich der Stimmrechtsvorzug auf Wahlen zum Aufsichtsrat erstreckt, macht das Gesetz ausdrücklich keinen Unterschied; § 9 EG z. AktG ergibt nichts dafür, daß insoweit die vorläufige Fortdauer des Vorrechts wegfalle.

2. In § 111 Abs. 2 AktG wird ausdrücklich auch eine Beurkundung der Feststellung des Vorsitzers über die Beschlußfassung gefordert, diese Feststellung selbst also als für die Gültigkeit des Beschlusses unentbehrlich bezeichnet. Die Bestimmung hat ihren guten Grund; sie schafft Klarheit über das Vorliegen und den Zeitpunkt einer Beschlußfassung und stellt damit außer Zweifel, ob und wie lange für eine Anfechtungs-

klage nach §§ 197 flg. AktG Raum bleibt (vgl. RGZ Bd. 142 S. 128). Dem entspricht es, wenn in § 195 Nr. 2 AktG neben Verstößen gegen § 111 Abs. 1 und 4 auch solchen gegen Abs. 2 das. die unbedingte Folge der Nichtigkeit beigelegt wird, während Mängel nach § 111 Abs. 3 keinen Nichtigkeitsgrund bilden, vielmehr beim Vorhandensein der sonstigen Voraussetzungen höchstens eine Anfechtung rechtfertigen.

AktG §§ 12 Abs. 2 S. 2, 111 Abs. 2, EGAktG §§ 8, 9.

II. Zivilsenat. Urt. v. 13. November 1944 (II 194/1943).

I. Landgericht Kiel.
II. Oberlandesgericht Kiel.

In Sachen der Kieler Hütte AG, vertreten durch den Vorstand, in Kiel, Eichkamp 18–20, Beklagten und Revisionsklägerin, Prozeßbevollmächtigter: Rechtsanwalt Dr. Petersen in Leipzig,

gegen

den Kaufmann Rudolf Börner in Kiel, Wilhelminenstraße 33, Kläger und Revisionsbeklagten, Prozeßbevollmächtigter: Rechtsanwalt Justizrat Huber in Leipzig,

hat das Reichsgericht, II. Zivilsenat, auf die mündliche Verhandlung vom 13. November 1944 durch den Reichsgerichtsrat Frings als Vorsitzenden und die Reichsgerichtsräte Dr. Neumerkel und Schuster mittels *Teilurteil* für Recht erkannt:

Auf die Revision der Beklagten wird das Urteil des 2. Zivilsenats des Oberlandesgerichts in Kiel vom 25. Juni 1943 aufgehoben. Die Berufung des Klägers gegen das Urteil des Landgerichts Kiel vom 16. April 1943 wird zurückgewiesen.

Die Kostenentscheidung wird dem Schlußurteil vorbehalten. – Von Rechts wegen.

Tatbestand

Die Beklagte ist im Jahre 1924 gegründet worden. Ihr Grundkapital von ursprünglich 100.000 RM wurde wiederholt geändert und beträgt seit dem Jahre 1935 50.000 RM; es ist in 500 Aktien zum Nennwert von je 100 RM eingeteilt. Die Aktien lauten auf den Inhaber und sind fortlaufend numeriert. Nach § 3 der Satzung gewähren die Aktien Nr. 1 bis 50 ein fünffaches Stimmrecht bei allen Abstimmungen über Wahlen zum Aufsichtsrat, über Änderungen des Gesellschaftsvertrags und über Auflösung der Gesellschaft. Am 23. März 1938 fand die Hauptversammlung statt, die über die Entlastung des Aufsichtsrats für das beim Inkrafttreten des Aktiengesetzes laufende Geschäftsjahr zu beschließen hatte. Nachdem die Mitglieder des Aufsichtsrats im Jahre 1942 ihre Ämter niedergelegt hatten, wurde am 24. Oktober 1942 eine außerordentliche Hauptversammlung zur Neuwahl des Aufsichtsrats abgehalten. Es lagen zwei Wahlvorschläge vor, deren einer die Namen des Klägers und der Kaufleute Immenkamp und Hansen-Wester, der andere die Namen des Finanzbeamten Krienke und dreier weiterer Personen enthielt. Für den ersten Vorschlag stimmten 252 Aktien, für den zweiten die nach der Satzung mit dem Mehrstimmrecht ausgestatteten Aktien Nr. 1 bis 50 sowie weitere 169 Aktien. Ausweislich der notarischen Niederschrift stellte der Versammlungsleiter dieses Abstimmungsergebnis fest, „ohne eine Feststellung darüber zu treffen, welcher der Herren nunmehr in den Aufsichtsrat gewählt sei".

Der Kläger ist der Meinung, daß er in den Aufsichtsrat gewählt worden sei, weil das Mehrstimmrecht der satzungsmäßig begünstigten Aktien gemäß § 8 EG z. AktG mit der Beendigung der Hauptversammlung vom 23. März 1938 für die Wahlen zum Aufsichtsrat außer Kraft getreten sei, der Gegenvorschlag also nur 219 Stimmen erhalten habe. Er hat demgemäß beantragt, festzustellen, daß er dem Aufsichtsrat der Beklagten angehöre.

Die Beklagte hat um Klageabweisung gebeten. Sie vertritt unter Hinweis auf § 9 EG z. AktG den Standpunkt, das in § 3 der Satzung festgelegte Mehrstimmrecht sei noch in Geltung, der den Namen des Klägers enthaltende Wahlvorschlag sonach mit 419 : 252 Stimmen abgelehnt worden.

Das Landgericht hat die Klage abgewiesen, das Oberlandesgericht ihr stattgegeben. Mit ihrer Revision begehrt die Beklagte, das angefochtene Urteil aufzuheben und nach ihren Berufungsanträgen zu erkennen. Der Kläger hat um Zurückweisung des Rechtsmittels gebeten.

Der Oberreichsanwalt hat an der mündlichen Verhandlung vor dem Revisionsgericht teilgenommen und sich über die zu erlassende Entscheidung gutachtlich geäußert.

Entscheidungsgründe

1. Die Zulässigkeit der Revision unterliegt keinen Bedenken, nachdem der Streitwert für das Revisionsverfahren auf 10.000 RM festgesetzt worden ist.

2. Die Erwägungen, auf Grund deren das Berufungsgericht der Klage stattgibt, halten einer rechtlichen Nachprüfung nicht stand. Das Berufungsgericht ist der Meinung, die Vorschrift des § 8 EG z. AktG, wonach Satzungsbestimmungen über die Zusammensetzung, Wahl und Abberufung des Aufsichtsrats und die Entsendung von Aufsichtsratsmitgliedern zu dem dort näher bestimmten Zeitpunkt außer Kraft treten, umfasse sämtliche hierauf bezüglichen Bestimmungen und ergreife auch ein satzungsmäßig vorgesehenes Mehrstimmrecht, soweit es sich auf die Aufsichtsratswahl erstreckt. Wenn § 9 EG z. AktG Mehrstimmrechte zunächst weiter bestehen lasse, so gelte das nur für den Bereich, der danach übrig bleibe; § 8, der bei den bestehenden Aktiengesellschaf-

ten alsbald nach dem Inkrafttreten des Aktiengesetzes wirksam geworden sei, verdiene insoweit den Vorrang vor § 9, dessen Inkrafttreten noch in der Schwebe sei. Diese Ausführungen des Berufungsgerichts werden von der Revision mit Recht beanstandet. Zwar erklärt das Aktiengesetz in § 12 Abs. 2 Satz 1 Mehrstimmrechte grundsätzlich für unzulässig. Es will damit Mißständen vorbeugen, die sich ergeben, wenn eine auf Grund von Mehrstimmrechten erzielte Mehrheit ihre Machtstellung in sittenwidriger Weise gegen die Minderheit ausnutzt. Das Gesetz sieht aber davon ab, das von ihm ausgesprochene grundsätzliche Mehrstimmrechtsverbot uneingeschränkt und sofort durchzusetzen. Es läßt in § 12 Abs. 2 Satz 2 Ausnahmebewilligungen zu, wenn das Wohl der Gesellschaft oder gemeinwirtschaftliche Belange solche fordern, und läßt darüber hinaus in § 9 EG z. AktG Mehrstimmrechtsaktien, deren Ausgabe vor dem Inkrafttreten des Aktiengesetzes beschlossen worden ist, ganz allgemein bis zu einem von der Reichsregierung zu bestimmenden Zeitpunkt im Besitze ihres Vorzugs, wobei im Falle einer derartigen, bisher noch nicht ergangenen Anordnung wiederum Ausnahmen nach § 12 AktG möglich sind. Das gilt für Mehrstimmrechte schlechthin und ohne Rücksicht darauf, worauf sie sich beziehen. Auch soweit sich der Stimmrechtsvorzug auf Wahlen zum Aufsichtsrat erstreckt, macht das Gesetz ausdrücklich keinen Unterschied; § 9 EG z. AktG ergibt nichts dafür, daß insoweit die vorläufige Fortdauer des Vorrechts wegfalle. Dem Berufungsgericht kann nicht beigetreten werden, wenn es in § 8 EG z. AktG eine den Anwendungsbereich des § 9 einschränkende Vorschrift erblickt. § 8 will die satzungsmäßigen Hindernisse beseitigen, die einer Neugestaltung des Aufsichtsrats nach den in §§ 86 flg. AktG aufgestellten Grundsätzen im Wege stehen. Soweit er zu diesem Zweck gewisse Satzungsbestimmungen für einen näher bezeichneten Zeitpunkt außer Kraft setzt, handelt es sich um solche über Punkte, in denen das Gesetz entweder zwingend eingreifen oder verfassungsmäßig zu beachtende Höchst- oder Mindestgrenzen aufstellen will, um die von ihm erstrebte Neuordnung zu verwirklichen. Dabei paßt sich § 8 EG z. AktG zur Klarstellung dessen, inwieweit die Satzung hinfällig werde, in seinem Wortlaut offensichtlich den Überschriften der Bestimmungen des Aktiengesetzes an, in denen die für die Neuregelung wesentlichen Merkmale zum Ausdruck gelangen. Er sieht ein Außerkrafttreten der Satzungsbestimmungen über die Zusammensetzung, Wahl und Abberufung des Aufsichtsrats und die Entsendung von Aufsichtsratsmitgliedern, also über Fragen vor, die unter diesen Bezeichnungen in §§ 86, 87 und 88 AktG ausdrücklich behandelt werden. Ist danach schon gesetzestechnisch die Annahme gerechtfertigt, daß § 8 EG z. AktG nicht bezweckt, seinen Anwendungsbereich über die in diesen Bestimmungen enthaltenen Vorschriften hinaus auszudehnen und auf Mehrstimmrechte zu erstrecken, die in keiner der Bestimmungen als für Aufsichtsratswahlen unzulässig bezeichnet werden, so fehlt es auch an jedem inneren Grunde, der eine dahin gehende

Auslegung des § 8 geboten erscheinen lassen könnte. Auch in der Anwendung auf Aufsichtsratswahlen birgt die Ausübung von Mehrstimmrechten keine größeren Gefahren für die Rechte der Minderheit und die Ordnung innerhalb der Gesellschaft in sich, als sie ihr sonst innewohnen können. Hält das Gesetz eine vorläufige Fortdauer von Stimmrechtsvorzügen im allgemeinen für tragbar, so ist nicht einzusehen, weshalb insoweit für Aufsichtsratswahlen eine Ausnahme gelten sollte. Eine dahin gehende Annahme vertrüge sich auch schon insofern nicht mit der gesetzlichen Regelung, als eine nach § 12 Abs. 2 Satz 2 AktG und § 9 EG z. AktG mögliche Ausnahmebewilligung mangels entgegenstehender Vorschrift unzweifelhaft auch für die Stimmrechtsausübung bei Aufsichtsratswahlen zulässig wäre. Es ist also nicht so, daß ein Mehrstimmrecht für Aufsichtsratswahlen niemals erhalten bleiben oder neu begründet werden könnte. Dann kann es nicht dem Sinne des Gesetzes entsprechen, daß derartige Vorrechte zunächst erlöschen müßten, um gegebenenfalls nachträglich wieder ins Leben gerufen zu werden.

Die Gründe, die das Berufungsgericht für seine gegenteilige Meinung anführt, sind nicht überzeugend. Weder die Reihenfolge der §§ 8 und 9 EG z. AktG spricht zwingend für ihre Richtigkeit noch der Umstand, daß die erstgenannte Vorschrift bei den bestehenden Aktiengesellschaften alsbald wirksam geworden, das Inkrafttreten des § 9 hingegen noch in der Schwebe ist. Der Beweiskraft dieser letzten Erwägung stehen die oben erörterten sachlichen Gesichtspunkte entgegen, die für den Geltungsbereich der beiden Vorschriften entscheidend sind. Auch deren Reihenfolge ist angesichts des inneren Zusammenhanges des § 8 EG z. AktG mit §§ 86 flg. AktG und des § 9 EG z. AktG mit § 12 AktG ohne Bedeutung. Soweit das Schrifttum die hier erörterte Frage im abweichenden Sinne beantwortet, vermag dem der erkennende Senat nicht beizutreten.

Ist hiernach davon auszugehen, daß in der Hauptversammlung vom 24. Oktober 1942 das Mehrstimmrecht der Aktien Nr. 1 bis 50 bei der Wahl zum Aufsichtsrat zur Geltung gekommen ist, auf den Vorschlag Kienke also 419, auf den anderen, den Namen des Klägers enthaltenden Vorschlag hingegen nur 252 Stimmen entfallen sind, so ist damit auch der Begründung der Boden entzogen, mit der das Berufungsgericht seine Entscheidung rechtfertigt.

3. Diese kann weiter aber auch aus folgendem Grunde nicht bei Bestand bleiben:

Die vom Kläger begehrte Feststellung, daß er dem Aufsichtsrat der Beklagten angehöre, könnte nur getroffen werden, wenn in der Hauptversammlung vom 24. Oktober 1942 ein Beschluß dahin gefaßt worden wäre, daß die den Namen des Klägers enthaltende Vorschlagsliste angenommen sei. Für das Zustandekommen und die Wirksamkeit eines solchen Beschlusses bedurfte es der Erfüllung der Erfordernisse, die auch sonst für eine ordnungsmäßige

Beschlußfassung in der Hauptversammlung gelten. Insbesondere mußte den Voraussetzungen genügt sein, die § 111 AktG für die Beurkundung der Beschlüsse aufstellt. Nach Abs. 2 daselbst sind in der gerichtlichen oder notarischen Niederschrift, deren Aufnahme Abs. 1 vorschreibt, die Art und das Ergebnis der Abstimmung und die Feststellung des Vorsitzers über die Beschlußfassung anzugeben. Im ersten Punkt mag die notarische Niederschrift vom 24. Oktober 1942, die sich in unbestrittener Abschrift in den vom Landgericht beigezogenen Akten 8 Q 1/43 des Landgerichts Kiel befindet und mit diesen Gegenstand der mündlichen Verhandlung geworden ist, den gesetzlichen Anforderungen insoweit entsprechen, als die namentliche Anführung der Personen, die für den einen oder den anderen Wahlvorschlag gestimmt haben, in Verbindung mit der aus dem Teilnehmerverzeichnis ersichtlichen Zahl und Art der von ihnen vertretenen Aktien erkennen läßt, daß mündlich abgestimmt worden ist (vgl. RGZ Bd. 75 S. 259 [267]) und daß die danach zu errechnenden ziffernmäßigen Ergebnisse erzielt wurden. Hingegen fehlt es an der Beurkundung einer Feststellung des Vorsitzers über die Beschlußfassung. Die Niederschrift ergibt, daß eine solche Feststellung überhaupt nicht getroffen worden ist, der Vorsitzer sich ihrer vielmehr – offenbar mit Rücksicht auf die in der Niederschrift erwähnten, schon vorher zutage getretenen Meinungsverschiedenheiten über die Fortdauer des Mehrstimmrechts der in der Sitzung begünstigten Aktien – geflissentlich enthalten hat. Ein rechtsgültiger Beschluß, der Grundlage für die mit der Klage erstrebte Feststellung sein könnte, liegt danach nicht vor. Die Feststellung des Vorsitzers über das Ergebnis der Beschlußfassung und ihre Beurkundung sind Erfordernisse, deren Fehlen nach § 195 Nr. 2 AktG Nichtigkeit des Beschlusses zur Folge hat. Wenn in der früheren Rechtsprechung des Reichsgerichts angenommen wurde, die Verkündung als solche sei nicht Voraussetzung eines wirksamen Beschlusses (RGZ Bd. 125 S. 143 [149] und die dort angeführte Entscheidung in JW 1926 S. 1813 Nr. 5; vgl. auch RGZ Bd. 141 S. 123 [127]), so kann diese auf § 259 HGB beruhende Auffassung gegenüber der nunmehrigen Regelung in § 111 Abs. 2 AktG keine Geltung mehr beanspruchen. Denn in der letztgenannten Vorschrift wird im Gegensatze zu § 259 HGB, wonach lediglich die Art und das Ergebnis der Beschlußfassung anzugeben waren, ausdrücklich auch eine Beurkundung der Feststellung des Vorsitzers über die Beschlußfassung gefordert, diese Feststellung selbst also als für die Gültigkeit des Beschlusses unentbehrlich bezeichnet. Die Bestimmung hat ihren guten Grund; sie schafft Klarheit über das Vorliegen und den Zeitpunkt einer Beschlußfassung und stellt damit außer Zweifel, ob und wie lange für eine Anfechtungsklage nach §§ 197 flg. AktG Raum bleibt (vgl. RGZ Bd. 142 S. 128). Dem entspricht es, wenn in § 195 Nr. 2 AktG neben Verstößen gegen § 111 Abs. 1 und 4 auch solchen gegen Abs. 2 das. die unbedingte Folge der Nichtigkeit beigelegt wird, während Mängel nach § 111 Abs. 3 keinen

Nichtigkeitsgrund bilden, vielmehr beim Vorhandensein der sonstigen Voraussetzungen höchstens eine Anfechtung rechtfertigen. Die Niederschrift vom 24. Oktober 1942 läßt auch keine Deutung dahin zu, daß der Vorsitzer, wenn nicht mit ausdrücklichen Worten, so doch dem Sinne nach das Zustandekommen eines Beschlusses habe feststellen wollen; die besondere Hervorhebung dessen, daß er keine Folgerung aus der Abstimmung gezogen habe, verbietet eine solche Annahme.

Das Feststellungsbegehren des Klägers kann hiernach auch schon mangels eines es rechtfertigenden Hauptversammlungsbeschlusses keinen Erfolg haben. Auch § 196 Abs. 1 AktG kommt dem Kläger nicht zustatten. Denn es handelt sich nicht um einen Beschluß, dessen Nichtigkeit durch Eintragung in das Handelsregister geheilt werden könnte; Änderungen im Aufsichtsrat werden nach § 91 AktG nicht ins Handelsregister eingetragen.

Der Revision ist mithin stattzugeben und, da die Sache zur Endentscheidung reif ist, unter Aufhebung des angefochtenen Urteils die Berufung des Klägers gegen das landgerichtliche Urteil zurückzuweisen.

---

73. Der Prozeßrichter im Aufhebungs- bzw. Vollstreckbarerklärungsverfahren hat auch über die bei Erlaß des Schiedsspruchs noch nicht endgültig durch einen Beschluß nach § 1045 ZPO erledigte Ablehnung eines Schiedsrichters zu entscheiden.

ZPO §§ 1041, 1042, 1045, 1046.

IV. Zivilsenat. Urt. v. 15. November 1944 (IV 125/1944).

I. Landgericht Kiel.
II. Oberlandesgericht Kiel.

In Sachen der Firma Archo Büromaschinen Kommanditgesellschaft Karl Winterberg & Co. in Berlin-Schöneberg, zur Zeit in Wyk auf Föhr, vertreten durch ihre persönlich haftenden Gesellschafter Regierungsrat a. D. Dr. Otto Kurutz und Prokuristen Hans Rammensee, Antragsgegnerin und Revisionsklägerin, Prozeßbevollmächtigter: Rechtsanwalt Justizrat Dr. Schrömbgens in Leipzig,

gegen

Die Firma AEG Elektrochemie GmbH in Berlin-Reinickendorf-Ost 1, Holländische Str. 31/34, vertreten durch ihre Geschäftsführer Dr. Rudolf Auerbach und Dipl. Kaufmann Arthur Laabs, Antragstellerin und Revisionsbeklagte, Prozeßbevollmächtigter: Rechtsanwalt Dr. Fuchslocher in Leipzig, hat das Reichsgericht, IV. Zivilsenat, auf die mündliche Verhandlung vom 15. November 1944 durch den Senatspräsidenten Dr. Jonas und die Reichsgerichtsräte Dr. Hofmann und Dr. Schrutka für Recht erkannt:

Das Urteil des 2. Zivilsenats des Oberlandesgerichts in Kiel vom 4. April 1944 unter Ziffer 2 wird aufgehoben.

Die Berufung der Antragstellerin gegen das Urteil der 2. Zivilkammer des Landgerichts in Kiel vom 19. Oktober 1943 wird zurückgewiesen.

Die Antragstellerin hat auch die Kosten des Berufungs- und Revisionsverfahrens zu tragen.

Die von der Antragstellerin der Antragsgegnerin zu erstattenden Kosten der beiden Rechtsmittelzüge werden auf 5.470 RM festgesetzt. – Von Rechts wegen.

Tatbestand

Die Antragstellerin begehrt die Vollstreckbarerklärung eines in einer Grundstücksstreitigkeit zu ihren Gunsten gegen die Antragsgegnerin ergangenen Schiedsspruchs. Dieser war am 9. Dezember 1942 erlassen worden, nachdem die Antragsgegnerin in der Schiedsgerichtsverhandlung am Vortage den von der Antragstellerin als Schiedsrichter bestellten Rechtsanwalt Gaffrey wegen Befangenheit abgelehnt hatte. Auf den Widerspruch der Antragsgegnerin hat das Landgericht die Vollstreckbarerklärung des Schiedsspruchs abgelehnt. Das Oberlandesgericht hat dagegen auf die verspätet eingelegte Berufung unter Bewilligung der Wiedereinsetzung dem Antrage stattgegeben. Die Antragsgegnerin erstrebt mit der Revision die Wiederherstellung des landgerichtlichen Urteils, während die Antragstellerin die Zurückweisung der Revision erbittet.

Entscheidungsgründe

I. Der Angriff der Revision gegen die Bewilligung der Wiedereinsetzung ist unbegründet.

Zweifellos hat die bei der Antragstellerin tätige Sekretärin Fräulein Bernutz in hohem Maße unsachgemäß gehandelt, indem sie – nachdem sie das von dem eigenen Prozeßbevollmächtigten übersandte Urteil an den für die Bearbeitung der Schiedsgerichtssachen zuständigen Rechtsanwalt Nebelsieck zur Äußerung übersandt hatte – die wenige Tage später eingegangene mit dem Zustellungsvermerk versehene Urteilsausfertigung nach Vorlage bei dem zuständigen Geschäftsführer in ihrem Schreibtisch zurückbehalten hat. Ihr Verhalten ist aber der Antragstellerin ebensowenig zur Last zu legen wie einem Anwalt das fehlsame Verhalten seines Angestellten. Daß die zu § 232 Abs. 2 ZPO entwickelten Grundsätze auch auf Betriebe anzuwenden sind, in deren Schriftverkehr die Überwachung von Fristen usw. häufig vorkommt und gerade für derartige technische Arbeiten besondere Sekretariatskräfte angestellt sind, ist in der reichsgerichtlichen Rechtsprechung wiederholt anerkannt worden. Daß der Betrieb der Antragstellerin ein solcher ist, ist unbedenklich anzunehmen, auch wenn dies in dem Wiedereinsetzungsgesuch nicht besonders dargelegt und glaubhaft gemacht war. Wenn das Oberlandesgericht die Stellung des Fräulein Bernutz in dem Betriebe der Antragstellerin mit derjenigen eines Urkundsbeamten der Geschäftsstelle statt mit der eines Anwaltsbürovorstehers vergleicht, so ist das offenbar nur eine Ungenauigkeit des Ausdrucks. Der Hinweis der Revision, daß der gerichtliche Urkundsbeamte im allgemeinen mit Fristenkontrollen nichts zu tun habe, liegt somit neben der Sache. Daß sich das Fräulein Bernutz in ihrer Tätigkeit bisher als zuverlässig erwiesen hatte, ist zwar in dem Wiedereinsetzungsgesuch nicht besonders dargelegt; es kann aber ohne weiteres davon ausgegangen werden, daß sie in einem Betriebe wie dem der Antragstellerin mit der Wahrnehmung eines so wichtigen Postens nicht betraut worden wäre, wenn sie sich nicht bisher als gewissenhaft und gewandt bewährt hätte. Wenn dann in der Folgezeit nicht nur das Fräulein Bernutz, die offenbar geglaubt hatte, die Sache als laufende auch ohne schriftliche Kontrolle oder dgl. weiter verfolgen zu können, sondern auch die zuständigen Geschäftsführer die Angelegenheit aus den Augen verloren haben, so ist dies unbedenklich auf die durch die Bombenangriffe verursachten schweren Betriebsstörungen und die außerordentliche Inanspruchnahme der Beteiligten bei der Überführung des Betriebes nach der auswärtigen Ausweichstelle, also auf Umstände zurückzuführen, die als unabwendbare Zufälle anzusehen sind. Daß im übrigen den sich in derartigen Lagen ergebenden Schwierigkeiten durch eine weitherzige Handhabung der Wiedereinsetzungsvorschriften billigerweise Rechnung zu tragen ist, hat der erkennende Senat schon wiederholt ausgesprochen. Schließlich kann auch nicht, wie die Revision meint, dem Rechtsanwalt Nebelsieck daraus ein Vorwurf gemacht werden, daß er sich nicht seinerseits rechtzeitig um die Wahrung der Berufungsfrist gekümmert hat. Abgesehen davon, daß er nicht Vertreter der Antragstellerin war, der § 232 Abs. 2 ZPO also insoweit nicht Platz greift, war ihm das – damals noch nicht zugestellte – Urteil lediglich zur sachlichen Stellungnahme zugeleitet worden; er konnte also davon ausgehen, daß eine etwaige demnächstige Zustellung und der Fristablauf von anderer Seite kontrolliert werden würden.

Die Wiedereinsetzung ist der Antragstellerin somit zu Recht gewährt worden.

II. In der Sache selbst steht in erster Linie die Frage zur Entscheidung, ob eine Partei, die vor dem Schiedsgericht einen Schiedsrichter abgelehnt hatte, aber vor Erlaß des Schiedsspruchs eine gerichtliche Entscheidung nach § 1045 ZPO über die Ablehnung nicht mehr hat erwirken können, in der Lage ist, den Ablehnungsgrund in dem Verfahren auf Vollstreckbarerklärung des Schiedsspruchs einredeweise geltend zu machen. Das Oberlandesgericht hat die Frage unter Berufung auf die Entscheidungen RGZ Bd. 145 S. 171, Bd. 148 S. 1, Bd. 152 S. 375 verneint. Es meint, die Ablehnung eines Schiedsrichters dürfe nur während des Schiedsverfahrens geltend gemacht werden. Nachdem das Schiedsverfahren beendet, d. h. der Schiedsspruch niedergelegt worden sei, könne ein Schiedsrichter überhaupt nicht mehr abgelehnt werden; denn zur Entscheidung über die Ablehnung stehe nur das Verfahren nach § 1045 ZPO zur Verfügung; nach Beendigung des Schiedsverfahrens sei aber zu einem Antrag nach § 1045 kein Raum mehr. Die Antragsgegnerin habe dadurch, daß sie es verabsäumt habe, vor der Niederlegung des Schiedsspruchs den Antrag nach § 1045 zu stellen, den Ablehnungsgrund endgültig eingebüßt.

Die beiden erstgenannten Reichsgerichtsentscheidungen betreffen Aufhebungsklagen. In der ersten Entscheidung ist ausgeführt, nachdem die ZPO von 1898 die Entscheidung über die Ablehnung von Schiedsrichtern dem Beschlußverfahren zugewiesen habe, sei der Klageweg dafür ausgeschlossen, und es gehe nicht an, mittelbar den Klageweg doch wieder dadurch zu eröffnen, daß die Ablehnung als Aufhebungsgrund gemäß § 1041 ZPO noch nach Erlaß des Schiedsspruchs zugelassen werde, obwohl – wie in dem konkreten Falle – während des Schiedsverfahrens ein Antrag auf § 1045 überhaupt nicht gestellt worden sei; das schiedsgerichtliche Verfahren sei – wie sich aus § 1037 ZPO ergebe – nicht unzulässig, solange nicht zu Unrecht eine ordnungsmäßig geltend gemachte Ablehnung unberücksichtigt bleibe. Die Entscheidung Bd. 148 S. 1 nimmt im Anschluß daran für den Fall, daß vor Beendigung des Schiedsverfahrens eine gerichtliche Entscheidung über die Ablehnung nach § 1045 ZPO zwar beantragt, aber noch nicht ergangen sei, in dem Sinne Stellung, daß das Verfahren nach § 1045 seinen Fortgang zu nehmen habe und die Rechtswirksamkeit des Schiedsspruchs unter dem Vorbehalt stehe, daß das Ablehnungsgesuch nicht für begründet befunden werde; werde es für begründet erklärt, so könne die Unwirksamkeit des Spruches hernach mit der Aufhebungsklage geltend gemacht werden; der Prozeßrichter im Aufhebungsverfahren sei alsdann an die Entscheidung des Beschlusses gebunden. Sei ein Aufhebungsstreit vor Abschluß des Ablehnungsverfahrens anhängig geworden, so habe der Prozeßrichter die in dem letzteren Verfahren ergehende Entscheidung abzuwarten. Die Entscheidung Bd. 152 S. 375 betrifft endlich ein Vollstreckbarerklärungsverfahren. Die Entscheidung erklärt in Abkehr von der früheren Rechtsprechung die schiedsvertragliche Übertragung der Entscheidung über ein Ablehnungsgesuch auf einen Dritten für unzulässig und zieht daraus – da einerseits die von dem Dritten ausgesprochene Zurückweisung des Ablehnungsgesuchs wirksam sei, der Partei aber andererseits unter den gegebenen Verhältnissen die Anrufung des für die Entscheidung allein zuständigen Beschlußrichters nicht zuzumuten gewesen sei – die Folgerung, daß hier schon die Möglichkeit, daß der Beschlußrichter im Sinne des Ablehnungsgesuchs entschieden hätte, dazu genügen müsse, die Vollstreckbarkeitserklärung endgültig ohne sachliches Eingehen auf den Ablehnungsgrund zu versagen.

Soweit in den angeführten Entscheidungen dem Prozeßrichter die sachliche Entscheidung über die Begründetheit eines nach § 1045 ZPO nicht beschiedenen Ablehnungsgesuchs grundsätzlich versagt wird, vermag sich der Senat dem nicht anzuschließen. Dabei ist zunächst darauf hinzuweisen, daß in dieser Hinsicht das Aufhebungsverfahren nach §§ 1041, 1046 ZPO und das Vollstreckbarerklärungsverfahren nach §§ 1042 ff. sachlich gleich zu behandeln sind; denn in dem einen wie in dem anderen Verfahren ist über die geltend gemachten Aufhebungsgründe zu entscheiden (vgl. § 1042 Abs. 2), und zwar durch Urteil (§ 1042c Abs. 2). Der Unterschied zwischen beiden Verfahren besteht nur in der verschiedenen Stellung der Parteien, ebenso wie bei der positiven und negativen Feststellungsklage.

Die ZPO von 1898 hat die Entscheidung über verschiedene, zumeist bereits während des Schiedsverfahrens auftauchende Fragen, über die nach dem früheren Recht auch dann im ordentlichen Klageweg zu entscheiden war, wenn es sich sachlich um einen Zwischenstreit vor Erlaß des Schiedsspruchs handelte, im Interesse der Vereinfachung und Beschleunigung einem besonderen Beschlußverfahren zugewiesen. An sich besteht der allgemeine Grundsatz, daß, wenn ein solcher einfacherer und schnellerer Weg zur Verfügung steht, den Parteien der gewöhnliche Klageweg insoweit versagt ist. Es fragt sich aber, ob dies auch dann zu gelten hat, wenn die Beschreitung dieses besonderen Weges mit Rücksicht auf die derzeitige Lage des Hauptverfahrens nicht zu einer Vereinfachung und Beschleunigung, sondern im Gegenteil zu einer unerwünschten Aufspaltung eines einheitlichen Streites in zwei getrennt nebeneinander laufende Verfahren mit gesonderten Rechtszügen führen würde. Aus der Entstehungsgeschichte der einschlägigen Vorschriften ist nichts zu entnehmen. Die Frage ist demnach nach allgemeinen verfahrensrechtlichen Grundsätzen, d.h. aus einer jedem Formalismus und starrem Doktrinarismus abholden und auf eine möglichst zweckmäßige und sinnvolle Verfahrensgestaltung bedachten Grundeinstellung heraus zu beantworten. Die Lösung, daß der Partei, der infolge des alsbaldigen Erlasses des Schiedsspruches (§ 1037 ZPO) die Anrufung des Beschlußrichters nach § 1045 ZPO nicht möglich war, die Geltendmachung des Ablehnungsgrundes endgültig versagt sei, muß ohne weiteres ausscheiden, da dies auf eine schwere sachliche Benachteiligung hinauslaufen würde. Der in der Entscheidung RGZ Bd. 148 S. 1 gewiesene Weg vermeidet zwar dieses Ergebnis, führt aber zu einer gerade vom Standpunkte einer vernünftigen Prozeßökonomie höchst unerwünschten Aufspaltung des Verfahrens und zu einem für die Parteien äußerst mißlichen Schwebezustand. Der Hinweis, daß im Verfahrensrecht auch sonst – z. B. bei der Fortführung des Betragsverfahrens bei gleichzeitiger Fortsetzung des Grundverfahrens in der Rechtsmittelinstanz (§ 304 Abs. 2 ZPO) – ähnliche Gabelungen und Schwebezustände einträten, ist nicht beweiskräftig, da die einzelnen Fälle durchaus verschieden liegen; jedenfalls kann der

Umstand, daß in anderen Sonderfällen derartige Weiterungen unvermeidlich sind, es nicht rechtfertigen, sie hier als im Sinne des Gesetzes liegend in Kauf zu nehmen. Im übrigen liegt es durchaus im Zuge der neueren Entwicklung, solche Verwicklungsmöglichkeiten tunlichst auszuräumen; es sei dazu nur auf die neuere reichsgerichtliche Rechtsprechung zu der alten Streitfrage verwiesen, ob der Streit um die Wirksamkeit oder Unwirksamkeit eines Prozeßvergleichs in dem anhängigen oder in einem selbständigen Verfahren auszutragen ist (vgl. dazu RGZ Bd. 161, 254, Bd. 162 S. 198).

Erfahrungsgemäß werden im Aufhebungs- bzw. einredeweise im Vollstreckbarerklärungsverfahren Angriffe gegen den Schiedsspruch regelmäßig in mehrfacher Häufung – fehlerhafte Besetzung des Schiedsgerichts, Ablehnung, Überschreitung der Entscheidungsbefugnis usw. – erhoben. Hier für den einen Angriff dieses und für andere Angriffe jenes Verfahren vorzusehen, wäre in der Tat höchst mißlich –, und zwar bei der Ablehnung um so mehr, als die Grenzlinie zwischen einer auf gesetzlicher Unfähigkeit zum Schiedsrichteramt beruhenden Unzulässigkeit des Verfahrens und dem Falle der Ablehnung wegen Befangenheit im konkreten Falle u. U. recht zweifelhaft sein kann. Es kann nicht Sinn und Zweck einer gerade auf beschleunigte Entscheidung gewisser Zwischenstreitigkeiten hinzielenden Regelung sein, daß, wenn die Streitfrage erst im Hauptverfahren zum Zuge kommt, dem Richter dieses Verfahrens die Entscheidung versagt wäre mit der Folge, daß nunmehr zunächst ein neues Verfahren eingeleitet werden müßte, dessen Ergebnis gegenüber der u. U. inzwischen in dem Hauptverfahren ergehenden Entscheidung erst wieder im Wege einer neuen Aufhebungsklage durchgesetzt werden müßte. Zu beachten ist dabei, daß der § 1045 nicht nur Ablehnungs-, sondern auch andere Streitigkeiten, insbesondere solche über die Ernennung der Schiedsrichter und das Erlöschen des Schiedsvertrags dem Beschlußverfahren zugewiesen hat. Was für die Ablehnung eines Schiedsrichters gilt, müßte auch in den angeführten weiteren Fällen gelten; d. h. es müßte vom Standpunkte der hier abgelehnten Gegenansicht in dem Aufhebungs- bzw. Vollstreckbarerklärungsverfahren u. U. eine Entscheidung ergehen, die den einen oder anderen der Streitpunkte offen läßt und dafür für die Parteien nur einen sehr beschränkten vorläufigen Wert hätte. Auf die praktischen Schwierigkeiten, die sich nach einer derartigen nur unter Vorbehalt ausgesprochenen Vollstreckbarerklärung im Zuge der Vollstreckung des Schiedsspruchs ergeben würden, sei nur andeutungsweise hingewiesen.

Nach alledem kann die klare Linie nur die sein, daß alle das schiedsgerichtliche Verfahren betreffenden Streitigkeiten, die bei Erlaß des Schiedsspruchs noch nicht endgültig durch einen Beschluß nach § 1045 erledigt sind, in dem Aufhebungs- bzw. Vollstreckbarerklärungsverfahren ausgetragen werden können. Die weitere Frage, ob ein in dem fraglichen Zeitpunkt anhängiges, noch nicht abgeschlossenes Beschlußverfahren nach § 1045 ZPO – ebenso wie im gewöhnlichen Prozeß ein im Beschlußwege auszutragender Zwischenstreit mit dem Erlaß der Endentscheidung des Hauptverfahrens gegenstandslos wird – mit dem Abschluß des Schiedsverfahrens seine Erledigung findet oder unter gewissen Umständen noch fortgesetzt werden kann, bedarf im vorliegenden Falle nicht der Entscheidung.

Zur Vermeidung von Mißverständnissen sei noch betont, daß das Zurückgreifen auf einen noch nicht endgültig beschiedenen Ablehnungsgrund im Aufhebungs- bzw. Vollstreckbarerklärungsverfahren selbstverständlich zur Voraussetzung hat, daß die Ablehnung rechtzeitig (§ 43 ZPO) vor dem Schiedsgericht geltend gemacht und nicht durch ein späteres Verhalten vor dem Schiedsgericht wieder verwirkt worden ist. Inwieweit sich die Partei des Ablehnungsrechts dadurch begibt, daß sie nach der vor dem Schiedsgericht erklärten Ablehnung die Anrufung des Beschlußrichters nach § 1045 ZPO hinauszögert, insbesondere eine ihr dieserhalb vom Schiedsgericht zugebilligte angemessene Frist nicht ausnützt, kann offen bleiben, da im vorliegenden Falle das Schiedsgericht seinen Spruch bereits am nächsten Tage nach der Ablehnung – am 9. Dezember 1942 – beschlossen und am 15. desselben Monats schriftlich ausgefertigt und der Antragsgegnerin somit überhaupt keine Zeit zur Verfügung gestanden hat, durch alsbaldige Anrufung des Gerichts die abschließende Beschlußfassung des Schiedsgerichts bis zur Erledigung des Ablehnungsstreites hinauszuschieben.

Der erkennende Senat ist nach alledem der Auffassung, daß das Oberlandesgericht es zu Unrecht abgelehnt hat, auf den geltend gemachten Ablehnungsgrund sachlich einzugehen. Einer Anrufung des Großen Senats für Zivilsachen bedarf es nicht, da die angeführten abweichenden Entscheidungen RGZ Bd. 145 S. 171 und Bd. 148 S. 1 vor dem 1. September 1935 ergangen sind und die die dortige Ansicht billigende spätere Entscheidung RGZ Bd. 152 S. 375 nicht auf ihr, sondern auf der Erwägung beruht, daß einerseits die Zurückweisung der Ablehnung durch die schiedsvertraglich bestimmte dritte Stelle unwirksam, andererseits aber die Anrufung des staatlichen Richters der Partei nach Lage der Verhältnisse nicht zuzumuten war.

Das angefochtene Urteil war danach aufzuheben. Einer Zurückverweisung der Sache bedarf es nicht, da das Revisionsgericht nach § 4 Abs. 12 der 4. VereinfVO in der Lage ist, die abschließende tatrichterliche Würdigung selbst vorzunehmen.

Wie unstreitig ist, steht der als Schiedsrichter abgelehnte Rechtsanwalt Gaffrey zu der Muttergesellschaft der Antragstellerin, der AEG, in einem festen Anstellungsverhältnis. Die enge organisatorische Verbindung der Tochtergesellschaft mit der AEG hatte sich in dem vorliegenden Falle in der Weise ausgewirkt, daß der den Gegenstand des Streites bildende Vertrag von dem zuständigen Sachbearbeiter der AEG geprüft und erst nach dessen Billigung abgeschlossen worden war und die AEG einen ihrer juristischen Sachbearbeiter für die notarische Beurkundungsverhandlung mit der Gegenpartei der Antragstellerin als Beistand zur Verfügung gestellt hatte. Das war der Rechtsanwalt Gaffrey, der auch als solcher an der Verhandlung teilgenommen hat. Mag er dabei auch nicht aktiv tätig geworden sein, so steht er doch zu der AEG und der Antragstellerin in einem so engen Verhältnis, daß die sich daraus zwangsläufig ergebende Interessenverbundenheit bei der Vertragsgegnerin ernste Bedenken auslösen mußte, ob bei ihm die von einem Schiedsrichter zu erwartende freie und unbeeinflußte Urteilsbildung voll gewährleistet sei. Dabei kommt es, wie in der Rechtsprechung des Reichsgerichts wiederholt ausgesprochen ist, nicht darauf an, ob das Gericht den Verdacht der Befangenheit teilt, sondern allein darauf, ob objektive Gründe vorlagen, die, vom Standpunkt der Partei aus betrachtet, geeignet erscheinen, Zweifel an der vollen Unparteilichkeit zu erregen. Das muß hier bei dem engen Verhältnis des Rechtsanwalts Gaffrey zu der Antragstellerin und der von ihm beim Vertragsabschluß geleisteten – wenn auch geringfügigen und wahrscheinlich sachlich bedeutungslosen – Hilfe unbedingt bejaht werden. Daß die Ablehnung rechtzeitig im Sinne des § 43 ZPO geltend gemacht ist, hat der erste Richter bejaht; seine Feststellung ist in der Berufungsinstanz nicht angegriffen worden. Wenn die Antragstellerin in der Berufungsschrift die von ihr erstrebte Zurückweisung der Ablehnung damit zu rechtfertigen sucht, daß Schiedsgerichte fast niemals völlig unabhängige Gerichte seien, und – wie jedem, der sich auf ein schiedsgerichtliches Verfahren einlasse, bekannt sei, – die Schiedsrichter fast stets in naher Beziehung zu den Parteien ständen und gerade deswegen zu Schiedsrichtern bestellt würden, so kommt darin eine wenn auch vielleicht weit verbreitete, aber darum nicht minder fehlsame grundsätzliche Auffassung zum Ausdruck, der nachdrücklich entgegengetreten werden muß.

Nach alledem war der Revision stattzugeben und das die Vollstreckbarerklärung ablehnende Urteil des Landgerichts wiederherzustellen.

---

74. 1. Voraussetzungen einer Novation. Während sich bei einem deklarativen Schuldanerkenntnis, das zwar auch die Verjährung unterbricht, wenn es gegenüber dem Gläubiger abgegeben wird (§ 1497 ABGB und § 208 BGB), die Dauer der nach der Unterbrechung neu beginnenden Verjährung nach der ursprünglichen Beschaffenheit der Forderung richtet, ist bei einem rechtsbegründenden Schuldanerkenntnis (Novation) die für den neuen Rechtsgrund (Vertrag) maßgebende Verjährungszeit entscheidend.

2. §§ 2032, 2039 BGB. Wenn zwei Miterben von mehreren Miterben Leistung an sich verlangen, so setzt dies die Auseinandersetzung der Erben über den Nachlaß voraus.

3. § 67 der tschechoslowakischen Ausgleichsordnung. Zu den Folgen der Nichterfüllung der dem Ausgleich unterliegenden Forderungen.

ABGB § 1376, BGB § 781.

VII. Zivilsenat. Beschl. v. 15. November 1944 (VII 133/1944).

I. Landgericht Prag.
II. Oberlandesgericht Prag.

In Sachen 1. der Betty Werba, Beamtin in Prag und 2. der Margarete Oehlhorn, Privaten in Wensickendorf, Klägerinnen, Prozeßbevollmächtigter: Rechtsanwalt Dr. Eduard R. v. Zahn in Prag II, Wenzelsplatz 51, vor dem Reichsgericht: Rechtsanwalt Dr. Fuchslocher in Leipzig,

gegen

Dr. Karl Werba, Gutspächter in Klitschan bei Rotkirchen, Beklagten, Prozeßbevollmächtigter: Rechtsanwalt Dr. Rolf Haller in Prag II, Kreuzlgasse Nr. 10, vor dem Reichsgericht: Rechtsanwalt Justizrat Axhausen in Leipzig, wegen restlicher 31.280,52 RM s. Ng.,

hat das Reichsgericht, VII. Zivilsenat, auf die mündliche Verhandlung vom 15. November 1944 durch den Reichsgerichtsrat Burmeister als Vorsitzenden und die Reichsgerichtsräte Dr. Kirchengast und Dr. Roppert auf die Revision des Beklagten gegen das Urteil des Deutschen Oberlandesgerichtes in Prag als Berufungsgerichtes vom 18. Juli 1944, GZ I U 63/44, insofern mit demselben auf die Berufung des Beklagten das Urteil des Deutschen Landgerichtes in Prag vom 9. Mai 1944, GZ 2 0 286/43 hinsichtlich eines Betrages von 6.985,30 RM bestätigt und hinsichtlich eines Betrages von 24.295,22 RM s. Ng. abgeändert wurde, beschlossen:

Der Revision wird Folge gegeben. Das angefochtene Urteil und das Urteil des Erstgerichtes werden aufgehoben, soweit über den Betrag von 31.280,52 RM die vom Berufungsgericht zugesprochenen Zinsen sowie über die Kosten des ersten und zweiten Rechtsganges entschieden wurde und die Sache wird in diesem Umfange an das Erstgericht zur weiteren Verhandlung und Entscheidung zurückverwiesen. Hierbei ist auf die Kosten des Rechtsmittelverfahrens Bedacht zu nehmen. Die Abweisung des Klagebegehrens mit einem Betrage von 2.924,36 RM bleibt unberührt.

Entscheidungsgründe

Die Klägerinnen – die geschiedene Ehefrau des Beklagten und ihre Schwester – begehren als Miterbinnen ihres am 12. Juni 1931 verstorbenen Vaters Wilhelm Friedrich die Verurteilung des Beklagten zur Bezahlung von zwei Fünfteln einer Forderung, die dem Erblasser aus der Gewährung von Darlehen an den Beklagten als seinen Schwiegersohn erwachsen sei, sowie den anteilmäßigen Ersatz von Hypothekarzinsen, die die Erben an Stelle des Beklagten an die Berliner Hypothekenbank AG in Berlin geleistet haben. Der Beklagte hat dagegen eingewendet, er habe von seinem Schwiegervater keine Darlehen erhalten, sondern dieser habe sich als stiller Gesellschafter an der Gutspachtung des Beklagten beteiligt. Ein Schuldanerkenntnis sei nur zum Schein und zur Beruhigung des Erblassers abgegeben worden und dieser sei nicht berechtigt gewesen, seine angebliche Forderung auf seine Erben zu übertragen. Auch hätten die Klägerinnen ihre Forderungen nicht zu dem landwirtschaftlichen Ausgleich des Beklagten angemeldet und seien daher nicht berechtigt, Zahlung zu verlangen. Die Zinsforderung der Klägerinnen sei verjährt und die Forderung des Erblassers aus der stillen Gesellschaft durch erlittene Verluste erloschen. Das Landgericht hat den Beklagten nur zur Zahlung von je 3.492,65 RM an jede Klägerin verurteilt und das Mehrbegehren abgewiesen. Es hat als erwiesen angenommen, daß der Erblasser dem Beklagten nachweislich 47.519,78 RM als Darlehen gegeben habe, wozu noch Zinsen für drei Jahre in der Höhe von 2.376 RM kommen, zusammen also 49.895,78 RM. Hiervon entfalle auf jede Klägerin als Erbin 1/5, d.i. 9.979 RM. Mit Rücksicht auf den bestätigten Ausgleich des Beklagten könne aber jede Klägerin nur die 35%ige Ausgleichsquote verlangen, während das Mehrbegehren nicht gerechtfertigt sei. Das Berufungsgericht hat der Berufung des Beklagten keine Folge gegeben und auf die Berufung der Klägerinnen das Urteil des Erstgerichtes teilweise dahin abgeändert, daß der Beklagte ihnen insgesamt einen Betrag von 31.280,52 RM samt Zinsen je zur Hälfte zu ersetzen habe. Hierzu stellte es fest, daß der Beklagte am 31. März 1931 seine Darlehensschuld in der Höhe von 66.233,60 RM anerkannte und daß die Friedrich'schen Erben für den Beklagten noch insgesamt 11.967,70 RM an die Hypothekenbank in Berlin bezahlten, so daß die Klägerinnen hiervon 2/5, nämlich 26.492,44 RM und 4.787,08 RM samt Zinsen, zu fordern hätten. Auf die Begünstigung des Ausgleichsverfahrens könne sich der Beklagte nicht berufen; da er den Ausgleich gegenüber den Klägerinnen nicht erfüllt und auch auf die Klage, welche als qualifizierte Mahnung anzusehen sei, keine Zahlung geleistet habe.

Dagegen richtet sich die Revision des Beklagten, welche sich auf die Revisionsgründe nach § 503 Zahl 2, 3 und 4 ZPO stützt.

Die Revision macht vor allem geltend, das Berufungsgericht habe die Frage unrichtig entschieden, ob die von dem Erblasser dem Beklagten gewährten Beträge ein Darlehen oder einen Gesellschaftsanteil darstellten. Das Berufungsgericht habe die Parteiaussage des Beklagten nicht entsprechend berücksichtigt, wonach sich Wilhelm Friedrich mit dem dem Beklagten ausgezahlten Geld als Gesellschafter an dessen Pachtungen und als Geldgeber an dem Erfolg der gemeinschaftlichen Wirtschaftsführung beteiligt habe, und habe sich zu Unrecht bloß auf die Bestätigungen vom 11./18. August 1929 und vom 31. März 1931 gestützt. Dieser Angriff der Revision ist aber unbegründet. Bereits das Landgericht hat nicht nur die vom Beklagten ausgestellten Bestätigungen, sondern auch seinen Brief vom 10. April 1926 und seine Parteiaussage eingehend gewürdigt und ist auf Grund dieser Beweismittel zu dem Ergebnis gekommen, daß es sich um Darlehen handele, die dem Beklagten gewährt wurden, nicht aber um den Anteil eines stillen Gesellschafters mit Beteiligung am Gewinn und Verlust. Das Berufungsgericht hat diese Würdigung übernommen. Dabei hat es die Aussagen der Zeugen Wrala und Andres keineswegs übersehen oder außer Acht gelassen, vielmehr im Gegenteil sich mit ihnen befaßt und dargelegt, daß diese Zeugen nur ihre persönlichen Schlußfolgerungen bekundet haben, daß sie aber nicht zu bestätigen vermochten, der Vater der Klägerinnen hätte jemals eine Erklärung in dem Sinne getan, daß die von ihm dem Beklagten gewährten Beträge seine in das Unternehmen des Beklagten eingebrachte Einlage eines stillen Gesellschafters darstellen. Hierzu kann hinzugefügt werden, daß weder aus den Beilagen noch aus der Aussage des Beklagten oder der genannten Zeugen ersichtlich ist, daß Gewinn- oder Verlustanteile für den Erblasser jemals berechnet worden wären, sondern die vorgelegten Urkunden stets nur die darlehnsmäßige Verzinsung zum Ausdruck bringen. Es liegt demnach in dieser Hinsicht weder eine Mangelhaftigkeit des Verfahrens noch eine Aktenwidrigkeit vor, da das Berufungsgericht die in Betracht kommenden Beweismittel tatsächlich gewürdigt hat. Die Beweiswürdigung als solche kann aber von dem Beklagten im Revisionsverfahren nicht mit Erfolg bekämpft werden. Es ist daher davon auszugehen, daß die dem Beklagten gegebenen Geldbeträge von vornherein nur Darlehen des Erblassers an den Beklagten gewesen sind.

Das Berufungsgericht hat aber auch zutreffend begründet, daß die Höhe der Darlehensforderung des Erblassers auf Grund des Anerkenntnisses des Beklagten ohne Berücksichtigung von Zinsen mit dem Betrage von 66.233,60 RM anzunehmen ist. Schon in dem Briefe vom 10. April 1926, dessen Echtheit unbestritten ist, hat der Beklagte zugegeben, daß Wilhelm Friedrich ihm die als Hypothek auf sein Haus verschafften 30.000 GM nebst einem weiteren Barbetrag von 3.000 GM, also insgesamt 33.000 GM zur Verfügung gestellt hat und daß dieser ihm geliehene Betrag von 33.000 GM an erster Stelle hinter den Restforderungen des Bodenamtes auf dem Restgut sichergestellt werden sollte, das der Beklagte damals zu erwerben beabsichtigte. Tatsächlich weist der Kontoauszug vom 29. Mai 1929 aus der Zeit vor dem 10. April 1926 neben einigen ganz geringfügigen Posten nur die Barüberweisung von 3.000 RM durch die Raiffeisenbank an den Beklagten vom 11. November 1924 und die Barüberweisung von 30.000 RM durch die Berliner Hypothekenbank vom 19. Februar 1925 an den Beklagten auf. In der Erklärung vom 11. August 1929 bestätigte der Beklagte ausdrücklich, daß er dem Erblasser für die auf sein Grundstück in Hirschberg aufgenommene Hypothekenschuld der Berliner Hypothekenbank, welche der

Beklagte der Bank direkt zu verzinsen und rückzuzahlen habe, 30.000 RM schulde. Als Partei hat er allerdings angegeben, er habe aus dieser Hypothek nur etwa 22.000 RM ausgezahlt erhalten, da der Rest auf die Besorgungsspesen aufgegangen sei. Selbst wenn diese Angabe entgegen seiner schriftlichen Erklärung vom 10. April 1926 und entgegen der im Kontoauszug vom 29. Mai 1929 angeführten Barüberweisung vom 19. Februar 1925 richtig wäre, könnte sich der Beklagte nicht darauf berufen, daß seine Schuld aus diesem Darlehen nur 22.000 RM betrage, da auch etwaige Beschaffungskosten zu Lasten des Beklagten als desjenigen gehen, dem die gegen Sicherstellung auf den Besitz des Erblassers erhaltene Darlehenssumme zugute kommen sollte. Es ist daher schon aus diesem Grunde die Berechnung der Schuld des Beklagten, wie sie das Erstgericht vorgenommen hat, unrichtig, und im Widerspruch zu seiner eigenen Feststellung, wonach die Beträge, die sich der Beklagte von seinem Schwiegervater ausborgte, bis zum 10. April 1926 33.000 GM betrugen. Im Übrigen gibt der Beklagte die in der Aufstellung vom 11. August 1929 angeführten Geldempfänge zu und wendet auch gegen die Kosten von 474,35 RM, 1.369,70 RM, 100,41 RM und 656,50 RM (Summa 2.600,96 RM) nichts anderes ein, als daß es sich bei diesen Beträgen um Zinsen gehandelt habe, welche verjährt seien. Auf diesen Einwand ist aber kein Bedacht zu nehmen, da die Erklärung des Beklagten vom 11. August 1929 ein rechtsgeschäftliches Schuldanerkenntnis darstellt und daher eine selbständige von dem ursprünglichen Rechtsgrund losgelöste Verbindlichkeit geschaffen hat. Dieses Rechtsgeschäft wurde in Vidovice zwischen dem Erblasser und dem Beklagten abgeschlossen und ist, da der Beklagte damals tschechoslowakischer Staatsangehöriger war, gemäß § 36 ABGB nach dem für Vidovice geltenden Recht zu beurteilen. Gemäß § 1376 ABGB ist Neuerung (Novation) die Umänderung von Rechten und Verbindlichkeiten ohne Hinzukunft einer dritten Person, wenn der Rechtsgrund oder der Hauptgegenstand der Forderung verwechselt wird und daher die alte Verbindlichkeit in eine neue übergeht. Bei dem Anerkenntnis einer bereits bestehenden Verbindlichkeit kommt es also darauf an, ob durch das Anerkenntnis eine neue selbständige Verbindlichkeit begründet werden soll oder ob es nur eine Erklärung über das Bestehen einer schon vorhandenen Verpflichtung ohne Schaffung eines neuen Rechtsgrundes sein soll. Nur das erstere ist Neuerungsvertrag oder konstitutives Schuldanerkenntnis. Die notwendige Willenseinigung der Parteien muß sich dabei auch darauf erstrecken, daß eine neue selbständige Verpflichtung begründet werden soll. Das in Vidovice geschlossene Übereinkommen vom 11. August 1929 enthält nun nach Anerkennung der ziffernmäßig auf 62.522,48 RM festgestellten Schuld des Beklagten die weitere Erklärung, daß „diese Bestätigung alle bisher ausgestellten Schuldbestätigungen und Schuldanerkennungen des Beklagten umfasse und für die Umgrenzung seiner Schuldverpflichtungen gegenüber seinem Schwiegervater einzig und allein maßgebend sei. Diese Gesamtbestätigung hebe daher alle im Datum vorangehenden welchen Namen immer habenden Schulddokumente auf, darunter auch ein Budweiser Anerkenntnisurteil". Es kann deshalb nach dem Inhalt dieser Erklärung nur der rechtliche Schluß gezogen werden, daß alle bisher bestehenden und in der Erklärung angeführten einzelnen Verbindlichkeiten des Beklagten in eine neue einheitliche Verbindlichkeit unter Erlöschung der bisherigen Verpflichtungsgründe zusammengefaßt werden sollten, so daß es in der nunmehr zusammengefaßten Schuld, deren Rechtsgrund dieses konstitutive Anerkenntnis bildet, nicht mehr darauf ankommt, daß darunter auch die eben genannten Teilposten enthalten sind, welche ursprünglich Zinsforderungen des Wilhelm Friedrich waren. Zu demselben Ergebnis führt übrigens auch die Beurteilung nach § 781 BGB. Einem rechtsbegründenden Anerkenntnis würde nicht einmal der Umstand entgegenstehen, wenn es sich auf Teilforderungen erstreckt hätte, die bereits damals verjährt waren (vgl. hierzu auch § 222 Abs. 2 BGB). Während sich aber bei einem deklarativen Schuldanerkenntnis, das zwar auch die Verjährung unterbricht, wenn es gegenüber dem Gläubiger abgegeben wird (§ 1497 ABGB und 208 BGB), die Dauer der nach der Unterbrechung neu beginnenden Verjährung nach der ursprünglichen Beschaffenheit der Forderung richtet, ist bei einem rechtsbegründenden Schuldanerkenntnis (Novation) die für den neuen Rechtsgrund (Vertrag) maßgebende Verjährungszeit entscheidend, daher im vorliegenden Fall die dreißigjährige Verjährungsfrist (§ 1478 ABGB, § 195 BGB), welche bei Klageerhebung noch nicht verstrichen war. Bei dieser Rechtslage sind die Einwendungen des Beklagten gegen die in der Erklärung vom 11. August 1929 enthaltenen Einzelposten, soweit er sie bestreitet, unbeachtlich. In der dieser Erklärung beigeschlossenen und als wesentlicher Bestandteil dieser Vereinbarung bezeichneten Aufstellung vom 29. Mai 1929 schließt das Jahr 1928 mit einem Saldo von 48.301,86 RM zugunsten des Wilhelm Friedrich ab. Die Aufstellung und Erklärung vom 31. März 1931 beginnt mit diesem Schlußsaldo von 1928 in der Höhe von 48.301,86 RM, wiederholt die Überweisungen vom 9. und 19. April und 29. Mai 1929, welche schon in der Erklärung vom 11. August 1929 anerkannt waren und führt dann weitere Zahlungen, Zinsen und Spesen an, mit denen der Beklagte belastet wurde, so daß mit Ende des Jahres 1930 ein Schlußsaldo von 72.626,22 RM ausgewiesen wurde. Hiervon hat der Beklagte in der Erklärung vom 31. März 1931 einen Betrag von 66.233,60 RM anerkannt, wie auch das Berufungsgericht richtig festgestellt hat, und hat sich vorbehalten, die Bestätigung des Restes, welcher Zinsen betraf, nachzutragen. Da die Klage auf diese weiteren Zinsen nicht gerichtet ist, hat das Berufungsgericht von einer Erörterung des Restes mit Recht abgesehen und nur den anerkannten Betrag als entliehene Summe seiner Entscheidung zugrunde gelegt. Ein Rechtsirrtum oder eine Aktenwidrigkeit liegt auch hier nicht vor und der Einwand des Beklagten, daß dieses Schuldanerkenntnis nur zum Schein und zur Beruhigung des Erblassers abgegeben wurde, entbehrt jeder sachlichen Berechtigung.

Der Beklagte hat nun den Einwand erhoben, der Verstorbene Wilhelm Friedrich sei nicht berechtigt gewesen, seine Forderung in die Erbmasse einzubeziehen, was aber das Berufungsgericht als unzutreffend abgelehnt hat. Der Beklagte will sich hierzu auf den von ihm und seinem Schwiegervater unterschriebenen Nachtrag vom 18. August 1929 zu der Erklärung vom 11. August 1929 stützen, welcher besagt: „Diese oben genannte Schuld fällt nicht in die Erbmasse, solange H. C. W. Friedrich nicht in einem Kodizill seines Testamentes eine andere Bestimmung getroffen hat. Die Verfügung und die Aufkündigung dieser Schuld bleibt seinem persönlichen unanfechtbaren Ermessen anheim gestellt." Der Beklagte hat behauptet, daß zu jener Zeit ein Testament Friedrichs bestanden habe, worin die Erstklägerin zu seiner Alleinerbin eingesetzt gewesen sei. Allein auch dies würde an der Rechtslage nichts ändern. Aus dem Nachtrag geht eindeutig hervor, daß Wilhelm Friedrich zu Lebzeiten nach persönlichem und unanfechtbarem Ermessen über seine Forderung verfügen konnte und daß damals zur Erwägung stand, daß die Forderung mit dem Tode des Gläubigers dem Beklagten erlassen werden konnte, wenn nicht eine Verfügung von dem Erblasser getroffen wurde. Ein Schulderlaß ist also damals noch nicht unbedingt ausgesprochen worden, im Gegenteil war ausdrücklich vorgesehen, daß Friedrich in einem Kodizill, also in einer letztwilligen Verfügung, auch eine andere Verfügung treffen konnte, daß er also seine Forderung auch in die Erbmasse einbeziehen konnte. Nur wenn er weder bei Lebzeiten noch von Todes wegen eine Verfügung über seine Forderung gegen den Beklagten traf, hätte die Bestimmung Platz gegriffen, daß diese Schuld (richtig Forderung) nicht in den Nachlaß des Vaters der Klägerinnen gehören, also erlöschen sollte. Nun hat aber Wilhelm Friedrich tatsächlich in seinem Testament vom 18. März 1931 die Verfügung getroffen, daß die seinem Schwiegersohne Dr. Werba geliehenen Gelder, sämtliche hierauf bezüglichen Verträge, Schuldanerkennungen usw. nach seinem Tode in den Besitz seiner Kinder als Gläubiger übergehen sollten und hat ausdrücklich diese Kinder mit Namen angeführt. Es ist rechtlich nicht entscheidend, ob diese Verfügung in einem Kodizill zu einem früheren Testament geschehen ist, das ein früheres Testament aufgehoben hat oder mangels eines früheren Testamentes von vornherein als alleingültiges Testament den letzten Willen des Erblassers darstellen sollte. Maßgebend ist nur, daß der Erblasser tatsächlich von seinem Recht Gebrauch gemacht und über seine Forderung gegen den Beklagten für den Fall seines Todes verfügt hat. Hierzu bedurfte es weder nach dem Gesetz der Zustimmung des Beklagten noch war die Einholung dieser Zustimmung vertraglich in dem Nachtrag vom 18. August 1929 vereinbart. Das Berufungsgericht hat daher auch diese Frage rechtlich richtig beurteilt, wenn es zu dem Ergebnis gelangte, daß der Erblasser zu dieser

Verfügung berechtigt war, ohne hierdurch in die Rechte des Beklagten einzugreifen.

Das Berufungsgericht hat aber auch festgestellt, daß die Erbengemeinschaft nach Wilhelm Friedrich in der Zeit vom 1. Juli 1931 bis 1. Oktober 1937 an Stelle des Beklagten an Zinsen für die Hypothekarschuld von 30.000 RM, welche der Erblasser bei der Berliner Hypothekenbank AG in Berlin gegen Sicherstellung auf seinem Grundstück aufgenommen hatte, und deren Verzinsung und Rückzahlung dem Beklagten oblag, einen Betrag von 11.442,70 RM sowie 525 RM als Kostenerstattung für Zinsensenkung, zusammen also 11.967,70 RM bezahlt hat. Diese Leistung der Erbengemeinschaft ist in der Revision nicht angefochten. Durch die Leistung dieses Betrages hat die Erbengemeinschaft gegen den Beklagten einen Anspruch auf Ersatz dieses Betrages erworben. Dieser Ersatzanspruch ist seiner rechtlichen Natur nach kein der kürzeren Verjährungszeit für Zinsen unterliegender Zinsenanspruch, sondern ein selbständiger Anspruch, für den die dreißigjährige Verjährungszeit gilt (§ 1042 ABGB, § 683 BGB).

Bei dieser Sachlage hat das Berufungsgericht mit Recht festgestellt, daß dem verstorbenen Wilhelm Friedrich eine anerkannte Darlehnsforderung von 66.233,60 RM gegen den Beklagten zustand, welche in den Nachlaß des Erblassers gehört, und daß nach seinem Tode der Erbengemeinschaft eine weitere Forderung gegen den Beklagten auf Ersatz von 11.967,70 RM erwachsen ist.

Das Berufungsgericht hat auch mit Recht darauf hingewiesen, daß nach § 1922 BGB das Vermögen des Erblassers als Ganzes auf die Erben übergeht und daß nach § 2032 BGB der Nachlaß gemeinschaftliches Vermögen der Erben wird. Es ist dies eine Gemeinschaft zur gesamten Hand, welche bis zur Auseinandersetzung der Erben fortbesteht und zur Folge hat, daß vor der Auseinandersetzung – wie aus § 2039 BGB ersichtlich ist – der Verpflichtete nur an alle Erben gemeinschaftlich leisten und jeder Miterbe nur die Leistung an alle Erben fordern kann. Nach derselben Gesetzesstelle kann jeder Miterbe auch verlangen, daß der Verpflichtete die zu leistende Sache für alle Erben hinterlegt oder, wenn sie sich zur Hinterlegung nicht eignet, an einen gerichtlich zu bestellenden Verwahrer abliefert. Wenn daher im vorliegenden Falle zwei Miterbinnen als Klägerinnen Leistung an sich verlangen, so setzt dies die Auseinandersetzung der Erben über den Nachlaß voraus. Zu ihm gehört nach § 2041 BGB auch das, was durch ein Rechtsgeschäft, das sich auf den Nachlaß bezieht, erworben wird. Die Klägerinnen haben bisher aber weder behauptet noch erwiesen, daß diese Auseinandersetzung bezüglich der Forderungen der Erbengemeinschaft erfolgt ist und ihnen die eingeklagten Forderungen zu je 1/5 zugewiesen worden sind; auch das Gericht hat diese Frage bisher nicht erörtert. Soweit daher den Klägerinnen durch das angefochtene Urteil ein Betrag zuerkannt wurde, beruht diese Entscheidung auf einem unvollständigen Verfahren, da den Streitteilen noch

Gelegenheit gegeben werden muß, den Nachweis für die erforderliche Erbauseinandersetzung zu erbringen. Sollte die Zuweisung der Forderungen an die Klägerinnen bereits erfolgt sein, so besteht gegen ihre Klageberechtigung kein weiteres Bedenken. Sollte sie bisher nicht erfolgt sein, so haben die Klägerinnen auch die Möglichkeit, dem Gericht entweder die Zustimmung der übrigen Miterben zur Zahlung an die Klägerinnen nachzuweisen oder das Klagebegehren im Sinne des § 2039 BGB zur Leistung an alle Erben oder zur Hinterlegung für alle Erben abzuändern.

Für den Fall der Bejahung der Klageberechtigung der Klägerinnen ergibt sich die Notwendigkeit, auf den weiteren Einwand des Beklagten einzugehen und sich mit der Frage zu befassen, ob die Klägerinnen ihre Forderung verlangen können, obwohl über das Vermögen des Beklagten das landwirtschaftliche Ausgleichsverfahren durchgeführt worden war und ob das Berufungsgericht mit Recht zu dem Ergebnis gelangt ist, daß der Ausgleich wegen Nichterfüllung durch den Beklagten unwirksam geworden ist.

In tatsächlicher Hinsicht steht fest, daß der Beklagte am 6. September 1936 bei dem Zivilkreisgericht in Prag um Eröffnung des landwirtschaftlichen Ausgleichsverfahrens angesucht hat; daß die Erstklägerin von diesem Verfahren Kenntnis hatte, daß hierzu aber die eingeklagten Forderungen nicht angemeldet wurden, daß von dem Beklagten ein Ausgleich dahin abgeschlossen wurde, wonach er seinen Gläubigern eine 35 %ige Ausgleichsquote bezahlt und daß dieser Ausgleich von dem Ausgleichsgericht bestätigt wurde. Für das landwirtschaftliche Ausgleichsverfahren gelten gemäß § 3 der RegierungsVO vom 31. März 1936 (SdGuV Nr. 76) die Bestimmungen der Ausgleichsordnung vom 27. März 1931 (SdGuV Nr. 64), sofern nichts Anderes bestimmt ist. Gemäß § 31 AO werden Forderungen ausländischer Gläubiger (und der Erblasser war damals ebenso wie die zweite Klägerin ausländischer Gläubiger) im Allgemeinen den Forderungen der inländischen Gläubiger gleichgestellt. Daß sich die Rechtswirkungen des Ausgleiches gemäß § 60 Abs. 2 dieser Ausgleichsordnung nicht auf die eingeklagten Forderungen erstreckt hätte, wurde von den Klägerinnen weder behauptet noch unter Beweis gestellt. Es bleibt daher nur zu prüfen, ob das Berufungsgericht die Frage der Anwendbarkeit des § 67 AO und die Folgen der Nichterfüllung des Ausgleichs im vorliegenden Falle richtig beurteilt hat oder ob der Beklagte nur zur Leistung der Ausgleichsquote auch gegenüber den Klägerinnen verpflichtet wäre. Nach § 67 AO verlieren alle im Ausgleich gewährten Nachlässe und sonstigen Begünstigungen des Schuldners ihre Wirksamkeit, wenn der bestätigte Ausgleich nicht erfüllt wurde, obwohl der Schuldner vom Gläubiger mittels eingeschriebenen Briefes gemahnt und ihm in der Mahnung eine mindestens achttägige Nachfrist gewährt wurde. Im vorliegenden Falle ist eine Mahnung durch eingeschriebenen Brief bisher nicht erfolgt. Allein diese qualifizierte Mahnung wird nach ständiger Rechtsprechung durch die Zustellung der Klage ersetzt. Diese Wirkung der Klageerhebung kann nicht auf jene Fälle beschränkt werden, in denen es sich um Forderungen handelt, die zum Ausgleich angemeldet wurden, sondern hat auch für solche Forderungen zu gelten, die vom Gläubiger nicht angemeldet wurden oder die zwischen Gläubiger und Schuldner strittig sind. Durch ein der Klage rechtskräftig stattgebendes Urteil wird die Forderung des Gläubigers nicht erst mit dem Zeitpunkt der Urteilsfällung, sondern als von Anfang an zu Recht bestehend und ihre Bestreitung durch den Schuldner als grundlos und ungerechtfertigt erkannt. Will der Schuldner den Wirkungen eines solchen Urteiles für das Wiederaufleben der Forderung vorbeugen, so steht ihm frei, nach Analogie des § 54 Abs. 3 AO den nach dem Ausgleich auf die bestrittene Forderung entfallenden Betrag innerhalb der achttägigen Frist nach Klagezustellung sicherzustellen, soweit die Ausgleichsraten zu dieser Zeit schon fällig geworden sind (vgl. hierzu die Entscheidung des Obersten Gerichtes in Brünn Nr. 15077 amtl. Sammlg.). Ein solcher Erlag greift der Entscheidung über den Bestand oder Nichtbestand der Forderung nicht vor. Die Höhe des zu erlegenden Betrages aber ergibt sich aus der Klageforderung. Die Bedeutung der qualifizierten Mahnung kann der Klage aber nur dann zuerkannt werden, wenn der Kläger zur Zeit der Klageerhebung auch schon wirklich selbst Gläubiger gewesen ist, d. h. im vorliegenden Falle, wenn die Erbauseinandersetzung schon vor der Klage erfolgt war. Wenn dies zutreffen sollte, so kann sich der Beklagte nicht darüber beschweren, daß die Forderung nach § 67 AO wegen Nichterfüllung des Ausgleichs als wieder aufgelebt angesehen wurde. Denn er hat binnen 8 Tagen nach Klagezustellung weder Zahlung geleistet noch den bestrittenen Betrag sichergestellt. Nur der Vollständigkeit halber sei erwähnt, daß sich das Ausgleichsverfahren nur auf die bis zur Eröffnung des Ausgleichsverfahrens entstandenen Forderungen und die bis dahin entstandenen Zinsen und Nebengebühren erstreckt.

Anders verhält sich die Sache, wenn bis zur Klageerhebung die Erbauseinandersetzung mit der Zuweisung der eingeklagten Forderungen an die Klägerinnen nicht durchgeführt worden ist. In diesem Falle wäre von dem berechtigten Gläubiger bisher die nach § 67 AO erforderliche qualifizierte Mahnung nicht ausgegangen und es müßten daher die Klägerinnen im Falle einer späteren Erbauseinandersetzung die in § 67 AO vorgeschriebene Mahnung noch vornehmen, weil ein Wiederaufleben der vollen Forderung so lange nicht eintreten kann, als nicht diese Mahnung von den berechtigten Gläubigern geschehen und die achttägige Nachfrist zur Leistung der Schuld nicht fruchtlos verstrichen ist.

Wird aber mangels einer Erbauseinandersetzung das Klagebegehren auf Zahlung an alle Erben oder auf Hinterlegung für alle Erben abgeändert, so kann auch dieses Klagebegehren nur dann hinsichtlich des vollen Betrages Erfolg haben, wenn eine Mahnung im Sinne des § 67 AO erfolgt und die achttägige

Nachfrist fruchtlos verstreicht, während im anderen Falle ein Wiederaufleben der vollen Forderung nicht eintritt und der Beklagte nur zur Zahlung oder Hinterlegung der 35 %igen Ausgleichsquote verpflichtet wäre.

Mit Unrecht beruft sich dagegen der Beklagte darauf, daß ihm die in § 609 BGB vorgesehene Kündigungsfrist hinsichtlich der Darlehnsforderung zugute komme und die Klage mangels dieser Kündigung vorzeitig sei. Nach § 17 Abs. 1 AO gilt auch diese Forderung infolge des Ausgleichsverfahrens als fällig. Ist aber die Fälligkeit der Forderung durch das Ausgleichsverfahren bereits herbeigeführt, so bedarf es keiner weiteren Kündigung, und zwar auch nicht einer solchen, die sonst nach § 609 BGB notwendig wäre.

Was schließlich den Anspruch auf 5 % Hypothekarzinsen von 12.000 RM seit 18. September 1940 anbelangt, so könne von einer doppelten Verzinsung nur gesprochen werden, wenn der Beklagte die Zinsen für denselben Zeitraum an die Hypothekargläubiger bezahlt hätte. Dies hat er aber selbst nicht behauptet.

Bei dieser Sachlage ist das Berufungsurteil zur Ergänzung des Verfahrens in den oben bezeichneten Richtungen aufzuheben. Mit Rücksicht auf den Wegfall der Berufungsinstanz durch die Zweite KriegsmaßnahmenVO vom 27. September 1944 (RGBl. I S. 229) ist aber weiter im gleichen Umfang auch das Urteil des Erstgerichtes aufzuheben und die Sache an dieses Gericht zur weiteren Verhandlung und Entscheidung zurückzuverweisen.

Der Ausspruch über die Kosten des Rechtsmittelverfahrens beruht auf §§ 50 und 52 ZPO.

---

75. 1. Ein Unterhaltsanspruch ist Bestandteil des Vermögens des Kindes. Seine Geltendmachung stellt sich als ein Akt der Vermögensverwaltung dar. Die geschiedene Frau, der die Sorge für die Person des Kindes übertragen worden ist, ist daher zur Geltendmachung von Unterhaltsanspruchen des Kindes gegen den Vater oder andere Verwandte nicht befugt.

2. Da die Geltendmachung eines Unterhaltsanspruchs mittelbar auch die Sorge für die Person des Kindes betrifft, ist der zur Geltendmachung von Unterhaltsansprüchen bestellte Pfleger berechtigt, gegen den die Pflegschaft aufhebenden Beschluß des Vormundschaftsgerichts Beschwerde einzulegen.

BGB §§ 1627, 1630, 1638, 1909; EheG § 81, FGG § 57 Abs. 1 Nr. 9.

IV. Zivilsenat. Besch. v. 16. November 1944 (IV 98/1944).

I. Amtsgericht Erfurt.

In Sachen betr. die Pflegschaft über die minderjährigen Brüder Elmar und Hartmut H. – 4 VIII 6648 des Amtsgerichts Erfurt hat das Reichsgericht, IV. Zivilsenat, auf die Beschwerde des Pflegers Justizoberinspektor Max Mühlrath in Erfurt gegen den Beschluß des Amtsgerichts in Erfurt vom 21. Oktober 1944 beschlossen:

Der angefochtene Beschluß wird aufgehoben.

Gründe

Aus der Ehe des Versicherungskaufmanns Waldemar H. in Erfurt und der Frau Lieselotte H. geb. Mühlrath sind zwei Söhne, der am 18. September 1939 geborene Elmar und der am 24. November 1940 geborene Hartmut, hervorgegangen. Die Ehe der Eltern ist seit dem 1. April 1943 rechtskräftig geschieden. Durch Beschluß vom 10. Juni 1943 hat das Amtsgericht Erfurt die Sorge für die Person der Kinder der Mutter übertragen. Zur Geltendmachung ihrer Unterhaltsansprüche gegen den Vater hat es ihnen am 29. April 1943 den Justizoberinspektor Max Mühlrath als Pfleger bestellt. Durch Beschluß vom 21. Oktober 1944 hat das Amtsgericht Erfurt die Pflegschaft aufgehoben, weil nach neuerer Rechtsprechung eine Mutter, der das Personenrecht über ihre Kinder übertragen sei, befugt sei, für die Kinder gegen den Vater auf Unterhalt zu klagen. Gegen diesen Beschluß hat der Kläger die vom Amtsgericht gemäß § 9 Abs. 1 der Zweiten KriegsmaßnahmenVO vom 27. September 1944 (RGBl. I S. 229) zugelassene Beschwerde eingelegt.

Die Berechtigung des Klägers zur Einlegung der Beschwerde ergibt sich aus § 57 Abs. 1 Nr. 9 FGG. Wenn auch, wie weiter unten noch auszuführen ist, die Geltendmachung von Unterhaltsansprüchen zur Sorge für das Vermögen des Kindes gehört, so betrifft sie doch mittelbar auch die Sorge für die Person. Aus diesem Grunde ist der zur Geltendmachung von Unterhaltsansprüchen bestellte Pfleger als befugt anzusehen, gegen den die Unterhaltspflegschaft aufhebenden Beschluß des Vormundschaftsgerichts Beschwerde einzulegen (vgl. die Beschlüsse des KG vom 14. Mai 1909, KGJ 38 A S. 65 [68], und des OLG München vom 6. Januar 1938, JW 1938 S. 1046 Nr. 43).

Die Beschwerde ist auch begründet. Daß das der Mutter auf Grund des § 81 EheG übertragene Personensorgerecht abweichend von dem früheren § 1635 BGB auch das Recht zur Vertretung des Kindes in persönlichen Angelegenheiten umfaßt, hat der Senat in dem zum Abdruck bestimmten Beschluß vom 27. Juni 1944, GSE IV 15/44/E 179/44 ausgesprochen. Hier steht zur Entscheidung die Frage, ob das der Mutter übertragene Personensorgerecht auch das Recht zur Vertretung des Kindes bei der Geltendmachung von Unterhaltsansprüchen gegen den Vater (oder andere Verwandte) in sich schließt. Diese Entscheidung hängt davon ab, ob die Geltendmachung von Unterhaltsansprüchen in den Kreis der die Person des Kindes betreffenden Angelegenheiten fällt, oder ob sie zur Sorge für das Vermögen des Kindes (Vermögensverwaltung, § 1638 BGB) gehört. In der Rechtsprechung und im Schrifttum wird mehrfach die Meinung vertreten, daß es sich um eine die Sorge für die Person betreffende Angelegenheit handle, da eine Unterhaltsrente nicht zur Kapitalbildung, sondern zum alsbaldigen Verbrauch bestimmt sei; die Geltendmachung des Unterhaltsanspruchs diene der Beschaffung der für die Erziehung und Ausbildung des Kindes erforderlichen Mittel und müsse daher dem zur Sorge für die Person berechtigten Ehegatten zustehen. Dieser Ansicht vermag sich der Senat nicht anzuschließen. Aus dem Verwendungszweck der Unterhaltsgelder ergibt sich zwar, daß die Geltendmachung von Unterhaltsansprüchen mittelbar auch die Sorge für die Person berührt, insofern durch die Höhe der Unterhaltsgelder der Lebensstand des Kindes und die Art seiner Erziehung beeinflußt werden. Dies vermag aber nichts daran zu ändern, daß ein auf die Zahlung einer Geldrente gerichteter Unterhaltsanspruch ebenso wie eine sonstige Geldforderung einen Bestandteil des Vermögens des Kindes bildet. Daß die Unterhaltsrente nicht zur Kapitalbildung, sondern zum Verbrauch für den Unterhalt des Kindes bestimmt ist, steht dem nicht entgegen. Die Geltendmachung des Unterhaltsanspruchs stellt eine Maßnahme der Vermögensverwaltung dar. Ist der Inhaber der Sorge für das Vermögen, weil er selbst der Schuldner ist, an der Geltendmachung rechtlich verhindert, so muß hierfür gemäß § 1909 BGB ein Pfleger bestellt werden.

Für die hier vertretene Auffassung sprechen auch Erwägungen der Zweckmäßigkeit. Der Mutter des Kindes als der geschiedenen Frau würde es in sehr vielen Fällen an der erforderlichen Unbefangenheit für die Beurteilung fehlen, ob und in welcher Höhe es angebracht ist, gegen den Vater, ihren geschiedenen Ehemann, Unterhaltsansprüche namens des Kindes zu erheben. Ihre Entschließung würde oft durch die auf dem vorausgegangenen Ehestreit beruhende Verbitterung, vielleicht sogar durch Gefühle des Hasses beeinflußt sein. Damit wäre aber dem Wohle des Kindes nicht gedient. Es würde dadurch dem Vater noch mehr entfremdet werden, als dies schon ohnehin infolge der Scheidung der Ehe der Eltern und der Übertragung der Personensorge auf die Mutter der Fall ist. Ein über den Dingen stehender Pfleger ist meist auch eher als die Mutter in der Lage, eine Verständigung mit dem Vater über die Höhe des Unterhalts herbeizuführen.

Der angefochtene Beschluß muß nach alledem aufgehoben werden.

Leipzig, den 16. November 1944, gez. Dr. Jonas, Dr. Buchwald.

76. Verordnungen über das Warenzeichenrecht in der Ostmark, im Sudetenland, im Elsaß und in Lothringen von 1940, 1942 und 1943. „Vita-Vesta" – „Vesta". Zur Verweigerung des Inhabers eines für das Deutsche Reich erteilten Warenzeichens gegenüber einem bisher ausländischen Inhaber eines verwechslungsfähigen Warenzeichens, dieses im ganzen Reich benutzen zu dürfen. Rechtsmißbräuchlich ist eine Berufung auf ein für das Reich erteiltes Warenzeichen nur dann, wenn kein schutzwürdiges Interesse auf das Bestehen dieses Zeichens besteht.

WZG §§ 15, 24.

I. Zivilsenat. Urt. v. 24. November 1944 (I 77/1944).

I. Landgericht Berlin.
II. Kammergericht Berlin.

In Sachen der Vesta-Gesellschaft mbH in Wien, Mariahilfer Straße 105, vertreten durch den Kaufmann Johann Fröhlich, ebenda, Beklagten und Revisionsklägerin, Prozeßbevollmächtigter: Rechtsanwalt Dr. Fuchslocher in Leipzig,

gegen

Die Firma Hautana-Werk Wirkerei und Strickerei AG in Böblingen b. Stuttgart, vertreten durch die Kaufleute Ferdinand G. Koch, Carl Schuchard und Erst H. Maier, ebende, Klägerin und Revisionsbeklagte, Prozeßbevollmächtigter: Rechtsanwalt Dr. Benkard in Leipzig,

hat das Reichsgericht, II. Zivilsenat, auf die mündliche Verhandlung vom 24. November 1944 durch den Vizepräsidenten beim Reichsgericht Kolb und die Reichsgerichtsräte Dr. Neumerkel und Dr. Schulze mittels Teilurteils für Recht erkannt:

Die Revision der Beklagten gegen das Urteil des 31. Zivilsenats des Kammergerichts in Berlin vom 20. April 1944 wird zurückgewiesen.

Die Kostenentscheidung wird dem Schlußurteil vorbehalten. – Von Rechts wegen.

Tatbestand

Die Klägerin ist Inhaberin des auf Anmeldung vom 26. November 1904 eingetragenen Warenzeichens Nr. 79 429 für Trikotunterkleider, das neben bildlichen und weiteren wörtlichen Bestandteilen die Worte „Vita-Vesta" enthält. Das Zeichen ist im Jahre 1925 unter der Nr. 42 690 auch international registriert worden.

Die Beklagte vertreibt Büstenhalter unter der Bezeichnung „Vesta". Dieses Wort war im Jahre 1934 auf Antrag der Firma Bernhard Schön in Wien im Markenregister der Kammer für Handel, Gewerbe und Industrie in Wien unter der Nr. 115 166 für Büstenhalter eingetragen und im gleichen Jahre unter der

Nr. 86 209 international registriert worden; der internationalen Marke war jedoch der Schutz im Deutschen Reich verweigert worden. Nach dem Anschluß Österreichs an das Deutsche Reich ließ die Beklagte, die behauptet, den sich auf die Herstellung und den Vertrieb von Büstenhaltern beziehenden Geschäftsbetrieb der Firma Schön samt dem Warenzeichen Vesta erworben zu haben, dieses Zeichen beim Markenamt in Wien auf ihren Namen umschreiben und es später in die Warenzeichenrolle des Reichspatentamts unter der Nr. 523 966 übernehmen.

Die Klägerin ist der Meinung, die Beklagte verletze ihre sich aus dem Zeichen „Vita-Vesta" ergebenden Rechte, wenn sie sich beim Vertrieb ihrer Büstenhalter des Wortes Vesta bediene. Denn beide Zeichen seien verwechslungsfähig. Auch handele es sich um gleichartige Waren. Sie sei nicht verpflichtet, einer von der Beklagten beabsichtigten Ausdehnung des Gebrauchs des Zeichens Vesta auf das Gebiet des Altreichs, des Sudetengaues und Elsaß-Lothringens zuzustimmen. Die Klägerin hat demgemäß – unter Einschränkung ihres ursprünglich weitergehenden Klagebegehrens – beantragt, der Beklagten den Gebrauch der angegriffenen Bezeichnung für Büstenhalter in den genannten Gebieten zu untersagen.

Die Beklagte hat um Klageabweisung gebeten und entgegnet: Da die Klägerin ihr Zeichen „Vita-Vesta" niemals benutzt habe, es insbesondere für Büstenhalter, die sie unter der weltbekannten Marke „Hautana" vertreibe, auch niemals benutzen werde, verstoße es gegen Treu und Glauben, wenn sie ihr, der Beklagten, im Gebrauch ihres Zeichens „Vesta" Schwierigkeiten bereite und sich einer Verwendung des Zeichens außerhalb der Ostmark widersetze, zumal da sich dieses sowohl in den Alpen- und Donaugauen als auch im Auslande weitgehend durchgesetzt habe. Die Klägerin habe auch etwaige Ansprüche verwirkt, da sie die Verwendung der angegriffenen Bezeichnung jahrelang geduldet hat.

Die Klägerin hat diesem Vorbringen widersprochen und geltend gemacht, sie habe das Zeichen „Vita-Vesta" bereits benutzt und es bestehe durchaus die Möglichkeit, daß sie es erneut verwenden werde.

Das Landgericht hat die Beklagte antragsgemäß verurteilt, das Kammergericht ihre Berufung hiergegen zurückgewiesen. Mit ihrer Revision beantragt die Beklagte, das angefochtene Urteil aufzuheben und nach ihren Berufungsanträgen zu erkennen. Die Klägerin hat um Zurückweisung des Rechtsmittels gebeten.

Entscheidungsgründe

Die Klage gründet sich auf § 2 der Verordnung über das Warenzeichenrecht aus Anlaß der Wiedervereinigung der Ostmark mit dem Deutschen Reich vom 18. Januar 1940 (RGBl. I S. 203), auf § 2 der Verordnung über das Warenzeichenrecht im Reichsgau Sudetenland usw. (Sudetenland-Warenzeichen-Verordnung – SudWzVO –) vom 4. August 1942 (RGBl. I S. 489) sowie auf § 3 der Verordnungen über das Warenzeichenrecht im Elsaß vom 22. Januar 1943 und über das Warenzeichenrecht in Lothringen vom 15. Februar 1943 (vgl. Bl. f. Patent-, Muster- und Zeichenwesen 1943, S. 25, 26). Danach darf von einem Warenzeichen österreichischen Ursprungs (wie hier dem Vesta-Zeichen der Beklagten) in den Gebieten des Altreichs, des Sudetengaues und Elsaß-Lothringens, auf die sich die Wirkung des Zeichens erstreckt, beim Vorhandensein eines damit verwechselbaren und für gleiche oder gleichartige Waren eingetragenen Warenzeichens deutschen Ursprungs und bestimmten Zeitrangs (wie hier des Vita-Vesta-Zeichens der Klägerin) nur Gebrauch gemacht werden, wenn der Inhaber dieses Zeichens dem zustimmt. Da die Klägerin diese Zustimmung verweigert, die Beklagte aber gleichwohl beansprucht, sich ihres Zeichens auch in den genannten Gebieten bedienen zu dürfen, sind die Voraussetzungen für eine Unterlassungsklage gegeben. Das Klagebegehren entspricht den Befugnissen, die dem Zeicheninhaber nach § 15 WZG zustehen und gegen deren Verletzung er nach § 24 WZG geschützt ist.

Die in den genannten Verordnungen getroffene Regelung geht von dem registermäßigen Besitzstand aus und läßt Besonderheiten des Falles, die sich aus den tatsächlichen, außerhalb des förmlichen Zeichenrechts liegenden Verhältnissen ergeben, außer Betracht. Diese können derart sein, daß eine nur den Registerstand berücksichtigende Ordnung den Bedürfnissen der Beteiligten und des Verkehrs nicht gerecht wird. Es wäre denkbar, daß das erstreckte Zeichen, das in seinem Ursprungsgebiet infolge starker Benutzung bekannt geworden ist, im hinzukommenden Gebiet einem Zeichen gegenübertritt, das dort nur wenig gebraucht worden und infolgedessen unbekannt geblieben ist, oder daß sonstige Gründe vorliegen, die es angebracht erscheinen lassen, dem Inhaber des erstreckten Zeichens eine Ausdehnung seines Gebrauchs auf das hinzukommende Gebiet zu ermöglichen. Diese Umstände können sich zu einem Sachverhalt steigern, bei dem sich aus der Verweigerung der Genehmigung zum Gebrauch des erstreckten Zeichens im hinzukommenden Gebiet nicht nur Unstimmigkeiten ergeben, deren Beseitigung wirtschaftlich zweckmäßig und für die Beteiligten wünschenswert sein mag, sondern bei dem eine solche Verweigerung auch als rechtlich unzulässig und deshalb wirkungslos anzusehen ist. Für alle Fälle solcher Art sind in § 15 der Verordnung über das Warenzeichenrecht aus Anlaß der Wiedervereinigung der Ostmark mit dem Deutschen Reich vom 18. Januar 1940 und in § 16 der Sudetenland-Warenzeichen-Verordnung vom 4. August 1942 Schiedsstellen ins Leben gerufen worden, denen es obliegt, vermittelnd einzugreifen oder zu entscheiden, wo die Anwendung der Verordnungen zu Unbilligkeiten oder Schwierigkeiten führt. Dabei handelt es sich um Einrichtungen, die nach ihrer persönlichen Zusammensetzung und verfahrensmäßigen Ausgestaltung besondere Gewähr für einen sachgemäßen Interessenausgleich bieten. Den Beteiligten ist aber auch unbenommen, Umstände der oben genannten Art im ordentlichen Verfahren geltend zu machen, soweit sie geeignet sind, ihre zeichenrechtlichen Beziehungen zu beeinflussen. Der Inhaber des erstreckten Zeichens ist nicht gehindert, sich im Prozeßwege der Folgen einer Genehmigungsverweigerung zu erwehren, wenn diese nicht bloß ein wirtschaftlich unerwünschtes und unbilliges Ergebnis nach sich zieht, sondern auch rechtlich angreifbar ist. Dem Berufungsgericht ist deshalb jedenfalls insofern beizutreten, als es das Verteidigungsvorbringen der Beklagten unter diesem Gesichtspunkt würdigt. Es ginge allerdings zu weit, wenn es seine Ausführungen dahin verstanden wissen wollte, daß auch die ordentlichen Gerichte in vollem Umfange zur Wahrnehmung der den Schiedsstellen übertragenen Aufgaben berufen seien. Das ist nicht der Fall, soweit es sich darum handelt, Schwierigkeiten, die sich aus der Anwendung der Verordnungen ergeben, durch eine auf bloße Billigkeit und wirtschaftliche Zweckmäßigkeit abstellende, von den Bestimmungen der Verordnungen abweichende Regelung zu beheben. Hierüber zu befinden, ist allein Sache der Schiedsstellen, deren Entscheidung allgemein und damit auch für die Gerichte verbindlich ist. Es ist aber nicht zu beanstanden, wenn das Berufungsgericht prüft, ob dem Begehren der Klägerin Einwendungen entgegenstehen, die rechtlich bedeutsam sind, eine nach dem registermäßigen Besitzstand zu Recht erklärte Genehmigungsverweigerung ihrer Wirkung entkleiden und die Klägerin der Befugnis berauben, sich auf eine solche Verweigerung zu berufen.

Das angefochtene Urteil gelangt zu dem Ergebnis, daß ein Sachverhalt dieser Art nicht vorliege. Die Beklagte möge zwar, so führt es aus, für ihr Zeichen in den Alpen- und Donaugauen sowie in Teilen des Auslandes Verkehrsgeltung und damit einen schutzwürdigen Besitzstand erworben haben und die Klägerin, die dem nicht entgegengetreten sei, deshalb verpflichtet sein, dort auch in Zukunft eine Benutzung des Vesta-Zeichens durch die Beklagte zu dulden. Diese habe aber nicht dargetan, daß sie mit ihrem Zeichen auch in den jetzt streitigen Gebieten in beachtenswertem Umfange aufgetreten sei. Ihr Interesse daran, sich ihres Zeichens auch dort zu bedienen, sei nicht anders zu werten als das eines Gewerbetreibenden, der ein noch unbenutztes Zeichen in den Verkehr einführen wolle. Demgegenüber sei festzustellen, daß die Klägerin ihr Vita-Vesta-Zeichen bis zum Jahre 1941 in gewissen Abständen verwendet habe. Sie habe nach ihrer Angabe vor mehreren Jahren Zehntausende von Unterzeugen unter dem Zeichen in den Handel gebracht und dieses in den Jahren 1937 bis 1941 für Waren benutzt, die zur Ausfuhr nach Peru, Ägypten und Schweden bestimmt gewesen seien. Einen ausreichenden Beweis hierfür hält das Berufungsgericht dadurch für erbracht, daß die Klägerin eine Stoffprobe mit einem gestickten Etikett „Vita-Vista" vorgelegt habe, wie sie üblicherweise an Unterzeugen angebracht und erfahrungsgemäß immer nur in großer Menge und bei vorhandenem Bedarf hergestellt würden. Nach Ansicht des Berufungsgerichtes handelt es sich danach beim Zeichen der Klägerin um ein echtes, früher bereits gebrauchtes und zu weiterer Verwendung bestimmtes Vorratszeichen, das denselben Schutz wie ein benutztes Zeichen verdiene. Die Klägerin könne sich deshalb, so erwägt das Berufungsgericht abschließend, gegen die Einführung eines verwechslungsfähigen Zeichens ebenso wehren wie jeder andere Zeicheninhaber, ohne sich dem Vorwurf der mißbräuchlichen Rechtsausübung oder des unlauteren Wettbewerbs auszusetzen. Sie könne also ihre Zustimmung dazu verweigern, daß die Beklagte ihr Zeichen „Vesta" in den streitigen Gebieten warenzeichenmäßig verwende.

Diese Ausführungen des Berufungsgerichts tragen die angefochtene Entscheidung und werden von der Revision ohne Grund beanstandet. Soweit diese bezweifelt, daß das Zeichen der Klägerin jemals benutzt worden sei oder in absehbarer Zeit benutzt werden solle, bewegen sich ihre Angriffe im Wesentlichen auf tatsächlichem Gebiet. Das Berufungsgericht schenkt den Angaben der Klägerin über die frühere Verwendung des Zeichens um deswillen Glauben, weil es in dem vorgelegten Etikett ein starkes Anzeichen für ihre Richtigkeit erblickt. Die Begründung, die es hierfür gibt, und sein Hinweis darauf, daß es die Beklagte an einer überzeugenden Erklärung für ein anderweitiges Zustandekommen des Etiketts habe fehlen lassen, liegen im Rahmen einer ordnungsmäßigen Beweiswürdigung und lassen keinen Rechtsverstoß erkennen. Rechtsmißbräuchlich wäre eine Berufung der Klägerin auf ihr Zeichen und eine darauf gegründete Genehmigungsverweigerung nur dann, wenn sie kein schutzwürdiges Interesse am Bestehen ihres Zeichens hätte. Wenn das Berufungsgericht dies verneint, weil die Klägerin ihr Zeichen, wenn auch nur zeitweilig, bereits benutzt habe, und aller Wahrscheinlichkeit nach wieder darauf zurückgreifen werde, so ist dies nicht zu beanstanden. Das Vorbringen der Klägerin selbst bietet entgegen der Ansicht der Revision keinen Anlaß, die Möglichkeit einer früheren Zeichenbenutzung zu bezweifeln. Ihre Angaben waren weder wechselnd noch widerspruchsvoll, sondern dazu bestimmt, Art und Umfang der Benutzung näher zu beschreiben und zu erläutern. Soweit das Berufungsgericht das Zeichen als unbenutzt bezeichnet, meint es damit ersichtlich nur, daß es *zur Zeit* nicht im Gebrauch sei. Die Unterbrechung der Benutzung seit dem Jahre 1941 erklärt sich aus den durch den Krieg bedingten wirtschaftlichen Verhältnissen und beweist nichts gegen die Absicht einer erneuten Ingebrauchnahme. Auch eine Verwendung des Zeichens nur für die Ausfuhr täte seinem Wert für die Klägerin keinen Eintrag; insbesondere ergäbe sich daraus kein Grund, ihm die Bedeutung eines schutzwürdigen Vorratszeichens abzusprechen. Ob die Klägerin, wie das Berufungsgericht annimmt, beabsichtigt, das Zeichen gegebenenfalls auch für Büstenhalter in Gebrauch zu nehmen, falls sie genötigt sein werde, solche in geringerer Güte in den Handel zu bringen, mag angesichts dessen, daß sie dies bisher nicht getan hat, fraglich sein. Es schließt aber jedenfalls nicht aus, daß sie sich des Zeichens möglicherweise wieder für Trikotwaren bedienen wird, falls sie solche wieder in der früheren, durch die überreichte Stoffprobe belegten besonderen Beschaffenheit herausbringen kann. Geht danach das Berufungsgericht zutreffend davon aus, daß die Klägerin auch heute noch ein berechtigtes Interesse daran habe, sich den Schutz ihres Zeichens ungeschmälert zu erhalten, so genügt schon dies, um ihren Widerspruch gegen einen Gebrauch des Zeichens der Beklagten in den streitigen Gebieten zu rechtfertigen. Bloße Billigkeitserwägungen, welche die Revision insbesondere an die Behauptung knüpft, die Klägerin könne ihr Zeichen weder zeitlich noch mengenmäßig erheblich benutzt haben, reichen nicht aus, um sie dem Vorwurf des Rechtsmißbrauchs oder eines unlauteren Verhaltens auszusetzen.

Nur auf dem Gebiete der Billigkeit und außerhalb dessen, was das Verhalten der Klägerin als unzulässig erscheinen lassen könnte, liegt es auch, wenn die Revision darauf verweist, daß die Beklagte unter ihrem Zeichen „Vesta" beträchtliche Umsätze erzielt habe. Daß dies in den Gebieten der Fall gewesen sei, um die es sich im gegenwärtigen Rechtsstreit handelt, hat die Beklagte nicht behauptet. Ihr Vorbringen, sie habe für ihre Vesta-Büstenhalter im Ausland Verkehrsgeltung erlangt, ist zu allgemein und unbestimmt, als daß ihm derartiges hätte entnommen werden können. Sie hat insbesondere entgegen der Annahme der Revision nirgends vorgetragen, daß sie in das Altreich und die frühere Tschechoslowakei exportiert habe. Erstreckte sich aber die Geltung ihres Warenzeichens nur auf andere Gebiete, so kann daraus nicht hergeleitet werden, daß die Klägerin den Anforderungen von Recht und Sitte zuwiderhandele, wenn sie einer Ausdehnung dieses Gebrauchs auch auf die jetzt streitigen Gebiete widerspreche. Es könnten höchstens Gründe der Billigkeit und Zweckmäßigkeit sein, die Anlaß geben könnten, der Beklagten unerachtet solchen Widerspruchs einen Gebrauch ihres Zeichens auch in diesen Gebieten zu gestatten. Hierüber zu entscheiden ist aber, wie oben ausgeführt, nicht Aufgabe des Gerichts, sondern allein der Schiedsstelle.

Das gilt auch, soweit die Beklagte in Anspruch nimmt, aus volks- und devisenwirtschaftlichen Erwägungen den Widerspruch der Klägerin unbeachtet lassen zu dürfen. Daß sie sich hierauf im gegenwärtigen Verfahren nicht berufen kann, hat das Berufungsgericht in rechtlich nicht zu beanstandender Weise dargelegt.

Der Revision ist nach alledem der Erfolg zu versagen.

77. 1. Kann der in § 123 Abs. 1 vorgesehene Tatbestand nicht festgestellt werden, so müssen besondere Umstände vorliegen, wenn sich unabhängig davon der Tatbestand des § 138 Abs. 1 BGB aus Beeinflussungsversuchen ergeben sollte, die den Tatbestand der Drohung nicht verwirklichen.

2. Es kann im Sinne von § 48 Abs. 2 TestG keinen Unterschied begründen, ob der Vermächtnisnehmer infolge der ausgesprochenen Teilnichtigkeit eines Vermächtnisses den Vermächtnisgegenstand von vornherein nur zu einem Teil erhalten soll oder zwar ganz, aber nur gegen Rückvergütung eines bestimmten Teiles seines Wertes an den Erben. Von einer Rechtsgestaltung kann hierbei keine Rede sein, und es braucht nicht entschieden zu werden, ob sich eine echte Rechtsgestaltung durch § 48 Abs. 2 TestG rechtfertigen ließe.

BGB §§ 123 Abs. 1, 138 Abs. 1. TestG § 48.

VI. Zivilsenat. Urt. v. 24. November 1944 (VI 87/1944).

I. Landgericht Karlsruhe.
II. Oberlandesgericht Karlsruhe.

In Sachen 1. der Maurersfrau F. F. geb. W. in S., 2. der Telegrafenassistentenfrau J. R. geb. W. in S., 3. der Schlossersfrau M. F. geb. W. in K., 4. des Telegrafenarbeiters K. W. in K., 5. des Telegrafensekretärs E. W. in S., 6. des Kaufmanns H. M. in L., Kläger und Revisionskläger, Prozeßbevollmächtigter: Rechtsanwalt Justizrat Dr. Schrömbgens in Leipzig,

gegen

1. die Frau M. A. geb. A., 2. deren Ehemann, den Maurer A. A., beide in S., Beklagte und Revisionsbeklagte, Prozeßbevollmächtigter: Rechtsanwalt Dr. Fuchslocher in Leipzig,

hat das Reichsgericht, VI. Zivilsenat, auf die mündliche Verhandlung vom 24. November 1944 durch den Senatspräsidenten Dr. Günther und die Reichsgerichtsräte Eilles und Dr. Balve für Recht erkannt:

Die Revision gegen das Urteil des 1. Zivilsenats des Oberlandesgerichts in Karlsruhe vom 2. August 1944 wird zurückgewiesen.

Die Kosten des Revisionsverfahrens werden den Revisionsklägern auferlegt.

Die von ihnen den Revisionsbeklagten zu ersetzenden außergerichtlichen Kosten des Revisionsverfahrens werden auf 465 RM festgesetzt. – Von Rechts wegen.

Tatbestand

Der am 14. April 1943 im Alter von 62 Jahren gestorbene ledige Maurer H. W. hat zwei eigenhändige Testamente vom 31. Januar 1941 und 15. Februar 1943 hinterlassen. In dem ersten hat er der Erstbeklagten einige Fahrnisstücke als Vermächtnis zugewendet. Das letzte Testament lautet: „Mein letzter Wille. Nach Ableben meines Todes ist Frau A. Erbin auf Haus und Garten. Das ist mein letzter Wille. Die Schuldenlast hat sie zu tragen, wo noch darauf sind, 3.000 M." Die in beiden letztwilligen Verfügungen bedachte Erstbeklagte und ihr mitbeklagter Ehemann haben seit dem Jahre 1936 als Mieter in dem Hause des Erblassers gewohnt. Die Kläger zu 1 bis 5 sind die Geschwister des Erblassers, der Kläger zu 6 ist sein Neffe (Sohn einer verstorbenen Schwester). Die Kläger haben die Rechtsbeständigkeit des Testamentes vom 15. Februar 1943 mit der Begründung angegriffen, der Erblasser sei zur Zeit der Testamentserrichtung nicht unbeschränkt geschäftsfähig gewesen, das Testament sei unter der Einwirkung von Drohungen der Erstbeklagten zustande gekommen. Insbesondere aber haben sie geltend gemacht, die letztwillige Verfügung verstoße sowohl gegen die guten Sitten als auch in einer gesundem Volksempfinden gröblich widersprechenden Weise gegen die Rücksichten, die ein verantwortungsbewußter Erblasser gegen Familie und Volksgemeinschaft zu nehmen habe und sei deshalb gemäß §§ 138 Abs. 1 BGB und 48 Abs. 2 TestG nichtig. Sie haben beantragt, festzustellen, daß das Testament vom 15. Februar 1943 nichtig sei. Hierzu insbesondere haben sie ausgeführt, die Erstbeklagte habe sich mit Billigung ihres Mannes seit Jahren angelegen sein lassen, den Erblasser H. W. an sich zu fesseln, um ihn für eine letztwillige Verfügung zu ihren Gunsten gefügig zu machen; zu diesem Zweck habe sie mit Wissen ihres Mannes geschlechtliche Beziehungen zu dem Erblasser unterhalten. Das Verhältnis des Erblassers zu den Klägern habe nur durch diese Beziehungen eine Trübung erfahren.

Die Beklagten sind diesen Ausführungen entgegengetreten. Sie haben entgegnet: Der Erblasser und der beklagte Ehemann hätten sich als frühere langjährige Arbeitskameraden nahe gestanden, der Erblasser habe sie etwa im Jahre 1935 gebeten, die beklagte Ehefrau möge seine Verköstigung, die Instandhaltung seiner Wohnung, seiner Kleidung und Wäsche übernehmen, da sein Bruder E., der Kläger zu 5, seine weitere Versorgung abgelehnt habe. Sie seien diesem Wunsche nachgekommen, bald danach im Jahre 1936 in das dem Erblasser gehörige Haus als Mieter gezogen, es sei ihm sieben Jahre lang der volle Lebensunterhalt von ihnen gereicht und der Haushalt besorgt worden. Die Gegenleistungen des Erblassers hierfür, u. a. freie Wohnung in seinem Hause, hätten keineswegs ein entsprechendes Entgelt dargestellt. Auch hätten sie Aufwendungen auf das Haus des Erblassers gemacht. Geschlechtsverkehr mit dem Erblasser gepflogen zu haben, hat die Erstbeklagte bestritten.

Das Landgericht hat nach Beweisaufnahme nach dem Klageantrag erkannt.

Auf die Berufung der Beklagten hat das Oberlandesgericht nach weiterer Beweisaufnahme das eigenhändige Testament insoweit für nichtig erklärt, als darin der Erstbeklagten als Vermächtnisnehmerin bei Aufrechterhaltung der Zuwendung des dem Erblasser gehörigen Hauses in S. zum Werte von 14.000 RM und der dann zu übernehmenden Hypothekenschuld von 3.298,62 RM nach Stand vom 14. April 1943 mehr als ein freier Wert von 5.701,38 RM zum Nachteil der gesetzlichen Erben zugewendet ist, so daß die Vermächtnisnehmerin noch 5.000 RM an die gesetzlichen Erben herauszuzahlen hat. Der Zweitbeklagte wurde zur Duldung der Zwangsvollstreckung in das eingebrachte Gut der Erstbeklagten verurteilt.

Dagegen richtet sich die Revision der Kläger, mit der sie beantragen, das landgerichtliche Urteil wiederherzustellen. Die Beklagten beantragen die Zurückweisung der Revision.

Entscheidungsgründe

1. Das Klagebegehren und das Berufungsurteil behandeln allein die Gültigkeit des Testaments vom 15. Februar 1943. Das Berufungsgericht geht ohne besondere Begründung davon aus, daß die Erstbeklagte darin nur als Vermächtnisnehmerin eingesetzt sei, daß die Kläger gesetzliche Erben geworden sind. Angesichts der Regelung des § 2087 Abs. 2 BGB konnte es das, da noch weitere Nachlaßgegenstände vorhanden waren; allerdings treten diese dem Werte nach hinter demjenigen des Vermächtnisgegenstandes, insbesondere auch im Hinblick auf die vorhandenen Nachlaßverbindlichkeiten derart zurück, daß Zweifel darüber, ob die Erstbeklagte Erbin oder bloß Vermächtnisnehmerin sein sollte, durchaus möglich waren. Doch kann die Auffassung des Berufungsrichters als zutreffend zugrunde gelegt werden; es ist auch keine Rüge dagegen erhoben worden.

2. Das Berufungsgericht vermag nicht zu der Feststellung zu gelangen, daß der Erblasser durch Drohungen der Beklagten zu der von den Klägern bekämpften letztwilligen Verfügung bestimmt worden ist; vielmehr stellt es fest, das Testament vom 15. Februar 1943 „enthalte seinen letzten Willen richtig, möge es ihm auch einige Überwindung gekostet haben, die Erstbeklagte so weitgehend, wie geschehen, zu bedenken". Diese auf tatsächlichen Erwägungen beruhende Feststellung muß von der Klagepartei hingenommen werden, da Rechtsfehler, von denen sie beeinflußt sein könnte, nicht ersichtlich sind, denn „unablässige Vorstellungen, fortgesetztes aufdringliches Bitten, Erregung von Mißstimmung gegen andere als Erben in Betracht kommende Personen, heben die freie Willensbestimmung noch nicht auf" (RG in „Recht" 1910 Nr. 1270). Die Revision wendet sich auch nicht dagegen; sie meint aber, der Vorderrichter

hätte den von ihm über das Verhalten der Erstbeklagten gegenüber dem Erblasser in diesem Zusammenhange festgestellten Tatbestand auch unter dem Gesichtspunkt des § 138 Abs. 1 BGB würdigen sollen, die Sittenwidrigkeit eines unter Anwendung von solchen Druckmitteln zustande gekommenen Testamente hätte sich dann unabhängig von dem Tatbestande der Drohung ergeben. Die rechtliche Wirkung unzulässiger Beeinflussung der Willensbildung, insbesondere durch Drohung Dritter, ist in §§ 123 ff. BGB geregelt. Kann der dort vorgesehene Tatbestand nicht festgestellt werden, so müßten besondere Umstände vorliegen, wenn sich unabhängig davon der Tatbestand des § 138 Abs. 1 BGB aus Beeinflussungsversuchen ergeben sollte, die den Tatbestand der Drohung nicht verwirklichen. Solche besonderen Umstände vermag die Revision nicht aufzuzeigen; aus dem festgestellten Sachverhalt sind sie nicht zu entnehmen.

Die Revision meint weiter, die Erstbeklagte, deren Beeinflussungstätigkeit der Berufungsrichter selbst mißbilligend feststelle, könne sich nach Treu und Glauben den Klägern gegenüber nicht auf den Erfolg ihrer Bemühungen berufen. Auch darin kann ihr nicht gefolgt werden. Wenn, wie der Berufungsrichter feststellt, diese Bemühungen der Erstbeklagten doch nur dazu geführt haben, den letzten Willen des Erblassers „richtig" zur Geltung zu bringen, dann handelt die Erstbeklagte nicht arglistig, wenn sie sich auf diesen letzten Willen beruft.

3. Zu § 138 Abs. 1 BGB hat der Berufungsrichter u. a. erwogen, es lasse sich nicht mit aller Sicherheit behaupten, daß zwischen dem Erblasser und der Erstbeklagten auch noch in der Zeit nach 1940 „unziemlicher Verkehr" aufrechterhalten worden sei; für die Zeit zwischen 1934 bis 1940 hält der Berufungsrichter es für erwiesen, daß zeitweilig ein unzüchtiges Liebesverhältnis zwischen den beiden bestanden habe. Aber daß geschlechtliche Beziehungen für die Willensentschließung des Erblassers zur Zeit der Testamentserrichtung ausschlaggebend oder in erheblichem Maß bestimmend gewesen seien, lasse sich ebensowenig „mit aller Gewißheit" sagen, wie daß die letztwillige Zuwendung der Lohn für eine geschlechtliche Hingabe gewesen sei.

Die Revision meint hierzu, den Beweis für den Abbruch der für die frühere Zeit festgestellten unzüchtigen Beziehungen hätten die Beklagten um so mehr zu führen gehabt, als die Erstbeklagte durch vollständiges Ableugnen unerlaubter Beziehungen zum Erblasser die Wahrheitspflicht gröblich verletzt habe und die Annahme eines Abbruchs der genannten Beziehungen vor Erreichung des Zweckes, den die Beklagte verfolgt habe, nämlich vor Zuwendung von Haus und Garten, aller Lebenserfahrung widerspreche.

Eine Verschiebung der Beweislast für die Umstände, welche die behauptete Nichtigkeit des Testaments begründen sollen, kann indessen nicht anerkannt werden. Von einem so genannten typischen Geschehensablauf, der die Anwendung der Grundsätze über den Anscheinsbeweis rechtfertigen würde, kann ebenso wenig die Rede sein wie von Erfahrungssätzen des täglichen Lebens, deren Berücksichtigung unterblieben sein solle. Art, Umfang und Dauer der Beziehungen des Erblassers zur Erstbeklagten und deren Einfluß auf die angefochtene letztwillige Verfügung mußten, wie alle Umstände, welche die Nichtigkeit begründen sollten, die Kläger beweisen. Wenn sich der Berufungsrichter trotz der für das Gegenteil sprechenden Umstände nicht davon überzeugen konnte, daß geschlechtliche Beziehungen auch noch nach 1940 bestanden haben oder daß die nur für eine vorausgegangene Zeit erwiesene Hingabe der Erstbeklagten an den Erblasser für diesen bei der Errichtung der letztwilligen Verfügung ausschlaggebend oder auch nur von erheblicher Bedeutung gewesen sei, so ist dieser auf der Beweiswürdigung beruhenden Einstellung des Berufungsgerichts aus Rechtsgründen nicht entgegenzutreten. Zu Unrecht entnimmt die Revision dem Urteil des erkennenden Senats in RGZ Bd. 166 S. 395 ff., es sei gleichgültig, ob die Zuwendung den Lohn für (frühere oder noch bis zur Testamentserrichtung andauernde) unerlaubte geschlechtliche Hingabe darstelle oder nicht.

Ließ sich weder die Fortdauer der geschlechtlichen Beziehungen bis zur Zeit der Testamentserrichtung noch ein Zusammenhang zwischen dem früheren Geschlechtsverkehr und dem Inhalte des Testaments feststellen und hat andererseits der Erblasser die Beklagte für ihre Dienste und Aufwendungen als Pflegerin in Erfüllung früher gemachter Versprechungen belohnen und entschädigen wollen, so kann es aus Rechtsgründen nicht beanstandet werden, daß der Berufungsrichter § 138 Abs. 1 BGB nicht für anwendbar erachtet.

4. Auch unter dem Gesichtspunkt des § 48 Abs. 2 TestG hält der Berufungsrichter nur den unveränderten Vollzug des Testaments für anstößig, während er dessen Vollzug in dem von ihm angeordneten Rahmen für vereinbar mit den Rücksichten erachtet, die ein verantwortungsbewußter Erblasser gegen die Familie zu nehmen hat. Er hat dabei die Gesichtspunkte ausreichend berücksichtigt, auf welche die Revision besonders hinweist, nämlich die Blutsverwandtschaft der Kläger einerseits, die Sippenfremdheit der Beklagten andererseits. Die Revision meint, der Vorderrichter habe auch bei teilweiser Aufrechterhaltung des Testaments keinesfalls das Haus, das zur Familie des Erblassers gehöre, auf die Erstbeklagte übergehen lassen dürfen. Es steht aber nicht fest und ist auch nicht nach Verfahrensgrundsätzen in diesem Rechtszug zu unterstellen, daß das Haus als früherer Familienbesitz anzusehen sei. Deshalb kann dahingestellt bleiben, ob ein solcher Umstand von Bedeutung hätte sein können. Auch daß der Erblasser das Haus mit geldlicher Unterstützung der Geschwister erworben habe, ist verfahrensrechtlich nicht zu unterstellen; im Übrigen soll jene „Unterstützung“ längst zurückbezahlt worden sein. Eine rechtliche Bedeutung kann dem nicht zukommen.

Im übrigen läßt die Anwendung der Grundsätze, nach denen der Berufungsrichter das Testament als nur teilweise gegen den § 48 Abs. 2 TestG verstoßend für teilnichtig erklärt hat, keinen durchgreifenden Rechtsfehler erkennen. Der Vorderrichter ist bei der Anwendung dieser Vorschrift insofern weiter gegangen, als das bisher in der Rechtsprechung geschehen ist, als er nicht etwa nur die Teilnichtigkeit einer Erbeinsetzung, soweit sie auf mehr als einen bestimmten Bruchteil, oder eines Vermächtnisses, soweit es auf mehr als eine bestimmte Summe lautete (vgl. z. B. RGZ Bd. 168 S. 177 [S. 183], RG in DR 1944 S. 375 Nr. 17) ausgesprochen, sondern eine Verbindlichkeit der Vermächtnisnehmerin gegenüber den Erben angeordnet hat, von der das Testament nichts enthält. Er hat die Anordnung dieser Verbindlichkeit entsprechend der Fassung des Gesetzes (§ 48 Abs. 2 TestG) als Ergebnis der von ihm festgestellten Teilnichtigkeit dargestellt, also das Testament insoweit für nichtig erklärt, als die Vermächtnisnehmerin das Grundstück erhalten sollte, belastet nur mit der Hypothekenschuld und nicht noch gegen die weitere Verpflichtung, an die Erben 5.000 RM „heraus"zuzahlen. Das Berufungsgericht war zu einer solchen Entscheidung im Rahmen des § 48 Abs. 2 TestG befugt. Sie stellt keine Rechtsgestaltung dar, wie das Berufungsgericht irrigerweise schon von der bisherigen Rechtsprechung annimmt. Seine Entscheidung enthält vielmehr, wenn auch in freierer Form als bisher, nur den Ausspruch, daß der auf § 48 Abs. 2 TestG gestützte Klageanspruch (nur) zum Teil gerechtfertigt, die geltend gemachte Nichtigkeit also nur zum Teil festzustellen sei. Denn wenn die Vermächtnisnehmerin, um in den Rechtsgenuß des Vermächtnisgegenstandes zu gelangen (nicht etwa, um darin zu bleiben), einen Teil seines Wertes den Erben erstatten („herauszahlen", wie es der Vorderrichter ausdrückt) muß, so ist die rechtliche und wirtschaftliche Lage dieselbe, wie wenn ein Geldvermächtnis insoweit als gegen § 48 Abs. 2 TestG verstoßend für nichtig erklärt wird, als es einen bestimmten Betrag übersteigt (RGZ Bd. 168 S. 177 [183]). Es kann im Sinne von § 48 Abs. 2 keinen Unterschied begründen, ob der Vermächtnisnehmer infolge der ausgesprochenen Teilnichtigkeit eines Vermächtnisses den Vermächtnisgegenstand von vornherein nur zu einem Teil erhalten soll oder zwar ganz, aber nur gegen Rückvergütung eines bestimmten Teiles seines Wertes an den Erben. Von einer Rechtsgestaltung kann hierbei keine Rede sein, und es braucht nicht entschieden zu werden, ob sich eine echte Rechtsgestaltung durch § 48 Abs. 2 TestG rechtfertigen ließe.

Das Berufungsgericht hat in die Urteilsformel überflüssigerweise Bestandteile der Erwägungen aufgenommen, durch die es zur Bemessung der von der Vermächtnisnehmerin an die Erben zu zahlenden Summe von 5.000 RM gelangt ist. So sind die Angaben des Schätzungswertes von 14.000 RM für das Grundstück, der Hypothekenschuldhöhe für den Todestag des Erblassers als Stichtag und der hieraus errechneten Höhe des Teiles des freien Wertes, der der Vermächtnisnehmerin vom Berufungsgericht zugedacht wird, nicht als Bestandteile der Urteilsformel selbst aufzufassen. Von der Richtigkeit dieser Berechnung, die in die Urteilsgründe gehört hätte, hängt weder der Bestand des Urteilsspruchs ab, noch nehmen diese Zusätze irgendwie an der Rechtskraftwirkung teil.

Gegen die Bemessung der Höhe, in der die Vermächtnisänderung für nichtig erklärt wird, bestehen keine rechtlichen Bedenken.

Nach alledem ist die Revision zurückzuweisen.

---

78. Zur gerichtlichen Regelung der Verwaltung einer gemeinsamen Sache. Die Rücksichtnahme auf die Gemeinschaft verbietet es, aus der gemeinsamen Quelle, aus welcher die Nutzungen für alle gleichmäßig fließen sollen, ohne Zustimmung der anderen oder doch ohne besondere Gründe, mehr abzuschöpfen, als den gerechten Anteil.

ABGB §§ 833, 835.

VII. Zivilsenat. Beschl. v. 25. November 1944 (VII B 29/1944).

I. Amtsgericht Reichenberg.

In Sachen der Gertrud Brandmayer und des Herbert Jantsch, beide in Reichenberg, Antragsteller, vertreten durch Dr. Adolf Hansel, Rechtsanwalt in Reichenberg,

gegen

Antonie Jantsch, Adolf Jantsch, derzeit bei der Wehrmacht, Elisabeth Müller, alle in Reichenberg, sowie Dorothea Kahl in Meißen, Antragsgegner, sämtliche vertreten durch Dr. Bruno Fiechtl, Rechtsanwalt in Reichenberg,

wegen richterlicher Entscheidung gemäß §§ 833 und 835 ABGB hat das Reichsgericht, VII. Zivilsenat, in der Sitzung vom 25. November 1944 auf den Rekurs der Antragsteller gegen den Beschluß des Amtsgerichts in Reichenberg vom 27. Oktober 1944, 2 AR 2/44, womit der Antrag auf richterliche Entscheidung durch Aufkündigung eines Bestandvertrages abgewiesen wurde, beschlossen:

Dem Rekurse wird stattgegeben, der angefochtene Beschluß wird aufgehoben und die Sache wird zur neuerlichen Entscheidung an das Amtsgericht in Reichenberg verwiesen.

Gründe

Das Haus NC 15/II in Reichenberg stand bis zu dem im Jahre 1933 erfolgten Tode des Ferdinand A. Jantsch je zur Hälfte in dessen und seines Bruders Gustav R. Jantsch Miteigentum. In diesem Hause befinden sich Geschäfts- und andere Lokale, in denen Gustav R. Jantsch einen Gemischtwarenhandel unter der Firma Anton Franz Jantsch betrieb. Er vermietete dann im Jahre 1933 diese Räume, für die er selbst 1.320 RM Jahresmiete bezahlte, um 2.280 RM an Otto Blasi und Ernst Engel. Nach dem im Jahre 1933 erfolgten Tode des Ferdinand A. Jantsch sind die Antragsteller Miteigentümer seiner ideellen Haushälfte geworden. Die Hälfte des Gustav R. Jantsch ging nach dessen Tode im Jahre 1943 auf die Antragsgegner über. Die Antragsteller fühlen sich dadurch verkürzt, daß „sich die Antragsgegner auf ihre Kosten ungerechtfertigt bereichern“ und erstreben, da sie sich als Miteigentümer je zur Hälfte mit Stimmengleichheit gegenüberstehen, im Sinne des § 833 ABGB eine Änderung dieses „unbilligen Zustandes“ durch richterlichen Entscheid. Das Erstgericht hat zunächst mit Beschluß vom 21. April 1944 diesem Antrag stattgegeben und diesen seinen Beschluß mit Beschluß vom 27. April 1944 „berichtigt“. In dem ersten Beschluß hat es ausgesprochen, daß die Aufkündigung des zwischen Antragstellern und Antragsgegnern als Vermietern einerseits und Otto Blasi und Ernst Engel als Mietern andererseits abgeschlossenen Mietvertrags zugelassen wird. Die Begründung hat es im Wesentlichen in den Satz gefaßt, daß kein Grund vorliegt, weshalb die Aufkündigung nicht zugelassen werden sollte. Im Berichtigungsbeschlusse vom 27. April 1944 hat es dann diesen seinen Beschluß unter voller Aufrechterhaltung der Begründung im Ausspruch dahin geändert, daß nicht die Aufkündigung des im ersten Beschluß erwähnten Vertrages mit Blasi und Engel, sondern des zwischen den Antragstellern als Erben nach Ferdinand A. Jantsch als Miteigentum zur Hälfte und Vermietern einerseits und den Antraggegnern als Erben nach Gustav R. Jantsch als Mietern andererseits bestehenden Bestandvertrages zugelassen wird.

Das Oberlandesgericht in Leitmeritz hat über den Rekurs der Antraggegner beide Beschlüsse geändert, indem es den gegenständlichen Antrag der Antragsteller und den Antrag auf Berichtigung des Beschlusses vom 21. April 1944 abgewiesen hat. Es genügt, aus der Begründung des Oberlandesgerichtes den Schlußsatz anzuführen: „Wenn also die Antragsteller Änderungen in den im Hause Nr. 15 in Reichenberg befindlichen Räumen herbeiführen wollen und dazu nicht die Stimmenmehrheit erlangen können, müssen sie einen neuen Antrag stellen, daß der Richter entscheide, ob das bisherige Vertragsverhältnis zwischen den Miteigentümern bezüglich der Benutzung eines Teiles der gemeinsamen Sache fortgesetzt werde oder nicht, wobei etwa vertragsmäßige Bindungen der Parteien, beim Fehlen solcher der überwiegende Nutzen für sämtliche Miteigentümer maßgebend sein wird. Über diesen Antrag hat dann das Gericht das ordentliche Verfahren einzuleiten und abzuführen, welches aber nicht die Zulässigkeit einer Kündigung im Sinne der Mieterschutzordnung zum Gegenstande hat, sondern die Regelung der Verwendung der gemeinsamen Sache gemäß §§ 833, 835 ABGB“.

Über den neuerlichen Antrag der Antragsteller, welcher die richtige Rechtsansicht des Berufungsgerichtes verkennt und wiederum die Aufkündigung des zwischen Antragstellern und -gegnern bestehenden Vertragsverhältnisses und die Räumung der erwähnten Mietobjekte erstrebt, hat das Amtsgericht neuerlich entschieden und diesmal mit Beschluß vom 27. Oktober 1944 2 A R 2/44 den Antrag abgewiesen mit der Begründung, daß zwar das Entgelt, welches die Antraggegner aus der Weitervermietung erhalten, erheblich höher ist als das Entgelt, welches sie selbst als Mieter an die Hausgemeinschaft bezahlen, daß aber bei der Kriegswichtigkeit der Unternehmungen des Blasi und Engel die Auflösung ihres Mietvertrages eine unbillige Härte bedeuten würde.

Gegen diesen Beschluß wendet sich der Rekurs der Antragsteller. Er erblickt eine Gesetzesverletzung darin, daß der ungerechtfertigte Zustand der Bereicherung der Antraggegner vom Gericht zwar zugegeben, mit Rücksicht auf dritte Personen aber nicht beseitigt wird und daß diese Rücksichtnahme schon deshalb nicht am Platze sei, weil die Antragsteller in das zwischen den Antraggegnern und Blasi bestehende Mietverhältnis eintreten könnten, so daß eine Räumung nicht erfolgen müßte.

Dem Rekurse ist beizupflichten, trotzdem er in seinem Antrag, welcher einerseits auf Räumung abgestellt ist, andererseits aber ausführt, daß eine Räumung gar nicht notwendig ist, widerspruchsvoll und teilweise verfehlt ist.

Es liegt an sich eine Gesetzesverletzung darin, daß das Amtsgericht offenbar eine ungerechtfertigte Bereicherung der Antraggegner annimmt, diese aber nicht beseitigt, sondern im Hinblick auf die Schädigung dritter Personen, deren Rechte ja durch eine entsprechende gerichtliche Regelung nicht gefährdet werden müßten, die pflichtgemäße Entscheidung nach §§ 833 und 835 ABGB ablehnt. Es darf nicht verkannt werden, daß die Antragsteller mit ihrem Antrag in erster Linie die Abstellung des für sie nachteiligen Zustandes erstrebten, wenn sie auch hierfür nicht die geeigneten Maßnahmen vorgeschlagen haben. Das durfte aber das Gericht nicht hindern, nach entsprechender Erforschung des Sachverhalts von sich aus die geeignete Entscheidung zu treffen und alles zu tun, um die Parteien, auch wenn sie rechtlich vertreten waren, zu einer zweckdienlichen Antragstellung zu veranlassen, zumal schon das Oberlandesgericht in seiner Rekursentscheidung in verbindlicher Weise darauf hingewiesen hat, daß hier nicht über die Zulässigkeit einer Kündigung zu entscheiden ist.

Das Erstgericht hätte sich also in erster Linie darüber klar werden müssen, ob es überhaupt eine Entscheidung im Sinne der Antragsteller zu treffen habe und was für eine Maßnahme es wegen Fehlens der Stimmenmehrheit anordnen soll. Zunächst war also die Frage zu prüfen, ob die von den Antragstellern behauptete ungerechtfertigte Bereicherung der Antraggegner vorlag. Eine solche ist nicht schon deshalb als vorhanden anzusehen, weil die Antraggegner aus einem gemeinschaftlichen Mietobjekt durch Untervermietung einen größeren

Betrag einnehmen, als sie selbst an die andere Miteigentümergruppe bezahlen. Nicht einmal die von den Antragstellern behaupteten Umstände lassen die Vermutung einer ungerechtfertigten Bereicherung in streng formalem Sinne zu, denn die Antraggegner haben den ihnen von der Gesamtheit der Miteigentümer überlassenen Raum vorteilhaft und durch lange Jahre offenbar mit Zustimmung der Antragsteller oder ihres Rechtsvorgängers durch Vermietung verwertet. Es kann also kaum behauptet werden, daß die Antraggegner aus einem Schaden der Antragsteller einen Nutzen gezogen haben. Eine andere Frage, die zu prüfen wäre, ist es aber, ob das Vorgehen der Antraggegner gegen die guten Sitten verstößt. Es kann nach heutiger Rechtsauffassung nicht zweifelhaft sein, daß die Rücksichtnahme auf die Gemeinschaft es verbietet, aus der gemeinsamen Quelle, aus welcher die Nutzungen für alle gleichmäßig fließen sollen, ohne Zustimmung der anderen oder doch ohne besondere Gründe, mehr abzuschöpfen, als den gerechten Anteil. Ob ein Verstoß gegen diese Regel vorliegt, läßt sich auf Grund der getroffenen Feststellungen nicht beurteilen. Es bleibt ungewiß, wie es zu dem Vertrag kam, durch den den Antragsgegnern die gegenständlichen Räume überlassen wurden (Grundvertrag). Es hat den Anschein, daß dieser in der gemeinsamen Absicht der Miteigentümer zustande kam, dem Gustav R. Jantsch eine Erleichterung seiner wirtschaftlichen Situation zu schaffen. Wenn das der Fall ist, könnte nicht von einem unbilligen oder unmoralischen Verhalten des Gustav R. Jantsch oder seiner Rechtsnachfolger gesprochen werden, falls die Voraussetzungen, welche zur Zeit des Vertragsabschlusses bestanden, noch weiter maßgebend sind und nach dem Parteiwillen etwa auch für die weitere Zukunft zutreffen sollten. Auch ohne eine solche Absicht, dem Gustav R. Jantsch unter die Arme zu greifen, wird aber der von den Antraggegnern abgeschlossene Mietvertrag mit Blasi und Engel den Antragstellern gegenüber nicht ohne weiteres als unbillig erscheinen müssen. Es kann sein, daß nicht der ganze Mietzins als Einkommensquelle aus dem Hause, sondern auch als Entgelt für die Übernahme der eingeführten Firma des Gustav R. Jantsch anzusehen ist, es ist auch möglich, daß den Antraggegnern durch Abschluß des besonders günstigen Grundvertrages ein gewisser Gegenwert dafür geboten werden sollte, daß auch die Eigentümer der anderen Eigentumshälfte dadurch besonders bevorzugt waren, daß sie, oder einer von ihnen, etwa zu besonders billigem Entgelt ein Versicherungsbüro im gemeinsamen Haus betrieben oder sonst einen besonderen Vorteil vor den anderen hatten.

Es können somit eine Reihe von Umständen vorhanden sein, welche die anscheinende Unbilligkeit des Verhaltens der Antragsgegner in ein anderes Licht rücken, zumal es auch nicht vollkommen geklärt ist, warum die Antragsteller ihre stillschweigend (oder auch ausdrücklich) gegebene Zustimmung zum Verhalten der Antraggegner nun zurückziehen.

Erst wenn feststeht, daß die Antragsgegner in einer gegen die guten Sitten verstoßenden Weise gegen das gemeinsame Interesse handeln, wird zu entscheiden sein, welche richterlichen Maßnahmen am Platze sind. Als einfachste erscheint die, daß die Antragsteller als Vertragspartner in den Mietvertrag mit Blasi und Engel eintreten oder daß die Antraggegner zu verpflichten wären, ihnen einen entfallenden Betrag herauszuzahlen. Keineswegs kann in diesem Verfahren die Aufkündigung der in Miete gegebenen Lokale ausgesprochen werden, es könnte höchstens, falls sich eine Aufhebung des Mietvertrages als zweckmäßig erwiese, den Antragstellern die Ermächtigung erteilt werden, im Namen der Gemeinschaft die Bewilligung zur Kündigung des Mietvertrages mit Blasi und Engel zu erwirken und die Kündigung zu betreiben.

Aus diesen Ausführungen ergibt es sich, daß es nicht möglich ist, auf Grund des mangelhaft gebliebenen Verfahrens in der Sache selbst zu entscheiden. Der angefochtene Beschluß war daher aufzuheben und die Sache zur entsprechenden Ergänzung und zur neuerlichen Entscheidung an das Amtsgericht zu verweisen.

---

79. Die fehlende Unterschrift des Erblassers kann beim eigenhändigen, in einen Briefumschlag eingeschlossenen Testament nicht durch den vom Erblasser geschriebenen Vermerk auf dem Umschlag „Testament" mit beigesetztem Namen ersetzt werden.

TestG § 21.

VI. Zivilsenat. Beschl. v. 28. November 1944 (VI B 19/1944).

I. Amtsgericht Berlin-Spandau.

In der Erbscheinssache nach dem am 5. März 1868 geborenen, am 10. April 1944 in Berlin-Kladow gestorbenen invaliden Arbeiters Ludwig August Karl Marzahn

hat das Reichsgericht, VI. Zivilsenat, in der Sitzung vom 28. November 1944 auf die Beschwerde der Witwe Auguste Bertha Marzahn geb. Wolke genannt Mielke in Berlin-Kladow vom 10. Oktober 1944 gegen den Bescheid des Amtsgerichts in Berlin-Spandau vom 9. September 1944 beschlossen:

Die Beschwerde wird zurückgewiesen.
Die Kosten des Rechtsmittels werden der Beschwerdeführerin auferlegt.

Gründe

Nach dem Tode des am 10. April 1944 verstorbenen Karl Marzahn ist eine Urkunde als Testament eröffnet worden, in der es eingangs heißt: „Unser letzter

Wille! Wir, die unterzeichneten Eheleute Carl Marzahn und Auguste Marzahn geborene Mielke bestimmen hiermit als unseren letzten Willen wie folgt:" Dann setzen sich die Eheleute gegenseitig als Erben und ihren Sohn als Nacherben ein. Diese Urkunde trägt keine Unterschrift. Sie war in einem verschlossenen Briefumschlag enthalten, der von der Hand des Erblassers mit der Aufschrift versehen ist: „Testament. Carl und Auguste Marzahn, Cladow". Der Antrag der Witwe, ihr einen diesem Testament entsprechenden Erbschein zu erteilen, ist vom Amtsgericht wegen Nichtigkeit des Testaments abgelehnt worden. Die dagegen von der Antragstellerin eingelegte Beschwerde ist nach §§ 9 flg., 70 der Zweiten KriegsmaßnahmenVO zulässig, aber unbegründet.

Das Amtsgericht sieht die Urkunde nur als Testamentsentwurf an, weil sie im Eingang von den unterzeichneten Eheleuten spricht, deshalb anzunehmen sei, daß der Entwurf erst durch die Unterzeichnung zur Urkunde werden sollte, diese aber unterblieben ist. Dem ist nicht beizutreten; denn der Umstand, daß die Urkunde in einen Umschlag verschlossen und dieser mit der Aufschrift Testament versehen worden ist, zeigt deutlich, daß die Eheleute das Testament als vollendet angesehen und als fertig gewollt haben. Die Nichtigkeit des Testaments ist vielmehr aus dem Fehlen der Unterschriften zu entnehmen.

Nach § 21 Abs. 1 TestG ist beim eigenhändigen Testament die Unterschrift ein notwendiges Formerfordernis; ihr Fehlen macht das Testament daher nichtig. Da eine Unterschrift der Ehefrau Marzahn überhaupt nicht vorliegt, ist ihr Testament ohne jeden Zweifel nichtig. Ob daraus, weil die Eheleute ein gemeinschaftliches Testament errichten wollten, auch die Nichtigkeit des Testaments folgt, insoweit es vom Erblasser errichtet worden ist, bedürfte der Entscheidung nur, wenn die Unterschrift des Ehemannes vorläge. Sie fehlt aber auch.

Zu entscheiden ist die Frage, ob die Unterschrift des Ehemannes in dem Vermerk auf dem Briefumschlag gefunden werden kann, der von ihm geschrieben worden ist. Diese Frage ist nach den Umständen zu verneinen.

Die Möglichkeit, das im Umschlag befindliche, der Unterschrift entbehrende Testament durch die Unterschrift auf dem Umschlage zu ergänzen, ist nicht grundsätzlich zu verneinen. Vielmehr kommt es auf die Umstände des Einzelfalles an. Nur wenn die Schrift auf dem Umschlag der äußeren Erscheinung nach den Inhalt des im Umschlage befindlichen Schriftstücks deckt, können beide Schriftwerke als Einheit betrachtet werden, nicht aber, wenn sie einen selbständigen, auf den Umschlag gesetzten Vermerk darstellt.

Diese Auffassung bildet im wesentlichen den Inhalt der bisherigen Rechtsprechung. So hat das Reichsgericht in zwei Fällen (RGZ Bd. 61 S. 7, Bd. 110 S. 166) die Nichtigkeit der eigenhändigen Testamente, denen die Unterschrift fehlte, angenommen, obwohl die Urkunden sich in verschlossenen Briefumschlägen befanden und auf diesen den Inhalt angebende Vermerke mit der Unterschrift des Verfügenden standen. Der Wille des Erblassers, mit der Unterschrift auf dem Umschlage die in der Einlage enthaltene letztwillige Verfügung zu vollziehen, genüge noch nicht, sondern seine Unterschrift müsse auch der äußeren Erscheinung nach die Verfügung decken. Daran fehle es, wenn die Aufschrift auf dem Umschlage sich nicht nach ihrem urkundlichen Inhalt als Fortsetzung des eingeschlossenen Schriftstücks und damit als Abschluß der Testamentserrichtung darstelle. Damit stimmt die Entscheidung des Oberlandesgerichts München vom 6. Juli 1938 (JFG Bd. 18 S. 66) überein. Sie betraf den Sachverhalt, daß das Testament in Briefform mit der Unterschrift „Eure Mutter" sich in einem verschlossenen Umschlage befand, den die Erblasserin eigenhändig mit dem Absendervermerke versehen hatte. Das Oberlandesgericht hat dazu erwogen, die Erblasserin habe den Brief mit ihrer Unterschrift abgeschlossen; daher sei der Absendervermerk keine Fortsetzung des Testaments, sondern etwas Neues zu dem Briefe selbständig Hinzutretendes. Dagegen hat das Kammergericht (JFG Bd. 16 S. 91) bei einem Testament, das auf eine Postkarte geschrieben und mit „Euer Vater" unterzeichnet war, den auf derselben Postkarte stehenden Absendervermerk als Unterschrift genügen lassen.

Während diese Entscheidungen zu § 2231 BGB ergangen waren, hat das Kammergericht im Beschlusse vom 30. November 1939 (JFG Bd. 21 S. 36) die Frage unter der Geltung des § 21 TestG behandelt. Dabei hat es das als Brief hergestellte, nicht unterzeichnete Testament für gültig erklärt, weil der Erblasser auf den Briefumschlag den Absendervermerk gesetzt hatte.

Da das neue Recht im Erfordernis der Unterschrift des Erblassers vom bisherigen nicht abweicht, hat auch die unter dem alten Recht entstandene Rechtsprechung ihre Bedeutung behalten. Ob der strengeren Auffassung der übrigen Entscheidungen oder der weniger strengen des Kammergerichts der Vorzug gebührt, braucht hier nicht entschieden zu werden. Unter allen Umständen bleibt es nämlich notwendig, daß der Erblasser durch den Vermerk auf dem Umschlag keine bloße Inhaltsangabe angebracht, sondern durch die Beifügung seines Namens seinen Willen urkundlich erkennbar gemacht hat, das im Umschlag verwahrte Schriftstück, wenn nicht sogar fortzusetzen oder zu vollenden, so doch wenigstens zu bestätigen. Mindestens insofern muß zwischen der Aufschrift des Umschlags und dem darin enthaltenen Schriftstück ein inhaltlicher Zusammenhang bestehen. Dafür ist ein unerläßliches Erfordernis, daß der Umschlag überhaupt eine Unterschrift trägt, da nur eine solche die fehlende ersetzen kann. Deshalb muß die Aufschrift erkennbar machen, daß die Namensangabe auf dem Umschlag nicht nur zur Kennzeichnung seines Inhalts dienen, sondern darüber hinaus bedeuten soll, daß der Namensträger durch sie für eine von ihm abgegebene Erklärung, sei es auch nur diejenige über den Inhalt des Umschlags, eintreten will; denn nur unter dieser Voraussetzung bedeutet die Namensangabe eine Unterschrift im sprachlichen und rechtlichen Sinne. Ist überhaupt keine solche Unterschrift auf dem Umschlage vorhanden, so erübrigt sich die Erörterung, welchen sonstigen Erfordernissen genügt sein müßte, um aus dem Umschlag das Testament zu ergänzen.

Im vorliegenden Falle fehlt die Unterschrift. Es liegt ähnlich wie bei der Entscheidung des Reichsgerichts vom 5. Juli 1924 (JW 1925 S. 425 Nr. 19), wo der Vermerk „Testament des Generalarztes S." auf dem Umschlag ebenfalls für bedeutungslos erachtet wurde. Auch die Anschrift „Testament. Carl und Auguste Marzahn" enthält überhaupt keine Unterschrift; denn ihre Fassung stellt nicht einmal die Absicht des Erblassers klar, sich durch die Niederschrift seines Namens als Schreiber des Vermerks erkennbar zu machen. Vielmehr hätte den angegebenen Vermerk auch jeder andere auf den Umschlag setzen können, ohne dadurch eine Irreführung über den Verfasser herbeizuführen. Schon die Tatsache, daß der Erblasser seinen Namen nicht nur neben, sondern in enger Verflechtung mit demjenigen seiner Ehefrau geschrieben hat, schließt es aus, darin eine Unterschrift in dem erörterten Sinne zu finden. Daß sich hinter dem Worte Testament ein Punkt befindet, könnte unter diesen Umständen selbst dann keine andere Beurteilung rechtfertigen, wenn der Erblasser dieses Satzzeichen mit Bedacht verwendet haben sollte, eine Möglichkeit, die nach der Lebenserfahrung bei der Lebensstellung des Schreibers, der als invalider Arbeiter bezeichnet ist, fern liegt.

Somit hat das Amtsgericht das Testament mit Recht als nichtig angesehen und demzufolge den Erbschein verweigert.

gez. Günther. Eilles.

---

80. Zum Warenzeichenschutz, zum Ausstattungsbesitz (Verkehrsgeltung) und zum Namens- und Geschäftsbezeichnungsrecht hinsichtlich der Bezeichnung: „Die Wäscherei der Hausfrau".

WZG § 15, 24, 25, BGB § 12, UWG § 16

II. Zivilsenat. Urt. v. 1. Dezember 1944 (II 72/1944).

I. Landgericht Berlin.
II. Kammergericht Berlin.

In Sachen der Vereinigten Wäschereien AG in Wien XIV, Gütteldorfer Str. 130a, Beklagten und Revisionsklägerin, Prozeßbevollmächtigter: Rechtsanwalt Justizrat Dr. Schrömbgens in Leipzig,

gegen

1. die offene Handelsgesellschaft Julius Testorp Die Wäscherei der Hausfrau Chemische Reinigungsanstalt in Hamburg 33, Steilshooper Str. 136a–140,

2. die offene Handelsgesellschaft Testorp Die Wäscherei der Hausfrau in Berlin-Britz, Haarlemer Straße 61–71, Klägerinnen und Revisionsbeklagten, Prozeßbevollmächtigter: Rechtsanwalt Dr. Fuchslocher in Leipzig,

hat das Reichsgericht, II. Zivilsenat, auf die mündliche Verhandlung vom 6. November 1944 durch den Vizepräsidenten beim Reichsgericht Kolb und die Reichsgerichtsräte Dr. Schulze und Schuster durch *Teilurteil* für Recht erkannt:

Auf die Revision der Beklagten wird das Urteil des 31. Zivilsenats des Kammergerichts in Berlin vom 15. Juli 1944 aufgehoben und in der Sache selbst anderweit dahin erkannt:

Die Berufung der Klägerinnen gegen das Urteil des Landgerichts Berlin, Zivilkammer 16a, vom 2. Juli 1943 wird zurückgewiesen.

Die Kostenentscheidung wird dem Schlußurteil vorbehalten. – Von Rechts wegen.

Tatbestand

Die Klägerinnen, die die gleichen Gesellschafter haben – die Klägerin zu 1. mit Sitz in Hamburg, die Klägerin zu 2 mit Sitz in Berlin –, führen seit vielen Jahren für ihre Hauswäschereibetriebe (Wäscherei, Plätterei und Wäscheverleih) in ihren Firmen die Worte „Die Wäscherei der Hausfrau", und zwar früher, solange sie Gesellschaften mit beschränkter Haftung waren (1930 bzw. 1931 bis 1937) in Anführungsstrichen, seit ihrer 1937 erfolgten Umwandlung in offene Handelsgesellschaften ohne solche. Für die Klägerin zu 1. sind außerdem in der Warenzeichenrolle des Reichspatentamts folgende Warenzeichen für Herren- und Damenwäsche, Ausstattungswäsche, Gardinen, Spitzen, Leib-, Tisch-, Küchen- und Bettwäsche sowie waschbare Kleidungsstücke eingetragen:

a) auf die Anmeldung vom 30. August 1926 unter Nr. 361 381 das Wortzeichen: Hauswäscherei Julius Testorp „Die Wäscherei der Hausfrau", wobei die Worte in Anführungsstrichen durch größeren Druck hervorgehoben sind,

b) auf die Anmeldung vom 29. November 1930 unter 437 260 ein Wort- und Bildzeichen, auf dem sich außer dem Wort „Testorp" weniger hervortretend, da über Eck geschrieben, auch die Worte „Die Wäscherei der Hausfrau" ohne Anführungsstriche befinden.

Die Beklagte betreibt in Wien ein gleichartiges Wäschereiunternehmen. Sie bedient sich seit vielen Jahren in ihrem Geschäftsbetriebe des Bildes eines sich spiegelnden Schwanes (Doppelschwan) und ist in letzter Zeit dazu übergegangen, dem die Worte: „Die Wäscherei der klugen Hausfrau" beizufügen. Am 24. Februar 1941 hat sie auch ein dementsprechendes Warenzeichen zur Eintragung in die Zeichenrolle angemeldet.

Die Klägerinnen haben behauptet, daß sich die von ihnen verwendete Bezeichnung „Die Wäscherei der Hausfrau" in Norddeutschland und im Gebiet der Reichshauptstadt als ein Hinweis auf ihre Unternehmungen durchgesetzt habe; sie sehen daher in der Verwendung der ähnlichen Bezeichnung durch die Beklagte eine Verletzung ihres Firmen- und Namensrechts (§ 37 Abs. 2 HGB,

§ 12 BGB, § 24 WZG), ihres Geschäftsbezeichnungsrechts (§ 16 UnlWG), ihres Warenzeichenrechts (§§ 15, 24 WZG) sowie ihres Ausstattungsrechts (§ 25 WZG), ferner aber auch einen Verstoß gegen die §§ 1 UnlWG, 826 BGB. Sie haben demgemäß beantragt:

1. der Beklagten zu verbieten, im Geschäftsverkehr die Bezeichnung „Die Wäscherei der klugen Hausfrau" als besondere Bezeichnung ihres Geschäftsbetriebes zu benutzen und waschbare Bekleidungsstücke, Leib-, Tisch- und Bettwäsche oder ihre Verpackung oder Umhüllung mit dieser Bezeichnung zu versehen, die so bezeichneten Wäschestücke in Verkehr zu setzen sowie die genannte Bezeichnung auf Ankündigungen, Preislisten, Geschäftsbriefen, Empfehlungen, Rechnungen oder dergl. anzubringen,

2. die Beklagte zu verurteilen, die Bezeichnung „Die Wäscherei der Hausfrau" auf allen dem Geschäftsbetrieb dienenden Gegenständen, insbesondere auf Firmenschildern, Plakaten, Lieferwagen und in der Postreklame in dauerhafter Weise unkenntlich zu machen oder, soweit dies nicht möglich ist, die betreffenden Gegenstände zu vernichten.

3. die Beklagte zu verurteilen, die am 24. Februar 1941 beim Reichspatentamt in Berlin eingereichte Warenzeichenanmeldung V 17 674/3d WZ „Die Wäscherei der klugen Hausfrau" c. Z. zurückzunehmen.

Die Beklagte hält die beiden Bezeichnungen für reine Gattungsbezeichnungen (Beschaffenheits- oder Bestimmungsangaben oder beschreibende Hinweise auf das Tätigkeitsgebiet der Parteien), hat aber – ausweislich des Tatbestandes des Berufungsurteils – zugegeben, daß sich die Bezeichnung „Die Wäscherei der Hausfrau" in der von den Klägerinnen behaupteten Weise durchgesetzt habe. Ferner hat sie die Verwechslungsgefahr mit der Begründung bestritten, daß die beiden Bezeichnungen sich genügend unterschieden und außerdem in räumlich weit getrennten Kundenkreisen benützt würden. Endlich hat sie geltend gemacht, daß die Klägerinnen, soweit sie sich neben dem Verleihen von Wäsche in der Hauptsache mit dem Waschen und Plätten befaßten, keinen warenzeichenmäßig schutzfähigen Geschäftsbetrieb besäßen und daher insoweit zur Geltendmachung von Ansprüchen aus den Warenzeichen nicht befugt seien.

Die Klägerinnen halten die räumliche Trennung der Kundenkreise für belanglos, weil sie die Absicht hätten, auch in anderen Städten des Reichs, insbesondere auch in Wien, Niederlassungen zu errichten; die Verwirklichung dieser Absicht habe vor dem Kriege bereits greifbare Formen angenommen gehabt und sei nur infolge des Kriegsausbruchs vorläufig unterblieben.

Das Landgericht hat die Klage abgewiesen, das Berufungsgericht dagegen nach den Anträgen der Klägerinnen erkannt.

Mit der Revision begehrt die Beklagte die Wiederherstellung des landgerichtlichen Urteils. Die Klägerinnen haben um Zurückweisung der Revision gebeten.

Entscheidungsgründe

I. Nach Ansicht des Berufungsgerichts unterläge die Klage von vornherein der Abweisung, wenn die beanstandete Bezeichnung tatsächlich nur eine Gattungsbezeichnung (mit anderen Worten: nichts anderes als ein beschreibender Hinweis auf den Gegenstand des Unternehmens, als eine allgemein gebräuchliche, dem allgemeinen Sprachschatz entnommene Kennzeichnung desselben) wäre, wie z. B. die Worte „Hauswäscherei", „Dampfwäscherei", „Waschanstalt", „Dampfwaschanstalt" oder „Reinigungsanstalt". Diese Annahme unterliegt insofern Bedenken, als, wie unten näher ausgeführt, auch in solchen Fällen Ausnahmen möglich sind. Im Übrigen erscheint es unzweckmäßig, bei der Beurteilung der Frage von der beanstandeten Bezeichnung oder Kennzeichnung *der Beklagten* auszugehen, anstatt von der der Klägerin, oder, soweit die beiderseitigen Bezeichnungen übereinstimmen – der durch den Zusatz des Wortes „klugen" herbeigeführte Unterschied ist ja gering –, von der Bezeichnung als solcher.

Namen, Firmen, Geschäftsbezeichnungen und Warenkennzeichnungen sind nach ständiger Rechtsprechung nur insoweit schutzfähig, als ihnen Unterscheidungskraft zukommt. Deshalb entbehren sie in der Regel des Schutzes, wenn und soweit sie aus Worten bestehen, die dem allgemeinen Sprachschatz entnommen und daher Allgemeingut sind oder einer Zusammenstellung derartiger Worte, die nichts weiter als einen beschreibenden Hinweis auf die Art des Unternehmens enthält. Denn grundsätzlich ist niemand befugt, ein in der Umgangssprache übliches und für sie unentbehrliches Wort oder eine jeder Eigenart entbehrende Wortzusammenstellung beschreibender Art dem Gemeingebrauch dadurch zu entziehen, daß er sich ihrer als eines gewerblichen Kennzeichnungsmittels bemächtigt. Diese Regel gilt aber nicht ausnahmslos. Die Bedürfnisse des geschäftlichen Verkehrs erfordern vielmehr, daß auch der Inhaber einer an sich nicht unterscheidungskräftigen Firma, Geschäftsbezeichnung oder Warenkennzeichnung gegen deren unbefugte Benutzung durch andere einschreiten kann, wenn es ihm gelungen ist, ihr durch die besondere Art ihrer Verwendung oder aus sonstigen Gründen Verkehrsanerkennung als Kennzeichen seines Unternehmens oder als herkunftsmäßiges Kennzeichen seiner Ware zu verschaffen (vgl. RGZ Bd. 163 S. 238 mit weiteren Nachweisen). In solchem Falle können derartige Kennzeichen nach § 4 Abs. 3 WZG sogar als Warenzeichen eingetragen werden, so daß sie dann auch unter dem Warenzeichenschutz stehen. Soweit die betreffenden Worte nur den *Bestandteil* einer solchen Kennzeichnung (auch eines Warenzeichens) bilden, erstreckt sich der Namens- und Kennzeichnungsschutz auf sie nur dann, wenn sie für sich allein und ohne jeden Zusatz von den beteiligten Verkehrskreisen in beachtlichem Umfange als schlagwortartiges Kennzeichen für einen bestimmten Betrieb oder dessen Waren angesehen werden (vgl. RG in HRR 1933 Nr. 1123 = MuW 1933 S. 16 betr. „Heilerde",

RG in DR 1944 S. 378 Nr. 19 = GRUR 1944, S. 36 betr. „Fettchemie"). Ist diese Verkehrsgeltung nur örtlich beschränkt, dann reicht der dadurch etwa bewirkte Schutz räumlich keinesfalls weiter als die Verkehrsgeltung selbst; einen Schutz für ganz Deutschland kann der betreffende Inhaber des Kennzeichens daher nur dann für sich in Anspruch nehmen, wenn er dartun kann, daß die Verkehrsgeltung des Kennzeichens sich auf ganz Deutschland erstreckt (vgl. RGZ Bd. 163 S. 240). Bei der Beurteilung der Verkehrsgeltung ist grundsätzlich kein anderer Maßstab anzulegen, als ihn der § 25 WZG für den Ausstattungsschutz an die Hand gibt (vgl. RGZ Bd. 167 S. 176), sie setzt also voraus, daß die betreffende Bezeichnung von beteiligten Verkehrskreisen in beachtlichem Umfange als Bezeichnung eines bestimmten Unternehmens oder als Herkunftsbezeichnung für die Ware eines solchen aufgefaßt wird. Der durch solche Verkehrsgeltung erlangte Schutz eines Schlagwortes der erwähnten Art steht jedoch keinesfalls einer Verwendung der betreffenden Worte entgegen, die außerhalb des Kennzeichnungszwecks liegt, auf ein bestimmtes Unternehmen oder die Herkunft der Ware aus ihm hinzuweisen; denn der Schutzanspruch des Inhabers der Kennzeichnung findet dort seine Grenze, wo der Verkehr in den Worten nur den Ausdruck des damit sprachüblich bezeichneten Allgemeinbegriffs oder gesamten Inhalts erblickt (vgl. RGZ Bd. 163 S. 238).

II. Hiernach fragt es sich im vorliegenden Falle in erster Linie, ob die Bezeichnung „Die Wäscherei der Hausfrau", bezüglich deren die Klägerinnen ein ausschließliches Recht für sich in Anspruch nehmen, im Verkehr grundsätzlich nur als beschreibender Hinweis auf den Gegenstand des Unternehmens (Gattungsbezeichnung) ohne besondere Kennzeichnungskraft aufgefaßt wird, und, bejahendenfalls, ob die Klägerinnen für sie eine Verkehrsgeltung erlangt haben, die ihre Klagansprüche rechtfertigt.

Was zunächst die erste Frage betrifft, so geht das Berufungsgericht in seiner Entscheidung davon aus, daß die in Rede stehende Bezeichnung einer gewissen Eigenart und daher der allgemeinen Kennzeichnungskraft nicht entbehre. Es meint, die beiden allgemein gebräuchlichen Ausdrucke „Wascherei" und „Hausfrau" seien durch die an sich unscheinbaren Artikel „die" und „der" äußerlich derart miteinander verbunden, daß sie innerlich zu einem besonderen Begriff zusammengefaßt seien und daß dem Ganzen dadurch ein besonderes Gepräge gegeben werde. „Die Wäscherei der (klugen) Hausfrau" – so führt es weiter aus – sei nicht eine beliebige Haushaltswäscherei, sondern ein Unternehmen, das nach eigener Behauptung ganz besonders zum Reinigen von Haushaltswäsche geeignet und eben „*die*" Wäscherei für derartige Zwecke sei; sie sei darüber hinaus sogar ein Unternehmen, das von der (klugen) Hausfrau bevorzugt werde und sich auch dadurch von anderen Betrieben seiner Art unterscheide; somit enthalte die Bezeichnung mehr als eine bloße Angabe über die Art des Unternehmens, sie fordere die Hausfrauen auf, von allen Wäschereien gerade das so bezeichnete Unternehmen zu wählen, weil sie bei ihm am ehesten das Gesuchte finden würden; dieser werbende Hinweis hebe die beanstandete Bezeichnung aus der Ebene der bloß beschreibenden Angaben heraus; er mache sie damit zu einer „besonderen" Geschäftsbezeichnung und ihre Anbringung auf Waren zu einem Herkunftshinweis.

Diesen Ausführungen ist insoweit beizustimmen, als die in Rede stehenden Worte ihrem Sinne nach in der Tat mehr als einen *bloßen* Hinweis auf den Arbeitszweig der Klägerinnen enthalten. Durch die Art ihrer Zusammenstellung wollen sie eine gewisse werbende Kraft erlangen, indem sie durch den bestimmten Artikel „die" zum Ausdruck bringen, daß das Unternehmen in der Behandlung der Haushaltswäsche Besonderes leiste, von den (klugen) Hausfrauen deshalb zu bevorzugen sei und bevorzugt werde. Aber auch dieser Werbungszweck ist in einer alltäglichen und nicht irgendwie eigenartigen Form zum Ausdruck gebracht. Die Bezeichnung hat daher auch in diesem Sinne in bildlicher, klanglicher und gedanklicher Hinsicht so wenig Eigentümliches, daß sie dadurch bestenfalls zu einem *empfehlenden* Hinweis auf den Arbeitszweig wird. Der Unterschied zwischen den Worten „Wäscherei für die Hausfrau", die zweifellos nur einen beschreibenden Hinweis auf den Gegenstand des Unternehmens enthalten und der Bezeichnung „Die Wäscherei der Hausfrau" ist so gering, daß er vom Verkehr kaum beachtet wird und für die Beurteilung daher nicht ins Gewicht fallen kann. Deshalb müssen die oben dargelegten Grundsätze Anwendung finden, die für reine Gattungsbezeichnungen oder rein beschreibende Bezeichnungen ohne allgemeine Kennzeichnungskraft gelten.

III. Zur Frage der Verkehrsgeltung hat das Berufungsgericht bereits im Tatbestande festgestellt, die Beklagte halte die beiderseitigen Bezeichnungen zwar für reine Gattungsbezeichnungen, gebe jedoch zu, daß sich die Bezeichnung „Die Wäscherei der Hausfrau" in der von den Klägerinnen behaupteten Weise durchgesetzt habe. In den Gründen sagt es hierzu, die Beklagte habe zugegeben, daß sich die Bezeichnung „in den Tätigkeitsgebieten der Klägerinnen zu einem allgemein bekannten Hinweis auf ihre Unternehmungen entwickelt" habe (BU S. 6 oben), daß sie für die Klägerinnen „Verkehrsgeltung erlangt" habe (BU S. 6 unten), daß sie „mindestens von einem nicht unbeträchtlichen Teil der in Frage kommenden Verkehrskreise als Hinweis auf ein bestimmtes Unternehmen angesehen" werde (BU S. 7 Mitte).

Die Revision beanstandet diese Feststellung, indem sie sagt, die Beklagte habe in der mündlichen Verhandlung vor dem Berufungsgericht lediglich zugegeben, jedenfalls nur zugeben wollen, daß sich in Norddeutschland und im Gebiet der Reichshauptstadt die Bezeichnung „Die Wäscherei der Hausfrau" *in Verbindung mit* der Firmenbezeichnung *Testorp* und *Julius Testorp* als ein Hinweis auf die Unternehmungen der Klägerinnen durchgesetzt habe. Sie macht geltend, das angebliche Zugeständnis der Beklagten stehe in unvereinbarem Widerspruch mit den Ausführungen der Berufungsbeantwortung vom 27. März 1944 S. 7 ff. (Bl. 79 ff.), die sie auch in der Berufungsverhandlung mündlich vorgetragen und aufrechterhalten habe, nämlich daß es sich bei der in Rede stehenden Bezeichnung um eine allgemein gebräuchliche Beschaffenheitsangabe, bestenfalls um einen äußerst schwachen Zeichenbestandteil handle, der hinter dem wesentlichen und charakteristischen Bestandteil der vollständigen Bezeichnung, nämlich dem Familiennamen Testorp stark zurücktrete, so daß schon geringfügige Änderungen genügten, um eine Verwechslungsgefahr auszuschließen.

Dieser Revisionsangriff ist, soweit er sich gegen die tatsächliche Feststellung der Prozeßerklärung der Beklagten richtet, unbegründet. Nach § 314 ZPO liefert der Tatbestand des Urteils rücksichtlich des mündlichen Parteivorbringens vollen Beweis, der nur durch das Sitzungsprotokoll entkräftet werden kann. Dieses enthält jedoch hierüber nichts und ist daher zur Entkräftung nicht geeignet. Die Beklagte hatte versucht, unter Hinweis auf das oben erwähnte Vorbringen der Berufungsbeantwortung, eine Berichtigung des Tatbestandes des Berufungsurteils herbeizuführen. Das Berufungsgericht hat den Berichtigungsantrag aber mit der Begründung zurückgewiesen, daß der Prozeßbevollmächtigte der Beklagten die klare Frage des Berichterstatters, ob die behauptete Verkehrsgeltung, d. h. also die Verkehrsgeltung der Bezeichnung „Die Wäscherei der Hausfrau" zugegeben würde, bejaht habe und daß es demgegenüber unerheblich sei, ob er die Frage irrtümlich auf die streitige Bezeichnung in Verbindung mit dem Namen „Testorp" oder „Julius Testorp" bezogen habe. Hat der Vertreter der Beklagten aber die allein auf die streitige Bezeichnung bezügliche richterliche Frage in der mündlichen Verhandlung ausdrücklich bejaht, wovon hiernach auszugehen ist, dann ergibt sich hieraus, daß er das bisherige schriftliche Vorbringen, soweit es hiermit etwa in Widerspruch steht, fallen gelassen hat; dem steht auch nicht entgegen, daß im Tatbestande des Berufungsurteils „wegen der *weiteren* Einzelheiten des beiderseitigen Vortrags" auf die Schriftsätze verwiesen worden ist. Im übrigen bezieht sich das vom Berufungsgericht festgestellte Geständnis auch nur auf die Behauptung der Klägerinnen, daß sie im Gebiet von Norddeutschland und Berlin, also räumlich beschränkte Verkehrsgeltung für ihre Bezeichnung erlangt hätten.

Obwohl das Geständnis hiernach in der vom Berufungsgericht festgestellten Weise formell als abgegeben anzusehen ist, kann ihm doch nicht die Bedeutung eines Geständnisses i. S. des § 288 ZPO zukommen. Denn Gegenstand des Geständnisses können nur Tatsachen sein. Die Frage, ob ein Geschäfts- oder Warenkennzeichen oder auch nur – wie hier – ein Bestandteil von ihnen Verkehrsgeltung erlangt hat, ist aber keine reine Tatsache, sondern hängt von der rechtlichen Beurteilung einer Reihe tatsächlicher Voraussetzungen ab. Insoweit handelt es sich also um einen nicht einmal einfachen und eindeutigen Rechtsbegriff. Zugestanden werden können nur die Tatsachen, die zur Darlegung der Verkehrsgeltung vorgetragen werden. Demzufolge ist von dem tatsächlichen Vorbringen der Klägerinnen hierzu auszugehen und unabhängig von dem Geständnis der Beklagten zu prüfen, ob sie die Annahme einer Verkehrsregelung in dem oben zu I dargelegten Sinne rechtfertigen. Bejahendenfalls könnte es sich dann nur fragen, ob *diese* Tatsachen als zugestanden anzusehen sind.

Im vorliegenden Fall kommt es nicht auf die Verkehrsgeltung der gesamten, auch den Familiennamen Testorp umfassenden Bezeichnung an, sondern allein auf die Worte „Die Wäscherei der Hausfrau“, die einen Bestandteil dieser Bezeichnung bilden. Da diese Worte praktisch nur als Gattungsbezeichnung oder als beschreibender (und zugleich empfehlender) Hinweis auf den Arbeitszweig der Klägerinnen ohne besondere Eigenart anzusehen sind, würde eine recht erhebliche und eindringliche Werbung dazu gehören, um – wie es nach den Ausführungen zu I erforderlich ist – zu erreichen, daß diese Worte für sich allein und ohne jeden Zusatz innerhalb beteiligter Verkehrskreise als schlagwortartiges Kennzeichen für einen bestimmten Betrieb oder dessen Waren angesehen werden. Daß die Verkehrsgeltung räumlich über bestimmte Teile von Norddeutschland und die Reichshauptstadt hinausgehe, haben die Klägerinnen selbst nicht für sich in Anspruch genommen. Aber auch insoweit haben sie, soviel aus dem von ihnen vorgelegten Werbematerial zu ersehen ist, die Bezeichnung niemals für sich allein schlagwortartig herausgehoben, sondern nur in Verbindung mit dem besonders kennzeichnungskräftigen und daher das Gesamtkennzeichen beherrschenden Familiennamen Testorp (oder Julius Testorp) gebraucht. Wenn das Berufungsgericht (BU S. 5/6) ausführt, daß erfahrungsgemäß eine dem Gegenstand des Unternehmens entlehnte Firma in der Regel mit größerem Interesse wahrgenommen und daher eher dem Gedächtnis eingeprägt werde als eine Firmenbezeichnung, die aus einem belanglosen Personennamen bestehe, und daß Entsprechendes auch beim Zusammentreffen einer Sachangabe mit einem Familiennamen in einer Firma gelte, so gibt schon dies zu erheblichen Bedenken Anlaß. Bei dem Zusammentreffen des seltenen und einprägsamen Familiennamens Testorp mit einer Sachbezeichnung, die tatsächlich nichts anderes als einen empfehlenden Hinweis auf den Arbeitszweig des Unternehmens enthält, kann es jedenfalls keinem Zweifel unterliegen, daß die Gesamtbezeichnung von dem Familiennamen Testorp beherrscht und alles andere nur als nebensächliches Beiwerk angesehen wird. Eine solche Art des Gebrauchs der Sachbezeichnung kann niemals dieser für sich allein irgendwelche Verkehrsgeltung verschaffen, auch wenn die Worte gelegentlich wie im Warenzeichen Nr. 361 381, über dessen Verwendung nichts weiter beigebracht ist, durch stärkeren Druck oder Beifügung von Anführungsstrichen hervorgehoben worden sein sollten. Sofern etwa anzunehmen sein sollte, daß das Geständnis der Beklagten sich auf diese von den Klägerinnen vorgebrachten Tatsachen habe beziehen sollen, reichen auch sie hiernach keinesfalls aus, die Annahme der Verkehrsgeltung zu rechtfertigen. Es ist daher – bisher jedenfalls – nicht ersichtlich, wodurch die Klägerinnen auch nur örtlich beschränkte Verkehrsgeltung für die streitige Bezeichnung, sei es als Kennzeichnung für ihre Unternehmungen, sei es als herkunftsmäßiges Kennzeichen für deren Waren erlangt haben sollten. Ein weiteres Bedenken gegen die Erlangung der Verkehrsgeltung könnte sich überdies auch daraus ergeben, daß die beiden Klägerinnen zwei verschiedene rechtlich selbständige Firmen sind, von denen jede für sich die gleichen Kennzeichnungsworte gebraucht. Denn die Verkehrsgeltung setzt ihrem Wesen nach voraus, daß die Bezeichnung im Verkehr als Hinweis auf *einen* bestimmten Betrieb angesehen wird, und kann daher grundsätzlich nicht für zwei verschiedene Betriebe nebeneinander bestehen. Im vorliegenden Falle wäre allerdings noch zu erwägen, ob jede der beiden Firmen nur räumlich auf *ihren* Wirkungskreis beschränkte Verkehrsgeltung für sich in Anspruch nimmt, und ferner, ob sie, weil sie dieselben Inhaber haben und es sich obendrein um völlig gleichartige Betriebe handelt, als wirtschaftliche Einheit aufgefaßt werden könnten (vgl. Pinzger § 25 WZG Anm. 3 Abs. 3). Jedoch braucht auf diese Frage hier nicht näher eingegangen zu werden, weil die Klägerinnen eine Verkehrsgeltung für die in Rede stehenden Bezeichnungen, auch abgesehen von diesen Bedenken, bisher nicht dargetan haben.

Eine besondere Bedeutung kommt endlich noch dem Umstande zu, daß die Klägerinnen selbst nur *räumlich beschränkte* Verkehrsgeltung der in Rede stehenden Bezeichnung für sich in Anspruch genommen haben, und zwar die Klägerin zu 1 beschränkt auf bestimmte, in der Umgebung von Hamburg gelegene Teile Norddeutschlands, die Klägerin zu 2 beschränkt auf Berlin. Eine solche beschränkte Verkehrsgeltung würde aber, selbst wenn sie als zugestanden anzusehen oder nachweisbar wäre, – nach den obigen Ausführungen zu I – nicht einmal ausreichen, um den Klägerinnen *über ihren Wirkungskreis hinaus* einen Namens- und Kennzeichnungsschutz zu verschaffen. Hierbei fällt noch besonders ins Gewicht, daß der Wirkungskreis von Wäschereibetrieben – ähnlich wie der von Gaststätten (vgl. hierzu RGZ Bd. 171 S. 30 betr. die Gaststättenbezeichnung „Am Rauchfang") – ihrer Natur nach grundsätzlich örtlich beschränkt ist. Eine weitergehende räumliche Ausdehnung ist nur in der Weise möglich, daß ein Unternehmen als solches mehrere Betriebe an verschiedenen Orten unterhält wie die Klägerin zu 1; aber auch in diesem Falle bleibt der Wirkungskreis eines jeden der Betriebe für sich räumlich beschränkt. Bei der Erörterung der einzelnen Klagegründe wird demzufolge zu prüfen sein, ob etwa solche räumlich beschränkte Verkehrsgeltung, wenn sie nachweisbar wäre, ausreichen würde, um die Klageansprüche wenigstens teilweise zu rechtfertigen.

IV. Bei Beachtung der vorstehenden Ausführungen ist über die einzelnen Klagegründe noch Folgendes zu sagen:

1a. Ein *Warenzeichenrecht (§§ 15, 24 WZG)* steht nur der Erstklägerin zu, da die Warenzeichen nur für ihren Geschäftsbetrieb eingetragen sind. Das Berufungsgericht bejaht jedoch auch die Klageberechtigung der Zweitklägerin mit der Begründung, daß beide Gesellschaften, deren Gesellschafter dieselben Personen seien, in einem engen wirtschaftlichen Zusammenhang stünden und die Zweitklägerin sich seit Jahren unangefochten des Warenzeichens der Erstklägerin bediene. Diese Begründung gibt zu rechtlichen Bedenken Anlaß. Denn die Zweitklägerin erlangt dadurch, daß die Erstklägerin ihr gestattet hat, die Warenzeichen auch für sich zu verwenden, noch kein eigenes ausschließliches Recht, auf das sie ihren Anspruch gegen Dritte stützen könnte, sondern nur ein schuldrechtliches Nutzungsrecht gegenüber der Erstklägerin. Sie könnte daher ihre Klageberechtigung höchstens daraus herleiten, daß sie mit Rücksicht auf ihr eigenes rechtliches Interesse auf Grund Ermächtigung der Erstklägerin und für deren Rechnung klagt (vgl. RGZ Bd. 148 S. 147). Jedoch braucht zu ihrer Klageberechtigung hier nicht abschließend Stellung genommen zu werden, da schon der Anspruch der Erstklägerin, dessen Bestehen der Zweitklägerin auf alle Fälle voraussetzt, sachlich unbegründet ist. Das eigene rechtliche Interesse der Zweitklägerin daran, sich an der Klage zu beteiligen, ergibt sich aus der Sachlage.

b. Das Berufungsgericht spricht den Klägerinnen (bzw. der Klägerin zu 1. den Warenzeichenrechtsschutz nur insoweit zu, als sie sich mit dem Verleihen von Wäsche an Büros, Gasthöfe und dergl. befassen, nicht dagegen auch insoweit, als es sich bei ihrem Betriebe um die Wäscherei und Plätterei handelt, da die von ihnen nur gewaschenen und geplätteten fremden Wäsche- und Kleidungsstücke durch diese nicht umgestaltende Art der Bearbeitung nicht *ihre* Ware i. S. des § 1 WZG („zur Unterscheidung *seiner* Waren …") würden. Diese Frage ist insofern von Bedeutung, als der *Wäscheverleih*betrieb der Klägerinnen zweifellos nur einen verhältnismäßig geringen Teil ihrer Geschäftsbetriebe ausmacht und sie ihren Unterlassungsanspruch daher in erster Linie gerade auf die Verwendung der Warenzeichen in ihrem *Wäscherei*betriebe stützen, auch wohl am ehesten gerade in dem Wäschereibetrieb die Verkehrsgeltung für den streitigen Zeichenbestandteil erlangt haben könnten.

Der Annahme des Berufungsgerichts, daß eine Waschanstalt, soweit sie Wäschestücke verleiht (vermietet), Trägerin eines Warenzeichens i. S. des § 1 WZG sein kann, ist unbedenklich beizustimmen. Denn insoweit bringt sie *ihre* Ware in den Verkehr, obwohl sie sie gewerbsmäßig nur vermietet und nicht veräußert (vgl. RG in JW 1928 S. 1214 Nr. 15). Aber auch den Wäschereibetrieben, in denen nur fremde Wäsche gewaschen und geplättet wird, ist die Fähigkeit, den Warenzeichenschutz zu erlangen, zum mindesten dann nicht abzusprechen, wenn es sich um Großbetriebe handelt. Gewiß gibt nicht jeder auf irgendeine Arbeitsleistung gerichtete Geschäftsbetrieb ein Recht auf Zeichenschutz. Es genügt aber nach ständiger Rechtsprechung (vgl. RGZ Bd. 101 S. 412) hierfür die *Be*arbeitung von Waren; eine *Ver*arbeitung i. S. des § 950 BGB ist nicht erforderlich. Jedoch wird hierbei eine Bearbeitung vorausgesetzt, deren Erfolg sich in beweglichen Sachen als wirtschaftlich wertvoll verkörpert, so daß der Bearbeiter diese mit Recht als *seine* Ware ansprechen kann. Diese Voraussetzung ist bei den Wäschereibetrieben gegeben. Denn hier verkörpert sich die Arbeitsleistung in der von ihnen gereinigten und geplätteten Wäsche; diese können sie füglich als ihre Ware ansehen, da sie sich durch die Art und Güte der Reinigung sehr wohl von gleichartigen „Waren“ anderer Betriebe unterscheiden kann. Insofern besteht daher gerade bei Großbetrieben dieser Art auch ein wirtschaftliches Bedürfnis zur Zulassung des Warenzeichenschutzes. Dem steht selbstverständlich auch nicht entgegen, daß das Warenzeichen nicht auf der gereinigten Wäsche selbst, sondern nur auf ihrer Verpackung oder Umhüllung angebracht werden kann (vgl. §§ 15, 24 WZG). Dadurch, daß die Wäsche, in solcher Weise mit dem Warenzeichen versehen, den Auftraggebern ausgehändigt wird, wird sie als warenzeichenmäßig gekennzeichnete „Ware“ auch in den Verkehr gebracht. Das Reichspatentamt steht übrigens offenbar auf demselben Standpunkt, da sonst die Warenzeichen Nr. 361 381 und Nr. 437 260 schwerlich in der Weise, wie es geschehen ist, hätten eingetragen werden können; dort ist als Geschäftsbetrieb – neben „Wäscheverleih“, der an letzter Stelle steht – „Wäscherei, Plätterei“ bzw. „Wäscheanstalt“ angegeben; auch sind als geschützte Waren u. a. „Herren- und Damenwäsche, Leibwäsche“ aufgeführt, die für ein Verleihen (oder Vermieten) nicht in Frage kommen dürfen.

c. Wenn auch das Gericht die Unterscheidungskraft eines eingetragenen Warenzeichens im Ganzen nicht nachzuprüfen hat, so ist es doch befugt, einzelnen Bestandteilen des Warenzeichens den Schutz zu versagen, wenn sie neben kennzeichnungskräftigen Bestandteilen der Unterscheidungskraft entbehren. Zu solchen nicht kennzeichnungskräftigen Bestandteilen gehören insbesondere auch Gattungsbezeichnungen und bloße Hinweise auf die Art des Betriebes, sofern sie nicht etwa ausnahmsweise als Hinweis auf einen bestimmten Betrieb Verkehrsgeltung erlangt haben, also unter dieser Voraussetzung auch die hier in Rede stehenden Worte „Die Wäscherei der Hausfrau“. Diese werden auch nicht etwa dadurch *für sich allein* schutzfähig, daß sie im Warenzeichen – wie beim Warenzeichen Nr. 361 381 – durch den Druck oder durch Anführungsstriche hervorgehoben sind, es sei denn, daß ihnen dies bei der Verwendung des Warenzeichens zur Verkehrsgeltung als Schlagwort verholfen hat; und zwar müßte, da der Schutz des Warenzeichens sich auf ganz Deutschland erstreckt, auch die Verkehrsgeltung im gleichen räumlichen Umfange nachgewiesen werden. Eine so weitreichende Verkehrsgeltung haben die Klägerinnen aber, wie oben (zu III letzter Absatz) ausgeführt worden ist, nicht einmal behauptet. Damit entfällt das Warenzeichenrecht als Klagegrund.

2. Was die auf Ausstattungsbesitz (§ 25 WZG) der Klägerinnen an der herkunftsmäßigen Warenkennzeichnung „Die Wäscherei der Hausfrau" gestützten Klageansprüche betrifft, so sind die Geschäftsbetriebe der Klägerinnen dem Ausstattungsschutz in gleichem Umfange zugänglich wie dem Warenzeichenschutz, also nicht nur, soweit sie Wäsche verleihen (vermieten), sondern auch, soweit sie sie nur reinigen und plätten. Denn die Ausstattung weist, wenn sie dem Verkehr bekannt geworden ist, auf die Herkunft der mit ihr versehenen Ware in gleicher Weise hin wie ein Warenzeichen.

Wie bereits oben zu III. ausgeführt ist, haben die Klägerinnen bisher die für einen Ausstattungsbesitz erforderliche Verkehrsgeltung der Bezeichnung „Die Wäscherei der Hausfrau" in keiner Weise dargetan, auch nur eine örtlich beschränkte Verkehrsgeltung behauptet. Aber selbst wenn man einen örtlich beschränkten Ausstattungsbesitz der Klägerinnen annehmen wollte, könnten sie aus ihm Ansprüche nur herleiten, wenn und soweit die Beklagte mit ihrer Kennzeichnung in den Wirkungskreis der Klägerinnen eingedrungen wäre; hierfür haben die Klägerinnen aber nichts vorgebracht. Auch die Eintragung des von der Beklagten angemeldeten Warenzeichens könnten die Klägerinnen auf Grund nur örtlich beschränkten Ausstattungsbesitzes an den Kennzeichnungsworten „Die Wäscherei der Hausfrau" nicht verhindern (vgl. Pinzger, § 25 WZG Anm. 12 Abs. 3). Solche Ansprüche lassen sich bei einem an sich nicht unterscheidungskräftigen Kennzeichen auch keinesfalls schon damit rechtfertigen, daß die Klägerinnen das Bestreben haben, ihr Betätigungsfeld weiter, insbesondere auch auf das der Beklagten auszudehnen, mögen sie auch selbst diese Ausdehnungsabsicht bereits durch gewisse Vorbereitungshandlungen vor Beginn des Krieges zu erkennen gegeben haben.

3. Einen Anspruch aus dem *Namens- und Geschäftsbezeichnungsrecht (§ 12 BGB, § 16 UnlWG, § 24 WZG)* spricht das Berufungsgericht den Klägerinnen mit Rücksicht auf die angeblich unstreitig bestehende, wenn auch nur örtlich beschränkte Verkehrsgeltung der Geschäftsbezeichnung „Die Wäscherei der Hausfrau" für die Unternehmungen der Klägerinnen zu. Dem kann nicht beigestimmt werden, selbst wenn man unterstellt, daß die Klägerinnen eine örtlich beschränkte Verkehrsgeltung in dem von ihnen behaupteten Umfange für diese Bezeichnung erlangt hätten. Allerdings ist der Namensschutz des § 12 BGB ebenso wie der besondere Schutz der geschäftlichen Bezeichnungen nach § 16 UnlWG – im Gegensatz zu § 37 Abs. 2 i.V.m. § 30 HGB – grundsätzlich nicht auf den Sitz der Unternehmung beschränkt. Im vorliegenden Falle ergibt sich aber eine örtliche Begrenzung auch dieser Rechte auf den Raum der Verkehrsgeltung daraus, daß es sich – wie die Ausführungen zu II. ergeben – um Worte handelt, denen an sich jede kennzeichnende Kraft abgeht, da sie nur einen emp-

fehlenden Hinweis auf die Art des Betriebes ohne jede Eigenart zum Ausdruck bringen. Der Schutz solcher Kennzeichnungen kann keinesfalls weiter reichen als ihre Verkehrsgeltung (vgl. oben zu I). Ferner ist aber auch zu beachten, daß die Wäschereibetriebe – ähnlich wie Gaststätten – ihrer Natur nach an einen engen Wirkungskreis gebunden sind (vgl. das bereits oben zu III letzter Absatz erwähnte Urteil RGZ Bd. 171 S. 30), wenn es sich im vorliegenden Falle auch um *mehrere* Betriebe handelt, die an verschiedenen Orten liegen, so ist doch auch jeder Einzelne von ihnen an seinen engen Wirkungskreis gebunden und sind im übrigen auch sie nicht über das ganze Deutsche Reich verteilt, sondern auf Teile Norddeutschlands (Umgebung von Hamburg und Berlin) beschränkt. Über diesen Wirkungskreis kann daher auch das Namens- und Geschäftsbezeichnungsrecht der Klägerinnen grundsätzlich nicht hinausgehen, so daß es mit dem Wäschereibetrieb der Beklagten, die in Wien ihren Sitz hat und sich nur dort betätigt, in keiner Weise in Berührung kommt. Wegen dieser örtlichen Beschränkung des Betätigungsgebietes der Beklagten ist auch zu einer örtlich auf den Wirkungskreis der Klägerinnen beschränkten Unterlassungsklage mangels Rechtsschutzbedürfnisses kein Anlaß gegeben.

Es könnte sich höchstens noch fragen, ob die Klägerinnen, wenn man die örtlich beschränkte Verkehrsgeltung der Bezeichnung als Hinweis auf ihre Unternehmungen unterstellt, wegen ihres angeblichen Ausdehnungsbestrebens, das sich nach ihren Plänen auch auf Wien erstreckt haben soll, bereits ein weitergehendes *Recht* erlangt haben würden. Aber auch dies ist bei Bezeichnungen der in Rede stehenden Art, die jeder Kennzeichnungskraft entbehren, zu verneinen. Falls die Beklagte am Ort ihres Sitzes Kennzeichnungsschutz für die Bezeichnung „Die Wäscherei der klugen Hausfrau“ erlangt haben sollte, müßten die Klägerinnen sich sogar des Gebrauchs der ähnlichen und hiermit verwechslungsfähigen Bezeichnung „Die Wäscherei der Hausfrau“ am gleichen Ort enthalten, obwohl sie diese an sich bereits früher gebraucht haben, als die Beklagte die ihre (vgl. RG in GRUR 1944, S. 41).

4. Das *Firmenrecht (§ 37 Abs. 2 HGB i. V. m. § 30 HGB)* der Klägerinnen entfällt, wie auch das Berufungsgericht zutreffend annimmt, bereits deshalb als besonderer Klagegrund, weil seine Geltung gemäß § 30 HGB auf den Sitz des Unternehmens beschränkt ist. Inwieweit die weiteren Ausführungen des Berufungsgerichts zu diesem Klagegrund zutreffen, bedarf daher hier keiner Erörterung.

5. Endlich sind die Ansprüche auch insoweit, als sie auf § 1 UnlWG gestützt sind, nicht begründet. Es ist nicht ersichtlich, daß die Beklagte mit den Klägerinnen in Wettbewerb getreten wäre. Auch ist nichts dafür beigebracht, daß die Beklagte ihre Bezeichnung gewählt habe, um sich den Ruf der Klägerinnen zunutze zu machen.

Hiernach sind die Klageansprüche sämtlich unbegründet, ohne daß es eines besonderen Eingehens auf die einzelnen Anträge, insbesondere auf das

Verlangen nach Rücknahme der Warenzeichenanmeldung der Beklagten bedarf. Unter Aufhebung des Berufungsurteils war deshalb das die Klage abweisende landgerichtliche Urteil wiederherzustellen.

---

81. Da nach § 1070 ABGB der bücherlich sichergestellte Wiederkaufsberechtigte die Sache auch einem Dritten abfordern kann, ist sein Wiederkaufsrecht kein Hindernis im Sinne des § 94 Zahl 1 GBG gegen die grundbücherliche Übertragung der Liegenschaft auf eine andere Person und die Verfügung des Grundbuchgerichtes, wonach die Einverleibung des Eigentumsrechtes für den Erwerber der Liegenschaft bewilligt wird.

ABGB § 1070, GBG 93 Zahl 1.

VII. Zivilsenat. Beschl. v. 2. Dezember 1944 (VII B 26/1944).

I. Amtsgericht Hall i. Tirol.

In der Grundbuchsache der Deutschen Umsiedlungs-Treuhand-Gesellschaft mbH Berlin, Niederlassung Innsbruck in Innsbruck, Maria-Theresien-Straße 36, wegen Einverleibung des Eigentumsrechtes für das Großdeutsche Reich in der Einlagezahl 26 I der Katastralgemeinde Fritzens

hat das Reichsgericht, VII. Zivilsenat, durch den Senatspräsidenten Dr. Zellner und die Reichsgerichtsräte Seibertz und Dr. Roppert in der nichtöffentlichen Sitzung vom 2. Dezember 1944 auf den Rekurs des Dr. Ernst von Liphart, Landesregierungsrats a. D. und Gutsbesitzers in Innsbruck-Mühlau, Sternbachplatz Nr. 1, vertreten durch den Rechtsanwalt Dr. Hermann Haslwanter in Innsbruck, Anichstraße 5, gegen den Beschluß des Amtsgerichtes Hall i. Tirol vom 22. August 1944, GZl. 235/44 beschlossen:

Der Rekurs wird zurückgewiesen.

Gründe

Das Amtsgericht hat mit dem angefochtenen Beschluß auf Grund der Aufsandungsurkunde vom 12. Juni 1944, welche nur von der Deutschen Umsiedlungs-Treuhand-Gesellschaft mbH in Berlin als der bücherlichen Eigentümerin des Grundbuchkörpers in der EZ 26 I der Katastralgemeinde Fritzens in beglaubigter Form unterzeichnet ist in Verbindung mit der Unbedenklichkeitsbescheinigung des Finanzamtes Innsbruck vom 12. Juni 1944 und dem Handelsregisterzeugnis des Amtsgerichtes Berlin vom 18. Juli 1944 in der EZ 26 I KG Fritzens die Einverleibung des Eigentumsrechtes für das Großdeutsche Reich (Reichsführer SS, Reichskommissar für die Festigung deutschen Volkstums) bewilligt. Dagegen hat der frühere Eigentümer der Liegenschaft, Dr. Ernst von Liphart, zu dessen Gunsten auf der erwähnten Liegenschaft unter Ordnungszahl C 4 das Wiederkaufsrecht gemäß dem Kaufvertrage vom 24.–27. Oktober 1941 einverleibt ist, den gemäß §§ 9 und 70 der Zweiten Kriegsmaßnahmenverordnung vom 27. September 1944 (RGBl. I S. 228) zugelassenen Rekurs ergriffen.

Der Rekurs ist jedoch zurückzuweisen, weil dem Wiederkaufsberechtigten ein Recht zum Rekurs gegen einen Grundbuchsbeschluß, durch welchen die Einverleibung des Eigentums für den Erwerber der Liegenschaft bewilligt wurde, nicht zusteht.

Der Wiederkaufsberechtigte, dessen Wiederkaufsrecht gemäß § 1070 ABGB und § 9 GBG in die öffentlichen Güter einverleibt ist, gehört zwar zu den Personen, welche gemäß § 123 GBG von der Erledigung des Grundbuchgesuches zu verständigen waren. Aber der Kreis der Personen, die zum Rekurs gegen den Grundbuchsbeschluß berechtigt sind, fällt nicht mit dem Kreis der nach § 123 GBG zu verständigenden Personen zusammen. Das Grundbuchgesetz selbst enthält keine besonderen Vorschriften darüber, wer zum Rekurse berechtigt ist. Da das Grundbuchsverfahren aber ein außerstreitiges Verfahren ist, sind sich Rechtslehre und Rechtsübung darin einig, daß die Rekursberechtigung in den Alpen- und Donaugauen nach § 9 des Kaiserlichen Patentes vom 9. August 1854 (RGBl. Nr. 208) – im Sudetenland und Protektorat Böhmen und Mähren nach den §§ 6 und 37 des Gesetzes vom 19. Juni 1931 (SdGuV Nr. 100) – zu beurteilen ist. Danach ist hier zum Rekurse berechtigt, wer sich durch die angefochtene Verfügung des Grundbuchgerichtes für beschwert erachtet. Dabei kommt es nur darauf an, ob die Verfügung des Grundbuchgerichtes geeignet war, irgendwelche Rechte des Beschwerdeführers zu berühren. Dies trifft aber im Geltungsgebiet des Allgemeinen Bürgerlichen Gesetzbuches bezüglich des Wiederkaufsberechtigten nicht zu, auch wenn sein Recht in den öffentlichen Büchern einverleibt wurde. Denn die Wirkung der Einverleibung des Wiederkaufsrechtes nach § 1070 ABGB ist im Geltungsgebiet des ABGB gerade die, daß der Wiederkaufsberechtigte nach Maßgabe des Vertrages, allerdings höchstens auf Lebensdauer, die Liegenschaft von jedem Dritten, der sie nach der Eintragung des Wiederkaufsrechtes erwirbt, zurückfordern kann, sofern die vertraglich für die Ausübung des Wiederkaufsrechtes vorgesehenen Voraussetzungen erfüllt sind. Das Wiederkaufsrecht wirkt durch seine Einverleibung in den öffentlichen Büchern als ein absolutes gegen jeden dritten Erwerber der Liegenschaft wirksames Recht. Die Gestaltung des Wiederkaufsrechtes unterscheidet sich daher im Geltungsgebiet des ABGB in mehrfacher Hinsicht, besonders auch in der Frage der Vererblichkeit und Übertragbarkeit von seiner Gestaltung im Gebiete des Bürgerlichen Gesetzbuchs (vgl. HRR 1935 S. 788). Da nach § 1070 ABGB der bücherlich sichergestellte Wiederkaufsberechtigte die Sache auch einem

Dritten abfordern kann, ist sein Wiederkaufsrecht kein Hindernis im Sinne des § 94 Zahl 1 GBG gegen die grundbücherliche Übertragung der Liegenschaft auf eine andere Person und die Verfügung des Grundbuchgerichtes, wonach die Einverleibung des Eigentumsrechtes für den Erwerber der Liegenschaft bewilligt wird, ist nicht geeignet, die Rechte des bücherlich sichergestellten Wiederkaufsberechtigten zu verkürzen. Er kann sich daher durch eine solche Grundbuchsverfügung nicht für beschwert erachten und ist sohin zum Rekurse gegen einen derartigen Beschluß nicht berechtigt.

---

82. Der Grundsatz, daß über das Ausmaß der gesetzlichen Unterhaltsleistungen des Vaters für sein uneheliches Kind im außerstreitigen Verfahren zu entscheiden ist, ist nicht anwendbar:

1. solange die Vaterschaft nicht anerkannt oder durch Urteil festgestellt ist,

2. wenn ein Vormundschaftsgericht im Geltungsgebiet des ABGB durch förmlichen, rechtskräftigen, auch dem unehelichen Vater zugestellten Beschluß den Vormund auf den Prozeßweg verwiesen hat,

3. wenn als Vormundschaftsgericht das Gericht eines Rechtsgebietes einschreitet, das nach seinen Rechtsvorschriften die Regelung des Unterhalts im außerstreitigen Verfahren nicht kennt, im Geltungsgebiet des § 16 Abs. 2 der I. Teilnovelle ein Vormundschaftsgericht dagegen nicht besteht, der Anspruch gegen den Kindesvater aber in diesem Gebiet geltend zu machen ist.

Für diese Fälle steht nur der Rechtsweg (das Streitverfahren) offen.

ABGB § 166, KaisVO v. 12. Okt. 1914 (RGBl. Nr. 276) –
I. § 16 der Teilnovelle zum ABGB.

VII. Zivilsenat. Beschl. v. 6. Dezember 1944 (VII B 33/1944).

I. Amtsgericht Graz.

In Sachen des minderjährigen K. A. H. in Czernichow, Klägers, vertreten durch das Kreisjugendamt in Saybusch (Oberschlesien) als Amtsvormund, Prozeßbevollmächtigter: Rechtsanwalt Dr. Wilhelm Luschin in Graz, Radetzkystraße 7,

gegen

den SS-Oberpionier R. N., derzeit Feldpostnummer 44 516 C, Beklagten, Prozeßbevollmächtigter: Rechtsanwalt Dr. Alexander Creydt in Graz, wegen Leistung des Unterhaltes hat das Reichsgericht, VII. Zivilsenat, in der nichtöffentlichen Sitzung vom 6. Dezember 1944 durch den Senatspräsidenten Dr. Zellner und die Reichsgerichtsräte Dr. Roppert und Dr. Bittner auf den Rekurs des Klägers gegen den Beschluß des Amtsgerichtes in Graz vom 16. Oktober 1944, GZ. 7 C 306/44-3, womit die Klage wegen Unzulässigkeit des Rechtsweges zurückgewiesen wurde, beschlossen:

Es wird dem Rekurse Folge gegeben, der angefochtene Beschluß aufgehoben und dem Erstgericht aufgetragen, von dem Zurückweisungsgrund der Unzulässigkeit des Rechtsweges abzusehen und das Verfahren nach dem Gesetz fortzusetzen.

Die Rekurskosten sind als Kosten des weiteren Verfahrens zu behandeln.

Gründe

Mit dem rechtskräftigen Urteil des Amtsgerichtes Graz vom 6. Januar 1943, GZ C 223/42, wurde der Beklagte als außerehelicher Vater des am 3. Mai 1941 von J. H. im Umsiedlerlager Graz-Liebenau geborenen Kindes K. A. H. festgestellt, das weitere Klagebegehren auf Leistung des Unterhaltes aber abgewiesen, weil der Beklagte zur Wehrmacht eingezogen war und ihm ein Anspruch auf Kriegsbesoldung damals nicht zustand. Die Kindesmutter wurde inzwischen in Czernichow Kreis Saybusch angesiedelt, die Vormundschaft über den minderjährigen Kläger wird beim Amtsgericht Saybusch geführt. Der durch das Kreisjugendamt in Saybusch als Amtsvormund vertretene minderjährige Kläger hat nun eine neue Klage gegen den Kindesvater beim Amtsgericht in Graz mit dem Begehren auf Verurteilung zur Leistung eines monatlichen Unterhaltsbeitrages von 20 RM eingebracht, da der Beklagte nunmehr Kriegsbesoldung beziehe. Das Amtsgericht hat mit dem angefochtenen Beschluß diese Klage von Amts wegen wegen Unzulässigkeit des Rechtsweges zurückgewiesen, weil vor einem in den Alpen- und Donaureichsgauen gelegenen Gericht ein solcher Anspruch nur im außerstreitigen Verfahren geltend gemacht werden könne.

Der gemäß § 2 Abs. 2 der Zweiten Kriegsmaßnahmenverordnung vom 27. September 1944 (RGBl. I S. 229) zugelassene Rekurs des Klägers gegen diesen Beschluß ist gerechtfertigt.

Das Amtsgericht entnimmt offenbar dem § 16 Abs. 2 der I. Teilnovelle zum ABGB (Kaiserliche Verordnung vom 12. Oktober 1914 österr. RGBl. Nr. 276), daß in dem Geltungsgebiet dieser Bestimmung das Ausmaß der dem unehelichen Vater nach dem Gesetz obliegenden Leistungen in allen Fällen im Verfahren außer Streitsachen festzustellen sei. Diese Ansicht ist in solcher Allgemeinheit nicht richtig. Die erwähnte Gesetzesstelle bestimmt: „Wird die Vaterschaft anerkannt, so hat das Gericht das Ausmaß der dem Vater nach dem Gesetz obliegenden Leistungen im Verfahren außer Streitsachen von Amts wegen festzustellen, wenn aber die Entscheidung von der Ermittlung streitiger Tatsachen abhängt, die mit den Mitteln des Verfahrens außer Streitsachen nicht festgestellt werden können, den Vormund zur Erhebung der Klage anzuweisen." Das Geltungsgebiet dieser Vorschrift deckt sich gegenwärtig nicht mehr vollständig mit dem Geltungsgebiet des ABGB, da für die Untersteiermark die Sonderbestimmung der §§ 8 und 9 der Dienstanweisung über die einstweilige Regelung des Verfahrens in bürgerlichen Rechtssachen in der Untersteiermark vom 1. April 1942 (Verordnungs- und Mitteilungsblatt des Chefs der Zivilverwaltung in der Untersteiermark S. 546) in Kraft steht, wonach in der Untersteiermark alle Streitigkeiten über den gesetzlichen Unterhalt und ebenso über die Feststellung der außerehelichen Vaterschaft ausnahmslos im außerstreitigen Verfahren entschieden wird.

Nach dem Gründebericht zur Regierungsvorlage der I. Teilnovelle sollte nun die in der Rechtsprechung bestrittene Frage, ob das Ausmaß dessen, was der Vater eines unehelichen Kindes nach §§ 166 bis 168 ABGB zu leisten hat, von Amts wegen im außerstreitigen Verfahren zu bestimmen sei oder ob hierfür unter allen Umständen eine verläßliche Entscheidungsgrundlage im Streitverfahren geschaffen werden müsse, einer einheitlichen Lösung zugeführt werden. Dabei hat sich das Gesetz zwar grundsätzlich für das außerstreitige Verfahren entschieden, hat dies aber keineswegs ausnahmslos getan und unterscheidet sich dadurch von dem nunmehr für die Untersteiermark geltenden Recht, wo für solche Ansprüche nur das außerstreitige Verfahren zugelassen ist.

Die erste Einschränkung zu § 16 Abs. 2 der I. Teilnovelle ergibt sich schon aus dem von dem Gesetz selbst aufgestellten Erfordernis, daß die Vaterschaft zu dem unehelichen Kinde anerkannt sein müsse, was nach richtiger Auslegung sowohl den Fall der Anerkennung der Vaterschaft durch den Kindesvater als auch den Fall der urteilsmäßigen Feststellung der Vaterschaft zu dem unehelichen Kinde umfaßt (vgl. hierzu auch die Entscheidung des ehemaligen Obersten Gerichtshofs in Wien SZ III 10 und des Obersten Gerichtes in Brünn Nr. 4519 amtl. Sammlung). Wird daher die Regelung der Unterhaltspflicht des außerehelichen Vaters gleichzeitig mit der Klage wegen Feststellung seiner Vaterschaft verlangt, so kann dies nur im Streitverfahren geschehen.

Aber auch für den Fall der Anerkennung (oder Feststellung) der Vaterschaft hat das Gesetz die Regelung der gesetzlichen Unterhaltsleistungen des außerehelichen Vaters nicht ausnahmslos in das außerstreitige Verfahren verwiesen, sondern hat in Berücksichtigung der Besonderheiten des Verfahrens außer Streitsachen und namentlich unter Bedachtnahme auf den im § 2 Zahl 7 des Kaiserlichen Patentes vom 9. August 1854 (ö.RGBl. Nr. 208) aufgestellten Grundsatz eine Ausnahme für den Fall zugelassen, „daß die Entscheidung von der Ermittlung streitiger Tatsachen abhängt, die mit den Mitteln des Verfahrens außer Streitsachen nicht festgestellt werden können". In einem solchen Falle hat das Gericht den Vormund zur Erhebung der Klage anzuweisen. Hierdurch ist also dem Vormundschaftsgericht die Vorentscheidung in der Frage übertragen, ob die Regelung der gesetzlichen Unterhaltsleistungen des außerehelichen Vaters nach Anerkennung oder Feststellung seiner Vaterschaft weiterhin im außerstreitigen Verfahren oder im Streitverfahren zu geschehen hat. Die Entscheidung über die anzuwendende Verfahrensart ist nicht in das Ermessen des Gerichtes gestellt, sondern an die Erfüllung der gesetzlichen Voraussetzungen gebunden. Sowohl das Kind als auch der außereheliche Vater haben ein Recht darauf, daß der Anspruch auf die Unterhaltsleistungen in dem gesetzlich vorgeschriebenen Verfahren erhoben und entschieden werde. Erst die rechtskräftige Entscheidung über die Verfahrensart bindet das Prozeßgericht. Um eine voreilige Verweisung auf den Rechtsweg durch das Vormundschaftsgericht zu vermeiden und diese Frage verbindlich klären zu können, haben sowohl das Oberste Gericht in Brünn in dem Plenarbeschluß vom 27. Oktober 1920 präs. 1019/20 (Amtl. Sammlung Nr. 734) als auch der ehemalige Oberste Gerichtshof in Wien in dem Plenarbeschluß vom 29. Oktober 1924 präs. 400/24 (Judikatenbuch Nr. 17, SZ VI 343) mit Recht ausgesprochen, daß der Beschluß des Vormundschaftsgerichtes, durch den der Vormund zur Klage auf Erfüllung der dem außerehelichen Vater gesetzlich verbliebenen Leistungen angewiesen wird, nicht nur dem Vormund, sondern auch dem außerehelichen Vater zuzustellen ist, der nach § 9 des Kaiserlichen Patentes vom 9. August 1854 (– im Sudetenland und im Protektorat Böhmen und Mähren jetzt nach den §§ 6 und 37 des Gesetzes vom 19. Juni 1931 über die Grundbestimmungen des gerichtlichen Verfahrens außer Streitsachen [SdGuV Nr. 100] –) zum Rekurs dagegen berechtigt ist, und daß erst die Rechtskraft dieses Verweisungsbeschlusses den Streitrichter bindet. Das Vorliegen eines solchen rechtskräftigen Verweisungsbeschlusses schließt dann im Prozeß aus, daß der Beklagte die Einrede der Unzulässigkeit des Rechtsweges mit Erfolg erhebe oder das Prozeßgericht von Amts wegen die Klage wegen Unzulässigkeit des Rechtsweges zurückweise, wenn nach seiner Meinung der Anspruch in das außerstreitige Verfahren gehört (§ 42 Abs. 3 JN). Daß die Abgrenzung zwischen streitiger und außerstreitiger (freiwilliger) Gerichtsbarkeit unter den Begriff der Zulässigkeit des Rechtsweges fällt und daß es in Streitsachen die Einrede der Unzulässigkeit des Rechtsweges begründet, wenn in Wahrheit über einen zum Verfahren außer Streitsachen gehörenden Anspruch zu erkennen ist, ist in der Rechtslehre nicht zweifelhaft (vgl. auch Jonas-Pohle ZPO vor § 1 III Nr. 3). Im Geltungsgebiet der ZPO vom 1. August 1895 bildet es überdies den Nichtigkeitsgrund nach § 477 Zahl 6, wenn im Streitverfahren über eine nicht auf den Rechtsweg gehörige Sache erkannt wurde.

Außer den oben behandelten Fällen ergibt sich aber eine weitere Ausnahme von der Anwendbarkeit des außerstreitigen Verfahrens aus dem Gesetze selbst. Die Bestimmung des § 16 Abs. 2 der Ersten Teilnovelle zum ABGB ist nicht ohne ihren Zusammenhang mit dem ersten Absatz dieser Bestimmung zu betrachten, welcher dem Gericht die Pflicht auferlegt, für die Anerkennung der Vaterschaft zu einem unehelichen Kinde Sorge tragen. Diese Anweisung richtet sich an das Vormundschaftsgericht. Wenn nun diese Gesetzesstelle im zweiten Absatz von der Regelung der Unterhaltsleistungen im außerstreitigen Verfahren und der etwaigen Anweisung des Vormundes zur Klageerhebung gegen den Vater handelt, so kann auch in diesem zweiten Absatz nur das Vormundschaftsgericht gemeint sein, dem nach § 109 JN, §§ 187 ff. ABGB und §§ 181 ff. des Kaiserlichen Patentes vom 9. August 1854 diese Aufgabe zugewiesen ist. Hierfür spricht auch die Vorschrift des § 17 der I. Teilnovelle, wonach das Gericht (nämlich das Vormundschaftsgericht) dem Vormund bei bestimmten Aufgaben behilflich sein soll. Hieraus geht aber hervor, daß die in § 16 Abs. 2 der I. Teilnovelle vom Gesetzgeber gewollte Regelung im außerstreitigen Verfahren nur dann eintreten kann und soll, wenn im Geltungsgebiet dieser Bestimmung ein Vormundschaftsgericht vorhanden ist, das diese Aufgabe erfüllen kann, denn einem anderen Gericht ist sie durch jene Gesetzesbestimmung nicht zugewiesen worden. Fehlt es daher im Geltungsgebiet des § 16 Abs. 2 der I. Teilnovelle zum ABGB an einem Vormundschaftsgericht, das nach dieser Gesetzesstelle vorgehen könnte, und hat das außerhalb dieses Geltungsgebietes gelegene Vormundschaftsgericht nach den für dieses Gericht geltenden Rechtsvorschriften nicht die Möglichkeit, das Ausmaß der gesetzlichen Unterhaltsleistungen des außerehelichen Kindesvaters im außerstreitigen Verfahren zu regeln, wie dies bei den im Altreich gelegenen Vormundschaftsgerichten zutrifft, so kann sich ein Prozeßgericht, für welches der § 16 Abs. 2 der I. Teilnovelle zum ABGB in Geltung steht, und bei dem von einem außerhalb dieses Rechtsgebiets wohnenden Kinde die Klage gegen den außerehelichen Vater auf Leistung des gesetzlichen Unterhaltes eingebracht wird, nicht auf die Unzulässigkeit des Rechtsweges berufen, denn die Bestimmung des § 16 Abs. 2 der I. Teilnovelle, welche die Regelung der gesetzlichen Unterhaltspflicht des außerehelichen Vaters nicht ausnahmslos in das außerstreitige Verfahren verwiesen hat, hat solche Fälle, in denen es an einem hierzu berufenen Vormundschaftsgericht fehlt, überhaupt nicht betroffen. Dieses Ergebnis steht auch nicht im Widerspruch zu dem Grundsatz der Ausschließlichkeit des örtlichen Verfahrensrechts, weil die Rechtsvorschrift des § 16 Abs. 2 der I. Teilnovelle, welche für die Anwendung des streitigen oder außerstreitigen Verfahrens maßgebend ist, selbst die rechtliche Möglichkeit der Anwendung des Streitverfahrens für die von ihm nicht geregelten Fälle offen läßt. Zu einem entsprechenden Ergebnis ist übrigens auch der ehemalige Oberste Gerichtshof in Wien in der Entscheidung SZ VIII/48 gelangt, indem er bezüglich des Unterhaltsanspruches *ehelicher* Kinder ausländischer Staatsbürger, die sich im Auslande aufhalten, anerkannt hat, daß ihr Unterhaltsanspruch gegen ihre im Inland wohnenden Eltern im ordentlichen Rechtsweg geltend zu machen ist und daß der Grundsatz, daß nach dem Rechte des ABGB die Unterhaltsansprüche minderjähriger ehelicher Kinder stets im außerstreitigen Verfahren durchzusetzen sind, dann nicht anwendbar sei, wenn kein inländisches Gericht zur Pflegschaft berufen ist.

Wird die Tätigkeit des Vormundschaftsgerichtes von dem Gericht eines Rechtsgebietes ausgeübt, welches die Regelung der gesetzlichen Unterhaltsleistung des außerehelichen Vaters im außerstreitigen Verfahren nicht kennt, so entfällt naturgemäß auch die Vorentscheidung dieses Vormundschaftsgerichtes darüber, ob der Anspruch im streitigen oder außerstreitigen Verfahren geltend zu machen sei und es kommt dann das Erfordernis eines rechtskräftigen auch dem Kindesvater zugestellten Verweisungsbeschlusses, wie er zwischen dem Vormundschaftsgericht und Prozeßgericht nach § 16 Abs. 2 der I. Teilnovelle sonst notwendig wäre, nicht in Betracht.

Wird der dem Erstgericht vorliegende Sachverhalt nach diesen rechtlichen Gesichtspunkten beurteilt, so ergibt sich, daß das Amtsgericht zu Unrecht die vorliegende Klage von Amts wegen wegen Unzulässigkeit des Rechtsweges zurückgewiesen hat. Sein Beschluß ist daher aufzuheben und ihm die Fortsetzung des Verfahrens nach dem Gesetz aufzutragen, wobei von dem Zurückweisungsgrunde der Unzulässigkeit des Rechtsweges Abstand zu nehmen ist.

Die Einrede der örtlichen Unzuständigkeit des angerufenen Gerichtes ist nicht erhoben worden.

Der Ausspruch über die Rekurskosten beruht auf den §§ 50 und 52 ZPO.

---

83. Im Rahmen der §§ 644 BGB/1168a ABGB besteht eine Wiederherstellungspflicht. Eine Wiederherstellung eines beschädigten oder zerstörten Werks kommt nur dann nicht in Frage, wenn die Wiederherstellung nicht möglich ist oder sich dadurch die Geschäftsgrundlage so geändert hat, daß die Leistungspflicht nach den allgemeinen Grundsätzen aufhört (§ 242 BGB).

BGB § 644, ABGB § 1168a.

VII. Zivilsenat. Urteil v. 7. Dezember 1944 (VII 146/1944).

I. Landgericht Leoben.
II. Oberlandesgericht Graz.

In der Rechtssache der Deutschen Reichsbahn, vertreten durch die Reichsbahndirektion in Villach, Klägerin, Prozeßbevollmächtigter: Rechtsanwalt Dr. Erwin Moser in Leoben, vor dem Reichsgericht: Rechtsanwalt Dr. Benkard in Leipzig,

gegen

die Firma Robert Backer, Kommanditgesellschaft in Kulmbach (Bayern), Beklagte, Prozeßbevollmächtigter: Rechtsanwalt Dr. Franz Weitz in Leoben, vor dem Reichsgericht: Rechtsanwalt Justizrat Geutebrück in Leipzig, wegen Lieferung und Aufstellung einer Baracke samt Anhang (Wert des Beschwerdegegenstandes 26.499,40 RM)

hat das Reichsgericht nach der öffentlichen Revisionsverhandlung am 29. November 1944 durch den Senatspräsidenten Dr. Zellner und die Reichsgerichtsräte Dr. Kirchengast und Dr. Roppert in nicht öffentlicher Sitzung am 7. Dezember 1944 auf die Revision der Beklagten gegen das Urteil des Oberlandesgerichts als Berufungsgerichts in Graz vom 29. Juli 1944, GZ 2 R 485/44-45, womit der Berufung der Klägerin gegen das Urteil des Landgerichts in Leoben vom 27. Mai 1944 GZ 4 Cg 34/43-41 und dem Klagebegehren Folge gegeben wurde, für Recht erkannt:

Der Revision der Beklagten wird nicht Folge gegeben.

Die Beklagte hat die Gerichtskosten des Revisionsverfahrens zu tragen und ist schuldig, der Klägerin die mit 269,28 RM bestimmten Kosten der Revisionsbeantwortung und die mit 388,20 RM bestimmten Kosten der Revisionsverhandlung binnen vierzehn Tagen bei Zwangsvollstreckung zu erstatten.

Entscheidungsgründe

Das Reichsbahnbetriebsamt in Leoben bestellte anfangs 1941 bei der Beklagten die Lieferung und Aufstellung einer Kanzleibaracke in Leoben für ihr Neubauamt zum Gesamtbetrag von 26.499,40 RM mit einem Bestellschein, der unter den „Bedingungen" u. a. auf die „Allgemeinen Vertragsbedingungen für die Ausführung von Bauleistungen" und auf die „Besonderen Vertragsbedingungen zur Verdingungsordnung für Bauleistungen" Bezug nimmt. Die Beklagte hat die Bestellung angenommen, den Baustoff nach Leoben geliefert und die Baracke dort aufgestellt. Noch während der Aufstellungsarbeiten kurz vor der Vollendung brannte die Baracke am 7. Februar 1942 fast ganz ab.

Die Klägerin behauptet, daß sie die Baracke noch nicht übernommen hätte und daß deshalb die Beklagte noch die Gefahr getragen habe; sie begehrt neuerliche Lieferung und Aufstellung einer Baracke auf Grund der eingangs genannten Bestellung und hilfsweise Rückzahlung des von der Klägerin an die Beklagte schon gezahlten Betrages von 15.000 RM samt Zinsen. Sie behauptet, daß der Brand durch unsachgemäße Aufstellung eines mit glühendem Koks angefüllten

Koksausheizkorbes in der Baracke durch die Arbeiter der Beklagten verursacht worden sei.

Die Beklagte wandte dagegen ein: 1. Der Vertrag sei nach dem Bürgerlichen Gesetzbuch und nicht nach dem Allgemeinen Bürgerlichen Gesetzbuch geschlossen und zu beurteilen; 2. Übergang der Gefahr auf die Klägerin vor dem Brand, weil selbständige Teilleistungen und Abnahme für den Baustoff der Baracke am Bahnhof in Kulmbach und für die Aufstellung der Baracke in Leoben vereinbart seien und somit die Übernahme (Abnahme) des Baustoffes der Baracke schon in Kulmbach erfolgt sei; die Klägerin habe überdies auch durch die Teilzahlung von 15.000 RM und auch dadurch die Baracke übernommen, daß sie den Arbeitern der Beklagten ohne jede Verständigung der Beklagten einen Raum der Baracke als Schlafraum zur Verfügung stellte; 3. der Brand sei durch Kurzschluß der elektrischen Lichtleitung verursacht worden, der auf eine mangelhafte Ausführung der Lichtleitung zurückzuführen sei; die Lichtleitung habe aber nicht die Beklagte geliefert und hergestellt, es liege somit fremdes Verschulden vor, für das die Beklagte nicht hafte; 4. Unmöglichkeit der Leistung, weil die Beklagte aus dem Ring der Barackenfertiger ausgeschieden sei und nicht mehr über die entsprechenden Facharbeiter verfüge und 5. Unzumutbarkeit der Wiederherstellung und deren Kosten.

Das Landgericht stellt fest: Der Vertrag war ein einheitlicher auf Lieferung des Baustoffes und Aufstellung der Baracke in Leoben (Erfüllungsort); eine selbständige Übernahme des Baustoffes auf dem Bahnhof in Kulmbach ist weder vereinbart noch vorgenommen worden; die Zahlung von 15.000 RM ist aus verwaltungstechnischen Gründen erfolgt; weder diese Zahlung noch die Duldung der Benutzung eines Raumes der Baracke als Schlafraum durch die Arbeiter der Beklagten begründe eine Teilabnahme der noch nicht vollendeten Baracke; die Brandursache ist nicht aufgeklärt. Es wies das Klagebegehren aber ab, weil der Brand auf einen für die Beklagte unabwendbaren Zufall zurückzuführen sei und verwies auf § 7 der Allgemeinen Vertragsbedingungen für die Ausführung von Bauleistungen.

Das Oberlandesgericht übernahm die Feststellungen des Landgerichts, gab aber der Berufung und dem Hauptbegehren der Klägerin auf neuerliche Lieferung und Aufstellung der Baracke in Leoben Folge.

Dagegen legte die Beklagte die Revision nach § 502 Z. 2 bis 4 ZPO mit dem Antrag auf Abweisung des Klagebegehrens ein und hält alle ihre Einwendungen aufrecht.

Die Frage, ob der Vertrag nach dem Recht des BGB oder dem Recht des ABGB geschlossen wurde und zu beurteilen ist, ist für die Entscheidung belanglos, weil das Ergebnis in beiden Fällen das gleiche ist. Der Vertrag und insbesondere auch § 7 der „Allgemeinen Vertragsbedingungen" enthalten keine Bestimmung für den Fall der Vernichtung eines angefangenen, aber noch nicht abgenommenen oder übernommenen Werkes durch einen Zufall, der nicht zu den dort in § 7 genannten Umständen gehört. Daß aber ein Brand für sich allein nicht zu diesen „Umständen" gehört, hat das Oberlandesgericht mit Recht angenommen. Deshalb muß auf die Rechtslage näher eingegangen werden.

Nach den ausdrücklichen Bestimmungen des Gesetzes trägt der „Unternehmer die Gefahr bis zur Abnahme" (§ 644 Abs. 1 Satz 1 BGB) oder „Vollendung" (§ 646 BGB) oder bis zur „Übernahme" (nicht bloß Übergabe) des Werkes (§ 1168a ABGB). Er kann für das vernichtete Werk vom Besteller kein Entgelt verlangen; das sagt § 1168 ABGB ausdrücklich, und § 644 BGB wird von der Rechtslehre und Rechtsprechung im gleichen Sinne ausgelegt (Reichsgerichtsrätekomm. zu § 644 BGB). „Der Verlust des Stoffes trifft denjenigen Teil, der ihn beigestellt hat" (§ 1168a ABGB und ähnlich § 644 Abs. 1 BGB). Zum Umfang der Gefahr bestimmt zunächst § 7 der „Allgemeinen Vertragsbedingungen", daß der Besteller für unabwendbare Gefahren nicht hafte. Ein solcher Zufall liegt aber hier nicht vor. Ob es richtig ist, daß der Unternehmer auch dann nicht haftet, wenn das Werk vor der Übernahme „durch Umstände zu Grunde geht, die auf Seiten des Bestellers liegen" (§ 1168 ABGB), also nach der so genannten „Sphärentheorie" in die „Sphäre" des Bestellers gehören, braucht hier nicht entschieden zu werden, weil solche „Umstände" auf Seite der Klägerin nicht erwiesen sind. Als solche kämen z. B. Ereignisse im Betriebe der Klägerin in Betracht, die nebst anderen Zerstörungen auch eine Vernichtung der Baracke herbeigeführt hätten, wie ein Brand auf dem Betriebsgelände der Klägerin, der auch auf die Baracke übergreift und diese zerstört. Die Beklagte hat somit nach dieser Rechtslage auch die Gefahr eines Brandes zu tragen, doch ist noch zu erörtern, in welchem Umfang sie für die Vernichtung der Baracke haftet.

Die Frage, ob der Unternehmer zur neuerlichen Ausführung oder Wiederherstellung des begonnenen und zerstörten Werkes verpflichtet ist, ist in beiden Gesetzen nicht geregelt.

Nach den Erläuterungen der Rechtslehre zu § 1168a ABGB soll für die Wiederherstellungspflicht des Unternehmers die Vertragspflicht zur Herstellung eines vereinbarungsgemäßen Werkes, dagegen aber die Erwägung sprechen, daß der Unternehmer nur zu einer einmaligen Herstellung des Werkes verpflichtet sei. Jedenfalls soll aber der Besteller bei bloßer Beschädigung des Werkes schon nach den Bestimmungen über die Gewährleistung Verbesserung verlangen dürfen und die Pflicht zur Herstellung des Werkes anzunehmen sein, wenn das Geleistete bald nach Beginn der Arbeit vernichtet worden und nur ein geringer Teil der Arbeit zu wiederholen sei; schließlich komme es in jedem Fall darauf an, ob die Herstellung dem Unternehmer noch zugemutet werden könne, es wird dazu auf § 1167 ABGB verwiesen, wonach der Besteller die Verbesserung eines Werkes nur fordern dürfe, wenn sie nicht einen unverhältnismäßigen Aufwand erfordere.

Nach dem Reichsgerichtsrätekommentar zu § 644 BGB steht dem Besteller ein Anspruch auf Wiederherstellung nur zu, wenn er den Herstellungsanspruch aus besonderen vertraglichen Bestimmungen ableiten kann, die Wiederherstellung möglich und für die Parteien von Interesse ist. Im Komm. Staudingers zu § 644 BGB (Nr. 8, 10 und insbesondere 16) wird ausgeführt, der Kernpunkt liege in der „Erkenntnis des *Erfüllungsproblems*". Der Unternehmer habe nach Gesetz und Vertrag ein mangelfreies Werk herzustellen; nur damit oder wenn dies unmöglich werde, erlösche diese Erfüllungspflicht. Ein vor Abnahme *durch Zufall untergegangenes* Werk stelle ebenso wie ein mangelhaft hergestelltes Werk nur einen *Erfüllungsversuch des Unternehmers* dar. Die Wiederherstellung sei deshalb nichts anderes als die ursprüngliche Vertragserfüllung des Unternehmers. Die Erfüllungspflicht werde aber nach den auch hier geltenden *allgemeinen* schuldrechtlichen Regeln der Erfüllung nur bestehen, wenn und insoweit eine Wiederherstellung nach den Umständen für den Unternehmer im Rahmen des Zumutbaren noch möglich ist, und dadurch der Unternehmer nicht mit einem unverhältnismäßigen Aufwand belastet werde. Diese Rechtslage werde bei bedeutenderen Werkleistungen (z. B. bei Bauten usw.) ein Anlaß zum Abschluß einer entsprechenden Versicherung sein. Diesen Ausführungen ist beizutreten.

Die Beklagte hat nach Vertrag und Gesetz die Baracke aus ihrem Baustoff in Leoben herzustellen; es trifft sie vor allem die Erfüllungspflicht. Da es sich um eine Gattungsschuld in dem Sinn handelt, daß die Herstellung wiederholt werden kann, änderte der Untergang des Baustoffes den Vertrag nicht, gleichgültig, ob der von der Beklagten in Aussicht genommene Baustoff auf ihrem Lagerplatz in Kulmbach oder unterwegs nach Leoben oder in Leoben selbst vor der Übernahme durch die Klägerin zugrunde ging, und ebenso gleichgültig, welche Arbeiten mit dem Baustoff schon geleistet sind. Es ist nicht möglich, aus dem Vertrag oder aus dem Gesetz irgendeine andere Grenze für das Ende dieser Erfüllungspflicht der Beklagten als die der „Abnahme" („Vollendung") oder „Übernahme" des Werkes durch den Besteller zu finden. Das Bürgerliche Gesetzbuch enthält keine Bestimmung, die gegen diese Vertrags- und gesetzliche Leistungspflicht des Unternehmers spricht. (Der Reichsgerichtsrätekommentar begründet seine gegenteilige Ansicht nicht. Nach dem Recht des ABGB könnte allerdings erwogen werden, aus der Bestimmung des § 1168a ABGB: „Geht das Werk vor seiner Übernahme durch einen bloßen Zufall zugrunde, so kann der Unternehmer kein Entgelt verlangen", sei zu schließen, daß die Sache damit abgetan sei, und daß der Besteller vom Unternehmer nichts mehr als die Zurückzahlung des etwa schon gezahlten Betrages, insbesondere aber nicht die Wiederherstellung des noch nicht übernommenen Werks fordern könne. Aber dieser Schluß ist nicht zwingend. Vielmehr liegt sogar der Schluß näher, daß das Gesetz nur klarstellen wollte, der Unternehmer könne für das zugrunde gegangene Werk kein Entgelt verlangen, im übrigen solle aber am Bestand des Vertrages nichts geändert werden. Nur eine ausdrückliche Bestimmung könnte das Recht des Bestellers und die Verpflichtung des Unternehmers aufheben. Es ist also davon auszugehen, daß der Gesetzgeber es ebenso wie in anderen Fällen der Gefahrenhaftung der Maßgabe der allgemeinen Bestimmungen über den Wegfall der vertraglichen Leistungspflicht überlassen wollte, was zu gelten habe, wenn besondere Umstände in einem Vertragsverhältnis eintreten. Deshalb kommt eine Wiederherstellung eines beschädigten oder zerstörten Werks nur dann nicht in Frage, wenn die Wiederherstellung nicht möglich ist, oder sich dadurch die Geschäftsgrundlage so geändert hat, daß die Leistungspflicht nach den allgemeinen Grundsätzen aufhört (§ 242 BGB). Damit ist auch der Einwand, daß der Unternehmer nur zur einmaligen Herstellung verpflichtet sei, schon deshalb unbegründet, weil die einmalige Herstellung erst mit der „Übernahme" („Abnahme" oder „Vollendung") des Werks beendet ist, also bis zu diesem Zeitpunkt die einmalige Leistung noch nicht erbracht ist.

Geht man aber von den allgemeinen vertragsaufhebenden Umständen, insbesondere der Unmöglichkeit der Leistung und der Änderung der Geschäftsgrundlage aus, so bedarf es auch des Hinweises auf den „unverhältnismäßigen Aufwand" in den §§ 1167 ABGB und 633 BGB nicht. Dieser Hinweis übersieht ganz die vollkommen andere Lage, in der sich der *Besteller* befindet, wenn es sich nicht um die bloße Mängelhaftung, sondern um die Wiederherstellung handelt. Im Falle der Mängelhaftung ist der Besteller deshalb günstiger gestellt, weil er schon ein *vollendetes brauchbares* Werk bekommen hat und es sich nur mehr um die Behebung *nicht* wesentlicher Mängel handelt, wodurch allerdings eine Auslage für den Unternehmer entstehen kann, die zur Haftung nach § 1168a ABGB, also für die Gefahr des Unterganges noch hinzutritt, also wirklich *zusätzlich* ist. Dabei wird durchaus nicht verkannt, daß auch aus der Beschädigung oder Zerstörung des Werks für den Unternehmer empfindliche oder auch geradezu unverhältnismäßige Auslagen entstehen können. Aber zusätzlich zum Vertrag im obigen Sinne sind sie ebensowenig wie die Auslagen des Unternehmers, wenn ihm sein Warenlager auf dem Lagerplatz abbrennt und damit auch der Baustoff zugrunde geht, den er zur Herstellung des Werks für den Besteller bestimmt hatte. Der Aufwand für neuen Werkstoff und für neuerliche Arbeit an sich berechtigt den Unternehmer nicht, das Werk nicht fortzusetzen, die durch den Zufall eingetretenen Schäden nicht zu beseitigen und das Werk nicht zu vollenden. Zur Auflösung des Vertrags und zur Beseitigung der Lieferungspflicht müssen vielmehr andere Umstände hinzukommen, wie schon ausgeführt wurde.

Es besteht somit auch in vorliegendem Fall vor allem die Erfüllungspflicht, also die Pflicht des Beklagten zur *Wiederherstellung der Baracke.* Deshalb muß noch auf die einzelnen Einwendungen der Beklagten näher eingegangen werden.

1. Was die behauptete abgeschlossene Teilleistung und deren Abnahme, sei es in Kulmbach oder in Leoben, und die Teilzahlung betrifft, genügt der Hin-

weis auf die Annahmen der Vordergerichte. Die Revisionsbeantwortung weist dazu mit Recht darauf hin, daß die Beklagte, wenn sie die Absicht gehabt hätte, eine Teilabnahme herbeizuführen, die Klägerin hätte wenigstens verständigen müssen, daß eine bestimmte Teilleistung vollständig erfolgt sei oder daß die Baracke fertig gestellt sei. Etwas Derartiges hat die Beklagte niemals behauptet. („Antrag“ nach § 12 Nr. 2 der Allgemeinen Vertragsbedingungen und Schreiben der Beklagten vom 2. Januar 1942 Beilage F.)

2. Die Beklagte behauptet Kurzschluß in der Lichtleitung als Brandursache und Herbeiführung dieser Ursache durch ihr fremde Personen. In Betracht kämen Angestellte der Klägerin oder andere Unternehmer, die im Auftrag der Reichsbahn die Lichtleitung gelegt haben. Die Vordergerichte haben aber nicht angenommen, daß irgendein solches Verschulden erwiesen sei. Dazu beschwert sich die Beklagte mit der Mängelrüge wegen Unterlassung der beantragten Vernehmung eines Sachverständigen über die Brandursache. So wenig aber bewiesen werden konnte, daß der Brand vom Kokskorb ausgegangen ist, den die Arbeiter der Beklagten aufgestellt haben, so wenig ist eine so mangelhafte Legung der Lichtleitung bewiesen und infolge des Brandes erweislich, daß gerade diese den Brand herbeigeführt hätte. Es fehlen hierzu bestimmte Tatsachen, auf Grund welcher ein Sachverständiger ein Gutachten abgeben könnte, das mehr als die bloße Möglichkeit angeben könnte. Mit der bloßen Möglichkeit kann aber eine bestimmte Brandursache nicht festgestellt werden. Deshalb ist auch eine Vernehmung eines Sachverständigen über die Brandursache nicht notwendig und die Mängelrüge der Beklagten wegen Unterlassung dieser Vernehmung nicht begründet. Dem ist mit Rücksicht auf die Rechtsausführungen der Beklagten noch beizufügen, daß es nicht Sache der Klägerin, sondern Sache der Beklagten war, den Nachweis zu erbringen, daß der Brand auf einen für die Beklagte unabwendbaren Umstand zurückzuführen sei.

3. Durch die Duldung der Benützung eines Raumes der Baracke durch die Arbeiter der Beklagten als Schlafraum und durch die Beistellung von Schlafgelegenheiten hat eine Abnahme der Baracke nicht stattgefunden. Eine Verpflichtung der Klägerin zur Verständigung der Beklagten von dieser Benützung bestand nicht, das war Sache des aufsichtsführenden Angestellten der Beklagten.

4. Die von der Beklagten behauptete Unmöglichkeit der Wiederherstellung der Baracke infolge ihres Ausscheidens aus dem Ring der Barackenfertiger kann das Recht der Klägerin auf Wiederherstellung nicht beseitigen, und zwar selbst dann nicht, wenn diese (rechtliche) Unmöglichkeit wirklich eingetreten ist; denn die Beklagte war verpflichtet, die Wiederherstellung nach dem Brand sogleich vorzunehmen und hat sich durch die Unterlassung selbst in Verzug gesetzt und damit selbst die angebliche Unmöglichkeit herbeigeführt; überdies handelt es sich nicht um eine höchstpersönliche Leistung, weshalb eine etwaige Unmöglichkeit auf Seiten der Beklagten die Leistung durch einen befugten Ba-

rackenfertiger zu bewirken nicht unmöglich macht. Soweit aber zur Zeit eine Zustimmung zur Wiederherstellung von wirtschaftlichen Stellen erforderlich ist, ist es Sache der Beklagten, darum einzuschreiten, sie kann nur verlangen, daß ihr dabei die Klägerin den erforderlichen Beistand leistet.

5. Wenn die Beklagte in diesem Zusammenhang Unzumutbarkeit einwendet, weil sie bei Vergebung der Arbeit an einen befugten Barackenfertiger auch ihren eigenen Verdienst verliere, und auch höhere Gestehungskosten geltend machen will, so muß auch dazu zunächst auf den Verzug der Beklagten verwiesen werden, dann aber auch darauf, daß nach den vorangestellten Rechtsausführungen nur eine solche Änderung der Geschäftsgrundlage die Erfüllungspflicht der Beklagten beseitigen kann, die nach den allgemeinen Bestimmungen von der Rechtsprechung als vertragsaufhebend angesehen wird. Der Vertrag wurde während des Krieges geschlossen, also in Kenntnis der außergewöhnlichen Verhältnisse und unter Berücksichtigung der Kriegspreisgesetzgebung. Die Beklagte unterließ ein bestimmtes Vorbringen und den Nachweis, daß *darüber hinaus* eine wesentliche Änderung der Geschäftsgrundlage eingetreten sei. Der Mehraufwand infolge des Brandschadens kann aber nach den vorangestellten Rechtsausführungen nicht als vertragsaufhebend angesehen werden, die Beklagte hatte bei der Übernahme des Werkes die Wahl, solche Gefahren aus eigenem zu tragen oder sich gegen solche Gefahren zu versichern, und konnte diese Umstände bei der Aufstellung des Kostenvorschlages berücksichtigen. Übrigens ergibt das Vorbringen der Beklagten, daß sie gegen Brandschäden versichert war.

6. Die Beklagte rügt die Annahme des Berufungsgerichtes, daß die Beklagte ihrer Verwahrungspflicht nicht nachgekommen sei. Auf diese Rüge braucht nicht eingegangen zu werden, weil sich der Anspruch der Klägerin schon aus der vertraglichen Leistungspflicht ergibt.

7. Schließlich wendet sich die Beklagte gegen die Leistungsfrist von sechs Monaten, jedoch mit Unrecht, denn die Beklagte hat selbst in ihrem Schreiben vom 24. März 1942 (Beilage H) die „Ersatzlieferung“ mit „ca. 6–8 Wochen“ in Aussicht gestellt.

Die Revision der Beklagten ist somit unbegründet.

Die Kostenentscheidung beruht auf §§ 41 und 50 ZPO.

---

84. Auch wenn der Unterhalt für ein uneheliches Kind durch Urteil festgestellt ist, ist eine Abänderung des Unterhaltsbetrags im Wege des außerstreitigen Verfahrens zulässig. Dies gilt auch bei Ansprüchen gegen den Kindesvater, der Angehöriger des Protektorats Böhmen und Mähren ist und dort wohnt.

I. Teilnovelle zum ABGB von 1914. Kaiserl. Patent vom 9. 8. 1854, § 16 Abs. 2.

VII. Zivilsenat. Beschl. v. 6. Dezember 1944 (VII B 34/1944).

I. Amtsgericht Znaim.

In der Vormundschaftssache der am 16. September 1938 in Wien geborenen G. Sch., vertreten durch das Kreisjugendamt in Znaim,

wegen Erhöhung des von W. V. in Prag-Ninowitz 106 zu leistenden Unterhaltsbeitrages

hat das Reichsgericht, VII. Zivilsenat, in der nicht öffentlichen Sitzung vom 6. Dezember 1944 durch den Senatspräsidenten Dr. Zellner und die Reichsgerichtsräte Dr. Roppert und Dr. Bittner auf den Rekurs der minderjährigen Getrude Schmidt gegen den Beschluß des Amtsgerichtes in Znaim vom 1. Oktober 1944, GZ 6 VII 95/39, womit der Antrag der Vormundschaft auf beschlußmäßige Erhöhung des Unterhaltsbeitrages abgewiesen wurde, beschlossen:

Es wird dem Rekurse Folge gegeben, der angefochtene Beschluß aufgehoben und die Sache zur neuerlichen Entscheidung an das Erstgericht zurückverwiesen.

Gründe

Die minderjährige G. Sch. wurde am 16. September in Wien von der deutschen Staatsangehörigen Th. M. geboren, deren Ehe mit K. M. durch das Urteil des Kreisgerichtes Znaim vom 13. Januar 1938, GZ Ck Ia 37/37, rechtskräftig geschieden worden war. Mit dem Urteil des Landgerichtes Znaim vom 17. Januar 1939, GZ I R 6/38 wurde der Minderjährigen die eheliche Geburt rechtskräftig aberkannt und durch das Urteil des Deutschen Amtsgerichtes in Prag vom 15. Dezember 1939, GZ 2 C 502/39, der Protektoratsangehörige W. V. als außerehelicher Vater des Kindes festgestellt und zur Leistung eines Unterhaltsbeitrages von 10 RM monatlich bis zum vollendeten 6. Lebensjahr des Kindes und von da an in der Höhe von 13 RM monatlich bis zur Selbsterhaltungsfähigkeit des Kindes rechtskräftig verurteilt. Die Vormundschaft des Kindes beantragte bereits am 19. Oktober 1942 bei dem Vormundschaftsgericht in Znaim die beschlußmäßige Erhöhung des Unterhaltsbeitrages auf 20 RM monatlich ab 1. November 1942, doch wurde dieser Antrag mit dem Beschluß des Vormundschaftsgerichtes vom 9. Dezember 1942 rechtskräftig mit der Begründung abgewiesen, daß eine Änderung des einem Protektoratsangehörigen durch rechtskräftiges Urteil auferlegten gesetzlichen Unterhaltsbeitrages im außerstreitigen Verfahren nicht zulässig sei. Nunmehr stellte die Vormundschaft einen neuerlichen Antrag auf beschlußmäßige Erhöhung des von W. V. zu leistenden Unterhaltsbeitrages ab 1. Juli 1944 auf monatlich 20 RM, da die Bedürfnisse des Kindes infolge des

Schulbesuches nach den Ferien bedeutend stiegen. Diesen Antrag hat das Vormundschaftsgericht mit dem angefochtenen Beschluß unter Hinweis auf seinen früheren Beschluß vom 9. Dezember 1942 wiederum abgewiesen.

Der gemäß § 70 (3) der Zweiten KriegsmaßnahmenVO vom 27. September 1944 (RGBl. I S. 229) nachträglich zugelassene Rekurs der Vormundschaft gegen diesen Beschluß ist gerechtfertigt.

Die Rechtskraft des Beschlusses des Vormundschaftsgerichtes vom 9. Dezember 1942, mit welchem die sachliche Entscheidung über den Antrag der Vormundschaft vom 19. Oktober 1942 auf Erhöhung der Unterhaltsbeiträge im außerstreitigen Verfahren abgelehnt wurde, da diese Entscheidung im Streitverfahren zu ergehen hätte, steht der neuerlichen Prüfung derselben Rechtsfrage nicht entgegen, da es sich um einen neuen Antrag der Vormundschaft handelt, der sich auf einen neuen späteren Zeitabschnitt, beginnend ab 1. Juli 1944, bezieht und durch den Hinweis auf neue Tatumstände wie die steigenden Bedürfnisse des Kindes infolge der jetzt eintretenden Schulpflicht begründet wurde.

Der Kernpunkt der Frage ist, ob die Bestimmung des § 16 Abs. 2 der Ersten Teilnovelle zum ABGB (Kaiserliche Verordnung vom 12. Oktober 1914, österr. RGBl. Nr. 276), wonach das Gericht, wenn die Vaterschaft anerkannt wird, das Ausmaß der dem Vater nach dem Gesetz obliegenden Leistungen im Verfahren außer Streitsachen von Amts wegen festzustellen hat, auch dann anzuwenden ist, wenn die Höhe des für ein uneheliches Kind zu leistenden Unterhaltes bereits durch rechtskräftiges Urteil festgesetzt ist und es sich um eine Neubemessung dieser Unterhaltsleistung wegen Änderung, sei es der Bedürfnisse des Kindes, sei es der Leistungsfähigkeit des außerehelichen Vaters oder schließlich wegen Änderung der maßgebenden Voraussetzungen auf Seiten des Vaters und des Kindes handelt, oder ob die Änderung urteilsmäßig festgesetzter Unterhaltsleistungen wieder nur durch Urteil im Streitverfahren herbeigeführt werden kann. Diese Frage wurde in der Rechtsprechung nicht einheitlich beantwortet. Das Oberste Gericht in Brünn hat sich in seinem Plenarbeschluß vom 4. Oktober 1921 präs. 1027/21 (Entscheidung Nr. 1224 amtl. Slg.) für die Rechtsauffassung entschieden, daß die Höhe des für ein uneheliches Kind durch rechtskräftiges Urteil festgesetzten Unterhaltes nicht im außerstreitigen Verfahren abgeändert werden kann, der ehemalige Oberste Gerichtshof in Wien dagegen hat die Rechtsansicht vertreten, daß auch der durch rechtskräftiges Urteil einem unehelichen Kinde zuerkannte Unterhalt bei geänderten Verhältnissen im Verfahren außer Streitsachen neu geregelt werden kann (SZ III 10). Beide Entscheidungen fußen auf derselben Gesetzesstelle. Nach der Vereinigung beider Rechtsgebiete im Großdeutschen Reich ist es aber mit der Einheitlichkeit der Rechtsprechung unvereinbar, daß dieselbe gesetzliche Bestimmung in verschiedenen Teilen des Reiches verschieden ausgelegt und angewendet wird.

Einer einheitlichen Rechtsauslegung durch das Reichsgericht steht jedoch keine Bindung an die Rechtsprechung der Obersten Gerichte in Wien und Brünn entgegen (vgl. RGZ Bd. 169 S. 161 [170]).

Durch die Vorschrift des § 16 Abs. 2 der Ersten Teilnovelle hat sich der Gesetzgeber grundsätzlich dafür ausgesprochen, daß das Ausmaß der dem außerehelichen Vater nach dem Gesetz obliegenden Leistungen, im Verfahren außer Streitsachen festzustellen ist, so daß die Bemessung dieser Leistungen im Streitverfahren nur noch als Ausnahme vorgesehen ist. Der Gesetzgeber hat dabei zu Gunsten des außerstreitigen Verfahrens den sonst geltenden Grundsatz, wonach über streitige privatrechtliche Ansprüche im Prozeßwege zu verhandeln und zu entscheiden ist, wenn auch nicht ausnahmslos durchbrochen, und hat durch diese gesetzliche Vorschrift auch das Hindernis beseitigt, das sich gegen die Anwendung des außerstreitigen Verfahrens aus der Bestimmung des § 1 des Kaiserlichen Patentes vom 9. August 1854 (RGBl. Nr. 208) ergab. Ausnahmen zugunsten des Streitverfahrens finden, wie der erkennende Senat in seinem zur Veröffentlichung bestimmten Beschluß vom 6. Dezember 1944 VII B 33/44 näher ausgeführt hat, jetzt nur dann statt, wenn 1. die Vaterschaft zu dem außerehelichen Kind weder anerkannt noch durch Urteil festgestellt ist, 2. das Vormundschaftsgericht den Vormund durch förmlichen, auch dem Vater zugestellten, rechtskräftigen Beschluß zur Erhebung der Klage auf Leistung des gesetzlichen Unterhaltes angewiesen hat, oder 3. im Geltungsgebiet des ABGB kein Vormundschaftsgericht besteht, das die Bemessung des Unterhaltes im außerstreitigen Verfahren vornehmen könnte und das außerhalb dieses Geltungsgebietes gelegene Vormundschaftsgericht nach seinen Rechtsvorschriften eine Regelung der Unterhaltspflicht im außerstreitigen Verfahren nicht kennt. Die weitere Ausnahme zugunsten des Streitverfahrens, daß das außerstreitige Verfahren nicht anwendbar sei, wenn bereits ein rechtskräftiges Urteil über die Höhe der Unterhaltsleistungen des Kindesvaters vorliege, das durch eine Neubemessung des Unterhaltes ersetzt werden soll, wurde damit begründet, daß ein rechtskräftiges Urteil im Hinblick auf seine prozessuale und materielle Rechtskraft nicht durch einen bloßen im außerstreitigen Verfahren ergehenden Beschluß, sondern wieder nur im Prozeßwege durch ein neues Urteil entkräftet werden könne. Es soll nicht verkannt werden, daß dieser Gedanke an und für sich rechtlich bedenkenfrei ist und daß er durchaus dem Geist und dem Aufbau der ZPO vom 1. August 1895 entspricht. Gleichwohl hält der erkennende Senat dafür, daß hieraus kein Grund für eine weitere Ausnahme von der Verweisung der Regelung der gesetzlichen Unterhaltsleistungen des außerehelichen Vaters in das außerstreitige Verfahren abzuleiten ist, weil der Gesetzgeber die Regelung dieser Frage grundsätzlich in das außerstreitige Verfahren verwiesen hat, Ausnahmen hiervon also einschränkend auszulegen sind, und weil es sich bei der Erwägung über die Bedeutung des Urteiles vorwiegend um eine Frage des *for-*

malen Rechtes handelt, die dem erkennbaren Willen des Gesetzes nicht hindernd im Wege stehen darf, zumal die *materielle* Rechtskraft eines solchen Urteiles ohnedies eine Neuregelung der Unterhaltsbemessung wegen Änderung in den Voraussetzungen nicht auszuschließen vermag. Das Gesetz hat aber die Abgrenzung zwischen streitiger und außerstreitiger Gerichtsbarkeit bei der Neuordnung dieses Gegenstandes aus Gründen, die das Gericht nicht nachzuprüfen hat, durchbrochen und hat dem außerstreitigen Verfahren erkennbar den Vorzug gegeben, in welchem der Vormund und das Mündel bei dem leichten Verkehr mit dem zuständigen Vormundschaftsgericht die Möglichkeit haben, bei dem Vormundschaftsgericht selbst in einem mit größerer Formfreiheit und Billigkeit ausgestatteten und von dem Untersuchungsgrundsatz beherrschten Verfahren den Unterhaltsanspruch regeln zu lassen, ohne daß sie zur Durchsetzung dieses Anspruchs den Rechtsweg am Wohnsitz des vielleicht entfernt wohnenden Kindesvaters beschreiten müssen. Die Vorschrift des § 16 Abs. 2 der I. Teilnovelle selber enthält keinen Hinweis darauf, daß das Gesetz den Fall, daß schon einmal ein rechtskräftiges Unterhaltsurteil gegen den Kindesvater ergangen ist, von der Neubemessung des Unterhaltes im außerstreitigen Verfahren ausgenommen wissen wollte. Die von dem Erstgericht vertretene gegenteilige Rechtsansicht wird daher von dem erkennenden Senat nicht geteilt.

Aber auch der Umstand, daß im vorliegenden Falle der Kindesvater ein Protektoratsangehöriger ist und auch im Protektorat Böhmen und Mähren seinen Wohnsitz hat, rechtfertigt die Abweisung des Antrages auf beschlußmäßige Erhöhung des Unterhaltes im außerstreitigen Verfahren nicht. Durch § 16 Abs. 2 der I. Teilnovelle wird die Bemessung der dem außerehelichen Vater nach dem Gesetz obliegenden Leistungen im außerstreitigen Verfahren dem *Vormundschafts*gericht übertragen, wie aus dem Zusammenhang dieser Bestimmung mit § 16 Abs. 1 und § 17 hervorgeht. Vormundschaftsgericht ist nach § 109 JN jenes Amtsgericht, bei welchem der Minderjährige seinen allgemeinen Gerichtsstand in Streitsachen hat, und dieses Gericht ist zur Besorgung *aller* Geschäfte berufen, welche der Vormundschaftsbehörde obliegen. Daraus ist ersichtlich, daß der Wohnsitz der anderen beteiligten Personen, im vorliegenden Falle also der Wohnsitz des Kindesvaters, auf die *örtliche* Zuständigkeit des Vormundschaftsgerichtes ohne Einfluß ist. Ebenso richtet sich nach § 36 FGG die örtliche Zuständigkeit des Vormundschaftsgerichtes im Altreich nur nach dem Wohnsitz oder hilfsweise nach dem Aufenthalt des Mündels zur Zeit der Anordnung der Vormundschaft, ohne daß der Wohnsitz des außerehelichen Vaters dabei berücksichtigt würde. Die *sachliche* Zuständigkeit des Vormundschaftsgerichtes wird aber ausschließlich durch die für das Vormundschaftsgericht geltenden Vorschriften geregelt. Hieraus ergibt sich, daß ein im Geltungsgebiet des ABGB gelegenes Vormundschaftsgericht zur Regelung des dem außerehelichen Vater obliegenden gesetzlichen Unterhaltes im außerstreitigen Verfahren auch dann zuständig ist, wenn der Kindesvater seinen Wohnsitz außerhalb dieses Rechtsgebietes hat – vorausgesetzt nur, daß nicht einer der oben erwähnten Fälle für die Anwendung des Streitverfahrens gegeben ist. Die Zuständigkeit des im vorliegenden Falle angerufenen Amtsgerichtes Znaim erstreckt sich daher auch auf den im Protektorat Böhmen und Mähren wohnenden Kindesvater, und zwar unabhängig von den Bestimmungen der Protektoratsrechtspflegeverordnungen, denn diese haben nur die Bedeutung, daß sie festsetzen, ob ein Protektoratsangehöriger auf dem Gebiete des Protektorats Böhmen und Mähren selbst der Zuständigkeit der dort bestehenden deutschen Gerichte oder der Protektoratsgerichte unterliegt. In dieser Hinsicht ist übrigens darauf zu verweisen, daß sich nach § 7 Nr. 3 der Zweiten Protektoratsrechtspflegeverordnung vom 20. März 1940 (RGBl. I S. 533) die deutsche Gerichtsbarkeit im Protektorat Böhmen und Mähren auf das Verfahren außer Streitsachen auch dann erstreckt, wenn das Verfahren eine Vormundschaft über einen Volksdeutschen zum Gegenstand hat. Dagegen berühren die Protektoratsrechtspflegeverordnungen die Zuständigkeit eines außerhalb des Protektorates Böhmen und Mähren gelegenen Gerichtes, für das ein Zuständigkeitsgrund gegeben ist, überhaupt nicht. Bei der Ausübung der Vormundschaft und Bemessung des dem außerehelichen Vater gesetzlich obliegenden Unterhaltes hat das Gericht freilich grundsätzlich die Vorschrift des § 12 der Vierten DurchführungsVO zum Ehegesetz vom 25. Oktober 1941 (RGBl. I S. 654) zu beachten, da aber sowohl die Mutter des Kindes als auch der Kindesvater dem Rechtsgebiet des ABGB angehören, ergeben sich für den vorliegenden Fall keine Verschiedenheiten und Schwierigkeiten.

Bei dieser Sachlage hat das Amtsgericht zu Unrecht den Antrag der Vormundschaft auf Erledigung ihres Antrages im außerstreitigen Verfahren abgewiesen. Der angefochtene Beschluß ist daher aufzuheben und dem Erstgericht die neuerliche Entscheidung aufzutragen.

---

85. 1. Zur einstweiligen Befreiung des Nichtigkeitsbeklagten von der Zahlung der Gerichtskosten.

2. Zum Kombinationspatent.

PatG. § 42 Abs. 4.

I. Reichspatentamt.

I. Zivilsenat. Urt. v. 7. Dezember 1944 (I 55/1942).

In der Patentnichtigkeitssache des Zivilingenieurs Wilhelm Grams in Varchim über Köslin, Beklagten und Berufungsklägers,

gegen

die Dr.-Ing. h.c. F. Porsche KG in Stuttgart-Zuffenhausen, Klägerin und Berufungsbeklagte,

hat das Reichsgericht, I. Zivilsenat, in der Sitzung vom 7. Dezember 1944 durch den Senatspräsidenten Prof. Dr. Lindenmaier und die Reichsgerichtsräte Dr. Tölke und Dr. Elten für Recht erkannt:

Die Entscheidung des Reichspatentamts vom 28. August 1941 wird bestätigt.

Die Kosten des Berufungsverfahrens werden dem Beklagten auferlegt. – Von Rechts wegen.

Tatbestand

Der Beklagte ist Inhaber des seit dem 28. Februar 1933 wirksamen Deutschen Reichspatents 621 376, das unter der Bezeichnung „Zugmaschine für Bodenbearbeitung mit Hinterachsantrieb" und mit den folgenden beiden Patentansprüchen erteilt wurde:

„1. Zugmaschine für Bodenbearbeitung mit Hinterachsantrieb, dadurch gekennzeichnet, daß sie oberhalb und vor den Hinterachsen mit einem Ladebehälteraufbau versehen ist, so daß sie eine sonst im Zug geförderte Last oder einen Teil einer solchen aufnehmen kann.

2. Zugmaschine nach Anspruch 1, gekennzeichnet durch die Kombination mit einem Fräsapparat".

Der erste Patentanspruch ist in einem früheren Nichtigkeitsstreit durch eine mit Urteil des Senats vom 19. Februar 1938 – I 22/38 – bestätigte Entscheidung des Reichspatentamts vom 23. September 1937 gestrichen worden.

Die Klägerin beantragt jetzt, das Patent im vollen Umfange für nichtig zu erklären, und macht in Ansehung des noch verbliebenen Patentanspruchs 2 geltend, der Anbau von Fräsapparaten an Zugmaschinen aller Art sei am Anmeldetage des Streitpatents nicht mehr neu gewesen. Sie verweist hierzu auf die deutschen Patentschriften 230 792, 268 949, 327 753, 438 698, die britische Patentschrift 3015/1911, die amerikanische Patentschrift 1 661 105, die französische Patentschrift 398 696 und die schweizerische Patentschrift 147 078, ferner auf das Werk von Martiny, „Die Motorpflüge" Teil I S. 145, 148, 272–275. Im übrigen spricht sie dem Gegenstand des Anspruchs 2 den erforderlichen technischen Fortschritt und jede Erfindungshöhe ab. Hilfsweise beantragt sie, das Merkmal, daß die treibenden Hinterräder hinter dem Fräsapparat lägen, in den Patentanspruch aufzunehmen, da der Patentinhaber offenbar auf dieses Merkmal besonderen Wert lege. Sollte aber die Fassung des Anspruchs 2 beibehalten werden, so bittet sie, den Beginn der Schutzfrist des Patents erst auf den 12. Januar 1935 festzusetzen, da in den neuen Unterlagen vom 11. Januar 1935 zum ersten Mal diese neue Anordnung nicht mehr enthalten gewesen sei. Hierin liege eine unzulässige Erweiterung des ursprünglichen Schutzbegehrens, mit der anscheinend erstrebt werde, den Schutzumfang auch auf den Fräsapparat in der Anordnung nach der deutschen Patentschrift 230 792 auszudehnen. Werde der Schutzfristbeginn antragsgemäß verlegt, dann sei der Gegenstand des Anspruchs 2 durch offenkundige Vorbenutzung im Jahre 1934 vorweggenommen.

Der Beklagte hat dem Nichtigkeitsantrage widersprochen und ist den Ausführungen der Klägerin entgegengetreten. Er trägt vor: Der angegriffenen Erfindung liege die Aufgabe zugrunde, ein billiges und vielseitig brauchbares Ackerfahrzeug so haftfähig auszubilden, daß auf lockerem oder durchweichtem Acker die Bewegung von Gütern wie auch die Bodenbearbeitung möglich sei. Die Lösung der Aufgabe bestehe nach dem Patent in der Verbindung der drei Merkmale: 1. Ackerzugmaschine (Ackerschlepper), 2. Laderaum und 3. Fräsapparat. Bei jedem der in den angeführten Druckschriften beschriebenen Schleppern fehle eins dieser Merkmale. Er beabsichtige auch nicht, sein Patent auf die Anordnung des Fräsapparates vor den Hinterrädern zu beschränken, wozu der Wortlaut des Patentanspruchs keinen Anlaß biete.

Das Reichspatentamt hat dem Nichtigkeitsantrage entsprochen. Mit der Berufung begehrt der Beklagte Wiederherstellung des Patentanspruchs 2, während die Klägerin um Bestätigung der angegriffenen Entscheidung bittet.

Das Reichsgericht hat als gerichtlichen Sachverständigen den Dozenten Dr.-Ing. habil. Karl Stöckmann, Vorstand des Landmaschineninstituts der Technischen Hochschule Braunschweig, hinzugezogen. Dieser hat ein schriftliches Gutachten erstattet und in der mündlichen Verhandlung erläutert und ergänzt. Auf die Beeidigung des Sachverständigen haben die Parteien verzichtet.

Der Beklagte ist auf seinen Antrag durch Beschluß des Reichsgerichts vom 4. November 1941 – I A 11/41 – von der Entrichtung der Gerichtskosten einstweilen befreit worden. Die Berufungsgebühr hat er nicht bezahlt.

Entscheidungsgründe

Obwohl der Beklagte die an sich bei der Anmeldung der Berufung fällige tarifmäßige Gebühr des § 42 Abs. 1 PatG nicht entrichtet hat und die Berufung sonst bei fehlender Gebühr als nicht angemeldet gilt, bestehen hier gegen die von Amts wegen zu prüfende Zulässigkeit des Rechtsmittels keine rechtlichen Bedenken. Denn die dem Beklagten gewährte einstweilige Befreiung von den Gerichtskosten erstreckt sich nach Auffassung des Senats auch auf die Berufungsgebühr. Mag auch nach der amtlichen Begründung zu § 42 PatG (Klauer-Möhring, Patentgesetz S. 45/46) die mögliche Höhe der beim Reichsgericht entstehenden Gerichtskosten den Anlaß dazu gegeben haben, die gesetzliche Voraussetzung für eine einstweilige Kostenbefreiung des Beklagten zu schaffen, so würde doch der Zweck der angeführten Bestimmung, den Beklagten von den Gerichtskosten zu entlasten, nur unvollkommen erreicht werden, wenn dieser gehalten bliebe, zunächst auf jeden Fall die tarifmäßige Gebühr zu zahlen, also auch dann, wenn er hierzu wegen seiner Bedürftigkeit nicht in der Lage wäre. Ebenso wenig steht die Vorschrift, wonach die Gebühr an das Reichspatentamt zu entrichten ist, der auch vom Nichtigkeitssenat des Reichspatentamts vertretenen Auffassung entgegen, daß die Berufungsgebühr zu den Gerichtskosten im Sinne des § 42 Abs. 4 zu rechnen sei. Auch aus der Vorschrift des § 42 Abs. 2 letzter Satz, der bestimmt, daß die Berufungsgebühr auf die reichsgerichtlichen Gebühren anzurechnen ist, läßt sich schließen, daß diese Gebühr ihrem Wesen nach nur eine Vorauszahlung auf die Gerichtskosten darstellt.

Sachlich konnte dagegen die Berufung keinen Erfolg haben. Da der mit der Nichtigkeitsklage angegriffene, noch allein gültige Patentanspruch 2 des Streitpatentes auf den im früheren Nichtigkeitsverfahren gestrichenen Patentanspruch 1 Bezug nimmt, ist jener Anspruch jetzt wie folgt zu lesen: „Zugmaschine für Bodenbearbeitung mit Hinterachsantrieb und mit einem Ladebehälteraufbau oberhalb und vor der Hinterachse dadurch gekennzeichnet, daß die Zugmaschine mit einem Fräsapparat kombiniert ist“. Danach besteht der Gegenstand der jetzt noch geschützten Erfindung in einer Vereinigung (Kombination) der drei Merkmale 1. Zugmaschine mit Hinterachsantrieb, 2. Ladebehälter oberhalb und vor der Hinterachse und 3. Fräsapparat.

Da die Anordnung des Fräsapparats vor der Hinterachse nur aus der Zeichnung zu entnehmen ist, sich hierüber aber keine Angabe in der Beschreibung und vor allem nicht im Anspruch findet, gehört diese besondere Anordnung nicht zu den kennzeichnenden Merkmalen der Erfindung, mag sie auch im Erteilungsverfahren vorübergehend den Gegenstand eines besonderen Anspruchs gebildet haben und mag auch vom Anmelder als besonderer Vorteil dieser Anordnung angegeben worden sein, daß sie die Zugmaschine vorderlastig mache. Dieser Anspruch ist aber später auf Grund einer Entgegenhaltung fallen gelassen worden. Gegenstand der Erfindung kann nur sein, was dem Fachmann in der Patentschrift selbst als solcher offenbart ist. In der Patentschrift des Streitpatents sind aber keine besonderen Vorteile für diese Anordnung angegeben, auch nicht für den Fachmann ohne weiteres ersichtlich. Im übrigen ist jedoch diese Frage für den Ausgang des Nichtigkeitsverfahrens ohne Belang.

Der Verbindung der Zugmaschine mit einem Fräsapparat lag offenbar die Aufgabe zugrunde, für den Landwirt eine Zugmaschine für Bodenbearbeitung mit möglichst vielseitiger Verwendungsmöglichkeit zu schaffen. Etwas anderes ist aus der Beschreibung nicht zu ersehen, wonach die Bodenbearbeitungsmaschine in den Abbildungen nur „beispielsweise“ mit einer Ackerfräse verbunden dargestellt ist. Im Sinne dieser Aufgabe kann der Gegenstand des Anspruchs 2 als eine echte patentrechtliche Kombinationserfindung angesprochen werden, da alle Teile zu einem einheitlichen technischen Erfolg zusammenwirken (MuW 1935 S. 439). Es kommt daher für die Schutzfähigkeit der Kombination nicht darauf an, ob die einzelnen Merkmale am Anmeldetage des Streitpatents bekannt waren. Die Kombination „Zugmaschine-Laderaum-Fräsapparat" war jedoch am fraglichen Tage nicht mehr neu. Sie ist in dem Buch von Martiny: Die Motorpflüge, S. 272–275 bei der Darstellung der Zugmaschine von von Meyenburg beschrieben. Wie schon in der angegriffenen Entscheidung zutreffend hervorgehoben wird, führt der Verfasser aaO. S. 274 aus, daß die Maschine außer zum Fräsen auch zum Ziehen von Bodenbearbeitungsgeräten verwendet werden und mit einem Laderaum versehen sei. Ebenso ist die Kombination eines zum Schleppen geeigneten Motorwagens mit Ackerfräse und Ladebehälter aus der britischen Patentschrift 3015/1911, die im wesentlichen dieselbe Maschine betrifft, zu entnehmen.

Da überdies in der in der schweizerischen Patentschrift 147 078 S. 3 rechte Spalte Abs. 2 von unten und S. 4 links oben die Verbindung eines Traktors mit einer Bodenfräse als besonders vorteilhaft hervorgehoben und im RKTL-Heft 28, 1931, S. 41–43 (Bl. 75 der NiAkt) das Bedürfnis nach einem Frässchlepper besonders betont wird, bedurfte es keiner erfinderischen Überlegung, um den Lastkraftschlepper nach Patentanspruch 1, dessen mangelnde Neuheit rechtskräftig festgestellt worden ist, mit einem Fräsapparat zu verbinden. Zu den Merkmalen des Patentanspruchs 1 gehört auch schon die örtliche Anordnung des Ladebehälters, wie sie im Patentanspruch 1 angegeben ist, so daß alle angeblich hiermit verbundenen Vorteile nicht mehr zur Begründung der Patentfähigkeit der Vorrichtung nach Anspruch 2 geltend gemacht werden können.

Danach war die angefochtene Entscheidung zu bestätigen, ohne daß es eines Eingehens auf das weiter angeführte Schrifttum und die Hilfsanträge bedurfte.

Die Kostenentscheidung beruht auf §§ 40, 42 Abs. 3 PatG.

---

86. Die VeräußVO bestimmt, daß die Vertragschließenden (hier: Veräußerung eines Erbhofes) nicht berechtigt sind, aus dem dort genannten Grund (hier wegen einer Auflage) vom Vertrage zurückzutreten, es sei denn, daß ihnen im Hinblick auf die Auflage die Erfüllung des Vertrags nicht zugemutet werden kann, worüber die Entscheidung aber nicht den ordentlichen Gerichten, sondern allein der Genehmigungsbehörde zustehen soll. Sie trifft nach ihrem Wortlaut und Sinn nur den Fall, daß eine Vertragspartei sich nach Anordnung einer Auflage allein aus diesem Grunde vom Vertrage zu lösen sucht. Sind beide Parteien darüber einig, daß der Vertrag mit Rücksicht auf die Auflage nicht zur Ausführung kommen soll, und behandeln sie ihn demgemäß als nicht bestehend, so kann die Durchführung der genehmigten Veräußerung und die Erfüllung der Auflage nach dem Gesetze nicht erzwungen werden.

Verordnung über die Veräußerung von Entschuldungsbetrieben vom 6.1.1937 (RGBl. I 5), Art. I Abs. 2 Satz 2, 3.

III. Zivilsenat. Urt. v. 7. Dezember 1944 (III 59/1944).

I. Landgericht Kiel.
II. Oberlandesgericht Kiel.

In Sachen des Bauern Willi Müller in Barkhorn, Post Hamweddel, Rendsburg Land, z.Zt. Obergefreiter bei der Wehrmacht, Klägers, Widerbeklagten und Revisionsklägers, Prozeßbevollmächtigter: Rechtsanwalt Dr. Petersen in Leipzig,

gegen

den Landwirt August Wilhelm Müller in Barkhorn, Post Hamweddel, Rendsburg Land, Beklagten, Widerkläger und Revisionsbeklagten, Prozeßbevollmächtigter: Rechtsanwalt Justizrat Dr. Schrömbgens in Leipzig,

hat das Reichsgericht, III. Zivilsenat, auf die mündliche Verhandlung vom 9. November 1944 durch den Senatspräsidenten Blumberger und die Reichsgerichtsräte Dr. Lersch, Dr. Leopold für Recht erkannt:

Die Urteile des 2. Zivilsenats des Oberlandesgerichts in Kiel vom 5. Mai 1944 und der 2. Zivilkammer des Landgerichts daselbst vom 21. Januar 1944 werden aufgehoben.

Die Widerklage wird abgewiesen. Im übrigen wird die Sache zu neuer Verhandlung und Entscheidung über die Klage und die Kosten des Rechtsstreits einschließlich der des Revisionsverfahrens an das Landgericht zurückverwiesen. – Von Rechts wegen.

Tatbestand

Der im Jahre 1918 geborene Kläger wurde 1926 von dem Beklagten und dessen erster Ehefrau, da die Ehe kinderlos geblieben war, an Kindes Statt angenommen. Der Beklagte hatte im Jahr 1917 den im Grundbuch von Jevenstedt Bd. III Bl. 115 eingetragenen Grundbesitz erworben und ihn im Jahr 1923, als er in wirtschaftliche Schwierigkeiten kam, durch Schenkungsvertrag der Ehefrau übereignet. Auf Grund der Erbhofgesetzgebung wurde der Besitz Erbhof und unter Nr. 50 in der Erbhöferolle von Jevenstedt eingetragen. Im Jahre 1934 wurde über den landwirtschaftlichen Betrieb das Entschuldungsverfahren eröffnet. Nach dem Tode der bisherigen Eigentümerin im Jahre 1936 ging der Erbhof auf den Kläger als Anerben über; auch das Entschuldungsverfahren wurde für ihn fortgeführt. Der Beklagte schloß bald darauf eine neue Ehe, aus der bisher zwei Kinder hervorgegangen sind. Der Kläger, der seit dem 31. August 1939 im Wehrdienst steht, heiratete im November 1939 ebenfalls; auch er hat zwei Kinder. Der Erbhof wurde bisher von dem Beklagten bewirtschaftet. Das Entschuldungsverfahren kam durch Beschluß des Entschuldungsamts vom 31. Juli 1939 zum Abschluß, in dem ein mit erheblichen Kürzungen von Gläubigerforderungen verbundener Zwangsvergleich bestätigt und das Verfahren aufgehoben wurde. Der Entschuldungsvermerk wurde im Grundbuch auf Ersuchen des Entschuldungsamts am 27. Dezember 1939 eingetragen.

Durch notarischen Vertrag vom 28. Oktober 1939 überließ der Kläger dem Beklagten den Hof; beide trafen darin zugleich erbrechtliche Verfügungen. Über die Wirksamkeit des Vertrages, den der Kläger anfocht, entstand Streit zwischen den Parteien. Vergleichsverhandlungen führten zum Abschluß eines neuen notarischen Vertrages vom 27. November 1939, in dem der frühere Vertrag aufgehoben wurde und der Kläger sich zur Übereignung des Hofes nebst Zubehör und der vorhandenen Ernte an den Beklagten verpflichtete. Dieser übernahm alle Lasten und Schulden des Hofes und hatte außerdem an den Kläger eine „Abfindung" von 11.000 GM zu zahlen, wovon 2.000 GM innerhalb eines Monats nach der Genehmigung des Vertrages, die restlichen 9.000 GM bis 1. November 1943, auf Verlangen des Klägers jedoch schon vom 1. November 1942 an entrichtet werden sollten, falls er das Geld zum Erwerb einer Siedlung oder eines Hofes benötigen würde, während der Beklagte nicht berechtigt sein sollte, die Restzahlung früher anzubieten, als sie vom Kläger verlangt wurde. Der Besitzantritt des Beklagten sollte vom Tage des Vertragsschlusses an gerechnet werden; der Beklagte sollte berechtigt sein, die Zahlungen auch schon vor der Eigentumsübertragung, die erst nach Erfüllung sämtlicher Verpflichtungen aus dem Vertrage geschehen sollte, aus den Mitteln des Hofes zu bewirken. Der Kläger verzichtete auf sein gesetzliches Erbrecht gegenüber dem Beklagten. Dieser übernahm die gesamten Kosten des Vertrages und seiner Durchführung. Im Falle nicht ordnungsmäßiger Vertragserfüllung war der Besitz auf Verlangen des Klägers an ihn zurück zu übertragen. In § 11 des Vertrages war bestimmt: „Die Gültigkeit dieses Vertrages ist davon abhängig, daß der Veräußerer nicht gezwungen wird, einen Teil der Überlassungssumme an seine Entschuldungsgläubiger zu zahlen."

Der Vertrag wurde durch Beschluß des Anerbengerichts vom 13. Januar 1940 auf Grund einer Verhandlung mit den Beteiligten genehmigt. Das Entschuldungsamt, bei dem der von den Beteiligten mit der Einholung der Genehmigungen beauftragte Urkundsnotar bereits in einer Eingabe vom 29. Novembern 1939 gebeten hatte, dem Veräußerer nicht die Abführung eines Teiles der Überlassungssumme an das Reich oder die Entschuldungsgläubiger aufzuerlegen, genehmigte den Vertrag durch Beschluß vom 9. Februar 1940 gemäß Art. 3 und 6 der VeräußerungsVO vom 6. Januar 1937 „unter der Auflage, daß von dem Kauferlöse ein Teilbetrag von 2.000 RM an das Deutsche Reich zu Händen der Reichshauptkasse ... abgeführt wird", und bestimmte zugleich, daß davon 1.500 RM an gewisse Entschuldungsgläubiger als Ersatz für erlittene Kürzungsverluste, der Rest an das Reich als Ausgleich für die durch die Entschuldung entstandenen Unkosten fallen sollten. Am 14. Februar 1940 leistete der Beklagte die Anzahlung von 2.000 RM, Anfang November 1942 überwies er auf das Konto des Klägers weitere 7.000 RM, die dieser jedoch sofort zurück überwies. Am 26. November 1942 zahlte der Beklagte an die Reichshauptkasse 2.000 RM gemäß der Auflage des Entschuldungsamts. Am 1. November 1943 bot er dem Kläger die Zahlung von 9.000 RM als Rest der Überlassungssumme an; dieser lehnte jedoch die Annahme ab.

Mit der im Frühjahr 1943 erhobenen Klage hat der Kläger vom Beklagten die Herausgabe des Erbhofs nebst Inventar Zug um Zug gegen Rückgabe der Anzahlung von 2.000 RM verlangt mit der Begründung, der Vertrag vom 27. November 1939 sei gemäß seinem § 1 bereits durch die der Genehmigung des Entschuldungsamts hinzugefügte Auflage hinfällig geworden. Darauf sei der Beklagte bereits bei der Verhandlung vor dem Anerbengericht am 13. Januar 1940, bei welcher der Entschuldungsrichter eine solche Auflage angekündigt habe, aber auch später wiederholt, insbesondere im Herbst 1940 und im Januar 1941 hingewiesen worden. Notfalls sei die Hinfälligkeit dadurch eingetreten, daß der Beklagte durch die Überweisung der 7.000 RM Anfang November 1942 den Willen zum Ausdruck gebracht habe, die demnächst an die Reichshauptkasse gezahlten 2.000 RM auf die Abfindungssumme anzurechnen. Durch die zusätzliche Zahlung der 2.000 RM würde im Übrigen die Abfindungssumme von 11.000 GM erhöht werden, was nicht beurkundet und vom Anerbengericht nicht genehmigt worden sei. Der Beklagte hat geltend gemacht, § 11 des Vertrages treffe nicht zu, da er selbst die 2.000 RM, die ihm von Verwandtenseite zur Verfügung gestellt worden seien, an die Reichskasse bezahlt habe. Anfang November 1942 habe er nur 7.000 RM als Teil der noch geschuldeten Abfindung überwiesen, weil er damals nicht mehr Geld gehabt habe. Dadurch, daß der Kläger die Anzahlung behalten und ihn jahrelang wie einen Eigentümer den Hof habe bewirtschaften lassen, auch sich um eine andere Landstelle unter Hinweis auf die zu erwartende Abfindungssumme bemüht habe, habe er den Vertrag als fortbestehend behandelt. Der Beklagte hat Widerklage auf Auflassung des Hofes, notfalls Zug um Zug gegen Zahlung von 9.000 RM erhoben und hilfsweise gegenüber dem Klaganspruch ein Zurückbehaltungsrecht wegen angeblicher Gegenforderungen auf Ersatz von Verwendungen auf den Hof in Höhe von 8.995 RM neben der Rückgabe der Anzahlung von 2.000 RM geltend gemacht. Das Landgericht hat die Klage abgewiesen und auf die Widerklage den Beklagten zur Auflassung Zug um Zug gegen Empfang von 9.000 RM verurteilt. Die Berufung des Klägers ist vom Oberlandesgericht zurückgewiesen worden. Mit der Revision erstrebt der Kläger ein dem Klageantrag entsprechendes Urteil und die Abweisung der Widerklage. Der Beklagte bittet um Zurückweisung des Rechtsmittels.

Entscheidungsgründe

Der Streit geht in erster Linie darum, ob der Grundstücksveräußerungsvertrag vom 27. November 1939, dessen Erfüllung mit der Widerklage verlangt wird, während die Klage auf Rückerstattung der geleisteten Teilerfüllung geht, rechtswirksam ist oder ob er auf Grund der Vereinbarung im § 11 im Zusammenhang mit der vom Entschuldungsamt bei Erteilung der Genehmigung gesetzten Auflage der Wirksamkeit ermangelt. Diese Vereinbarung, nach der die Gültigkeit des Vertrags davon abhängig sein sollte, daß der Veräußerer nicht zur Zahlung eines Teiles der Überlassungssumme an seine Entschuldungsgläubiger gezwungen würde, wird vom Berufungsgericht als eine dem Vertrage beigefügte auflösende Bedingung angesehen. Das ist aus Rechtsgründen nicht zu beanstanden. Für den Willen der Beteiligten, die Wirkungen des Vertrages sofort eintreten und bei Erfüllung des im § 11 erwähnten Tatbestandes wegfallen zu lassen, sprechen insbesondere die Vertragsbestimmungen über den Besitzantritt des Beklagten und die Entrichtung der Anzahlung. Der Wortlaut der Vereinbarung steht dem nicht entgegen. Im übrigen ist die Frage, ob eine aufschiebende oder eine auflösende Bedingung vorliegt, für die Entscheidung ohne wesentliche Bedeutung.

Das Berufungsgericht geht ohne weiteres von der Zulässigkeit und Wirksamkeit jener Vereinbarung aus. Bedenken könnten insoweit nach folgender Richtung auftauchen. Die Abrede im § 11, die nachträglich auf besonderen Wunsch des Klägers in den Vertrag aufgenommen wurde, hatte nach der Sachlage, wie sie damals bestand, ersichtlich den Fall im Auge, daß dem Kläger die Zahlung eines Teils der bei der Veräußerung erzielten Erlöses zugunsten der Entschuldungsgläubiger durch eine Auflage des Entschuldungsamts bei der Genehmigung des Vertrages aufgegeben werden würde. Bei dem veräußerten Erbhof handelte es sich um einen Entschuldungsbetrieb im Sinne der VO über die Veräußerung von Entschuldungsbetrieben vom 6. Januar 1937 (RGBl. I S. 5) – VeräußVO –, da das Entschuldungsverfahren für ihn erfolgreich durchgeführt und mit der Bestätigung eines Zwangsvergleichs abgeschlossen war. Nach Art. I VeräußVO in Verbindung mit Art. I DurchfVO vom 19. April 1937 (RGBl. I S. 466) bedurfte deshalb der Vertrag zu seiner Wirksamkeit der Genehmigung des zuständigen Entschuldungsamts. Diese war nach Art. III Abs. 1 VeräußVO u. a. zu versagen, wenn nicht sichergestellt war, daß ein angemessener Teil des Erlöses zum Ausgleich der vom Reich oder von den Gläubigern im Schuldenregelungsverfahren gebrachten Opfer an das Reich abgeführt wurde. Stattdessen war es aber zulässig und in der Praxis der Entschuldungsämter üblich, die Sicherstellung eines Erlösteils zu dem gedachten Zwecke zum Gegenstand einer Auflage zu machen, unter der die Genehmigung dann erteilt wurde (Art. I Abs. 2 Satz 1, Art. III Abs. 3 VeräußVO). Eine solche Auflage war hier schon deshalb zu erwarten, weil einige Gläubiger des Klägers sich in dem Zwangsvergleich nicht unerhebliche Abstriche ihrer Forderungen hatten gefallen lassen müssen. Daß auch die Beteiligten damit gerechnet hatten, läßt der Genehmigungsantrag des von ihnen beauftragten Urkundennotars an das Entschuldungsamt vom 29. November 1939, also unmittelbar nach dem Vertragsschluß, erkennen, in dem ausdrücklich darum gebeten wird, dem Kläger mit Rücksicht auf die besonderen vorliegenden Gründe nicht die Abführung eines Teils der Überlassungssumme an das Reich oder seine Entschuldungsgläubiger aufzuerlegen. Gegen die unerwünschten Folgen einer derartigen Auflage sollte der Kläger also mit der Abrede im § 11 des Vertrages geschützt werden.

Nun bestimmt Art. I Abs. 2 Satz 2, 3 VeräußVO, daß die Vertragschließenden nicht berechtigt sind, aus diesem Grunde – nämlich wegen der Auflage – vom Vertrage zurückzutreten, es sei denn, daß ihnen im Hinblick auf die Auflage die Erfüllung des Vertrags nicht zugemutet werden kann, worüber die Entscheidung aber nicht den ordentlichen Gerichten, sondern allein der Genehmigungsbehörde zustehen soll. Diese Regelung verfolgt offensichtlich den Zweck, den Auflageanordnungen der Genehmigungsbehörde erhöhte Wirksamkeit zu sichern und zu verhindern, daß der veräußernde Betriebsinhaber, der mit der Auflage in aller Regel belastet sein wird, sich der ihm auferlegten, aus den Erfordernissen der Entschuldung gerechtfertigten Beschränkung durch einseitige Loslösung vom Vertrage entzieht. Sie wird im Schrifttum auch dann für anwendbar erklärt, wenn bereits im Vertrage dem Betroffenen der Rücktritt für den Fall einer Auflagegenehmigung des Entschuldungsamts ausdrücklich vorbehalten war (Hartig, DJ 1940 S. 1001; Woelker, DR Ausgabe B 1941 S. 175). Darüber hinaus wird vereinzelt auch die Ungültigkeit einer Vertragsbestimmung angenommen, in der die Wirksamkeit des Vertrags davon abhängig gemacht ist, daß die Genehmigung vom Entschuldungsamt ohne Auflage erteilt wird (so von Rozycki-von Hoewel, RdRN 1939 S. 890 und SchuldenregelungsG 5. Aufl. S. 340 g). Diese Ansicht beruht ersichtlich auf der Erwägung, daß die Parteien es nicht in der Hand haben könnten, die der Wahrung öffentlicher Belange dienende gesetzliche Regelung durch vertragliche Vereinbarungen von vornherein auszuschalten. Wäre sie richtig, so würde möglicherweise auch die Abrede im § 11 des Vertrages vom 27. November 1939 als gegen den Gesetzeszweck verstoßend der Wirksamkeit ermangeln. Es ist jedoch nicht anzunehmen, daß mit jener Regelung ein so schwerwiegender und ungewöhnlicher Eingriff in die Vertragsfreiheit der Beteiligten beabsichtigt war. Sie trifft nach ihrem Wortlaut und Sinn nur den Fall, daß eine Vertragspartei sich nach Anordnung einer Auflage allein aus diesem Grunde vom Vertrage zu lösen sucht. Sind beide Parteien darüber einig, daß der Vertrag mit Rücksicht auf die Auflage nicht zur Ausführung kommen soll, und behandeln sie ihn demgemäß als nicht bestehend, so kann die Durchführung der genehmigten Veräußerung und die Erfüllung der Auflage nach dem Gesetze nicht erzwungen werden. Die anscheinend gegenteilige Ansicht von Lieneweg (Amtl. Mitt. in Entschuld.Sachen Heft 316 S. 77) entbehrt der Begründung (vgl. Meyer das. S. 79; Hartig aaO., Woelker aaO.). Haben aber die Beteiligten die Möglichkeit, eine von der Genehmigungsbehörde gemachte Auflage durch nachträgliche Abstandnahme von dem ganzen Vertrage zu Fall zu bringen, so muß es ihnen auch freistehen, bereits im Vertrage selbst durch Einfügung einer entsprechenden Bedingung das Hinfälligwerden des ganzen Vertrags für den Fall zu vereinbaren, daß die Genehmigung unter einer bestimmten Auflage erteilt wird, oder einer Partei für diesen Fall ein den Beschränkungen des Art. I Abs. 2 Satz 2, 3 VeräußVO nicht unterliegendes vertragliches Rücktrittsrecht einzuräumen. Die genannte Vorschrift steht hiernach der Wirksamkeit der Vereinbarung im § 11 des Vertrages nicht entgegen.

Das Berufungsgericht liegt die streitige Abrede dahin aus, daß der Vertrag nur dann habe unwirksam werden sollen, wenn dem Kläger tatsächlich ein Teil der ihm nach dem Vertrage geschuldeten Abfindungssumme von 11.000 RM zugunsten der Entschuldungsgläubiger zwangsweise entzogen würde. Es meint, dieser Fall sei weder mit der Anordnung der Auflage durch das Entschuldungsamt noch später eingetreten, da der Beklagte die ihm vertragsmäßig obliegenden Zahlungen von 2.000 RM und 9.000 RM an den Kläger pünktlich geleistet oder angeboten und außerdem den Auflagebetrag an die Reichshauptkasse selbst entrichtet habe.

Diese Beurteilung hält der rechtlichen Nachprüfung nicht stand. Die ihr zugrunde liegende Auslegung des Vertrages haftet zu sehr am Wortlaut und wird dem anzunehmenden Willen der Parteien und ihren bei dem Verkauf berührten Belangen nicht gerecht, indem sie insbesondere die Auswirkungen der streitigen Abrede nicht genügend berücksichtigt. Wie bereits ausgeführt, wurde diese auf Veranlassung und im Interesse des Klägers aufgenommene Vertragsbestimmung im Hinblick auf die naheliegende Möglichkeit getroffen, daß das Entschuldungsamt bei der erforderlichen Genehmigung des Vertrags dem Veräußerer die Auflage machen würde, einen Teil der vereinbarten Abfindungssumme zur Entschädigung der Entschuldungsgläubiger zu verwenden. Gegen die mit einer derartigen Auflage für ihn verbundenen Nachteile sollte der Kläger geschützt werden, und zwar dadurch, daß der Vertrag in diesem Falle hinfällig sein sollte. Nun machte der § 11 nach seinem Wortlaut die Gültigkeit des Vertrags allerdings nicht davon abhängig, daß eine dahingehende Auflage des Entschuldungsamts unterblieb, sondern davon, daß der Veräußerer nicht zur Zahlung eines Teils der Überlassungssumme an seine Entschuldungsgläubiger gezwungen wurde. Wie es zu dieser Fassung gekommen ist und ob dafür etwa besondere Gründe maßgebend waren, ist im Berufungsurteil nicht festgestellt; die Beweisaufnahme hat hierüber nichts ergeben. Mit Rücksicht darauf aber, daß schon durch die Auflage eine bindende und notfalls gemäß Art. 10 der 7. DurchfVO zum SchuldenregelungsG vom 30. April 1935 (RGBl. I S. 565) vom Entschuldungsamt durch Festsetzung von Ordnungsstrafen erzwingbare Verpflichtung für den Kläger begründet wurde, von der Abfindungssumme einen bestimmten Betrag bei der Reichskasse für das Reich und die Entschuldungsgläubiger einzuzahlen, muß eine unbefangene Auslegung zu dem Ergebnis führen, daß mit dem „Gezwungenwerden" bereits die Auflage einer solchen Verpflichtung gemeint war, nicht erst deren tatsächliche zwangsweise Durchsetzung. Was das Berufungsgericht zur Begründung seiner gegenteiligen Ansicht anführt, erscheint nicht stichhaltig. Die Erwägung, auch das Anerbengericht und das Entschuldungsamt müßten bei Erteilung der Genehmigungen verständigerweise davon ausgegangen sein, daß nicht schon die Auflage des Entschuldungsamts, über deren Bevorstehen auch das Anerbengericht unterrichtet gewesen sei, den Vertrag auf Grund der Abrede im § 11 hinfällig mache, weil anderenfalls die Genehmigung wenig sinnvoll erscheinen würde, entbehrt der Grundlage. Sie steht hinsichtlich des Entschuldungsamts im klaren Widerspruch zu den Aussagen des Entschuldungsrichters Zeugen Dr. Hückstädt, wonach er seine Entscheidung durch jene Vereinbarung der Parteien, auf die er ausdrücklich hingewiesen worden sei, nicht habe beeinflussen lassen können, und der Zeugin Claußen, daß damals Dr. Hückstädt auf die schwerwiegenden Folgen der beabsichtigten Auflage für die Parteien im Hinblick auf den § 11 aufmerksam gemacht, lediglich erklärt habe, das könne er dann nicht ändern.

Auch die Feststellung des Berufungsgerichts, Sinn und Zweck jener Abrede sei gewesen, daß der Kläger nicht habe gezwungen werden sollen, von der Abfindungssumme etwas an die Entschuldungsgläubiger abzuführen, vermag seine Auslegung nicht zu begründen, da nach dem Gesagten bereits die Anordnung der Auflage für jenen mit dem Zwange zu ihrer Erfüllung verbunden war. Abgesehen davon würde – worauf die Revision zutreffend hinweist – die Ansicht des Berufungsgerichts, daß die im § 11 gesetzte auflösende Bedingung mit der Auflagegenehmigung des Entschuldungsamts noch nicht eingetreten und mit der Zahlung des Auflagebetrages durch den Beklagten ganz ausgefallen sei, zur Folge haben, daß der Beklagte, der für eine Erfüllung der Auflage an Stelle des Klägers praktisch allein in Frage kam, auf Grund des Vertrages die Wahl hatte, entweder diese Zahlung zu leisten und dadurch den Vertrag endgültig wirksam zu machen oder sie zu unterlassen und so dessen Hinfälligkeit herbeizuführen. Das würde bedeuten, daß der Beklagte angesichts der bis zum Jahre 1943 oder mindestens 1942 hinausgeschobenen Durchführung der Veräußerung – nämlich einerseits der Zahlung des wesentlichen Teils der Überlassungssumme, andererseits der Übereignung des Grundstücks Jahre hindurch den Vertrag in der Schwebe halten und die Entwicklung der Verhältnisse abwarten konnte, um danach seine Entscheidung einzurichten. Daß die Parteien etwas derartiges gewollt haben, ist um so weniger anzunehmen, als die Abrede im § 11 gerade dem Schutze und den Belangen des Klägers dienen sollte.

Selbst wenn dem Beklagten aber zunächst ein solches Recht zuzubilligen gewesen wäre – sei es auf Grund dahingehender Auslegung des § 11, sei es gemäß § 242 BGB mit Rücksicht auf die hier vorliegenden besonderen Verhältnisse, insbesondere die Art und Weise, wie der Kläger zu dem früher dem Beklagten gehörigen Erbhofe gekommen ist, sowie die verwandtschaftlichen Beziehungen zwischen beiden –, so hätte er sich doch nach den weiteren Feststellungen des Berufungsurteils bereits im November 1942 durch sein Verhalten dem Kläger gegenüber dahin entschieden, daß er die Erfüllung der Auflage auf seine eigenen Kosten ablehnte. Das Berufungsgericht legt hierzu dar, der Beklagte habe damals mit der Überweisung der 7.000 RM an den Kläger den Willen zu erkennen gegeben, die demnächstige Zahlung des Auflagebetrages von 2.000 RM auf die jenem geschuldete Abfindungssumme anzurechnen; seine Behauptung, er habe mehr als 7.000 RM nicht verfügbar gehabt, sei schlechthin unglaubhaft. Hatte der Beklagte aber seine Wahl einmal getroffen, so konnte er diese Entscheidung nicht gegen den Willen des Klägers, der von vornherein die Unwirksamkeit des Vertrags infolge der Auflage vertreten und diesen Standpunkt auch mindestens im Herbst 1940 dem Beklagten gegenüber klar zum Ausdruck gebracht hatte, nach Jahr und Tag einfach widerrufen und nunmehr die volle Abfindungssumme zahlen oder anbieten. Spätestens mit jener Erklärung des Beklagten war für den Kläger die Notwendigkeit gegeben, selbst den Auflagebetrag aus der Abfindungssumme zu zahlen, falls er an den Vertrag gebunden blieb. Damit aber war dieser endgültig hinfällig geworden. Wenn das Berufungsgericht meint, dem Beklagten schade sein Verhalten im November 1942 im Ergebnis nicht, weil er bis zum 1. November 1943, dem äußersten Zahlungstage, den Fehler gutgemacht und die gesamte noch ausstehende Summe von 9.000 RM angeboten habe, so ist diese die entgegenstehenden Belange des Klägers mißachtende Ansicht nicht haltbar. Abgesehen von der unrichtigen Auslegung des § 11 können auch die Bedenken der Revision gegen die weitere Darlegung des Berufungsgerichts nicht ohne weiteres von der Hand gewiesen werden, daß eine solche Auslegung und die darauf beruhende zusätzliche Auflagezahlung des Beklagten durch die Genehmigung des Anerbengerichts, so wie sie erteilt ist, gedeckt würden. Ein Eingehen auf diese Frage erübrigt sich jedoch.

Das Berufungsurteil ist hiernach aufzuheben. Da sich bereits aus den bisherigen Ausführungen ergibt, daß der Vertrag vom 27. November 1939 infolge Eintritts der auflösenden Bedingung hinfällig geworden ist, erweist sich die Klage auf Herausgabe des auf Grund des Vertrages übergebenen Erbhofes und Inventars an sich als begründet, die Widerklage auf Auflassung dagegen als ungerechtfertigt. Die Widerklage ist demgemäß unter Aufhebung auch des landgerichtlichen Urteils abzuweisen. Hinsichtlich der Klage ist eine Entscheidung noch nicht möglich, weil noch tatsächliche Erörterungen wegen des im einzelnen streitigen Inventars und des vom Beklagten hilfsweise geltend gemachten Zurückbehaltungsrechts erforderlich sind. Insoweit und wegen der Kosten ist die Sache zurückzuverweisen, und zwar auf Grund der Vorschriften der zweiten Kriegsmaßnahmenverordnung an das Landgericht.

---

87. Das gemeinschaftliche Testament wird bei Auflösung der Ehe durch Scheidung seinem ganzen Umfange nach unwirksam. Zu den Fällen des § 2077, in denen nach § 2268 Abs. 1 BGB ein gemeinschaftliches Testament unwirksam ist, gehört die Auflösung der Ehe vor dem Tode des Erblassers. Hiervon macht § 2268 Abs. 2 die Ausnahme, daß die einzelnen im gemeinschaftlichen Testament getroffenen Verfügungen insoweit wirksam bleiben, als anzunehmen ist, daß sie auch für den Fall der Scheidung getroffen sein würden (Beweislast bei demjenigen, der sich darauf beruft). Der Zeitpunkt, auf den es für den maßgeblichen Willen des Erblassers ankommt, kann nur der der Errichtung der letztwilligen Verfügung sein.

BGB §§ 2077, 2268.

VI. Zivilsenat. Beschl. vom 8. Dezember 1944 (VI B 20/1944).

I. Amtsgericht Naumburg (Saale).

In der Nachlaßsache nach der Witwe G. Sch. geb. K. in Schkölen
hat das Reichsgericht, VI. Zivilsenat, in der Sitzung vom 8. Dezember 1944 auf die Beschwerde des minderjährigen H. Sch., vertreten durch seine Mutter, die Witwe E. Sch. geb. Sch. in Hamburg-Bergedorf, diese vertreten durch den Rechtsanwalt und Notar Dr. Schmidt in Zeitz, vom 1. November 1944 gegen den Beschluß des Amtsgerichts in Naumburg (Saale) vom 24. Oktober 1944 beschlossen:

Die Beschwerde wird auf Kosten des Beschwerdeführers zurückgewiesen.

Gründe

Mit notarischem Testament vom 29. Juni 1925 haben sich die Eheleute Fleischermeister E. Sch. und G. Sch. geb. K. in Schkölen in Thüringen gegenseitig zu Erben eingesetzt dergestalt, daß der Ehegatte befreiter Vorerbe sein sollte; Nacherben sollten die drei Söhne aus E. Sch.'s erster Ehe, R., A. und E. Sch. (zu gleichen Teilen) werden. Die zweite Ehe Sch. wurde am 12. Januar 1932 geschieden. Die Eheleute haben sich aber bereits im Frühjahr oder Sommer 1933 wiedervereinigt und in häuslicher Gemeinschaft miteinander gelebt, bis E. Sch. am 12. November 1942 starb. Der Sohn E. Sch. war schon am 21. Mai 1937 gestorben; er hat einen ehelichen minderjährigen Sohn H., den Antragsteller und Beschwerdeführer, hinterlassen. G. Sch. ist am 4. April 1944 verstorben. Sie hat am 3. Januar 1944 und am 6. März 1944 je ein privatschriftliches Testament errichtet. In dem ersten hat sie verfügt, daß die im wesentlichen den Gesamtnachlaß bildenden Grundstücke, ein Hausgrundstück und ein Feldgrundstück in Schkölen, an eine bestimmte Person verkauft werden und den Erlös nach Tilgung einer Hypothek von 1.000 RM ihre drei oben genannten Stiefsöhne zu gleichen Teilen erhalten sollten. Die bewegliche Habe wandte sie der Inhaberin der erwähnten Hypothek zu. In dem Testament vom 6. März 1944 hat sie im wesentlichen bestimmt, daß die beiden Grundstücke an ihre beiden Stiefsöhne R. und A. Sch. zu gleichen Teilen fallen sollten. An H. Sch. (den Beschwerdeführer) sollten 1.000 RM ausbezahlt werden. Über die bewegliche Habe verfügte sie wie im Testament vom 3. Januar 1944. Die übrigen Anordnungen des Testamentes sind hier nicht von Belang.

H. Sch., gesetzlich vertreten durch seine Mutter, hat beantragt, einen Erbschein dahin zu erteilen, daß er Erbe nach der am 4. April 1944 verstorbenen Frau G. Sch. geb. K. (nicht „Witwe", wie es in dem angefochtenen Beschluß mehrfach heißt) zu 1/3 geworden sei. Das Nachlaßgericht hat den Antrag zurückgewiesen. Es führt aus:

Wenn das gemeinschaftliche Testament vom 29. Juni 1925 wirksam wäre, dann wäre als Wille der Erblasser allerdings anzunehmen, daß der Antragsteller an die Stelle seines nach der Errichtung des gemeinschaftlichen Testaments gestorbenen Vaters treten sollte. Aber das gemeinschaftliche Testament sei unwirksam, weil die Ehe der Erblasser vor dem Tode des zuerst verstorbenen Ehemanns geschieden worden sei (§ 2268 BGB). Die Wiederversöhnung und das Wiederzusammenleben der geschiedenen Eheleute ändere daran nichts. Die Annahme, daß die Erblasserin die in dem gemeinschaftlichen Testament getroffenen Verfügungen auch für den Fall getroffen haben würde, daß ihre Ehe vor dem Tode eines der Ehegatten aufgelöst werden würde, sei bei wechselbezüglichen Verfügungen im Sinne von § 2270 Abs. 1 und 2 BGB, um welche es sich hier handle, regelmäßig ausgeschlossen. Die Unwirksamkeit des Testaments könne auch nicht hinsichtlich des einen Ehegatten verneint, hinsichtlich des anderen bejaht werden. Nichts rechtfertige die Annahme, daß der Ehemann die Ehefrau im Testament als befreite Vorerbin auch für den Fall eingesetzt haben würde, daß sie die Ehescheidung herbeiführen würde. Sei aber schon beim Tode des Ehemannes das gemeinschaftliche Testament als unwirksam anzusehen, so könne es nach dem Tode der zuletzt verstorbenen Ehefrau nicht anders behandelt werden. G. Sch. sei deshalb an das Testament nicht gebunden gewesen und habe über den Nachlaß frei verfügen können. Das habe sie in den beiden privatschriftlichen Testamenten getan, die dahin auszulegen seien, daß die beiden Stiefsöhne R. und A. Sch. ihre Erben sein sollten, während der Antragsteller nur mit einem Vermächtnis von 1.000 RM bedacht sei; er sei somit nicht Erbe der G. Sch. geworden.

Der Antragsteller hat die zugelassene Beschwerde gegen diesen Beschluß formgerecht mit dem Antrage eingelegt, unter Abänderung der Vorentscheidung den beantragten Erbschein zu erteilen. Die Beschwerde ist unbegründet.

Das Amtsgericht hat die beiden privatschriftlichen Testamente der Erblasserin vom 3. Januar und 6. März 1944 als nebeneinander gleichwertig maßgebend behandelt und beiden entnommen, daß der Antragsteller nur mit einem Vermächtnis bedacht und nicht als Erbe eingesetzt sei, obwohl er nach dem ersten Testament offenbar zu 1/3 Erbe sein sollte und erst nach dem zweiten nur mehr eine Geldzuwendung an ihn angeordnet ist, während die wesentlichsten Nachlaßbestandteile an die beiden anderen Stiefsöhne übergehen sollen. Offenbar sollte aber das frühere Testament durch das zweite ersetzt werden. Dieses schließt in der Tat die Auslegung aus, daß der Antragsteller zu 1/3 Erbe geworden sei. Er stützt sich auch nicht auf dieses Testament.

Gegen die entscheidenden, auf § 2268 Abs. 2 BGB gestützten Erwägungen des Vorderrichters führt die Beschwerdebegründung im wesentlichen aus: Bei der Auflösung der Ehe (anders bei ihrer Nichtigkeit) sei es Auslegungsfrage, ob und inwieweit die letztwilligen Verfügungen bestehen bleiben; ihr Fortbestand sei im vorliegenden Falle zu bejahen. Dies ergebe sich schon aus der Fassung des Gesetzes, wonach die Verfügungen wirksam „bleiben", soweit nicht im Wege der Auslegung etwas anderes zu ermitteln sei. Die Beweislast für den Fortbestand treffe deshalb nicht denjenigen, der ihn behaupte, sondern denjenigen, der ihn bestreite.

Schon dieser Ausgangspunkt der Beschwerde ist unrichtig. Das Gesetz bestimmt nicht, daß die letztwilligen Verfügungen wirksam bleiben, soweit nicht etwas anderes ermittelt würde, sondern es bestimmt, daß sie (nur) „insoweit wirksam bleiben, als anzunehmen ist, daß sie auch für den Fall der Auflösung getroffen sein würden". Diese Fassung ergibt, daß das Wirksambleiben der Verfügungen die Ausnahme von der Regel des § 2268 Abs. 1 in Verbindung mit § 2077 Abs. 1 bildet, und daß es deshalb derjenige zu beweisen hat, der sich darauf beruft (so mit Recht RGRKomm. z. BGB Bd. 2 zu § 2268).

Weiter meint die Beschwerdebegründung, der Umstand, daß die früheren Eheleute Sch. jahrelang wieder zusammengelebt hätten, sei für die nach § 2268 Abs. 2 zu stellende Frage von Bedeutung; das Wiederzusammenleben, ja, auch die etwaige Wiederverheiratung seien nur dann unerheblich, wenn die Verfügungen bereits unwirksam geworden seien; ob sie unwirksam geworden seien, sei aber gerade durch Auslegung zu ermitteln und hierfür sei das Wiederzusammenleben von erheblicher Bedeutung. Dazu kämen die weiteren Beweisanzeichen, die darin bestünden, daß der Ehemann Sch. nach der Scheidung von der gemäß § 2271 bestehenden Möglichkeit des Widerrufs des gemeinschaftlichen

Testaments keinen Gebrauch gemacht, sondern „das Testament unangetastet gelassen" und daß er seiner früheren Ehefrau sogar noch die ihm verbliebene zweite Hälfte seines Grundstücks Töpferbergstraße 179 durch Vertrag vom 4. Mai 1932 übereignet habe, endlich der Umstand, daß Frau Sch. nach dem Tode ihres früheren Ehemannes dessen Erbschaft nicht ausgeschlagen habe; sie habe sich offenbar an das gemeinschaftliche Testament gebunden gefühlt. Ihre privatschriftlichen Testamente enthielten in Ansehung der drei Erbenstämme nur Teilungsanordnungen, in keinem sei „der Miterbe" H. Sch. übergangen worden. Beweggrund für die Nachträge sei allein das neu aufgetretene Bedürfnis der Frau Sch. gewesen, einer Freundin gewisse Zuwendungen zu machen. Deshalb seien die Bestimmungen des gemeinschaftlichen Testaments als aufrecht erhalten anzusehen. Dann aber seien die drei Erbstämme entweder Nacherben des Vaters und an seiner Stelle Ersatzerben oder bei Anwendung des § 2269 BGB nur Ersatzerben der Erblasserin geworden. Dem ist nicht zuzustimmen.

Die Regel ist: Das gemeinschaftliche Testament wird bei Auflösung der Ehe durch Scheidung seinem ganzen Umfange nach unwirksam. Zu den Fällen des § 2077, in denen nach § 2268 Abs. 1 BGB ein gemeinschaftliches Testament unwirksam ist, gehört die Auflösung der Ehe vor dem Tode des Erblassers. Hiervon macht § 2268 Abs. 2 die Ausnahme, daß die einzelnen, im gemeinschaftlichen Testament getroffenen Verfügungen insoweit wirksam bleiben, als anzunehmen ist, daß sie auch für den Fall der Scheidung getroffen sein würden, d.h. also, daß sie außer jedem Zusammenhange mit dem Fortbestehen der Ehe des Erblassers gelten und daher nach seinem Willen auch Bestand haben sollten, wenn die Ehe vor dem Tode eines der Gatten aufgelöst sein würde. Der Zeitpunkt, auf den es für den maßgeblichen Willen des Erblassers ankommt, kann nur der der Errichtung der letztwilligen Verfügung sein. Das scheint die Beschwerde zu verkennen. Es ergibt sich aber besonders klar aus § 2077 Abs. 3 BGB, der Anwendung fände, wenn er nicht für den Sonderfall des gemeinschaftlichen Testaments durch § 2268 ersetzt wäre. Nach § 2077 Abs. 3 bleibt die Verfügung nur wirksam, wenn der Erblasser sie auch für den Fall der Eheauflösung getroffen haben würde. Diese Regelung kann nur seinen Willen bei der Testamentserrichtung als ausschlaggebend gelten lassen, nicht etwa auch eine Willenseinstellung, die sich bei ihm erst nach der Eheauflösung gebildet hat; denn die Worte „auch für einen solchen Fall getroffen" beziehen sich unzweideutig auf ein erst in der Zukunft liegendes Ereignis, nämlich auf die künftige Eheauflösung. Auch für § 2268 Abs. 2 BGB kann dann nichts anderes gelten. Dort ist ebenfalls auf den zur Zeit der Testamentserrichtung bei den Errichtenden vorhandenen Willen abgestellt. War dieser damals nicht darauf gerichtet, die Verfügung unabhängig vom weiteren Bestande der Ehe zu treffen, so ist die Verfügung mit der Ehescheidung unwirksam geworden. Weder die

Wiederverheiratung noch eine nur tatsächliche Wiedervereinigung der Geschiedenen miteinander kann sie dann wieder ins Leben rufen. Es mögen sich Fälle denken lassen, in denen solche späteren Vorgänge Beweisanzeichen dafür bilden, daß der vom Gesetz für die Erhaltung des Testaments geforderte Wille schon bei seiner Errichtung vorhanden war. Um einen solchen Rückschluß zu rechtfertigen, müssen aber ganz besondere Verhältnisse vorliegen, die hier völlig fehlen, und zwar um so mehr fehlen, als das Amtsgericht feststellt, der Ehemann würde die wechselbezügliche Bestimmung gewiß nicht für den Fall getroffen haben, daß seine Frau auf Scheidung klagen und die Eheauflösung herbeiführen würde. Ist aber der Rückschluß nicht möglich, so bleibt die spätere Wiedervereinigung der geschiedenen Eheleute bedeutungslos. Nur durch ein neues Testament hätte der alte Rechtszustand tatsächlich wiederhergestellt werden können; ein solches hat der Ehemann nicht gemacht.

Auch sonst hat der Beschwerdeführer nichts dafür beigebracht, daß die damaligen Ehegatten bei Errichtung des gemeinschaftlichen Testaments den Willen gehabt hätten, die Einsetzung der Söhne des Erblassers als Nacherben des zuerst versterbenden Ehegatten unabhängig vom Bestande der Ehe zu verfügen oder die wechselseitige Verfügung der gegenseitigen Erbeinsetzung vom Ehebestande unabhängig zu machen. Vielmehr ist dies, wie in aller Regel bei wechselseitigen Verfügungen der Ehegatten, für ausgeschlossen zu erachten. Die Einsetzung der Söhne im Testament vom 29. Juni 1925 ist als Nacherbeneinsetzung unlöslich verbunden mit der Einsetzung der Ehefrau als Vorerbin, die wechselseitig geschah und keineswegs als unabhängig vom Fortbestehen der Ehe angesehen werden kann.

Dieser Erwägung gegenüber ist das Vorbringen der Beschwerde ohne Bedeutung. Insbesondere ist es gleichgültig, was die früheren Ehegatten selbst nach Auflösung der Ehe oder nach ihrer Wiedervereinigung über die Geltung ihres Testaments gedacht haben mögen, oder ob Frau Sch. nach dem Tode des früheren Ehemannes seine „Erbschaft ausgeschlagen hat". Deshalb war die Entscheidung des Nachlaßgerichts zu bestätigen.

Gez. Dr. Günther. Eilles

---

88. Nach der Volksmeinung gehören zu den nahen Angehörigen auch die Verschwägerten des Ehegatten des Erblassers.

Erbregelungsverordnung vom 4. 10. 1944, §§ 1, 2.

VI. Zivilsenat. Beschl. v. 8. Dezember 1944 (VI B 25/1944).

I. Amtsgericht Jena.

In der Nachlaßsache nach dem am 18. Oktober 1944 in Jena verstorbenen Maschinenwärter Gustav Puschmann

hat das Reichsgericht, VI. Zivilsenat, in der Sitzung vom 8. Dezember 1944 auf die Beschwerde des Kontrolleurs Otto Jacob in Jena, Jahnstraße 6, vom 22. November 1944 gegen den Beschluß des Amtsgerichts in Jena vom 14. November 1944 beschlossen:

Der angefochtene Beschluß wird aufgehoben. Die Sache wird zur neuen Entscheidung an das Amtsgericht zurückverwiesen.

Gründe

Der Maschinenwärter Gustav Puschmann aus Jena ist am 18. Oktober 1944 unter Hinterlassung eines aus einem Sparguthaben und beweglicher Habe bestehenden Vermögens von etwa 5.500 RM gestorben. In einer letztwilligen Verfügung vom 26. November 1936 hat er lediglich die vermächtnisweise Anordnung getroffen, daß Frau Anna Hofmann für ihm geleistete Dienste den Radioapparat erhalten solle. Seine Ehefrau ist im Jahre 1932 gestorben. Zur Erbfolge berufene Blutsverwandte sind nicht ermittelt, so daß der Fiskus als gesetzlicher Erbe in Betracht kommt. Der Ehemann der – ebenfalls verstorbenen – Schwester der Ehefrau des Erblassers hat mit der Begründung, dieser habe zu Zeugen geäußert, er solle seinen Nachlaß übernehmen, unter Berufung auf § 1 der Erbregelungsverordnung vom 4. Oktober 1944 (RGBl. I S. 242) den Antrag gestellt, den Nachlaß diesem Willen gemäß zu regeln. Das Nachlaßgericht hat unter Zulassung der Beschwerde gegen seine Entscheidung den Antrag abgelehnt, weil der Antragsteller, da er im gesetzlichen Sinne mit dem Erblasser weder verwandt noch verschwägert sei, nicht zu den nahen Angehörigen im Sinne der Verordnung gehöre.

Die Beschwerde des Antragstellers ist zulässig und begründet.

Die Erbregelungsverordnung knüpft die Möglichkeit einer von der gesetzlichen Erbfolge abweichenden Regelung des Nachlasses durch das Nachlaßgericht an die Voraussetzung, daß die gesetzliche Erbregelung offensichtlich von dem Willen des Erblassers zum Nachteil naher Angehöriger in erheblicher Weise abweiche (§ 1 Abs. 1). Zur Stellung des erforderlichen Antrags ist nach § 2 jeder nahe Angehörige berechtigt, dem die Verwirklichung des Willens des Erblassers unmittelbar zustatten kommen würde. Die Meinung des Amtsgerichts, unter nahen Angehörigen im Sinne dieser Bestimmungen könnten nur mit dem Erblasser gesetzlich verwandte oder verschwägerte Personen verstanden werden, kann nicht gebilligt werden. Die Verordnung sieht bewußt von dieser Beschränkung ab, indem sie die Antragsberechtigten unter einem dem allgemeinen Sprachgebrauch entnommenen, gesetzlich nicht festgelegten Begriff zusammenfaßt. Der allgemeine Sprachgebrauch versteht aber unter

Angehörigen nicht nur die im gesetzlichen Sinne Blutsverwandten und Verschwägerten, sondern alle Personen, die auf Grund gleich bewerteter Beziehungen zu dem Familienverbande des Erblassers gerechnet zu werden pflegen. So kann es keinem Zweifel unterliegen, daß die Verlobte des Erblassers als dessen Angehörige zu gelten hat. Aber auch die Verschwägerten des Ehegatten des Erblassers gehören nach der Volksmeinung zu dessen Angehörigen. Sie werden gemeinhin als „Schwippschwager" und „Schwippschwägerin" bezeichnet, eine Bezeichnung, die erkennen läßt, daß sie, obwohl man sich des Mangels der echten, gesetzlichen Schwägerschaft bewußt ist, als Familienangehörige betrachtet werden. Eine rechtliche Anerkennung dieser Volksauffassung findet sich in den Anfechtungsbestimmungen der Konkursordnung und des Anfechtungsgesetzes (§ 31 Ziff. 2 KO, § 3 Ziff. 2 AG), indem diese – unter gewissen weiteren Voraussetzungen – nicht nur Verträge des Gemeinschuldners (Schuldners) mit seinen und seiner Ehegatten Geschwistern, sondern auch mit dem Ehegatten einer dieser Personen für anfechtbar erklären. Erscheint es danach unbedenklich, den Antragsteller als Angehörigen des Erblassers zu behandeln, so beurteilt sich die weitere Frage, ob er als *naher* Angehöriger im Sinne der VO zu gelten hat, rein nach den tatsächlichen Verhältnissen. Ist, wie das Amtsgericht unterstellt, eine dem verwitweten Erblasser blutsverwandte oder verschwägerte Person nicht vorhanden, und hat der Antragsteller, wie er behauptet, dem Erblasser persönlich nahe gestanden, so kann ihm die Berechtigung zur Stellung des Antrags nach § 1 der VO nicht abgesprochen werden.

Der auf irrtümlicher Gesetzesauslegung beruhende Beschluß ist aufzuheben und die Angelegenheit zur Entscheidung an das Amtsgericht zurückzuverweisen.

gez. Dr. Günther Balve

---

89. Zur Verwendung eines Warenzeichens und zu dessen Benutzung im geschäftlichen Verkehr.

WZG §§ 15, 24.

II. Zivilsenat. Urt. v. 11. Dezember 1944 (II 27/1944).

I. Landgericht Hamburg.
II. Oberlandesgericht Hamburg.

In Sachen der Gemeindeverwaltung der Hansestadt Hamburg, Beklagten und Revisionsklägerin, Prozeßbevollmächtigter: Rechtsanwalt Dr. Fuchslocher in Leipzig,

gegen

die Chemische Fabrik E. Merck, Darmstadt, Kläger und Revisionsbeklagten, Prozeßbevollmächtigter: Rechtsanwalt Dr. Benkard in Leipzig,

hat das Reichsgericht, II. Zivilsenat, auf die mündliche Verhandlung vom 15. September 1944 durch den Vizepräsidenten beim Reichsgericht Kolb und die Reichsgerichtsräte Frings, Dr. Neumerkel, Dr. Schulze und Schuster für Recht erkannt:

Die Revision der Beklagten gegen das Urteil des 1. Zivilsenats des Oberlandesgerichts in Hamburg vom 8. Dezember 1943 wird mit der Maßgabe zurückgewiesen, daß in Ziffer 2 der Formel des Berufungsurteils die Worte „in der Form des Schriftsatzes der Beklagten vom 15. Juni 1943 S. 2 (Bl. 220 act.) – die erste Form mit oder ohne die Vormerkung „A. K. St. Georg" – oder wie im Schriftsatze der Klägerin vom 4. November 1943 (Bl. 240 act.)" fortfallen.

Die Kosten des Revisionsverfahrens trägt die Beklagte.

Die Beklagte hat dem Kläger an Gerichtskosten 805 RM und an außergerichtlichen Kosten 2.330 RM zu erstatten. – Von Rechts wegen.

Tatbestand

Der Kläger erzeugt und vertreibt pharmazeutische Präparate. Er ist Inhaber der folgenden in die Warenzeichenrolle des Reichspatentamts eingetragener Warenzeichen:

a) Eukodal, eingetragen am 18. Mai 1916 unter der Nr. 210 347,
b) Ephetonin, eingetragen am 28. Oktober 1926 unter der Nr. 358 668,
c) Doryl, eingetragen am 18. Dezember 1928 unter der Nr. 395 902,
d) E. Merck, eingetragen am 9. April 1934 unter der Nr. 464 877.

Bei den ersten drei Zeichen sind die Waren für die die Zeichen bestimmt sind, dahin beschrieben „ein chemisches Präparat für pharmazeutische Zwecke", „ein chemisches Präparat für medizinische Zwecke" und „ein chemisch-pharmazeutisches Präparat". Zu dem Zeichen E. Merck ist eine große Anzahl von Waren angeführt, darunter Arzneimittel, chemische Produkte für medizinische und hygienische Zwecke, pharmazeutische Drogen und Präparate. Die hier in Betracht kommenden Erzeugnisse des Klägers werden von ihm unter den ihm geschützten Bezeichnungen in der Form von Tabletten, Perlen und Salben, weiter als Lösungen mit bestimmten gebräuchlichen Dosierungen in Ampullen und endlich als sogenannte „Substanz" für Zwecke der Rezeptur in den Handel gebracht.

Die Beklagte unterhält eine Anzahl gemeindeeigener Krankenhäuser; mit ihrem Krankenhaus St. Georg ist eine Apotheke verbunden, im folgenden kurz „Apotheke St. Georg" genannt, die von der Klägerin mit sogenannter „Substanz" beliefert wird. Die Apotheke St. Georg stellt mit der Substanz der unter den Wortzeichen des Klägers in den Verkehr gebrachten Präparate Lösungen her, wie sie von dem Kläger in Ampullen geliefert werden, und füllt sie ihrerseits in Ampullen von 1 ccm Inhalt ab. Diese Ampullen werden nicht nur im Betriebe des Krankenhauses St. Georg verwendet, sondern auch an eine Reihe anderer der Verwaltung der Beklagten unterstellter Krankenhäuser gegen Verrechnung abgegeben. Die Ampullen sind mit Beschriftungen versehen, in denen die Wortzeichen des Klägers enthalten sind. In den Krankenhäusern werden die Ampullen von den dort tätigen Ärzten für die Behandlung der Kranken verwendet. Die Behauptung des Klägers, solche Ampullen würden auch an Stellen außerhalb der von der Beklagten unterhaltenen Krankenhäuser abgegeben und dort verwendet, hat die Beklagte bestritten.

Der Kläger erblickt in diesem Verfahren der Beklagten eine Verletzung seiner Zeichenrechte. Er hat beantragt, die Beklagte zu verurteilen, es zu unterlassen, Arzneimittel, insbesondere in Ampullen, mit den Bezeichnungen Eukodal, Ephetonin, Doryl und Merck zu versehen und die mit diesen Bezeichnungen versehenen Waren im Betriebe des Krankenhauses St. Georg sowie im Betriebe der von der Krankenhaus-Apotheke St. Georg belieferten anderen Krankenhäuser zu verwenden. Weiter hat der Kläger Ansprüche auf Auskunftserteilung und Feststellung der Schadensersatzpflicht der Beklagten erhoben.

Die Beklagte hat beantragt, die Klage abzuweisen. Sie hat vorgetragen, sie sei zu der Bezeichnung der Ampullen in der beanstandeten Form gesetzlich verpflichtet, die Beschriftung der Ampullen sei nur Beschaffenheits- und Inhaltsangabe, die in keinem geschäftlichen Betriebe vorgenommen würde, sondern nur der Erleichterung des inneren Betriebes ihrer öffentlich- und gemeinderechtlichen Anstalten diene, die Bezeichnungen würden in dem allgemein üblichen und rechtmäßigen Verfahren der Rezeptur benutzt, das von dem Kläger durch die Abgabe der Substanz selbst gebilligt und allen mit den Ampullen in Berührung kommenden Ärzten und Krankenhausbediensteten bekannt sei, und der Kläger habe seine Ansprüche nur erhoben, um mit den von ihm in den Verkehr gebrachten Arzneimitteln höhere Gewinne zu erzielen.

Das Landgericht hat die Klage abgewiesen.

Im zweiten Rechtszuge hat die Beklagte eine schriftliche Erklärung des verantwortlichen Leiters der Apotheke St. Georg, des Apothekendirektors Burger vorgelegt, nach der die Ampullen seit dem 1. Juni 1943 in einer Weise beschriftet sind, die nach Ansicht der Beklagten den Charakter einer bloßen Inhalts- und Beschaffenheitsangabe einwandfrei zum Ausdruck bringt. Der Apothekendirektor hat zugleich erklärt, daß sich seit dem 5. Juni 1943 keine Ampullen mit irgendeiner anderen Beschriftung auf irgendeiner Station derjenigen Krankenhäuser befinden, die von der Apotheke St. Georg beliefert würden. Die Beklagte hat geltend gemacht, daß nunmehr dem Unterlassungsanspruch in vollem Umfang genügt worden sei und daß eine Wiederholungsgefahr nicht mehr bestehe.

Das Berufungsgericht hat die Beklagte unter Änderung des Urteils des Landgerichts verurteilt, es zu unterlassen, Arzneimittel, insbesondere Ampullen mit den Bezeichnungen Eukodal, Ephetonin, Doryl oder Merck in der Form des Schriftsatzes der Beklagten vom 15. Juni 1943 S. 2 Bl. 220 – die erste Form mit oder ohne die Vormerkung „A. K. St. Georg" – oder wie im Schriftsatze des Klägers vom 4. November 1943 Bl. 240 warenzeichenmäßig zu versehen und die mit diesen Bezeichnungen versehenen Waren im Betriebe des Krankenhauses St. Georg sowie in den Betrieben der von der Krankenhaus-Apotheke St. Georg belieferten anderen Krankenhäuser zu verwenden. Weiter hat das Berufungsgericht die Beklagte verurteilt, dem Kläger über den Umfang, insbesondere Menge und Preis der von der Apotheke St. Georg mit den vier Wortzeichen versehenen und zur Verwendung ausgelieferten Ampullen Auskunft zu erteilen, und festgestellt, daß die Beklagte verpflichtet ist, dem Kläger den durch die Zuwiderhandlungen seit dem Jahre 1939 entstandenen Schaden zu ersetzen.

Mit der Revision beantragt die Beklagte, das angefochtene Urteil aufzuheben und die Berufung des Klägers zurückzuweisen. Der Kläger beantragt Zurückweisung der Revision.

Entscheidungsgründe

1. Die Revision erklärt zunächst die Formel des Berufungsurteils deshalb für bedenklich, weil sie die für unzulässig erklärte Form der Benutzung der streitigen Bezeichnungen nicht in sich selbst enthalte, sondern dafür auf Schriftsätze Bezug nehme. Da die Schriftsätze mit dem Berufungsurteil nicht verbunden seien, so sei dieses keine zur Zwangsvollstreckung geeignete Urkunde. Die Revision macht weiter geltend, soweit die Verurteilung sich auf die im Schriftsatz vom 4. November 1943 bezeichnete Form beziehe, sei nicht festgestellt, daß die Beklagte diese Form benutzt habe.

Der Revision ist darin beizutreten, daß eine Bezugnahme auf dem Urteil nicht angeschlossene Schriftstücke, wie sie das Berufungsurteil enthält, jedenfalls unzulässig ist. Die Urteilsformel nimmt auf die in den Schriftsätzen der Beklagten vom 15. Juni 1943 und des Klägers vom 4. November 1943 angegebenen Beschriftungen Bezug. Die dort wiedergegebenen Beschriftungen lauten:

a. Im Schriftsatz vom 15. Juni 1943 Bl. 220: „A. K. St. Georg, Datum ..., Eukodal 2%ig B (oder E) W. Z. Merck 1 ccm",

und „2%ig 1 ccm Lösung aus Original (z. B.) Eukodal hergestellt im A. K. St. Georg Kontrollziffer."

b. Im Schriftsatz vom 4. November 1943, Bl. 240: „060739 Doryl 0,00025 : 1 ccm."

Der Wortlaut dieser Beschriftungen ist nur aus den Schriftsätzen, nicht dagegen aus dem sonstigen Urteilsinhalt zu entnehmen. Das Berufungsurteil genügt somit nicht dem Erfordernis, daß die Urteilsformel, d. h. der verfügende

Teil des Urteils, aus der Urteilsurkunde allein oder in Verbindung mit den hier angeschlossenen Anlagen verständlich sein muß. Die Anführung der einzelnen, aus den Schriftsätzen vom 15. Juni und 4. November 1943 ersichtlichen Beschriftungen war aber nicht notwendig und nur geeignet, Mißverständnisse hervorzurufen. Die Begründung des Urteils des zweiten Rechtszuges ergibt, daß das Gericht der Beklagten die *warenzeichenmäßige* Verwendung der Worte „Merck", „Doryl", „Eukodal" und „Ephetonin" zur Bezeichnung von Arzneimitteln, insbesondere von Ampullen, untersagen wollte, und daß hierin die Begrenzung des Verbotes liegt. Zur Beseitigung des Mangels genügt es deshalb, die Revision der Beklagten mit der Maßgabe zurückzuweisen, daß der unnötige und irreführende Zusatz in der Urteilsformel wegfällt, und daß diese, entsprechend der Begründung des Berufungsurteils und den weiteren Entscheidungsgründen des gegenwärtigen Urteils, klar und aus der Urteilsurkunde allein ersichtlich gefaßt wird.

Die Aufschrift: „060739 Doryl 0,00025 : 1 ccm" findet sich auf einer Ampulle, die der Kläger mit Schriftsatz vom 8. Juni 1943 Bl. 218 zusammen mit einer weiteren Ampulle vorgelegt hat, die die Aufschrift trägt: „1 ccm 941 Doryl 0,00025 g E. Merck Darmstadt".

Dazu hat der Kläger erklärt, das sei eine seiner Originalampullen, die andere Ampulle sei bei der Beklagten hergestellt mit der Beschriftung, wie sie seinerzeit zu den Beanstandungen Veranlassung gegeben habe. Das Berufungsgericht hat darauf, durch Verfügung vom 18. Oktober 1943 den Parteien aufgegeben, zu erklären, welches die von der Apotheke St. Georg hergestellte Ampulle sei. Der Kläger hat mit Schriftsatz vom 4. November 1943 Bl. 240 die Ampulle mit der zuerst angegebenen Beschriftung als solche bezeichnet. Die Beklagte hat dem nicht widersprochen, sie hat aber vorher auf S. 3 des Schriftsatzes vom 31. Oktober 1943 Bl. 235 wegen der Beschriftung der Ampullen auf ihre Klagebeantwortung vom 22. Juni 1942 S. 2 Bl. 44 verwiesen. Danach hat sie der Beschriftung den Vermerk: „A. K. St. Georg" vorangesetzt. Entsprechend stellt auch das – durch die zahlreichen Verweisungen wenig klare – Berufungsurteil in den Entscheidungsgründen auf S. 5 ff. fest, die Angaben der Parteien gingen darüber auseinander, in welcher Form in der Apotheke die von ihr hergestellten Ampullen beschriftet worden seien. Die Beklagte wolle den für den Kläger geschützten Bezeichnungen die Angabe „A. K. St. Georg" und eine Kontrollnummer vorangestellt haben. Danach hat das Berufungsgericht nicht festgestellt, daß die Beklagte Beschriftungen ohne den Zusatz „A. K. St. Georg" und ohne Kontrollnummer verwendet hat. Für die Gesamtbeurteilung ist der Punkt aber, wie die folgenden Darlegungen ergeben, ohne Bedeutung.

2. Zu der Frage, ob das Verhalten der Beklagten als ein Vorgang des geschäftlichen Verkehrs oder als ein eine Warenzeichenverletzung nicht enthaltender innerer Betriebsvorgang anzusehen sei, führt das Berufungsurteil auf S. 13 f.

aus: Schon das Versehen der Ampullen als Warenumhüllungen mit Warenzeichen erfülle den Tatbestand des § 24 Abs. 1 WZG, falls nicht eine Inverkehrsetzung zuverlässig ausgeschlossen werde. Sie sei mithin auch ohne nachfolgende Inverkehrsetzung unzulässig. Im übrigen bedeute die Aushändigung der Ampullen an die verschiedenen Krankenhäuser zur Verwendung in deren Betrieben eine Inverkehrsetzung im Sinne des § 24 WZG. Es handele sich um einen „geschäftlichen Verkehr". Entscheidend für diesen nicht zu eng auszulegenden Begriff sei nicht ein innerer Betriebsvorgang – der hier auch auf die Apotheke St. Georg zu beschränken und nicht auf die Krankenhäuser auszudehnen wäre –, sondern ein eine Warenzeichenverletzung ausschließender rein privater häuslicher Eigengebrauch. Ein solcher würde nur dann gegeben sein, wenn die Apotheke St. Georg die Ampullen lediglich zu ihrer eigenen Unterrichtung, zu Studienzwecken, Laboratoriumsversuchen und ähnlichem in ihren Räumen verwendete. Auch die Bezeichnung der Standgefäße falle nicht unter den Begriff des „inneren Privatgebrauches"; das Deutsche Arzneibuch lasse insoweit den Gebrauch von sinnverwandten Worten (Synonymen) zu. Die Abgabe der Ampullen an die Krankenhäuser zur Verbilligung des Betriebes sei ein typischer Vorgang des rein geschäftlichen Verkehrs. Die Art und Weise der Verrechnung zwischen der Apotheke St. Georg und den Krankenhäusern sei dabei unerheblich. Deshalb erübrige es sich, auf das unter Beweis gestellte Vorbringen des Klägers dafür einzugehen, daß solche Ampullen auch außerhalb der Krankenhäuser zu Heilzwecken abgegeben worden seien. Insoweit sei auch eine wirksame Überwachung kaum durchführbar. Ein geschäftlicher Betrieb im Sinne des Gesetzes gegen den unlauteren Wettbewerb werde auch dadurch nicht ausgeschlossen, daß die von der Beklagten betriebenen Anstalten öffentlich-rechtliche Einrichtungen auf dem Gebiete des Gesundheitswesens seien.

Die Revision tritt dem entgegen und führt aus, die Klage bezwecke nur, die Beklagte zu zwingen, von dem Kläger anstatt der billigeren „Substanz" die teureren Ampullen zu beziehen. Die Beklagte habe die streitigen Bezeichnungen nicht in unzulässiger Weise warenzeichenmäßig gebraucht, sondern nur eine ihren inneren Betrieb berührende Inhaltsbezeichnung vorgenommen, zu deren Anbringung sie sogar gesetzlich verpflichtet sei. Die städtische Gesundheitsverwaltung sei eine einheitlich geleitete und betriebene gemeindliche Wohlfahrtseinrichtung. Die eigene Herstellung von Waren innerhalb eines einheitlichen Betriebes für den eigenen Bedarf sei kein auf Warenumsatz gerichteter Geschäftsbetrieb, die Kennzeichnung solcher Waren nicht die Benutzung eines Warenzeichens. Die Apotheke St. Georg sei nur eine Betriebsabteilung der Beklagten. Wenn die Beklagte in dieser Betriebsabteilung Erzeugnisse herstellen lasse, die in anderen Betriebsabteilungen, den Stationen der verschiedenen Krankenhäuser, benötigt und dort verbraucht würden, so handele es sich um rein innere Betriebsvorgänge. Deshalb handele es sich auch nicht um einen „geschäftlichen

Verkehr". Dafür spreche auch die von der Beklagten behauptete und unter Beweis gestellte Unterrichtung der Ärzte und des Pflegepersonals. Das Berufungsgericht habe die insoweit angetretenen Beweise erheben müssen. Die Medikamente seien nur an die Anstaltsorgane, die Ärzte und Schwestern, nicht aber an die Kranken abgegeben, sondern diesen unmittelbar zum Zwecke der Heilung zugeführt worden.

Zu dem Revisionsangriff ist zunächst zu bemerken, daß das Warenzeichen dem Schutz des Zeicheninhabers im geschäftlichen Wettbewerb und damit seinen wirtschaftlichen und geldlichen Belangen, insbesondere der Erhaltung und Wahrung seines geschäftlichen Rufs und Ansehens dient. In diesem Rahmen hält sich offensichtlich auch die Klage. Jedenfalls fehlt es an jeder Unterlage für die Annahme einer rechtsmißbräuchlichen Ausnützung des Zeichenrechts.

Von Bedeutung für die Entscheidung ist, daß der Kläger der Beklagten die „Substanz" seiner warenzeichenmäßig geschützten chemisch-pharmazeutischen Präparate in größeren Mengen verkauft und dadurch sein Einverständnis mit der Verwendung dieser Substanz in den Krankenanstalten der Beklagten erklärt hat. Dementsprechend wendet er sich auch nicht dagegen, daß die Beklagte unter Verwendung der Substanz Lösungen hergestellt und diese in Ampullen abgefüllt hat, sondern nur gegen einen etwaigen Eingriff in sein Zeichenrecht durch die Art der Beschriftung der Ampullen. Die Eintragung eines Warenzeichens hat nach § 15 WZG die Wirkung, daß allein seinem Inhaber das Recht zusteht, Waren der angemeldeten Art oder ihre Verpackung oder Umhüllung mit dem Warenzeichen zu versehen. Die Beschriftung befindet sich auf den Ampullen, mithin auf der Verpackung und Umhüllung der Waren, und sie enthält die für den Kläger geschützten Warenzeichen. Die durch die Eintragung geschützten Bezeichnungen müssen als *Warenzeichen* verwendet werden. Sie werden zeichenmäßig verwendet, wenn sie durch die Art ihrer Verwendung auf die Herkunft der Ware von einem bestimmten Hersteller oder Händler hinweisen. Dazu genügt es auch schon, daß die Art der Beschriftung in beachtlichem Umfange die Gefahr von Verwechslungen und Irrtümern über den Hersteller der Ware aufkommen läßt. Diese Gefahr ist bei allen von dem Kläger beanstandeten Beschriftungen gegeben. Das trifft ohne weiteres für etwaige Beschriftungen zu, die die Wortzeichen des Klägers ohne jeden weiteren Herkunftshinweis wiedergeben. Auch der Vermerk „A. K. St. Georg" ist viel zu unbestimmt, um klarzustellen, daß die Herstellung der Lösung und deren Abfüllung in die Ampullen nicht in dem Betriebe des Klägers, sondern in der Apotheke St. Georg vorgenommen worden ist. Schon äußerlich sind die Worte „Doryl", „Eukedal" usw. in sehr viel größeren Buchstaben gehalten als das darüber befindliche „A. K. St. Georg". Vor allem läßt der Vermerk durchaus den Schluß zu, daß die Lösung im Betriebe des Klägers gebrauchsfertig hergestellt ist und daß der Vermerk nur darauf hinweist, daß ihre Abgabe über die Apotheke St. Georg stattgefunden hat. Dieser Schluß ist sogar der näher liegende, und ein Unbefangener wird kaum auf den Gedanken kommen, daß es sich um Lösungen handelt, die in der Apotheke St. Georg hergestellt und abgefüllt worden sind.

Aber auch die von der Beklagten neu eingeführte Beschriftung: „0,025 % Lösung 1 ccm aus Original-Doryl (WZ Merck) hergestellt in A. K. St. Georg, Kontrollziffer", und entsprechend für Eukodal usw., wie sie sich auf den vorgelegten Ampullen befindet, ist irreführend. Auch hier sind die Worte „Doryl", „Eukodal" usw. durch größere Buchstaben besonders hervorgehoben. Es mag sein, daß ein Kundiger, der die neue Aufschrift auf den Ampullen genau liest, daraus entnehmen kann, daß die Lösung in der Apotheke der Beklagten hergestellt und abgefüllt worden ist. Darauf kommt es aber nicht an. Auch die neue Beschriftung führt notwendig dazu, daß die in die Ampullen eingeschlossenen Lösungen als „Doryl", „Eukodal" usw. schlechthin bezeichnet werden und daß Personen, die die wenig augenfällige Beschriftung auf den kleinen Ampullen nicht genau durchlesen, in den Glauben versetzt werden, es handele sich um in dem Betriebe des Klägers gebrauchsfertig hergestellte Arzneimittel, wie dieser sie unter seinem Warenzeichen in den Verkehr bringt.

Danach hat die Beklagte in allen von dem Kläger beanstandeten Beschriftungen die für diesen geschützten Bezeichnungen warenzeichenmäßig benutzt.

Die Ware muß weiter mit dem Zeichen versehen sein, um sie in den Verkehr zu bringen. RGZ Bd. 110 S. 176 (178); RGSt Bd. 43 S. 87. Die Revision wendet sich mit Unrecht dagegen, daß die Benutzung der Warenzeichen des Klägers durch die Beklagte im geschäftlichen Verkehr geschehen sei. Die Beklagte ist eine Körperschaft des öffentlichen Rechts, die ihr unterstellten Krankenhäuser sind gemeindeeigen. Sie dienen öffentlichen Belangen der Gesundheitspflege und nicht dem Gelderwerb. Das hindert aber nicht, daß auch in diesen Krankenhäusern in größtem Maßstabe Heilmittel an die Kranken abgegeben werden. Dabei ist es ohne Bedeutung, ob diese Heilmittel einzeln und besonders bezahlt werden, oder ob die Abgeltung durch eine von den Kranken erhobene Gebühr, für die Unterbringung und Behandlung im Krankenhaus geleistet wird. Indem die Heilmittel den Kranken, und zwar einem unbegrenzten, ständig wechselnden Kreise von Kranken verabfolgt werden, werden sie auch in den Verkehr gesetzt. Die Apotheke St. Georg beliefert nicht weniger als 16 Krankenhäuser der Beklagten mit einer Zahl von Patienten, die sicherlich in die Tausende geht. Die mit den warenzeichenmäßig angebrachten Beschriftungen versehenen Ampullen gehen durch die Hände eines, gerade in der gegenwärtigen Zeit wechselnden und zahlenmäßig sehr erheblichen Ärzte- und Pflegepersonals. Es ist durchaus möglich, jedenfalls nicht ausgeschlossen, daß auch der Kranke selbst die Ampulle vor oder nach ihrer Entleerung in die Hand bekommt und von der darauf befindlichen Beschriftung Kenntnis erhält. Für die Frage der Verwechslungsfähigkeit kommt es auch bei Arzneimitteln, die nur auf ärztliches Rezept und in Apotheken abgegeben werden dürfen, auf die Anschauung der Verbraucher an. RGZ Bd. 156 S. 355 (359). Soweit die von der Beklagten verwendeten Beschriftungen infolge des warenzeichenmäßigen Gebrauches der Bezeichnungen Eukodal usw. zu Verwechslungen Anlaß geben können, und die damit versehenen Ampullen in größtem Umfange in den Krankenanstalten der Beklagten zu Heilzwecken verwendet und auf diese Weise in den Verkehr gebracht werden, besteht für den Zeichenberechtigten eine Gefahr, gegen die er durch die Vorschriften des Warenzeichengesetzes gerade geschützt werden soll. Diese Gefahr wird dadurch nicht ohne weiteres beseitigt, daß die beteiligten Krankenhausärzte sowie das Pflegepersonal regelmäßig darüber unterrichtet werden, daß die Lösungen von der Apotheke St. Georg aus sogenannter „Substanz" hergestellt und in die Ampullen abgefüllt werden. Es mag sein, daß dies von der Beklagten behauptete und unter Beweis gestellte Verfahren die für die zeichenrechtlichen Belange des Klägers durch das Verhalten der Beklagten geschaffene Gefahr zum großen Teil wieder zu beseitigen geeignet ist; völlig ausgeschaltet kann sie bei dem Umfange der in Frage stehenden gemeindeeigenen Krankenanstalten, dem Wechsel des Ärzte- und Pflegepersonals und der Möglichkeit einer Kenntnisnahme auch der Kranken von den Beschriftungen nicht werden. Dazu tritt die weitere Gefahr, die bei dem Umfange der Anstalten der Beklagten besonders groß ist, daß mit den Ampullen gelegentlich Mißbrauch getrieben wird, und daß sie auch an außerhalb der gemeindeeigenen Krankenhäuser befindliche Personen verabfolgt werden, etwa auf dem Wege der Aushilfe aus Gefälligkeit gegenüber einer selbständigen Apotheke. Vor allen diesen nach den gesamten Umständen des Falles durchaus nicht fern liegenden Gefahren will das Warenzeichengesetz den Zeicheninhaber schützen. Die Beklagte kann sich somit nicht darauf berufen, daß es sich nur um eine Benutzung der Zeichen im inneren Betriebe gehandelt habe. Ebenso ist darin kein verfahrensrechtlicher Verstoß des Berufungsgerichts zu erblicken, daß es die von der Beklagten über die Unterrichtung der Ärzte und des Pflegepersonals angetretenen Beweise nicht erhoben hat.

3. Das Berufungsurteil führt auf S. 8 f. aus, die Beklagte vertrete den Standpunkt und der Kläger bestreite grundsätzlich nicht, daß die Beklagte in der „Rezeptur" die Warenzeichen des Klägers gebrauchen dürfe. Das Verfahren der Beklagten falle aber nicht unter den Begriff der Rezeptur. Rezeptur bedeute die auf Grund einer in aller Regel schriftlichen ärztlichen Anordnung für eine bestimmte Heilbehandlung erfolgende, unter der Verantwortung des Apothekers für die pharmazeutisch einwandfreie Ausführung stehende Anfertigung eines Heilmittels (Arznei). Die von der Apotheke St. Georg in großem Maßstab geübte Herstellung der Ampullen (bis 1 000 Stück täglich) falle nicht unter den Begriff der Rezeptur, weil die Herstellung nicht auf Grund eines für einen be-

stimmten Krankheitsfall ausgestellten ärztlichen „Rezeptes" erfolge. Es handele sich vielmehr um „Defektur", sogar um „Groß-Defektur". Für eine solche dürfe die Beklagte das Warenzeichen des Klägers nicht benutzen.

Die Revision führt demgegenüber aus, zur Rezeptur gehöre auch die Verordnung von reinen Lösungen einer bestimmten Stärke, und die Herstellung solcher Lösungen gehöre zur Ausführung der Rezeptur. Andere Substanzen als destilliertes Wasser brauchten nicht beigegeben zu werden, damit ein Rezept vorliege. Gerade wenn die Zusammensetzung der in den Ampullen des Klägers in den Verkehr gebrachten Lösungen von denen der Beklagten abweichen sollte, handele es sich bei dem Verfahren der Beklagten um reine Rezeptur. Dabei sei es bedeutungslos, daß die Apotheke St. Georg auf Vorrat arbeite. Ein Arbeiten auf Vorrat sei unerläßlich und sogar vorgeschrieben. Entscheidend sei, daß sowohl die Lieferung der selbst gefertigten Medikamente an die Stationen der Krankenhäuser, als auch insbesondere deren Verabreichung an die Kranken nur auf ärztliche Verordnung hin geschehe.

Der Angriff der Revision ist nicht begründet. Der Kläger hat der Beklagten zwar eine größere Menge sogenannter „Substanz" für Zwecke der Rezeptur abgegeben. Dadurch, daß er die „Substanz" für Zwecke der Rezeptur in den Verkehr gebracht und an die Beklagte verkauft hat, hat er ihr aber nicht die Ermächtigung erteilt, die warenzeichenrechtlich geschützten Bezeichnungen der Substanzen für die Rezeptur und deren Ergebnisse zu verwenden. Soweit die Apotheke St. Georg auf Grund öffentlich-rechtlicher Vorschriften zur Kennzeichnung des Inhalts der Ampullen verpflichtet ist, muß das in einer Weise geschehen, die die Möglichkeit einer Verwechselung mit den im Betriebe des Klägers hergestellten und in Ampullen abgefüllten Lösungen ausschließt. Nach den vorstehenden Darlegungen ist diese Gewähr bei dem von der Beklagten geübten Verfahren nicht gegeben.

Im übrigen kann das Verfahren der Beklagten auch nicht mehr als Rezeptur bezeichnet werden. Unter Rezeptur ist die Tätigkeit des Apothekers zu verstehen, die durch ein Rezept, d.h. durch eine schriftliche, mit Datum und Unterschrift versehene Anweisung eines Arztes, Zahnarztes oder Tierarztes zur Anfertigung eines Heilmittels ausgelöst wird. Wenn der Arzt dagegen ein Heilmittel verschreibt, das von einer pharmazeutischen Fabrik schon gebrauchsfertig zubereitet, dosiert und verpackt in den Verkehr gebracht und von der Apotheke vorrätig gehalten oder im Bedarfsfalle gebrauchsfertig bezogen wird, so kommt eine Rezepturtätigkeit des Apothekers nicht in Frage. Ebenso kann man von einer Rezeptur nicht mehr sprechen, wenn eine Apotheke ein Heilmittel in größeren Mengen dosiert und verpackt auf Vorrat herstellt, um es in den Verkehr zu bringen, auch wenn das nur für den eigenen Betrieb beabsichtigt ist und die Abgabe nur auf ärztliche Verordnung hin stattfindet. Die Rezepturtätigkeit des Apothekers erfordert schon nach allgemeinem Sprachgebrauch, jedenfalls aber in dem Sinne, in dem der Kläger seine Substanz für Zwecke der Rezeptur abgibt, eine gewisse Verbindung mit dem Einzelfall, mit der einzelnen ärztlichen Anweisung, die fortfällt, sobald ein Heilmittel völlig dosiert und gebrauchsfertig von der Apotheke im Großen hergestellt und, gewissermaßen auf ärztlichen Abruf, zu Heilzwecken abgegeben wird. Das Letzte hat die Beklagte in der Apotheke St. Georg getan; sie hat Heilmittel in großem Maßstabe auf Vorrat hergestellt, bevor die ärztlichen Anordnungen für den Einzelfall vorlagen. Dabei ist es ohne Belang, daß nach § 32 Abs. 2 der Hamburger Apothekenbetriebsordnung in jeder Apotheke Eukodal in einer Menge vorrätig zu halten ist, wie es etwa dem dreimonatlichen Bedarf der Apotheke an diesem Mittel entspricht. Zur Erfüllung dieser Vorschrift würde es genügen, daß die Apotheke St. Georg eine entsprechende Menge von Substanz oder eine entsprechende Menge von dem Kläger fertig bezogener Ampullen vorrätig hält. Mit der Herstellung der Lösungen und ihrer Abfüllung in Ampullen, also der Einzeldosierung auf Vorrat, hat das nichts zu tun.

4. Da die Beklagte nach den vorstehenden Darlegungen die Zeichenrechte des Klägers durch ihr Vorgehen ständig verletzt hat und auch in der Gegenwart noch verletzt, ist die Wiederholungsgefahr ohne weiteres zu bejahen. Die Angriffe der Revision gegen die Annahme einer Wiederholungsgefahr gehen davon aus, daß die von der Beklagten eingeführte neue Beschriftung der Ampullen keinen Eingriff in den Rechtskreis des Klägers mehr bedeutet. Da das, wie gezeigt, nicht zutrifft, erübrigt es sich, insoweit auf die Ausführungen der Revision näher einzugehen.

5. Endlich führt das Berufungsurteil aus, daß die Beklagte fahrlässig gehandelt habe. Der Verwaltung der Apotheke St. Georg seien die Warenzeichen des Klägers unstreitig bekannt gewesen. Ebenso sei das Wesen des Warenzeichenrechts, nämlich der Schutz des Zeicheninhabers gegen widerrechtliche Benutzung seiner Warenzeichen durch andere, jeder Apothekenverwaltung bekannt. Die persönliche Überzeugung, durch die gewählte Handhabung und Beschriftungsart der Ampullen die Warenzeichen des Klägers nicht zu verletzen, schließe eine Fahrlässigkeit nicht aus, wenn die Apothekenverwaltung sich diese Auffassung ohne hinreichende Erkundigung bei den zuständigen Stellen oder bei sonstigen, im Warenzeichenrechte erfahrenen Personen (Rechtswahrern) gebildet habe. Über solche vorab eingezogenen Erkundigungen habe die Beklagte nichts Beachtliches vorgetragen. Hätte die Apothekenverwaltung, wie das bei dem Umfange der Herstellung der Ampullen unbedingt geboten gewesen sei, einen im Warenzeichenrecht erfahrenen Rechtswahrer oder den Kläger selbst befragt, so würden ihr Vorentscheidungen zugänglich gemacht worden sein, aus denen sie das Unzulässige oder zum wenigsten Bedenkliche ihres Verhaltens hätte entnehmen können. Die Beklagte habe somit insoweit auf eigene Gefahr einer Schadensersatzpflicht gehandelt.

Die Revision meint dagegen, daß eine Fahrlässigkeit der Beklagten verneint werden müsse. Sie führt aus, die Beklagte habe ihren Syndikus, der sorgfältig ausgewählt und ein erfahrener Jurist sei, auch auf dem Gebiete des Wettbewerbs und des Warenzeichenrechts. Wenn die Beklagte der Rechtsauffassung ihres Syndikus gefolgt sei, so könne ihr daraus um so weniger ein Vorwurf gemacht werden, als sich das Landgericht dieser Auffassung gleichfalls angeschlossen habe.

Die Revision ist insoweit nicht begründet. Nach § 276 Abs. 1 S. 2 BGB handelt fahrlässig, wer die im Verkehr erforderliche Sorgfalt außer Acht läßt. Nach den Grundsätzen von der Fahrlässigkeit beurteilt es sich auch, ob ein Irrtum entschuldbar ist, wobei ein Irrtum tatsächlicher und ein Irrtum rechtlicher Art einander gleichstehen. Deshalb kann auch ein Rechtsirrtum die Fahrlässigkeit ausschließen. Im gegenwärtigen Falle war die Zweifelhaftigkeit der Rechtslage bei Anwendung der im Verkehr erforderlichen Sorgfalt erkennbar, und bei Anwendung eben dieser Sorgfalt ließen sich auch Beschriftungen für die Ampullen finden, die den Belangen der Beklagten genügten, ohne in die Zeichenrechte des Klägers einzugreifen. Wenn die Beklagte von dieser Möglichkeit trotz der erkennbaren Zweifelhaftigkeit der Rechtslage keinen Gebrauch machte, sondern es darauf ankommen ließ, so verletzte sie damit die im Verkehr erforderliche Sorgfalt und handelte fahrlässig.

6. Danach ist die Revision, entsprechend den Darlegungen unter 1. mit der aus der Urteilsformel ersichtlichen Maßgabe zurückzuweisen. Die Kostenentscheidung folgt aus § 97 Abs. 1 ZPO in Verbindung mit § 60 der Zweiten Kriegsmaßnahmenverordnung vom 27. September 1944.

---

90. 1. Die einseitige Aufhebung der wechselbezüglichen Verfügung eines Ehegatten durch eine neue Verfügung von Todes wegen ist durch § 2271 Abs. 1 Satz 2 ausdrücklich ausgeschlossen. Diese Vorschrift ist unabdingbar, doch ist es möglich, die Bindung der Ehegatten an wechselbezügliche Bestimmungen eines gemeinschaftlichen Testaments in diesem selbst abweichend von der gesetzlichen Regelung durch gegenseitige Einräumung der Testierfreiheit oder anderweite Gestaltung des Widerrufs zu regeln.

2. Den Gegensatz zur einseitigen Aufhebung der wechselbezüglichen Verfügung eines Ehegatten bei Lebzeiten des anderen Ehegatten im Sinne des § 2271 Abs. 1 Satz 2 bildet aber nur die Aufhebung durch gemeinschaftliches Testament. Dafür kommen die §§ 2254, 2258 in Frage. Danach kann die in der Errichtung eines neuen Testaments liegende (§ 2258), nicht einseitige, sondern gemeinschaftliche Aufhebung der in einem gemeinschaftlichen Testament enthaltenen wechselbezüglichen

Verfügung auch nur des einen der Ehegatten schon wegen des damit verbundenen Wegfalls der Wechselbezüglichkeit der bestehenbleibenden Verfügung des anderen Ehegatten wieder nur durch gemeinschaftliches Testament geschehen; die bloße Zustimmung des anderen Ehegatten genügt nicht, den Begriff der Einseitigkeit im Sinne von § 2271 Abs. 1 Satz 2 zu beseitigen.

3. Der Rechtsgedanke des §§ 2291 Abs. 1 Satz 2 kann auf gemeinschaftliche Testamente, insbesondere auf wechselbezügliche Verfügungen, die darin getroffen sind, keine Anwendung finden.

BGB §§ 2258, 2271, 2291.

VI. Zivilsenat. Beschl. v. 15. Dezember 1944 (VI B 26/1944).

I. Amtsgericht Wittenberge.

In der Erbscheinsache nach der am 11. April 1943 in Wittenberge verstorbenen Frau Elsbeth Walther geb. Delf hat das Reichsgericht, VI. Zivilsenat, in der Sitzung vom 15. Dezember 1944 auf die Beschwerde des Buchsachverständigen Erich Walther in Lenzen (Elbe), vertreten durch den Rechtsanwalt und Notar Dr. Meyer in Wittenberge, vom 22. November 1944 gegen den Beschluß des Amtsgerichts in Wittenberge vom 15. November 1944 beschlossen:

Der angefochtene Beschluß wird aufgehoben.

Die Sache wird zur weiteren Erörterung und Entscheidung an das Amtsgericht zurückverwiesen.

Gründe

1. Am 11. April 1943 verstarb in Wittenberge die Ehefrau des Buchsachverständigen und Helfers in Steuersachen Erich Walther aus Lenzen, Frau Elsbeth Walther, geb. Delf. Sie hinterließ ein privatschriftliches Testament vom 30. Januar 1933, dem sie am 20. Juli 1933 einen ebensolchen Nachtrag beigefügt hatte. In diesem Testament setzte sie zu Erben nach gleichen Teilen die gemeinschaftlichen ehelichen Kinder Ulrich und Kurt ein. Der Ehemann sollte den Nießbrauch an einem der Erblasserin gehörigen Grundstück erhalten, demgemäß, wie das Nachlaßgericht ohne Rechtsfehler annimmt, nur Vermächtnisnehmer sein. Ulrich ist vor dem Tode seiner Mutter im Felde gefallen. Unterm 1. Juli 1943 erteilte das Amtsgericht Wittenberge (Lenzen a. Elbe) Erbschein dahin, daß alleiniger Erbe der Frau Elsbeth Walther ihr Sohn Kurt Walther geworden sei. Am 6. Mai 1944 beantragte Erich Walther, den Erbschein gemäß § 2361 BGB einzuziehen. Er hatte sich am 22. Januar 1944 wiederverheiratet und brachte vor, seine Frau habe am 15. Februar 1944 einen verschlossenen Umschlag mit einem Testamente vom 21. Oktober 1918 aufgefunden. Nach der von ihm vorgelegten Abschrift dieses Testaments handelt es sich um ein am

genannten Tage privatschriftlich von Erich und Elsbeth Walther errichtetes gemeinschaftliches Testament, worin sich die Ehegatten gegenseitig zu Erben einsetzen; der Überlebende sollte befugt sein, frei zu verfügen. Weitere Bestimmungen sind darin nicht enthalten. Erich Walther meinte, er sei somit alleiniger Erbe seiner Ehefrau Elsbeth Walther geworden; denn die Ehefrau Walther habe durch eine neue Verfügung von Todes wegen ihre Verfügung nicht einseitig aufheben können. Später, am 10. November 1944, erklärte Erich Walther vor dem Nachlaßgericht weiter, er habe sich wegen des Grundstücks mit seinem Sohne Kurt auseinandergesetzt; das Grundstück sei auf Grund des Testaments seiner ersten Frau vom 30. Januar/20. Juli 1933 auf den Sohn umgeschrieben und für ihn, Erich Walther, der Nießbrauch eingetragen worden. Sein nunmehriger Vorschlag, „trotz des nunmehr aufgefundenen gemeinschaftlichen Testaments" dem Sohne das Grundstück weiter zu belassen, aber auch für die nunmehrige Ehefrau des Erich Walther einen Nießbrauch darauf einzutragen, sei, soviel er wisse, von Kurt angenommen worden. Das Amtsgericht stellte nach Heranziehung der Akten W.VIII 527 (Lenzen) fest, daß der Pfleger für den Sohn Kurt dem Vormundschaftsgericht mitgeteilt habe, Kurt sei einverstanden, er, der Pfleger, bitte das Vormundschaftsgericht, alles Weitere zu veranlassen.

Mit Beschluß vom 15. November 1944 wies das Amtsgericht Wittenberge den Antrag des Erich Walther zurück. Das Testament vom 30. Januar/20. Juli 1933 sei wirksam. Frau Walther habe ihr früheres Testament wirksam widerrufen. Der Form der §§ 2271, 2296 BGB bedürfe es nach gesundem Volksempfinden nicht, wenn, wie hier, der eine Teil „mit Willen und Wissen des anderen" seine Erklärungen im gemeinschaftlichen Testament widerrufe.

2. Die zugelassene Beschwerde ist rechtzeitig und formgerecht eingelegt. Sie muß zur Aufhebung des angefochtenen Beschlusses führen. Für die Beurteilung der Rechtsfrage sind die Vorschriften des Bürgerlichen Gesetzbuchs maßgebend, da das gemeinschaftliche Testament im Jahre 1933 widerrufen worden sein soll. Diese Vorschriften unterscheiden sich in den hier wesentlichen Teilen nicht von denjenigen des Testamentsgesetzes, so daß die Auffassung, sie entsprächen nationalsozialistischer Rechtsauffassung und damit dem gesunden Volksempfinden nicht mehr, unhaltbar ist.

Ein gemeinschaftliches Testament können die beiden Ehegatten jederzeit durch gemeinschaftliches Testament aufheben, ohne daß es hierzu der Form der §§ 2271, 2296 BGB bedürfte; denn diese Form gilt nur für den einseitigen Widerruf, also die einseitige Beseitigung des gemeinschaftlichen Testaments durch einen der Ehegatten, und auch da nur für wechselbezügliche Verfügungen im Sinne des § 2270; um solche handelt es sich allerdings offenbar bei dem gemeinschaftlichen Testament vom 21. Oktober 1918. Die einseitige Aufhebung der wechselbezüglichen Verfügung eines Ehegatten durch eine neue Verfügung von Todes wegen ist durch § 2271 Abs. 1 Satz 2 ausdrücklich ausgeschlossen.

Diese Vorschrift ist unabdingbar, doch ist es möglich, die Bindung der Ehegatten an wechselbezügliche Bestimmungen eines gemeinschaftlichen Testaments in diesem selbst abweichend von der gesetzlichen Regelung durch gegenseitige Einräumung der Testierfreiheit oder anderweite Gestaltung des Widerrufs zu regeln. (Vgl. RGRKomm. z. BGB, Bem. 4 Abs. 2 zu § 2271; Achilles-Greif BGB, 17. Aufl., Bem. 4 zu § 2270 und Bem. 4 zu § 2271.) Ob eine derartige abweichende Regelung als Willen der Eheleute dem gemeinschaftlichen Testament vom 21. Oktober 1918 entnommen werden kann, hat das Amtsgericht bisher nicht geprüft. Ist dies zu verneinen, so kann es sich weiter nur darum handeln, ob sich die Aufhebung der im gemeinschaftlichen Testament vom 21. Oktober 1918 enthaltenen wechselseitigen Verfügung der Erblasserin durch ihr privatschriftliches Testament deshalb nicht als einseitige Aufhebung darstellt, weil sie nach der Feststellung des Amtsgerichts „mit Wissen und Willen" des Ehemannes geschehen sein soll.

Den Gegensatz zur einseitigen Aufhebung der wechselbezüglichen Verfügung eines Ehegatten bei Lebzeiten des anderen Ehegatten im Sinne des § 2271 Abs. 1 Satz 2 bildet aber nur die Aufhebung durch gemeinschaftliches Testament. Denn von den Möglichkeiten, welche das Gesetz für die Aufhebung und den Widerruf eines Testaments überhaupt und eines gemeinschaftlichen Testaments insbesondere in den §§ 2253 bis 2258 in Verbindung mit §§ 2271, 2272 BGB vorsieht, kommt im vorliegenden Falle nur die nach §§ 2254 und 2258 in Frage, insbesondere also nach § 2258. Danach kann die in der Errichtung eines neuen Testaments liegende (§ 2258), nicht einseitige, sondern gemeinschaftliche Aufhebung der in einem gemeinschaftlichen Testament enthaltenen wechselbezüglichen Verfügung auch nur des einen der Ehegatten schon wegen des damit verbundenen Wegfalls der Wechselbezüglichkeit der bestehen bleibenden Verfügung des anderen Ehegatten wieder nur durch gemeinschaftliches Testament geschehen; die bloße Zustimmung des anderen Ehegatten genügt nicht, den Begriff der Einseitigkeit im Sinne von § 2271 Abs. 1 Satz 2 zu beseitigen. Die Einseitigkeit der Aufhebung (§ 2271 Abs. 1 Satz 2) entfällt also nicht schon dann, wenn der andere Ehegatte der Aufhebung durch den einen Gatten zustimmt. Er muß vielmehr an dieser Aufhebung selbst teilnehmen, was nur durch seine Beteiligung an einem neuen gemeinschaftlichen Testament oder einem Erbvertrage mit dem anderen Gatten geschehen kann. Den Entscheidungen des Oberlandesgerichtes Dresden (JW 1919 S. 516 Nr. 8) und des Kammergerichts (DR Aus. A 1941 S. 2448 Nr. 13), das auf den festzustellenden Inhalt des Willens der Eheleute im gemeinschaftlichen Testament abstellt, ist daher beizupflichten. Im übrigen steht, soweit ersichtlich, die Rechtslehre einhellig auf diesem Standpunkt. Der Rechtsgedanke des §§ 2291 Abs. 1 Satz 2 kann auf gemeinschaftliche Testamente, insbesondere auf wechselbezügliche Verfügungen, die darin getroffen sind, keine Anwendung finden und deshalb zu keiner anderen Beurteilung führen. Dort ist für den Erbvertrag bestimmt, daß der Erblasser eine vertragsmäßige Verfügung, durch die ein Vermächtnis oder eine Auflage angeordnet ist, durch Testament aufheben kann. Zur Wirksamkeit der Aufhebung ist nur die Zustimmung des anderen Vertragschließenden erforderlich, die der gerichtlichen oder notarischen Beurkundung bedarf. Wenn dort für eine Aufhebung vertraglich begründeter Verfügungen sachlich beschränkten Inhalts kein Vertrag verlangt, sondern die bloße Zustimmung des anderen Teils für genügend erklärt wird, so kann daraus angesichts der Vorschriften in §§ 2353 bis 2358, 2271, 2272 BGB nichts für das gemeinschaftliche Testament, am allerwenigsten für wechselbezügliche Verfügungen, hergeleitet werden. Eine der Vorschrift des § 2291 Abs. 1 Satz 2 BGB entsprechende Bestimmung ist für gemeinschaftliche Testamente nicht getroffen. Davon, daß diese gesetzliche Regelung dem gesunden Volksempfinden widerspricht, kann, wie bereits erwähnt, keine Rede sein angesichts der gleich lautenden Regelung im Testamentsgesetz.

3. Danach kann der angefochtene Beschluß nicht aufrechterhalten werden.

Die Sache ist jedoch nicht reif für die vom Antragsteller und Beschwerdeführer begehrte Entscheidung auf Einziehung des Erbscheins. Hierfür ist vielmehr eine genauere Klärung des Sachverhalts geboten (§§ 2359, 2361 Abs. 1 und 3 BGB).

Zunächst wird, den Rechtsbestand des gemeinschaftlichen Testaments vom 21. Oktober 1918 vorausgesetzt, zu ermitteln sein, ob der Wille der Eheleute bei dessen Errichtung etwa dahin gegangen ist, daß jedem Ehegatten oder auch nur einem von ihnen die Befugnis vorbehalten bleiben sollte, das gemeinschaftliche Testament durch einseitige letztwillige Verfügung, jedoch unter Zustimmung des anderen Gatten, abzuändern oder das Widerrufsrecht anderweit zu gestalten. Dazu wird zu klären sein (§§ 2358, 2359 BGB), wie es kommt, daß der Antragsteller gemäß § 2356 Abs. 2 zunächst an Eides Statt versichert hat, es sei ihm nichts bekannt, was der Richtigkeit seiner Angaben entgegenstehe, wonach die Erblasserin (nur) das Testament vom 30. Januar/20. Juli 1933 hinterlassen habe, während er hernach durch seinen Bevollmächtigten diese Angabe als unvollständig und unrichtig berichtigen und erklären ließ, er habe sich an das hernach von seiner nunmehrigen Ehefrau aufgefundene gemeinschaftliche Testament vom 21. Oktober 1918 nicht mehr erinnert; insbesondere wird weiter zu klären sein, worauf die Feststellung des Nachlaßgerichts in dem angefochtenen Beschluß beruht, das gemeinschaftliche Testament sei „mit Wissen und Willen" des Antragstellers von der Erblasserin durch ihr eigenhändiges Testament vom 30. Januar/20. Juli 1933 „widerrufen" worden. Die Aufklärung hierüber und sonstige in diesem Zusammenhang etwa zu ermittelnden Umstände können für die Frage von Bedeutung sein, ob etwa in dem gemeinschaftlichen Testament vom Jahre 1918 die Wechselbezüglichkeit ausgeschlossen werden oder ob darin Testierfreiheit für jeden Ehegatten oder für die Erblasserin allein vorbehalten oder das Widerrufsrecht anderweitig gestaltet werden sollte. Auch die in der Verhandlung vom 10. November 1944 erwähnte vertragsmäßige Regelung, deren Inhalt und Zustandekommen festzustellen sein wird, mag in diesem Zusammenhang insofern Bedeutung gewinnen können, als sie etwa Rückschlüsse auf den Willen der Erblasser hinsichtlich des Inhalts und der Tragweite des gemeinschaftlichen Testaments ermöglicht. Ein ungewöhnlicher Sachverhalt, wie er sich in dem behaupteten Vergessen des Vorhandenseins eines gemeinschaftlichen Testaments, in dem Einverständnis des Antragstellers zu dessen einseitiger Aufhebung durch die Erblasserin, in dem behaupteten Wiederauffinden des vergessenen Testaments durch die zweite Frau des Antragstellers und in der behaupteten nunmehrigen vertraglichen Regelung zeigt, bedarf unter dem rechtlichen Gesichtspunkt der §§ 2359, 2361 Abs. 1 und 3 BGB der restlosen Aufklärung, bevor endgültig darüber entschieden werden kann, ob der erteilte Erbschein unrichtig ist.

gez. Dr. Günther. Eilles. Oesterheld.

---

91. Ob die familienrechtlichen Beziehungen durch *einen* Adoptionsvertrag, den beide Eheleute gleichzeitig schließen, oder durch Einzelverträge, die von den Eheleuten zu verschiedenen Zeiten geschlossen werden, geschaffen werden, ist der Natur der Sache nach gleichgültig. In beiden Fällen entstehen die gleichen Beziehungen des Kindes zu den Wahleltern. Es liegt daher nahe, den Sachverhalt gleich anzusehen, mag ein Vertrag oder mögen ihm zwei Verträge zugrunde liegen.

Zum ABGB und zu BGB § 1749.

VII. Zivilsenat. Beschl. v. 16. Dezember 1944 (VII B 43/1944).

I. Amtsgericht Engelhartszell.

In der Vormundschaftssache des minderjährigen Alfons Leopold Wundsam, vertreten durch Leopold Wundsam in Engelhartszell, wegen Bestätigung des zwischen dem Minderjährigen und der Rosa Wundsam geschlossenen Adoptionsvertrags,

hat das Reichsgericht, VII. Zivilsenat, in der Sitzung vom 16. Dezember 1944 auf den Rekurs des gesetzlichen Vertreters Leopold Wundsam, vertreten durch Dr. Max Zelzer in Engelhartszell, gegen den Beschluß des Amtsgerichts Engelhartszell vom 20. Oktober 1944 – Nc. 200/44 – beschlossen:

Es wird dem Rekurs Folge gegeben und der angefochtene Beschluß dahin abgeändert, daß der zwischen dem minderjährigen Alfons Leopold Wundsam, vertreten durch seinen

Wahlvater Leopold Wundsam, und der Rosa Wundsam, Postarbeitersgattin in Engelhartszell am 30. August 1944 geschlossenen Adoptionsvertrag bestätigt wird.

Gründe

Leopold Wundsam hat zu einer Zeit, als seine Gattin Rosa Wundsam noch nicht 40 Jahre alt war und daher nicht adoptieren konnte, den minderjährigen Alfons Leopold Gierlinger adoptiert, wobei das Kind seinen Namen: Wundsam erhielt. Als Rosa Wundsam 40 Jahre alt geworden war, schloß sie mit Zustimmung ihres Mannes mit dem Minderjährigen einen Adoptionsvertrag, den das Amtsgericht nicht bestätigte, da der Adoptionsvertrag nicht bestimmte, daß eine weitere Namensänderung erfolgen sollte.

Dagegen richtet sich der Rekurs.

Ein Ehepaar kann gemeinsam ein Kind adoptieren. In diesem Fall erhält das Wahlkind den Familiennamen der Adoptiveltern. Den Geschlechtsnamen der Wahlmutter erhält in diesem Fall das Kind nicht. Dies geschieht nur dann, wenn die Frau allein das Kind adoptiert.

Der Fall, daß zuerst ein Mann allein ein Wahlkind annimmt und in einem späteren Zeitpunkt, wenn er sich verheiratet oder wenn seine Frau das erforderliche Alter erreicht, auch die Frau das Kind adoptiert, ist im ABGB nicht ausdrücklich geregelt. Es ist jedoch zulässig, daß ein Kind von Eheleuten adoptiert wird und dadurch zu diesen in familienrechtliche Beziehungen tritt. Ob diese Beziehungen durch *einen* Vertrag, den beide Eheleute gleichzeitig schließen, oder durch Einzelverträge, die von den Eheleuten zu verschiedenen Zeiten geschlossen werden, geschaffen werden, ist der Natur der Sache nach gleichgültig. In beiden Fällen entstehen die gleichen Beziehungen des Kindes zu den Wahleltern. Es liegt daher nahe, den Sachverhalt gleich anzusehen, mag ein Vertrag oder mögen ihm zwei Verträge zugrunde liegen. Infolgedessen ist es auch nicht notwendig, daß das Kind den Geschlechtsnamen der Wahlmutter erhält, denn auch bei gleichzeitiger Adoption durch beide Ehegatten erhält es nur den Familiennamen seiner Wahleltern. Wenn es bei der vorherigen Adoption durch den Mann den Familiennamen bereits trägt, so ist die Festsetzung eines weiteren Adoptivnamens unnötig. Die Festsetzung von Doppelnamen hat seit der Novelle zum ABGB aus dem Jahre 1914 nicht mehr zu erfolgen. Die ausdrückliche Regelung, welche § 1749 BGB für den Fall trifft, als die Ehefrau ein Wahlkind ihres Gatten ebenfalls annehmen will, stimmt so mit der Regelung der Adoption nach ABGB, die aus der Natur der Sache erfolgt, seit der Novelle 1914 überein und ist deshalb und auch aus den Gründen der Rechtsangleichung heranzuziehen.

gez. Dr. Zellner

92. 1. Wenn geprüft werden soll, ob der Fachmann aus dem Anspruch und dem sonstigen Inhalt der Patentschrift ohne erfinderische Überlegung einen erweiterten Erfindungsgedanken entnehmen kann, so dürfen die Erfindungsmerkmale des Anspruchs nicht in einer Weise abgeändert werden, die bereits die Möglichkeit der gedanklichen Verallgemeinerung enthält.

2. Entgegen der Meinung des Berufungsrichters kann bei der Beurteilung der Vorgänge im Erteilungsverfahren kein Gewicht darauf gelegt werden, daß der Beschwerdesenat im Gegensatz zur Anmeldeabteilung nicht darauf bestanden hat, daß in der Patentbeschreibung Erklärungen über den Schutzumfang des Klagepatents abgegeben würden.

Urt. v. 21. Dezember 1944 (I 35/1944).

I. Landgericht Berlin.
II. Kammergericht in Berlin.

In Sachen der Firma Windmöller & Hölscher, offene Handelsgesellschaft, vertreten durch ihre persönlich haftenden Gesellschafter Alfred Windmöller und Fritz Hölscher in Lengerich i.W., Beklagten und Revisionsklägerin, Prozeßbevollmächtigter: Rechtsanwalt Dr. Benkard in Leipzig,

gegen

die offene Handelsgesellschaft in Firma Maschinenbau Honsel & Co. in Bielefeld, vertreten durch den persönlich haftenden Gesellschafter Carl Honsel, Klägerin und Revisionsbeklagte, Prozeßbevollmächtigter: Rechtsanwalt Dr. Fuchslocher in Leipzig,

hat das Reichsgericht, I. Zivilsenat, auf die mündliche Verhandlung vom 21. Dezember 1944 durch den Senatspräsidenten Dr. Lindenmaier und die Reichsgerichtsräte Dr. Tölke und Dr. Brandenburg für Recht erkannt:

Das Urteil des 10. Zivilsenats des Kammergerichts in Berlin vom 29. März 1944 wird aufgehoben und die Sache zur neuen Verhandlung und Entscheidung an das Berufungsgericht zurückverwiesen.

Die Entscheidung über die Kosten des Revisionsverfahrens bleibt dem Berufungsgericht vorbehalten. Von Rechts wegen.

Tatbestand

Die Klägerin ist Inhaberin des vom 5. September 1934 ab wirksamen Patents 710 264. Die Ansprüche des Patents lauten:

1. Maschine zum Aufkleben von Abdichtungs- und Verstärkungsstreifen auf die Kreuzböden von Ventilsäcken, dadurch gekennzeichnet, daß die mit den fertigen Kreuzböden (b) versehenen Werkstücke (a) auf einem Tisch (p) quer liegend einer Förderwalze (o) zugeführt werden, unterhalb welcher gleichzeitig

für jeden Kreuzboden des Werkstückes die Falzzange einer Falzvorrichtung (l, m) den von einer Rolle (d) abgezogenen und auf Länge abgeschnittenen Abdichtungs- und Verstärkungsstreifen (c) unter Bildung des Falzes (f) mit der Falzkante voran an der Klebstoffauftragevorrichtung (n) vorbeiführt und auf den ihr zugeordneten Kreuzboden (b) aufbringt, worauf der Sack über Anpreßrollen (t) der Ablage (u) zugeführt wird.

2. Maschine nach Anspruch 1, dadurch gekennzeichnet, daß die Werkstücke (a) nach dem Aufbringen des nach der Seite des ersten Bodenfalzes über den Boden seitlich überstehenden Abdichtungsstreifens (c) zur Erzeugung des Seitenfalzes (u) im Abdichtungsstreifen (c) an einer Längsfalzvorrichtung (s) vorbei über Anpreßrollen (t) der Ablage (u) zugeführt werden.

Die Beklagte hat von ihr hergestellte Bodenzettelaufklebemaschinen unter der Bezeichnung AID in Verkehr gebracht, bei denen der Abdichtungsfalz durch einen Greiferzylinder nach Vorbeiführen an einer Klebstoffwalze ohne Bildung eines die Ventillippe verstärkenden Querfalzes auf den fertigen Kreuzboden aufgeklebt wird. Der seitlich über den Kreuzboden hervorstehende Teil des Abdichtungsstreifens wird durch eine feststehende Längsfalzvorrichtung geführt, um den Abdichtungsstreifen durch einen Längsfalz mit dem Ventilboden zu verkleben.

Die Klägerin ist der Meinung, daß diese Maschine ihr Patent verletze. Mit der Klage hat die Klägerin beantragt, die Beklagte zur Unterlassung und Rechnungslegung zu verurteilen und ihre Schadensersatzpflicht festzustellen.

Die Beklagte, die um Abweisung der Klage bittet, hat sich darauf berufen, das Reichspatentamt habe im Erteilungsbeschluß vom 16. Juni 1941 den Patentschutz beschränkt auf die Gesamtheit der Erfindungsmerkmale des Anspruchs 1. Der Gegenstand des Anspruchs 2, bei dem es sich um einen echten Unteranspruch handele, sei danach nur in Verbindung mit der Gesamterfindung des Anspruchs 1 geschützt. Auch nach dem Stande der Technik sei die von der Klägerin angestrebte erweiterte Auslegung des Klagepatents unzulässig. Die angegriffene Maschine verletze das Klagepatent nicht, weil abweichend von Anspruch 1 kein Falzzangenzylinder zur Bildung eines die Ventillippe verstärkenden Querfalzes verwendet werde.

Das Landgericht hat die Beklagte verurteilt, bei Vermeidung von Geld- oder Haftstrafe es zu unterlassen, Maschinen zum Aufkleben von Abdichtungs- und Verstärkungsstreifen auf die Kreuzböden von Ventilsäcken gewerbsmäßig herzustellen, feilzuhalten, in Verkehr zu bringen oder zu gebrauchen, wenn das mit dem fertigen Kreuzboden versehene Werkstück auf einem Tisch quer liegend einer Förderwalze zugeführt wird, unterhalb welcher gleichzeitig für jeden der beiden Kreuzböden ein umlaufendes Segmentstück mit einem Greiferzylinder derart zusammenarbeitet, daß die von einer Rolle abgezogenen und auf Länge abgeschnittenen Abdichtungs- und Verstärkungsstreifen mit ihrer durch den Greifer abgebogenen Querkante voran an der Klebstoffauftragvorrichtung vorbeigeführt und auf den ihnen zugeordneten Kreuzboden und die Ventillippe aufgebracht werden, und zwar so, daß sie die Kreuzböden des Werkstückes an den beiden Außenseiten überragen, und wenn weiterhin das Werkstück zur Erzeugung von Seitenfalzen aus den überragenden Teilen der Abdichtungs- und Verstärkungsstreifen an einer Längsfalzvorrichtung vorbei über Anpreßrollen der Ablage zugeführt wird.

In dem bezeichneten Umfange hat das Landgericht die Beklagte auch zur Rechnungslegung verurteilt und ihre Schadensersatzpflicht festgestellt.

Nach Anhörung eines Sachverständigen hat das Kammergericht die Berufung zurückgewiesen.

Gegen das Urteil hat die Beklagte Revision eingelegt.

Die Klägerin bittet, die Revision zurückzuweisen.

Entscheidungsgründe

Das zulässige Rechtsmittel ist begründet.

I. Das Klagepatent will mit der Vorrichtung des Anspruchs 1 die fertigen Kreuzböden von Ventilsäcken mit einem die Ventillippe durch einen Falz verstärkenden Bodenblatt abdichten, das auf der ganzen Fläche mit Klebstoff versehen werden kann und dadurch einen dichten Abschluß des Kreuzbodens bildet.

Nach der Darlegung des Berufungsrichters erreicht Anspruch 1 des Klagepatents diesen Erfolg durch folgende Mittel:

1. Die Schläuche mit dem fertigen Kreuzboden werden auf einem Tisch querliegend einer Förderwalze zugeführt.

2. Für jeden der beiden Kreuzböden werden gleichzeitig Abdichtungs- und Verstärkungsstreifen von einer Rolle abgezogen und auf Länge abgeschnitten.

3. Unterhalb der unter 1. genannten Förderwalze werden die Streifen mit ihrer Vorderkante von einer an einem zylinderförmigen Körper versenkt angeordneten Zange erfaßt und mit dieser Kante voran an der sie mit einem vollflächigen Klebstoffauftrag versehenden Klebstoffauftragvorrichtung vorbeigeführt und sodann auf die ihnen zugeordneten Kreuzböden aufgebracht.

4. Hierbei erfolgt durch die als eine Falzvorrichtung mit Falzzange ausgebildete unter 3. genannte Greifvorrichtung die Bildung eines Verstärkungsfalzes an der Vorderkante des Abdichtungs- und Verstärkungsstreifens.

5. Alsdann werden die Werkstücke über Anpreßrollen zur Ablage gebracht.

In der Vereinigung dieser Mittel sieht der Berufungsrichter in Übereinstimmung mit dem Sachverständigen den Gegenstand des Schutzes nach Anspruch 1 des Klagepatents. Wesentlich für die Beurteilung der Erfindung des Anspruchs 1 ist, daß der Abdichtungsstreifen nicht in den offenen Kreuzboden eingelegt, sondern auf den fertigen Boden unter Bildung eines mit der Ventillippe abschneidenden Verstärkungsfalzes von außen aufgebracht wird. Das Klagepatent verzichtet also bewußt darauf, den Ventilverlängerungs- oder Verstärkungsstreifen bei der Bildung des Kreuzbodens in den Ventilkanal einzuschlagen. Es begnügt sich mit der Verstärkung der Ventillippe durch den von außen aufzubringenden Falz und nutzt die sich hieraus ergebende Möglichkeit, den Abdichtungsstreifen breiter zu halten, dazu aus, mit Hilfe eines Klebstoffauftrags auf der ganzen Fläche eine gute Abdichtung des Kreuzbodens zu erzielen. Anspruch 2 will die Abdichtung des Kreuzbodens noch verbessern. Er geht davon aus, daß der Verzicht auf das Einschlagen des Streifens in den Ventilkanal die Möglichkeit bietet, den seitlich über den Kreuzboden hinausgreifenden Abdichtungsstreifen maschinell mit einem Längsfalz zu versehen (Beschreibung S. 2 Zeile 27 ff.). Dies geschieht nach Anspruch 2 dadurch, daß der nach der Seite des ersten Bodenfalzes überstehende Abdichtungsstreifen nach der Aufbringung auf den Boden an einer Längsfalzvorrichtung vorbeigeführt wird.

Im Anschluß an die Erörterungen über den Gegenstand der Ansprüche 1 und 2 des Klagepatents prüft der Berufungsrichter, ob dem Durchschnittsfachmann, der die Patentschrift mit einem dem Anmeldetage entsprechenden Fachwissen würdigt, bei Betrachtung der Ansprüche im Zusammenhang mit dem Gesamtinhalt von Beschreibung und Zeichnungen ohne erfinderische Bemühung ein erweiterter Erfindungsgedanke offenbart wird, der nicht das oben angeführte Merkmal 4 des Anspruchs 1 enthält, dafür aber ergänzt wird durch das Merkmal des Anspruchs 2. Grundsätzlich ist hierzu zu bemerken, daß über die Offenbarung des erweiterten Erfindungsgedankens durch das Klagepatent kein Zweifel obwalten könnte, wenn Anspruch 1 die Erfindungsmerkmale 3 und 4 in der Fassung enthielte, wie der Berufungsrichter sie oben wiedergegeben hat. Die Fassung des Merkmals 3 bringt bereits zum Ausdruck, daß der Fachmann statt einer Falzzange einen Greiferzylinder mit versenktem Greifer zur Führung des Abdichtungsstreifens anwenden kann, wenn er auf Verstärkung der Ventillippe durch einen Falz verzichten und nur das beschränktere Ziel erreichen will, ein breites, gut dichtendes Bodenblatt von außen auf den fertigen Kreuzboden aufzubringen. Sie nimmt also vorweg, was aus der Patentschrift bewiesen werden soll. Die Merkmale 3 und 4 stehen nach Anspruch 1 im engsten Zusammenhang. Aus dem Anspruch in Verbindung mit den erläuternden Angaben von Beschreibung und Zeichnung geht hervor, daß die Falzzange einer Falzvorrichtung (l, m) zunächst den zur Verstärkung der Ventillippe dienenden Querfalz bildet und sodann den Abdichtungsstreifen mit der Falzkante voran an der Klebstoffauftragvorrichtung vorbeiführt. Das Mittel zur Führung des Dichtungsstreifens ist also die Falzzange der Falzvorrichtung, die den Streifen an der Falzkante festhält. Wenn geprüft werden soll, ob der Fachmann aus dem Anspruch und dem sonstigen Inhalt der Patentschrift ohne erfinderische Überlegung einen erweiterten Erfindungsgedanken entnehmen kann, so dürfen die Erfindungsmerkmale des Anspruchs nicht in einer Weise abgeändert werden, die bereits die Möglichkeit der gedanklichen Verallgemeinerung enthält. Gleichwohl ist die Rüge der Beklagten, daß der Berufungsrichter zu Unrecht den erweiterten Erfindungsgedanken als durch die Patentschrift offenbart angesehen habe, im Ergebnis unbegründet. In Übereinstimmung mit dem Sachverständigen legt der Berufungsrichter mit Recht Gewicht darauf, daß man auf die Verstärkung der Ventillippe durch den Querfalz unter Umständen verzichten kann, wenn man kleinere Beutel herstellt oder starkes Papier zur Abdichtung des Kreuzbodens verwendet. Auch im Falle eines solchen Verzichts kann man aber nach den Darlegungen des Berufungsrichters die übrigen von dem Klagepatent erstrebten Vorteile, unter sicherer Führung einen breiten Verstärkungsstreifen auf der ganzen Fläche auf den fertigen Kreuzboden aufzukleben, erreichen, wenn man statt der Falzzangenvorrichtung einen Greiferzylinder anwendet, dessen Greifer ähnlich wie die Falzzange des Ausführungsbeispiels im Zylinder versenkt angeordnet ist. Der Dichtungsstreifen wird durch einen solchen Greiferzylinder an der Vorderkante gefaßt und leicht abgebogen, also nicht zu einem Querfalz umgelegt. Auch eine solche Führung ist ausreichend sicher und ermöglicht den von dem Klagepatent für erforderlich gehaltenen Klebstoffauftrag auf der ganzen Fläche des Dichtungsstreifens. Aus Rechtsgründen nicht zu beanstanden ist die tatsächliche Annahme des Berufungsrichters, daß der Durchschnittsfachmann auf Grund seines allgemeinen Fachkönnens bei Würdigung des Gesamtinhaltes der Patentschrift diese Überlegungen anzustellen vermag, und hierdurch zu dem erweiterten Erfindungsgedanken geführt wird, der keine Falzzange anwendet, aber das Erfindungsmerkmal des Anspruchs 2 einschließt.

II. Zu durchgreifenden Bedenken gibt dagegen der Umstand Anlaß, daß der Berufungsrichter die im Erteilungsverfahren eingetretene Einschränkung des Patentschutzes nicht hinreichend bei Prüfung der Frage beachtet hat, unter welchen Voraussetzungen das Merkmal des Anspruchs 2 in Verbindung mit den übrigen aus Anspruch 1 abgeleiteten Merkmalen des erweiterten Erfindungsgedankens noch als schutzfähig angesehen werden kann. Der Berufungsrichter hat sich zwar ausführlich mit dem Erteilungsverfahren befaßt, hieraus aber nicht durchweg zu billigende Schlußfolgerungen gezogen. Zutreffend stellt der Berufungsrichter fest, der Beschwerdesenat habe im Beschluß vom 16. Juni 1941 bei Erteilung des Patents unzweideutig festgelegt, daß nicht ein Teil, sondern nur die Gesamtheit der Erfindungsmerkmale des Anspruchs 1 Patentschutz erhalten solle. Dieser Wille des Reichspatentamts kommt insbesondere zum Ausdruck in folgender von dem Berufungsrichter wörtlich wiedergegebenen Stelle der Entscheidungsgründe: „Entsprechend dem Bekanntsein einzelner Merkmale wird auch nicht Schutz für die einzelnen Elemente der als Kombination zu wertenden Erfindung noch für Teilkombinationen begehrt, sondern die Erfindung wird allein in der im Hauptanspruch gekennzeichneten, sämtliche einleitend aufgeführten Einzelmerkmale aufweisenden Kombination, also darin gesehen, daß bei einer Maschine zum Aufkleben von Abdichtungs- und Verstärkungsstreifen auf die Kreuzböden von Ventilsäcken, die mit den fertigen Kreuzböden versehenen Werkstücke auf einem Tisch querliegend einer Förderwalze zugeführt werden, unterhalb welcher gleichzeitig für jeden Kreuzboden des Werkstückes die Falzzange einer Falzvorrichtung den von einer Rolle abgezogenen und auf Länge abgeschnittenen Abdichtungs- und Verstärkungsstreifen unter Bildung des Falzes mit der Falzkante voran an der Klebstoffauftragevorrichtung vorbeiführt und auf den ihr zugeordneten Kreuzboden aufbringt, worauf der Sack über Anpreßrollen der Ablage zugeführt wird." Mit Recht betont auch der Berufungsrichter, daß nach den Entscheidungsgründen des Beschwerdesenats der Bildung des die Ventillippe des Kreuzbodens verstärkenden Querfalzes durch eine unterhalb der Förderwalze angeordnete Falzvorrichtung wesentliche Bedeutung im Rahmen der Gesamterfindung des Anspruchs 1 zukommt.

Daraus folgt, daß ein nur die oben erwähnten Merkmale 1, 2, 3 und 5 umfassender erweiterter Erfindungsgedanke nicht als durch das Klagepatent geschützt angesehen werden kann. Unerheblich für dieses Ergebnis ist, daß nach der Darlegung des Berufungsrichters und des Sachverständigen ein Durchschnittsfachmann auf Grund des Gesamtinhaltes der Patentschrift ohne erfinderische Überlegung zu der Erkenntnis gelangen kann, auch unter Verzicht auf den die Ventillippe verstärkenden Querfalz sei in gewissen Fällen ein dichter, ausreichend starker Abschluß des Kreuzbodens durch einen die Bodenbreite einnehmenden und auf der ganzen Fläche mit Klebstoff versehenen Abdichtungsstreifen zu erzielen, wenn der Streifen durch einen unterhalb der Förderwalze angeordneten Greiferzylinder mit versenktem Greifer an der Vorderkante erfaßt, an der Klebstoffwalze vorbeigeführt und auf den Kreuzboden des quer geförderten Ventilsackes aufgebracht werde. Nach der für den Verletzungsrichter bindenden Entscheidung des Beschwerdesenats ist dieser Gedanke, der den von dem Berufungsrichter erörterten Merkmalen 1, 2, 3 und 5 entspricht, von dem Patentschutz ausgeschlossen. In dem Gegenstand des Anspruchs 2 hat der Beschwerdesenat eine zweckmäßige Ausbildung der Gesamterfindung des Hauptanspruches gesehen, die in Verbindung mit der Erfindung des Hauptanspruches nicht vorbekannt und für den Fachmann nicht selbstverständlich ist. Er hat dazu ausgeführt, das Umlegen des über die Seitenwand des Sackes überstehenden Abdichtungsstreifens mit Hilfe einer Längsfalzvorrichtung ermögliche es, Abdichtungsstreifen gleicher Breite auf Säcken verschiedener Breite anzuwenden und trotzdem eine vollkommene Abdichtung des Kreuzbodens bei gleichzeitiger Verstärkung des Bodens und der Ventillippe zu erzielen. Hiernach hat der Beschwerdesenat die Schutzfähigkeit der Maßnahme des Anspruchs 2 nur in dem Sinne anerkannt, daß die Voraussetzungen für einen Unteranspruch erfüllt seien.

Der Berufungsrichter hat dazu ausgeführt, das Reichspatentamt habe hiermit nicht gesagt, daß es einem erweiterten Erfindungsgedanken, der außer der Teilkombination der Merkmale 1, 2, 3 und 5 des Anspruchs 1 auch das Merkmal des Anspruchs 2 umfasse, keinen Patentschutz habe gewähren wollen. Ein solcher Ausspruch habe nahe gelegen, weil nach den Erklärungen der Beklagten im Einspruchsverfahren (Eingabe vom 19. Oktober 1940 Bl. 311) die Klägerin auf Grund der bekannt gemachten Unterlagen einen entsprechenden Patentschutz geltend gemacht habe. Der Berufungsrichter hat ferner darauf hingewiesen, daß die Anmeldeabteilung in ihrem Beschluß vom 13. September 1939 (Bl. 245) die Anmeldung zurückgewiesen habe, weil die Klägerin das Verlangen des Zwischenbescheides vom 27. Februar 1939 nicht erfüllt habe, durch Erklärungen in der Patentbeschreibung klarzustellen, daß nur die Vereinigung aller Merkmale des Anspruchs 1 Patentschutz genieße und daß der Gegenstand des Anspruchs 2 nur im Zusammenhang mit dem Gegenstand des Anspruchs 1 geschützt sei.

Entgegen der Meinung des Berufungsrichters kann bei der Beurteilung der Vorgänge im Erteilungsverfahren kein Gewicht darauf gelegt werden, daß der Beschwerdesenat im Gegensatz zur Anmeldeabteilung nicht darauf bestanden hat, daß in der Patentbeschreibung Erklärungen über den Schutzumfang des Klagepatents abgegeben würden. Der Beschwerdesenat hat, wie sich aus den Entscheidungsgründen ergibt, die verfahrensrechtlichen Voraussetzungen für die Erteilung des Patents bejaht, weil das Schutzbegehren nach dem bekannt gemachten Anspruch 1 auf die Gesamtkombination gerichtet war. Abweichend von der Anmeldeabteilung hat er es deshalb für ausreichend erachtet, in den Entscheidungsgründen festzulegen, daß die Erfindung allein in der Gesamtheit der Merkmale des Anspruchs 1 erblickt werde, und daß eine Teilkombination dieser Merkmale nicht unter den Patentschutz fallen solle. Nicht zugegeben werden kann allerdings der Beklagten, daß der Beschwerdesenat auch für den Gegenstand des Anspruchs 2 unzweideutig einen erweiterten Schutz abgelehnt hat. Aus der Tatsache allein, daß der Beschwerdesenat nach Anerkennung der Patentfähigkeit der Gesamtkombination des Anspruchs 1 den Gegenstand des Anspruchs 2 nur noch auf das Vorhandensein der Voraussetzungen eines Unteranspruchs geprüft hat, kann dies nicht mit genügender Sicherheit geschlossen werden. Dagegen muß, was der Berufungsrichter nicht hinreichend beachtet hat, auch in der Frage, ob die Maßnahme des Anspruchs 2 in Verbindung mit einer Unterkombination des Anspruchs 1 als geschützt angesehen werden kann, davon ausgegangen werden, daß nach der bindenden Entscheidung des Beschwerdesenats Unterkombinationen des Anspruchs 1 für sich nicht schutzfähig sind. Diese Entscheidung kann ihrer Wirkung nicht dadurch beraubt werden, daß die nicht schutzfähige Teilkombination durch ein aus dem Anspruch 2 abgeleitetes weiteres Merkmal ergänzt wird, wenn dieses Merkmal für sich keine Erfindung ist und seine Hinzufügung zu der Teilkombination nach dem Stande der Technik des Anmeldetages im Bereiche des allgemeinen Fachkönnens lag. Es muß also nach der Entscheidung des Beschwerdesenats für das Verletzungsverfahren unterstellt werden, daß die Teilkombination der Merkmale 1, 2, 3 und 5 nach dem Stande der Technik nicht schutzfähig sei. Auf dieser Grundlage war zu prüfen, ob für einen Fachmann mit dem Fachwissen des Anmeldetages erfinderische Überlegung nötig war, um bei einer lediglich die Teilkombination erfüllenden Maschine die Längsfalzvorrichtung des Anspruchs 2 anzuwenden. Nur bei Bejahung dieser Voraussetzung kann das Merkmal des Unteranspruchs in Verbindung mit der an sich nicht schutzfähigen Kombination der Merkmale 1, 2, 3 und 5 des Anspruchs 1 durch das Klagepatent als geschützt angesehen werden.

III. In der bezeichneten Richtung haben der Berufungsrichter und auch der Sachverständige den Stand der Technik nicht ausreichend gewürdigt. Es ist nicht zu ersehen, ob sie im Rahmen des erweiterten Erfindungsgedankens der Anwendung der Längsfalzvorrichtung die ihr zukommende entscheidende Bedeutung beigemessen haben. Seitlich über den Rand des Kreuzbodens hinübergreifende Abdichtungsstreifen waren nicht neu. Die Beschreibung des Klagepatents erwähnt, daß man sie bisher mit der Hand aufgebracht habe (S. 2 Z. 35). Nach den Feststellungen des Berufungsrichters ist jedoch der seitliche Abdichtungsstreifen an Kreuzböden von Ventilsäcken vor dem Anmeldetage des Klagepatents auch schon maschinell ausgeführt worden. Er hat für erwiesen erachtet, daß die Firma Fränkische Bauwaren GmbH eine in ihrem Auftrage von der Firma Maveg hergestellte und gelieferte Maschine im Jahre 1934 durch Vorführung vor Betriebsfremden offenkundig vorbenutzt hat, mit der Ventilsäcke hergestellt und mit einem Abdichtungsstreifen auf dem fertigen Kreuzboden versehen worden sind (Aussagen Hausmann und Fellermaier, BU S. 35). Der aufgeklebte Abdichtungsstreifen überragte den Kreuzboden seitlich um etwa 2 cm. Der überstehende Teil wurde unter Bildung eines Längsfalzes mit dem Kreuzboden verklebt. Bei dieser Maschine lag also bei Zugrundelegung der von dem Berufungsrichter für zutreffend erachteten Aussagen der Zeugen Hausmann und Fellermaier (BU S. 35) bereits die Erkenntnis vor, daß die Möglichkeit besteht, zur besseren Abdichtung des Kreuzbodens breit gehaltene Bodenzettel seitlich überstehen zu lassen und durch einen Längsfalz mit dem Kreuzboden zu verkleben, wenn man den Zettel unter Verzicht auf das Einschlagen eines Verlängerungs- oder Verstärkungsstreifens in den Ventilkanal auf den fertigen Kreuzboden aufklebt. Zwar wurde bei der offenkundig vorbenutzten Maschine der seitliche Längsfalz durch einen Schwenkkörper und nicht durch eine Längsfalzvorrichtung ausgeführt. Der Berufungsrichter hat dies damit erklärt, daß eine Längsfalzvorrichtung nicht habe angewendet werden können, weil der Papiersack in der Längsrichtung durch die Maschine gefördert wurde. Die Beklagte hatte indessen behauptet, daß es für den Fachmann bei der durch das Deutsche Patent 597 849 bekannt gewordenen Querförderung des Werkstückes durch die Maschine nahe liegend oder sogar selbstverständlich gewesen sei, sich zur Bildung des Seitenfalzes statt eines Schwenkkörpers der in der Papierverarbeitungsindustrie häufig angewendeten Längsfalzvorrichtung zu bedienen (Berufungsbegründung vom 11. November 1942 S. 8, 11). In diesem Zusammenhange hatte die Beklagte zum Nachweise dafür, daß man bei der Bildung von Kreuzböden schon feststehende Längsfalzvorrichtungen angewendet habe, auch auf die von ihr unter der Bezeichnung AD offenkundig vorbenutzte Maschine verwiesen. Auf dieser Maschine wurde nach der Darlegung des Berufungsrichters (BU S. 37) ein in den noch offenen Kreuzboden eingelegter Ventilverlängerungszettel mit den Bodenklappen verklebt; alsdann wurden die Bodenklappen durch feststehende Längsfalzvorrichtungen umgefaltet. Auf der dargelegten Grundlage war zu entscheiden, ob es zur Zeit der Anmeldung des Klagepatents für den Durchschnittsfachmann naheliegend war oder erfinderischer Überlegung bedurfte, bei einer die nicht schutzfähige Teilkombination der Merkmale 1, 2, 3 und 5 verwirklichenden Maschine zum Abdichten von Ventilsackböden den an sich bekannten Gedanken zu benutzen (Maveg-Maschine), den auf den fertigen Kreuzboden aufzuklebenden Abdichtungsstreifen seitlich über den Rand des Kreuzbodens überstehen zu lassen und den überstehenden Teil durch einen Längsfalz mit dem Kreuzboden zu verkleben, ob es ferner naheliegend oder erfinderisch war, sich zur Herstellung des Längsfalzes bei Querförderung des Werkstückes einer ebenfalls in der Papiersackindustrie schon angewendeten feststehenden Längsfalzvorrichtung (Maschine AD der Beklagten) zu bedienen.

Zur Nachprüfung des Standes der Technik nach den angegebenen Richtlinien muß das angefochtene Urteil aufgehoben und die Sache zur neuen Verhandlung und Entscheidung an das Berufungsgericht zurückverwiesen werden.

Sollte das Berufungsgericht nunmehr zu dem Ergebnis kommen, daß der Patentschutz sich nicht auf den erörterten erweiterten Erfindungsgedanken erstreckt, so wird zu erwägen sein, ob zur Begründung des Schadensersatzanspruchs hinsichtlich der in der Urteilsformel des Landgerichts bezeichneten Handlungen der Gebrauchsmusterschutz der Klägerin für die Zeit bis zum 4. September 1940 (Ablauf des Gebrauchsmusters) herangezogen werden kann.

Die Entscheidung über die Kosten des Revisionsverfahrens bleibt dem Berufungsgericht vorbehalten.

93. 1. Die Klägerin kann nicht an einem Vertrage festgehalten werden, zu dessen Erfüllung die Beklagte seit nahezu fünf Jahren außerstande ist, bei dem sich auch nicht absehen läßt, ob und wann sie in die Lage kommen wird, die ihr obliegende Leistung zu bewirken. Es hieße den Begriff der Unmöglichkeit der Leistung überspannen, wenn man ihn angesichts der Ungewißheit, in der sich die Klägerin auch weiterhin befinden würde, und der Unübersehbarkeit der sich für sie hieraus ergebenden wirtschaftlichen Folgen nicht bejahen wollte.

2. Eine Delivery-Order kommt in ihrer rechtlichen Bedeutung einem Konnossement nicht gleich. Ihre Aushändigung ermangelt der dinglichen Wirkung, welche die Übergabe des Konnossements im Hinblick auf die Ware hat, und bietet dem Empfänger auch sonst nicht die Rechtssicherheit des Konnossements. Dies ergibt sich schon daraus, daß das Konnossement unerachtet der Ausstellung der Delivery-Order im Verkehr bleibt, von seinem Inhaber jederzeit weiterbegeben und so zu einer Verfügung über die Ware benutzt werden kann, die von der Weisung der Delivery-Order abweicht. Deren Empfänger kann sich umso weniger darauf verlassen, die Ware der Weisung gemäß ausgeliefert zu erhalten, als die Urkunde in keiner Weise erkennen läßt, daß sich auch der aus dem Konnossement Verpflichtete dieser Weisung unterworfen habe; weder der Reeder noch seine Vertreter (Schiffer, Kaiverwaltung) sind durch die ohne ihre Mitwirkung zustande gekommene Delivery-Order irgendwie gebunden.

BGB § 323.

II. Zivilsenat. Urt. v. 22. Dezember 1944 (II 105/1944).

I. Landgericht Hamburg.
II. Oberlandesgericht in Hamburg.

In Sachen der Firma Th. Raydt in Hamburg, Bei den Mühren 91, Beklagten und Revisionsklägerin, Prozeßbevollmächtigter: Rechtsanwalt Dr. Petersen in Leipzig,

gegen

die Firma Johann Etrich KG in Trautenau/Sudetengau, Klägerin und Revisionsbeklagte, Prozeßbevollmächtigter: Rechtsanwalt Justizrat Dr. Schrömbgens in Leipzig,

hat das Reichsgericht, II. Zivilsenat, auf die mündliche Verhandlung vom 22. Dezember 1944 durch den Vizepräsidenten beim Reichsgericht Kolb und die Reichsgerichtsräte Dr. Neumerkel und Dr. Köllensperger durch Teilurteil für Recht erkannt:

Die Revision der Beklagten gegen das Urteil des 6. Zivilsenats des Oberlandesgerichts in Hamburg vom 28. August 1944 wird zurückverwiesen.

Die Kostenentscheidung bleibt dem Schlußurteil vorbehalten. Von Rechts wegen.

Tatbestand

Wegen des Sachverhalts wird auf das Urteil II 12/43 des erkennenden Senats vom 28. Juni 1943 [im Anhang wiedergegeben] verwiesen, durch das auf die Revision der Klägerin das Teilurteil des Oberlandesgerichts Hamburg vom 16. Dezember 1942 aufgehoben und die Sache zur anderweiten Verhandlung und Entscheidung an das Berufungsgericht zurückverwiesen worden war. In der weiteren Verhandlung vor diesem haben die Parteien ihre Berufungsanträge aufrechterhalten und mit weiteren tatsächlichen und rechtlichen Ausführungen begründet. Das Berufungsgericht hat nunmehr durch Urteil vom 28. August 1944 das Urteil des Landgerichts Hamburg vom 24. März 1942 aufgehoben und der Klage stattgegeben.

Hiergegen richtet sich die Revision der Beklagten, mit der sie beantragt, das angefochtene Urteil aufzuheben und nach ihren Berufungsanträgen zu erkennen. Die Klägerin hat um Zurückweisung des Rechtsmittels gebeten.

Entscheidungsgründe

Der erkennende Senat hatte in seinem Urteil vom 28. Juni 1943 ausgeführt: Der Cif-Käufer könne sich gegenüber dem Zahlungsverlangen des Verkäufers nicht auf mangelnde Andienung der Dokumente berufen, wenn ihm ein schutzwürdiges Interesse an deren Vorlegung fehle. Das sei, soweit die Übergabe des Konnossements einer solchen der Ware gleichkomme, der Fall, wenn diese während des Transportes verloren gegangen sei. Denn dann könne auch das Konnossement dem Käufer weder den Besitz an der Ware noch die Verfügungsgewalt über sie verschaffen und sei deshalb insoweit für ihn bedeutungslos geworden. Ihm könne trotz Untergangs der Ware insofern an der Erlangung des Konnossements liegen, als dieses auch Beweisurkunde sei und als solche dem Käufer dazu verhelfe, Ansprüche Dritter von sich abzuwenden oder eigene Ansprüche zu verwirklichen. Nur wenn feststehe, daß das Konnossement auch insoweit für den Käufer wertlos sei, verliere dieser das Recht, sich wegen mangelnder Andienung der Dokumente von seiner Zahlungspflicht zu befreien.

Das Berufungsgericht hat unter Beachtung dieser Gesichtspunkte geprüft, ob hier der Besitz der Dokumente für die Klägerin von Bedeutung sei. Es hat dies wegen der in Italienisch-Somaliland gelöschten, später in feindliche Hand gelangten 250 Ballen Rohjute bejaht, weil nur der Inhaber des Konnossements Aussicht habe, im Fall einer zu erwartenden gesetzlichen Regelung vom Deutschen Reich oder von der italienischen Regierung für Verluste dieser Art entschädigt zu werden. Es sieht sich deshalb zur Zeit außerstande, festzustellen, das

das Konnossement als Beweisurkunde für die Klägerin wertlos sei, und hält diese demzufolge gemäß § 323 BGB für befugt, sich wegen Nichtandienung der Dokumente darauf zu berufen, daß sie von ihrer Leistungspflicht freigeworden sei.

Die Revision macht demgegenüber geltend: Das Berufungsgericht habe außer Acht gelassen, daß das Urteil des erkennenden Senats vom 28. Juni 1943 von der Annahme ausgehe, der Klägerin seien keine ordnungsmäßigen Dokumente übergeben worden und sie habe den Mangel rechtzeitig gerügt. Da die Beklagte im Gegensatze hierzu behauptet habe, sie habe durch Übersendung von Delivery-Orders ihrer Andienungspflicht genügt, und die Klägerin habe eine insoweit etwa bestehende Vertragswidrigkeit jedenfalls nicht rechtzeitig beanstandet, habe das Berufungsgericht nicht zugunsten der Klägerin entscheiden dürfen, ohne auf dieses Vorbringen einzugehen und es als unbegründet zurückzuweisen. Hierzu ist folgendes zu bemerken:

Das Berufungsgericht mag allerdings bei dem die 250 Ballen betreffenden Teile seiner Entscheidung nicht ausdrücklich ausgesprochen haben, daß es die Beklagte nicht schon deshalb für entlastet halte, weil sie der Klägerin eine Delivery-Order habe zugehen lassen. Seine Ausführungen ergeben aber in ihrem Zusammenhange zur Genüge, daß es dieser Auffassung ist. Es hebt einmal hervor, daß es der Klägerin nur auf Grund des vollständigen Konnossementensatzes gelingen werde, von der italienischen Regierung oder vom Deutschen Reich Entschädigung für die ihr entgangenen 250 Ballen zu erlangen, da nur die Vorlegung der vollständigen Konnossemente die Gefahr einer nochmaligen Inanspruchnahme jener Stellen durch einen gutgläubigen Konnossementserwerber ausschließe. Damit bringt das Berufungsgericht zum Ausdruck, daß es die Andienung einer anderen Urkunde als des Konnossements, also auch die einer Delivery-Order, nicht für ausreichend erachte, um die Klägerin wegen ihrer vertraglichen Ansprüche zufrieden zu stellen. Sodann hat es, wenn auch nur bei Erörterung der weiteren Partie von 80 Ballen, noch besonders ausgesprochen, daß die Übersendung einer Delivery-Order nach Art der hier benutzten einer Lieferung des Konnossements nicht gleichkomme. Da die über 80 Ballen lautende Delivery-Order, abgesehen von den durch die Verschiedenheit der Warenposten bedingten Abweichungen, inhaltlich mit der sich auf die 250 Ballen beziehenden übereinstimmt, kann ohne weiteres angenommen werden, daß das Berufungsgericht diese ebenso beurteilt haben würde, wenn es sich mit ihr befaßt hätte. Es erscheint deshalb unbedenklich, seine Ausführungen zu diesem Punkt auch insoweit als für seine Entscheidung maßgebend anzusehen und bei deren rechtlicher Würdigung zu berücksichtigen, als es sich um die 250 Ballen handelt.

Das Berufungsgericht ist der Meinung, daß die Übersendung einer Delivery-Order nach Art der hier verwendeten, nämlich einer Auslieferungsanweisung des englischen Verkäufers des deutschen Cif-Verkäufers an den inländischen Spediteur, einer Übergabe des Konnossements nicht gleichstehe, weil sie in keiner Weise geeignet sei, dem Käufer Besitz und Eigentum an der Ware zu verschaffen. Sie habe, so erwägt es, weder die dem Konnossement eigentümliche Traditionswirkung, noch führe sie zu einem Eigentumsübergang gemäß § 931 BGB. Wenn der Sachverständige Schubel bekunde, daß nach einem im Rohjutehandel seit Jahren herrschenden Brauch eine Delivery-Order an Stelle des Konnossements als andienungsfähig angesehen werde, so sei dies nicht dahin zu verstehen, daß sich der Käufer, der vertragsgemäß Anspruch auf Lieferung der Konnossemente habe, im Falle des Verlustes der Ware mit einer Delivery-Order zufrieden geben müsse.

Dieser Ansicht des Berufungsgerichts ist beizutreten. Daß eine Delivery-Order der hier vorliegenden Art in ihrer rechtlichen Bedeutung einem Konnossement nicht gleichkommt, unterliegt keinem Zweifel. Ihre Aushändigung ermangelt der dinglichen Wirkung, welche die Übergabe des Konnossements im Hinblick auf die Ware hat, und bietet dem Empfänger auch sonst nicht die Rechtssicherheit des Konnossements. Dies ergibt sich schon daraus, daß das Konnossement unerachtet der Ausstellung der Delivery-Order im Verkehr bleibt, von seinem Inhaber jederzeit weiterbegeben und so zu einer Verfügung über die Ware benutzt werden kann, die von der Weisung der Delivery-Order abweicht. Deren Empfänger kann sich um so weniger darauf verlassen, die Ware der Weisung gemäß ausgeliefert zu erhalten, als die Urkunde in keiner Weise erkennen läßt, daß sich auch der aus dem Konnossement Verpflichtete dieser Weisung unterworfen habe; weder der Reeder noch seine Vertreter (Schiffer, Kaiverwaltung) sind durch die ohne ihre Mitwirkung zustande gekommene Delivery-Order irgendwie gebunden, bleiben vielmehr nach wie vor verpflichtet, die Ware dem legitimierten Inhaber des Konnossements auszuhändigen, solange dieses selbst noch im Umlauf ist. Wenn der Sachverständige Schubel bekundet, im Rohjutehandel habe sich in den letzten Jahren vor dem gegenwärtigen Krieg ein Handelsbrauch dahin gebildet, daß Delivery-Orders des Verkäufers des inländischen Importeurs andienungsfähig seien, so mag diese Angabe zutreffen, soweit es sich darum handelt, durch Andienung der Dokumente den Käufer zur Bezahlung einer Ware zu veranlassen, die entweder bereits verfügbar ist oder mit deren Eintreffen noch gerechnet wird. Der Handelsbrauch kann aber, wie auch das Berufungsgericht annimmt, unmöglich gelten, wenn die Ware verloren gegangen ist und die Konnossemente zwar annehmbar noch vorhanden sind, es aber völlig ungewiß ist, wo sie sich befinden. Der Käufer trüge andernfalls die Gefahr der Reise nicht nur hinsichtlich der Ware, sondern auch hinsichtlich der Dokumente. Auch aus dem Kassa-Kontrakt der London Jute-Association in der hier maßgebenden Fassung vom Juli 1938 ergibt sich nichts anderes. Wenn dort unter Nr. 5 a Satz 1 auf die Zulässigkeit einer abweichenden

Vereinbarung hingewiesen und für diesen Fall die Andienungsfähigkeit anderer als der aufgeführten Dokumente bejaht wird, so wird auch dabei offenbar vorausgesetzt, daß das Konnossement zur Verfügung steht. Das ist in Satz 2 der genannten Bestimmung für eine Delivery-Order des Verkäufers sogar ausdrücklich vorgesehen; der Käufer soll zur Annahme einer solchen nur verpflichtet sein, wenn die Konnossemente an Bord hinterlegt sind.

Die Revision macht dem Berufungsgericht zum Vorwurf, den Vortrag der Beklagten und die Ausführungen des Sachverständigen darüber unbeachtet gelassen zu haben, aus welchen Gründen sich die Ausstellung von Delivery-Orders notwendig gemacht habe. Das Berufungsgericht sei ferner, so rügt sie, nicht auf den früheren Geschäftsverkehr der Parteien eingegangen, aus dem sich ergebe, daß sich die Klägerin stets mit einer Andienung von Delivery-Orders an Stelle von Konnossementen einverstanden erklärt habe. Die Revision kann auch hiermit keinen Erfolg haben. Die Einführung der Devisenbewirtschaftung und die Maßnahmen der Reichsstelle für Bastfasern mögen es, wie der Sachverständige bestätigt, mit sich gebracht haben, daß Delivery-Orders der englischen Verkäuferfirmen von den inländischen Käufern eingelöst wurden, und auch die Klägerin mag bei früheren Geschäften mit der Beklagten so verfahren sein. Auch dabei kann es sich aber immer nur um Geschäfte gehandelt haben, bei denen mit einem regelmäßigen Ablauf zu rechnen war und die Gefahr eines Dokumentenmißbrauchs fern lag. Es geht nicht an, daraus Folgerungen auch für den vorliegenden Fall zu ziehen, bei dem die Klägerin ohne den Besitz der Konnossemente niemals zu ihrem Rechte gelangen kann.

Hat hiernach das Berufungsgericht die Frage, ob die Beklagte durch Übersendung der Delivery-Orders ihrer Andienungspflicht genügt hat, mit Recht verneint, so kann das angefochtene Urteil auch nicht daran scheitern, daß es ungeprüft läßt, ob die Klägerin den Mangel ordnungsmäßiger Andienung rechtzeitig gerügt hat. Unstreitig hat sie, nachdem ihr die Deutsch-Südamerikanische Bank am 15. Januar 1940 im Auftrage der Beklagten die Dokumente, darunter die beiden Delivery-Orders, übersandt hatte, mit Brief vom 30. Januar 1940 erwidert, „diese halben Dokumente" besäßen für sie keinen Wert, da sie nur mittels des ganzen Satzes von Dokumenten über die Ware verfügen könne. Sie hat damit unzweideutig zum Ausdruck gebracht, daß sie die ihr übersandten Delivery-Orders wegen des ihnen anhaftenden Mangels ausreichender Traditionswirkung nicht als genügende Vertragsleistung gelten lasse. Ihre Erklärung wurde auch nicht dadurch wieder entkräftet, daß sie, als sie die ihr zugegangenen Dokumente am 22. April 1941 auf Verlangen der Bank zurückgab, um Rücksendung der Urkunden bat. Hierin konnte, nachdem die Angelegenheit über mehr als Jahresfrist geruht, die Beklagte insbesondere nicht auf Einlösung der Dokumente bestanden hatte, keinesfalls eine Willensäußerung der Klägerin dahin gefunden werden, daß sie von ihrem bisherigen Standpunkte abgehe und die Ordnungsmäßigkeit der Dokumente nunmehr anerkenne. Der erkennende Senat trägt nach alledem kein Bedenken, in eigener tatrichterlicher Würdigung des Sachverhalts festzustellen, daß die Klägerin des Rechtes, sich auf mangelnde Andienungsfähigkeit der Delivery-Orders zu berufen, nicht verlustig gegangen ist.

Hiernach kommt es nur noch darauf an, ob dem Berufungsgericht darin beizutreten ist, daß es ein schutzwürdiges Interesse der Klägerin am Besitze der Konnossemente bejaht. Die Angriffe, welche die Revision insoweit erhebt, sind nicht begründet. Zur Annahme eines solchen Interesses ist nicht erforderlich, daß die Klägerin mit Sicherheit anzunehmen hätte, ohne den Besitz der Konnossemente in ihren Rechten verkürzt zu werden. Es genügt, wenn hinlängliche Wahrscheinlichkeit dafür besteht, daß sie, um einen Rechtsverlust zu vermeiden, der Konnossemente bedürfen werde. Daß dies der Fall ist, hat das Berufungsgericht in rechtlich nicht zu beanstandender tatsächlicher Beurteilung der Dinge dargelegt. Es handelt sich entgegen der Meinung der Revision nicht bloß um eine fern liegende Möglichkeit, wenn es annimmt, die faschistisch-republikanische Regierung Italiens werde das mit Deutschland geschlossene Abkommen des Königreichs Italien als verbindlich anerkennen und damit Raum für eine Entschädigung der Klägerin schaffen. Noch weniger entbehrt es angesichts des Hinweises des Berufungsgerichts auf die Verhältnisse nach dem Ersten Weltkrieg einer tatsächlichen Grundlage, wenn es erwägt, das Deutsche Reich werde auch nach diesem Kriege eine Entschädigung wegen der Verluste auf sich nehmen, die deutsche Firmen infolge des Krieges im Ausland erlitten haben. Daß es in beiden Fällen der Vorlegung der Konnossemente bedürfen wird, um in den Genuß der Entschädigung zu gelangen, ergibt sich aus der Sachlage; die von der Revision angeführte Entscheidung des Reichsverwaltungsgerichts vom 2. Dezember 1943 (DR 1943 S. 664 Nr. 24) besagt nichts anderes. Auch hinsichtlich der 80 Ballen kann aus dem Briefe der Roges Rohstoff-Handelsgesellschaft mbH an die Deutsch-Südamerikanische Bank vom 14. Januar 1942 nicht mit Gewißheit gefolgert werden, daß die Klägerin auch ohne den Besitz der Konnossemente in den Genuß des dort in Aussicht gestellten Betrags gelangen werde.

Die Revision bestreitet schließlich, daß der Tatbestand des § 323 BGB vorliege, da keine dauernde Unmöglichkeit der Leistung im Sinne dieser Vorschrift bestehe. Es sei, so macht sie geltend, davon auszugehen, daß die Beklagte die Konnossemente zwar nicht liefern könne, solange die Klägerin noch nichts mit ihnen anfangen könne, daß sie aber zur Lieferung imstande sein werde, wenn die Konnossemente nach Kriegsende für die Klägerin möglicherweise Wert erhielten. Die Klägerin könne deshalb die Rechtsfolgen dauernder Unmöglichkeit solange nicht geltend machen, als die Beklagte nicht zu einem Zeitpunkt, in dem die Klägerin die Konnossemente benötige, dauernd außerstande sei, sie ihr zu liefern. Die Revision kann auch hiermit nicht durchdringen. Die Klägerin kann nicht an einem Vertrage festgehalten werden, zu dessen Erfüllung die Beklagte seit nahezu fünf Jahren außerstande ist, bei dem sich auch nicht absehen läßt, ob und wann sie in die Lage kommen wird, die ihr obliegende Leistung zu bewirken. Es hieße den Begriff der Unmöglichkeit der Leistung überspannen, wenn man ihn angesichts der Ungewißheit in der sich die Klägerin auch weiterhin befinden würde, und der Unübersehbarkeit der sich für sie hieraus ergebenden wirtschaftlichen Folgen nicht auch im vorliegenden Falle bejahen wollte.

Der Revision ist nach alledem der Erfolg zu versagen.

Anhang: Tatbestand des Urteils vom 28. 6. 1943

Die Beklagte verkaufte der Klägerin laut Vertrag vom 23. Juni 1939 330 Ballen Rohjute zum Preise von 37,82 RM für 100 kg Juni/Juli Verschiffung cif Hamburg zu den Bedingungen des Kassa-Kontraktes der London Jute Association. Sie übersandte der Klägerin am 21. und 26. August 1939 Rechnungen über 80 und weitere 250 Ballen nebst Verladeanzeigen, wonach die Ware am 4. und 9. August 1939 auf dem Dampfer „Tannenfels" verladen worden war. Verschiffungshaften war Kalkutta. Die Klägerin bestätigte mit Schreiben vom 24. und 28. August 1939 den Empfang der Verladeanzeigen und ersuchte im letztgenannten Schreiben, wegen der verspäteten Verschiffung entweder die amtliche Bestätigung über die Verladung beizubringen oder gemäß dem Kontrakt die Strafvergütung gutzuschreiben. – Infolge des Kriegsausbruchs mußte der Dampfer einen Hafen in Italienisch-Somaliland anlaufen. Dort wurden 250 Ballen der für die Klägerin bestimmten Jute gelöscht. Mit einem Teile der Ladung, darunter auch den der Klägerin angedienten weiteren 80 Ballen Jute, gelangte der Dampfer später in deutschen Hoheitsbereich, wo die Jute vom Deutschen Reich beschlagnahmt wurde.

Am 15. Januar 1940 übersandte die Deutsch-Südamerikanische Bank in Hamburg der Klägerin im Auftrage der Beklagten Rechnungen, Versicherungsbriefe, Versicherungszertifikate und Delivery-Orders der Londoner Verkäuferin der Beklagten über die beiden Warenposten zu treuen Händen mit dem Anheimgeben, sich der Dokumente nur gegen Zahlung der Rechnungsbeträge auf das Konto der Bank bei der Dresdner Bank in Hamburg zu bedienen. Die Klägerin erwiderte mit Schreiben vom 30. Januar 1940, daß die ihr zugegangenen „halben" Dokumente keinen Wert für sie hätten, da sie nur mittels des ganzen Satzes von Dokumenten über die Ware verfügen könne; auch bestehe ihres Erachtens für die Beklagte kein Anlaß, ihr die Dokumente einzusenden, da die Beklagte Zahlung nur gegen Ausfolgung der Ware in Hamburg verlangen können. Als die Bank am 19. April 1941 um Rücksendung der Papiere bat, da sie von ihrem Kunden zwecks Reklamation eines Versicherungsschadens dringend benötigt würden, kam dem die Klägerin am 22. April 1941 mit dem Ersuchen nach, die Dokumente nach Überprüfung der Reklamation wieder an sie zurückzugeben. Die Bank bestätigte am 24. April 1941 den Empfang und teilte mit, daß sie die Papiere an die Beklagte weitergeleitet habe, daß sich aber eine Rücksendung an die Klägerin wohl erübrige, nachdem der Löschungshafen in Italienisch-Somaliland inzwischen von den Engländern besetzt worden und die Ware mit Sicherheit als verloren zu betrachten sei. Die Klägerin schrieb daraufhin am 3. Mai 1941 an die Beklagte, daß sie, da eine Erfüllung des Vertrages unter den gegebenen Umständen nicht mehr möglich sei, die Angelegenheit für sie als endgültig erledigt betrachte. Die Beklagte widersprach dem und betonte, daß sie die Klägerin auf Grund der dieser zugegangenen und von ihr widerspruchslos angenommenen Delivery-Orders als für die Abwicklung des Geschäfts verantwortlich ansehe; die Originaldokumente seien ihr, der Beklagten, nicht mehr zur Hand gekommen (Schreiben der Beklagten vom 21. Oktober 1941). – Die von der Beklagten aufgenommene Versicherung für die im Somali-Hafen gelöschten 250 Ballen ist erloschen. Eine Neuversicherung, zu der ihr die Beklagte geraten hatte, hat die Klägerin nicht abgeschlossen.

Die Klägerin hat Klage erhoben mit dem Antrage, festzustellen, daß der Beklagten aus dem Abschlusse vom 23. Juni 1939 keine Ansprüche mehr gegen sie zustehen. Sie hält den Vertrag für hinfällig, weil die Beklagte weder die Ware liefern könne noch ihr ordnungsgemäße Dokumente angedient habe oder andienen könne. Die ihr übersandten Delivery-Orders der Londoner Verkäuferin der Beklagten seien keine andienungsfähigen Papiere, die sie an Stelle des Konossements habe annehmen müssen. Sie sei auch deshalb vom Vertrage frei, weil die Ware verspätet abgeladen worden sei.

Die Beklagte hat Abweisung der Klage beantragt. Sie macht geltend, im Rohjutehandel bestehe ein Handelsbrauch, daß Delivery-Orders andienungsfähige Papiere seien. Die Klägerin habe auch seit Jahren Geschäfte mit ihr in dieser Weise abgewickelt. Die Überschreitung der Verladezeit gebe der Klägerin höchstens einen Anspruch auf Vertragsstrafe; diese werde üblicherweise erst bei der Endabrechnung vergütet.

---

94. Nach § 1 ErbregelVO muß für den Antrag auf gerichtliche Erbregelung eine offensichtliche Abweichung des Erblasserwillens von der gesetzlichen Erbfolgenregelung *erheblich* sein, und das *gesunde Volksempfinden* ein solches gerichtliches Eingreifen erheischen. Das wird nur der Fall sein, wenn in Fällen eines *besonders schweren* Widerspruchs zwischen Gesetz und Willen des Erblassers ein billiger Ausgleich gesucht werden muß. Nur bei besonders gelagerten und die Unbilligkeit sozusagen an der Stirn tragenden Ausnahmefällen kann die Erbregelungsverordnung

Anwendung finden, ihre Aufgabe ist aber nicht etwa, formungültigen letztwilligen Verfügungen auf dem Wege des Erbregelungsverfahrens ohne zwingende und schwerwiegende Gründe zum Bestand zu verhelfen.

ErbregelVO § 1.

VI. Zivilsenat. Beschl. v. 29. Dezember 1944 (VI B 31/1944).

I. Amtsgericht Berlin-Spandau.

In Sachen betr. Regelung des Nachlasses der am 19. Oktober 1942 verstorbenen, zuletzt in Berlin-Spandau, Stresowplatz 11a wohnhaft gewesenen Witwe Anna Braun geb. Jung

hat das Reichsgericht, VI. Zivilsenat, in der Sitzung vom 29. Dezember 1944 auf die sofortige Beschwerde des am 20. Februar 1924 geborenen Hans Georg Galle, gesetzlich vertreten durch den Bankinspektor Max Galle, dieser vertreten durch den Rechtsanwalt Dr. Arend in Berlin-Spandau vom 4. Dezember gegen den Beschluß des Amtsgerichts in Berlin-Spandau vom 20. November 1944 beschlossen:

Die Beschwerde wird zurückgewiesen.
Die Kosten des Beschwerdeverfahrens werden dem Beschwerdeführer auferlegt.

Gründe

Der Beschwerdeführer hat gemäß § 1 der Erbregelungsverordnung vom 4. Oktober 1944 den Antrag gestellt, den Nachlaß der am 19. Oktober 1942 verstorbenen Witwe Anna Braun geb. Jung gemäß ihrem hinterlassenen privatschriftlichen Testament vom 14. Oktober 1942 zu regeln, während andererseits ein Antrag auf Erteilung eines Erbscheins für die *gesetzlichen* Erben der Genannten wegen Ungültigkeit des erwähnten Testaments gestellt ist. Das Testament ist von der Erblasserin nur unterschrieben, während sein Inhalt von anderer Hand geschrieben ist. Durch den angefochtenen Beschluß hat das Nachlaßgericht den Antrag des Beschwerdeführers mangels Vorliegens der Voraussetzungen der eingangs erwähnten Verordnung zurückgewiesen. Hiergegen richtet sich die zulässigerweise erhobene sofortige Beschwerde (§ 5 DurchfVO z. ERV).

Das Rechtsmittel ist unbegründet.

Es mag dahinstehen, ob nicht – entgegen der Meinung des Vorderrichters – durch den Wortlaut der von der Erblasserin unstreitig unterschriebenen letztwilligen Verfügung die Abweichung ihres Willens von der gesetzlichen Erbregelung hinreichend offensichtlich gemacht wird und insofern also eine Voraussetzung für das Eingreifen der Erbregelungsverordnung erfüllt ist. Mit der im angefochtenen Beschlusse angedeuteten Möglichkeit einer Beeinflussung der betagten Erblasserin von anderer Seite braucht zunächst mangels jeden greifbaren Anhalts für diese Möglichkeit jedenfalls nicht ohne weiteres gerechnet zu werden (vgl. *Hesse* DJ 1944, S. 297 Z.B I 2a). Mit Recht weist aber das Nachlaßgericht darauf hin, daß nach § 1 ErbregelVO muß für den Antrag auf gerichtliche Erbregelung die erwähnte offensichtliche Abweichung des Erblasserwillens von der gesetzlichen Erbfolgenregelung *erheblich* sein muß, und das *gesunde Volksempfinden* ein solches gerichtliches Eingreifen erheischt. Das wird nur der Fall sein, wenn in Fällen eines *besonders schweren* Widerspruchs zwischen Gesetz und Willen des Erblassers ein billiger Ausgleich gesucht werden muß (vgl. Hesse aaO., A linke Spalte Mitte). Nur bei besonders gelagerten und die Unbilligkeit sozusagen an der Stirn tragenden Ausnahmefällen kann die Erbregelungsverordnung Anwendung finden, ihre Aufgabe ist aber nicht etwa, formungültigen letztwilligen Verfügungen auf dem Wege des Erbregelungsverfahrens ohne zwingende und schwerwiegende Gründe zum Bestand zu verhelfen.

Nun weist der angefochtene Beschluß zutreffend darauf hin, daß nach der eigenen Darstellung des Beschwerdeführers in dem ungültigen Testament der Erblasserin mit Ausnahme von vier mit zusammen 3.000 RM (richtig 2.500 RM) bedachten Personen nur gesetzliche Erben eingesetzt sind. Die Abweichung des Testaments von der gesetzlichen Erbfolgeordnung beruht sonach im Wesentlichen nur auf dem einem jeden zugewendeten Vermögensanteil und dem anscheinenden Bestreben des Testaments, einer allzu großen Zersplitterung des Nachlasses unter die einzig als gesetzliche Erben in Betracht kommenden Stiefseitenverwandten zugunsten einer besseren Zusammenhaltung des Nachlaßvermögens vorzubeugen. Das Testament ergibt aber – namentlich hinsichtlich des aufzuteilenden Hauptvermögensstückes einer Hypothek von 20.000 RM –, daß die Aufteilung unter die zahlreichen Erbstämme doch wieder im Willen der Erblasserin gelegen haben muß. Jedenfalls sind die den einzelnen Erben zufließenden Nachlaßbeträge so klein, mag die Verteilung nach dem Testament oder nach der gesetzlichen Erbfolge vor sich gehen, und sind auch die außerhalb der gesetzlichen Erbfolgeordnung stehenden testamentarisch Bedachten auf so geringfügige Beträge eingesetzt, daß von einer im Sinne der Erbregelungsverordnung erheblichen Abweichung der gesetzlichen Erbregelung von dem Willen der Erblasserin keine Rede sein kann und das gesunde Volksempfinden in keiner Weise zu einer gerichtlichen Erbregelung nötigt.

Das führt, ohne daß gemäß § 12 FGG tatbestandliche Erörterungen des Nachlaßgerichts erforderlich wären, zur Zurückweisung der sofortigen Beschwerde.

gez. Dr. Günther. Unger

95. 1. In bloßen Vorfragen kann auch das ordentliche Gericht bei an sich gegebener Zuständigkeit anderer Behörden selbst entscheiden, es sei denn, daß bereits eine bindende Entscheidung der betreffenden Behörde vorliegt oder das Gesetz selbst eine Aussetzungspflicht aufgestellt hat. Ein Aussetzungs*zwang* ist deshalb abzulehnen.

2. § 4 ErbHRV. Auch Aktien einer Zuckerrübenfabrik können Zubehör eines Erbhofes sein.

ZPO § 148.

III. Zivilsenat. Urt. v. 4. Januar 1945 (III 92/1944).

I. Landgericht Berlin.

In Sachen 1. der Ehefrau Margarete Sträde geb. Danßmann in Gransee, 2. deren Ehemann, Justizinspektor Sträde, daselbst, z. Zt. bei der Wehrmacht, Beklagten und zu 1 Revisionsklägerin, Prozeßbevollmächtigter zu 1: Rechtsanwalt Dr. Fuchslocher in Leipzig,

gegen

den Bauern Richard Danßmann in Nauen, Kläger und Revisionsbeklagten, Prozeßbevollmächtigter: Rechtsanwalt Dr. Krämer in Leipzig,

hat das Reichsgericht, III. Zivilsenat, auf die mündliche Verhandlung vom 4. Januar 1945 durch den Senatspräsidenten Blumberger und die Reichsgerichtsräte Dr. Epping und Stange für Recht erkannt:

Die Revision gegen das Urteil der 4. Zivilkammer des Landgerichts in Berlin vom 19. Juli 1944 wird zurückgewiesen.

Die Beklagte hat dem Kläger an Kosten des Revisionsverfahrens 460,30 RM zu erstatten und die noch nicht beglichenen Gerichtskosten dieses Verfahrens zu tragen. Von Rechts wegen.

Tatbestand

Der Kläger und die jetzige Erstbeklagte sind Geschwister und Kinder des zunächst an erster Stelle Mitbeklagten, später aber aus dem Rechtsstreit ausgeschiedenen Altbauern Karl Danßmann in Nauen. Letzterer hat seinen bis dahin von ihm bewirtschafteten Erbhof durch notariellen Vertrag vom 21. August 1942 auf den Kläger übertragen. Der Hof hat einen Einheitswert von 31.900 RM und war bei der Übertragung mit einer Hypothek von 15.000 RM belastet. Die jetzige Erstbeklagte hat bei ihrer im Jahre 1932 erfolgten Verheiratung mit dem Letztbeklagten eine Aussteuer erhalten, dazu hat sie von ihrem Vater im Jahre 1941 noch 14 Aktien der Zuckerfabrik Nauen zum Nennwert von je 400 RM übereignet bekommen; außerdem soll ihr der Vater vor der Übertragung des Erbhofs an den Kläger auch noch einen Lotteriegewinn von

50.000 RM zugewendet haben. Die Übereignung der genannten Aktien ist unstreitig ohne Genehmigung des Anerbengerichts erfolgt. Das Anerbengericht hat in den Gründen seines Beschlusses vom 4. Dezember 1942, mit dem es den Übergabevertrag vom 21. August 1942 genehmigte, darauf hingewiesen, daß die fraglichen Aktien rechtlich zum Erbhof gehörten und deshalb ohne anerbengerichtliche Genehmigung nicht hätten veräußert werden können.

Mit der Behauptung, in der Verhandlung vor dem Anerbengericht über die Genehmigung des Übergabevertrags habe der Vater sich ausdrücklich bereit erklärt, die Aktien zurückzugewähren, hat der Kläger zunächst gegen diesen und die jetzige Erstbeklagte auf Herausgabe der 14 Aktien geklagt und zugleich von dem Letztbeklagten die Duldung der Zwangsvollstreckung in das eingebrachte Gut seiner Ehefrau gefordert. Später hat er die Klage gegen den Vater zurückgenommen und den Herausgabeanspruch nur noch gegen die jetzige Erstbeklagte (weiterhin kurz „Beklagte“) als die gegenwärtige Besitzerin der Aktien gerichtet. Das Verfahren gegen den Letztbeklagten ruht wegen dessen Einberufung zur Wehrmacht.

Die Beklagte ist dem Vorbringen des Klägers entgegengetreten. Sie vertritt den Standpunkt, der Vater habe über die Aktien frei verfügen können, der Herausgabeanspruch sei deshalb unbegründet. Die Übereignung der Aktien sei übrigens erfolgt als Ausstattung und als Entgelt für ihre Mitarbeit in der Wirtschaft des Vaters vor der Übergabe des Erbhofs. Das fragliche Lotterielos, das den Gewinn von 50.000 RM gebracht, habe sie selbst gespielt gehabt.

Beide Parteien haben ihre Ansicht zur Frage der Zugehörigkeit der Aktien zum Erbhof näher begründet.

Das Landgericht hat zur Frage der Erbhofzugehörigkeit der Aktien Auskünfte von dem zuständigen Landes- und dem Reichsbauernführer sowie von der Zuckerfabrik Nauen und der Wirtschaftsgruppe Zuckerindustrie eingeholt und hat alsdann den Herausgabeanspruch für begründet erklärt. Gegen das Urteil hat die Beklagte im Einverständnis mit dem Kläger Sprungrevision eingelegt, mit der sie ihren Antrag auf Abweisung der Klage weiterverfolgt. Der Kläger hat beantragt, die Revision zurückzuweisen.

Entscheidungsgründe

Die Rechtsfrage, die die Parteien mit der Sprungrevision entschieden wissen wollen und von der die Entscheidung des Rechtsstreits abhängt, ist die, ob die der Beklagten von ihrem Vater überlassenen Aktien gemäß § 4 der Erbhofrechtsverordnung (EHRV) dem dem Kläger später übertragenen Erbhof gehörten oder nicht. Da bei gegebener Zugehörigkeit die Übereignung der Aktien mangels Genehmigung des Anerbengerichts, weil gegen § 37 des Reichserbhofgesetzes (RErbhG) verstoßend, rechtsunwirksam und die Beklagte zur Herausgabe der Aktien an den Kläger als den jetzigen Erbhofbauern verpflichtet sein würde, darüber herrscht unter den Parteien kein Streit. In ihrer Klagebeantwortung hat die Beklagte unter III selbst den Standpunkt eingenommen, daß der Herausgabeanspruch begründet wäre, „wenn die Inhaberaktien der Zuckerfabrik Nauen tatsächlich Zubehör des Erbhofes wären". Freilich ist ein Genehmigungszwang nicht ausnahmslos hinsichtlich aller zu einem Erbhof gehörenden Rechte, Anteile usw., wie sie der § 4 EHRV umfaßt, gegeben, vielmehr kann nach der Rechtsprechung des Reichserbhofgerichts unter Umständen von dem Genehmigungserfordernis dann abgesehen werden, wenn die Verfügung über das betreffende Recht usw. einer ordnungsmäßigen Wirtschaft entspricht (REHG Bd. 5 S. 336 ff. [340/341]). Ein solcher Ausnahmefall kann aber hier nicht angenommen werden, auch wenn, wie die Beklagte behauptet, die Aktien ihr zum Zwecke der Ausstattung und Abgeltung von Diensten, die sie in der Hauswirtschaft des Erbhofs geleistet hat, überlassen worden sein sollten.

Es fragt sich zunächst im Hinblick auf die in §§ 10 und 40 Abs. 2 RErbhG gegebenen Zuständigkeitsvorschriften, ob der Rechtsstreit über die Erbhofzugehörigkeit der Aktien überhaupt im ordentlichen Rechtsweg ausgetragen werden kann. Es ist anerkannten Rechts, daß das Anerbengericht nach § 10 RErbhG nicht nur über die Erbhofeigenschaft eines Hofes selbst, sondern auch über die Erbhofzugehörigkeit einzelner Bestandteile und Zubehörstücke sowie der in § 4 EHRV genannten Rechte, Anteile und dergl. zu entscheiden hat (RGZ Bd. 169 S. 307/308, Bd. 171 S. 115). Wäre die Klage nur auf Feststellung der Erbhofzugehörigkeit der Aktien gerichtet, so würde sie zweifellos auf Grund der §§ 10, 40 Abs. 2 RErbhG wegen Unzulässigkeit des Rechtswegs abgewiesen werden müssen (RGZ Bd. 171 S. 114 ff.). Zu demselben Ergebnis müßte man kommen, wenn der Herausgabeanspruch nur zur Umgehung der angeführten Zuständigkeitsvorschriften geltend gemacht worden wäre. Obwohl hier die Frage der Erbhofzugehörigkeit der Aktien die einzige Streitfrage bildet, kann das jedoch nicht angenommen werden, da der Kläger mit der Klage offenbar das Ziel verfolgt, einen vollstreckbaren Titel zur Wiedergewinnung der Aktien in die Hand zu bekommen, die Streitfrage also nur eine Vorfrage für den geltend gemachten Herausgabeanspruch bildet. In solchem Falle ist der Rechtsweg grundsätzlich auch für die Entscheidung der Vorfrage gegeben.

Es könnte sich höchstens fragen, – was das Revisionsgericht bejahendenfalls von Amts wegen berücksichtigen müßte –, ob für das angegangene Gericht etwa die Verpflichtung bestand, das Verfahren gemäß § 148 ZPO zur Herbeiführung einer Entscheidung über die Vorfrage der Erbhofzugehörigkeit durch das Anerbengericht auszusetzen. Hierzu sei zunächst bemerkt, daß die nur in den Gründen des die Erbhofübertragung genehmigenden Beschlusses des Anerbengerichts vom 4. Dezember 1942 zur Frage der Erbhofzugehörigkeit der Aktien geäußerte Rechtsauffassung keine die ordentlichen Gerichte bindende Entscheidung ist.

Daß das Landgericht das Verfahren zwecks Herbeiführung einer anerbengerichtlichen Entscheidung gemäß § 148 ZPO hätte aussetzen *können,* darüber kann kein Zweifel bestehen, denn das anerbengerichtliche Verfahren steht in dieser Hinsicht einem Verfahren vor einer Verwaltungsbehörde gleich. Im Schrifttum ist aber mehrfach die Ansicht vertreten, daß ein Aussetzungs*zwang* angenommen werden müsse, weil nur so das Anerbengericht das ihm vom Gesetz übertragene ausschließliche Entscheidungsrecht ausüben könne (vgl. Baumecker: Handbuch des Großdeutschen Erbhofrechts, 4. Aufl. S. 190 Anm. 30 zu § 10 RErbhG und das dort angeführte weitere Schrifttum). Diese Ansicht steht aber nicht im Einklang mit der in der Rechtsprechung herrschenden Auffassung, daß in bloßen Vorfragen das ordentliche Gericht auch bei an sich gegebener Zuständigkeit anderer Behörden selbst entscheiden kann, es sei denn, daß bereits eine bindende Entscheidung der betreffenden Behörde vorliegt oder das Gesetz selbst eine Aussetzungspflicht aufgestellt hat (vgl. z. B. § 77 des Aufwertungsgesetzes vom 16. Juli 1925 – RGBl. I S. 117 –). Beides trifft hier nicht zu. Ein Aussetzungs*zwang* ist deshalb abzulehnen (so auch Vogels: Reichserbhofgesetz, 4. Aufl. S. 271 Anm. 22, desgl. Wöhrmann: Das Reichserbhofrecht, 3. Aufl. S. 62 Anm. 15).

Somit stand es im pflichtmäßigen Ermessen des Erstrichters, ob er von der ihm in § 148 ZPO gegebenen Aussetzungsbefugnis Gebrauch machen wollte. Mit der Revision ist das eigene Durcherkennen nicht zu beanstanden, auch wenn die Aussetzung vielleicht erwünscht und zweckmäßig gewesen wäre. Eine Verfahrensrüge ist in dieser Hinsicht auch nicht erhoben.

In der Sache selbst war dem angefochtenen Urteil beizupflichten. In dem maßgebenden § 4 EHRV sind als zum Erbhof gehörig in Absatz 1 zunächst „Forstnutzungsrechte, sonstige dem Erbhof dienende dingliche Nutzungsrechte, Anteile an einer Waldgenossenschaft und ähnliche dem Erbhof dienende Rechte“ genannt. Weiter ist dort die Rede von Miteigentumsanteilen an einem Grundstück, die dem Erbhof dienen, und es heißt dann im Absatz 2: Anteile an einer Molkerei, Zuckerfabrik oder ähnlichen Einrichtungen, in der Erzeugnisse des Erbhofs verarbeitet oder verwertet werden, gehören zum Erbhof, gleichviel ob sie mit dem Eigentum am Erbhof verbunden sind oder dem Bauern persönlich zustehen. Das Gleiche gilt für Anteile an einer gemeinschaftlich betriebenen Dreschmaschine oder ähnlichen Anlagen.

Von vornherein ergibt sich aus der Fassung dieser Vorschriften („ähnliche Rechte“, „ähnliche Einrichtung“, „ähnliche Anlage“ usw.), daß bei ihrer Anwendung keine zu enge Auffassung am Platze ist. Wenn nun in Absatz 2 des § 10 die Erbhofzugehörigkeit von Anteilen an einer Molkerei, Zuckerfabrik oder ähnlichen Einrichtung festgelegt wird, so ist der Begriff „Anteile“ nicht nur auf Mieteigentumsanteile, sondern auf jede Art der Beteiligung, z. B. Geschäftsanteile einer Genossenschaft, einer GmbH, einer offenen Handelsgesellschaft usw., dann aber auch auf die Beteiligung an einer Aktiengesellschaft, also den Aktienbesitz zu erstrecken (vgl. Vogels, aaO. S. 607 Anm. 13, Wöhrmann, aaO. S. 307 Anm. 2 unter II 2d). Bei den hier herausverlangten Aktien handelt es sich unstreitig um 14 Inhaberaktien der Zuckerfabrik Nauen. Die Aktien dieser Zuckerfabrik sind an sich frei verkäuflich. Die hier in Rede stehenden Aktien waren aber schon seit langen Jahren im Besitz des Hofeigentümers. Schon die Großeltern des Klägers hatten bei Gründung der Aktiengesellschaft im Jahre 1889 Aktien übernommen und waren damit an dem Unternehmen beteiligt. Diese Beteiligung wurde noch enger geknüpft, als gelegentlich einer Kapitalerhöhung im Jahre 1917 sogenannte B-Aktien, vinkulierte Namensaktien, verbunden mit der Verpflichtung jährlichen Anbaus von 10 Morgen Rüben je Aktie, ausgegeben wurden, von denen der Vater des Klägers zwei übernahm, ohne freilich, wie die Beklagte vorgetragen hat, bei der geringen Größe des Grundbesitzes der mit den beiden Aktien übernommenen Anbauverpflichtung voll nachkommen zu können. Später sind die B-Aktien dann in gewöhnliche Inhaberaktien umgewandelt worden. Unstreitig werden aber nach wie vor auf dem Erbhof Zuckerrüben angebaut, die allein an die Zuckerfabrik Nauen geliefert und dort verarbeitet werden. Damit sind alle gesetzlichen Voraussetzungen für die Erbhofzugehörigkeit der streitigen Aktien gegeben: die Aktien sind „Anteile" an der Zuckerfabrik und diese verarbeitet regelmäßig die Zuckerrüben des Erbhofs.

Vergebens versucht die Revision unter Hinweis auf die im Schriftsatz der Beklagten vom 13. Juli 1944 dargelegte Entstehungsgeschichte des § 10 EHRV, der in § 2 der 2. DurchfVO zum RErbG vom 19. Dezember 1933 (RGBl. I S. 1096) seinen Vorläufer hat, zu einem anderen Ergebnis zu kommen. Die jetzige Vorschrift spricht eindeutig zugunsten des Klägers. Daß die aktienmäßige Beteiligung eines Erbhofbesitzers an einer Zuckerfabrik, die von dem Erbhof regelmäßig mit Zuckerrüben beliefert wird, für die Wirtschaft des Hofes von Bedeutung sein, ihm „dienen" kann, wird nicht bezweifelt werden können. Mehr verlangt das Gesetz nicht (vgl. hierzu auch die oben angeführte Entscheidung REHG Bd. 5 S. 336 ff.). Damit ist eine genügende „Wichtigkeit" des Aktienbesitzes für den Erbhof, die die Revision für nicht gegeben erachtet, zu bejahen. Diese Wichtigkeit für den Erbhof wird dann auch nicht nur von dem die Erbhofzugehörigkeit ebenfalls bejahenden Reichsbauernführer in seiner Auskunft vom 15. Juni 1944 als „unzweifelhaft" bezeichnet, sondern „in gewisser Weise" auch von dem zu einem gegenteiligen Endergebnis gekommenen Landesbauernführer in seiner Auskunft vom 16. Juni 1944 eingeräumt. Wenn Letzterer meint, die Erbhofzugehörigkeit der Aktien trotzdem verneinen zu müssen, weil es sich um „reine Kapitalaktien" handele und die Lieferrechte und Lieferpflichten unabhängig vom Aktienbesitz geregelt seien, der am Ort der Zuckerfabrik wohnende Hofbesitzer auch „im allgemeinen" keine Vorteile gegenüber anderen Rübenanbauern habe, so faßt er die Gesetzesvorschrift zu eng auf. Diese verlangt nicht, daß eine Rübenbau- oder Liefer*pflicht* mit dem Anteil an der Zuckerfabrik, hier den Aktien, verbunden ist. Auch die durch die geltende Marktordnung geschaffenen Verhältnisse in der Zuckerwirtschaft, wonach die Rübenbau- und Rübenlieferpflicht sowie das Einzugsgebiet der einzelnen Zuckerfabriken geregelt sind, vermögen an dem Ergebnis nichts zu ändern.

Ist hiernach aber die Erbhofzugehörigkeit der Aktien ohne Rechtsirrtum bejaht worden, so ist auch dem Herausgabeanspruch mit Recht stattgegeben und mußte der Revision ein Erfolg versagt werden.

---

96. 1. Abmachungen, die in bewußter Abweichung von der in einem Entschuldungsplan nach dem Schuldenregelungsgesetz getroffenen Regelung einem Gläubiger Sondervorteile zubilligen, verstoßen gegen die guten Sitten.

2. § 817 Satz 2 BGB. Die einer gerechten und zweckentsprechenden Güterverteilung dienenden Bereicherungsvorschriften stehen in ganz besonderem Maße unter dem Gebot der Beachtung von Treu und Glauben und des gesunden Volksempfindens. Mit dem Zweck der Entschuldung wäre es unvereinbar, wenn die geschehene Erfüllung eines wegen Sittenverstoßes nichtigen Sonderabkommens die Wirkung haben sollte, daß dem zu Unrecht Bedachten die ihm nicht gebührenden Vorteile belassen würden. Es verbietet genau wie bei der GrundstückspreisVO, der Zweck der Schuldenregelung, Leistungen, die auf Grund nichtigen Sonderabkommens erfolgt sind, beim Empfänger zu belassen. Sie müssen vielmehr dem umgeschuldeten Betriebe im Rahmen des Entschuldungsplans zugute kommen.

BGB § 138 Abs. 1.

III. Zivilsenat. Urt. v. 4. Januar 1945 (III 93/1944).

I. Landgericht Stettin.
II. Oberlandesgericht Stettin.

In Sachen 1. der Elfriede Ehlert geb. Klug, 2. deren Ehemann Landrat a. D. Dr. Ehlert, beide in Groß-Raddow, Kreis Regenwalde, Beklagten und Revisionskläger, Prozeßbevollmächtigter: Rechtsanwalt Dr. Conrad in Leipzig,

gegen

den Landwirt Julius Klug in Groß-Raddow, Krs. Regenwalde, Kläger und Revisionsbeklagten, Prozeßbevollmächtigter: Rechtsanwalt Justizrat Axhausen in Leipzig hat das Reichsgericht, III. Zivilsenat, auf die mündliche Verhandlung vom 4. Januar 1945 durch den Senatspräsidenten Blumberger und die Reichsgerichtsräte Dr. Epping, Stange für Recht erkannt:

Die Revision gegen das Urteil des 1. Zivilsenats des Oberlandesgerichts in Stettin vom 21. Juli 1944 wird zurückgewiesen. Die Beklagten haben dem Kläger 670 RM Kosten der Revisionsinstanz zu erstatten und die noch einzufordernden Gerichtskosten dieser Instanz zu zahlen. – Von Rechts wegen.

Tatbestand

Der Kläger war Eigentümer des Ritterguts Groß-Raddow. Für die Erstbeklagte, seine Schwester, standen drei Hypotheken von je 40.000 RM auf dem Grundbesitz eingetragen. Das Gut wurde umgeschuldet. Der nach dem Schuldenregelungsgesetz vom 1. Juni 1933 (RGBl. I S. 331) aufgestellte Entschuldungsplan wurde am 25. März 1937 behördlich bestätigt. Danach wurde die Gesamtforderung der Erstbeklagten auf 65.000 RM herabgesetzt. (Weiterhin wird nur von der „Beklagten" gesprochen werden, da der mitverklagte Ehemann nur auf Duldung der Zwangsvollstreckung in das eingebrachte Gut seiner Frau in Anspruch genommen und verurteilt ist.) Davon wurden 15.000 RM bar ausgezahlt. Die restlichen 50.000 RM wurden gestundet; sie sollten mit 4 % verzinst und mit 2 % jährlich amortisiert werden. Da eine für diese Forderung zu bestellende Hypothek keine zuverlässige Sicherheit bot, vereinbarten die Parteien mit Zustimmung der die Entschuldung durchführenden Landstelle, daß die Beklagte für ihre Forderung durch Übertragung von ein Sechstel-Miteigentumsanteil am Gut gesichert werden sollte. Sie bewilligte die Löschung ihrer Hypotheken von 120.000 RM und wurde als Miteigentümerin zu ein Sechstel im Grundbuch eingetragen. In der von den Parteien unterzeichneten privatschriftlichen Abmachung hierüber wurde auch die Verzinsung und Abtragung der 50.000 RM mit 4 % und 2 % jährlich festgelegt. Am 24. März 1937 hatten die Parteien notariell vereinbart, daß die Forderung der Beklagten auf 80.000 RM, verzinslich mit monatlich 300 RM und nach Tilgung auf die Hälfte mit monatlich 200 RM, festgesetzt wurde und daß der Beklagten zur Sicherheit ihrer Forderung weitere zwei Sechstel-Anteile am Gut übertragen werden sollten. Zu letzterem ist es aber nicht gekommen. Dies Abkommen hielten die Parteien vor der Landstelle und dem für die Wirtschaftsführung und Verwaltung des Guts eingesetzten Bevollmächtigten der Landberatung GmbH geheim.

Der Kläger hat im Laufe der Jahre fortlaufend monatlich an die Beklagte gezahlt, einmal auch ein Kapital von 8.000 RM. Diese Zahlungen will er jetzt verrechnen zunächst auf Verzinsung der Forderung von 50.000 RM mit 4 % und mit dem überschießenden Rest auf Abtragung dieser Forderung. So will er diese auf 30.374,03 RM herabgemindert haben. Er bietet der Beklagten diesen Betrag an und begehrt gegen solche Zahlung Rückauflassung ihres ein Sechstel-

Miteigentumsanteil am Gut. Das Geheimabkommen vom 24. März 1937 hält er für nichtig.

Die Beklagte vertrat zunächst den Standpunkt, die fortlaufenden Monatszahlungen seien als Verzinsung der in diesem Vertrag festgelegten Forderung von 80.000 RM geleistet worden, daher nicht als Kapitaltilgung zu verrechnen. Später hat sie erklärt, sie wolle ihre Rechte nur in dem Umfange geltend machen, daß sie auf Erfüllung des Vertrags vom 24. März 1937 nicht bestehe, aber Rückzahlung des auf diesen Vertrag bereits Geleisteten verweigere. Sie meint, wenn man davon ausgehe, daß der Vertrag vom 24. März 1937 wegen Unsittlichkeit nichtig sei, könne der Kläger die Rückgewähr der geleisteten Zahlungen nach § 817 Satz 2 BGB nicht verlangen und könne er Rückauflassung nur gegen Zahlung der Summe von 50.000 RM nebst Zinsen seit dem 1. Juli 1937 fordern.

Das Landgericht hat die Beklagte verurteilt, Zug um Zug gegen Zahlung von 30.374,03 RM ihren Anteil von ein Sechstel-Miteigentum am Rittergut Groß-Raddow an den Kläger zurückaufzulassen.

Im Berufungsverfahren hat die Beklagte beantragt, sie zur Auflassung ihres Miteigentumsanteils zu verurteilen, aber nicht Zug um Zug gegen Zahlung von 30.374,03 RM, sondern Zug um Zug gegen Zahlung von 50.000 RM nebst 4 % Zinsen seit dem 1. Juli 1937.

Die Berufung wurde zurückgewiesen. Die Beklagte hat Revision zunächst mit dem Ziel ihres Berufungsantrags eingelegt. Sie beantragte schließlich, sie zur Auflassung ihres Miteigentumsanteils zu verurteilen a) Zug um Zug gegen Zahlung von 50.000 RM nebst 4 % Zinsen seit dem 1. Juli 1937, b) eventuell Zug um Zug gegen Zahlung von 30.374,03 RM, in beiden Fällen jedoch nur Zug um Zug gegen Befreiung der Beklagten von den übernommenen Schuldverpflichtungen hinsichtlich des Ritterguts Groß-Raddow. Zu Letzterem beruft sie sich darauf, daß sie die volle persönliche Haftung für die Verbindlichkeiten des Guts habe übernehmen müssen, und daß der Kläger bisher nichts getan habe, um sie davon freizustellen. Der Kläger beantragt Zurückweisung der Revision. Die neu aufgestellte Zurückbehaltung der Beklagten hält er für ein neues Vorbringen, das in diesem Rechtszuge unzulässig ist.

Entscheidungsgründe

Das Berufungsgericht hält, in Übereinstimmung mit dem Landgericht, den Vertrag vom 24. März 1937 für nichtig, weil er gegen die guten Sitten verstoße, indem er der Beklagten in bewußter Abweichung von der im Entschuldungsplan getroffenen Regelung Sondervorteile zubillige, die zu einer Schädigung der übrigen Gläubiger führten. Weiter nimmt es an, daß dem Kläger, als er auf Grund des Geheimvertrags leistete, ein Verstoß gegen die guten Sitten zur Last fiel; ebenso wie der Beklagten bei der Annahme der Leistung, weil sie so in gegenseitigem Einverständnis den Entschuldungsplan sabotiert hätten. Trotz der Vorschrift des § 817 Satz 2 BGB, der bei solchem Sittenverstoß dem Leistenden die Rückforderung untersagt, sei der Kläger berechtigt, seine Zahlung auf die im Entschuldungsplan auf 50.000 RM festgesetzte Schuld zu verrechnen, weil andernfalls der Zweck der Umschuldung gefährdet sein würde. Bei solcher Rückforderung durch Verrechnung ergebe sich nach der zahlenmäßig unstreitigen Berechnung des Klägers eine Restschuld von nur noch 30.473,03 RM. Gegen deren Zahlung müsse die Beklagte den ihr nur zur Sicherung übertragenen Miteigentumsteil an den Kläger zurückauflassen.

Die Angriffe der Revision hiergegen sind unbegründet; und auch bei der von Amts wegen vorzunehmenden Nachprüfung ergibt sich kein Rechtsirrtum.

Die Herabsetzung der Forderung der Beklagten im Entschuldungsplan von 120.000 RM auf 65.000 RM und die Regelung von Verzinsung und Abtragung waren ein wesentlicher Teil dieses Plans. Die anderweite Regelung im Vertrage vom 24. März 1937, die nach der Absicht der Parteien in ihrem inneren Verhältnis gelten sollte, enthielt eine grobe Störung des Plans und gefährdete damit die Durchführung der Entschuldung und die mit ihr erstrebte Gesundung des Gutsbetriebs. Das geschah in eigenmächtigem Streben der Beklagten nach Sondervorteilen gegenüber anderen Gläubigern, die sich mit der Regelung des Plans begnügen mußten. Zwar enthält das Schuldenregelungsgesetz nicht, wie die Konkursordnung im § 181 und die Vergleichsordnung im § 8 eine die Gewährung von Sondervorteilen verbietende Vorschrift, so daß § 134 BGB anzuwenden wäre; vielmehr schreibt in der Richtung nur § 32 SchuldenregelungsG vor, daß wirtschaftlich gleichartige Forderungen nach Möglichkeit gleichmäßig zu behandeln sind; aber das Vorgehen der Parteien verstieß in gewinnsüchtigem und eigennützigem Streben der Beklagten mit Unterstützung des Klägers gegen wichtige Belange des Volksganzen, dem die Schuldenregelung durch die Gesundung des Betriebs dienen sollte. Das kennzeichnet der Vertrag vom 24. März 1937 als Verstoß gegen die guten Sitten im Sinne der §§ 138, 817 BGB. Seine untrennbar miteinander zusammenhängenden Abmachungen sind insgesamt nichtig. Die Beklagte ist durch das, was sie vom Schuldner zur Erfüllung dieses Vertrags erhalten hat, ungerechtfertigt bereichert worden.

Die Parteien unter sich beabsichtigen, diesen Vertrag einzuhalten und der Kläger hat, wie das Oberlandesgericht tatsächlich feststellt, die laufenden Zahlungen auf Grund dieses zur Verzinsung der 80.000 RM mit 300 RM monatlich und die Abzahlung von 8.000 RM auf das Kapital geleistet. Der Zweck dieser Leistung war der, diesen Vertrag zu erfüllen und die Beklagte in den Genuß der ihr nach dem Entschuldungsplan nicht zustehenden Vorteile zu bringen. Somit war auch der unmittelbare Zweck der Zahlung und deren Annahme gegen die guten Sitten gerichtet. Daß sich die Beteiligten dessen bewußt gewesen sind, zeigen die sorgfältige Geheimhaltung des Vertrags, namentlich auch die Verschleierung vor dem Treuhänder des Gutsbetriebs offensichtlich.

Indem der Kläger diese Leistungen, soweit sie die Verzinsung der nach dem Entschuldungsplan bestehenden Forderung von 50.000 RM übersteigen, als Abzahlung auf diese 50.000 RM verrechnet, fordert er sie als ungerechtfertigte Bereicherung der Beklagten zurück. Nach dem Wortlaut des § 817 Satz 2 BGB wäre ihm das zu verwehren, eine Anschauung, die die Beklagte vertritt. Das könnte dem Kläger auch nicht mit den die Rückforderung eines wucherisch hingegebenen Darlehnskapitals zulassenden Ausführungen in RGZ Bd. 161 S. 52 gestattet werden; denn im vorliegenden Falle hat er zur Erfüllung des nichtigen Vertrags geleistet. Die Zahlungen sollten endgültig in das Vermögen der Beklagten übergehen. Auch sollte diese durch sie bereichert werden. Aber der Standpunkt der Vordergerichte, daß die Vorschrift des § 817 Satz 2 BGB einer Rückforderung durch den Kläger nicht entgegenstehe, ist in diesem Falle aus den Gründen zu billigen, die wesentlich schon das Oberlandesgericht in Übereinstimmung mit dem Landgericht entwickelt hat. Die einer gerechten und zweckentsprechenden Güterverteilung dienenden Bereicherungsvorschriften stehen in ganz besonderem Maße unter dem Gebot der Beachtung von Treu und Glauben und des gesunden Volksempfindens. Namentlich auch müssen sie so angewandt werden, wie es der Zweck des Gesetzes erfordert. Ein Ausdruck dieses Gedankens ist z. B. die Vorschrift des § 5 der GrundstückspreisVO vom 17. Juli 1942 (RGBl. I S. 431), wonach § 817 Satz 2 nicht anzuwenden ist für die Rückforderung einer über den zulässigen Grundstückskaufpreis hinaus gewährten Mehrleistung. Mit dem Zweck der Entschuldung, zusammengebrochene oder gefährdete landwirtschaftliche Betriebe von untragbaren Lasten durch einen unter behördlicher Mitwirkung aufgestellten Entschuldungsplan zu befreien und dadurch nicht nur dem einzelnen Betriebe, sondern namentlich auch dem allgemeinen Wohl zu dienen, wäre es unvereinbar, wenn die geschehene Erfüllung eines wegen Sittenverstoßes nichtigen Sonderabkommens die Wirkung haben sollte, daß dem zu Unrecht Bedachten die ihm nicht gebührenden Vorteile belassen würden. Dann hätte er sein eigennütziges Ziel erreicht; der Betrieb wäre so belastet worden, wie es gerade nicht sein sollte; die Entschuldung wäre geradezu „sabotiert" worden. So verbietet es, genau wie bei der GrundstückspreisVO, der Zweck der Schuldenregelung, Leistungen, die auf Grund nichtigen Sonderabkommens erfolgt sind, beim Empfänger zu belassen. Sie müssen vielmehr dem umgeschuldeten Betriebe im Rahmen des Entschuldungsplans zugute kommen.

Das geschieht hier durch die vom Kläger vorgenommene Verrechnung der Überzahlung über die Verzinsung der richtigen Schuld von 50.000 RM hinaus auf die Abtragung der Planforderung der Beklagten. Diese ist dadurch auf 30.374,03 RM herabgemindert worden. Gegen Auszahlung dieses Betrags kann der Kläger die Rückauflassung des Miteigentumsanteils der Beklagten am Gut fordern, der ihr als Sicherheit für ihre planmäßige Forderung von 50.000 RM übertragen worden war.

Die Revision bringt noch eine Reihe von Einzelbemängelungen, die jedoch sämtlich unbegründet sind. Sie vermißt ein Eingehen des Berufungsgerichts auf das Vorbringen der Beklagten, der Entschuldungsplan sei ihr nicht zugestellt worden und daher ihr gegenüber nicht wirksam. Es bestand jedoch keine Veranlassung, auf dies erstinstanzliche Vorbringen einzugehen, nachdem die Beklagte im zweiten Rechtszuge erklärt hatte, sie wolle auf Erfüllung des Vertrags vom 24. März 1937 nicht bestehen, vielmehr nur Rückzahlung des darauf Geleisteten verweigern. Sie hat sich damit selbst auf den Boden des Entschuldungsplans gestellt. Übrigens ist das Verfahren hier nicht nach der von der Revision als verletzt bezeichneten Verordnung vom 17. November 1931 (RGBl. I S. 675), sondern nach dem Gesetz vom 1. Juni 1933 durchgeführt worden. Ein Zweifel an der für und gegen den in Betracht kommenden Gläubiger des Klägers wirksamen Planfestsetzung ist nirgends hervorgetreten. Auch hat die Beklagte in der von ihr der Entschuldungsstelle übergebenen, undatierten Erklärung selbst der Herabsetzung ihrer Forderung zugestimmt.

Wenn die Entschuldungsstelle, wie die Beklagte vorgetragen hatte, dem Grundbuchamt erklärt haben sollte, daß die Regelung der Forderung der Beklagten den Beteiligten überlassen bleibe, so mag das Einzelheiten der Tilgung und Verzinsung betreffen; aber an der wirksamen Herabsetzung der Forderung von 120.000 RM auf 65.000 RM ändert das nichts. Danach können auch Zinsen, die der Beklagten aus der Zeit vor der Umschuldung geschuldet und ungetilgt geblieben sein sollten, keine Berücksichtigung finden.

Wenn die Beklagte, wie sie behauptet, als Miteigentümerin des Guts auch persönliche Schulden des Klägers mit übernommen haben sollte, und sie deswegen zum ersten Mal in der Revisionsinstanz mit der Herausgabe ihres Miteigentumsanteils zurückhalten will, so kann das doch keine Beachtung finden, weil solches in unlösbarem Widerspruch mit ihrer Stellungnahme in der Berufungsinstanz steht: Da hat sie ausdrücklich erklärt, sie wolle die Herausgabe nicht verweigern, sondern dem Kläger nur die Verrechnung der empfangenen Geldleistungen auf ihre Entschuldungsforderung verwehren. Damit war der Streit der Parteien auf diesen letzteren Punkt beschränkt worden. Bei solchem Streitstande blieb kein Raum für ein Eingehen auf die Frage der persönlichen Schuldverpflichtung der Beklagten und der Freistellung von solcher. Die Beklagte mag einen Anspruch darauf haben; sie hat aber aus eigenem Willen davon abgesehen, diesem zum Grunde einer Zurückbehaltung des ihr zur Sicherung übertragenen Miteigentumsanteils zu machen. Diese Stellungnahme kann sie jetzt nicht mehr ändern.

Nach alledem war die Revision unter Kostenentscheidung nach § 97 ZPO in Verbindung mit § 60 der 2. KriegsmaßnahmenVO zurückzuweisen.

97. 1. Haftung eines Handelsagenten, der den Verkauf von Schlachtvieh übernommen und dieses in seiner Obhut hat, als Tieraufseher nach § 834 S. 1 BGB.

2. Zu den Anforderungen an einen Entlastungsbeweis nach § 834 S. 2 BGB.

BGB § 834.

V. Zivilsenat. Urt. v. 9. Januar 1945 (V 76/1944).

I. Landgericht Mannheim.
II. Oberlandesgericht Karlsruhe.

In Sachen 1. der offenen Handelsgesellschaft Wohlfahrt & Zink, Viehagentur in Mannheim, 2. deren Gesellschafter, nämlich

a) Karl Wohlfahrt in Rosenberg, b) Louis Zink in Eubigheim, Beklagten und Revisionskläger, Prozeßbevollmächtigter: Rechtsanwalt Justizrat Geutebrück in Leipzig,

gegen

1. den Metzgermeister Emil Herrmann in Hockenheim, Kläger,

2. die Reichsstelle für Tiere und tierische Erzeugnisse in Berlin, vertreten durch den Vorsitzenden, Streitgehilfin des Klägers, zu 1. und 2. Revisionsbeklagte, Prozeßbevollmächtigter für den Kläger: Rechtsanwalt Dr. Petersen in Leipzig, Prozeßbevollmächtigter für die Streitgehilfin: Rechtsanwalt Ruland in Leipzig,

hat das Reichsgericht, V. Zivilsenat, auf die mündliche Verhandlung vom 9. Januar 1945 durch den Senatspräsidenten Dr. Brandis und die Reichsgerichtsräte Böhmer und Denecke für Recht erkannt:

Die Revision gegen das Urteil des 3. Zivilsenats des Oberlandesgerichts in Karlsruhe vom 24. August 1944 wird zurückgewiesen.

Die Beklagten haben die gerichtlichen Kosten des Rechtsstreits zu tragen und an außergerichtlichen Kosten einschließlich verauslagter Gerichtskosten dem Kläger 1.830 RM und der Streitgehilfin 447 RM zu erstatten. – Von Rechts wegen.

Tatbestand

Der Kläger erhielt am 4. September 1941 in dem Schlachthof in Mannheim bei Besichtigung von Schlachtvieh von einem Ochsen am rechten Knie einen Schlag, so daß er zu Boden fiel und sich erhebliche Verletzungen am Knie und am Schultergelenk zuzog und längere Zeit arbeitsunfähig war. Der Ochse gehörte zu einer Gruppe von Schlachtvieh, das von der Reichsstelle für Tiere und tierische Erzeugnisse aus Frankreich eingeführt und nach Mannheim geleitet worden war, dort von der Beklagten zu 1. verkauft werden sollte und bis zur Zuteilung an die einzelnen Metzger in den der Beklagten zu 1. von der Schlachthofverwaltung zur Verfügung gestellten Ställen untergebracht war.

Der Kläger nimmt für die ihm entstandenen Heilungskosten und seinen Verdienstausfall sowie für den ihm weiter entstehenden Schaden die verklagte offene Handelsgesellschaft und ihre Gesellschafter auf Grund der §§ 833 und 834 BGB in Anspruch mit der Begründung, daß sie entweder selbst Tierhalter gewesen seien oder zum mindesten in der Zeit zwischen dem Ausladen der Tiere und ihrer Übergabe an die Metzger die Aufsicht für den Tierhalter gehabt, dieser Aufsichtspflicht aber nicht genügt hätten. Die beklagten Gesellschafter hätten gewußt, daß das während des ganzen Jahres auf freier Weide gehaltene französische Vieh bei Unterstellung in geschlossenen Räumen sehr unruhig würde. Sie hätten also die Tiere besonders überwachen und erforderlichenfalls den Stall absperren oder ein Warnschild anbringen müssen. Wenn sie sich überhaupt um das Vieh gekümmert hätten, so hätte ihnen auffallen müssen, daß es sich bei dem Ochsen um ein sehr unruhiges Tier gehandelt habe; denn dieses habe nicht bloß den Kläger, sondern schon vorher den Treiber und nachher noch zwei andere Metzger geschlagen und sei so ungebärdig gewesen, daß es im Stande habe getötet werden müssen.

Die Beklagten bestreiten, daß sie Tierhalter gewesen seien oder auch nur die Aufsicht über das Tier gehabt hätten; diese sei vielmehr von der Betriebsgemeinschaft der Viehtreiber des Schlachthofes ausgeübt worden, die das Ausladen der Tiere aus den Eisenbahnwagen, ihre Zuführung zur tierärztlichen Besichtigung und ihre Verbringung in den Stall selbständig ohne besonderen Auftrag ausgeführt und auch die Aufsicht und Pflege der Tiere im Stall ausgeübt habe. Sie bestreiten weiter, daß der Ochse vor dem Unfall des Klägers unruhig gewesen sei; jedenfalls sei derartiges nicht erkennbar gewesen. Der Unfall sei allein auf eigenes Verschulden des Klägers zurückzuführen, der gewußt habe, daß es sich um französisches Weidevieh handele und der dessen Eigenschaften gekannt habe, aber dem Ochsen unvorsichtig zu nahe gekommen sei, insbesondere ihn beim Näherkommen nicht wie üblich angerufen habe.

Während das Landgericht die Klage abgewiesen hat, hat das Oberlandesgericht die Beklagten zum Ersatz des bisher entstandenen Schadens in Höhe von 2.241,05 RM verurteilt und ihre Verpflichtung zum Ersatz des weiter entstehenden Schadens festgestellt. Mit der Revision erstreben die Beklagten wiederum Abweisung der Klage, während der Kläger und deren Streitgehilfin die Zurückweisung der Revision beantragen.

Entscheidungsgründe

Nach den Feststellungen des Berufungsgerichts ist das aus Frankreich eingeführte und, wie ergänzend bemerkt sei, gemäß § 12 Abs. 1 Satz 3 der Verordnung über die öffentliche Bewirtschaftung von Tieren und tierischen Erzeugnissen vom 7. September 1939 (RGBl. I S. 1714) mit der Überschreitung der Reichsgrenze zugunsten der Reichsstelle für Tiere und tierische Erzeugnisse beschlagnahmte Vieh von dieser nach den Bestimmungen des Gesetzes über den Verkehr mit Tieren und tierischen Erzeugnissen vom 23. März 1934 (RGBl. I S. 224) übernommen, den einzelnen Schlachtviehmärkten zugeführt und dort für Rechnung der Reichsstelle verkauft worden. Es kann dahingestellt bleiben, ob die Reichsstelle im Verhältnis zu dem eingeführten Vieh als Tierhalterin im Sinne des § 833 BGB anzusehen ist; keinesfalls waren, wie auch das Berufungsgericht mit Recht ausführt, die Beklagten Tierhalter, zumal da sie nach § 13 der von der Hauptvereinigung der deutschen Viehwirtschaft herausgegebenen Schlachtviehmarktordnung in der zur Zeit des Unfalls maßgebenden Fassung vom 20. Dezember 1940 (Verkündungsblatt des Reichsnährstandes S. 715) den Verkauf nur im Auftrage, im Namen und für Rechnung des Verkäufers der Reichsstelle, vornehmen durften und vorgenommen haben, also nicht einmal Kommissionäre, sondern nur Handelsagenten waren.

Frei von Rechtsirrtum ist ferner die Annahme, daß die Beklagten gemäß § 834 BGB die Aufsicht über die Tiere durch Vertrag übernommen hätten und demnach grundsätzlich für den Schaden des Klägers haften. Entgegen der Meinung des Berufungsgerichts beruht freilich diese Aufsichtspflicht nicht auf einem neben dem Vermittlungsvertrag mit dem Verkäufer der Tiere stillschweigend geschlossenen Verwahrungsvertrage, sondern sie folgt unmittelbar aus der vertraglichen Tätigkeit, welche die Beklagten für den Verkäufer zu entfalten hatten und entfaltet haben, aus dem Wesen der Verkaufsvermittlung und der den Verkaufsvermittlern nach den Marktregelungsbestimmungen obliegenden Aufgaben. In dieser Hinsicht ist Folgendes zu bemerken: Nach §§ 14, 15 der Schlachtviehmarktordnung kann der Erzeuger sein Vieh auf den Schlachtviehmärkten nicht selbst verkaufen, sondern muß sich dazu besonders zugelassener Agenten bedienen. Er wird also beim Verkauf der Tiere in der Regel auf dem Viehmarkt nicht zugegen sein, das zum Verkauf gestellte Vieh von der Übergabe an den Verkaufsvermittler ab nicht mehr in seiner Obhut haben und deshalb meist gar nicht in der Lage sein, die zur Verhinderung von Gefahren etwa erforderlichen Maßnahmen selbst zu treffen oder von seinen Leuten treffen zu lassen. Das muß umso mehr gelten, als gemäß § 1 Abs. 2 in Verbindung mit Abs. 1 Nr. 2 der VO zur Regelung des Verkehrs mit Schlachtvieh vom 27. Februar 1935 (RGBl. I S. 301) Mitglied der Marktgemeinschaft für die Schlachtviehverwertung (Marktvereinigung) nicht der Verkäufer, sondern der Verkaufsvermittler ist, daß also nur dieser der Ordnungsgewalt der Marktvereinigung (des Marktbeauftragten) untersteht und die zur Regelung des Schlachtviehverkehrs in der genannten Verordnung, der Schlachtviehmarktordnung und den Anordnungen der Marktbeauftragten (vgl. § 23 der VO vom 27. Februar

1935) aufgestellten Grundsätze – z. B. hinsichtlich des Verkaufs auf bestimmten Märkten, nach bestimmten Wertklassen und zu bestimmten Preisen, in bestimmtem Futterzustande und zu bestimmten Bedingungen (nach Lebendgewicht) – zu beachten hat. Zur Erfüllung der ihm als Mitglied der Marktvereinigung obliegenden Pflichten wie Anmeldung des zum Verkauf zu stellenden Viehes (§ 48 der Schlachtviehmarktordnung von 1940), Zuführung der Tiere zum Markt (§ 23 der SchlachtviehmarktVO von 1935), Gestellung des Viehs zur Einreihung in Schlachtwertklassen (§§ 17, 23 VO) und zur amtlichen Waage in futterleerem Zustand (§ 21 der Marktordnung), Innehaltung bestimmter Futtervorschriften zur Verhinderung des Überfütterns (VO über die Fütterung von Schlachtvieh auf Schlachtviehmärkten vom 21. November 1936, RGBl. I S. 947), muß deshalb der Verkaufsvermittler vor dem Verkauf wie während desselben die alleinige Verfügungsgewalt und Obhut über das Vieh haben.

Untersteht aber das Vieh während dieser Zeit seiner Verfügungsgewalt und Obhut, so kann nur er die zum Schutze Dritter erforderlichen Maßnahmen in sachgemäßer Weise treffen, da diese mit den anderen ihm obliegenden Pflichten meist untrennbar verbunden sein werden. Allerdings wird der Verkaufsvermittler angesichts der zuweilen nicht geringen Zahl der an einem Markttage von ihm zum Verkauf zu stellenden Tiere seine genannten Pflichten nicht immer sämtlich selbst wahrnehmen können, sondern er wird oft gezwungen sein, sich dazu besonderer Hilfskräfte zu bedienen. Ebenso aber wie diese die Erfüllung der angeführten berufsständischen Pflichten dem Verkaufsvermittler nicht völlig abnehmen können, dieser vielmehr selbst dafür verantwortlich bleibt, kann auch die Aufsichtspflicht aus § 834 BGB nicht in vollem Umfang auf diese Hilfskräfte übergehen. Mögen diese während der Ausführung ihrer Arbeiten auch gehalten sein, etwaigen von den Tieren drohenden Gefahren nach Möglichkeit selbst entgegenzuwirken, so verbleibt doch die allgemeine Aufsichtspflicht dem Verkaufsvermittler, wie dies auch sonst bei Tierhaltern oder Aufsichtspersonen nach § 834 BGB der Fall ist, wenn sie die Tiere von Knechten oder anderen Hilfspersonen besorgen lassen (RGZ Bd. 50 S. 244, JW 1905 S. 392 Nr. 10).

An dieser Rechtslage wird entgegen der Meinung der Revision auch dadurch nichts geändert, daß der Verkaufsvermittler zur Erfüllung seiner Aufgaben sich nicht solcher Hilfskräfte bedient, die er selbst ausgesucht und bestellt hat, diese Arbeiten vielmehr von Mitgliedern der Betriebsgemeinschaft der Viehtreiber des Schlachthofs ausgeführt werden. Aus den Auskünften des Schlacht- und Viehhofes (I S. 129 d. A.) und des Viehwirtschaftsverbandes (II S. 49) sowie den Bekundungen des Marktbeauftragten (I S. 157 d. A.), die einander zum Teil widersprechen, läßt sich zwar ein völlig klares Bild der Verhältnisse nicht gewinnen. Immerhin ist aus ihnen sowie aus den das Schlachthofwesen betreffenden gesetzlichen und behördlichen Vorschriften mit genügender Deutlichkeit so viel zu entnehmen, daß die Betriebsgemeinschaft der Viehtreiber auf Grund der in § 31 der Schlachtviehmarktordnung enthaltenen Ermächtigung von dem Viehwirtschaftsverband gegründet worden ist, um die Unzuträglichkeiten in der Abwicklung des Marktverkehrs, die sich aus der Bestellung der Treiber durch die einzelnen Agenten ergeben hatten, zu beseitigen, aber nicht etwa um eine Organisation zu schaffen, der ein Teil der den Mitgliedern der Marktgemeinschaft als solchen obliegenden Aufgaben zur selbständigen Erledigung übertragen werden sollte. Mag auch, wie es in der Auskunft des Viehwirtschaftsverbandes heißt, der Gemeinschaft der Viehtreiber nicht nur das Ausladen und Führen der Tiere zur Untersuchung und in die Ställe, sondern auch ihre sonstige Pflege während ihres Aufenthalts auf dem Markt sowie die Erstattung besonderer Meldungen obliegen und mögen auch die Viehagenten auf die Auswahl der Treiber keinen Einfluß haben, so bleiben diese Tätigkeiten doch Hilfeleistung für die Agenten, die von den einzelnen Viehtreibern für diese geleistet werden, also Dienstleistungen im Sinne des § 611 BGB abhängige Arbeiten im arbeitsrechtlichen Sinne, und zwar sogenannte „Gruppenarbeit", nicht aber handelt es sich dabei um die Arbeitsleistung eines selbständigen Unternehmers im Sinne des § 631 BGB. Nach der Auskunft des Schlachthofs fehlt nämlich der Betriebsgemeinschaft der Viehtreiber eine Satzung wie auch eine feste Organisation. Sie stellt sich nur als ein loser Zusammenschluß zur gemeinsamen Arbeit als Arbeitsgemeinschaft oder arbeitsrechtlich als eine sich selbst bildende Arbeitsgruppe (sog. Eigengruppe) dar, ähnlich wie etwa die Verbände der Schauerleute in Häfen, Montage- und Putzerkolonnen im Baugewerbe, auch die Musikkapellen in Gastwirtschaftsbetrieben (vgl. RAG Bd. 9 S. 355, Bd. 24 S. 51). Bei allen diesen nimmt – soweit nicht etwa wie bei Orchestergesellschaften eine selbständige juristische Person besteht – der Obmann als Gruppenführer die Verteilung der Arbeit auf die einzelnen Mitglieder oder die Zuweisung der einzelnen Mitglieder zu den einzelnen Auftraggebern vor; er nimmt auch unter Umständen das Arbeitsentgelt entgegen und verteilt es unter die Mitglieder. Die Gruppe als solche oder der Gruppenführer tritt aber im Allgemeinen nicht etwa selbst als Unternehmer, als Vertragspartei den anderen Teilen gegenüber; Gruppe und Gruppenführer übernehmen keine eigene Verpflichtung, insbesondere keinerlei Haftung. So liegt die Sache auch hier; nach der ganzen Struktur der Betriebsgemeinschaft der Viehtreiber bestehen zwischen der Gemeinschaft oder ihrem Obmann und den Viehagenten grundsätzlich keine vertraglichen Beziehungen; als Vertragsparteien stehen sich vielmehr nur der einzelne Viehtreiber und der einzelne Agent gegenüber. Die dem anscheinend widersprechende Ansicht des Marktbeauftragten (I S. 157 d. A.), daß das Treibergeld von den Verkäufern der Tiere zu zahlen sei, beruht ersichtlich auf einem Mißverstehen der Bestimmung des § 31 Abs. 2 der Marktordnung. Denn wenn es darin heißt, daß dem Einsender von dem Verkaufsvermittler an

Treibergeld nur die anordnungsgemäß festgesetzten Höchstsätze in Rechnung gestellt werden dürfen, so ergibt sich daraus mit Deutlichkeit, daß die Treiber von dem Viehagenten nicht von dem Verkäufer zu entlohnen sind, also in einem Vertragsverhältnis zu dem Viehagenten stehen.

Aus dem Gesagten folgt, daß als Aufsichtspersonen im Sinne des § 834 BGB weder die einzelnen Viehtreiber nach deren Betriebsgemeinschaft in Betracht kommen. Dafür, daß allein die Viehagenten tatsächlich die Obhut über die durch ihre Vermittlung zum Verkauf zu bringenden Tiere haben, spricht schließlich auch der Umstand, daß das Vieh in den ihnen vom Schlachthof zur Verfügung gestellten Ställen untergebracht wird und daß ihnen die Unterbringungs- und Fütterungskosten vom Schlachthof in Rechnung gestellt werden; so ist es auch im vorliegenden Falle gehandhabt worden.

Nach allem erweist sich die Annahme des Berufungsgerichts, daß den Beklagten während des Aufenthalts der Tiere auf dem Viehmarkt eine vertraglich übernommene Pflicht zu ihrer Beaufsichtigung obgelegen habe, als rechtlich bedenkenfrei.

Nicht begründet sind auch die Angriffe der Revision gegen die Feststellung des Berufungsgerichts, daß die Beklagten den Entlastungsbeweis aus § 834 BGB nicht erbracht hätten und nach der Sachlage nicht erbringen könnten. Der Ausspruch, daß die Beklagten zugegebenermaßen nach der Einbringung des Viehes nicht in den Ställen gewesen seien und sich nicht persönlich über die Unterbringung und den Zustand der Tiere vergewissert hätten, wird durch die von der Revision angeführten Umstände nicht widerlegt. Es ist verfahrensrechtlich nicht notwendig, daß ein Geständnis ausdrücklich im Tatbestand des Urteils festgelegt wird; Letzteres kann vielmehr auch in den Gründen geschehen und das Geständnis ist dann im Revisionsverfahren in gleicher Weise unanfechtbar. Daß sich die beklagten Gesellschafter an dem fraglichen Tage nach Einbringung des Viehes in den Stall die Tiere persönlich angesehen hätten, haben sie übrigens selbst nicht behauptet; daraus, daß sie sich sonst um das Vieh gekümmert und es sorgfältig beaufsichtigt haben wollen, brauchte der Schluß, daß sie dies auch an dem Unfalltag getan hätten, nicht gezogen zu werden.

Verfahrensrechtlich ist es ferner nicht zu beanstanden, vielmehr liegt es nur im Rahmen der tatrichterlichen Würdigung, wenn das Berufungsgericht aus der Tatsache, daß der Ochse nicht bloß den Kläger, sondern bald danach noch zwei andere Metzger geschlagen hat und so ungebärdig gewesen ist, daß er im Stande getötet werden mußte, den Schluß zieht, daß die Beklagten schon vorher bei einer Besichtigung Zeichen von Unruhe an ihm hätten erkennen müssen. Auch wenn – wie es nach der Feststellung des Berufungsgerichts bei dem hier fraglichen Ochsen der Fall war – ein Tier bei der Besichtigung und Untersuchung auf der Rampe keine besondere Unruhe gezeigt hat, so wird es doch erfahrungsgemäß, wenn es bisher stets frei umhergelaufen war, nach Beschränkung der gewohnten Freiheit durch Anbinden im Stall, allmählich unruhig werden und diese Unruhe namentlich dann zeigen, wenn jemand in seinen Stand tritt. Der Umstand, daß der Ochse in allen drei Fällen schon ausgeschlagen hat, sobald jemand in der Stallgasse an ihm vorüberging, also nicht erst als er in den Stand trat, spricht jedenfalls dafür, daß dieses Tier besonders unruhig war; die Annahme ist nicht zu beanstanden, daß diese Unruhe bei einer vorherigen Besichtigung durch die Beklagten in Erscheinung getreten wäre. Da die Beklagten, um sich von der Haftung nach § 834 BGB zu entlasten, dafür beweispflichtig sind, daß sie bei der Beaufsichtigung des Tieres die im Verkehr erforderliche Sorgfalt beobachtet haben, also ohne schuldhafte Verletzung ihrer Aufsichtspflicht Abwehrmaßnahmen nicht zu ergreifen brauchten oder nicht ergreifen konnten, so mußten sie entweder dartun, daß der Ochse vor der Verletzung des Klägers, also auch nach der Verbringung in den Stall, Unruhe nicht gezeigt habe oder aber, daß die Frist zwischen der Verbringung in den Stall und der Verletzung des Klägers so kurz gewesen sei, daß für Maßnahmen keine Zeit blieb. Die Beklagten haben indessen ausreichende Behauptungen in dieser Richtung nicht aufgestellt, jedenfalls aber keinen Beweis dafür erbracht. Sie haben sich offenbar um dieses Tier überhaupt nicht gekümmert, wie sich auch daraus ergibt, daß sie nach ihrem eigenen Vorbringen von den Verletzungen, die es dem Kläger und den beiden anderen Personen zugefügt hat, zunächst gar nichts erfahren haben. Einer besonderen Feststellung dahin, wie lange der Ochse in dem Stall gestanden hat, bedurfte es bei dieser Sachlage nicht.

Entgegen der Meinung der Revision waren die Beklagten von weiteren Vorsichtsmaßnahmen auch nicht schon dadurch befreit, daß alle Metzger die Tatsache, daß es sich um Weidevieh handelte, gekannt haben mögen. Denn es war keineswegs gesagt, daß besonders unruhige Tiere schon durch einen Anruf beruhigt werden konnten. Daß übrigens ein solcher Anruf nicht bloß beim Betreten eines Standes, sondern auch dann üblich wäre, wenn jemand lediglich an den Tieren im Gang vorbeigeht, ergibt sich weder aus der Aussage des Treibers Bohn noch aus dem Parteivorbringen; es kann auch nicht gesagt werden, daß eine so weitgehende Übung allgemein bekannt sei.

Da die Beklagten nur allgemeine Behauptungen darüber aufgestellt haben, wie sie an sonstigen Tagen ihre Aufsicht ausgeübt haben wollen, aber keine näheren Angaben darüber gemacht haben, wie sie sich an dem fraglichen Tage verhalten haben, war die Annahme gerechtfertigt, daß sie den von ihnen zu erbringenden Entlastungsbeweis für eine hinreichende Aufsicht über diesen Ochsen vor dem Unfall nicht erbringen könnten. Da ferner die Annahme unbedenklich ist, daß der Unfall bei Durchführung einer der vom Berufungsgericht bezeichneten Maßnahmen, insbesondere beim Anbringen eines Warnschildes, nicht eingetreten wäre, ist die Haftung der Beklagten aus § 834 BGB einwandfrei begründet.

Ohne Rechtsirrtum hat schließlich das Berufungsgericht ein mitwirkendes Verschulden des Klägers verneint. Die Feststellung, daß der Kläger sich in der Mitte des Laufganges, etwa 1 1/2 m vom Tiere entfernt aufgehalten habe, beruht auf den Bekundungen der Zeugen, besonders auch des Zeugen Auer, der, wie die berichtigte Niederschrift seiner Aussage ergibt, gesehen hat, daß der Kläger ebenso wie der Zeuge Heiß, nicht *an*, sondern *in* dem Gange gestanden hat. Unmöglich war es nicht, daß ein Ochse auch in dieser Entfernung einen Menschen mit dem Hufe treffen konnte. Das Berufungsgericht konnte beim Fehlen irgendwelcher dahingehender Behauptungen ohne besonderen Hinweis aus der Tatsache, daß mehrere in dem Gang stehende Personen von dem Ochsen getroffen worden sind, folgern, daß auch der Kläger in dieser Entfernung beim Vorbeigehen und kurzem Verweilen am rechten Knie getroffen werden konnte.

Daß es üblich sei, bei einem Gang durch den Stall jedes Tier anzurufen, steht wie gesagt, nicht fest. Das Bestehen eines solchen Brauches ist schon deshalb wenig wahrscheinlich, weil das Anrufen eines jeden Tieres durch jeden einzelnen Vorübergehenden die Tiere eher beunruhigen als beruhigen würde. Mit Recht hat daher das Berufungsgericht ein unvorsichtiges Verhalten des Klägers als nicht dargetan angesehen.

Da die Feststellungen des Berufungsgerichts über die Höhe des Schadens nicht angegriffen sind, war die Revision zurückzuweisen.

---

98. Die bisher in der Rechtsprechung einhellig vertretene Ansicht, daß es beim Abschluß eines Vertrages über Annahme an Kindes Statt der persönlichen Anwesenheit sämtlicher Vertragsteile in der gerichtlichen oder notarischen Verhandlung bedürfe, kann, besonders mit Rücksicht auf die kriegsbedingte Abwesenheit vieler Beteiligter, nicht aufrecht erhalten werden. Die Vertragsteile können sich in der Abgabe der Willens*erklärung* durch einen Bevollmächtigten vertreten lassen.

BGB § 1750.

IV. Zivilsenat. Beschl. v. 11. Januar 1945 (IV B 156/1944).

I. Amtsgericht Mülheim a.d. Ruhr.

In Sachen Simson, Klaus, betreffend Kindesannahmevertrag S. X 1582 des Amtsgerichts in Mülheim a.d. Ruhr

hat das Reichsgericht, IV. Zivilsenat, am 11. Januar 1945 auf die sofortige Beschwerde des Ernst Völz vom 30. November 1944 gegen den Beschluß des genannten Amtsgerichts vom 23. November 1944 *beschlossen:*

Der angefochtene Beschluß wird aufgehoben.

Gründe

Das Amtsgericht hat die Bestätigung des Vertrags vom 9. Februar 1944, durch den die Eheleute Ernst Völz und Leokadia geborene Czarnkowski den am 16. September 1942 geborenen Klaus Simson als gemeinsames Kind an Kindes Statt annehmen, abgelehnt, da beim Abschluß des Annahmevertrags der Ehemann Völz nicht persönlich zugegen war, sondern für ihn auf Grund notarischer Vollmacht der Bürovorsteher des beurkundenden Notars aufgetreten war. Das Amtsgericht hat sich auf die feststehende Rechtsprechung bezogen, wonach die Beteiligten bei Abschluß des Annahmevertrages persönlich anwesend sein müssen und wonach eine Vertretung durch einen gewillkürten Vertreter auch bezüglich der Willenserklärung ausgeschlossen ist.

Es ist richtig, daß das Kammergericht in ständiger Rechtsprechung den § 1750 BGB dahin ausgelegt hat, daß bei Abschluß des Vertrages über Annahme an Kindes Statt die Beteiligten weder im Willen noch in der Abgabe der Willenserklärung vertreten werden können (KGJ Bd. 45 S. 8; Recht 1923 Nr. 1356). Dieser Auslegung des § 1750 BGB haben sich dann das Bayerische Oberste Landesgericht in München (JFG Bd. 8 S. 100) und das Oberlandesgericht in Dresden (ZFG Bd. 22 S. 214) angeschlossen. Auch das Schrifttum vertritt überwiegend die gleiche Auffassung (Planck zu § 1750 Anm. 1c; Kipp § 91 Note 22, Opet/Blume zu § 1750 Anm. IIIb; RGRKomm zu § 1750 Anm. 3). Diese Auffassung wird damit begründet, der Zweck der Vorschrift des § 1750 sei, eine möglichst große Gewähr für die Ernstlichkeit und die Willensübereinstimmung der Vertragschließenden zu gewinnen; daher werde im § 1750 verlangt, daß die Beteiligten zum Zwecke des Vertragsschlusses vor der Urkundsperson selbst miteinander verhandeln; der Zweck dieser Vorschrift würde vereitelt werden, wenn die Beteiligten für befugt erachtet würden, ihre Erklärungen vor dem Vertragsabschluß mündlich oder urkundlich abzugeben und dann einen Dritten zu ermächtigen, diese ihre Erklärung vor dem Gericht oder Notar zu wiederholen; eine auf diese Weise zustande gekommene Vereinbarung entbehre der im § 1750 BGB vorausgesetzten Form (so Kammergericht in KGJ Bd. 45 S. 8).

Daß diese rechtliche Begründung durchaus Beachtung verdient, ist nicht zu bestreiten. Trotzdem glaubt der jetzt zur Entscheidung berufene Senat des Reichsgerichts an dieser bisher herrschenden Rechtsauffassung nicht festhalten zu sollen, und zwar im wesentlichen aus praktischen, auf Berücksichtigung der gegenwärtigen Kriegsverhältnisse beruhenden Erwägungen. Das Amtsgericht Mülheim weist in seiner Äußerung, weshalb es die Beschwerde zugelassen habe, zutreffend darauf hin, daß infolge des Kriegs und der dadurch vielfach hervorgerufenen Abwesenheit der Beteiligten von ihrem gewöhnlichen Aufenthaltsort sowie auch infolge von Störungen der Verkehrsverbindungen in viel weitergehendem Maße, als früher vorausgesetzt werden konnte, es dem einen oder anderen Beteiligten unmöglich sei, persönlich zum Abschluß des Kindesannahmevertrags zu erscheinen. Aus den Akten ergibt sich ferner, daß im vorliegenden Fall das Festhalten an der bisherigen Praxis dazu führen würde, daß die Annahme des Klaus Simson an Kindes Statt, über die sich alle Beteiligten einig sind und die in jeder Beziehung erwünscht zu sein scheint, tatsächlich nicht würde verwirklicht werden können, weil es infolge der kriegsbedingten Abwesenheit sowohl des Annehmenden Ernst Völz als auch der Mutter des anzunehmenden Kindes voraussichtlich in absehbarer Zeit niemals möglich sein wird, alle beteiligten Personen zu einer gleichzeitigen Verhandlung bei einem Notar zu vereinigen. Das Beharren auf dem Erfordernis der persönlichen Anwesenheit aller beteiligten Personen würde daher im vorliegenden Fall als ein unter den gegenwärtigen Kriegsverhältnissen schwer erträglicher Formalismus empfunden werden. Eine von der bisherigen Rechtsprechung abweichende Auslegung der Vorschrift des § 1750 BGB läßt sich aber auch rechtlich durchaus rechtfertigen. Es muß nämlich ein Unterschied gemacht werden zwischen dem Zweck und Sinn der Vorschrift des § 1750 Abs. 1 und demjenigen der Vorschrift des § 1750 Abs. 2. § 1750 Abs. 1 verlangt mit Rücksicht auf die höchstpersönliche Natur des Kindesannahmevertrags die eigene Willensbestimmung der vertragschließenden Teile. Daher wird die *rechtsgeschäftliche* Stellvertretung – die Stellvertretung im *Willen* – durch § 1750 Abs. 1 ausgeschlossen. Gegenüber dieser materiellrechtlichen Norm des § 1750 Abs. 1 enthält der § 1750 Abs. 2 eine formalrechtliche Bestimmung. Es wird hier gerichtliche oder notarische Beurkundung verlangt, und zwar Beurkundung bei „gleichzeitiger Anwesenheit" beider Teile. Das Erfordernis der gleichzeitigen Anwesenheit beider Teile findet sich auch anderweitig im Bürgerlichen Gesetzbuch; so im § 925 bei der Auflassung und in § 1434 beim Ehevertrag. Das Formerfordernis der gleichzeitigen Anwesenheit bedeutet eine Ausnahme von der Bestimmung des § 128 BGB, nach welcher es, falls gerichtliche oder notarische Beurkundung eines Vertrages vorgeschrieben ist, genügt, wenn zunächst der Antrag und sodann die Annahme des Antrags vom Gericht oder Notar beurkundet wird. Abweichend von dieser Regel des § 128 BGB wird also für den Kindesannahmevertrag (ebenso wie für die Auflassung und für den Ehevertrag) die simultane Beurkundung des Vertrages vorgeschrieben, die sukzessive Beurkundung des Vertrags also für unzulässig erklärt; es wird das Formerfordernis einer zweiseitigen Notariatsverhandlung aufgestellt. Daß die Parteien bei der Beurkundung *persönlich* erscheinen müssen, wird dagegen im § 1750 Abs. 2 (bzw. § 925 und § 1434) BGB nicht ausgesprochen. Die Parteien verstoßen also gegen keine Formvorschrift, wenn sie sich bei diesen Verträgen in der Abgabe der Willens*erklärung* vor dem Notar vertreten lassen. Wo der Gesetzgeber als wesentliche Formvorschrift für die Gültigkeit des Vertrags nicht nur die *gleichzeitige*, sondern auch die *persönliche* Anwesenheit der Vertragsteile verlangt, hat er dies ausdrücklich ausgesprochen; so z. B. bei der Eheschließung (§ 17 EheG), beim Erbvertrag (§ 29 TestG), beim Erbverzichtsvertrag (§ 2347 Abs. 2 BGB). Da im § 1750 Abs. 2 BGB beim Kindesannahmevertrag die persönliche Anwesenheit der Beteiligten bei der Beurkundung nicht vorgeschrieben ist, ist also, abweichend von der bisherigen Rechtsprechung, die Annahme gerechtfertigt, daß beim Kindesannahmevertrag die Abgabe der Willens*erklärung* vor dem Notar durch einen Erklärungsmittler formgerecht und rechtsgültig ist.

Es war daher der Beschwerde stattzugeben und der angefochtene Beschluß aufzuheben. Das Amtsgericht wird noch zu prüfen haben, ob die übrigen für die Bestätigung des Annahmevertrages zu erfüllenden Erfordernisse – vormundschaftsgerichtliche Genehmigung, Befreiung vom Alterserfordernis, Anhörung des Regierungspräsidenten – bereits erfüllt sind und wird gegebenenfalls auf deren Erfüllung hinzuwirken haben.

gez. Dr. Jonas. Dr. Hofmann.

---

99. Das Nachlaßgericht kann nach § 1 der ErbRVO nur dann eingreifen, wenn und soweit die gesetzliche Erbregelung offensichtlich von dem Willen des Erblassers zum Nachteil naher Angehöriger in erheblicher Weise abweicht und das gesunde Volksempfinden es erfordert. Die VO gibt keinen Anhalt für die Richtigkeit der Auffassung, daß der Nachlaßrichter auch dann noch eingreifen könne, wenn die in Übereinstimmung mit dem Willen des Erblassers zur gesetzlichen Erbfolge berufene Person nach Eintritt des Erbfalls durch Tod wegfällt und mit ihrem eigenen der Nachlaß des Erblassers auf ihre gesetzlichen Erben übergeht.

ErbRVO § 1.

VI. Zivilsenat. Beschl. v. 12. Januar 1945 (VI B 28/1944).

I. Amtsgericht Berlin-Köpenick.

In der Nachlaßsache nach der am 24. Dezember 1943 gestorbenen, zuletzt in Berlin-Bohnsdorf, Waldstraße 55, wohnhaft gewesenen Ehefrau Carmen Wolf geb. Friesen (Schwericke)

hat das Reichsgericht, VI. Zivilsenat, in der Sitzung vom 12. Januar 1945 auf die Beschwerde der Frau Marie Friesen geb. Schwericke in Schulzendorf Krs. Teltow, Lessingstraße 28 bei Puhle, vertreten durch den Rechtsanwalt und Notar Dr. Rahn in Berlin-Köpenick, vom 30. November 1944 gegen den Beschluß des Amtsgerichts Berlin-Köpenick vom 23. November 1944 beschlossen:

Die Beschwerde wird auf Kosten der Beschwerdeführerin als unbegründet zurückgewiesen.

Gründe

Die Antragstellerin ist die Mutter der Ehefrau Carmen Wolf geb. Friesen, die, ebenso wie ihr einziges Kind Monika Wolf, bei einem Luftangriff am 24. Dezember 1943 den Tod fand. Der Ehemann der Getöteten, der Betriebsleiter Wilhelm Wolf, wurde bei diesem Angriff verletzt und erlag seinen Verletzungen am 4. Januar 1944. In Ermangelung einer letztwilligen Verfügung wurde Frau Carmen Wolf von der Antragstellerin und ihrem Ehemanne je zur Hälfte gesetzlich beerbt. Die gesetzlichen Erben des Ehemannes Wolf sind seine Mutter, die Witwe Johanna Wolf geb. Haitner in Berlin-Bohnsdorf, und seine Nichte Bärbel Wolf in Falkensee bei Spandau. Die Antragstellerin will sich mit der Folge, daß die Hälfte des – angeblich aus mütterlichen Zuwendungen bestehenden – Nachlasses ihrer Tochter auf die genannten Personen als die gesetzlichen Erben des Ehemanns Wolf übergegangen ist, nicht abfinden und hat gemäß § 1 der ErbRVO vom 4. Oktober 1944 beantragt, den Nachlaß dem mutmaßlichen Willen ihrer Tochter entsprechend dahin zu regeln, daß sie deren alleinige Erbin sei. Das Nachlaßgericht hat unter Zulassung der Beschwerde den Antrag zurückgewiesen.

Die von der Antragstellerin erhobene Beschwerde ist zulässig (§ 5 ErbRDVO vom 4. Oktober 1944, §§ 10, 11 der Zweiten Kriegsmaßnahmenverordnung vom 27. September 1944), aber sachlich unbegründet.

Das Nachlaßgericht prüft, ob die Erblasserin für den Fall ihres Todes etwas anderes – die Einsetzung ihrer Mutter als Alleinerbin – angeordnet haben würde, wenn sie gewußt hätte, daß neben ihrer Mutter ihr Ehemann gesetzlicher Erbe werden würde und ob das gesunde Volksempfinden die Regelung des Nachlasses nach diesem etwa zu vermutenden Willen der Erblasserin erfordere. Beide Fragen werden verneint. Den Umstand, daß der Ehemann Wolf wenige Tage nach dem Tode der Erblasserin gestorben und infolgedessen ihr Nachlaß zur Hälfte auf seine gesetzlichen Erben übergegangen ist, hält das Nachlaßgericht für bedeutungslos, weil die gesetzliche Erbfolge nach der Erblasserin hierdurch nicht berührt werde.

Diese Stellungnahme enthält keinen Rechtsfehler. Das Nachlaßgericht kann nach § 1 der ErbRVO nur dann eingreifen, wenn und soweit die gesetzliche Erbregelung offensichtlich von dem Willen des Erblassers zum Nachteil naher Angehöriger in erheblicher Weise abweicht und das gesunde Volksempfinden es erfordert. Entspricht, wie hier, der Eintritt der gesetzlichen Erbfolge – Beerbung der Verstorbenen durch ihre Mutter und ihren Ehemann – dem Willen des Erblassers, so entfällt damit die erste Voraussetzung für die rechtsgestaltende Tätigkeit des Nachlaßgerichts. Die Verordnung gibt keinen Anhalt für die Richtigkeit der von *Hesse* (DJ 1944 S. 299) für gewisse Fälle vertretenen Auffassung, daß der Nachlaßrichter auch dann noch eingreifen könne, wenn die in Übereinstimmung mit dem Willen des Erblassers zur gesetzlichen Erbfolge berufene Person nach Eintritt des Erbfalls durch Tod wegfällt und mit ihrem eigenen der Nachlaß des Erblassers auf ihre gesetzlichen Erben übergeht. Diese Auffassung würde grundsätzlich bedeuten, daß das Nachlaßgericht auf den Antrag eines nahen Angehörigen des Erblassers nicht nur dessen Nachlaß, sondern – wenigstens teilweise – auch den Nachlaß des gesetzlichen Erben in Abweichung von der gesetzlichen Erbfolge zu regeln berechtigt wäre. Zur Annahme einer so weitgehenden Befugnis berechtigt weder der Wortlaut noch der Sinn der Erbregelungsverordnung, die sich grundsätzlich auf die Regelung des den Antragsteller unmittelbar angehenden Erbfalls beschränkt. Es geht auch nicht an, jene Befugnis von der Tatsache abhängig zu machen, daß der dem Erblasser durchaus genehme gesetzliche Erbe ihn nur um kurze Zeit überlebt. Eine grundsätzliche Änderung der Rechtslage hat dieser Umstand nicht zur Folge. Überdies würde es für die Bestimmung der Zeitdauer, um die der gesetzliche Erbe bei Vermeidung der Möglichkeit einer anderweitigen Regelung den Erblasser überlebt haben muß, an jedem zuverlässigen Maßstab fehlen. Der vermutliche Wille des Erblassers vermag diesen Maßstab nicht zu liefern. Er ist gemäß § 1 Abs. 2 der Verordnung danach zu bestimmen, was der Erblasser bei Kenntnis aller Umstände für den Fall seines Todes angeordnet hätte, wenn er ihn bedacht hätte. Die Umstände, die hierbei als dem Erblasser bekannt zu unterstellen sind, können denknotwendig aber nur solche sein, die damals bereits vorhanden oder voraussehbar waren, nicht solche, die später als Ergebnis des reinen Zufalls eingetreten sind.

Die Beschwerde ist danach als unbegründet zurückzuweisen.

gez. Dr. Günther. Balve.

---

100. Bei der Klage aus § 50 EheG kann in der Frage, ob objektiv ein sich als schwere Eheverfehlung darstellendes Verhalten vorliegt, auf frühere durch Verzeihung oder Fristablauf erledigte Vorgänge zurückgegriffen werden. Ein Billigkeitsschuldausspruch ist entsprechend § 61 Abs. 2 EheG gegen den Beklagten zulässig.

EheG §§ 50, 61 Abs. 2.

IV. Zivilsenat. Urt. vom 17. 1. 1945 (IV 287/1944).

II. Oberlandesgericht Celle.

In Sachen des Oberingenieurs F. W., früher in H., W. Str., jetzt in G., Dr.-N.-Str., Klägers und Revisionsklägers, Prozeßbevollmächtigter: Rechtsanwalt Dr. Kraemer in Leipzig,

gegen

seine Ehefrau I. W. geb. B., früher in H., S. Str., jetzt in B. a.D., R. Str., Beklagte und Revisionsbeklagte, Prozeßbevollmächtigter: Rechtsanwalt Dr. Benkard in Leipzig,

hat das Reichsgericht, IV. Zivilsenat, auf die mündliche Verhandlung vom 17. Januar 1945 durch den Senatspräsidenten Dr. Jonas und die Reichsgerichtsräte Schwegmann und Dr. Schrutka für Recht erkannt:

Auf die Revision des Klägers wird das Urteil des 7. (5.) Zivilsenats des Oberlandesgerichts in Celle vom 18. September 1944 aufgehoben und die Rechtssache zur erneuten Verhandlung und Entscheidung an das Berufungsgericht, das auch über die Kosten des Revisionsverfahrens zu erkennen hat, zurückverwiesen. – Von Rechts wegen.

Tatbestand

Die 1900 und 1906 geborenen Ehegatten schlossen 1930 die Ehe, aus der ein 1931 geborenes Kind entstammt. 1940 klagte der Ehemann auf Scheidung der Ehe aus § 49 EheG, hilfsweise aus § 50 EheG, wogegen die Ehefrau die Abweisung der Klage beantragte und für den Fall einer Scheidung wegen Verschuldens den Mitschuldantrag stellte. Das erste Gericht wies das Scheidungsbegehren ab. Das Berufungsgericht schied auf die Berufung des Mannes die Ehe aus § 50 EheG ohne Schuldausspruch. Mit seiner Revision erstrebt der Mann, die Frau für alleinschuldig an der Scheidung zu erklären. Die Frau beantragt, die Revision zurückzuweisen.

Entscheidungsgründe

Die Ehe litt nach den Feststellungen des Berufungsgerichts immer schon unter der Vorstellung der Beklagten von einer Untreue des Ehemannes. Die Frau war hemmungslos und, wenn sie auch nicht trunksüchtig war, nahm sie doch gelegentlich Alkohol übermäßig zu sich. Zu ihren zahlreichen Eifersuchtsausbrüchen hatte ihr der Mann keinen begründeten Anlaß gegeben. Ihre Eifersucht hatte ihren Grund nur darin, das der Mann der stattlichere Teil und an die Gunst der Frauen gewohnt war und es nur seinerzeit unterlassen hatte, seine Briefe über voreheliche Beziehungen zu anderen Frauen und besonders das Lichtbild einer dieser Frauen aus der von den Eheleuten zunächst noch bewohnten Junggesellenwohnung zu entfernen. Auch die nicht aufgeklärte gelegentliche Entdeckung von Filzläusen bei sich und dem Mann hatte ihren Verdacht gegen den Mann gesteigert. Es kam immer wieder zu Auftritten, die die Eheleute einander entfremdeten. Der Mann versuchte sich zu beherrschen, doch gelang ihm das nicht, so das er bei solchen Auftritten auch recht hart zupackte und die Frau wiederholt sichtbare Merkmale und Folgen davontrug. Seit Ende 1939 nahmen die Auftritte besonders zu, doch versöhnten sich die

Ehegatten stets wieder und die Ehe wurde bis zum 8. August 1940 von ihnen fortgesetzt. An diesem Tag traf die Frau den Mann, den sie auswärts wähnte, in der Stadt und in ihrer maßlosen Eifersucht zeigte sie ihn wegen Abhörens ausländischer Sender bei der Geheimen Staatspolizei an, so daß er in Haft genommen wurde, aus der er jedoch nach 1 1/2 Tagen wieder entlassen wurde. Das Verfahren wurde eingestellt, ebenso auch ein Verfahren gegen die Frau wegen Verleumdung; der Mann stand aber in Gefahr, seine Stellung zu verlieren.

Das Berufungsgericht hat die Scheidung der Ehe aus § 49 EheG abgelehnt, da die Beklagte für die sich objektiv als schwere Eheverfehlung darstellende Anzeige wegen geistiger Störung nicht verantwortlich gemacht werden könne und ihre früheren Verfehlungen infolge Verzeihung als selbständige Scheidungsgründe ausschieden. Es hat demgemäß nur dem hilfsweisen Klagebegehren aus § 50 EheG unter Ablehnung des von dem Manne begehrten Schuldausspruchs stattgegeben.

Die Revision kommt auf das Scheidungsbegehren aus § 49 EheG nicht zurück. Sie beanstandet weder die Feststellung einer die Verantwortung ausschließenden geistigen Störung noch die Annahme, das die früheren Verfehlungen durch Verzeihung erledigt seien. Insoweit unterliegt das angefochtene Urteil auch keinen rechtlichen Bedenken. Die Revision wendet sich lediglich gegen die Ablehnung des Schuldausspruchs gegen die Beklagte, den sie unter Hinweis auf die Entscheidung des erkennenden Senats vom 19. Januar 1944 – IV 276/43 – abgedruckt im DR 1944 S. 341, in sinngemäß erweiterter Auslegung des § 61 Abs. 2 EheG auch im Falle des § 50 daselbst für zulässig erachtet.

Die Revision ist begründet. Der erkennende Senat geht bei seinen Erwägungen von der Frage aus, ob bei der Klage aus § 50 EheG hinsichtlich der *Scheidung* auf verziehene oder durch Fristablauf als selbständige Scheidungsgründe aus § 49 verfallene Verfehlungen zur Unterstützung zurückgegriffen werden kann, ob also, wenn sich das infolge geistiger Störung nicht als Schuld zuzurechnende Verhalten des beklagten Teiles objektiv nur als leichte Verfehlung darstellt, frühere von ihm schuldhafter Weise begangene Verfehlungen mitberücksichtigt werden können. Für eine erweiternde Anwendung des § 59 Abs. 2 EheG im Sinne der Bejahung der Frage spricht entscheidend, das sich die §§ 49 und 50 ersichtlich ergänzen: der betroffene Ehegatte soll, wenn objektiv der Tatbestand des § 49 gegeben ist, hinsichtlich der Scheidung nicht deshalb schlechter gestellt sein, weil der andere Teil subjektiv für sein Verhalten infolge geistiger Störung nicht verantwortlich gemacht werden kann. Dann geht es aber nicht wohl an, in der Frage, ob objektiv eine schwere Eheverfehlung vorliegt, sein früheres schuldhaftes und sein späteres infolge geistiger Störung entschuldbares Verhalten völlig getrennt zu behandeln; es muß vielmehr, ebenso wie im Falle des § 49, das Gesamtverhalten beurteilt werden. Anderenfalls würden sich, namentlich wenn – wie es besonders bei Erkrankungen auf hysterischer Grundlage häufig der Fall ist – der Zeitpunkt des Beginnes der psychischen Störung nicht genau festzustellen ist, für den anderen Ehegatten u. U. schwere, vom Gesetzgeber offenbar nicht gewollte Härten ergeben. Kann sonach bei der Klage aus § 50 in der Frage, ob objektiv ein sich als schwere Eheverfehlung darstellendes Verhalten vorliegt, auf frühere durch Verzeihung oder Fristablauf erledigte Vorgänge zurückgegriffen werden, so ergibt sich nunmehr die weitere, hier zur Entscheidung stehende Frage, ob bei Bejahung des Scheidungstatbestandes des § 50 aus früheren schuldhaft begangenen Verfehlungen gegen den beklagten Teil ein *Schuldausspruch* hergeleitet werden kann. Abgesehen davon, das der enge innere Zusammenhang beider Fragen von vornherein eine Beantwortung im gleichen Sinne nahe legt, sprechen durchschlagende Billigkeitserwägungen für die Bejahung auch der zweiten Frage. Das empfindet auch das Berufungsgericht. Es würde in der Tat für das gesunde Volksempfinden schwerlich tragbar sein, wenn der betroffene Ehegatte, dem die Scheidung aus § 49 nur mangels subjektiver Schuld des Ehestörers versagt ist, diesem nach Maßgabe des § 69 Abs. 2 EheG schlechthin, d. h. auch dann ausnahmslos unterhaltspflichtig wäre, wenn der Ehestörer vordem eine ihm als Schuld zuzurechnende schwere Eheverfehlung begangen hatte. Wie in der ersten Frage die nach der Wortfassung des Gesetzes bestehende Lücke durch sinngemäße Heranziehung des § 59 Abs. 2 geschlossen werden muß, erscheint hier ein gleiches im Wege der erweiternden Anwendung des Grundsatzes des § 61 Abs. 2 geboten. Nur so wird man dem Sinne der gesetzlichen Regelung der Schuldfrage gerecht, die ersichtlich unter dem Gesichtspunkte steht, tunlichst eine allen Verhältnissen gerecht werdende Billigkeitslösung zu ermöglichen. Eine sinngemäße Ausdehnung des Geltungsbereichs des § 61 Abs. 2 kann hier auch umso weniger Bedenken begegnen, als sich die Rechtsprechung auch schon anderweit zu einer erweiterten Auslegung dieser Vorschrift veranlasst gesehen hat: so hat sie über den Wortlaut des Gesetzes hinaus allgemein in den Fällen der §§ 50 ff. den Gegenschuldantrag gegen den Beklagten zugelassen, und der erkennende Senat hat in der oben angeführten Entscheidung einen Schuldausspruch gegen den aus § 50 geschiedenen Ehegatten erlassen, der den subjektiven Tatbestand des § 49 ausschließenden Zustand der geistigen Störung durch schuldhaftes Verhalten selbst herbeigeführt hatte.

Nach alledem billigt der erkennende Senat die Auffassung der Revision, das bei der Scheidung aus § 50 ein Billigkeitsschuldausspruch entsprechend § 61 Abs. 2 gegen den Beklagten zulässig ist. Unter diesem Gesichtspunkt bedarf der vorliegende Fall danach noch weiterer tatsächlicher Würdigung. Selbstverständlich müssen hier bei der Billigkeitsabwägung sowohl die Art der früheren schuldhaften und der späteren entschuldbaren Eheverfehlungen und besonders auch die Tatsache und die Art und der Grad der geistigen Erkrankung des beklagten Teiles gebührend beachtet werden. Weiter ergibt sich, wie auf der Hand liegt, bei bejahendem Schuldausspruch nunmehr die Frage eines Mitschuldausspruchs gegen den Kläger und damit gegebenenfalls die Notwendigkeit, die Schwere der beiderseitigen Schuld gegeneinander abzuwägen.

Das angefochtene Urteil war daher aufzuheben und die Sache zur erneuten Verhandlung und Entscheidung unter den dargelegten Gesichtspunkten an das Berufungsgericht zurückzuverweisen.

---

101. Für Ehegattenerbhöfe gilt das Recht der Ehegatten, einander zum Anerben zu bestimmen. Nur dann, wenn die Ehegatten von dem Rechte der Bestimmung des Anerben keinen Gebrauch machen, fällt beim Tode des Mannes der Hof derjenigen Person als Anerben an, die nach dem Reichserbhofgesetz als Anerbe des Mannes berufen ist. § 10 ErbhRFortbildVO findet keine rückwirkende Anwendung.

REbhG § 20, EHRV § 22.

VII. Zivilsenat. Beschl. vom 17. Januar 1945 (VII B 5/1945).

I. Amtsgericht Waidhofen.

In der Verlassenschaftssache nach dem am 3. Juni 1940 verstorbenen Bauern Florian Luger (auch Lurger) aus Windhag, hat das Reichsgericht, VII. Zivilsenat, in der nichtöffentlichen Sitzung vom 17. Januar 1945 durch den Senatspräsidenten Dr. Zellner und die Reichsgerichtsräte Dr. Kirchengast und Dr. Roppert auf die Rekurse

1. des erblasserischen Sohnes Anton Luger in Oberweg 18, Windhag, vertreten durch den Rechtsanwalt Dr. Ernst Pfanhauser in Amstetten N.D., und

2. des Landesbauernführers in Niederdonau, Wien I, Löwelstraße 16, gegen den Beschluß des Amtsgerichtes Waidhofen (Ybba) vom 7. Dezember 1944, GZ A 167/40–74, beschlossen:

Es wird den Rekursen keine Folge gegeben.

Gründe

Der Erblasser Florian Luger (auch Lurger) hat am 24. August 1927 anläßlich des Abschlusses seiner zweiten Ehe mit Serafine geb. Pichler einen Ehevertrag abgeschlossen, durch welchen sie eine allgemeine Gütergemeinschaft unter Lebenden über alles gegenwärtige und künftige Vermögen errichteten, in welche er das Gut Oberweg Nr. 18, Rotte Schilchermühl, Grundbuch Windhag EZ 88 einbrachte, dessen Eigentum zur Hälfte auf Serafine Luger übertragen wurde. Weiters setzten Florian Luger und seine zweite Ehefrau einander gegenseitig vertragsmäßig und hinsichtlich des von der Verfügung durch Erbvertrag ausgeschlossenen Nachlaßviertels testamentarisch zu Alleinerben unter der

Auflage bestimmter Auszahlungen an die erbberechtigten Kinder des Verstorbenen ein. Die ursprünglich in diesen Ehepakten vorgesehene Gutsübernahme durch ein Kind erster Ehe des Florian Luger wurde durch den Notariatsakt vom 23. Februar 1932 einverständlich wieder aufgehoben.

Florian Luger ist am 3. Juni 1940 gestorben. Das den Eheleuten Luger gemeinschaftlich gehörende Gut im Ausmaß von 13 ha 42 a 58 qm ist gemäß § 17 EHRV und Art. 5 OeEHV ein Ehegattenerbhof. Die Witwe des Erblassers hat sich auf Grund des in den Ehepakten enthaltenen Erbvertrages zum Erbhofnachlaß als Anerbin und auf Grund des in den Ehepakten enthaltenen Erbvertrages und wechselseitigen Testamentes zum übrigen (erbhoffreien) Nachlaß unbedingt erbeserklärt. Ihre Erbeserklärung zum erbhoffreien Nachlaß ist auf Grund der Rekursentscheidung des Oberlandesgerichtes Wien vom 2. März 1942, GZ 6 Wx 136/41–49, bereits rechtskräftig zu Gericht angenommen und durch diesen Beschluß auch der Ausspruch des Erstgerichtes bestätigt worden, wonach das im Abhandlungsprotokoll vom 17. Oktober 1940 enthaltene Nachlaßinventar der Verlassenschaftsabhandlung zugrunde gelegt wird. Im übrigen war dem Amtsgericht durch das Rekursgericht aufgetragen, mit der Fortsetzung der Verlassenschaftsabhandlung bis zur Entscheidung über den von der erblasserischen Witwe gestellten Antrag auf Feststellung ihrer Bauernfähigkeit zuzuwarten, weshalb auch die bereits erfolgte Erlassung der Einantwortungsurkunde aufgehoben wurde. Das Anerbengericht in Waidhofen hat sodann mit Beschluß vom 20. Juli 1944 rechtskräftig festgestellt, daß Serafine Luger bauernfähig sei. Daraufhin hat das Verlassenschaftsgericht durch den nunmehr angefochtenen Beschluß vom 7. Dezember 1944, welcher in seinem Spruch die bereits rechtskräftig erfolgte Annahme der unbedingten Erbserklärung der Serafine Luger zum erbhoffreien Nachlaß und die Zugrundelegung des Nachlaßinventars wiederholt, ausgesprochen, daß die von der erblasserischen Witwe zum Erbhofnachlaß als Anerbin abgegebene Erbserklärung zu Gericht angenommen werde, daß der Erbrechtsausweis durch den Inhalt der Ehepakte und den Beschluß des Anerbengerichts Waidhofen über die Bauernfähigkeit der erblasserischen Witwe erbracht sei und daß daher die Einantwortungsurkunde erlassen werde.

Gegen diesen Beschluß richtet sich der Rekurs des Anton Luger, eines Sohnes des Erblassers aus erster Ehe, und der Rekurs des Landesbauernführers in Niederdonau.

Den Rekursen kann jedoch keine Berechtigung zuerkannt werden.

Der Rekurs des Anton Luger vertritt zunächst den grundsätzlichen Standpunkt, daß nur er selbst, nachdem sein gleichfalls aus der ersten Ehe des Erblassers stammender Bruder Florian unverheiratet gefallen sei, als Anerbe für den Erbhof in Betracht komme und verweist darauf, welche Arbeiten und Verbesserungen er für den Erbhof geleistet habe und daß in seiner Person kein Hindernis für seine Anerbeneigenschaft vorhanden sei. Er verkennt jedoch die Bedeutung der gesetzlichen Bestimmungen, welche bei Ehegattenerbhöfen das Recht der Ehegatten anerkennen, einander zum Anerben zu bestimmen (§ 20 Abs. 1 EHRV), und daß nur dann, wenn die Ehegatten von dem Rechte der Bestimmung des Anerben keinen Gebrauch machen, beim Tode des Mannes der Hof derjenigen Person als Anerben anfällt, die nach dem Reichserbhofgesetz als Anerbe des Mannes berufen ist (§ 22 Abs. 2 EHRV und § 20 RErbhG). Gemäß § 19 Abs. 2 REG geht der Erbhof kraft Gesetzes ungeteilt auf den Anerben über. Dies bedeutet nach Art. 4 OeEHV zu § 19 RErbhG Abs. 3, daß die Einantwortung des Erbhofes nur die Bedeutung der Einweisung des Anerben in den Besitz hat und daß der Übergang des Eigentums auf den Anerben kraft Gesetzes sofort mit dem Erbfall erfolgt. Maßgebend ist daher die Rechtslage zur Zeit des Todes des Erblassers am 3. Juni 1940. Damals standen die Bestimmungen der §§ 19–22 EHRV voll in Geltung und der Erblasser war nach § 20 Abs. 1 EHRV zur Einsetzung seiner Ehefrau als Anerbin berechtigt. Dieses Recht ist übrigens auch durch die ErbhoffortbildungsVO nicht beseitigt worden, denn auch diese läßt im § 25 Abs. 2 zu, daß Ehegatten einander gegenseitig zum Anerben eines Ehegattenerbhofes bestimmen. Der Ansicht des Anton Luger, daß er als Anerbe in Betracht komme, steht daher der Erbvertrag vom 24. August 1927 entgegen, dessen Gültigkeit bisher nicht angefochten worden ist. Sofern sich aber der Rekurrent bemüht darzulegen, daß die in den Ehepakten enthaltene Verfügung von Todes wegen nach § 48 Abs. 2 TestG nichtig sei, weil sie gegen Grundsätze des Erbhofrechtes und in einer dem gesunden Volksempfinden gröblich widersprechenden Weise gegen die Rücksichten verstoße, die ein verantwortungsbewußter Erblasser gegen Familie und Volksgemeinschaft zu nehmen habe, so ist darauf zu verweisen, daß die Anfechtung der Verfügung von Todes wegen aus diesem Grunde nur durch Erhebung einer Klage möglich ist (§§ 125 ff. VaStr. [Verf. außer Streitsachen] und § 823 ABGB). Im Zuge des vorliegenden Verfahrens aber hat Anton Luger weder eine Erbeserklärung abgegeben noch eine Klage wegen Nichtigkeit jener Verfügung von Todes wegen eingebracht.

Was aber den weiteren Teil seines Rekurses anbetrifft, so wendet sich dieser ebenso wie der Rekurs des Landesbauernführers dagegen, daß das Verlassenschaftsgericht die erblasserische Witwe nicht als Anerbin nach §§ 24, 25 EHFV erklärt hat. Die Rekurrenten verlangen daher im Wesentlichen die Anwendung der ErbhoffortbildungsVO und namentlich der Bestimmungen über sippengebundene Ehegattenerbhöfe auf den vorliegenden Fall. Dieses Verlangen hat jedoch im Gesetz keine Stütze. Es ist richtig, daß die Rechtsstellung des überlebenden Ehegatten, der zum Anerben eines Ehegattenerbhofes bestimmt wurde, vor der Erlassung der ErbhoffortbildungsVO eine wesentlich andere war als nach dem Inkrafttreten derselben (1. Oktober 1943). Dies kommt besonders in der Bestimmung des § 20 Abs. 3 EHRV zum Ausdruck, wonach der überlebende Ehegatte, der Anerbe geworden ist, – falls er nicht durch eine gemeinschaftliche Verfügung von Todes wegen gebunden ist –, auch einseitig bestimmen konnte, daß der Hof nach seinem Tode an eine Person fallen soll, die nach dem Reichserbhofgesetz als Anerbe des einen oder des anderen Ehegatten berufen wäre oder bestimmt werden könnte. Dagegen wird nach § 24 EHFV, wenn nicht der weitere Anerbe schon in zulässiger Weise bestimmt ist, nach dem überlebenden Ehegatten derjenige weiterer Anerbe, der nach dem Reichserbhofgesetz als Anerbe des Ehegatten, von dem der Hof stammt, berufen wäre, wenn dieser erst in diesem Zeitpunkt gestorben wäre. Nur in Ausnahmefällen (§ 25 Abs. 3 EHFV) kann der überlebende Ehegatte, von dem der Hof nicht stammt, der aber Anerbe geworden ist, den weiteren Anerben auch aus seinen Abkömmlingen bestimmen. Der grundsätzliche Unterschied beider Bestimmungen liegt also darin, daß vor der ErbhoffortbildungsVO ein Übergang eines Ehegattenerbhofes in die Sippe jenes Gatten möglich war, von dem der Hof nicht stammte, – und zwar trotz der damals bereits geltenden und in § 7 EHRV zum Ausdruck kommenden Bevorzugung der Kinder aus erster Ehe jenes Ehegatten, dem der Erbhof gehörte –, während nach der ErbhoffortbildungsVO der Ehegattenerbhof grundsätzlich der Sippe erhalten bleiben soll, von der der Erbhof stammt. Es steht nicht im Belieben des Gerichtes, die eine oder andere Vorschrift anzuwenden, im Gegenteil hat der Gesetzgeber selbst im § 51 EHFV bestimmt, daß die §§ 19–22 EHRV zwar mit Ablauf des 31. März 1944 außer Kraft treten, daß sie aber für die nach diesen Vorschriften errichteten Verfügungen von Todes wegen weiterhin anzuwenden sind. Es haben also die bis zum Inkrafttreten der ErbhoffortbildungsVO errichteten Testamente und Erbverträge uneingeschränkt ihre Wirksamkeit behalten und sind auch weiterhin nach den früheren Bestimmungen zu beurteilen. Diese Regelung war mit Rücksicht auf das Vertrauen des Bauerntums in die Rechtssicherheit unumgänglich. Da nun grundsätzlich die Rechtslage für den Übergang des Erbhofes nach den zur Zeit des Todesfalles geltenden Vorschriften zu beurteilen ist, sofern nicht das Gesetz selbst etwas anderes bestimmt, und da Serafine Luger schon mit dem 3. Juni 1940 Anerbin geworden ist (§ 19 RErbhG und Art. 4 OeEHV), so kommt für diesen Anerbenfall die damals noch gar nicht bestehende ErbhoffortbildungsVO noch nicht in Betracht (vgl. hierzu Dr. Fritz Schultze, Fortbildung des Erbhofrechtes, DJ 1944 S. 11 und Fleer, Zur Begründung sippengebundener Ehegattenerbhöfe II, Deutsches Agrarrecht 1944 S. 120–121). Da also zur Zeit des Erbfalls die ErbhoffortbildungsVO überhaupt noch nicht in Kraft war und ihre Rückwirkung auf die vor ihrem Inkrafttreten (1. Oktober 1943) erfolgten Erbfälle aus Gründen der Rechtssicherheit nicht ausgesprochen wurde, im Gegenteil nach § 51 Abs. 1 Satz 2 EHFV sogar in der Zwischenzeit vom 1. Oktober 1943 bis 31. März 1944 Verfügungen von Todes wegen noch auf Grund der früheren Bestimmungen möglich waren, – die allerdings in dieser Zeit der Genehmigung des Anerbengerichtes bedurften, wenn sie den Verlust des Hofes für die Sippe nach sich zogen, von der der Hof stammte –, so entspricht die Rechtsauffassung des Erstgerichtes, daß die als Anerbin berufene und mit Wirkung vom 3. Juni 1940 Anerbin gewordene erblasserische Witwe nicht als Anerbin nach §§ 24, 25 EHFV zu bezeichnen sei, dem in den gesetzlichen Bestimmungen selbst zum Ausdruck gekommenen Willen des Gesetzgebers, der davon abgesehen hat, in die Rechtsverhältnisse einzugreifen, wie sie sich bis zum 1. Oktober 1943 nach dem bis zu diesem Zeitpunkt geltenden Recht der Ehegattenerbhöfe entwickelt hatten. Die angefochtene Entscheidung ist bei dieser Sachlage rechtsbedenkenfrei. Es kann auch nicht von der zufälligen Dauer des Verlassenschaftsverfahrens abhängig gemacht werden, ob einer nach dem früheren Recht Anerbin gewordenen Person eine Beschränkung auferlegt werden soll, die das Gesetz nicht selbst auf jenen Zeitpunkt zurückbezieht.

Da alle für die Beendigung dieser Verlassenschaftsverhandlung maßgebenden Umstände geklärt waren und die Bestimmung des § 47 der Zweiten Kriegsmaßnahmenverordnung auf den vorliegenden Fall keine Anwendung findet, war auch kein Hindernis, das Verfahren durch Hinausgabe der Einantwortungsurkunde abzuschließen.

Es ist daher den Rekursen keine Folge zu geben.

---

102. Zu den „Angehörigen" gehört auch die Verlobte.

ErbRVO § 2.

VII. Zivilsenat. Beschl. vom 24. Januar 1945 (VII B 6/1945).

I. Amtsgericht Rochlitz (Iser).

In der Nachlaßsache nach dem am 29. Oktober 1944 verstorbenen Robert Haney d. J. in Rochlitz,

hat das Reichsgericht, VII. Zivilsenat, in der Sitzung vom 24. Januar 1945 auf den Rekurs der Ilse Petermann in Rochlitz, vertreten durch Rechtsanwalt Dr. Rudolf Gahler in Reichenberg, gegen den Beschluß des Amtsgerichts in Rochlitz (Iser) vom 20. November 1944 beschlossen:

Der angefochtene Beschluß wird aufgehoben. Die Sache wird zur weiteren Erörterung und Entscheidung an das Amtsgericht zurückverwiesen.

Gründe

Der Betriebsführer Robert Haney d. J. in Rochlitz ist am 29. Oktober 1944 ohne Hinterlassung eines Testaments verstorben. Seine Braut Ilse Petermann hat unter Berufung auf § 1 der Erbregelungsverordnung vom 4. Oktober 1944

(RGBl. I S. 242) den Antrag gestellt, den Nachlass dem mündlich geäußerten Willen des Erblassers gemäß dahin zu regeln, daß Ilse Petermann als Alleinerbin anzusehen sei mit der Auflage, je 1/6 des festgestellten Nachlaßvermögens an die beiden Neffen und nächsten Verwandten des Erblassers, Erhard Gebert und Klaus Haney, herauszuzahlen. Das Nachlaßgericht hat unter Zulassung des Rekurses den Antrag abgewiesen, weil die Antragstellerin zur Stellung des Antrages nicht befugt sei; die Verlobte gehöre nicht zu den „nahen Angehörigen" im Sinne des § 2 ErbRVO, außerdem sei das Verlöbnis nichtig gewesen, weil die Heirat wegen eines infolge der Krankheit des späteren Erblassers bestehenden Eheverbots nicht habe erfolgen können.

Der Rekurs der Antragstellerin ist zulässig und begründet. Unter nahen Angehörigen im Sinne der Bestimmungen der Erbregelungsverordnung sind nicht nur mit dem Erblasser gesetzlich verwandte oder verschwägerte Personen zu verstehen. Die Verordnung sieht bewußt von dieser Beschränkung ab, indem sie die Antragsberechtigten unter einem dem allgemeinen Sprachgebrauch entnommenen, gesetzlich nicht festgelegten Begriff zusammenfaßt. Der allgemeine Sprachgebrauch versteht aber unter Angehörigen nicht nur die Blutsverwandten und Verschwägerten im gesetzlichen Sinne, sondern auch Personen, die in einem anderen familienrechtlichen Dauerverhältnis zu dem Erblasser stehen. Daß auch die Verlobten zu diesem Personenkreis und auch zu den dem Erblasser *nahe stehenden* Personen gehört, liegt auf der Hand (vgl. Hesse in DJ 1944 S. 296 [299] und die zum Abdruck in der amtlichen Sammlung bestimmte Entscheidung des VI. Zivilsenats des Reichsgerichts vom 8. Dezember 1944 – VI B 25/44 –).

Auch die zweite Begründung des angefochtenen Beschlusses trifft nicht zu. Daß der beabsichtigten Eheschließung der Verlobten ein Eheverbot wegen mangelnder Ehegesundheit des einen Teils entgegensteht, macht das Verlöbnis noch nicht nichtig, wenn die Verlobten in der Hoffnung, das Eheverbot durch Eingaben bei den zuständigen Stellen zu beseitigen, an der Absicht festhalten, nach Behebung der bestehenden Schwierigkeiten die Ehe miteinander einzugehen. Eine solche Absicht behauptet aber die Antragstellerin.

Die Antragsberechtigung der Antragstellerin kann demnach nicht bezweifelt werden. Der auf irrtümlicher Gesetzesauslegung beruhende Beschluß ist deshalb aufzuheben und die Sache zur weiteren Erörterung und anderweitigen Entscheidung an das Amtsgericht zurückzuverweisen. – gez. Dr. Zellner

---

103. Eine Lebensgefährtin, die jahrelang mit dem Verstorbenen in gemeinsamer Haushalts- und Wirtschaftsführung ihr Leben teilte, kann „nahe Angehörige" i. S. der ErbRVO sein.

ErbRVO § 2.

VII. Zivilsenat. Beschl. vom 25. Januar 1945 (VII B 49/1944).

I. Amtsgericht Freiberg.

In Sachen der L. B. (auch B.), Pr. in S. Nr. 61, vertreten durch Dr. Alois Krummikl, Notar in Mährisch-Ostrau wegen Nachlaßregelung nach § 1 ErbRV hat das Reichsgericht, VII. Zivilsenat, in der Sitzung vom 25. Januar 1945 auf den Rekurs der L. B. vom 8. Dezember 1944 gegen den Beschluß des Amtsgerichts in Freiberg vom 1. Dezember 1944, 3 V 31/44 beschlossen:

Dem Rekurse wird Folge gegeben, der angefochtene Beschluß aufgehoben und dem Erstrichter neuerliche Entscheidung aufgetragen.

Gründe

J. K. ist am 22. März 1944 verstorben. Er hat in Neutitschein am 19. März 1944 eine letztwillige Erklärung abgegeben, in der er L. B. zur Erbin seines Vermögens einsetzte. Da die letzte Willenserklärung nicht in einer der ordentlichen Testamentsformen des § 4 TestG abgegeben wurde, sondern höchstens als Nottestament nach § 24 TestG Gültigkeit besitzen könnte, so nahm der Erstrichter neben der von L. B. auf Grund des Testamentes abgegebenen Erbserklärung auch die Erbserklärungen der gesetzlichen Erben zu Gericht an. Er verwies aber L. B. gemäß § 125 Verf. a. Strts. auf den Rechtsweg. Sie brachte wohl gegen die gesetzlichen Erben die Erbrechtsklage ein, das Verfahren hierüber wurde aber vom Prozeßgericht gemäß § 1 der Ersten KriegsmaßnahmenVO als nicht dringlich zurückgestellt.

Sie brachte daraufhin mit der Behauptung, die langjährige Lebensgefährtin des Verstorbenen gewesen zu sein, gemäß § 1 ErbRVO als „nahe Angehörige" des Verstorbenen den Antrag an den Erstrichter ein, ohne Rücksicht auf die gesetzliche Erbfolge den Nachlaß dem letzten Willen des Verstorbenen gemäß zu regeln.

Der Erstrichter ist auf den Antrag sachlich nicht eingegangen, sondern wies ihn vorweg ab. Er stellt sich auf den Standpunkt, daß die Lebensgefährtin des Verstorbenen grundsätzlich nicht zu den nahen Angehörigen zähle, denen die Verordnung ein Antragsrecht zubillige.

Gegen den Beschluß des Erstrichters erhebt nun L. B. Rekurs, den der Erstrichter im Sinne der Zweiten KriegsmaßnahmenVO zuließ.

Der Gesetzgeber hat im § 1 ErbRV darauf verzichtet, dem Begriff „naher Angehöriger" eine Erläuterung zu geben. Er überließ die Begriffsbestimmung für den Anwendungsbereich der Verordnung der Erörterung im Schrifttum und in der Rechtsprechung. Es entspricht dies der zutage tretenden Absicht der Verordnung, dem Verlaßrichter bei der Nachlaßregelung einen breiten Spielraum einzuräumen und ihn nicht durch starre Begriffsbestimmungen einzuengen. Es wird dadurch möglich, jeweils im Einzelfalle zu bestimmen, ob die Person, die einen Antrag auf Nachlaßregelung im Sinne des § 1 ErbRV stellt, durch ihre Beziehungen zum Verstorbenen als ihm persönlich nahe stehend, „als naher Angehöriger" nach allgemeinem Sprachgebrauch und nach gesundem Volksempfinden anzusehen ist. Geht man von dieser Erwägung aus, so kann nicht zweifelhaft sein, daß eine Frau, die jahrelang mit dem Verstorbenen in gemeinsamer Haushalts- und Wirtschaftsführung ihr Leben teilte, die, wie der Sprachgebrauch sagt, seine „Lebensgefährtin" wurde, zu ihm in ein eheähnliches Verhältnis getreten und dadurch ein „naher Angehöriger" von ihm geworden sein kann. Es ist durchaus möglich, ja wahrscheinlich, daß eine solche Frau dem Verstorbenen persönlich weitaus näher stand als irgendeiner seiner Familienangehörigen, die sich vielleicht im Leben um ihn nie gekümmert haben. Das Letztere wird für den besonderen Fall auch behauptet.

Es darf auch nicht übersehen werden, daß es im Rechtsbereich des ABGB, zu dem auch die hier behandelte Rechtssache gehört, gesetzliche Bestimmungen gibt und gab, die dem Lebensgefährten fallweise eine dem Ehegatten ähnliche Rechtsstellung einräumen. So bedient sich § 32, 1 KO des Ausdruckes „naher Angehöriger" und zählt dazu auch „Personen, die mit dem Gemeinschuldner in außerehelicher Gemeinschaft leben"; § 19, 2 Nr. 10 MietG stellt für seinen Bereich die „Wirtschaftsführerin" der Ehegattin gleich. Desgleichen § 3, 2 Nr. 5 des früher in Geltung gestandenen Angestelltenversicherungsgesetzes (BGBl. Nr. 231 aus 1928). Das frühere Invalidenentschädigungsgesetz vom 25. April 1919, BGBl. Nr. 245 räumt unter gewissen Voraussetzungen der Lebensgefährtin gleiche Ansprüche auf Versorgung ein, wie einer Witwe des Geschädigten. Auch im Bereich der früheren Arbeitslosenversicherung, z.B. bei Beurteilung der Gefährdung des Lebensunterhaltes, § 277 Bundesgesetz betr. die gewerbliche Sozialversicherung, BGBl. Nr. 107 – 1935 wird die Lebensgefährtin zur engeren Familie des Versicherten gezählt (Kerber – Die gewerbliche Sozialversicherung – 1936 S. 501 und 597).

Es ist bemerkenswert, daß gerade in Fällen wirtschaftlicher Fürsorge der Lebensgefährte gleich oder ähnlich behandelt wird wie der Ehegatte.

Aus den hier dargestellten Erwägungen ist das Reichsgericht der Meinung, daß eine Lebensgemeinschaft zweier Personen, je nach der Gestaltung des Einzelfalles, die Voraussetzungen erfüllen kann, die der Gesetzgeber offenbar mit dem Begriff „naher Angehöriger" verbinden wollte (siehe hierzu Hesse, die ErbRV vom 4. Oktober 1944, DJ S. 296, insb. S. 299 „familienmäßiger Zusammenhang"). Das Reichsgericht kann daher die grundsätzliche Einstellung des Erstrichters, die er zum Antrag der L. B. einnimmt, nicht billigen.

Er wird sich deshalb mit dem Antrag sachlich näher zu beschäftigen und festzustellen haben, ob L. B. tatsächlich, wie sie behauptet, mit dem Verstorbenen in einer ehelichen Lebensgemeinschaft stand. Davon ausgehend, wird er den Antrag der L. B. sachlich zu prüfen und darüber zu entscheiden haben.

Hierbei wird auch festzustellen sein, ob L. B. ihre auf das Testament des Verstorbenen gestützte Erbrechtsklage noch aufrechterhält. Es wäre sonst mit ihrem Antrag nach § 1 ErbRV unvereinbar, da dieser den Eintritt der gesetzlichen Erbfolge voraussetzt.

In diesem Sinne war dem Rekurs Folge zu geben und der angefochtene Beschluß aufzuheben.

gez. Dr. Zellner.

---

104. Die geschiedene Frau erster Ehe kann bezüglich des früheren ehelichen Hausrats eine Verteilung nach der HausratsVO von der verwitweten Frau zweiter Ehe nicht verlangen.

IV. Zivilsenat. Beschl. vom 10. Februar 1945 (IV B 26/1945).

I. Amtsgericht Konstanz.

In der Auseinandersetzungssache der Frau Minna Böß in Konstanz, Bahnhofplatz 4, Antragstellerin, Bevollmächtigter: Rechtsanwalt Dr. Simon in Überlingen (Bodensee),

gegen

die Frau Lydia Böß in Konstanz, Kanzleistr. 20, Antragsgegnerin, Bevollmächtigter: Rechtsanwalt Meschenmesser in Konstanz,

hat das Reichsgericht, IV. Zivilsenat, auf die sofortige Beschwerde der Antragstellerin vom 15. Januar 1945 gegen den Beschluß des Amtsgerichts in Konstanz vom 28. Dezember 1944 – A 2 II 8/44 – beschlossen:

Die Beschwerde wird auf Kosten der Beschwerdeführerin zurückgewiesen.

Gründe

Zur Entscheidung steht lediglich, ob nach dem Tode des Ehemannes die geschiedene Frau erster Ehe bezüglich des früheren ehelichen Hausrats eine Verteilung nach der 6. Durchführungsverordnung zum Ehegesetz vom 21. Oktober 1944 (RGBl. I S. 256) von der verwitweten Frau zweiter Ehe verlangen kann. Das Amtsgericht hat diese Frage verneint. Dem ist beizutreten. Daß die Verordnung nach ihrer Fassung diesen Fall nicht deckt, ist unzweifelhaft. Eine Ausdehnung der Vorschrift auf den vorliegenden Fall im Wege einer sinngemäß erweiternden Gesetzesauslegung erscheint nicht angängig, da die Bedürfnis- und Interessenlage beim Streit der beiden Frauen eine grundsätzlich andere ist als im Verhältnis der geschiedenen Ehegatten. Das, was die Verordnung bezweckt, ist eine billige Aufteilung der bisher der Befriedigung gemeinsamer Bedürfnisse dienenden Habe nach Maßgabe der nunmehr infolge der Scheidung beiderseits bestehenden widerstreitenden und dringend des Ausgleichs bedürftigen persönlichen Bedürfnisse der beiden Ehegatten. die erste und die zweite Frau stehen sich aber, auch wenn die Letztere die Erbin des Mannes ist, in einer völlig anderen Lage gegenüber als die geschiedenen Ehegatten. Auch der Umstand, daß die vom Richter nach §§ 8 f. der Verordnung getroffenen rechtsgestaltenden Anordnung – die Zuweisung des Eigentums oder die Begründung eines leih- oder mietartigen Verhältnisses – die Erben als Rechtsnachfolger bindet, kann es nicht rechtfertigen, eine entsprechende Anordnung erstmalig auch im Verhältnis zu den Erben zuzulassen. Das würde auf einen rechtsgestaltenden Eingriff des Richters in erbrechtliche Verhältnisse hinauslaufen. Ob eine dahingehende Regelung zweckmäßig sein mag, kann offen bleiben; jedenfalls würde die Rechtsprechung die ihr gezogenen Grenzen überschreiten, wollte sie von sich etwa in dieser Richtung anzustellenden gesetzgeberischen Erwägungen vorgreifen. Der Beschwerdeführerin muß es daher überlassen bleiben, ihre Ansprüche, soweit sie sie auf Eigentum oder eine sonstige gesetzliche Grundlage zu stützen vermag, im ordentlichen Klagewege geltend zu machen.

Leipzig, den 10. Februar 1945 – gez. Dr. Jonas, Dr. Hofmann

---

105. Eine von der gesetzlichen Erbfolge abweichende Erbregelung aus der ErbregelungsVO setzt zunächst voraus, daß das gesunde Volksempfinden die Abweichung erfordert. Es wird also positiv verlangt, daß die eintretende gesetzliche Erbfolge das gesunde Volksempfinden verletzt. Die gesetzliche Erbfolge muß offensichtlich dem Willen des Erblassers widersprechen, wenn die Erbregelung zulässig sein soll (besonders hohe Anforderungen an den Beweis).

ErbRVO § 1.

VII. Zivilsenat. Beschl. v. 14. Februar 1945 (VII B 8/1945).

I. Amtsgericht Gmünd.

In dem Erbregelungsverfahren über den Nachlaß der am 31. August 1944 in Weitra verstorbenen Landarbeiterin Maria Layer (auch Layr genannt), Antragstellerin: minderjährige Leopoldine Hofer, gesetzlich vertreten durch ihren Vater, den landwirtschaftlichen Arbeiter Leopold Hofer in Mistelbach (Niederdonau) Nr. 10, hat das Reichsgericht, VII. Zivilsenat, in der nicht öffentlichen Sitzung vom 14. Februar 1945 durch den Senatspräsidenten Dr. Zellner und die Reichsgerichtsräte Seibertz und Dr. Bittner auf den Rekurs des am Verfahren beteiligten gesetzlichen Erben, des Bauern Josef Layer in Schützenberg Nr. 9, gegen den Beschluß des Amtsgerichts in Gmünd (Niederdonau) 2 A 396/44 W vom 29. November 1944 beschlossen:

Dem Rekurs wird Folge gegeben. Der angefochtene Beschluß wird aufgehoben und der Antrag auf Erbregelung wird abgewiesen.

Die Gerichtskosten des Rekursverfahrens trägt die Antragstellerin.

Gründe

Die Landarbeiterin Maria Layer ist am 31. August 1944 verstorben. Zu ihrem Gesamtnachlaß – der Reinnachlaß wird mit 4.761,25 RM berechnet – gehört ein mit 2.040 RM bewertetes bebautes Grundstück in der Stadt Weitra. Maria Layer hatte am 12. Februar 1930 ein Testament errichtet, in welchem sie ihren Onkel Peter Vogler zum Universalerben eingesetzt hatte. Peter Vogler ist am 7. Juli 1935 vorverstorben. Als gesetzliche Erben kommen die Geschwister der Maria Layer, der Bauer Josef Layer und die Ehefrau Johanna Hofer geb. Layer in Betracht, deren unbedingte Erbserklärungen je zur Hälfte vom Amtsgericht angenommen worden sind.

Am 23. November 1944 erschien der landwirtschaftliche Arbeiter Leopold Hofer, der frühere Ehemann der Johanna Hofer vor dem Nachlaßgericht und erklärte, die Erblasserin habe mehrfach den Wunsch zum Ausdruck gebracht, daß das Grundstück seiner und der Johanna Hofer Tochter Leopoldine Hofer, der Antragstellerin zufallen solle. Die Erblasserin habe diesen Wunsch deswegen geäußert, weil seine frühere Frau neun Jahre hindurch den Haushalt der Erblasserin betreut und bei ihr gewohnt habe. Als gesetzlicher Vertreter seiner Tochter beantrage er daher, den Nachlaß dahin zu regeln, daß das Nachlaßgrundstück im Erbregelungsverfahren seiner Tochter zugesprochen werde. Der Bauer Josef Layer hat dem Antrag widersprochen. Die Erblasserin habe sich mehrfach dahin geäußert, das Nachlaßgrundstück solle ihm und nicht den Hofers zufallen.

Das Amtsgericht hat durch den nunmehr angefochtenen Beschluß das Nachlaßgrundstück der Antragstellerin als Vermächtnis zugewiesen. Gemäß § 9 der 2. KriegsmaßnahmenVO (RGBl. 1944 I S. 229) hat es den Rekurs zugelassen.

Diesen Beschluß ficht der Bauer Josef Layer nunmehr an.

Der Rekurs ist zulässig. Nach § 5 der DurchführungsVO vom 4. Oktober 1944 (RGBl. I S. 243) zur ErbregelungsVO vom gleichen Tage (RGBl. I S. 242) steht dem Beteiligten der Rekurs zu. Als Beteiligter gilt der gesetzliche Erbe

(§ 2 Abs. 3 der DurchführungsVO). Der Rekurs konnte auch vom Amtsgericht zugelassen werden (§ 9 der 2. KriegsmaßnahmenVO), denn das Erbregelungsverfahren rechnet zur freiwilligen (außerstreitigen) Gerichtsbarkeit (§ 1 der DurchführungsVO).

Der angefochtene Beschluß war aufzuheben.

Eine von der gesetzlichen Erbfolge abweichende Erbregelung aus der ErbregelungsVO setzt zunächst voraus, daß das gesunde Volksempfinden die Abweichung erfordert. Es wird also positiv verlangt, daß die eintretende gesetzliche Erbfolge das gesunde Volksempfinden verletzt. Diese Voraussetzung verkennt aber das Amtsgericht, wenn es ausführt, daß die von ihm angeordnete Regelung dem gesunden Volksempfinden nicht widerspreche. Eine derartige negative Feststellung genügt nicht, um ein gerichtliches Einschreiten zu rechtfertigen. Es handelt sich bei dieser Fassung des angefochtenen Beschlusses auch nicht etwa nur um einen Fehlgriff im Wortlaut. Der vom Amtsgericht festgestellte Sachverhalt rechtfertigt schlechterdings nicht die Annahme, daß der Eintritt der gesetzlichen Erbfolge das gesunde Volksempfinden verletzt. Die beiden gesetzlichen Erben sind die Geschwister der Erblasserin, deren eine die Mutter der Antragstellerin. Diese erbt somit zur Hälfte. Daß zunächst der vom Amtsgericht festgestellte Umstand, daß die Mutter der Antragstellerin mit der Erblasserin in dem umstrittenen Haus gewohnt hat, nicht erfordern kann, daß das Haus der Antragstellerin als Vermächtnis zufallen soll, bedarf keiner Darlegung. Daß die Antragstellerin selbst die Erblasserin betreut habe, ist nicht einmal behauptet. Über die Betreuung durch deren Mutter liegen Feststellungen nicht vor. Der Sachverhalt läßt zudem nicht erkennen, inwieweit eine Betreuung der Erblasserin überhaupt erforderlich gewesen sein soll. Ebenso wenig kann auch der zweite, vom Amtsgericht angezogene Umstand entscheidend sein, daß der Bruder einen Erbhof besitze, während die Antragstellerin vermögenslos sei. Keinesfalls kann rechtens sein, daß jeder, der ein gewisses Vermögen besitzt, nach gesundem Volksempfinden zugunsten entfernterer, aber vermögensloser Verwandten von der gesetzlichen Erbfolge auszuschließen ist. Zudem ist vorliegend die Mutter der Antragstellerin, also ihr Stamm ohnehin zur Hälfte aus der gesetzlichen Erbfolge erbberechtigt.

Abgesehen davon verkennt das Amtsgericht aber auch, daß die Verordnung besonders hohe Anforderungen an den Beweis stellt. Die gesetzliche Erbfolge muß offensichtlich dem Willen des Erblassers widersprechen, wenn die Erbregelung zulässig sein soll. In aller Regel wird davon nicht gesprochen werden können, wenn der Erblasser Jahre hindurch die Möglichkeit, ein Testament zu errichten, gehabt hat, davon aber ohne erkennbares Hindernis keinen Gebrauch gemacht hat. Dann wird eben kein offensichtlicher Wille vorliegen. Im vorliegenden Falle hatte die Erblasserin 1930 zugunsten eines Onkels testiert, der dann 1935 vorverstarb. Sie hatte dann neun Jahre Zeit, neu zu testieren. Tat sie dies nicht, obwohl sie nicht irgend gehindert war, und ihr weiter die Möglichkeit des Testamentes bekannt war, so könnte von einem offensichtlichen Willen der Erblasserin nur unter besonderen Voraussetzungen gesprochen werden. Was hier bestenfalls erwiesen ist, sind aber nur gelegentliche Gespräche. Diesen kann umso weniger ein offensichtlicher Wille entnommen werden, als andere vom Amtsgericht gehörte Auskunftspersonen auch entgegengesetzte Äußerungen der Erblasserin bekundet haben. Woran die Verordnung gedacht hat, ergibt das Datum des 31. August 1939. Die Verordnung findet auf Erbfälle, die nach dem 31. August 1939 eingetreten sind, Anwendung. Die Verordnung hat also an die Todesfälle von Wehrmachtsangehörigen gedacht, die durch die Einziehung zum Wehrdienst gehindert waren, einen offensichtlich erklärten Willen in einem Testament niederzulegen. Es handelt sich eben hierbei immer um Fälle mit Sondervoraussetzungen. Diesen Fällen kann aber der vorliegende in keiner Weise gleichgesetzt werden. Nicht kann es Sinn der Verordnung sein, nunmehr in allen Fällen der gesetzlichen Erbfolge ein Verfahren zur gerichtlichen Gestaltung der Erbfolge zu ermöglichen. Damit würden übrigens auch die Formvorschriften des Testamentsgesetzes für letztwillige Verfügungen einfach aus den Angeln gehoben werden können.

So ist vorliegend weder der offensichtliche Wille der Erblasserin erkennbar, noch auch bedingt das gesunde Volksempfinden die abweichende Regelung.

---

106. 1. Personen, die mit Geistesgebrechen minderen Grades behaftet sind, die nur zu einer beschränkten Entmündigung führen können, behalten, bis diese ausgesprochen worden ist, ihre volle Handlungsfähigkeit.

2. Zum Beweise kann eine jeden Zweifel und jede Möglichkeit des Gegenteils ausschließende Gewißheit nicht verlangt werden, doch muß die Möglichkeit des Gegenteils so ferne liegen, daß praktisch mit ihr nicht gerechnet zu werden braucht. Deshalb kann für die Feststellung des Richters der hohe Grad der Wahrscheinlichkeit genügen, welcher bei möglichst erschöpfender und gewissenhafter Anwendung der Mittel der Erkenntnis entsteht, wenn er dadurch die Überzeugung von der Richtigkeit dieser Feststellung erlangt. Diese Überzeugung des Richters muß im Urteil zum Ausdruck kommen, auf sie kommt es entscheidend an.

Zu 1. ABGB § 21, EntmO vom 28. Juni 1916 (RGBl. Nr. 207) § 1 Abs. 2.
Zu 2. ö.ZPO § 272.

VII. Zivilsenat. Beschl. v. 21. März 1945 (VII B 20/1945).

I. Amtsgericht Komotau.
II. Landgericht Brüx.

In Sachen 1. des Rossfleischers Alfred Hanke, 2. seiner Ehefrau Anna Hanke, beide in Komotau, Kläger, Prozeßbevollmächtigter: Rechtsanwalt Dr. Franz Tittmann in Brüx,

gegen

den Privaten Karl Hollmatz in Komotau, vertreten durch seinen Beistand, den Verwalter des Kreisaltersheims Josef Jarausch in Komotau, Beklagten, Prozeßbevollmächtiger: Rechtsanwalt Dr. Karl Moeker in Komotau, wegen Einhaltung eines Kaufvertrages (Streitwert: 16.000 RM)

hat das Reichsgericht, VII. Zivilsenat, nach der Verhandlung vom 21. März 1945 durch den Senatspräsidenten Dr. Zellner und die Reichsgerichtsräte Burmeister und Dr. Goedicke auf die Revision der Kläger gegen das Urteil des Landgerichts Brüx vom 6. November 1944 – 2 0 51/41 – beschlossen:

Der Revision wird Folge gegeben. Das angefochtene Urteil wird aufgehoben und die Sache zur weiteren Verhandlung und Entscheidung, auch über die Kosten der Revisionsinstanz, an das Landgericht zurückverwiesen.

Gründe

Der Beklagte und sein Bruder Eduard Hollmatz sind je zur Hälfte Miteigentümer der Bauparzelle Kat.Zahl 42 mit Wohnhaus Nr. 75 in Komotau, Eil. Z. 75 des Katastralgebietes Komotau, und des damit verbundenen 1/128 Anteils an der Komotauer Brauerei. Sie haben das Grundstück unter Vorbehalt der Genehmigung des Landrates zum Preise von 32.000 RM an die Kläger verkauft, der Beklagte hat nach den mündlichen Kaufverhandlungen am 21. Mai 1941 zum Zeichen des Abschlusses 500 RM in Empfang genommen und den Rest des bis dahin auf seinen Anteil fälligen Kaufpreises mit 4.500 RM am 27. Mai 1941. Nachdem er schon vorher versucht hatte, von dem geschlossenen Vertrag wieder zurückzutreten, hat er sich dann am 25. Juni 1941 geweigert, den inzwischen ausgefertigten schriftlichen Kaufvertrag zu unterschreiben, und die Anzahlung zurückgeschickt. Die Kläger verlangen deshalb mit der Klage die Feststellung, daß sie von dem Beklagten die Hälfte des genannten Grundstücks zum Preise von 32.000 RM unter den in der Kaufurkunde vom 25. Juni 1941 enthaltenen Bedingungen gekauft hätten, sowie die Verurteilung des Beklagten dazu, diese Urkunde zu unterschreiben, allenfalls zu dulden, daß nach eingeholter Genehmigung des Kaufvertrages durch den Landrat und das Amtsgericht in Komotau als Nachlaßbehörde zugunsten der Kläger das Miteigentum an der dem Beklagten gehörigen Hälfte des Grundstücks einverleibt werde. Der Beklagte, welcher inzwischen wegen Geistesschwäche beschränkt entmündigt worden ist, beruft sich, vertreten durch den bestellten Beistand, u. a. darauf, daß er zur Zeit des Abschlusses des Kaufvertrages nicht in vollem Besitz seiner geistigen Kräfte gewesen sei. Nach Beweisaufnahme hat das Landgericht die Klage abgewiesen, weil es den Beweis als geführt ansieht, daß der Beklagte auch bei Abschluß des Kaufvertrages geistesschwach, „also allein und ohne gesetzlichen Beistand nicht voll handlungsfähig" gewesen sei.

Die vom Erstrichter zugelassene – und deshalb trotz der Bedenken der Revisionsbeantwortung zulässige –, auf § 503 Nr. 2 und 4 ö.ZPO gestützte Revision der Kläger ist begründet.

Der Beklagte ist durch Beschluß des Amtsgerichts Komotau vom 12. Februar 1942 wegen Geistesschwäche beschränkt entmündigt worden. In der Begründung heißt es: „Bei Karl Hollmatz zeigen sich Erscheinungen einer vorzeitigen Altersschwäche, die sich sowohl körperlich als auch geistig auswirken. Damit ist verbunden eine allgemeine Arterienverkalkung, von der jedoch besonders die Gehirngefäße betroffen sind. Er ist zwar nicht unfähig, seine Angelegenheiten selbst zu besorgen, bedarf aber mit Rücksicht darauf, daß er infolge der angeführten Erscheinungen nur eine herabgesetzte Urteilsfähigkeit hat und auch das Auffassungsvermögen und die Denkfähigkeit vermindert sind, zur gehörigen Besorgung seiner Angelegenheiten eines Beistandes." Der Entmündigungsrichter hat demnach den Geisteszustand des Beklagten dahin beurteilt, daß eine Vollentmündigung nicht erforderlich sei. Ist diese Beurteilung richtig, so ist eine Beschränkung des Beklagten in seiner Geschäftsfähigkeit erst durch die Entmündigung eingetreten, während er bis dahin geschäftsfähig war. Der von dem Beklagten mündlich abgeschlossene Kaufvertrag würde nur dann nichtig sein, wenn die Geistesschwäche des Beklagten über das im Entmündigungsverfahren Festgestellte hinaus bei seinem Abschluß einen solchen Grad erreicht haben sollte, daß sie ihn unfähig machte, seine Angelegenheiten zu besorgen. Von diesem Gesichtspunkt aus ist die Sache bisher nicht behandelt worden. Das angefochtene Urteil stellt fest, 1. der Beklagte sei infolge Arterienverkalkung im Gehirn derart geistesschwach, daß er nicht mehr „voll handlungsfähig" sei, 2. er sei auch am Tage des Vertragsabschlusses nicht mehr „im Vollbesitz seiner geistigen Kräfte" gewesen, habe sich *also* in einem die freie Willensbestimmung ausschließenden Zustande krankhafter Störung der Geistestätigkeit befunden, und 3. er sei schon am Tage des Vertragsabschlusses geistesschwach, *also* allein und ohne gesetzlichen Beistand nicht voll handlungsfähig gewesen. Diese Feststellungen stehen miteinander nicht im Einklang und lassen nicht erkennen, ob der Erstrichter eine derartige Geistesschwäche des Beklagten, sei es jetzt, sei es bei Vertragsabschluß, hat feststellen wollen, daß sie ihn unfähig machte, seine Angelegenheiten selbst zu besorgen. Der Ausdruck, er sei nicht mehr *voll* handlungsfähig, er sei nicht mehr im *Voll*besitz seiner geistigen Kräfte gewesen, spricht mehr dafür, daß der Erstrichter ebenso wie der Entmündigungsrichter nur angenommen hat, der Beklagte sei zwar nicht unfähig, seine Angelegenheiten zu besorgen (§ 1 Abs. 1 EntmO), bedürfe aber wegen seines Geisteszustandes zur gehörigen Besorgung seiner Angelegenheiten eines Beistandes (§ 1 Abs. 2 das.). Der aus der zweiten Feststellung gezogene Schluß, er habe sich *also* in einem die freie Willensbestimmung ausschließenden Zustand krankhafter Störung der Geistestätigkeit befunden, rechtfertigt sich jedenfalls aus ihr nicht. Vor allem aber erweckt die dritte Feststellung, der Beklagte sei schon am Tage des Vertragsabschlusses geistesschwach, also allein und ohne gesetzlichen Beistand nicht voll handlungsfähig gewesen, den Verdacht, daß der Erstrichter angenommen hat, eine Person, die wegen Geistesschwäche zur gehörigen Besorgung ihrer Angelegenheiten eines Beistandes bedürfe, sei schon vor ihrer Entmündigung in ihrer Geschäftsfähigkeit beschränkt.

Das erste Gutachten der Sachverständigen schließt damit, der Beklagte sei mit größter Wahrscheinlichkeit auch zur Zeit des Vertragsabschlusses nicht im Vollbesitz seiner geistigen Kräfte gewesen (Bl. 76). Im zweiten Gutachten heißt es dagegen, der Beklagte sei bei Vertragsabschluß mit allergrößter Wahrscheinlichkeit nicht handlungsfähig gewesen, er habe sich durch die bei ihm vorliegende Erkrankung in einem die freie Willensbestimmung ausschließenden Zustande krankhafter Störung der Geistestätigkeit befunden (Bl. 201). Das zweite Gutachten geht also weit über das anfänglich erstattete und auch über das im Entmündigungsverfahren eingeholte Gutachten hinaus. Bei dieser Sachlage hätte der Erstrichter ein weiteres Gutachten eines anderen Sachverständigen einholen müssen, die von der Revision gerügte Verletzung des § 362 ZPO liegt in der Tat vor. Die Einholung eines weiteren Gutachtens wäre um so mehr erforderlich gewesen, als die Feststellung des Geisteszustandes einer Person für die Vergangenheit stets besondere Schwierigkeiten bietet.

Zwar kann auch für diese Feststellung eine jeden Zweifel und jede Möglichkeit des Gegenteils ausschließende Gewißheit nicht verlangt werden, doch muß die Möglichkeit des Gegenteils so ferne liegen, daß praktisch mit ihr nicht gerechnet zu werden braucht. Insofern kann für die Feststellung des Richters der hohe Grad von Wahrscheinlichkeit genügen, welcher bei möglichst erschöpfender und gewissenhafter Anwendung der Mittel der Erkenntnis entsteht, wenn er dadurch die Überzeugung von der Richtigkeit dieser Feststellung erlangt. Diese Überzeugung des Richters muß in dem Urteil zum Ausdruck gelangen, auf sie kommt es entscheidend an (RGZ Bd. 95 S. 249). Von diesem Standpunkt aus wird der Erstrichter nach Einholung eines weiteren Sachverständigengutachtens den Sachverhalt erneut zu prüfen haben. Dabei ist er an die Sachverständigengutachten nicht gebunden, er hat selbst zu prüfen, ob der Befund der Sachverständigen im Zusammenhang mit den sonstigen Ergebnissen der Beweisaufnahme ausreicht, um ihm die Überzeugung von der Geschäftsunfähigkeit des Beklagten zur Zeit des Vertragsabschlusses zu verschaffen. Bei dieser Prüfung wird er nicht unbeachtet lassen dürfen, daß dem Zeugen Rechtsanwalt Dr. Albrecht bei den zweistündigen Verhandlungen über den Kaufvertrag nichts aufgefallen ist, was ihn zu der Annahme hätte veranlassen können, der Beklagte sei nicht im Vollbesitz seiner geistigen Kräfte. Wenn der Zeuge auch medizinisch Laie ist, kommt doch seinen Beobachtungen über die Geschäftsfähigkeit des Beklagten wegen seiner größeren Erfahrung im Verkehr mit Rechtsuchenden und bei der Art und Dauer seiner Verhandlung mit dem Beklagten immerhin erhebliche Bedeutung zu. Hinzu kommt, daß die Geistesschwäche des Beklagten auf Arterienverkalkung im Gehirn zurückzuführen ist, ein Leiden, das seiner Natur nach bald schneller, bald langsamer fortschreitet und deshalb die Begutachtung der Geschäftsfähigkeit des Beklagten in einem zurückliegenden Zeitpunkt erschwert. Nach dem Gutachten der Sachverständigen hat der Beklagte im Jahre 1940 einen Schlaganfall erlitten. Wenn auch Aufzeichnungen des Krankenhauses, in dem der Beklagte sich deswegen damals zwei Monate aufgehalten haben will, nicht vorliegen, entnimmt der Sachverständige dies aus Zeugenaussagen und aus ärztlich feststellbaren Symptomen auf der linken Körperseite. Die Revision weist demgegenüber mit Recht darauf hin, daß in den Versorgungsakten schon in dem Antrag vom 1. August 1939 von einer Lähmung der linken Körperseite die Rede ist, die durch Verkühlung und große Durchnässung an der galizischen Front im Jahre 1917 entstanden sein soll. Die Frage, ob und wann der Beklagte einen Schlaganfall erlitten und welchen Einfluß dieser auf die Geschäftsfähigkeit des Beklagten zur Zeit des Vertragsabschlusses gehabt hat, wird deshalb erneut zu prüfen sein.

Über die Kosten der Revisionsinstanz hat der Erstrichter zu entscheiden.

Sachregister

Gesetzesregister

1. Reichsrecht

a) Bürgerliches Gesetzbuch

b) Handelsgesetzbuch

c) Zivilprozeßordnung

d) Einzelne Gesetze und Verordnungen

2. Österreichisches und tschechisches Recht

a) Allgemeines Bürgerliches Gesetzbuch

b) Zivilprozessordnung

c) Einzelne Gesetze und Verordnungen

Zusammenstellung

nach den Nummern der im 173. Bande der mitgeteilten Entscheidungen nach Oberlandesgerichten sowie nach Land- und Amtsgerichten.

A. Oberlandesgerichte

Berlin 1, 3, 9, 27, 29, 31, 59, 60, 62, 65, 69, 76, 80, 92
Braunschweig 45
Breslau 8, 28
Celle 25, 63, 100
Darmstadt 17
Dresden 7, 20, 46
Frankfurt a. M. 35
Graz 36, 64, 67, 83
Hamburg 11, 89, 93
Hamm 12, 16, 26
Jena 50
Karlsruhe 41, 77, 97
Kassel 53
Kiel 55, 72, 73, 86
Köln 2, 19, 21, 24, 32, 47, 48
Linz 18, 54
München 22, 38, 40, 57
Naumburg a. d. S. 42, 43, 70
Nürnberg 4
Prag 13, 74
Rostock 61
Stettin 14, 15, 68, 96
Stuttgart 5, 10, 23, 37
Wien 6, 30, 33, 39, 51, 71
Zweibrücken 61

B. Land- und Amtsgerichte

Berlin (LG) 95
Berlin-Köpenick (AG) 99
Berlin-Spandau (AG) 79, 94
Brünn (AG) 49, (LG) 56
Brüx (AG) 106
Engelhartszell (AG) 91
Erfurt (AG) 75
Freiberg (AG) 103
Graz (AG) 82
Gmünd (AG) 105
Hall i. Tirol (AG) 81
Jena (AG) 88
Konstanz (AG) 104
Mülheim/Ruhr (AG) 98
Naumburg a. d. S. (AG) 87
Offenburg (AG) 58
Reichenberg (AG) 78
Rochlitz (Iser) (AG) 102
Stuttgart (LG) 10
Waidhofen (AG) 101
Wittenberge (AG) 90
Znaim (AG) 84

C. Die Nummern 66 und 85 betreffen Vorentscheidungen des Reichspatentamts, die Nummer 52 betrifft eine Vorentscheidung des Reichsgerichts.

Hinweise zur Edition der Quellen

Sämtliche Entscheidungen werden nach den Urteilsabschriften in der Sammlung sämtlicher Erkenntnisse des Reichsgerichts in Zivilsachen (Bibliothek des Bundesgerichtshofs in Karlsruhe) oder nach den Beständen des Bundesarchivs Berlin (R 3002) wiedergegeben.

In der Zeitschrift „Deutsches Recht" 1944 und 1945 (bis S. 96) sind die unter folgenden Nummern abgedruckten Urteile und Beschlüsse wiedergegeben (meist unvollständig oder nur im Leitsatz):
1, 3, 4, 6, 7, 8, 10, 11, 12, 13, 14, 17, 18, 19, 20, 21, 22, 23, 24, 26, 28, 29, 30, 31, 32, 33, 34, 36, 39, 40, 41, 42, 43, 44, 46, 47, 48, 49, 50, 51, 52, 54, 57, 58, 59, 60, 61, 63, 64, 67, 73, 75, 79, 84 und 98.

Die knappe Hälfte der Urteile und Beschlüsse ist bisher vollständig unveröffentlicht. – Die Wiedergabe der Urteile erfolgt wie in RGZ 1–172 ohne die Streitwertangaben.

Danksagung

Für die Manuskriptbetreuung danke ich Frau Inge Baumann und Frau Melanie Bork, für das Korrekturlesen Herrn Rechtsanwalt Dr. Holger Ruff.